光　启
———
新史学
———
译　丛

主编

陈　恒　陈　新

编辑委员会

OXFORD

牛　津
历史著作史

从公元1945年至今

The Oxford History
of Historical Writing

[德] 阿克塞尔·施耐德　[加] 丹尼尔·沃尔夫　主编

彭　刚　顾晓伟　李　根　段　艳　余开亮　等译

第五卷（上）

上海三联书店

"光启新史学译丛"弁言

　　20世纪展开的宏伟历史画卷让史学发展深受其惠。在过去半个世纪里,历史研究领域延伸出许多令人瞩目的分支学科,诸如性别史、情感史、种族史、移民史、环境史、城市史、医疗社会史等,这些分支学科依然聚焦于人,但又深化了对人的理解。举凡人类活动的核心领域如经济关系、权力运作、宗教传播、思想嬗变、社会流动、人口迁徙、医疗进步等等都曾在史学的视野之内,而当代史家对这些领域的研究已大大突破了传统史学的范畴,并与普通人的日常生活息息相关。如今,一位普通读者也能够从自身生存状态出发,找到与历史作品的连接点,通过阅读历史,体悟人类过往智慧的种种精妙,进而在一定程度上主动去塑造自己的生活理念。通过阅读历史来定位我们的现在,通过历史研究为当下的种种决策提供依据,这已经是我们的现实中基于历史学的一种文化现象。不论是对物质生活或情感世界中细节的把握,还是期望对整个世界获得深邃的领会,当代历史学都提供了无尽的参照与启迪。这是一个史学的时代,也是一个人人都需要学习、参悟历史的时代。千百种貌似碎片化的历史专题研究、综合性的学术史研究、宏观化的全球史研究,都浸润着新时代的历史思维,为亿万读者提供了内涵丰富、层次多样、个性鲜明的历史读本。

　　微观史学或新文化史可视为一种新社会史学的重要方向,对此国内有不少译介,读者也较为熟悉。但新社会史学的研究远不止这两个方向,它在各方面的成就与进展,当然是我们这套译丛不会忽视的。除此之外,我们尤为关注代表着综合性史学思维的全球史,它是当代西方史学的重要分支,是新的世界史编纂方法和研究视角。

全球史的出现是一个非常重要的"历史性时刻"，它不仅是"从下往上看历史"新视角下所包括的普通民众，而且这标志着全球史已深入到前殖民，囊括第三世界的方方面面。为纠正传统西方中心论和以民族国家为叙事单位所带来的弊端，全球史自20世纪60年代诞生以来，越来越受到史学界的重视。全球史关注不同民族、地区、文化、国家之间的交往与互动，强调传播与接受，重视文化多元与平等，摈弃特定地区的历史经验，犹如斯塔夫里阿诺斯所说，要站在月球上观察地球，"因而与居住在伦敦或巴黎、北京和新德里的观察者的观点迥然不同。"

当代史学的创造力所在，可从全球史研究的丰富内涵中窥见一斑。全球史研究奠基在一种历史写作的全球语境之中，诉诸全球视野，构建起全球化叙事，突出历史上民族、国家、文化之间的交流、碰撞与互动。在当代史家笔下存在以下几种全球互动模式：一是阐述世界历史上存在的互动体系或网络，如伊曼纽尔·沃勒斯坦的《现代世界体系》（1974—1989年）、德烈·冈德·弗兰克的《白银资本》（1998年）、彭慕兰《大分流》（2000年）；二是关注生态与环境、物种交流及其影响的，如艾尔弗雷德·罗斯比的《哥伦布大交换》（1972年）、约翰·麦克尼尔《太阳底下的新鲜事：20世纪人与环境的全球互动》（2001年）；三是研究世界贸易、文化交流的，如卜正民的《维梅尔的帽子》（2008年）、罗伯特·芬雷《青花瓷的故事：中国瓷的时代》（2010年）、贝克特的《棉花帝国》（2014年）；四是以全球眼光进行比较研究的，这包括劳工史、移民史等，如菲力普·方纳的《美国工人运动史》（1947—1994年）、孔飞力的《他者中的华人：中国近现代移民史》（2009年）；五是审视区域史、国别史之世界意义的，如迪佩什·查卡拉巴提的《地方化欧洲》（2000年）、大卫·阿米蒂奇的《独立宣言：一种全球史》（2007年）、妮娜·布雷的《海市蜃楼：拿破仑的科学家与埃及面纱的揭开》（2007年）等；以致出现了所谓的跨国史研究。"跨国史"（transnational history）这一术语自20世纪90年代以来一直和美国历史研究的那些著作相关联。这一新的研究方法关注的是跨越边疆的人群、观念、技术和机构的变动。它和"全球史"（global history）相关，但又并不是一回事。"跨文化史"（transcultural history)或"不同文化关系"(intercultural relation)是与"跨国史"相匹配的术语,但研究者认为在阐明那些跨国联系时,这两个术语过于模糊。"跨国"这个标签能够使学者认识到国家的重要性,同时又具体化其发展过程。该方法的倡导者通常把这一研究方法区别于比较史学(comparative history)。尽管如此,他们认为比较方法和跨国方法彼此是互为补充的。(A. Iriye and P. Saunier, ed., *The Palgrave Dictionary of Transnational History*, Macmillan, 2009, p. 943)

全球史研究不断尝试以全球交互视角来融合新社会史学的微小题材,总体看来,这些新趋势和新热点在一定程度上纠正了全球史对整体性和一致性的偏好,为在全球视野中理解地方性知识乃至个体性经验做出了示范,同时凸显了人类历史中无处不在、无时不在的多样性与差异性。

本译丛是以当代历史学的新发展为重点,同时兼及以历史学为基础的跨学科研究成果,着眼于最新的变化和前沿问题的探讨。编者既期望及时了解国外史学的最新发展,特别是理论与方法上的新尝试和新变化,又要选择那些在研究主题上有新思路、新突破的作品,因而名之为"新史学译丛"。

近现代史学自18世纪职业化以来发展到今天,已经走完了一轮循环。时至今日,史学研究不再仅限对某一具体学科领域作历史的探讨,而是涉及哲学、文学、艺术、科学、宗教、人类学等多个领域,需要各个领域的专家协手共进。在一定意义上,史学是对人类文化的综合研究。这是一种现实,但更是一种理想,因为这意味着当代新史学正在努力把传统史学很难达到的最高要求当作了入门的最低标准。

历史演进总是在波澜不惊的日常生活里缓慢地进行着,无数个微小的变化汇聚累积,悄悄地改变着人类社会生活的整体面貌,因此,历史发展的进程,以长时段的目光,从社会根基处考察,是连续累进的。知识的创造同样如此,正如我们今天的全球史观,也是得益于人类漫长智识创造留给我们的智慧。历史研究虽然履行智识传播的使命,未来会结出什么样的智慧之果,我们很难知晓,也不敢预言,但愿它是未来某棵参天大树曾经吸纳过的一滴水,曾经进入过那伟大的脉络。无论如何,我们确信的是,通过阅读历史,研究历史,人们体验到的不仅仅是分析的妙处与思维的拓展,而且是在潜移默化中悄悄促进包容性社会的发展。

"光启新史学译丛"编委会

2017 年 9 月 1 日于光启编译馆

《牛津历史著作史》中文版
工作委员会

编审委员会
陈启甸　黄　韬

主　编
第一卷　陈　恒　李尚君
第二卷　赵立行
第三卷　陈　新　李　娟
第四卷　岳秀坤
第五卷　彭　刚　顾晓伟

译校者
第一卷　陈　恒　李尚君　屈伯文　李海峰　王海利
　　　　郑　阳　宋立宏　李　月　刘雪飞　李　慧
第二卷　赵立行　刘招静　陈　勇　汪丽红　卢　镇
第三卷　陈　新　李　娟　朱潇潇　申　芳　王　静
　　　　陈慧本　张　骏
第四卷　岳秀坤　喻　乐　孙　琇　姜伊威　陈　强
　　　　昝　涛　董　雨　陈　功　陶　略
第五卷　彭　刚　顾晓伟　李　根　段　艳　余开亮
　　　　金利杰　陈书焕　李明洋　孙　琇　刘颖洁
　　　　钱栖榕　张　骏　吕思聪　李　娟　葛会鹏
　　　　王　伟　李晓倩　金知恕

牛津历史著作史

　　《牛津历史著作史》是一套五卷本的,由众多学者合作编撰的学术著作,该书囊括了全球历史著作史。它是一部人类努力保全、再现和叙述过去的编年史,特别关注各国不同的传统,以及这些不同传统的突出要点及其与西方历史编撰的比较研究。每卷书都包涵着一个特殊的时期,尽量避免不恰当地突出历史分期的西方观念,各卷所包括的时间范围在逐步递减,这不仅反映了后来各卷自19世纪以来在地理空间的扩大,而且反映了历史活动的急剧增加。《牛津历史著作史》是第一部自起源以来覆盖全球的、集体合作完成的学术性历史著作史。

　　《牛津历史著作史》在 2005 年至 2009 年写作
期间得到阿尔伯达大学(the University of Alberta)
研究部副部长和学术部副部长及该大学校长的慷
慨资助,随后加拿大安大略省金斯敦的女王大学
(Queen's University,Kingston,Ontario)给予了
资助。

中文版序言

史学史的诞生、发展及其在中国的接受①

陈 恒

一部史学著作诞生之后，读者自然或有自己的评论与感想，这也意味着史学史的诞生。伴随历史著作的不断丰富、研究领域的不断扩展、著述风格与体裁的日益繁多，史学史逐渐成为史学本身的一个重要领域，一个重要分支学科。史学史是从历史学演进的视角来分析历史叙述方法、表现手段、理论基础的一门根基性学科，通过追溯各种历史学研究和著述形式的渊源、流派、成果及其在历史学发展中产生的影响，对各个时代的历史学家及其成就作适当评价。因此，通俗来说，史学史内蕴了历史学家的故事、历史学家文本的故事，或也可称为史学学术史。

但史学史真正成为今天历史学的一个重要分支学科，与两种学术发展存在着密切的关系：其一是人类悠久漫长的历史撰述传统及其留下的丰富遗产；其二是 19 世纪以来现代学科体系的逐渐形成和细分。因此，至 19 世纪末 20 世纪初，史学史研究在西方成为一个专门的学科领域，并伴随着近代的"西学东渐"，于 20 世纪 20 年代左右在中国逐渐形成和发展起来。

---

① 本文初稿后发给赵立行、彭刚、陈新、周兵、岳秀坤、洪庆明诸位教授审读，他们提出了不少很好的修改建议，在此特别鸣谢！

西方史学史的诞生与发展

关于历史是什么、历史学是什么、历史学家的任务是什么，以及为什么要撰写历史等问题，自古以来就不断有人在探讨。早在两千多年前，亚里士多德在《诗学》里就对历史学的方法路径提出了独到的见解。在他看来，历史是描述发生的事情，是编年式的，处理的是偶然发生的特定之事。普鲁塔克在《论希罗多德的恶意》中，对西方"史学之父"希罗多德的史学思想进行了尖锐的批评，他认为希罗多德的历史叙述中充满谎言，包含着反雅典的偏见，该文本可以说是西方世界针对史学家个体及其著作进行评判的最早作品。

从古典时代以降直至近代早期，西方论及历史和历史学的著作时有出现，其中不乏充满真知灼见或对后世影响深远的作品。古罗马作家琉善（Lucian，约 120—180 年）的《论撰史》流传至今，他认为："历史只有一个任务或目的，那就是实用，而实用只有一个根源，那就是真实。"罗马帝国晚期教父哲学家奥古斯丁的《上帝之城》可说是人类历史上的第一部历史哲学著作，对后世的历史观产生了至深的影响。在他看来，世界历史的进程是光明与黑暗、善与恶之间不断斗争的历史，是在上帝创造的时间框架里且按照上帝的意志有条不紊地展开的过程。尽管奥古斯丁撰写这部书的根本目的是为了驳斥异教徒，为基督教辩护，但他所阐释的历史观，在历史时间的概念框架、历史学的性质和目的方面，为中世纪史学奠定了基调，并一直主导着近代早期的基督教神学的历史撰述。直至 17 世纪后半期，路易十四宫廷神学家博叙埃（Jacques Bénigné Bossuet，1627—1704 年）所撰写的《世界历史讲授录》（1681 年），仍在申述着奥古斯丁的神学史观。[①]

但无论是对过去史著的评述，还是对史观的阐述，上述的诸多著作都还不属于我们今天意义上的史学史范畴。今天我们谈到的

---

① Jacques Bénigné Bossuet, *Discours sur l'histoire universelle*，*à monseigneur le dauphin pour expliquer la suite de la religion*，*et les changements des empires*，3 Vols.，Paris：Bibliothèque catholique，1825‑1826.

"史学史",对应的英文词一般是"Historiography",指的是学科意义上的历史学,而非"事实的历史",它包含两层意思,即对事实的历史进行研究和撰述的发展史,以及对研究事实的历史时运用的理论和方法。史学史指的是"对历史写作方式的研究,也即历史撰述的历史……当你研究史学史时,你不必直接去研究过去的事件,而是研究某个史学家著作里对这些事件不断变化的解释"。①我们按此定义去追根溯源,今天意义上的史学史于 16 世纪才朦胧出现。人文主义时代的法国人让·博丹(Jean Bodin,1530—1596 年)撰写了流传广泛的《理解历史的捷径》,该书系统地阐述了进行历史撰写的框架、原则和方法。首先,他反对从《但以理书》中引申而来的基督教精致的四帝国说,代之以从地理环境出发来考察具体历史进程的世界史三阶段说;其次,他认为历史的形式有三种,即人类史、自然史和圣史,且应该首先关心人类史;再次,他倡导历史撰写要尽力秉持客观公正的原则,对史料要进行精心考证。② 我们可以把该书视为西方史学方法论的先驱之作。1599 年,法国历史学家拉·波普利尼埃尔(La Popelinière,1541—1608 年)的历史三部曲(《历史著作史》《完美历史的观念》《新法国史的构想》),可以看作是西方史学史的开山之作。在博丹、拉·波普利尼埃尔等许多先行者之后,法国人兰格勒特·杜·弗莱斯诺伊(Lenglet du Fresnoy,1674—1755 年)的《历史研究方法论》(1713 年;1728 年翻译成英文在伦敦出版)提供了许多历史著述的摘要,这份摘要是对博丹《理解历史的捷径》一书所附文献目录的扩充。③ 1777 年,哥廷根大学授予了第一个历史学博士学位,历史学自此在知识体系中占有一席之地。

但直到 19 世纪初历史学在德国最早完成职业化进程而成为一门独立的学科,史学史研究才逐渐得到真正的重视。因为职业化的学科研究,需要梳理漫长发展史累积的遗产,以便从中寻获有用

---

① Michael Salevouris & Conal Furay, *The Methods and Skills of History: A Practical Guide*, 4th edition, Wiley-Blackwell, 2015, p. 223.
② 张广智:《西方史学史》,第三版,复旦大学出版社 2015 年版,第 114—115 页。
③ 凯利:《多面的历史》,陈恒、宋立宏译,生活·读书·新知三联书店 2003 年版,第 476 页。

的材料和线索，或发现可供研究的主题，或学习借鉴视角和方法。在历史学职业化大约一个世纪后，欧美各国均出现了一股史学史研究的热潮，对历史学（尤其是近代以后的历史学科）进行某种系统的整理和总结，并产生了一系列流传后世的史学史作品，如傅埃特（Eduard Fueter，1876—1928 年）的《新史学史》（1911 年），古奇（G. P. Gooch，1873—1968 年）的《十九世纪历史学与历史学家》（1913 年），肖特威尔（J. T. Shotwell，1874—1965 年）的《史学史导论》（1922 年），班兹（H. E. Barnes，1889—1968 年）的《历史著作史》（1937 年），汤普森（J. W. Thompson，1869—1941 年）的《历史著作史》（1943 年），巴特菲尔德（Herbert Butterfield，1900—1979年）的《论人类的过去》（1955 年），以及最近比较流行的布雷萨赫（Ernst Breisach）的《历史编撰：古代、中世纪和近代》（2007 年第三版），等等。其中瑞士历史学家、新闻记者爱德华·傅埃特所写的《新史学史》（Geschichte der neueren Historiographie，München，1911，Zürich）是一本真正学术意义上的史学史通志，内容涵盖自宗教改革以来的欧洲史学著作。傅埃特注重思想观念对历史进程的巨大影响，但忽略了社会发展中的社会经济因素的作用。

速及 20 世纪，伴随着史学研究本身的快速发展，出现了诸如法国的年鉴学派、英国的马克思主义历史学派、美国的社会科学史学派等流派，史学本体论、认识论和方法论均出现了革命性的变化，使得人们更须从不同的角度审视历史记述与研究的演变，分析历史研究背后方法路径和分析技术的应用，史学史研究也因此获得快速发展，成绩斐然。

从时间顺序来看，我们大致可以把 20 世纪以来的史学史研究分为以下三个阶段：1. 学科初始阶段（1903—1945 年），这时的史学史大多是记述性的；①2. 学科史学史阶段（1945—1989 年），史学

---

① 这一阶段的另一个特点是有关古代时期的专题史学史出现不少，如善迪斯（John Sandys，1844 - 1922）的《古典学术史》（A History of Classical Scholarship：from Antiquity to the Modern Era，1903）、奥姆斯特德（A. T. Olmstead，1880 - 1945）《亚述史学史》（Assyrian Historiography：A Source Study，1916）、维拉莫维兹（Ulrich von Wilamowitz-Moellendorff，1848 - 1931）《语言学史》（Geschichte der Philologie，1921. 其实这是一部古典学术史）等。

史成为史学研究的一个重要领域；3. 全球史学史阶段（1989 年以来），史家以交流与融合的眼光看待全球史学史的发展。从著述体裁来看，我们大致可以把史学史论著分为以下三种类型：1. 书评和传记式的史学史，如古奇、汤普逊等人的著述；2. 通史的、断代的或专题的史学史通论，如普法伊佛（Rudolf Pfeiffer，1889—1979年）、布雷萨赫、凯利、伊格尔斯、约翰·布罗（John Burrow，1935—2009 年）等人的著述；3. 全球史学史，如劳埃德、沃尔夫等人的著述。当然还有诸如布克哈特、屈威廉、伯瑞、卡尔、芬利、莫米利亚诺、布罗代尔、格拉夫顿（Antony Grafton，1950 年—　）这类历史学家的自我反思，对史学史与史学理论的思考；也有克罗齐、科林伍德、海登·怀特等人从历史哲学层面对史学史与史学理论的思考。这些著述都从不同的层面对史学史研究作出贡献。

　　早期史学史著作也包含批评性的注释，但实际上，它们讨论的大多是历史学家个人及其著作，在本质上是记述式的。这在很大程度上已不能满足当今史学研究迅速了解自身学科本源与演进历程的需要。

　　史学思想史的出现弥补了这方面的不足，这是史学史编撰的另一条路径，也就是以一种更富有批判性和更具有分析能力的眼光重新审视历史编撰的史学史，以努力寻求 19 世纪欧洲历史编撰中的"一种深层结构内容"（《元史学》，第 IX 页）的海登·怀特为代表。怀特的《元史学》于 1973 年出版以后，就在学术界引发了广泛的讨论，针对此著有大量研究文章和评论，影响波及当今。怀特认为历史编撰是诗化性质的，以此为出发点，他否认历史学的科学性，认为历史学与自然科学是根本不同的。在他看来，史学自身的性质使得史学处于一种概念混乱状态，因而就其基本特征而言，史学不是科学而是艺术创作，所以叙事对史学来说是必不可少的。《元史学》一书就是用一套从其他学科借用的概念来阐明怀特观点的诗化过程。对于这种极端观点，赞成者有之，反对者有之，采中庸之道调和两派观点的亦有之。[①]

　　凯利（Donald R. Kelley，1931 年—　）的史学史三部曲（《多面

---

① 　参见《书写历史》，上海三联书店 2003 年版。

的历史》《历史的时运》《历史前沿》），从希罗多德一直讲述到 20 世纪史学的发展。该书既有记述，又有分析，兼具上述极端观点的长处，这不但避免了平铺直叙所带来的肤浅，而且也避免了过于注重理论演绎所导致的玄奥。诚如前辈何兆武教授所说，"《多面的历史》所论述的，正是从古希腊的希罗多德下迄 18 世纪德国赫尔德的一系列西方历史学家对西方历史进程的理解或解释"①。新近由复旦大学张广智教授主编的六卷本《西方史学通史》大体也属于这一类型。

20 世纪中期之后世界格局发生急剧转变，全球一体化急剧加速。与此同时，从相互联系的观点撰写世界史，或从整体上探索人类文明的演进规律和发展动力，不断促使史学实践要体现全球视野；随着全球史的出现，全球史学史也出现了。早在 20 世纪 60 年代，学术界就关注全球史学史了。比如，1961—1962 年间，牛津大学出版社出版了一套《亚洲民族的历史著作》（*Historical Writing on the Peoples of Asia*），分别有南亚卷、东南亚卷、东亚卷和中东卷，②它是以 20 世纪 50 年代晚期在伦敦大学亚非学院召开的会议为基础编撰的，获得广泛好评，至今仍有很高参考价值。再比如西尔斯（David L. Sills）主编的《国际社会科学百科全书》（19 vols., 1968）第六卷中关于"历史编纂"的综合性文章，涵盖了有关伊斯兰、南亚和东南亚、中国和日本的简明叙述。巴勒克拉夫（G. Barraclough, 1908—1984 年）的《当代史导论》（1964 年）、《当代史学主要趋势》（1978 年）中也涉及了非西方世界的历史写作。

全球史学史论述的主要特征是：1. 不仅论述史学本身发展的历史，也研究史学与社会环境之间的互动关系：注重史学形成的社会基础与文化基础，注重史学知识的传播与社会组织、学术体制之

① 何兆武"对历史的反思"，参见《多面的历史》，生活·读书·新知三联书店 2003 年版，第 3 页。

② 四卷分别是 1. C. H. Philips 主编《印度、巴基斯坦和锡兰的历史学家》（*Historians of India, Pakistan, and Ceylon*）；2. D. G. E. Hall 主编《东南亚历史学家》（*Historians of South East Asia*）；3. W. G. Beasley 和 E. G. Pulleyblank 主编的《中国、日本的历史学家》（*Historians of China and Japan*）；4. B. Lewis 和 P. M. Holt 主编的《中东的历史学家》（*Historians of the Middle East*）。

间的关系;2. 比较方法与全球视野:重视不同区域不同文化之间的史学互动,着重东西方比较研究,尤其是三大传统——地中海传统、儒家传统、伊斯兰传统——之间的比较研究,由此说明全球史学一些内在的本质特征;3. 注重传统与接受的关系,研究各种史学传统的内部传承与外部接受,且非常注重非西方史学传统研究;4. 力图避免"西方中心论",充分考虑西方以外的史学传统,不过度突出西方的分期概念;等等。

全球史学史代表人物主要有伊格尔斯(G. G. Iggers)、吕森(Jörn Rüsen)、劳埃德(G. E. R. Lloyd)、富克斯(E. Fuchs)、斯塔西提(B. Stuchtey)、沃尔克(M. Völkel)等人。其中《牛津历史著作史》主编、加拿大女王大学校长沃尔夫(D. R. Woolf)教授是极有影响的一位。

《牛津历史著作史》

《牛津历史著作史》[①]主编丹尼尔·沃尔夫1958年出生于伦敦,在加拿大的温尼伯(Winnipeg)接受教育,后去英国读书,1983年在牛津大学获得近代史博士学位,导师为牛津大学圣彼得学院著名的历史学家吉拉德·艾尔默(Gerald Edward Aylmer,1926—2000年)。[②]毕业后,他先去加拿大埃德蒙顿的阿尔伯达大学任教,任该校历史与古典学系教授,文学院院长,现任加拿大安大略金斯顿女王大学教授。沃尔夫早年主要研究都铎王朝、近代早期英国文化史,后来专注史学史与史学思想研究,著述甚多,[③]成为史

[①] *The Oxford History of Historical Writing*,ed. by Daniel Woolf,Oxford University Press,2011 - 2012.

[②] 博士论文为《1590—1640年间英格兰历史思想的变化与延续》(*Change and Continuity in English Historical Thought*,*c. 1590—1640*),参加答辩的有牛津大学的凯斯·托马斯(Sir Keith Thomas,1933—　)、剑桥大学的昆廷·斯金纳(Quentin Skinner,1940—)等。

[③] 其他方面的著作有 *Public Duty and Private Conscience in Seventeenth-Century England*,Oxford University Press 1993(co-ed. ,with John Morrill and （转下页）

学史研究的领军人物。他早前出版的有关史学史、史学思想的著作主要有：《早期斯图亚特时代英格兰的历史观念》（*The Idea of History in Early Stuart England*，University of Toronto Press，1990）、《全球历史著作百科全书》（*Global Encyclopedia of Historical Writing*，Garland，1998）、《近代早期英格兰的阅读史》（*Reading History in Early Modern England*，Cambridge University Press，2000）、《往昔的社会传播：1500—1739 年间的英格兰历史文化》（*The Social Circulation of the Past：English Historical Culture 1500—1730*，Oxford University Press，2003）、《全球史学史》（*A Global History of History*，Cambridge University Press，2011）。五卷本《牛津历史著作史》内容大致如下：

卷数	时间范围	主编	章数	内　　容
第一卷	从开端到公元 600 年	安德鲁·菲尔德、格兰特·哈代	26 章	论述了古代世界主要历史传统，包括古代近东、古代希腊、古代罗马、古代东方和南亚的史学起源与发展。
第二卷	从公元 400 年到 1400 年	萨拉·福特、蔡斯·F. 罗宾逊	28 章	第一编是宏观论述，讲述了从朝鲜半岛到欧洲西北部的这一时期不同社会的历史著述的发展，特别突出宗教特性和文化特性。第二编是对第一部分的补充，侧重比较与主题，包括对历史题材风格、战争，特别是宗教的论述。

（接上页）Paul Slack）；*Rhetorics of Life-Writing in Early Modern Europe*，University of Michigan Press，1995（co-ed.，with T. F. Mayer）；*The Spoken Word：Oral Culture in Britain 1500‑1850*，Manchester University Press，2002（co-ed.，with Adam Fox）；*Local Identities in Late Medieval and Early Modern England*，Palgrave Macmillan，2007（co-ed.，with Norman L. Jones）；*A Global History of History*，2011 等。沃尔夫为六卷本《新观念史辞典》（*New Dictionary of the History of Ideas*，ed. by Maryanne Cline Horowitz，2005）所写的长篇导论"Historiography"是其全球史学史纲领性宣言，随后所出版的《全球史学史》《牛津历史著作史》都是这一思想的不断延展与深化。

续表

卷数	时间范围	主编	章数	内　容
第三卷	从公元1400年到1800年	何塞·拉巴萨、佐藤正幸、埃多尔多·托塔罗洛、丹尼尔·沃尔夫	32章	论述公元1400年到1800年间（即通常所称的"早期近代"）全球史学的发展。以叙述亚洲开始，叙述美洲结束，这个时期开始了真正意义的全球史学时代。侧重跨文化比较的方法。
第四卷	从公元1800年到1945年	斯图亚特·麦金泰尔、胡安·迈古阿西卡、阿提拉·波克	31章	第一编总述欧洲历史思想、史学职业化和史学机构的兴起、强化与危机；第二编分析了史学史怎样与各种各样的欧洲民族传统发生联系；第三编考察的是欧洲史学的"后裔"——美国、加拿大、南非、澳大利亚、新西兰、墨西哥、巴西和西属美洲——的史学发展。第四编讲述的是西方世界以外的史学传统，包括中国、日本、印度、南亚、阿拉伯世界和撒哈拉以南的非洲史学。
第五卷	从公元1945年至今	阿克塞尔·施耐德、丹尼尔·沃尔夫	33章	第一部分考察历史理论与跨学科的研究方法；第二部分论述的是世界各地民族史学、区域史学的发展。

　　《牛津历史著作史》是一套由众多知名学者合作编撰的、涵盖全球的史学史著作，全书由150篇专论组成，是迄今为止最为全面的、涵括整个人类史学文化传统的历史著作史。各卷主编都是各个领域的著名学者：第一卷主编是古典学家安德鲁·菲尔德（Andrew Feldherr）、汉学家格兰特·哈代（Grant Hardy），第二卷主编是教会史家萨拉·福特（Sarah Foot）、伊斯兰史家蔡斯·F. 罗宾逊（Chase F. Robinson），第三卷主编是拉美史家何塞·拉巴萨（José Rabasa）、史学理论专家佐藤正幸（Masayuki Sato）、早期近代史家埃多尔多·托塔罗洛（Edoardo Tortarolo）、总主编丹尼尔·沃尔夫，第四卷是澳大利亚史家斯图亚特·麦金泰尔（Stuart

Macintyre）、美洲史家胡安·迈古阿西卡（Juan Maiguashca）、史学史家阿提拉·波克（Attila Pók），第五卷主编是汉学家阿克塞尔·施耐德（Axel Schneider）以及总主编丹尼尔·沃尔夫本人。

另外，还有由迈克尔·本特利、约恩·吕森、格奥尔格·伊格尔斯、唐纳德·凯利、彼得·伯克等14位知名学者组成的顾问团队，提出指导性编撰建议，这些顾问还发挥自身的特长为该书贡献专题文章，这在一定程度上保障了丛书的编撰质量。全书各个专题论文的作者在学术界都有一定的影响，比如宾夕法尼亚大学伍安祖教授、德国汉学家闵道安（Achim Mittag）、印度裔历史学家迪佩什·查卡拉巴提（Dipesh Chakrabarty）、英国古典学家劳埃德、美国汉学家杜润德、史嘉柏、夏含夷等等，这些高水准学者的加入为整套丛书编撰质量提供了可靠的保障。因而该书出版后获得了广泛好评。伊格尔斯认为"此书魅力在于其内在的、深刻的跨文化研究方法"；彼得·伯克认为"沃尔夫的著作为我们提供了天才的史学史全球研究论述，该书结构明晰、内容平衡，作者尽量避免欧洲中心主义和当下意识这对孪生危险，强调使用多元路径研究过往"；唐纳德·凯利认为"这是内容丰富、论述全面的世界史学史著作。沃尔夫是这一领域公认的专家，他将年代与地理结合在一起，范围包括非洲、近东、远东以及欧洲和美国；他的这一研究方法非常有效"。

《牛津历史著作史》是一部按照编年顺序，注重各国史学传统，努力再现人类史学文化传统的史学史著作。全书力图避免西方中心观念，且注意比较研究，以全球眼光、平等价值看待各种史学文化传统，且非常注重非西方史学传统的研究，每一卷的历史分期都考虑到东西方的具体情况，在大时间框架内处理国别史学史、地域史学史、专题史学史。

各卷所包括的时间范围逐步递减，这不仅反映了后来各卷尤其是自19世纪以来，史学史考察对象在地理空间上的扩大，而且反映了历史学活动的急剧增加，"研究越来越接近现代时，这些研究时期就越来越缩小了，这不仅是因为存留的材料和著名的作者越来越多，而且是因为真正意义上的世界范围内的重要主题也越来越多"①。

编者尽量不采取传统的古代、中世纪、近代的历史分期，目的就是为了尽量避免不恰当地突出历史分期的西方观念。就"历史编撰来说，似乎一直完全是西方的发明或西方的实践。自从20世纪90年代晚期以来，出版了大量的历史著作，开始挑战史学史的欧洲中心论，亦挑战史学史那种固有的目的论。现在我们能以更广阔的视野为背景来研究欧洲史学事业了，这个视野有许多平行的——这一事实时常被忽略——相互影响的书写传统，比方说来自亚洲、美洲、非洲的历史"②。编者因此尽量回避自19世纪以来所形成的民族史传统，注重地方史、区域史、跨国史、洲际史的书写以及彼此之间的联系。特别突出三大传统及一些次要的独立传统。三大传统分别是地中海传统（源于古代希腊、罗马、希伯来等构成的西方传统）、伊斯兰传统和儒家传统。次要的传统包括古代印度、前殖民时代的非洲、拉丁美洲，以及南亚、东南亚的部分地区。

编者注重跨学科研究，改变过去史学画地为牢的局限，吸收艺术、考古、科学、社会科学等领域的研究成果与方法，注意吸收来自不同领域的专家、学者，尽可能全面、系统地反映人类史学成就。注重史学知识产生的社会背景，分析各种制度、机构对史学知识的影响。"历史记录同种族、社会、经济和政治意义上的权力运用之间有着一种密切的联系。这也许是在文章开始时提到的古老格言的另一种表达方式，即'历史是被胜利者所书写，尽管事实上很多时候也是被失败者（考虑一下修昔底德，印第安人阿亚拉，或一位失败的革命者、诗人和史学家约翰·弥尔顿）和那些被突然而不被欢迎的变化幻象所困惑的人们所书写'。"③

---

① *The Oxford History of Historical Writing*, vol. 1, p. x.
② *New Dictionary of the History of Ideas*, ed. by Maryanne Cline Horowitz, 2005, p. ix.
③ *New Dictionary of the History of Ideas*, ed. by Maryanne Cline Horowitz, 2005, p. lxxx.

　　编者淡化宏大叙述、宏大理论，侧重具体事物论述，尽量反映史学研究的前沿动态，并且设计了大事年表、原始文献、研究文献，增加了可读性。尽管近年来已经出版了不少有关历史著述的百科全书、辞典、手册、研究指南，从纯学术的角度以全球视野全面论述史学史的著作也间有问世，①但在编排形式多样、吸引读者方面都逊色于本丛书。

西方史学史研究在中国

　　明清之际，由于西学东传，西方世界的学术话语、概念、方法也逐渐影响到中国传统史学，到了晚清和民国时代更是如此，"过去的乾嘉学派，诚然已具有科学精神，但是终不免为经学观念所范围，同时其方法还嫌传统，不能算是严格的科学方法。要到五四运动以后，西洋的科学的治史方法才真正输入，于是中国才有科学的史学而言"②，自此以后，中国史学也开始不断融入世界，中国的史学史研究成为世界史学史的一个组成部分。

　　20世纪以来，中国史学家慢慢重视中西史学史研究了，该领域逐渐成为独立的授课内容与研究主题。早在1909年，曹佐熙（1867—1921年）为湖南中路师范学堂优级选科的学生讲授"史学研究法"，该课程讲义后成为《史学通论》一书。

---

① 近年来出版了一些富有启发性的，以跨文化比较研究为目的史学史著作，其中特别显著的是 *Turning Points in Historiography*：*A Cross‐Cultural Perspective* （ed. G. Iggers and Q. E. Wang，2002）；*A Global History of Modern Historiography* （ed. Georg G Iggers，Q. Edward Wang，Supriya Mukherjee，2008）；*Across Cultural Borders*：*Historiography in Global Perspective* （ed. E. Fuchs and B. Stuchtey，2002）；*Western Historical Thinking*：*an Intercultural Debate* （ed. J. Rüsen，2002）；*Historical Truth*，*Historical Criticism and Ideology*：*Chinese Historiography and Historical Culture from a New Comparative Perspective* （ed. H. Schmidt-Glintzer，A Mittag and J. Rüsen，2005）等。

② 顾颉刚：《当代中国史学》，辽宁教育出版社1998年版，"引论"。

在新文化运动影响下,当时中国的不少大学设立历史系、史学系或史地系。1919 年,北京大学校长蔡元培废文理法三科之分,改门为系,新建包括史学系在内的 14 个系。1920 年,出任史学系主任的朱希祖(1879—1944 年)提倡设立中国史学原理、史学理论等课程,并躬身为学生讲授"中国史学概论",撰写成《中国史学通论》一书及其他一些史论文章。他还延请留学美国的何炳松(1890—1946 年)为学生开设"史学方法论""史学原理"等课程,由此而引起何炳松翻译美国史学家鲁滨逊(James Harvey Robinson,1863—1936 年)《新史学》(商务印书馆 1924 年)一事,而《新史学》则成为"本世纪初的一部著名史学译著"①。这一时期国内翻译了不少史学史著作,大多是由商务印书馆出版的,如朗格诺瓦(Langlois,1863—1929 年)、瑟诺博思(Seignobos,1854—1942 年)的《史学原论》(李思纯译,商务印书馆 1926 年)、绍特韦尔(Shotwell,1874—1965 年)的《西洋史学史》(何炳松、郭斌佳译,1929 年)、班兹(Harry Elmer Barnes,1889—1968 年)的《史学》(向达译,商务印书馆 1930 年)、施亨利(Henri Sée,1864—1936 年)的《历史之科学与哲学》(黎东方译,商务印书馆 1930 年)、班兹的《新史学与社会科学》(董之学译,商务印书馆 1933 年)、弗领(Fred Morrow Fling,1860—1934 年)的《史学方法概论》(薛澄清译,商务印书馆 1933 年)等,这些著作为后来的中国西方史学史研究奠定了初步基础。

20 世纪中国史学发展及其所取得的成就,就其整体来看,都是同吸收、借鉴西方史学的积极成果,尤其是马克思主义史学理论和方法方面的积极成果相联系的。从 1924 年李大钊出版《史学要论》到 1930 年郭沫若出版《中国古代社会研究》,标志着中国马克思主义史学的产生。新中国成立后,1952 年全国高等学校的院系进行了大规模调整,把民国时期的英美高校体系改造为苏联高校体系,史学研究也进入了苏联模式时代,但毕竟还保留了自身的特

---

① 参见谭其骧《本世纪初的一部著名史学译著——〈新史学〉》,《何炳松纪念文集》,刘寅生、谢巍、何淑馨编,华东师范大学出版社 1990 年版,第 74—75 页。

色。这一时期，复旦大学的耿淡如（1898—1975 年）先生非常重视西方史学史的学科建设，他于 1961 年在《学术月刊》第 10 期上发表《什么是史学史？》一文，就史学史的定义、研究对象与任务进行了系统的概述，认为这门年轻的学科没有进行过系统的研究，"需要建设一个新的史学史体系"①。该文至今仍有参考价值。

据张广智先生说，②耿淡如先生从 1961 年开始就为历史系本科生开设外国（西方）史学史课程，并在《文汇报》上撰写《资产阶级史学流派与批判问题》（2 月 11 日）、《西方资产阶级史家的传统作风》（6 月 14 日）、《拿破仑对历史研究道德见解》（10 月 14 日）等文章，在《现代外国哲学社会科学摘要》上刊登他所翻译的索罗金的《论汤因比的历史哲学》（4 月 1 日）等文章，积极进行史学史研究推广工作。同年他开始翻译英国史学家古奇（G. P. Gooch，1873—1968 年）③的名著《十九世纪历史学与历史学家》，有部分章节油印，1989 年由商务印书馆作为"汉译名著"出版发行，四川大学谭英华教授（1917—1996 年）为该书作注，在学术界产生很大影响，至今仍是史学研究的必读书。④

1961 年 4 月 12 日，北京召开由周扬主持的高等学校文科教材编写会议，制订了历史学专业教学方案与历史教科书编写计划，耿淡如成为外国史学史教科书编写负责人。⑤ 同年底，在上海召开有复旦大学、北京大学、武汉大学、中山大学、南京大学等高校老师参

---

① 耿淡如：《西方史学史散论》，复旦大学出版社 2015 年版，第 175 页。

② 张广智教授为 1964 年耿淡如先生招收的新中国西方史学史第一届唯一的学生，也是"文革"前唯一一届的学生。

③ 古奇为英国著名外交史家、史学史家，有关史学史的著述有《历史》（*History*，London 1920，属于 Recent Developments in European Thought 丛书之一种）、《近代史研究》（*Studies in Modern History*，London 1931）、《欧洲史研究文献，1918—1939 年》（*Bibliography of European History, 1918‑1939*，London 1940）、《历史概览与特写》（*Historical Surveys and Portraits*，Longmans 1966）等。

④ "文革"期间也有一些史学史著作翻译出版，如，德门齐也夫等著：《近现代美国史学概论》，黄巨兴等译，生活·读书·新知三联书店 1962 年版；《美国历史协会主席演说集：1949—1960》，何新译，商务印书馆 1963 年版，等等。

⑤ 1961 年 8 月 28 日刊登《耿淡如积极编写外国史学史教材》一文，介绍编写情况。

加的外国史学史教科书工作会议,决定由耿淡如负责编写"外国史学史",田汝康负责编译"西方史学流派资料集"(该资料集即田汝康后来与金重远合作选编由上海人民出版社在1982年出版的《现代西方史学流派文选》一书,该书在20世纪80年代流传极广,为人们认识现代西方史学理论奠定了基础。两年之后的1984年,张文杰先生编选了由上海译文出版社出版的《西方历史哲学译文集》①。这两本书构成了20世纪80年代早期认识西方史学的两个重要窗口)。遗憾的是,由于"文革",《外国史学史》的编写计划最终流产了。

"文革"后,百废待兴,外国史学史也得到了快速发展。郭圣铭(1915—2006年)的《西方史学史概要》(上海人民出版社1983年)便是这一时期的第一本西方史学史专著。郭圣铭先生是中国世界史研究的开拓者之一,长期致力于世界史的教学与科研,"文革"结束后不久就发表《加强对史学史的研究》(刊《上海师大学报》1978年1期),表明他对这门专业的重视。他在《西方史学史概要》中认为把"外国史学史"列为必修课程是一个必要的、正确的措施,对提高我国历史科学的研究水平和教学质量将发生深远的影响。② 该书共计七章,自古代希腊史学一直讲述到20世纪初年的欧洲各国和美国史学;20世纪西方史学则限于当时的历史条件,论述不多,甚为遗憾。郭圣铭先生还培养了不少西方史学史的学生,其中一些已经成为名家,比如王晴佳教授。王晴佳到美国后跟随著名的史学史专家格奥尔格·伊格尔斯研究西方史学史,近年来著述颇丰,大力推广西方史学史研究。

郭圣铭先生的《西方史学史概要》出版,掀起了当代中国世界史学界外国史学史教材与专著出版的热潮,先后大致有:孙秉莹的《欧洲近代史学史》(湖南人民出版社1984年),刘昶的《人心中的

---

① 该书后来又以《历史的话语:现代西方历史哲学译文集》之名在2002年、2012年分别由广西师范大学出版社、中国人民大学出版社再版。
② 郭圣铭:《西方史学史概要》,上海人民出版社1983年版,第1页。

历史——当代西方历史理论述评》（四川人民出版社 1987 年），张广智的《克丽奥之路——历史长河中的西方史学》（复旦大学出版社 1989 年），宋瑞芝等主编的《西方史学史纲》（河南大学出版社 1989 年），徐浩、侯建新主编的《当代西方史学流派》（中国人民大学出版社 1996 年，2009 年第二版），张广智、张广勇的《史学，文化中的文化——文化视野中的西方史学》（浙江人民出版社 1990 年，上海社会科学院出版社 2013 年再版），徐正等主编的《西方史学的源流与现状》（东方出版社 1991 年），史学理论丛书编辑部编辑的《当代西方史学思想的困惑》（中国社会科学出版社 1991 年），庞卓恒主编的《西方新史学述评》（高等教育出版社 1992 年），夏祖恩编著的《外国史学史纲要》（鹭江出版社 1993 年），杨豫的《西方史学史》（江西人民出版社 1993 年），王建娥的《外国史学史》（兰州大学出版社 1994 年），张广智的《西方史学散论》（台北淑馨出版社 1995 年），郭小凌编著的《西方史学史》（北京师范大学出版社 1995 年），鲍绍林等著的《西方史学的东方回响》（社会科学文献出版社 2001 年），王晴佳的《西方的历史观念》（华东师范大学出版社 2002 年），张广智主著《西方史学史》（复旦大学出版社 2004 年，已出第 3 版），何平的《西方历史编纂学史》（商务印书馆 2010 年），于沛、郭小凌、徐浩的《西方史学史》（高等教育出版社 2011 年），张广智主编的《西方史学通史》（六卷，复旦大学出版社 2011 年，国内迄今为止规模最大、最详细的一套史学通史），杨豫、陈谦平主编的《西方史学史研究导引》（南京大学出版社 2011 年），等等。

这期间还有不少断代、国别、主题史学史研究专著出版，表明史学史这门学科快速发展与深入研究已今非昔比。比如北京大学张芝联教授最早把法国年鉴学派介绍到中国，其《费尔南·布罗代尔的史学方法》（《历史研究》，1986 年第 2 期）一文引起中国学界的广泛注意。南开大学杨生茂教授编选的《美国历史学家特纳及其学派》（商务印书馆 1984 年）引起了国内学术界对"边疆学派"的讨论，进而引发了人们去思考历史上的史学流派、史学思潮与比较研究。可以说 1902 年梁启超的《新史学》开启了中国的中西史学比较研究，后来者诸如胡适、何炳松、钱穆、柳诒徵、余英时、杜维运、汪荣祖、何兆武、朱本源、刘家和、于沛、陈启能等都比较重视这方面的研究。20世纪80年代华人学者汪荣祖就出版了中西史学比较研究巨著《史传通说》。近年来美国的伊格尔斯、王晴佳，德国的吕森等学者也关注中西史学的比较研究。

改革开放三十余年间，国家培养了大量人才，许多学者已经可以利用第一手原始文献进行系统研究，选题也越来越与国际史学界接轨。比如，姚蒙的《法国当代史学主流——从年鉴派到新史学》（香港三联书店与台北远流出版社1988年），田晓文的《唯物史观与历史研究——西方心智史学》（天津社会科学院出版社1992年），陈启能等著的《苏联史学理论》（经济管理出版社1996年），罗凤礼主编的《现代西方史学思潮评介》（中央编译出版社1996年），罗凤礼的《历史与心灵——西方心理史学的理论与实践》（中央编译出版社1998年），晏绍祥的《古典历史研究发展史》（华中师范大学出版社1999年），蒋大椿、陈启能主编的《史学理论大辞典》（安徽教育出版社2000年），王晴佳、古伟瀛的《后现代与历史学：中西比较》（山东大学出版社2003年），梁洁的《撒路斯特史学思想研究》（中国社会科学出版社2009年），王利红的《诗与真：近代欧洲浪漫主义史学思想研究》（上海三联书店2009年），程群的《论战后美国史学：以〈美国历史评论〉为讨论中心》（光明日报出版社2009年），王晴佳的《新史学讲演录》（中国人民大学出版社2010年），晏绍祥的《西方古典学研究：古典历史研究史》（上下卷，北京大学出版社2011年），张广智的《史学之魂：当代西方马克思主义史学研究》（复旦大学出版社2011年），姜芃的《世纪之交的西方史学》（社会科学文献出版社2012年），贺五一的《新文化视野下的人民历史：拉斐尔·萨缪尔史学思想解读》（社会科学文献出版社2012年），张广智的《克丽奥的东方形象：中国学人的西方史学观》（复旦大学出版社2013年），陈茂华的《霍夫施塔特史学研究》（上海人民出版社2013年），刘家和主编的《中西古代历史、史学与理论比较研究》（北京师范大学出版社2103年），张广智的《瀛寰回眸：在历史与现实中》（北京师范大学出版社 2015 年），白春晓的《苦难与伟大：修昔底德视野中的人类处境》（北京大学出版社 2015 年），等等。这些研究专著逐渐构筑了浩瀚的史学史学术之林。

这期间翻译的域外史学史著作也非常多，这些著作的引进大大促进了这一科学的快速发展，诚如周兵教授所言："在 20 世纪 80 年代再次出现了一股引进、译介西方史学理论的热潮，从而逐渐促成了今天中国西方史学史学科的基本状况。最近这一次的西方史学理论引进热潮，至今依然方兴未艾（或者可以说，如今对西方史学理论的引进已然形成了常态化），学界前辈、同行多为亲历者和参与者。"①大致著作有卡尔的《历史是什么》（吴柱存译，商务印书馆 1981 年），克罗齐的《历史学的理论和实际》（傅任敢译，商务印书馆 1982 年），田汝康等选编的《现代西方史学流派文选》（上海人民出版社 1982 年），特纳的《美国历史学家特纳及其学派》（杨生茂编，商务印书馆 1983 年），张文杰等编译的《现代西方历史哲学译文集》（上海译文出版社 1984 年），柯林武德的《历史的观念》（何兆武等译，中国社会科学出版社 1986 年），巴勒克拉夫的《当代史学主要趋势》（杨豫译，上海译文出版社 1987 年），汤普森的《历史著作史》（谢德风译，商务印书馆 1988 年），米罗诺夫的《历史学家和社会学》（王清和译，华夏出版社 1988 年），古奇的《十九世纪历史学与历史学家》（耿淡如译，商务印书馆 1989 年），伊格尔斯的《欧洲史学新方向》（赵世玲、赵世瑜译，华夏出版社 1989 年），伊格尔斯的《历史研究国际手册：当代史学研究和理论》（陈海宏、刘文涛等译，华夏出版社 1989 年），勒高夫、诺拉的《新史学》（姚蒙编译，上海译文出版社 1989 年），巴尔格的《历史学的范畴和方法》（莫润先、陈桂荣译，华夏出版社 1989 年），米罗诺夫、斯捷潘诺夫的《历史学家与数学》（黄立茀、夏安平、苏戎安译，华夏出版社 1990 年），托波尔斯基的《历史学方法论》（华夏出版社 1990 年），王建华选编的《现代史学的挑战：美国历史协会主席演说集，1961—1988》（上

---

① 周兵：《国外史学前沿与西方史学史的学科建设》，《史学月刊》2012 年第 10 期。

海人民出版社 1990 年），罗德里克·弗拉德的《计量史学方法导论》（王小宽译，上海译文出版社 1991 年），罗德里克·弗拉德的《历史计量法导论》（肖朗、刘立阳等译，商务印书馆 1992 年），张京媛主编的《新历史主义与文学批评》（北京大学出版社 1993 年），何兆武主编的《历史理论与史学理论——近现代西方史学著作选》（商务印书馆 1999 年），巴勒克拉夫的《当代史导论》（张广勇、张宇宏译，上海社会科学院出版社 1996 年），埃里克·霍布斯鲍姆的《史学家：历史神话的终结者》（马俊亚、郭英剑译，上海人民出版社 2002 年），伯克的《法国史学革命：年鉴学派（1929—1989）》（刘永华译，北京大学出版社 2006 年），凯利的《多面的历史》（陈恒、宋立宏译，生活·读书·新知三联书店 2007 年），爱德华·卡尔的《历史是什么？》（陈恒译，商务印书馆 2007 年），里格比的《马克思主义与历史学：一种批判性的研究》（吴英译，译林出版社 2012 年），贝内德托·克罗齐的《作为思想和行动的历史》（时纲译，商务印书馆 2012 年），约翰·布罗的《历史的历史：从远古到 20 世纪的历史书写》（黄煜文译，广西师范大学出版社 2012 年），劳埃德的《形成中的学科——对精英、学问与创新的跨文化研究》（陈恒、洪庆明、屈伯文译，格致出版社 2015 年），等等。

陈新、彭刚等人主持的"历史的观念译丛"和岳秀坤主持的"历史学的实践丛书"两套丛书系统地引进了西方史学史与史学理论研究名著，为这一学科未来发展奠定了扎实的基础。此外，还必须提到的是《史学史研究》《史学理论研究》，两本刊物在促进史学史学科发展方面发挥了巨大作用。《史学史研究》创刊于 1961 年，是国内唯一的有关史学史研究的学术刊物，第一任主编由已故著名历史学家白寿彝教授担任。《史学理论研究》是中国社科院世界历史研究所于 1992 年创刊的，是有关史学史与史学理论的专业性刊物。史学杂志是史学发展到一定阶段必然的产物，是史学持续发展的物质载体，也是史学普及的标志。杂志一方面以发表文章、评论、总结等为主，客观反映史学研究成果，另一方面还通过定主题、出专刊、约专稿等方式来左右或指引着史学研究，一些杂志甚至成为史学更新的强有力的武器，如法国的《年鉴》（1929 年创刊）、英国的《往昔与现在》（1952 年创刊）便是典型代表。近年来，国内学术界涌现出许多以辑刊为形式的学术连续出版物，正起着"史学更新"的作用，期待史学史在新时代环境下能取得更大发展。

学习研究史学史是一种文化传承，也是一种学术记忆。对于人类社会来说，记录历史是一种自然的、必要的行为，研究书写历史的方法，探究历史思想，勘探史学的传播更是必要的：历史之于社会，正如记忆之于个人，因为每个个体、每个社会都有自身的身份认同。以历史为基础的历史记忆建构了一种关于社会共同体的共同过去，它超越了其个体成员的寿命范围。历史记忆超越了个人直接经历的范围，让人想起一种共同的过去，是公众用来建构集体认同和历史的最基本的参照内容之一。历史记忆是一种集体记忆，它假定过去的集体和现在的集体之间存在着一种连续性。这些假定的集体认同，使历史的连续性和统一性能够得以实现，并作为一种内部纽带将编年史中呈现的各种事件串联起来，但又超越了人物传记和传记中呈现的某个伟人的寿命范围。[1] 这一切都取决于我们对往日信息的保存——信息消失，知识无存，历史遗失，文明不再。史学史是一座有无数房间和窗户的记忆大厦，每一个房间都是我们的记忆之宫，每一扇窗户则为我们提供一个观察往昔与异域的独特视角。

2015 年 10 月 8 日

于光启编译馆

---

[1] 杰拉德·德兰迪、恩靳·伊辛主编：《历史社会学手册》，李霞、李恭忠译，中国人民大学出版社 2009 年版，第 592 页。

总主编致谢

《牛津历史著作史》是历时弥久的呕心沥血之作,它由多人编纂,发表了不同的心声。作为总主编,我由衷感谢所有参加编辑的人员。首先,最应感谢的是各卷的编者,没有他们的参与,就不会有这套书。我很感激他们的参与,感激他们在坚持一些共同的目的和统一编辑原则基础上,表达他们自己对历史的看法。顾问委员会的很多成员也相继加入了编辑与著述行列,并完全奉献他们的时间与智慧。在牛津大学出版社,前任主席编辑鲁斯·帕尔(Ruth Parr)调查读者阅读情况而鼓动这一系列计划并付诸实施,推进实施。她卸任后,我和同事们从克里斯托弗·惠勒(Christopher Wheeler)那里获得了管理方面有效的帮助和支持,在编辑方面获得来自鲁伯特·康申思(Rupert Cousens)、赛斯·凯利(Seth Cayley)、马修·科顿(Matthew Cotton)和斯蒂芬·艾瑞兰(Stephanie Ireland)的帮助。我也特别要感谢牛津大学出版社工作小组和卡罗尔·柏斯蕾(Carol Bestley)。

这套著作如果没有我在实施这项计划中所工作的这两个研究机构的大力资金支持是不可能成功问世的。2002年至2009年中期,我在阿尔伯达大学工作,当时的研究部副部长和学术部的副部长及该校大学校长慷慨地资助了这个研究课题。我尤其要感谢加里·凯奇诺基(Gary Kachanoski)和卡尔·阿墨罕(Carl Amrhein),他们洞察这个项目的价值,并为这个课题提供资金,雇用大量研究助手,让很多研究生参与工作,并支付诸如图片和地图等出版费用。阿尔伯达大学提供大量的计算机设备和图书馆资源。可能最重要的是，它支持了关键性的埃德蒙顿会议（Edmonton conference）的召开。2009年，在安大略省金斯顿女王大学，我成为主要负责人，为了推动这个课题有效开展，院方提供大量资金，并调用了研究图书馆；此外还特意地让一个杰出的研究助理同事、编辑助理伊恩·海斯凯斯（Ian Hesketh）博士服务了两年。我衷心感谢伊恩在细节方面科学严谨的态度，欣赏他为了确保文章内在统一性、各卷之间的平衡而毫不留情地删除多余文章（包括我自己的一些文章）的能力，如果没有这种删减能力，这些卷帙浩繁的著作是不可能很快出版的。一大批有能力的研究生参与了这个课题的研究，特别应提及的包括塔尼亚·亨德森（Tanya Henderson）、马修·诺伊费尔德（Matthew Neufeld）、卡罗尔·萨勒蒙（Carolyn Salomons）、特里萨·梅丽（Tereasa Maillie）和萨拉·沃瑞辰（Sarah Waurechen），最后一位几乎独自地完成埃德蒙顿会议复杂的后勤工作。我还必须感谢女王大学艺术与科学学院的院办，以及阿尔伯达大学历史系和古典系为研究提供空间。阿尔伯达大学的梅勒妮·马文（Melanie Marvin）和女王大学的克里斯廷·贝尔加（Christine Berga）为调研账目的管理提供帮助，此外我的夫人朱莉·戈登-沃尔夫（Julie Gordon-Woolf，她本人先前是研究管理者）也为支持这个项目提供了宝贵的建议。

前　言

总主编　丹尼尔·沃尔夫

　　半个世纪以前,牛津大学出版社就出版了一套名为《亚洲民族的历史著作》(*Historical Writing on the Peoples of Asia*)的丛书。该丛书由四卷构成,分别是东亚卷、东南亚卷、中东卷和南亚卷,它以 20 世纪 50 年代晚期在伦敦大学亚非研究院(the School of Oriental and African Studies)召开的会议为基础,经受了岁月的检验,获得了惊人成功;其中很多文章现今仍然被我们引用。这些书籍领先于其所处的时代,是出类拔萃与众不同的,因为在那个时代,历史著作史一直被认为是一种欧洲体裁的历史。事实上,史学史这种主题本身几乎就是一种主题——从 20 世纪早期到中叶这种典型的综述是诸如詹姆斯·韦斯特福·汤普森(James Westfall Thompson)、哈利·埃尔默·巴恩斯(Harry Elmer Barnes)这类历史学家的著述,他们是追随爱德华·富特(Eduard Fueter)在 1911 年出版的典范之作《新历史著作史》(*Geschichte der Neuren Historiographie*)的足迹——由杰出的历史学家对他们的学科和起源所做的概览。这部牛津系列书籍确实提供了许多人们更加迫切需要的观点,尽管多年来人们没有追随这种观点,在刚刚过去的 20 世纪最后那二十年或三十年里更加流行的研究方式,仍然将历史学当作完全是西方的发明或西方的实践。自从 20 世纪 90 年代晚期以来,大量的历史著作出版了,开始挑战史学史的欧洲中心论,同时挑战史学史那种固有的目的论。现在我们能以更广阔的视野为背景来研究欧洲史学事业了,这个视野有许多平行的——这一事

1

实时常被忽略——相互影响的书写传统，比方说来自亚洲、美洲、非洲的历史。

《牛津历史著作史》就是在这种精神下孕育诞生的。它寻求的是涵盖全球的第一流的集体合作的历史著作史。它向半个世纪前的伟大先行者所取得的成就致敬，却也谨慎地寻求自己的方式，既不模仿也不取代。一方面，这套五卷本的集体著述范围涵盖了欧洲、美洲和非洲，以及亚洲地区；另一方面，这些分卷中的章节划分都是按照时间先后顺序编纂，而不是以地区划分的。我们决定采用前者，是因为不应该从孤立的观点来看待那些非欧洲——以及欧洲的——历史著作史。我们选择后者，目的是提供能达到一定数量的记叙性资料（即使这些叙述超过上百种不同的见解），从而让区域性的比较和对比在较长的时间段里更容易进行。

以下几点说明适合整套丛书，并一以贯之。第一，总体来说，整套书将按照从古至今的时间顺序来描述历史著作，每一卷均以其自身的角度去研究历史著作史的独特历史时期。当研究越来越接近现代时，时间跨度将越来越小，这不仅是因为存留的材料和著名的作者越来越多，而且是因为真正意义上的世界范围内的主要主题也越来越多了（比如在第一卷中不会提到美洲人；在第一卷、第二卷中也没有涉及非洲的非穆斯林人）。第二，尽管每卷写作的宗旨相同，而且这些著作都是五卷撰写团队和编辑团队内部和相互之间几年来不断对话、沟通的产物，但我们并没有试图要求每一卷采用共同的组织结构。事实上，我们追寻的是另外一种路径：各个编辑团队都是精心挑选的，这是因为专业知识的互补性，我们鼓励他们"用自己的方式"去选择他们所负责那卷的主题及结构形态——赋予他们推翻先前计划的权利，以便每一卷都能实现全球化这一雄心抱负。第三，也许是最重要的一点，我们强调这套丛书既不是一部百科全书，也不是一部辞典。多卷本的著述，如果目的是尝试研究每一个民族的传统（更不用说每一位历史学家了），那即便将五卷的规模发展为五十卷的规模恐怕也未必能如愿。因此，我们必须有所取舍，不能面面俱到，当我们尽力这样做以便在世界范围内平衡涵盖范围和选择代表性时,毫无疑问必定会存在不足之处。读者希望在《牛津历史著作史》中找到一些特殊的国家或话题可能会失望,因为这远远超过我们这全部 150 章的容量,特别是在近十五年的时间里又出版了大量的参考文献,而且其中一些是全球视野的。我们为丛书的每一卷都编制了索引,不过我们视那种不断增加的索引为没有什么效果的,也是浪费纸张。同样,每一篇文章都提供了精心选择的参考书目,目的是给读者进一步深入阅读提供途径(在每一章的这个位置列举出这里所讨论的话题和来自这一时期的关键文献)。为了让读者对特殊地区或民族的政治和社会背景知识有一定的理解,一些章节包含了重要事件的大事年表,尽管在有的地方并非有必要这样处理。同时要说明的是,本丛书基本没有安排单独的章节来研究那些单个的"伟大的历史学家"(个别一两位例外),从司马迁、希罗多德到当下的那些大历史学家都是这样处理的;为了节省篇幅,我们在文内都省略了生卒年代,这些内容可以在每卷的索引内找到。

　　尽管每个小组都是独立工作的,为了保持一致性,遵守一些共同的标准也是必需的。为了达到这个目的,我们从一开始就拟定了不少凡例,希望在丛书编撰过程中都能得到遵守。最大的优点就是利用互联网,不仅鼓励学者在本卷内部相互交流,各卷之间进行交流,而且那些成稿的文章也可以发布到课题网站上让其他学者进行评论借鉴和学习。2008 年 9 月,在加拿大埃德蒙顿的阿尔伯达大学召开的高峰会议,大量的编辑和过半的专家们齐聚一堂, xi 花费两天时间讨论一些出版的细节问题、图书内容和要旨问题。我们认为这次会议有一个很重要的"附加值"——对会议和丛书来说都是如此——那就是先前在各自地区和领域按部就班进行工作的学者彼此认识了,目的是以一种独特的,又是前无古人的方式撰写历史著作史,来追求这种共同的旨趣。作为该丛书的主编,我希望在这套丛书完成时,这些联系能继续不断维持下去,并在未来有进一步的合作研究。

　　在埃德蒙顿会议上,我们作出了几个关键性的决定,其中最重要的决定是为了避免不必要的主题重叠，而允许时间上的交叉重叠。各卷的年代划分是以日历为标准而不是以传统西方的"中世纪""文艺复兴"为标准的，这在一定程度上显得独断。因此关于古代的第一卷大约在公元 600 年结束，早于伊斯兰教的降临，但与后续的部分有所重叠。第二卷有关西方的部分是古代晚期和中世纪的部分，有关中国的部分（在每卷都特别突出另外一种历史书写主要传统）涉及的时间是从唐朝到明朝初期的历史。类似的情况在第四卷和第五卷，在第二次大战前后有所重叠。对于一些主题来说，1945 年是一个合乎情理的分界线，但对别的一些主题就未必尽然了，比如在中国，1949 年才是重要的转折点。某些特定话题，比如年鉴学派通常是不以 1945 年来划分的。另一个变化是，我们坚持用 BC（公元前）、AD（公元）这种表达年份的方法；我们推翻了先前决定使用 BCE（公元前）、CE（公元）来表达年代的方法，原因是这两种表达方式同样都是欧洲中心论的形式；BC（公元前）、AD（公元）至少已为国际惯例所采纳，尽管这有着基督教欧洲起源的味道。

在埃德蒙顿会议上，我们明确了如何处理这套丛书中的开头和后面的各两卷（第一卷和第二卷，第四卷和第五卷），同时将第三卷作为这前后四卷的衔接桥梁，该卷时间跨越范围是公元 1400 年到约 1800 年的几个世纪——这段时间在西方通常被称为近代早期（early modern）。另一个决定是，为了保证这套丛书价格相对合理，我们决定非常精选地使用插图，只是在能提升内在含义的地方才使用插图，比如处理拉丁美洲那些庆祝过去的图片。既然手头没有那些著名历史学家的真实肖像，因此在这个研究计划中有意回避那些史学史上一系列想象出来的璀璨明星也是适当的——无论西方还是东方，北方还是南方都是如此——从修昔底德到汤因比都是这样处理。

第五卷是整个系列第二早出版的，但是在编年史上是结束之卷。我和我的共同主编阿克塞尔·施耐德不得不稍微兼顾到其他卷涉及的时段，而且要面对本时段中的前所未有的并仍未结束的巨变。从计划一开始，我们就决定本卷应该有两大类章节，一类是专题性的，另一类是国家－区域性的。这实际上意味着有许多国家和地区史没有论述到的，但是整个系列，正如前面提到的，从未试图涉及所有地区。同时，尽管历史编撰在许多方面依然是局限在国家领域内，但过去 60 年来最有意思的变化是反复地跨越空间界限的，并且在最近 10 到 15 年中是在加速这一变化；这样，一本书如果是局限在国家界限内，许多重要的发展就会陷困在地理政治夹缝中的。因此，本卷第一大部分的专题性章节涉及到过去六十年中出现的历史学与相邻学科的关系、不同的研究路径与方法论、子学科等。然而，这些发展是在各个特殊的国家和地区的机制与文化中得以实践的，并受到政治社会环境的影响。于是，本书的第二大部分追述了第一部已经提到的某些主题在各个国家内、有时是跨国的区域内的编撰实践。

目　录

撰稿人

贝恩·阿特伍德(Bain Attwood),澳大利亚墨尔本莫纳什大学历史学系教授,著有 *Rights for Aborigines*(2003)、*Telling the Truth about Aboriginal History*(2005)和 *Possession：Batman's Treaty and the Matter of History*(2009)。

迈克尔·本特利(Michael Bentley),圣安德鲁斯大学现代史教授和利弗休姆专职研究人员,现从事西方史学的比较研究。成名作有 *Companion to Historiography*（1997）和 *Modern Historiography*(1999)。

斯蒂芬·贝格尔(Stefan Berger),英国曼彻斯特大学现代德国和比较欧洲史教授,他也是曼彻斯特让·莫内卓越中心主任。他最近的专著是 *Friendly Enemies：Britain and the GDR*，1949 - 1990(2010)。

乌尔夫·布伦鲍尔(Ulf Brunnbauer),格拉茨大学博士,现为德国雷根斯堡大学东南欧和东欧史历史讲座教授和雷根斯堡大学东南欧研究学会主任。他曾主持"东南欧战后社会主义史学(2001—2003)"国际研究计划,并主编了一项集体成果：*(Re)Writing History：Historiography in Southeast Europe after Socialism*(2004)。

1

优素福·舒埃里（Youssef M. Choueiri），曼彻斯特大学伊斯兰研究中心资深讲师，著有 *Islamic Fundamentalism*（2003）、*Arab Nationalism*（2001）和 *Blackwell Companion to the History of the Middle East*（2005）。

阿隆·孔菲诺（Alon Confino），美国弗吉尼亚大学历史学教授，早期著有 *Germany as a Culture of Remembrance：Promises and Limits of Writing History*，2011 年即将出版 *Foundational Pasts：An Essay in Holocaust Interpretation*，现正在写作 *A World without Jews：Nazi Germany，Representations of the Past，and the Holocaust*。

塞巴斯蒂安·康拉德（Sebastian Conrad），德国柏林自由大学历史学教授，近来著有 *The Quest for the Lost Nation：Writing History in Germany and Japan in the American Century*（2010）和 *Globalisation and the Nation in Imperial Germany*（2010）。

安通·德·贝兹（Antoon De Baets），荷兰格罗宁根大学的历史学者，著有 *Censorship of Historical Thought：A World Guide，1945 – 2000*（2002）和 *Responsible History*（2009）。他成立了一个有关历史学家的网站，正在写作 *History of the Censorship of History*（1945 – 2010）。

朱莉·德斯·贾丁斯（Julie Des Jardins），在纽约市立大学巴鲁克学院教授历史，著有 *Women and the Historical Enterprise in America：Gender，Race and the Politics of Memory*（2003）和 *The Madame Curie Complex：The Hidden History of Women in Science*（2010）。

马歇尔·埃金（Marshall C. Eakin），美国范德堡大学历史学教授和巴西研究协会执行主任。著有 *The History of Latin America*：*Collision of Cultures*（2007）和 *Brazil*：*The Once and Future Country*（1997）。

亨利·埃姆（Henry Em），纽约大学东亚研究中心的副教授，*Sovereignty and Selfhood in Modern Korean Historiography* 即将由杜克大学出版社出版。早期曾合编 *Kŭndaesŏng ŭi yŏksŏl*［Entangled Modernities］（2009）。

托因·法罗拉（Toyin Falola），美国得克萨斯大学希弗朗西丝·金博特姆·诺儿百年纪念历史学教授和大学杰出教学教授，近著有 *Colonialism and Violence in Nigeria*（2009）。

马切伊·戈尼（Maciey Górny），波兰华沙波兰科学院历史所助理教授，著有 *Miedzy Marksem a Palackým*：*Historiografia w komunistycznej Czechosłowacji*（2001）和 *Przede wszystkim ma być naród*：*Marksistowskie historiografie w Europie Środkowo-Wschodniej*（2007）。

乔尔·霍洛维茨（Joel Horowitz），纽约圣文德大学历史学教授，最新著有 *Argentina's Radical Party and Popular Mobilization*，1916-1930（2008）。

帕特里克·乔里（Patrick Jory），澳大利亚昆士兰大学东南亚史高级讲师，他跟迈克尔·蒙特沙诺（Michael Montesano）合编有 *Thai South and Malay North*：*Ethnic Interactions on a Plural Peninsula*（2008）。

丹尼斯·科兹洛夫（Denis Kozlov），达尔豪斯大学俄国史助理教授，在苏联思想史方面著有多篇论文，现正在写作一部专著，暂时定

名 为'The Readers of *Novyi mir*，1945 - 1970：*Twentieth-Century Experience and Soviet Historical Consciousness*'。

安·库马尔(Ann Kumar)，澳大利亚国立大学教授，已出版的论著集中在 15 世纪至 20 世纪印度尼西亚的政治、社会和思想史，然而近著 *Globalizing the Prehistory of Japan：Language，Genes and Civilization*，却主要探究早期爪哇对于日本原初文明的影响。

克里斯·洛伦兹(Chris Lorenz)，阿姆斯特丹大学史学理论与史学史教授，近来出版 *Przekraczanie Granic：Esejez filozofii historii i teorii historiografii*（波兹南，2009）、与斯蒂芬·贝格尔合编 *The Contested Nation：Ethnicity，Class，Religion and Gender in National Histories*（罕德米尔，2008）、*Nationalizing the Past：Historians as Nation Builders in Modern Europe*（罕德米尔，2010）、与斯蒂芬·贝格尔和比利·梅尔曼(Billie Melman)合编 *Popularizing National Pasts：From 1800 to the Present*（纽约，2011）。

J. R. 迈克尼尔(J. R. McNeill)，乔治城大学历史学教授和讲座教授，著有 *Mosquito Empires：Ecology and War in the Greater Caribbean*，1620 - 1914（2010）、*The Human Web*（2003）和 *Something New Under the Sun*（2000）。

西摩·毛斯科普夫(Seymour Mauskopf)，普林斯顿大学科学史博士，著有 *Crystals and Compounds*（1976）、*Chemical Sciences in the Modern World*（1993），跟迈克尔·R. 麦克沃（Michael R. McVaugh)合著 *The Elusive Science*（1980）。现正在写作有关 19 世纪末阿尔弗雷德·诺贝尔与英国军火科学家的交往一书。

阿兰·梅吉尔（Allan Megill），美国弗吉尼亚大学历史学教授，著有 *Historical Knowledge，Historical Error：A Contemporary Guide to Practice*（2007）和 *Karl Marx：The Burden of Reason*（2002）以及其他论著。

马蒂亚斯·米戴尔（Matthias Middell），德国莱比锡大学全球和欧洲研究所教授和主任，曾于 2005 年出版过有关从兰普勒希特到 20 世纪末德国的世界历史书写的著作。

苏普里娅·穆赫吉（Supriya Mukherjee），孟菲斯大学教师，参与写作 *A Global History of Modern Historiography*（2008）中有关印度历史书写的章节部分。

尤尔根·欧斯特哈默（Jürgen Osterhammel），德国康斯坦茨大学现代和当代史教授，著有 *Geschichtswissenschaft jenseits des Nationalstaats*（2001）和 *Die Verwandlung der Welt：Eine Geschichte des neunzehnten Jahrhunderts*（2009）。

凯文·帕斯莫尔（Kevin Passmore），威尔士加迪夫大学历史学高级讲师，参与编有 *Europe since 1900：Writing National Histories*（1999）和 *Writing History：Theory and Practice*（第二版，2010）。

帕特丽夏·佩利（Patricia Pelley），得克萨斯理工大学；历史学副教授，著有 *Postcolonial Vietnam：New Histories of the National Past*（2002）。

吉安·普拉卡什（Gyan Prakash），美国普林斯顿大学代顿-斯托克顿历史学教授，著有 *Bounded Histories：Genealogies of Labor Servitude in Colonial India*（1990）和 *Another Reason：Science and*

5

the Imagination of Modern India（1999）。2010 年出版新著 *Mumbai Fables*。

亚历克斯·罗兰（Alex Roland），杜克大学的历史学教授，著有 *The Military-Industrial Complex*（2001）、*Strategic Computing*（2002）和 *The Way of the Ship*（2008）。

阿克塞尔·施耐德（Axel Schneider），德国哥廷根大学现代中国研究教授，著有 *Truth and History：Two Chinese Historians in Search of a Modern Identity for China*（1997；中文版，2008）。

罗尔夫·托斯坦达尔（Rolf Torstendahl），瑞典乌普萨拉大学荣休教授，著有 *An Assessment of Twentieth-Century Historiography*（2000）和 *History-Making：The Intellectual and Social Formation of a Discipline*《历史制作：学科的思想和社会形构》（1996）。

伊安·特瑞尔（Ian Tyrrell），澳大利亚新南威尔士大学历史学科学教授，著有 *Historians in Public：The Practice of American History*，1890－1970（芝加哥，2005）。

皮尔·弗里斯（Peer Vries），维也纳大学全球经济史教授，在广泛的近代早期的比较经济史领域有论著，现正在写作有关英国和中国政治经济学，将由荷兰博睿出版社出版。

苏珊·魏格林-施维德齐克（Susanne Weigelin-Schwiedrzik），奥地利维也纳大学中国研究教授，在有关 20 世纪中国史学领域，尤其 1949 年之后中国史学有多本著作和多篇论文。

丹尼尔·沃尔夫（Daniel Woolf），加拿大女王大学历史学教授，著有 *A Global Encyclopedia of Historical Writing*（1998）和 *The Social*

Circulation of the Past（2003），还包括 *A Global History of History*（2011）。

斯图亚特·沃尔夫（Stuart Woolf），意大利威尼斯大学当代史教授，在此之前是艾塞克斯和欧洲大学研究院的历史学教授，2006 年退休。著有 *A History of Italy 1700 - 1860: The Social Constraints of Political Change*（1979）和 *Napoleon's Integration of Europe*（1991）。

圭勒莫·泽曼诺·帕里拉（Guillermo Zermeno Padilla），墨西哥学院历史学教授，近期著有 *La cultura moderna de la historia: una aproximación teórica e historiográfica*（墨西哥，2002），合作编有 *Diccionario político y social del mundo iberoamericano: la era de las revoluciones*，1750 - 1850《伊比利亚美洲世界的政治和社会词典：革命时代（1750—1850）》（马德里，2009）。

顾问委员会

迈克尔·昂-特温（Michael Aung-Thwin），夏威夷大学（University of Hawaii）

迈克尔·本特利（Michael Bentley），圣安德鲁斯大学（University of St Andrews）

彼得·伯克（Peter Burke），剑桥大学（University of Cambridge）

托因·法罗拉（Toyin Falola），德克萨斯大学（University of Texas）

乔治·G. 伊格斯（Georg G. Iggers），纽约州立大学布法罗分校（State University of New York，Buffalo）

唐纳德·R. 凯利（Donald R. Kelley），罗格斯大学（Rutgers University）

塔里夫·哈利迪（Tarif Khalidi），贝鲁特美利坚大学（American University，Beirut）

克里斯蒂娜·克劳斯（Christina Kraus），耶鲁大学（Yale University）

克里斯·劳伦斯（Chris Lorenz），阿姆斯特丹自由大学（VU University Amsterdam）

斯图亚特·麦金泰尔（Stuart Macintyre），墨尔本大学（University of Melbourne）

尤尔根·欧斯特哈默（Jürgen Osterhammel），康斯坦茨大学（Universität Konstanz）

伊拉里亚·波尔恰尼（Ilaria Porciani），博洛尼亚大学

（University of Bologna）

约恩·吕森（Jörn Rüsen），德国埃森高等人文学科研究院（Kulturwissenschaftliches Institut，Essen）

罗米拉·塔帕（Romila Thapar），德里贾瓦哈拉尔尼赫鲁大学（Jawaharlal Nehru University，Delhi）

导　论

阿克塞尔·施耐德　丹尼尔·沃尔夫

作为《牛津历史著作史》的最后一卷,跟前几卷相比,本卷只涵盖很小的时段:仅仅三分之二的世纪。正如其他各卷一样,这一卷时段的边界也是流动的和不精确的:1945 年作为世界的转折点,其意义在于它表示了第二次世界大战的结束,以及欧洲被切分为西方和东方两个阵营。在世界的其他地方,其他的时间点更为重要:对于中国而言,1949 年是一个重要的年份;20 世纪 50 年代至 60 年代,大多数非洲国家的去殖民化运动标志着其与过去殖民史学的巨大决裂。跟前几卷不同的是,我们的时代仍旧是未完成的,尽管有一些显著的子时段完结了,比如 20 世纪 60 年代早期的分裂,20 世纪 80 年代欧洲共产主义的衰落,20 世纪 90 年代全球化和伊斯兰原教旨主义同时急剧上升。但是,我们很难预测,在 2010 年初写作这篇导论的时候,有关战后史学的叙事将会在何时结束,以及怎样结束。更为显著的则是,随着党派、族群、性别、宗教、种族、阶级和意识形态继续争夺支配权,许多已处断层线边上的历史领域可能会继续分化和再分化,而后现代主义对超越语言过滤器的历史知识之可能性的质疑,又会将其不断复杂化。

尽管我们这一卷时间简短,但这个时代却是极端复杂的,非常不同于其他时代。尤其是 19 世纪的历史书写(以及诸如大学、档案馆、专业期刊和大型史料出版计划等史学机制)高度民族主义化的倾向在 20 世纪早期仍在继续,直到二战结束才开始在西方退潮。但在全球的其他地方,民族主义史学仍在继续加强,并在后冷战时期的欧洲慢慢复活。或许更准确地说，民族主义的历史书写模式在1945年之后受到以主题式的、问题导向的或意识形态和利益集团的方式来组织和建构过去的模式的挑战。并非巧合的是，在历史书写本身变得更加专业且持续全球化时期，也正是全球史写作的时期，它始于20世纪60年代和70年代"世界史"书写的倡议［这一章节由尤尔根·欧斯特哈默（Jürgen Osterhammel）负责］，结束于本书交付出版之际，全球化所带来的迫切要解决的问题又翻倍踢回到历史学本身。本卷及这一系列的《牛津历史著作史》本身就是全球主义复兴的产物，它始于上一千年末。我们希望把历史学科放到国际范围内来对待，在适当的情况下（并非总是）采用比较的框架。

在这一卷的大约30万单词中，显然不能涵盖历史书写的所有方面。这一卷也不能保持作为一个整体的体系和系列，旨在有代表性地来展现，而非面面俱到，避免任何百科全书式的要求。正如整个五卷的主编序言所示，我们选择把按照年代顺序组织的系列"蛋糕"切分成两块不同方式组合的"小蛋糕"。在本卷的前半部分，主要讨论理论和问题导向的史学。我们原本鼓励作者们采取全球的视野来组织这一部分的章节内容，但我们自己在实际实施本卷的一些理论问题的过程中并不是全球的，即便有时这样处理了，很大程度上也是以不同的方式来展现的。例如，对后现代主义的痴迷并非专属于西方，在东亚也非常流行。但是，西方的后现代主义是在认识论上来批判现代的历史学或者颠覆现代历史学的基本范畴，在东亚，人们更多是把后现代主义作为工具，以此来强化这样一个特点，把东亚放置于不同于西方/剩余其他地方的空间中。因此，后现代主义在世界的一些地方成为加强、而不是拆除边界的工具。

有了这个"框架"之后，我们可以说，本卷的后半部分又返回到更传统的国家或区域的研究路数。人们可能会问，为什么在"后民族主义"（postnationalism）时代仍要采用这样的范畴。显而易见的理由是，大多数国家（包括冷战国际主义之后的一些新兴国家，或者另一端,从独裁和军政府中解放出来的国家,比如拉丁美洲的部分国家)仍然存在 19 世纪的学术结构、专业期刊和专业协会的牢固痕迹,大学历史系仍然按照国别和时代的类别来聘请学者。然而,第二个理由更加重要:正是在特定国家中,我们才能看到历史文化的发展,即民族史学事业中的个体细胞是如何与各种不同的理论方法和成见相互碰撞的。或者换一个隐喻的说法,如果我们要研究史学发展趋势——女权主义和性别、记忆研究、环境史、社会科学导向的史学等等——的实际影响,国别的和区域的案例研究可以提供一系列的"窗口"。

现代的历史学科从未成为一个统一的领域。自历史书写制度化的学术形态在 19 世纪中期的欧洲兴起以来(即将出版的此丛书第四卷的主题),对于历史是什么的不同理解方式以及怎样研究和书写历史的不同观念就一直在相互碰撞和竞争。然而,第二次世界大战结束后尤其自后现代主义兴起之后(20 世纪 60 年代末是其第一个可察的标志),史学方法的异质性确实是前所未有的。克里斯·洛伦兹(Chris Lorenz)在"论历史与理论"这一章节中追踪了这些发展趋向,阐述了理论变迁的三个阶段:从分析的历史哲学向叙述主义历史哲学的转变,随后是转向"自下而上的历史"和历史的"在场",最后导向当前关于历史状态和历史书写的基础本体论和规范性问题的回归。随后,凯文·帕斯莫尔(Kevin Passmore)提供了类似的讨论,即历史学家犹豫不决、时热时冷地向社会科学中的各种各样的学科"求爱",从塔尔科特·帕森斯早期的战后社会学理论,再到 20 世纪 70 年代和 80 年代的人类学"约会",最后结束于近来的"文化转向"。这些对待历史学的不同理论路数必须在它们的时代语境中来理解。它们与历史和政治变迁紧密相关,比如 20 世纪 50 年代和 60 年代的去殖民化运动,以及最近经济和政治全球化的进程。因此,我们现在面临着更加多元化和更加多层级的处境,挑战了迄今占主导地位的现代化理论及其书写历史方式的核心预设。

在论述后殖民主义这一章节中,吉安·普拉卡什(Gyan

3

Prakash)分析了其中的一种新方法，这种新方法是在西方殖民扩张之后对民族主义和马克思主义历史观的回应中发展起来的。为了抵制殖民地中一些精英阶层取自殖民大国的国家主导的现代化范式，后殖民主义者抨击了据称是典型的现代西方进步的、必然的和国家主导的国家建设的假设。为了促进用自下而上的方法来理解历史，他们强调"庶民的"（subaltern）非精英的视角，并批判欧洲中心主义的规范，但他们并没有否认现代西方的影响（近期许多后殖民主义作家认为这些影响意味着在社会和知识论上是受压迫的和边缘化的）。

　　吉安·普拉卡什所分析的类似的发展状况可以在世界史和经济史领域看到，这是由尤尔根·欧斯特哈默和皮尔·弗里斯（Peer Vries）分别做出的相关研究。欧斯特哈默考察了全球史的各种不同的研究路径。他注意到，二战之后历史学家更加关注民族国家—区域—世界—全球的互动。更新一点的全球史，虽然它不否定民族国家的历史，也努力探讨西方成功的原因，但是，它并没有回到欧洲中心的和本质主义的视角。历史学家一旦意识到了历史的构造性，他们就更加注重过去中的行动者，以及多元化的视角和各种不同的历史道路。历史学家聚焦于诸如移民史、环境史和经济全球化史这样的主题。在经济全球化这个领域，迄今占据主导地位的马克思路径和斯密路径都受到了挑战。经济史家受到东亚相继发生的经济奇迹的刺激，现在开始比以往任何时候都更加注重非欧洲的历史经验。当他们提出了更好、更符合实际的新模式，这些新模式自身也潜在地影响西方的经济话语。

　　我们也可以在其他领域中观察到理论趋向与当代社会环境的紧密联系。妇女史及其继任的性别史作为强有力的新方法在20世纪70年代的兴起，并不是偶然的，恰恰在广泛的女权主义运动开始深深影响欧美社会的时刻。环境史的出现可以说与此类似，始于20世纪60年代对环境问题的关注，担心地方性的工业污染，此后又演变成全面的全球气候变化的危机，正是在此背景下，环境史应运而生。聚焦于物质层面、政治问题和文化因素，J. R. 迈克尼尔(J. R. McNeill)展示了环境史,尤其是美国的环境史怎样开始蓬勃发展,以及如何扩展到欧洲和世界的其他地方。理论或"意识形态"的方法(我们明确不是在负面的意义上来使用后者的术语,因为我们认为几乎所有的历史都是或隐或显的意识形态的)本身是交杂的、并由一些学者从其他地方转调过来的:这也归功于诸如琼·瓦拉赫·斯科特(Joan Wallach Scott)等人的著述,过去十年的性别研究越来越多地受到后现代理论和诸如主体性和同一性等概念之再界定的影响。几乎无需说明的是,这些方法往往也是相互冲突和相互交叉的——最为典型的例子是阶级与性别的张力,研究性别和种族的历史学家与老牌马克思主义史学家之间有时是对抗的关系,有时更多是共生的关系。朱莉·德斯·贾丁斯(Julie Des Jardins)利用北美的经验作为基础,但也穿插了与世界其他地方的比较,以此追踪了妇女史和性别史的兴起及其最新发展。性别史与妇女史并不相同。前者的范畴大多涵盖了后者,而且包含诸如男性历史、批判的种族理论和酷儿研究的领域——妇女史明显地主导了性别史的主要领域,正如德斯·贾丁斯所评论的那样,"性别史无法脱离妇女史或女性史家的故事"。

由阿隆·孔菲诺(Alon Confino)介绍的另一个最近突显的领域,至少跟性别史和环境史一样,已经深深地型塑着历史学科。"记忆"作为一个范畴来分析和理解人类与他们的过去之关联,在过去二十年中变成无处不在的概念。受一般的表象论危机和特定历史经验(大屠杀)共同刺激,一些学者已经使用"记忆"这个概念来替代比较线性和单维的"社会"概念。人们以往认为记忆是主观的和不可靠的,相对于人们将"客观的"历史消极地看作是参与过去的低劣形式,记忆现在移到了舞台中央:个人和集体记忆使得过去仍然存在于当代。记忆(通过诸如口述史等方法来捕获)也展现了普通人的历史经验,包括他们参观公共纪念碑、博物馆和美术馆,因此他们潜在地平衡了官方的、国家中心的和政治上合法的以及学术界广泛认可的历史叙述。

过去六七十年来,历史学家的工作也与国家和政党的权力相冲

5

突。对历史学家的著作进行审查并不是什么新鲜的事。几乎一有历史学家来书写过去，对其进行审查就已经存在了。审查并不总是涉及最过分的形式，最过分的形式包括一位违规的历史学家可能会被监禁、流放，甚至被谋杀，要么是因为某些历史学家从死去的过去中提出令人不安的或政治上不正确的"真理"，要么是因为某些历史学家中采取了与统治权威对立的视角来看待某段过去。本卷有几篇文章探索了不同国家背景下的审查制度和政治干预〔例如，乔尔·霍洛维茨（Joel Horowitz）对于阿根廷史学的讨论和帕特丽夏·佩利（Patricia Pelley）对于越南史学的研究〕。安通·德·贝兹（Antoon De Baets）已经将审查制度作为研究重点，在本卷的相关章节中提供了自 1945 年以来审查类型的命名和分类的创新尝试，以及一些具体的事例。正如他所说，审查制度（可以行业审查，也可以是自我审查，还有国家审查）是"将权力、自由和历史连在一起的纽结"。

技术和科学如此发展，连 20 世纪初最乐观的未来主义者也无法想象，关于过去的科学和技术的研究也获得了长足的发展。事实上，在许多国家，科学史已经变成了一个平行学科，而不再是一个分支学科，有的地方甚至将其设置为一个单独的系科加以研究。在亚历克斯·罗兰（Alex Roland）和西摩·毛斯科普夫（Seymour Mauskopf）共写的这一章节中，他们将科学史与未被充分研究的技术史衔接了起来。除了将这两种路径结合在一起之外，他们进一步提供了跨学科影响的证据，就如他们追踪了诸如性别史和劳工史研究所带来的影响。

在本卷的下半部分，我们按地理因素来组织的章节，必须比上半部分所涵盖的主题更具有选择性。"通常的嫌疑犯"有一席之地——特别是西方的英国、美国和法国一组，它们都在各自不同的方式上影响着史学的进程。迈克尔·本特利（Michael Bentley）对于英国历史书写的研究，追踪了从战后至今的兴衰路程——战时，19 世纪末的经验主义者的议程仍旧是完整无缺的，政治史继续占主导地位——经由《过去与现在》的创立这一事件，到 20 世纪 80 年代新保守主义的出现，再到法美风格的量化泡沫的膨胀和最终破灭，以及在最不具有理论化倾向的国家历史职业之文化转向的到来。伊安·特瑞儿（Ian Tyrrell）从澳大利亚的有利地位提供了关于美国史学的局外人的观点，聚焦于美国史学家学术之外的生活，包括"公众史学"的发展及其效应：在 20 世纪 90 年代，出现了诸如史密森学会举办的艾诺拉·盖伊展览（Enola Gay exhibit）过程中关于过去的公共表现的苦涩冲突，这里涵盖了上述三篇论文的议题，罗兰和毛斯科普夫关于科学和技术史的研究，孔菲诺对于历史研究中"记忆"产业的讨论，以及德·贝兹关于审查的研究。马蒂亚斯·米戴尔（Matthias Middell）追溯了法国史学的发展历程，法国史学经历了年鉴学派和更多的诸如福柯、德里达和利奥塔为代表的后现代主义和结构主义理论的双重影响。

德国战后的命运，这个曾经波及整个世界的 19 世纪历史书写的伟大"立法者"，为柏林墙两边的学术和政治生活提供了进一步的研究。在关于 1989 年之前东德的讨论中，斯特凡·伯格（Stefan Berger）论证了由苏联提倡的马克思主义的压倒性优势，以及社会史和特别是经济史的至高无上的地位。在西德，历史学的发展不同于其他西方民主国家的进程，有一个很大的例外：德国战争罪责的阴影。大屠杀提供了德国史学的"屋子里的大象"——在室内的角落里不时地搅动着，例如，20 世纪 60 年代早期"费舍尔论辩"中关于德国一战的意图的讨论。但是，这头大象在 20 世纪 80 年代后期两德统一前夕咆哮起来，在"历史学家之争"（Historikerstreit）期间，左派的哈贝马斯与新保守派历史学家恩斯特·诺尔特在公共媒体上展开了热烈的论争，重新撕开了过去的伤口。"特殊道路"（Sonderweg）或德国的"特殊路径"——在世界其他地方（包括美国和下面讨论的东亚）也能发现例外论的变体——提供了这些辩论的车轮围绕其转动的车轴。

在欧洲国家中，苏联的国家权威与历史学的相互关联最为强大，最终是紧束的。丹尼斯·科兹洛夫（Denis Kozlov）在这一章节回到了"伟大卫国战争"（如苏联称其与德国 1941—1945 年的战斗）之前，追溯了在波克罗夫斯基（M. N. Pokrovskii）领导下的苏联官方马克思主义史学的早期出现，以及 20 世纪 30 年代的斯大林主义。随后，他考察了战后至 20 世纪 90 年代初期苏联实验突然结束之前的历史书写的进一步发展。本卷的另一章节补充了科兹洛夫关于政党和历史学之间关系的研究。正如斯图亚特·沃尔夫（Stuart Woolf）的叙述所示，这一次是最两极分化的西方民主国家的后法西斯主义的意大利，他同时也展示了意大利的微观史学（microstoria）对于战后史学方法最重要的贡献，其流行程度在 20 世纪 80 至 90 年代达到顶峰。"微观史学"（Microhistory）是英文翻译，而其本身在年鉴学派也有它的祖先，例如拉杜里的畅销书《蒙塔尤》（1975），兴盛于诸如金兹伯格最为知名的《奶酪与蛆虫》（1976），并迅速在世界其他地方拥有众多追随者。

　　正如史学风尚和史学方法的流动所表明的那样，即便在互联网真正使世界变得更小之前，民族国家的边界也是相当模糊的。民族国家提供背景和经常讨论的主题，但很少能限定话题或方法的范围。在某些情况下，区域性方法是有用的，不仅仅是作为一种更简要的方法，而且也因为相邻的国家发现自己处于类似的史学地域，尽管最后的结局不尽相同。本卷有数篇论文选取区域而非国家作为它们的主题。乌尔夫·布伦鲍尔（Ulf Brunnbauer）分析了苏联垮台前后的铁幕两边的几个巴尔干半岛国家的历史学（从来没有社会主义的、有短暂军政府的希腊，其对立面是保加利亚、阿尔巴尼亚、罗马尼亚和南斯拉夫）。马切伊·戈尼（Maciey Górny）提供了三个主要的欧洲国家的类似研究——波兰、匈牙利和捷克斯洛伐克（后来分成捷克共和国和斯洛伐克共和国）——它们都跨越了相同的时间分水岭。作为欧洲的一部分，斯堪的纳维亚半岛的史学特征在以往历史书写的历史中并未得到关注，罗尔夫·托斯坦达尔（Rolf Torstendahl）表明，尽管有一些国家间的不同，挪威、瑞典和丹麦这三个国家的史学都经历了高度相似的战后轨迹，从继续追求战前议题的初期开始，到 20 世纪 60 年代社会史、马克思主义和社会性学术研究的出现，然后到文化史和人类学的影响，最后到了给人一种研究领域非常分散的感觉：那种试图理解民族国家历史的努力已经基本上被放弃了。

在欧洲各个不同地区都具有的相同模式，这种情况也出现在了中东和非洲。优素福·舒埃里（Youssef M. Choueiri）扩展了即将出版的《牛津历史著作史》第四卷中有关阿拉伯史学章节的讨论，展示了在阿拉伯世界的各个国家中，有些但并非全部成为原教旨主义的伊斯兰政权继续遵循西方的模式，尽管它们经常采用比美国和西欧更明确的社会主义者的方法。相对较新的国家，例如沙特阿拉伯君主国，比阿拉伯世界其他地区（例如黎巴嫩、伊拉克和叙利亚）在建立国家议题的史学方面要慢一些，但在 20 世纪 70 年代之前，在过去四分之一世纪中一直处于主导地位的激进伊斯兰化重组前，整个阿拉伯世界都开始大力推动对于剩余的西方殖民史的清算，诸如爱德华·萨义德的《东方主义》（1978）等重要的学术文本不仅提供了清算的动力，而且从内部给西方学术预设带来了骚动和不稳定性。

在非洲的各个国家也有类似的故事，通常是殖民地国家，他们的现代史学机构都是晚近才建立起来的，并逐步将非洲的历史看作是"老"皇室历史之外的一个领域。托因·法罗拉（Toyin Falola）继续他在《牛津历史著作史》第四卷中提出的分析，追溯了带有英国、法国和比利时帝国痕迹的独特民族史学的发展，同时也探索了在非洲研究中首先出现的一个关键方法的创新，后来又延伸到其他领域——即让·万思那（Jan Vansina）等人关于口述传统的著作。口述传统作为研究过去的一种方法，主要应用于大部分没有文字记录或者由殖民地占领者的书面记录所主导的领域。世界其他区域也出现了类似的口述传统，在本土史学比较年轻的地区，这一方法的效果比较明显。贝恩·阿特伍德（Bain Attwood）在讨论澳大利亚和新西兰的章节中，他通过自己的镜头聚焦在一个特定的问题，以此提供了类似的案例。有关土著与移居者之间关系的史学，即在该国右派与左派之间公开争辩中产生的这一话题，比在美国的类似研究更为广泛。

南美洲的情况提供了另一个变体，去殖民化（南美洲相当多的国家去殖民化始于 19 世纪）之后，在殖民统治建立起来的社会结构和代理精英继续发挥着相当大的影响力。正如乔尔·霍洛维茨（Joel Horowitz）的研究所示，在阿根廷，历史学家在 20 世纪大部分时间中受到政治制度的严格控制，伴随着方法论的实证主义趋向，这种情况与墨西哥的史学发展相当，20 世纪 30 年代墨西哥革命之后，兰克式的史学占据着主导地位。就如圭勒莫·泽曼诺·帕里拉（Guillermo Zermeno Padilla）所分析的，在 20 世纪 40 年代，墨西哥史学进入了一个专业化和制度化的过程，而到了 20 世纪 60 年代之后，在西方新趋势诸如社会史的影响下，历史研究的领域也渐趋多元化。自 20 世纪 80 年代以来，阿根廷的史学也可以看到类似的现象。在巴西，历史书写有一段时间在绅士史学家（gentlemen historians）手中，主要是非学术的，他们专注于国家认同问题。根据马歇尔·埃金（Marshall C. Eakin）的研究，从 20 世纪 40 年代开始，巴西的历史书写也逐渐职业化，接着，在诸如马克思主义、年鉴学派和依附理论等西方史学潮流的影响下也走向了多元化的历史书写。巴西政府主动地向欧洲学术伸出橄榄枝，像布罗代尔和克洛德-列维-斯特劳斯在 20 世纪 30 年代和 40 年代曾参与圣保罗大学的建设。

东南亚的情况更为复杂，因为不同的殖民化-独立的模式与历史书写的实践和现代机构的发展的不同轨迹交织在一起。泰国〔这一章由帕特里克·乔里（Patrick Jory）完成〕，这个从未真正经历过殖民化和去殖民化历程的国家，其历史书写返回到了皇家编年史的传统，史学在 20 世纪的大部分时间里直接受到皇室的影响，如果不是控制的话（在 20 世纪早期几十年内，现代泰国教育体系包括史学在内的总设计师正是国王朱拉隆功的弟弟丹隆·拉差努帕亲王）。皇室作为国家独立和现代化的担保人，其所设立的主要议题，时不时会受到聚焦于泰国民族而非皇室的军国民族主义的质疑和马克思主义者对绝对君主制的批判这些挑战。只有到了 20 世纪 80 年代，历史书写在西方的影响下才开始转变。

由安·库马尔(Ann Kumar)所写作的印度尼西亚这一章节中,他发现印度尼西亚处于不同的殖民地情形。印度尼西亚的精英们当时面临着后殖民主义的困境,不得不采取西方民族主义的历史书写的方法,以此来反对将殖民统治合法化的群岛历史之荷兰版本。独立后不久,军方接管并主宰了印度尼西亚几十年的历史书写。对军方历史观的挑战来自于历史的艺术呈现,以及受过社会科学方法训练的历史学家,他们强调了一种平衡中央和地方视角的多维度方法。但是,直到2002年之后,历史学家才能公开地批评军方的作用。

我们在越南也可以看到另一种模式,就像帕特丽夏·佩利(Patricia Pelley)所表明的那样,作为亚洲冷战的一部分,去殖民化进程和随之而来的南北分治,导致了不同类型的历史书写。在这两个越南政权中,历史书写都必须为国家服务,两国的历史学家都强调其政治功能。北越历史学家将其置于东亚和马克思主义的背景下,南越历史学家则将其置于东南亚地区,并坚定地反对共产主义。1986年(统一十多年)之后,随着过去紧张的局势放缓,在改革派越南政府的支持下可以更公开地重新评估过去,现在越南政府也允许与外国历史学家进行更多的互动。

在亚洲的三个区域——中国、韩国和日本——历史学家都能够从回顾近三千年的历史书写的传统中获取灵感。然而,在冷战的背景下,这三个地区都经历了非常不同的政治发展。在殖民地韩国,历史学家时而与日本的殖民统治者合作,时而从民族主义的视角批判日本的殖民主义,并在两者之间来回摇摆。亨利·埃姆(Henry Em)描述到,1945年之后,那些批判殖民统治的人获得影响力,开始建立现代学术制度,并且在南方将马克思主义者排除在职业之外。很长一段时间内,以现代化理论为依据的实证主义风格主导了韩国的学术规则,特别是在20世纪60年代镇压学生的反抗之后。只有到了20世纪80年代,情况才有了好转。随着经济现代化的加速和政治变化的加剧,长期以来的现代化理论日益受到挑战,假定走向现代性可以通过不同路径的多元现代性的观

10

念，已经非常广泛地应用于韩国历史的研究。在此背景下，后殖民主义理论以及朝鲜所经历的日本殖民统治和中国宗主权的历史经验开始在概念化多元现代性方面发挥重要作用，最近也影响了韩国的历史书写。

塞巴斯蒂安·康拉德（Sebastian Conrad）所讨论的日本历史书写中，1945 年代表了一种非常不同类型的变革。日本历史学家如今否认了 20 世纪 30 年代和 40 年代初的极端国家主义的史学，并大量转向马克思主义（或者说马克思主义回到了有影响力的位置），从而迅速实现了一种霸权。他们批判了以天皇为中心的后明治时期的主导叙述，并将法西斯主义视为现代化失败的实验。然而，在 20 世纪 60 年代，马克思主义史学占主导地位的情形逐渐被多元化的竞争手段所取代。现代化理论、社会科学的方法论和"自下而上"的路径共同存在。在日本经济奇迹的刺激下，历史学家试图说出这样一个事实，即长期被认为是现代化的障碍的日本传统实际上似乎在促进日本的发展。

在中国，内战将其分割成大陆和台湾，两个对立的政治阵营都是为了政治的目标，从而将历史学变成了工具。然而，与通常的看法不同，苏珊·魏格林-施维德齐克（Susanne Weigelin-Schwiedrzik）认为双方实际上有很多共享的前提。双方历史学家都在为中国历史的特殊性及其与普遍性的世界历史之间的关系而挣扎着。欧洲模式是否适用于中国历史的问题——无论是大陆的马克思主义模式，还是台湾从社会科学借鉴的理论——型塑了很长一段时间的讨论。随着 1975 年至 1976 年前后东亚冷战的结束，海峡两岸的历史书写都发生了重大变化。在台湾，族群认同的问题变得越来越重要，并不令人感到意外的是，台湾史越来越受欢迎。在大陆，随着历史领域彻底地商业化，学术的历史书写逐渐被边缘化。现在的主流话语变成了反对革命的话语。

在本卷的结语部分——可以与劳埃德（G. E. R. Lloyd）的《牛津著作史》第一卷的结语相媲美——阿兰·梅吉尔（Allan Megill）为整卷提供了一些有思想深度的评论，也与编者的观点遥相呼应。

我们在导言的一开始就提出,战后史学是一个没有结局的故事,没有一个明显的中心人物,更不用说有一个"英雄"了。从现在起一百年之后,或者说几十年之前,很难说会有诸如此类的计划来讨论我们历史学家自己的工作。历史书写的历史可能会以反讽的视角止步不前,正如海登·怀特多年前所提出的那样[自怀特开创性的《元史学》(1973)出版以来近四十年很少有人提供相反的证据]。我们可能会同样地指出,借用彼得·诺维克《高贵的梦想》(1988)一书中的说法,其中诺维克改写了卡尔·贝克尔的一句话,"每一个团体都是自己的历史学家"。但是,如果过去七十年的历史书写的故事提供了什么启示,那应该就是,道路上的下一个变幻莫测的"转向"可能就在不远之处。

顾晓伟　译

第一章　历史与理论

克里斯·洛伦兹

　　2006 年,在一篇题为"理论的历史"的论文中,历史学家伊安·亨特尔着手诊断当下理论所面临的困境,他的开场白是这样的:"目前在人文学科当下理论的各种讨论中最为让人吃惊的一个特点是,有关此种理论的对象应该是什么、在其中所使用的或者应该使用的是何种语言,都缺乏哪怕是粗略的一致见解。"在提及从詹姆森和伊格尔顿到乔姆斯基、哈贝马斯、阿尔都塞和德里达的"各种相互竞争的理论方言"的多样性后,他认定,"要想通过界定共同的对象或者共享的语言来从事一种理论的历史乃是徒劳无益的",**因为根本不存在这样的东西**。① 作为受到攻击的理论家之一,詹姆森对亨特尔的批评作出了回应。在他火药味十足的题为"如何不将理论历史化"的论文中,他指责亨特尔"反理论",与"经验主义"和一种低级的"实证主义审查制度"纠缠在一起。②

　　尽管亨特尔与詹姆森之间的这场交锋或许不会被视作一场"历史的"争论,这场争论的**性质**和两者所表现出来的理论立场,对于历史理论而言却有着代表性。1980 年代初期佩里·安德森和 E. P. 汤普森之间的论战就是一个例证。③ 细加分析,有关理论在历史学中所扮演的角色的争议,从历史学作为一门学术性学科之初就一直伴随着它。但是在更进一步之前,我首先需要澄清理论与历

① Ian Hunter, 'The History of Theory', *Critical Inquiry*, 33(2006),78 - 112.

② Fredric Jameson, 'How Not to Historicize Theory', *Critical Inquiry*, 34(2008), 563 - 582.

③ E. P. Thompson, *The Poverty of Theory and Other Essays* (London,1978); and Perry Anderson, *Arguments within English Marxism* (London,1980).

史的概念。

关于历史

人所共知，历史学作为一门学科，在传统上朝着专业化发展时，是按照时间与空间的集群来进行标准的层级划分的。空间框架从地方到全球——介于其间的是区域的、国家的、帝国的和大洲的结构。时间框架从过去的某一天（某个小时？）回溯到大爆炸——介于其间的是年度、年代、世纪、时期等等。历史编纂学——作为历史写作的历史——也是以同样的方式发展起来的。

当历史学中发展出来的专业化表现得**不是**基于空间和时间的明确划分——事实上就是如此，就像是教会史、法制史、经济史、性别史和环境史的情形那样，这些分门别类依然**暗中**是由时间和空间特征所界定的。一切有着特定主题的历史同时也是特定的时空组合的历史。比如，1960年代和1970年代的社会史往往会局限在某个国家框架之内。换言之，作为一门学科的历史学或明或暗地将其对象置于时空之中来加以界定。

关于历史理论（1）

那么，理论与历史学又是如何呢？亨特尔认为某种理论的历史乃是不可能的这一让人绝望的结论，又当如何看待？

在"理论问题"上，亨特尔既是错误的，又是正确的，而我从现在起要将自己限于历史理论的范围之内。亨特尔在察觉到理论没有统一的"共同对象"这一点上是对的，他在看到理论没有任何统一的"共享的语言"上，也是正确的。然而，他认为，缺乏统一的对象和共享的语言乃是一个**问题**，这一结论却是错误的，因为历史理论恰恰就在于要对历史的对象（或各种对象）和语言（或各种语言）是什么或者应该是什么，进行**哲学的**或者**反思的**探讨。历史理论就在于"对于我们有关过去的描述、信念和知识的各个方面进行哲学的审察"，它既是描述性的，同时又是规范性的。① 历史理论提出有关我们对于过去的知识的（认识论的）问题，有关此种知识如何获得、而什么才算得上是历史知识的"特质"和"发展"这样的（方法论的）问题，有关"过去"的存在模式的（本体论或形而上学的）问题，以及有关"过去"的运用的（伦理学、法学和政治学的）问题。许多历史学家在没有意识到的情况下，碰触到了或者提出了"理论性的"问题。

　　有了关于"这一"学科基本特征的各种观念的多样性，以及历史学实践的多样性，才谈得上理论的描述性/规范性这双重特性。此种多样性以及认识论理想的规范性，这两者在别的学科里也同样存在，就像达斯顿和加里森近来在他们福柯式的科学史中所论证的："只要知识预设了一个知者，而知者又被视作对于获取知识而言的潜在的助力或者阻力，知者的自我就会成为一个认识论问题。反过来，这一自我又只有以伦理担当才能加以限制。"②自从康德将认识论界定为反对自身的科学家意志与如叔本华所说"对无意识的意欲"之"客观性"之间的战场以来，就是这样的情形。③ 主观性由此就变成了"来自内部的敌人"，需要以"客观的"程序和规则来"驯化"。④

　　于是，对于"客观性"的追求，同时就既是**认识的**也是**伦理的**理想。⑤ 从这个角度来看，在新观念、新语言或新"范式"（托马斯·库恩著名的说法）的影响之下，某种早先的共识崩解了，而自然科学领域中的诸多伟大思想置身于这样的时期，变得具有反思性（哲学化），就并非偶然的了。因此，詹姆森因其"经验主义"和缺乏对于理论何为的理解而批评亨特尔，乃是正确的。

15

———————————

① Aviez Tucker, ' Introduction ', in id. （ ed. ）, *A Companion to Philosophy of History and Historiography* （Oxford, 2009）, 4; and Frank Ankersmit ed al. , ' The Philosophy of History: An Agenda ', *Journal of the Philosophy of History*, 1（2007）1 - 9.

② Lorraine Daston and Peter Galison, *Objectivity* （New York 2007）, 40.

③ Ibid. , 210.

④ Ibid. , 198, 234 - 246.

⑤ Ibid. , 174, 210.

对于历史学的"真正特性"的理论反思,要履行三种相互关联的实践**功能**。首先,理论会从认识论的和方法论的角度,将某种特定的历史学实践——某种"做历史"的特定方式——合法化为最好的一种。比如,费尔南·布罗代尔对于 *la longue durée*(长时段)的反思,旨在将 1960 年代的年鉴派史学合法化为"最好的实践"。同样的是,埃里克·霍布斯鲍姆对于 1960 和 1970 年代的"社会史"的反思,也旨在以同样方式将他那种马克思主义史学合法化。[①]

其次,理论往往会勾勒出一种特定的做历史的纲要。布罗代尔和霍布斯鲍姆可以再次作为例证,因为这两者都论证了,当更多的历史学家都更加严肃地采纳模型和结构的概念,并且对于历史的三个时间层面及其层级结构具有更加清晰的意识时,"做历史"可以如何地变得更加"科学"。

紧接着合法化功能和提供纲要之功能而来的,是理论的第三个功能:**区分**。理论反思往往将"做历史"的某种特定方式与"做历史"的其他方式区分开来,后者受到驱逐和贬抑。因此,理论的第三个功能就是划定界线,来判定谁能够被接纳到"真正的"历史学家之列,谁应该被驱逐出去。布罗代尔再一次提供了一个例证,他将 *histoireévénementielle*(事件史)排除在"科学的"历史学之外,而将各门社会科学作为"科学的"、"结构的"历史学的必要前提加以接纳。

16　关于历史理论的地位

历史理论在体制中的地位一直以来在最好的情况下也不过是边缘性的,很多有着经验主义倾向的实践的历史学家(比如亨特尔)对于理论抱持着一种成分混杂的感情。[②]这种对于理论的抵制,在历史上植根于兰克本人所构筑起来的在历史学方法与哲学

① See Fernand Braude. , *Écrits sur l'histoire* (Paris, 1969); and Eric Hobsbawm, *On History* (London, 1998).

② See John Zammto, ' Historians and Philosophy of Historiography ', in Tucker (ed.), *Companion*, 64.

方法之间的对立。[①]在这种观点看来,理论就像是一个不速之客,总是在错误的时间和错误的地点提出错误的问题,并且在经验主义史学家眼中或许更糟糕的是,还往往提出不妙的答案。

此理论的"坏消息"观,有着历史的原因,因为自从历史学在19世纪变成一门学术性学科,并且由于它宣称相对于非专业的历史研究路数占有了优越的认识论地位,有关理论在历史学中的角色的论争就沿袭着一个清晰的模式。在历史学的学科地位相对不确定的时期,有关理论的争议往往会比较热烈而常见。在那些时期,Theoriedebatten(理论之争)和 Methodenstreit(方法论之争)甚至于在学科舞台的中心也清晰可辨,而在相对较为确定和得到学术界认可的时期,这种争议往往会隐退到学科的边缘(或学科以外)。

从历史的角度来看,对于理论在历史学中的作用的广泛讨论,在某种程度上是遭遇挑战、认识论上的不确定性甚而是"危机"的一个表征。自从库恩提出在"危机"与"科学革命"之间有着直接的关联——并且对于占支配地位的范式的挑战者被颂扬为库恩眼中的革命者——以来,历史学家对于断定"危机",就有着超乎寻常的敏感。[②]

学科内部理论探讨与(不)确定性之间的此种直接关联有其意义,因为这类探讨关系到学科的认识论基础及基于其认识论主张的社会功能。[③]因而,关于历史理论的争议就总是牵涉到历史学的学科信用。由于学科的地位取决于它所声称的认识论上的优越性,对于历史学"客观性"——这一概念自19世纪中叶以来就是奠定了所有科学的学科的基础——的主张和挑战,直接或者间接地往

---

① See Georg G. Iggers and Konrad von Moltke, 'Introduction', in Leopold von Ranke, *The Theory and Practice of History* (Indianapolis, 1973).

② See Zammito, 'Historians and Philosophy of Historiography', 63 - 84.

③ See Chris Lorenz, 'History, Forms of Representation and Functions', in Niel Smelser and Paul Baltus (eds.), *International Encyclopedia of the Social and Behavioral Sciences*, vol. 10 (Oxford, 2001), 35 - 42.

往就是理论争议的要害之处。①

从科学社会学的角度来看,有关理论的作用的争议,往往直接与对于历史学谋求科学上的合法性和优越性——也即得到学术承认和声誉——的各种不同构想的拥趸们所发起的争斗联系在一起。在同一"学科领域"的几个相互竞争的派别之间为着"智力资本"而激烈争斗的时期,有关理论的争议会是相当剧烈的。不仅历史学是这样的情形,诸如社会学、经济学和心理学等其他社会科学也是如此。因此,这类争议尤其是多元的或者多范式的学科所具有的一个特征。②

对于理论的兴趣持续增长的时期,通常也对其所关注的学科的历史表现出不断增长的兴趣,对于学科史的兴趣往往是由将首选的概念放到学科的起源——尤其是其"开山祖师"——那里的愿望所推动的,以便增加其学术信用。因此,在历史学中常常可以看到,对于史学史的持续增长的兴趣,与对于理论的日益增长的兴趣互为表里。因此,过去十年中对于史学史的高度关注,与历史学界后现代理论的繁荣所带来的不确定性不无关联。③

从哲学角度来看,有关历史理论的争议顶多也不过是边缘性的。尽管颇有一些哲学家——从康德和黑格尔经尼采和海德格尔到福柯和哈贝马斯——对历史学的性质进行了哲学思考,在大多数地方,历史哲学并**未**成为一个得到认可的哲学专门领域,依然是幸运的(基本上没有体制化的)少数人的保留地。历史理论因而在很大程度上还是一小群哲学家和历史学的"反思的从业者"的一个专门领域。

---

① See Allan Megill (ed.), *Rethinking Objectivity* (Durham, 1994); and Peter Kosso, 'Philosophy of Historiography', in Tucker (ed.), *Companion*, 11.

② See Pierre Bourdieu, 'The Specificity of the Scientific Field', in Ch. Lemert (eds.), *French Sociology*: *Renewal and Rupture since* 1968 (New York, 1981), 257 - 293; and Christopher Lloyd, 'Historiographic Schools', in Tucker (ed.), *Companion*, 371 - 381.

③ See Beverley Southgate, 'Postmodernism', in Tucker (ed.), *Companion*, 540 - 550; and Keith Jenkins, Sue Morgan, and Alun Munslow (eds.), *Manifestos for History* (London, 2007).

实践中的理论：历史学家界定历史学

由于历史理论乃是对于历史学的对象(各种对象)和语言(各种语言)及其方法是什么以及应该是什么的**反思性探讨**,当历史学家对他们的学科进行界定时,我们就可以指望理论开始发挥作用。就像"历史是什么?"这一问题更经常地猛然出现在学科不确定性的阶段,我们也可以断定,对学科的界定也会突然出现在同样的时期。在第二次世界大战之后,1960 和 1970 年代就是这样的一个时期,涌现了大量的界定,企图确立历史学的 *genus proximum*(属)和 *differentia specifica*(种差)。

在德国,卡尔-格奥尔格·法伯致力于在定义的沼泽中找寻坚固的立足之地。他在盘点各种界定之后的结论是,历史学的对象乃是"人类在过去的活动和遭遇"。[①] 法伯因此在历史学与社会科学的关系这一问题上游移不定。尽管他声称,因为历史学聚焦于特殊性——*Einmaligkeit*(独特性),而社会科学聚焦于普遍性,可以在其间看到"质的分别",在别的地方,他又将此种分别说成是"相对而言的"。用他的话来说,这种关系仍旧是"一个难题",因为社会科学同样关注人类的起起落落,这对于确定历史学的身份帮不上多大的忙。[②]

英国历史学家埃尔顿根本不同意这种凌乱的分界。他在认可历史学和诸如社会学这样的社会科学有着同样的对象、也即"人们曾经所言、所思、所行、所经受的一切"的同时,也指出它们处理这一对象的方式有所不同。在埃尔顿看来,历史学的特征就在于它关注**事件**,关注**变化**,关注**特殊**。[③]

最后我们再回到法国,再一次我们难以避开布罗代尔,但是从他那儿不会得到有关历史学的对象和方法的清晰界定。之所以如此,是因为在他看来,所有的社会科学都涵盖同样的范围,那就是

18

---

① Karl-Georg Faber, *Theorie der Geschichtswissenschaft* (Munich, 1974), 23 - 44.

② On the social sciences, see Ch. 10 by Kevin Passmore in this volume.

③ G. R. Elton, *The Practice of History* (London, 1967), 8, 20 - 24.

"人类在过去、现在和将来的行动"。布罗代尔对于这一领地被不同的社会科学所分割表示遗憾，其结果就是，这些学科中的每一门在必要时都必须吞并相邻的领地，以此来保卫自己的疆界。布罗代尔看到，"每一门社会科学都是帝国主义者，即便它们矢口否认这一点；它们习惯于将自己的洞识表现得像是对于人类的全盘见解"。① 在他看来，要恢复各门社会科学的统一性并结束无谓的边界之争，必须重新整合所有的社会科学。布罗代尔指出，在所有各门社会科学所共同使用的语言中，可以找到此种可能性的证据：在其核心地带的乃是**结构和模式**的概念。因此，在布罗代尔看来，那种认为历史学区别于社会科学是因为历史学家聚焦于事件而社会科学家聚焦于结构（就像埃尔顿所说的那样）的观点，就完全是错误的。同样的话也可以用于质疑历史学家对于模式的使用。历史学和（其他）社会科学的主要区别，并非历史学关注现象的特殊的方面，而（其他）社会科学据说只关注普遍的方面。在他看来，社会科学家族的两个分支都关注**两个**层面。分别在于，它们使用的是不同的时间框架。因此，这是历史性的而非原则性的差异。当历史学与比如说社会学在同样的时间框架内工作时，它们不仅是相会了，而是融合了。② 因为这个缘故，布罗代尔对历史学的界定极为宽泛："所有可能的历史的总和——集合了由过去、现在和将来而来的各种专门领域和视角。"③

　　同为法国历史学家的保罗·韦纳，给布罗代尔所警告的学术帝国主义提供了一个很好的例证。韦纳指出，历史学既没有一个清晰界定的对象，也没有一种特定的历史学方法。历史学家不仅研究人们，而且还研究发生在过去的**一切**，而且他们既关切特殊的、也关切普遍的方面。历史学家给自己施加的唯一限制，就是他们不寻求规律，而将此留给社会科学家们。按韦纳的说法，倘若他们是在做寻求规律之外的什么事情的话，他们就直接进入了属于历史学的领地。换句话说，韦纳为着历史学，对社会科学的几乎全部

19

---

① Braudel, *Écrits sur l'histoire*.
② Ibid. , 107 - 108,114.
③ Ibid. , 55,97.

地盘都提出了要求。①

浏览一下以上概略列出的有关历史学的界定的争议,只会导出一个结论,那就是:在历史学家中关于他们的研究**对象**、研究方法及其**相较于**社会科学而言的"**科学**"信用,都不存在哪怕是最轻微的表面上的一致意见。对于被视为历史学的"核心任务"的从属于时空维度的具体性,也没有什么清晰的说法。历史学的空间维度甚至在所有界定中都隐身不见了。甚至于有关历史学作为一门关切"过去之中的人类"的学科的此种最小限度的定义,也没有达成共识。即便对于最顽固的经验主义者来说,这确实就像是在历史学学科领域内的一块理论战地。之所以如此,是因为在韦纳看来,人类是过于狭隘的一个对象——气候也有其历史,森林也同样——而在布罗代尔眼中却没有任何办法来将现在与过去恰当地分离。埃尔顿认为变化——也即事件——乃是历史学的特征,而布罗代尔则将"非事件的"也即"结构"视作历史学的 *par excellence*(绝佳)对象。

种种对历史学的界定,将某种特殊的"做历史"的方式提升到了"真正的"或者"最佳的"地位——就像可口可乐一样,人们在看过这各种界定的清单后,就会对这一点一目了然。所有的界定都同时既是描述性的又是规范性的。在荷兰,安克斯密特在为文化史的优越地位背书时,对于界定的此种规范性特征直言不讳。在他看来,没有任何别的历史学专门领域在"方法论的健全性"方面能够与文化史相媲美。② 由于所有对于历史学的界定归根结底都立足于这些规范性的判断——基于理论的合法化、规划、与区分这些功能的混合,这些界定所引起的争讼就不可避免地与不同学派或范式之间的相互竞争纠缠在一起。正如达斯顿和加里森也指出的,自然科学中的"客观性"概念,立足于各种认识论理想的混合和有关"科学自身"的各种规范性理想的混合。③ 这里要紧的不仅是

20

---

① Paul Veyne, *Comment on écrit l'histoire* (Paris, 1978), 21.

② Frank Ankersmit, 'Éloge voor de cultuurgeschiedenis', *Theoretische Geschiedenis*, 5(1978), 3-16.

③ Daston and Galison, *Objectivity*.

有关学科性质的理论主张,而且还有与此相关的声誉的、财政的和体制的资源。[1] 每一门学科内的各种理论立场都牵扯到观念的和物质的投入——布尔迪厄在其"学科场域"的社会学中和福柯在其"权力/知识"的理论中将此理论化了——或许可以说明,为什么理论争斗从来不**仅仅**牵涉到理论。

关于历史理论(2)

在讨论 1945 年以来的历史理论的角色之前,有必要作一些进一步的理论概念梳理。由于历史作为 *res gestae*(过往之事)和 *historia rerum gestarum*(对过往之事的记叙)的双重内涵,历史理论既可以指陈**作为对象的历史**,又可以指陈**关于那一对象的认识**。因此,需要做出的第一个根本性的区分,就是要分别(a)处理作为对象的历史的种种特征的理论(比如,马克思关于作为阶级斗争进程的历史的理论,或者赫尔德作为民族形成进程的历史的理论)和(b)处理历史认识诸种特性的理论(比如,历史认识是经验性的并具有规律性知识的形式,或者,历史认识基于解释性的理解并具有叙事的形式)。前一种类型的理论可以称之为**实质性的**或者**本体论的**历史理论,因为它们提出了历史存在的某种模式,而后一种类型的理论可以在广义上称为认识论的,因为它们提出了历史认识的特性。本体论的和认识论的理论彼此关联,因为有关历史是**什么**(本体论或形而上学)的预设,与历史**认识**是什么(历史认识论)以及历史认识**怎样**才能达成(历史方法论)的预设,是联系在一起的。[2]

21　　例如,将历史表呈为由某些基础机制所决定或约束的形而上学理论(比方说,造就了历史中各个发展阶段的民族形成或阶级斗争或者其他进化原则的机制),就与认为历史认识蕴含着对于普遍之

[1]　Irmline Veit-Brause, 'Paradigms, Schools, Traditions: Conceptualizing Shifts and Changes in the History of Historiography', *Storia della Storiografia*, 11(1990), 50 - 66; and Rolf Thorstendahl and Irmline Veit-Brause (eds.), *History-Making: The Intellectual and Social Formation of a Discipline* (Stockholm, 1996).

[2]　See Lorenz, 'History, Theories and Methods', 6869 - 6876.

物（概括、理论或者甚至是规律性）的经验性知识的认识论理论，以及表明此种（规律性的）解释性知识如何才能达成的方法论理论，相互联系在一起。在史学实践中，可以在解释过程内对因果性"因素"的强调中，辨识出此种理论。

与这些"机制论"的理论相反，也有形而上学的历史理论，它们重视意图、偶然性和有意义的人类行动（而不是因果机制），与其相关的，是关于（有意图的）行动的意义和语言表达的知识的理论，以及表明此种对于有意义行动和语言表达的（解释性）理解怎样才能达成的方法论理论。在历史学实践中，可以在解释过程内对有意图行动的强调中辨识出此种理论。在1960和1970年代居于主流地位的"社会科学化的历史学"以及从1980年代以来占了上风的"新文化史"中，从基于因果因素的说明到基于有意义的行动者的阐释的转换中，不难看到其间的冲突。

自1945年以来，一切明确的有关历史的形而上学问题（从卡尔·波普尔以降）都遭到了严重的质疑，不再被人们认真看待。预设了超个体的（superindividual）诸如"种族"和"阶级"这样的社会实体的整体主义的历史的"形而上学"遭到批判，被视为极权主义（纳粹等）政治的概念基础。逻辑实证主义和波普尔的证伪论，都从学术上宣告了宏大（叙事）的历史哲学的死亡。在冷战时期，将其整体主义预设明确化的历史学家和哲学家，比如马克思主义者和非马克思主义者的阿诺德·汤因比，都被批判为"意识形态蛊惑者"或者更加不堪的东西，本体论上的个人主义占据了上风。[1] 1980年代以来，后现代主义对于"宏大叙事"给予反本质主义的批判（始于利奥塔），更新了这一批判路线。本体论的或者形而上学的与认识论的历史问题之间的关联，随后就从历史理论的议程上消失了——直到最近，在"记忆"浪潮的席卷之下，[2]历史的本体论再度回归，导向了对于与过去的"在场"以及与社会对象的本体论相关

---

[1]　See, for instance, Lars Udehn, 'The Ontology of the Objects of Historiography', in Tucker (ed.), *Companion*, 209 - 2019; Murray Murphey, 'Realism about the Past', Ibid., 181 - 189; and Fabrice Pataut, 'Anti-Realism about the Past', ibid., 190 - 198.

[2]　See Ch. 2 by Alon Confino in this volume.

的本体论问题的再度关切。

　　尽管在历史理论领域中难得有什么共识，至少人们对自 1945 年以来的历史似乎还有着相当一致的看法。近来的绝大多数回顾，都赞同三个时期的划分法。[①] 大致在 1945 年到 1970 年之间，分析的历史哲学乃是主流，又被从 1970 年到大致 1990 年间的叙事的历史哲学所取代。这后一种转变常常被视为历史学中"语言学转向"的结果，也被称为"表现主义（representationalism）"。1980 年代后期的某个时候，第三个时期开始了，"记忆"、"创伤"、"纯化"、"过去的在场"成了最显眼的论题。对于这一趋势还没有什么人们一致认可的哲学标签，尽管近来有人提出用"在场"来作为标示。[②]

分析的历史哲学：1945 年到 1970 年

　　在 1945 年到 1970 年期间，历史理论的议程在很大程度上被分析的科学哲学所操纵，而后者的重心在于有关证实的认识论问题和有关科学解释的方法论问题。卡尔·亨佩尔 1942 年的论文提出，一切"科学的"解释都是基于"覆盖率（covering law）"的，在大约三十年内，此文无疑是绝大多数对于历史学学科地位的反思的主要参照系（至少在英语世界）。[③] 对于亨佩尔在实证主义阵营内的盟友和他的解释学的或历史主义的论敌而言都是如此，后者包括沃尔什（W. H. Walsh）、德雷（William H. Dray）、明克（Louis O. Mink）和斯科利文（Michael Scriven）等人。既然源头是在科学哲学，这场历史理论的论战就有着与生俱来的言过其实之处，而其有关史学实践的描述性内容则不免过于薄弱。整个讨论集中在从分析学派议程而来的认识论的和方法论的问题上面。历史学家所提出的解释性主张倘若不是参照了普遍规律或者类似于规律的普遍

---

① See for example, Brian Fay, Richard Vann, and Philip Pomper (eds.), *History and Theory: Contemporary Readings* (London/New York), 1998.

② Eelco Runia, 'Presence', History and Theory, 45(2006), 1 - 20.

③ 主要文献收录于 Patricak Gardiner (ed.), *Theories of History: Readings from Classic and Contemporary Sources* (New York, 1959)。

性陈述的话,其正当性来自何处? 如果不能这样来表明其正当性,它们是否具有其自身的逻辑形式? 如果历史学家不服从于实证主义的"科学方法的统一性",历史学如何以及在何种意义上可以声称自己是"客观的"呢?

这场争论在 1950 年代后期就已经耗尽了元气,尽管在 1960 和 1970 年代,它还发展出来了一种新版的"解释对理解"的论战。分析哲学又被用来说明"理解"人类行动的逻辑。明克、沃尔什、德雷、奥拉弗森(F. A. Olafson)和莱特(G. H. von Wright)等人提出了"总括的(colligatory)"、"合理性的"和"目的论的"解释,来替代亨佩尔的历史学中的覆盖率模型,因而它们的焦点依旧放在了认识论和方法论上面。

这一时期的特点是,哲学家之间的争论与历史学家之间的争议几乎没有关联。1970 年代那些服膺于"作为社会科学的历史学"的理想的历史学家们——比如说梯利和兰德斯——几乎从来没有提到过有关历史解释中普遍规律的角色的那场论战,而哲学家们也难得说起历史学家中间有关历史学和社会科学的争议。[①]

欧洲大陆的情形有所不同,因为新康德主义的、现象学的和解释学的历史哲学并没有让位于分析哲学。在德国和法国,雷蒙·阿隆、马鲁(Henri Marrou)以及在一定程度上保罗·利科等哲学家,都维护并发挥了马克斯·韦伯的(新康德主义的)历史理论。韦伯沿着新康德主义哲学家李凯尔特的路子,区分了"个别化"和"普遍化"的方法,并认为历史学的特征就在于它是一门从事于"个别化"的学科。

1960 年代以降,逻辑实证主义在科学哲学中风头不再,卡尔·波普尔以及稍后是托马斯·库恩占据了舞台的中心,这整个时期的核心概念比如"科学"、"解释"和"客观性"的哲学蕴含,变得模糊不清了。自库恩以来,科学可以被视作**一种**(全球性的)方法并具有**一种**(全球性的)合理性的(哲学)观念日渐衰颓。[②] 取而代之的

---

① David S. Landes and Charles Tilly (eds.), *History as Social Science* (Englewood Cliffs, 1971).

② 参见本书中 Seymour Mauskopf 和 Alex Roland 所撰第 9 章。

是科学史的（历史性的）预设：科学是由一系列自有其（地方性）逻辑的（地方性）学科实践所构成的。自"后实证主义"时期以来，"科学"和"客观性"就从"给定之物"变成了新的历史性的和概念性的问题了。在此种语境化和历史化的精神的观照之下，各种学科实践——又是复数的——变成了对科学进行社会性研究的人类学研究的一个对象，这样一来，又到了历史理论发生变革的时候了。而历史理论的变革的确在 1970 年代早期出现了。

1970 年代和 1980 年代的叙事的历史理论

事后看来，丹图的《分析的历史哲学》（1965 年）可以视作从"分析的"到叙事的时期的一个过渡。丹图从分析的议程出发，却提出了一种立场，可以将"叙事性解释"分析为解释历史现象的一种自主的而又合理的方式。他是分析哲学家中第一个认真对待**时间**维度的，因为他强调历史解释就其定义而言就是回溯性的（retrospective）。然而，在丹图眼里，"叙事性解释"依旧是因果解释的一个变种，并且叙事依然是诸多单称陈述的组合——而此种与因果解释的关联将他仍然束缚于实证主义及其方法论的议程之上。

此种与实证主义的直接瓜葛，最终被海登·怀特在他的《元史学》（1973 年）中斩断。回头看来，此书被视为开启了历史理论的一个新的阶段和新的议程。尽管怀特声称——就像丹图曾经做过的那样——叙事乃是解释现象的一种自主的模式，他并没有针对实证主义来捍卫这一主张，也没有为此提出任何证实的"论据"（或推演）。而且怀特也不再赞同将叙事视作诸多单称陈述的组合的（分析的）观念。将叙事视作有别于其所包含的单称陈述的文本整体——一个可以产生某种特定视角的语言实体——的观念，在安克斯密特 1981 年奠基性的《叙事的逻辑》中首次获得了哲学基础。在分析哲学居于主流的阶段，"客观性"和"逼近真相"的观念乃是认识论上首要的美德，而在叙事哲学的阶段，这些美德却退居到背景之中（或者完全被放弃了）。

当大多数历史理论家对"客观地"重构**过去**的可能性丧失了信心的时候，他们的兴趣就转向了对过去的"表现的模式（the modes of representation)"——用斯蒂芬·本恩的话来说,也就是"克里奥的衣衫"。① "表现主义"的特征在于,对于叙事的"透明性"的传统信心消褪了,其中包括了"历史学家对于历史叙事的中立性的未经批判的信心,此种信心的基石就是事实"②。

　　怀特提出,历史学家就像小说家一样,具有在不同种类的叙事性排列或"情节化"(他讨论了四种:传奇、悲剧、喜剧和讽刺剧)中,并且因此在不同类型的解释中进行选择的自由。并且,他还提出,历史事实并不能限定历史学家对其"进行叙事"的自由。怀特由此提出,在历史学中,我们面对着"事实表现的拟构(the fictions of factual representation)"。③ 在怀特看来,历史学家并不是基于认识论基础选择了一种叙事性排列方式来报道事实,而是基于审美的和政治的基础。倘若要说《元史学》中还有方法论的话,那也是费耶阿本德那种"怎样都行"的无政府主义的方法论。④ 费耶阿本德的"反对方法"的论点,成为后现代对于科学(包括人文学科)和社会严谨刻板的"学科化"进行批判的起点。因此,尽管初看起来怀特的叙事观念不过是将实证主义作为与历史学不相干的东西撇在一边,但可以说,他的很多核心论点实际上是直接针对实证主义,而且甚至是将后者反转过来了。⑤

　　不管这会是什么样子,不大有人会怀疑,怀特为一种新型的历史理论清洗了场地,围绕着"叙事问题"设置了新的议程,并且对于何以界定历史学和人文学科的对象和方法的老问题,也推出了新颖而深入的讨论。对于解释、诠释学(伽达默尔)、解构(德里达)、

25

---

① Stephen Bann, *The Clothing of Clio: A Study of the Representation of History in Nineteenth-Century Britain and France* (Cambridge, 1984); and Frank Ankersmit, *Historical Representation* (Stanford, 2001).

② Patrick Hutton, 'Recent Scholarship on Memory and History', *The History Teacher*, 33(2000),535.

③ Hayden White, 'The Fiction of Factual Representation', in id., *Tropics of Discourse: Essays in Cultural Criticism* (Baltimore, 1978),121-134.

④ Paul Fayerabend, *Against Method: An Outline of an Anarchistic Theory of Knowledge* (London, 1975).

⑤ 我在'Narrativism, Positivism and the Metaphorical Turn', *History and Theory*, 37(1998),309-329 中论证了这一点。

"深描"（格尔茨）、新历史主义（格林布拉特）和批判理论（哈贝马斯）的讨论，占据了一段时期内有关人文科学的哲学的议程，尽管这往往发生在历史系的壁垒之外。①

在怀特之后，其他的叙事哲学家继续朝着他所引领的方向前行，但利用了其他的哲学思想资源。安克斯密特利用莱布尼茨来将分析哲学转向其自身的反面，以便在他的"叙事的逻辑"中达成对于叙事的整体主义观念。利科将现象学与分析哲学结合起来，得出一种叙事哲学，在其中，时间性被表征为不仅是叙事的、而且也是社会生活本身——那在利科看来本身就是叙事的构成的——的特质。顺着这条道路，（时间的）形而上学又回到了历史理论中。吕森走了一条相近的现象学的哲学之路，尽管他的叙事哲学还纳入了哈贝马斯的基本的启蒙观念。②

虽然在叙事哲学时期，历史学家的与哲学家的话语之间比之前有了多得多的交流——这一时期的讨论者中大部分是历史学家出身的——叙事的立场及其对表现概念的关注在 1980 年代的繁荣滋长，也付出了代价。对于语言的沉迷，尤其是在怀特和安克斯密特那儿——两人都认为叙事**不过**就是语言的建构，没有任何可以掌控的与"实在之物"的指涉性的关联——与绝大多数实践的历史学家的实在论预设发生了冲突，这些历史学家认定历史学旨在重建过去，而不仅仅是讲述一个与其相关的故事。尽管"客观地""复活"过去和"重演"过去的人们的理想，已经因为足够的认识论的理由而被放弃了，但这并不意味着重构过去的观念是可疑的或者有问题的。为着维护这一观念，诸如梅吉尔和格拉夫顿等历史学家就提出，"做历史"不光是要建构叙事，而且还要做研究，并且要在二者之间架起一道桥梁，在过去的证据之上把叙事立起来。"做历史"的这两种成分彼此从属，不能分割。这样一来，被怀特和安克

26

---

① 对于此种后经验主义哲学的概述，参见比如说，Richard Bernstein, *Beyond Objectivism and Relativism*：*Science*，*Hermeneutics*，*and Praxis*（Philadelphia，1983）。

② Jörn Rüsen, *Historische Vernunft*：*Die Grundlagen der Geschichtswissenschaft*（Göttingen，1983）。

斯密特从前门扔了出去的叙事主义的认识论问题，又从后门进来了。①

1989/1990 年的政治地震之后，一场未曾预料到的在"记忆"面罩之下"过去本身的回归"，让这种观点搭上了顺风车。② 这就把我们带到了理论的历史的第三个也是最后一个阶段，在这个阶段，新的历史进路变得明确地自我反思并具有理论自觉。

1990 年以来历史的"在场"

大致说来，人们可以在 1990 年左右观察到，在历史理论中出现了一个主要与记忆研究的兴起相关联的新的议程。紧接着前两个时期的核心问题——也即历史解释的问题和历史表现的问题——而来被提上理论议程的，是（1）"他者"的问题，（2）创伤性过去的问题，以及（3）语言（使用）作为一种行动形式的问题。

首先，人们的注意力转向了表现的**主体**——复数形式的主体——及其不同的表现符码。在多元文化论和后现代主义的影响之下，认识论当中那个统一的自我被"去中心化"，分裂成为一系列相互角力的集体性自我——比如性别、种族、族群、殖民地和阶级（"**谁**在表现过去，**为什么他们是以那样的方式来做这件事？**"）。即便是"科学的自我"也不再被视为是统一的：它有其自身的历史。既然无主体的"客观性"观念已经被放弃，而"主观性"问题又从前门进入了历史学学科，视角性（perspectivity）的问题就是人们所必须面对的了（正如自从尼采以来好几位早先的理论家们所指出的那样）。其结果就是，不对文本中行动者的视角**以及**文本的作者（们）的视角这两者都进行反思，就无法写作历史叙事。只有在一定程度上把此种视角的多样性包含在内，才能够以"赶得上潮流"的方式来写作叙事。③

27

---

① Anthony Grafton, *The Footnote：A Curious History* (Cambridge, Mass. , 1997).

② See Jan-Warner Müller (ed.), *Memory and Power in Post-War Europe：Studies in the Presence of the Past* (Cambridge, 2002).

③ See Robert F. Berkhofer, Jr. , *Beyond The Great Story：History as Text and Discourse* (Cambridge, Mass. , 1995).

其次，在记忆研究的影响之下，焦点转到了人们在过往的创伤性经验，或者说是创伤性过去的在场。在大屠杀研究的领域内，记忆研究几乎完全关注于创伤记忆，并且因此是出于受难者的视角。[1] 此种对于历史受难者的看重，也是 1970 年代以来主要在社会史、性别史、庶民史和微观史中发展起来的"自下而上的历史"的扩展，它们关注的乃是过往被压制的和被迫静默了的声音。

焦点的第三个改变，首先体现在对于福柯式话语分析的兴趣，其次体现在对于语言的施行（performative）特性［基于奥斯汀和塞尔的所谓的施行转向（performative turn）］的关切之中。这两条分析路线都建立在这一洞见的基础之上：对语言的使用不仅是一个表现的媒介，而且也是社会行动亦即实践的一种形式——这是查尔斯·泰勒追溯到的洪堡的洞见。[2]

我以相反的顺序来阐发一下这三次转变，因为我想借回到"客观性问题"来得出我的分析结论。

第三个变化。 关于福柯对过去的处理方式，基于他对克劳塞维茨的利用可以得到最好的理解，因为他将后者"战争乃是以别的手段来扩展的政治"的论断，转换成了"所有的政治都是以别的手段来扩展的战争"这一洞见。以语言手段来进行的战争极为紧要，因为语言不仅是意义的承载者，也"上了战场"。与一切历史都是过去的政治、而一切政治都是当下的历史这一观点相结合，福柯开启了一种致力于研究"语言进行战斗"的方式和"权力的微观物理学"（"历史的主体和客体在实践中是如何以及在何种权力关系中得以建构的？"）的批判性的"在场的历史"。照福柯社会建构主义的"权力/知识"理论，一门学科施行其自身的一套规则，以在"正常"与"异常"以及陈述的真与假之间作出区分。他给这样的系列规则杜撰了一个名称"真理体制（truth regimes）"，它们调控着在特定社会领域内（将关于合宜的行为的合理陈述）纳入或排斥的机制。不仅

---

① See Claudeo Fogu and Wulf Kansteiner, 'The Politics of Memory and the Poetics of History', in Ned Lebow, Wulf Kansteiner, and Claudio Fogu (eds.), *The Politics of Memory in Postwar Europe* (Durham, 2006), 284 - 310, 286.

② Charles Taylor, *Human Agency and Language: Philosophical Papers*, vol. 1 (Cambridge, 1985), 215 - 248.

对于福柯本人所分析过的那些学科和学科实践——精神治疗、犯罪 28
学和性学——而言是这样，对于人文科学的所有学科而言也是
如此。①

广为人知的是，萨义德将福柯的"权力/知识"理论应用于对
"东方主义"的话语分析，这导致了后殖民理论的惊人崛起。萨义
德指出，东方主义乃是西方帝国主义的一个产物，是其从一开始就
想要推进的东西。作为一个地理和文化概念，"东方"不过就是被
"西方""他者化"的一个产物。投射到"东方"之上的各种特征——
比如它的神秘、非理性和性感——都源于将此前用来描述西方的诸
种特征反转过来了。② 萨义德认为，这里面有一种活跃于人文学科
中的"空间政治学"——那已然现身于各种地理学的标签当中［比
如"Lebensraum(生存空间)"、"无主土地"和"缓冲国"］。在《想象
巴尔干》(1997)中，托多洛娃(Nancy Todorova)提出，在描述欧洲
自身的边缘地带时，也使用了同样的机制。

在英美的言语行动理论和所谓政治思想史的剑桥学派——波
考克和斯金纳是其中最有名的代表人物——中，也能看到对于语言
的建构和施行功能的关切。从维特根斯坦的《哲学研究》(1953)出
发，奥斯汀和塞尔分析了所谓的语言的施行功能，那意味着语言的
形式同时也是行动的形式。施行式言语的要旨在于，言语本身就
构成为要在世间**行**某事。当美国总统乔治·布什 2003 年对他的
将军们说："我命令你们征服(或者解放)伊拉克"时，布什不只是在
说话，他也在行事或行动：他在发出命令。同样的情形还有布道、
祝福、警告、承诺、缔约、结婚、签订和平协定等等。因此，要理解言
语的施行功能，我们必须了解它们的行动语境，或者它们构成为其
中一部分并被人在其中使用的"语言游戏"(就像我们只有在一局
棋的语境下才能理解一步步棋那样)。

斯金纳从此种将语言使用作为一种社会行动形式的观点出发，

---

① See Michel Foucault, *Power/Knowledge*: *Selected Interviews and Other Writings*,
　　1972-1977, ed. Colin Gordon (New York, 1980).
② Edward Said, *Orientalism*: *Western Conception of the Orient* (Harmondsworth,
　　1985).参见 Gyan Prakash 写作的本卷第四章。

得出了一份文本的意义是由作者在语境下"意图**所做之事**"构成的这一结论:"要想理解任何严肃的言语,我们必须不仅把握说出来的东西的意义,而且也要了解说出此种言语的用心。也即,我们不仅要把握人们在说些什么,而且也要了解在说的时候他们在**做什么**。"①于是,要理解某一个历史性的言语或文本的意义,仅仅研读言语或文本本身是不够的。必须研究文本的语境。斯金纳指出,这就意味着文本与语境之间的分野变得是相对的了。②

朱迪思·巴特勒(Judith Butler)以近似的思路在《性别的麻烦》(1999)中从施行的角度分析了(性别—)认同与行动之间的分野,认为(性别—)认同乃是特定的施行行为——特定的社会行动的方式——的结果,而非个体"预先被给定的"并且在社会行动中被**表现**出来的。这种新颖的"社会性"论证的路数的一个结果就是,社会事物——诸如群体、话语和 Zeitgeist(时代精神)——的本体论又重新出现在理论的议程之上,对于本体论和方法论中的个人主义原先所具有的霸权构成挑战。③

第二个变化。福柯、萨义德和斯金纳这类路数的话语分析、历史语义学或概念史,可以被解释为"新文化史"的亚种,而作为一个新论题的"创伤",对于作为一门学科的历史学则构成为更加根本性的挑战,因为它质疑了现在与过去这一区分本身。④ 在创伤中,过去拒绝成为历史——拒绝"走开"——因为它在某种意义上依然是现在。因此,这一现象无法纳入历史学科那种不可逆的、线性的时间观当中,在后者那里,由于时间的流逝,现在就自动转化为过去。创伤性经验通过否认"过去之为过去的特性"的预设及其基础性的线性的、不可逆的时间观,动摇了历史学在过去与现在之间所

---

① Quentin Skinner, *Visions of Politics*, vol. 1: *Regarding Method* (Cambridge, 2002),82.

② Ibid. , 117.

③ See, for instance, John Searle, *The Construction of Social Reality* (New York, 1995).

④ 有关创伤引发的难题,参见 Wulf Kansteiner, 'Genealogy of a Category Mistake: A Critical Intellectual History of the Cultural Trauma Metaphor', *Rethinking History*, 8(2004),193-221。

做出的根本性的时间区分。它也同样动摇了像怀特和安克斯密特的表现主义的根本预设：过去**仅仅**以表现的形式在场。如果说探讨在德国史或大屠杀的历史中"被压制者的回归"有其意义，那么，那被压制的过去必定以某种形式存在于当下。就是从这样的思路出发，鲁尼亚提出，与表现主义所认定的相反，过去恰恰就在那**未被表现之物**中在场：比如，它就在我们 *mémoire involuntaire*（不自觉的回忆）中在场。因此，被过去所"淹没"并在后来记忆起从前我们所不知道的事情乃是有可能的。①

　　大屠杀尤其激发了对于历史学时间观的哲学反思，这并非偶然，因为不可逆的时间无法解说创伤性过去的在场，就像是大屠杀的幸存者祖克曼的例证所表明的。他 1985 年在《浩劫》中接受朗兹曼的访谈时说道："如果你能舔舔我的心脏，你会中毒的。"为着阐明这类经验，朗格（Lawrence Langer）提出要区分编年的时间（chronological time）与持续的时间（durational time）。"编年的时间是'正常历史'的'正常'流逝、过去的时间"，而"持续的时间则恰恰拒绝编年的时间所必然要导向的结束——让过去终止；持续的时间作为一种不会过去的过去、因而是一种一直在场的过去"，就像斯皮格尔所说的那样。②

　　近来，比弗纳奇沿着本体论的思路，提出要对历史与**正义**，以及它们所分别暗含的不可逆的与可逆的时间观念重新进行反思。③他指出，历史学的不可逆的时间观在某种意义上是**非道德的**（amoral），因为它不对那些过去历史不义的受难者们的创伤经验——持续不断地遭受折磨——负责。他试图通过采纳德里达的光谱式时间（spectral time）的观念来克服这个问题，后者超越了鲁尼亚仍然还在使用的（过去的）缺席与在场的二分法。与此同时，他又将过去与现在之间的分别解释为不是"给定的"，而是一种**施行式**（performative）的分别：也即，那是言语行动的结果。过去并

30

---

① Eelco Runia, 'Spots of Time', *History and Theory*, 45(2006), 305 - 306.

② Gabrielle Spiegel, 'Memory and History: Liturgical Time and Historical Time', *History and Theory*, 41(2002), 159.

③ Berber Bevernage, 'Time, Presence, and Historical Injustice', *History and Theory*, 47(2008), 149 - 167.

不是以某种方式自动地与现在"断裂"(break off)的,像是安克斯密特所认为的那样,而只不过是"切割"这一**施行行动**(performative act)的结果。① 比弗纳奇对阿根廷、南非和塞拉利昂的真相委员会在将过去与现在切割开来时的政治斗争和争议的分析,对"切割"当中那些人们相互角力的、政治的层面提供了深入的洞见。他的个案研究同时也表明了,历史学中此种"施行转向(performative turn)"可以产生什么根本性的洞识。② 对于有关历史时间的**哲学**的此种更新了的兴趣,还受到了关于历史时间的**历史**的更新了的兴趣的激发,后者尤其在柯泽勒克、阿尔托格、弗里奇、林·亨特和霍尔舍等人的论著中得以阐述。③

在后殖民理论的语境中,查克拉巴迪提出了**历史伤痛**(historical wounds)的概念,以说明由于过往的不义而导致的创伤性经验。"历史伤痛"是由未被承认为不义的过去的国家行为所导致的历史不义的结果。殖民国家在原先白人定居者的殖民地里所进行的对"原住民"的种族灭绝,就是这一范畴再清晰不过的历史例证。查克拉巴迪运用了查尔斯·泰勒对"承认的政治"的分析,他指出,"不予承认所表明的,不仅是缺乏应有的尊重。它还会导致严重的伤痛,让受害者的内心充满了危害深重的对自己的厌憎"。让我们来看看查克拉巴迪是怎么来谈论"记忆与历史的特殊混合物"的:

31

> 历史的伤痛不同于历史的真相,但后者是前者成其为可能的一个前提。历史真相是基于对个别历史事实进行研究和收集后广泛的、综合性的总结。它们可以是错误的,但总是可以

---

① Frank Ankersmit, *The Sublime Historical Experience* (Stanford, 2006),265.

② See Frank van Vree, Karin Tilmans, and Jay Winter (eds.), *Performing the Past: History, Memory, and Identity* (Amsterdam, 2010).

③ François Hartog, *Régime d'historicité: Presentisme et experiences du temps* (Paris, 2003); Peter Fritzsche, *Stranded in the Present: Modern Times and the Melancholy of History* (Harvard, 2004); Lynn Hunt, *Measuring Time, Making History* (Budapest/New York, 2008); and Lucian Hölscher, *Semantik der Leere: Grenzfragen der Geschichtswisssenschaft* (Göttingen, 2009).

通过历史研究的方法来加以证实的。另一方面,历史的伤痛是
历史和记忆的混合体,并且因此它们的真实性就无法由历史学
家来证实。然而,没有历史真相在先,历史的伤痛就无从
存在。①

　　由于"历史的伤痛"依赖于加害者群体——通常是在"他们的"
国家的层面——的(政治)承认,它们就是"在对话中得以形成"的
而不是"持久形成之物"。由于此种对"历史不义"的承认还依赖于
对普遍人权的承认,"历史的伤痛"的现象就表明了历史、政治、法
律与伦理之间的相互依存。

　　第一个变化。伴随"历史的伤痛"和"持续性时间"的问题而来
的,就是历史学作为一门学科的"客观性"概念本身,也变成了一个
紧迫的问题——不仅在实践上,而且在理论上——因为自从兰克以
来,时间距离就被看作是历史学中"客观性"的一个必要条件。② 时
间距离和"客观性"的确被彼此**等同**起来,因为有偏向的"党派之
见"(以及有偏向的行动者)——宗教的、政治的或者别样的——需
要时间来消除,并让位于接近于"客观性"的"超党派的"视角。正
如菲利普斯所说,在历史主义(*Historismus*)中距离的概念和历史
的概念实际上是无法分离的。③

　　过去与现在之间的时间距离也被视为必不可少的,因为在历史
主义中,事件与发展的结果——它们的将来维度或者说是
Nachgeschichte(后史)——在历史学家能够对它们"客观地"判断和
解释之前,必须是已知的。这就是何以不可逆的"流逝"的线性事
件的观念,在过去和现在都构成为历史学作为一门学科的基础的
又一个缘故。

　　对于时间和"客观性"之间关系的这种观点,可以说明**当代**史

①　Dipesh Charkabarty, 'History and the Politics of Recognition', in Jenkins, Morgan, and Munslow (eds.), *Manifestos for History*, 77 - 78.

②　See Reinhard Koselleck, Wolfgang Justin Mommsen, and Jörn Rüsen (eds.), *Objecktivität und Parteilichkeit* (Munich, 1977).

③　Mark Philips, 'Distance and Historical Representation', *History Workshop Journal*, 57(2004),123 - 141.

作为历史学科中的一个专门领域为何迟迟才出现。要到第二次
世界大战和大屠杀之后的 1960 年代,当代史作为历史学科的一
个专门领域才慢慢地得到认可,开始有了教席、学刊等等。从兰
克的时代以来,当代史主要被视作"过去"和"现在"的一种不可
能的混合物——是一种 *contradiction in adiecto*(言辞上的矛
盾)——标示着历史学学科内部对于时间未加反思、未经理论化
的状态。

32

关于历史学中的空间和空间距离,也可以讲出一个与时间大致
相似的故事,包括它与这一学科的"客观性"观念的直接的和根本
的联系。尽管历史学从一开始就声称是一门关注时间和空间**二者**
的学科,然而其空间观却未经反省就被认为是理所当然的。施罗
格尔最近对历史学的"空间萎缩(spatial atrophy)"以及空间在历史
学中的"消失"的分析,来得正当其时。[1]

对于这一"消失"的解释是,在很大程度上历史学中民族国家
的空间结构无形中被认为是理所当然的,更大的空间单位如帝国,
被视作是民族和民族国家的组合。在历史学科与民族/国家之间
的这种"特殊关联"近来被很多史学史专家所强调。[2]

对于 19 世纪大多数职业历史学家而言,认同于他们的国家和
民族(或"人民"、"种族"、"部族"等等"民族"的同义词)是很自然的
一回事,因为他们将历史过程**本身**等同于民族以及"它们的"国家
的形成与发展。[3] 在这种(赫尔德式的)历史本体论的基础上,**民族
的**历史就恰当地表现了历史过程——用丹尼尔·沃尔夫的话来说,

---

[1] Karl Schlögl, *Im Raume lessen wir die Zeit*: *Über Zivilisationgeschichte und Geopolitik* (Munich, 2003).

[2] Georg G. Iggers, 'The Professionalization of Historical Studies', Lloyd Kramer and Sarah C. Maza (eds.), *A Companion to Western Historical Thought* (Oxford, 2006), 234; and Stefan Berger (ed.), *Writing the Nation*: *A Global Perspective* (Houndmills, 2007), 1 - 30.

[3] See Joep Leersen, 'Nation and Ethnicity', in Stefan Berger and Chris Lorenz (eds.), *The Contested Nation*: *Religion*, *Ethnicity*, *Class and Gender in National Histories* (Houndmills, 2008), 75 - 104.

就是其"自然的存在方式"。① 就世界史或通史而论，它们主要被设想为是各种民族史的"总和"，并且因而往往是为着**将来**而作的。

　　这种历史本体论也可以说明，为何民族史家们将它们的民族主义叙事视作是"真实的"和/或"客观的"。"客观性"基本上被看作是在民族范围**之内**将由宗教和政治归属而来的党派偏见弃之不顾。这一联系表明了何以到了二十世纪历史学家还将"特定"民族的"特定"观点视作"客观的"观点，以及何以他们并没有体验到在他们对于"客观性"的追求和他们作为自己民族的"半是祭司半是战士"的身份之间的张力。就人们持续不断地执著于历史学的民族框架而论，很有说服力的一点就是，自从 1970 年代以来，它的诸多主要批评者——以阶级、族群或者性别的名义——仍然维系在这个空间框架内。只是因为近来关于后殖民历史、跨民族历史、比较史学、全球史、世界史和大历史的争议，历史学的这一空间架构才变成了一个突出的问题和探讨对象。"时间的空间化"和有关历史的"等候厅"的观念也是如此：也即，将世界的"西方"部分视作在时间上是"先到的"，而"非西方"部分则"尚未到来"。②

33

　　不管怎么说，在二十一世纪的开端，我们在历史理论中可以看到，首先是对于历史本体论问题的引人瞩目的回归——尤其是涉及到这一学科与时间和空间以及与社会事物的本体论相关的预设。同样引人瞩目的，还有历史学与政治、法律和伦理的关系问题的回归——并且因而就涉及到奥克肖特所谓的"历史性"过去与"实践性"过去之间的分别。③ 本体论与政治、正义和伦理学，这两者与历史学之间的关系问题，在经验主义风靡之时，在历史理论的议程上都被当作"假问题"而被"跳过去"了，因而，把这个事情解释为"被

---

① Daniel Woolf，'Of Nations, Nationalism, and National Identity: Reflections on the Historiographic Organization of the Past', in Q. Edward Wang and Franz Fillafer (eds.), *Many Faces of Clio: Cross-cultural Approaches to Historiography in Honour of Georg G. Iggers* (New York, 2007),73.

② Dipesh Chakrabarty, *Provincializing Europe: Postcolonial Thought and Historical Difference* (Princeton, 2000).

③ Michael Oakeshott, *Experience and Its Modes* (Cambridge, 1933),104 - 112.

压制者的回归",也很有几分道理。

与此同时,自从1980年代中期记忆大潮兴起以来,历史认识论和历史方法论的问题并没有从理论议程中消失。在跨民族的和转换了的语境下如何进行比较,这样的方法论探讨颇为热烈。① 并且,尽管有关历史学"客观性"、历史方法和历史说明/解释的问题也被历史化和语境化了,人们依然从认识的和逻辑的角度来讨论这些问题。② 这似乎是1945—1970年这段时期和历史理论中分析哲学的持久的遗产,尽管从前那种"科学的"和"历史方法"的"统一性",大都被总体而论的多样性的观念所取代了。③ 即便是在历史学中"规律"和"机制"是否有着解释功能这样的经典问题——反映了比如说生态的、社会的和政治的结构的约束和影响——近来也尤其是经由全球史和"大"历史而回归了。④ 在涉及"理解过去"意味着什么以及何以可能这样的经典问题上,也能看到类似的回归。⑤

1970—1990年这段时期和叙事主义的持久的遗产,似乎就是对于"上帝之眼"在理论上之为不可能的意识,以及由此而来的对于我们关于过去的所有知识都处于被表现和视角所影响的境地的意识。传统上这些都是文本性的表现,然而人们也越来越认识到,与文本的表现相比,声音和视觉的表现日益变得重要起来。这后一种变化常常被说成是"图像的"或者"视觉的转向"。与此种"转向"相联系的是这样一种认识:每一种表现媒介——文本、访谈、图片、档案、电影以及互动影像——都遵循自己的规则和自身的逻

---

① See Jürgen Kocka and Heinz-Gerhard Haupt (eds.), Geschichte und Vergleich (Frankfurt, 1996); and Michael Werner and Bénédicte Zimmermann, 'Beyond Comparison: Histoire Croisée and the Challenge of Reflexivity', History and Theory, 45(2006), 30 - 50.

② Raymond Martin, The Past within Us: An Empirical Approach to the Philosophy of History (Princeton, 989); and Jonathan Gorman, Historical Judgement: The Limits of Historiographical Choice (Toronto, 2008).

③ Christian Meier and Jörn Rüsen (eds.), Historische Methode (Munich, 1988).

④ See Stephan Berry, "The Laws of History", in Tucker (ed.), Companion, 162 - 171.

⑤ Hans H. Kögler and Karsten R. Stueber (eds.), Empathy and Agency: The Problem of Understanding in the Human Sciences (Boulder, 2000).

辑。信息的数字化和互联网的使用也是如此，它们如今开始成了历史学中理论反思的对象。[①] 既然我们在历史学中总是面临着无可逃避的"表现"的困境，对于各种相互竞争的历史表现形式的历史化和反思，往往就被认为是处理这一困境的最合理的方式。[②]

　　大约从 1990 年开始的这段时期，主导性的历史理论是什么，我们无法预言。但有一件事已经很明显：对于研究历史的"新取径"的理论意识日益增长，其践行者的自我反思日益增强，我们可以很有把握地总结，在有关"历史"理论的争论中，詹姆森是对的，而亨特尔无疑是错了。

参考书目

- Ankersmit, Frank, *Historical Representation* (Stanford, 2001).
- Danto, Arthur C., *Analytical Philosophy of History* (Cambridge, 1965).
- Fay, Brian, Vann, Richard, and Pomper, Philip (eds.), *History and Theory: Contemporary Readings* (London/New York, 1998).
- Gardiner, Patrick (ed.), *Theories of History: Readings from Classic and Contemporary Sources* (New York, 1959).
- Hunt, Lynn, *Measuring Time*, *Making History* (Budapest/New York, 2008).

---

① Wulf Kansteiner, 'Alternate Worlds and Invented Communities: History and Historical Consciousness in the Age of Interactive Media', in Jenkins, Morgan, and Munslow (eds.), *Manifestos for History*, 131 - 149.

② Werner and Zimmerman, 'Beyond Comparison'; Arif Dirlik, 'Performing the World: Reality and Representation in the Making of World History (ies)', *Bulletin of the German Historical Institute*, *Washington D. C.*, 37 (2005), 9 - 27; and Chris Lorenz, 'Towards a Theoretical Framework for Comparing Historiographies: Some Preliminary Considerations', in Seixas (ed.) *Theorizing Historical Consciousness*, 25 - 49.

35

- Koselleck, Reinhart, *Futures Past: On the Semantics of Historical Time* (Cambridge, Mass., 1985).
- Kramer, Lloyd and Maza, Sara C. (eds.), *A Companion to Western Historical Thought* (Oxford, 2006).
- Lorenz, Chris, *Konstruktion der Vergangenheit* (Cologne/Weimar/Vienna, 1997).
- Megill, Allan, *Historical Knowledge, Historical Error: A Contemporary Guide to Practice* (Chicago, 2006).
- Mink, Louis O., *Historical Understanding* (Ithaca, 1987).
- Ricoeur, Paul, *Time and Narrative*, 3 vols. (Chicago, 1984 – 1988).
- Rüsen, Jörn, *Grundzüge einer Historik*, 3 vols. (Göttingen, 1983 – 1987).
- Skinner, Quentin, *Visions of Politics*, vol. 1: *Regarding Method* (Cambridge, 2002).
- Tucker, Aviezer (ed.), *A Companion to Philosophy of History and Historiography* (Oxford, 2009).
- White, Hayden, *Metahistory: The Historical Imagination of the Nineteenth Century* (Baltimore, 1973).

彭刚 译

第二章　历史与记忆

阿隆·孔菲诺

历史记忆这一概念已经成了某种图腾：公共认同和专业研
究中备受推崇的一个概念。对于学者而言，它如今统御着解释、
叙事和说明的问题，或许与历史学科中任何其他术语都不相像。
然而，在三十年或者四十年之前，恐怕没有人能够预见到，一本有
关 1945 年以来的历史写作的书籍，会要有一章是来讨论历史与
记忆的。

就其本身而言，对于记忆的学术兴趣并不是什么新鲜东西。十
九世纪末和二十世纪最初几十年中不断累积的思想影响，让记忆
成了理解人类行为的一个核心概念。在那些对这一论题感兴趣的
人当中，可以看到精神分析学家（比如弗洛伊德）、哲学家（如柏格
森）和作家（如普鲁斯特），他们不同于历史学家，将记忆视作个体
心灵的一种官能；瓦尔堡，这位无与伦比的艺术史家，使用了社会
记忆（*soziales Gedächtnis*）的概念，来解释古代的象征是如何在不同
的艺术作品、不同的时期和国家流播的；还有社会学家，其中显赫
者如涂尔干和哈布瓦赫。①

第一个系统使用这一概念的是哈布瓦赫，在他出版于 1925 年
的总论性的著作 *Les cadres siciaus de la mémoire*（《记忆的社会框
架》）中，确立了社会群体与集体记忆之间的关联。作为涂尔干的

① Henry Bergson，Matiér et mémoire（Paris，1896）；trans. ，as *Matter and Memory*
（1908）；Marcel Proust，*ÄLa recherché du temps perdu*（Paris，1913 - 1927）；and
Aby Warburg，*Gesammelte Schriften*（Leipzig/Berlin，1932）.

弟子,哈布瓦赫以涂尔干的方式论证道,即便是最为个体化的记忆,也是被来自社会的意象和范畴所决定的,并且就与某种社会结构相联系。在一系列的研究中,他提出,每一个记忆都是在时空中被限定的某一特定社会群体所携带着的。[①]

37　　　历史与记忆的关联是在一群法国学者中间兴起的,其中尤为显著的是哈布瓦赫和马克·布洛赫,他们在二十世纪上半叶开启了对于记忆和心态的现代研究[histoire des mentalités(心态史)]。吕西安·费弗尔和布洛赫,建立于1920年代的年鉴学派之父,呼吁建立在寻常的国家和君主的政治史之外探究一个社会的社会和经济结构及其"心态工具(outillage mental)"的一种新型的史学。所谓的"心态工具",指的就是信仰与集体表象、神话和意象的体系,过去的人们借此来理解他们的世界并给它赋予意义。集体记忆的历史——社会如何表征它们的过去——被视为这一努力中很重要的一个部分。布洛赫在1920年代中期开始使用"集体记忆"这个术语;1925年,他写了一篇对哈布瓦赫《记忆的社会框架》赞赏有加的评论。[②]

　　可是,在随后的数十年中,即便是在因为社会史和经济史占据了中心地位而使得历史学变得更加多样化的情形下,记忆概念也没有在历史学科中扮演重要角色。在更加广阔的思想世界中没有人注意到哈布瓦赫的观点。这种情形在1970年代晚期和1980年代发生了巨大的变化。正是皮埃尔·诺拉,年鉴学派下一代中的一员,意识到了学派的传统以及它的新方向,再度将历史与记忆联系起来了。1978年,他在 La nouvelle histoire(《新史学》)一书中,

① Maurice Halbwalchs, *La topographie légendaire des Évangiles en Terre sainte: Étude de mémoire collective* (Paris, 1941). In English, see id., *The Collective Memory* (New York, 1980); and id., *On Collective Memory*, trans. and ed. Lewis Coser (Chicago, 1982).

② Marc Bloch, 'Memoire collective, tradition et coutume: Àpropos d'un livre recent', *Revue de synthéthe*, 40(1925),73-83.

概要地提出了一种新史学的观念。① 随之而来的是他 *Les Lieax de mémoire*（《记忆的所在》）的宏大计划——致力于探索法兰西民族记忆的七卷本，出版于 1984 到 1992 年间，成其为当代记忆研究的起点。② 他的"在历史与记忆之间"一文成为正在崭露头角的这一研究领域的宣言书。③

　　起源于 1920 年代一群特定的法国学者圈中的记忆研究，到 1980 年代由附庸而蔚为大观。诺拉的研究计划反映了更为广泛的专业兴趣，而记忆研究的范围、数量和精深程度则令人瞩目。勒高夫的《历史与记忆》1986 年出了意大利文版，1988 年出了法文版，1992 年出了英文版。勒高夫是年鉴学派中研究中世纪的名家，这又让人们再次注意到年鉴学派与记忆和历史话题之间的关联。同一时段，与埃及学研究所的一群学者共事的扬·阿斯曼和阿莱达·阿斯曼，提出了"文化记忆"和"交流记忆"，这首先在德语世界、尔后在别的地方变成了通用的术语。④

　　然而，记忆有其自己的生命，带上了当代专业的和文化的特征。1978 年，历史学家弗雷德兰德尔（Saul Friedländer）出版了他

38

① Pierre Nora, 'Mémoire collective', in Jacuqes Le Goff, Roger Chartier, and Jacuqes Revel (eds.), *La nouvelle histoire* (Paris, 1978), 398-401.

② 对于这一研究有着相当广泛的讨论。See Lucette Valensi, 'Histoire nationale, histoire monumentale: *Les lieux de mémoire* (note critique)', *Annales HSS* (November-December 1995), 1271-1277; and Tai Hue-Tam Ho, 'Remembered Realms: Pierre Nora and French National Memory', *American Historical Review*, 106(2001), 906-922.

③ Pierre Nora, 'Entre Mémoire et Histoire', in id (ed.), *Les lieux de mémoire*, vol. 1: *La République* (Paris, 1984), pp. xvii-xlii; trans. As "Between Memory and History: *Les lieux de mémoire*", *Representations*, 26(1989), 7-25. 关于从维科到诺拉的记忆与历史的关联，see Patrick H. Hutton, *History as an Art of Memory* (Hanover, 1993).

④ Jan Assmann and Tonio Hölscher (eds.), *Kultur und Gedächtnis* (Frankfurt, 1988); and Assmann, 'Kollektives Gedächtnis und Kulturelle Identität', ibid., 9-19; trans as 'Collective Memory and Cultural Identity', *New German Critique*, 65(1995), 125-133.

有关大屠杀的回忆录 *Quand vient le souvenir*（《纪念的时刻》）。这是这类回忆录中最早的和影响极大的，反映出在大屠杀和记忆研究中哪些东西会成为根本性的关联。1989 年，弗雷德兰德尔在特拉维夫大学创办了《历史与记忆》杂志，成为这一方兴未艾的领域的旗舰。在接下来的数年中，记忆研究覆盖了人们所能想象的任何历史论题，从悲剧性的到世俗的，从种族灭绝和战争到米老鼠和风景。[1] 到 1997 年，已经有理由说，"'记忆'概念已经成为文化史和整个历史学中一个主导性的、近来是唯一主导性的术语了"。[2] 近年来，记忆研究作为一个新领域已经制度化了。对于方法和进路的讨论，发表在 2008 年起出版的一份新杂志《记忆研究》以及 2007 年建立的一个 H-Memory 在线研讨小组上。这两者都给新的研究和批判性思考提供了跨学科的场所。新的出版物，比如一种读本和一本手册，也开始评估衡量这整个领域，提纲挈领地表呈其历史、问题和前景。[3]

  记忆概念变成一个主导性的历史概念，有些什么样的原因呢？答案就在历史学科内部与其文化环境当中几种趋势的结合。当我们考察记忆概念在近期的历史时，就会将焦点集中到历史专业内部的发展。诺拉在 1970 年代后期和 1980 年代早期构想其记忆研究计划时，它反映的是更加广泛的学科转型。概略地说，我们可以看到由"社会"到"文化"和"记忆"的一幕解释转移。它开始于 1980 年代初期，最初之时缓而不急。到 1990 年代，"社会"概

---

[1] Lawrence Langer, *Holocaust Testimonies: The Ruins of Memory* (New Haven, Conn., 1991); Michael Wallace, *Mickey Mouse History and Other Essays on American Memory* (Philadelphia, 1996); and Simon Schama, *Landscape and Memory* (New York, 1995).

[2] Alon Confino, 'Collective Memory and Cultural History: Problem of Method', *American Historical Review*, 105(1997), 1386 - 1403 at p. 1386.

[3] Astrid Erll and Ansgar Nünning (eds.), *Cultural Memory Studies: An International and Interdisciplinary Handbook* (Berlin/New York, 2008); and Jeffrey Olick, Vered Vinitzky-Seroussi, and Daniel Levy (eds.), *The Collective Memory Reader* (2011, forthcoming).

念——社会史家在 20 世纪、尤其是 1945 年之后所实践的那种"社会"概念——被记忆和文化研究在解释上的进攻涤荡殆尽。再一次简略地说一句,此种社会概念建基于历史发展的线性概念之上,而受人垂青的社会和经济论题则从它们的功能和结构来解释。相反,"文化"概念则基于历史的多重时间概念之上,在那里,现在与过去相生相伴,同时获得各种不同的和相互冲突的叙事,而有关表现和记忆的论题则从经验、折衷、行为和变动不定的关系中得到解释。[①] 这一转换将历史写作的历史性置于中心位置。对于进行历史理解而论,要紧的是强调历史学家建构和解释过去的活动。而在这样的情形下,就有必要去探讨,人们(包括历史学家)是如何建构他们对于过去的集体呈现的。

1980 年代记忆概念的浮现,与有关的历史路径和主题的影响联系在一起。文化史成为历史学家当中一种主导性的路径,而一系列被称为"文化研究"的作品——常常将认同问题(还包括了后殖民主义和性别研究)置于焦点——也产生了很大的影响。[②] 尤其重要的是新的研究国族的路径,将国族视作一种文化制品,是发明、社会工程和对过去的建构的产物。安德森(Benedict Anderson)影响颇大的《想象的共同体》出版于 1982 年,很长一段时间里,记忆与国族之间的关联笼罩了这一领域。

然而,与对记忆的专业兴趣相关而又不依赖于这兴趣者的更为广泛的文化趋向,也在发挥作用。这当中的第一项,是自 1980 年代以来,大屠杀作为现代欧洲历史上一个、或许是仅有的一个意义重大的事件(signifying event)的日益增长的重要性。有关第三帝国和对犹太人的灭绝的历史与记忆的公众讨论和学术讨论,隔一段

39

---

① 这两个史学路数,社会史和文化史,混合在一起而没有清晰的界线。强调它们之间的差异,只会有助于厘清变化并阐明其间的转换。比如说,此种转型在弗雷(François Furet)自 1970 年代以来的研究中已经清晰可辨,他将僵硬的社会史观念弃之不顾,而垂青话语和权力的历史。

② Lynn Hunt (ed.), *The New Cultural History* (Berkeley, 1989); and Simon During (ed.), *The Cultural Studies Reader* (New York, 1993).

时间就会被点燃一次。比如，1985 年，里根总统访问包括了党卫军士兵坟墓在内的一个墓地而引起的比特堡争论；1980 年代中期有关前联合国秘书长的国防军士兵身份的瓦尔德海姆争论；以及有关第三帝国和大屠杀的独特性的 *Historikerstreit*（历史学家之争）。[①] 有关（如何）呈现大屠杀的研究，从研究途径、论题和吸引了公共注意力而言，推动和激励了对于记忆的整体的学术研究。受到范围广泛的对于大屠杀的学术研究的影响，诸如见证、受难者和幸存者这样一些概念，对于学者们理解整体的现代历史而论，变得非常重要。

40

在记忆研究和大屠杀记忆的兴起之间，还有着另外一种更加深刻的关联。我认为，对记忆的探索是历史学科面对大屠杀的断裂而作出的反应。对于有关再现过去（我们简单地称之为"记忆"）的学术兴趣和关切，源于人们越来越意识到因犹太人的灭绝而造成的再现危机。语言学转向和后结构主义在很大程度上是对于大屠杀的思想上的和哲学上的回应，它们试图解释一场历史断裂，并将它们自身表呈为在西方哲学和传统中的某种断裂。在历史学科中，对于大屠杀的一种反应，是去探索各个社会是如何表现它们的过去的。而这种探索使得整个历史表现的问题更加突出了。[②]

有必要注意到，通过聚焦于记忆，历史学家们不仅是塑造了而且更多的是反省了当代对于过去的参与，那种参与清晰地出现在社会的各个层面：大众文化、政府提案、遗产和旅游产业、家庭和谱系史、提出补偿的要求以及道歉声明中。从事记忆研究不仅是一种学术时尚，而且也是我们时代的一个表征，因为对于过去的表现总是导向公众讨论和辩难。可以想一想，比如说，哥伦布航海五百周年纪念、史密斯学会纪念原子弹投放五十周年展览会所引起的

---

① Geofrrey Hartman（ed.），*Bitburg in Moral and Political Perspective*（Bloomington，1986）；and Peter Baldwin（ed.），*Reworking the Past：Hitler，the Holocaust，and the Historian's Debate*（Boston，1990）.

② Saul Friedländer（ed.），*Probing the Limits of Representation：Nazism and the 'Final Solution'*（Cambridge，Mass.，1992）.

争议,还有近年来在以色列的巴勒斯坦人在以色列独立日纪念"大灾难(Nakba)"(1948年战争中巴勒斯坦人被赶出了家门)所提出的挑战。

很多这类对于记忆的关注与悔恨联系在一起。处于这类记忆核心地带的往往是第二次世界大战这场大动荡,尽管它并非唯一的历史焦点。为迫害犹太人而作出的忏悔,在美国福音派路德教会(1994)、梵蒂冈的"我们记得"(1994)和法国主教们的"忏悔宣言"(1997)中都能听到。在民主化过程中的拉美、东欧和南非,都建立了"真相委员会"来调查过去的统治和罪行。在建立联合国国际刑事法庭、使得种族屠杀成为可对统治者及其帮凶进行惩处的罪行时,记忆概念也成了道德、法律程序和国际关系的交汇点。1993年5月成立了前南斯拉夫国际刑事法庭(ICTY),1994年成立了卢旺达国际刑事法庭(ICTR)。重要的是,将意义赋予记忆的,并不只是历史学家们。所有人都在这么做:国家真相委员会、政府、教皇、金融和工业公司,这个名单还可以开下去。

为什么在二十一世纪之初,记忆就成了群体和个人认同的基本原则,其中还有着别的、不同的缘故。我们关注记忆,因为作为资本主义经济的结果之一,历史在以这样的速度前行,以至于即便是二十年前的过去似乎也那么遥远和陌生——因为我们生活的方方面面都商业化和商品化了,在大众传媒的助力下,造就了数量不断增长的记忆,"老的"、新的和当下的。然而,这些因素当中,没有一个仅凭自身就足够解释当前人们对记忆的关切。1990年之于我们,或许并不比1935年之于1955年或者1905年之于1925年,就更加遥不可及。这些因素组合在一起——第二次世界大战的经历、承认大屠杀、人权的进展、对过去的商业化、历史学理论和方法的变化等等——才导致了转向记忆。历史学家在这一转向中,同时既是旁观者,又是记录者和肇始者。

记忆研究近来所达致的高潮,也反映在学者们对其定义的寻求中。一个学者提出,"历史回忆(historical remembrance)"这一术语优于记忆,因为它强调了行动(agency),另一个学者则提出了"记忆

41

实践与产物(mnemonic practices and products)",因为它强调了一个动态的过程。① 这些定义与别的定义并不错,然而它们只是部分有用。它们挑出了无论如何都始终属于历史研究一部分的一个要素。使用诸如行动、过程、偶然性、变动中的关系或折衷等概念,不过是探究每一种历史包括记忆的历史的一种好办法。归根结底,给出精准的定义并非要害所在,要紧的是历史学家如何使用它来照亮过去。记忆研究带来的益处之一,就是其彻底跨学科的特性,结合了历史学、人类学、社会学和其他领域。对历史学家而言能够容纳多样性的简洁性是最好的策略。记忆研究要去探究,一个社会群体,不管是一个家庭、一个阶级或是一个民族,是如何通过发明和挪用的过程来建构一个过去的,以及它对于社会内部的权力关系意味着什么。换句话说,研究记忆的历史学家考虑的是,谁想要谁记住些什么、为什么,以及记忆是如何被生产、接受和拒斥的。

当然,社会群体无法记忆,因为这只能是个体的官能。再就
42 是,人们当然无法记忆他们未曾参与过的事情。但你也无须为着庆祝作为国家认同象征的7月14日,就得攻打过巴士底狱。一个人的记忆,就如同一个人最私密的梦境,都来自于被一个特定社会所共享的象征、景观和过去。既然记忆,不管是个人的还是集体的,其产生和接受都是被置于某一特定的文化、社会和政治语境之下,我们就可以探求人们是如何建构一个过去的:他们个人并未亲历其中,却与他们群体的其他成员一起共享着的那个塑造了文化知识、传统和独特性的过去。

学者们探究表现过去记忆的载体,如纪念仪式、教科书、节日、文献、博物馆或建筑物。《记忆的所在》探索了多种多样的"记忆的所在",从国家葬礼到环法自行车赛(Tour de France)。不同媒介在

---

① Jeffrey Olick, 'From Collective Memory to the Sociology of Mnemonic Practices and Products', in Erll and Nünning (eds.), *Cultural Memory Studies*, 151; Jay Winter, *Remembering War: The Great War between Memory and History in the Twentieth Century* (New Haven, Conn., 2006),3.

记忆的产生和传播中所扮演的角色也受到了重视：纪念碑、文献、照片、电影、杂志和互联网。在此意义上，有别于哈布瓦赫的"集体"记忆，阿斯曼的 *kulturelles und kommuni-katives Gedächtnis*（文化记忆和交流记忆）的概念，就扩大了记忆概念，让它更加精致了。它将交流记忆视作个人和群体在日常生活层面上的互动，而将文化记忆视作通过远离日常的、一代人接一代人的重复实践，而塑造了人们的行为和经验的知识。[1] 它使得记忆概念更具弹性，并且因此就更适合于解释人类事务的多样性。

历史与记忆之间的关系对这一领域而言至关重要。哈布瓦赫和诺拉探讨过这一关系，将其视为历史性处境之下的社会实践。他们的基本论点是，记忆属于传统强大的前现代社会，而出现于19世纪的历史学科，则属于传统衰颓而与过去的关联被斩断的现代社会。哈布瓦赫将历史与记忆截然分开，前者是对于过去的科学的表呈，后者则是对过去的弹性化的表呈。在诺拉看来，19世纪科学历史学发展起来之前，历史与记忆乃是统一的，自那以后就分道扬镳了。于是，他区分了作为社会实践的、记忆的背景的前现代记忆，以及自觉的、有意的现代记忆。

这是一种干脆利落的区分——太过干脆利落了。它源自哈布瓦赫对于历史学作为一门科学的那种19世纪的信念，以及诺拉对于过去所怀有的乡愁。而今学者们对于历史和记忆的看法有所不同：这二者之间不再是截然分开而是相互关联；它们彼此融会和相互混合，尽管两者并非同一回事。[2] 集体记忆既区别于历史，又与其相连相通。记忆有别于历史，是对于过去的弹性理解，因为记忆的建构并不受到一系列具有约束力的学科规则的限制。被发明出

43

---

[1] Harald Welzer, *Das kommunikative Gedächtnis*：*Eine Theorie der Erinnerung* (Munich，2002).

[2] Amos Funkenstein, 'Collective Memory and Historical Consciousness'，*History and Memory*，I (1989)，5 - 26；and Peter Burke, 'History as Social Memory'，in Thomas Butler（ed.），*Memory*：*History*，*Culture and the Mind*（New York，1989)，97 - 113.

来的过去所具有的某些特征，是历史学家们在其研究中所要竭力避免的：时代错置，以某一点为中心、现在主义。当然，历史学也同样是对于过去的弹性理解，然而它是由证据和实证的规则支配着的（虽然成功程度和出现的问题各有不同）。历史学家们创造有关过去的叙事，是怀着讲述真实故事的**用心**的。他们的故事的真实性从来就不是稳固不变的，因为它是基于社会和文化建构出来的，而他们的故事永远也不能够讲述关于过去的全部真实。然而，所有严肃的历史研究的基础，都在于表现过去时求真和持平的用心。历史记忆的创作者则不受这一义务的约束。但记忆和历史也会相通，因为历史学家是在由社会所共有的有关过去的总体图景、在某种集体历史心态当中，来构思他们的故事的，而且因为历史学家们是民族国家以及别的群体和身份的"大祭司"，并且由此通过历史来塑造其记忆。历史学家的使命，是在不模糊记忆与历史之间分别的同时，揭示它们之间的关联。

记忆概念突如其来地进入解释的中心地带，引发了对于它的解释效能的疑虑。有人提出，记忆研究不过是风行一时，而近年来对于记忆的关切则是对于大众趋势的浅薄迎合。然而，问题并不在于记忆是否时髦：有的概念很时髦，却依然很有解释力。问题更在于，记忆是否对于我们的历史知识有所裨益？而对此问题的回答是毫无疑义的"是"。记忆研究将一代人之前全然不知的话题和被遮盖了的知识带到了前台。

可以举几个例子，让我们对此有清晰认识。在很长时间内，对于德国人和欧洲人是如何记忆大屠杀的研究，充斥着由一种可敬的道德激情提出的一些错误的历史问题。按照此种常见的解释，人们在战后以集体沉默和普遍健忘，来对待国家社会主义。此种观点对于历史学家们解释战后时期的方式产生了重要的影响。而今我们知道，那是历史学家的一个发明，记忆研究通过将核心的探讨问题从德国人**是否**已经与过去和解，转移到德国人对于纳粹时代的过去记住了些什么、是怎样记忆的、是谁在记忆，从而推翻了那种令人们肃然起敬的解释。结果就是战后德国社会的一场价值重估,关于国家社会主义的热烈争论,出现在地方性的和私人的界域、出现在公共生活和政治生活中。记忆研究在电影、小说、政治论战、学术圈以及甚至是远足和旅游这样的实践活动中,都发掘出了过去的踪迹。这些发现对于我们如今怎样去理解战后德国和欧洲社会的重要性,很难被低估。[①]

44

对于记忆的研究,给人们在过去的经验提供了新的洞见。一代人之前,历史学家们并不认为,受难者的概念对于理解 20 世纪的历史而言有什么根本性的意义。如今我们知道,有关自我受难者的民族记忆,乃是全球范围内一个普遍的特征。比如说,在第一次和第二次世界大战之后,此种记忆随处可见,而且对于许多国家——无论是战胜者还是战败者——的文化复苏而言至为关键。而德国人在1945年之后也将他们自己视为受难者,这一点也让战后的记忆呈现出复杂的面貌。[②]

这一领域被几个主要的研究论题所主宰着。有关国族(以及国族内部的或者与国族相关的不同群体)的记忆建构的研究,居于核心地位,就像对于战争记忆的探究(第一次世界大战受到大量关注)也曾备受重视一样。对于有关第二次世界大战、第三帝国和大屠杀的记忆的研究,也是一个重大论题。不同国家的史学研究聚焦于对于重大事件的记忆,如内战之于美国史,以及 1947 年到 1948 年印度和巴基斯坦的分治。[③] 大致说来,研究记忆的最优秀的历史学家,就像是找寻人类的声音和情感的巫师。他们捕捉在某一特定社会中萦回着的过去的形象,以及对于某些事件、时期或

---

① Robert Moeller, *War Stories*: *The Search for a Usable Past in the Federal Republic of Germany* (Berkeley, 2001).

② Pieter Lagrou, *The Legacy of Nazi Occupation*: *Patriotic Memory and National Recovery in Western Europe*, 1945 - 1965 (Cambridge, 2000); and William Niven (ed.), *Germans as Victims*: *Remembering the Past in Contemporary Germany* (New York, 2006).

③ David Blight, *Race and Reunion*: *The Civil War in American Memory* (Cambridge, Mass., 2001); and Gyanendra Pandey, *Remembering Partition*: *Violence*, *Nationalism and History in India* (Cambridge, 2001).

信仰的执迷,力图去理解这些东西如何以及为什么会对过去的人们具有意义。

　　然而,在过去一代人中,记忆研究之于历史学界的重要性,既不始于、也不止于新的论题和知识。这些东西很要紧,但却不能充分说明记忆概念在历史学家当中引起反响的缘故。我认为,正是因为通过将记忆变成为一个本质上是经验性、分析性和理论性的工具,用来理解往往被认为是由一系列非常不同的因素所决定了的社会、政治、文化甚至是经济现象,记忆概念**改变了历史学家理解过去人们生活中过去的在场(the presence of the past in the life of people in the past)的方式**。这一论点需要加以解释,而且甚至看似令人困惑或者径直就可以加以反驳,因为历史学家显然总是认为,对于过去的感知(perceptions of the past)对于理解过去而言至为关键。这是真理,但却不过是一半的真理。

45　　我们一开始就看到,历史学家对于有关过去的历史表现的兴趣,它本身并无什么新奇之处。研究历史思维的历史学家常常会去探究,从前的知识人、神学家、哲学家、作家和历史学家们是如何理解过去的:比如柯林武德在其经典的论文集《历史的观念》(1946)中的例子。主要研究领域并非史学史,而是政治史、社会史、经济史和观念史的历史学家们,数十载之前也曾研究过历史表现的论题。这常常被人们称之为神话(myth)。比如,我们可以想一想伽斯顿(Paul Gaston)重要的南方史著作《新南方教义:南方神话制造之研究》(*The New South Creed: A Study in Southern Mythmaking*,1970),此书探究了1865年之后三十年内几个思想家的写作,他们在呼唤经济发展的同时,也接纳了关于老南方道德精神之失败事业这种被发明出来的崇拜。

　　四十年前的这类研究和当代记忆研究之间的重大分别,反映出历史学专业性质的变化。旧有的对于历史表现的研究,常常聚焦于一群被选定的(通常是男性)思想家和知识人的写作。当今的记忆研究受到人类学、社会学、文化史、文化研究、日常生活史等等的影响,要探求社会中所有成员和组织对过去的表现,从国家的官方记忆到大众记忆。[1] 两者在赋予对于过去的表现在解释上的重要性方面存在着差别。旧有的研究倾向于将其视作思想史中的一个发展。其意义通常源自更加广大、更具实质性的社会、政治和经济过程,同时也是后者的反映。与这一时期主导性的社会史范式相一致,对于过去的认识(也即文化)被视为社会的和政治的发展与利益的"自然"的必然结果。今天的记忆研究则相反,将对于过去的表现(也即文化)在理论上、如果不是总是在实践上的话,视作政治和社会发展的塑造者。而对于过去的认识就并不局限于严格的思想界域,而是存在并活动于社会的每个角落。

结果就是,在其最具创新精神的情形中,记忆研究致力于探求是否以及以何种方式,记忆的在场与其说是环绕着它的社会的显现,不如说是政治、社会、文化、信仰和价值,以及日常生活、制度设置和决策过程的塑造者。他们追问的是,记忆范畴在做出社会、政治、经济和日常生活中的决定中,产生了什么样的影响。记忆研究的新取向探究了各种各样的论题,诸如家庭、消费、经济、死亡、乡愁以及作为记忆之场的国家。[2] 他们揭示了记忆对于四十年前被认为完全无关的论题的影响:比如说,在 1918 年之后要求战争抚恤金以及 1945 年后涉及战争寡妇的公共政策中记忆的影响。

46

在某种意义上,对这一转变进行了最深入的反思的历史学家,是特立独行的马克思主义者霍布斯鲍姆。作为 1960 年代社会史的一位领军人物,霍布斯鲍姆准确地察觉到,在研究过去之时,需要一种更具分析性的取径。1972 年他在《过去与现在》发表了一篇论文,为其与兰吉尔(Terence Ranger)1983 年出版的颇负盛名的《传统的发明》(The Invention of Tradition)一书奠定了基础。[3] 单

---

[1]　Alicxe Fahs and Joan Waugh (eds.), *The Memory of the Civil War in American Culture* (Chapel Hill, NC, 2004).

[2]　Alon Confino and Peter Fritzsche (eds.), *The Work of Memory: New Directions in the Study of German Society and Culture* (Urbana, Ill., 2002).

[3]　Eric Hobsbawm, 'The Social Function of the Past: Some Questions', *Past and Present*, 55(1972),3 - 17.

是这个光彩夺目的书名，就给记忆研究设定了一个得到一致赞同的全新议程（即便霍布斯鲍姆在传统与政治和社会之间建立的是一种多少有些机械论意味的关系）：现代社会是如何发明新的过去的——后者被认定是并非来自记忆——以及这些过去所发挥的功能。《传统的发明》、《想象的共同体》、《记忆的所在》、《文化记忆》以及对于大屠杀的新认识，就将过去的在场作为历史学界的基础话题。"记忆的转向"就此启程。

从这场讨论中展露出来的，是在当前历史分析中过去的在场这一论题的重要性。直到"记忆的转向"，历史学科都未曾将过去的在场视为一个对于理解社会史、政治史和经济史而言**必不可少**的一个论题。在我看来，这就是记忆对于历史思想和历史方法的重要性所在。将记忆纳入思考，从前认为是得到了足够的描述和解释的现象就获得了全新的意义。与所有研究的准则相一致，记忆研究要求有创新：它要揭示出人们此前未曾寓目之物。很可能是，由于当代文化的诸种趋向，历史学家在解释过去时给记忆分派了一个过于吃重的角色；记忆研究所不断作出的贡献，依然以全新的方式，证明了过去之在场在人类社会中至关重要的意义。

可是，丰富性所带来的裨益，并不能掩盖这样一种感觉："记忆"一词因为使用过剩而贬值了，同时记忆研究缺乏清晰的焦点，并且或许已经变得可以预见了。大量的文本在探讨记忆与历史学方法，却难得有对这一领域的问题、取径和研究对象进行系统评估的。①

47

---

① Allan Megill, 'History, Memory, Identity', *History of the Human Sciences*, II: 3(1998), 37 - 62; Kerwin Klein, 'On the Emergence of Memory in Historical Discourse', *Representations*, 69(2000), 127 - 150; Gabrielle Spiegel, 'Memory and History: Liturgical Time and Historical Time', *History and Theory*, 41 (2002), 149 - 162; Wulf Kansteiner, 'Finding Meaning in Memory: A Methodological Critique of Collective Memory Studies', *History and Theory*, 41 (2002), 179 - 197; Alon Confino, *Germany as a Culture of Remembrance*: *Promises and Limits of Writing History* (Chapel Hill, 2006); and Jeffrey Olick, *The Politics of Regret*: *On Collective Memory and Historical Responsibility* (New York, 2007).

各种研究往往遵循着一个熟悉的套路,来研究另一个事件、有关它的记忆及其挪用。每一个个案的情节细节不同,套路却是一样的。按照人文学科进行解释的 *Zeitgeist*(时代精神),记忆被描述成"相互竞争的"、"多样的"和"折衷的"。经常有人呼吁,要有一种整合的有关记忆的历史,要考虑其多媒体的性质,或者是要分析文化与社会进程之间的"动态互动"。这些当然都是有价值的,然而听起来还是太过陈腐。因为记忆就其自身而论并没有提供任何真正附加的解释效能。只有与历史问题和疑惑联系在一起,经由方法和理论,记忆才会予人启迪。

因而,某些方法问题对于记忆研究而言就非常关键。这些问题界定了这一领域;我们不能指望明确的答案,但是,这些问题应该得到探讨、提升和重新表述。这里可以提出三个这样的问题:从某一记忆材料中过滤出意义的问题,将记忆当作历史实在根基的问题,以及记忆的不同层次的问题。

在某个记忆案例中如何能够过滤出意义:比如说一场电影,一部小说或者一个博物馆?记忆的历史中要紧的问题不是过去如何被表现,而是为什么它被接受了或者被拒斥了,因为每一个社会都会建立起关于过去的形象。而在一个社会中造成重大影响,并不足以让某个过去就被选择。它必须激发情感,促使人们去行动,才会被接受;简而言之,它必须成为行动的社会文化模式。为什么是某些过去取得了胜利而别的遭受了挫败?为什么人们选取了过去的某个形象而非另一个?要确定意义,在研究与特定记忆相反、互相冲突和拒斥了这一记忆的不同表现的同时,就需要对"接受"进行系统的研究。

倘若说,对历史学家而言,追问如何从给定的材料中过滤出意义总是极为重要的,在记忆研究中这一点就尤为关键,因为所有东西都是一个记忆的案例。记忆无处不在:从最细微的日常生活物品(斯芬克斯的纪念品)到最神圣的事物(圆顶清真寺),我们都可以从中建构起对于过去的意识。这里存在着一种解释上的危险:将所有东西与所有别的东西联系起来以建构记忆的诱惑,把某个记忆案例解释为在一个严丝合缝的表现之网中流通,在那个网络中,历史行动者的作为消失了,记忆具有了自己的生命,书写谁想要谁记住什么,以及为什么和是否它最终被接受或拒斥的历史,已不复可能。一旦一切都被联系起来而记忆又无所不在,结果就是无法写出真正的记忆的历史。在这样的历史重构中,弄不清楚记忆不是什么。在记忆研究中,存在着将记忆视作历史实在的真正根基的危险,近似于在文化研究中将文化也作如是看的风险。

换个说法,在许多聚焦于表现的记忆研究中,记忆丧失了它深植于社会之中的特性。当社会关联被化约为"认同"和"记忆",对于社会的理解就有着被化约为人们所认定的观念和表现的危险。而对于记忆的生产和社会基础的精确分析,就可以对不同群体记忆中的异同提出解释。这类研究的一个样板,就是拉格鲁(Pieter Lagrou)的《纳粹占领的遗产》(*The Legacy of Nazi Occupation*,2000)。这本书考察了战后比利时、法国和荷兰的三个社会群体(抵抗运动的老兵、迁移人口和强制劳工),探究了他们如何更多地因为共同的战争经历而共享着一种记忆,而非因为来自不同国家的成员。

避开原初现实的陷阱的一个办法,就是意识到个人和群体所经历的记忆的不同层面。某一个特定的记忆最好被视作在社会现有的多重记忆之间集体协商和交流的结果。一个个体和一个社会群体都拥有多重记忆,那些记忆往往是对立或者冲突的。倘若我们将一个记忆剥离出来,试图就其自身来理解它,我们会所得甚少。我们需要考虑到不同层次上的记忆博弈;个人和群体所玩弄的记忆游戏。

看看地方性记忆和国家记忆相混合的情形。在很长时期内,地方性(localness)和国家性(nationhood)在历史学中被视为相对立的认同,提出的问题是:地方的如何成其为国家的? 一种新的思路提出的问题是,地方性和国家性如何相互影响、相互塑造,就像是德国 1871 年统一以后的 Heimat(祖国)观念中的情形那样。① 这种思

① Alon Confino, *The Nation as a Local Metaphor*:*Württemberg*, *Imperial Germany*, *and National Memory*, 1871-1918 (Chapel Hill, 1997).

路不是将国家性看作是让记忆和地方性运作于其中的固定语境，而是打破了这些范畴疆界之间的平衡，澄清了它们相互混杂的关系。其目标是要让人们注意到地方性和记忆如何被编织到国家主义的故事情节之中，以及将地方的化约为国家的、将记忆的文化化约为国家霸权的危险。通常对于地方与国家两者关系的理解，将地方视别处所产生出来的国族归属感的一个储藏地，而非国家主义的塑造者。然而，祖国（Heimat）观念却将地方性的认同造就为国族认同的一个部分，而地方性就成为国族的一个象征表现。它就成为地方性、区域和国家之间的可以互换的表现。这种记忆游戏与人们在这个世界上思考自身的混乱方式颇为匹配。

　　对于战后历史写作中的记忆概念的概览，不能将自身限于方法问题，因为记忆或许跟任何别的概念都不一样，它赋予我们文化以合法性、根源、本真性和认同感。历史学家无法回避这一文化行囊。他们怎么可能呢？只能指望他们还会发现，记忆可以用作一个方便的隐喻，来描述他们学科的病症或者是作为补救。诺拉将记忆视作"处于持久演进过程中的……生命……充满感情而又神奇"。曾经有过一种"真正的记忆——社会的而又未遭受过破坏的，展现并且也保存在所谓的原初社会或者原型社会的秘密之中"。然而，他在前现代真正的记忆与现代自觉的记忆之间的分别却是错误的，因为所有的记忆都是自觉的，并且所有的记忆都在社会实践中携带着。然而，他的论文《在历史与记忆之间》，可以被解读为一个满怀乡愁拥抱着过去的历史学家的诗意的挽歌。① 其他人将记忆概念视作沿着新方向对于这一学科的再度确认或革新。阿普莱比、林恩·亨特和雅可布（前两人都曾任美国历史学会主席）将记忆视作一种知识形式，能够将历史从后现代主义者对于历史学客观性的批判中挽救出来，而其他人则在记忆中看到的是截然相反的意义：也即，那是将历史学科理解为一种诸如自传一类的

49

----

① 　Nora，'Between History and Memory：*Les lieux de mémoire*'，8 - 9।

个人追求的方便法门。①

记忆概念被用作一种媒介,来唤起人们对于历史、政治和道德的关切。诺拉将记忆爆炸看作是民族国家崩解的反映。但这并没有发生。更准确的说法是,他所见证的乃是他那种特殊的法兰西观念转变成了不同的民族国家,其特点是法国大革命遗产的终结、后殖民主义、穆斯林移民和法国在世界范围内的衰落。迈尔尖锐地问道,"对于[历史]记忆的执迷是否会变得软弱无力"? 还有,对于记忆的关注是不是对于转型期政治的让人抱憾的逃避的征兆? 克莱因正确地观察到,对于记忆的探究已经成了"历史话语的有益替代"。② 这些关切很重要,在一个往往是不假思索地珍视记忆的文化中,应该得到强调和讨论。然而,它们却不是内在于有关记忆的历史研究或公众对于记忆的参与中的。因此,比如说,某些对于记忆的关注就导向了对于政治的积极卷入,提升了社会意识,例如致力于追索政治迫害和人权的历史的俄罗斯(以及其他前苏联共和国)的记忆群体那样。归根结底,这一切都取决于历史学家和非历史学家们用记忆来做什么,他们的意图何在(政治的、方法论的和别的方面的),以及他们如何运用记忆来理解他们的世界和过去。从这场讨论中让人们看到的更值得注意的一点是,记忆被用来作为表达基本的道德、政治和历史关怀的隐喻的能力。

为什么记忆在历史学家当中成为用于思考他们自身学科的如此强有力的隐喻呢? 我相信,这是因为它要求解释。每一个历史论题当然都是可以得到解释的。然而 19 世纪英国煤炭工业的经济趋势所需要的解释,与大屠杀记忆、美国内战记忆或者巴勒斯坦

---

① Joyce Appleby, Lynn Hunt, and Margaret Jacob, *Telling the Truth about History* (New York, 1994)258, and Susan Crane, '(Not) Writing History: Rethinking the Intersections of Personal History and Collective Memory with Hans von Aufsess', *History and Memory*, 8(1996),5-29.

② Charles Maier, 'A Surfeit of Memory? Reflections on History, Melancholy and Denial', *History and Memory*, 5(1993),136-151, at p. 141; and Klein, 'On the Emergence of Memory in Historical Discourse', 145.

"大灾难"的记忆所需要的,并不一样。记忆的材料和对记忆的分析就将建构过去的过程和历史学家的实践展露无遗。这是记忆概念扩展了对于过去的研究的很重要的一个缘故。并且这里就潜伏着记忆作为一种研究方法所具有的风险,还有它所能带给人们的希冀。它要求解释,而那解释也可能是轻率而浅薄的。要在19世纪英国煤炭生产的系列数据中找到有意义的趋向,要花更多的时间,并且需要更长的时段来研究、收集和分析证据。而对记忆的表现则不同。就仿佛那不需要来自历史学家的进行解释的努力,而材料自身就会为自己说话一样。当然不是这么回事。历史学家遇到的挑战,就是要抵御这样一种无法承受的解释之轻(unbearable lightness of interpretation),并经由方法和理论、经由对于证据、叙事和材料的使用进行拷问,而从记忆中过滤出意义来。这里就蕴藏着记忆将我们的历史想象解放出来的潜能。

参考书目

- Assmann, Aleida, *Erinnerungsräume: Formen und Wandlungen des kulturellen Gedächtnisses* (Munich, 1999).
- Assmann, Jan, *Das Kulturelle Gedächtnis: Schrift, Erinnerung und politische Identität in frühen Hochkulturen* (Munich, 1992).
  ——'Kollektives Gedächtnis und Kulturelle Identität', in id. and Tonio Hölscher (eds.), *Kultur und Gedächtnis* (Frankfurt, 1988), 9–19; trans. as 'Collective Memory and Cultural Identity', *New German Critique*, 65(1995), 125–133.
- Auge, Marc, *Les forms de l'oubli* (Paris, 1998); trans. as *Oblivion* (Minneapolis, Minn., 2004).
- Blight, David, *Race and Reunion: The Civil War in American Memory* (Cambridge, Mass., 2001).
- Bloch, March, 'Memoire collective, tradition et coutume: A propos d'un livre recent', *Revue de synthéthe*, 40 (1925),

73 - 83.

- Confino, Alon, 'Collective Memory and Cultural History: Problems of Method', *American Historical Review*, 105(1997), 1386 - 1403.

——*Germany as a Culture of Remembrance: Promises and Limits of Writing History* (Chapel Hill, 2006).

- Erll, Astrid and Nünning, Ansgar (eds.), *Cultural Memory Studies: An International and Interdisciplinary Handbook* (Berlin/New York, 2008).

- Funkenstein, Amos, 'Collective Memory and Historical Consciousness', *History and Memory*, 1(1989), 5 - 26.

- Fussell, Paul, *The Great War and Modern Memory* (London, 1975).

- Halbwachs, Maurice, *Les cadres sociaux de la mémoire* (Paris, 1925).

——*The Collective Memory* (New York, 1980).

51 ——*On Collective Memory*, trans. and ed. Lewis Coser (Chicago, 1992).

- Hutton, Patrick, H., *History as an Art of Memory* (Hanover, 1993).

- Kansteiner, Wulf, 'Finding Meaning in Memory: A Methodological Critique of Collective Memory Studies', *History and Theory*, 41(2002), 179 - 197.

- Klein, Kerwin, 'On the Emergence of Memory in Historical Discourse', *Representations*, 69(2000), 127 - 150.

- Koshar, Rudy, *From Monuments to Traces: Artifacts of German Memory*, 1870 - 1990 (Berkeley, 2000).

- Lagrou, Pieter, *The Legacy of Nazi Occupation: Patriotic Memory and National Recovery in Western Europe*, 1945 - 1965 (Cambridge, 2000).

- Megill, Allan, 'History, Memory, Identity', *History of the Human Sciences*, II: 3(1998),37 – 62.
- Nora, Pierre (ed.), *Les Lieux de mémoire*, vol. I: *La République*, vols. 2 – 4; *La Nation*; vols. 5 – 7; *Les France* (Paris, 1984 – 1992); trans. as *Realms of Memory*, vol. I: *Conflicts and Divisions*, vol. 2: *Traditions*; vol. 3: *Symbols* (New York, 1996 – 1998); and *Rethinking France-Les Lieux de Mémoire* (Chicago, 2001).
- Olick, Jeffrey, *The Politics of Regret: On Collective Memory and Historical Responsibility* (New York, 2007).

  ——Vinitzky-Seroussi, Vered, and Levy, Daniel (eds.), *The Collective Memory Reader* (2011, forthcoming).
- Pandey, Gyanendra, *Remembering Partition: Violence, Nationalism and History in India* (Cambridge, 2001).
- Ricoeur, Paul, *Memory, History, Forgetting* (Chicago, 2004).
- Rousso, Henry, *The Vichy Syndrome: History and Memory in France since* 1944 (Cambridge, Mass. , 1991).
- Wachtel, Nathan, 'History and Memory: An Introduction', *History and Anthropology*, 2(1986),207 – 224.
- Yerushalmi, Yosef Hayim, *Zakhor: Jewish History and Jewish Memory* (New York, 1989).
- Young, James, *At Memory's Edge: After-Images of the Holocaust in Contemporary Art and Architecture* (New Haven, 2000).
- Zerubavel, Yael, *Recovered Roots: Collective Memory and the Making of Israeli National Tradition* (Chicago, 1995).

彭刚 译

第三章　1945年以来的审查制度与历史学

安通·德·贝兹

独裁者……对事实和记录的严苛会少于对人的严苛吗？与对待其自己所处地区和时代的人相比，他会更温和地对待其他地域和其他时代的传统和人民吗？

——伯特伦·D·沃尔夫，《极权主义与历史学》(1954)

本章考察权力、自由与历史的纠结之处。它不是关于审查制度(Censorship)的历史，而是关于历史学的审查制度，并附带地与历史学审查制度的历史有关。它关注由历史学的审查制度衍生出的理论问题，及其在不同的当代政治背景下(独裁体制、冲突后的社会以及民主制)的正当性和有效性。为了明确历史学审查制度的范围，要用与之密切相关的概念从细节上详细考察其边缘领域和交界领域。主要讨论的是不同模式、体裁、领域、种类、时代及国家的审查制度状况。这一章也试图提供一系列有关联的现象的说明，而不是(从有着数以千计的可能性事例世界中)简单地随意列举事例。最终的分析涉及了审查制度与认识论之间的关系，以及真理与伦理之间的关系。

实际情况

无论如何，让我们首先通过美国、捷克斯洛伐克等国家的例子,获得对实际情况的印象。① 在麦卡锡主义达到高峰的时期,摩西·芬利(Moses I. Finley, 1912－1986),新泽西州罗格斯大学的一位古代史研究者,被指控曾于 20 世纪 30 年代在哥伦比亚大学读研究生时组织了一个共产主义研究小组。该指控来自威廉·坎宁(William Canning),一个历史学研究者,和卡尔·魏特夫(Karl Wittfogel, 1896—1988),他曾经是德国共产党党员,1934 年被驱逐后成为华盛顿大学的一位中国史研究学者。二人都在参议院内部安全委员会庭前作证,且在此前已指控芬利有问题。1952 年 3 月,芬利在委员会前宣称他不是共产党员,而在被问到他是否曾经是时,他援引"第五修正案"【注1】,由此免于被指控作伪证的可能。起初,罗格斯大学支持芬利,但随后其理事会一致宣称诉诸"第五修正案"的行为足以作为将其立即解职的理由,因此否决了两个特别咨询委员会的决议。芬利被解除了他的助理教授职位并被列入美国大学的黑名单。作为对麦卡锡主义兴起的回应,他建立了"捍卫国际自由美国委员会"(the American Committee for the Defense of International Freedom)。从 1954 年直至去世,他一直在剑桥大学从事研究。1958 年,芬利到康奈尔大学历史系的任命被校长拒绝,而历史系向全员出席的"学术自由和终身教职委员会"的上诉毫无用处。

　　如果像美国这样的民主社会在芬利事件中的做法值得商榷的话,那么独裁政府就更是如此了。1973 年,在捷克斯洛伐克的"正常化"(nomalization)期间,获奖著作《从不合法到兴起:民主派起义史的若干片段》(*Z ilegality do povstania：Kapitoly zobčianského odboja*, 1969)被从图书馆和书店中收走。它的作者,约瑟夫·亚布洛尼茨基(Jozef Jablonický, 1933—2012),斯洛伐克学院的科学历史研究院成员,被指控贬低了 1944 年斯洛伐克民族起义

53

① Antoon De Baets, *Censorship of Historical Thought：A World Guide* 1945－2000 (Westport, Conn. ,2002),567－568,179－181,113－114.
【注1】"第五修正案",Fifth Amendment,一种抵制自证其罪的宪法权利。

期间的共产党抵抗运动而抬高了当时非共产党抵抗活动。该书也批评了参与起义的共产党书记古斯塔夫·胡萨克（Gustáv Husák，1913—1991）1964 年出版的回忆录。1974 年，亚布洛尼茨基被从历史系免职并转往斯洛伐克古迹维护和自然保护研究院。这是 16 年郁闷的开始，在此期间他被称为"反社会活动的罪犯"，且他的作品被贴上"有损国家利益"和"抵触官方历史考察"的标签。他关于共产党抵抗运动的新研究不能出版。国家安全警察对他的案子进行调查，他的家被搜查了 11 次，至少 3 份原稿被没收且没有归还。他被警察审问，被降职，并被开除出斯洛伐克共产党。1978 年他获准研究历史档案的权利被撤销。在此期间，亚布洛尼茨基完成了《伯拉第斯拉瓦和斯洛伐克民族崛起的起源》（*Bratislava a vznik Slovenského národného povstania*）一书的新稿，原稿已经被警察攫取。1979 年他写了两篇针对官方史学中存在漏洞的争论性文章（最终于 1994 年出版）。他的研究《马拉军队在巴尔喀阡山的失败》（*Zlyhanie Malárovej armády v Karpatoch*）以手抄本"地下出版物"系列的形式流传：该研究的头两版已经被警察搜走了；第三版是在作者同时隐藏了自己的档案资料和其手稿的已完成部分的情况下写成的。他定期受到骚扰和拘禁。1984 年，他近期的历史论文连同参考文献都被没收，因为它们在斯洛伐克起义 40 周年之际被认为是尤为危险的。他的著作一直被禁到 1989 年"天鹅绒革命"。1990 年他终于能够恢复他在科学院政治科学研究所的工作。

当我们对比这些例子，我们发现芬利因过于共产主义而被迫害，而亚布洛尼茨基则因为不够共产主义而被迫害。芬利事件与政治有关而与历史观点无关，但结局是他作为一个职业历史学家的事业受到深刻的影响。在其余事件中，核心问题都涉及历史因素。这些事件证明了所谓的审查制度领域的几个特征：背景多样（麦卡锡主义、"正常化"），经历状况多样（黑名单、审问、免职、"手抄本"、反抗），以及结果多样（流亡、边缘化、自杀）。两个历史学家都拒绝屈服，并且从学术的认识论和道德方面开辟

了理论和实践的视野。不幸的是，在两个事件中，复苏的努力都
来得太晚了。现在让我们系统地看待这些事件和大量的其他事件
背后的社会形态。

类型区分

历史审查制度的重要性显然取决于既有政权是独裁的、民主
的或是在两者之间的。独裁政权，又可分为威权主义政权
（authoritarian）和极权主义政权（totalitarian），在独裁政权中，
一小群人以军事力量为后盾，非法掌握凌驾于国家之上的权力。
由于它们的本质，这些政权不能通过选举和从法律中为其绝对权
力找出足够的合法性。因此，为了使政权根深蒂固，必须从别
处，通常是从一种使过去工具化的意识形态中寻找合法性，这一
意识形态使政权合法性好像长期存在于记忆、传统、文献和文化
遗产中一样。历史学因此成为了一种轮番为独裁政治权力服务的
官方意识形态的工具。

最终，独裁者把宣传和审查制度作为配套工具来使用——前
者宣扬官方观点，后者消灭其他观点。历史宣传是凭借政府或其
他势力对历史事实或观念的系统篡改，反之，历史审查制度是通
过政府或其他势力对历史事实或观念，及其交流的系统控制——
通常是用有意打压的方式。宣传和审查制度凭借垄断性的说辞和
专制性的真理创造了官方史学。它打压或阻止向它发起挑战的质
疑。为了执行官方的指导路线，政府的和其他方面的机构被建立
起来。理想情况下，这些机构不是公然地篡改历史记录，而是尽
可能保留过去的完整，只是改编关键的片段。他们试图轻微地歪
曲历史以唤起集体认同，不引起怀疑和反对。然而，事实并不总
是与理想相符：于是，历史总是被粗暴地修改。官方历史观念的
传播会伴随着施加于历史学家的巨大压力，使其作自我审查，自
我批评，甚至断送职业生涯。在这样一种恐惧和猜疑的氛围下，
职业压制会转化成人身压制。通信控制、电话窃听、各种形式的

恐吓、清洗、审讯和拘禁都是其全套配备的组成部分。

最好的宣传主题是那些阐明官方意识形态的主题：对权力在握的独裁者有利的前人和相似的历史事迹将会获得赞赏，敌人和异端则被妖魔化。被视为有争议的和很可能受到审查的主题是那些质疑官方意识形态的主题：对不合法的权力来源和暴力掌权的暗示，政权犯下的罪行及其在掩盖这些罪行过程中的获益，政权领导人之间的争斗，民众间的纷争，与居于统治地位的少数群体和阶级有关的敏感信息，危机（军事管制时期、叛乱和内战），与其他国家的摩擦，军事挫败，屈辱和贫弱的时期，敌方获胜的历史，以及最终同所有这些领域相类似的事件。为此，历史的关键时期需要重新评定或再现。

向历史学施压使其屈从通常要经历三个阶段：一致化阶段，"常态"阶段，以及最终重新开放的阶段，如果真的到此一步的话。这些阶段的跨度和强度取决于很多因素：历史学的社会地位；独裁体制确立前历史学家之间的诚实传统以及他们的公众人物身份；专制体制下意识形态的一致性、精细度以及垄断程度；其中历史学被给予的重要性；以及统治机器的强度。被控制的历史事实与观念同当下需要相适应；严格的控制和宽松的控制彼此交替。审查机制随之摇摆——它一段时间是合法行为，另一段时间里它就是不合法的；一段时间里它在国家之下的地方层面处于碎片化状态，另一段时间，它则会适用于一系列推崇同一种意识形态的国家。

当独裁者最终被推翻时，过去的窗口就得到开放。民主转型和系统审查制度的废止接踵而来并使一种独立史学得以发展起来，尽管对此没有坚实保障。这包括部分地替换掉那些甘于妥协的历史学家，可以的话，为受迫害的历史学家平反和复职，并训练新一代的历史系学生。当前的和档案的记录需要新的开放政策；官方的保密须依托民主的立法和管控。在人事和基础设施方面，大多数国家的解决措施只为某一程度的代际连续性留下空间。如果承前的内容过多地体现为独裁体制的遗留物，历史学家们将不总是如他们应该的那样不遗余力地调查存在争议的过去。新兴的民主政治在对未来的憧憬和对旧事复发的忧惧之间徘徊。过去在此过程中起到了关键作用，因为历史的伪造被曝光，此前身败名裂的政治对手得以平反，新的历史象征对象被推崇，所有这些都推动了"旧体制"（ancien régime）权威的丧失。

　　两种与历史学审查制度有关的威胁出现在这些冲突过后的社会。第一个威胁是妨碍后独裁时期特别法庭和真相委员会的工作，惩罚过去那些践踏人权的罪犯和补偿深受其害者的努力时常受阻。第二个威胁在于隐瞒或破坏那些与过去暴力行为有关的证据。主要是记载着过去那些镇压行为的独裁统治的秘密档案，以及受害者的可作为司法证据的秘密墓地。在独裁体制下由全国性人权组织搜集的档案，或那些作为后独裁时期刑事审判和努力追索真相的成果的档案，都不安全。简而言之，暴政在其灭亡后的很长一段时间内仍笼罩着历史学领域。

　　如果新兴的、不稳定的民主政治得以维系，它们会渐渐转型成保护其国民人权和保证军队绝对服从人民的稳定民主。联合国开发计划署统计，世界上达到较宽泛的民主标准的、实行多党选举制的国家所占的比例从 1990 年的 39% 升至 2003 年的 55%。[①]越是民主的政权，传播那些以证据为基础的历史事实和观念或允许在一种公开的历史争论氛围下自由传播这些内容的选择余地就越大。然而，这些民主政权中有些政权在转型中或许会体现出一种民主和专制元素相混合的特征。从加之于生活在那些民主国家的历史学家们身上的限制中可以清楚地察觉到审查制度的痕迹，特别是在三个领域。与新兴民主国家一样，公共信息和重大机密都需要管制。在对当前记录和档案记录的机密过分管制，管制不合理或是二者兼有的时候，他们就走向审查制度；特别是情报部门总是热衷于隐瞒他们的"家珍"（family jewels）。进而，由政府或其他方面所确认的历史会被巧妙地改写以遮掩不受欢迎的消

57

---

① UNDP, *Human Development Report* 2005 (Oxford, 2005), 20.

息。在这些历史中，危险的主题大量地与过去的国际战争和国内冲突联系起来——经常（但并不总是）伴随着帝国扩张或殖民扩张——以至于终究会被视为对权力的民主合法性以及集体认同的构建产生不利影响：易言之，被视作羞愧的来源。最后，否认已证明的研究发现，特别是否认重大历史过失的研究发现的群体，会因他们的否认而遭到惩治。历史专业坚决将对屠杀、反人类罪和战争罪矢口否认的变态论文斥为伪历史，但对上述观点进行宣传是否应被判罪，也还是存在分歧。

正当性

审查制度和宣传制度的正当性根植于意识形态之中。的确，每一种权力形式，无论是独裁的还是民主的，都体现着官方的意识形态，它必定令人信服地体现为两个主要问题：迄今为止社会遵循着哪种历史路径，以及为什么统治精英特别适合以强硬手段将其引向未来？第一个问题涉及集体认同，与每个社会（及其部分）对于根源的需要和与其祖先一脉相承的情感需求有关，还与其为独一无二的命运感到自豪的渴望有关。第二个问题关乎合法性问题，它与这样一种事实有关，即精英和统治者的任务就是为社会公众提供理想的背景，没有哪个精英和统治者能在没有令人满意的经历和出身的情况下有所作为。在精英为满足这两种需求而推动的意识形态中，过去成为一间储藏可用例证的屋子。然而，问题在于合乎要求的历史例证的选择任何时候都会面临挑战。因此，精英和统治者被迫不只是选择性地利用过去，还要通过创新，始终对这种利用加以完善。在独裁体制中，现在主导着过去，但与历史格格不入的暴君是否仍能维系统治，则很成问题。民主制度，无论是新兴的还是稳固的，也会通过将自己表现为更早的民主制的延续，或是与之前的独裁时期决裂的方式，从过去那里提取一些合法性。

分界

媒体法（media law）的先驱学者埃里克·巴伦德（Eric Barendt）写道，"审查制度"这个词，如果用于任何社会惯例或实践都使某些个体感到交流更为困难的话，其真正含义就是空洞的。[①] 因此，这里的焦点集中于国家的压制和监督行为。无论是何政权，即便使用的是基本性的告诫，通常还是难以将审查制度同类似的对历史学家行为的限制区分开来。

首先，普遍的战时历史背景，殖民活动和征服，贫穷和暴力都会深深影响着历史学家的工作环境。

其次，在所有政权形态下，主要的审查者都是政府。在独裁体制下，他们有整套国家机器作为支持。在其他政权形态下，审查制度更间接和琐碎。从更为根本的层面上讲，每个政府都对历史研究施加限制，特别是在其官方信息和档案政策是用于隐匿敏感信息和减少责任，以过分保密为特点的情况下。风险控制也表现在公共图书馆领域，政府对历史博物馆或某些出版量巨大的出版物的半垄断方面。另一种风险控制在于官方阻挠或者干扰争议性的纪念会和周年纪念日。不只是政府的行政部门实施管制；议会也会这么做。例如，他们会通过法律强制讲授者以多数派的说法教授历史。法官会过分积极地审查历史学家是否诚实谨慎地开展研究，并在审查过程中试图自行决定历史真相。

其三，教育政策操控着大学对科研和教学进行资助的能力，控制着稀缺资源、拨款、聘任及基础设施管理的分配。在特定的历史领域，审查制度会更深入地借用历史机构、合作主义、校园内的政治正确以及驳回论文和手稿等手段来施加压力。通常采用的形式是从职业生涯上进行限制：扣薪水、限制晋升、降职、免除学术职称和职权、限制出境和同外国学者联系、大规模联合抵

[①]　Eric Barendt, *Freedom of Speech* (1985; Oxford, 2005), 151.

制,以及最终撤职。以上手段时不时就成为隐蔽的审查形式。撤职或许是针对世界各地的历史学家最常见的处罚,就像最开始给出的三个例子所清楚证明的那样。[1]

其四,个人和非官方组织,无论是与政府联合,还是与政府对立,都会对那些不受欢迎的过去形成威胁。他们洗掠档案馆或博物馆,毁坏或污损历史纪念碑,并联合抵制书籍和杂志。此外,强势的激进组织从宗教、政治,或是种族立场上攻击历史学家。在很多国家,他们被卷入审查行动之中。当历史学家们因同事的手稿内容不符合同行评论者的观点,建议出版商或编辑部拒绝同事的手稿时,或当他们与同行评论者自己的研究针锋相对时,隐形的审查制度也在起作用。市场机制、出版策划以及私营企业的补贴决定了何种体裁受到欢迎,足以出版,上述因素或许会使有价值的历史写作思路遭到无来由的或是结构上的排斥。

第五,大范围的性别歧视、民族主义和民族中心论导致受害者群体的历史被歪曲、忽视或否定。此外,在学术职位招聘中,整个上述范围的人员会被排斥或歧视。这些行为中的一些部分相当于直接审查,如毁坏民族主义所留下的历史痕迹,或是因作者的性别或种族出身而拒绝一本历史著作。

第六,历史学家会因自我中心视角的缘故导致过分的偏见和浅视。总而言之,由此可以得出结论,某些限定性的因素要么会导致实际上的(*de facto*)审查,要么其本身就会以变相的审查形式出现。

实际行动

历史审查已经在各种模式、体裁、领域、种类、历史时期,以及所有国家中被付诸实践。首先,它涵盖了所有史学研究的模

---

[1] 相反地,武断的审查制度管控有一个风险:因无法胜任或滥用职权而被依法免职有时会被其受害者说成是一起审查事件。

式。预备性审查试图管控历史研究，通常公众不易察觉到这些：
档案被清查或保密，并且手稿在没有得到作者同意的情况下被改
写。后续性审查意味着出版物被禁止，其作者的身份在未经作者
同意的情况下被删除或改换，演讲遭到联合抵制，或是授课内容
被无礼干涉。预备性审查是独裁制的共同特征，其他政体则没
有。所有历史体裁都受到影响，尽管很多人相信其中的一些比其
他体裁更经得起审查。特别是，原始版本（即使这对一些人来说
是一个安全的领域）、谱系、传记、回忆录、讣告、编年、年表、
年代记、地图、索引、电子文献，以及历史学教科书都被作为易
受攻击的对象。但是没有哪种体裁是真正安全的——甚至系统独
立性最强的体裁也做不到。所有领域都进入审查的范围——不仅
是政治史或军事史，还包括经济史、社会史以及文化史。

　　审查者也注意着所有存在潜在风险的历史事实和观念，无论
其是何种类。由于审查者的目标是控制过去，因此他们没有必要
在专业历史学家和其他与过去打交道的人之间做出区别。他们察
觉有危险，就不顾支撑它的那些凭证。因此，讲述历史事实或观
念的任何人都可以成为靶子。大众历史学，无论是文字的、口述
的，还是视觉的，成为靶子的数量与学术性的历史学相当，甚至
更多。它使用多元媒介，且其中的很多媒介（例如歌曲、纪念庆
典、电影、电视、和所有文化遗产的形式）在一定程度上支持或
反映了集体记忆。因此，大众史学的范围比学术性史学的范围更
广。依审查者的需要，所有历史学的"时代"（*periods*）都可被
当作目标。例如，考古学包含了民族起源的敏感问题，并经常被
密切地关注着。在很多国家，当代史当然是最危险的研究时段，
因为亲历者仍然活着。

世界各地的历史教科书中的争议性主题（1945—2010）

　　如上述那样从短期的世界范围的视角着眼，方法问题是令人
烦恼的，即如何从数以千计的体现着历史学审查制度各种状况的

事件中提取出例证。既然审查制度在数量和等级上变化无穷，那么举出一个变体 1 的事例就不可避免地会引出为什么没有给出变体 2，3，……n 的事例的疑问。我在此采取了一种特殊的策略来解决这个问题。1945 年以来所有历史学审查制度的案例范围可以被分为诸次级领域，其中一些次级领域在受审查制度影响的多样化的历史内容范围内，会确切地反映出更大范围的次级领域。一个此类的次级领域就在眼前。从积极的一面讲，一个次级领域的呈现避免了由于空间限制造成的选择性歪曲，也避免了由忽视该领域其他部分者树立为"经典"的事例被不断重复；从消极的一面说，其规模将各个事例缩略为一个列表。

我认为，此处选择的次级领域——小学和初中的历史教科书的审查——是总体上反映历史学审查的很好的晴雨表。教科书体裁与整个世界紧密呼应，且由于其范围和对少年人心理的潜在影响，它经常成为争议性的主题，并且因此，往往也免不了审查。

尽管意在描述历史学审查的次级领域，但下面的对世界范围的小学和初中历史教科书中的主题调查并不彻底。对于每一番争论，无论多么重要，多么著名，或是在众多争议话题中多么典型，都会存在不为人知的内容。然而，每个榜上有名的主题都以证据为基础，证据的细节（主人公、教科书题目、政权、争论的缘由以及诸如此类）在此处不做重复。在可能的情况下，主题与年代相关（有时是暂时性的）。特定的时代或国家未被提及不意味着历史教科书的审查没在那些时期或国家出现过。

三种争议性教科书的类型不予考察：（1）那些没有不当干涉行为的，关于国家标准、课程及教科书的，以合法形式（无论多么热烈）进行的争论——其往往是在民主制下发生的案例（的确，很多在考察名单上的争议是在没有进行辩论的情况下发生的）；（2）那些关乎普遍的历史主题，而与特定的历史教科书无关的类型（不包括取消或减少类似于社会研究的那种缺少灵活性的历史主题的尝试）；（3）那些由于性别、种族或其他偏见而在历史教科书中作相关的结构性忽略的类型。

注释如下：国家、年份、争论性话题 1（如果涉及到：*国家的具体地区*）：主题 1，主题 2，等等。①

阿富汗，1978—1989：教科书的苏维埃化。

阿尔巴尼亚。参见马其顿，塞尔维亚。

阿根廷，1979—1980：马克思主义观。

亚美尼亚。见苏维埃社会主义共和国联盟。

澳大利亚，1994—1996（昆士兰，新南威尔士州，维多利亚州）："入侵者"与"土著"之争暨澳大利亚殖民地建立的精确记述。

阿塞拜疆。见苏维埃社会主义共和国联盟。

孟加拉国。见巴基斯坦。

白俄罗斯，1994—2010：教科书的苏维埃化与民族主义思想之争，特别是 1918—1945 年间关于俄罗斯与白俄罗斯关系。

伯利兹，1984—1989：民族主义思想。

波斯尼亚-黑塞哥维那，1998—：从种族角度表现的 1992—1995 年战争；*2007 年（图兹拉）*：二战，南斯拉夫的解体，1992—1995 年战争。

巴西，1964—〔1985〕：马克思主义思想。

文莱，2004：宗教史。

保加利亚，1944—〔1989〕：从前的君主们。

柬埔寨，1975—1979："红色高棉"暂停了历史教学；*1979—1988*：由于教科书缺乏和对历史越南化的忌惮而不提历史话题；*1989—2000，2002—2009*："红色高棉"时期对教科书的忽视或怠慢。

---

① 来源：2000 年之前的大多数主题见 De Baets, *Censorship of Historical Thought*；1995 年后的很多资料见 the Network of Concerned Historians 的网址（http://www. concernedhistorians. org）。

中欧和东欧，1948—2010：教科书的俄罗斯化。

智利，2000：1973 年军事政变。

哥伦比亚，1985—1989：独立的英雄们，马克思主义观，保守观念与进步观念之争，当代史。

克罗地亚，1991—2003：东斯拉夫塞语班近期历史教学的中止。

古巴，1961—：学校图书馆被命令用马克思主义指导路线取代旧的教科书。

塞浦路斯，1974—2001（*土耳其*）：希腊塞浦路斯的历史观；2004（*希腊*）：教科书插图被认为做了"过于土耳其化"的润饰；2008—2009（*希腊*）：塞浦路斯的希腊后裔，大主教马卡里奥斯，1963—1974 年社会团体间的暴力活动，1974 年南北分裂。

捷克斯洛伐克，1945—："奥德松"运动（*odsun*，1945—1947 年驱逐在苏台德地区的德国人）。

赤道几内亚，1968—1979：过去殖民地的"帝国主义"教科书被焚毁。

埃塞俄比亚，2002：奥罗莫人史。

法国，1989：1789 年革命；2005—2006：肯定法国殖民主义。

德国，1945：暂时被取消的历史课；1945—1949：关于纳粹教科书的禁令；1989—1992：关于东德教科书的禁令；2005（*勃兰登堡*）：亚美尼亚种族屠杀。

希腊，1965：古代帝王；1984：土耳其 1974 年入侵北塞浦路斯；1984—1989：进化论；2002：乔治·格里瓦斯（Georgios Grivas）上校；2006—2007：奥斯曼土耳其在 1458—1821 年期间的统治性质，东正教教士在独立斗争中的角色，塞浦路斯问题的本质，1922 年驱逐土耳其的希腊人行动；2008：马其顿；国家主义观与非国家主义观之争。

危地马拉，1960—1996：当代史；2002 年：反玛雅人

观念。

　　海地，1947—1990 年代：历史教师必须是海地公民。

　　印度，1947—：由马克思主义演化而来的"经济民族主义"对印度历史的阐释；1947—2010：世俗主义与共产主义的观念之争；1966（*克什米尔*）：反印度情绪；1977—8：1200—1757 年期间当地穆斯林统治与外来穆斯林统治的性质之争，社会经济史，对冲突的政治解释与宗教解释；1992—1993（*北方省*）：共产主义思想；2001—2004：如"藏红化"（saffronization）[注2]（对印度民族主义思想内容的调整），雅利安迁徙、种姓制度、史诗、作为罗摩出生地的阿约提亚、穆斯林、耆那教、锡克教；2009（*果阿*）：莫卧儿与马拉塔王西瓦吉（Shivaji）之争。

　　印度尼西亚，1943—1945：印度尼西亚的民族主义思想；1956—：对荷兰籍的历史教师的驱逐；2007—2008：1948 年茉莉芬的共产党暴动和 1965 年酝酿中的雅加达政变（"G30s"）。

　　伊拉克，2005—：教科书的复兴党化；忽视 2003 年后的历史。

　　以色列，1970 年代—1990 年代：巴勒斯坦—阿拉伯史；1995：亚美尼亚种族屠杀，大屠杀期间的吉普赛人；2009—2010："纳克巴"运动（*nakba*，1948 年驱逐以色列的巴勒斯坦人）2010：黎巴嫩战争（1982），奥斯陆和解（1993）。

　　意大利，2000，2002：反法西斯主义，共产主义思想。

【注 2】"藏红化"，saffronization，又作 saffronisation，是印度政坛的一个新名词。由印度托钵僧所穿的藏红色僧袍的颜色演化而来，saffron 即藏红色的意思。saffronization 是印度人民党（Hindu nationalists）的批评者指责其政策右倾时的措辞。印度人民党成立于 1951 年，在印度政坛与国大党形成长期对峙，人民党主张把促进少数派和落后阶层的利益放在首位，主张实行民族主义、民主、非教派主义。对外关系方面，该党提出"真正的不结盟"政策，反对偏向大国集团，主张邻国建立良好关系。

　　日本，1945—1946：战时教科书的禁止；1957：日本在二战时的暴行；1965—：针对教育部门的教科书课题筛查，例如旗帜、圣歌、皇帝、日本神道教、民族基础等围绕*自由*的教科书的论战（包括日本史的批判性描述），1889 年明治宪法，1910—1945 年的朝鲜殖民地，1919 年的朝鲜独立运动，1931—1945 年太平洋战争期间军队的罪行（包括 1931 年入侵中国，1937 年南京大屠杀，731 部队的细菌实验，征用朝鲜人和中国人进行强制劳动，在马来西亚的罪行，冲绳战役的慰安妇，靖国神社），1945 年原子弹爆炸，1991 年海湾战争——伴随频繁的冲突，包括昭博教科书（Ienaga textbook）的诸事件（1965—1997），高岛（Takashima）教科书实例（1993—），以及与韩国，中国和其他亚洲国家在 1982 年和 2005 年的教科书冲突；1986—1987，2000—2002，2008—2009：围绕肯定日本军国主义和殖民主义的民族主义教科书的争论。

　　黎巴嫩，1943—1989：当代史的空白；1989—2010：民族史观与统一史观之争。

　　利比亚，1973：从前的君主；2006：柏柏尔史。

　　立陶宛，2004：反犹太人的成见；

　　马其顿，2000—2006：2001 年阿尔巴尼亚与马其顿的武装冲突。

　　墨西哥，1992—1993：民族主义英雄，波费里奥（1876—1911 的专制政治），1910—1917 年革命，1968 年特拉特洛尔科屠杀，当代史；2003：军队在 1968 年特拉特洛尔科屠杀中应负的责任，以及接任的总统应对日益贫困所负的责任。

　　摩尔多瓦，2001—2004：教科书的去罗马化和再苏维埃化。

　　摩洛哥，2010："多年的领导"（1961—1999 年）。

　　尼加拉瓜，1991：桑地诺民族的英雄。

巴基斯坦，1977—1988：伊斯兰化，巴基斯坦的历史起源，考古学，伊斯兰创立之前的过去，1947 年以前独立运动中穆斯林和"乌勒默斯"（*ulamas*）的角色，第一任总督和"伟大的"阿里·真纳，地方主义，世俗主义，无神论，1947—1977 年期间的历史（包括 1948 年的克什米尔战争和东部巴基斯坦/孟加拉国的历史）；2000—2005（*吉尔吉特-博尔蒂斯坦*［北部地区］）：伊斯兰史和宗教行动中的什叶派与逊尼派表现。

巴勒斯坦政权，2000：1948 年后的巴勒斯坦-以色列关系史；2009（*加沙地带*）：联合国历史教科书中的大屠杀。

巴拉圭，1954—2008：斯 特 罗 尼 斯 莫（stronismo，1954—1989 年斯特罗斯纳的独裁统治）。

秘鲁，1970 年代：传统中的英雄与社会经济因素作为历史决定因素之争。

波兰，1978—1979：地下组织与官方的历史观念之争；1980—1985：关于教科书的禁令，受迫害的历史教师。

罗马尼亚，1980—1997：特兰西瓦尼亚历史教师必须是罗马尼亚人（不能是匈牙利人）并且须在罗马尼亚教书；1999：罗马尼亚的达契亚人起源，10 世纪特兰西瓦尼亚统治者，"勇敢者"米切尔，"吸血鬼"弗拉德，1989 年 12 月革命；2003—2004：大屠杀。

俄罗斯，1997（*沃罗涅日联邦区，西俄罗斯*）："反俄罗斯"教科书；2001：后苏联时期改革；2003—2004：二战期间的苏维埃社会主义共和国联盟（USSR），车臣战争（1994—1996，1999—2009），弗拉基米尔·普京总统的作用；2007：偏颇的苏联恢复（特别是斯大林主义），为普京的"君主制式的民主政治"统治辩护。

卢旺达，1994—2004：暂停当代史的教学，包括 1994 年的种族灭绝。

塞尔维亚，2002：前总统斯洛博丹·米洛舍维奇，

1991—1995 年战争的原因，1995 年的斯雷布雷尼查种族灭绝；2004（南）：阿尔巴尼亚人史。

斯洛伐克，1996：捷克斯洛伐克（1918—1938）和斯洛伐克州（1939—1945）的性质；1997：1939—1945 年的迫害斯洛伐克犹太人的活动。

南非，1948—1994：种族主义观念，种族隔离。

西班牙，1939—1970：对 1931—1939 年的共和体制的改革和实施的忽视以及对 1936—1952 年法西斯镇压活动的忽视；2000：中心主义与地方主义史观之争。

斯里兰卡，1956—：教科书的"僧伽罗化"。

瑞士，2006（苏黎世）：二战中瑞士扮演的角色。

65

泰国，1946—：1932 年推翻专制君主制。

土耳其，1945—：对当代史的忽视；2004：亚美尼亚种族屠杀；2008：1971 年，1980 年，1997 年的军事政变，1990—1991 年的"海湾战争"。

土库曼斯坦，2000：焚毁教科书；2008 年历史性精神指南《精神之书》（Rukhnama）停止出版。

乌克兰，1991—：亲俄罗斯派和反俄罗斯派的观点之争；2008—2010："大饥荒"（1932—1933 年大饥荒）；2010：2004 年"橙色革命"，亲俄罗斯倾向。

英国，1990：禁止提及爱尔兰政治家；2008：2003 年以来伊拉克的战争。

美国，1950（纽约）：奴隶制时期和"重建"时期的黑人；1954（德克萨斯）：《美国独立宣言》（1776），《世界人权宣言》（1948）；1959（华盛顿）：奴隶制；1960—1961：列入"自由主义，种族主义，社会主义的或是劳工的煽动者"名单中的教科书作者，经济决定论观，"大萧条"，国际主义；1961—1963（德克萨斯）：国际联盟，共产主义观，印第安人，奴隶制，"新政"；1966—1968（加利福尼亚）：少数族裔，公民权利，共产主义，爱国主义的缺乏；1974—1981

（密西西比）：种族冲突，少数民族；1979（*新墨西哥*）：保守观念；1981（*阿拉巴马*）：进化论；1983（*德克萨斯*）：史前史，进化论，宗教，资本主义，共产主义思想，"新政"；1984（*俄勒冈*）：打击诋毁共和国奠基者和那些维护联邦者的法律；1987（*阿拉巴马*）："世俗人文主义的宗教"；2005—6（*加利福尼亚*）：古印度；2006（*佛罗里达*）：后现代主义历史观；2010—（*德克萨斯*）：保守的宗教观念与自由的世俗观念之争。

　　乌拉圭，1973—85：西班牙的征服，天主教的反宗教改革，西班牙国王菲利普二世的统治与法国大革命的对峙，以及"犹太教-共济会合谋"；2006：1973—1985 年军事独裁统治的起因。

　　苏联，1938—1953：斯大林的《全俄共产党（布尔什维克）史——短期课程》的主导性地位；1940—1991：吞并波罗的海地区的国家；1945—1988 纳戈尔诺-卡拉巴赫飞地（*阿塞拜疆*）：亚美尼亚史不予教授；1964—1984：前共产党领导人尼基塔·赫鲁晓夫；1981（*格鲁吉亚*）：格鲁吉亚独立时期（1918—1921），格鲁吉亚的反苏抵抗运动（1924）和其他格鲁吉亚史被去掉的片段；1988—1989：历史考试因教科书"充满谎言"而被取消。

　　乌兹别克斯坦，2000：下令毁掉所有前苏联教科书的去苏联化运动，导致教科书短缺。

　　越南，1989—[2010]：打击诋毁共产党革命成就的法律；严格的教科书控制。

　　南斯拉夫，1970 年代：反对马克思主义观念；1990—199 [9]（*科索沃*）：塞尔维亚化。

　　津巴布韦，1980—1982：种族主义观念。

66

在评估此番调查的过程中，一些想法涌上心头。首先是最具争论的话题都与晚近的、20 世纪的内容有关。继而是关于有影响力的内容的争论不是仅仅已成为过去的事件：它们在 21 世纪仍占据突出位置。进一步的结论是，审查制度分布广泛，并且尽管它发生在各个大陆的状况有所差异，但它总是出现在发生分歧的政治局势和历史学语境之下。该调查驳斥了一种过分简单化的划分，即西方存在质询的自由而其他地区存在审查制度。无论如何，基本的拇指法则（一个国家越民主，审查就越是放开）站得住脚。

最后，如一些人所做的那样，并未得出历史教科书忠实地反映公众舆论、集体记忆或集体认同的论断（如果真是这样，也就不存在争论了），但仍能表明，历史教科书的争议总是反映出由历史学问题产生的，分歧达到一定程度的观点，并且因此也反映了集体身份——通常是一个民族——的不同构想。它揭示出，很多的教科书争议都是更大规模的争议的组成部分，如果政体环境允许，这些更大规模的争议会席卷学术界、政法界、媒体、街头巷尾，有时还波及邻国。然而，可知的事实是，职业历史学家不总是参与争论，因为他们在经调查已盖棺定论的情况下发现了历史问题。

影响

从教科书的视角回到总体形势，最好从历史学审查的沃土——独裁统治那里对其影响进行评价。在高压统治下，历史学家同行们的圈子不再通过诚实地调查历史著作的学术特点进行活动。许多历史学家不得不毁掉他们自己的作品。整个环境受到影响，并且真实和谎言之间的界限几乎无法挽回地模糊了。历史审查影响和败坏了整个职业环境：资格变得不重要且公正遭到扭曲。历史学家遭到恐吓，曾被塞满的抽屉时常被掏空。所有这些都在作为一种社会性和职业性群体的当前一代及未来一代的历史学家们身上留下了印记。对该专业的审查的总体影响不是历史学的死亡，而是它依旧存活的错觉。简单地说，主要影响是内容贫乏。

尽管是全面控制，然而，专业人士很少成为一些既定路线的理想工具；他们总是因其能力和知识而保留讨价还价的权力，因为他们必须将总体的意识形态的指导路线应用于很多不同的历史学问题和语境，或是将它们转化成详尽的课程和教科书。在这样做的过程中，他们能够开创出随着远离意识形态核心而增益的边缘领域。由于这个原因，纯粹工具性的历史学理论往往相当的落后。

尽管在最广泛的社会层面上，独裁者希望有一群无条件服从的人民，但是审查制度的后续影响无疑会是对教条的质疑并为异议留下空间。审查和宣传提供的难以服众的信条在学校教授的官方历史和在家低语的说法之间制造了一条信用的裂缝，还时常伴随着一种面对谎言文化时的幻灭感，特别是在更年轻的一代人当中。长期以来，对历史学专业一如既往的质疑或许是遗产。因此，即使在最黑暗的暴政时期，被歪曲的过去也会遭到另类说法的挑战。这些另类说法同样会有所偏颇，但他们是选择性的，并且通过它们，多元化的火种继续燃烧着。在非独裁制政体之下，审查制度无论多么严格，都缺乏些实质性的效力。即使在此情况下，日益增长的审查频率会对工作的气氛产生不利的影响，使环境更散漫，工作习惯更草率。

然而，在所有的政权形式下，审查制度也可以产生意料之外的积极影响。有时，如果它不是无处不在，它就会对创造性和批判性产生一种间接的刺激。更重要的是，它有一种相当特殊的效力，可以凸显出它所压制的东西。禁忌总是引起好奇心。镇压会压制好奇心数十载。但是当作为一种有关过去的经典载体的历史学被禁言和被迫妥协时，各种表达方式——涂鸦、文字、戏剧、影视——就会成为潜在的载体和代替物。由此，审查促成了替代品的出现：每当被禁言和静默的历史学家无法驳斥官方历史宣传所谓的事实时，哲学家、诗人、小说家、剧作家、电影制作人、新闻工作者、讲故事者和歌手就关照着历史事实并使其鲜活。貌似矛盾的是，很多此类代替物的表面脆弱性也是其力量所在：例如，写作是一种无需机构扶持的独立行为。有时，虚构式的体裁不受当局严格控制并因此避开了其视线。这样一来，审查或许不会压制另类观点，而是将之生发出来，这是事与愿违的。审查制度玩火自焚了。

认识论

有几个角度可以使我们察觉到审查制度的存在。审查制度的证据问题不止来自其实际的操作（模式、类型、领域和范畴的多重变化），还由于它从本质上讲是一种与知识有关的现象。三种认识论悖论值得提及。

首先，很多形式的审查制度不易察觉并且难觅踪迹，因为审查制度通常是在一种秘密的环境下起作用的。被忽略的东西比被承认的东西更难研究。越是不易察觉，审查制度就越是有效。独裁者的动机被更好地掩饰且界限混杂在模棱两可之间。

其次，在一个被压制的社会中，审查行动越多，其相关的信息就越少，反之，在民主社会里，审查行动越少，与之有关的信息就越多。在独裁政体下，了解历史审查或历史学家遭迫害的国内人士（或被允许入境的境外人士），大多数不会对其进行报道，因为他们害怕研究活动或职业会给他们自己或是其身边更多的人招来麻烦或造成不良影响。其结果是大量的论述缺失。那些提到此类事情的作者往往是一带而过。有时候，当他们对近来的某个著名案例还有着深刻印象时，会从更广泛的范围来对其进行处理。倘若他们系统地研究和报道这类事情，成了揭露内幕的人，可能会在人们那里失去信任。至少直到冲突后的过渡期到来，来自审查者自身的资料是普遍缺乏的。在几个异常的但却是最重要的压制时期，特别是大规模行动的时期，不太适合记述。压制历史学家的活动记录往往要求固定并且履行程序。在更为民主的政治体制下，审查制度并不是没有，但通常少有不被察觉和不受谴责的。

　　这两个悖论使第三个悖论（与上面所讨论的无意间起到积极作用有些类似）呼之欲出，当审查制度被认为成问题之时，它就会显现：对审查制度进行研究是其停止的开端。然而，尽管历史审查制度是一个路人皆知且显而易见的有趣领域，但到了最近，它也已经成为一种在系统的历史研究中相对被低估和忽视的条理化了的领域。与历史审查制度有关的信息是缺乏还是丰富，或许取决于独裁者成功的程度，但也取决于研究成果的参差不齐，这使得很难将重要的和典型的信息从其他资料中区分出来，并且也因此难于在历史、权力以及自由的关系之间识别出模式和趋势。

历史事实

　　历史审查的认识论为后面这个论述提供了证据，即尽可能客观地探究历史事实——且无论成为结果的事实在多大程度上是假定的、推测的和出于立场偏见的——是历史学的中心问题。关于过去的事实有很多，因为有很多审视过去的不同视角，以及很多理解过去的不同方式。但是这些假设性的事实——只不过是一些我们曾期望发生的事实——从根本性质上说要好于错误和谎言。历史真理的存在和核心观念在历史学审查制度的历史那里得到证实。

　　粗略统计，1945 年至 2010 年期间总计 68 个国家的 117 位国家和政府的领导人，要么有历史学学位、撰写过历史著作、有过涉及历史内容的重要讲话，要么用其他显而易见的方式展现出他们在历史学方面的热衷。他们中的很多人直接且公开地攻击历史学家。① 自古以来，统治者对历史审查的热衷就已经反向（*a contrario*）证明了他们的历史意识，并因此证明历史事实的存在和重要性。诚然，如果历史事实的观念不重要，他们为何还要操

69

---

① 相关的部分概述，参见 De Baets，*Responsible History*（New York，2009），第 100—107 页。

心于审查某些历史说法？

在此范畴的另一边，一些身处独裁体制中的历史学家付出了职业生涯遭受毁灭性打击的代价来摈斥历史性的神话。这大概可以解释为他们对历史事实的价值的信仰。例如，1963年，苏联历史学家亚历山大·济明（Aleksandr Zimin，1920—1980）试图证实《伊戈尔远征记》的成书时间不是大多数人所认为的1187年，而是晚至18世纪70年代才被伪造的。在列宁格勒的俄罗斯文学研究院举行的一次研讨会上，他概述了其结论，质疑传说的真实性，推翻它作为俄罗斯和苏联发展史起源的地位。他的结论激起了很多论争和敌对。1964年，在一场为期三天的科学历史学研究院的苏联学会专题会议上，以其书的初稿副本为基础，这些观点被讨论了一番。尽管他的书不可能出版，但是济明顺利地在十几篇期刊论文中提出了他的观点。直到20世纪90年代，济明所写的内容几乎没有被出版，尽管他的手稿总计打印出了数千页。据报道，该论争致使他在60岁时就过早去世了。①

其他生活在独裁背景下的勇敢的历史学家有时通过公开地和直接地宣称拥有知悉历史事实的权利来批评官方重写的掺杂着空白之处的历史。② 在苏联，《新世界》（*Novy mir*）杂志的主编亚历山大·特瓦尔多夫斯基（Aleksandr Tvardovsky，1910—1971）曾在1965年的一篇社论中写道，漠视事实就是撒谎。他的文章立即受到叶甫盖尼·符切季奇（Evgenii Vuchetich，1908—1974）的攻击，后者主张"两种事实"的观念："事件和实际的事实"，以及"人民生活和斗争的事实"。符切季奇试图引入这种使认识论适应意识形态的新颖观念。一群有名望的苏联历史学家给《消息报》（*Izvestia*）写了一封公开信，在信中，"两种事实"观念被

---

① 在一本1982年出版的纪念济明的书中，正式的"纪念文集"（*Festschrift*）字样在出版前被去掉了。此书中的三篇明确讨论济明的文章使所有的注意力从它们的标题处移开。参见 De Baets, *Censorship of History*，第495页。

② Ibid., 497-498, 183, 401, 117; and id., *Responsible History*, 153-154.

称为一种"区分合时宜的事实与棘手的事实的做法",并且强调了探寻历史事实的职责。该信于 1965 年 5 月被寄发出去,并被禁止刊载。一个月后该公开信转而刊登在历史学家罗伊·梅德韦杰夫(Roy Medvedev, 1925—)主编的地下刊物《政治日记》(*Political Diary*)上。

在捷克斯洛伐克,一场关于历史学本质的大型辩论于 1984—1985 年期间在写作地下出版物的历史学家之间展开。它始于 1984 年"77 出版社"(*Charta 77*)的一篇论文《历史学的权力》(*Právo na dějiny*)的发表。该论文包含了对官方历史学的负面评价,维护了基督教史观,并且重新评价了捷克斯洛伐克史上的几个时期和个人。它还批评了严格限制接触档案的规定,特别是对 1918 年以后的资料管制。大概有 15 位历史学家对这篇"77 出版社"的论文做出回应。很多来自此次争论的文稿都出现在米兰·许布尔(Milan Hübl, 1927—1989)1985 年发表的"地下出版物"《关于捷克史的声音》(*Hlasy k českým dějinám*)中。不乏先例:中世纪学者弗朗齐歇克·格劳斯(František Graus, 1921—1989)和当代史学者扬·克兰(Jan Křen)已经在 1956 和 1963 年呼吁更多的历史学自主权;并且正如我们所见,在 1979 年,约瑟夫·亚布隆斯基(Jozef Jablonický, 1933—2012)攻击官方历史写作中的缺陷。在波兰,一篇题为"知悉历史事实的权利"的文章被收录出版于《共和国》(*Res Publica*)杂志——一份独立的,但从 20 世纪 80 年代起就合法出版的月刊——并随后于 1987 年被禁。该文章,由历史学家阿道夫·尤兹文科(Adolf Juzweńko)执笔,描述了战后波兰史学问题重重的局面。它最终出现在 1988 年的《审查索引》(*Index on Censorship*)中。

特瓦尔多夫斯基和梅德韦杰夫,"77 出版社"和许布尔,尤兹文科和《审查索引》,以及其他人的行为是毫无用处的吗?并非没有用处。尽管很大一部分作者在压力之下且冒着高风险写作,但他们保持着真理的火种。他们做了人们期望历史学家去做的事情,但他们是在非常不利的环境下去做的。因此,他们的行

70

为是重要且有勇气的。由很多同类型的历史学家所取得的同样重要的成果已被忘却。但是这些历史学家设法使他们的行为留下痕迹。因此，他们为知悉历史的权利而做的奋斗，当可在此被铭记。

伦理

最后，历史学审查制度的问题具备伦理维度，至少政治体制允许历史学家负责代言时是这样的。审查制度是对历史学家的两种高悬于人权表单上的核心权利的违背：表达的自由（就教学和出版而言）和资讯的自由（就搞研究而言）。有了这些权利，历史学家就有责任以精确和严格作为标准——特别是诚实且有系统地探求历史事实。负责任地应用历史学——包括很多形式的负责任的取舍——受到学术自由的保护，而审查制度则不是。在一个民主社会里，如果审查制度施加的限制不是以法律或必要性为依据，它们就不符合言论自由。凭着其几乎完全以非学术性的利益为宗旨，历史审查制度成为了一种滥用历史学的形式。像所有此类的滥用行为一样，它渐渐破坏了社会对学术和教学的信任。因此，历史学家应该始终站在它的对立面。由于这个原因，加之更恶劣的限制，即比非职业的人实施的同样的审查更具危害的，由职业历史学家进行的历史审查，对历史学家的审查活动应该被谴责。然而，从细节上对他们的情况进行研究往往会发现，审查人员自己有时也承受着沉重的压力。因此，来自外界的关于审查历史学家（以及不反对审查制度的历史学家）的道德评判在更复杂的情况下并不总是中肯的。

根本的道德原则是这样的：宽泛的自由思考与表达的权利必然包括书写和教授历史的权利以及铭记过去的权利。勾勒历史学审查制度的历史并铭记与之抵触且受其压制的内容，是延续历史书写和记忆权利至关重要的保障。

显而易见，即使历史学审查制度的历史支脉丛生，影响异常

广泛，却也无法遮盖历史写作的总体。但是就像社会研究最好从
其最深刻危急的非典型阶段入手，研究历史写作也有其独到的却
也令人惊讶的优势。并且，作为学术界的黑暗面，历史学的审查
制度就是其中的一部分。

主要史料/参考书目

- Anisuzzaman, 'Culture, the Arts and Society: Individual Freedom and Expression', Sarvepalli Gopal and Sergei Tikhvinsky (eds.), *History of Humanity: Scientific and Cultural Development*, vol. 7: *The Twentieth Century* (Paris, 2008), 370–376.
- Article 19 (Global Campaign for Free Expression), 'Themes and Issues', in *Information, Freedom and Censorship: World Report* (1988: London, 1991), 409–440.
- Barendt, Eric, *Freedom of Speech* (1985: Oxford, 2005).
- Bédarida, Francçis, 'Le Métier d'historien aujourd'hui', in René Rémond (ed.), *Êtrehistorien aujourd'hui* (Paris, 1988), 283–303.
- Bevan, Robert, *The Destruction of Memory: Architecture at War* (London, 2006).
- Butterfield, Herbert, 'Official History: Its Pitfalls and Criteria' (1949), in id., *History and Human Relations* (London, 1951), 182–224.
- De Baets, Antoon, 'Archaeology', 'Archives', 'History: Historians', 'History: Rewriting History', 'History: School Curricula and Textbooks', 'Holocaust: Denying the Holocaust', 'Truth Commissions', in Derek Jones (ed.), *Censorship: A World Encyclopedia*, 4 vols. (London, 2001), i. 73–82; ii. 1056–1059; ii. 1062–1073; ii. 1079–1080; iv. 2459–2462.
  —— 'Resistance to the Censorship of Historical Thought in the

72

Twentieth Century', in Sølvi Sogner (ed.), *Making Sense of Global History: The* 19*th International Congress of Historical Sciences, Oslo* 2000, *Commemorative Volume* (Oslo, 2001), 389 – 409.

——*Censorship of Historical Thought: A World Guide*, 1945 – 2000 (Westport, Conn., 2002).

—— 'Exile and Acculturation: Refugee Historians since the Second World War', *International History Review*, 28 (2006), 316 – 349.

—— 'Taxonomy of Concepts Related to the Censorship of History', in Susan Maret (ed.), *Research in Social Problems and Public Policy, vol.* 19: *Government Secrecy* (Bingley, 2011), 53 – 65.

- Cole, Elizabeth (ed.), *Teaching the Violent Past: History Education and Reconciliation* (Lanham, Md., 2007).

- Feder, Kenneth, *Frauds, Myths, and Mysteries: Science and Pseudoscience in Archaeology* (1990; Mountain View, Calif., 1999).

- Ferro, Marc, *L'Histoire sous surveillance: Science et conscience de l'histoire* (Paris, 1985).

——Les tabous de l'histoire (Paris, 2002).

- Galaty, Michael and Watkinson, Charles (eds.), *Archaeology under Dictatorship* (2004; New York, 2006).

- Jaubert, Alain, *Making People Disappear: An Amazing Chronicle of Photographic Deception* (Washington, 1989); orig. pub. as Le Commissariat aux archives: Les photos qui falsifient l'histoire (Paris, 1986).

- 'History Falsified', *Index on Censorship*, 14: 6 (1985), 1 – 54; 15: 2 (1986), 9 – 22; 15: 4 (1986), 24 – 30.

- Kolakowski, Leszek, 'Totalitarianism and the Virtue of the Lie', in Irving Howe（ed.），1984 *Revisited*：*Totalitarianism in Our Century*（New York，1983），122 - 135.

- Lasswell，Harold，Lerner，Daniel，and Speier，Hans（eds.），*Propaganda and Communicationin World History*，3 vols.（Honolulu，1979 - 1980）.

- 'Memory and Forgetting'，*Index on Censorship*，30：1（2001），38 - 96.

- Nekrich，Aleksandr，*Forsake Fear*：*Memoirs of an Historian*，trans. Donald Lineburgh（Boston，1991）.

  —— 'Rewriting History'，*Index on Censorship*，9：4（1980），4 - 7.

- *Network of Concerned Historians*（http：//www. concernedhistorians. org）.

- Post，Robert，'Censorship and Silencing'，in id.（ed.），*Censorship and Silencing*：*Practices of Cultural Regulation*（Los Angeles，1998），1 - 12.

- Procter，Margaret，Cook，Michael，and Williams，Caroline（eds.），Political Pressure andthe Archival Record（Chicago，2005）.

- 'Rewriting History'，*Index on Censorship*，24：3（1995），24 - 98.

- Scammell，Michael，'Censorship and Its History：A Personal View'，in Article 19，*Information，Freedom and Censorship*：*World Report*（London，1988），1 - 18.

- Schauer，Frederick，*Free Speech*：*A Philosophical Inquiry*（Cambridge，1982）.

- Schauer，Frederick，'The Ontology of Censorship'，in Post（ed.），*Censorship and Silencing*，147 - 168.

- Strauss，Leo，'Persecution and the Art of Writing'（1941），in id.，*Persecution and the Art of Writing*（1952；Chicago，1988），

73

22 - 37.

- Todorov，Tzvetan，'The Abuses of Memory'，*Common Knowledge*，5：1（1996），6 - 26；orig. pub. as *Les abus de la me'moire*（Paris，1995）.

- Williams，Bernard，*Truth and Truthfulness：An Essay in Genealogy*（Princeton，2002）.

- Wolfe，Bertram D.，'Totalitarianism and History'，in Carl Friedrich（ed.），*Totalitarianism*（1954；Cambridge，1964），262 - 277.

李根　译

第四章　后殖民批评与历史：庶民研究

吉安·普拉卡什[1]

74

庶民研究自 1982 年开始介入南亚史学，影响广泛，超越了南亚地区的史学研究，波及史学之外的学科。这种影响有赖于 12 卷本有着深入研究的论著和论文所体现出来的后殖民视野，也仰赖于这一主题上的集体论著。"庶民"术语在对非洲、拉丁美洲和欧洲的研究中出现得日益频繁，庶民分析已经成为历史学、文学和人类学显著的批判学术范式。跨学科的学者运用这一方法质疑欧洲中心论，并提出批判性的少数派观点。在超过 25 年的直接干预有关殖民主义和民族主义后殖民理解的跨学科争论之后，庶民研究计划决定取消，是时候对庶民研究的贡献进行评估了。

庶民研究并非始于后殖民工程的自我意识。其更广泛的目的是，且依然是，解救底层史学和精英代表的知识形式。但假定这项工程因介入近代南亚史学而出现，殖民知识的批判包括殖民主义和西方控制出版、授权的历史写作实践，它从最初就是在场的。当然，殖民主义及其遗产从一开始就受到挑战。人们只要想一下民族主义者对帝国主义的反抗，以及马克思主义对资本主义和殖民主义的批判。但是无论民族主义，还是马克思主义都没有

---

① 本文是拙作《作为后殖民批判的庶民研究》的进一步展开，参见 'Subaltern Studies as Postcolonial Criticism', *American Historical Review*，99：5（1994），1475 - 1490。

75 打破欧洲中心论的藩篱。① 民族主义与东方主义思想相反,它为被压迫民族建立机构,并书写历史,它呼吁建立由殖民主义者开始建构的理性和进步的秩序。当马克思主义者聚焦到殖民开发时,他们的批判是由源自欧洲普遍历史经验的历史主义方案所构建的。书写庶民历史的工程需要取消西方路线的制度所生产的欧洲中心主义,及其对他者的盗用,像历史学。因此,庶民研究挑战并力图摆脱欧洲中心主义历史学。但是批判欧洲中心主义从来不是它唯一的目标。它要挑战的是精英知识,欧洲中心主义只是其中的一部分而非全部。因此,这一工程一直蕴含着多种和不断变革的方法。应对一系列主题和运用不同的方法阅读、书写历史,它建立了底层研究视角,扩大了这一领域,使得在早期著作中目标的一致性不再存在,甚至不再必要。在这一意义上,它意味着这一计划的成功。

庶民研究的兴起

随着 20 世纪 70 年代印度国家危机的不断加强,庶民研究以介入南亚史学的姿态出现。民族国家的统治在民族独立主义者反抗英国统治期间通过妥协和威压拼凑起来,它的统治也变得谨慎起来,因为现代资本主义制度加重了社会和政治的不平等和冲突。不同的意识形态挑战以人民的代表自居的国家。面对爆发的各种激烈运动,国家越来越依赖镇压来维护自己的统治。但是镇压并不是唯一可采取的手段。国家综合高压手段和赞助、资金的力量,一方面,求助民粹主义的标语与计划,另一方面,企图重新获得合法性。这些手段由英迪拉·甘地政府开创,维护了国家的统治却动摇了制度的权威。现代民族国家的主要成分——政党、选举过程、议会机构、官僚制度、法律和发展的意识形态——得

---

① 提及"欧洲中心论"这一术语,我不是说他们以西方作家和思想家马首是瞻,欧洲中心论在这里与那种将西方发展等同于人类历史的历史决定论相关。

以幸存，但是他们宣称的能代表大众的文化和政治这一点遭遇重大打击。

在历史学领域，20 世纪 70 年代在问题丛生的民族主义史学中"民族国家"的危险位置愈加突显。它受到"剑桥学派"的无情攻击，"剑桥学派"认为，印度精英与东印度公司之间的合作不仅实现了殖民征服，也构建了英国在印度的实质性统治。在殖民权力的外表下是英国统治者与印度精英之间利益互助的现实。这种解释削弱了殖民者与分化了的被殖民者之间的对立，表示印度民族主义斗争的历史只不过是其精英进行权力竞争的记录。[①]　76
这个学派通过强调地方精英参与争取权力和影响力来揭露民族主义史学的解释力不足，但是它基于精英的分析视角使大众降格为被上流阶层欺骗的人。马克思主义者对民族主义史学和"剑桥学派"的解释均提出质疑，但是他们的生产方式叙述以不易察觉的方式巧妙糅合了民族—国家有关现代性和进步的观念。这意味着，一旦通过近现代的进步来支持被压迫阶级及其解放的历史，马克思主义者就会难以解释"倒退"的种姓制度和宗教思想。马克思主义者没能考虑到被压迫阶级的信仰和社会习俗，他们在评论农民起义时要么忽略起义者的宗教习惯，要么将之视为革命意识发展中的一个单纯形式和一个阶段。因此，尽管马克思主义历史学家创造了很多深刻又有开创性的研究，他们是否如他们所宣称的那样反映大众的历史仍然是有疑问的。

庶民研究参与到历史学讨论中来，这个讨论涉及文化的表现

---

① 剑桥学派的经典论述见 Anil Seal, *The Emergence of Indian Nationalism*: *Competition and Collaboration in the Later Nineteenth Century* (Cambridge, 1968)，他认为印度民族主义产生于受过教育的精英们在政府部门争夺物质利益之时。这一观点在 J. Gallagher, G. Johnson, and Anil Seal (eds.), Locality, Province and Nation: Essays on Indian Politics, 1870 - 1940 (Cambridge, 1973) 一书中有所修正。这卷论著进一步提出民族主义产生于殖民机构中当地精英们的参与，在政府机构往下延伸触及地方和行省利益时，这些精英也在试图往上触及核心部门以维护他们地方上的利益，于是他们发现民族主义是表达他们利益的有效工具。

和人民的政治。它指责殖民主义者、民族主义者和马克思主义者的解释强奸民意，宣称通过新的途径去恢复底层人民的历史。庶民研究源于六名研究现代南亚的学者，后扩散到不列颠、印度和澳大利亚。拉纳吉特·古哈启发了庶民研究，他是一位杰出的历史学家，他以一部杰出的不列颠殖民地思想史《孟加拉产权统治》（1963）而闻名。古哈参与编辑了前六卷本《庶民研究》。①在他离开主编位置之后，这个小组吸收了新的成员。成员们扩大和重建编辑的集体，承担起出版《庶民研究》的责任，偶尔也与外界的学者合作。古哈继续参与出版《庶民研究》并依然是这个小组的一员，直到近期解散。

庶民研究述略

77　　正如古哈在第一卷前言中宣称的那样，庶民研究是为了促进南亚有关庶民论题的研究和讨论。"庶民"术语来源于安东尼奥·葛兰西的著作，涉及在阶级、种姓、性别、种族、语言和文化方面的从属性，并被用来指涉历史中权力关系的中心地位。古哈建议庶民研究中不应当忽略统治者，因为庶民受制于统治者的行为，它的目的是在南亚研究中"纠正众多研究和学术论著中的精英偏见"。②纠正的行动源于葛兰西相信精英对庶民有支配权却无领导霸权。对这一信念的回应是古哈评论说庶民的行动是"自主的，即独立于精英"；他们的政治活动构建了"自主的领地，它并不源于精英政治，也不依赖于后者"。③

　　当聚焦附属性成为庶民研究的核心，庶民概念经历了变化和

---

① 我必须提及拉纳吉特·古哈的重要文章 'Neel Darpan: The Image of a Peasant Revolt in a Liberal Mirror', *Journal of Peasant Studies*, 2: 1 (1974), 1-46. 这篇文章已经预示了他之后对精英史学的批判。

② Id. (ed.), *Subaltern Studies*, vol. 1 (Delhi, 1982), p. vii.

③ Id., 'On Some Aspects of the Historiography of Colonial India', ibid., 3-4 (emphasis original).

不同方式的使用。该卷的每位作者在方向上均有区别，这并不奇怪。兴趣、焦点和理论基础的变化在颇具个体性的庶民主义者所书写的12卷随笔和一些专题论文中也很明显。而且，以庶民视角重新思考历史的努力也始终如一。

　　在第一卷中，如何采用庶民视角去取消"赋予他们（精英）的权力假象"并不是很清晰。从土地史到农民和民族主义者关系分析，这些论文都有涉及，描述精当，表现出相当的学识。尽管这些著作试图强调庶民阶层的生活和历史在场，但无论是社会史和经济史的周密而深刻的研究，还是批评印度民族主义者利用农民运动，都不能让人耳目为之一新；特别是在这两方面，马克思主义史学家都已做了。① 直到第二卷，庶民研究的新意和批判性反思才逐渐清晰。

　　第二卷对庶民研究做了清楚明了的主张，并着手证明精英视角如何根植于殖民主义者、民族主义者和马克思主义者的叙述中而将庶民排斥在历史之外。古哈指出这些叙述已经试图根据精英统治的框架表现庶民的意识和活动，并声称历史学仅仅将农民起义者视作经验上的人或一个阶层的成员，而不是作为因其意愿和理性从而反抗现实的存在。历史学家倾向于将农民起义描述为突然间的爆发，像"雷雨般爆发，地震般起伏，野火般蔓延"；他们不是将起义归因于政治压迫就是归因于经济压迫下的反应。"其中任何一种反抗方式都被认为外在于农民的意识，不是将理性、意识的逻辑而是将虚构物视作其原因"。②

　　历史学如何产生这一盲点？在回答这一问题时，古哈的《反叛乱散论》是方法论方面的杰作，提供了关于殖民地印度农民起

78

----

① 例如参见 Majid Siddiqi, *Agrarian Unrest in North India*（Delhi，1978）; and Jairus Banaji, 'Capitalist Domination and Small Peasantry: Deccan Districts in the Late Nineteenth Century', *Economic and Political Weekly*, 12: 33（1977），1375-44。

② Ranajit Guha, 'The Prose of Counter-Insurgency', in id.（ed.），Subaltern Studies, vol. 2（Delhi，1983），2-3.

义历史叙述精妙的解读。他通过区分三类话语——第一级、第二级、第三级,将这些文字描述为反叛乱文本。三类话语以在时间序列中出现的先后相互区分,它们被承认或不被承认的程度与官方的态度相一致。古哈依次分析每一类型,展示了"反叛乱代码"的存在、变化和再区分。这一代码存在于官方有关起义的即时解释(第一级话语),随后进入官方报告和实录的叙事(第二级话语),最后是在没有官方介入和最大程度远离事件发生时刻的情况下,历史学家的吸收和再区分(第三级话语)。"和解代码"被写进第一级文本的"原始"数据和第二级的话语叙事中,当历史学家们未能从中看到被排斥的起义者的存在,"和解代码"就会继续存在并塑造历史学家的第三级话语系统。因此,当历史学家的创作与第二级话语不同时,他们的第三级话语也结束了对叛乱的挪用。例如,细想对农民起义军的探讨。当殖民官员运用包含"和解代码"的现场解释,就这些事件的发生而谴责恶劣的地主和狡猾的放债者时,他们将因果关系用作为一种反叛乱的工具:确定反叛的原因是控制它的一种措施,并建立起对叛乱者能动性的否定。在民族主义史学中,这种否定针对的是英国统治而不是当地的压迫,它也成为反叛的原因,从而使农民暴动摇身一变成为民族抗争。激进的历史学家也拒绝吸收第二级话语的反叛乱代码,他们将农民暴动与走向社会主义的连续革命相联系。[1]古哈论证说,通过拒绝承认叛乱者的主体性和能动性,每一个第三级叙述都免不了陷入反叛乱范式的窠臼。

毋庸置疑,正像罗萨琳德·奥汉隆在她那篇极富思想性的论文中指出的那样,恢复叛乱者能动性的工作需要"主体的恢复"这一概念。[2]因此,通过阅读有悖其意愿的记录,学者们旨在揭

79

---

[1] Ibid. , 26 - 33.

[2] Rosalind O'Hanlon, 'Recovering the Subject: Subaltern Studies and Histories of Resistance in Colonial South Asia', *Modern Asian Studies*, 22:1 (1988), 189 - 224.

示庶民的神话、迷信、意识形态和反叛，这些正是殖民主义和民族主义精英企图挪用的，而传统历史学以因果关系这一致命武器使其荒废了。拉纳吉特·古哈的《殖民印度农民叛乱的基本方面》（1983）是这方面的代表作，试图从精英计划和实证史学中重新发现农民。古哈重新关注 19 世纪殖民印度的农民叛乱，在这项内容广泛的研究中，充满深刻的见解和方法论革新。依凭一种不可思议的视角来阅读殖民档案和史学陈述，他对农民叛乱的意识、谣言、幻象、虔诚信仰和群体纽带的叙述引人入胜。在古哈的叙述中，庶民以社会和政治群体而非民族和阶级的形式出现，摈弃了传统史学使用的合理性和社会行为范式。古哈极具说服力地论述道：这种精英否定庶民的自主行为的范式，也能从殖民主义者的和自由民族主义者的叙述中发现。

探索庶民主体自主性的努力，正类似于西方国家的社会史学催生了"自下而上的历史"方法。但是这种相似性因为一个事实趋于复杂化，即作为一种人文主义主体能动的庶民研究迅即以庶民能动作用失败的发现而告终：起义时刻也总是内含于这种失败之中。恢复庶民自主性的努力屡次挫败是因为庶民，顾名思义，本就意味着自主性的缺失。正像微伊娜·达斯评论的那样，庶民起义仅仅呈现了一种"爱情的黑夜"。[1] 此外，正如迪佩什·查克拉巴蒂所指出的，古哈所谓农民作为自主主体的见解并不意味着他们意识到他们的庶民主体性，而是言明起义可以在他们的实践中被解读。[2]

当这些学者并未充分认识到庶民的反抗不是简单的反对权力，而也由权力构成时，他们自己的工作就反映了这种事实。而且使发现主体的努力陷入困境的是——它不像英国和美国的社会史学

---

[1] Veena Das, 'Subaltern as Perspective', in Ranajit Guha (ed.), *Subaltern Studies*, vol. 6 (Delhi, 1989), 315.
[2] Dipesh Chakrabarty, 'A Small History of Subaltern Studies', in id., *Habitations of Modernity* (Chicago, 2002), 15-16.

80 　　——庶民研究借用了反人道主义的结构学派理论和后结构主义叙述。古哈关于殖民历史的巧妙叙述明显借鉴了费尔迪南·德·索绪尔、克洛德·列维-斯特劳斯、罗曼·雅各布森、罗兰·巴特和米歇尔·福柯。某种程度上，对这些理论家的信赖以及对文本阅读的强调，起因于英语历史学家缺少工人日记和其他类似资料。① 印度农民没有留下什么资料，因此无法根据什么事实恢复他们自己的"声音"。但是强调文本解读，借用理论家如福柯的理论（他的著作质疑了自主主体这一观念），意味着古哈认识到殖民地庶民不仅仅是"普通"庶民的一种。尽管权力关系的运作在殖民地和在大都市可能是相似的，殖民地庶民的状态（与大都市的相比）则是截然不同的。因此，庶民研究并不仅仅是"自下而上"的历史方法的印度变体；它必须考虑庶民的差异性并书写不同的历史。

庶民和话语

　　这种差异在随后的庶民研究文集中已经出现，因为对重新发现庶民主体的渴望随着分析庶民如何被主流话语构成而变得复杂来。当然，将庶民恢复为一个被排斥在精英话语之外的主体与庶民分析作为话语体系的一种影响之间存在的张力从最初就存在。② 不过，之后的《庶民研究》对庶民作为话语效果的出现给予更多的关注，但没摈弃庶民作为主体和行动者这一概念。这种视角自《庶民研究》的第三卷开始增多，将庶民性作为一种批判的立场，作为一种根深蒂固的差异，这种差异不是外在的，而是内在于精

① Ranajit Guha，'Trafficking in History and Theory: Subaltern Studies', in K. K. Ruthven (ed.), *Beyond the Disciplines: The New Humanities* (Canberra, 1992), 102.

② Gayatri Chakravorty Spivak 在 'Subaltern Studies: Deconstructing Historiography', in Ranajit Guha (ed.), *Subaltern Studies*, vol. 4 (Dehli, 1985), 337 - 338 一文中对这一张力的准确描述引人注目。

英话语系统，以此给使它服从的力量和形式施加压力。

帕尔塔·查特吉那部颇具影响的《民族主义思想与殖民地世界》（1986）就将注意力放在确定庶民作用和影响力的话语上。这本书探究了印度民族主义如何兴起，追溯了民族主义思想发展中的关键转折，何以最终导向了"消极革命"——他用这个引自葛兰西的概念来解释印度1947年独立是发挥民众能动性的大众革命的胜利。当解释民族主义思想中存在的变化时，查特吉通过如何表现大众的问题强调民族主义向主流话语施压。民族主义者通过边缘化大众行为和思想的某些形式来处理这种问题，这些行为和思想违背了从殖民话语中发展出的现代性驱使的目标。这种策略保证了精英的权威但不是在庶民文化和政治上建立霸权。他的《民族国家及其碎片》（1993）再一次转向挪用庶民性的主题，描述了首先在文化领域民族国家是如何被想象的，然后在创建民族国家的愿望的驱使下，精英分子通过"标准化"庶民对共同体和国家政府部门的各种构想，利用"民族国家"为政治角力做好准备。大卫·哈德曼对农民信仰和反抗的研究中也探讨了精英话语在解释庶民实践中的作用。① 这一话语转向也鼓舞了大卫·阿诺德有关殖民地医药学的研究，展示了在英属印度西方医药学的"标准化"引起身体的殖民地化。②

研究"标准化"过程势必复杂而深入地探究精英文本和经典文本。当然，这些对庶民研究而言并不新颖。早期的作品尤其以古哈的文章《反叛乱散论》为代表，以高超的技巧和想象质问精英书写。但是这些对精英文本的分析旨在构建庶民作为其自身历史的主体。另一方面随后的卷帙更频繁地接触精英主题和书写，强调对统治运作的分析，当统治面对、建构和控制文化和政治的

81

① David Hardiman, *The Coming of the Devi*：*Adivasi Assertion in Western India*（Delhi, 1987）.

② David Arnold, *Colonizing the Body*：*State Medicine and Epidemic Disease in Nineteenth-Century India*（Berkeley, 1993）.

某些特定形式时。这在处理政治领袖的书写像圣雄甘地和贾瓦哈拉尔·尼赫鲁是显而易见的，包括对印度国民大会党（主要的民族主义党派）行为的分析。解读精英民族主义力求表现民族主义领袖如何篡改历史，这种篡改是如何既要质疑殖民统治，又要保护其两翼。[①] 有相似目标的另一个主题是在英属印度划分为印度和巴基斯坦过程中殖民主义、民族主义和"地方自治主义"交织在一起的功能——因为近期印度至上主义者的再度兴起和印度穆斯林叛乱的爆发这个主题已经显示出越来越大的重要性。[②]

82　　这个话题的重要性是不言而喻的，但是这一话语分析的转向意味着经济史和农业史的式微。同时，农民也不再是唯一的焦点。评论家视这一转向是抛弃对庶民群体的研究转向研究话语和文本的流行方向。[③] 但是这种批评忽略了一个事实，即尽管这些学者避开实证主义恢复庶民主体的方法，他们仍继续强调这个见解——庶民主义表现出与权威阶层根本的异质性，即使无法获得完全的自主性。不过确有其事的是他们在话语中定位这种异质性，编织进权威结构的组织中，其在权力运作中显示自身。换言之，庶民和庶民性并没有消失于话语中而是出现在实践中的历史表述里，在他们施加压力的结构中屈服。

---

① 在这方面，可参见 Shahid Amin's 'Gandhi as Mahatma: Gorakhpur District, Eastern UP, 1921-2', in Ranajit Guha (ed.), *Subaltern Studies*, vol. 3 (Delhi, 1984), 1-61; and Amin's 'Approver's Testimony, Judicial Discourse: The Case of Chauri Chaura', in Guha (ed.), *Subaltern Studies*, vol. 5 (Delhi, 1987), 166-202。

② See Gyanendra Pandey's *The Construction of Communalism in Colonial North India* (Delhi, 1990); and id., In Defense of the Fragment: Writing about Hindu-Muslim Riots in India Today', *Representations*, 37 (Winter 1992), 27-55.

③ 例如参见 Sumit Sarkar's 'The Decline of the Subaltern in Subaltern Studies', in id., *Writing Social History* (Delhi, 1996), 82-108; Ramchandra Guha, 'Subaltern and Bhadralok Studies', *Economic and Political Weekly*, 33: 33 (1995), 2056-2058; and David Ludden (ed.), *Reading Subaltern Studies; Critical Histories, Contested Meanings, and the Globalisation of South Asia* (New Delhi, 2002)。

因此，沙希德·阿明描述了 1921 至 1922 年间的印度民族主义者面对千禧年和农民政治的颠覆性语言，迅即宣称农民的行为是自发的和甘地主义的。他们无法承认农民借用甘地的名义发动暴动，只能以一成不变的圣徒关系进行解释。[①] 阿明在他有关1922 年农民暴力的论文中进一步发展了这一观点。这次暴力事件导致一些政治人物的死亡，并导致甘地暂缓了反抗英国统治的不合作运动。这一暴力事件在殖民地司法话语中被判定有罪，但回到印度民族主义历史中这一引发情绪的时刻，阿明表示这一暴力事件首先通过一种"强制性遗忘"，然后通过选择性记忆和再次盗用，被精英民族主义者民族化。[②] 再举一例，贾南德拉·潘迪提出必须将印度想象为一个民族共同体的印度民族—国家话语体系，不可能把共同体（宗教、文化、社会和乡土的）视作一种政治形式；因此，它促使民族主义（这个术语很好，因为它"超越"差异性）和地区自治主义（这个术语不好，因为它并不能"高于"差异性）相竞争。[③]

对南亚历史的重新考察并不先于话语援引"真正"的庶民去构建他们的批判，将庶民放置于话语的迷宫中，他们无法断言一条直接通往他们现实的路径。真实的庶民和庶民性存在于话语的褶皱里，在沉默和盲区里，在多种因素决定的见解中。因此，阿明在解释 1922 年农民暴力时将庶民的在场视作这个话语中的效应。这一效应在民族主义者们面对的困局中显露。一方面，他们无法赞同将农民暴力视作民族主义者的行为，但是另一方面，他们必须承认农民"罪犯"是这个民族的一部分。他们力图通过承认民族叙事中的这一事件同时否认它的能动性来解决这个困境：农民被描述为他们之所以有反抗的行为是因为他们被激怒了，或

83

① Amin,'Gandhi as Mahatma', 2 - 7.
② See id., *Event, Metaphor, Memory：Chauri Chaura 1922 - 1992*（Berkeley, 1995）.
③ 见 Pandy, *The Construction of Communalism in Colonial North India*, 235 - 243, 254 - 261。

者因为他们在非暴力运动中经不起考验。

庶民性因此出现在权力运行的悖论中，出现在主流话语中，它表述并规范农民能动性为一种对殖民暴力自发的和"前政治"的反应。它不再独立于精英话语之外，而被赋予了权威阶层压制但无法构建的意愿。它反而涉及到不可能的思想、角色或行动，没有这些，主流话语不仅不可能存在，而且会以一成不变的方式来认识他们。

庶民的形象是远不同于自治主体的想象。不同于用"自下而上的历史方法"从历史证据中还原完整的历史主体，庶民呈现出一种碎片化的形象。他们被历史自身否定了在场性和完全性，在此基础上历史学家不可能还原出一个完全的主体。历史档案记录了庶民寻找自身的必然失败，也记载了他们施加于话语系统的压力转而引起他们的压抑和碎片化。庶民主义这种不连续的表达方式需要一个策略，即在主流话语中即刻识别出庶民能动性的出现和转换。因此，像阿明一样，潘迪转向公社暴力研究中的碎片化，他证明政府和多数主义者的实践无助于历史学家但是保护了描述庶民经验的碎片。[1]

地方化欧洲

庶民研究在主流话语中对庶民性的重新定位必然导致其批判现代西方。如果"他者"知识资源和能动性的被边缘化发生在殖民主义及其衍生物——民族主义运作之下，批判的武器必须转而对准欧洲及其建立的知识模型。正是在这种氛围中，庶民研究与起源于文学和文化研究中的后殖民批评出现某种融合。只引用一个例子，爱德华·萨义德的《东方主义》（1978）不仅为帕沙·查特杰批判印度民族主义提供基础，他也为庶民研究写过有价值

84

---

[1]　Id. , 'In Defense of the Fragment'.

的序言。① 认识到批判西方不仅仅局限在殖民开发和牟取暴利的记录上，要扩展到它认可的学科知识以及程序上——首先是历史学科，这很重要。

在一篇被广泛阅读的论文中，查克拉巴蒂针对历史学变为一种充满权力的理论范畴展开了强有力的批判，这篇文章后来被编辑进他的论著《地方化欧洲》（2000 年）中。查克拉巴蒂认为将庶民研究视作成功的知识去殖民地化还为时过早，他指出：

> 就在历史的学术话语范围内而言，即"历史学"作为一种话语应生产于大学这种制度性的场所，"欧洲"依然是所有历史中假设的主体，包括我们所称的"印度"、"中国"、"肯尼亚"等等。所有这些其他地区的历史都以一种独特方式倾向于变成被称作"欧洲历史"的主导叙述的变种。在这个意义上，"印度"史学自身处于一种附属地位；人们也只能在这种所谓的历史中明确表达庶民的主体位置。②

欧洲仍在许多方面作为沉默的所指对象。首先，存在"选择性无知"的事实：非西方必须阅读"伟大的"西方历史学家（E. P. 汤普森或者勒华·拉杜里或者卡洛·金兹伯格）已书写好的历史学作品，而后者并不需要知道非西方作品。事实上，当非西方学者投入到欧洲历史发展出的研究类型的实践中来，他们的创新和想象是被承认的；中国的"总体史"、墨西哥的心态史，印度工人阶级的形成等等，都被赞誉为优秀的研究。

查克拉巴蒂表明更关键的是将欧洲设置为所有历史的理论主

---

① Edward Said，'Foreword'，in Ranajit Guha and Gayatri ChAKRAVORTY Spivak (eds.), *Selected Subaltern Studies* (New York, 1988), pp. v-x. Chatterjee 对印度民族主义的批判，Chatterjee, *Nationalist Thought and the Colonial World*, 36 - 39。

② Dipesh Chakrabarty, 'Postcoloniality and the Artifice of History: Who Speaks for "Indian" Pasts?' *Representations*, 37 (Winter 1992), 1.

体。这种将欧洲普遍化是通过将多样的历史呈现为一种历史来实现的；即使是"马克思方法论/认识论也不能成功抵制历史主义的解读"。[①] 查克拉巴蒂关于孟加拉的黄麻工人研究明确反对欧洲中心主义，巩固了马克思对资本和阶级斗争的分析。他在研究中发现来自印度传统中根深蒂固的种姓制度和宗教信仰的等级观念，推进着孟加拉工人阶级的组织和政治。这为马克思主义史学提出讨论的问题。按照 E. P. 汤普森关于英国工人阶级意识的描述，印度传统中是否缺少滋养"自由之树"的土壤，印度工人是否被迫处于一种"低等阶级"的地位？另一种想法则是去想象，印度工人阶级是否迟早会形成理想状态的解放意识。当然，这要假定一些观念的普世性，如"英国人生而自由"的权力和"法律面前人人平等"，并且假定"全世界工人没有历史文化差异，都以同样的方式经历资本主义生产"。[②] 这种可能性只在假设存在一种具有解放叙事的普遍性主体的情况下才会出现。查克拉巴蒂认为这种假定存在于马克思的分析中，通过将无产阶级和市民进行仔细对比，仍然转而诉诸于自由和民主的启蒙观念去完善解放叙事。结果是黄麻工人阶级以他们前资本主义社会的等级观念抵抗资本主义的法律面前人人平等的观念，这在马克思主义者的叙述中被视为倒退。而且，它允许民族—国家作为等级制度下的民众实现自由改革的手段。

因此，历史性转变的主题占据非西方历史叙述的重要位置也就不足为奇。当历史学家问到这些社会是否经过转变，成功地实现发展、现代化和资本主义，答案总是否定的。失败的感觉充斥着这些社会的历史叙述。如此挫败，以至于富有竞争性的课题，像庶民研究都根据失败的转变来书写非西方历史，查克拉巴蒂也承认这一点。这种夭折的转变加强了非西方历史学的底层地位和

---

① Ibid., 4.

② Id., *Rethinking Working-Class History：Bengal*，1890 - 1940（Princeton，1989），223.

欧洲作为大写历史的统治地位。①

　　查克拉巴蒂呼吁"地方化欧洲"，以反对将欧洲经验普遍化的大写历史的历史主义计划。为了构建他的体系，他再一次拜读了马克思论著。因为马克思对资本主义的批评蕴涵着欧洲思想的两个关键因素："欧洲启蒙中抽象的人和历史的观念"。② 这些观念在全球范围内传播是资本主义和殖民主义的历史的重要部分，在理性主义、人文主义和现世主义的信条中发挥重要作用，并且在印度及其他地方扮演反对帝国主义审判官的角色。他建议重新检视马克思，改写后殖民思想与后启蒙观念遗产之间的关系。查克拉巴蒂认为，马克思对资本主义制度的分析区分了两种历史实在。一种是以资本为假定前提的历史——一种资本逻辑统治的预设，例如，农民离开土地是为了成为自由劳动力。另一种历史是资本遭遇非资本生活过程部分的社会形态。资本必须征服这些社会形态并将其转变为自己预设的历史，但是这一过程得不到任何保障。历史决定论假设资本主义和其他社会形态的差异只是时间问题，即不同社会形态经过一个阶段都会消化和吸收资本逻辑。但是马克思、查克拉巴蒂也辨别了这二者关系的另一种可能——是两种实在的根本性差异，而不仅是外在的不同。查克拉巴蒂反对历史决定论认为资本主义和其他社会形式的关系是资本主义和前资本主义的关系，是现代和传统的关系，他提供了一种哲学性的解读，要将资本主义的产生视为其自身存在的一部分。他认为资本的实在包括"前资本主义的区别"，"传统"绝不是与之相反的存在，而是"现代性"的一部分。也就是说，资本主义生活并不意味着历史从一个阶段到另一个阶段的转变，但蕴含了涉及与自身相悖的东西。

　　查克拉巴蒂决心持续解读马克思的目的是为了将转变解读为转化，去分析后启蒙观念从边缘到全球的传播。我在学术研究和

①　Id.，'Postcoloniality and the Artifice of History'，4 - 5.
②　Id.，*Provincializing Europe*（Princeton，2000），47.

我参与的庶民研究的活动中也获得了相似的启发。我对英属印度包身工的研究是对作为殖民主义一部分的自由话语体系的历史进行反思，表示天生自由劳动力的表述深深存在于历史档案中。[1]我 1992 年加入庶民研究，对科学的文化权威的历史研究是从边缘视角审视西方知识的尝试。我认为殖民条件下西方科学的普世化照亮了殖民地历史，我表示科学转化的过程提供了现代民族—国家建立的钥匙。[2] 这种分析必然导致的结果是从欧洲帝国主义和印度民族—国家获得权威的"历史"，作为一种学科来运行时，解除一些权力的同时授予某些形式的知识以权力。

重新思考历史书写

对于一些庶民研究的马克思主义评论家而言，后启蒙遗产的解构性理解相当于对理性和马克思主义的摒弃，是跟全球范围的后现代主义以及印度本土主义和原教旨主义的危险的调情。[3] 但无论是本土主义还是文化相对主义都不能推动"欧洲地方化"的研究项目。不要求改变欧洲/印度的等级，也不再努力以一种"印度的"而非西方的观点来解释印度。取而代之的是，"第三世

87

---

[1] Gyan Prakash, *Bonded Histories*: *Genealogies of Servitude in Colonial India* (Cambridge, 1990).

[2] Id., *Another Reason*: *Science and the Imagination of Modern India* (Princeton, 1999).

[3] Sumit Sarkar, 'The Decline of Subaltern in Subaltern Studies' and 'Orientalism Revisited: Saidian Frameworks in the Writing of Modern Indian History', *Oxford Literary Review*, 16: 1 - 2 (1994), 205 - 224. 关于马克思主义、后现代主义和印度史书写接下来的论争，参见 Gyan Prakash, 'Writing Post-Orientalist Histories of the Third World: Perspectives from Indian Historiography', *Comparative Studies in Society and History*, 32: 2 (1990), 383 - 408; Rosalind O'Hanlon and David Washbrook, 'After Orientalism: Culture, Criticism and the Politics of the Third World', *Comparative Studies in Society and History*, 32: 1 (1992), 141 - 167; and Prakash, 'Can the Subaltern Ride? A Reply to O'Hanlon and Washbrook', ibid., 168 - 184.

界"的历史学家被指责将"欧洲"视作"现代性"的起源地，然而"欧洲的"历史学家并没有因为忽视复数的历史而陷入相似的窘境，对两个历史学家群体处境的认识成为解构主义重新思考历史的条件。① 这一策略试图在历史作为一个学科（在福柯的意义上）运作过程中寻找另一种历史的资源——抗拒和修改以欧洲为中心的权力模型的运作。

这个运动对后殖民批评而言并不陌生，但是不能和仅仅坚持知识和身份的社会构建方法相混淆。它钻研殖民主义历史，不仅如实记录其辉煌，也记录它的失败、沉默和绝境；不仅将主流话语的事业载入史册，也记录那些（庶民的）境况，这些人往往未能被充分认可和命名，仅仅是"标准化的"。这一策略的目标不是要揭开主流话语的真相，而是探索他们的薄弱之处，为了呈现不同的记录，描述在殖民地知识考古学裂缝中呈现的历史。②

这个观点借鉴了对二元对立的批判。的确，二元对立遮蔽了跨越对立、交织在一起的历史事件和人类活动，但是批评必须走得更远。像东方/西方和殖民者/被殖民者的对立是值得怀疑的，不仅因为他们扭曲了人类活动的历史，而且他们校订、抑制和排斥任何颠覆基本价值观的事物。例如，爱德华·萨义德极具说服力地指出，东方/西方的对立是被设计来维护西方的价值观和优越性，将其自身历史中巫术和迷信的部分归咎于东方。在这方面，雅克·德里达展开西方优势不可调和的对立面这一策略具有一定意义。

形而上学——一个重组并反照了西方文化的白色神话：白种人把他特有的神话（印欧神话）、他的逻各斯（也就是说他的习语的神话），当作理性（他必定仍然希望如此称之）的普遍形式。……白色神话——那种已经在自身中将生产了它的神话场景抹去，

88

---

① Chakrabarty,'Postcoloniality and the Artifice of History',19.
② 在这一点上，参见 Homi K. Bhabha 'Of Mimicry and Man：The Ambivalence of Colonial Discourse', in id., *The Location of Culture* (London, 1994), 85‐92.

但这一神话场景仍然保持着活力与激情，以白色墨水路写，并被不可见的图画遮没了。[1]

如果"白色神话"的作品遗留下"不可见的图画"，德里达建议意义的结构、延异能被重新阐释，区别于将西方视作理性的话语。而且，对创造基本神话（历史被视作人类、理性和进步的进行曲）的结构的描述，其资源内在于其矛盾的运作中。由此看来，批判工作在主流结构的裂纹中寻找基础。或者，像斯皮瓦克提出的，解构主义哲学工作（或后殖民主义的批评）在于"对一个结构说不可能的'否定'，因为它既批判又植根于这一结构"。[2]

解构主义观点在最近研究关于 19 世纪早期印度殉夫制度（sati）的废除的这类档案文献中已经卓有成效。正如我曾经在别处阐述的，历史学家将这些档案，作为英国"文明开化任务"和印度的野蛮风俗之间、现代和传统之间争论的证据，作为印度妇女解放和现代印度形成的一个缘起故事。[3] 拉塔·曼尼表明，这些文献的存在本身有一段历史，即殖民地及本土男性利用女性塑造印度传统的权威。[4] 积累的关于殉夫的资料提出的问题——寡妇自焚是否得到印度法规的支持，妇女是否愿意火葬，以什么理由废止妇女的献祭——向我们扑面而来，表现出 19 世纪早期历史的特点，因此，今天的历史学家面对关于殉夫的资料，不能避开早先的结果。今天的历史学家如何做到不重复 19 世纪早期的问题，像传统和现代之间，奴役妇女和解放妇女的努力之间，野蛮的印度习俗和英国的"文明开化任务"之间争论的？拉塔·曼尼

---

[1] Jacques Derrida, *Margins of Philosophy*, trans. Alan Bass（Chicago，1982），213. 翻译参考陈庆译《白色神话：哲学文本中的隐喻》，《外国美学》2017 年 01 期。

[2] Gayatri Chakravorty Spivak, 'The Making of Americans, the Teaching of English, the Future of Colonial Studies', *New Literary History*，21：4（1990），28.

[3] 关于这种殉夫制的重点考察，参加我的论文， 'Postcolonial Criticism and IndianHistoriography', *Social Text*，31/32（1992），11.

[4] Lata Mani, 'Contentious Traditions：The Debate on Sati in Colonial India', *Cultural Critique*，7（Fall 1987），119 - 156.

通过观察这些问题是如何被提出的并伴有什么影响来解决这个困境。她表明两者争论的观点将制定法律的圣典传统的权威作为印度习俗的起源：无论反对抑或支持殉夫制度的人们都为他们的信仰寻找文本起源的权威。换而言之，19 世纪论争在公认权威的情况下制造了像印度教这样的权威文本；固有的父权制和殖民权力共同构建了支持和反对殉夫的起源，同时隐藏了这一共谋。因此，像斯皮瓦克突出说明的那样，这个论争没有给予妇女表达立场的机会。在关于传统是不是支持殉夫，以及妇女是不是自愿献祭的争论中，殖民地庶民女性消失了：她在固有的父权制话语中，就字面而言，因其丈夫死去而消亡，或者在殖民主义话语系统中给予她一个言说的机会。① 这里的问题不是女性证词的不在场，而是这一论争的整个阶段都没有为女性提供言说的机会。

　　斯皮瓦克认为，庶民女性的失语标志着历史知识的有限性。② 如果不给予她们言说的主体位置，恢复女性的声音无疑是天方夜谭。这个观点似乎与传统历史学试图还原历史中被忽视的女性、工人、农民和少数群体的作法背道而驰。然而，斯皮瓦克的观点不是说这种恢复不应该进行，而是指恢复工作依赖还被历史消除了的庶民的"声音"。因此，恢复的可能性也是其不可能性的一种预兆。为了使历史学家—批评家的介入永远受到质疑，为了阻止"绝对的他者成为人为的他者"③，这个关于"庶民沉默"疑难情况的认识是必要的。

　　当试图重新阐明他们意味深长的沉默无言——概述"一种不

① Gayatri Chakravorty Spivak, ‘Can the Subaltern Speak?’ in Cary Nelson and Lawrence Grossberg（eds.）, *Marxism and Interpretation of Culture*（Urbana, Ⅲ., 1988）, 271 - 313, esp. 299 - 307.

② 关于殖民地妇女夹在父权制和档案生产的政治之间的类似观点，见 Ead., ‘The Rani of Sirmur：An Essay in Reading the Archives’, *History and Theory*, 24：3（1985）, 247 - 272。

③ Ead., ‘Three Women’s Texts and a Critique of Imperialism, *Critical Inquiry*, 12：1（1985）, 253.

可见的图画"时，后殖民批评导致一种矛盾的实践，它栖息于传统史学及其失败之间，内在于主流话语的皲裂里。这不应该被误解为后现代戏仿，尽管作为去中心主体的流行观念和戏仿文本可能会为后殖民批评提供一个容易接受和专用的框架。后殖民批评抓住话语的沉默和悖论的时刻并不是为了庆祝本土声音的多样，也不是赋予多样性以特权。而且，它的观点是殖民权力的运作是内在矛盾的。当印度妇女是一个沉默的庶民时，尽管她被要求作为一个独立主体去宣告她是否自愿献祭，"本土的"就是一个他者且完全是可知的。很显然，殖民话语就像书写结构那样运行，他们的解释结构和他们所建立的二元对立是异质的。

从这个角度看历史，后殖民批评家高度关注历史知识及其改写的可能性。这种双重视野使阿明能够利用历史知识的有限性进行改写。他的乔里乔拉农民暴力研究既是"地方的"也是"国家的"。基于民族主义和史学实践的更大舞台，它提供了一套对当地事件的深度描述。阿明准确地抓住从地方上升到国家的叙事，展现了印度国家的出现，还刻画了它与1922年庶民记忆能够进入历史两点之间的张力。这种记忆并非想去呈现一个更"完整"的事件或是去恢复庶民地位。事实上，他认为差异、对立和矛盾是民族主义叙事的必要组成部分，因此他插入记忆作为打乱和重构历史记录的策略。结果并不是暴露了生产出消灭了证据和事件的毫无生气的放置者的民族主义。相反，我们看到了一个舞台上演着几个不同而又相关的戏剧，都在争夺注意力和支配权；幕布突然被拉开一些，尽管农民的声音只能在更强大的嘈杂声中被听到。阿明的研究并不是被恢复的庶民作为自主主体的迫切要求所驱动的。他将自己的调查置于民族主义声称了解农民的诉求与庶民作为乔里乔拉不法分子之间的冲突中。庶民在论述中保持了作为反抗者的存在，同时成为国家内部和外部的一部分。阿明在这两点间进行了贯通，证明庶民起义留下了自身的痕迹，但是一种不可见的图画覆盖在重写本中使其在论述中被破坏了。

无论是阿明对 1922 年事件的复述还是查克拉巴蒂"地方化欧洲"的主题，都能从各种学科包括历史学科的后殖民批评上分离出来。因此，其至是庶民研究都偏离了恢复庶民自主性的最初目的，使庶民成为能够重新思考历史学科的立场。这种反思并不需要拒绝学科训练及其研究成果。远非如此。正如查克拉巴蒂所言："想简单地走出深度联接的'历史'和现代化叙事是不可能的。"①

今天的庶民研究

从庶民视角批评殖民主义和民族主义已经彻底改变了南亚史学。今日的景象已经完全不同于二十年前。这不应该全部归功于庶民研究，毋庸置疑的是政治和智识环境的变化也起到一定作用。但是在研究近现代南亚历史经验时，庶民研究与马克思主义者和后结构主义者之间的复杂互动所产生的影响在已出版的学术著作中相当明显。尽管民族主义史学绝没隐匿，但是在这个领域再也没有二十年前的影响力。庶民视角传播广泛，且在整个学术研究范围内展开。这个小组自身不断吸收新成员，带来新的主题。苏西·塔鲁在恢复女性书写上已经有里程碑式的著作，在性别研究方面扩展了这个小组的内容。阿雅·斯卡利亚研究口述与历史，沙伊·马亚拉姆研究社区之间的历史，M. S. S. 潘迪研究南亚扩张时的非婆罗门政治，增加了这一研究的深度。最近几卷的论文中记录了超越殖民主义者和民族主义者历史经验的庶民

91

---

① Chakrabarty,'Postcoloniality and the Artifice of History',19. 弗雷德里克·库珀（Frederick Cooper）颇有影响力的《受质疑的殖民主义》（Colonialism in Question，Berkeley，2005）一书要重写后殖民历史，据他所述，之前的历史书写将千姿百态的殖民主义转变成千篇一律的现代性批判和后启蒙话语。在我看来，他的批评完全忽略了后殖民批评实际上是针对殖民历史强加的"单调"解释以及殖民者/被殖民者和现代/前现代的二元论，它试图解构、修正殖民历史观。

问题研究。[①]

1988 年出版《庶民研究选集》，编辑有佳亚特里·夏克拉沃提·斯皮瓦克、兰吉特·古哈，由爱德华·萨义德作序，庶民研究开始在全球传播。东亚、中东、非洲和拉丁美洲的学者们将庶民研究当作后殖民批评来阅读，"庶民"术语被编辑进文学批评辞典。因为庶民研究包含在后殖民研究文学里，所以这项研究的参与者还有霍米·巴巴、萨义德和斯皮瓦克，他们在 20 世纪 90 年代中叶加入这个小组。他们的参与也促进了庶民研究在关于殖民地历史和全球化方面走向更广阔的跨学科交流。

观察今天的庶民研究，很清楚地显示这一研究已经达到或超越它最初的目标即纠正南亚史学中的"精英偏见"。这个小组在对殖民主义和民族主义的历史解释进行了长达二十年激烈的学术质疑后决定解散正反映了这一点。

主要史料

92

- Chakrabarty，Dipesh，*Rethinking Working Class History*：*Bengal 1890 - 1940* (Princeton，1989).

- Chatterjee，Partha，*Nationalist Thought and the Colonial World*：*A Derivative Discourse*? (London，1986).

  ——*Nation and Its Fragments* (Princeton，1993).

- Guha，Ranajit，*Elementary Aspects of Peasant Insurgency in Colonial India* (Delhi，1983).

  Hardiman，David，*The Coming of the Devi*：*Adivasi Assertion in Western India* (Delhi，1987).

---

① 例如，可参见 Partha Chatterjee and Pradeep Jagannathan (eds.)，*Subaltern Studies*，vol. Ⅱ (Delhi，2000)，涵括涉及当代南亚的几篇文章；Shail Mayaram，M. S. S. Pandian，and Ajay Skaria (eds.)，*Subaltern Studies*，vol. 12 (Delhi，2005)，主要侧重于穆斯林、达利特人和历史方面的叙述。

- Pandey, Gyanendra, *The Construction of Communalism in Colonial North India* (Delhi, 1990).
- Spivak, Gayatri Chakravorty, 'Can the Subaltern Speak?' in Cary Nelson and Lawrence Grossberg (eds.), *Marxism and Interpretation of Culture* (Urbana, Ⅲ., 1988), 271 – 313.
  Subaltern Studies: Writings on South Asian History and Society, 12 vols., i-vi (ed. Ranajit Guha), vii (ed. Gyanendra Pandey and Partha Chatterjee), viii (ed. David Arnold and David Hardiman), ix (ed. Amin Shahid and Dipesh Chakrabarty, x (ed. Guatam Bhadra, Gyan Prakash, and Susie Tharu), xi (ed. Partha Chatterjee and Pradeep Jagannathan), xii (ed. Shail Mayaram, M. S. S. Pandian, and Ajay Skaria) (Delhi, 1982 – 2005).

参考书目

- Chakrabarty, Dipesh, 'A Small History of *Subaltern Studies*', in id., *Habitations of Modernity* (Chicago, 2002), 3 – 19.
- O'Hanlon, Rosalind, 'Recovering the Subject: *Subaltern Studies* and Histories of Resistance in Colonial South Asia', *Modern Asian Studies*, 22: 1 (1988), 189 – 224.
- Prakash, Gyan, 'Subaltern Studies as Postcolonial Criticism', *American Historical Review*, 99: 5 (1994), 1475 – 1490.
- Spivak, Gayatri Chakravorty, 'Subaltern Studies: Deconstructing Historiography', in Ranajit Guha (ed.), *Subaltern Studies*, vol. 4 (Delhi, 1985), 330 – 363.

段艳 译 姚冰淳 校

第五章　世界历史

尤尔根·欧斯特哈默

　　世界历史在过去被理解为以已知世界为横轴，以时间顺序为纵轴的跨文化史，它被一些悖论所困扰。[①] 首先，在几个伟大的史学传统中它是一种古老的写作模式，然而，从二十一世纪初开始，世界史却成为历史学最年轻和最具创新性的领域之一。[②] 国别史——世界史在当代辩论中的主要竞争对手——似乎正在逐渐衰落，深陷前民族和后民族史学视野当中。第二，世界历史著作质量参差不齐。从伊本·赫勒敦、爱德华·吉本、布罗代尔和威廉·H·麦克尼尔等历史学大师的力作，到各类通俗作家充斥其间的简单演绎。第三，它是一个高度理论化的事业，需要反思和决断，大局和细节，时空秩序，相似性和差异，确定和偶然。与此同时，它一直努力化难为易，给读者一个简明的主线。因此世界历史面临着潜在的困境，在过度从简的方法论和哲学上的复杂性之间，这是以浅陋、天真并缺乏理智约束为标志的一种状态。

　　世界历史很难找到焦点和界定其边界。其开放边缘逐渐融入历史哲学、宏观社会学和各种对人类社会状况的一般分析中。无论怎么描绘业余爱好者和专业人士之间的区别，世界历史一

---

① 这一章的写作得到卡尔·弗里德里希·冯·西门子基金会（慕尼黑）的慷慨支持。

② 西方对世界历史的思考颇有见地的一种观点，见 Ernst Schulin, 'Einleitung', in id. (ed.), *Universalgeschichte* (Cologne/Berlin, 1974), 11-65。

直被视为业余爱好者的乐园。基于原始材料的研究标准越高，对业余者来说符合学科规范的困难就越大。十九世纪初的研究不可避免地导致世界历史的权威丧失和非专业化，这种趋势在二十世纪末才得以改变。这意味着第四个也是最后一个悖论：当历史的意义超过对过去奇闻轶事的搜集时，世界史便在很长一段时间里宣称能得出特别深刻的见解，但同时却在其方法论核心的描述上存在巨大困难。至少在十九世纪和二十世纪，世界史的学术权威从来没有像一般历史学家那样怀有不可辩驳的自信。

94

不同于作为其源头的十八世纪以来的历史研究和国别史写作，世界史一直没有得到累积、稳定和增量的发展，经历过高潮和低谷，它已经严重依赖于个别大家的学识和修辞。直到最近，世界史写作至少在公众的眼里还是一些出色个人的表演。对于怀疑论者而言历史写作不过是寄生在踏实和低调研究成果上的一个残留文学流派而已。学科领域有序地发展还需学者们的共同努力，他们在培养后进和取得学术机构、出版媒体支持方面进展乏力。因此世界史很难占据历史专业组织的中心位置，在大多数国家的学校课程中处于边缘地位，并且最经典和最有影响力的世界史文献出自大学以外。世界历史过去一直是特立独行、绅士学者和文人雅士所专注的事。一个主要的例外是社会主义国家对世界史的官方支持——这些国家将马克思主义的历史唯物主义奉为指导方针。在苏联和民主德国，国家科学院设有被认为具有特别政治效用的世界历史部。

过去的遗产

现代世界历史区别于旧的全球史建构，在于它以地理实证主义概念和统一、多元化的人类历史经验为前提。这样的世界观只能形成于欧洲，并不早于十八世纪。据埃德蒙·伯克记载，第二次欧洲大航海时代显示出"人类伟大的地图"，[1] 他的非欧洲语言的手稿被收集、研究和翻译。这是有史以来第一次，为一些亚洲文明建立基本年表成为了可能。从 19 世纪初开始，欧洲考古学家开始检索古代文明的痕迹。楔形文字和象形文字的破译打开了通往古老美索不达米亚和埃及丰富历史遗产的大门。英文版《世界史》（23 卷，1736—1745）很快增订为更大的德语版，[2] 是新实证研究法的首要代表性文献，而且是后来无数多卷本区域史和国别史著作的鼻祖。从 1770 年到 1830 年是世界历史发展的第一个黄金时代。威廉·罗伯逊写作了美国史，爱德华·吉本基于约瑟夫·德·金[3]的成果进行著述，从公元 2 世纪的蒙古帝国到土耳其征服君士坦丁堡，涵盖了整个欧洲大陆。中国的耶稣会信徒及其历史非常依赖于中国的历史编纂，从散见的著作中被钩沉出来。旅欧者将其欧洲见闻带回日本，还有被改写的波斯、印度历史文本——尤其是穆斯林教义。在哥廷根大学，奥古斯特·路德维格·施洛泽和约翰·克里斯托夫·加特尔构建出世界实证历史的大纲，并讨论了一些[4]相关的方法论问题。约翰·戈特弗里德·赫尔德用相同的材料力求对世界各种文化做全景式概况，并将其引入一个详尽的人类学体系当中。[5] 还有 G·W·F·黑格尔，当时在他的《历史哲学》［世界历史哲学讲义］（于 1837 年身后出版）里强调全面的有效实证认知，尽管他只是用来支持一个政治发展和精神进步的论点，没有涉及西方以外人民的政权或

---

[1] 埃德蒙·伯克给威廉·罗伯逊的信，收录于 George H. Guttridge（ed.），*The Correspondence of Edmund Burke*，vol. 3（Cambridge，1961），350–351。

[2] *Uebersetzung der Algemeinen Welthistorie*，30 vols.（Halle，1747–1765）.

[3] Joseph de Guignes，*Histoire generale des huns，des turcs，des mogols et des autres tartars occidentaux*，4 vols.（Paris，1756–1758）.

[4] August Ludwig Schlözer，*Vorstellung einer Universalhistorie*，2 vols.（Göttingen，1772–1773）；and Johann Christoph Gatterer，*Versuch einer allgemeinen Weltgeschichte bis zur Entdeckung Amerikens*（Göttingen，1792）.

[5] Johann Gottfried Herder，*Ideen zur Philosophie der Geschichte der Menschheit*，4 vols.（Riga，1784–1791）.

创造性。[1]

世界历史许多基本的选择已经被思忖过，这种情况下当今世界历史学家便以不同的方式回顾世界历史。一些历史学家怀疑启蒙运动作为当代世界历史起源亘古不变的相关性。其他人寻找一个谱系来验证自己的努力。这个谱系通常是基于强烈的价值判断。世界主义观点和反种族主义立场在哥廷根大学达到顶点，或许还有德国启蒙时期的最后幸存者亚历山大·冯·洪堡，他在当代被公认为世界主义者和反种族主义立场的楷模。欧洲中心论始于黑格尔，同时代的詹姆士·穆勒是很有影响的《英属印度史》的作者（3 卷本，1817）——该书是备受争议的语录引文的另一出处。从 19 世纪 20 年代至少到 19 世纪末，欧洲史学确实以文化、政治和经常对种族分级为特征，并且对亚洲各类重要传统存在心理排斥，更不要说那些被贴上"原始"标签的民族。一旦这种信条被固化，非西方世界的原住民便成为"没有历史的民族"，因此也没有必要将其纳入物质和精神进步的叙述当中去。

但是，一些特征淡化了 19 世纪的黯淡景象。对非欧洲人民历史有限的兴趣保留在历史地理学（卡尔·里特尔及其同行所从事的工作）和德国的经济史学派中。这也是语义学知识兴起的时代，虽然经常带有"东方学家"式的傲慢，但他们仍然打开了从中美洲到马来半岛的许多传统文化宝藏，这能作为可靠的史料以供历史评论。早期民族学受进化论左右，它假定一系列普遍有效的社会组织阶段。[2] 这种假定形式和弗朗兹·博厄斯的另一个概念——各个素朴种族社区的特殊性和不可通约性，两者一起经过种族主义时代流传至今，保留了基本的人类一体的启蒙思想。最

[1] Ernst Schulin, *Die weltgeschichtliche Erfassung des Orients bei Hegel und Ranke* (Göttingen, 1958); and Andreas Pigulla, *China in der deutschen Weltgeschichtsschreibung vom 18. bis zum 20. Jahrhundert* (Wiesbaden, 1996).

[2] J. W. Burrow, 'Historicism and Social Evolution', in Benedikt Stuchtey and Peter Wende (eds.), *British and German Historiography*, 1750 - 1950: *Traditions, Perceptions, and Transfers* (Oxford, 2000), 260.

后是马克思主义，尽管它有强烈的现代主义偏见并且对欧洲和其他地区的资本主义社会缺乏任何同情，但它对分析不同文化背景下的生产方式和社会动态提供了新的方法。大部头的"世界历史"主要出自德语世界，该语意从推测的（伊萨克·艾斯林）或经验的（路德维希·冯·施洛泽）人类种族的历史转变到为新兴的公民社会提供道德教化。此说属实，例如弗里德里希·克里斯托夫·施洛塞非常成功的 *Weltgeschichte für das deutsche Volk* 《给德国人的世界历史》（最终版，格奥尔格·路德维希·克力克，19 卷本，1844—1857）[①]，包括利奥波德·冯·兰克的封笔作《世界历史》（9 卷本，1881—1888），以及这个特色传统末期的汉斯·德尔布吕克的《世界历史》（5 卷本，1923—1928），这类作品都属文明史，在欧洲通常用一些巴比伦和埃及语作引言，并且偶尔侧面提及拜占庭帝国及其继任者奥斯曼帝国。他们从来无意包括所有的大陆，也不管该不该根据世界历史理应如何的抽象观念做出判断。[②]

97　　　　到了世纪之交——欧洲的帝国主义和殖民霸权达到顶峰——经济扶摇直上、全球拓殖、"世界权力"和"世界政治"话语权不断增强已经促成了一种全球交流的新意识。民族学家收集文物在博物馆或通用博览会展出，诸如比较宗教学（Religionswissen-schaft）等新学科崛起，大大增强了各大陆文明知识的可见度。然而，新的观念和附加的信息变成新的史学认知的过程是缓慢的。多卷出版项目，尤其在德国，博采本领域专家的专长，但有一部由局外人所编，他是地理学家汉斯·费迪南德·赫尔莫特——提供了少许概念创意。[③] 少数富有创造力的历史学家意识到需要考虑新方法做世界历史，例如卡尔·兰普雷希特，他是莱比锡大学

① Hans Schleier, *Geschichte der deutschen Kulturgeschichtsschreibung*, 2 vols. (Waltrop, 2003), 233 - 255.

② Hartmut Bergenthum, *Weltgeschichten im Zeitalter der Weltpolitik*: *Zur populärenGeschichtsschreibung im wilhelminischen Deutschland* (Munich, 2004).

③ Hans Ferdinand Helmolt (ed.), *Weltgeschichte*, 9 vols. (Leipzig, 1899 - 1907).

文化与世界历史研究所的奠基人，还有库尔特·布里希哥，他是二十世纪初的德国历史学家中最具理论头脑的人。[①] 布里希哥和兰普雷希特均未试图编写一个广泛的、综合性的跨文化史。这项工作由爱德华·迈耶的《古代历史》（Geschichte des Altertums, 5卷本，1884—1889，后续版本做了大量修订）体现——一本近东和古地中海的通史（尽管未完成），跨多个语种。迈耶以非凡的语言技能和深刻的材料掌握，力求理论体系的融汇。其作品的创见在于不以一个局外人，而是以一个柏林大学了不起的学术官员的身份进行。他首次表明可以在没有牺牲苛刻的学术标准下书写一个广阔的多元文化空间（即使不是整个世界）的历史。

没有类似迈耶的人出现在其他欧洲国家，二十世纪早期最重要的合作课题是法国哲学家亨利·贝尔组织的，又是历史学的局外人。大约 1900 年前后，贝尔逐渐弱化所持的历史进化哲学，开始提倡"历史综合"的新观念，基于此，他建立了几个出版平台以求使历史学家和相关学科专家联合。从 1920 年到 1954 年贝尔去世，他的 52 卷本的《人类的演进》问世。这些作品不再遵从经典宏大叙事的特征变化，而是 20 世纪前半叶所知世界历史精华一类的集合。[②]

98

20 世纪末最终的遗产是马克斯·韦伯的大量著述。20 世纪60 年代之前它并未被世界所关注。韦伯并不苟同世界历史的观念。他鲜明地远离任何进化论或整体观，以及同时代人普遍持有的"历史法则"观念，这包括卡尔·兰普雷希特和马克斯的嫡亲

① Roger Chickering, *Karl Lamprecht: A German Academic Life*, 1856 - 1915（New Jersey, 1993）; Matthias Middell, *Weltgeschichtsschreibung im Zeitalter der Verfachlichung und Professionalisierung: Das Leipziger Institut für Kultur-und Universalgeschichte* 1890 - 1990, 3vols.（Leipzig, 2005）, 216 - 409; and Bernhard vom Brocke, *Kurt Breysig: Geschichtswissenschaft zwischen Historismus und Soziologie*（Lubeck, 1971）.

② Lutz Raphael, 'The Idea and Practice of World Historiography in France: The *Annales Legacy*', *in* Benedikt Stuchtey and Eckhardt Fuchs（eds.）, *Writing World History* 1800 - 2000（Oxford, 2003）, 155 - 160.

兄弟阿尔弗雷德·韦伯。他阐述了他的范畴和理念形式，例如"超凡魅力、世袭主义和城市"的通用性，并且他取材世界范围来例证和说明。韦伯对各类主要文明的信仰体系和社会结构做了大量研究，收进 *Gesammelte Aufsatze zur Religionssoziologie*《宗教社会学论文集》（3卷本，1920—1921），里面有比较社会学著作中最有影响力的例证。[①] 在他各种片段论述中都有此类分析，例如 *Wirtschaft und Gesellschaft*《经济与社会》（1921-2），令世界历史学家印象深刻，即使韦伯从未超出他关于世界合理化的一般概念提出关于世界历史的详细叙述。

韦伯所处时代的情况是：一战后，世界历史及作者门庭冷落，奥斯瓦德·斯宾格勒畅销的 *Der Untergang der Abendlandes*《西方的没落》（2卷本，1918—22），带副标题"世界历史"，是对一些文明命运深度的思考。其作品主要通过保守和悲观信息吸引读者，执着于早期史诗时代的叙事信心（或许是兰克主义的本质）并热衷创造特别的术语。斯宾格勒以一个有远见的业余者姿态出现，并蔑视专业的历史学家。尽管在《历史大纲》里（1920），H. G. 威尔斯提出改良主义观点，但他完全不同于沉思的斯宾格勒，他为公众写作——包括学生和平民，而非文化市民和教化市侩。尽管威尔斯更多信赖不列颠百科全书，而不是专业学者。[②] 最了不起的历史学家之一马克·布洛克颇为看重该书，但同时也对这个小说家轻率而欠考虑的判断表示质疑。[③] 不过这一切从本

99

---

① 从众多关于韦伯的著述中可以看出，特别是 Stephen Kalberg, *Max Weber's Comparative-Historical Sociology* (Cambridge, 1994); Wolfgang J. Mommsen, *Max Weber: Gesellschaft, Politikund Geschichte* (Frankfurt, 1974); and Joachim Radkau, *Max Weber: A Biography*, trans. Patrick Camiller (Cambridge, 2008), orig. pub as *Max Weber: Die Leidenschaft des Denkens* (Munich, 2005)。

② Paul Costello, *World Historians and Their Goals: Twentieth-Century Answers to Modernism* (De Kalb, Ill., 1993), 36-45.

③ Marc Bloch, 'Une nouvelle histoire universelle: H. G. Wells historien', *La Revue de Paris*, 29 (1922), 860-876; and cf. Ernst Troeltsch's review in *Historische Zeitschrift*, 126 (1922), 271-279.

质上讲，斯宾格勒和威尔斯对当时世界历史书写的影响很大程度
上可以忽略不计。

　　这时期最著名的世界历史学家是阿诺德·J·汤因比，一位有
古代的和现代的希腊研究背景的历史教授，他既是皇家国际事务
研究所主任，也是独立的绅士学者。1947 年他拒绝了剑桥大学钦
定历史讲座教授的职位，那是英国最负盛名的历史学教职。[1] 其
逾 5500 页的 12 卷本《历史研究》（1934—1961），第一卷到第六
卷于 1934 年到 1939 年间出版，这部分被普遍认为论述得最好。
虽然实证依据引来激烈的批评（1947 年以前的情况尤其突出，同
时伴随而来的是汤因比的名声开始超越之前的所有历史学家），
其研究是行业的一大壮举且论述可靠，这一点鲜遭质疑。最终，
一个 900 多页的精巧简本呈献给受过教育的普通读者。一些基本
的主题现已深入人心，例如"挑战与应战"模式——这是保证其
巨著的连贯性几个因素之一。然而，尽管此举由衷让人钦佩，但
汤因比所取得的成就似乎没有持久的影响。这个理论因为首次真
正意义上不以欧洲为中心建构世界历史而受赞扬，但如今很少有
世界历史学家和其他历史学家研究汤因比并认为受到汤因比的启
发。汤因比几乎不为消遣而读（正如吉本的一贯风格），当他的
分类和命题难以说服更多人时，他便预言人类需要新的精神支柱
——一种新的信息在后续卷本中传播——其立场部分离开世俗时
代。汤因比的文明概念不如由历史社会学家发展的概念精确，例
如 S. N. 艾森施塔特。[2] 由于他对不同文明之间的关联少有兴
趣，以至于无法胜任全球史学的领袖。到 1975 年去世时，他充
其量是对无限知识充满渴望的代表：颇为类似历史学家对爱因斯
坦的评价，胜在其积极的启发意义。

---

[1]　William H. McNeill, *Arnold J. Toynbee*: *A Life* (New York/Oxford, 1989),
　　208 - 209.

[2]　S. N. Eisenstadt, 'Civilizations', in Neil J. Smelser and Paul B. Baltes (eds.),
　　International Encyclopedia of the Social and Behavioral Sciences, 26 vols.
　　(Amsterdam, 2001), iii. 1915 - 1921.

通俗的世界历史，艺术大师的演绎，意识形态的信息

100   至二战结束，国际形势发生根本性变化。对新一代职业历史
学家而言，现有史学研究的传统似乎无法继续提供可信的指导。
大量知识分子对战后时代的反应是，世界历史并非第一个享有特
权的领域，从 1945 年到 20 世纪 80 年代一直处于历史学家关注
的边缘。坚定的知识分子于 20 世纪 30 年代在汤因比所取得的成
就上不断超越，但是像他一样思维开阔的人非常少。民主战胜了
他们的敌人德国和日本，获得了胜利，似乎肯定了西方社会及其
价值体系的优越性——支持了新黑格尔主义对世界历史的解释，
这看起来在北大西洋西岸已经实现。苏联的军事成功和中国的共
产主义革命提供了对"世界历史"的另一种解读。如此一来两极
冷战中兴盛起来的目的论叙述便不足为奇。10 卷本的 *Vsemirnaia
Istoriia*《世界历史》（1955 - 1965），由苏维埃日本学学者伊维
根·M·朱可夫总编，历史学精英创作，这部著作中所有国家——和
民族或民族—国家在这部著作中依然是基本单位——被教条地结
合起来，早晚会经过固定的顺序阶段最终达到社会主义和共产主
义。但是这种过分单纯的想法无法躲开社会形态共存和转化的复
杂分析。所以这种历史模式中的根本方法并非是完全确定性的，
苏维埃历史学家决定将革命阶级斗争作为进步的主要原动力，而
不是生产力的发展。至今，国家按照程度高低分类在苏维埃官方
世界历史中依然存在。①

         从某种意义上讲，20 世纪 60 年代早期现代化理论在美国社
会科学领域影响达到顶峰，这是苏维埃理论的镜像。它也是一个
西方崛起的故事，这次不是社会主义阵营而是美国的完美模

---

① Thomas M. Bohn, 'Writing World History in Tsarist Russia and in the Soviet
  Union', in Stuchtey and Fuchs (eds.), *Writing World History*, 197 - 212, at
  207 - 208.

式——一个现实中自由进取的乌托邦。[①] 威廉 H·麦克尼尔的
《西方的崛起》（1963），以其学识和细致的分析成为目前为止世
界历史方面影响最大的英语文本，超越了美国社科领域现代学派   101
的任何著作。但是该书确实具有 20 世纪 60 年代前后的基本精
神，呈现了一种稳健的西方中间路线，从汤因比奥林匹斯山的相
对主义退下了几个台阶：一种被芝加哥大学历史学家承认又部分
否定的影响。麦克尼尔的优点是双重的：一方面他是第一个将世
界历史牢牢扎根于世界各个地区最前沿的研究之中的历史学家，
另一方面他重构的世界历史只是观察过去的一种视野——而非相
比较其他观察视野而言更高级的视野。这样，麦克尼尔将世界历
史从无历史和预言缩小为研究项目。同时，他证明在无数的时空
模式和历史因素中需要对普遍范围做综合处理以找到一个合理的
平衡。最后，其著作的主要创新在于，或者说他证明世界历史可
以不带神秘、粗陋或浅薄地被书写。在许多后来的著作中，麦克
尼尔密切地联系不断变化的主题和问题，不断使自己的观点成
熟，并且他最终对自己早期的成果也持批判眼光。[②]

　　因为目的论给当前意义、给未来信心，所以需求巨大，一些
历史学家开始明白在现代西方达到顶点的胜利主义解释模式不再
具有可持续性。在这些历史学家中英国中世纪史学家杰弗里·巴
勒克拉夫是最重要的一位，他在 1956 年继汤因比成为皇家国际
事务研究所史蒂文森研究教授。他在《当代史概论》（1966）中
提出一个对二十世纪更广泛的解释，它并没有完全被埃里克·霍
布斯鲍姆更详细、更著名的《极端的年代》（1995）所取代。他
编辑出版了当时最好的世界历史地图集《泰晤士世界历史地图
集》（1978），并在《当代史学主要趋势》上给联合国教科文组织

---

① 关于现代化理论的历史，见 Nils Gilman, *Mandarins of the Future*: *Modernization
Theory in Cold War America* (Baltimore, 2003); and Wolfgang Knöbl,
Spielräumeder Modernisierung: *Das Ende der Eindeutigkeit* (Weilerswist, 2001)。
② William H. McNeill, 'The Rise of the West after Twenty-Five Years', *Journal of
World History*, 1 (1990), 1-21。

写了一份涵盖了世界主要地区的概论。巴勒克拉夫及其他人怀疑斯宾格勒式的叙述"主要"文明的历史书写方式是否还具有合理性。人类学家埃里克·R·沃尔夫在他的经验缺乏但富创意的《欧洲与没有历史的人民》（1982）中不断提及这个问题。

102　　尽管麦克尼尔卓越而富有影响，他仍断言世界历史的书写中心以黑格尔的方式转向西半球无疑是不准确的。摆脱殖民的新民族国家的历史学家最注重学术基础建设，并给学生和公众提供关于自己国家被殖民前和被殖民中的历史叙述。但是他们从未停止思考全球等级制度和非历史化的殖民经历。伟大的贾瓦哈拉尔·尼赫鲁开创了一个先例，他在狱中阅读 H. G. 威尔斯的著作并思考过去的经验教训来消磨时间。[①] 同时，对世界各个部分进行章节汇编的多卷本著作在欧洲出版（而非美国）——其中一个例子就是德国由戈洛·曼编辑（11 卷本，1960—1965）的世界史（*Propyläen Weltgeschichte*），它将学识的高水准和主题整合的低水平结合在一起。[②] 一些学术期刊现在专注于世界历史研究，其中最重要的是 *Cahiers del'histoire mondiale*《世界历史期刊》（1953—1972），一个几乎来自全世界的历史学家交流论坛——充当试验田的《人类历史》（6 卷本，1963—1969）在联合国教科文组织的主持下出版。这项工作暴露出一些编委会历史书写的弱点。它给欧洲惊人的分量，尤其是古代和中世纪诸卷。二十世纪一卷，则由美国的卡洛琳·韦尔、印度的 K. M. 潘尼卡和荷兰的扬·罗迈因撰写，他们应用了一个高度创新的方法和结构，把传统政治和军

---

① Jawaharlal Nehru, *Glimpses of World History* (London, 1934); and Michael Gottlob, 'India's Connection to History: The Discipline and the Relation between Center and Periphery', in Eckhardt Fuchs and Benedikt Stuchtey (eds.), *Across Cultural Borders: Historiography in Global Perspective* (Lanham, 2002), 75 - 97, at 89 - 90.

② 同一主题的早期作品已经被编辑出版，即 Lamprecht's successor, Walter Goetz: *Propyläen-Weltgeschichte: Der Werdegang der Menschheit in Gesellschaft und Staat, Wirtschaft und Geistesleben*, 10 vols. (Berlin, 1929 - 33)。

事历史降低到次要位置。早些年，罗迈曾出版过一部重要的有关二十世纪上半叶亚洲崛起的书，取名 *De eeuw van Azië*《亚洲的世纪》（1956），这是一个在祛殖民化远未完成时极具远见的卓识。

　　法国有很长的文明史传统，始于伏尔泰和孔多塞。利用其汉学和阿拉伯学的研究能力，法国处于优势地位以促成新的世界历史。一些作家有广泛的读者群：例如勒内·格鲁塞，一个博学且勤勉的半普及历史学家并且是专注于欧亚大陆整体的法兰西学院的会员。大量研究非欧洲文明的法国专家意见在《克莱奥》（1934—1952）和《新克莱奥》（1963—）系列手册中被有效地展现。但是最具创新的法国历史学分支，以著名的《经济和社会史年鉴》期刊为中心的年鉴学派，对世界历史几乎没有兴趣。马克·布洛赫（Marc Bloch）1928 年呼吁在欧洲内部进行大规模的比较，尽管他简短评论比较了欧洲和日本的封建主义，但总体并没有超越西方的边界。一大例外是费尔南·布罗代尔，他的 *Grammaire des civilisations*（《文明史纲》，1963）显示了他对全球史的隐约兴趣。这项工作在更新颖的《物质文明与资本主义》（1967）中被延续，然后经过方法论的全面发展概括在《十五至十八世纪的物质文明、经济和资本主义》3 卷本的第一卷中（1979）。三部曲的世界影响通过布罗代尔与社会学家伊曼纽尔·沃勒斯坦的对话及合作关系得到保证，沃勒斯坦的世界系统理论取代了现代化理论成为美国社会科学的一种主要范例。但是布罗代尔超越了其美国弟子重要的复杂理论，他的时空模型允许他创造一个全球近代早期（约 1400—1700）的历史，它结合了理论严密的连贯性和年鉴学派叙事的典型特征。在世界和全球历史写作新繁荣的开端，布罗代尔提出了一个"早期现代主义"的高超历史学观点，可与麦克尼尔的观点相媲美，尽管布罗代尔没有在英语世界的历史学中形成类似的影响力。[①] 连同瑞士经济史学家保罗·贝洛赫，在 20 世纪法语世界历史中他算是最具影

103

①　Raphael,'The Idea and Practice of World Historiography in France',162 - 171.

响力的。[1]

在 1945 年后的三四十年里，历史的形式继续在民族国家的语境中不断被实践。许多历史学家普遍的发展方向都还没有摆脱民族传统的痕迹。德国的贡献，除了在德意志民主共和国时期的马克思主义，还有被搁置的经济历史，所以布罗代尔是可贵的，他不再相当理想化地强调人类统一的道路。德国对意识和思想（包括宗教思想）的关注在那时被转变为"历史人类学"，它研究在尽可能多的文明中人类基础需求和生活形式表现（从 1950 年来，这点在世界性期刊《历史年鉴》上尤其明显）。在英国，一小部分独立的学者坚持拓宽历史视野。巴勒克拉夫是具有西方传统背景的杰出历史学家之一，他认可和欢迎大量创新的力量，即当时被称为第三世界的历史。到 1978 年，一些领域几乎从零开始被创立出来。非洲历史，加勒比历史，和东南亚历史，直到这些区域被一些外部人探索，变成固定研究的领域。这些现象主要位于美国，但也有英国、法国、荷兰和欧洲之外的一些国家，局部研究被作为资料注入整个区域的历史。这项研究的结果形成一种新的以经验为主要基础的世界历史基本原则。[2] 到 1975 年，几十年的国际史学努力成果，推动《剑桥非洲史》变成可能——首个非欧洲世界的多卷本系列，它同时努力促进一个多元的全球历史观，代表着迄今为止最重大的出版冒险。在这项研究进行的时候，一直保持关注的巴勒克拉夫提醒提防任何客观的普遍科学的世界历史幻想："这里终究没有理由去假设塔里木盆地的世界历史观和泰晤士流域的世界历史观将来会广泛地统一。"[3]

因为巴勒克拉夫与对普遍历史的推测性建构保持距离，他建议超越欧洲中心论或其他中心主义方法来比较历史——用韦伯的

104

---

[1] Paul Bairoch, *Victoires et de' boires*, 3 vols. (Paris, 1997).

[2] H. L. Wesseling, 'Overseas History', in Peter Burke (ed.), *New Perspectives on Historical Writing* (Cambridge, 1991), 67-92.

[3] Geoffrey Barraclough, *Main Trends in History* (New York, 1978), 156.

传统作为可靠的和可行的前进道路。比较方法，也许的确是美国在 20 世纪 80 年代前对战后世界历史最重要的贡献。比较成为《社会与历史比较研究》期刊的缩影，始于 20 世纪 80 年代，通过严谨的争论研究而成就显著，期刊主要由历史社会学家巴林顿·摩尔、西达·斯考切波和查尔斯·蒂利供稿。[1] 当然，这里凸显了规律性的问题：相对社会学家表现出擅长"宏大"的历史，什么使得历史学家严谨地对待世界历史？但是 20 世纪 90 年代美国社会学从比较和因果解释、经验主义历史和韦伯式宏大叙事撤退，开辟了一个迅速引起关注的新全球史空间。[2] 总之，普遍历史和哲学两者的声誉——作为截然相反的方法论——历史通常在欧洲比在美国地位要更高，因为在美国，历史一直不被认为是最高级知识分子的事业。弗朗西斯·福山的《历史的终结和最后的人》没有改变这样的评价。最优秀的"哲理化的历史"作品均出自欧洲作家——但他们没有一个是受过训练或职业的历史学家：卡尔·雅斯贝尔斯、欧内斯特·盖尔纳、让·贝希勒。[3] 仅有"宇宙大爆炸"的历史，近乎自然科学（尤其是宇宙学），算得上是美国对沉思过去的一项贡献，它挑战了传统历史学家的职业责任感。[4]

---

[1] Barrington Moore, *Social Origins of Dictatorship and Democracy* (Boston, 1966); Theda Skocpol, *States and Social Revolutions* (Cambridge, 1979); and Charles Tilly, *Coercion, Capital, and European States, AD. 990 - 1990* (Oxford, 1990).

[2] 关于历史社会学的发展，见 Theda Skocpol (ed.), *Vision and Method in Historical Sociology* (Cambridge, 1984); and Julia Adams, Elisabeth S. Clemens, and Ann Shola Orloff (eds.), *Remaking Modernity: Politics, History, and Sociology* (Durham, NC, 2005)。

[3] Karl Jaspers, Vom Ursprung und Ziel der Geschichte (Munich, 1949); Ernest Gellner, *Plow, Sword and Book: The Structure of Human History* (London, 1988); and Jean Baechler, *Esquisse d'unehistoire universelle* (Paris, 2002)。

[4] 例如，见 David Christian, *Maps of Time* (Berkeley, 2004)。

在民族国家和世界之间

105 　　简单将世界历史和国别史对立所构成的图像是扭曲的。在单一民族国家的层面之下，欠发达地区史、风景史、城市史、乡镇史和农村社会史在许多国家蓬勃发展。在单一民族国家和世界之间，许多空间结构层次引起历史学家的注意。除了沃勒斯坦式高度理论化的世界体系建构，有三个层次应该被提及。首先，我们有国际关系史，它从阿诺德·赫尔曼·路德维希·赫伦起已经超出外交政策决策和外交事件的局限。赫伦，及晚于他的兰克，建立了一套以国家海外扩张体系为基础的欧洲研究传统。① 第二次世界大战后，外交史根据由特殊国家理由和国家利益逻辑驱动的强权的现实主义范式，产生了一些杰作，例如：A. J. P. 泰勒的《争夺欧洲霸权的斗争》（1954），但却从未进入历史学的先锋行列。四十多年过后，保罗·肯尼迪回到与泰勒相同的主题上来，只是表现在一个更为广阔的画卷上（包括了美国和日本），贯穿了一个更长的时期，外加经济的和军事的动力进入总体描述，并且有效地运用了吉本式周期性繁荣与萧条的腔调。肯尼迪的《大国的兴衰》（1988）使得国际史面向更大的读者群，并合乎对外交史的批判。20 世纪 20 年代以来，由皮埃尔·勒努万创立、由其学生让·巴蒂斯特·迪罗塞尔及其他人继承的国际史法国学派，远远超越了现实主义的教条而丰富了国际分析的复杂度，注重地理政治学和人口统计学因素、资金流动、准则、价值观、心态和公共舆论。② 从 20 世纪 60 年代中期开始，一些学者

---

① Arnold Hermann Ludwig Heeren, *Geschichte des europäischen Staatensystems und seiner Kolonien* (Göttingen, 1809); and Leopold von Ranke, Die groben *Mäch* te (1833).

② Wilfried Loth and Jürgen Osterhammel (eds.), *Internationale Geschichte*: *Themen*, *Ergebnisse*, *Aussichten* (Munich, 2000); and Michael J. Hogan (ed.), *Paths to Power*: *The Historiography of American Foreign Relations to 1941* (Cambridge, 2000).

倡导政权和文化的多边研究，比如美国的入江昭和英国的克里斯多夫·索恩。到 20 世纪 90 年代中期，保罗·W. 施罗德在其有影响力的论著《欧洲政治的变革 1763－1848》（1994）中，发现欧洲国家体系标准的及维护和平的暗流。有趣的是，当国际史发现自己很难应对社会史的挑战时，在适应这一时期出现的新文化史方面的刺激上，它取得了更大的成功。冷战文化变成特别富有成果的研究领域，其中一个最为显著的结论是，在两个高度军事化和意识形态敌对集团之间的核对抗，强烈地摧毁了或多或少受冲突影响的广泛社会的现实感。相应地，苏联解体之后打开了一个新的研究阶段，文安立（Odd Arne Westad）在《全球冷战》（2005）中将冷战描述为世界不同地区之间冲突的结束。这样，国际历史在业已成熟的新全球历史方面跟上了发展。

　　第二个历史学层次包含了帝国史。有时，它表现为殖民和殖民地历史及后殖民国家历史的形式。与此同时，全面叙述较大的现代帝国的著作已经被编成，包括 5 卷本的《牛津大英帝国史》（1998—1999），由威廉·罗杰·路易斯主编，汇集了每个大洲历史学家的贡献。帝国史是一个高度理论水平和帝国之间对比方法起到很大作用的领域，例如约翰·H. 艾略特的《大西洋帝国的世界：英国和西班牙在美国》（2006）。帝国史的成果源自大英帝国的研究，但要将其从帝国历史扩展到全球历史并不困难，正如 C. A. 贝利和 A. G. 霍普金斯在他们的著作中建议和示例过的那样。[①] 在其他帝国中，沙皇帝制及其相当大的种族差异性已经成为焦点，特别是创新研究方面。21 世纪早期发展出了关于海洋和大陆帝国一种新的学术融合。[②] 以这种方式，帝国历史已被证明是国家和全球视野之间一个有益的链接。

[①] C. A. Bayly, *The Birth of the Modern World 1780－1914* (Oxford, 2004); and A. G. Hopkins (ed.), *Globalization in World History* (London, 2002).

[②] 一种新路径，见 John Darwin, *After Tamerlane: The Global History of Empire since 1405* (London, 2007)。

第三个层次是大区域和整个大陆的历史。思考方法和概念工具被用于跨文化史的综合书写，相对于国别史的通用框架，政治多元化和生态多样化地区更类似于世界历史的这种跨文化综合体。他们常常没有政治中心，不得不处理众多的特性，可以称之为"混杂性"，例如改变文化边界、长途交易等等。布罗代尔在其地中海的研究中已经提及建立一个这种地区的全景模型。把这项极具挑战性设想应用到亚洲研究的是 K. N. 乔杜里的《欧洲面前的亚洲：伊斯兰崛起到 1750 年间印度洋的经济与文化》（1990）。乔杜里以作为东印度公司的历史学家开始其职业生涯，逐步扩展他的研究领域，并首次将印度洋作为一个贸易与主权地区，然后作为一种主要的相邻地区文明的主体历史。虽然他将亚洲大陆和海洋整合为一个巨大的架构已经被证明难以为继，但是印度洋的历史作为一个多层交互地区已经激发了大量的富有想象力的研究。欧亚大陆的历史共同点，特别在近代前夕，使超越东方学学者所划分的东、西方鸿沟成为可能。中亚作为中世纪蒙古帝国扩张统一大片欧洲大陆的策源地，并且同样作为 18—19 世纪中、俄和英帝国扩张的地区，凸显重要。这同样也凸显了中亚作为跨文化比较架构的重要性。杰克·戈德斯通，一位历史社会学家，在其《早期现代世界的革命与反抗》中首次探索了这种方法的可能性。建立在旧世界历史之上的欧亚视角已经被一些 18 世纪的欧洲作家所提及；它与关于 19 世纪俄国处于西欧和中国之间的境地辩论有一定关联，并且于 1914 年以前深受地缘政治战略家的欢迎。新"欧亚主义"则不受这种思想包袱的影响，它主要受近代中国崛起的启发。

冷战时期"大西洋史"的概念因其站在共产主义的对立面倾向于自由历史而得以凸显。但需要提醒的是没有大西洋历史可以忽视奴隶制，并且奴隶贸易破坏了这一简化图示。一个"黑人的大西洋"以强迫和文化嫁接为特点，被视作白人甚至盎格鲁-撒克逊人的反模式。大西洋史的三个引导性概念包括：首先，在 1760 到 1820 年代的革命时代，现代性的共同起源概念横跨大西洋两岸，法国历史学家雅克·戈德肖和美国历史学家 R. R. 帕尔默首次提出这一概念；① 第二个概念是大西洋世界的殖民身份；关于大西洋史的第三个概念是广泛的移民概念，包括将奴隶运到南美和北美洲，及 19 世纪中期开始的欧洲人口大批迁徙到西半球，那本身就是几个在世界各地同时运行的移民系统之一。②

　　严格意义上讲世界历史很难覆盖整个地球。很多最有成果的假设在超国家地区的研究中已经被发展和验证，而且很多最好的研究起源于国际系统、帝国或大空间。学者们的网络和社群更易形成如此广阔但有界限的实体，而不是总体意义上抽象的世界历史。自 1945 年以来，一些历史知识随着这些"跨国"议程而最具变化。也许其中令人印象最深刻的是奴隶制和奴隶贸易史。此外，大西洋殖民汇集地的核心主题，及其在殖民地产品在欧洲消费史上的反响，包括非洲奴隶的"生产"，东方的东非奴隶贸易，和印度洋——一个独立却毫不逊色于大西洋的贸易体系——两者同为解放和后解放社会历史轨迹的不同路径。③

世纪之交的新全球史

　　在 20 世纪 80 年代兴起的世界史和全球史是一个新的现象，它在 1990 年前后逐渐广为注目。④ 专业协会成立，一些期刊诸如《世界历史杂志》（1990—）和《全球历史杂志》（2006—）等创

---

① Jacques Godechot, *Histoire de l'Atlantique* (Paris, 1947); and R. R. Palmer, *The Age of the Democratic Revolution: A Political History of Europe and America, 1760-1800*, 2 vols. (Princeton, 1959-1964).

② 见 Bernard Bailyn, *Atlantic History: Concept and Contours* (Cambridge, Mass., 2005); and Thomas Benjamin, *The Atlantic World: Europeans, Africans, Indians and Their Shared History, 1400-1900* (Cambridge, 2009)。

③ 见 Seymour Drescher, Abolition: *A History of Slavery and Antislavery* (Cambridge, 2009)。

④ 机构的发展，特别是在美国，见 Patrick Manning, *Navigating World History: Historians Create a Global Past* (New York, 2003), 79-85。

刊，网络平台建立。世界历史论题找到了推广国家和国际历史代表大会议程的途径。研究生培养在一些大学逐步建立起来，应教学需要产生了对纸质和电子文献的新需求。很多专家（特别是非西方世界地区的专家）发现新的"全球历史"标签进入他们自己体面的工作中来，并且帮助他们走向同行的中心。有史以来第一次，世界历史形成一股运动，目标直指在主导地位的史学研究范式中取得一席之地。倡导开拓观念的威廉·H. 麦克尼尔，早期世界历史学家的直觉转变成了研究纲领。全球视角重构了传统的主题。一类新的书籍出现在市场上，并开始作为全球史的代表取代大量综合类书籍：对问题的横向分析，基于多种语言的第一手资料，横向建立政治和文化边界。

世界历史的复兴、延伸和职业化发展主要发生在美国。即使是跨国网络通常也有自己的重心。到 2010 年，其他一些国家正在迎头赶上，美国之外最大的世界历史学家群体出现于日本和中国。在欧洲很少有类似美国的学院和大学中特有的"西方文化"课程，世界历史因此不得不更加努力奋斗以被课程和教学大纲所接受。欧洲各地，大学仍不愿在这个领域设立教授职位，除了少数例外。世界历史以美国为重心已毋庸置疑，在英文出版和学者交流中同步增长，只是主题日益多样化。

要对世界历史在世纪之交的复兴提出明确的解释还为时过早。将它定义为一个新范式，假设 20 世纪 80 年代在国际上占优势的文化史所给的景象太粗糙。全球史不仅仅是对文化史关注微观的宏观反弹。全球历史学家是仔细地去整合文化史的视角和观点。"全球本土化"的论点表面看似和睦，但不能作为层次分析法的替代方法论。世界历史的高潮是对"全球化"经验的响应，这在 20 世纪 90 年代成为主流。冷战结束后，国际上似乎比以往任何时候都和谐。同时，跨文化冲突和全球物质上的不平等似乎是有增无减。其他问题主要是生态方面，具有真正的星球自然性质，要求的解决方案超越了民族国家与文明之间的分歧。过去一个世纪的最后几年还看到一场学术交流革命，互联网的使用加快了信息和观念的传播，从而促进国际学术网络的增长并改善了资源和文献的访问通道。同样，学生的生活世界越来越多地受全球化经验的影响。然而，传统上注意力集中在国家历史，并因很多原因而保持这个重心，并抵触文化识别力和学术劳动力市场的需要。

到 2011 年，许多全球性的和历史有关的理论问题仍然没有解决。辩论往往围绕着"世界"和"全球"历史之间的区别，并且讨论在围绕时间覆盖范围和主题偏好两种标签非此即彼的拥护者之间持续。许多历史学家支持使用门槛较低的"跨国历史"这一术语，但这比"全球史"更难定义，因为它仍然得不到社会科学的理论支持。史学专专家在这样一个不稳定的情形下仅仅能指出运动的主角几个特征，以此来体现自身的强项。[①]

首先，回顾文化史学对细节的、地方的和边际的偏爱时，全球史学家已经重新发现了利用过去关照现在的历史编纂的一些主要问题。没有任何问题比历史中的"西方特殊路径"问题和解释西方为何能相对而言他在物质上取得成功的问题更突出。[②]

第二，"欧洲奇迹"与经济全球化的历史重合（尽管不是完全重合）。后者的时间范围较短，始于十九世纪中叶，这一时期国际经济中的主导性问题是一体化和解体。全球史学家通常需要一个更广泛的"全球化"的观点。经济方面他们增加了对政治国际主义和文化转移的研究。

第三，全球历史一个特殊的着力点是移民史。大西洋奴隶贸易是历史学科的一个基本主题，菲利普·D. 科廷著名的《大西洋奴隶贸易》（1969）是最重要的文献之一。全球史路径的新颖之处包括各种迁移系统的互连，沿用这种方法的有德克·霍尔德

110

---

① 关于基本问题的广泛调查，见 Eric Vanhoute, *Wereldgeschiedenis*：*Eeninleiding*（Gent，2008）。

② 参见本卷第六章。

的《文化联系的：第二个千年的世界移民》（2002 年）。

第四，全球历史的另一个经典试验场一直是医学和环境历史。在这里，阿尔弗雷德·W. 克罗斯比一直是备受赞美的先锋，虽然威廉·H. 麦克尼尔在 1970 年代中期已发现了这个主题。最近，J. R. 麦克尼尔大大地丰富了这个主题的内容。①

尽管这一领域在持续地分裂，在 21 世纪初全球历史学家似乎在一些一般看法上取得一致（而不是理论命题）。他们不否认国家和民族国家作为历史解释元素的意义，但他们不愿接受它们作为"自然"单位。他们坚持历史学家用来组织他们工作的空间框架的建构性和可变性。全球历史学家共享一个"元地理"的关注点。② 他们也强烈反对欧洲中心论，尽管他们中的许多人提示警惕说教问题和过分使欧洲"地方化"的项目。只有少数人认为承受重负的欧洲中心史学应该通过对历史重点的彻底转移予以弥补。问题是，应该如何以及在多大程度上才能避免"欧洲中心论的方法论"还需要讨论。③ 全球史进一步的特点是其对关系的考虑。在哲学层面上，这与对本质论的后现代批判相关。文化和社会被视为通过行动、实践和认知结构构成。因此，"历史规律"受到早期历史学家欢迎，任何形式的传播论都能找到当今全球历史学家的支持。agency 的概念对于那些熟知历史主义传统的人而言并不新鲜，它已经承担了一个巨大的重要作用，特别是与德语

111

---

① Alfred W. Crosby, *Ecological Imperialism*: *The Biological Expansion of Europe* (Cambridge, 1986); William H. McNeill, *Plagues and Peoples* (Harmondsworth, 1976); and J. R. McNeill, *Something New under the Sun*: *An Environmental History of the Twentieth-Century World* (New York/London, 2000).

② 这个术语已经被使用，见 Martin W. Lewis and Kären E. Wigen, *The Myth of Continents*: *A Critique of Metageography* (Berkeley, 1997).

③ 一个关于欧洲中心主义很好的讨论，见 Dominic Sachsenmaier, 'World History as Ecumenical History?' *Journal of World History*, 18 (2007), 465–489.

中的 "*handlungsspielraüme*"——策略或行动的空间——概念结合时。①

　　与其他当代史学趋势不同，世界史和全球史具有基本可行性，并能够满足技术和专业标准，有能力直面坚决的反对。但无论世界史的未来会如何，它已经从各种背景下成功地创造出一个"跨国"空间以供史学界交流。这个常态化过程的结果，即世界史不再是被冠以孤独天才的标签的某个人的独有成果。

主要史料

- Baechler, Jean, *Esquisse d'une histoire universelle* (Paris, 2002).

- Bayly, C. A., *The Birth of the Modern World 1780 - 1914* (Oxford, 2004).

- Braudel, Fernand, *Civilization and Capitalism, 15th-18th Century*, trans. Sian Reynolds, vols. (London, 1981 - 1984).

- Chaudhuri, K. N., *Asia before Europe: Economy and Civilization of the Indian Ocean from the Rise of Islam to 1750* (Cambridge, 1990).

- Christian, David, *Maps of Time: An Introduction to Big History* (Berkeley, 2004).

- Crosby, Alfred W., *Ecological Imperialism: The Biological Expansion of Europe* (Cambridge, 1986).

- Darwin, John, *After Tamerlane: The Global History of Empire since 1405* (London, 2007).

- Diamond, Jared, *Guns, Germs and Steel: The Fates of Human*

---

① 见 Sebastian Conrad and Andreas Eckert, 'Globalgeschichte, Globalisierung, multiple Modernen: Zur Geschichtsschreibung der modernen Welt', in Sebastian Conrad, Andreas Eckert, and Ulrike Freitag (eds.), *Globalgeschichte: Theorien, Ansätze, Themen* (Frankfurt/New York, 2007), 32 - 33。

Societies (New York/London, 1997).

- Eisenstadt, S. N., *Comparative Civilizations and Multiple Modernities*, 2 vols. (Leiden, 2003).
- Freyer, Hans, *Weltgeschichte Europas* (Stuttgart, 1948).
- Gellner, Ernest, *Plough, Sword and Book: The Structure of Human History* (London, 1988).
- Hoerder, Dirk, *Cultures in Contact: World Migration in the Second Millennium* (Durham, NC, 2002).
- McNeill, J. R. and McNeill, William H., *The Human Web: A Bird's-Eye View of World History* (New York/London, 2003).
- McNeill, William H., *The Rise of the West: A History of the Human Community* (Chicago/London, 1963).
- Stavrianos, Leften S., *The World since 1500: A Global History* (Englewood Cliffs, NJ, 1966).
- Toynbee, Arnold J., *A Study of History*, 12 vols. (London, 1934–1961).

112

参考书目

- Bailyn, Bernard, *Atlantic History: Concept and Contours* (Cambridge, Mass., 2005).
- Barraclough, Geoffrey, *Main Trends in History* (New York, 1978).
- Beaujard, Philippe, Berger, Laurent, and Norel, Philippe (eds.), *Histoire globale, mon-Dialisations et capitalisme* (Paris, 2009).
- Conrad, Sebastian, Eckert, Andreas, and Freitag, Ulrike (eds.), *Globalgeschichte: dialisations et Ansätze, Themen* (Frankfurt/New York, 2007).
- Costello, paul, *World Historians and Their Goals: Twentieth-Century Answers to Modenism* (DeKalb, Ill., 1993).

- Fuchs, Eckhardt and Stuchtey, Benedikt (eds.), *Across Cultural Borders: Historiography in Global Perspective* (Lanham, Md., 2002).
- Galtung, Johan and Inayatullah, Sohail (eds.), *Macrohistory and Macrohistorians: Perspectives on Individual, Social, and Civilizational Change* (Westport, Conn., 1997).
- Hodgson, Marshall G. S., *Rethinking World History: Essays on Europe, Islam, and World History*, ed. Edmund Burke III (Cambridge, 1993).
- Hopkins, A. G. (ed.), *Globalization in World History* (London, 2002).
- Manning, Patrick, *Navigating World History: Historians Create a Global Past* (New York, 2003).
- Mazlish, Bruce and Buultjens, Ralph (eds.), *Conceptualizing Global History* (Boulder, Col., 1993).
- McNeill, William H., *Arnold J. Toynbee: A Life* (New York/ Oxford, 1989).
- Middell, Matthias, 'Histoire universelle, histoire globale, transfert culturel', *Revue Germanique Internationale*, 21 (2004), 227 - 244.
- Moore, R. I., 'World History', in Michael Bentley (ed.), *Companion to Historiography* (London/New York, 1997), 941 - 959.
- O'Brien, Patrick K., 'Historiographical Traditions and Modern Imperatives for the Restoration of Global History', *Journal of Global History*, 1 (2006), 3 - 39.
- Pomper, Philip, Elphick, Richard H., and Vann, Richard T. (eds.), *World History: Ideologies, Structures, and Identities* (Oxford, 1998).
- Rossi, Pietro (ed.), *La storia comparata: Approci e prospettive*

（Milan，1990）.

- Sachsenmaier，Dominic，*Global Perspectives on Global History*：*Theories and Approaches in a Connected World* （Cambridge，2011）.
- Schulin，Ernst（ed.），*Universalgeschichte*（Cologne，1974）.
- Sogner，S_lvi（ed.），*Making Sense of Global History*：*The 19th International Congress of the Historical Sciences Oslo 2000 Commemorative Volume*（Oslo，2001）.
- Stuchtey，Benedikt and Fuchs，Eckhardt（eds.），*Writing World History 1800 −2000*（Oxford，2003）.

段艳　译　姚冰淳　校

第六章　全球经济史：一个回顾

皮尔·弗里斯

初步评论

这个回顾包括 1945 年以来全球经济发展的历史编纂学，它主要关注全球主要文明之间的比较及其相互联系。欧亚大陆地区获得了历史学家们最多的注意力，在过去的一千年中这里居住着全球 70%—90% 的人口。相对欧亚大陆来说，美洲和非洲的经济更多地并入全球网络，这两个地区的历史也没有被忽略。

这篇文章不是要讲一个编年的故事，而是对全球经济发展历史的主要观点进行简略的阐述，重点关注近代和现代的历史，并且展示这些观点的主要变化。这里将重点介绍主导这一领域学者研究议题中的两个争论。第一个争论是关于为什么有些国家变得很富裕而更多的国家却持续停留在贫困境地的问题，用彭慕兰（Kenneth Pomeranz）的话来说就是"大分流"（the Great Divergence）何以发生的问题①。第二个争论是关于大陆之间经济联系的历史，这一争论也经常被称作（经济）全球化。这两个争论表面上看是相互独立的两个问题，而实际上它们通常是相互联系的。在更广泛的意义上来说，这也正好是这篇文章的研究内

---

① Kenneth Pomeranz, *The Great Divergence*：*China*，*Europe and the Making of the Modern World Economy*（Princeton，2000）.

容。关于这些争论，我们总是会在不经意间想到一些人提出来的关于经济是如何发展的观点。在展开真正的回顾之前，我们首先要介绍一下这些观点。

经济发展的观点

直到最近，两种观点几乎主导了关于经济发展的思考。这两种观点几乎为所有全球经济史的主体叙述提供了解释框架和理论架构。为了方便起见，我们将它们分别称为"斯密论"和"马克思论"。它们最早由西方学者提出，现在已经被很多其他地区的学者使用了。例如，在很多不发达国家和发展中国家中，大多数的"现代化者"都是斯密论者或是马克思论者。

第一种观点是以亚当·斯密命名的，持这一观点的人主张市场机制是经济发展的充分且必要的条件。这一主张认为市场机制在今天所称的"市场经济"中应该发挥了最优的作用，而在更意识形态化的时期，"市场经济"则被称为"资本主义"。市场经济的特点是对私有财产和私有企业的司法保护，在市场上获得商品和服务的可能性，以及自由公平的竞争。对于斯密论者来说，资本主义第一也是最重要的特点是经济自由和参与市场交易的主体形式上的平等性。在资本主义的理论体系中，只要每个人进行理性的行动，就能够在追求他们个人利益的同时，使得社会财富也达到最大化。在斯密论者中，（西欧的）经济内部自身的发展在解释大分流中占有最重要的地位，而世界其他地区对西欧取得首要经济地位的贡献则被认为是相对不重要。"斯密论"这一标签是很宽泛的概念。近期变得非常有影响的制度主义方法，在这里也被认为是斯密论，因为制度主义方法对斯密思想的基本前提进行了完善而不是排斥。

第二种观点被称为"马克思论"，因为它是受马克思关于经济发展的观点启发而产生的。同样地，这一派的观点也不是铁板一块或静态的。它具有某种"核心"，虽然那也证明了"马克思论"

使用了一个整体的概念。马克思论对于什么是西方经济的独特之处以及是什么因素导致了西方经济增长这个问题的答案也是"资本主义"。然而对于马克思论者来说，资本主义远远不止是市场和理性的个人选择。首先也是最主要的是，他们将资本主义认为是一种生产方式，伴随这种生产方式的是权力和产品生产方式在不同阶级之间的不平等分配。他们也非常注意实际的政治中的经济，不愿意忽视资本主义发展中的勾结、胁迫和垄断的作用。他们也同意在资本主义中，总产量会增加，但是付出的代价就是不断增加的不平等性。

在解释资本主义的兴起时，经典的马克思主义也过于强调某些西方社会中的内部发展，然而他们却不完全忽略世界其他地区的重要性。关于这种重要性的观点起初非常分散，最后这些分散的观点被广为大家熟知的"依附理论"和"世界体系分析"的支持者们系统化并且进行了详细的阐述。

斯密论者和马克思论者都认为工业化在西方经济史中是一个主要转折。然而到了最后，他们将工业化视为"仅仅"是在一个持续性过程中的一次加速而已。对现代斯密论者来说，工业化是强化的竞争所激发的技术革新而导致的结果。封建主义具体是如何转变到资本主义的，继而工业资本主义又具体是如何产生的，这个问题继续将马克思论者分裂了。马克思论者承认商业资本主义完全不同于工业资本主义，但一般来说他们依然坚持认为是前者在某种程度上导致了后者。

在过去的几十年中，关于经济增长和发展的各种观点变得越来越复杂。发展经济学进入了一个混乱的阶段。研究西方经济发展的历史学家们提供了大量的新数据和大量的解释，以至于一些标准的叙述都变得非常成问题了。在正在兴起的"全球经济史"学科中，关于"西方的"和"非西方的"经济史中的传统信条需要得到重新检验，这方面最新的发展将要被提到。这章将以对经济全球化的一些不同评论作为结束。

115

斯密范式

在二十世纪大部分时间里,"新古典经济学"是经济学的主流,斯密论者关于经济发展的观点已经成为"新古典经济学"的一部分。这样一来,它就不可避免地对经济史学科产生了影响。对新古典经济家来说,解释"西方的兴起"是非常简单的一件事:它正好和"市场的兴起"同时发生。解释"非西方"世界的"失败"也就不难了:很显然,在非西方世界运行良好的市场没有兴起。从亚当·斯密以来,(新)古典经济学家花费了大部分的时间来详细论述和完善他们的观点,他们丝毫没有改变过其基本要旨:经济理论证明了没有什么能比市场更好地促进经济增长,经济史也表明了最成功的国家都是具有市场经济的国家。英国是第一个并且在很长时间内是唯一一个工业国家,英国也是亚当·斯密写作他的著作并找到可靠支持的地方。美国是继英国之后的一个全球经济超级大国,并且明确地宣称要成为一个市场经济体。谁还能渴望找到更好的证据呢?

从斯密观点出发的学者们通常认识到,在各个西方国家之间以及在它们实现工业化的方式上都存在重大的差异。然而这些学者还是倾向于沿着一种"模式"的路线写作,在这种模式中,发展中的和工业化中的经济体最终只能是市场经济。诺贝尔奖获得者约翰·希克斯(John Hicks)提出了一个经济史理论[1]。罗斯托(W. W. Rostow)或许是二十世纪关于经济发展最有影响的作者了,他假定经济增长存在几个阶段[2]。他们的理论均是基本建立在斯密论的前提上。过去几十年中,关于大分流的最有影响的两本书分别是埃里克·琼斯(E. L. Jones)的《欧洲奇迹》和大

---

[1] John Hicks, *A Theory of Economic History* (Oxford, 1969).

[2] W. W. Rostow, *The Stages of Economic Growth: A Non-Communist Manifesto* (London, 1960).

卫·兰德斯（David Landes）的《国富国穷》，他们都认为导致
"西方"世界兴起和"非西方"世界所缺乏的都是同样的东西，
那就是"市场"。

当然，虽然那些学者们被归类为"斯密论者"，他们强调的重 116
点还是有差异的，而且这种差异通常还很大。从 1970 年代以来，
制度经济学在经济史领域成为非常重要的一种研究路径。制度学
派的学者区别于"普通的"新古典经济学家的地方在于他们敏锐
于确定制度：那就是在经济生活中确保市场尽可能有效率地运作
的各种正式的和非正式的规则。由制度学派激发的历史研究倾向
于将焦点集中在产权的演化及产权的界定和保护途径上。从这个
角度来说，国家的角色是首要的。因此，制度学派已经做了很多
关于"良好治理"的研究，他们同时也研究了"良好治理"如何
出现，或更通常的情况如何不出现！最为著名的制度学派学者道
格拉斯·诺斯（Douglass North）已发表的研究成果广泛地研究了
英国的历史，他声称英国是第一个拥有"正确的"制度的大国。
他还和罗伯特·托马斯（Robert Thomas）详尽地解决了西方世界
兴起的问题[①]。虽然他们只讨论了近代早期西欧部分地区的情况，
他们的结论认为西方兴起的原因在于产权得到界定和保护，尤其
是在光荣革命后的英国。这依然是个非常流行的观点。

资本主义的先决条件

如果资本主义是一条出路，那么找出是什么样的社会孕育了
资本主义就成了问题。通常来说，我们所称的"经济"是深深地
内嵌于社会关系中的。将所有的生活消费品当作商品，尤其是土
地、劳动力和货币，或者试图完全地将家庭和企业分离，这些在
资本主义社会都被视为很"理性的"思想，却暗示了一次与传统

---

① Douglass C. North and Robert P. Thomas, *The Rise of the Western World: A New Economic History* (Cambridge, 1973).

的革命式的决裂。

在对经济发展的新古典解释中，市场的兴起归结为"仅仅"移除了所有那些阻止人们以"经济人"行事的障碍。这种移除被认为是必要的且起到积极作用的。如果参与者是理性的并且各自能够管理好自己的事，那么经济增长就会很自然地发生。然而，可能对经济自发运行的阻碍其数量是很大的。最重要的一个阻碍就是经济学家所称的"寻租"。奥地利经济史学家埃里克·琼斯（E. L. Jones，前面提到过）就认为可以把世界经济史看成是两个倾向互相斗争的历史：一个倾向于增长，一个倾向于寻租①。

117　　为了使经济生活不那么深地嵌入社会安排中，人们就去寻求一系列特定的社会安排。正是这种寻求导致了范围广泛的特质，这些特质被认为是将现代的、资本主义的西方区别于前现代的、过去的西方，甚至区别于所有依然保持"传统"状态的非西方社会。从大量的文献中能找到这些特质，其中的大多数都能在马克斯·韦伯（Max Weber）的著作中找到。我们简单地归纳他的观点为"西方的特殊性"，直到1990年代出版的大量非马克思主义文献中，我们仍然能提供一个对几乎所有的韦伯论题的综合。

在韦伯看来，西方世界有很多与众不同的特质。在最后，它们都是从理性化或"祛魅"的根基和其长期过程中生发出来的，韦伯认为这种理性化和"祛魅"正是西方社会特有的。资本主义作为一个体系要求非常多的理性行为，在这个体系中私人企业家在一个市场上通过和平交易的方式追逐利润。理性是一个宽泛但又不十分清晰的概念。但是很显然地，例如缺乏有条理的和有系统的衡量和核算能力，一个人是不可能成为有高效率的人的，更不要说在资本主义环境中成为一个成功的企业家。要将资本主义转变为一个成功的体系，这种理性化必须弥漫整个社会的政治、社会和文化生活中。

---

① E. L. Jones, *Growth Recurring*: *Economic Change in World History* (Oxford, 1988).

西方社会演化出来的国家类型，也是资本主义经济的理想对应物，通常在韦伯的术语里被描述为"合理合法的"（rational-legal）和"官僚主义的"。由于被限定在其自身的规则下，这种社会是可以预测的，也是值得信赖的。这种社会对独断专行具有明确的限制，然而只要这种政府能把事情做好，它就是非常有力的，尤其是当人们认为政府就是属于他们自己的时候。

资本主义的兴起也常常和西方社会生活的理性特质相关联：个人主义、核心家庭的中心角色、家庭和企业的分离趋势以及某些特定的人口行为，如大量人口晚婚和不婚的婚姻模式。有关其独特的高社会流动性和地域流动性的文献也一度非常流行，正如指向西欧社会的中产阶级获得了重要的政治影响这个事实一样。关于其地域流动性，据称欧洲人是出类拔萃的探险者，这给他们带来了新的市场、新的制度和新的知识。

理性也被认为越来越主导西方文化。大量的文献都关于这样一个事实，即西方思想热衷于改进自然和社会。这并不意味着西方人总是在理论知识上是最好的，更不要说技术上了。然而，正如人们认为的那样，这里确实成为了一个发明和发明家得到支持或者至少是保护的地方，在这里求知是自发的且有条不紊的。所以在最后，它的科学和技术能够繁荣起来，也确实是繁荣起来了。

西欧在很多个世纪内曾经是基督教文明，所以学者们几乎不可避免地会试图将基督教信仰或其中的某些部分和欧洲的独特历史联系起来。当谈到经济史时，第一个浮现在脑中的"联系"就是韦伯提出来的新教伦理和资本主义精神之间的关系。将天主教这种不那么祛魅的宗教和经济现代性联系起来，是一个挑战。然而他还是尝试了这一挑战，指出在天主教中，上帝创造了一个服从法律的、允许人起主导作用的有秩序的世界。更为直接的联系在于它的修道院组织就是后来的工厂的一个轮廓：它支持并且承认今天被称为现代婚姻关系的合法性，或者说它起到了在西方人之间提供信任的作用。

118

因此，在大量的出版物中都展示了欧洲活力的终极原因，在所有这些特质之下的是这样一个事实：用迈克尔·曼（Michael Mann）的话来说，社会权力即政治的、意识形态的、经济的和军事的权力，社会权力的来源从来没有被一个中心所垄断[①]。大多数的西欧人都享有相对高水平的自由和保护。另一方面，他们也经历着更高强度的竞争。这种竞争以跨国的水平为特征。西欧从未再次变成一个帝国或帝国的一部分，而是继续作为一个多国家竞争的体系。正如人们认为的那样，这恰恰阻止了这个地区走入一种停滞的状态，那被认为是所有帝国的最终命运。

斯密论者眼中的"非西方的失败"

斯密论者对非西方经济困境的各种解释可以归结为，在那些地方经济增长的障碍没有被移除。从地理和偶然性的角度作出的解释一直都存在，但是大多数的作者都强调，西方以外地区的统治者和规则体系都无一例外地对促成经济增长没有帮助。"东方"大帝国的政府往往被描述为"掠夺机器"或"税收泵"，帝国的统治者是一群无效率的、生活奢侈的、浪费资源的人。他们的统治特征是剥削、无保障的财产，以及最终导致臣民们偏好囤积各种物品。这些就是斯密论的基本观点。当一项研究显示十八世纪中国的皇帝们管理非常轻微而非专制时，它解读为他们的帝国遭受了"管理不足"和"昏昏欲睡的"统治。

亚洲以外的情况也不见得更好。玛雅、阿兹特克或者印加的统治者们也被描述成残酷的剥削者。非洲统治者的压制也不好。有人主张在前殖民时代，整体上来说非洲没有真正的国家。西方的国家模式随着殖民主义引入到非洲，带来了非常不幸的后果，尤其是当殖民者消失之后。在任何情况下，非洲大陆从来就没有

---

① Michael Mann, *The Sources of Social Power*, vol. 1: *A History of Power from the Beginning to A. D.* 1760 (Cambridge, 1986).

好的治理。比较北美洲和南美洲之间完全不同的发展，为说明拥有好的制度的重要性提供了理想的案例。北美洲从英国继承了正确的制度并变得富裕，大部分南美洲和中美洲从西班牙和葡萄牙继承了错误的制度而变得贫困了。无论西方以外的统治者们做了什么或者没做什么，他们的统治是专制的，他们无需为此承担责任。这被认为是对发展非常不利的。

　　非西方地区的错误不仅仅局限在政治方面。例如，很难找到有关中国而不提到其人口过剩的描述。在文献中常常见到这样的说法，认为世界上的很多社会更善于繁殖人口而不是生产，通常情况下都是引用一些没有清楚的时间和地点的参考文献。并且常常强调和西方世界的对比，比如倾向于过早结婚并生过多的孩子。至于非洲，我们可以找到说它人口太少的观点，也可以找到说它人口太多的观点。当讨论"非西方"世界的人口问题时，评论者也喜欢提到这样一个事实：那里的家庭结构对经济增长的助益不如西方的"个人主义的"核心家庭。世界上大部分地区的人被认为过于紧密地被禁锢在大家庭、宗族、血统和部落里，以至于他们不大可能有个人的首创精神，他们不大可能感觉到个人首创的需求并看到其作用。家庭和企业的分离即使真的发生，也没有进行得很彻底，这和斯密论及马克思论的观点都很接近，尤其是在密集农业的地区。在传统社会非常普遍的家庭生产方式永远保持为一个自我剥削的体系，并且将继续成为现代经济增长的一个严重障碍。

　　当谈到文化的时候，同样有很多不同的因素曾经并将经常被拿来解释为什么西方以外的地区没有实现经济起飞。关于不良的工作伦理的文献曾经非常流行，仅次于自我剥削的观点，如同认为各种宗教的负面作用的观点一样曾经非常流行。儒家文化被认为是二十世纪的最后几十年发生"亚洲奇迹"的潜在原因之一，在此之前儒家文化对经济的影响一直都被认为是负面的：儒家文化鼓励人们去适应世界而不是去改变世界。印度教和佛教也基本上被认为太"出世"了，伊斯兰教被认为在几个世纪中发展成了

120

一个保守的宗教，即使算不上原教旨主义。甚至在很多出版物中，世界其他地区的诸多文明往往以一种不如西方社会"开放"的形象出现。在东亚，中国、朝鲜和日本等国家在很长时间内外国人几乎不可能进入，本国人也几乎不能出去。正如莫卧儿、萨法维、奥斯曼等"伊斯兰"大帝国一样，它们没有跨海的帝国。这些国家不仅常常关闭它们的边境，它们也常常关上它们的思想。这尤其符合中国和很多伊斯兰地区的情况。而且，这些观点不仅仅是"西方的偏见"：总体来说它们都被"非西方"的现代化者所支持，无论他们是自由主义者、社会主义者还是民族主义者。

马克思范式

经济发展的历史书写向来都不是整齐划一的。采用斯密论来写作的学者站在那些从马克思那里获得灵感的学者的对立面。那些维护马克思遗产的学者常常成为一个互相争论的阵营。但是他们有足够的共同点让我们认为他们是一个群体。正如前面已经指出的，马克思主义者从经济首要地位的角度认为，西方的兴起基本可以归结为资本主义的兴起。在某种程度上以及在某种范围内，马克思对此非常乐观。他认为在打破封建主义的束缚而通往社会主义的道路上，资本主义是一个必然的和进步的阶段。对他来说，资本主义的发展基本上是一些发生在某些西方社会内部随后扩散到全球的诸多过程的结果。这个扩散过程在马克思的时代就发生得如此之快，以至于资本主义成了一个只能在全球尺度上处理的全球现象。对于是否存在一个发展模式，即全世界所有国家是否沿着一条道路发展的问题，马克思和马克思论者都有着矛盾的感情。马克思确实声称过，不发达国家只能向发达国家看齐才能看到他们自己的未来，但是在他的著作中他却激烈地否认存在可以凌驾在历史之上的哲学理论。

对马克思论者来说，市场经济以及它所暗含的行为，绝对不是自然的。它只会在特定的时间和特定的地点产生。大多数人都经受不住市场长久而强烈的约束。那些成为资本主义企业的劳动力必须接受，他们除了出卖他们的劳动外没有别的选择，因为他们不具有或没有足够的生存手段。"剥夺"在马克思及其追随者著作中处于核心位置，这个概念的重要性就在此体现出来了。这种剥夺并不是在没有暴力的情况下发生的。国家的支持在施加暴力时具有首要作用。

在传统经济中，以家庭为单位、在家庭中生产的小业主扮演了主要角色。资本主义和社会主义只有摆脱了那种情况才能够兴起。到目前为止最大的生产者群体就是传统经济中的农民。总的来说，那就意味着在马克思主义的分析和实践中，现代社会的产生必须摆脱农民和他们的家庭生产方式。巴灵顿·摩尔（Barrington Moore，Jr.）在他的极具影响力的《专制和民主的社会起源》一书中详细阐述了这种清除的成败在不同社会是如何发生的，他指出有不止一条通往现代工业社会的路径，不仅仅只有英国的"经典"资本主义道路，还存在一条通往现代工业社会的法西斯道路，以德国和日本为典型。在法西斯道路下，起初农民作为一个整体非但没有被消灭掉反而被讨好，政府是工业化的主要推动力量。最后，还有共产主义道路，以仍处在前资本主义社会的俄国等国为代表。农民大规模地支持反对旧制度的革命，不久之后却被政府剥夺了他们的财产，因为政府试图建立一个集体化的农业部门来供养快速增长的城市人口。

马克思和他的追随者们很显然地被资本主义西方的巨大活力和力量所着迷。当谈到他们对非西方世界的认识时，出人意料的是他们竟然和斯密论者并没有很大的区别。和他们一样并基于相似的原因，马克思论者们认为非西方缺乏活力。马克思最早的观点并不是建立在系统的比较分析基础之上的，而且仅仅构成了他全部作品中的一小部分。它们中的大部分都是不准确的，并且只提到了东方或亚洲。在许多情况下，他将它们称为"不变的"并且是"不可改变的"，同时他还认为理解它们处于停滞状态的关

121

键在于私有财产的缺失。

马克思关于亚洲的很多说法大体上来说也适用于中国。卡尔·魏特夫（Karl Wittfogel）在他关于东方专制主义的书中广泛地讨论了中国的情况，尤其是它的全能主义的"水利国家"①。在中国内部，那个概念则从来没有真正流行过。通常来说，官方对历史的解释更倾向于将未被西方打开前的状态描述为"封建主义的"，存在"资本主义萌芽"。然而，这些萌芽从来都不能开花，原因在于国家和帝国主义者的干涉，也因为地方权力所有者的作为。马克思论者思想中经常提到的一点，帝国主义在现代化进程中的作用一直存在某种矛盾之处。不管他们做过什么错事，他们确实促发了某种资本主义的发展。很明显地，我们不能指望中国历史学家会对共产党统治前的中国历史抱有满腔热情②。在印度，由阿里格尔派宣传的马克思主义对前殖民时期历史的解释影响深远，依然认为农村公社是自发的资本主义兴起的主要障碍，尤其是在压榨的而又残酷的莫卧儿王朝国家里。随着殖民者的到来，发生了很多大的变化，但是这些变化当然是在一个殖民地背景下实施的。拉丁美洲和非洲的情况在马克思的著作中没有得到详细地处理。我们将要看到的是，拉美和非洲在很多新马克思主义学者的著作中得到了很多关注。沿着传统的马克思论的线路对东方的另一个伊斯兰大帝国——奥斯曼帝国的系统性分析依然是欠缺的。

原始积累、依附理论和世界体系分析

在马克思及其追随者的著作中，我们也能看出，在对于资本

---

① Karl A. Wittfogel, *Oriental Despotism*：*A Comparative Study of Total Power* (New Haven, Conn. , 1957)；and id. , *Wirtschaft und Gesellschaft Chinas*：*Versuch der wissenschaftlichen Analyse einer großen asiatischen Agrarwirtschaft*, vol 1：*Produktivkrafte, Produktions-und Zirkulationsprozess* (Leipzig, 1931).

② 见本卷由 Susanne Weigelin-Schwiedrzik 撰写的第 30 章。

主义兴起和西方世界崛起的解释中，资本主义社会在与其他社会的接触中获利的方式被放在了最重要的位置。通常来说，其方式有两种类型。第一种类型强调非欧洲地区在原始积累中的作用。它们的攫取是真正的资本主义的前史的一部分：有助于解释资本主义是如何全面开始的。这一解释和列宁（Lenin）、J. A. 霍布森（J. A. Hobson）以及鲁道夫·希法亭（Rudolf Hilferding）等人提出的解释不同，他们的著作中将帝国主义认为是资本主义的最高阶段，在这个阶段中接替竞争的自由资本主义的是有组织的垄断资本主义。在这种观点看来，只有在这个阶段，世界的其余部分对资本主义经济来说才变得典型，即资本家不顾一切地向四处寻找各种市场、资源和可能的投资机会。

非西方世界对西方世界的富裕作出的贡献以及西方世界在非西方世界的不发达中扮演的角色一点都不小，这种观点从来都不缺乏支持者，他们尤其来自西方以外的地区。埃里克·威廉斯（Eric Williams）写了一本非常有影响力的关于加勒比奴隶和资本主义兴起的书[1]。瓦尔特·罗德尼（Walter Rodney）开始解释欧洲是如何使非洲不发展的[2]。印度具有民族主义背景的历史学家们常常将论点指向英国掠夺他们国家的诸多手段。在吉姆·布劳特（Jim Blaut）最近的一本出版物中，他指出掠夺和横财的利润是西方取得主导权的基础，这一观点仍然显得非常重要[3]。

劳尔·普雷维什（Rau'l Prebisch），费尔南多·恩里克·卡多斯（Fernando Henrique Cardoso）和特奥托尼奥·多斯桑托斯（Theotonio Dos Santos）等拉丁美洲的学者们感觉到西方的财富和非西方的贫困有某种联系，他们已经试图将这种坚定的直觉变成一种叫做"依附理论"的理论。他们构建这一理论来解释南美大

[1]　Eric Williams, *Capitalism and Slavery* (Chapel Hill, 1944).

[2]　Walter Rodney, *How Europe Underdeveloped Africa* (London/Dar es Salaam, 1972).

[3]　Jim Blaut, *The Colonizer's Model of the World: Geographical Diffusionism and Eurocentric History* (New York/London, 1993).

123 陆所处的特定困境。这一理论被弗兰克（Andre Gunder Frank）接受，他有可能是这一理论在西方世界最有名的支持者[①]。对于这一理论的支持者来说，他们理论的诱因在于这样一个事实，即在他们研究的诸多国家中，从殖民时代开始的贫困在它们取得独立后仍然没有消失，尽管这些国家变得越来越和国际市场相联系也是一个事实。他们认为，很明显存在一些机制阻碍了世界范围的经济趋同，甚至还产生了分流。那些富裕的国家（或者说现在他们经常叫做"北方"国家）扮演着中心的角色，继续保持富裕甚至变得更加富裕；而那些贫穷的国家（或者叫"南方"国家）扮演着卫星的角色，如果说他们实际上没有变得更贫困的话，则继续保持贫困。

当然，直接剥削继续发挥作用，例如在"北方"国家和"南方"国家的买办精英对贸易的操控中，在对贫穷国家的劳动力的压制中。甚至在独立的国家中，地方掌权者和西方人对暴力的使用也一直是一种真实的威胁。然而，依附理论学者们特别感兴趣的却是更间接的、结构化的剥削。他们指出在贫穷国家和富裕国家之间的劳动分工是基于他们所称的"不平等交换"，对北方国家有正面效应而对南方国家有负面效应。他们认为贫穷国家在结构上恶化的贸易条件下主要出口初级商品。它们被转变成了"二元经济"，这种经济的出口部门和其他经济部门几乎没有联系，经济利润要么转移到西方国家要么终结在少数国内精英手中。与更广泛市场的联系非但没有成为解决办法，反而成了问题。这暗示着"不发展的发展"。

以依附理论来思考在很多第三世界国家变得非常流行，但它的影响在西方更小。伊曼纽尔·沃勒斯坦（Immanuel Wallerstein）的思想在原则上很相似，但有更广泛且更系统的历史研究的支撑，相比之下他的理论在西方以及在非西方都有很大的影响。他

[①] 可参见 Andre Gunder Frank, *Dependent Accumulation and Underdevelopment* (New York/London, 1978)。

的 3 卷本《现代世界体系》第一卷于 1974 年出版，他的书是社会科学中被引用最多的。在他的历史分析中，他受到了法国历史学家费尔南多·布罗代尔（Fernand Braudel）的强烈影响。对布罗代尔和沃勒斯坦来说，资本主义是西方财富和控制力的根源。对布罗代尔来说，资本主义不是一个欧洲独有的现象。他仅仅认为没有哪个地方的资本主义有欧洲那么发达[①]。对沃勒斯坦来说，资本主义是欧洲独有的东西，它兴起于十六世纪然后扩散到全球。

两位学者对资本主义做了详细的定义，他们使用了与斯密和马克思非常不同的甚至在很多方面是相反的术语。对他们来说这不是一个基于自由市场运行的体系。虽然这个体系只能在存在市场的社会繁荣起来，但它并不是市场经济本身。在资本家操作的这些市场中，竞争既不自由也不公平、不透明。在政治掌权者和资本家勾结的环境下，庇护、垄断和操纵占了最重要的地位。损失通过政治手段被吸纳，而利润被私人之手瓜分。国家为资本家提供保护伞，常常和市场作对！

我们现在所讨论的资本家在金融和长途贸易中非常自如。随着现代国家的兴起和欧洲的海外扩张，在这两个领域中的机会也增加了。通常他们不会在生产领域大量投资，投资最少的就是农业。他们喜欢决策自由和分散风险。所有这些都不随着工业化有所改变，而布罗代尔和沃勒斯坦却不认为工业化是资本主义历史上的一次真正突破。

在如本章这样的回顾中，最重要的一点是，对他们来说资本主义是一个代表着地理等级的"世界体系"；换句话说，就是沃勒斯坦所说的在体系的"核心"地区和"边缘"以及"半边缘"地区之间特定的劳动分工。这是一个体系因为其中的生活大部分是自给自足的，并且它的发展动力大部分是来自其内部。它是一

124

[①]　Fernand Braudel, *Civilization mate'rielle, e'conomie et capitalisme, XV-XVIIIe sie`cle* (Paris, 1979).

个世界体系，不是因为它包含了整个世界，而是因为它的经济逻辑是在一个比任何政治实体能够完全掌控的范围还要大的范围内运作的。提到经济逻辑，我们已经指向了第三个特点：它是一个经济体系。

在核心或中心，我们能发现自由、高工资以及专业化的劳动在附加值高的部门工作。世界经济的边缘包括地理上的边缘部分，那里主要生产低端产品，劳动报酬不高。这是整个体系中不可或缺的部分，因为涉及到的商品对于日用非常重要。边缘地区不只是劳动报酬糟糕：它也是不自由的。然后就是半边缘地区，它在一系列维度上，如经济活动的复杂度、国家机器的强度或者文化的整合度，处于核心区和边缘区之间。

我们的分析的精髓是：体系的核心是在西欧部分，并且从十九世纪开始是西欧和北美。欧洲也有边缘地区，比如爱尔兰就是英国的边缘地区，又比如供养了荷兰共和国大部分的东欧黑麦产区。但是真正的对比在于西欧的核心区和其他大陆的边缘区之间。在十六和十七世纪，美洲和非洲及亚洲的小部分地区共同构成了欧洲的边缘区。在十八世纪我们看到了更深入的扩张，尤其是印度的部分地区变成了英国的属地。在那个世纪的结尾，美国再也不是大英帝国的一部分，它开始转变其在全球经济中的地位。几十年过后，中美洲和南美洲虽然几乎全部独立了，但是仍然没有摆脱其边缘状态。在十九世纪，随着奥斯曼帝国、中国、日本的开放，以及随着对非洲的深入探险和分割，整个世界变成了一个经济体系。

这个世界体系的等级结构意味着对布罗代尔和沃勒斯坦来说，资本主义不是历史上的一个阶段而是经济生活的一个层面。不发达地区并不是比发达地区处在一个更早的阶段。它们互相以对方为先决条件。如果没有边缘区的从事低技能工作的强制劳动，在核心区从事熟练工作的自由劳动是不可能存在的。二者的联合才是资本主义的本质。

从这个角度来说，西方不但是在它的边缘和半边缘地区的支撑下变得富有的，而且它还阻碍了它们的进一步发展。举个众所周知的例子，印度可能被英国人"去工业化"。在中国可能存在的"资本主义萌芽"被国外的帝国主义者及其中国帮凶要么摧毁了要么扭曲了。十九世纪"瓜分非洲"仅仅增加了对非洲人已有的奴役带给他们的破坏。拉丁美洲和中美洲可能更早实现正式的独立，但是它们很快就变成了英国和美国操纵的非正式帝国的一部分。奥斯曼帝国是逐渐地被解散并瓜分成为受西方保护的范围。日本的情况则是这一规律的某种例外。它从来没有成为一个殖民地；日本在"开国"并工业化之后，迅速就开始了对其他地区的殖民。

在世界体系的分析中，资本主义是产生全球经济的动力所在。从中世纪晚期以来，西欧国家体系就从来没有转变成一个帝国，这被认为是这种动力背后的终极动力，很多斯密论的解释也差不多如此。国家之间激烈的竞争促使大多数的国家寻求向海外的扩张。

需要特别指出的是，布罗代尔和沃勒斯坦的观点比依附理论家更为微妙。他们从相似的前提出发，遭到了相似的批评。这里我们集中讨论一下这些批评。有一种批评指出很多核心概念的含义不清晰。例如，"不平等交易"的具体含义是什么？我们怎么去度量这种"不平等性"？"依附经济"是什么含义？又如何去度量"依附"？成为中心或边缘需要具备什么条件？沃勒斯坦提出的"外部性"的概念也受到了批评。很显然，在近代早期，世界上最大经济体的中国并不是欧洲的边缘。而沃勒斯坦只是简单地把中国放在欧洲的世界体系之外。很多批评认为这是欧洲中心主义的，并且是具有误导性的。不仅中国与西方以及与世界其他地区之间的贸易很重要，而且他们也指出这样一个事实：中国拿诸如丝织物、瓷器的制造品以及茶叶一样的初级产品来交换西方的白银。这样欧洲不是看起来像是中国的边缘了吗？

"不发展的发展"的根本因素，是存在不发达国家出口的贸易条件的长期恶化，这一观点即使没有被完全驳倒也引起了不少争

126

议。自二十世纪的最后二十五年以来，各种不发达的非西方国家已经产生了实质性的经济增长。有评论认为这是对依附理论的一个反驳。同样的反驳还引用这样一个事实：依附理论家们建议不发达国家实施的"赶超战略"通常都失败了，"赶超战略"从本质上来说常常是有点脱离全球市场。

各种各样的经济史学家从欧洲的视角来看问题，他们认为过于主张西方是靠踩在非西方的背上发展起来的观点，会使我们高估西方和它的边缘地区之间的接触在其大部分历史中的重要性。出乎意料的是，这些批评居然在研究亚洲历史的历史学家当中获得支持，他们强调西方对亚洲大陆大部分地区的影响都非常微小且短暂。这里我们又面临着这样一个问题：西方对世界各地的影响在强度、持续性和深度上存在巨大差异。依附理论产生于拉丁美洲并流行于那里及非洲并不是偶然的。最后，还有一点越来越成为批评的重点，现代世界体系的方法是欧洲中心主义的，它描绘了一个充满活力的西方将一个被动的、受害的更大范围的非西方纳入其中。

然而，依附理论和现代世界体系的分析指向了新古典经济学思想中的几个确实很重要的问题。首先也是最重要的一个事实是，将政治上更加独立的地区纳入全球经济网络，并没有如新古典经济学所预言的那样，带来的是经济上的趋同。一个不容忽视的问题是，国际经济关系和交易的结构在多大程度上应该承担责任。那个问题继续在全球经济史中占有中心地位，也导致了对诸如奴隶贸易和奴隶劳动、正式和非正式的殖民主义、商品链和二元经济运行越来越精细的分析。

对传统欧洲中心主义解释的挑战

斯密论和马克思论关于发展和不发展的主要叙述至今仍然有他们的支持者。但是现实世界和历史学科的变化已经严重地颠覆了他们的可信度。工业革命开始以来，西方世界的经济转变非常巨大。商业的规模、范围和结构都发生了变化。很多守夜人式的国家转变成了社会福利国家。经典的斯密理论甚至再也不能为西方世界的状况提供"模式化"的描述了。对于那些信奉斯密观点的经济史学家们来说，这给他们带来了极大的挑战。像很多经济学家所做的那样，希望通过进一步修正新古典模型来寻求安慰，已经是不可行的办法了。马克思理论作为西方世界发展的分析和现存社会主义的理论基础，这个选项最后更加不适用。这里用"最后"非常重要，因为：在二十一世纪的开始，人们很容易忘记"社会主义选项"对于经济自由主义来说有多远，以及在某种程度上社会主义在国家现代化及提高其 GDP 中有多么成功。不管长期来说他们具有什么优点和潜质，社会主义的实验已经表明巨大的经济增长有可能在非资本主义的环境中发生。资本主义和共产主义不仅仅在他们本土存在自身的问题，而且在第三世界也没有取得突出的成功，这些事实仅仅增加了人们对这些旧范式的忧虑罢了。

然后是从二十世纪最后几十年以来，由各种在前"第三世界"发生的各种轰动的既非斯密式也非马克思式的增长的例子所带来的挑战。当然，在西方以外也存在现代经济增长的主要先例。日本在明治时代（1868—1912）经济就已经起飞了。处理这个"异常"的一个很流行的策略常常是归功于日本的"西化"，例如指向它的封建主义，或者指向德川统治时期（1601—1867）的各封地之间的竞争和欧洲各个国家之间的竞争具有同等性，或者指向日本具有强烈的工作伦理。工业化的明治日本是一个位于亚洲的西方资本主义国家，这种说法却仍然是值得怀疑的。如果真的坚持要找到一个类似的例子，德国的工业化或许是一个可以考虑的例子，而不是英国的工业化。

然后就是日本在第二次世界大战后非凡的崛起。系统性的努力却证明了相反的结论，很显然日本不是在实施斯密模式，更不是马克思模式。很多研究都分析认为，日本在它的"战略"中有某些非常奇特但又很成功的东西。当日本的增长数据和发展速度放慢之后，很多学者却忘了当初他们对"日本模式"是多么的热情。学界从来都不缺乏对主流经济学的新挑战，尤其是出现了中国香港、新加坡、韩国和中国台湾"亚洲四小龙"，以及二十世纪最后几十年以来中国和印度令人印象深刻的增长。

大部分的"赶超"都发生在亚洲。说在传统增长模式之外出现了一个独特的"亚洲"道路可能会是一种夸张的说法。但是一些特点也突出来了。首先是干预主义和政府操纵。日本史专家查尔默斯·约翰逊（Chalmers Johnson）在这方面创造了"发展型国家"（developmental state）这个术语。尤其是在经济起飞初期，政府倾向于以非常集权的方式行事①。同样重要的是，这些新的工业化国家在多大程度上是出口导向型的，以及它们的产品在多大程度上是劳动密集型的。

对发展经济学家们来说问题并没有变得更容易。他们对增长的追寻是非常难以实现的。经济史学家的研究变得越来越精细且丰富，它们更有助于解构而不是建构。认为只存在一种适用于整个西方世界的工业化模式的观点再也不被人当真了。斯密论"市场的兴起"的叙事遇到了严重的问题，但没有被马克思论所取代。例如，工业化的英国实际上是一个拥有高税收和巨大政府债务的财政—军事国家。它的中央政府或直接或间接地大规模干预经济，尤其是对外贸易。美国直到二十世纪实际上是保护主义的堡垒。那些赶超成功的西方国家从来没有简单地模仿英国这样做。在他们的工业化过程中，国家的角色重要且是前提。

进一步说，工业化被解读的方式也发生了变化。关于 GDP 的增长，英国第一次工业革命根本不令人印象深刻。这只是一个非常区域性的事情，在那里大工厂的作用被大大高估了。家庭企业在工业化中及完成工业化的经济中依然重要。资本主义和工业化之间的关联很偶然而不具有因果关系。市场的增长不必然实际上

---

① Chalmers Johnson, *Japan: Who Governs? The Rise of the Developmental State* (New York/London, 1995).

也常常没有导致工业化，甚至在常常迎合国外市场并含有快速增长的大量（半）无产阶级的原工业（proto-industry）的情况中也如此。

全球经济史及其修正

全球经济史标榜具有真正的全球性且确实是研究全球的，这一经济史分支的兴起增加了困惑。关于非西方国家的经济史，我们知道得越来越多。所有这些已经导致了视角的很多巨大变化，尤其是现代早期和部分亚洲地区的历史。

很多学者都倾向于像弗兰克那样"再向东方"[1]。实际上，学界一直都不缺乏将大分流之前部分亚洲地区的经济赋予积极意义的研究。然而，在二十世纪最后几十年中这类研究的数量急剧增加。通常来说，它们传递的信息有两层：欧洲对亚洲只有无足轻重的影响，并且欧洲并没有更发达。欧洲人没有主导亚洲的贸易，更不要说亚洲的生产。他们不是更加先进的贸易者和生产者。修正派如弗兰克、彭慕兰、王国斌（R. Bin Wong）和杰克·戈德斯通（Jack Goldstone）等学者（有时也被称为"加州学派"），在 1990 年代开始声称清代中国、德川的日本和莫卧儿的印度的最发达的部分地区是"先进的有机的经济"，具有和西欧相同水平的财富、发展和增长。

更多对德川时期日本经济进行正面描述的研究在 1970 年代开始出现。然而，最引人注目的重估还是来自早期现代中国的例子。再也没有专家会称它为"东方专制主义"的例子了。清代的社会被描述为相对"开放的"，具有很大的社会流动性，且国内经济也是运行良好的市场经济。过去认为它的人口增长没有得到抑制的观点现在也不被接受，同样地，认为其技术不如西欧发达

129

---

[1] Andre Gunder Frank, *ReOrient*: *Global Economy in the Asian Age* (Berkeley, 1998).

的观点也被推翻。

但是即使这样，最后确实出现了一个横在西方和整个非西方世界之间的巨大的经济鸿沟。现代全球史学家认为这些是伴随着十九世纪的工业化而发生的。对他们来说，工业革命在世界历史上是个分水岭，不是因为它带来了快速和巨大的变化，而是因为它使工业化经济走上了具有前所未有可能性的发展轨道。工业化发生在西方，他们首先将工业化看作是一次在技术尤其是能源使用上的根本突破。尽管工业革命是在特定"资本主义"制度中兴起的，但他们不认为它是特定"资本主义"制度背景下的"逻辑结果"。

解释大分流的挑战实际上包括回答三个不同的问题。用经济学家摩西·阿布拉莫维茨（Moses Abramovitz）的话来说，这些问题包括：为什么有些国家走在前面了？为什么有些国家能够赶超以及如何赶超？最后一个，为什么很多国家都落后了？[①] 大多数学者都认为通过工业化走在前面的国家只能在欧亚大陆找到。各种各样的高度发展的社会在南美洲和中美洲存在过。欧洲人对这些地区的"发现"带来的完全是灾难。在殖民时代有了一些修复，但是被殖民对国内经济增长来说不全是一个促进因素，而遗留下来的却是攫取性的国家、地主制度以及毫无帮助的贫富差距。北美洲的经济从来没有像美洲南半部分的经济那样带有攫取性，并且与之相关的是一系列有利于经济增长的制度在那里出现了。非洲很多地方在地理上没有先天优势，也没有吸引定居者。奴隶制度和奴隶贸易对人口和尤其是产权制度的建立有负面影响。然后发生了殖民地化，在那之后又发生了去殖民地化，去殖民地化所带来的问题远远多于它解决的问题。

因此，主要的问题变成了解释为什么西方随着工业化进入了一个持续且稳定的经济增长阶段，而亚洲的大部分地区却没有增

130

[①] Moses Abramovitz, 'Catching Up, Forging Ahead and Falling Behind', *Journal of Economic History*, 46 (1986), 385 - 406.

长或直到很晚才出现增长。在关于西方兴起的传统故事中，其他地方发生了什么并不重要，紧随着这些故事的就是人们提出来的各种新解释。彭慕兰提出归根结底还是英国碰巧有煤炭和殖民地，而他所关注的亚洲国家——中国却没有这些。弗兰克基本上支持伊懋可（Mark Elvin）在 1970 年代就已经提出的解释，他提到中国存在"高水平均衡陷阱"的情况：因大量人口的存在而产生的廉价的劳动力、昂贵的资源、稀缺的资本以及非常发达的市场的共同作用下，使得对节省劳动的技术的投资变得既不理性也不经济[①]。他还指出在西欧开始工业化之前，在东方的大帝国中衰退已经开始发生了。这使得欧洲人超越他们的竞争者变得更加简单了。弗兰克没有讨论各种制度因素。而讨论制度因素的学者们现在开始关注这些帝国所面临的政治和军事问题。无论这些问题有本土的起源还是由外国干预引起并加剧，它们都有可能导致政治危机甚至带来殖民或者半殖民的情况。

　　修正者的这些论点已经引起了很多关于第一次分流起因的新的激烈争论。赶超战略的研究已经有了一次新的涌现，尤其是很多成功的新案例出现在亚洲，但又不仅仅限于亚洲。这让那些仍然落后甚至变得更穷的国家的命运更难以令人接受，并且在更难以理解的意义上很多人会说在一个全球化的经济中，要消除贫困并不是一件很难的事。很显然，阿布拉莫维茨的第三个问题仍然还没有得到解答。

经济全球化？

　　大多数全球史学家要么关注于将世界上各个地区的情况进行比较，要么关注于将各个地区进行关联。虽然到目前为止这篇文章的大部分都致力于比较分析，有关全球性关联重要性的论点却一直都存在。然而，如果没有用几个段落详尽地介绍经济全球

---

① Mark Elvin, *The Pattern of the Chinese Past* (Stanford, 1973).

化，则关于全球经济史的历史的文献回顾都是不完整的，这里我们将经济全球化定义为世界范围内经济联系在广度、强度、速度和影响力上的增强。

131　　　历史上所有的发达社会都存在长途贸易。长途贸易经常受到大量的关注，尤其是紧随欧洲扩张发生的贸易。在学者当中，关于贸易往来的更广泛关系的问题就被提出来了。大陆间的经济联系从什么时候开始变得真正重要？或者如大家常常问到的，全球化是从什么时候真正开始的？答案千差万别。弗兰克和巴里·吉尔斯（Barry K. Gills）认为全球化已经存在五千年了[①]。其他学者认为即使到了 21 世纪初期，全球化还是夸大其词了，因为所谓的全球经济除了一个新的"三角贸易"外，在本质上其实什么都没有，这个"三角贸易"发生在北美、部分欧洲地区和部分亚洲地区之间，这几个大区域生产的大部分产品不会出口到其他大陆。

　　在历史学家中最为流行的观点认为全球化发生于近代早期开始的时候，那时欧洲人发现了美洲并且开始通过好望角向亚洲航行。也有人提出更早的时间，正如前面所提到的弗兰克和吉尔斯提出的一样。其他观点或者认为开始于中世纪伊斯兰（Islamic oecumeme）时期，或者认为开始于 13、14 世纪欧亚联接时，按照珍妮特·阿布-卢格霍德（Janet Abu-Lughod）的说法，那时已经能够看到在欧洲霸权前出现一个世界体系了。有批评指出，在那个连美洲都没有参与的脆弱网络中，贸易的商品基本上都是奢侈品，很难担得起全球化这个名称[②]。

　　在任何情况下，选择近代早期都有很好的理由。随着美洲的被"发现"，所有的大洲都为世人所知并且产生联系。美洲金银

---

① Andre Gunter Frank and Barry K. Gills (eds.), *The World System: Five Hundred Years or Five Thousand?* (London/New York, 1993).

② Janet Abu-Lughod, *Before European Hegemony: The World System A. D. 1250 - 1350* (Oxford, 1989).

成为最重要的全球"商品"，大量进入欧洲、亚洲和非洲。联接欧洲、非洲和跨过大西洋的新世界的三角贸易比任何跨大洲的贸易都要增长得更快。亚洲的香料、纺织品、瓷器和茶叶开始越过大洋抵达欧洲，这里只是提到一些商品而已。跨大洲的联系对消费模式产生了影响。糖、咖啡、茶、可可和烟之类的产品在世界很多地区变得非常流行。生产也在世界范围内受到了影响。例如来自亚洲的纺织品和瓷器对欧洲生产者产生了挑战。巴西和加勒比的种植园利用来自非洲的奴隶进行生产，为西欧提供了糖。

　　比贸易更重大的是阿尔弗雷德·W·克罗斯比（Alfred W. Crosby）所说的"哥伦布交换"——在旧世界和新世界间的植物、动物和疾病迁移[1]。最后就是跨大洲的人员流动——部分是"贸易"，部分是移民。这里所说的贸易，指的是奴隶贸易。目前为止，学者们的大部分注意力都关注于大西洋地区的奴隶贸易和奴隶制度。相关奴隶贸易的数量的基本共识似乎已经出现。它们的影响仍然是争论的焦点。直到最近人们才将其他奴隶贸易路线作为认真分析的主题，比如向东的横贯撒哈拉的贸易和北非的白人基督徒奴隶。同样的还有其他不自由的劳动力比如囚犯，和半自由的契约劳动力。跨大洲的自由移民在近代早期仍然相对不重要。到目前为止欧洲是向其他大洲移出人口最多的地区，但在整个时期从欧洲向海外移民的数量也不多于五百万。

　　欧洲是唯一一个和其他洲有直接接触的大陆。那并不意味着欧洲是唯一具有大量长途贸易的地区。还有其他大型的贸易区域，有时包括各个大洲的部分地区，有时具有印度洋或中国海那样的规模，这些都可以令欧洲的贸易相形见绌。一般来说，这些地区都位于海洋周围。研究这些"海景图"以及它们的腹地已经变得非常流行，如地中海、印度洋、阿拉伯海、太平洋以及大西

132

---

[1]　Alfred W. Crosby, *The Columbian Exchange：Biological and Cultural Consequences of* 1492 (Westport，1992).

洋，它们作为贸易路线的重要性需要重新解释。

从一个西欧人的视角来看，近代早期是一个（跨洲）贸易增长的时期。然而我们也不能忘记，在这个时期某些贸易和某些地区的贸易活动非但没有增长反而减弱了。在这段时期中，欧洲和亚洲之间的陆路贸易下降了，非洲的沙漠贸易也下降了。地中海和中欧的大部分地区也没有大西洋地区那样的贸易新动力。中国有时候切断和国外的贸易，尤其是针对欧洲人。日本和朝鲜也这样做过，甚至更加激进。跨洲贸易也有它的繁荣和衰退，早期近代最著名的衰退发生在 17 世纪，很多学者认为那是一次真正的全球性经济危机。在如何证明世界范围经济周期和如何解释它们的问题上，并不是所有人都取得一致，正是这一点加深了争论。

大多数的专家都一致认为，从 19 世纪开始我们就能看出世界范围内的各种长度和强度不同的经济波动，也能看出世界范围内基本经济变量运动的相互联系。关于它们确切性质和起因的共识还没有形成。我们清楚知道的是，不仅仅是全球化的时间，而且包括其影响都有很多差异：没有触及某些地区的全球趋势可能对其他地区有巨大的影响。还有一点不能怀疑的是，对被殖民的地区来说，很长一段时间以前全球化已经成为一个显而易见的事实了。

133　　　经济全球化随着哥伦布开始的观点已经被激烈争论了，尤其是杰弗里·威廉姆森（Jeffrey Williamson）和凯文·欧罗克（Kevin O'Rourke）[①]。根据他们的研究，全球化仅仅始于 1820 年代，那时世界范围内整合的市场和全球性的价格收敛开始出现。直到那时，以（半）奢侈商品为主的跨洲贸易还没有引起生产地点和模式的根本变化。他们认为整个 19 世纪中，更好的交通和通讯方式、上升的收入、阻碍自由贸易的诸多障碍的消失是前所

①　Jeffrey Williamson and Kevin O'Rourke, 'When Did Globalisation Begin?' *European Review of Economic History*, 6 (2002), 23 - 50.

未有的经济整合的先驱条件。实际上他们描述的是一个整合的大西洋经济的出现，那里有商品、资本和人员的密集流动，与此同时世界其他地方和这个体系相连但并没有完全融入其中。关于19世纪到第一次世界大战之间跨大西洋自由移民的故事已经讲过很多遍了。正是因为有了全球史学科的进一步发展，才使得从亚洲内部迁出的大量移民获得了应有的注意。

现代时期的经济全球化也不是一个单线发展的过程。在两次世界大战之间的时期内，跨洲甚至跨国的经济交换水平都降低了。那股潮流在1945年后又发生了改变，随着1973年汇率自由化之后又出现了一个明显的加速过程。托马斯·弗里德曼（Thomas Friedman）可能是关于全球化的最畅销的书作者了，按照他的说法，到了1980年代世界变成平的了，并且随着"共产主义"的没落和各种新工业化国家的出现，世界也变成一个世界了[①]。经济全球化不仅在数量上有了迅猛发展，而且也发生了质变。国际金融交易的重要性显著地上升了，这当中信息和通信技术的革命的作用不可低估。国际贸易中的服务业同样如此。海外直接投资达到了前所未有的水平，跨国企业成为有力的全球参与者。正如已经指出的一样，并不是所有的专家都同意"一个平的世界"的论点，他们认为在21世纪的初期，大多数国家仍然主要倾向于和邻国进行贸易，并且只有某些贸易联盟真正走向了全球。他们确实有道理，但是即使如此，也有两个很突出的结论。贸易网络在规模上有了增加，伴随而来的是越来越多的贸易联盟像过去的国家那样在发挥作用；在这些主要的贸易联盟之间，跨洲的联系确实增加了，而且变得更加紧密了。在那个过程中，跨洲的移民也开始上升，虽然相比于商品和资本来说人仍然不便于移动，更不要说相比于信息了。

人们不需要现实的理由去将经济史全球化。相反，有什么学 134

---

① Thomas L. Friedman, *The World is Flat: The Globalized World in the Twenty-First Century* (New York, 2005).

术上的理由不让我们去尝试比较世界不同地区的经济发展以及研究各地区之间早已存在的联系呢？正像有些陈词滥调所说的，世界正变成一个小的地方，这一事实只是给那些学术探索加了一些额外的现实紧迫性。认识其他经济体系及其历史，以及认识经济全球化的潜力和陷阱，其重要性在将来只会增加。通常来说历史学家都厌烦做出预测，也许他们不做预测是对的。然而，如果全球经济史学科没有一个前途光明的未来，我将会感到非常惊讶。

主要史料/参考书目

- Abramovitz, Moses, 'Catching Up, Forging Ahead and Falling Behind', *Journal of Economic History*, 46 (1986), 385 – 406.

- Abu-Lughod, Janet, *Before European Hegemony: The World System A. D. 1250 – 1350* (Oxford, 1989).

- Blaut, Jim, *The Colonizer's Model of the World: Geographical Diffusionism and Eurocentric History* (New York/London, 1993).

- Braudel, Fernand, *Civilization mate'rielle, e'conomie et capitalisme, XV-XVIIIe sie`cle* (Paris, 1979).

- Crosby, Alfred W., *The Columbian Exchange: Biological and Cultural Consequences of 1492* (Westport, 1992).

- Elvin, Mark, *The Pattern of the Chinese Past* (Stanford, 1973).

- Frank, Andre Gunder, *Dependent Accumulation and Underdevelopment* (New York/London, 1978).
  ——*ReOrient: Global economy in the Asian Age* (Berkeley, 1998).
  ——Gills, Barry K. (eds.), *The World System: Five Hundred Years or Five Thousand?* (London/New York, 1993).

- Friedman, Thomas L., *The World is Flat: The Globalized World in the Twenty-First Century* (New York, 2005).

- Hicks, John, *A Theory of Economic History* (Oxford, 1969).

- Johnson, Chalmers, *Japan: Who Governs? The Rise of the Developmental State* (New York/London, 1995).

- Jones, E. L., *The European Miracle: Environments, Economies and Geopolitics in the History of Europe and Asia* (Cambridge, 1981).

  ——*Growth Recurring: Economic Change in World History* (Oxford, 1988).

- Landes, David S., *The Wealth and Poverty of Nations: Why Some Are So Rich and Some So Poor* (New York/London, 1998).

- Mann, Michael, *The Sources of Social Power*, vol. 1: *A History of Power from the Beginning to A. D. 1760* (Cambridge, 1986).

- Moore, Barrington, Jr., *Social Origins of Dictatorship and Democracy: Lord and Peasant in the Making of the Modern World* (Boston, 1966).

- North, Douglass C. and Thomas, Robert P., *The Rise of the Western World: A New Economic History* (Cambridge, 1973).

- Pomeranz, Kenneth, *The Great Divergence: China, Europe and the Making of the Modern World Economy* (Princeton, 2000).

- Rodney, Walter, *How Europe Underdeveloped Africa* (London/Dar es Salaam, 1972).

- Rostow, W. W., *The Stages of Economic Growth: A Non-Communist Manifesto* (London, 1960).

- Wallerstein, Immanuel, *The Modern World-System*, 3 *vols.* (New York, 1974-1789).

- Williams, Eric, *Capitalism and Slavery* (Chapel Hill, 1944).

- Williamson, Jeffrey and O'Rourke, Kevin, 'When Did

135

Globalization Begin?' *European Review of Economic History*，6
(2002)，23－50.

余开亮　译

第七章 女性史与社会性别史

朱莉·德斯·贾丁斯

在 20 世纪晚期，作为一种分析工具的社会性别才刚刚
兴起。从 18 世纪到 20 世纪早期，社会性别一直缺席于主流
社会理论之中。诚然，一些主流理论将其逻辑建立在类似男
性与女性对立的基础上，一些理论承认了"女性问题"，而另
一些理论则强调个体性别身份的形成，但是，作为一种探讨
社会关系或者性别关系的方法，社会性别则并没有出现……
"社会性别"这一术语，是当代女性主义者试图在某些确切范
围内为女性申明权利的一部分，也是女性主义者试图在解释
男性与女性之间长期不平等方面，强调现存理论主体是不恰
当的一部分。

琼·瓦拉赫·斯科特（Joan Wallach Scott），《社会性别
与历史政治学》（1988）

历史学家将"社会性别"视为一种历史主题、一种视角，或者
如琼·瓦拉赫·斯科特一样将"社会性别"表达为"一种历史分
析的有效范畴"，仅仅开始于 20 世纪 80 年代。[1]在 20 世纪末期，
一些因素共同促使社会性别史成为一个学术分支：第二波女性主义
运动为它提供了政治动力；社会建构主义和后结构主义为它提供

---

[1] Joan Wallach Scott, 'Gender: A Useful Category of Historical Analysis', in ead.,
    Gender and the Politics of History (New York, 1998), 28-52.

了理论方法。然而，早在20世纪20年代和30年代，激进主义者、马克思主义者和进步的历史学家等即使当时并没有使女性或者社会性别成为研究主题，但已经为社会性别史的产生播撒了种子。与此同时，她（他）们对权力结构、政治参与、相对主义观念的质疑也成为社会性别史在20世纪晚期发展所不可或缺的因素。

尽管在某些时期，"女性"史和"社会性别"史被视为同义的，但是它们并不是同一的。原因在于，后者是由前者发展而来的，我们必须明白社会性别史的发展是复杂的。社会性别分析方法既补充了又修正了女性解放史，而且它的应用也已经超越了它的初衷。社会性别的参与已经将女性的经验从沉默的历史深渊中挖掘出来，而且社会性别也已经成为一种新的视角，通过这种视角，女性以外的其他主题——男性、种族、文明、国家等——也被重新审视了。此外，社会性别也是一种权力的视角——不仅仅是两性之间的权力，而且是贯穿两性内部及其符号表征的权力。

社会性别史的兴起离不开20世纪女性史的发展和女性史学家们的努力。虽然也有男性写作社会性别史，但是社会性别史产生的原动力则来自于女性领导的国际女性主义运动。理解女性史学家在当时环境中受到的压迫，及她们最终被赋予权力去研究那些曾被专业导师认为是非学术的、非历史的、正统学者研究范围之外的主题，也是必不可少的。因此，女性史和社会性别史是女性政治运动的结果，是新的历史领域。

20世纪为女性史学家和女性史争取一席之地

19世纪晚期，在西方，写作历史刚刚开始被视为一个"职业"——一种需要学术认可的"科学的"努力。而在此之前，在西方之外，女性可以是历史适当的主题和写作者。莫卧儿皇帝阿克巴（Akbar）委任他的姑妈卡莉达·贝古姆（Gulbadan Begum），写作她父亲和她兄弟在16世纪的统治史；《胡马雍——纳马》（Humayun-nama），是关于她的经历的一部波斯语著述。

它是通过回忆家庭领域的纪念物而写成的。女性记录她密切观察到的重要人物和事件确实不是一件平常事。在殖民地时期的美洲，五月花号的后裔，默茜·奥蒂斯·沃伦（Mercy Otis Warren），坚持认为她身边的男性忙于创造历史以至于没有对记录历史有所关注，因此她自己记录了美国大革命的历史，并于1805年出版了手稿。[①] 在历史转向专业化之前，沃伦的同伴认为在家中教授当地的、家族的和国家的历史是很淑女的事。女性像文化和传统保管人一样，借用历史教训令她们的孩子成为良好公民。一些女性不断地写作民族主义的课本；另一些女性则提供资金建立纪念馆纪念已故的英雄们。[②]

　　然而，在19世纪晚期和20世纪早期，历史专业化过程掩盖了女性与历史学之间长期存在的关系，这种关系不仅包括女性作为历史学家，而且还包括女性作为历史主题。由新生代的历史学者定义的严谨的历史研究，要求使用官方的、书面的资料。但是这些资料几乎没有洞察到女性的作用，因为多数女性此时仍旧没有获取财产持有人的合法地位，也不具有政治地位。随着历史被逐渐理解为国家进步的历程，有专业资格的男性（历史学家）开始关注政治、军事、法律及公共领域。因此，出现在历史中的人物总是杰出的男性。因为女性经常与家务劳动和生育工作联系在一起，所以女性被认为是平凡的，不能成为历史的主题。[③]

　　作为一个研究领域，女性史和社会性别史的出现在这个专业的环境中似乎是不可能的，然而女性还是会书写女性——通常是

138

---

① Mercy Otis Warren, *History of the Rise, Progress, and Termination of the American Revolution* (Boston, 1805); and Nina Baym, *American Women Writers and the Work of History*, 1790 - 1860 (New Brunswick, 1995), 93.

② Julie Des Jardins, *Women and the Historical Enterprise: Gender, Race, and the Politics of Memory* (Chapel Hill, 2003); and Bonnie G. Smith, (*the Gender of History: Men, Women, and Historical Practice*) (Cambridge, 1998).

③ John Martin Vincent, *Aids to Historical Research* (New York, 1934), 27, 104; Herbert B. Adams, *The Study and Teaching of History* (Richmond, 1889); and Des Jardins, *Women and the Historical Enterprise*, 21 - 22.

在学术领域之外。第一波女性主义运动就包含了此类问题，即女性历史性地记录了女性，写作了她们合法追求女性公民权利的政治运动，这些女性有法国的珍妮·哈里克特（Jenny P. d'Héricourt），美国的苏珊·安东尼（Susan B. Anthony）和伊丽莎白·斯坦顿（Elizabeth Cady Stanton）等等。① 1889 年，希腊的激进分子卡里尔胡埃·佩纶（Callirhoe Parren）打算写作一部《创世纪至今的女性历史》，如若当时完成，则可能包括中国、印度、波斯、古希腊和古罗马、亚述人和北非的女性。20 世纪，英裔公民爱丽丝·克拉克（Alice clark）、伊迪斯·阿尔伯特（Edith Abbott）、艾琳·鲍尔（Eileen Power）、艾薇·平奇贝克（Ivy Pinchbeck），模仿佩纶，写作了从中世纪至今在资本主义体系中女性经济作用的历史。② 尽管大学里的男性普遍拒绝将女性视为研究主题，但是这些历史学家承认现代女性的社会和经济地位是由过去决定的。

与前辈们一样，美国的玛丽·比尔德（Marry Beard）将一种女性主义视角带入到历史实践中。她逐渐认识到，大学的学术研究赋予男性以高于女性的特权时刻、地点和活动领域。她认为一种历史的"长远视角"——通过寻回女性的资料和透过女性的视角——将会展现出男性一直都在否认女性的作用与成就的事实。在匈牙利和平主义者罗西卡·施维默（Rosika Schwimmer）的帮助下，比尔德开始建立世界女性档案中心（1935—1940）——在全球范围内，搜集从古至今女性对"文明"贡献的主要证据。不

139

① Jenny P. d'Héricourt, *A Women's Philosophy of Woman or Woman Affranchised* (New York, 1864); and Susan B. Anthony, Elizabeth Cady Stanton, and Matilda Joslyn Gage, *History of Woman Suffrage*, 3 vols. (New York, 1881).

② Edith Abbott, *Women in Industry: A Study in American Economic History* (New York, 1910); Alice Clark, *Working Life of Women in the Seventeenth Century* (New York, 1920); Ivy Pinchbeck, *Women Workers and the Industrial Revolution*, 1750 – 1850 (London, 1930); and Mary Spongberg, *Writing Women's History since the Renaissance* (New York, 2002), 166.

幸的是，她建立以女性为中心的历史的愿望，如同佩纶的一样，在其有生之年并没有完全实现。① 1955 年，她去世时，仍鲜有男性或者女性对恢复女性的历史感兴趣，更不必说将女性受压迫的问题理论化。具有讽刺意味的是，在西方高校中，女性入学人数远超过去，但她们在追求学术或历史职业生涯之前就离开了学院。在第二次世界大战时期被动员参与工业劳动的女性，在战后，则被鼓励重新返回家庭承担妻子和母亲的工作。她们的作用在战后的历史中同样也被削弱了。学术研究一致集中于政治体制和起到重要作用的杰出男性领袖。国家的历史再一次将女性排除在外，尽管她们曾经在国家事务中起过作用。②

　　第二次世界大战后出现的女性史并不是由学院派历史学家写作的，这一点并不稀奇。激进组织中的业余历史爱好者如犹太女性的艾玛·拉扎勒斯组织（Emma Lazarus Federation）写作了各种类型的穷人、受压迫的人和女性的社会意识史，最终在 20 世纪 60 年代被学院派的社会史学家接受了。格尔达·勒纳（Gerda Lerner）、埃莉诺·弗莱克斯内（Eleanor Flexner）以及其他的激进者，写作历史以揭露出在男性制度下女性受到的剥削，尽管当时她们并没有直接以父权制的术语对其进行定义。③ 在《第二性》中，法国的哲学家西蒙娜·德·波伏娃（Simone de Beauvoir）提

① Des Jardins, *Women and the Historical Enterprise*, 225 - 240.

② Spongberg, *Writing Women's History*; and Peter Novick, *That Noble Dream: The 'Objectivity Question' and the American Historical Profession* (Cambridge, 1988), 332 - 348.

③ Amy Swerdlow, 'The Congress of American Women: Left-Feminist Peace Politics in the Cold War', in Linda Kerber, Alice Kessler-Harris, and Kathryn Kish Sklar (eds), *U. S. History as Women's History: New Feminist Essays* (Chapel Hill, 1995), 296 - 312; Joyce Antler, 'Between Culture and Politics: The Emma Lazarus Federation of Jewish Women's Clubs and the Promulgation of Women's History, 1944 - 1989', ibid., 267 - 295; Gerda Lerner, *Fireweed: A Political Autobiography* (Philadelphia, 2002); Mary Beard, *Woman As Force in History: A Study in Traditions and Realities* (New York, 1946); and Eleanor Flexner, *Century of Struggle* (1959; enlarged edn., Cambridge, 1996).

出了一种历史范式，从而建立了女性受压迫的理论。这本书包含了原始时期、古典时期、中世纪时期、启蒙时期、法国大革命时期、争取选举权时期的女性地位。书中，她对法国女性的分析引起了全世界的共鸣，并鼓舞了20年后欧洲和美国的解放运动。她认为，不应将女性"他者"的二等地位归因于生理因素：男性制造的文化阻碍了女性价值的自我实现。波伏娃的社会结构主义的新形式是社会性别理论出现的另外一个重要的条件。[1]

140   　20世纪60年代的政治动荡，也为学术界内外研究女性的历史和最终的社会性别史提供了有益的条件。此时，在意大利、法国、英国、西德和美国的校园里出现了学生抗议者。正当历史学家开始涌向反战、民权、黑人权力、新左派、毛泽东思想和反正统文化运动时，历史学家们也被鼓励对研究内容和视角进行调整。非白人的、少数族裔的、工人阶级的学者们涌入了大学，向之前几十年的精英史学提出了挑战。在澳大利亚、拉丁美洲、北美，研究土著群体的历史学家将值得庆祝的发现和定居的故事变成入侵和剥夺的警世故事。这些历史学家没有赋予民族国家兴起以特权，而是转向研究激进运动、奴隶制、阶级的形成以及普通人的社会和文化史。

　　新社会史——法国的年鉴派、德国的日常生活史、意大利的微观史、美国的"自下而上"的历史——需要一种完全不同的资料和假设，这些资料与假设有关什么构成了历史重要性的问题。日记、杂志、口述资料、民俗和普查数据都是重要的，是具有启发作用的文化证据片段。对于很多社会史学家而言，少数族裔的男性要更优于女性。事后看来，汤普森（E. P. Thompson）的《英国工人阶级的形成》（1963）及类似的著作都是雄心勃勃的成年男性叙事。在那些时代，虽然奴役的历史确实将黑人男性复原为强有力的历史发展动力，但它是以奴役女性为代价的。然而，通过日常生活的细节来强调社会经验给女性主义者提供了揭示女

---

[1]　Simone de Beauvoir, *The Second Sex* (New York, 1953).

性的手段。新一代的社会史家不再关注影响深远的政治事件，而是从微观的角度看待现象，并在曾经被视为毫无意义的私人领域取得开创性的发现，在这一领域中大量女性被发现了。[①]

获得学术文凭的大多数女性历史学家已经写作了类似的政治的、军事的、法律的、外交主题，这些主题加固了她们男性同事的事业发展。如今，随着大学内部身份政治的变化，她们开始大胆地研究女性了。后来的很多女性史学家都是大学民主化的产物，而一些女性史学家在二战后则逐渐变成激进的教师。左派的政治活动为奥地利难民格尔达·勒纳写作美国女性史提供了资料。同样，文艺复兴史学家琼·凯利（Joan Kelly），在参加 20 世纪 60 年代民权运动、反战运动和 70 年代早期的支持生育权运动之前，就已经参加示威活动反对种族歧视及反对中南半岛的战争。她的政治信仰将其转型成一名女性史学家——一名逐渐对种族、阶级和社会性别构建等问题敏感的史学家。[②]

141

关心政治的学者开始为女性史学在现代大学中寻求适当的位置。加拿大历史学会中的女性史加拿大委员会为女性史研究提供了一个组织基础，并由此发展为一个领域。它与美国女性史学家的伯克夏大会相似。在新创建的女性主义期刊中发表的文章填补了这一研究领域的空白，同时，专家们开设了全新的女性史课程。在 1971 年，在加拿大的一所大学（多伦多），娜塔莉·戴维斯（Natalie Zemon Davis）和吉尔·康韦（Jill Ker Conway）合作讲授了首个女性史课程。两年后，米歇尔·佩洛特（Michelle Perrott）、法比耶娜·博克（Febienne Bock）、波林·潘特尔（Pauline Schmitt Pantel）在索邦大学讲授了首个女性史课程。首个英国女性史课程是在史学研讨会中出现的，这个研讨会是新社

---

① Spongberg, *Writing Women's History*, 176 - 179; and Georg G. Iggers, Historiography in the Twentieth Century: From Scientific Objectivity to the Postmodern Challenge (Middletown, Conn., 1997), 51 - 77, 101 - 117.

② Lerner, *Fireweed*; and Blanche W. Cook *et al.*, 'Introduction', in Joan Kelly, *Women*, *History*, *and Theory* (Chicago, 1984), p. xvi.

会史稳固发展女性主义目标的一个工具。[①]

在国际上，女性史学发展的最大动力来源于 20 世纪后三分之一的时期中女性主义运动的兴起。自由的、激进的、文化的、社会的和同性恋女性主义者为重新写作全世界女性的历史提供了充分的理由。而且国际妇女史学会（IFRWH）列出了这些年来国家之间相似或不同的研究传统。由于西方国家的历史学家，特别是美国的历史学家，已经带头发展了这个新兴的领域，因此我们知道的女性历史多数都是她们的。在历史研究领域，美国的女性史学家已经相对地被接受了，并且在大学中形成了自己的领域。然而，在澳大利亚和其他地方，女性史的发展动力则来自于其他方面。例如，在希腊，1974 年后，尽管女性运动刺激了大众对女性史的兴趣，但是学术机构仍然对具有女性主义思想的项目持敌对态度。[②] 在英国，女性主义史学受到左派期刊的欢迎，并在理工学院里有所发展，而并非是在主流的综合性大学中获得发展。在巴西，女性史是在女性研究或者女性主义研究的影响之外形成的。在日本也是类似的，尽管学者们将女性主义的视角应用于家庭——这一话题一贯是日本学界的学术兴趣所在。与之形成对比，在加拿大、西班牙、奥地利、苏丹及其他地方的女性史学家已经开始了女性研究项目，这些项目产生于第二波女性主义运动之中。对于她们而言，女性史的研究已经被自觉地应用于反抗学术和现代社会中的性别主义。

142 　　即使是在女性史的发展是出于女性主义者追求的目标的国家，史学家们也已经转向不同类型的历史问题和历史行动者了。美国和英国的历史学家很早就迫切地讲授了女性获得政治权利的历史。当写作女性的选举权运动和女性在其中的主要作用时，她们

---

① Des Jardins, *Women and the Historical Enterprise*, 219 - 225; and Spongberg, *Writing Women's History*, 182.

② Efi Avdela, 'The "History of Women" in Greece', in Karen Offen, Ruth Roach Pierson, and Jane Rendall (eds.), *Writing Women's History: International Perspectives* (Bollmington, Ind., 1991), 423 - 427.

是不遗余力的。在意大利和德国，学术界对资本主义时代早期的劳动性别分工研究产生兴趣。与之形成对比，斯堪的纳维亚的多数女性史最初被置于中世纪的研究之中，而对印度女性的历史写作则主要集中于古代。在东方，女性史一般产生于大量的马克思主义学术之中。在法国，它是通过国家的哲学传统猛然形成的。在巴西，现成可获得的宗教资料引导学者们根据人口统计数据写作了 18 和 19 世纪的女性历史。然而，不幸的是，在巴西的研究中，在社会史和家庭史中发现女性的历史是非常困难的。①

政府、学术、私人对档案馆的资助也改变了女性史研究的国家惯例。伦敦的福西特图书馆、哥德堡大学的女性史档案馆、巴黎的玛格丽特·杜兰德图书馆、波士顿附近的索菲亚·史密斯收藏馆（史密斯学院）和施莱辛格图书馆（拉德克利夫学院），已经吸引了几千名研究者，并且因为资料丰富在这个领域还开启了一些新的研究方向。世界各地研究女性史的能力并非相同：研究人员的项目获得的是各种各样的资料、基金和政策的支持。

早期女性主义史学：“她的历史”（Hestory）

毫无例外，在学术内外的女性解放的表述（20 世纪 60—70 年代）都是“她的历史”（Herstory）——这个术语具有多重内涵。1975 年，格尔达·勒纳成为首批批判女性史是填补史的学者之一，她认为将女性史称为“贡献史”无法对男性概念框架下的历史形成挑战。② 然而，大多数学者则认为这种历史是女性史新

① Karen Offen，Ruth R. Pierson，and Jane Rendall，‘Introduction’，ibid.，pp. xx-xxvii；Noriyo Hayakawa，‘The Development of Women's History in Japan’，ibid.，176；Jane Rendall，‘“Uneven Developments”：Women's History，Feminist History and Gender History in Great Britain’，ibid.，47；and Maria Beatriz Nizza da Silva，‘Women's History in Brazil：Production and Perspectives’，ibid.，369 - 380.

② Gerda Lerner，‘Placing Women in History：Definitions and Challenges (1975)’，in ead.，*The Majority Finds Its Past* (New York，1981)，145 - 153.

概念框架到来的必然先驱。

很显然，她的历史（herstory）是对男性主义事业的驯化：历史通常是他的历史（his story），女性主义者坚信——男性写作男性的历史，最终是为男性服务而不是为女性。与她的历史相关的有效术语是动力（agency），与新社会史一样。她的历史的目标是从女性的视角重新叙述传统上以男性为中心的历史，并且赋予女性经验以特权以便最终使女性具有历史行动者的特征。在这个阶段，历史学家并没有区分是从男性有影响力的领域还是独特的女性领域复原女性；她的历史的权利会发现女性史、揭示女性史，为后来者留下她们所发现的女性史的价值。这些目标的本质在于揭示（绝不是辨别）女性被公共和政治领域中的非同寻常的和著名的事件排除在外的原因在于女性的经验出现在每天的琐事、家庭和私人领域之中。

女性主义者希望"她的历史"可以增强女性解放意识。当现代女性更好地理解女性历史时，她会确认自己的困境（注意到异常），并形成一种跨越时间、空间和文化环境的联结意识。现代女性开始感觉似乎是她们自己造成了她们被压迫的窘状，而且感觉似乎是她们唤醒了社会阶级。因为身份认同是目标，所以历史学家用被认可的术语揭示历史中的女性。尽管一些学者已经开始挑战历史分期的观念和进步的观念，但是由于时间太短而无法改变已被接受的历史分类。文艺复兴真的一种文艺复兴吗？平民时代也是平民女性的时代吗？当女性被放入其中时，赋予时代、动力和运动以特征的传统方式可以成立吗？[1]

大多数"她的历史"的初期工作都是复原历史资料，这是必要的。1970 年，以佛罗伦斯·豪（Florence Howe）为首的女性团体建立了女性主义者出版社（现在位于纽约城市大学中），重印了历史上女性被遗忘的著作。维拉戈（Virago），这个女性出版社

---

[1]　Joan Kelly, 'Did Women Have a Renaissance?' in ead., Women, *History, and Theory*, 19 - 50.

与其他一些小的出版社出版了一些复原"女性价值"和日常生活中的女性的著作。女性主义的图书馆、档案馆、阅览室——伦敦的福西特图书馆、悉尼的杰西施特雷特图书馆、华盛顿的黑人女性史国家档案馆等等——收藏了原始档案。在这个发展迅猛的领域中，最近还设立了学术基金。近些年出现的整理与编辑的学术著作——《成为可见人》（Becoming Visible）（1977）、《隐藏的历史》（Hidden from History）（1973）、《克里奥意识的兴起》（Clio's Consciousness Raised）（1974）——不但发现、还原了女性的历史，而且将女性视为历史发展的动因。① 女性史研究的数量和规模表明，历史学家希望填补被忽略的数十年的历史。

但是重新发现由女性写的或者有关女性的著作，对于某些女性群体要比另一些女性群体更容易一些。中产阶级和上层阶级受过教育的女性长期写作日记、杂志文章、个人通信，她们会保存家庭纪念性物品。君主、专业人士和社会改革家很容易展现自己，而文盲和劳动阶级女性没有时间和意向保留自己的资料。研究非裔美国女性历史的历史学家发现她们的历史研究主题经常被掩藏，她们的思想和感受没有在书面记录中被提及。② 巴西的历史学家也抱怨女性领域的历史资料并不充分："在过去的三个半世纪的巴西历史中，我们不能复原女性的思想和情感。女性的心愿、决定

144

---

① Renate Bridenthal, Claudia Koonz, and Susan Stuard（eds.），*Becoming Visible*： *Women in European History*（Boston，1977）；Sheila Rowbotham，*Hidden from History*：300 *Years of Women's Oppression and the Fight Against It*（London，1973）；and Mary S. Hartman and Lois Banner（eds.），*Clio's Consciousness Raised*：*New Perspectives on the History of Women*（New York，1974）.

② 见 Darlene Clark Hine，'Rape and the Inner Lives of Black Women in the Middle West'，Signs，14（1989），912‐920；Deborah Gray White，'Private Lives，Public Personae：A Look at Early Twentieth-Century African-Century African-American Clubwomen'，in Nancy Hewitt，Jean O'Barr，and Nancy Rosenbaugh（eds），*Talking Gender*：*Public Images*，*Personal Journey*，*and Political Critiques*（Chapel Hill，1996）；and Hazel Carby，'"It Jus Be's Dat Way Sometime"：The Sexual Politics of Women's Blues'，*Radical America*，20（1986），9‐24.

和不满只能通过男性写作的请愿书的官话被猜测出来。"①

在拉丁美洲各国都缺乏女性研究资料，让非洲、"第三世界"和"等级低"的没有写作自己经验的女性发声极具挑战性。在中国帝制时代，受儒家思想影响的历史学家就发现了女性写作的诗歌，但却发现诗歌的作者并没有时间写作，也没有受过训练，不精通散文、不擅于用散文的方式写作。像大多数前现代社会的女性一样，她们在政府档案或者权威文本中的出现是无足轻重的。历史学家对非精英群体的女性进行的研究必须要依靠更多的口述资料，以及从人类学和社会学借用的技术方法。尼日利亚历史学家布兰·阿韦（Bolanle Awe）坚信尽管她的方法并非完美，但是她已经收集了女性的神话、箴言、赞美诗、民间故事，此外还向传统的文本提出了新问题。研究帝国政权下的女性的史学家最终勉强承认，下层人民会以他们无法参与的方式来表达——现在也不能参与。在 20 世纪 80 年代，多元文化批判主义和"文化转向"兴起之前，没人关注视角和阐明经验的能力的问题。②

先锋的女性主义史学家写作了独特的和典型的女性历史，但是前者对于现代女性而言仍然是个谜，而后者对历史而言则是奇异的。女性不能成为专业历史学家叙述的完美替代品，除了某些社会史学家，其他的专业历史学家仍旧选定政治、商业和战争作为重要的研究范畴。在这些领域，只有很少一部分女性被认为有写作价值，但是，这些女性的所作所为似乎是以女性的常态或者女性气质为代价的。传统史学家所定义的严谨的历史，需要文字资料和官方的、合法的记录，这些记录并非是女性写作的，也不

145

---

① Offen, Pierson, and Rendall, 'Introduction', pp. xix, xxviii-xxix; and Bolanle Awe, 'Writing Women into History: the Nigerian Experience', in Offen et al. (eds.), *Writing Women's History*, 214.

② Susan Mann and Yu-Yin Cheng (eds.), *Under Confucian Eye: Writing on Gender in Chinese History* (Berkeley, 2001), 3; and Ranajit Guha, 'The Prose of Counter-Insurgency', in Ranajit Guha and Gayatri Chakavorty Spivak (eds.), *Selected Subaltern Studies* (New York, 1988), 45 - 84.

是写作女性的。此外，"她的历史"所强调的历史中的女性是把她们从语境中——既是社会性别的也是历史的语境中拔出来的，将这些女性置于孤立的和特殊的聚光灯之下，但没有将其与男性或者与其他女性的历史联系起来而显得可以理解。

如果不能挑战历史研究的男性视角，那么"添加女性来搅拌一下"的方法则是无效的。更具持续性的历史需要一种全新的食谱，这种新食谱的各种成分相互结合形成新的历史镜头和元叙述。通过它们，女性以有行动力的主体集体展现出来，而不是以个人代表出现。此前，女性历史的边缘，或与其他人隔离开来。作为研究主题，女性永远不会被不自称为"女性的"或者"女性主义的"历史学家写入历史。

"她的历史"计划首先要增强女性的自我意识，与此同时，它的局限性也逐渐变得清晰了。它缺乏的不仅是一种研究女性的新术语，而且缺乏解释递增地进入视野的压迫的模式。它并没有为女性为何更多地出现在某些领域而非另一些领域，以及为何那些领域继续贬低女性为二等人，提供理论解释。它也没有解释社会性别等级初期是如何构建的，它们随着时间的变化是如何发展的。仅仅追述历史中女性的从属地位是不够的。像娜塔莉·戴维斯和琼·凯利这样的历史学家，曾经号召深入理解性别角色的构建以及它们的意义。女性主义者确实需要一种历史，这种历史应超越叙述、填补和复原的功能。

在寻求解释历史的范式中，历史学家从女性研究和社会科学学科中借用"父权制"的概念，希望阐明女性在历史上受到的集体压迫。一些学者选择在男性与女性的生育角色差异方面分析父权制的起源，而另一些学者则关注女性的性的物化（sexual objectification）分析父权制的起源。起源的这两种理论都聚焦于家庭内部的性别剥削，在家庭中，首先实现了两性权力的差异，随后反映在其他环境中——政治、工厂、市场、法律体系等等。[1]

---

[1] Scott,'Gender',33-34.

确实，如果说女性生活经验也有普遍共同的一面，那就是与男性广泛的公共领域相比较，她们受到了家庭范畴的限制。因此，用父权制解释女性普遍的家庭生活则并非巧合。

146　　　　男性与女性占据两个不同领域的假设有助于整理女性的经验和解释女性长期较低的社会身份。但这种范式是僵硬的，没有为女性是父权制权力的受害者之外的解释留下空间。一些历史学家认为"受害者研究"不再是比不假思索地颂扬女性更有效的解放女性的工具，因此她们改变策略用女性主义自己的术语去评估女性家庭领域的文化。芭芭拉·威尔特（Barbara Welter）、卡罗尔·罗森伯格（Carol Smith Rosenberg）和其他一些人，开始将家庭领域视为女性自觉形成的和强调女性地位和自主权的地方。她们的历史主体并非是能够避开家庭琐事的特殊女性，而是在她们的家庭角色中获得权力的日常模式和具有道德权威的人。[①] 女性的家庭文化，如她们所认为的，是自觉被构建的，在其中她们能享受自己的地位、爱与成就感。这种文化对公共领域具有颠覆性的影响。她们相信，独立领域的范式解释了女性在历史记录中的缺失（这种历史记录已经赋予公共领域以特权），同时也揭示了女性是被赋予权力的主体。

这些研究给出了女性历史中暗淡或快乐的基调细微差别，但它们并没有精准地指出父权制的作用，也没有阐明不同阶级和环境中女性的经验。历史学家开始渴望说明男性与女性之间以及他（她）们内部的关系的变化。但是她们也开始厌倦了专注单独的生理性别；她们想知道人们如何构建了性别——男性气质和女性气质，以及随时间的变化性别关系是如何变化的。父权制的范式到目前为止还是不错的，但是如果没有详细说明女性的优势与劣势，这范式又如何能够解释好女性呢？独立领域的范式可较好地

---

① Barbara Welter, 'The Cult of True Womanhood: 1820 - 1860', *American Quarterly*, 28 (1966), 150 - 174; and Carole Smith-Rosenberg. 'The Female World of Love and Ritual', Signs, 1 (1975), 1 - 29.

用来框套富裕的西方女性的经验，这将她们塑造成有影响力的被赋权的主体。但越来越明显的是，它也设定了受种族、阶级、性取向和民族扭曲的女性气质形象。尽管女性主义史学家成为私人领域和公共领域相对立的理论（很多人认为它们是自由派的和共和党人的政治思想的成问题的构建）的最重要的批判者，但是她们在 20 世纪 70 年代留下的概念框架并没有引起争论。①

　　正如女性主义运动的基础是多元化的，历史学家写作女性的历史和各式各样的议题从而构建女性的生活——节育、激进主义、同性恋、妓女、移民、奴隶、帝国主义等等。对非白人、穷人、第三世界、同性恋等范畴中的女性研究揭示了独立领域作为一种关于理想典范的研究范式的问题，即这些独立的领域是以其他女性为代价而赋予一些女性权利的，或者这些领域并没有揭示在他（她）们的社会里，男性和女性理解性别角色的方式。例如，从表面看来，帝制时期的中国女性，表现出分立领域范式中典型的受害者形象。西方历史学家指出包办婚姻、从夫居、重男轻女、裹脚、纳妾、男女有别等众多父权制行为都是使她们成为受害者的例证。但是强加这种性别组织范式于用不同的术语来表达性别角色的社会之上恰当吗？中国人确实构建了内与外的影响领域，它们分别属于女性和男性，但是它们并非类属于西方的私人和公共的观念，因为"内"与"内"之间的力量是更易变化的、更互补的、更重叠的、更共生的，因而或许更能提高女性的相对地位。②

　　其他历史中的女性体现出了分立领域范式的局限性，既表现

147

---

① 见 Kathleen Canning, *Gender History in Practice*: *Historical Perspectives on Bodies*, *Class*, *and Citizenship* (Ithaca, 2006), 18.

② 见 Dorothy Ko, *Teachers of the Inner Chambers*: *Women and Culture in Seventeenth-Century China* (Stanford, 1994); Patricia Buckley Ebrey, *The Inner Quarters*: *Marriage and the Lives of Chinese Women in the Sung Period* (Berkeley, 1993); Mann and Cheng (eds.), *Under Confucian Eyes*, 2 - 4; and Charlotte Furth, *A Flourishing Yin*: *Gender in China's Medical History*, 960 - 1665 (Berkeley, 1999), 6.

在解释范式上也表现在预设范式上。各种各样的犹太女性和原住民女性生活在一个社会中，其成员界定了不同的影响范围。女性承担主"外"的责任，作为养家糊口者、建造房屋者、熟练的技工、精神领袖及国家领袖。北美印第安部落的女性发现，强加的分立领域，如白人、教士所定义的，比自然的更加令人窒息。在她们转向信仰西方"文明"观念时，她们就已经放弃了对外交和农业生产的影响力，这些职责原本赋予了她们强大的政治和经济权力。①

对独立领域范式的争论，使历史学家逐渐认识到，他（她）们不能再忽视历史中女性间存在醒目差异的事实。女性主义运动中跨国的和多元文化意识的增长也使历史差异问题浮现出来。激进的女性主义杂志《追求》（Quest）问读者是否能"用通用的术语谈论全球女性压迫的问题"。社会学家钱德拉·莫汉蒂（Chandra Mohanty）相信，西方女性主义者只能用怀疑女性范畴的共性。批判者逐渐要求对"空间政治"具有敏感性。埃斯特尔·弗里丹（Estelle freedman）解释说，"在亚洲、非洲、拉丁美洲和中东，从女性的视角看，压迫与自由看起来都各不相同"，但是这种处理观念也有社会经济的、文化的和精神维度。总之，不存在特殊"女性史"这样的内容；女性有"历史"，而且它们必须通过一系列的视角被讲述出来。②

来自少数民族的、同性恋和工人阶级的女性学者，必然地挑战了那些在女性解放之初最先被构建为团结一致和集体意识的思想范式。在 20 世纪 70 年代早期，一些激进的女性主义运动表明，"姐妹情谊是强有力的"，但是后来则告诫叙述者不要以牺牲

148

---

① Joan Jensen，'Native American Women and Agriculture：A Seneca Case Study'，in Vicki L.，Ruiz and Ellen Carol Dubois（eds.），*Unequal Sister：A Multicultural Reader in U. S. Women's History*（2nd edn，New York，1994），70 - 84；and Theda Purdue，'Cherokee Women and Trail of Tears'，ibid.，32 - 43.

② Estelle Freedman，*No Turning Back：The History of Feminism and the Future of Women*（New York，2002），95 - 96.

历史的真实性为代价而将女性集体意识这一抽象的概念具体化。非裔美国学者贝尔·胡克斯（Bell Hooks）断定西方女性主义本身就是必须被承认的种族主义和民族主义的遗产。[①] 为此，南希·翰威特（Nancy Hewitt）描述了阶级利益、宗教教义、种族主义、民族情感、文化差异如何分割了美国女性主义者，事实上，这使女性更加容易对男性产生认同。她坚持主张参政的女性游说黑人女性是为了加固自己的政治权利，而拥有特权的女性通过剥削工人阶级女性提高她们的社会地位和物质享受。无论是否有意，西方女性曾经是帝国统治、毁灭土著女性和被殖民者文化的代理人。白人扩张主义者通过声称给当地人带去文明，而证明了扩张土地的正当性，这通常是通过界定按性别划分的不同领域来完成的。她们认为传统行为，如裹脚、殉葬、一夫多妻、女性割礼、戴面纱等都是野蛮的象征，似乎她们自己的文化中并没有父权制的行为。[②] 事实上，她们的父权制体系利用女性间的差异——一些分而治之的方法——维系了整体男性的优越性。

　　历史学家还参与了第二波女性主义运动的其他争论。在运动中，激进者和工人阶级想知道，当女性没有参与到形成这些制度化的男性主义文化中时，自由女性主义在政治、职业、高等教育中的平等目标是否可取。同样地，激进的和自由的历史学家也正在探讨历史是否应该主张女性和男性的本质相同或者相异，以及是性别结合的还是分离的政治。[③] 在 1986 年，当两名女性史学家，罗莎琳德·罗森伯格（Rosalind Rosenberg）和爱丽丝·喀斯

149

---

① Robyn Morgan（ed.），*Sisterhood is Powerful：An Anthology of Writings from the Women's Liberation Movement*（New York，1970）；and Bell Hooks，*A'int I a Woman*（Boston，1982）.

② Nancy A. Hewitt，'Beyond the Search for Sisterhood：American Women's History in the 1980s'，in Ruiz and Dubois（eds.），*The Women's Movement*，1920 – 1940（Westport，Conn.，1983），261 – 278.

③ Estelle Freedman，'Separatism as Strategy：Female Institution Building and American Feminism，1870 – 1930'，Feminist Studies，5（1979），512 – 529.

乐-哈里斯（Alice Kessler-Harris），在一次关于工作歧视的案件中担任专家证人时，这些问题在美国开始尖锐化。哈里斯使用女性劳动史的知识断定希尔斯公司事实上在现代为女性管理者设置了玻璃天花板的歧视制度。然而，罗森伯格则认为在工作中女性追求不同目标的初衷应该被考虑，因为女性并不总是表现得与男性一样，也并不一定有渴望职业晋升的相同期望。[①] 法庭案例形成的这种紧张关系，表明女性史学家为女性主义者的目标而重新写作历史的严谨性。无论在何处涉及到这个问题，一种更重要的启示都是显然的：如果女性史被期望用于支持女性主义的政治，那么它就不会是支持一种单一的政治。

作为补充和修正的社会性别史

到了 20 世纪 80 年代中期，由于女性史受到理论限制，女性史学家感觉无能为力了。她们不但缺乏解释范式，而且缺乏将女性与其他主题的历史学家联系起来的方法。1985 年，一位历史学家在《历史研讨会》的编者按语中说，"重新发现女性的世界是重要的"，"它可以引导女性史的集中，而且可以使不同领域的历史学家发现容易忽略女性的历史呈现形式。"[②]

凯瑟琳·坎宁（Kathleen Canning）追述了女性史研究的焦点和女性史形成的最终形式。作为主体的、客体的和整体的政治身份的女性分类逐渐瓦解，女性史开始向社会性别转向：

> 促使女性史向社会性别史转变的主要智识力量是多元的。近 20 年的女性史研究的学术成就是重大的，但是它并没有使编年史和历史的概念框架有所动摇。女性主义史学家

---

① Details of Sears v. EEOC in Thomas L. Haskell, *Objectivity is Not Neutrality*: *Explanatory Schemes in History* (Baltimore, 2000), 163 – 166; and Novick, *That Noble Dream*, 502 – 510.

② Rendall, ' "Uneven Developments" ', 49 引用了 1985 年的社论。

对公私的二元主义进行了强有力的批判，并且努力消融或者超越性别／社会性别的差别。然而，家庭／工厂、生产／生育、生产／消费的二元对立仍然持续存在。正如女性主义史学家在经验上和理论上寻求超越或者消融这些二元性一样，她们开始对既定的编年、类别和历史转型理论提出了更根本的挑战。在自然科学和社会科学中，女性主义者对将生理本质主义作为性别不平等的解释进行了批判，强调是话语权力规定了性别和社会性别的分类，并将它们锚定在社会实践和制度中。①

当历史学家判定"社会性别史"应该取代"女性史"时，当 150
然并不存在某个单一的时刻，因为女性确实继续生存于既特殊又普遍的历史中。但是应该存有一种忧患意识，即女性的经验必须被理论化而不仅仅是被描述，亦即女性的经验必须在与男性和其他女性的联系中被研究，而且它的象征性的符号必须被分析、被理解。如果在英语世界的历史学家那儿存在引领我们进入"社会性别时代"的一篇文章的话，它一定是琼·斯科特的"社会性别：历史分析的一个有效范畴"（1986）。这篇文章后来被收录于《社会性别与历史政治学》（1988）一书中。斯科特努力寻求社会性别的理论方法，以及社会性别已回答的和已提出的全部的历史问题。她想要的不仅是为女性主义史学家提供新的方法，而且力劝所有的历史学家直面社会性别，研究它的用途。

尽管生理性别依然存在，但是利用一系列相互联系的分析，以及在语言、制度、观念上的应用，使"社会性别"从"女性"的历史分类中分离出来。琼·凯利在1982年去世前，也注意到了这种相关联的历史的影响。她认为，社会性别会比只凸显女性的历史做得更多，它也将重新定义历史学家曾经绝对接受的编年

---

① Kathleen Canning, 'Gender History: Meanings, Methods, and Metanarratives', in ead., Gender History in Practice, 7 - 8.

和主流叙述。① 斯科特表示赞同，而且她号召历史领域的全部学者使用社会性别来挑战已被接受的方法、范式和历史认识论。尽管"社会性别"最初表示的是两性之间简单的社会或者文化关系，但她提倡的跨学科视角帮助拓展了社会性别的内涵，其中包括男性与女性使用的符号体系。到 80 年代末，致力于将社会性别作为研究主题、研究视角和分析方法的学者们建立了《社会性别与历史》杂志，表现出研究素材的无限性。

斯科特评价了现存的其他女性主义方法的优势和劣势之后，支持后现代主义者的语言转向。我们已经看到，父权制作为一个观念太普遍了而不能帮助理解社会性别关系随时间和环境是如何变化的。尽管出发点是好的，但是它在很大程度上将分析局限于固定的生理性别。相反，马克思主义理论产生于一定的历史条件下，太具有局限性而不能广泛应用于女性。当女性在资本主义之前就从属于男性，而在社会主义政权下继续如此时，如何能将女性被压迫归因于资本主义因素？马克思主义-女性主义者最终将阶级视为压迫的主要范畴，而忽视了女性所经历的压迫的其他形式。一些稍微偏离正统的理论认为经济和社会性别体系都是自发的，但是它们相互作用形成了历史经验。这种变革了的方法为压迫提供了历史的时间和空间意识，它也适用于不同阶级、不同种族女性的经验，与此同时，它显然令社会性别几乎成为展示物质世界的唯一方法。② 与之完全相反，精神分析理论，钻研了表征和潜意识。英裔美国人的客体关系理论家（object-relations theorists）、法国的结构主义者和弗洛伊德心理学的后结构主义者的解释都转向儿童早期阶段的发展，从而寻求社会性别认同的根源。但是后者也通过语言研究了根源问题——为社会性别史学家提供了大量

151

---

① Joan Kelly, 'Did Women Have a Renaissance?'
② Kelly, 'The Doubled Vision of Feminist Theory, Family and Society', in ead., *Women, History, and Theory*, 110 - 155.

的理据。① 然而，精神分析理论的纯粹形式并不令人满意，因为阳具崇拜、恋母情结或者任何男性主义概念表明，认同的形成和社会性别的含义是建立在性别的本质和永恒的对立基础上的。

斯科特分析了每一种研究方法的局限性后，发现后现代主义者从语言来理解和质疑意义的简单方法最有吸引力；后现代主义的方法允许女性主义史学家将社会性别视为流动的，甚至是虚构的，并最终对男性的普遍范畴提出质疑。但是这些方法制造了明显的社会性别标准和实践的人为性和易变性，同时，后现代主义者指出人类创造的知识本身是相对的。② 尽管社会学、人类学、哲学、精神分析学，为分析历史和性别提供了有用的工具，但是语言批判的转向——文本研究，则特别富有成效。米歇尔·福柯（Michel Foucault）、罗兰·巴特（Roland Barthes）、雅克·德里达（Jacques Derrida）已经解构了显而易见的文本观念，研究了斯科特曾思考过的具有代表性的分析。这种方法可以解释与社会性别相关的含义——"变化性"、"波动性"和"社会性别构建的政治本质"。③

一些历史学家对文化史新形式的变革表现出不满。他们认为，将历史资料视为文学文本似乎是悖理逆天的行为，在这些文学文本中，社会性别内涵中的模糊动力相互冲突并且用隐晦的方式表现社会性别自己。经过传统实证训练的历史学家对象征领域是持怀疑态度的，因为他（她）们长期受到的教导是透过不变的物质证据，获得清楚、可知的意义。④ 然而，斯科特向这些历史学家提

---

① 注释中的理论家属于英国学校的是卡罗尔·吉利根（Carol Gilligan）和（Nancy Chodorow）；属于法国学校的首位理论家是雅克·拉康（Jacques Lacan）。见 Scott，'Gender'，33-41。

② 有关斯科特的后现代理论转向及这一转向对社会性别史作用的探讨，见 Joyce Appleby，*Telling the Truth about History*（New York，1994），226。

③ Scott，*Gender and the Politics of History*，4-5。

④ 由于"实证主义的传统"，我并没有涉及到特殊的波普尔式或实证主义的变种的方法，但是涉及到更广泛的归纳和基础研究的方法，这种方法支持了20世纪专业的历史写作。

出挑战，对意义的可获得程度提出了质疑。男性不是一个确定的历史事实，女性也不是。不仅是历史中起重要作用的人具有社会性别，而且人们使用的制度和现代研究者已知的习俗也具有社会性别。逐渐地，在某种程度上，历史学家被迫思考自身的社会性别对其写作历史的影响。斯科特解释说，历史本身并非仅仅是两性的社会组织的变化的记录，也是性别差异认识形成的参与者。批评者认为，如果这是真实的，那么历史学家则失去存在的理由。①

斯科特触及到了学者们的要害，特别是那些强调全知和客观性的学者。但是，随着时代的变化，如果不是完全地陷入到后现代思想中，越来越多的历史学家能反思到他们自身的文化偏见带给他们的历史研究的影响。对于社会性别史学家而言，文化理论的转向已经成为他（她）们的分析工具，而且允许他（她）们用多元的方法研究意义的社会性别化——包括历史自身的实践。一些历史学家已经将与"历史学的"构成相关的男性观念——战争、法律、政治才能，追述至古典时代。尼娜·贝姆（Nina Baym）指出，在美国的南北战争中，女性写作了多种形式的历史，保留了各种纪念品。邦妮·史密斯（Bonnie Smith）则揭示出仅仅在几十年后，历史的学术化成为一种男性化的过程。进入 20 世纪，专业和业余历史（历史学家）获得共识，与男性相联系的观念是科学的、客观的、经验主义的、个人主义的和例外论的，与之相反同女性相联系的观念则是轶闻的、主观的、集体主义的、日常的、琐事的和印象主义的。② 在发现历史的社会性别过程中，我们可以超越她的历史的填补功能，改变历史实践中的男性主义内容和分析方法。最终，我们将共同视女性为历史学家和历史活动

---

① Appleby, Hunt, and Jacob, *Telling the Truth about History*，223 - 231；and Scott, *Gender and the Politics of History*，2.

② Spongberg, *Writing Women's History*，Baym, *American Women Writers and Work of History*，Smith, *The Gender of History*，and Des Jardins, *Women and the Historical Enterprise*.

者：一直以来，她们都存在于男性的名义之下。

社会性别：女性主义者的事业与超越

在 20 世纪 80 年代，社会性别成为女性主义的工具，同时也阐明了其他范畴的身份构建。通过社会性别视角，学者们重新关注了种族和阶级，并最终研究了多层次的性别。既然社会性别可以从交织的历史中显现出来，研究同性恋、酷儿论、易性癖的历史学家则可以更好地揭示随时代的变化而被构建的历史。历史学家们开始强调，性别和社会性别并不是历史的一部分或者一小部分，而是全部，尽管性别和社会性别的变异观念和规范观念之前就已经形成，特别是在 20 世纪性学兴起之前。

在性别的历史中，大部分的工作都是根据福柯对权力的解释和对性压抑的解释展开的。福柯和其他学者一样将性别——不仅是男性的身体，而且也是女性的身体，视为是历史构建的。[1] 到 1990 年，英国哲学家丹尼斯·赖利（Denise Riley）表示，"女性"的类别有"独特的暂时性"，而托马斯·拉克尔（Thomas Laqueur）和辛西娅·伊格尔（Cynthia Eagle）则断言，依据"科学的"因素——从性学家、骨相学家、生理学家到弗洛伊德，形成的分类与解剖学上的男性和女性的分类一样似乎是本质的。[2] 当杰弗里·威克斯（Jeffrey Weeks）提出了"扮演性角色"的观念，朱迪斯·巴特勒（Judith Butler）则想知道女性是被构建为一种"自然事实"还是一种"文化行为"。她推断，"自然"本身，"通过话语约束的表演行为构成的，这种表演行为通过性别

①　Michel Foucault, *The History of Sexuality*: *An Introduction* (New York, 1980).

②　Denise Riley, *Am I That Name*? *Feminism and the Category of* '*Women*' *in History* (Minneapolis, 1988); Thomas Laqueur, *Making Sex*: *Body and Gender from the Greeks to Freud* (Cambridge, 1990); and Cynthia Eagle Rusett, *Sexual Science*: *The Victorian Construction of Womanhood* (Cambridge, Mass, 1989).

分类并在性别分类之中生产了身体"。这种理解涉及的内容是广泛的。结果,男性中心主义和异性恋则成为错误的,受到了挑战。①

像普遍的异性恋一样,"女性"——她的表征、她的性特征、她的身体,已经不稳定了,然而直到 20 世纪 90 年代早期,历史学家仍没有用任何系统的方式探究标准的男性气质。毫无疑问,对研究转向男性的恐惧是与在专注历史中被隐藏的女性的女性主义运动中兴起的性别史密不可分的。批评者警告说,男性研究仅仅是用流行的方式处理以男性为中心的历史。他(她)们指出,对男性主题感兴趣的大批学者都是白人男性并非巧合,这些白人男性并没有察觉到改变现状的风险。另一些人则并不认同,认为揭示权力的运作机制造福了女性主义。② 迈克尔·基梅尔(Michael Kimmel)解释说:"男性仍没有意识到在他们的生活中社会性别的重要性,这使得以社会性别为基础的不平等长期存在。"在展示那些表现得与男性一样的本质内容的构建时,在使那些察觉不到的潜藏的内容可见的过程中,历史学家研究了男性气质并重新写作了历史。男性气质的构建有选择地进行赋权,他们像对待女性一样,压迫和奴役无法参与构建社会秩序却要受社会秩序之害的男性。在 20 世纪 90 年代中期以后,对加拿大到非洲、古代到现代的人类权力关系形成的研究,已经将性别关系表现为一个父权制的历史过程。在 21 世纪,对"男性史"进行评价时,康斯坦丁·迪尔克斯(Konstantin Dierks)认为社会性别已经成为"所有专题研究的标准分析工具的一部分"——这个论断

154

---

① Jeffrey Weeks, *Against Nature*: *Essays on History*, *Sexuality*, *and Identity* (London, 1985); and Judith Butler, *Gender Trouble*: *Feminism and the Subversion of Identity* (New York, 1990), pp. viii-ix.

② Michael S. Kimmel, *The History of Men*: *Essays on the History of American and British Masculinities* (Albany, 2005), 6; and Canning, *Gender History in Practice*, 10.

对女性史自身而言并非那么真实。①

在思考性别差异的文化和理智的构建中，历史学家已经去除以男性主题为中心的研究，质疑了那些明显的男权制度，历史学家还发现了男权背后的意义，这些意义赋予那些之前对其沉默的人以权力。然而这些解释的新可能性也将历史变成了令人畏惧的事业。一方面，后现代主义者为历史学家研究历史中的女性和父权制打开了理论枷锁。另一方面，后现代主义者警示历史学家不要为其所发现的历史强加一些意义。当文化转向为新的解释方法找到方向时，历史学家们现在处于不得不质疑历史中明显的经验、身份和动因的不安状态之中。很多女性解放史专家已经醒悟了，因为她们，如 20 世纪 60 年代鼓励她们的社会史学家一样，将"她的历史"建立在实证可知的经验基础之上。1991 年，琼·斯科特也挑战了"经验"范畴的权威性，认为它并不真实地存在，而且认为语言活动并不能存在于意义之外。她假定，当黑人男同性恋者未必能通过同性恋、黑人、他者等观念，来理解他自己或者他的世界，我们是否可以真的理解他们的经验呢？②

因为文化转向，社会性别历史学家已经被迫面对那些不易回答的问题了。当人们不能分享西方构成的经验范畴时，人们可以真实地理解土著居民、殖民地、前文明时代、非西方的女性如何弄清楚她们的社会性别的历史吗？经验已经无法用研究主体的语言表达出来；但是当用其他语言复原时，呈现在我们面前的是被筛选过的、被歪曲的经验。佳亚特里·斯皮瓦克（Gayatri Chakravorty Spivak）思考了第三世界的研究对象（她使用了寡妇

---

① Konstantin Dierks, 'American Men's History and the Big Picture', *Gender and History*, 18（2006），160‐164. 再见 Karen Harvey and Alexandra Shepard, 'What Have Historians Done with Masculinity? Reflections on Five Centuries of British History, circa 1500‐1950', *Journal of British Studies*, 44（2005），274‐280。

② Joan Wallach Scott, 'The Evidence of Experience', *Critical Inquiry*, 17（1991），773‐797.

殉葬的例证）是否可以或者应该用西方的语言完全展现出来。历史记录者、历史研究者、国家机构已经确定了这种实践的意义，即殉葬并非寡妇自己的意愿。斯皮瓦克认为，尽管历史学家热衷于努力认同她的主题，但是在西方历史叙述中，殖民地人民通常被构建为"他者"。在此，她指出，当人们不能对过去和现在的人们进行有机的联系时，"女性主义"的历史是西方史学的进程不可逾越的问题。社会性别史学家具有了比后现代更激进的视角后，发现这些问题也深深地影响了其意识。[①]

多元文化论和后结构主义批判的兴起已经为详细写作历史上女性的经验，及视历史中女性的经验为必须解决的问题做了很多努力，然而女性史较早的推广者并不知道这种趋势会削弱她们意图通过记录她们集体斗争而将女性联合起来的初衷。认为女性可以分享某种共同意识或具有本质上共同性的首批写作"她的历史"的作者被认为具有政治意图。但是过多的差异性认识导致了女性史的碎化和无核心化。一些人担心统一的作用已经在女性史中被去除，担心对社会性别史研究的展开会削弱女性史学中的女性主义力量。女性史曾经强调女性的作用和生活经验，而现在女性史的目标不再是研究女性的困境，而是使用社会性别语言理解国家、帝国等的抽象构建。女性史的写作曾经是政治行为；在语言学转向后，一些人担心女性史会沦落为一种智性活动。

凯思琳·坎宁（Kathleen Canning）认为，社会性别促进了对身份的广泛质疑，但并非是以女性史学的女性主义目标为代价的。她阐明："社会性别史没有写作过多的女性，因为它重新定义了研究的术语。"[②] 政治分歧、意识分歧和代际分歧最终为大学中女性研究赢得了"女性"或者"社会性别"院系的称号。很多

---

① Gayatri Chakravorty Spivak, 'Can the Subaltern Speak?' in Cary Nelson and Lawrence Grossberg (eds.), *Marxism and the Interpretation of Culture* (Chicago, 1988), 271-317.

② Canning, *Gender History in Practice*, 61.

女性解放史学家相信，她们开始于 20 世纪 70 年代的使女性可见的努力并没有被包含在内；她们会继续保卫带来真正的而非象征性的、摆脱阴暗的女性的历史记起她们共同的作为人而斗争的历史。当较年轻的历史学家肯定恢复女性经验的目标后，她们逐渐注意揭示新的真相，这些真相有时似乎与女性自身无关。

琼·斯科特预料到学者和行动主义者之间会存在必然的矛盾，但她坚持政治和社会性别史（与"女性史"相反）"之间不是相互对立的，在发现女性主题方面也不是对立的"。[①] 她希望，社会性别史不要脱离激进的政治，后现代主义理论则实际可以激励后来者。社会性别分析最具革命性的努力是将历史实践视为一个整体。它出现在本章是附带性的，其他的观察者将性别分析视为新文化史的生命力。确实，在早期，法国的女性主义者和女性史学家对社会性别的社会构建进行了假定，即社会性别可能会开启对固定身份的质疑，这种质疑成为文化转型的缩影。

在某些方面，对理论、方法和行为的争论可以将我们带回到玛丽·比尔德那里，她曾试图使它适应于女性史的包容性传统。尽管她从理论性的史学家那借用了理论观念，但是，她最终相信她的社会性别史的初期形式可以在学术外进行实践并且由女性自己掌控。当然，社会性别的分析范畴已经成为一种学术工具，而不仅是比尔德所偏爱的历史学家的工具，但是，我们不能忘记社会性别分析的起源是同女性主义运动联系在一起的，这些运动来自于象牙塔之外。无论现在还是未来，女性史和社会性别史都将共享一种揭示经验的目标和解释形成这种经验并赋予它以意义的目标之间的张力。

156

主要史料

● Abbot, Edith, *Women in Industry: A Study in American*

---

① Scott, 'Women's History', in ead., *Gender and the Politics of History*, 27.

Economic History (New York, 1910).

- Anderson, Bonnie S. and Zinsser, Judith P. , *A History of Their Own: Women in Europe from Prehistory to the Present*, 2 vols. (New York, 1988).

- Anthony, Susan B. , Stanton, Elizabeth Cady, and Gage, Matilda Joslyn, *History of Woman Suffrage*, 3 vols. (New York, 1881).

- Beard, Mary, *On Understanding Women* (New York, 1931).
  ——*America through Women's Eyes* (New York, 1933).
  ——*Woman As Force in History: A Study in Traditions and Realities* (New York, 1946).

- Bridenthal, Renate, Koonz, Claudia, and Stuard, Susan (eds.), *Becoming Visible: Women in European History* (Boston, 1977).

- Butler, Judith, *Gender Trouble: Feminism and the Subversion of Identity* (New York, 1990).

- Clark, Alice, *Working Life of Women in the Seventeenth Century* (New York, 1920).

- Beauvoir, Simone de, *The Second Sex* (New York, 1953).

- d'Héricourt, Jenny P. , *A Woman's Philosophy of Woman or Woman Affranchised* (New York, 1864).

- Foucault, Michel, *The History of Sexuality: An Introduction* (New York, 1980).

- Freedman, Estelle, 'Separatism as Strategy: Female Institution Building and American Feminism, 1870 - 1930', *Feminist Studies*, 5 (1979), 512 - 529.

- Hartman, Mary, S. and Banner, Lois (eds.), *Clio's Consciousness Raised: New Perspectives on the History of Women* (New York, 1974).

- Hewitt, Nancy A. , 'Beyond the Search for Sisterhood: American Women's History in the 1980s', in Vicki Ruiz and Ellen Carol

157

Dubois（eds.），*Unequal Sisters: A Multicultural Reader in U. S. Women's History*（2nd edn, New York, 1994），1 - 19.

- Hine, Darlene Clark, 'Rape and the Inner Lives of Black Women in Middle West', *Signs*, 14 （1989），912 - 920.

- Hooks, Bell, *A'int I a Woman*（Boston, 1982）.

- Kelly, Joan, *Women, History, and Theory*（Chicago, 1984）.

- Kimmel, Michael S. , *The History of Men: Essays on the History of American and British Masculinities*（Albany, 2005）.

- Laqueur, Thomas, *Making Sex: Body and Gender from the Greeks to Freud*（Cambridge, Mass. , 1990）.

- Morgan, Robyn（ed.），*Sisterhood is Powerful: An Anthology of Writings from the Women's Liberation Movement*（New York, 1970）.

- Offen, Karen, Pierson, Ruth Roach, and Rendall, Jane（eds.），*Writing Women's History: International Perspectives*（Bloomington, Ind. , 1991）.

- Pinchbeck, Ivy, *Women Workers and the Industrial Revolution 1750 - 1850*（London, 1930）.

- Riley, Denise, *Am I That Name? Feminism and the Category of 'Women' in History*（Minneapolis, 1988）.

- Rowbotham, Sheila, *Hidden from History: 300 Years Women's Oppression and the Fight Against It*（London, 1973）.

- Russett, Cynthia Eagle, *Sexual Science: The Victorian Construction of Womanhood*（Cambridge, Mass. , 1989）.

- Scott, Joan Wallach, *Gender and the Politics of History*（New York, 1988）.
  —— 'The Evidence of Experience', *Critical Inquiry*, 17 （1991），773 - 797.

- Smith, Bonnie G. , *The Gender of History*（Cambridge, Mass. , 1998）.

- Smith-Rosenberg, Carroll, 'The Female World of Love and Ritual: Relations between Women in Nineteenth-Century America', *Signs*, 1 (1975), 1 – 29.

- Spivak, Gayatri Chakravorty, 'Can the Subaltern Speak?' in Cary Nelson and Lawrence Grossberg (eds.), *Marxism and the Interpretation of Culture* (Chicago, 1988), 271 – 317.

- Warren, Mercy Otis, *History of the Rise, Progress, and Termination of the American Revolution* (Boston, 1805).

- Welter, Barbara, 'The Cult of True Womanhood: 1820 – 1860', *American Quarterly*, 28 (1966), 151 – 174.

参考书目

- Appleby, Joyce, Jacob, Margaret, and Hunt, Lynn, *Telling the Truth about History* (New York, 1994).

- Baym, Nina, *American Women Writers and the Work of History*, 1790 – 1860 (New Brunswick, 1995).

- Canning, Kathleen, *Gender History in Practice: Historical Perspectives on Bodies, Class, and Citizenship* (Ithaca, 2006).

- Des Jardins, Julie, *Women and the Historical Enterprise in America: Gender, Race, and the Politics of Memory*, 1880 – 1945 (Chapel Hill, 2003).

- Downs, Laura Lee, *Writing Gender History* (London, 2004).

- Goggin, Jacqueline, 'Challenging Sexual Discrimination in the Historical Profession: Women Historians and the American Historical Association, 1890 – 1940', *American Historical Review*, 97 (1992), 769 – 802.

- Hufton, Olwen, 'Women, Gender and the Fin de Siécle', in Michael Bentley (ed.), *Companion to Historiography* (London, 1997), 929 – 940.

158

- Lerner, Gerda, *Fireweed: A Political Autobiography* (Philadelphia, 2002).

- Mann, Susan and Cheng, Yu-Yin (eds.), *Under Confucian Eyes: Writings on Gender in Chinese History* (Berkeley, 2001).

- Mongia, Radhika, 'Gender and the Historiography of Gandhian Satyagraha in South Africa', *Gender and History*, 18 (2006), 130 – 149.

- Novick, Peter, *That Noble Dream: The 'Objectivity Question' and the American Historical Profession* (Cambridge, 1988).

- Primi, Alice, 'Women's History According to Jenny P. d'Héricourt (1809 – 1875), "Daughter of her Century"', 18 (2006), 150 – 159.

- Psarra, Angelika, ' "Few Women Have a History": Callirhoe Parren and the Beginnings of Women's History in Greece', *Gender and History*, 18 (2006), 400 – 411.

- Spongberg, Mary, *Writing Women's History since the Renaissance* (New York, 2002).

- White, Deborah Gray, 'Private Lives, Public Personae: A Look at Early Twentieth-Century African-American Clubwomen ', in Nancy Hewitt, Jean O'Barr, and Nancy Rosenbaugh (eds.), *Talking Gender: Public Images, Personal Journeys, and Political Critiques* (Chapel Hill, 1996).

- Wierling, Dorothee, 'The History of Everyday Life and Gender Relations: On Historical and Historiographical Relationships', in Alf Ludke (ed.), *The History of Everyday Life: Reconstructing Historical Experience and Ways of Life* (Princeton, 1995), 149 – 168.

金利杰　译　姚冰淳　校

第八章　环境史

J. R. 迈克尼尔

　　在职业历史学家中，20 世纪大部分最具影响的创新都源自欧洲。意大利人发起了微观史学，英国人开创了人类学社会史。其中影响最大的是，法国年鉴学派利用社会科学的所有成果来创立他们有时候称之为总体历史的东西。与以上历史不同，环境史最初成形于美国。本章将概括论述环境史的发展，探讨其起源和壮大，其弊端和反常，并对其最为活跃的领域给出评价。[①]

　　虽然学术并不是奥林匹亚竞技场，但却存在不同国家的学术团体，有时一些团体以某种方式获得了比其他团体更大的国际影响。然而这种突出地位持续很少超过几十年。在环境史中，美国学者在 20 世纪 70 和 80 年代所做的关于美国环境史，尤其是美国西部地区环境史的研究，就取得了这种影响力和卓越地位。但是在 21 世纪初，他们似乎已经失去这种先导性。这标志着该领域的健全和成熟：1980 年后的环境史开始在世界各地壮大，学者们找到了各自的范式、路径和视角，这些都不同于最初在美国情境下发展出的研究方法。

[①] 对此，迈克尼尔有一个更加详细但却有点陈旧的论述，见 J. R. McNeill, 'Observations on the Nature and Culture of Environmental History', *History and Theory*, 42 (2003), 5 - 43。

什么是环境史？

和历史的任何其他分支一样，环境史对不同的人意味着不同 160
的东西。我倾向的定义是：环境史是"人类社会和自然的其他部
分之间关系的历史"。这包括三个主要的研究领域，当然这三个
领域有交叉之处，彼此之间也没有严格固定的边界。

第一个领域是对物质环境历史的研究——人类生存与森林、
青蛙、煤炭和霍乱。人类活动对自然其他部分的影响，以及自然
对人类事务的影响是该研究的题中之义，这两部分各自总是处于
流变之中，也总是在互相影响。这种形式的环境史把人类历史置
于一个更为丰富的情境——地球和地球上的生活情境，并意识到
人类活动是一个更大的故事中的组成部分，在这个故事中人类并
不是唯一的演员。[①] 实际上，以这种形式展开的历史研究工作，
大部分关注的都是过去的两百年，正是在这两百年中，工业化和
其他因素一起，增强了人类对环境进行改变的力量。

第二个领域是政治性的以及和政治相关的环境史。该领域主
要关注自觉的人类活动的历史，即人类调控社会和自然之间的关
系，以及社会群体之间在环境事务方面的关系的历史。比如，土
壤保持、污染控制就属于该类型的环境史，在土地和资源使用方
面的社会斗争大概也属于此类。在资源方面的政治斗争与人类社
会一样古老，几乎是无处不在的。在此，一群牧人和另一群牧人
之间关于牧场的争论（contest）不在我使用的"环境史"之列，
但是关于一块土地应该被用作牧场还是耕地的斗争（struggle）
却是"环境史"。两者的差别在于，斗争的结果对土地本身，以
及对卷入斗争的人都有重大影响。实际上，政策相关的环境史

---

① 对该原则的进一步展开，见于 David Christian and Fred Spier 的 'Big History'。
参考 Christian, *Maps of Time*（Berkeley, 2004）; and Spier, *Big History*
（Amsterdam, 1996）。

最早向前追溯到十九世纪晚期。当然，更早期的一些土地保护、空气污染法令，或者国王为了王室狩猎乐趣而采取的保护神赐动物的措施，这些也属于政策相关的环境史。之所以追溯到十九世纪晚期，原因在于只有到了这个时期，民族国家和社会整体上才采取了系统的举措来调节它们和环境的相互关系。由于这些举措是间歇性的，其效果往往较为有限，因此这类环境史大多限于 1965 年以来的年代，此时国家和环境组织的举措明显都更为积极。

环境史的第三种主要形式属于文化史和思想史的一个分支。这种形式的环境史关注的是关于社会和自然的关系，人们的所思、所信和所写，以及不太常见的，其所画、所雕、所唱以及所舞。这类例子存在于数万年前的澳大利亚原住民的岩洞壁画，以及西南部欧洲的洞穴艺术。然而总的来说，这第三种环境史的绝大多数还是来自出版的文本，这和思想史的情况类似，它主要研究在主要的宗教传统中或者更为常见的，在影响深远的（有时候不太有影响的）作者，如从甘地到奈斯（Arne Naess）的作品中包含的环境思想。这类环境史偏重研究个体思想家，同时也扩展到把对流行的环境保护作为一种文化运动进行研究。

相对于历史的其他形式，环境史更加是一种交叉学科的研究。该领域的许多学者是训练有素的地理学家或历史生态学家。除了一般历史学者惯常使用的出版文献和档案文献，环境史家通常还使用从生物档案中提取的发现（如花粉沉淀物，能告诉我们之前的植被格局），同样地，他们也使用地理档案（如土壤剖面，能告诉我们过去的土地使用情况）。环境史的研究对象通常也是历史地理或者历史生态学中的研究对象，虽然它们关注资料来源的种类往往不同。举例来说，在气候史研究领域，至少有六个学科的学者对其进行研究，其中包括主要以文本为基础的历史学家。不同于自然科学，目前为止多数环境史是由个体学者开展的，而不是由团队进行研究。

环境史（作为一种自觉的事业）的起源和其制度化

　　和思想界的任何转变一样，环境史有着错综复杂的根源。现存最早的一些文献，如《吉尔伽美什史诗》讲述的就是人类行为造成的环境变迁（具体来说是砍伐雪松林）。学者们，著名的如伊本·赫勒敦（Ibn Khaldun）和孟德斯鸠很早以前就发现，自然界的变化，尤其是气候变化是导致人类行为变化的关键因素。历史地理学家绘制了 1870 年后的景观变化。在职业历史学家中，对地理限制和影响的认识早已是有目共睹的事实，虽然这种认识并不是普遍的。在那本也许是 20 世纪职业历史学家写作的最具影响力的著作《地中海》（3 卷本，1949）中，布罗代尔把相当大的篇幅用来论述地理和环境。①

　　然而环境史作为一种自觉的学术活动，仅仅是在 1970 年左右兴起的。同思想生活中的其他活动一样，环境史从社会中广泛地吸取能量，不断壮大。当然，在世界范围内，1960 年代和 1970 年代见证了流行的环境保护论作为一种文化和政治力量的联合。在一些地区比在另一些地区更强些，在不同的背景下有着不同的发展形式。在美国，它有助于一些历史学家，最初主要是美国史学者在思想方面和制度方面联合起来，发起环境史研究。这些历史学家有纳什（Roderick Nash）、沃斯特（Donald Worster）、弗雷德尔（Susan Flader），以及一位研究古地中海的历史学家休斯（Donald Hughes）。一些学者认为，纳什是使用"环境史"一词的第一人，他著有一部关于环境主题的思想史——《荒野和美国心灵》（*Wilderness and the American Mind*）（1967）。

　　从纳什的书出版到 1985 年期间，一小部分书成为了美国环境史的基础文献。首先就是克罗斯比（Alfred W. Crosby）的《哥

162

---

① 译为 *The Mediterranean and the Mediterranean World in the Era of Philip II*, 2 vols. (New York, 1972)。

伦布大交换》（*Columbian Exchange*，1972），该书题目是极少数几乎每位历史学家都用到的词汇之一。而当时的事实却是，克罗斯比很难找到一家出版社出版他的这本揭露 1492 年以后经常性地跨越大西洋的非同寻常的生态后果。沃斯特的《风暴区》（*Dust Bowl*，1978）考察的是美国历史中的一个经典论题，其论述给该论题带来了新的方向。克洛农（William Cronon）的《土地的变化》（*Changes in the Land*，1984）探究了新英格兰南部地区从 1600 年到 1800 年间风景的变化，该书获得了极大成功，也引起很多效仿之作。沃斯特和克洛农很快成为美国环境史研究中最有影响力的人物，随后加入了怀特（Richard White），他和克洛农一样在其大多数研究中着重研究美国印第安人，还有莫尘（Carolyn Merchant），他把女性置于研究中心。莫罗斯（Martin Melosi）和塔（Joel Tarr）则是城市环境史的先导人物。①

　　主要由于这些领军性学者的工作，环境史在美国史研究的纷繁局面中获得了一席之地。在新兴的美国史分支领域，只有妇女史的接受度相比更为广阔。我认为，也只有在印度，环境史家才成功获得了和其美国同行一样的来自学术界的充分关注。

　　这些美国学者继续产生有影响力的作品，同样引起了国际关注。全世界那些考虑进行一场环境转向的历史学家经常阅读这些学者，尤其是沃斯特和克洛农的作品，同时他们构想着自己的研究计划。以沃斯特为例，他关于干旱和灌溉的研究，在美国以外的许多地方似乎都有相关性。② 而克洛农、克罗斯比和怀特关于

---

① Richard White，*The Roots of Dependency：Subsistence，Environment，and Social Change among the Choctaws，Pawnees，and Navajos*（Lincoln，1983）；Carolyn Merchant，*The Death of Nature：Women，Ecology and the Scientific Revolution*（San Francisco，1980）；Martin Melosi，*Garbage in the Cities*（College Station，Tex.，1981）；and Joel Tarr，*The Search for the Ultimate Sink：Urban Pollution in Historical Perspective*（Akron，OH，1996）。

② 在 *Rivers of Empire*（New York，1985）中，沃斯特借用魏特夫（Karl Wittfogel）关于中国历史中的灌溉管理的观点，但魏特夫的观点现在看来是相当不可信的。

文化冲突和殖民化的论题，在那些关注亚洲和非洲殖民冲突的作者那里找到了感兴趣的读者。怀特的"中间地带"概念似乎有助于学者对中世纪中部欧洲和德川幕府时期日本的相关研究。[①]

163

　　这些美国学者所产生的重大影响，部分要归功于体制原因。第一代历史学家在1976—1977年成立了美国环境史学会（ASEH），到1980年代初该学会已经开始定期会议。最重要的是，学会于1976年开始出版期刊，即现在的《环境史》（*Environmental History*）。而且，和在所有历史领域一样，美国学者更具研究活力，相对而言也更多学术资助，以及事实上，世界上的许多历史学家都读懂英语。相比来说，环境史的制度化在其他地区出现地则要晚些。[②]总而言之，美国学者比其他地区的环境史家有着更为稳固的体制基础。从数量上看，在21世纪初，美国学者仍然居先，粗略算来几乎占到了2010年世界环境史家的一半。

　　然而美国历史学家在思想方面的突出地位开始消退。其他地区的学者很快发出了他们自己的声音，同时意识到其美国前辈的工作对他们自己研究的相关性是有局限性的。例如，美国环境史家对荒野的关注在世界上大多数国家都少有回应。除此之外，虽然该领域的几乎所有学者都能阅读美国学者的作品，但是美国学

---

① Cristoph Sonnlechner，'Landschaft und Tradition：Aspekte einer Unweltgeschichte des Mittelalters'，in C. Egger and H. Weigl（eds.），*Tex-Schrift—Codex：Quellenkundliche Arbeiten aus dem Institut für Osterreische Geschichtsforschung*（Vienna，2000），123‐223；and Brett Walker，*The Conquest of Ainu Lands*（Berkeley，2001）.

② 例如，欧洲环境史学会于2001年开始常规会议。拉丁美洲和加勒比地区环境史学会（SOLCHA）于2003年开始运作。加拿大的一个环境史家网络（（NiCHE）于2006至2007年初具规模；南亚和东亚环境史研究机构分别成立于2007和2009年。2006至2008年间成立了一个全球环境史综合团体。《环境和历史》（*Environment and History*）期刊于1995年创刊，主要刊发英国、欧洲和帝国环境史方面的论题。一份荷兰语和弗兰芒语的期刊 *Tijdschrift voor Ecologische Geschiedenis*，于1999年成为正式年刊。2004年成立了克罗地亚语的 *Ekonomska i ekohistorija*。《全球环境》（*Global Environment*）于2008年成立，该刊以意大利为基点，但其视野是国际性的。

者却不能（或者选择不）阅读其他地区学者的作品。长时期以来，用西班牙语、德语、意大利语等语言写成的环境史的比例在增大，而多数美国人并不能读懂。一些重要的作品，如拉德卡（Joachim Radkau）《自然和权力》（*Nature and Power*，2000）被翻译成英语，但仅仅是一小部分。所以，随着环境史研究逐渐全球化，思想的交流扩大了，但不均衡：大体来说，世界各地的人们都能读懂那些卓越美国人的著作，而美国人由于语言或者其倾向性，只在他们自己中间互相阅读。这并不像听上去那样好像被遮蔽了：美国人是如此之多，到 1990 年代为止，仅仅跟上他们的生产步伐已经成为一个全职工作。[①]

对环境史的批评

语言问题、学术训练问题和倾向问题也向人们表明环境史的三个主要弱点。首先，环境史对把民族国家作为分析单位时的尴尬应对。一个多世纪以来，大多历史学家都以国家形式界定自身，如作为日本历史学家、俄国历史学家、加拿大历史学家或者墨西哥历史学家。出版业和职业市场强化了这种社会化。从对语言技能的投资来看，一个学习土耳其语言的人去研究中国历史，这是没有回报性的。此外，许多档案是由国家政府保存，记录的也是一个单一民族国家的行为。很少有历史学家自认为是一段历史时期内（如 1600—1650）世界范围内的专家，实际上多数人认为这种想法是很荒谬的。同样地，他们认为做世界范围内跨时期的专家，比如在种植园方面，或者在修道制度，或者在天花方面的专家，想法都是荒谬的。在大多数历史学家眼中，这些之所以是荒谬的，主要原因在于用原始语言阅读文献的重要性，这种选

① 这是一个概括性论断，当然也有特例，如 Karl Jacoby，著有 *Crimes against Nature：Squatters，Poachers，Thieves and the Hidden History of American Conservation*（Berkeley，2001），该书关注到印度学者、非洲研究者和英国学者的研究，这些研究把环境保护看作是精英阶层强加给不情愿的农民阶层的。

择的优先性是无可争议的。然而，该优先性选择却不太适合大多数形式的环境史。环境史的研究对象部分来说是自然现象，而自然现象并不理会政治边界。大象、海牛、二氧化硫不受惩罚地跨越边界而流动迁移。在人们对自然的看法方面，文化和思想界的潮流几乎也和自然界一样在国家之间自由迁移，比如现代的环境保护论作为一场运动在 1960 年代和 70 年代席卷世界就是明证。只有在政策和政治性环境史领域，历史学家对国家作为分析单位的偏好才是适当的。这种对国家规模的历史研究的偏好虽然有所减弱了，但仍然是其主流传统，该偏好对许多类型的历史研究来说都是成问题的，而对环境史的问题尤大。

环境史的第二个问题是，它被认为是由枯燥又重复的悲伤故事构成。[①] 环境史家宏大地把这种写作风格的倾向叫作"衰落"。在 1970 年代和 80 年代，许多学者在环境史中发现一个契机来批评他们自身或者他人对社会的环境的记录，并书写了"衰落叙事"。这些叙述有着可信度的不同，环境史家定位于过去的那些在生态方面谨慎而克制的社会，或者至少是生态系统未遭破坏的一个较好的历史时期。自从那些太平而美好的日子以来，一切似乎都在无情地走下坡路。

这种批评的分量随着时间的推移已经削弱了。1980 年代以来，环境史家已经失去了他们部分的政治抱负和道德高度，尤其在欧洲和北美，他们开始倾向写环境变化而不是"失落"和"退化"。他们写作的故事越来越复杂，开始意识到下述可能性：环境变化对一些人和物种来说是好的，而对另外一些人和物种来说则是不好的。[②] 利奥波德（Aldo Leopold）的"土地伦理"有一个有

165

---

① Simon Schama 就是这样一个对此感到悲哀的学者，见其 *Landscape and Memory* (New York，1995)，13。

② 对美国学者（Americanist）中的这些研究趋向做出的有益评论，见于 Peter Coates，'Emerging from the Wilderness (or, from Redwoods to Bananas)：Recent Environmental History in the United States and the Rest of the Americas'，*Environment and History*，10（2004），407‑438。

趣的阐述："当一个事物倾向于保护生物共同体的完整、稳定和美丽的时候，它就是正确的，反之就是错误的。[①]"随着越来越多的研究中出现的越来越多的复杂面，该阐述看上去越来越不适宜作为环境史的指导原则。而且，历史学家发现了在环境变化方面鼓舞人心的故事，比如1965年以来许多城市的空气污染降低了，以及禁止使用含氯氟烃的外交协议的出台（因此臭氧层的消失减缓了），这些几乎不能被视为退化。

与这种对衰落不满相关的，是对退化叙述的批评。该批评认为，退化叙述有意无意地谴责了其他人，尤其是非洲人的不恰当的生态行为。环境史往往把退化看作是非洲土地使用的后果，这受到人们的质疑，认为是充斥了殖民主义的论断，该论断暗含着非洲人不应该对自己的生态系统有主权。[②] 一般而言，这种看法只适用于欧洲或者美国学者写作关于欧洲或美国的前殖民地或印第安社会。

环境史的第三个主要问题是环境决定论。半个世纪多以来，社会科学和历史学的学者们都对环境决定论保持了高度敏感，这是由于二十世纪初的过度热衷［比如，地理学家亨廷顿（Ellsworth Huntington）］，以及为纳粹开脱而诉诸的生物决定论。因此，任何用对环境决定论或者生物决定论的强调来解释事物的作为都受到反对。克罗斯比的《生态帝国主义》（*Ecological Imperialism*，1986）就是这样一个例子。该书认为，欧洲帝国主义在温和的美洲、澳大利亚、新西兰取得胜利，很大程度上归功于病菌、植物和动物的无意识的集体协作，它们为帝国主义的进入，也为原住民的近乎灭绝和殖民社会的建立铺平了道路。对一些人来说，克罗斯比的这个论述走得太远了，似乎在为欧洲人犯下的反人道主义罪责开脱（而一种对克罗斯比的正确解读则不这

---

① 出自 Aldo Leopold，*The Sand County Almanac*（New York，1949）。
② James Fairhead and Melissa Leach，*Misreading the African Landscape*（Cambridge，1996）。

样认为）。对另外一些人来说，它似乎把能动性和因果性抽离了人类选择和社会机制，而是置于病毒、羊群和蓝草中（某种意义上说克罗斯比是这样做的）。戴蒙得（Jared Diamond）的广受好评的畅销书《枪炮、病菌与钢铁》（*Guns，Germs，and Steel，* 1997）在我看来并不是、但戴尔蒙和其他人都认为是环境史著作，该书激起了尖锐的批评，因为它试图用环境论的术语来解释世界上长期以来的财富和权力的分布。[1]

世界环境史研究一览

虽然对环境史有着诸多批评和抱怨，但1970年代以来，环境史研究已吸引了世界上数以万计的学者加入进来。然而，环境史进入职业历史的程度在各个地区和各个时期有很大不同。关于时期，大体而言，对于离现在越往前的时期，环境史家展现出的兴趣越少。有两个例外，第一是古代地中海地区，那里相对丰富的资源和其他有趣的事物吸引了历史学家和古典学家来进行环境史方面的研究；[2] 第二是1960—1970年代，期间环境论的盛行激起了历史学家广阔的想象力。

从地区上说，情况更加不均衡。这里我将概括地提到世界上的部分地区，而仅对南亚和拉丁美洲稍作细述。澳大利亚和新西兰的历史学家自从1990年代初以来开始积极热情地加入到环境史研究中。两国的主要论题都是殖民主义带来的生态变化，尤其是当地物种的灭绝和外来物的传播。殖民时期的相对短暂，以及生态

---

[1] 参见，例如 Patricia McAnany and Norman Yoffee（eds.），*Questioning Collapse* （New York，2009），该书包括十几篇对戴尔蒙的《崩溃》（*Collapse*）（New York，2005）和《枪炮、病菌与钢铁》（New York，1997）的批评文章。

[2] 早期工作包括 J. Donald Hughes，*Ecology in Ancient Civilizations*（Albuquerque，1975）；and Russell Meiggs，*Trees and Timber in the Ancient World*（Stuttgart，2001）；and Charles Redman，*Human Impact on Ancient Environments*（Tucson，2001）。

变化节奏的相对简洁，使得该论题在历史学家中有着无可抗拒的吸引力，虽然其他课题如原住民和毛利人对生态（政治上敏感）的影响，以及现代环境保护论的含义，也有历史学家在研究。①

东南亚的历史学家，主要是泰国、马来西亚和菲律宾的历史学家可能有着自己在环境史方面的研究进度；对此我不是很清楚，但我的同事告诉我情况并非如此。班科夫（Greg Bankoff）和伯姆轧德（Peter Boomgaard）引领了东南亚环境史走向国际舞台，他们的重点也分别是在菲律宾和荷属东印度群岛的殖民主题。②东亚的情况与此形成鲜明对照。如果我的消息准确的话，中国、日本和韩国历史学家直到 2010 年还对环境史少有兴趣，但是外国学者对中国的研究却充分发展了环境史这一研究路径。在此，大多数工作来自和经济史相近的学者，主题也主要是农业、灌溉和政府管理。③然而 2000 年以后，原本研究非洲的一名学者包茂宏，开始引领了中国的环境史研究。④

暂时把南亚放在一边，亚洲其他地区几乎都是环境史的未知领域，

---

① 这方面的开创性工作有 Geoffrey Bolton, *Spoils and Spoilers：Australians Make Their Environment*, *1788 - 1980* (Sydney, 1981)，该书坚定地处于衰败论传统中。更晚近地，Libby Robin, *Defending the Little Desert：The Rise of Ecological Consciousness in Australia* (Melbourne, 1998)；关于新西兰的情况，参见 Tom Brooking and Eric Pawson (eds.), *Environmental History of New Zealand* (New York, 2002)。对此的综述，可以参见 Donald Garden, *Australia, New Zealand, and the Pacific：An Environmental History* (Santa Barbara, Calif., 2005)。或许最具争议也最有影响的研究来自哺乳动物学家 Tim Flannery, *The Future Eaters* (Chatswood, 1994)。

② 参见，比如 Greg Bankoff and Peter Boomgaard (eds.), *A History of Natural Resources in Asia* (Basingstoke, 2007); and Boomgaard, *Southeast Asia：An Environmental History* (Santa Barbara, Calif., 2006)。

③ 有影响的概述包括 Mark Elvin, *The Retreat of the Elephants：An Environmental History of China* (New Haven, 2004); Elvin and Ts'ui-jung Liu (eds.), *The Sediments of Time* (New York, 1998); and Conrad Totman, *The Green Archipelago：Forestry in Preindustrial Japan* (Berkeley, 1989)。

④ Bao Maohong, 'Environmental History in China', *Environment and History*, 10 (2004), 475 - 499.

换句话说，这是一个诱人的机遇。虽然历史地理学家关于西南亚、中亚和俄国做了杰出的工作，但环境史家在此几乎还未展开研究。

自从 1990 年以来，欧洲学者贡献了大量有争议的环境史论著。由布莱姆包科比（Peter Brimblecombe）和彭费斯特（Christian Pfister）主编的一本里程碑性的早期著作《沉默的倒计时》（*The Silent Countdown*，1990）就是这样一个例子，它展示了一些可能的论题，以及如何使用相对厚重的文献资源。学者们对德国、斯堪的纳维亚和苏格兰的研究引领了 1980 年代，最初主要集中在森林和水资源等方面，但是意大利，尤其是西班牙强大的农业史传统，很快将研究导向对南部欧洲乡村历史的环境论题方面展开丰硕的考察。东部欧洲相对较晚开始环境史研究，可能是因为环境论的视角和 1989 年以前官方支持的研究路径不契合。1989 年以来，匈牙利和捷克已经建立了小型却很有活力的环境史学术团体。也许是因为有着适当的记录材料，欧洲人在气候史方面做得比世界上其他地区都多，因为气候影响了人类事务。[1]欧洲人还把环境史扩展到对渔业和海洋的系统性研究，这方面他们也做出了最多的工作。[2]欧洲环境史家有时候会对其研究领域的状况感到失望，部分在于主流历史学家似乎对他们的工作不感兴趣（这和美国环境史家的境况形成了有趣的对比），但是从局外人的立场看，欧洲人在环境史的几乎每个领域都做出了而且还在继续做出优异的工作。[3]

168

[1] Christian Pfister, *Wetternachhersage*：*500 Jahre Klimavariationen und Naturkatastrophen*（1496–1995）（Berlin, 1999）; and Wolfgang Behringer, Hartmut Lehmann, and Pfister（eds.）, *Kulturelle Konsequenzen der 'Kleinen Eiszeit'*（Gottingen, 2005）.

[2] 参见，比如 David Starkey, Poul Holm, and Michaela Barnard（eds.）, *Oceans Past*（London, 2007）。

[3] 最近的一个哀叹来自 Sverker Sorlin and Paul Warde, 'The Problem of the Problem in Environmental History', *Environmental History*, 12（2007）, p. 116. 欧洲环境史学会网站上公布的参考文献可以作为对如今规模巨大的欧洲环境史文献的一个导引。

研究非洲的学者较早地采用了环境史视角。非洲环境众所周知的挑战——贫瘠和疾病使得学者密切关注生态问题。在这方面，殖民化对环境的改变是主导论题，部分是因为该论题有可以利用的最合适的资料。必然地，研究非洲的学者在利用口述史为环境史服务方面比其他任何人走得更远。这就使得对非洲的环境思想和实践的研究得以深入。该研究不同于对那些有着良好文献记录的殖民政权活动的研究，也不同于科学对帝国的服务，以及非洲人和殖民者之间争夺资源的冲突。后来，关于南非的研究大大超出了非洲其他地区研究的总和。① 非洲环境史的说服力可以从下述事实看出：1960 年代晚期以来非洲史研究的领军人之一的埃利夫（John Iliffe），把环境主题放在他的历史研究纲要《非洲人：非洲大陆的历史》（*Africans: The History of Continent*，1995）的中心。

虽然某个地区的历史学者可能更早采用环境史的视角，但到笔者写这篇文章的这个时候，环境史已经普及到了几乎任何地方，从极地地区到赤道地区，从古老的美索不达米亚到刚刚过去的日子。到 2008 年，世界上的几乎每个地区都有了环境史概览。

在转向对南亚和拉丁美洲更为详细的论述之前，我必须对全球规模的环境史做一点评论。该研究有着明显的学术价值，即许多生态进程是全球范围的，而关于环境的许多文化潮流也是近乎全球性

① Robert Harms, *Games Against Nature: An Eco-history of the Nunu of Equatorial Africa* (New York, 1987); and Tamara Giles-Vernick, *Cutting the Vines of the Past: Environmental History of the Central African Rain Forest* (Charlottesville, 2002). 关于对历史语言学、口述资料，以及其他许多方面的考察，参见 Kairn Kliemann, *The Pygmies Were Our Compass: Bantu and Batwa in the History of West Central Africa, Early Times to c. 1900 C. E.* (Portmouth, NH, 2002). 关于非洲环境史的前景和挑战，参见 Catherine Coquéry-Vidrovitch, 'Ecologie et histoire en Afrique noire', *Historie, économie et société*, 3 (1997), 483-504. 南非研究中大量著述的涌现，很大程度上归功于 William Beinart, Jane Carruthers, 及其学生的努力。

的。但是，该研究有着一个显而易见的实际问题，即精通相关信息是不可能的，这使得该主题保持连贯性比例如论述大阪或堪萨斯的石棉管制史困难得多。几个世纪以来，唯一全球性的综述来自地理学家，而非职业的历史学家，甚至其中一位是来自英国外交部的前政府官员。社会学家也加入进来，他们不受文献束缚，而痴迷文献正是历史学家在其训练中所获得的。[①] 最后，自然科学家也尝试对其主题如氮气和土壤进行全球史的处理。[②]

169

职业历史学家开始分化研究，如派恩（Stephen Pyne）对全球火的历史的研究，或者古哈（Ramachandra Guha）对环境保护论的研究。[③] 拉德卡著有《自然和权力》一书，他大概是第一个把历史学家的敏感带入总体性的全球范围环境史研究中。他的这本书不是一个概述，而是一个延伸的声音和反思系列，从动物驯化到喜马拉雅山脉的旅游，各个事物都在其系列中。一小部分世界环境史著作几乎同时出版，有些是概述，有些是对某个时期的描绘。[④] 尽管

① 在这方面地理学家和社会学家做出的重要工作包括 Neil Roberts, *The Holocene: An Environmental History* (Oxford, 1989); I. G. Simmons, *Environmental History: A Concise Introduction* (Oxford, 1993); Antoinette Mannion, *Global Environmental Change: A Natural and Cultural History* (Harlow, 1991); and Bert de Vries and Johan Goudsblom, *Mappae Mundi: Humans and Their Habitats in Long-Term Social-Ecological Perspective* (Amsterdam, 2002). 外交部难民 Clive Ponting, 写了一本概论性的书 *A Green History of the World* (London, 1991), 即便说该书是不可信的, 它至少是挑衅性的。

② G. J. Leigh, *The World's Greatest Fix: A History of Nitrogen and Agriculture* (Oxford, 2004); and David Montgomery, *Dirt: The Erosion of Civilizations* (Berkeley, 2007). 关于土壤, 参见 J. R. McNeill and Verena Winiwarter (eds.), *Soils and Societies* (Isle of Harris, 2006), 该论文集编选了历史学家、地理学家、地貌学家和土壤学家, 以及相关领域学者的论文。

③ Stephen Pyne, *World Fire: The Culture of Fire on Earth* (Seattle, 1995); and Ramachandra Guha, *Environmentalism: A Global History* (New York, 2000).

④ J. D. Hughes, *An Environmental History of the World* (London, 2001); J. R. McNeill, *Something New Under the Sun: An Environmental History of the Twentieth-Century World* (New York, 2000); and John F. Richards, *The Unending Frontiers: An Environmental History of the Early Modern World* (Berkeley, 2003).

这样一些研究的实际问题将总是存在，但是与劳工史、女性史或者思想史相比，环境史很可能更迅速地走向全球范围的研究。

南亚和拉丁美洲：活跃的前沿

1990 年代以来，环境史的两个最活跃的地区是南亚和拉丁美洲。两个地区都由学者们对当前环境斗争的投入所激发。然而需要注意的是，我对这两个地区加以集中关注是随意的：加拿大、南非和南部欧洲在过去的十年间也曾是环境史研究的活跃前沿。

170   在南亚，实际上在整个亚洲，环境史写作开始最早、发展最强大的是印度。[①] 而斯里兰卡、孟加拉国，特别是巴基斯坦的环境史则更少遭到仔细审阅。如果这个印象不是来自我自己说英语偏见得出的幻象，那么很可能就是因为印度学者自从 1980 年以来对社会和环境斗争的积极参与。如同在拉丁美洲一样，印度的环境史似乎有着比欧洲或北美更多的政治内容和更强大的社会担当，而欧洲和北美在这方面自从 1970 年代和 80 年代以来已经减弱了。

印度环境史的活力还来自历史记录的帮助。比如，拉吉（Raj）的地名索引，事实证明对理解土地使用情况十分有用。它的森林服务业留下了大量的备忘录，有助于对印度森林管理的历史展开非常细致的研究。而相对来说缺少关于 1500—1750 年间的细致研究，这表明莫卧儿王朝留下的记录并不怎么有用，

---

① 对此有益的选集包括 Richard Grove, Vinta Damodaran, and Satpal Sangwan (eds.), *Nature and the Orient：The Environmental History of South and Southeast Asia* (Delhi, 1998); David Arnold and Ramachandra Guha (eds.), *Nature, Culture, and Imperialism：Essays on the Environmental History of South Asia* (New Delhi, 1995); and Gunnel Cederlof and Kalyanakrishnan Sivaramakrishnan (eds.), *Ecological Nationalism* (Delhi, 2006). 值得注意的还有 Ramachandra Guha and Madhav Gadgil 的开创性的综合，见其 *This Fissured Land：An Ecological History of India* (Berkeley, 1992), and the recent survey of Christopher Hill, *South Asia：An Environmental History* (Santa Barbara, 2008).

但是该看法可能在将来被证明是错误的。印度环境史家的成功可能也部分归功于他们掌握了英语，由此可以更便捷地在世界上其他地方展开工作。印度学者也经常阅读沃斯特和克洛农。

印度环境史家（绝大多数是在印度工作的印度人）更偏向某些主题。大量早期工作集中于土地使用和森林，以及进入森林的问题，尤其在拉吉统治下，雄心勃勃的政府森林保护措施把政府官员和农民置于冲突的局面，因为对农民来说，森林按照惯例为他们提供了必需的资源。另外一个重要主题是水处理，包括建立灌溉渠（主要在殖民时期）以及建立堤坝（主要从1947年独立之后）。确实，我们可以公正地说，印度环境史是从对森林和灌溉的研究中成长起来的。他们最近关注的一个主题是野生动物的命运，尤其是标志性的哺乳动物如老虎和大象的命运，以及它们在不同的印度文化背景下的含义。① 这些是农村主题，也许在印度是合适的。但是，20世纪巨大的城市化浪潮已经使得印度的城市成为环境史的一个十分有趣和值得研究的论题，而该论题几乎尚未引起任何历史学家的重视。

印度环境史家还倾向于集中关注政权的作用，无论该政权是莫卧儿帝国，还是更常说的英属拉吉，或者是1947年以来的民族国家。这里面有三重逻辑。第一，至少从19世纪中叶以来，印度的政权一直都致力于积极的环境保护。统治者们试图根据关于现代、安全和繁荣的（发展的）观点来谈论印度的自然。出于对他们所承继的自然的不满，统治者们试图改变和控制自然，让自然为帝国或者民族服务。在这方面印度的做法并不是唯一的，也远远不及苏联政府对自然所达到的雄心程度。但是，它为历史学家提供了一个解释基础（他们几乎不需要鼓励），以此聚焦于政权的作用。

第二，正如政权沉迷于粗略简化，为的是理解他们所统治社

171

---

① Mahesh Rangarajan, *India's Wildlife History: An Introduction* (Delhi, 2001).

会的复杂性,[1] 同样地，历史学家常常聚焦于政权，也是为了简化他们的任务。在印度次大陆，情况尤具挑战性。该地区的生态多样性，从喜马拉雅山脉到沙漠到稻田到丛林（还有许多其他的环境），足够让人生畏。除此之外，再加上语言、宗教—文化，以及种族的多样性。我们还需记住，这些因素都不是长期固定的。印度历史是一个瞬息万变的万花筒，就像世界上任何其他地区一样，迫使历史学家强调政权的作用，以此作为他们的思想避难所。

第三，对政权的集中关注使得印度的（也许比许多地区的）环境史更加有趣，更加与一般的历史学家以及普通大众相关。殖民统治的意义大概是印度历史学家在过去的这半个世纪中最为关注的论题，当然这个问题也主导了印度的环境史写作。尽管殖民统治的意义可能被夸大了，但是它确实带来了重大变化：新的种植模式、火车（以及森林保护以保证铁路枕木的供应）、更加雄心勃勃的灌溉系统，等等。我谨慎地预言，这种对殖民事务的关注，会随着殖民经验在时间和记忆中的消退而改变。在非洲，众所周知，殖民统治来得更晚，持续时间更短，非洲的历史学家已经逐渐把殖民主义从他们之前历史编纂的优先和支配地位中抽离出来，已经不那么重视殖民主义论题了。我认为，同样的情况正在发生，或者将要发生在印度史学中，不管是在一般历史还是在环境史方面都如此。然而，与我的这种预测相对的，我们必须得承认，是殖民当局建立以及保持的文献记录和档案的方便性，这在很长时期内会吸引历史学家进行该领域的研究。

自从二十年前的开创性工作以来,[2] 印度环境史已经有了非同寻常的充分发展。该领域的学者坦率承认，他们几乎跟不上阅

---

[1] James Scott, *Seeing Like A State：How Certain Schemes to Improve the Human Condition Have Failed*（New Haven, 1998）.

[2] 也许影响最大的是 Ramachandra Guha, *The Unquiet Woods：Ecological Change and Peasant Resistance in the Western Himalaya*（Delhi, 1989）.

读消化一连串的出版物。

这种局面现在也存在于拉丁美洲的环境史研究中。[1] 该地区的研究包括一个丰富的历史地理学传统，可以追溯到洪堡。但是我们所理解的环境史，仅仅是从克罗斯比的《哥伦布大交换》开始出现，该书包含了许多关于拉丁美洲和加勒比海地区的信息，以及在 1980 年代，维塔利（Luis Vitale）和德恩（Warren Dean）的工作促成了拉丁美洲环境史的形成。[2] 撇开前哥伦布时期印第安人和自然的关系——这是人类学家、地理学家和考古学家的领域，拉丁美洲环境史的主要议题都和殖民征服联系在一起（和南亚的情况一样），同时也和移民（settlement）联系在一起（和南亚的情况不同）。更晚近些，关于工业化、城市化、自然保护以及环境论的研究开始出现，标志着拉丁美洲环境史更加丰富，但也少了独特性。

和印度一样，拉丁美洲的环境史家尝试探求殖民主义和资本主义的生态影响。有一些主题是我们熟悉的，如种植园经济的建立，或者森林砍伐的扩大。德恩在其最后一本书《钺和火把：巴西大西洋森林的毁灭》（*With Broadax and Firebrand：The Destruction of Brazil's Atlantic Forest*，1995）中对这两个主题都进行了研究，该书是一部研究杰作，也是怀有政治抱负的学术研究的典范。这些主题在相对薄弱的加勒比地区的环境史中也占有主导地位。[3] 人类以及食草动物向彭巴斯草原的迁移很自然地就

172

---

[1]　Lise Sedrez 及其同事 2008 年给出的参考文献包括大约 1200 个条目（1，200 entries as of 2008）：http：//www. esulb. edu/projects/laeh/。

[2]　Luis Vitale, *Hacia una historia del ambiente an América Latina：De las culturas aborigines a la crisis ecológica actual*（Caracas，1983）；and Warren Dean, *Brazil and the Struggle for Rubber：An Environmental History*（New York，1987）。

[3]　Reinaldo Funes Monzote, De bosque a sabana：Azúcar, deforestación y medio ambiente en Guba，*1492－1926*（Mexico City，2004）。历史地理学家 David Watts 的 *The West Indies：Patterns of Development*，*Culture*，*and Environmental Change since 1492*（Cambridge，1987）关注的主要是英属加勒比地区的这些及其他一些论题。

成为阿根廷环境史研究的重要部分，这可以从布瑞洛夫斯基（Elio Braillovsky）和伏古尔曼（Dian Foguelman）的获奖著作中总结看出。[①] 在对殖民经济所做的环境史研究中，游牧、灌溉和采矿吸引了人们的注意力，但仍有很大的研究空间，特别是在采矿方面。谁将写作关于波托西银矿的环境史？又有谁将写作关于智利铜矿的环境史？[②]

最近，拉丁美洲的环境史家开辟了新的研究方向。虽然没有忽视对殖民转变的研究，但他们开始研究殖民时期和独立时期的环境思想和环境科学。按照研究的术语，标准的设立者很可能是帕度阿（Jose Augusto Padua）和麦克库克（Stuart McCook）。[③] 政府对自然保护的措施也受到历史学家的关注，这通常在国家层面上展开。[④] 几个世纪以来，拉丁美洲一直都是世界上城市化程度最高的地区之一（今天，近乎百分之八十的居民居住在大都市），因此关于农村和农业主题的最初研究就是一个补充性的文献，虽然所占比重很小。在这方面最早的深入研究是埃兹库拉（Exequiel Ezcurra）对墨西哥城及其周边的研究，

173

---

① Elio Brailovsky and Dina Foguelman, *Memoria verde*: *Historia ecológica de la Argentina* (Buenos Aires, 1991). See also Juan Carlos Garavaglia, *Les hommes de la pampa*: *Une histoire agraire de la campagne de Buenos Aires* (1700 – 1830) (Paris, 2000)，研究北美边疆的历史学家应该会对该书感兴趣。

② 对铜的环境史研究由 Mauricio Folchi Donoso 开启，'La insustenibilidad de la industria del cobre en Chile: Los hornos y los bosques durante el siglo xix', *Revista Mapocho*, 49 (2001), pp. 149 – 175. 对此的一个综述来自 Elizabeth Dore, 'Environment and Society: Long-Term Trends in Latin American Mining', *Environment and History*, 6 (2000), 1 – 29。

③ José Augusto Pádua, *Um sopro de destruicao*: *Pensamento politico e critica ambiental no brasil escravista* (1786 – 1888) (Rio de Janeiro, 2002); and Stuart McCook, *States of Nature*: *Science, Agriculture and Environment in the Spanish Caribbean*, 1760 – 1940 (Austin, 2002).

④ José Drummond, *Devastacao e preservacao ambiental no Rio de Janeiro* (Niterói, 1997); Sterling Evans, *The Green Republic*: *A Conservation History of Costa Rica* (Austin, 1999); and Shawn Miller, *Fruitless Trees*: *Portuguese Conservation and Brazil's Colonial Timber* (Stanford, 2000).

后来又有学者关于巴西的城市，如圣保罗的研究，该城市被认为破坏了环境，又如对巴西南部城市库里提巴的研究，该城被一些学者认为是开明的环境论城市设计方面的积极例子。[①] 波哥大是现在环境史研究的另一个巨型城市。[②] 拉丁美洲的学者在城市环境史方面走得比南亚学者更远（毕竟，拉丁美洲的城市化是南亚地区城市化的两倍），然而大量有趣的城市仍然有待研究。

维塔利的早期工作之后，拉丁美洲的学者产出了几部地区性的（也是国别性的）综述，把大量新的研究成果纳入进来。吉耶尔莫·卡斯特罗（Guillermo Castro）有一个简明的论述，布瑞洛夫斯基有一个详细的论述，二者都是在环境史的退化传统中做出的。米勒（Shawn Miller）的《拉丁美洲环境史》（*An Environmental History of Latin America*，2007）被人赞誉为该领域的导论和纲要。[③]

但是，随着更多研究的涌现，以及随着历史学家展开的新课题，很快就需要有新的综述了。例如，气候史，包括厄尔尼诺的影响，仅刚刚出现在拉丁美洲的环境史研究中，能源史也有同样

---

① Exequiel Ezcurra, *De las chinampas a la megalopolis: El medio ambiente en la Cuenca de Mexico* (Mexico City, 1990); Paul Henrique Martinez (ed.), *História ambiental paulista: Temas, fontes, métodos* (Sao Paulo, 2007); and Etelvina Maria de Castro Trindade, *Cidade, homem, natureza: uma história das políticas ambientais de Curitiba* (Curitiba, 1997).

② Jair Preciado Beltrán, *Cecilia Almanza Castaneda, and Roberto O. L. Pulido, Historia ambiental de Bogotá, siglo XX* (Bogotá, 2005).

③ Guillermo Castro, *Para una historia ambiental de América Latina* (Havana, 2004); and Elio Brailovsky, *Historia ecológica de Iberoamérica: De los Mayas al Quijote* (Buenos Aires, 2006). 对巴西环境史研究的一个综述是 An overview of Brazil, if largely historiographical, is Paulo Henrique Martinez, *História ambiental no Brazil: Pesquisa e ensino* (Sao Paulo, 2006)，即便该书很大程度上是史学编纂性质的。哥伦比亚是环境史家研究最有成效的国家之一，参见 Germán A. Palacio, *Fiebre de tierra caliente: Una historia ambiental de Colombia, 1850 - 1930* (Bogotá, 2006)。

的情况，虽然恩德菲尔德（Georgina Endfield）和森提亚哥（Myrna Santiago）已经部分表明这些领域所具有的可能性。[1] 整个加勒比地区在现代史学的伟大成就中有着突出的位置，它对种植园奴隶制世界的研究有着光辉灿烂的成果，然而它在环境史领域却仍然落后。[2]

174

结论

在环境史存在的三十到三十五年间，它从影子般的位置发展成了职业历史写作中成长最快的分支领域。它几乎普及到了任何有历史学家工作的地方。在某些方面，美国学者仍然占支配地位，虽然其支配性日益降低。环境史早期的政治担当减弱了，尤其在北美和欧洲，但对某些历史学家来说仍然无处不是一种强大的动力，也许尤其对那些在印度和拉丁美洲工作的学者是这样。

在二十一世纪的最初十年，环境史发展强劲。2009 年在丹麦召开了环境史的第一届世界大会，期间有近 700 位学者提交了论文。2003 年出版了《世界环境史百科全书》（*Encyclopedia of World Environmental History*），但很快就显得过时了。许多国家的年轻学者继续涌入环境史研究。让人遗憾地是，环境史的这种健康发展，很大程度上是由于不容乐观的周围环境，特别是对世界范围内环境问题的持续忧虑。只要全球气候变化、淡水资源缺乏、水土流失和盐碱化、城市空气质量、热带森林砍伐、生物多样性丧失，以及其他此类的问题继续困扰着我们，环境史将很可

---

[1] Endfield, *Climate and Society in Colonial Mexico: A Study in Vulnerability* (Malden, Mass., 2008); and Myrna Santiago, *The Ecology of Oil: Environment, Labor, and the Mexican Revolution, 1900 - 1938* (New York, 2006).

[2] 但是，参见 Funes Monzote, *De bosque a savanna: and J. R. McNeill, Mosquito Empire: Ecology and War in the Greater Caribean* (New York, 2010)。

能继续激发历史学家的想象力。由于这些问题可能以突出的态势发展（尽管我们永远不知道），环境史研究的未来看上去令人痛苦地良好。

保持创新和思想激励永远是年轻的分支领域所要面对的问题。在环境史中，有两条未来可以继续遵循的简便道路：更多学科交叉以及更多效仿。虽然很多历史学家接受的训练是作为个体学者，他们觉得不太适应，但是学科间的合作在环境考古学家这里却是家常便饭，这是前进的出路之一。把环境史家的数据和视角与考古学、生态学、植物学、气候学等等学科的数据和视角结合起来，虽然这种结合并非没有实际问题，但却将有助于推进知识的前沿阵地。[1]

矛盾的是，更多的仿效也将促使环境史学向前进。美国学者实际上尚未注意到社会新陈代谢的方式，而该方式在欧洲的许多学者那里已经产生了良好的效应。[2] 美国学者已经写作了关于至少十个美国城市的环境史，然而却没有人写出一本关于一个亚洲城市或非洲城市的环境史著作。至少在这方面，美国的环境史，以及关于美国的环境史，仍然值得引起世界上其他不同地区在其界限之内的关注，也仍然值得其他地区学者的效仿。简言之，为了保持思想多样性，环境史作为一个研究领域，它需要更多的融合，既有和其他学科的融合，也有在环境史内部研究不同地区和问题的学者之间的融合。

175

[1] 有一些例子，如 Philip Curtin, Grace Brush, and George Fisher (eds.), *Discovering the Chesapeake: The History of an Ecosystem* (Baltimore, 2001). 格罗宁根大学有着世界上最大规模的环境史研究项目，该项目是基于学科交叉的研究方式展开的。包茂红在其 'Environmental History in China' 一文中指出，在中国，学科间的合作研究是常规范式。

[2] For example, Oscar Carpintero, *El metabolism de la economia espanola: Recursos naturales y huella ecológica* (1955 - 2000) (Madrid, 2005).

主要史料

- Cronon, William, *Changes in the Land: Indians, Colonists, and the Ecology of New England* (New York, 1984).
- Crosby, Alfred W., *The Columbian Exchange: Biological and Cultural Consequences of* 1492 (Westport, Conn., 1972).
  ——*Ecological Imperialism: The Biological Expansion of Europe*, 900 - 1900 (New York, 1986).
- Glacken, Clarence J., *Traces on the Rhodian Shore: Nature and Culture in Western Thought from Ancient Times to the End of the Eighteenth Century* (Berkeley, 1967).
- Grove, Richard, *Green Imperialism: Colonial Expansion, Tropical Island Edens and the Origins of Environmentalism, 1600 - 1860* (Cambridge, 1995).
- Guha, Ramachandra and Gadgil, Madhav, *This Fissured Land: An Environmental History* (Santa Barbara, 1992).
- Hays, Samuel P., *Conservation and the Gospel of Efficiency: The Progressive ConservationMovement, 1890 - 1920* (Cambridge, Mass., 1959).
- Merchant, Carolyn, *The Death of Nature: Women, Ecology and the Scientific Revolution* (San Francisco, 1980).
- Ponting, Clive, *A Green History of the World: The Environment and the Collapse of GreatCivilizations* (London, 1990).
- Radkau, Joachim, *Nature and Power: A Global History of the Environment*, trans. Thomas Dunlap (Cambridge, 2008); orig. pub. as *Natur und Macht: Eine Weltgeschichte der Umwelt* (Munich, 2000).
- Richards, John F., *The Unending Frontier: An Environmental History of the Early ModernWorld* (2003).
- Vitale, Luis, *Hacia una historia del ambiente en Ame'rica Latina:*

De las culturas aborigines ala crisis ecolo'gica actual （Caracas, 1983）.

- Worster, Donald, *Dust Bowl: The Southern Plains in the* 1930s （New York，1978）.

参考书目

- Arnold, Ellen, 'An Introduction to Medieval Environmental History', *History Compass*, 6：3 （2008），898 - 916.
- Bao Maohong, 'Environmental History in China', *Environment and History*, 10 （2004），475 - 499.
- Beinart, William, 'African History and Environmental History', *African Affairs*, 99 （2000），269 - 302.
- Bruno, Andy, 'Russian Environmental History: Directions and Potentials', *Kritika: Explorations in Russian and Eurasian History*, 8 （2007），635 - 650.
- Carruthers, Jane, 'Africa: Histories, Ecologies, and Societies', *Environment and History*, 10 （2004），379 - 406.
  —— 'Tracking in Game Trails: Looking Afresh at the Politics of Environmental Historyin South Africa', *Environmental History*, 11 （2006），804 - 829.
- Castonguay, Ste'phane, 'Faire du Que'bec un objet de l'histoire environnementale', *Globe*, 9 （2006），17 - 49.
- Castro Herrera, Guillermo, 'De civilizacio'n y naturaleza: Notas para el debate sobre lahistoria ambiental latinoamericana', *Polis: Revista de la Universidad Bolivariana*, 4：10 （ 2005 ）, availableat: http：//redalyc. uaemex. mx/redalyc/src/inicio/ArtPdfRed. jsp? iCve＝30541022.
- Coates, Peter, 'Emerging from the Wilderness （ or, from Redwoods to Bananas ）: RecentEnvironmental History in the

176

United States and the Rest of the Americas', *Environmentand History*, 10（2004），407 - 438.

- D'Souza, Rohan, 'Nature, Conservation and the Writing of Environmental History', *Conservation and Society*, 1: 2 （2003），317 - 332.

- Freytag, N., 'Deutsche Umweltgeschichte—Umweltgeschichte in Deutschland: Ertrageund Perspektiven', *Historische Zeitschrift*, 283（2006），383 - 407.

- Gallini, Stefania, 'Invitacio'n a la historia ambiental', *Revista Tareas*, 120（2005），5 - 28.

- Hardenberg, Wilko Graf von, 'Oltre la storia ambientale: Interdisciplinarieta `, metodologia, prospettive', *Passato e Presente*, 24（2006），149 - 161.

- McNeill, J. R., 'Observations on the Nature and Culture of Environmental History', *History and Theory*, 42（2003），5 - 43.

- Massard-Guilbaud, Genevie've, 'De la "part du milieu" a` l'histoire de l'environnement', *Le movement social*, 200（2002），64 - 72.

- Robin, Libby and Griffiths, Tom, 'Environmental History in Australasia', *Environmentand History*, 10（2004），439 - 474.
  ——and Smith, Mike, 'Australian Environmental History: Ten Years On', *Environmentand History*, 14（2008），135 - 143.

- Siemann, Wolfgang（ed.），*Umweltgeschichte: Themen und Perpektiven*（Munich，2003）.

- Sörlin, Sverker and Warde, Paul, 'The Problem of the Problem in EnvironmentalHistory: A Re-Reading of the Field', *Environmental History*, 12（2007），107 - 130.

- Weiner, Douglas, *A Little Corner of Freedom: Russian Nature Protection from Stalin to Gorbachev*（Berkeley，1999）.

- Winiwarter, Verena, et al., 'Environmental History in Europe, from 1994 to 2004：Enthusiasm and Consolidation'，*Environment and History*，10 (2004)，501-530.

——and Knoll，Martin，*Umweltgeschichte* (Vienna，2005)，ch. 3.

陈书焕　译

第九章　科学技术史

西摩·毛斯科普夫　亚历克斯·罗兰

　　自二战以降，科学史家和技术史家一直致力于在过去和当下之间进行辩证对话。在这六十多年中，科学技术的发展如此迅猛，以至于历史学家必须不断修正他们对于这些领域的定义以及对于历史动因的理解。当然，正如卡尔·贝克尔（Carl Becker）多年前所言，我们每一代人都在当下经验的基础上重写自己的历史。[①] 不过，在史学史领域中少见的是，当前的发展彻底影响了我们对于过去的观念。甚至连"科学"和"技术"这两个概念也有了几分现代复古的意味，如果应用到前现代的历史中则会带来时代误植的风险。

　　近期的几项进展对于该领域的历史写作有着特别显著的影响。科学和技术"进步"（progress）的概念——作为启蒙运动的产物——已经让步于一种更为复杂、更为宽泛的"变迁"（change）的概念，且这种"变迁"的概念已经脱离了旧有的进步假设，即"变迁"必然带来人类境况的普遍改善。同样，科学家和工程师真理在握的自诩（truth claims），以及他们凭借日积月累和无可比拟的成功在社会中享有特权地位的公众形象，也已经让步于一种新的观念，即他们对于现代世界的诸多问题负有不可推卸的责任——无论是掠夺环境还是生产大规模杀伤性武器。科学与技术

---

① Carl Becker, 'Everyman His Own Historian', *American Historical Review*，42 (1937)，221-236.

之间的关系似乎也有所改变，从视技术为应用科学的线性模式，转变为更为复杂和交互的模式，即通常所谓的"技性科学"（technoscience）。在某些语境下，学者们认为是技术在驱动科学，而非科学驱动技术。

与其说科学和技术如今已臭名昭著，或者说科学家和工程师全都嫌疑重重，毋宁说，这些领域及其从业人员已经步上了弗兰肯斯坦（Frankenstein）和浮士德（Faust）[①]之流的后尘。爱因斯坦是一位惹人喜爱又信奉和平的天才，但正是他使原子弹的发明成为可能。韦纳·冯·布劳恩（Wernher von Braun）预见了太空飞行，可他也曾为纳粹制造"复仇武器"。塑料是一种价格低廉、功能繁多的万能材料，却无法被生物降解。基因工程这一令人惊叹的技性科学，也使得克隆人类成为了可能。互联网联络了人类社会，却以空前的速度和隐蔽性将色情文学带到儿童面前。

科学史家和技术史家体验了现代技性科学的转变，因此他们不得不用新的概念、方法和理论来诠释他们所见证的历史。同时，他们还不得不思考一些前所未有的主题，例如"大科学"、粒子物理、纳米技术、基因工程以及光子学等。他们仍在继续努力，试图理解急剧扩张中的科技世界，这意味着要用新的方式反思过去的历史时代。比起任何其他的领域，历史学家都要更多地重新思考他们的主题，从而更好地适应他们这一代人的经历。

回顾：1945 年之前的历史学

在描述科学史学史时，阿诺德·萨克雷（Arnold Thackray）和罗伯特·K. 默顿（Robert K. Merton）对于"认知认同"（cognitive identity）和"职业认同"（professional identity）所做

[①] 弗兰肯斯坦是玛丽·雪莱创作的科幻小说《科学怪人》中的主人公，他创造出一个最终毁灭了他自己的怪物。浮士德是歌德的代表作《浮士德》中的主人公，他把自己的灵魂出卖给了魔鬼。——译者注

的区分是很有帮助的。[①] 尽管科学史领域到了 20 世纪才形成职业认同，但这一领域作为一个文学流派却是源远流长：某种意义上来说，我们可以把亚里士多德称为第一个科学史家。在 18 和 19 世纪，由于前一个世纪取得了空前的科学成就，对科学发展进行记录变得极为普遍。其中一些是哲学取向的，而其他一些由职业科学家所撰写的，则描绘了正在萌发的各门科学的历史。

20 世纪初，影响了下个百年的历史学的学术研究开始形成。一大批法国科学家率先进行了古代和中世纪科学的研究。皮埃尔·迪昂（Pierre Duhem）的 10 卷本《宇宙体系：从柏拉图到哥白尼宇宙学说的历史》（*Le système du monde*：*histoire des doctrines cosmologiques de Platon à Copernic*，1913 - 1959）堪称典范。这些科学家复杂的观念论取向被经过哲学训练的学者所继承，后者关注的是科学概念和观点系统中的历时性变化。[②] 他们的工作深深地影响了诸多后世学者，例如亚历山大·科瓦雷（Alexandre Koyré）、托马斯·库恩（Thomas Kuhn）和米歇尔·福柯（Michel Foucault）。

179 在德国，历史学取向的社会学家马克斯·韦伯（Max Weber）把宗教情感的变化同宗教改革运动以及资本主义和科学的产生联系在一起，这对于研究科学革命（scientific revolution）的学者产生了影响。在 20 世纪 30 年代的英格兰，马克思主义倾向在一大批社交活跃的科学家中间发展起来。这一倾向的核心是将科学置于社会背景之下，特别是把科学作为对技术和经济需求的回应。当时，来自欧洲大陆的流亡学者也有相关的工作，他们强调工艺

---

① Arnold Thackray and Robert K. Merton, 'On Discipline Building：The Paradoxes of George Sarton', *Isis*, 63（1972），472 - 495.

② 例如 Emile Meyerson, *Identité et réalité*（Paris, 1908）；Hélène Metzger, *Les doctrines chimiques en France du début du ⅩⅦe à la fin du ⅩⅧe siècle*（Paris, 1923）；以及 Gaston Bachelard, *Le nouvel esprit scientifique*（Paris, 1934）.

（以及工匠）在 17 世纪科学的产生中所发挥的重要作用。①

20 世纪 30 年代末出现了两部综合性著作：罗伯特·K·默顿的《十七世纪英格兰的科学、技术与社会》（*Science, Technology and Society in Seventeenth-Century England*，1938）和亚历山大·科瓦雷的《伽利略研究》（*Études Galiléennes*，1939）。这两部著作从完全不同的角度提供了对于科学革命中的深刻变革的理解。

科瓦雷经受过哲学的训练，他视"知识突变"（intellectual mutation）为科学革命的基本特征，并专注于对此进行描述，具体而言是发生在天文学和物理学中的变化。这一突变存在于柏拉图—阿基米德的几何学宇宙观被定性的、目的论的亚里士多德宇宙观所替代的过程中。科瓦雷几乎不考虑社会因素以及工艺或技术在这一突变中的角色。与之相反，作为一名训练有素的社会学家，默顿对于社会背景的兴趣远胜于科学概念。默顿专注于 17 世纪的英格兰，他对于当时的科学为何会在社会上和文化中变得如此重要感到困惑，并且在宗教（清教）环境和技术的需求拉动中找到了答案。科瓦雷和默顿的历史学进路被区分为"内史"（internal history）和"外史"（external history），其中内史的进路直到 20 世纪 70 年代都一直被科学史家所青睐。

1945 年之前的技术史与科学史大为不同。卡尔·马克思和弗里德里希·恩格斯所做出的贡献最为突出。马克思的"唯物史观"，也就是恩格斯后来所称的"历史唯物主义"，更看重物质而非意识。② 马克思认为，历史就是人类为了控制"生产力"进行

---

① 这其中最杰出的学者的作品已经出版，Edgar Zilsel, *The Social Origins of Modern Science*, ed. Diederick Raven, Wolfgang Krohn, and Robert S. Cohen (Dordrecht, 2000)。

② Friedrich Engels, *Socialism: Utopian and Scientific*（1880），第三部分，http://www.marxist.org/archive/marx/works/1880/soc-utop/index.htm, 2008.2.9。

斗争的故事。[①] 阶级斗争只不过是为了达到控制生产的目的而对社会进行组织。黑格尔的辩证法启发了马克思的历史观，不过仅限于解释阶级斗争如何开展，而非生产力如何随时间改变。但是，阶级斗争总是高于生产力，高于对物质世界的控制。这一世界观把科学和技术置于强有力的综合性解释的核心。对马克思而言，科学是研究物质的尝试，而技术则是出于人类的目的改造物质的尝试。尽管很少有技术史家完全接受马克思的唯物主义的原教旨主义，但是很多学者仍试图针对马克思所遭受的技术决定论的指控而为其辩护。[②]

技术史的现代发展轨迹始于对工程大师的圣徒传记式研究。苏格兰编辑、政治改革家和铁路经理塞缪尔·斯迈尔斯（Samuel Smiles），曾经写过一系列传记，主要是关于那些展现了自助和公德的维多利亚精神的土木工程师的人生。[③] 这些大人物的历史赞颂了英国工业革命的成就，反映了乐观主义、物质主义和狂妄自大，正如历史学家迈克·亚达斯（Michael Adas）从英国人对于"机器是人类的量度"这一自负态度背后所看到的一样。[④] 对于斯迈尔斯以及他的很多英国同仁而言，英国的技术展现了西方文明的优越性，并且在不断扩张的英语文化圈内确证了其霸权。这种必胜的信念在整个 20 世纪上半叶一直影响着技术的历史。

在大萧条期间，刘易斯·芒福德（Lewis Mumford）沿着更具批判性的进路进行写作。作为一个从文学和建筑到世界历史和文

---

① Karl Marx, *A Contribution to the Critique of Political Economy*（1859），前言，http：//www. marxist. org/archive/marx/works/1859/critique-pol-economy/preface. htm，2008. 2. 9。

② 例如，Donald MacKenzie, 'Marx and the Machine', *Technology and Culture*, 25 (1984), pp. 473 - 502。

③ Samuel Smiles, *Industrial Biography*（London, 1863）; id. , *Lives of the Engineers*, 5 vols.（rev. edn, London, 1874）; and id. , *Men of Invention and Industry*（London, 1884）.

④ Michael Adas, *Machines as the Measure of Men：Science, Technology, and Ideologies of Western Dominance*（Ithaca, NY, 1989）.

化研究无所不通的公共知识人，芒福德凭借《技术与文明》（*Technics and Civilization*，1934）一书在技术史学界取得了最大的影响。这一对于人类为了在物质世界中安全、舒适、和谐地生活所做的尝试的综合性概括，按照人类主要使用的材料和能源把历史划分为三个时代。尽管芒福德指责钢铁和蒸汽的"原技术"（paleotechnic）时代的无节无度，但他仍然看好初露曙光的铝和电的"新技术"（neotechnic）时代能够为人类与自然环境相处提供更温和的方式。芒福德对于人类和自然之间天然、有机关系的乐观，随着二战之后人造、机械和不可持续的物质主义甚嚣尘上，而转变为一种深深的怀疑。[①] 芒福德对于社会批评家产生了极为重要的影响，诸如雅克·埃吕尔（Jacques Ellul）、E. F. 舒马赫（E. F. Schumacher）以及马歇尔·麦克卢汉（Marshall McLuhan）。在 20 世纪后期，他们都拒绝信任技术对人类生活持续扩大的影响，这与芒福德的观点是一致的。

在二战爆发前几年，经济学家也对技术史作出了重要贡献。尽管亚当·斯密（Adam Smith）的贡献可能会被归于从 18 世纪晚期英国工业革命的有利地位出发，为现代资本主义提供了理论基础，但是很少有哪位经济学家像约瑟夫·熊彼特（Joseph Schumpeter）那样对现代经济史和技术史有过如此重大的影响。[②] 他的诸多贡献之一，是把技术定义为经济体系中的一个独立变量。他辨析了发明和创新的不同，还通过提出资本主义企业家的"创造性破坏"（creative destruction）来挑战传统的进步观念。1950 年熊彼特去世，但这些概念不仅继续照耀着他身后不断变化的世界，还激发了对更早期领域的重新解释，并催生出丰硕的成果。此外，它在技术史的解释力上可以与马克思主义唯物史观相提并论。

181

---

① Lewis Mumford, *The Myth of the Machine*, 2 vols. (New York, 1967 - 1970).

② Nathan Rosenberg, *Schumpeter and the Endogeneity of Technology：Some American Perspectives* (London, 2000).

20 世纪 50 年代的职业化

20 世纪上半叶，基础科学领域的突飞猛进与工业界的研究开发是相匹配的。这两大趋势戏剧性地交汇于二战时期的相关生产（抗生素、雷达、原子武器），也交汇于二战之后的生产，并在"伴侣号"（Sputnik）[①] 所开启的太空时代达到顶峰。20 世纪 50 年代见证了分子生物学和计算机科学的诞生，也见证了工业研发的持续扩张以及政府对于科学的空前支持，这引领着我们走向"大科学"（big science）时代。科学和工业的声誉孕育了对于西方科技霸权起源的历史研究，同时也成为研究科学和技术变革本质之滥觞。

迄至 1938 年，科学史界已经开始产生职业认同和专业组织，这主要依赖于乔治·萨顿（George Sarton）的努力。萨顿在比利时出生并接受教育，但他的大部分职业生涯是在美国哈佛大学度过的。1912 年他创办了第一份科学史的学术期刊《艾西斯》（*Isis*），1924 年他组织了美国科学史学会（History of Science Society，简称 HSS）。[②] 与此同时，科学史领域开始有了学科建制：首先在伦敦大学学院（1924），其次是在哈佛大学（1936），正是在那里，詹姆斯·布莱恩·柯南特（James Bryan Conant）校长成立了"科学史高学位委员会"（Committee on Higher Degrees in History of Science and Learning）。

到 1947 年，哈佛大学将第一个科学史博士学位授予 I·伯纳德·科恩（I. Bernard Cohen）时，另一个项目已经在威斯康辛大学开展。从 20 世纪 50 年代到 60 年代早期，科学史领域在英美已经开始具有雄厚的专业实力和一致性。50 年代的多数时间

182

[①] "伴侣号"为 1957 年前苏联发射的人类第一颗人造卫星。——译者注

[②] 关于萨顿对于美国科学史学科发展的影响，参见《艾西斯》第 100 卷的"关注"专版：'100 Volumes of *Isis*：The Vision of George Sarton'，*Isis*，100（2009），58 - 107。

里，柯南特校长利用科学史向学生们介绍科学事业的动态品质及其最佳特点，这一教育举措使得哈佛成为了科学史的中心。与之相关的两部出版物分别是《哈佛实验科学案例史》（*Harvard Case Histories in Experimental Science*，2 卷，1957）和托马斯·S·库恩的《哥白尼革命：西方思想发展中的行星天文学》（*The Copernican Revolution*：*Planetary Astronomy in the Development of Western Thought*，1957）。这一时期，威斯康辛大学的项目发起了一次会议，会上科学史家们盘点了本领域的研究现状和方向。[①]

据会议的组织者称，科学革命对于科学史教师和研究者而言都是"关注的中心点"。[②] 被认为是二战之后为数不多的科学史著作中"最具影响力的"库恩的《哥白尼革命》[③]，证明了这一点，另外两部受到教育学启发的研究著作也同样如此：赫伯特·巴特菲尔德（Herbert Butterfield）的《近代科学的起源》（*The Origins of Modern Science*，1949）和 A·R·霍尔（A. R. Hall）的《科学革命，1500 – 1800：现代科学态度的形成》（*Scientific Revolution*，1500—1800：*The Formation of the Modern Scientific Attitude*，1954）。这两位学者都是英国人。巴特菲尔德是一位博学多识的欧洲历史学家；霍尔则是新兴的科学史学界的一员。正如柯南特一样，巴特菲尔德注意到科学在战争与和平中的重要性，因此他夸大了科学革命，认为"它使基督教兴起以来产生的一切事物相形见绌"。[④] 霍尔的研究则更为平和，但也比巴特菲尔

---

① 会议文集已出版：Marshall Clagett（ed.），*Critical Problems in the History of Science*（Madison，1959）。

② 见前引书，p. vii.

③ Robert S. Westman，'Two Cultures or One? A Second Look at Kuhn's *The Copernican Revolution*'，*Isis*，85（1994），79 - 115，at 79. 该选集可能还收录了巴特菲尔德和霍尔的作品。

④ Herbert Butterfield，*The Origins of Modern Science*，1300—1800（London，1949），p. viii.［引文参考中译本：（美）赫伯特·巴特菲尔德，《近代科学的起源：1300—1800 年》，张丽萍、郭贵春等译，北京：华夏出版社，1988 年。］

德更为专业和详尽。这两部作品都采取了科瓦雷的观念论视角作为出发点，但在各自的视野中已经远远超过了科瓦雷。

尽管所有这些学者都对前科学时代极为敏感并谨慎对待，但是他们对于历史发展都持有实证主义的、进步论的和观念论的观点。这一观点集中体现在普林斯顿大学科学史与科学哲学项目的创始人查尔斯·古尔斯顿·吉利斯皮（Charles Coulston Gillispie）的一篇关于近代科学发展的雄心勃勃的论文中。这篇题为《客观性的边缘：科学思想史评论》（*The Edge of Objectivity：An Essay in the History of Scientific Ideas*，1960）的论文试图将科学史定位于历史专业。吉利斯皮借助"客观性"的概念所表达的含义近似于科瓦雷的几何性（但也是实验性），他追溯了客观性从物理学到化学和生物学的扩散过程。这项工作绝不是为必胜主义者唱赞歌，而是将科学视作阶段性累进的过程。因此，根据吉利斯皮的观点，亚里士多德主义的物理学是完全"错误的"，"自然界并不是那样。"[1]

吉利斯皮将技术史引入了二战后的时代，这是没有哪一项综合性工作可与之比拟的。不过，技术史家大多通过相互独立的渠道分别进入了这一新的领域。只有在一些回顾性工作中才体现了一些模式和亮点。原子弹可能缓和了与技术史相关联的必胜主义，但也引领了冷战时期自我激励的新趋势，即将西方科技赞为抵御共产极权主义的堡垒。西格弗里德·吉迪恩（Siegfried Giedeon）的《机械化挂帅》（*Mechanization Takes Command*，1947）回应了芒福德对于机器的去人性化潜力的某些担忧，但是大多数在战后初期转向技术史的作者简单地认为，技术是现代生活的重要事实，甚至是起决定作用的。他们从自身的角度看待技术并探索其历史根基。

阿姆斯特丹大学的 R·J·福布斯（R. J. Forbes）毫无疑问

---

[1] Charles Coulston Gillispie，*The Edge of Objectivity：An Essay in the History of Scientific Ideas* (Princeton，1960)，13.

是技术史领域最多产的作者。[1] 福布斯拥有荷兰-苏格兰血统，他既是化学工程师，也是自学成才的古代史学家。他曾撰写过一本十分流行且极具影响力的早期技术史概论《作为制造者的人类：技术和工程史》（*Man the Maker：A History of Technology and Engineering*，1950），书中探讨了人类能够将自身与动物区分开来的制造物品的能力和癖好。福布斯与 E·J·迪克特赫斯（E. J. Dijksterhuis）合著了《科学技术史》（*A History of Science and Technology*，2 卷，1963），这是最早探讨两个领域之间历史关联的综合性著作之一。福布斯的代表作《古代技术研究》（*Studies in Ancient Technology*，9 卷，1955），对于 21 世纪初的学者仍是可靠的资料。或许福布斯对这一领域的最大贡献在于他回溯到历史的黎明之前，阐明了技术对人类生活的重要性，以及技术在文明史上的中心地位。他的工作也避免了技术史领域泛滥的欧洲中心主义和当代焦点，但他对于古代近东地区的关注使得他不可能完全脱离西方的范畴，正如李约瑟（Joseph Needham）在《中国科学技术史》（*Science and Civilization in China*，27 卷，1954—2004）中所做的那样。

　　其他一些技术史家不像福布斯那么多产，他们倾向于通过提纲挈领的方式来把握技术史的全貌。查尔斯·J·辛格（Charles J. Singer）主编了多卷本的《技术史》（*History of Technology*，8 卷，1954），但他在生前只看到其中 5 卷付梓。法国的毛利斯·道玛（Maurice Daumas）编纂了一部类似的作品《技术通史》（*Historie générale des techniques*，5 卷，1962—1979），紧接着是梅尔文·克兰兹贝格（Melvin Kranzberg）和卡罗尔·珀塞尔（Carroll Pursell）的美国版《西方文明中的技术》（*Technology in Western Civilization*，2 卷，1967）。这三部作品都体现了多数战后技术史研究中的民族主义偏见，尽管它们都试图覆盖整个西方

184

---

[1] 对不住李约瑟了。从 1936 到 1968 年，福布斯独著或合著了至少 20 卷关于技术史的学术论著。

的文明，而非整个世界的文明。每套书都从其作者所在的国家出发，为了完整性和权威性而牺牲了综合性和一致性。作为系列书，它们表现出概览该领域的倾向，也展现了世界技术史上的诸多史实，但是对于有可能从概念上整合该领域的统一性主题的关注还远远不够。[①]

二战后的头二十年，随着科学史和技术史成为公认的研究领域，美国的学者开始职业化地组织起来，先是在早已存在的美国科学史学会的荫庇之下，后来随着美国技术史学会（Society for the History of Technology，简称SHOT，1957）的剥离而分道扬镳。其他类似的组织也在世界各国（主要是西方国家和/或发达国家）形成。机构的整合以及随之而来的会刊和学术会议，改变了这些学者的职业思考方式，使他们与其他历史学科产生联络。进入20世纪下半叶，科学史家延续着美国科学史学会的创始人乔治·萨顿的观点，多将各自的研究领域作为实证主义的、进步的知识史来考察。技术史学界的"萨顿"梅尔文·克兰兹贝格强调了技术的社会语境——他把学会的会刊命名为《技术与文化》（*Technology and Culture*）——并且试图为这一领域打造独立的定位，而不仅仅是应用科学的历史。随着科学和技术在公众生活中的出现频率激增以及1957年的"伴侣号"所带来的太空时代的意识，美国乃至全世界的大学开始创办从事科学和技术的社会与哲学研究的专业和项目——这一模式使得这些领域远离历史学术的主流，却也给予他们短暂而醉人的宝藏。

---

① T. K. Derry 和 Trevor I. Williams 在 *A Short History of Technology*（Oxford, 1960）一书中可能有相同的说法。Friedrich Klemm 试图从概念上组织故事，这一尝试体现在 *A History of Western Technology*, trans. Dorothea Waley Singer（New York, 1959）一书中。原著为 *Technik: Eine Geschichte ihrer Problem*（Frieburg, 1954）。

1962 年：新的范式

到了 20 世纪 60 年代，公众对于科学和技术的态度已经从普遍乐观转变为批判。这与其他领域广泛的社会文化批评和变革是相关的（例如民权运动和殖民地独立运动）。蕾切尔·卡逊（Rachel Carson）的《寂静的春天》（*Silent Spring*，1962），就是对于科学和技术持批判态度的开创性范例。60 年代以后，这一批判的态度也反映在科学和技术史之中，特别是在审视早期科学与技术的评价问题的运动之中。

20 世纪 60 年代既见证了科学史的演进，也见证了科学史的变革。随着这一领域职业化的进展，宏大视角的研究数量锐减，取而代之的是方向更为具体的专著。而其中大多与一些共同的焦点相关——比如拉瓦锡和化学革命，或者达尔文。这一时期出版了很多科学通信集或论文集，还开展了大量科学传记的编写项目。[①]

在更理论化的层面上，迄今一直占有主导地位的实证主义的、进步论的取向遭遇了挑战，最受人瞩目的是托马斯·库恩的《科学革命的结构》（*Structure of Scientific Revolutions*，1962）。库恩用不连续变化的模型取代了科学发展的累进模型。成熟的科学发展——库恩称之为"常规科学"（normal science）——会不时地被"科学革命"（scientific revolution）所打断。在科学革命期间，指导科学研究的整套规则——"范式"（paradigm）或"学科基质"（disciplinary matrix）——会被科学共同体（scientific community）的相当一部分成员所拒斥，然后被另一套与先前的规则不可通约（incommensurable）的规则所取代。经过一段时间，几乎所有的共同体成员都接受了新的范式。

185

---

① Charles C. Gillispie（ed.），*Dictionary of Scientific Biography*，18 vols.（New York，1970—1990）.

　　库恩对于进步论观点的批驳和吉利斯皮一样，基于范式转变这一更为本质的特征：范式并不必然地"从低级的方法论模式发展到高级模式"，并且后一范式的解释域并不必然包含前一范式的解释域。因此，旧范式已经解决的问题可能在新范式下成为问题。最后，由于范式之间的不可通约性（incommensurability），选择范式时的理性讨论成为一个棘手的问题。库恩借用了心理学的概念如**格式塔**（gestalt）转换和皈依体验，他认为科学之外的考量和综合性因素在范式选择中扮演了重要角色。

　　虽然许多科学哲学家反对库恩的观点，但还是有一些学者在库恩作品的引导下将历史性思考纳入自己的分析。然而，很少有人摒弃自己对于科学发展的观念论和进步论的观点。库恩本人也从他的模型最激进的内涵后退，不过，我们很快将要看到，另一些人却接受了。库恩仍然是一个观念论的历史学家，他把科瓦雷及其法国的唯心主义前辈作为他灵感的主要来源。但是其他的历史学家却开始严肃地考虑科学之外的因素。1970年，默顿创作于1938年的专著被再版，从而使过去关于"内史"与"外史"的讨论成为人们关注的焦点。而外在因素中最引人瞩目的就是技术。

　　小林恩·怀特（Lynn White Jr.）的《中世纪的技术与社会变革》（*Medieval Technology and Social Change*，1962）不像库恩的《科学革命的结构》有那么大的革命性影响，但也为技术史家提供了一种原汁原味的叙事风格，一种与主流历史学界沟通的新方式，还展示了以技术为分析框架的解释能力。怀特的职业生涯致力于挑战过去对于中世纪的观点，这种观点将中世纪视为欧洲历史上落后和停滞的"黑暗"时期，并最终让步于开创了现代世界的古典文明的"文艺复兴"。怀特强调了中世纪在宗教、科学和技术方面的进展，这些进展不仅使中世纪有别于其他时代，也加速了威廉·H·麦克尼尔（William H. McNeil）在1964年提出的

"西方的兴起"。[①]《中世纪的技术与社会变革》还收录了一些其他的论文，关于马镫、农业实践和工具的发展以及对传递和转换能量的机械的介绍。怀特认为，第一项创新有助于封建经济体系的发展。第二项增加了食物的生产，刺激了10世纪开始的商业革命。第三项使得早期的工业革命成为可能，即便它由于疾病以及缺少合理的政治和财务制度而未能成形。尽管怀特由于其技术决定论和还原主义的过度泛化而遭到了一些中世纪历史学家特别是马克思主义者的严厉批判，但是他的博学多识和概念上的优雅使得他的工作在技术史家中免遭类似的攻击。[②] 怀特后来成为美国技术史学会、美国中世纪学会（Medieval Academy of America）以及美国历史学会（American Historical Association）的主席，从而将《中世纪的技术与社会变革》一书确立为为数不多的几部在主流历史学界吸引了大批追随者的技术史著作。

科学和技术的社会研究

20世纪70年代，一场"科学知识社会学"（sociology of scientific knowledge，简称SSK）的新运动发展了库恩的某些激进理论。科学知识社会学引入哲学、社会学、人类学、可能还有马克思主义史学，来探究西方科学知识的认识论问题。知识是从观察、实验和认知中"内在"发生的？还是像库恩所说的那样是被社会力量塑造成的？这场运动最初源起于英国，通常被称为爱丁堡学派（Edinburgh School），因为爱丁堡大学孕育了多数早期的工作。其深刻的跨学科基础导致了1975年科学的社会研究学会（Society for the Social Studies of Science，简称4S学会）的创办。

187

---

① William H. McNeill, *The Rise of the West: A History of the Human Community* (Chicago, 1963). [中译本：（美）威廉·H·麦克尼尔，《西方的兴起：人类共同体史》，郭方等译，台北：五南图书出版公司，1988年。]

② Alex Roland, 'Once More into the Stirrups: Lynn White Jr., *Medieval Technology and Social Change*', *Technology and Culture*, 44 (2003), 574—585.

社会学家大卫·布鲁尔（David Bloor）是这场运动的先驱者之一，他将其描述为两个分支，特别是在应用到科学史当中时。库恩通常被认为属于"弱纲领"（soft programme），为选择了"错误"路径的科学共同体寻求社会学解释。由布鲁尔及其爱丁堡的同仁如巴里·巴恩斯（Barry Barnes）和约翰·亨利（John Henry）等所推行的"强纲领"（strong programme），采取了大量的反实证主义进步论的方法论原则。他们的研究致力于：（1）寻找导致各种信念和知识状态的原因；（2）在真实和虚假之间维持公正；（3）在解释正确或错误的信念时保持对称性；（4）运用能够适用于社会学本身的解释模式。[1] 在他们的理论中，范式指导下的科学教育类似于手工艺的训练，在本地的场所进行实践。工艺术语影响了科学活动的修辞学：科学方法成为"实践"（practice），自然知识的科学发现成为"生产"（production）。

科学实践的建立（及其转变）可以用社会环境和个体行动者的兴趣或者更广泛的相关科学共同体的结构来解释。在决定即将到来的是危机还是革命，以及科学实践将会得到怎样的结果时，权力、权威和资源具有压倒性的影响。最为激进的是对唯心主义历史观的颠覆：科学知识本身是被"社会建构"的。[2] 在科学史家中具有最广泛影响地展示了这一进路的工作——再一次被设定在科学革命期间——正是史蒂文·夏平（Steven Shaping）和西蒙·谢弗（Simon Schaffer）的《利维坦与空气泵：霍布斯、波义耳与实验生活》（*Leviathan and the Air-Pump*：*Hobbes*，*Boyle*，*and the Experimental Life*，1985）。本书的主题是罗伯特·波义耳（Robert Boyle）支持下的"实验实践"和"实验文化"在王政复

---

[1] David Bloor, *Knowledge and Social Imagery* (London, 1976), 4—5. ［中译本：（英）大卫·布鲁尔，《知识和社会意象》，艾彦译，北京：东方出版社，2001年。］

[2] 关于建构主义对科学史所产生的广泛而多样的影响，特别参见 Jan Golinski, *Making Natural Knowledge*：*Constructivism and the History of Science* (1988；2nd edn, London, 2005)。

辟时期英格兰的起源，并且重点关注新发明的空气泵。[①] 这一起源被明确地问题化了，而非先前不证自明的必然。

夏平和谢弗认为实验文化和实践的产生与1660年以后在英格兰居于支配地位的新型社会—政治—宗教形势是密切相关的。他们主张，波义耳的实验装置实际上是身体政治和社会的缩影，同时也是社会发展的某种模型。波义耳本人尽管举止谦逊、风度翩翩，却是王政复辟时期的英格兰掌控权力、权威和资源的代表。

同样重要的是对于实验文化的实际"物质技术"（material technology）的处理：在这一案例中，所谓的"物质技术"就是空气泵。对于空气泵的操作（以及知识的生产）也被问题化了。此外，可操作的技艺和知识从某一实验地点向另一处的转移，也同任何技术转移一样面临着同样的挑战。

"强纲领"进入技术史领域，主要是借助哈里·柯林斯（Harry Collins）及其在巴斯大学的学生们的影响。"技术的社会建构论"（Social Construction of Technology，简称为SCOT，有时称为"强技术社会建构论"[hard-SCOT]）挑战了科学家"发现"新知识从而可以被工程师们"应用"于按照人类的需求征服自然这一传统叙事。"科学"和"技术"这些术语被问题化和历史化了，因为现代西方的习语已经习惯于将社会资本赋予这些事业的实践者，并且将他们的陈述合法化。实际上，根据建构论者的观点，科学家和工程师同其他人一样也是社会行动者，为了地位和资源而在社会之中和彼此之间进行竞争。

技术的社会建构运动的奠基性文本，《技术系统的社会建构》（*The Social Construction of Technological Systems*，1987），是由韦别·比克（Wiebe Bijker）（一位接受过工程、哲学、社会学和历

————————

① Steven Shapin and Simon Schaffer, *Leviathan and the Air-Pump*：*Hobbes, Boyle, and the Experimental Life*（Princeton，1985），5.［中译本：（美）史蒂文·夏平和西蒙·谢弗，《利维坦与空气泵：霍布斯、玻意耳与实验生活》，蔡佩君、区立远译，上海：上海人民出版社，2008年。］

史学训练的荷兰教授）、特雷弗·平奇（Trevor Pinch）（曾是哈里·柯林斯的学生）和托马斯·P·休斯（Thomas P. Hughes）（具有争议的、20世纪最后三十年最有影响力的技术史家）。尽管书中的所有论文都在或多或少地探讨技术的社会建构问题，但是其中一些采取了强技术社会建构论的视角，认为在决定技术变革的过程中社会因素胜过物质标准。休斯的《大型技术系统的演化》（The Evolution of Large Technological Systems）一文，采用其标志性的主题检视了他所提倡的分析概念，同时也警告那些"把分析和抽象的级别提到如此之高以至于一个系统的技术内容是什么反倒变得无关紧要"的社会科学家。①

休斯早期的工作以及他在技术史家中鹤立鸡群般的高度，使得他成为主流学者和社会建构论者之间的桥梁式人物。他的《埃尔默·斯佩里：发明家和工程师》（*Elmer Sperry：Inventor and Engineer*，1971）一书是斯迈尔斯传统下的伟人史，而非圣徒传记。休斯的著作《电力网：西方社会的电气化，1880—1930》（*Networks of Power：Electrification in Western Society*，1880—1930，1984）同样研究了伟人——休斯称之为"系统建构师"（system-builder）——但它还比较了不同国家的系统，并将20世纪初给芝加哥、伦敦和柏林带来各不相同的公共电力系统的政治、经济、社会和技术力量进行了语境化讨论。尽管它避开了技术的社会建构运动的理论化，但还是介绍了一些强有力的概念，比如大型技术系统前沿的"退却突出部"（reverse salient）。事实证明，无论技术史家研究的大型系统是否正是休斯所研究的类型，这些概念都是有所助益的。

这些年里，科学实践的问题化被一群自成一派的研究"实验室生活"并以"行动者网络"理论（actor-network theory，简称ANT）进行分析的民族志学者向前推进。他们的理论建构于20

---

① Wiebe E. Bijker, Trevor J. Pinch, and Thomas P. Hughes (eds.), *The Social Construction of Technological Systems* (Cambridge, Mass., 1987), 55.

世纪的 80—90 年代，他们关注被分类为"技性科学"的当代活动的案例。所有知识产地（实验室）的组成部分——仪器和机械，测试材料，研究者的组织和风格，以及生成的知识——都是技性科学的行动者（被布鲁诺·拉图尔［Bruno Latour］称为 actants）所构成的交互网络的一部分。任何行动者都不具备知识上的优先性。此外，这一网络从某一特定的实验室远远延伸到另一实验室网络、基金会、工业界、政治家乃至出版物——实际上包含技性科学的所有支持者和消费者。一个行动者网络的耐久性（在一定时期内）确保了自然知识生产的稳定性。米歇尔·卡龙（Michel Callon）和约翰·劳（John Law）将类似于行动者网络分析的方法引入技术史，不过他们并未将自己的研究限定在当代的实践当中。

整个 20 世纪的 80—90 年代，当科学史家和技术史家在各自领域内努力调和传统的内史和新兴的社会建构论时，许多学者决定从事"语境化历史"（contextual history）的研究。这一概念意味着最好的历史，既包含了对于当代科学和技术的通晓，又包含了对于驱动科学家和工程师行为的政治、社会、经济和文化力量的全方位赏鉴。两个领域的许多学者认为，好的历史总是能够以这种方式书写。①

---

① 技术史界的范例有 Arnold Pacey, *The Maze of Ingenuity：Ideas and Idealism in the Development of Technology*（New York 1975），以及 Merritt Roe Smith, *Harpers Ferry Armory and the New Technology：The Challenge of Change*（Ithaca，NY，1977）. 在科学史界，这一时期许多人物传记荣获菲泽奖（Pfizer Award），其中代表性的有：Richard S. Westfall, *Never At Rest：A Biography of Isaac Newton*（Cambridge，1980）；Crosbi Smith and M. Norton Wise, *Energy and Empire：A Biographical Study of Lord Kelvin*（Cambridge，1989）；David Cassidy, *Uncertainty：The Life and Science of Werner Heisenberg*（New York，1992）. 另一代表性文本并非传记（但也是菲泽奖获奖作品）：Paula Findlen, *Possessing Nature：Museums，Collecting，and Scientific Culture in Early Modern Italy*（Berkeley，1995）。

新的分析框架

20 世纪 70—80 年代，延续了前二十年的批判态度并在新的方向上加以延伸的社会学和科学议题，对于科学史和技术史领域的观点和兴趣有着重大影响。这些议题包括生态学、女性主义、多元文化主义和后现代主义。在科学知识社会学以及诸如行动者网络分析等非主流观点发展的同时，一些历史学家将他们的视野拓展到性别、种族、殖民主义和环境。这些兴趣反映了这类议题在前二十年中的社会突出性，以及同时出现的科学和工业事业的社会危机。

对科学进行性别和环境研究的先驱者之一，卡洛琳·麦茜特（Carolyn Merchant），将性别研究划分为三个领域：意识形态、隐喻和社会角色。她的首创之作《自然之死：妇女、生态和科学革命》（*The Death of Nature*：*Women*，*Ecology*，*and the Scientific Revolution*，1980）属于第一个领域。这部作品对于科学革命的实质性解释仍是传统的，但她对于这一"不可思议的变革"的性别解释和评价却是激进的。对于自然的几何化和机械化，是科瓦雷和吉利斯皮所认为的变革的核心要素，而麦茜特将其与剥削资本主义的兴起和妇女社会地位的下降联系起来。一种男性化的、机械化的、致力于控制和开发地球"母亲"的科学，自 17 世纪盛行至今。

麦茜特所提出的另外两个性别研究的领域中，性别形象和隐喻有托马斯·拉奎尔（Thomas Laqueur）和隆达·席宾格尔（Londa Schiebinger）等人在研究，而科学中女性的社会角色（及其挑战）有玛格丽特·罗西特（Margaret Rossiter）在研究。① 对于科学与

---

① Thomas Laqueur, *Making Sex*：*Body and Gender from the Greeks to Freud* (Cambridge, Mass. , 1990)；Londa Schiebinger, *The Mind Has No Sex? Women in the Origins of Modern Science* (Cambridge, Mass. , 1989)；Margaret Rossiter, *Women Scientists in America*：*Struggles and Strategies to 1940* (Baltimore, 1982)；and ead. , *Women Scientists in America*：*Before Affirmative Action*, *1940 -1972* (Baltimore, 1995).

190

种族的关注没有那么持久，但是不得不提斯蒂芬·杰·古尔德
（Stephen Jay Gould）的《人的误测》（*Mismeasure of Man*，
1981），这部著作将科学"事实"问题化并且把智力及其测量看
作是通常无意识的社会态度和种族偏见所决定的。

毫无疑问，对于殖民地和帝国主义的科学史的重拾，产生于
二战之后殖民地独立这一大背景。但是最早对殖民地科学的开展
进行总体概述和模型建立的尝试有一个直接原因，即现代化理
论，从这一理论可以引申出乔治·巴萨拉（George Basalla）主编
的《现代科学的兴起：外因还是内因？》（*The Rise of Modern
Science：External of Internal Factors*? 1968）一书中提出的极具影
响力的扩散论模型。巴萨拉认为欧洲科学是线性地、单向地流向
殖民地。20 世纪 80 年代，当这一领域开始发展时，他关于欧洲
和殖民地两端的认识都受到了挑战。殖民地和帝国主义的科学事
业是更为复杂的交互关系，它既是启蒙也是一种加强控制的
方式。

巴萨拉是一位在多个领域和学科做出过贡献的哲学家，他也
影响了技术史领域。尽管这一领域更晚介入后殖民主义的研究，
但还是产生了一大批新的趋势，因而传统主义与建构主义之间的
大战就偃旗息鼓了。刘易斯·芒福德早年关于技术发展的进化本 191
质的思考得到了学者们的极大拓展和提炼，其中包括巴萨拉还有
经济史学家乔尔·莫克（Joel Mokyr）。商业史作为经济史的平行
领域加入进来，这很大程度上是由阿尔弗雷德·D·钱德勒
（Alfred D. Chandler）的《看得见的手：美国企业的管理革命》
（*The Visible Hand：The Managerial Revolution in American
Business*，1977）的流行及其强大的洞察力带来的。劳工史在车间
实践的本质和劳工的去技能化方面为技术史家提供了类似的兴
趣。露丝·施瓦茨·科万（Ruth Schwartz Cowan）在《为母亲带
来更多工作：家居技术从平炉到微波炉的反讽》（*More Work for
Mother：The Ironies of Household Technology from the Open
Hearth to the Microwave*，1983）一书中展示了性别作为分析框架

的解释力。技术决定论已被一再证明是明日黄花，但仍然有一定的解释力。[1] 而技术史家继续自我选择进入专精的子领域，研究战争、电脑、女性、航空航天、电力、传播、劳工、化学、博物馆等技术。

科学与技术的关系

科学与技术的关系对于技术史家的吸引力要甚于科学史家。[2] 1985 年，当约翰·斯塔蒂梅尔（John Staudenmaier）回顾前 21 卷《技术与文化》时，他发现科学与技术的关系是期刊中最流行的议题。[3] 大部分科学史家，至少在建构论转向之前，都是把技术视作应用科学，只看到技术在仪器设备方面对于科学的重大影响。而技术史家发现，这样的观点有损其身份，并且是错误的。[4] 例如，埃德温·莱顿（Edwin Layton）的《镜像双胞胎》（*Mirror-Image Twins*，1971），挑战了这一理解科学与技术关系的线性模式或"传统模式"。莱顿描述了 19 世纪的科学和技术在教育模式、专业团体以及对"工程科学"的接受上与日俱增的对称性，以及在各自的价值层面上的对立性：科学家更偏向理论而非实践，

---

[1] Merritt Roe Smith and Leo Marx (eds.), *Does Technology Drive History? The Dilemma of Technological Determinism* (Cambridge, Mass., 1994).

[2] Otto Mayr, 'The Science-Technology Relationship as Historiographical Problem', *Technology and Culture*, 17 (1976), 663 - 673; and Derek J. De Solla Price, 'Is Technology Historically Independent of Science? A Study in Statistical Historiography', *Technology and Culture*, 6 (1965), 553 - 568.

[3] John Staudenmaier, *Technology's Storytellers: Reweaving the Human Fabric* (Cambridge, Mass., 1985), 83.

[4] 参见 David Edgerton, 'The Linear Model Did Not Exist: Reflection on the History and Historiography of Science and Research in Industry in the Twentieth Century', 选自 Karl Grandin and Nina Wormbs (eds.), *The Science-Indusdry Nexus: History, Policy, Implications* (New York, 2004)。

工程师则不信任理论而重视实践。① 科学史家和技术史家之间的分歧催生了美国技术史学会。但是这些分歧也触动了两个领域的学者为找到共同的基础而进行大量尝试，不过成功的并不多。② 建构论者对于紧张关系的缓解是有贡献的，因为它使得两个共同体的学者都更加关注用环境外力来解释科学和技术变革，例如政治、经济、社会模式乃至文化。实验室实践和车间实践之间的共同点比我们先前所理解的要多得多。布鲁诺·拉图尔以及其他欧洲学者在关注技性科学方面的尝试也同样缓解了两个领域的对立。

此外，在 20 世纪最后几十年中，许多科学领域以及大多数高科技领域越来越交织在一起。不同领域的科学家，例如粒子物理、天体物理、核物理、固体物理、化学、纳米技术乃至生命科学，变得更加依赖于加速器、望远镜、航天器以及实验仪器来从事最基础的研究。而高科技和前沿工程继续变得越来越以科学为基础——这一趋势早在 18 世纪欧洲工程学校的创办以及整个 19、20 世纪工程课程中加入科学和数学科目时，就已经得到正式确认了。随着 20 世纪末科学和技术越来越相互依赖，科学史家和技术史家重新回顾了二者平行演化的早期历史。在某些领域发现，确实有技术发明先于科学"发现"的情况。伽利略使用望远镜来证实哥白尼的假说就是一个经典案例，此外仍有数不胜数的其他事例，特别是在化学史和化学工业史中。③

对于两个领域的转变可以借助对工业革命的两种分析进路的差异进行度量。经济史学家 A. E. 姆森（A. E. Musson）和埃

---

① Edwin T. Layton, 'Mirror-Image Twins: The Communities of Science and Technology in Nineteenth-Century America', *Technology and Culture*, 12 (1971), 562-580.

② 1991 年美国科学史学会与美国技术史学会举办联席会议，原计划探讨共同的"批判性问题和研究前沿"，但并未达成太多共识，也没能缩短两个共同体之间的知识距离。

③ 化学染料工业的发展已有专门的集中研究。

里克·罗宾逊（Eric Robinson）通过《工业革命中的科学和技术》（*Science and Technology in the Industrial Revolution*，1969）一书引入了他们的社会科学视角。姆森和罗宾逊反对先前将工艺知识和实践作为创新之源的解释，他们探究了 18 世纪英国科学知识的状态以及那些提升、传播并使知识大众化的期刊、书籍、社团和机构。姆森和罗宾逊拒斥将技术视为应用科学的"线性模式"，他们找到了这两个领域之间复杂而互动的关系，同时也注意到"科学"和"技术"这两个术语都没有在现代意义下被理解和使用。他们预见到社会建构论者的洞察力，因此他们总结道，在关于科学和技术的变革上，"心理学和社会学可能和经济学一样使我们受益"。①

玛格丽特·C·雅各布（Margaret C. Jacob）在《科学革命的文化意义》（*The Cultural Meaning of the Scientific Revolution*，1988）一书中将文化透镜应用于同样的主题，她倒转镜头从科学革命的视角观察启蒙运动时期的英国。与姆森和罗宾逊一样，雅各布对于科学革命和工业革命之间的关系也颇感兴趣，她认为科学革命在英国而非西欧任何其他国家创造了好奇、改良、学习和交流的文化，从而催生了工业革命。在很多方面，她的结论证实了姆森和罗宾逊的观点，但是，比起姆森和罗宾逊在知识生产和物质生产之间找到的直接的、因果性关联，她更关注间接的、文化的和环境的联系。

2007 年，科学史家保罗·福尔曼（Paul Forman）在一篇旁征博引的颠覆性长篇史学论文《现代性中之科学、后现代性中之技术及技术史中之意识形态的首要性》（The Primacy of Science in Modernity，of Technology in Postmodernity，and of Ideology in the History of Technology）中将这一讨论向前推进了一步。福尔曼认

---

① A. E. Musson and Eric Robinson, *Science and Technology in the Industrial Revolution* (Toronto，1969)，8.

为，科学与技术的关系在 1980 年前后发生了突变。[①] 通过对过去两百年西方史学的回顾，福尔曼发现技术即应用科学这一信念几乎是被普遍接受的。从卡尔·马克思、托斯丹·凡勃伦（Thorstein Veblen）、维尔纳·桑巴特（Werner Sombart）、尼古拉·布哈林（Nikolai Bukharin）到约翰·杜威（John Dewey）、刘易斯·芒福德、丹尼尔·贝尔（Daniel Bell）、让-弗朗索瓦·利奥塔（Jean-François Lyotard），这些社会科学家都接受了线性模式的或传统模式。随之自然而来的则是：科学这一技术变革的推动者要比技术更为优越。科学是高端的，至少在感觉上是高端的。[②]

　　后现代性（而非后现代主义）改变了这一切。福尔曼说："在后现代性中，科学退化为技术的仆人，而科学进展如其所想地成为新技术应用的结果。"[③] 福尔曼没有解释现代性滑向后现代性的因果机制，也没有解释在公共认知中技术如何掀翻了科学的地位，而是将这一反转的大量轶事证据展示了出来。技术史家错过了这一转变。福尔曼认为，21 世纪初，技术史家仍旧通过"前—后现代"（pre-postmodern）的视角进入他们的研究主题。为什么？福尔曼指责技术史家，特别是美国技术史学会的成员，因为缺乏远见和沉迷自己创造的观念而变得盲目。在刘易斯·芒福德的影响下，他们吸收了芒福德对于技术的矛盾心理，以及他对于线性模式的笃信，还有他忽略科学并将其排除在技术史的考虑之外的策略。福尔曼注意到了美国技术史学会早期对于科学与技术关系的兴趣，但是他认为，在 70 年代，技术史家选定两种手段来消解线性模式。他们或者在对技术的考察中忽略科学，或者声称技

194

① Paul Forman, 'The Primacy of Science in Modernity, of Technology in Postmodernity, and of Ideology in the History of Technology', *History and Technology*, 23 (2007), 1-152.

② 福尔曼的分析并非关于科学和技术本身，而更多的是关于对科学和技术的认知。

③ Forman, 'The Primacy of Science in Modernity', 53.

术知识是自主性的。这一准则使他们倾向于接受技术的社会建构论纲领(福尔曼认为这是空洞无物的),并且强烈谴责技术决定论乃至自主性的技术。技术知识可能自主于科学,但技术本身并不能被视作社会中的自主力量。尽管福尔曼看到了技术决定论、技术进步和技术自主性的压倒性证据,但技术史家还是谴责并回避这一切。

福尔曼说,技术史家错过了后现代转向,这并不奇怪。当科学高高在上时,他们拒绝去看;当科学一落千丈时,他们也就没能注意到。技术史家很不情愿承认技术在现代文化生产中的重要性,因此当技术成为文化生产的主导形式时他们也没能注意到。由于把目光聚焦在朝向技术社会建构论的社会转向之上,他们错过了朝向后现代的文化转向。

结论

福尔曼重新定义科学与技术关系的尝试,使得 21 世纪初科学史和技术史两个领域中的混乱状态凸显出来。尽管福尔曼是一位科学史家,但他的分析在科学史家中鲜有共鸣,反倒在技术史家中产生的影响更大,而这也正是他的目的。在 2007 年美国技术史学会的年会上,四位史学家(两位科学史家和两位技术史家)在一块展板上批评了福尔曼的分析。尽管所有人都称颂他的博学和原创性,但是几乎没有人接受他的观点,也没有人敢说他的分析框架会被广泛接受。

然而,对于福尔曼所提出的范式转换的冷淡,并不意味着科学史界或技术史界已经围绕着某一主导范式达成了共识。实际上,这两个领域都在努力寻找目标和方向上的团结一致。自科瓦雷和默顿的开创性著作出版以来七十年,科学史界已经见证了多次极大丰富了该领域并拓展了其研究范围的全方位转变。但是在主旨、观点和进路方面的多样性,也导致了一致性和引人注目的**长时段**(longue durée)叙述的丧失。科学革命的案例是标志性

的。乔尔·沙克尔福德（Joel Shackelford）在对《剑桥科学史》
（*Cambridge History of Science*）中关涉早期近代科学的一卷的书
评里注意到了这一点。[①] 据沙克尔福德所说，"各章作者们共同传
达的复杂信息"是：

195

> "旧式的叙述和困难一同被废弃，它已经不再适应历史记
> 录，因此它必须消失，而我们又是如此怀念它，所以我们需
> 要一个替代品。然而，在一个天然充斥着学术观点多样性的
> 领域，一个产生了在许多情况下难以调和的历史的领域，一
> 个逐渐远离了哲学史并朝向更广阔的文化研究发展的领域，
> 创造这样一个替代品并非易事。"[②]

与之相近的是，在近来的技术编史学领域，类似的模式同样
难觅。2007 年，罗伯特·弗里德尔（Robert Friedel）在《进步的
文化：技术与西方千禧年》 （*A Culture of Improvement：
Technology and the Western Millennium*，2007）一书中提供了一种
西方的综合叙事，相当于为旧范式换了新颜。弗里德尔探讨了自
20 世纪 70 年代技术史家停止关注技术与科学关系以来持续困扰
着他们的问题：技术是如何演化的？弗里德尔将西方技术的巨大
变革归功于一种相信"事情可以做得更好"的普遍文化倾向。他
将这一视角与他所谓的"俘获"（capture）概念结合起来，这一
概念类似于社会建构论者所使用的"收敛"（closure），他以此解
释相互竞争的创新是如何自我筛选的。在弗里德尔的理论中，自
我筛选的结果就是上个千年中技术领域的持续和显著进步——尽
管并不是必需的进步。他所标示出的概念框架足以容纳 21 世纪

① Katharine Park and Lorraine Daston（eds.），*The Cambridge History of Science*，
　 vol. 3：*Early Modern Science*（Cambridge，2006）.
② Jole Shackelford，review of *The Cambridge History of Science*，vol. 3：*Early
　 Modern Science* by Katharine Park and Lorraine Daston （eds.），*Renaissance
　 Quarterly*，60（2007），986 - 987.

之交所有技术史家所追寻的范式和方法论，但是它可能既不会开辟史学的新航道，也不会使任何现有的航向发生偏离。正如科学史一样，21世纪之初的技术史似乎在避免宏大叙事，而更青睐于多种声音、观点、框架和方法的糅合。

主要史料

- Barnes, Barry, *Scientific Knowledge and Sociological Theory* (London, 1974).

- Basalla, George, *The Evolution of Technology* (Cambridge, 1988).

- Ben-David, Joseph, *The Scientist's Role in Society: A Comparative Approach* (Englewood Cliffs, NJ, 1971).

- Bernal, J. D. *Science in History*, 4 vols. (London, 1954).

- Bijker, Wiebe E., Pinch, Trevor J., and Hughes, Thomas P. (eds.), *The Social Construction of Technological Systems* (Cambridge, Mass., 1987).

- Bloor, David, *Knowledge and Social Imagery* (London, 1976).

- Butterfield, Herbert, *The Origins of Modern Science*, 1300 – 1800 (London, 1949).

- Chandler, Alfred D., *The Visible Hand: The Managerial Revolution in American Business* (Cambridge, Mass., 1977).

- Clagett, Marshall, *The Science of Mechanics in the Middle Ages* (Madison, 1959).

  —— (ed.), *Critical Problems in the History of Science* (Madison, 1959).

- Conant, James Bryan and Nash, Leonard K. (eds.), *Harvard Case Histories in Experimental Science*, 2 vols. (Cambridge, Mass., 1957).

- Cowan, Ruth, *More Work for Mother: The Ironies of Household*

196

Technology from the Open Hearth to the Microwave（New York，1983）.

- Ellul，Jacques，*The Technological Society*，trans. John Wilkinson（New York，1964）.
- Friedel，Robert D.，*A Culture of Improvement*：*Technology and the Western Millennium*（Cambridge，Mass.，2007）.
- Giedion，Sigfried，*Mechanization Takes Command*（New York，1948）.
- Gillispie，Charles Coulson，*The Edge of Objectivity*：*An Essay in the History of Scientific Ideas*（Princeton，1960）.

  —— （ed.），*Dictionary of Scientific Biography*，18 vols.（New York，1970 - 1990）.
- Guerlac，Henry，*Lavoisier-The Crucial Year*：*The Background and Origin of His First Experiments on Combustion in* 1772（Ithaca，NY，1962）.
- Hahn，Roger，*The Anatomy of a Scientific Institution*：*The Paris Academy of Sciences*，1666 - 1803（Berkeley，1971）.
- Hall，A. Rupert，*The Scientific Revolution*，1500 - 1800：*The Formation of the Modern Scientific Attitude*（London，1954）.
- Haraway，Donna，*Primate Visions*：*Gender*，*Race*，*and Nature in the World of Modern Science*（New York，1989）.
- Jacob，Margaret C.，*The Cultural Meaning of the Scientific Revolution*（New York，1988）.
- Koyré，Alexandre，*Études galiléennes*，3 vols.（Paris，1939）.
- Kuhn，Thomas S.，*The Copernican Revolution*：*Planetary Astronomy in the Development of Western Thought*（Cambridge，Mass.，1957）.

  ——*The Structure of Scientific Revolutions*（Chicago，1962）.
- Laqueur，Bruno，*Science in Action*：*How to Follow Scientists and Engineers through Society*（Cambridge，Mass.，1987）.

——and Woolgar, Steve, Laboratory Life: The Social Construction of Scientific Facts (Beverly Hills, Calif. , 1979).

• Marx, Leo, *The Machine in the Garden: Technology and the Pastoral Ideal in America* (New York, 1964).

• Merchant, Carolyn, *The Death of Nature: Women, Ecology, and the Scientific Revolution* (San Francisco, 1980).

• Merton, Robert K. , *Science, Technology and Society in Seventeenth Century England* (Bruges, 1938).

• Mumford, Lewis, *The Myth of the Machine*, 2 vols. (New York, 1967 – 1970).

——*Technics and Civilization* (New York, 1934).

197 • Musson, A. E. , and Robinson, Eric, *Science and Technology in the Industrial Revolution* (Toronto, 1969).

• Noble, David, *Forces of Production: A Social History of Industrial Automation* (New York, 1984).

• Pacey, Arnold, *The Maze of Ingenuity: Ideas and Idealism in the Development of Technology* (New York, 1975).

• Petroski, Henry, *To Engineer Is Human: The Role of Failure in Successful Design* (NewYork, 1985).

• Rosenberg, Nathan, *Inside the Black Box: Technology and Economics* (Cambridge, 1982).

——*Schumpeter and the Endogeneity of Technology: Some American Perspectives* (London, 2000).

• Rossiter, Margaret, *Women Scientists in America: Struggles and Strategies to* 1940 (Baltimore, 1982).

• Rudwick, Martin, *The Great Devonian Controversy: The Shaping of Scientific Knowledgeamong Gentlemanly Specialists* (Chicago, 1985).

• Sarton, George, *Introduction to the History of Science*, 3 vols. (Baltimore, 1927 – 1948).

- Scranton, Philip, *Proprietary Capitalism: The Textile Manufacture at Philadelphia*, 1800 – 1885 (Cambridge, 1983).
- Shapin, Steven and Schaffer, Simon, *Leviathan and the Air-Pump: Hobbes, Boyle, and the Experimental Life* (Princeton, 1985).
- Smith, Merritt Roe, *Harpers Ferry Armory and the New Technology: The Challenge of Change* (Ithaca, NY, 1977).
- Vincenti, Walter G., *What Engineers Know and How They Know It: Analytical Studies from Aeronautical History* (Baltimore, 1990).
- White, Lynn, Jr., *Medieval Technology and Social Change* (Oxford, 1962).
- Winner, Langdon, *Autonomous Technology: Technics out of Control as a Theme in Political Thought* (Cambridge, Mass., 1977).
- Yates, Frances, *Giordano Bruno and the Hermetic Tradition* (Chicago, 1964).

参考书目

- Adas, Michael, *Machines as the Measure of Men: Science, Technology, and Ideologies of Western Dominance* (Ithaca, NY, 1989).
- De Solla Price, Derek J., 'Is Technology Historically Independent of Science? A Study inStatistical Historiography', *Technology and Culture*, 6 (1965), 553 – 568.
- Edgerton, David, 'The Linear Model Did Not Exist: Reflections on the History andHistoriography of Science and Research in Industry in the Twentieth Century', in Karl Grandin and Nina

Wormbs (eds.), *The Science-Industry Nexus: History, Policy, Implications* (New York, 2004).

- Forman, Paul, 'The Primacy of Science in Modernity, of Technology in Postmodernity, and of Ideology in the History of Technology', *History and Technology*, 23 (2007), 1-152.

- Golinski, Jan, *Making Natural Knowledge: Constructivism and the History of Science* (1998; 2nd edn, London, 2005).

198
- Harding, Sandra, *Science and Social Inequality: Feminist and Postcolonial Issues* (Chicago, 2006).

- MacKenzie, Donald, 'Marx and the Machine', *Technology and Culture*, 25 (1984), 473-502.

- Mayr, Otto, 'The Science-Technology Relationship as Historiographical Problem', *Technology and Culture*, 17 (1976), 663-673.

- Misa, Thomas J., *Leonardo to the Internet: Technology and Culture from the Renaissance to the Present* (Baltimore, 2004).

- Roland, Alex, 'Once More into the Stirrups: Lynn White Jr., Medieval Technology andSocial Change', *Technology and Culture*, 44 (2003), 574-585.

- Smith, Merritt Roe, and Marx, Leo (eds.), *Does Technology Drive History? The Dilemma of Technological Determinism* (Cambridge, Mass., 1994).

- Staudenmaier, John, *Technology's Storytellers: Reweaving the Human Fabric* (Cambridge, Mass., 1985).

- Thakray, Arnold and Merton, Robert K., 'On Discipline Building: The Paradoxes ofGeorge Sarton', *Isis*, 63 (1972), 472-495.

- Westman, Robert S., 'Two Cultures or One? A Second Look at Kuhn's The CopernicanRevolution', *Isis*, 85 (1994), 79-115.

- Zammito, John H., *A Nice Derangement of Epistemes: Post-*

positivsm in the Study of Science from Quine to Latour（Chicago，
2004）．

刘明洋　译

第十章　西方的历史学与社会科学

凯文·帕斯莫尔[①]

　　1970 到 1980 年代，主张历史学和社会学科和解的倡导者们哀叹说，大战之后卡尔·马克思、埃米尔·涂尔干和马克斯·韦伯所采取的跨学科路径日渐被学科间的相互猜忌所取代。[②] 他们既对 1960 年代以来两个学科间日益增长的联系深表赞许，同时也对某些历史学家依然固守着对社会科学的敌意而深表遗憾。例如，对 G. R. 埃尔顿（G. R. Elton）而言，历史学和社会学具有不同的研究方法和对象：历史学研究过去的政治；社会学研究当下的社会。历史学是经验性的；社会学则是理论性的。[③] 某些社会科学家接受了这样一种劳动分工：甚至在他们研究长时段的变迁时，他们也像"历史社会学家"那样工作。这种张力不容否认，我所希望提出的是：这两个学科业已分享了很多重要的方法和假设。事实上，我们应该避免本质化，因为学科内部关于方法论的争议同两个学科之间的争议一样重要。正如我们应该把民族

---

① 我要向帕特·哈德逊（Pat Hudson），斯蒂夫·里格比（Steve Rigby），劳埃德·鲍温（Lloyd Bowen）和加思·沃克（Garthine Walker）致谢，感谢他们仔细阅读了这篇文章并提出他们有益的批评与建议。

② Peter Burke, *History and Social Theory* (London, 1992); Theda Skocpol, 'Sociology's Historical Imagination', in ead. (ed.), *Vision and Method in Historical Sociology* (Cambridge, 1984), 1-21; and Dennis Smith, *The Rise of Historical Sociology* (Philadelphia, 1991).

③ G. R. Elton, *The Future of the Past* (Cambridge, 1968), 30. 并参见 Gertrude Himmelfarb, *The Old History and the New* (Cambridge, Mass., 1987)。

国家历史编纂传统的概念视为需要解决的问题；在国家内部展开较量的历史学和社会科学间的关系也应该如此。

战前的遗产

在两次大战之间的年岁里，社会学家对历史的反感在芝加哥学派中表现得最为明显，当时罗伯特·帕克（Robert Park）发明了田野调查。帕克效仿了以布罗尼斯拉夫·马林诺夫斯基（Bronislaw Malinowski）为首的欧洲人类学家，马林诺夫斯基在一次大战中转向了参与观察法。进一步的检视表明历史学家和社会科学家们共享了两组相互关联的假设。法国年鉴学派在其称冠社会史时，可能在（两个学科彼此猜疑）这一问题上属于例外，但同样也呈现了相似的假设。

第一个假设是世界历史从一种传统的、等级制的、宗教的社会向一种现代平等主义的理性社会转变。精英领导了这一进程，而大众（the masses），特别是女性和"劣等种族"，现代化得更为缓慢，甚至根本没有进入现代化。事实上，精英被期待着扮演一种"历史接生婆"的角色，这派学者将精英理解为"民族英雄"或"深谋远虑的现代化者"。第二，进步的理论多受惠于古斯塔夫·勒庞（Gustav Le Bon）的"集体心理学"，这一理论建立在类似的区分——理性且主动的精英与被动却又易变的大众——基础上。大众如果没有来自精英的指引，是无法控制其自身的非理性驱动的。这无疑是一种女性化，种族化的判断，但却可以通过重复与效仿被"内化"为一种简单的观念。大众拥有一种与生俱来的理智，可以启发精英，但人群却走向了极端，并被恶毒的反精英者们所利用。第三，历史学和社会科学假定发生于民族国家内的进步具有独特的"特性"，爱国主义提供了一种社会黏合剂，没有它社会将无法运转。第四，迅速的变迁打破了传统的纽带，并在大众中引发了一种方向迷失感（disorientation）（社会学家称之为"失范"），使他们对乌托邦的兜售者们日渐缺乏抵御力。①

学术界中，历史学看上去似乎与社会科学不同，这就在于它是非理论的（untheoretical）和主要与政治相关的。虽然历史学家关注于民族国家自我意识的获得，同质性，以及通过与内外敌人间的斗争所获得的独立——在这样一种历史中，大人物是引人注目的。但历史学家自己的国家也被刻画成了多种典型人物，壮志未酬者或是受害者。② 某些民族史学更为明确地借鉴了社会科学。纳粹的种族史（volksgeschichte）就是用人类学来研究其民族的远古起源。③ 同时，自由派的埃卡特·克尔（Echart Kehr）在《战舰建造与政党政治》［*Schlact flottenbau und Parteipolitik*（*Battleship Building and Party Politics*），1931］一书中，赞同马克斯·韦伯的观点，即认为被放错时代的（anachronistic）贵族力量可以解释为什么德国不能沿着一条标准的民主道路发展。他批评了民族主义，但却并没有抛弃民族国家的框架。年鉴学派的奠基者，马克·布洛赫对民族主义更具批判性，并且明确借鉴了涂尔干的人类学。他的《法国农村史》［*Les Caractères originaux de l'histoire rurale française*（*French Rural History*），1931］以一种与进步叙事相协调的论调，抓住了历史发展中特殊的法国模式。

历史学家和社会学家在不经意间共享了宏大理论的各种提法，在这一提法中，变迁是一种外部"力量"，被系统的功能需要所驱动，并且在这一系统中，意义来自于对理论的评估，而非来自于主人公的行动和信仰。并且由于历史学家受惠于宏大理论的事

① Robert Nye, *The Anti-Democratic Sources of Elite Theory*: *Pareto*, *Mosca*, *Michels* (London, 1977); id., *The Origins of Crowd Psychology*: *Gustav Le Bon and the Crisis of Mass Democracy in the Third Republic* (London, 1975).

② Stefan Berger, Mark Donovan, and Kevin Passmore (eds.), *Writing National Histories*: *Western Europe since* 1800 (London, 1999).

③ Peter Lambert, '*Demos* and *Ethnos* in the Political Thought of Fritz Rörig', ibid., 137 - 149; and Hans Schleier, 'German Historiography under National Socialism: Dreams of a Powerful Nation-State and German *Volkstüm* Come True', ibid., 176 -188.

实尚未得到承认，因此事实证明他们对批评持顽固态度，然而表面上显著的进步，使得社会学经典理论很容易在 1950 年代扎根于西方历史学。因为现代化叙事根植于社会学之中，并通过新近引入的（研究）主体来评判，现代化叙事就更难被取代了。[①] 我们应该看到，在社会理论和历史学中还有别样的立场，但有时他们也会挣扎着试图抛开现代化假设。也许不幸的是，大多数富于洞见的别样立场所结出的果实正如后结构主义一样，将注意力转移到其他事物上了。讽刺的是，文化转向有时也赞同功能论社会科学的可疑信条。

1945 年之后的历史学和社会科学

1945 年之后，西方历史学家和社会学家运用宏大理论来理解当下的起源，预见未来，并且如果必要还要使历史重回正轨。对于许多历史学家而言，挫败纳粹恢复了对自由民主制的确定性信仰。英国和美国学者写出了关于他们自身历史的乐观主义叙事。他们的法国、德国和意大利同僚们则复兴或者说是发明了一种叙事，将维希、纳粹和法西斯主义的时代当作他们国家历史中的小插曲，这里在经历巨大创伤后，由传统主义民族心理复苏所引发。这些叙事与现代化理论有很多共同之处，在后来的"发展研究"中具有重要意义。现代化理论家们将去殖民化归因于进步从西方向东方的扩散：反叛的殖民地将会最终回归到西方模式上来。[②]

G. R. 埃尔顿，过去我们将他看作是历史学处理特殊性（unique）这一观念的拥护者，现在他为（我们）提供了一个历史

---

① Steve Bruce，S ociology：A Very Short Introduction（Oxford，1999），56 - 82.

② Dean Tipps，'Modernization Theory and the Comparative Study of Societies'，Comparative Studies in Society and History，15（1973），199 - 226.

学受到社会理论显著影响的典范。[①] 他接受了这样一种观点，即历史学家应当运用"适度的（modest）"概括，例如"（研究）不满所需要的是一种创伤性的经历，而非持续不断的痛苦来点燃一场革命。"[②] 事实上，这种（鲁莽自负的）概括是内在于他那一时期的社会科学中的。在他的史学作品中，埃尔顿陈述了英格兰从亨利七世的"传统"君主制到亨利八世统治下获得现代民族国家地位的发展。他把英国史看作是自由与权威恰切平衡的实现，这种平衡也隐含于英格兰人（而非威尔士人）的特性中。他以一种与马克斯·韦伯的理性化进程相协调的措辞，讲述了托马斯·克伦威尔对现代官僚制的创制以及强制推行的法律统治。埃尔顿含蓄地对比了理解历史发展方向的伟大的克伦威尔和对"变迁方向的展开"进行无用抵抗的铂金·沃贝克（Perkin Warbeck）。[③] 埃尔顿在理论上论证了他的政治关注点，提出历史就是变迁，政治是人类对变迁的主动寻求，政治由此成为历史的真实形式。[④] 事实上，政治史正是社会史，因为政府要保证社会是一种结构上恰当的有机体。[⑤] 埃尔顿无意间回应了集体心理学家，因为对他们而言，无定形的群众—有机体要求精英的引导。

迈尔斯·泰勒（Miles Taylor）表明相似的保守观念在早期的英国社会史中很有影响，我们可以通过进一步分析所涉及的社会理论的类型来扩展他的这种洞见。[⑥] 乔治·基特森·克拉克（George Kitson Clark）以一种勒庞所熟悉的论调解读了维多利亚

① Gareth Stedman Jones, 'From Historical Sociology to Theoretical History', *British Journal of Sociology*, 27 (1976), 298.

② G. R. Elton, *Political History* (London, 1970).

③ Id., *England under the Tudors* (London, 1955). 并参见 Slavin, 'Telling the Story: G. R. Elton and the Tudor Age', *Sixteenth Century Journal*, 21 (1990), 151 - 169。

④ Elton, *Political History*, p. 1.

⑤ Id., *The Future of the Past*, 25.

⑥ Miles Taylor, 'The Beginnings of Modern British Social History', *History Workshop Journal*, (1997), 155 - 176.

社会。它正是一种从旧形式到新形式转换的状态，因此所谓"混杂、兽性、残忍、粗劣"是如此的常见。乌托邦福音主义（Utopian evangelism）、浪漫主义、宪章运动和格莱斯顿自由主义（Glad-stonian liberlism）利用了这一邪恶的潜力。基特森·克拉克将这些煽动者们与大规模制造阶级合理共识的人们进行了对照。[①]基特森·克拉克影响了杰弗里·百斯特（Geoffrey Best），后者提出：一种顺从的文化使维多利亚社会免受危险的乌托邦主义的影响。"顺从"是后来的一些社会史作品中的主要范畴，也包括帕特里克·乔伊斯（Patrick Joyce）的作品。[②]泰勒同时也强调了哈罗德·铂金（Horald Perkin）的重要性，他在1951年被任命为英国首位社会史讲师。在他的早期作品中，铂金所构想的社会与集体心理学家所构想的群众是一样的——即一种具有驱动力和心理学的有机体。[③]

这就将我们带到了社会学家塔尔科特·帕森斯（Talcott Parsons）面前，是他使得韦伯和涂尔干的作品在北美地区获得知名度，并且他将两人的作品与精神分析焊接在一起构成了一种连贯一致的方法。这位在战后时期占据宰制地位的英语社会学家有一种名不副实的声誉，因为他忽略了历史。学者们将他的作品分为两大阶段：战前，帕森斯关注社会行动；战后，则关注社会结构。[④]然而，从传统到现代社会的进步概念同时内在于两个时段。

值得注意的是，帕森斯第二阶段社会学的出现正是他对德国民族社会主义胜利进行详细阐释的时候。他提出德国的现代化是如此迅速以至于摧毁了传统社会的纽带，使其没有容身之处。然而，其影响对精英和大众是不同的。贵族和资产阶级紧紧抓住了社会地位上的区隔；他们的社会关系和性关系是建立在身份地位

203

---

① Ibid.，160 - 161。

② Ibid.，161 - 162。

③ Ibid.，158 - 159。

④ Peter Hamilton，*Talcott Parsons*（Chichester，1983）。

上，而非真爱和友谊上。由此，他们将其浪漫化的冲动导向了纯男性团体、民族国家和追求不可能的乌托邦的道路上。对于大众而言，迅速的变迁激发了失范并使其在面对纳粹精英所宣传的男性气概的种族乌托邦时变得脆弱无力。[①]

帕森斯的主题并非是原创的。在他之前韦伯和克尔业已将德国在现代化上的失败归因为贵族操纵易受影响的大众。未曾受到帕森斯直接影响的一批德国历史学家将这一模式运用于一种精密复杂的解释中，在这一解释中，德国历史的悲剧源自它所遵循的一种"特殊道路"，或说是 Sonderweg。[②] 根据这一观点，德国"自上而下的统一"（unification from above）阻碍了一种真正的自由社会的发展，但是由于现代化是不可避免的，旧贵族对其社会地位的奋力维持也变得越发丧心病狂。由此，弗里茨·菲舍尔（Fritz Fischer）认为贵族精英在 1914 年冒着世界大战的危险来维持其受到围攻的社会地位。[③] 其他人也提出：魏玛共和国没能消灭贵族及其资产阶级模仿者因地位而获得的影响，这再次纵容了后者借机利用了大萧条所引发的大众的迷失感，并进而协助纳粹获得了权力。历史学家和社会学家将这种特殊道路的观念应用于如此多的国家以至于他们会好奇是否在某处存在一种标准的道路。

借用社会科学产生了不同类型的史学。菲舍尔将社会科学的假设嫁接到相当传统的外交史中。对于经济走向的统计测量——计量经济学——更明显地假设了一种客观结构的发展。事实上，

[①] Uta Gerhardt, 'Introduction: Talcott Parsons's Sociology of National Socialism', in ead. (ed.), *Talcott Parsons on National Socialism* (New York, 1993), 1 - 77; Talcott Parsons, 'Democracy and Social Structure in Pre-Nazi Society', ibid., 225 - 242; and id., 'Some Sociological Aspects of Fascist Movements', ibid., 203 - 218.

[②] Chris Lorenz, '"Won't You Tell Me, Where Have All the Good Times Gone"? On the Advantages and Disadvantages of Modernisation Theory for History', *Rethinking History*, 10 (2006), 171 - 200.

[③] Fritz Fischer, *Griff nach der Weltmacht: Der Kriegszielpolitik des kaiserlichen Deutschland* (Düsseldorf, 1964).

古典经济学理论依赖于一种隐含的时代划分：只有在现代时期，随着专制主义和宗教教条的限制被剥去，人们才会依照一种经济理性来行事。W. W. 罗斯托（W. W. Rostow）更为明确地借鉴了现代化理论，他将英国的工业化视为一种理想型，借助它，其他地区的发展得以被衡量。[①]

204

三种方法论上的潮流是很重要的。受到计算机发展的鼓励，统计的使用在这一时期达到高潮。例如，在 1950 到 1960 年代，马克思主义史学家和他们的批评者们关于英国革命的起源展开了一场论战，他们运用了一系列的关于庄园财产、收入和开支的统计。双方都假定可以通过测量他们的经济和政治资源来界定竞争集团间的力量对比。劳伦斯·斯通（Lawrence Stone），一位主要的参与者和社会科学的支持者，提出定量可以克服早期方法的"疏漏"，在这一过程中，历史学家不能再任意选取证据来配合他/她的解释。[②] 潜藏于斯通观点之下的正是一种确信，即统计学意义上的趋势表示一种客观的倾向，甚至是一种规律。斯通接受了泰德·戈尔（Ted Gurr）的看法，即人们应当把革命解释为突生预期失落法则（the law of suddenly disappointed expectations）的后果——即著名的"J—曲线"理论。[③]

历史学家同样也采用了社会科学的比较观念；在1958年，期刊《社会和历史比较研究》（Comparative Studies in Society and History）首次面世。尽管早前的历史学家基于一种立场（即每个社会都是独特的）而拒绝比较，比较主义者认为民族国家的社会代表了离散的案例，它们同样也服从于一般的规律。由此，比较

---

①　Pat Hudson, 'Economic History', in Stefan Berger, Heiko Feldner, and Kevin Passmore（eds.）, *Writing History: Theory and Practice*（London, 2003）, 223 - 242; and W. W. Rostow, *The Stages of Economic Growth*（Cambridge, 1960）.

②　Larence Stone, *The Causes of the English Revolution*, 1529 - 1642（London, 1972）, 26 - 41.

③　Ted Gurr, *Why Men Rebel*（Princeton, NJ, 1970）.

能够辨识出适用于每一案例的某些趋势，进而发现规制历史发展的"法则"。比较的拥护者们同样假定现代化已经获得了深入的观察，它已无可争辩。人们由此可以比较不同社会对现代化"客观"进程的反应。

第三，历史学家借用了"模型"的观念。某些历史学家求助于马克斯·韦伯，从他那里人们可以运用制度来建构一种"理想模型"，一种对某个社会现象的不完美建构，借此现实得以进行比较。韦伯认为理想模型显著区别于借助历史进程中它们的情境所进行的单纯的描述范畴，他将这种描述范畴理解为预期现代化理论（anticipated modernization theory）。通过"案例"比较，其他人也感觉到研究者应当在不同案例中辨识出共同的要素。这些共同性之后可以被用来详尽说明一种模式，这种模式可以有启发性地应用于其他案例。研究法西斯主义的学者就曾特别关注于建构模型——这种探求以一种表面令人信服的理由而具有合理性，即历史学家应当在展开研究前就他们的术语达成共识。然而共识未曾出现过。一个难处就在于研究者所辨识出的"本质"依赖于最初对案例的选择。无论如何并不能得出一种结论，因为一种要素是共同的，他就是"本质的"。同样，因为历史的发展并不限定于民族—国家内部，比较案例间的孤立状态也被证明是有问题的。①

新社会史与社会科学

如上所描述的趋势并未在历史写作中占据主导。通过强调有意识和无意识的人类活动，而非规律和结构，这些趋势受到了长期的挑战——尽管这些非传统派奋力挣扎以求自身能从周边的进步概念中解脱出来。1953 年，一群左翼历史学家创立了《过去与

---

① Stefan Berger, 'Comparative History', in Berger, Feldner, and Passmore (eds.), *Writing History*, 161 - 179.

当下》（*Past and Present*）杂志，由此标志着英国马克思主义历史学进入了学术界。这批历史学家既拒斥斯大林式的马克思主义，也拒斥"资产阶级"的社会科学。他们引领了一种"自下而上的史学"（history from below），强调平常人的理性，强调他们通过追求集体利益所获得的自我认知，以及他们对历史轨迹的影响。乔治·鲁迪（George Rudé）推翻了勒庞将群众（the crowd）解读为受原始激情所驱动的乌合之众的立场。相反，他研究了它的社会构成，它的成员观念和目标，以及在历史中群众不断变化的性质。群众中的参与者并非受到失范的过度影响，相反他们是应当受到尊重的共同体中的成员。[1] E·P·汤普森（E. P. Thompson）的《英国工人阶级的形成》（*Making of the English Class*，1963）表明：工人并非对生产方式的演进简单地做出反应，而是作为"生而自由的英国人"做出回答。汤普森的主要靶子是决定论的马克思主义，但是他同样也批评了涂尔干人类学的静态性质。他的《理论的贫困》（1978）攻击了路易斯·阿尔都塞（Louis Althusser）的马克思主义，因为他声称受惠于功能主义社会学。[2]

"自下而上的历史"的拥护者们也借用了符号人类学（symbolic anthropology）。汤普森在有关穷人的道德经济学的原创性文章中已经这样做了，同时罗伯特·达恩顿（Robert Darnton）在他同等重要的《屠猫记》中也是如此。[3] 社会史家分享了克利福德·格尔茨（Clifford Geertz）对功能主义的批判，以及他对揭示仪式意义的偏好。当然他们也批评了符号人类学反历史（unhi-

206

---

[1] George Rudé, *The Crowd in History：A Study of Popular Disturbances in France and England*，1730 - 1848（London，1964）.

[2] E. P. Thompson, *The Poverty of Theory and Other Essays*（Merlin，1979）.

[3] Robert Darnton, 'The Great Cat Massacre', in id.，*The Great Cat Massacre and Other Episodes in French Cultural History*（New York，1984），75 - 104；and E. P. Thompson, 'The Moral Economy of the English Crowd in the Eighteenth Century'，*Past and Present*，50（1971），76 - 136.

storical）的本质。社会史家使用人类学的技术——逆向阅读
（reading against the grain），深描，以及对视觉资源的解读——来
克服其研究对象没有留下传统资源的事实，但他们并不必然接受
人类学的理论。

尽管马克思主义者对社会科学疑虑重重，但它的某些假设被
证明是难以根除的。毕竟马克思主义也与社会学经典分享了一些
概念。就像集体心理学家一样，汤普森将工人阶级意识的达成视
为男性理性相较女性宗教复兴主义占据优势的必然后果。① 他认
为劳工运动是爱尔兰人的兴奋（excitability）与英格兰人的条理
（method）的一种综合。② 马克思主义者有时也强调了顺从在心理
分析上的内化：加雷思·斯特德曼·琼斯（Gareth Stedman Jones）
提出马克思主义者误用了安东尼奥·葛兰西的霸权概念，正如在
社会科学中所使用的那样，使它在实践上无法从内化的顺从中区
分出来。③

这种民族国家—现代化叙事同样在马克思主义史学中根深蒂
固。葛兰西将意大利复兴运动（Risorgimento）看作是一场失败的
资产阶级革命——一场"被动的革命"，无法产生一个真正民主
的民族国家的社会。就像雅各宾派一样，意大利民族主义者阻碍
了农民进行一场彻底的革命，那场革命本会统一这个国家。④
1970 年代，意大利历史学家将葛兰西的零散笔记系统化为一种类
似于德国特殊道路的解释，尽管其历史发展的最终目标是不同
的。⑤ 葛兰西竭力主张工人运动应当承担彻底完成资产阶级革命
的历史必然使命。与之类似，汤普森提出由于畏惧雅各宾派，英

---

① Joan Wallach Scott, 'Women in The Making of the English Working Class', in ead., *Gender and the Politics of History* (New York, 1988), 68 - 90.

② E. P. Thompson, *The Making of the English Working Class* (London, 1963).

③ Jones, 'From Historical Sociology to Theoretical History', 304.

④ Antonio Gramsci, *Selections from the Prison Notebooks*, trans. Quentin Hoare (London, 1971), 55 - 120.

⑤ John A. Davis (ed.), *Gramsci and Italy's Passive Revolution* (London, 1979).

国资产阶级早已"背叛"了进步的事业，这正是工人阶级当时所承担的。①

　　相似的矛盾心理同样也是后来者查尔斯·蒂利（Charles Tilly）作品中的特点。这位受社会学训练的历史学家将他自己塑造为一位马克思主义者，他也挑战了集体心理学，但未完全抛弃现代化理论。蒂利拒斥了自由派的观点，即认为旺代人（The Vendéen）反对法国大革命的叛乱是教士和贵族将落后的人口煽动到一种狂暴状态的产物。② 蒂利反驳说，故事的主人公从"集体行动的戏码"（repertoires of collective action）中做出选择，对不断变化的经济和政治背景做出反应。现代化理论在一种群众行为从被动反应（reactive）到先发制人（proactive）的历史转换的形式中得以存活，这种见解是与理性的历史成长观念相关联的。蒂利将现代化分解为量化的指标，特别是城市化和国家的成长。这些矢量具有不可阻挡的力量，由此历史中的行动者日渐以组织化的方式作出反应。③

　　一些支持"自下而上的历史"的学者公开拥抱了现代化/集体心理学模式，甚至在他们被警告不要假定一种过于线性的史观时。基思·托马斯（Keith Thomas）爵士关于巫术（witchcraft）的作品正是这一观点的一个实例。他接受了马林诺夫斯基的观点，即魔法（magic）满足了人们要求对他们既无法理解又无法控制的现象做出解释的天生需要，但他也拒斥了马林诺夫斯基的竞争观点，即认为技术的传播导致了魔法的式微。托马斯提出魔法信仰的衰落是因为早在技术变迁实际发挥效用之前，对人的能力能够发现人类谜底的这种信仰已经广泛流传。精英首先接受了科学，但他们也没有抛弃魔法，魔法依然提供了走向科学研究方向

207

①　Thompson, *The Making of the English Working Class*, 467 - 477.
②　Charles Tilly, *The Vendée* (London, 1964).
③　Lynn Hunt, 'Charles Tilly's Collective Action', in Theda Skocpol (ed.), *Vision and Method in Historical Sociology* (Cambridge, 1984), 244 - 275.

的动力（正如在集体心理学中非理性的大众将会启发理性的精英）。大众，特别是乡村的大众，较精英变化得更为缓慢，到了17世纪中叶，他们之间形成了一道"巨大的鸿沟"。托马斯指出，即便是现在，大众对于科学的接受方式正如他们对魔法的接受——是出于盲目因袭和顺从。①

社会科学的历史转向

1976年，琼斯哀叹道：如今许多历史学家所运用的社会科学，特别是他们所借用的方法是反历史的。他把社会学家试图历史化他们的概念比拟为"在刺耳的噪音下，驾驶员试图在一个只设计了空档运行的发动机上找出一档"。他敦促历史学家和社会学家携手抵制其学科内的"实证主义"。② 与之类似，汤普森也感到社会科学家并不能理解变迁或阶级冲突。③

事实上，无论是社会学还是人类学都不是统一的学科。1960年代，身兼社会学家和历史学家两职的蒂利发展了他对集体心理学的批判。此外，当汤普森和琼斯书写他们对于社会学的谴责时，这一学科也正在经历着思想上的再生。某些社会学家致力于对韦伯和涂尔干的"去帕森斯化"，暗示在马克思主义和非马克思主义的社会理论之间存在更多的共同点，（这些共同点）远远多于帕森斯所承认的，他们格外注意作为一种阶级区隔要素的财产所有权的重要性。④ 同时，援引汤普森的赞许，人类学家既批评了功能主义也批评了符号人类学，因为它们没有将人的能动性

208

---

① Keith Thomas, *Religion and the Decline of Magic* (London，1971)，767 – 800.

② Jones, 'From Historical Sociology to Theoretical History'，300.

③ E. P. Thompson, 'Folklore, Anthropology and Social History', *The Indian Historical Review*，3（1977），245 – 265.

④ Jere Cohen, Lawrence Hazelrigg, and Whitney Pope, 'Deparsonizing Weber: A Critique of Parsons' Interpretation of Weber's sociology', *American Sociological Review*，40（1975），229 – 241；and Lorenz, 'Won't You Tell Me'，184.

考虑在内。① 某些社会学家将历史学和社会科学之间的对立视为一种虚假的判定。笔者并不是在细节上描述这种新的社会学，而是将要强调某些重要的趋势。

首先，在法国，皮埃尔·布迪厄（Pierre Bourdieu）的复合（complex）社会学，虽然没有完全推翻，但也修订了经典理论中的关键特征。他借助语言学上的结构主义强化了社会依赖规范（norms）的假设，但他将更多的注意力放在了行动者运用社会规则的方式上。他提出政治家、小说家和学界中人，或那些卷入任何一个"场域（field）"中的人，将社会的规则无意识地内化到一种程度，使其变成了一种无意识的世界观，或"惯习"（habitus）。布迪厄特别强调场域成员间为在其中取得优势而展开的竞争，使用他们可得到的各种"资本"形式（物质的或文化的）来展开这一竞争。他的理论考虑了变迁，因为团体可以从场域外部吸收资本；起初这样可能会引发冲突，但是随着新规则的内化这一场域逐渐地发生转型。但是，布迪厄坚持认为人们很少对场域自身的规则进行反思。只有学者们这样做了。他的惯习概念只考虑了受规制的即兴发挥，或"表演（performance）"。由此，布迪厄在精英是理性的而大众是模仿的这一立场上，与勒庞达成了一致。此外，他的社会学为理解冲突与稳定性的关系提供了一种新思路。②

第二，弗兰克·帕金（Frank Parkin）对韦伯零散的社会封闭（social closure）理论的发展是实现社会科学历史转向一次更成功的尝试。在封闭理论中，团体运用一些包括财产、血统、亲缘关系、资历、种族和性别这类的标准来阻断其他团体的优势。同时，从属团体也试图篡夺特权团体的优势，由此转而推行其自身

①　Renato Rosaldo,'Celebrating Thompson's Heroes: Social Analysis in History and Anthropology', in Havey J. Kaye and Keith McCleland (eds.), *E. P. Thompson: Critical Perspectives* (Cambridge, 1990), 103 - 124, esp. n. 3.

②　Pierre Bourdieu, *Esquisse d'une théorie de la pratique*, *précédé de trois études d'ethnologie kabyle* (Paris, 1972); and id., *Le Sens pratique* (Paris, 1980).

的排他性的原则。因此，白种工人也许会寻求对财产原则的破坏，而劳动力中的非白种工人却并不参与其中。封闭理论将追逐稀缺资源的冲突看作是改变的驱动力，而并没有将这种冲突化约为一种与财产有关的冲突。这种斗争的后果是不能被预期的。①

第三，安东尼·吉登斯（Anthony Giddens）的结构化（structuration）理论超越了能动性/结构的二分。没有能动性，必将不会有历史。没有人类能动性地创造和再生产，结构自身也无法存在。结构既限定了能动性，也使得它能发挥作用。吉登斯补充指出，结构和能动性之间关系的确切性质，在历史上是多样的，这取决于人们有意识或无意识地行动的程度，以及其他可供利用的知识。人们很少能准确预见其行动的后果，但那也并不意味着他们是盲目行动的。② 吉登斯在与汤普森作品的明确交成中发展了他的理论。他提出汤普森赞颂了能动性，但没有分析它，并且吉登斯竭力调和汤普森的作品与马派结构主义者佩里·安德森（Perry Andrson）对它的批评。③

第四，1981 年，尼古拉斯·艾伯克龙比（Nicholas Abercrombie）、斯蒂芬·希尔（Stephen Hill）和布莱恩·特纳（Bryan Turner）重新检视了"规范"（norms）的概念。④ 就像汤普森一样，他们点明功能论的社会理论类似于后来流行的阿尔都塞的结构马克思主义，特别是在社会控制、主导意识形态和霸权这些概

---

① Frank Parkin, *Class Inequality and Political Order: Social Stratification in Capitalist and Communist Societies* (London, 1971). 并参见 W. G. Runciman, *Treatise on Social Theory*, 2vols. (Cambridge, 1983 - 1989).

② Anthony Giddens, *The Constitution of Society: An Outline of the Theory of Structuration* (Cambridge, 1984).

③ Id., 'Out of the Orrery: E. P. Thompson on Consciousness and History', in id. (ed.), *Central Problems in Social Theory: Action, Structure and Constradiction in Social Analysis* (London, 1987), 203 - 243; and Perry Anderson, *Arguments within English Marxism* (London, 1981).

④ Nicholas Abercrombie, Stephen Hill, and Brian S. Turner, *The Dominant Ideology Thesis* (London, 1980).

念上。① 他们说所有这些概念都以成问题的"内化"概念为基础。艾伯克龙比、希尔和特纳提出，事实上，大众对精英所鼓吹的观念并不信任。中世纪社会，虽然被认为充满了宗教的规范，但事实上教会缺乏推行一致观念的手段，并且即使人们意识教会的说教，也并不必然依照神职人员的要求生活。在现代社会中，平民百姓对民主的意识形态充满了怀疑。即使被统治者接受了统治观念，他们依然可以利用它来反对精英。大众的臣服并非依靠对统治观念的内化，而是基于如下的事实，即反叛的成本通常超过了收益。正如布迪厄所指出的，并非其他选项是*绝无可能的*（*unthinkable*），而是因为它们通常是*不能完成的*（*undoable*），或者无非是完成它们所付出的代价过于巨大。艾伯克龙比、希尔和特纳并非完全抛弃"主导意识形态"这个概念，而是提出它能够强化精英的"内在精神面貌"，就这一点而言，它是重要的。在人类学中，詹姆斯·C. 斯科特（James C. Scott）融合了这些观点，提出"庶民"（subaltern）在日常生活中的抵抗表明他们并没有对主导的意识形态进行吸收。主导势力也许必须与主导的意识形态相串通，但"隐匿的誊写"（hidden transcript）也表明他们质疑、改写或拒斥了其统治者所宣扬的那种主导意识形态。②

同时，基于如上所述的某些疑虑，一股新的历史社会学的潮流出现。希达·斯考切波（Theda Skocpol）在其主编的里程碑式的重要历史社会学家的论文集中，呈现了作为具体时空情境中的社会结构。社会和文化环境创造了不同的"道路"，这些道路最终殊途同归。③ 然而，有趣的是，许多理论家在这本合集中讨论，

210

① 并参见 S. H. Rigby, *Marxism and History* (Manchester, 1987), 283。
② James C. Scott, *Domination and the Arts of Resistance: Hidden Transcripts* (New Heaven, Conn., 1990); Andy Wood, "'Poor men will speak one day': Plebeian Languages of Deference and Defiance in England, c. 1520-1640", in Tim Harris (ed.), *The Politics of the Excluded* (New York: Palgrave, 2001), 202-227.
③ Skocpol, 'Sociology's Historical Imagination', 1-2.

甚至庆祝，但却没有拒斥现代化理论、功能主义或民族国家道路的观念。事实上，斯考切波自身也运用了一种传统的比较方法，假定自主的进程是发生在民族国家的框架中，进而容许在比较中辨识出模式，从而形成革命模型。

在参与讨论的学者中，有一位已经突破了现代化理论，他就是伊曼纽尔·沃勒斯坦（Immanuel Wallerstein）。在他的"世界体系"历史中，他攻击了因袭民族国家模式的现代化理论和马克思主义的变种。他追踪了一种单一资本主义经济出现的轨迹，横跨了多重政体并整合了从封建社会到社会主义社会多种不同的生产系统。在这一体系中，"中心"并没有提供一种现代化的模型；相反它剥削了"边缘"。尽管沃勒斯坦否认经济和政治体系的一致性，但他并没有完全摒弃民族国家的框架。事实上，他的观点，即民族国家在世界经济体系中展开竞争进而提升自身位置，类似于布迪厄场域斗争理论中的一种民族国家的翻版。批评者指责他将民族国家人格化，并假定对外政策具有首要性。由此，随着俄国被推向边缘，它被认为是运用共产主义来叫牌，争取进入中心。此外，沃勒斯坦运用有机体的隐喻来解释了世界体系的"出生"、"成熟"、"老化"，并最终不可避免地走向"死亡"。①

更具确定性的是迈克尔·曼（Michael Mann）尚未完成的野心勃勃的多卷本《社会权力的来源》（*The Sources of Social Power*，1986—），该书宣称要"驳倒马克思并改组韦伯的思想"，但在现实中这本书受到了非决定论马克思主义的影响。② 这本书启动了一种对西方军事、经济和文化统治（domination）的非目

---

① Immanuel Wallerstein, *The Modern World System II: Mercantilism and the Consolidation of the Modern World Economy* 1600—1750 (New York, 1980); and id., *The Modern World System: Capitalist Agriculture and the Origins of the European World Economy in the Sixteenth Century* (New York, 1974).

② Chris Wickham, 'Historical Materialism, Historical Sociology', *New Left Review*, 171 (1988), 63-78.

的论的解释。西方优势依赖于一些可能会发生变化的条件，而非某些法则。曼打破了现代化理论与集体心理学的范式，提出社会不应当被分隔为界限分明的民族国家实体。人类不是生活在不同社会中，而是生活在多重的、松散的社会网络中。从这一命题出发，曼得出结论：不存在体系、整体、终极判定，社会间没有组织的扩散，能动性与结构间也不存在区分。更为肯定的是，他跟随吉登斯提出：在追求自身利益的时候，人类进入了一种社会关系，这种社会关系，既限定他们，也赋予他们能力。沿着帕金的路数，曼辨识出了四种形式的权力——意识形态的、经济的、军事的和政治的——以及四者在历史轨迹中所表明的相互关系。在给定的情况下，这些权力形式中的任何一种都可能占据首位，这依赖于其组织自身统治的能力，尽管更多的时候存在一种妥协。例如，他提出在中世纪社会中，国家只是发挥一种狭窄的政治功能，而阶级则是基于经济区分的。一个 20 世纪的资本主义国家则身兼政治和经济两职，货币流通和福利政策可以被当作政治资源来利用。与艾伯克龙比，希尔和特纳的论述相一致，曼提出劣势团体并非简单地受到外部强制或规范的内化就会臣服，相反是因为它们相对缺乏组织化。然而，它们可能会在这些权力间隙中创造一种新的组织化网络，因为没有任何一种权力可以控制一切。他指出，一个最引人注目的例子是 14 世纪时瑞士人和佛兰德人的派克方阵（pike phalanxes）压倒了封建骑士，这一现象不应被化约为一种单一因素如军事技术或者多种"因素"的影响。相反，答案是组织化的：派克方阵来自于自由城镇和农民公社，最终获得了改装其他权力网络的力量，从而侵蚀了封建制度的基础。①

批评者指责曼书写了一种自上而下的史学。的确，他假定从属团体只有在获得充分的组织化力量时才会影响历史的轨迹。例如，他并不认为农民反抗封建地租的非组织化斗争也许会对资本

① Michael Mann, *The Sources of Social Power*, 2 vols. (Cambridge, 1986, 1993).

主义的兴起发挥作用，这正是罗伯特·布伦纳（Robert Brenner）在批评沃勒斯坦时所作的。[1] 同样，现代法国福利国家的成形也得益于女性在面对一种主导的、组织化的、鼓励生育的意识形态时，为争取限制家庭规模而进行的无言的斗争。

相对而言，鲜有历史学家直接参与到新社会学中。在1977年和1980年，劳伦斯·斯通和彼得·伯克（Peter Burke）呼吁了历史学家要拒绝宏大叙事和功能主义，并且分别针对特定的目的使用限定的概点。他们两人都没有对社会学中新的理论发展表达出过多兴趣。斯通攻击了现代化理论，但是在关于家庭的作品中，他也仅仅是提出了传统家庭模式的生命力较历史学家所承认的更长久。此外，他还提出社会变迁令大众的生活分崩离析，但对精英的影响则更为微弱：是工厂中的工人遭受了"失范"，而非地主阶级或上层资产阶级。[2] 斯通是一种典型，即他表面上拒斥现代化的叙事，但又通过修订年代顺序或通过特殊民族国家道路的概念重申了现代化的叙事。

S. H. 里格比（S. H. Rigby）是少有的有扎实的社会科学基础的历史学家。在关于中世纪晚期英国社会的书中，他明确将马克思主义者强调冲突中的变迁与非马克思主义者对非财产形式的社会不公的关注结合了起来。他运用帕金的封闭理论来解释中世纪晚期英国社会的性质；或者说相反，他运用了一种案例研究来测试了闭合理论对历史学家的有用性。例如，他提出封闭的主要原则对贵族而言是财富和财产所有权，而非血统。相反，对教士而言则是一种秩序，依赖于资质证明和独特的着装。总之，中

[1] Robert Brenner, 'Agrarian Class Structure and Economic Development in Pre-Industrial Europe', *Past and Present*, 70（1976），30 - 75.

[2] Peter Burke, *History and Sociology*（London, 1980），p. 40; Lawrence Stone, 'History and the Social Sciences in the Twentieth Century', in Charles Delzell（ed.），*The Future of History*（Nashville, 1981），3 - 42; and Garthine Walker, 'Modernizaiton', in ead. （ed.），*Writing Early Modern History*（London, 2005），25 - 48.

世纪社会是一种"具备各种秩序的阶级社会"。他同时还提出在中世纪晚期的社会中并不存在"主导的意识形态"。教会并不具备传播其使命并将社会整合为一的手段，在任何一种案例中，农民都乐于质疑为什么高级教士不能谦卑地生活。[①]

历史学，社会学和文化转向

社会学和人类学的复兴对历史学写作影响相对较小，这是因为它走向成熟的时候也正是后结构主义对所有人类科学施加一种别样挑战的时候。对于社会科学家而言，特别是人类学家，后结构主义呼吁要对研究者和他/她的研究对象之间的权力关系进行质疑——这一问题与历史学家不那么相关，因为他们很少直接面对他们所研究的对象。同时，雅克·德里达（Jacques Derrida）的语言哲学和米歇尔·福柯（Michel Foucault）的哲学—文化史（philosophico-cultural history）将具有理论头脑的历史学家从社会学中转移开来。如今历史学看上去似乎与语言学具有更多共同点。

"文化转向"本应一劳永逸地抛弃历史学和社会学中的宏大叙事，因为它声称要揭露真相诉求中"形而上学"的空洞。历史学家和社会学家事实上已经认识到了他们的学科起源于特定的历史背景，被他们时代的偏见所塑造。此外，某些后现代主义者所言及的从现代到后现代的过渡类似于历史学家所曾经说过的从传统到现代的过渡。一种我们生活于后现代时期的信念复活了历史是沿着一组时代序列向前移动的观念，每一时代皆由一种对人类行为赋予意义的精神来定义，并且这种精神是人们必须适应的。这种所谓的过渡引发了方向迷失感并复活了一种对旧有团结（solidarities）的试探。最近在一部受到后结构主义影响的历史社

213

---

① S. H. Rigby, *English Society in the Late Middle Ages: Class, Status and Gender* (Basingstoke, 1995).

会学的纲要中，编辑们提出：随着现代主义的失落，学者们都已经"迷失了方向"，"由此他们很自然地反应出一种对旧有整体性的怀旧情绪"，一种想象出来的具有理论稳定性的过去。[1] 编辑们相信文化构成了历史的行动者，而行动者是可用语言的囚徒，这一信仰既来自于福柯的规训社会视角，也同样地来自于涂尔干和帕森斯。[2]

可以说，福柯自己也对社会学经典感激不尽。他的《规训与惩罚》（*Surveiller et punir* [Discipline and Punish]，1975）运用了一种功能论者的观点来解释从代价高昂的现代早期的惩罚技术到现代监狱的转变——这被看作是一种理性化的过程。人们内化了标准，并且变得自我规训。他的《话语的秩序》（*L'ordre du discours* [the Order of Discourse]，1971）认为制度是通过禁令与区隔来进行约束的：它们"给人们以身份和荣誉，也解除了他/她的武装"。[3] 此外，福柯还强调了在权力驯化身体并强迫其"做出表征"的过程中重复的重要性——也就是说，以权力的经营（an economy of paner）来替代它的。[4] 人们也可能会在朱迪斯·巴特勒（Judith Bulter）的女性主义哲学中发现相似的假设：性别角色是一种在规制话语内部通过重复，或程式化行为的"表演"而完成的文化上的建构。[5]

在《性史》（*The history of Sexuality*）中的第二、三卷，《快感的享用》（*the Use of Pleasure*，1985）和《关注自我》（*The Care of the Self*，1986）中，福柯为自我创造留出了更多的空间，

---

[1] Julia Adams, Elisabeth S. Clemens, and Ann Shola Orloff (eds.), *Remaking Modernity: Politics, History, and Sociology* (Durham, NC, 2005), 9.

[2] Charles Tilly, 'Three Visions of History and Theory', *History and Theory*, 46 (2007). 299-307.

[3] Michel Foucault, *L'ordre du discourse* (Paris, 1971), 9.

[4] Id., *Discipline and Punish: The Birth of the Prison*, trans. A. M. Sheridan-Smit h (London, 1977), 24-26.

[5] Judith Butler, *Gender Trouble* (New York, 1999).

这不自觉地与吉登斯更为接近。但是后者将自我创造看作是社会进程的内在本质，然而福柯却将其限定为希腊社会"间隙"（interstices）中的特权阶层，在一个时代的转变时期，他们的主体地位是一种权力的"问题化"，而非边缘化。先于后现代主义者，他提出因为我们所信仰的固定的认同和元叙事正在崩溃，所以我们也许应当学习希腊人处理认同的方式。

尽管如此，在这些潜在的交汇点中，后结构主义者对社会科学的批判对劳工史的威胁最大。后结构主义者攻击了马克思主义者的阶级概念，提出它是一种语言的建构，而非潜在社会实体的产物。然而，这些结构大部分都受到了汤普森文化概念的调和。1983年，加雷思·斯特德曼·琼斯提出对宪章运动的社会解释是不充分的，关注点应当放在这样一个事实上，即宪章派的政治语言依然是一种18世纪的激进主义。[1] 同样地，帕特里克·乔伊斯也提出19世纪的工人和改革者们分享了一种"人民"观，而非阶级观。[2]

然而，乔伊斯发现抛弃旧有的方法是困难的。他的前语言学转向的研究业已遵循了一种非马克思主义的社会科学的传统，强调影响、服从与内化——工人在情感上和物质上接受了资本主义。[3] 在《人民的想象》（*Visions of the People*，1991）中，乔伊斯抛弃帕森斯式的社会学，而转向后结构主义。他放弃了服从的概念，并从另外一个方向攻击了马克思主义的阶级概念。他提出：工人拥抱了一种普世民粹主义（universalist populism），其涵盖极为宽广，包括了工会主义（trade unionism），道义经济学和杂耍戏院

214

---

[1] Gareth Stedman Jones, 'Rethinking Chartism: Studies in English Working-Class History', in id., *Languages of Class* (Cambridge, 1983), 90-178.

[2] Patrick Joyce, *Democratic Subjects: The Self and the Social in Nineteenth-Century England* (Cambridge, 1994); and id., *Visions of the People: Industrial England and the Question of Class 1848-1914* (Cambridge, 1991).

[3] Patrick Joyce, *Work, Society and Politics* (Cambridge, 1981); and Taylor, 'The Beginnings of Modern British Social History', 165.

（the music hall）。然而，服从在这样一种观念下得以延续，即民粹主义来自关于贫困和不安全感的生存经验，它产生了一种对秩序、边界和控制的需要。民粹主义受到了时代文化形式的塑造，最明显的例子是维多利亚时代的情节剧（melodrama），那个时代是贫穷但却忠诚的人民与强盗大亨并存的世界。[①]

在他的《民主的主体》（*Democratic Subjects*，1994）一书中，乔伊斯承认了在《人民的想象》中出现了"基础主义"（foundationalist）的污染，并且此时他否认了激进主义来自于贫困的经验。然而，即使是到现在，他还在挣扎着突破他的社会学背景。他引用了福柯的《关注自我》，暗示他书中的主人公埃德温·沃（Edwin Waugh）和约翰·布莱特（John Bright）身处于一种由个人到社会的思考模式的历史转折点上，这允许他们能够借助其身处的模式来发明他们自身。我们再一次遇到了时代转移的概念。乔伊斯察觉到这种"线性"的时间概念"有其用处"。[②] 他的不安以后结构主义的某些形式指明了一个更大的问题。然而后结构主义的历史学家强调意义的不稳定性，他们经常依赖于外部"力量"——转变——来解释这种去稳定化。

社会史与后结构主义的分歧在研究女性与少数族裔的史学家中不是那么尖锐，他们长期以来都专注于阶级和其他认同之间的关系。[③] 这些历史学家接受了福柯的语言与权力关系的观念，他们经常将其同化入一种准马克思主义的意识形态理论。例如，在1988年，赫尔曼·莱勃威克斯（Herman Lebovics）写就了一部有关法国第三共和国早期保守政治的经典马克思主义历史著作，在随后的四年，他展开了一种关于法国认同构建的充满想象力的文化研究，但并未抛弃服务于资本主义秩序这一利益诉求的"真

215

---

① Joyce, *Visions of the People*, 151-158.

② Id., *Democratic Subjects*, 15.

③ Laura Lee Downs, *Writing Gender History* (London, 2003).

正的法兰西"（true France）概念。① 哈罗德·马（Harold Mah）对罗伯特·达恩顿《屠猫记》的批评，为功能主义社会学的持续存留提供了另一重例证。达恩顿将自下而上的史学与格尔茨式的符号人类学相结合，暗示给印刷铺主人戴绿帽子的人通过弄死其妻子的猫，来预演了 1789 年革命性的骚乱。从一种后结构主义的视角，马批评了达恩顿关于符号具有固定意义的假设，相反，他自己则提出屠猫故事的显著意义"最终"在于调和对现实的不满和对现实的服从。②

　　文化转向对年鉴派史学的冲击不是那么明显。在此，后结构主义远不如一种复兴的对心态（mentalité）的强调来得重要。弗朗索瓦·博勒（François Furet）在批评马克思主义的学者对 1789 年革命的解释时，强调了主人公们的政治认同，但很像年鉴派史学，他的作品依然保留了一种现代化理论的弦外之音。③ 在德国，不顾它的诸多缺陷，汉斯·乌尔里希·韦乐（Hans-Ulrich Wehler）依然在 1955 年坚持认为：现代化理论代表了一种最好的方法，借此可以理解历史中"线性演化进程的动力"。也许他感觉到了共产主义的崩溃业已表明在历史中的确存在一种"标准"路径。更年轻的历史学家们批评了韦乐的标准化和民族国家的假设。他们的作品是整体转向文化史的一部分，但是他们也借鉴了一种改编过的社会学传统。④

① Herman Lebovics, *The Alliance of Iron and Wheat in the Third French Republic*, *1860 - 1914*: *Origins of the New Conservatism* (baton Rouge, 1988); and id., *True France*: *The Wars Over Cultural Identity*, *1900 - 1945* (Ithaca, 1992).

② Darnton, 'The Great Cat Massacre'; and Harold Mah, 'Suppressing the Text: The Metaphysics of Ethnographic History in Darnton's Great Cat Massacre', *History Workshop*, 31 (1991), 1 - 20.

③ François Furet, *Interpretating the French Revolution*, trans. Elborg Forster (Cambridge, 1981).

④ Lorenz, 'Won' t You Tell Me', 176 - 180.

21 世纪的历史学与社会科学

2004 年，曼德勒（Mandler）发问：为什么历史学家依然引用马克思和德里达，而不探索当代社会学家和心理学家对意义生产的思考，并以此呼吁历史学与社会科学的重新统一。[1] 然而，值得讨论的是，历史学家和社会学家从来没有像现在这样接近过。威廉·雷迪（William Reddy）就最近一项关于人类学与历史学关系的调查得出结论，暗示在这两个领域内最近出现的大量研究在方法论上是难以区分的。[2] 这里也许并没有过多实际的合作，但却有许多共同的兴趣，与此同时，方法论上的不同穿越了学科的界限。

某些历史学家继续拒绝一切理论，然而却在无意识中分享了宏大理论的特征。其中一个例子就是诺曼·戴维斯（Norman Davies）的《欧洲：一种历史》（*Europe*：*A History*，1996），此书通过将时段框定在（parentheses）宗教改革和冷战之间，追溯了欧洲认同的自我实现。其他的历史学家则更明确地运用了社会科学的方法。援引曼德尔的呼吁，卓尔·沃曼（Dror Wahrman）提出：通过计数一种特殊文化形式的共鸣，人们可以辨识出一种主导的趋势，进而使其成为一种"实在之物"（thing）。沃曼借助进化生物学来解释这一对象：在 18 世纪左右，欧洲人变得"轻微沉溺于……化学药剂，借此来舒缓他们经受了多种刺激性实践的大脑"。沃曼接受了这样论述也许是"有问题的"质疑，并且事实上这也让我们想起了集体心理学和现代化理论，这种理论认为西

---

[1] Peter Mandler，'The Problem with Social History'，*Cultural and Social History*，1（2004），94 - 117；and Philip T. Hoffman，'Opening Our Eyes：History and the Social Sciences'，*Journal of the Historical Society*，6（2006），93 - 117.

[2] William M. Reddy，'Anthropology and the History of Culture'，in Lloyd Kramer and Sarah Maza（eds.），A *Companion to Western Historical Thought*（Oxford，2002），277 - 296.

方的行动主义对进步负有责任。[1] 在某些领域借鉴集体心理学的取向依然更加明显。"政治宗教"路径是研究 20 世纪独裁体制的流行方法、它代表了集体心理学的更新版本，[2] 并结合了一种隐含的现代化叙事。

　　对深受年鉴派影响的历史学家而言，对心态的研究长久以来都借鉴了功能主义，文化转向只是转变了研究的对象，而非理论假设。例如，斯蒂芬妮・奥杜安・鲁佐（Séphane Audoin-Rouzeau）和安妮特・贝克尔（Annette Becker）将她们对大战的理解定位于一种与军事行为的现代化、整合化，以及士兵在遭受心灵创伤条件下退化而来的返祖行为的关系中。她们借鉴了马克・布洛赫对谣言的分析（受到了集体心理学的严重影响），以及诺贝特・埃利亚斯（Norbert Elias）冥顽不化的现代化叙事。她们运用人类学的技术来重构普通士兵对冲突的看法，检视了战壕中的报纸、物件、纪念物和视觉图像；在涂尔干传统中，她们本着退化到传统行为的士兵对信仰具有一种迫切的需要来解读相关的证据。她们使功能主义的人类学与宏大叙事结成联盟。[3]

　　现代化概念自身业已在历史写作中大幅度地消失了。然而非常相似的"全球化"概念无疑将会在未来影响历史写作。全球化被看作是一种客观的历史力量，由功能需求所驱动。它也许会加速或减速，但不会停止。行动者也许只是被动或主动地做出反应，或者发展出一种"特殊道路"。正如 1990 年后兴起的民族主义现象也许可以被描述为抵抗全球化的最后的无谓尝试。正如现代化理论所做的那样，这一错误在于它从变迁的复杂进程中孤立

217

---

[1] Dror Wahrman, 'Change and the Corporeal in Seventeenth-and Eighteenth-Century Gender History: Or, Can Cultural History be Rigorous?' *Gender and History*, 20 (2008), 584 - 602.

[2] Kavin Passmore, 'The Gendered Genealogy of Political Religions Theory', *Gender and History*, 20 (2008), 628 - 668.

[3] Séphane Audoin-Rouzeau and Annette Becker, 14 - 18: *Understanding the Great War* (New York, 2002).

地设定了一些特征，并将其定义为"必不可少的本质"，然后运用它来作为评判事件和行为的标准。当然，这里还应该有其他的标准。

世纪之交以来，布迪厄的社会学业已在法国历史学中变得引人注目。某些最好的作品出自政治科学家之手，特别是受到了米歇尔·多布里（Michael Dobry）讨论危机的作品的影响。多布里业已参与进了与巴黎政治学院的历史学家相抗衡的，关于法西斯定义的激烈争辩中，后者捍卫了涂尔干的路径。[1] 在思想史领域，伯努瓦·马尔波（Benoit Marpeau）对古斯塔夫·勒庞的研究探索了主人公在出版、自然科学和社会科学领域中建功立业的努力。这种研究假定了历史的行动者已经内化了其场域中的规则，由此，其首要的聚焦点是惯习限定中的竞争。实际上，它是一种施为性（performativity）。[2]

一小群历史学家继续拥护一种明确的福柯式的史学，与其社会科学产生共鸣。直到最近，他们运用了福柯的治理术（governmentality）概念。正如帕特里克·乔伊斯对它的解释，这种自由社会中特殊的现代权力形式引发了一种自相矛盾的概念，即自由是一种统治技术，这正是因为自我监控了自我。乔伊斯阐明了这种权力得以实践和表演的宏观技术。[3] 批评者将此视为一种自上而下的历史观，在其中，能动性被吸收进结构。正如在功能主义社会学中，它关注的是效果，而非动机或原因。神秘的"种种必然"规制了社会有机体，通常以一种被动的声音发出：

---

[1] Michel Dobry, *Sociologie des Crises Politiques*：*La dynamique des mobilisations multisectorielles*（Paris，1986）；and Michel Winock，'En lisant Robert Soucy'，*Vingtiüme siücle*，95（2007），237-242.

[2] Peter Burke，'Performing History：The Importance of Occasions'，*Rethinking History*，9（2005），35-52.

[3] Patrick Joyce，*The Rule of Freedom*：*Liberalism and the City in Britain*（London，2004）.

"它必然是……"①

　　其他历史学家将后结构主义的成果与强调人类能动性和自反性结合了起来。其中最出色的作品超越了结构—能动性的二分。他们将文化视为矛盾的、竞争的、可供选择的脚本，在历史上，人们以不同的意识程度运用它，并在进程中对其进行改造。以超然的论调来看，故事的主人公并非是理性的，并且他们以多种方式认识自己，集体性的和个体性的，激进的和性欲的。在米歇尔·德·塞尔托（Michel de Certeau）对布迪厄做出的有信服力的批评中，他提出：主人公在彼此矛盾的规则中航行，在有意或无意中利用它们，这正是这类作品的早期典型。② 这一路径在最近的女性和性别写作中发挥了影响，强调了多种方式，借此女性从一种相对弱势的位置上创造性地利用她们所出生的环境并且部分地重构了这些语境。在社会学中，查尔斯·蒂利主编的《牛津语境政治分析手册》（*Oxford Handbook of Contextual Political Analysis*）追求的正是一种介于理性行动和结构主义之间的中间道路。

　　曼德勒所说的是对的，历史学家很少阅读社会科学。然而他们却阅读了其他学科中影响他们自身研究对象的作品，正是通过这种路径，学科间发生相互交换。同时，所有学者都在一种相同的，竞争的文化环境中工作。他们与他们并不认识的学者分享了更多未曾意识到的东西，并且也存在比他们意识到的与其亲密同事间的分歧更根本的分歧。

主要史料

● Adams, Julia, Clemens, Elisabeth S., and Orloff, Ann Shola

---

① Simon Gunn, 'From Hegemony to Governmentality: Changing Conceptions of Power in Social History', *Journal of Social History*, 39 (2006), 705 - 720.

② Michel de Certeau, *La possession de Loudun* (Paris, 1970).

(eds.), *Remaking Modernity：Politics，History，and Sociology* (Durham，NC，2005).

- Bourdieu，Pierre，*Esquisse d'une théorie de la pratique，précédé de troisétudes d'ethnologie kabyle*，(Paris，1972).

  ——*Le Sens pratique* (Paris，1980).

- Butler，Judith，*Gender Trouble* (New York，1999).

- Elton，G. R. ，*Political History* (London，1970).

- Foucault，Michel，*Discipline and Punish：The Birth of the Prison*，trans. A. M. Sheridan Smith (London，1977)；orig. pub. as *Surveiller et punir：Naissance de la prison* (Paris，1975).

- Giddens，Anthony，*The Constitution of Society：An Outline of the Theory of Structuration* (Cambridge，1984).

- Joyce，Patrick，*The Rule of Freedom：Liberalism and the City in Britain* (London，2004).

- Mann，Michael，*The Sources of Social Power*，2 vols. (Cambridge，1986，1993).

- Parkin，Frank，*Class Inequality and Political Order：Social Stratification in Capitalist and Communist Societies* (London，1971).

- Scott，James C. ，*Domination and the Arts of Resistance：Hidden Transcripts* (New Heaven，Conn. ，1990).

- Skocpol，Theda (ed.)，*Vision and Method in Historical Sociology* (Cambridge，1984).

- Smith，Dennis，*The Rise of Historical Sociology* (Philadelphia，1991).

- Thompson，E. P. ，*The Making of the English Working Class* (London，1963).

- Wallerstein，Immanuel，*The Modern World System：Capitalist Agriculture and the Origins of the European World Economy in the Sixteenth Century*（New York，1974）.

——*The Modern World System II：Mercantilism and the Consolidation of the Modern World Economy* 1600—1750（New York，1980）.

参考书目

- Berger，Stefan，'Comparative History'，in Berger，Heiko Feldner，and Kevin Passmore（eds.），*Writing History：Theory and Practice*（London，2003），161‑179.

  ——Donovan，Mark，and Passmore，Kevin（eds.），*Writing National Histories：Western Europe since* 1800（London，1999）.

- Cabrera，Miguel A.，*Postsocial History：An Introduction*，trans. Marie McMahon（Lexington，2003）.

- Burke，Peter，*History and Social Theory*（London，1992）.

  ——'Performing History：The Importance of Occasions'，*Rethinking History*，9（2005），35‑52.

- Gunn，Simon，'From Hegemony to Governmentality：Changing Conceptions of Power in Social History'，*Journal of Social History*，39（2006），705‑720.

- Himmelfarb，Gertrude，*The Old History and the New*（Cambridge，Mass.，1987）.

- Hoffman，Philip T.，'Opening Our Eyes：History and Social Sciences'，*Journal of the Historical Society*，6（2006），93‑117.

- Lorenz，Chris，'"Won't You Tell Me，Where Have All the Good Times Gone"？On the Advantages and Disadvantages of Modernization Theory for History'，*Rethinking History*，10（2006），171‑200.

- Mah，Harold，'Suppressing the Text：The Metaphysics of

Ethnographic History in Darnton's Great Cat Massacre', *History Workshop*, 31 (1991), 1 - 20.

- Mandler, Peter, 'The Problem with Social History', *Cultural and Social History*, 1 (2004), 94 - 117.

- Passmore, Kevin, 'The Gendered Genealogy of Political Religions Theory', *Gender and History*, 20 (2008), 628 - 668.

- Reddy, William M. , 'Anthropology and the History of Culture', in Lloyd Kramer and Sarah Maza (eds.), *A Companion to Western Historical Thought* (Oxford, 2002), 277 - 296.

- Rigby, S. H. , 'History, Discourse, and the Postsocial Paradigm: A Revolution in Historiography?', *History and Theory*, 45 (2006), 110 - 123.

- Stedman Jones, Gareth, 'From Historical Sociology to Theoretical History', *British Journal of Sociology*, 27 (1976), 295 - 305.

- Taylor, Miles, 'The Beginnings of Modern British Social History', *History Workshop Journal*, (1997), 155 - 176.

- Tilly, Charles, 'Three Visions of History and Theory', *History and Theory*, 46 (2007), 299 - 307.

- Tipps, Dean, 'Modernization Theory and the Comparative Study of Societies', *Comparative Studies in Society and History*, 15 (1973), 199 - 226.

孙琇 译

第十一章 从寻找常态到找寻常态：
德国的历史写作

斯蒂芬·贝格尔

"德国政权已经被摧毁，德国领土也将要沦陷。在接下来很长的一段时间里，我们的命运将是被外国统治。而我们能否成功地拯救德国精神（*Geitst*）？"这是弗里德里希·梅尼克（Friedrich Meinecke）的《德国的浩劫》（*Die deutsche Katastrophe*，首次出版于 1946 年）最后一段的开头。此书是梅尼克一次盘点德国历史的尝试，其中既有对历史专业的适度批判，也重新评价了德国的历史道路。国家社会主义，他总结道，有其特定的民族根源，既包括普鲁士的军国主义，也包括德国资产阶级本身的政治软弱性。德国必须抛弃对于西方的冷漠态度，并且成为其中的一部分。德国历史以及德国史学在许多方面都有错误，需要修正；但德国精神"仍旧需要在西方社会内履行它特殊而不可替代的使命"。[①] 德国有着特殊使命——一条"独特道路"（*Sonderweg*），诸如此类的看法并没有完全消失，且现如今它们被锚定于一条"西方"（Western）道路的观念中，未来德国将与其他"西方"国家共享此路。

在冷战时期，只有德意志联邦共和国（FRG）的史学家们遵循着西方化的道路。他们在德意志民主共和国（GDR）的同行们则坚持由执政的统一社会党（SED）所指定的马克思列宁主义历史写作

---

① Friedrich Meinecke, *Die deutsche Katastrophe*：*Betrachtungen und Erinnerungen* (Wiesbaden, 1946), 119, 176.

框架。在将东西德史学家归入不同的国际关系网络上，冷战是至关重要的。在西德，国际合作通过奖学金与交换项目发展起来，尤其是与北美的合作，同样还有英国、法国，也顺带包括西欧的其他国家。在东德是双边性的史学委员会，该委员会成立于大多数东欧共产主义国家，其中最重要的是 1957 年东德与苏联之间的。冷战造成的世界分立使得联邦德国与民主德国的史学写作变得高度两极化。20 世纪 50 年代期间，反共主义一直是大多数联邦德国历史写作的基本原则，而反帝国主义与反资本主义则构成了民主德国史学界意识形态的基石。民主德国史学写作的政治工具化水平要远高于联邦德国——后者的史学专业总是具有更加多元且自主的视角。本章将会对比东德与西德的历史科学的重新组织，并且分析双方重新统一之前的相互关系。在某些方面，有人会认为 1945 年后的两德，以及 1990 年后重新统一的德国，都在试图恢复某种民族的和史学上的"常态"（normality）——它在重大的政治事件与史学研究停顿之后产生。本文则会评估德国史学家们在建立该"常态"上成绩如何。

"驯服的历史主义"在战后德意志联邦共和国的支配地位

紧随着第二次世界大战结束，大多数西德历史学家都不再追随梅尼克自我批评的立场。相反，他们从德国的历史中挑选出了国家社会主义的历史来书写。格哈德·里特（Gerhard Ritter），战后德国史学家中的领导人物之一，将纳粹主义的根源定位于现代的民主大众社会中，为新的史学动向奠定了基调。现代民主大众社会被认定要对传统信仰以及道德标准的崩溃负责，而该崩溃为虚无主义以及纳粹主义的文化毁灭铺平了道路。[①] 此后，里特见证了 1945 年后史学专业的任务，并非批判德国的民族传统，而是将其强化。德国人在 1945 年时发现自己身处黑洞之中，他

---

① Gerhard Ritter，'The Fault of Mass Democracy'，in John L，Snell（ed.），*The Nazi Revolution：Germany's Guilt or Germany's Fate*（New York，1959）。

们需要用民族自信心把自己从中拉出来。

里特的观点反映了普遍存在于德国史学界中的传统民族主义，它使得许多人支持希特勒与国家社会主义。1945 年以后，西德历史协会从未对那些被迫流亡的史学家们发表过正式的道歉，也几乎没有再邀请他们回来。在 134 位为国家社会主义所迫而流亡的史学家中，只有 21 位在 1945 年后回到了德国，且其中许多人是在共产主义的东部找到了安身之所。西德的历史学家们其时正忙于构建那个基本上未被国家社会主义浸染的历史专业的传说。在1990 年代，德国史学才就一些史学家对纳粹主义的大力支持进行了更加全面的调查，而这些史学家曾在 1945 年以后的联邦德国享受着光鲜的职业生涯。① 222

在 1945 年以后，里特与汉斯·罗斯菲尔斯（Hans Rothfels）这样的保守派主导了西德的历史学界。里特曾与 1944 年 7 月 20日的反抗团体②保持联系，因此随后被纳粹投入监狱。罗斯菲尔斯，作为一个"犹太人"，曾被迫离开他在哥尼斯堡大学的教职，并于 1938 年移民。而他是少数几个在战后返回西德并取得杰出成就的史学家之一。在为西德史学界开脱其应对纳粹主义承担的责任上，里特与罗斯菲尔斯一同扮演了主角，同时也致使战后西德史学在方法论与主题的创新上始终有限。"顺服的历史主义"③

---

① Winfried Schulze and Otto Gerhard Oexle（eds.），*Deutsche Historiker im Nationalsozialismus*（Frankfurt，1999）.

② 1944 年 7 月 20 日，纳粹德国国防军内部发生的刺杀希特勒的秘密行动。——译注

③ 从 1995 年起，我有意使用"历史主义"（historism）一词，而非"历史决定论"（historicism）。正如利奥波德·冯·兰克所定义的，"historism"（德语的"Historismus"）可被视为是具有进化性、改革性的概念，将所有政治指令都理解为是历史地发展与生长的结果；而"historicism"（德语的"Historizismus"），如卡尔·波普尔所解释并反对的那样，是基于历史根据既定的规律发展，并走向特定结果这样的观念。我希望遵循德语，将这两个术语在英语中同样进行区分，以避免概念的混淆。"顺服的历史主义"来自于Ernst Schulin，*Traditionskiritik und Rekonstruktionsversuch：Studien zur Entwicklung von Geschichtswissenschaft und historischem Denken*（Gottingen，1979），140。

在大多数历史学系中成为最高主宰，在那里，学术主题鲜有变化。主攻德国与奥地利史的所有 110 位全职历史系教授中，仅有 20 人需要接受某种形式的去纳粹化，而且他们大有可能名誉不堕、前途无虞。当德国历史学家协会（Association of German Historians［VHD］）于 1948 年 10 月重新建立时，它的官方陈述表现出对是否要开始修正德国史学显而易见的犹豫，在方法论与主题创新上也几近完全欠缺。历史大体上来说仍是政治史，仅从政府档案中钩沉。它聚焦于伟大的政治人物以及国家大事件，也是民族的历史。颇具影响力的兰克学会（Ranke Society）于 1950 年建立，它直接由如下的愿望所推动，即避免对德国历史消极的看法，以及保护德国史学家们免疫于批判民族史的观点。它创办者中的几位曾是国家社会主义政权的主要支持者。①

为了适应战后的情势，某些研究试图去重塑德国历史"万神庙"之中最为卓著的人物。比如冯·施泰因男爵（Freiherr von Stein）以及其他普鲁士改革者，如今被刻画为自由主义者的顶梁柱。1848 年的革命者们被当成波恩共和国的历史先驱来颂扬。1950 年代关于俾斯麦的争论引发了一些有限的尝试，希望打破环绕着"铁血首相"与"帝国创立者"光环的炫目传说，但它同样证明了俾斯麦在任何时期都不失为最伟大的德国政治人物之一。另有一些做法尝试提供欧洲的视角，把德国历史移出它自己（几乎是）纯粹的民族框架中，比如 1950 年成立于美因茨的欧洲历史研究所。在该研究所致力于将西德的历史写作西方化的同时，1950 年代许多的欧洲历史写作都在"西方基督教"（Christian Occident［Christlliches Abendland］）的架构内进行，这促使为了反共产主义的共同利益，而将欧洲纳入保守主义的阵营。西德史学家强烈的反共产主义观念还表现在极权主义理论的流行，以及将

① Manfrd Asendorf，'Was weiter wirkt：Die "Ranke Gesellschaft-Vereinigung für Geschichte im öffentlichen Leben"'. 1999：*Zeitschrift für Sozialgeschichte*，4（1989），29 - 61.

纳粹德国与民主德国中的"褐色"与"红色"独裁画上等号的趋势中。

"德国东部的失陷"不只是战后西德政治话语中的重要主题。随着几个非大学研究机构的建立，它也成为了一个史学焦点，在这些研究机构中，1956 年成立于慕尼黑的卡罗林学院（Collegium Carolinum）与 1950 年成立于马堡的赫尔德研究所（Herder Institute）当属最重要的两个。在大学里，许多学者研究"德国东部"的历史。在大量试图证明德国人在中欧东部和东欧遭到驱逐的研究中，西奥多尔·施德尔（Theodor Schieder）走在前列。有讽刺意味的是，同样是这位施德尔，曾为纳粹提供清除中欧东部的斯拉夫人以给德国移民腾出空间的计划。1945 年后，他主持了一项研究计划，其内容等同于要为德国人在雅尔塔和波茨坦协定规定他们需要迁出的地区继续居住的历史权利张本，而他对此似乎并无疑虑。[①]

从组织机构的角度看，德国历史学家协会与重建于 1949 年（原建于 1913 年）的德国历史教师协会（Association of German History Teachers）有着比较紧密的工作关系，后者还出版了颇有影响力的史学杂志，《历史科学与教学》（Geschichte in Wissenschaft und Unterricht）。他们一起组织两年一次的"历史学家大会"（Historikertag），并持续至今——会议为期一周，分为不同的单元来展示研究成果，与会者多是大学中的历史学家、学生以及在校教师，其源起可追溯至 19 世纪末期。没有什么重要的大学改革扰乱了西德历史学系在教学与研究上传统的组织方式。"大"教授们以及他们的教席职位（Lehrstühle）——他们配备有助教、秘书与学生助理——继续支配着院系，并以传统的专

---

① *Documentation der Vertreibung der Deutschen aus Ost-Mitteleuropa*, 8 vols. (Bonn, 1953 - 62)；Matthias Beer, 'Im Spannungsfeld von Politik und Zeitgeschichte：Das Großforschungsprojekt "Documentation der Deutschen aus Ost-Mitteleuropa"', *Viertelijahreshefte für Zeitgeschichte*, 46（1998），345 - 389.

断、家长式的作风来进行管理。德国大学中正职教授（*Ordinarius*）的权势以及为了合格的资质〔拥有第二个博士学位、通过大学教授资格考试（*Habilitation*），这些都是必需条件〕而付出的长期准备意味着，年轻学者对于教授职位的依赖性很强，而且教授独有的关系网可以在相当程度上影响人员的任命以及职业的发展。

战后时期的一项重要革新是当代史（*Zetitgeschichte*）研究的制度化。1951年成立于慕尼黑的当代史研究所主要致力于研究国家社会主义与第二次世界大战的前史、发展以及后果。它的刊物，《当代史季刊》（*Vierteljahreshefte für Zeitgeschichte*），成为了当代史研究的主要交流平台。该研究所的图书馆与档案馆发展成为德国20世纪史研究最重要的专门文献贮藏机构之一。最初，当代史被目以疑虑，被指责为是现代主义（presentism），但研究所内创作的高质量史学著作则为其在联邦德国的被接受与日益流行做出了贡献。

当代史自身并非没有问题。研究大屠杀的犹太德国史学家以及他们的叙事在该慕尼黑研究机构中被边缘化，而且不断有人试图将当代史用作政治工具。直到1960年代以后，有限的研究重点——主要关注德国人对希特勒的抵制、战后对国家社会主义说教式的分析以及对希特勒的妖魔化，才开始让步于更加全面而深入的，对德国和国家社会主义的纠缠关系以及纳粹的社会史的解读。国家社会主义仅仅是其他所有方面都令人骄傲的民族历史中的一个意外，这样的观点开始失去市场。1945年以后德国当代史强劲的跨国化也促进了这一变化。从1960年起，另一个非大学研究机构，汉堡的国家社会主义历史研究所（*Forschungsstelle für die Geschichte des Nationalsozialismus*），推动了对国家社会主义的研究深入到多种方面。

一系列其他机构对于西德的历史研究面貌也有着重要的影响。其一，议会与政党历史委员会（Commission for the History of Parliamentarism and Political Parties），成立于1951年，负责深入研究自由民主在德国的历史根基以及自由民主与多元主义在德国政治文化中所引发的怀疑与敌对。正是，也特别是，由于魏玛共和国历史的反衬，德国人对自身更为民主与多元的理解得以在历史研究中得到阐明。其二，哥廷根的马克斯·普朗克历史研究所在 1955 年重建。它是西德史学研究中一些颇负盛名的项目发起之地，包括例如：德国史史料志（达尔曼-维茨（Dahlmann-Waitz））以及"神圣日耳曼尼亚"（*Germania Sacra*）的中世纪史料集成。在 2007 年该研究所最终转变为研究多宗教与多民族社会的机构以前，有关早期现代史与现代史的重要研究在此开展。其三，巴伐利亚科学院历史委员会（Historical Commission at the Bavarian Academy of Sciences），自 1858 年便存在（利奥波德·冯·兰克是其首任会长），在 1945 年后仍旧是史学研究领域中的重要机构。在它诸多卓越的研究项目中，主要有新日耳曼传（New German Biography）、大量的史料集成以及德国历史年鉴（Year Books of German History）。其四，1959 年成立于柏林的历史委员会，致力于研究柏林与勃兰登堡-普鲁士的历史，虽然它颇负盛名的系列著述多是有关德国史的开创性研究，并且为其赢得了高度的国际声誉。其五，成立于 1957 年的联邦国防军军事史研究室成为了研究军事史的中心。自 1979 年起，它开始参与多卷本的第二次世界大战史的撰写。该著作被译成多种语言，并且奠定了该领域的国际标准。对于德国历史研究的国际声誉具有特殊重要性的是第六家机构，成立于罗马（1888）、巴黎（1958）、伦敦（1976）、华盛顿（1987）、华沙（1993）以及莫斯科（2005）的德国历史研究所（German Historical Institutes）。由于受到西德政府的资助，这些研究所在德国史学与其主办国的史学之间扮演了重要的中介角色。

225

在东德建立共产主义史学

如果我们去考察东德史学的源起，在体制与研究主题上很清楚的是：德意志民主共和国里发生了与历史写作的民族传统更加坚决的决裂。1946 年，在柏林召开的一次有关重建战后德国历史科学的会议上，安东·阿科尔曼（Anton Ackermann），当时德国共产党的首席理论家，设定了未来所有历史写作的两个中心目标：第一，书写社会史而非政治史；第二，克服史学中的民族主义。[①] 共产党从反法西斯斗争中得出的经验之一就是有必要重写德国历史，尤其是关于德国工人运动的历史。最初，马克思主义史学家亚历山大·阿布施（Alexander Abusch）建议将国史看作是一系列错误的转向与灾难。然而统一社会党不久就认识到没有哪个新政权可以建立在被彻底否定的国史之上。阿布施的观点，旋即被戏称为"苦难理论"（*Miseretheorie*），让位于将德国历史整齐划分为积极与消极两种传统的理解方式。消极的一线从路德开始到腓特烈大帝，然后到俾斯麦与兴登堡，最终在希特勒和联邦德国那里到达顶点。积极的一线则从托马斯·闵采尔（Thomas Müntzer）到卡尔·马克思以及早期的德国工人运动，之后是魏玛共和国时期的德国共产党以及共产党对法西斯的抵抗，在统一社会党与德意志民主德国这里到达巅峰。在此之后，民主德国多数对德国历史的研究都被强行纳入了该解释框架之内。

1950 年统一社会党第三次会议以及 1950 年代早期东德的高等教育改革是东德史学界转型之路上的里程碑。马克思主义流亡者，如于尔根·库岑斯基（Jürgen Kuczynski【译者：原文为 Jürgen Kuczynsi，大概是误写】）、瓦特·马科夫（Walter Markov）、恩斯特·恩格伯格（Ernst Engelberg）、列奥·施特恩（Leo Stern）以及阿尔弗雷德·缪塞尔（Alfred Meusel），在训练第一代马克思主义史学家时起了关键作用。这一代史学家从 1950 年代起就开始主导东德大学里的历史系。在 1948 到 1953 年这段时间内，非马克思主义的、"资产阶级"（bourgeois）史学的残余

---

① Ilko-Sascha Kowalczuk,' "Wo gehobelt wird, da fallen Späne"：Zur Entwicklung der DDR-Geschichtswissenschaft bis in die späten 50er Jahre'.

被清除了。1958 年，随着该年东德史学家代表团在全德历史学家大会上引起冲突并随即退出，一个独立的民主德国的历史学家协会形成了，并且完成了东德史学的转型。统一社会党为史学研究设立了制度与话语上的结构体系，并将持续把控、监督这一体系的边界。1953 年，民主德国的史学家们创办了自己的杂志，《历史科学期刊》（*Zeitschrift für Geschichtswissenschaft*）。在一个"国字头"机构之下，就如同在西德一样，有着大量更为专门化的期刊，服务于历史写作的各个特定方面。

民主德国历史学的党派特性造成了大量问题，一系列的禁忌话题，以及许多对专业史学写作的扭曲变形。[①] 不愿意将统一社会党的统治合法化、书写迎合共产主义历史观念的史著的历史学家遭到清洗、解雇和迫害。到了 1961 年，许多一直待在民主德国的"资产阶级"历史学家都逃去了西德——他们或是期待着逃离，或是被所在的大学解职。将世界划分为朋友与敌人、好与坏的摩尼教式（Manichaean）二元论，成为了民主德国史学的特点。马克思列宁主义变成了一件紧身衣，将历史学家们紧紧束缚于高度叙事、缺乏想象力的政治史之中。然而，它从未完全僵化，甚至设法通过建设社会史与经济史来挑战西德史学。一些马克思主义者，比如莱比锡大学的瓦特·马科夫，他尝试将马克思主义有效运用于研究全球史的新方法上。随后，沃尔夫冈·库特勒（Wolfgang Kuttler）成为了"形成理论"（formation theory）的拥护者，以使马克思理论在 1980 年代现代化。[②] 与西德相比，1950 年代的东德史学看起来要有创造性得多，也更有能力与德国历史写作的传统分道扬镳。

---

① Martin Sabrow, *Das Diktat des Konsenses*: *Geschichtswissenschaft in der DDR* 1949 - 1969 (Munich, 2001).

② Ernst Engelberg and Wolfgang Kuttler (eds.), *Formationstheorie und Geschichte* (Berlin, 1978).

227   统一社会党看重历史研究，并且为之提供了充足的资源。东德大学中的史学家数量在 1949 年到 1962 年间增长了 5 倍。[1] 独立的民主德国史学在 1950 年代的制度化，为教学与研究的组织带来了重大的变化。大学中的历史学系按照苏联模式被重组，分成了本国史、俄罗斯史、东欧史以及世界史几个部门。最大也最为重要的总是那些研究本国史的部门。在柏林、莱比锡以及哈雷大学中研究德国史的几个主要机构是典型的例子。正如 1962 年的国家文件（National Document）所强调的，民主德国历史学的任务是，阐明民主德国在德国土地上建立了第一个社会主义国家的历史作用。1952 年联邦各州（Länder）被解散，这意味着传统的地方史（*Landesgeschichte*）仍旧处于边缘地带，少有资源投入其中。这与联邦德国形成了明显的对比——联邦制度的力量使得那里的地方史得以繁荣。

除民主德国的大学以外，独立的研究机构——它们聘用了数以百计的历史学家——也被设立起来。其中殊为重要的是东柏林科学院的历史研究所。创建于 1956 年的历史研究所随后被拆分成 4 个所，分别从事德国史、通史、古代史与经济史研究。它在领导与协调民主德国的史学研究中扮演着重要角色。更加专门化的研究机构包括国家历史博物馆的研究部门，以及于尔根·库岑斯基的经济史研究所——它们同样也在东柏林。掌权的统一社会党在其马克思列宁主义研究所（建立于 1949 年）中雇用了专门研究德国工人运动的历史学家，他们编辑马克思和恩格斯的文集，更通俗地说，他们扮演着该领域意识形态上的看门狗。历史学家们同样也在成立于 1951 年的统一社会党社会科学院中央委员会（Academy of Social Sciences of the Central Committee of the SED）以及在 1946 年成立的党校（Party Academy（*Parteihochschule*））中工作。波兹坦的军事史研究所则受国防部指派。

---

[1]   Werner Conze, ‘Die deutsche Geschichtswissenschaft seit 1945’, *Historische Zeitschrift*, 225 (1977), 1-28 (figures for GDR historians given on p. 6).

20 世纪 50 年代，史学界几乎被更年轻的、民主德国训练出身的一批史学家群体全盘替代，这表明新的群体具有相当的同质性并且展现出了与传统的德国教授不同的习性。大学教师资格（即第二博士学位）被废止了，但与此同时所谓的博士学位 B（大致与大学教师资格对等）成为了精心遴选的大学教职者获得者的必备资质。"干部计划"（Cadre plans）使得职业前景得到了实际保障。他们无需寻找工作，也避免了随之而来的竞争——那正是西德史学界的特征。在大学的历史系中，教学而非研究被认为是教师最重要的任务。研究在集体中进行，集体作者的出版物往往替代了个人专著。对民主德国以及统一社会党的忠诚是从事历史工作的先决条件。它确保了民主德国史学家在政治观点上的相对一致性。一些史学家为避免历史书写的严重政治化，尝试转而研究更久远时代的主题与领域，那里对此类政治化强调较少。

228

1960 年代起的西德：从社会史的突破到愉快的折衷主义

在西德，社会与经济史并未完全缺席于史学风貌。在战后的年月里，由维纳·康策（Werner Conze）于 1957 年设立的社会史工作组（*Arbeitskreis für Sozialgeschichte*），成了这一领域的核心机构。工作组对社会史的兴趣植根于战争时期右翼种族化了的大众史（*Volksgeschichte*），以及对大众社会的保守理解。[1] 西德社会史的"褐色老根"（brown roots）是成问题的，即使新一代西德社会史学家在 1960 年代接受了学术训练，受到了法国、英国以及北美的史学写作范例的启发。尤其是在纳粹时期被迫流亡，并在美国大学中找到了新学术家园的史学家们，如今充当了美国与

---

[1] Lutz Raphael（ed.）, *Von der Volksgeschichte zur Strukkturgeschichte*：*Die Anfänge der westdeuutschen Sozialgeschichte* 1945 - 1968（Leipzig, 2002）；与 Thomas Etzemüller, *Sozialgeschichte als politische Geschichte*：*Werner Conze und die Neuorientierung der westdeutschen Geschichtswissenschaft nach* 1945（Munich, 2001）。

德国学者间的架桥者，为德国历史科学的美国化，或者说西方化做出了贡献。①

与 1945 年不同，1960 年代是西德史学的一个重要分水岭。首先，联邦德国高等教育系统的扩张为新的职务委任打开了闸门。如今仅靠史学界中那一小撮有影响力的"守门员"去控制准入资格，并确保学界在社会与政治上的一致性，变得越来越困难。除了进入学界的史学家的数量直线上升外，1960 与 1970 年代的大学改革同样削弱了许多大学中"大"教授的专断。虽然改革的进程并不平坦，且在联邦的各州中有很大差异，但随着较低职权的职员在院系运行方式以及教职委任上获得了一定的话语权，组织结构与决策程序变得更加民主了。这一体制上的重大改变促进了历史研究方法的多元化，并且使得对过往的不同解释变得可能。

在 60 年代早期，史学界的守门员们仍旧在努力让那些越界之人保持安静。他们之中最著名的例子是弗里茨·费舍尔（Fritz Fischer），汉堡出身的史学家，他的著作《争雄世界：德意志帝国1914－1918 年战争目标政策》 （*Griff nach der Weltmacht* [*Germany's Aims in the First World War*]）② 的出版引发了一场轰动。以方法论而言，此书是一部极度传统的、基于档案研究的外交史著作。但是它对第一次世界大战的解读，却与凡尔赛和约

---

① Gerhard A. Ritter, 'Die emigrierten Meineck-Schüler in den Vereinigten Staaten. Leben und Geschichtsschreibung im Spannungsfeld zwisched Deutschland under neuen Heimat：Hajo Holborn, Felix Gibert, Dietrich Gerhard, Hans Rosenberg', *Historische Zeitschrift*, 284 （2007）, 59 － 102；与 Arnd Bauerkämper, 'Americanisation as Clobalisation? Remigrés to West Germany after 1945 and Conceptions of Democracy：The cases of Hans Rothfels, Ernst Fraenkel and Hans Rosenberg', *Leo Baeck Institute Year Book*, 49 （2004）, 153－170。

② 《争雄世界：德意志帝国 1914—1918 年战争目标政策》书名的翻译采取 1987 年商务印书馆出版的何江译本。1961 年出版的德文本为 *Griffnach der Weltmaht. Die Kriegszielpolitik des kaiserlichen Deutschlands* 1914－1918；1967 年英译本为 *Germany's Aims in the First World War*。——译注

（Versailles Treaty）对德国战争罪责的讨论之后，德国历史学家们
所笃信与维护的观点截然相反。费舍尔断言，胜利的协约国将唯
一的罪责归咎于帝制德国及其领导集团——那些的确在 1914 年蓄
意挑起了战争的人，是正确的。德国史学界占主流的自由保守派
对此反应很强烈。他们的某些评论是攻击性的，而且他们成功游
说，撤销了费舍尔去美国大学学术交流的经济支持——后幸得美
国资助才得以成行。

费舍尔之争表明在德国史学界中一场重要的代际分野已经开
始。年轻一代的史学家通常支持费舍尔，赞同他展现出的对德国
本国史更加自我批判、自我反思的态度。实际上，当费舍尔在
1960 年代中期他的第二部著作中阐明，从德国在 1914 年时对于
世界霸权的野心到其对第二次世界大战应负的责任，可以归纳成
一条清晰连续的线索之时，他提出了一条否定性的、倒转了的德
国"独特道路"——这在 1970 年代和 1980 年代间被德国史学中
左翼自由主义（left-liberal）主流所接受。1871 年德意志帝国的
建立并不是普鲁士历史的目标，如今看来这是一段 75 年的短暂
偏离，它为德国人和欧洲人带来的是彻头彻尾的痛苦。20 世纪上
半叶德国给出的教训就是，一个统一的德国对于欧洲并无好处，
而且对于德国人和欧洲人来说，多个而并非一个德国，会让他们
更加幸福。

围绕"独特道路"的争议，是联邦德国史学界中最为重要也
是持续时间最长的讨论之一，它从第二次世界大战甫一结束便开
始，一直持续到 1990 年两德再度统一。在 1950 年代与 1960 年
代内，许多保守的德国史学家试图去维护一个积极的德国"独特
道路"观念。而从 1960 年代起，费舍尔的支持者们着手对德国
史进行全面的重新解读，这仍旧让德国的历史轨迹看起来很特
殊，但却是糟糕的。对于"独特道路"的消极反转遭到了保守主
义史学家猛烈的批评，尤其是托马斯·尼培代（Thomas
Nipperdey）。他对汉斯-乌里尔希·韦勒（Hans-Ulrich Wehler）的
谴责很有名，认为后者试图片面强调普鲁士-德国历史中的消极

230

目标，如同"特赖奇克①再生"（Treitschke redivivus）。或许更具影响力的是两位英国的德国史专家戴维德·布莱克本（David Blackbourn）与格奥夫·艾莱（Geoff Eley）的介入。他们批判所有有关德国"特殊道路"的观点；进而提出德国的历史路径应当在更加欧洲化的现代史框架内来理解。《德国历史的特性》（*Mythen deutscher Geschichtss-chreibung* [*The Peculiarities of German History*]）（1980）一书激发了新一代德国历史学家以更具比较性的与超国界的方式来探究德国历史，其后果是对德国"特殊道路"的观念越发弃之不顾。

西德史学专业的多元化使得社会史在联邦德国中迟到的突破变得可能。比勒菲尔德学派（Bielefeld school），有时其成员被英语世界称之为基尔派（Kehrites），成为了社会史转向的象征。这些史学家们受到现代化理论的深刻影响，尝试结合马克斯·韦伯（Max Weber）与卡尔·马克思的理论洞见，从而为研究现代社会提供框架。汉斯·罗森伯格（Hans Rosenberg）与他将政治史和社会经济史混为一体，以及他关于德国非自由主义的"独特道路"的观点，对于基尔派有着重大的影响。罗森伯格曾被纳粹驱逐，他于1949/50年在柏林自由大学、1955年在马堡获任访问教授而重返德国，并于1977年再次且是最终定居德国。这样的经历，在那些更加倾向于直接面对纳粹在德国历史中位置的年轻一代史学家中，更为罗森伯格增添了权威性。

社会史学家们在体制上的大本营，是新近成立的比勒菲尔德大学（University of Bielefeld）（1971），德国社会史的两位关键的代表性人物：韦勒与于尔根·科卡（Jürgen Kocka）均在此任教。社会史成功的体制化包括创办了大获成功的学刊，《历史与社会》（*Geschichte und Gesellschaft* [History and Society]）（1975）。再就

---

① 海因里希·冯·特赖奇克（Heinrich von Treitschke）（1834—1896），德意志民族主义发展史上的重要人物，在60年代中期后成为了第二帝国最有力的辩护人，极力鼓吹帝国拓展海外势力，进行殖民扩张。——译注

是，1972 年一套由凡德胡克和鲁普莱希特（Vandenhoeck and Ruprecht）命名并出版的"历史科学批判性思考"（*Kritische Beiträge zur Geschichtswissenschaft*）重要丛书的问世。《历史学家》（*Geschichtsdidaktik*）、《历史期刊》（*Journal für Geschichte*）等刊物和《新科学文献》（*Neue wissenschaftlich Bibliothek*）、《现代史研究》（*Arbeitsbücher zur modernen Geschichte*）以及《新历史文献》（*Neue Historische Bibliothek*）等丛书都与基尔派相关。除比勒菲尔德大学以外，较早非大学社会史研究中心——特别是在德国劳工史研究方面——是波恩弗里德里希-艾伯特基金会研究所。该所成立于 1959 年，与德国社会民主党有着紧密的联系。其学刊《社会史档案》（*Archiv für Sozialgeschichte*）从 1961 年开始出版发行，是西德社会与工人史研究方面最为重要的期刊之一。

　　莱因哈特·科泽勒克（Reinhard Koselleck）的概念史（*Begriffsgeschichte*）为社会史研究提供了重要的延展与充实，它同样也开始与比勒菲尔德大学相联系。科泽勒克想要在对结构历史的共时性分析之上增加历时性分析，解释词语如何改变其意义以及此种语义变化对于人类经验和社会变迁意味着什么。此种历史语义学突破了狭隘的观念史路数，而将术语置于其法律的、社会的和政治的语境之中。它超越了老的精神—观念史研究模式，并使思想史与在西德后来居上的社会史相伴而行。[①] 科泽勒克的概念史在多卷本《历史基本概念：德国政治与社会语言的历史词典》（*Geschichtliche Grundbegriffe*：*Historisches Lexikon zur politisch-sozialen Sprache in Deutschland*）（8 卷，1972—1997）中得到了充分表达，并且这也表明他与国际上、尤其是与昆廷·斯金纳（Quentin Skinner）以及政治思想研究的"剑桥学派"对于历史语义学的关注相互呼应。

231

---

① Hans Erich Bödecker, *Begriffsgeschichte*, *Diskurgeschichte*, *Metapherngeschichte* (Göttingen，2002).

联邦德国的新社会史有效地应对了此前民主德国史学所提出的挑战。对于民主德国的史学家来说，宣称他们的西德同行忽视阶级与革命史更加困难了。不像东德的史学家，基尔派不用与居于领导地位的共产党斗争——后者在史学研究中设立界限，规定什么能做什么不能做。随着德国社会史中具有原创性且有趣的新视角得到关注，西德社会科学化的史学不久便有了超过东德马克思列宁主义史学的表现。常规之外也有例外：例如，哈尔穆特·哈尼施（Harmut Harnisch）在农业史上的著作，曼弗雷德·科索科（Manfred Kossock）关于革命的比较性研究，以及海尔格·舒尔茨（Helga Schulz）的城市史。但就总体而言，在共产党的统治下，民主德国的史学作品看起来越来越陈腐。它的主要特点仍旧是缺少创新性、弥漫着恐惧与谴责的气氛，以及一以贯之的政治控制。

在西德，比勒菲尔德学派的史学家经常将他们的成就视为史学写作中的范式转变。一些学者预言旧日保守的、历史主义的政治史正在被更具左派自由主义色彩的社会史所取代。但这是一厢情愿的想法，此想法通常源于对多元主义的不自觉的排斥及控制史学领域的欲望，就如同在他们之前的保守派"统治父辈"（*Übervater*）所做过的。比勒菲尔德学派及其盟友中的许多人在职业生涯相当早的阶段，就已经在研究机构中占据了重要位置，他们形成了一个在西德史学中具有特殊影响力的"漫长的一代"（long generation）。[1] 但是他们并不能取得他们中的一些人所企盼的支配地位。从 1970 年代起，比勒菲尔德学派的社会史学家们发觉，自己受到了一系列其他形式的历史的挑战——尤其是日常生活史、妇女史，以及稍后的性别史与文化史。

研究日常生活的史学家对社会史将注意力投入到结构与过程

232

---

① Paul Nolte, ' Die Historiker der Bunderepublik: Rückblick auf eine " lange Generation"'. *Merkur*, 53 (1999), 413 - 432.

之中而忽略了人及其日常经历颇为不满。①在 70 年代中，历史工作坊在西德的许多城镇中迅速发展起来，开始研究当地历史。1983 年，他们组成了"历史工作坊协会"［Association of History Workshops (*Geschichtswekstatt e. V.*)］，组织每年一度的历史年会。他们对曾被历史研究所忽视的人群给予了特别的关注，尤其是工人，同时还有国家社会主义的受害者以及反法西斯的抵抗组织。因此，历史工作坊运动是漫长的"对国家社会主义史的接受"——这是自 60 年代起德国记忆政治的主要特点——过程中的一项重要的催化剂。一些历史工作坊中的成员是自学成才的工人，但绝大部分是从教师、工会会员以及专业团体中征募而来的。他们大体上是左派。

　　口述史的日益流行直接与历史工作坊运动联系在一起。它们都对普通大众如何认识他们的自身的历史经验有着浓厚兴趣。它们希望关注对历史经验的主观感知。当涉及到独裁年代，而官方档案材料不太可能对历史经验提供一个视角时，这种方法会相当有用。卢茨·尼特哈默尔（Lutz Niethammer）对纳粹时期的和战后时期鲁尔区的日常生活的研究，以及他有关东德的研究项目，是该领域中的重要研究成果，并在口述史研究中树立了标准。②口述史在地方或区域史研究以及少数群体、工人、妇女的历史研究中同样很引人注目。类似地，口述史对于研究无文字的社会（通常是欧洲外的），以及对追索代际之间的延续性与非延续性感兴趣的历史学家们来说，极具价值。从 1988 年起，期刊《BIOS—传记与口述史研究》（*BIOS—Zeitschrift fur Biographieforschung und*

① 对德国日常生活史更多的介绍（*Alltagsgeschichte*），可参见 Alf Lüdtke（ed.），*The History of Everyday Life*：*Reconstructing Historical Experiences and Ways of Life*（Princeton, NJ, 1995）。
② Lutz Niethammer（ed.），*Lebensgeschichte und Sozialkultur im Ruhrgebiet* 1930 - 1960，3 vols.（Berlin，1983 - 5）；以及 id., Alexander von Plato, and Dorothee Wierling，*Die volkseigene Erfahrung*：*Eine Archä*ologie *des Lebens in der Industrieprovinz der DDR. 30 biographische Eröffnungen*（Berlin，1991）。

Oral History）和由亚历山大·冯·普拉托（Alexander von Plato）建立的吕登沙伊德历史与传记研究所对于口述史的发展尤为重要。

妇女史同样也从 60 年代的政治动荡中脱颖而出。[①] 它旨在制造出在历史中可见的女性，并开始关注女性运动史和女性在解放运动中的参与。从 80 年代开始，诸如里贾纳·舒尔特（Regina Schulte），乌特·弗雷（Ute Frever）等性别史专家成功地表明，性别与事件一样，事实上贯穿了所有类型的历史与历史进程，并且应当作为历史研究的一个重要门类，纳入所有的主流历史中。[②] 一些性别史领域的领军实践者们，诸如卡琳·豪森（Karin Hausen），在 80 年代成功地建立了性别史研究中心，虽然德国大学中的妇女与性别史机构仍旧较弱。大多数妇女与性别史的实践者是（并将继续是）女性。她们还需面对额外的困难，即德国的史学专业仍旧是一个男性主导的领域。

德国史学界对文化史的接受是在完全国际化的历史科学中发生的，然而它也保留了许多的民族特性。[③] 对于文化的兴趣是与对认同构成的关注以及史学研究中的"语言学转向"紧密联系的。[④] 过去的人是如何认识与理解世界的？文化是如何制造表象与社会实践的？米歇尔·福柯（Michel Foucault），米歇尔·德·塞尔托（Michel de Certeau），雷蒙德·威廉斯（Raymond Williams），斯图尔特·霍尔（Stuart Hall），娜塔莉·泽蒙·戴维斯（Natalie Zemon Davis），朱迪斯·巴特勒（Judith Butler），海

---

① 参见本卷第 7 章（由 Julie Des Jardins 撰写）。

② 对妇女与性别史更多的介绍，可参见 Karin Hausen 与 Heide Wunder 主编的：*Frauengeschichte-Geschlechtergeschichte*（Frankfurt, 1992）。

③ Christoph Conrad，'Die Dynamik der Wenden：Von der neuen Sozialgeschichte zum Cultural Turn'，Geschichte und Gesellschaft，Sonderheft 22：*Wege der Gesellschaftsgeschichte*（Göttingen, 2006），133 - 160.

④ Peter Schottler，'Wer hat Angst wor dem "linguistic turn"? Ein Diskussionsbeitrag'，*Potsdamer Bulletin für Zeithistorische Studien*，7（1996），5 - 21

第十一章　从寻找常态到找寻常态：德国的历史写作

登·怀特（HaydenWhite）和克利福德·吉尔兹（Clifford Geertz）的理论，对新"文化史"——一个保护伞式的术语，用来描述多种不同的史学进路，包括微观史、历史人类学、文化研究、思想史、后殖民研究以及跨国历史等——有着特殊的影响力。文化转向也受到以下几个因素的推动：对于结构化社会史的抽象本质、社会变迁的宏大理论对于历史经验中的个人和主观层面的忽视感到失望；以及期望文化可以在高度复杂和竞争性的社会中更直接地通向各种表象、经验和认同的形式。[①] 但整个 70 和 80 年代，西德史学界并非仅包含这些新形式的历史写作，历史主义的史学传统仍旧得到了一些史学巨擘们的极力维护，包括戈洛·曼（Golo Mann），托马斯·尼培代，和安德烈亚斯·希尔格鲁贝尔（Andreas Hillgruber）。他们主张：国家的高层政治、传统的外交历史、以及对于"伟人"的研究，都必须在德国史学中保持其地位。作为一位历史社会科学的批评者，托马斯·尼培代的影响力可谓无出其右，部分原因是他愿意与比勒菲尔德学派在他们自己的阵地——社会史——交锋。传统派，通常也是政治上的保守派，在史学界中仍旧强大，并且更能主导史学研究机构——尤其是德国史学协会以及《历史学杂志》（*Historische Zeitschrift*）。

传统的历史主义者攻击新社会史，不仅因为据称其对研究主题有过分的政治化，也因其创作的历史枯燥而无可读性，不能被更广泛的大众所接受。70 年代间，有许多关于西德"史学危机"的讨论——人们相信，历史学正在把地盘输给各门社会科学。甚至还有建议提出历史不该再作为一门学校科目，而应由社会科学取而代之。有关历史有用性的问题被不断追问，看来似乎十九世纪的"领军科学"要被赶到冷板凳上了。但谈论历史学的最终式微仍嫌太早。历史展览，比如 70 年代的施陶费尔（Staufer）展览，或者 1981 年的普鲁士历史展，很容易找到广泛观众。历史

---

① 了解这些趋势，请参见本卷第 1 章（由 Chris Lorenz 撰写）与第 10 章（由 Kevin Passmore 撰写）。

传记的流行性也从未黯淡过。乔西姆·费斯特（Joachim Fest）的《希特勒传》（1973）、洛萨·高尔（Lothar Gall）的《俾斯麦传》（1980）、西奥多尔·谢德尔的《弗里德里希大帝传》（1983）、戈洛·曼的《华伦斯坦传》（1986）以及汉斯·彼得·施华兹（Hans Peter Schwarz）的 2 卷本《康拉德·阿登纳传》（1986，1991），不过是一些位列西德畅销书单前茅的传记作品中的代表。事实上，更近以来历史电视频道的流行，尤其是吉多·科诺普（Guido Knopp）不断推出的、在黄金时间向数百万热情的观众播放的历史题材作品，证明了这一事实：历史仍旧在非专业的大众观众中拥有相当忠实的追随者。①

但是公众对于历史不再持千篇一律的保守与历史主义的态度了。比勒菲尔德学派特有与媒体的交流途径，并利用这一途径介入到他们认为重要的对历史的公众讨论中。例如，1981 年，韦勒将"普鲁士热"批评为一架"飞入被美化的过去的航班"（flight into a transfigured past），这仰赖于对普鲁士的价值观和成就片面且正面的重新评价。② 电视电影《故乡》（Heimat）在大众中所获得的成功，部分由于导演爱德嘉·莱茨（Edgar Reitz）和专业的史学家兼电视顾问皮特·斯坦因巴赫（Peter Steinbach）的合作。另一些史学家，包括埃伯哈德·雅克埃德尔（Eberhard Jackedl）与伊恩·克肖（Ian Kershaw），同样也利用登上电视节目的机会来与数百万的观众交流历史。

对于社会史、日常生活史、妇女与性别史以及文化史而言极为显见的是，它们对促进与相关的学术领域建立跨学科联系有着强烈愿望，尤其是与社会学、经济学、哲学、文学、人类文化学以及心理学。除了显著的跨学科性之外，它们还建立了跨国家

---

① Wulf Kansteiner, *In Pursuit of German Memory*: *History*, *Television*, *and Politics after Auschwitz* (Athens, OH, 2006), ch. 8.

② Hans-Ulrich Wehler, *Preussen ist wieder chic*: *Politik und Polemik in 20 Essays* (Frankfurt, 1983), 71.

的联系与网络，并且超越了历史学研究的国别架构。就研究的方法、理论以及主题而言，它们的领军实践者与历史科学的国际发展情况步伐一致，在某些方面，也可以说自 1970 年代以来，便丧失了历史科学中的民族特性。但民族特性的丧失也可被看作是 1980 年代起比较与跨国研究明显好转的前提条件。比较研究被许多 1990 年代的年轻史学家们视为一种超越已经审美疲劳的德国"独特道路"观念（要么是积极，要么是消极）的方法，同时也可用来确立历史轨迹中的共通性与差异性。在这样做时，他们并没有果断地跳出国家历史的框架，比如他们在其研究中常常以民族国家作为比较的单元。但是民族范式变得更具自我反思性与相对性。这也远离了与联邦德国建构后民族认同的讨论相一致的、不容置疑的民族范式。一旦历史学家们证实，1871—1945 年间德国人生活在一个统一的民族国家中的经历，对他们自己以及其他的欧洲人而言都并不愉快，这本身就是为认同的民族形式寻找替代物而迈出的一小步。

20 世纪 80 年代东德历史学的国家化以及重新统一带来的冲击

在西德史学家越来越注重对民族范式进行自我反思之时，民主德国的历史学家则在吸引了 1980 年代东德历史科学注意力的"遗产与传统辩论"的语境中，再次发现了民族史。简略来讲，1960 年代和 1970 年代初期，以本国历史研究为主的东德史学已经为更加国际化的发展方向让步了。在此期间，民主德国强调其"社会主义国家"的身份。这一观念是在东德对西德"东方政策"（*Ostpolitik*）进行直接回应的过程中得以流行的。与西德之间更加清晰的界限的需求，意味着东德的历史被放入了自 1917 年后社会主义/共产主义世界发展的语境之中。然而这一国际化却是短命的。自 1970 年代中期起，统一社会党与其史学家便强调民主德国作为一个社会主义德国的存在，且对国家主权的坚持与对民族历史传统之探索是相伴而行的——因为传统或许能增强社会主义的国家意识。这不过是开始提倡对于德国历史进行更加全面的研究的一小步。它处于"遗产与传统辩论"的中心。民主德国的历史研究为国史中所有此前曾是禁忌的领域正了名。史学家们强调，民主德国不仅应对在民主德国臻于极致的进步的、前瞻性的遗产负责，同样也要重视那些并没有马上与实际现存的社会主义联系起来的传统。研究工人阶级以外的其他阶级变得可能；以往民主德国的史学研究所不能触及的时代与人物也被重新关注；在 1945 年以后成为其他东欧国家一部分的"德国东部"领土，也第一次成为了民主德国历史研究的对象。①

持传统主义观念的保守的西德历史学家，比如迈克尔·施特姆尔（Michael Stürmer），在 1980 年代自己尝试复兴联邦德国历史写作的民族传统时，参照了民主德国史学中的这种民族转向。②施特姆尔和其他志同道合的史学家担忧西德正面临着沦为没有历史的国家的危险，这意味着一个没有认同的国家。联邦德国所需要的是更强也更被明确凸显的历史意识，以巩固民族认同。施特姆尔不仅是埃尔郎根-纽伦堡大学的历史教授，同时也是基督教民主联盟（Christian Democrat）总理赫尔穆特·科尔的亲密顾问。科尔就任于 1982 年，并承诺要使整个国家在"精神和道德上复活"。一种新的爱国主义也是"复活"的一部分。然而，国家社

---

① 有关德意志民主共和国中民族认同形式与历史书写之间的紧密关系，可参见 Klaus Erdmann, *Der gescheiterte Nationalstaat: Die Interdependenz von Nations- und Geschichtsverständnis im politischen Bedingungsgefüge der DDR* (Frankfurt, 1996)。对于东德 1980 年代内的史学写作趋势，可参见 Georg G. Iggers, 'New Directions in Historical Studies in the German Democratic Republic', *History and Theory*, 28 (1989), 59 - 77。

② 对于历史学家之争（*Historikerstreit*）的论述不胜枚举，英语学界中较好的介绍与洞见，可参见 Richard Evans, *In Hitler's Shadow: West German Historians and the Attempt to Escape from the Nazi Past* (London, 1989)；以及 Charles Maier, *The Unmasterable Past: History, Holocaust and German National Identity* (Cambridge, Mass., 1988)。

会主义则被证明是实现此目标的主要绊脚石。这些将国家社会主义与大屠杀对德国国家历史的重要性相对化的企图，引发了左翼自由主义史学家们的强烈回应。他们谴责新尝试中所包含的"申辩趋向"（apologetic tendencies），并且强调国家社会主义在战后德国的国家认同中处于核心地位，而这样的认同不可能是正面的。历史学家之争（Historikerstreit）[1] 并不只是关于政治、国家记忆以及国家社会主义在其中的角色；它还凸显了对德国大屠杀中加害者的实证研究的缺乏，并且推动了一项重大的研究，在 1990 和 2000 年代产生了实质性的研究成果。但在 1980 年代中期，对于许多德国历史学家而言，1871 年到 1945 年之间德国历史的政治教训是清晰的：后民族主义与接受德国的分裂。

　　接受双重民族主义（bi-nationalism）也是 1970 与 1980 年代东西德史学家得以首次对话的原因之一。从 1950 年代起，双方的关系就始终处于难以平息的敌对状态中。民主德国的史学家们谴责他们的西德同行们是国家社会主义罪行的合谋共犯，并且认为他们从结构上就不能接受一种能够承受国家社会主义历史事实的、更具自我批判色彩的史学。[2] 反过来，西德历史学家大体上也把东德史学当成是政府的宣传手段和政治播报而刻意无视，直到西德社会史学家意识到它有力的挑战。西德明显感觉到，并且这种感觉越来越强烈，民主德国的历史学界已经变得越来越专业，甚至可以在东德历史学家中觉察出一定的多元性。1967 年第七次统一社会党大会申明了在民主德国全面发展科学的必要性。以此为标志，民主德国的历史科学有了新的发展趋势：要脱离以

237

---

[1]　历史学家之争，1980 年代联邦德国史学界内的著名论争，围绕纳粹罪行的独特性、如何评价第三帝国在德国历史中的地位和作用、如何评价和书写历史等问题展开。并不仅限于学术圈与思想界，而是在德国的报纸、期刊等公共媒体上展开，因而在公众中产生了广泛的影响，并且在西方世界引起重视。——译注

[2]　尤可参见 Gerhard Lozek *et al.*（eds），*Unbewdltigte Vergangebeit：Kritik der burgerlichen Geschichtschreibung in der BRD*（3rd edn，Berlin，1977）。

往过分明显的政治宣传之用途，并发展与国际标准相适应的历史学学术研究。1968 年 1 月历史科学委员会成立，允许历史学家在学术研究的框架内具有有限的发言权，但不是脱离党的自主权。而 1970 年民主德国历史学家协会加入国际历史科学委员会，则标志了双方在对话的方向上更进一步。

虽然许多民主德国史学家仍旧囿于陈旧而毫无进益的马克思列宁主义之中，但值得注意的是，一些学者建设性地参与到下述几类西德的历史研究中：妇女与性别史研究，以及文化史研究。如果没有西德社会史，哈特穆特·茨瓦（Hartmut Zwahr）对莱比锡地区无产阶级之形成的研究是难以想象的；而民族志专家西格丽德（Sigrid）与沃尔夫冈·雅各布（Wolfgang Jacobeit），以及赫尔曼·斯特隆巴赫（Hermann Strobach），则在东德实践着"自下而上的历史"。民主德国的妇女史研究主要局限于无产阶级妇女运动的研究中。要到 1988 年 9 月，民主德国历史学家协会的国家委员会才指定了一个机构专门研究妇女与妇女运动的历史。迪特里希·米尔贝格（Dietrich Mühlberg）关于德国工人阶级生活的著作出版于 1980 年代，同样也是从文化史方向对工人阶级进行研究。弗里茨·费舍尔等人的著作表明民主德国史学家积极参与了第一次世界大战的研究，也证明了民主德国的历史学在 1970 和 1980 年代得到了来自西德同行的积极推动。

正是在与西德社会民主党关系紧密的社会史家们中，与东德同行对话的想法得到了最大程度的推动。1987 年 3 月，社会民主党的历史委员会组织了一次东西德史学家共同参加的会议，双方针对他们有关国家历史的不同解释进行了热烈的争论。双方似乎颇有进行合作或开展相对自由的讨论的气象。① 合作意味着民主德国-联邦德国史学界之间关系的正常化，但同样也威胁到了民主德国史学身份的独立，因为东德与西德的史学家们在寻求超越

---

① Susanne Miller and Malte Ristau (eds.), *Erben deutscher Geschichte*, DDR-BRD: *Protokolle einer historischen Begegnung* (Reinbek, 1988).

了意识形态冷战斗争的学术标准上的折衷。

此后，德国于 1990 年重新统一。非常出人意料的是，民族国家再次被提上日程。在 1990 年代的前半段，自封的"新右派"（New Right）企图再次将德国人的历史意识国家化，并将国家社会主义从德国文化记忆的中心位置上抹去。尽管间或有一些保守的史学家对这些努力表示同情，但史学家们，比如莱纳·茨特尔曼（Rainer Zitelmann）或卡尔-海因茨·韦斯曼（Karl-Heinz Weissmann）等，所抱持的极端右翼观点以及他们在体制上的弱势（他们中没有人得到大学教授的职位）都意味着他们在 1995 年以后便淡出了人们的视野。

取而代之的是在 1990 年以后主导德国历史学界的"追寻民族常态"。① 后民族主义现如今也被批判为另一种德国的"独特道路"。重新统一提供了以自由和多元化思想去统合民族原则的机会。这曾是联邦德国的基础价值理念，也贯穿了 1989 年的东德革命。这次对民族常态的争论所产生的，有类于一项新共识。新的国史主叙事由联邦德国最重要的左派自由主义史学家之一，海因里希·奥古斯特·温克勒（Heinrich August Winkler）提出。一时间，对"第二德国独裁"（second German dictatorship）的历史研究甚至颇有取代对国家社会主义德国的研究兴趣之势。但最终，1990 年代的史学研究对这两次独裁都抱有强烈的兴趣。此外，值得注意的是，在重新统一的德国首次出现了将联邦德国的历史历史化的尝试。在西德，几乎所有的史学讨论都是围绕着第一次世界大战、魏玛共和国和国家社会主义时期而展开的；但在 1990 年代，则出现了针对 1968 年对于西德的意义、左翼恐怖主义对于战后共和国的冲击以及"新东方政策"（Neue Ostpolitik）的成就与不足的争论。这并不是说国家社会主义的

---

① 有关重新统一对于德国史学界的影响，参见 see Stefan Berger, *The Search for Normality: National Identity and Historical Consciousness in Germany since* 1800 (2nd edn, Oxford, 2003)。

时代不足以在重新统一后引起重大讨论。关于戈德哈根（Goldhagen）[①]的辩论、纳粹国防军展览在史学上的不良后果、纳粹主义下德国史学家角色的争论，在一定程度上也包括围绕着大屠杀纪念和二战中德国受害者展开的争议，这些依然表明国家社会主义、大屠杀和第二次世界大战牢牢掌控着有关德国记忆的争论。

那么，在1990年之后对东德进行的历史研究又是怎样的呢？东德是否在1980年代转向了国史研究？东德史学家与他们的西德同僚之间的讨论对话又是否为1990年以后一致的历史意识铺平了道路？[②]就我们所关心的历史专业而言，这一点很难说清楚，因为东德史学并没能延续到德国统一之后。1990年以后，（东德）错失了对所有的德国大学来一次全面改革的机会，而西德的教育体制则被引入到整个东部德国。东部德国的教授们被西部德国同行们评估——根据西部的素质标准，他们中的许多人都被认为有所不足。而当筛选之后的东部教授接受了政治评估，并且相当一部分被证实曾当过臭名昭著的东德秘密警察组织——国家安全局——的线人后，第二波解雇风潮紧随而来。只有小部分东部史学家在西部的猛攻下得以保全自身。到1990年代中期，东部德国大学中的历史系都被西部德国人控制了。原先的东德史学在近似于壁龛的文化中得以保全，这壁龛也是由它自己挖造的。然而，鉴于它在高等教育领域中缺少体制上的立足点，它无法让自己生生不息，最终将与最后一代接受民主德国训练与教育的史学家一同逝去。

---

① 丹尼尔·戈德哈根（Daniel Goldhagen），美国学者，因其《希特勒的志愿行刑者》（*Ordinary Germans and the Holocaust*）一书而备受关注，他指出灭绝种族的排犹主义是纳粹时代德国社会的共识，普通德国人是希特勒的帮凶。

② 如Jan Herman Brinks所论述的，*Die DDR Geschichtswissenschaft auf dem Weg zur deutschen Einheit：Luther，Friedrich II und Bismarck als Paradigmen politischen Wandels*（Frankfurt，1992）。

239

结语

1945 年到 1990 年这段时期中的大部分时间，德国的专业史学都在两个分离的国家中沿着不同的道路前行。在民主德国，马克思列宁主义史学作为国家史学的建立是以政治上的因循守旧作为其高昂的代价的。最初，东德史学果断地与传统的德国历史主义分道扬镳。它在整饬一新的研究机构之中进行史学研究，并对历史学家在社会中的作用有着新的理解。但是，它在当时没有创新的能力，也无法适应理论挑战和新的方法论，加之被统一社会党不断用作政治工具，这些都让它变得索然无味，即便个别史学家做出了令人钦佩的工作，且它在 1960 与 1970 年代对于新生的西德社会史构成了有力的挑战。与民主德国在 1945 年以后巨大的史学变革相较，西德史学在战后几年中变化极小。对于传统历史主义的挑战只是发生在 1960 年代的语境中。高等教育的扩展与改革使得史学专业的守卫者们不再能辖制这门"技艺"（Zunft）的准入资格。而最终的结果是史学写作的多元化——不仅见证了社会史的突破性进展，也有各种新史学的繁荣滋长，包括日常生活史、妇女与性别史以及新文化史。从方法论的层面看，第二代社会史家试图发展比勒菲尔德学派的社会史，以便应对自下而上的历史、性别史以及文化史所提出的有力挑战。

240

1960 年代的"费舍尔之争"标志着西德史学与史学研究的民族主义间的决裂。伴随着对"独特道路"否定性的反转，德国史学走向了对双重民族主义的接纳，以及对后民族主义的正式认可。1980 年代的"历史学家之争"以及 1990 年两德的重新统一带来了有关国史的再次讨论。特别是在 1990 年以后，对民族常态的追寻再次成为德国历史讨论中的普遍特征。国家历史显然主导了大众媒体中历史的各种流行形式，但德国的专业史学的关注对象却从这方面转移了。新的趋势转向了跨国的与比较的历史，以及文化与政治变迁史，所有这些都旨在解构特定的国家发展进步的观念。此外，更加晚近以来，随着对欧洲史和非欧洲史教席的聘任，也可看出学界对德国史以外的强烈兴趣。全球史在德国史学家中也处于上升态势；大学院系中现已囊括了研究非洲、亚洲以及拉丁美洲的史学家。终于，在德国做一名不以研究本国历史为业的职业历史学家看来也成为了可能。

大事年表/关键日期

- 1945 年（5 月 8 日），第二次世界大战在欧洲结束；德意志帝国结束；占领德国并划分为 4 个占领区
- 1949　德意志联邦共和国与德意志民主共和国建立；康拉德·阿登纳当选第一任联邦德国总理；瓦尔特·乌布利希（Walter Ulbricht）当选民主德国统一社会党总书记
- 1968　西德学生运动
- 1969　维利·勃兰特（Willy Brandt）就任联邦德国社会民主党第一任总理
- 1971　埃里希·昂纳克（Erich Honecker）取代瓦尔特·乌布利希成为统一社会党总书记
- 1972　联邦德国与民主德国签署《两德基础条约》（Basic Treaty），为民主德国获得国际承认铺平了道路
- 1981　柏林举行普鲁士展览会
- 1982　赫尔穆特·科尔当选总理，标志着联邦德国 13 年的社会民主党统治告一段落
- 1989　东德革命结束了统一社会党的统治
- 1990　两德重新统一
- 1995　格哈特·施罗德（Gerhard Schröder）当选红绿联盟政府（red-green coalition）总理
- 2005　安格拉·默克尔（Angela Merkel）当选基督教民主联盟（CDU）/基督教社会联盟（CSU）与社会民主党（SPD）的大联合政府总理

主要史料

- Abusch, Alexander, Der Irrweg einer Nation: *Ein Beitrag zum Verständnis deutscherGeschichte* (Berlin, 1945).

- Blackbourn, David and Eley, Geoff, *The Peculiarities of German History*: *Bourgeois Societyand Politics in Nineteenth-Century Germany* (Oxford, 1984); orig. pub. as *Mythendeutscher Geschichtsschreibung*: *Die gescheiterte bürgerliche Revolution von 1848*, trans. Ulla Haselstein (Frankfurt, 1980).

- Fischer, Fritz, *Germany's Aims in the First World War* (London, 1967), orig. pub. as *Griff nach der Weltmacht*: *Die Kriegszielpolitik des Kaiserlichen Deutschland* 1914 - 1918 (Düsseldorf, 1961).

- Hausen, Karin, *Frauen suchen ihre Geschichte*: *Historische Studien zum 19. und 20. Jahrhundert* (Munich, 1983).

- Kocka, Jürgen, *Klassengesellschaft im Krieg*: *Deutsche Sozialgeschichte* 1914 - 1918 (Göttingen, 1973).

- Kuczynski, Jürgen, *Geschichte des Alltags des deutschen Volkes* 1600 - 1945, *5 vols.* (Berlin, 1983).

- Medick, Hans, *Weben und Überleben in Laichingen 1650 - 1900*: *Lokalgeschichte als AllgemeineGeschichte* (Göttingen, 1997).

- Mommsen, Hans, *Von Weimar nach Auschwitz*: *Zur Geschichte Deutschlands in der Weltkriegsepoche* (Munich, 2001).

- Mommsen, Wolfgang, *Der autoritäre Nationalstaat*: *Verfassung*, *Gesellschaft und Kulturdes deutschen Kaiserreiches* (Frankfurt, 1990).

- Nipperdey, Thomas, *Deutsche Geschichte 1866 - 1918*, 2 *vols.* (Munich, 1990, 1992).

- Ritter, Gerhard, *Staatskunst und Kriegshandwerk*: *Das Problem des 'Militarismus' inDeutschland*, 4 *vols.* (Munich, 1959 - 1968); trans. Heinz Norden as *The Sword and the Sceptre*: *The*

Problem of Militarism in Germany, 4 *vols.* （London，1972 – 1973）.

- Rosenberg， Hans， *Grosse Depression und Bismarckzeit*： *Wirtschaftsablauf*， *Gesellschaft und Politik in Mitteleuropa* （Berlin，1967）.

- Rothfels，Hans，'*Zeitgeschichte als Aufgabe*'，*Vierteljahreshefte für Zeitgeschichte*，1 （1953），1 – 8.

- Schulte， Regina， *Das Dorf im Verhör*： *Brandstifter*， *Kindsmörderinnen und Wilderer vor denSchranken des bürgerlichen Gerichts* （Reinbek，1989）

- Schultz， Helga， *Berlin 1659 – 1800*： *Sozialgeschichte einer Residenz* （Berlin，1987）.

- Wehler，Hans-Ulrich，*Das deutsche Kaiserreich* （Go ttingen，1973）；trans. Kim Traynor as *The German Empire*，1871 – 1918 （Leamington Spa，1985）.

    ——*Deutsche Gesellschaftsgeschichte*，6 *vols.* （Munich，1987 – 2008）.

- Zwahr，Hartmut，*Zur Konstituierung des Proletariats als Klasse* （Berlin，1978）.

参考书目

- Berger， Stefan， *The Search for Normality*： *National Identity and Historical Consciousness in Germany since* 1800 （2nd edn，Oxford，2003）.

242
- Dorpalen， Andreas， *German History in Marxist Perspective*： *The East German Approach* （Detroit，1985）.

- Iggers， Georg G. ， *The German Conception of History*： *The National Tradition of Historical Thought from Herder to the Present* （2nd edn. ，Middletown，Conn. ，1983）.

—— (ed.), *The Social History of Politics: Critical Perspectives in West German Historical Writing since* 1945 (Leamington Spa, 1985).

——*Ein anderer historischer Blick: Beispiele ostdeutscher Sozialgeschichte* (Frankfurt, 1991).

——*et al.* (*eds.*), *Die DDR Geschichtswissenschaft als Forschungsproblem* (Munich, 1998).

- Jaeger, Friedrich and Rüsen, Jörn, *Geschichte des Historismus* (Munich, 1992).

- Jarausch, Konrad and Sabrow, Martin (eds.), *Die historische Meistererzählung: Deutung-slinien der deutschen Nationalgeschichte nach* 1945 (Göttingen, 2002).

- Kocka, Jürgen, *Sozialgeschichte in Deutschland seit* 1945: *Aufstieg—Krise—Perspektiven* (Bonn, 2002).

- Küttler, Wolfgang, Rüsen, Jörn, and Schulin, Ernst (eds.), *Geschichtsdiskurs: Globale Konflikte, Erinnerungsarbeit und Neuorientierungen seit* 1945, *vol.* 5 (Frankfurt, 1999).

- Meier, Helmut, (ed.), *Leo Stern* (1901 – 1982): *Antifaschist, Historiker, Hochschullehrer und Wissenschaftspolitiker* (Berlin, 2002).

- Mertens, Lothar, *Priester der Clio oder Hofchronisten der Partei? KollektivbiographischeAnalysen zur DDR Historikerschaft* (Göttingen, 2006).

- Raphael, Lutz, *Geschichtswissenschaft im Zeitalter der Extreme: Theorien, Methoden, Tendenzen von* 1900 *bis zur Gegenwart* (Munich, 2003).

- Ritter, Gerhard A., *The New Social History of the Federal Republic of Germany* (London, 1991).

- Schulze, Winfried, *Deutsche Geschichtswissenschaft nach* 1945 (Munich, 1989).

刘颖洁 译

第十二章　波兰、捷克斯洛伐克和匈牙利的历史写作

马切伊·戈尼

　　把四个中欧国家的史学放在一起作为一个共同的地区叙述，这种想法远不够明晰。当然，不存在一种共同的波兰—捷克—斯洛伐克—匈牙利历史，尽管该地区的部分地方有着许多相似的经历。实际上，大概只有斯洛伐克史学在所谓的维谢格拉德集团国家（*Visegrád* group）中有着自己主要的"指称点（referential points）"（匈牙利和捷克历史写作）。其他国家依靠西方或者——在某种程度上，并不总是自愿地——依靠东方，大部分情况下寄望于其最近的邻国。在这样一个建构起来的地区内，历史研究工作和历史思想的职业化交流相比该区域具体地区和其他国家，如法国、德国或者英国的历史学之间的交流要微弱得多。语言的多样性也使得这种交流不易进行。很可能只有斯洛伐克的职业化读者，由于其语言优势，可以同等认识到捷克和部分匈牙利史学的最近发展。然而，如果我们考虑到某些次要特征，那么把波兰、捷克、斯洛伐克和匈牙利史学进行比较确实行得通。简言之，即使人类科学任何研究领域的决定性思想几乎都来自该区域之外，应用这些决定性思想的过程就创造了一个在中欧区域内可能的比较范围。波兰、匈牙利、捷克和斯洛伐克的历史学从思想上说都是输入者，1945 年以来这些史学的共同特征及其共有的命运越来越清晰。当然，中欧国家的战后史学史并不局限于这几个国家，需要注意的是，本章未讨论东德、罗马尼亚或者乌克兰史学，仅

第十二章　波兰、捷克斯洛伐克和匈牙利的历史写作

仅是由于篇章结构方面的原因。[1]

244

在对该地区历史写作的历史所进行的简短综述中，我将主要讨论长时段的潮流和现象；我将不对来自六十多年和三个（现在是四个）国家的文献进行分析，而是聚焦于转折点和主要的思想传统。首先就是战后初期共产主义政治的共存，以及或多或少的民族主义历史解释：这是非共产主义学者和共产党之间对密切合作的初次尝试中所表明的。第二个阶段的典型特征是，试图控制教育和研究，并且重塑历史学的组织结构。上述两种现象的后果都是马克思主义对波兰、匈牙利、捷克和斯洛伐克历史的"最终"或者成熟的解释，在 1950 年代和 1960 年代初期，这些解释的基本形式机体上实现了。对该区域史学有着深刻的影响的第三个区域性阶段是 1960 年代的"黄金时代"（在波兰和匈牙利持续的时间比在捷克斯洛伐克更长些），当时出版了许多开创性的影响深广的著作，中欧历史学家开始和西欧历史学家有了更紧密的联系。在结论部分，我将概要描绘 1989 年后历史学的主要特征，尤其聚焦于其公共作用。

战后重建

关于 1939 和 1945 年代的战争和占领对历史研究的影响国与国之间有很大不同。波兰史学界失去了大量历史学家。而且，随着 1945 年汗德尔斯曼（Marceli Handelsman）的逝世，战后史学失去了它最具开创性的理论家。然而，甚至在满目疮痍的华沙，研究和教育的重组也取得了进展。历史学科内有影响力的领袖人物，如曼图菲尔（Tadeusz Manteuffel）和共产党的新政治权力有着联系，他是华沙大学历史研究院在战后的首任院长，在随后数十年间，他也是波兰科学院历史研究所的首任所长。

---

[1]　关于罗马尼亚，参见本卷第 17 章，作者 Ulf Brunnbauer；关于东德，参见本卷第 11 章，作者 Stephen Berger。

　　该章论及的其他国家都不像波兰史学这样在基础材料方面遭受如此剧烈的摧毁,在人才方面遭受如此灾难性的流失。在匈牙利,两次世界大战期间犹太学者的移民,以及后来学术界和统治当局的合作,在某些情况下甚至和纳粹的合作,这些对长期的历史研究造成的危害远远超过实际人才流失带来的危害。相反,斯洛伐克的历史学家从捷克斯洛伐克的暴力解体中获益。战争期间,捷克的教授被从位于布拉迪斯拉发的唯一一所斯洛伐克大学驱逐出去,空了的教席由其斯洛伐克的同事承担。1945年后,只有一小部分民族主义的历史宣传家逃离了国家,以避开正在逼近的苏联军队。事实证明,留下来的其他学者更加有自信,对捷克斯洛伐克统一体的概念比在两次世界大战期间持有更加怀疑的态度。

　　在获取权力的过程中,不同国家的共产党都在寻求合法性。捷克的共产主义者有着广泛的社会支持,但这仅仅是个例外。甚至在该国的斯洛伐克部分,共产党在战后初期也丧失了民众的同情。在这种情况下,共产主义者首先诉诸民族文化和民族历史来获得他们占有权力的合法性。这决定性地表明需要重塑之前存在的共产主义历史叙述。两次世界大战期间的共产主义运动对任何种类的民族传统都极端批判,它们反对占支配地位的民族主义解释,给出了一种国际主义的反叙述(counter-narrative)。在1930年代的后半叶以及在战争期间,这种情况开始和苏联的历史叙述一起部分地发生了变化。因此,1945年对苏联模式的采纳并不意味着就采取了当地共产主义历史思想的传统,而是寻求一种新的解释,"在形式上是民族的,在内容上是社会主义的"。

　　波兰、捷克和斯洛伐克的共产主义者试图吸引"普通大众"的同情,他们最先做的就是依靠最近的历史。在战后欧洲,反德情绪高涨,这种情况不仅出现在东欧,波兰和捷克斯洛伐克就在这些国家之列。他们开始把德国人从其旧有的或者新近"重新统一的"西部地区中驱逐出去。他们都提到自己和德国的长期矛盾，同时强调在过去和未来战斗中斯拉夫兄弟情谊的重要性。①

在波兰，一系列研究机构的发展都需要民众广为接受的国家共产主义政权的支持，其中最著名的是位于波兹南的西方研究院。在中世纪研究专家沃茨科维奇（Zygmunt Wojciechowsk）的领导下，西方研究院是波兰史学发展的一个重要基点，它出版了自己的期刊《西方评论》，并在多个波兰城市内建立了分支机构。沃茨科维奇不仅仅是一位天赋的历史学家，他还是一名民族主义政治家。在两次世界大战期间，他是"波兰母亲的土地（Polish maternal lands)"这样一个观念的积极倡议者，这些土地多多少少包括了 1945 年后从解体的第三帝国划分到波兰的那些土地。沃茨科维奇的书《波兰和德国：千年斗争》（*Poland and Germany*：*A Thousand Years of Struggle*）初版于 1933 年，1945 年出版了新编本，比初版对德国持有更多批评。在他看来，斯拉夫世界的整个西部地区的形成，都是持续不断的反对德国侵略的武力斗争所形成的。他认为，德国人是不能够和斯拉夫人和平共处的，因为他们"从生物学上"仇视任何带有斯拉夫标记的事物。如今，在 1945 年后，"出现了斯拉夫向西方进军的新时代，取代了德国的向东扩张。不理解这点的人，将不能够理解这个新的时代，也不能够看清波兰在新的国际局势中的位置。"

《西方评论》积极支持沃茨科维奇关于波兰—德国关系的看法。同时，期刊编辑们表达了他们对共产主义领导的忠诚，以及对斯大林的感激，在他们看来，由于斯大林，才有了公正的波兰西部边界。这样一种所谓的波兰西部的观点实际上是一种政治和学术论证的混合，它像一面镜子反映了掺杂着泛斯拉夫思想的德国的东方研究。捷克斯洛伐克没有这方面相应的看法。尽管德国

246

---

① See Edmund Dmitrów, *Niemcy i okupacja hitlerowska w oczach Polaków*：*Poglady i opinie z lat 1945－1948*（Warsaw, 1987）; and Jan Kren and Eva Broklová（eds.）, *Obraz Němcu, Rakouska a Německa v ceské spolecnosti 19. a 20. století*（Prague, 1998）.

问题从一开始就对捷克的民族运动至关重要（或许正由于该问题如此重要），但并不存在单独的捷克或者斯洛伐克的"西部观点"，因此也没有人能够以沃茨科维奇的方式体现整个运动，他在波兰代表了整个政治走向。德国人被从捷克的土地上驱逐出去，这伴随着捷克对战败的敌人的道德和文化价值提出质疑的文本。历史写作描述了捷克—德国的千年战争以及内在邪恶的德国民族性，其侵略倾向无情地导向纳粹专制的出现。然而，与波兰的情况不同，在战后捷克斯洛伐克的史学研究中，德国人并不是一个普遍的论题。[①] 有另外一个主题吸引了捷克和斯洛伐克的历史学家：斯拉夫兄弟情谊。在战后出版的第一期《捷克历史杂志》中，一位主编指出："用新的俄国式理解来看待斯拉夫概念，我们确信我们的祖国母亲将永远不会是大德国的一部分，带着我们对欧洲的全部同情，我们将被允许作为一个独立的国家进行发展。"[②] 该亲斯拉夫主义运动的最重要推动者之一是纳杰德利（Zdeněk Nejedly），他是音乐学家、教育部长、捷克斯洛伐克科学院的首任主席，也是捷克马克思主义历史科学的无可争议的领袖。

和波兰一样，一些捷克历史学家虽然远离共产主义阵营，但却支持泛斯拉夫和反德国的阵线。1947年，一位自由派摩拉维亚历史学家霍萨克（Ladislav Hosák）出版了他对捷克土地历史的研究，该书是一部相当典型的两次世界大战期间捷克史学著作。[③] 尽管如此，我们可以注意到其中存在的民族主义因素，对抗着更加普遍的自由阵线。根据霍萨克的看法，胡斯主义者"使我们的

247

---

① Ferdinad Seibt, 'Die Deutschen in der tschechischen Historiographie 1945 - 1990', in Hans Lemberg, Jan Kren, and Dusan Kovác (eds.), *Im geteilten Europe*: *Tschechen, Slowaken und Deutsche und ihre Staaten 1948 -1989* (Munich, 1992), 43.

② Václav Chaloupecky, 'Pozdrav nové svobodě', *Cesky Casopis Historicky*, 47 (1946), p. 2.

③ Ladislav Hosák, *Nové ceskoslovenské dějiny* (Prague, 1947).

祖国摆脱了宗教的和民族的敌人"。科苏特（Lajos Kossuth）被描述为"去国有化的斯洛伐克人"。[1] 然而他最严厉的批评是针对德国人，认为他们从 1848 年以来一直对任何带有捷克标记的事物都持敌视态度，这直接导致了慕尼黑惨案、第二次世界大战，并最终导致对无可救药地卖国的德国人的驱逐。该书结语部分肯定了一种对捷克斯洛伐克政体"斯拉夫主义定位"的信仰，并且预示了捷克斯洛伐克—俄国兄弟情谊的光辉未来。

或多或少，斯洛伐克作者伯克斯（Frantisek Bokes）在其关于斯洛伐克和斯洛伐克人的历史著作（1946 年出版）中描绘了同样的图景。[2] 霍萨克和伯克斯都把两次世界大战期间地理政治学的语言和新的激进的意识形态趋势混合在一起。传统的关于斯拉夫国家相互关系的论述，在新的政治背景下获得了新的含义。

在 1940 年代晚期，当波兰和捷克斯洛伐克都进入了斯大林化时期，正统的历史观发生了急剧变化。在 1950 年华沙举行的一次会议期间，人们指责沃茨克维奇的反德国沙文主义。一位当地的历史学家马拉兹尼斯卡（Ewa Maleczyńska）指出："我认为，那些以某种方式理解战后变化的人，他们曾经打败了我们，现在是他们被打败的时候了，他们想要用斯拉夫的'西进运动'来代替德国的挺进东方，这些人不理解近来这些发展的含义。"[3] 于是，虽然波兰、捷克和斯洛伐克的马克思主义历史写作从未失去其反德国的基调，但是民族主义和共产主义对过去解释的开放性综合在某段时期内被边缘化了。至于匈牙利的情况，可以说它以波兰和捷克斯洛伐克的历史叙述为一端，以东德的历史研究为另

---

[1] Ibid. , 421.

[2] Frantisek Bokes, *Dejiny Slovenska a Slovákov od najstarsích cias po oslobodenie* (Bratislava, 1946).

[3] Ewa Maleczyńska, 'Problem polsko-niemiecki w dotychczasowej historiografi polskiej', in *Historiografia polska wobec problemu polsko-niemieckiego: Referaty i dyskusja na konferencji miedzysro dowiskowej we Wroclawiu 6 lipca* 1950 (Wroclaw, 1951), 15.

一端，处于二者之间的某个位置。虽然占主导地位的对加帕提恩盆地匈牙利人—斯拉夫人共存的解释出现了某些变化，但是支配性的共产主义叙述主要是由下述两位历史学家的叙述构成：雷瓦伊（József Révai）和莫德（Aladár Mód）。这两位作者都"对狂热爱国主义的民族激进主义者（*kuruc*）和无产阶级国际主义者的历史分析进行了一种不合理的混合"。[①] 因此相对波兰和捷克斯洛伐克，在匈牙利，事实证明从战后到斯大林主义历史观的跳跃并不那么突兀。战后期间，匈牙利就尝试把"革命的"和"民族的"统一起来，这种统一甚至以重拾明显是民族主义的解释为代价。虽然该时期持续很短，但它预示了共产主义的历史政治，也预示了中东欧历史群体的反应。共产主义者学会如何通过一种关于民族过去的流行观点来赢得更广泛的民众；历史学家学会如何以和新的政治权力密切合作的方式来保证其最起码的部分自由。

斯大林主义统治下的史学

人们通常认为，1950年代是该地区战后的历史中最悲惨的时期，这种看法在很大程度上归因于斯大林主义的文化政策。"历史科学"经历了严重的体制变革。斯大林主义的一个主要目的就是对受教育阶层的社会和政治特征进行改造，加强共产党对学术团体的控制，创造一个全社会可接受的关于民族历史的叙述。

斯大林主义者希望通过对大学入学政策的重新制定来实现第一个目标。正如佩特瑞（Gyorgy Péteri）指出的，"从这点出发，'阶级关系'成为一个选择学生和教员的合法标准，对那些有着很高意识形态重要性的学术领域进行清洗，新的政治上可靠的，

[①] István Deák, 'Hungary', *The American Historical Review*, 97 (1992), 1054. 匈牙利的"民族激进主义者"（*Kuruc*）一词指的是十七、十八世纪反对哈布斯堡王朝统治匈牙利的教派。

然而通常是思想上逊色的人员开始充斥这些重要学术领域"。[①] 为了让那些出身于工人和农民家庭的学生达到大学准入门槛，大学制定了一些预科课程，课程注册者可以在一到三年内获得入学资格，然后不需要正式考试，进入其所选定的学科。

虽然各地的情况有所不同，但在学术组织方面存在某些普遍现象，这代表着一种共同的苏维埃阵营经历。从 1940 年代末以来，学术研究成了核心计划的对象。虽然不断受到人们的批评甚至嘲讽，但这种做法在中东部欧洲的研究院中存在着，直到今天也还存在。研究和教学的区分成为这种新史学的主要原则之一。历史研究集中在上层的历史研究院中，它们隶属于各国的科学院（1948 到 1953 年间以不同的方式创建）。其首要目标就是为民族历史准备一个必修的马克思主义的大学指南。这些研究院最初的机构组织相当机械地反映了这个事实：依照教科书的编年划分，根据时期对研究单位进行划分。研究院还是新成立的或者"经过改革的"重要历史期刊的编辑委员会，这些历史期刊包括：《世纪》、《历史季刊》、《捷克斯洛伐克历史杂志》，以及《斯洛伐克科学院历史杂志》。同时，各种名目的马克思列宁主义也是大学教育中的一个主题。在科学院的概念中存在一个内在矛盾，一方面，人们认为它可以推动知识的进步，但是另一方面，它却充当了众多非马克思主义学者的庇护所。实际上，这些聚集起来的研究院说服了马克思主义者和新的研究人员与年长的"资产阶级"学者共事进行研究工作（into the same house as older bourgeois academics）。

在历史研究中，人们决心获得实质性变化，是因为他们希望用一种新的马克思主义历史解释来代替之前的历史叙述。另一方面，同样的目标被用来对共产党的科学政策进行缓和：事实证明，

249

[①]　Gyorgy Péteri, 'The Communist Idea of the University: An Essay Inspired by the Hungarian Experience', in John Connelly and Michale Grüttner (eds.), *Universities under Dictatorship* (University Park, Penn., 2005), 153.

高水准的职业历史学家并不是无限的。相对来说，匈牙利有着相对强大的共产主义知识分子群体〔首先包括卢卡奇（Gyorgy Lukács）〕，然而甚至在那里，最初的决定在几个月内就作废了，而未能持续数年。正如安迪克斯（Erzsébet Andics）（匈牙利史学中"斯大林主义"领导者之一）在 1949 年预测的，如果没有某些"资产阶级"同事的协助，"冲击 5 年计划将会失利"。① 因此，国家对历史研究的政策态度在创建新的精英阶层和吸引党外杰出"进步人士"之间摇摆。

1948 年间，捷克发生了大规模的清洗运动。这些运动宣称其"民主的"性质（学生和教授不是受到当局的驱逐，而是受到其共产党同事组成的特别委员会的驱逐），该"民主"性质加强了其对学术环境的影响，虽然被解雇的教授比例远小于被驱逐的学生比例。事实上，捷克的清洗运动决定性地造成了对教授职位的恐惧。有趣的是，该国的斯洛伐克地区并未经历这样一种残酷的"文化革命"，虽然象征性地，拉潘特（Daniel Rapant）——一位对斯洛伐克史学有着非同寻常影响的历史学家——被解雇了。② 与此相似，波兰和匈牙利都没有发动针对教授职位的大规模运动。这两个国家，对马克思列宁主义方法论占优势地位的正式承认，通常足以确保学者的学术职业，虽然重要的职位一般由党内知识分子独占。"资产阶级"残余做的就是适应新的环境，虽然近年内这种自满情绪受到批评。③

然而，试图复制苏联科学模式的种种尝试，和多数中东欧历史学家同等相似的机会主义未能为各国史学带来一个统一形式。事实再次证明，列宁对干部队伍作用的强调在社会主义政权下是

---

① Quoted in Balázs Némech, 'Nationalism and Socialist Patriotism in the Hungarian Historiography between 1948 and 1956, and Its Influence on the Post-1956 Era', MA thesis, Budapest College, 1995, 8.

② M. Mark Stolárik, 'The Painful Birth of Slovak Historiography in the 20th Century', *Zeitschrift für Ostmitteleuropa-Forschung*, 50 (2001), 161-187.

③ Deák, 'Hungary', 1055.

有效的。是干部阶层造成了捷克斯洛伐克、波兰和匈牙利的马克思列宁主义史学之间产生差别。在每个地方，某些党内公职人员都被认为是历史职业新的"自然而然的"领导者。数十人引出一个"马克思主义史学沙皇（tsar of Marxist historio-graphy）"的流行概念。有迹象表明，学术界历史研究机构关键职位的领导者最初是预留给那些享有特权的共产党上层的杰出成员，即要职人员。但是各国实际上有着不同的发展。在捷克斯洛伐克，三名年轻学者和共产党员获得了最具声望的位置：马塞科（Josef Macek）——捷克斯洛伐克科学院历史研究所首任所长、格劳斯（Frantisek Graus）——新创立的《捷克斯洛伐克历史杂志》主编，以及霍洛提克（Ludovít Holotík）——斯洛伐克科学院历史研究所所长。这三位学者都是三十岁左右，对他们的任命明显妨碍了其更年长同事的希望和抱负。在匈牙利，不是任何有影响力的党内宣传家，而是莫纳尔（Eric Molnár）——一位马克思主义法学家和历史学家，有着远远超出共产党核心人士（the communist core）的声望，他出任了匈牙利科学院历史所的所长。最有趣的是对曼图菲尔的任命，这完全偏离了"革命"方案。他既不是马克思主义者，也不是共产党员，却被任命为波兰科学院历史所的所长。这些任命选择反映了捷克斯洛伐克、波兰和匈牙利各国对学术性历史研究态度的不同。在捷克斯洛伐克，党内公职人员遵从捷克左派的反知识分子传统，其代价就是研究质量的下降。许多受到意识形态驱动的公职人员出现在历史研究职业中，一种新的捷克和斯洛伐克史学开始创立。匈牙利和波兰的情况不同，在马克思主义者和"资产阶级"历史学家之间有着更广泛的合作，使得这两个国家的优秀学术得以保存。

　　我们应当在适当的历史背景下看待苏联化和斯大林化过程的相对性。事实上，1950 年代初期的明显标志就是政治清洗运动，任何一个苏联阵营国家的历史职业都受到波及。许多历史学家被以各种指控受到监禁；他们中的一些人被其研究机构驱逐，被禁

251 止教学［斯洛伐克人拉潘特和波兰人沃勒斯基（Henryk Wereszycki）就是如此］。人们很容易在官方期刊中找到马克思主义政变的过程。在相对来说很短的时间内，与西方学术界的大部分联系被切断，而与此同时，对苏联史学的接收远远超出了"正常"科学交流的限度。新的官方话语影响了历史出版物的语言以及几乎所有职业词汇。效仿斯大林的例子，当地共产主义政党的领袖人物被推尊为杰出的历史哲学家。许多年轻的历史学家开始从事马克思主义引导的社会和经济史研究。但是，1950年代的多数历史出版物并不是由现代的方法论上先进的研究构成，而是由相当传统的、甚至倒退的叙述构成，主导它们的是陈旧的民族概念。这些叙述的关键思想工具是"进步的传统"，它指示着对历史人物和历史现象的永恒评价。历史人物被划分为"进步的"和"反动的"——这样一种分类阻碍了马克思主义的分析的可能性。因此，马克思主义史学家的主要任务就是在目的论式理解的"历史的终结"之前，全面收集历史事实和人物目录。同时，在各个国家的历史中确认"反动的"势力，这也是历史学家的重要任务。

　　这样做的后果各有不同。根据拉斐尔（Lutz Raphael）提出的方案，出现了两种占支配地位的模式。[①] 第一种模式可以被描述为更加"民族的"（或者说"右派的"），第二种模式是"非民族的"（或者说"左派的"）。大体来说，某些马克思列宁主义的解释事实上是和国家的主导叙事不一致的，而其他一些历史解释运用新的马克思主义词汇来讲述古老的民族故事，通过这种方式，它们轻而易举地重现了国家的主导叙述。在本章讨论的每个国家，国家和政权都遮蔽了阶级。马克思主义叙述得以形成的方法远远疏离了广为接受的学术规范。在马克思主义史学中，不存在不同解释的自由竞争，它需要的是一个统一的和清晰的马克思主

---

① Lutz Raphael, *Geschichtswissenschaft im Zeitalter der Extreme：Theorien，Methoden，Tendenzen von 1900 bis zur Gegenwart* (Munich, 2003), 58-59.

义解释涵盖所有重要的历史现象。尽管方法论讨论被噤声，但是争论并未完全消失。在马克思列宁主义历史科学内，在最终解释被指定之前，有一个观点交流的空间。在此，在某些情况下，或多或少是"民族的"解释试图获得马克思主义对一种既定现象的唯一解释的地位。虽然这样的讨论经常伴随有无情的辩论，并且经常受到威胁和政治谴责，这些威胁和谴责或多或少被掩饰了，然而该讨论是一场学术讨论，所有这些都是创建一个统一叙述过程中的一部分。参加辩论者的主要目标是推销"他们的"解释，把它融入官方历史叙述中。事实上，1950 年代的多数马克思主义史学成功地创制了一种连贯的"进步的"国家历史。

　　在斯洛伐克，马克思主义史学家复制了许多传统解释，这些传统解释植根于十九世纪的民族运动中，表达的是亲捷克倾向。斯洛伐克的历史叙述始于大摩拉维亚公国，人们不断提到它，称它为"第一个共同的捷克斯洛伐克政权"。① 实际上，斯洛伐克人和捷克人之间对该早期政治结构的象征性共享将为捷克斯洛伐克的统一提供主要叙述，因为传统的斯洛伐克解释倾向于仅仅为斯洛伐克人保留大摩拉维亚公国的传统遗产。② 后来，马克思主义研究者寻求一些证据，这些证据支持他们的一个论题，即：中世纪匈牙利王国的斯拉夫定居者对此有着一种决定性的文化影响。斯洛伐克历史的下一个转折点是 1525—1526 年间班斯卡—比斯特里察的采矿工人起义，对该时刻在历史中的确认，很可能是马克思主义对斯洛伐克史学最具创新性的贡献。该发明归功于历史学家雷特克斯（Peter Ratkos）的发现，他把这场起义解释为一场斯洛伐克国内的早期资产阶级革命，对应于 1520 年代的德国农民战争，或者对应于一个世纪之前波希米亚的胡斯派运动。甚至在 1989 年前，学术界已经清楚，这个"发现"的作者对事实进

252

① L'udovít Holotík（ed.），*Dejiny Slovenska（tézy）*（Bratislava，1955），22.
② Stolárik，'The Painful Birth of Slovak Historiography in the 20th Century'，161-165.

行了恣意发挥。

这个著名的"发现"实际上是一个特殊情况。除此之外，相对于斯洛伐克开始"民族觉醒"的时期，马克思主义史学家对现代早期并不怎么感兴趣。在相关"民族觉醒"方面，马克思主义史学提供了新的方向，其中包括对天主教牧师贝尔诺拉克（Anton Bernolák）的首部斯洛伐克语法典汇编进行重新解释。在两次世界大战期间，贝尔诺拉克被认为是一个马扎尔人，一个去民族化的（denationalized）斯洛伐克人，马克思主义者担负起把他经典化的过程。随后十九世纪斯洛伐克民族运动的发展为这种新叙述提供了至今最为重要的素材。其关键作用的是斯图尔（L'udovítStúr），他是这场民族运动的一个象征。后来的马克思主义研究集中关注该运动在十九世纪后半叶的发展，以及关注斯洛伐克工人阶级的起源。最后，斯洛伐克历史学家对捷克斯洛伐克政权的马克思主义解释重复了苏联研究人员的观点，对斯洛伐克民族主义集团和捷克斯洛伐克政权的政策都进行了严厉的批评。匈牙利红军入侵期间成立了斯洛伐克苏维埃共和国，但持续时间很短，该共和国属于 1945 年前的历史的最后"进步的"现象。

马克思主义对捷克历史的解释在很多地方和对斯洛伐克的解释重合。在该解释中，中世纪的国家状态的共同起源是第一个重要的研究课题。接下来是该中世纪历史自相矛盾的最"当代"（从其意识形态现实性来说）部分：即胡斯派运动。根据科学院主席纳杰德利的看法，胡斯派作为一个整体，连同其宗教领袖胡斯（Jan Hus）和军事统帅杰斯卡（Jan Zizka），可以很容易被接纳进入捷克斯洛伐克共产党（KSC），如果这在十五世纪可能的话。纳杰德利举例证明，胡斯派在一场和相邻国家相似传统的默默竞争中，增强了本国的"进步传统"。胡斯派运动被重新解释为一场社会和民族运动，而不是一场宗教运动，对那个时代的兴趣，与对现代早期关注的整体缺乏形成对比。和斯洛伐克情况完全一样，捷克的民族历史在"民族觉醒"时期加快了步伐，该时期是由"国父"——历史学家和政治家帕拉茨基（Frantisek Palacky）

253

领导的。随后"资产阶级"民族运动的活动越来越被批判性地解释为是十九世纪后半叶出现的第一批工人阶级组织。捷克斯洛伐克政权的成立被认为既是一个胜利，又是一个失败：它摧毁了"保守的"哈布斯堡王朝，但是未能在波希米亚地区建立起社会主义，两次世界大战期间的政权属于捷克历史上最受谴责的时期，这和所有其他非苏维埃政权的情况是一样的。

　　占支配地位的对匈牙利历史的"国家—共产主义的"解释在许多方面和捷克和斯洛伐克的历史相似。在后两个国家，有捷克胡斯派或者斯洛伐克矿工的"进步的"反中世纪的革命运动，而在现代早期的匈牙利，则有十六世纪初的多沙（Gyorgy Dózsa）起义。对民族激进主义叙述的复制影响了马克思列宁主义关于哈布斯堡王朝对匈牙利以及关于匈牙利贵族的反抗的描述。索克利（Imre Thokoly）（1672—1685）和雷克茨基（Ferenc Rákóczi）（1703—1711）领导的反哈布斯堡起义被认为是"进步传统"的组成部分，尽管其"阶级性质"模棱两可。此外，十八世纪晚期马提诺维克斯（Ignác Martinovics）发动的"雅各宾派"阴谋受到相似的评价。争取国家和社会自由的斗争持续不断，其高峰是1848—1849年革命，其无可争议的领袖是科苏特和浪漫主义诗人裴多菲（Sándor Petofi）。最终，从久远的过去到一战结束，经历了数百年的悲惨命运和受剥削状态，一连串的匈牙利进步传统在1919年苏维埃共和国这里达到了顶峰。有趣的是，该苏维埃政权是和当时"匈牙利的斯大林"——拉科西（Mátyás Rákosi），而不是和其事实上的领导者库恩（Béla Kun）（于1930年代在斯大林命令下被处死）联系在一起的。

　　和前面提到的国家相比，波兰马克思主义对国家历史的解释可以更确切地被认为是"布尔什维克的"。和匈牙利的情况一样，对十九世纪和二十世纪的主导叙述之一强烈影响了新的叙述。在1950年代及以后，是所谓的皮雅斯特理论（*Piast* theory）（固有的民族主义者宣扬种族政权），而不是其对立面亚盖隆理论（*Jagiellon* theory）（把波兰的历史看作是对中东欧联邦化的尝

254

试)。因此，波兰的早期历史或多或少接近于"进步的发展阵
线"，后来，波兰政权未能完全围绕种族上的波兰领地形成，其
历史就失去了马克思主义历史学家的同情。波兰—立陶宛联邦被
指控对乌克兰人和白俄罗斯人进行镇压，如果他们不是遭受波兰
地主的奴役，这些乌克兰人和白俄罗斯人会重新加入其俄国兄弟
的行列。所以，十七世纪波兰历史的正面现象之一就是《佩列亚
斯拉夫协议》(Pereyaslav treaty)，该协议赋予俄国对乌克兰部分
地区的控制权。同样的"地缘政治的"阻碍伴随着后来的发展：
实际上，波兰和立陶宛从一开始就和俄国政府有着不断的矛盾。
另外，波兰—立陶宛政府提供了一个对"统一罗斯"计划的替代
性解决方法，因此是俄国历史叙述的直接竞争者。同样的不利形
势影响了马克思主义对十九和二十世纪波兰民族运动的解释。尽
管马克思和恩格斯的著作中包含了许多支持波兰民族运动的评
论，但战后的马克思列宁主义研究者为进步性确立了很高的标
准。正如瓦利茨基(Andrzej Walicki)所称，马克思主义者把土地
革命看作是获得波兰独立的一种必要方式。他们批评波兰民族运
动对乌克兰人、立陶宛人和白俄罗斯人觉醒的政治抱负所持的摇
摆不定态度。[①] 相似地，东德学者认为，1848 年革命期间缺少工
人和农民的联合。所有这些期望都是荒谬的，因为它们针对的这
些人在马克思和恩格斯完成其著作之间就去世了，更不用说在斯
大林和列宁之前了，他们中的许多人很明显是与马克思和恩格斯
的公开观点相反的。显然，马克思主义的纯洁性在 1950 年代史
学中并不是一个决定性的关注点。然而，即便马克思列宁主义对
十九世纪波兰历史的解释大体上说是高度批判性的，该解释也承
认了一些积极的发展，这些发展之前随着波兰政权的重建
(refounding)而消失了。这里的情形和捷克斯洛伐克的情形一样，

---

① Andrzej Walicki, 'Marks i Engels o sprawie polskiej: Uwagi metodologiczne', in
Jerzy Skowronek and Marie Zmigrodzka (eds.), *Powstanie listopadowe 1830 -
1831: Geneza-uwarunkowania-bilans-porównania* (Wroclaw, 1983), 314.

两次世界大战期间的政权被认为是俄国革命的一种结果，它不幸地落入资产阶级和土地主手中，而这两者对苏维埃联盟有着一种共同的"生物学仇恨"。

斯大林主义的终结

　　斯大林主义对民族历史的简单化解释易于被接纳和消化，甚至是对那些思维相对简单的人来说也是如此。该特征使得这些解释的存在相当持久，甚至在 1989 年后的非马克思主义历史写作中再次出现。但是，正是这个特征使得这些解释受到职业历史学家的批评。实际上，甚至在 1956 年前，在波兰和匈牙利，一些马克思主义的论题已经受到和共产党相关的研究者的讥讽。在捷克斯洛伐克，同样的过程出现于 1960 年代中期，杜布切克（Alexander Dubcek）被任命为捷克斯洛伐克共产党的第一书记则加速了这一过程。有趣的是，正是这些历史学家"宣告"斯大林主义的终结，他们帮助引进了斯大林主义，现在则"宣告"其终结。马克思主义者如马塞科、格劳斯、库拉（Witold Kula）和卢卡斯，通过其公共事务和研究事业，表明旧时代的终结到来了。方法论的多元主义重新出现，揭示了一个不曾预料到的事实：与官方声明相反，并不是每个中东欧的历史学家都是马克思主义者。那些被噤声和被驱逐出教学队伍的学者被重新平反。随着政治氛围的变化，通向国际历史研究团体的大门敞开了。这次，"国际的"并不必然意味着西方的，因为斯大林主义不仅消除了和西方历史学界的职业交流，而且妨碍了苏维埃阵营内部国家间的合作。很明显，直到 1953 年，在布达佩斯举行的匈牙利历史学家大会期间，中东欧国家马克思主义史学家的第一次重要的多边会议才召开。1955 年，来自东欧的代表团，包括规模最大的苏联代表团，参加了在罗马举行的历史科学国际委员会大会（CISH）。从那时起到现在，我们上述考察的任何一个国家的史学都不能被视为孤立的，即便国际交流的范围和特征各地有所不同。

255

匈牙利和捷克斯洛伐克对其共产主义体制进行的自由化运动很快受到了武力镇压;然而,后来的形势发展十分不同。尽管1956年革命的失败对许多历史学家来说是一种个人悲剧,但去斯大林化过程的总体后果是有益的。捷克斯洛伐克的经历十分不同:在华沙条约组织(包括波兰人和匈牙利人)的军队介入之后,史学发展实际上停止了,官方研究再次回到旧的斯大林主义叙述。因此,在1970年代和1980年代,在两个"西方主义的"史学(波兰史学和匈牙利史学)与两个处于严厉整治控制下的史学(捷克斯洛伐克史学)之间有着质的差别,这种差别不仅存在于对本国历史职业的看法中,而且存在于对外部观察者的看法中。[1] 实际上,1970年代初期捷克学者的情况可以说甚至比1950年代的情况还要恶劣。[2] 数百人失去了职位,许多人被迫转移到边缘的学术机构或者完全放弃研究事业。一小部分学者移民国外,加入中东欧的专家行列。可以这么说,"标准化"阶段的主要历史著作其实是1960年代自由氛围的遗留。[3] 斯洛伐克的情况有所不同,那里的政治清洗不那么残酷,政党对历史学家群体的控制要弱得多,当地的历史出版没有遭受如此思想上的悲惨命运。

如果我们考虑到在思想的国际交流方面那些尚未开发的可能性,而大多数捷克和斯洛伐克的历史学家却被排除在外,那么捷克史学,以及某种程度上说斯洛伐克史学对斯大林主义的回归就是一个关键问题。在1960年代和1970年代,波兰和匈牙利学者"卷入到"最具影响力和最有前景的西方历史学派——年鉴学派中。受到私人而非官方关系的支持,波兰作者如库拉、曼图菲尔、基耶茨特(Aleksander Gieysztor)、维赞斯基(Andrzej

---

[1] Klaus Zernack 对此进行了阐释,见其 'Die Entwicklung der polnischen Geschichtswissenschaft nach 1945', in Günther Stokl (ed.), *Die Interdependenz von Geschichte und Politik in Osteuropa seit 1945* (n. p., n. d.)。

[2] See Jan Kren, *Bílá místa v našich dějinách* (Prague, 1990), 58.

[3] Jiří Koralka, 'Czechoslovakia', *The American Historical Review*, 97 (1992), 1031.

第十二章　波兰、捷克斯洛伐克和匈牙利的历史写作

Wyczański）、杰瑞莫克（Bronislaw Geremek）和马洛维斯特（Marian Malowist）不仅受到布罗代尔及其同事和学生的鼓励，而且他们开始回报这种思想上的恩惠，对中东欧资本主义的发展进行了全面分析。在库拉这里尤其如此，他关于东欧的论文被收入布罗代尔关于资本主义的全景式历史研究中。兰吉（Gyorgy Ránki）、博仁德（Iván Berend）、哈纳克（Péter Hanák）和思祖克斯（Jeno Szücs）这些学者也有着相似的研究计划。大体来说，在对该地区及以外的经济和社会史研究中展现出对比较研究的鼓励性氛围，成就了也许可以称为是波兰和匈牙利现代史学中成果最丰富的时期。和这些发展一起，出生于 1920 年代晚期和 1930 年代早期的一代研究者出现在学术舞台上，带来了新的题目和解释。在库拉的影响下，在波兰科学院历史所内成立了一个波兰社会史研究中心。来自经济史的推动开启了进一步的研究领域，如观念史、心态史，和文化史〔其成员包括杰德利科基（Jerzy Jedlicki）、瓦利茨基、思扎科基（Jerzy Szacki）、巴克兹科（Bronislaw Baczko）和克拉克维斯基（Leszek Kolakowski）〕。后来，一个所谓的观念史的华沙流派从这种思想土壤中破土而出。在波兰和匈牙利，科学院历史研究所的自由派领导者帕奇（Zsigmond Pál Pach）和曼图菲尔都支持新的有雄心的研究计划。这段时期的主要研究课题有着一个象征性的、反讽的含义。斯大林主义对中东欧进步的叙述被一种地区性落后的观点取代。这两个国家的马克思主义史学都合作参与到一系列双边讨论和会议中，用历史的视角就地区落后问题进行辩论（有时候，马克思主义史学把"落后"的概念隐藏在委婉的描述下，如"农业发展的普鲁士道路"）。[1]

在 1968 年后的捷克斯洛伐克"标准化（normalized）"阶段，无论是年鉴学派的影响还是对国家合作的总体开放度，相比波兰和匈牙利都小很多。差别还出现在对研究课题的选择上。在 1970 年

257

---

[1]　Emil Niederhauser, *Eastern Europe in Recent Hungarian Historiography* (Budapest，1975).

代和 1980 年代，波兰和匈牙利历史学家的许多著作中，常常出现一种比较的视角，不管这种视角是仅仅和中东欧地区相关，还是关于其他地区。和西方学者的合作在某种程度上迫使匈牙利和波兰研究者拓展其兴趣范围，并尝试更宽广领域内的比较。与此同时，科学院和大学相对自由的环境使得这些历史学家可以对曾经属于波兰或者匈牙利的那些地区展开研究，而不被冠以政治修正主义的怀疑，这在 1950 年代则是可能发生的。另一方面，如果我们考察一下同时期内最有意义的捷克和斯洛伐克出版物，我们会发现这些著作深深植根于国家历史，通常情况下甚至其所植根的国家历史甚至不是单一的捷克—斯洛伐克的。其他史学流派的影响是方法论的，而不是主题的。乌尔班（Otto Urban）出版了他关于十九世纪捷克社会的接触分析研究。[①] 库特纳尔（Frantisek Kutnar）写了一部激励人心（但极具争议性的）[②] 的史学史，其中包括波希米亚地区的捷克、斯洛伐克和德国史学［该书是和马勒克（Jaroslav Marek）合著的，由于后者受到政治迫害，其署名直到 1989 年后才被公开承认］。[③] 斯马赫（Frantisek Smahel），在"标准化（nomalization）"阶段内其学术生涯最严重的危机中，设法出版了他关于胡斯派运动时期（the Hussite period）身份认同和心态的重要研究。[④] 里普塔克（Lubomír Lipták）是一位前途远大的斯洛伐克历史学家，他有着类似的境遇：其导论性的《二十世纪的斯洛伐克人》（*Slovakia in the Twentieth Century*，1968）在很长时期

① Otto Urban, *Kapitalismus a ceská spolecnost*：*K otázkám formování ceské spolecnosti v 19. století* (Prague, 1978); and id. , *Ceská spolecnost 1848 - 1919* (Prague, 1982).

② Kutnar's book was brutally criticized as a non-Marxist by Josef Haubelt, 'O vykladu dějin ceského dějepisectví Frantiska Kutnara', *Ceskoslovensky Casopis Historicky*, 26 (1979), 907 - 909.

③ Frantisek Kutnara, *Prehledné dějiny ceského dějepisectví*, 2 vols. (Prague, 1973, 1977).

④ Frantisek Smahel, *Idea národa v husitskych Cechách* (Ceské Budějovice, 1971); see also *La revolution hussite*：*Une anomalie historique* (Paris, 1985).

内被禁止出版。[1] 值得注意的是，1950 年代和 1960 年代捷克历史研究机构的两位领袖人物——格劳斯和马塞科被接纳进入国际学者团体。前者在几所德国大学担任教授，继续其对中世纪历史的研究，而后者，尽管不光彩，却能够保持其在 1968 年之前建立起的国际联系，并能够对新的论题展开研究。[2] 这段时期内最具创新性的捷克历史学家很可能是贺洛奇（Miroslav Hroch），他关于"小（small）"民族机构的模型本身是一项比较研究，虽然该研究是基于捷克民族复兴的经历。[3] 最重要的是，贺洛奇的态度与西方对民族主义的研究中出现的新的范式重合，是基于对"被创造的"或者"被发明的"民族统一（传统）的假定。

258

　　1968 年不仅仅对捷克和斯洛伐克历史学家来说是一个分水岭。波兰虽然没有经历 1968 年捷克斯洛伐克所遭受的极端武力干涉，但在同一年，波兰发生了反犹太人运动，其后果不仅对波兰学术界而且对国际学术界都影响深远。1968 年事变引发了中东欧移民史学（émigré historiography）特征中的一个重大变化。这些流亡的学者大多数最初是由流亡者组成，他们选择离开祖国，而不是眼睁睁看着国家被斯大林化。这种新的浪潮由来自被苏维埃化的大学和/或者学院体制的学者组成，他们通常和马克思主义方法论仍有关联。这些群体共处起来并不总是很容易，因为在民族主义的斯洛伐克战后移民和 1968 年后逃离捷克斯洛伐克的政治流亡者之间很难找到一种共同的语言。这些后来者的思想优势被描述为，他

---

[1]　L'ubomír Lipták, *Slovensko v 20 : Storocí* (Bratislava, 1968).

[2]　Josef Macek, Cola di Rienzo (Prague, 1965); id. , *Der Tiroler Bauernkrieg und Michael Gaismair* (Berlin, 1965); id. , *Machiavelli e il machiavellismo* (Firenze, 1980); and id. , *Michael Gaismair : Vergessener Held des Tiroler Bauernkrieges* (Wien, 1988).

[3]　Miroslav Hroch, *Die Vorkampfer der nationalen Bewegung bei den kleinen Volkern Europas : Eine vergleichende Analyse zur gesellschaftlichen Schichtung bei den kleinen Volkern Europas* (Prague, 1968); and id. , *Social Preconditions of National Revival in Europe : A Comparative Analysis of the Social Composition of Patriotic Group among the Smaller European Nations* (Cambridge, 1985).

们相对成功地进入西方学术环境中，如克拉克维斯基、巴克兹科和格劳斯本人都是这方面的典型例子。和战后的一代历史学家所处的情况不同，很少有新的国家移民机构成立。这些移民团体的特征再次证明，他们对1989年后中东欧史学的发展很重要。

许多波兰、捷克和斯洛伐克的1968年后移民和在1960年代期间及以后中东欧史学的多数杰出代表有着一个共同特征，即他们对马克思主义的态度。与1989年后的许多流行看法不同，是一般而言的马克思主义方法论，和具体来说的社会和经济研究的新视角，使得他们中的许多人能够和年鉴派学者展开交流，以及把最近的西方研究进展，如现代化理论吸收进入到他们自己的工作中。是不成体系的马克思主义使得波兰、匈牙利和捷克斯洛伐克的历史学家在思想上成为西方学者的同伴。在此，马克思主义被理解为一种有用的工具，而不是作为一种意识形态的负担，它帮助历史学家逃离本国民族主义制定的原初的民族叙述，这些民族叙述随后在1950年代被官方对历史的解释僵固化了。事实上，如果根据历史著述的思想水平来进行判断，那么我们可以说，尽管存在政党对学术研究事业的控制，但是波兰和匈牙利的后斯大林阶段可以被认为是在其过去几十年的发展中成果最丰富的阶段。这种情况在众多对世界史的综合论述中得到了反映，在此有必要从几乎每个国家史学中挑选出一小部分杰出人物。兰吉、博仁德、库拉、马洛威斯特和克拉克维斯基通常出现在这些被挑选出的名单中，他们是中东欧学者中成果最丰硕的群体，被西方研究注意到并冠以"历史学家"的称号。他们的影响是否将持续下去不被挑战？以及，将持续多久不受到挑战，这是一个尚无定论的问题。

结论：1989年及以后

如果对历史研究的分析能够更少依赖其制度和政治框架，而更多基于研究本身，那么可以认为，1989年事件并未给波兰和匈牙利史学造成根本和直接的变化。早在1980年代，在官方出版物中已经出现了新的论题，其中包括政治上有问题的两次世界大战期间。然而，值得注意的是，最初是一种很窄范围内的研究兴趣，在1989年后迅速成为一种更宽广和更普遍回归的组成部分，即在学术和公共范围内明显向两次世界大战期间回归，在这些领域内，旧的话语被重新引入，而共产主义阶段被仪式性地排除在外。在匈牙利，出现了对争议性人物如提斯扎（István Tisza）、波茨伦（István Bethlen）和科勒贝尔斯伯格（Kunó Klebelsberg）等的传记和研究专著。近来人们注意到，"出版了相当多的通俗历史作品，写作这些作品的历史学家通常是共产主义统治下官方史学的忠实仆人，现在他们试图构造一种新的叙述，在某种程度上为新生的政治秩序创造一个规范性的过去。"[①] 波兰也有类似的发展，在1990年代出现了大批历史专著，关注的对象早先如毕苏斯基（Jósef Pilsudski）和对波兰—苏联关系的重新解释，继之关注一种激进的右翼政治传统，该传统在卡钦斯基（Jaroslaw Kaczyński）政府那里达到顶峰。和在匈牙利及其他地区一样，这种"激烈反应（backlash）"使得历史职业两极分化，在某种程度上再现了两次世界大战期间的史学状况：如今，就像在1930年代一样，许多历史学家被简单界定为属于特定的政治定位，或者是自由派的、左派的、"欧洲派的"，或者是保守的、右派的和民族主义的。在斯洛伐克，对两次世界大战期间和二战期间的民族主义叙述的最猛烈回归是和斯洛伐克右翼移民团体的归来联系在一起的。该进程的顶峰是引入杜瑞卡（Milan Durica）的《斯洛伐克和斯洛伐克人的历史》（*History of Slovakia and the Slovaks*，1995），把它作为斯洛伐克中小学的指定读物。在面对斯洛伐克

260

① Balázs Trencsényi and Péter Apor, 'Fine-Tuning the Polyphonic Past: Hungarian Historical Writing in the 1990s', in Sorin Antohi, Balázs Trencsényi and Péter Apor (eds.), *Narratives Unbound: Historical Studies in Post-Communist Eastern Europe* (Budapest/New York, 2007): 40–41. "卡达尔主义"（*Kádárism*）（出自匈牙利共产党第一书记 János Kádár），指的是二十世纪70年代和80年代共产主义统治的相对自由化阶段。

历史统一性的两个构成要素——战争时期的斯洛伐克政权和 1944
年的斯洛伐克民族起义——之间记忆的象征性矛盾的时候，这种
两极化加剧了。[①] 前线（frontlines）把蒂索（Josef Tiso）政权极端
右翼的辩护者和直接针对蒂索政权的这场起义的左派传统区分开
来。在那些群体中，"自由派"阵营试图平衡斯洛伐克国家（1993
年后的共和国除外）的积极方面和共同的捷克斯洛伐克国家。

在该国的捷克部分，以及在新的捷克共和国，出现了对捷克
斯洛伐克第一共和国传统的重新发现，该进程在对迟到的进步主
义（belated progressivism）（指的是马萨里克（Tomás Garrigue
Masaryk）的思想遗产）和民族主义的独具特色的混合中达到了
顶峰。学术界，特别是波洛克洛娃（Eva Broklova）的著作雄辩地
指出，两次战争期间捷克斯洛伐克国家的历史证明，捷克人（斯
洛伐克人在此不是重点（the Slovaks do not feature here））获得了
民主，这与其邻国人包括德国人的情况相反。[②]

在这种对国家历史两极化的背景下，对大多中东欧国家来说
有一个问题仍然至关重要：即，大屠杀（the Holocaust）和该地区
犹太历史的复杂性。一方面，在中东欧政治中，每逢对自由派精
英阶层发起根本性的保守批判，反犹主义就常常出现在公共话语
中。另一方面，波兰人、斯洛伐克人和匈牙利人对待大屠杀（the
Shoah）的态度问题仍然是一个裸露的创伤。在波兰，由于移民
学者格若斯（Jan Tomasz Gross）的活动，这个问题以一种特别棘
手的方式浮出表面。[③] 1941 年，波兰东部小城耶德瓦布内

---

① See Jozef Jablonicky, *Glosy o historiografi SNP：Zneuzívanie a falsovanie dejín
SNP* （Bratislava，1994）.

② See Eva Broklová, 'Politicky nebo etnicky národ?' *Cesky Casopis Historicky*，100
（2002），379 - 394.

③ Jan Tomasz Gross, *Neighbours：The Destruction of the Jewish Community in
Jedwabne* （Princeton/Oxford，2001）；orig. pub as *Sasiedzi：Historia zaglady
zydowskiego miasteczka* （Sejny，2000）；and id.，*Fear：Anti-Semitism in Poland
after Auschwitz：An Essay in Historical Interpretation* （New York，2006）.

（Jedwabne）的波兰居民遭到其波兰邻居的屠杀，对这个事件，以及对战后波兰的反犹主义，学术界分别展开了两场激烈的辩论。民众对此错综复杂的历史问题表示出很大兴趣，而讨论主要在知识界展开，因此影响了波兰历史学家进一步的研究工作。正如一个外部观察者注意到的，"耶德瓦布内事件"（人们这么称呼它），有一种推广作用，使得"更多人……第一次意识到那些二战中幸免于难并决定留在波兰境内的德国人（ethnic Germans）身上发生了什么"。波兰不想正视其过去，这仅仅是一个例子，其他中东欧地区国家也是如此。①

就大屠杀这个问题来说，对德国人的驱逐可能潜在地起到一种类似的两极化作用。然而，事实证明这仅仅在捷克，部分地在波兰的历史话语中是真的。从1980年代的地下出版物（samizdat）开始，捷克历史学家就对转移（odsun，transfer）的解释和道德评价展开辩论。在1989年后的历史论战中，围绕捷克在对苏台德地区德国人的驱逐和集体罪恶中所扮演的作用问题，形成了两个主要的群体。② 有些学者和1989年前的反对党民主党（democratic oppostion）有联系，他们发起了对非共产主义领导人贝奈斯（Edvard Benes）所推行的对苏台德地区德国人政策的严厉批评。其他人（包括波洛克洛瓦）都激烈地为捷克斯洛伐克的战后政策进行辩护。同时，对该主题的相关研究在更大范围内展开。

虽然波兰有着相似的历史现象，但该现象扮演着一个不那么重要的作用。但波兰和捷克的历史话语面对关于驱逐（Vertreibung）的两种德国叙述，国内的争论获得了一种国际的背景。尽管波兰、捷克和德国的职业历史学家之间的观点分歧通常并不是根据民族界限来划分，但是被驱逐的德国人有着自己有组

261

---

① Piotr Wróbel,'Neighbours Reconsidered', *The Polish Review*, 4 (2001), 421.

② Michal Kopecek and Miroslav Kunstát, '"Sudeoněmecká otázka" v ceské akademické debatě po roce 1989', *Soudobé dějiny* (2003), 293-318.

织的代表，他们的观点和话语广为流传，有很大的政治影响力，这些德国人倾向于把这场驱逐等同于大屠杀，因此认为对采取驱逐行动的国家所犯下的道德罪恶和德国人所犯的道德罪恶是一样的。这反过来又加剧了波兰和捷克共和国内的民族主义群体和倾向。争论也变得白热化，因为德国、捷克和波兰的职业化学者和公众，尤其是德国公众关于驱逐的看法是分离的。甚至德国公共辩论中活跃的参与者也倾向于忽视学术界对此论题的巨大兴趣，这些职业化兴趣甚至在 1989 年前就在中东欧，特别是波兰人和捷克人那里表现出来。实际上，认为捷克或者波兰历史学家和公众看法拒绝接受历史事实以及拒绝认识到他们对驱逐所负有的道德责任，这样一种观点是完全错误的，这反而证明了，西方政治话语对他的那些东方邻国的了解真是少得可怜。

最后，自从 1989 年以来，共产主义阶段本身成为了一个流行的研究课题。在 1990 年代，占支配地位的也是一种强烈政治化的解释。正如许多观察者注意到的，关于构成国内人民日常共处的各种因素之间的相互作用，并没有一个综合的分析，有的仅仅是一个关于受害者的片面的历史。在流行的解释中，以及在职业化文献中，共产主义权力都被视为完全脱离其所统治的社会：受害国被认为是发起了反对共产主义（因此是反民族的）压迫的斗争。在捷克，关于对 1968 年入侵的社会抵制，学术界进行了大量研究，其数目目前已经超出该现象的原始规模，而搁置了下述问题："标准化"是由"本国的"捷克斯洛伐克势力达到的。随着二十世纪的结束，这种状况受到了那些研究共产主义时期的人类学家、社会学家和历史学家的批评和挑战，德国学者对德意志民主共和国（GDR）历史的研究中也出现了同样的情况。[①]

---

① 对该问题的详尽分析，见于 Blazej Brzostek，'Constrasts and Greyness：Looking at the First Decade of Postwar Poland'，*Journal of Modern European History*，2 (2004)，110-133. 关于大部分是匈牙利的情况，参见 István Rév，*Retroactive Justice：Prehistory of Post-Communism* (Stanford，2005)。

当然，最近的历史并不仅仅是 1989 年后历史研究的唯一分支。从 1989 年以来，对之前一些时期的研究出现了大量重要的成果。我们不可能详细指出这四个国家在上述方面的发展，然而在最近几年内不断地（如果是片断性地）有对此的总结。[①] 1989 年后中东欧史学给我们的总体印象是其常态化（of normality）。目前不存在破坏性的民族主义或者极权主义野心危及思想自由；也不再有明显可以确认的"白斑（white spots）"。这并不意味着 1989 年后的史学终于摆脱了政治（它总是和政治相关的）。自然地，是最近的历史对史学政治化贡献最大。另一方面，如果没有这些进程，历史学家的研究几乎不可能获得更大范围的共鸣，该确当的事实超出了中东欧的边界。

在 1990 年代初期，人们想要写作一种"实证主义的"历史，这种倾向支配了整个后共产主义的东欧。马克思列宁主义方法论解体了，其后果之一就是"实证主义的"方法论和其他方法论都受到质疑。出版了大批编辑资料和会议论文，这些出版物并不总能找到实际的用处。该阶段似乎已经逐渐结束了。许多学者加入到欧洲和更广范围内的研究网络中，历史学家到国外学习或者工作的机会比以往都要多。新的研究动向如性别研究、口述史，以及对当地记忆性知识（*lieux de memoire*）的分析都进入到该地区的史学话语中。在历史和社会学的结合中，以及在思想史和对国家认同的形成研究中，更古老的传统继续存在。

在该地区的思想传统内，人们开始考虑中东欧如何对总体的历史研究做出贡献，这已经是老生常谈了。它是否产生了新的研究课题影响了国外学者？它是否贡献了新的方法论思想，这些思想对其他历史研究领域都是富有成效的？当地史学史家给出的答

263

---

① See, for example, Alojz Ivanisevic et al. (eds.), *Klio ohne Fesseln? Historiography im ostlichen Europa nach dem Zusammenbruch des Kommunismus* (Wien, 2002); and Antohi et al. (eds.), *Narratives Unbound.*

案目前大体上还是可疑的。[1] 任何既定史学的成功都是根据其"西方化"的程度，而不是根据其独特性来衡量的。归根结底，吸收外来影响，并把它们移植到本国土地上，这永远是独具特色的，不仅史学研究如此，中东欧的几乎方方面面都是如此。

大事年表/关键日期

- 1948—1949 共产主义政治制度引入中东欧；斯大林主义时期开始
- 1953　　斯大林去世；"解冻"时期开始
- 1956　　波兰的政治动荡；匈牙利革命
- 1963—1968　捷克斯洛伐克改革运动在布拉格之春达到顶峰
- 1968　　波兰的反犹太人清洗运动；华沙条约组织介入捷克斯洛伐克；匈牙利社会主义经济自由化
- 1975　　《赫尔辛基协定》加速了不同政见的联合
- 1980—1981　波兰团结工会的群众运动
- 1985　　戈尔巴乔夫引领苏联阵营进行改革时期
- 1989　　波兰的圆桌会谈和激烈选举；匈牙利向奥地利开放边界；捷克斯洛伐克的"丝绒革命"
- 1993　　斯洛伐克和捷克共和国和平解体
- 2004　　维谢格拉德集团国家加入欧盟

主要史料

- Berend, Iván T., *Central and Eastern Europe*, 1944 - 1993 (Cambridge, 1996).

---

[1] 最近关于波兰史学的地方化，参见 Rafel Stobiecki, *Historiografia PRL：Ani dobra, ani madra, ani piekna ... ale skomplikowana. Studia I szkice* (Warsaw, 2007), 208。

——and Ránki, Gyorgy, *Economic Development in East-Central Europe in the 19th and 20th Centuries* (New York, 1974).

———————*Underdevelopment in Europe in the Context of East-West Relations in the 19th Century* (Budapest, 1980).

- Geremek, Bronislaw, *The Margins of Society in Late Medieval Paris* (Cambridge, 1987).

- Gross, Jan Tomasz, *Neighbours: The Destruction of the Jewish Community in Jedwabne* (Princeton/Oxford, 2001).

——*Fear: Anti-Semitism in Poland after Auschwitz: An Essay in Historical Interpretation* (New York, 2006).

- Hanák, Péter, *The Garden and the Workshop: Essays on the Cultural History of Vienna and Budapest* (Princeton, 1998).

- Hroch, Miroslav, *Social Preconditions of National Revival in Europe: A Comparative Analysis of the Social Composition of Patriotic Group among the Smaller European Nations* (Cambridge, 1985).

- Janowski, Maciej, *Polish Liberal Thought until* 1919 (Budapest, 2004).

- Jedlicki, Jerzy, *A Suburb of Europe: 19th-Century Polish Approach to Western Civilization* (Budapest, 1999).

- Klaniczay, Gábor, *Holy Rulers and Blessed Princess* (Cambridge/New York, 2002).

- Kolakowski, Leszek, *Main Currents of Marxism: The Founders, the Golden Age, the Breakdown* (New York, 2000).

- Kontler, Lázló, *Millenium in Central Europe: A History of Hungary* (Budapest, 1999).

- Kula, Witold, *An Economic Theory of the Feudal System: Toward a Model of the Polish Economy*, 1500 – 1800 (1976; rept. edn, London, 1987)

- Lipták, L'ubomír, *Changes of Changes: Society and Politics in*

264

Slovakia in the 20th Century (Bratislava，2002).

- Maczak，Antoni，*Travel in Early Modern Europe* (Cambridge，1995).

- Romsics，Ingác，*Hungary in the 20th Century* (Budapest，1999).

- Szücs，Jeno，'The Three Historical Regions of Europe：An Outline'，*Acta Historica Hungariae*，29 (1983)，131 - 184.

- Walicki，Andrzej，*Poland between the East and the West：The Controversies over Self-Definition and Modernization in Partitioned Poland* (Cambridge，1994).

- Wandycz，Piotr S.，*The Lands of Partitioned Poland* (Seattle，1974).

——*The Price of Freedom：The History of East Central Europe from the Middle Ages to the Present* (1992；2nd，London，2001).

参考书目

- Barvíková，Hana，Durcansky，Marek，and Kodera，Pavel (eds.)，*Věda v Ceskoslovensku v letech* 1953 - 1963：*Sborník z conference* (Prague，2000).

- Benes，Zdeněk，Jirousek，Bohumil，and Kostlán，Antonin (eds.)，*Frantisek Graus-clověk a historic：Sborník z pracovního semináre Vyzkumného centra pro dějiny vědy konaného* 10. *prosince* 2002 (Prague，2004).

- Fijalkowska，Barbara，*Polityka i twórcy* (1948 - 1959) (Warsaw，1985).

- Glass，Horst，*Die slowakische Geschichtswissenschaft nach* 1945 (Wiesbaden，1971).

- Górny，Maciej，*Miedzy Marksem a Palackym：Historiograifa w*

komunistycznej Czechoslo-wacji (Warsaw, 2001).

——*Przede wszyskim ma byc naród*: *Marksistowskie historiografie w Europie Srodkowo-Wschodniej* (Warsaw, 2007).

- Grabski, Andrzej F. , *Zarys historii historiografii polskiej* (Poznan, 2000).
- Gunst, Péter, *A Magyar történetírás története* (Debrecen, 1995).
- Hanzal, Josef, *Cesty ceské historiografie 1945 - 1989* (Prague, 1999).
- 'Historiography of the Countries of Eastern Europe', special issue of *The American Historical Review*, 97 (1992).
- Hübner, Piotr, *Polityka naukowa w Polsce w latach 1944 - 1953*: *Geneza systemu*, 2 vols. (Wroclaw, 1992).
- Jirousek, Bohumil, *Josef Macek*: *Mezi historií a politikou* (Prague, 2004).

265

- Krzoska, Markus, *Für ein Polen an Oder und Ostsee*: *Zygmunt Wojciechowski* (1900 - 1955) *als Historiker und Publizist* (Osnabrück, 2003).
- Mannová, Elena and Daniel, David P. (eds.), *A Guide to Historiography in Slovakia* (Bratislava, 1995).
- Mikolajczyk, Magdalena, *Jak sie pisalo o historii* ... : *Problemy polityczne powojennej Polski w publikacjach drugiego obiegu lat siedemdziesiatych i osiemdziesiatych* (Kraków, 1998).
- Mlynárik, Jan, *Diaspora historiografie*: *Stúdie, clánky a dokumenty k dejinám ceskoslovenskej historiografie v rokoch 1969 - 1989* (Prague, 1998).
- Niederhauser, Emil, *A történetírás története Kelet-Európában* (Budapest, 1995).
- Seibt, Ferdinand, *Bohemica*: *Probleme und Literatur seit 1945* (Munich, 1970).

- Stobiecki, Rafal, *Historia pod nadzorem: Spory o nowy model historii w Polsce (II polowa lat czterdziestych-poczatek lat piecdziesiatych)* (Lódz, 1993).

  ——*Klio na wygnaniu: Z dziejów polskiej historiografii na uchodzstwie w Wielkiej Brytanii po 19456 r.* (Poznań, 2005).

- Valkenier, Elizabeth, 'Sovietization and Liberalization in Polish Postwar Historiography', *Journal of Central European Affairs*, 10 (1959), 149 – 173.

陈书焕　译

第十三章　法国的历史写作

马蒂亚斯·米戴尔

法国史学在 20 世纪大部分时期中都占据举足轻重的地位，其专业性在全球亦属翘楚，它对中世纪、近代早期的社会和政治发展、法国大革命、当代史（包括纳粹占领期间的合作与抵抗运动）的阐释，以及对各个文明之间和殖民帝国历史的评论，均有世界性影响。当法国史学的兴趣点与该国辉煌或苦难的历史时期相呼应时，法国史学贡献了更多的方法论，并几十年如一日地保持着引领世界社会和文化史研究的重任。这应归功于史学与其他相邻专业像地理学、哲学、社会科学、文化研究和人类学的广泛联合。《法国书目》（Bibliographie annuaire）显示了出版物的增长曲线图，在我们即将分析和讨论的主题上，亦呈现令人惊讶的稳定性。

二战结束至 20 世纪 60 年代末，此期间可被描述为完全职业化时期，史学作为一门研究性学科，其基础已经确立，并形成自己的一套规范〔像经史研究院（IRHT）、现当代史研究所（IHMC），和当代史研究所（IHTP）[①] 等研究机构，但最重要的

---

① IRHT（经史研究院）早在 1937 年就已建立，但后来才成为国家科学研究中心的一部分，专门对古代至文艺复兴时期各类文本进行版本研究。IHMC——现当代史研究所——1978 年成立，坐落于巴黎高等师范学院，主要研究 16 世纪以来的欧洲历史。IHTP——当代史研究所——1982 年在巴黎成立，主要研究二十世纪的历史，特别是战争史、专制史、极权史和殖民制度史，以及分析记忆过程中历史学家的角色。

是国家科学研究中心（CNRS）的成立］；在此期间，职业历史学家的人数几乎增长了三倍。研究日益专门化——"出版或死亡（publish or perish）"原理不仅导致专著激增，讨论会及其论文集亦成倍增加。不过，《法国书目》显示出版物的数量仅在学术团体的规模扩大时成倍增加。专业方面惊人的发展掩盖不了中学和大学教学大纲的因循守旧。国家、民族历史仍居核心位置，而在新一代的学生群体中，传统分期法仍在呈现历史时占主导地位。即使是发展已如日中天的年鉴学派（布罗代尔是所有重要团体的评审委员会主席），对教学内容亦没有实质性影响。[1] 这种遗憾的一个结果就是一些领域的碎化，例如命令式科研只是部分适合地方性高校，而学术研究又集中于首都的学术机构——尽管自20世纪80年代开始法国学术体制已经开始尝试分权。

法国史学的"职业化"可以回溯到19世纪，它不仅包括确立了学术规范并由此产生了许多大不相同的学科（就论题和方法而言），而且历史学家们对新方法的热切保证了史学革新，同时也试图抵抗史学领域的碎化趋势。引领法国史学发展的是学术弄潮儿，其观点也很快拥有国际影响力。一些作家甚至掌握话语霸权，[2] 这种权威源自分析和书写历史方面令人信服的新观点，同时它又表现出历史思想的前后连贯性。〔"呈现"（presentation）这一概念就是由法国史学家罗杰·夏蒂埃（Roger Chortier）在文化转型期提出的。〕年鉴学派的标签有助于联系起两种不同的论述：它将实践的多样性简化为"实证"（兰克）史学的直接反对者以对应新史学。这一成功的标签——反映出巴黎高等实验研究院第六部和人文科学院控制大部分法国学术系统的体制霸权——但在国内有更多的传统机构像索邦大学和巴黎高等师范学院，或者

---

[1] Evelyne Hery, *Un sièecle de leçons d'histoire：L'histoire enseignée au lycée* 1870 - 1970 (Rennes，1999).

[2] Carlos Aguirre Rojas, *Die 'Schule' der Annales：Gestern，heute，morgen* (Leipzig，2004).

国家科学研究中心的历史研究所与之抗衡。但是它在某种程度上树立了法国史学的国际形象，"年鉴"成为法国史学家在史学规范方面最杰出贡献的学派。这种共同的、令人印象深刻的营销策略造成的结果是两个主要观念至今依然存在。第一个是在三代甚至四代年鉴学派成员中总体连续性观念——这一信念掩盖了于1929年创办《经济与社会史年鉴》的马克·布洛赫和吕西安·费弗尔之间的基本差异和冲突（这信念不仅源自比利时相对主义史学的先驱亨利·皮雷纳，也源自战前德国学界有关社会和文化史大讨论）。1945年之后，至布罗代尔崭露头角，年鉴重新命名为《经济、社会、文明年鉴》。70年代到80年代，年鉴学派第三代走上历史舞台，他们提倡"新史学"，最近（1989年/1990年）爆发了一场关于范式危机及如何超越它的公开辩论。组织一次关于法国史学的讨论，以检验连续性观念，以及为故事中的断裂性寻求解释，似乎是合情合理的。

268

　　如上所述，1929年刊行的《经济与社会史年鉴》的基本理念暗示了——反思他们几十年来的成功——历史写作的基本转向（或是范式转型），即纯粹政治事件和精英人物的历史受到质疑。[1]对社会经济趋势的分析，对文化变革的研究，以及跨学科之间的互动，诸如此类的新型联合已在史学新旅程中占据一席之地。年鉴"风格"，是由布洛赫和费弗尔通过自己的评论文章，通过坚持选择和评论提交给他们的文章，系统地提出的。最后同样重要的是，他们通过自己的专著，经过一段时期的努力，影响了法国甚至其他国家史学规范的标准。大众对当代不同社会生活方式的兴趣，以及史学、社会学、经济学、心理学和人类学竞相以一种更令人信服的方式解释当代社会，无不成就法国史学开世界风气之先。自从法国形成集中的学术制度，地方性大学像斯特拉斯堡大学比索邦大学等更容易创新，同时一些机构，例如法国的中

---

[1] Peter Schöttler, 'Eine spezifische Neugierde: Die frühen Annales als interdisziplinäres Projekt', Comparativ, 2: 4 (1992), 112-126, on 112.

学，走在学术发展的前列，正如布洛赫和费弗尔的学术生涯所显示的那样。

年鉴学派创始人阐述的"总体史"概念，正在整合人类活动各个方面，至少有这个可能性，通过实在的个体组织和集体研究证明它比其他国家专门经济史研究（往往是在经济学系）的优越性，亦胜于种族政治之概念"民族史"（Volksgeschichte），即使它将史学、语言学和地理学各学科之间的工作与修改《凡尔赛和约》所议定边界之政治抱负相联系。

早期年鉴派学者宣传的方法，其灵感源自他们对各相邻学科优点的专业兴趣和对世界不同国家史学趋势的观察，但是它在 20 世纪 30 年代的影响力不大，即使在法国，受制于纳粹占领的困境，这种局面持续至战争结束，而以一种令人难以理解的方式来证明自己。1944 年，马克·布洛赫被盖世太保杀害，他的早逝意味着与其友人吕西安·费弗尔主持这一工作历程的终止，同时也创造了一个英雄神话，它成为众多法国史学家团体自称是这位作家真正继承者的有力武器。他曾著有《国王的奇迹》（1924 年），《法国农村史》（1931 年），《封建社会》（1939/40 年）。布洛赫的一篇著名文章，是参加 1928 年在奥斯陆举办的历史科学国际研讨会所作，表达了理解和实践比较史学的观点，对各国与会者都是一个启发，其影响力久久难以消弭。同一时刻，在布洛赫参加抵制运动时担任编辑工作的费弗尔，成功提高了早期年鉴学派的声望，不仅在国内是一股不可忽视的力量，甚至在 1949 年为联合国教科文组织的人类历史工程起草纲要时，提供了颇具启发性的观点。[①] 他提出一种有别于传统普遍史的世界史。为了驱散"战争引发的阴霾"，费弗尔想象了一个"没有政治的世界历史"，它既可以取代传统的一家一国之历史，又可改变过去的欧洲中心

左侧页码标注：269, 270

① Report of Lucien Febvre, May 1949, in UNESCO Archives, Paris, SCHM Papers, Box 4, Fd. 2. 111, before the Fifth General Conference in Florence 1948 -1951.

主义论调。

费尔南·布罗代尔因《菲利普二世时代的地中海》及随后于
1979 年出版的 3 卷本世界史著作《资本主义与文明》而闻名于
世，实现了年鉴学派在第一个十年里提出的史学抱负——第三代
的代表人物安德烈·毕尔吉埃尔，最近提出一种心态史学，似乎
他超越了法国史学史中马克思主义社会经济学决定论的"拉布卢
斯时刻"，实际上这种观念最初来自于布洛赫和费弗尔。这些涉
及到年鉴学派的第一个二十年，各种史学标准都在为自己寻找合
理的理论主张和合法的政治立场：有时候史学史要改变自身去寻
找一个构建起来的神话。这绝不是对法国智识领域的限制，通过
年鉴刊物的出版和这个学派的学者们在世界范围内传播观点（但
并非同类亦非同时发生）而变得越来越国际化。

但是 20 世纪 50 年代以后——年鉴学派荣获国际声誉的关键
时刻——以及 70 年代——当第三代年鉴学派学者占据霸权地位 271
———些观察者甚至是这个学派本身成员均指出其开始走向衰落
的趋势。

在 1988 年和 1989 年，两例有影响的编辑评注认识到社会史
范式的危机，正遭遇后现代思想和新文化史观念的冲击，但是在
同一时间，法国大革命二百周年纪念提醒各国关注法国史学还存
在其他研究领域，它们正在改变殖民史领域，研究法国在奴隶贸
易和奴隶制度中扮演的角色。当代史专家们正在进行中的争论支
持了这一多样化过程，就像二战中法国和法国公民扮演的角色
（这里与皮尔·诺拉及其他人提倡的历史——记忆范式相呼应）。
于是，人们对二战后法国史学的全面评价比年鉴学派的成功故事
和新史学更为重视，不管它的国际影响力有多大，会持续多长
时间。

战后动态（费弗尔、贝尔、布罗代尔）

二战打断了年鉴范式的发展。布洛赫在 1940 年参加了法国自

卫战，并在《奇怪的失败》中描述了令他颇感挫折的法军组织经验。他回到巴黎，待在那里的时间很短，作为一名犹太人，他被强制离职。他成为抵抗运动的一员并致力于反抗德国统治。同时，他撰写了关于历史方法和理论的引言，可以被视作其理论深度的证明，这本著作为英语世界所熟知，即《历史学家的技艺》（1953 年）。费弗尔在困难时期，一个人待在巴黎编辑《年鉴》。布洛赫没能继续，因此费弗尔承担起继续这一事业的责任。

解放以后，费弗尔最终到达法国学术界的顶端：他被任命改革 1884 年成立的高等实验研究院，1947 年他又被推选为新成立的第六部主席，这也就注定了要将社会科学融合进高等实验研究院。此时，费弗尔已经有能力去实践他曾与布洛赫一起于 20 年代提出的设想，当时社会科学系统内成立了一个装备精良的历史研究中心（他任主管多年），其成员被要求一心一意做科研。费弗尔成为年鉴范式制度化的关键人物，在管理历史研究中心时得到布罗代尔（1937 年后与布洛赫和费弗尔来往密切）的支持，这一过程的编辑得到查尔斯·莫拉泽（Charles Morazé，一位研究 19 世纪历史的专家）和罗伯特·曼德鲁（Robert Mandrou，欧洲的前现代和绝对主义历史学家）的帮助。

1945 年至 1956 年（是年，费弗尔去世）是重组和恢复期：曾经是异端的历史学运动被机构建设者费弗尔改造为非常成熟的历史学派。这一成功不仅源自费弗尔个人能力和兴趣，一众年轻人和雄心壮志的历史学家们利用年鉴的创新理念推进自己的学术生涯是一股重要的支持力量，而且也得益于二战之后的政治氛围。

法国从被描述成由世界同盟军解放的纳粹占领期受害者，转而被描述成外有查尔斯·戴高乐军队，内有抵制力量包括强大的共产主义者队伍，双方力量联合的自我解放。

法国通过野心勃勃的国际文化和科技攻势，弥补了其在当今由美国和苏联主导的世界中一落千丈的政治地位。国家受惠于冷战，特别是美国害怕西欧会陷入共产主义势力范围内——这种担

272

心因法国共产党在 1946 年大选中获胜以及其他国家像希腊或意大利在反纳粹运动中左翼政党逐渐发展壮大而加剧。

在这种情况下，法国第四共和国及其继承者，即 1958 年开始的戴高乐第五共和国，有充足空间去扭转衰落的政治局势，增强智识方面的影响力，将巴黎打造为社会思想实验室，它关系两种不同意识形态体制和政治联盟之间的竞争，正在进行中的祛殖民化过程和将国家改造为更具个性和消费者导向的公民社会。

来自美国救济所的物资援助像福特基金在人文科学院建设伊始就提供了财政支持。克莱蒙·赫勒以一种非常智慧的管理方式证明了高等实验研究院第六部（1975 年改革为众所周知的社会科学高等研究院［EHESS]）是身处大轮船旁边的机灵小艇。当国家资金不足时，人文科学院为国外学者访学、国际会议召开、项目进行和出版物出版提供了保证。在布罗代尔的支持下，社会科学高等研究院和人文科学院凭借相同的基础和合作策略将处在国际网络中的法国学术整合成一体。

在费弗尔去世的 1956 年之前，布罗代尔已经成为法国史学史上的关键人物，已经取代费弗尔领导第六部的工作，并主持年鉴刊行。超过十年，他都是毋庸置疑的年鉴领袖，这个学派日益出彩。被视作这份刊物的创造者，在服务高等实验研究院/社会科学高等研究院这一事业时是实质上的领袖，成就了一段拥有国际声誉的学术生涯，不仅在法国的大学中，事实上，超出法国世界。

布罗代尔关于 16 世纪地中海的巨著建立了他的世界声誉，这部论著的一部分写于德国战俘营，首次出版于 1949 年。[①] 在这本书中，他提出了三重时间的基本观点：（1）只在很长时间发生变化的史地结构（长时段）；（2）经济生活和社会关系中的前后趋势或形势；（3）相当表面的政治突发事件的历史（事件史），并

---

① Fernand Braudel, *La Méditerranée et le Monde Méditerranéen a l'époque de Philippe II*, 3 vols. (Paris, 1949).

不被布罗代尔及其追随者看重。

最初，布罗代尔在其博士论文中致力于研究西班牙菲利普二世统治期间的政策，但是在阿尔及利亚教学十年（从 1923 年到 1933 年）之后，他的兴趣转移到欧洲和非洲的相互影响之下正在形成的地中海世界。在 1937 年，布罗代尔从待了两年的巴西回法国，他见到了费弗尔，后者鼓励他在这部正准备书写的著作中做一个决定性的改变，取代他原先通过菲利普二世时期的政策和西班牙社会来书写地中海世界影响的策略。即使最后这并未实现。这部超过 1200 页的巨著只是在最后部分才表现了传统政治史：在布罗代尔看来，相比较长时段因素的力量，如交流、贸易和生产的自然环境，西班牙在勒班陀的胜利或者唐胡安率军占领突尼斯这类事件只是历史解释中不太重要的部分。作为布洛赫对中世纪分析或费弗尔对宗教改革时期解释的继续，布罗代尔强调综合体的角色，像经济体制、国家和影响几代人的社会运动。十五和十六世纪的经济回升对一些大的实体像西班牙或土耳其帝国是有利的，但是随后发生逆转，帝国的庞大成为它们迅速发展的绊脚石，因为帝国领土各部分之间的通讯是一个负担。

但即使布罗代尔关注运动缓慢的结构，它也不是其故事的基石。在他看来，另一种组织虽然只存在几个世纪却对历史发展有决定性影响，这就是地史（geohistory），它调节了海岸地区人们的生活方式（更开放更创新）或山地人生活方式（更保守）。在布罗代尔的解释中，一个地区特殊的文化模式不仅受影响于，甚至取决于长时间的地史因素。（他的分析只关注 20 世纪以前的历史，并且他已经很好地意识到伴随工业化和现代化而来的重要变革。）

比布罗代尔年长的同代人，经济史学家恩斯特·拉布卢斯及其追随者研究处于长期循环中的价格和工资以计算现代化过程中的经济条件。拉布卢斯的两部主要论著——一本关于 18 世纪价格变化，第二本关于旧制度后期和整个大革命时期的法国经济危机。① 在索邦大学教学时，拉布卢斯比布罗代尔与法国传统历史文化有更深联系，这表现在他的中学和大学教学中。因此，他并不贬低短时段历史，随后，他的追随者米歇尔·沃勒在其法国大革命时期心态史研究中做了一个最重要的努力，去尝试解决社会和政治之间久已存在的冲突。

　　拉布卢斯和布罗代尔共同的成果是出版于 1970 年到 1982 年之间的 6 卷本《法国经济与社会史》。② 在 60 年代，"社会结构"和"经济周期"成为年鉴史学的核心，大部分著作和文章更关心长时段的现象，而不是个别的政治冲突。年鉴派的史学家确信通过结构和长时段发展的聪明结合能发现历史解释的钥匙。计算机的使用是一种理想的新型工具，助益于数据量化以及促使人们确信经济和企业管理的数据可以通过连续史存档。一方面，拉布卢斯的追随者关注 16 世纪以来法国经济领域新分类；而另一方面，布罗代尔和他的学生试图通过区分气候、景态、人口以及经济和文化行为，绘制经济世界结构图，以处理伴随贸易和技术变革而日益增加的区域交流下的物质条件。布罗代尔利用各种观察的结果，描绘了一幅地中海世界日益显现的资本主义制度的巨大景观，在这一体制下欧洲向美洲、非洲和亚洲的扩张。他撰写了关于 15 至 18 世纪末世界物质文化的 3 卷本论著，是运用年鉴学派方法书写世界史具有影响力的尝试。③ 当沃勒斯坦为历史社会学提出世界体系的方法时，布罗代尔发现了在这一领域中的继承者。④

275

① Ernest Labrousse, *Esquisse du mouvement des prix et des revenus en France au XVIIIe siècle*, 2 vols. (Paris, 1933); and id. , *La Crise de l'économie française aàla fin de l'ancien régim et au début de laRévolution* (Paris, 1944).

② Fernand Braudel and Ernest Labrousse (eds.), *Histoire économique et sociale de la France*, 6 vols. (Paris, 1970 - 1982).

③ Fernand Braudel, *Civilisation matérielle, économie et capitalisme, XVe-XVIIIe siecle*, 3 vols. (Paris, 1967 - 1979).

④ 关于世界史方面，请参考本卷第五章和第六章。

在布罗代尔的领导下，第六部和年鉴学派都比之前更有层次地组织了起来。第一次有一个明确的史学家组织去做集体研究（在社会科学高等研究院，与专业和研究导向的教学相关），布洛赫和费弗尔在 30 年代提出的"问询"观念在对各个区域的系统和附加分析或案例研究的合作中得到实践。另一方面，所有单独的方法均被布罗代尔纳入年鉴学派早期发展阶段的计划中。

布罗代尔时期也是年鉴派与马克思主义者之间竞争性合作和相互补充的时期，年鉴派很多成员都是马克思主义者。像西部法国的中世纪史专家盖伊·博伊和研究加泰罗尼亚资本主义的历史学家皮尔·维拉，都自称是马克思主义者。布罗代尔本人也欣然选读（不是全读）了马克思关于欧洲和海外近代早期资本主义发展的论著，但同时他批评马克思主义史学家机械地处理历史中的因果关系，尤其是高估政治冲突和决议背后的经济因素。

新史学（勒高夫、勒华拉杜里、菲雷）

1968 年的法国，一切都在改变，不仅是社会，还有学术界的变化（而这可能是首要的变化）。代际间的冲突是这一阶段的典型，马克思主义者因作为与东欧斯大林主义政治制度相关的思想观念，或者西方共产党组织一旦规范化就阻碍新的社会运动的形成而受到质疑。布罗代尔开始受到年轻学者的攻击，他因被这些冲突烦扰，而辞去《年鉴》主编一职。从这一刻起，年鉴学派进入第三个发展时期。

276　　　新一代领军人物包括勒华拉杜里、雅克·勒高夫、乔治·迪比和弗朗索瓦·菲雷——其中一些人之前还是共产主义者，现在开始明确表明自己与马克思主义者之间的距离。1967 年勒华拉杜里完成了超越千年的欧洲气候史方面的巨著，运用了布罗代尔此前用过的地史学方法加以论证。1980 年出版的《罗马人的狂欢》让他为众所知——精确再现了在面对宗教裁判所的一个法国小镇的罗马人中社会和文化的张力。勒高夫和迪比进一步发展了布洛赫以全球视野解释欧洲中世纪文明，补充社会文化史中的传记式写法，例如勒高夫试图将中世纪的世界图景融入到国王路易六世的个人传记中。[①] 菲雷和莫纳·奥邱凭借对 18 世纪法国著作和阅读史的绝妙分析而进入这个学派的核心，为法国图书生产的历史和这个国家按字母排序的操作法提供了新思路。80 年代，菲雷成为社会科学高等研究院的主席，随后对社会文化现象的历史研究转向关于法国大革命的新政治史，因与艾伯特·索布尔关于古典解释之间的争论而为人熟知。[②]

值得注意的是这一代较之布洛赫、费弗尔或布罗代尔及其追随者更关心国家的——就是法国的——历史。去寻找"我们失去的世界"，以及浸润于民族传统中是这一代人必不可少的事情，这是 70 年代的法国社会取得巨大成功的一个重要原因。年鉴学派第三代满足了一种新型民族主流叙事，它建立在新的且广泛被认可的研究和书写历史的方法之上。勒华拉杜里、勒高夫、迪比及其他人不仅是国际上有名望的历史学家，在法国也是媒体上的明星——异常令人嫉羡，因为其他国家的历史学家正承受源自不断增多的社会科学的压力。勒高夫和其他人自称年鉴学派方法为新史学，暗示其他方法的过时，而且也丝毫不怀疑他们的成功已经到达国际史学阶梯的顶端。另一方面，比较的方法被忽视，且国际上对年鉴学派的兴趣被限制在方法论上。菲雷和后来的罗杰·夏蒂埃及其他人，在西方文明史研究方面提出与美国大学进行横跨大西洋的合作，1989 年的大革命二百周年纪念证明了法国—北美新轴心的可行性。

年鉴学派的危机

二战结束以后的二十年，法国历史学家的数量增加了两倍还　　277

---

① Jacques Le Goff, *Saint Louis* (Paris, 1996).

② François Furet, *Penser la Révolution française* (Paris, 1978).

多。① 这一领域扩大的同时，法国史学家在众学术科目中成功定位了历史学。相比其他国家法国历史学家的巨大成功或许是因为法国史学家将他们的学科定义为社会科学，而不再视作其中文学与哲学居核心位置的人文学科一部分。

六七十年代法国史学具备国际性的影响力，大部分与两种趋势有关：很多期望被投入到对这一职业的重新解释上，以及促使新一代人把更多精力投入到描述史学团体的社会构成方面，主要依据财产和税收。集体信仰量化工具之综合力量的十年之后，一场关于阶层和秩序的辩论在拉布卢斯及其追随者和罗兰·莫斯涅、芒德鲁之间展开，挑战了认识论上的假设，即社会阶层是财富分配的产物。这种观念受到质疑，一个更加"文化主义"的解释主张社会认同（如职业、社会性别、文化行为等等）更多地影响了社会阶层的形成。

社会史乐观的调子不复存在，取而代之的不仅是对总体史可行性的质疑，关注点也转移到更小的主题上，像城市环境、单个村庄、社会边缘甚至被社会排斥的人，以及明确的社会情境，像家庭、儿童抚养、节庆、性行为、隐私生活、两性关系和身体及医疗，还有其他社会史家首次发现的主题。同时，在社会科学高等研究院的年鉴学派第三代，宣称是年鉴学派创始人合法继承者的第三代，承担起这个杂志主笔的责任。1974 年，他们出版的刊物，作为一种宣言和对法国史学传统的理解，其新史学的野心集中于"心态史"这一概念。

新史学承诺继续发挥综合社会史的力量，也对实验方法保持开放态度。法国史学的国际关注度从没有比这一时期更高。社会科学高等研究院是一个有力的研究中心，这个学派不仅每年均能278 出版几本有影响的专著，还能吸引外国学者参与到它的研讨班并对讲习班和会议有所贡献。近现代社会史多卷本涵括农民史和法

---

① Christophe Charle, ' Les historiens français de l ' époque moderne et contemporaine：Essai d'autoportrait ', *Lettre d'information de l'IHMC*，19 (1992)，8 - 18.

国城市史，涉及个人生活史、妇女史等等。

最早从 80 年代开始，相较于对新史学成功的关注，人们对它不足之处的批评日益增多。心态概念的模糊性并不总能很好地为社会史定位，且被用作一个笼统术语，并没有使史学从碎化中解脱出来。赫维·库托-贝加拉等人的批评事实上是认为它偏离了布洛赫和费弗尔的传统，并质疑布罗代尔的继承者们能否进入这一史学系谱。[①] 70 年代早期主要是与静止历史的结构主义观念有一次不适当结合之后（勒华拉杜里），在方法论上回归传统叙事被视作对布罗代尔主义者偏爱长时段的反动。后现代哲学和福柯主义者的观念引起的转变并不大，尽管历史学的兴趣被投放到社会边缘人群或者像监狱、医院等机构上。

第三种批评涉及新史学在国际上的影响力，并主张与其将之解释为它自身的丰富，不如解释为北美史学易于接受"法国风格"的特性（由一些革新型历史学家引入，如罗伯特·达恩顿、娜塔莉·泽蒙·戴维斯、史提芬·加普兰、威廉·斯维尔、查尔斯·蒂莉、尤根·韦伯等等）。第四种质疑集中于媒体在 70 年代法国史学中相较于任何方法上的变革都更有影响。出版社因勒华拉杜里《蒙塔尤》（1975 年）的巨大成功而备受鼓舞，售出了 200 多万册，米歇尔·福柯的《词与物》（1966 年）有着同样的魅力，吸引历史学家像勒高夫、迪比、皮埃尔·诺拉、米歇尔·派洛特、莫里斯·阿加隆和米歇尔·维诺克主持了评论历史事件和发展的大型图书集——主要是法国——针对的群体包括大量学生和受过教育即将退休的老年读者。书集与电视、收音机上的节目互相影响，以及最近复兴的政治刊物。

因此，法国史学史部分成为受市场力量驱动而处于传统规范下的学术体制之外，通常的大学教授和社会科学高等研究院负责人之间的权力关系在变化，后者更少进行教学因而能发现媒体市场的需要。

各种新方法令人着迷的结合，在专著或多个作家的作品集里

279

---

① Hervé Coutau-Bégarie，*Le phénomène nouvelle histoire*：*Grandeur et décadence de l'école desAnnales*（Paris，1989）.

实现，它吸引了大量读者，使 70 年代的法国史学，特别是新史学得以创造年鉴学派的神话，并成为史学和国际模型中最具代表性的部分。在 80 年代，对这一模型的批评表示年鉴学派认识论基础上的严重危机，同时也经历了一段转型时期，在这一时期，新一代的现代主义派之外的其他学科主导了社会科学高等研究院；到目前为止，在这个职业中仍处边缘者（像最近的新政治史实践者）① 正在寻找创办新杂志的机会以击败年鉴派（如《创世纪》），年鉴派从 90 年代早期开始乐意更迅速地反映国际趋势，而不是高举法国史学的旧旗帜：《年鉴：二十世纪，社会运动》以及后来的《近现代史评论》，均通过吸引青年一代加入编辑部而接受革新。

1989 年，年鉴学派编辑部在法国史学家群体中激起讨论，宣称要回归布洛赫和费弗尔的基本理念。这一争论的结果是向新方法和新主题的转变：人及其作用取代结构成为主要解释因素；历史发展中文化表现的意义被认可；并宣告了对比较史学的新兴趣。与其他学科如人类学以及跨学科如"区域研究"的联盟加深了历史学家和社会科学家之间的合作。即使改革运动的主要推动者伯纳德·勒伯蒂早逝，对改革来说是个阻碍，也不能否认《年鉴》在二十世纪最后十年已经明显区别于第三代主持下的工作。对其他学科和其他国家的成果保持开放态度可能是它之所以成为人文或社会科学领域闻名于世之学术期刊的一个特质。

评价 2010 年早期努力的结果似乎过早，但是年鉴学派对国际史学的巨大影响力似乎减弱，革新中心的更加多极的系统正在显露，这也是作为后殖民和后结构主义者方法主导当代历史话语的一个结果。在法国内部，现在有其他历史学家组织进行跨学科间

① Reiner Hudemann, 'Histoire du Temps présent in Frankreich: Zwischen nationalen Problemstellungen und europaischer Offnung', in Alexander Nutzenadel and Wolfgang Schieder (eds.), *Zeitgeschichte als Problem: Nationale Traditionen und Perspektiven der Forschung in Europa* (Gottingen, 2004), 175 - 200.

的工作，并质疑年鉴学派的领导地位。在这些组织中，我们至少可以分辨出三种趋势。

首先是历史事件恢复地位——事件曾被布罗代尔猛烈攻击为在任何历史解释中都不重要。它被弗朗索瓦·贝达里达称之为"1968 年以来的智识革命"，贝达里达是目前正冉冉上升的《当代史》杰出历史学家中一员，它是自 20 世纪 70 年代开始传记和政治史回归的继续，且业已被同行充分认识。[①]

第二，通过仔细编辑布洛赫和费弗尔的著作，重新思考他们在 20 世纪前半叶的辩论策略和编辑实践，努力重建他们最初提出和实践的方法。[②] 早期年鉴学派致力于社会和经济史，现在它已经成为比较法的灵感，并在文化史表现和实践的工具方面激起新的认识论争辩。[③] 比如现当代史研究所主任、法国学院教授丹尼尔·罗什以他著名的启蒙时代社交文化论题开启职业生涯，现在他的兴趣转移至消费史、日常生活实践史和符号世界史，[④] 当阿莱·科尔班着手研究味道、声音及相关的感官史时，[⑤] 罗杰·夏蒂埃、弗雷德里希·巴彼埃以及其他亨利-让·马丁的追随者正致力于书籍史、阅读史、书籍出售史和私人收藏印刷品的研

---

① François Be'darida, *L'histoire et le métier d'historien en France 1945 - 1995* (Paris, 1995).

② Bertrand Müller (ed.), *Correspondance: Marc Bloch, Lucien Febvre et les Annales d'Histoire E'conomique et Sociale* (Paris, 2003).

③ Roger Chartier, *Au bord de la falaise: L'histoire entre certitudes et inquiétude* (Paris, 1992).

④ Daniel Roche, *Le siècle des Lumières en province: Académies et académiciens provinciaux, 1680 - 1789* (Paris, 1978); id., *The Culture of Clothing: Dress and Fashion in the 'Ancien Régime'* (Cambridge, 1996); and id, *A History of Everyday Things: The Birth of Consumption in France, 1600 - 1800* (Cambridge, 2000).

⑤ Alain Corbin, *The Fool and the Flagrant: Odor and the French Social Imagination* (Boston, 1986); id., *Time, Desire, and Horror: Towards a History of the Senses* (Cambridge, 1995); and id., *The Life of an Unknown: The Rediscovered World of a Clog Maker in Nineteenth-Century France* (New York, 2001).

究，还有书籍市场和国有化、欧化两股趋势之间的关系。① 正如其他很多领域，转向文化史不是放弃社会史中使用的研究工具，而是占用它们。另外一种能与时间重构，像布罗代尔在其关于长时段的著名评论文章中所作的基本分类，② 相比较的趋势也是如此。丹尼尔·诺德曼及其他人目前讨论空间范畴以对立领土概念，并投身于国际著名的人文学科"空间"转向，在法国历史上重建空间秩序策略属于独创贡献。③

第三种趋势有关于"发现"文化交流是现代性的驱动力。1985 年，当时在法国国家科学院做研究工作且都有文化史背景的米歇尔·埃斯帕涅和迈克尔·维尔纳，提出考察法国和德国之间文化交流的研究计划，并在随后的几年里提出超越老式传播理论的文化传递范畴。④ 他们开始研究动力、技术、媒体、媒介和文化感知的影响力。以法—德两国为例，他们继续研究三边和多边的群体传递，其论述是对现代化理论的重要挑战，他们不再单纯地将现代化理解为国内因素对社会的影响，而认为是由不断增强的互动过程驱动的。在这里，文化传递研究的桥梁成为重新理解国际流动（人民、商品和观念）史的基础，成为通过制度运用社会和政治权力来控制他们的尝试。

年鉴学派不再有任何连贯一致的计划，现在的法国史学向国

---

① Roger Chartier, *L'Ordre des livres: lecteurs, auteurs, bibliothèques en Europe entre XIVe et XVIIIe siècle* (Paris, 1992); Frédéric Barbier, *L'Europe et le livre: Réseaux et pratiques du négoce de librairie, XVIe-XIXe siècles* (Paris, 1996); and id., *L'Europe de Gutenberg: le livre et l'invention de la modernité occidentale* (Paris, 2006).

② Fernand Braudel, 'Historie et sciences sociales: La longue durée', *Annales ESC*, 13 (1958), 725 - 753.

③ Daniel Nordman, *Frontières de France: De l'espace au territoire XVIe-XIXe siècle* (Paris, 1998).

④ Michel Espagne and Michael Werner, 'Deutsch-französischer Kulturtransfer als Forschungsgegenstand: Eine Problemskizze', in *Transfert: Les relations interculturelles dans l'espaceFranco-allemand* (Paris, 1988), 11 - 34; and Espagne, *Les transferts culturels franco-allemands* (Paris, 1999).

际展示了比之前更为多元化的形象。但同时，这种丰富的传统也不再会有令人窒息的正统观念带来的危险。它的霸权地位由一战后的特殊条件下形成（竞争者德国的缺场），以及二战后新的大西洋关系，当时美国基金会支持强大的学术机构像第六部的成立，这类条件现在已经不再。[①] 法国史学仍然保持引人注目的方法论革新，例如皮埃尔·诺拉的多卷本《记忆之场》对记忆研究的贡献就是一个证明。这些事例证明，法国史学的重建正在进行，且与国际潮流极其接近，并不仅仅集中在民族史方面。

法国大革命史：从勒费弗尔到伏维尔

尽管法国历史经历了中世纪辉煌和绝对君主如弗朗索瓦一世和路易十四统治时期文化遥遥领先于世界的重要时期，1789 年大革命仍然是其民族历史叙述的核心。它与旧制度断裂，同时又与现代性相连，而且相比较其他时期，法国史学家更乐意研究 18 世纪末 19 世纪初的浪漫主义时代，并非巧合。第三共和国的政治阶层和史学家们视大革命及《人与公民权利宣言》为现代政治价值的创立，长期以来拿破仑一世对欧洲的扩张被誉为促使法国成为现代化先驱的文明使命并带动欧洲大陆的发展，其跻身世界大国的野心被合法化。1939 年大革命 150 周年纪念，为法国大革命提供了左派解释的新维度作为历史的出发点，即抵制非民主政权和外国统治是合法的。

此处，我们再次发现了战前史学趋势的延续。关于大革命对法国乃至欧洲历史总体影响的积极性历史评价，是阿方斯·奥拉尔和艾伯特·马迪厄之间关于丹东和罗伯斯庇尔历史作用激烈争论的基础，但更重要的是向大革命社会史研究的转折，它兴起于

282

---

① Guiliana Gemelli, *Fernand Braudel* (Paris, 1995); and John Krige, *American Hegemony and the Postwar Reconstruction of Science in Europe* (Cambridge, Mass., 2006).

20 世纪初，由让·若雷斯开创，得到了恩斯特·拉布卢斯和乔治·勒费弗尔的支持，拉布卢斯于 1933 年完成旧制度下价格史论述（见上文）也被视作是对 1929 年经济危机的反映，勒费弗尔叙述的大恐慌[①]是一部关于法国北部农民的区域史，是对 1789 年夏季法国心态史的缜密分析。战前趋势的延续在于：首先，大革命中所有共和政体因素被视作现代法国建立的基础，这种认识覆盖了对雅各宾第二阶段的肯定评价；第二，对社会群体及其文化行为的兴趣占主导，取代了单纯的政治事件史；第三，在索邦的法国大革命史研究所进行的专门研究象征着保卫民族遗产的堡垒。这个特定领域的显著特点之一是努力谨防所谓对革命的经典解释。[②] 第二个特点是与年鉴学派的复杂关系，集中体现于法国社会科学高等研究院里。1955 年，拉布卢斯在罗马国际历史科学大会上，作了关于发展旧制度社会经济史范畴的报告，不再开始于对任何从 19 世纪阶级社会获得的过时范畴的应用，拉布卢斯开创了经济史学派。勒费弗尔组织了第一波研究法国大革命的国际合作，从日本到不列颠，从意大利到苏联，从挪威到匈牙利。这一组织在 1960 年斯德哥尔摩历史科学大会上形成国际委员会，成为这一研究领域发展的核心。

　　美国与法国合作产生的所谓大西洋革命促生了其他比较方法，[③] 但是这一早期尝试将 1789 年革命放置于广义语境，并没有推翻坚持 1793 年激进特性的左派解释的统治地位。当乔治·勒费弗尔以农民史专家著称于世，并将大革命解释为一系列相应革命的信息钮时，他的学生艾伯特·索布尔成为巴黎无套裤汉史研

283

---

① Georges Lefebre, *Les Payans du Nord pendant la Révolution français* (Paris, 1924）; and id. , La grande peur de 1789 (Paris, 1932).

② Albert Soboul, *Histoire de la Révolution française*, 2 vols. (Paris 1962); and Michel Vovelle, *Les Jacobins de Robespierre à Cheve'nement* (Paris, 1999).

③ R. R. Palmer, *The Age of Democratic Revolutions*, 2 vols. (1959, 1964); and Jacques Godechot, *France and the Atlantic Revolution of the Eighteenth Century, 1770 -1799*, trans. Herbert H. Rowen (London, 1965).

究权威，反对他们前工业社会结构和心态的论述，认为之前有关
于无产阶级的论述（既有对法国大革命的激进左派阐述，又有正
统马克思主义解释）[1] 均已过时。索布尔尝试融合有关旧制度、
大革命时期和拿破仑帝国时期社会史的一种新型实证研究为一个
整体的解释计划，他受到了共产党同侪的抨击，即使是在 1968
年俄国干涉布拉格之后，也承受了来自"经典解释"及与之相类
似处理法国大革命的史学团体权威人士的压力。[2] 弗朗索瓦·菲
雷在给予大革命相当传统的解释之后，在他猛烈攻击他所谓的
"马克思主义圣经"或称之为"革命手册"之后，成为著名的所
谓历史修正主义的代表。[3] 当菲雷不再单纯写作大革命史领域的
研究文章时，他主张革命者发明革命观念对抗大革命是旧制度结
构性矛盾结果，准确指出一个基本认识论张裂。菲雷的批判引起
了学界对大革命政治文化、语义学和符号学重要性、文化实践社
会史方面的兴趣，简而言之，引起了人们对叙事的作用和历史行
动者相关媒介的兴趣。米歇尔·伏维尔继索布尔（1983 年逝世）
之后任索邦研究所主任，确切说是叙事史专家，成为大革命二百
周年纪念会的主要人物。索布尔和菲雷（1979 年任法国社会科学
高等研究院主席）之间的争论被视作两个主要学术机构冲突的延
伸，这种境况在伏维尔进入索邦研究所并接手主持大革命史研究
工作后得到缓解，他是新史学最杰出代表之一。[4] 他对法国北部
基督教化的论述展示了衍生于连续史的数量方法和符号解释学联
合的丰硕成果，表现出占据 18 世纪很长时期的复杂家庭价值

284

[1]　Albert Soboul, *Les Sans-culottes parisiens en l'an II: Mouvement populaire et gouvernement révolutionnaire* (1793 - 1794) (La Roche-sur-Yon, 1958).

[2]　法国知识分子对自己共产主义历史的反应最为著名的例子无疑是 François Furet's *Histoire d'une illusion* (Paris, 1996)。

[3]　François Furet and Denis Richet, *La Révolution française* (Paris, 1968).

[4]　Michel Vovelle, *La mentalité révolutionnaire* (Paris, 1985).

体系。①

同时，伏维尔到达学术权力核心地位，并在埃克斯·马赛大学建立国际公认的研究组织。巴黎即使到此时仍然保持着学术霸权地位（相比较地方性大学，它作为首都的象征意义和可提供研究的优越物质条件维护着这一地位），但是祛中心化开始了，例如里昂的皮埃尔·利昂社会史学派、鲁昂的比较革命史学和里尔第三大学的18世纪经济史研究团队，都是证明。

但是当兴趣从大革命期间的社会组织史向与伏维尔被索邦提名相关联的文化叙事分析转变时，另一种发展变得更为有力：转向有纪念意义的时代和对记忆过程的研究。1984年，皮埃尔·诺拉出版了颇具影响力的《记忆之场》，②法国大革命成为这一新趋势最显而易见的研究对象——菲雷等人完成很多论著，评论1789年以来人们对大革命解释和叙述的方式。③菲雷的目的是阐明法国史，引导它从特殊道路向西方自由资本主义发展的"常态"转变。其他人，像诺拉对保护其认为在现代化和国际化过程中遗失的法国遗产更有兴趣。大革命的二百周年纪念成为各方政治力量的主要战场，也是在今天仍影响史学史新挑战的令人关注的案例研究：国家庆祝的大量介入，此外，媒体新作用（以及历史学家运用他们与大量媒体的关系）也给自发历史领域观念一种错觉。④

在二百周年纪念会上，这一领域的严重政治化并没有起多少效果，仅是以自相矛盾的方式达到一种国际水平。同时二百周年纪念会聚焦于一个相当法国中心主义的争论，即民族遗产和大量来自世界各地史学家关于这一事件研究的启发之间的争议。任何

285

---

① Id. , *Piétébaroque et déchristianisation en Provence au XVIIIe siècle*：*Les attitudes devant la mort d'après les clauses de testaments* (Paris, 1978).

② Pierre Nora（ed. ）, *Les lieux de mémoire*，7 vols. (Paris, 1984 - 1992). 亦可参见本卷第二章。

③ François Furet and Mona Ozouf（eds. ）, *Dictionnaire critique de la Révolution française* (Paris, 1989).

④ Steven Kaplan, *Adieu 89* (Paris, 1993).

建立 1789 至 1917 年间传统的尝试因 1989 年共产主义制度的瓦解而失败，令西方观察者惊奇的是非暴力革命的活动家们似乎并没有受到 1789 年革命信息的影响。相反地，提及人权和大革命期间所经历不同民主模型的历史在亚非地区日益具有吸引力，不是作为一种法国优越性的胜利而是重新批判性思考 1789 年以来的法国角色。在此，殖民历史邂逅了法国大革命史。

论法国殖民地角色和全球化

法国史学不得不以多种方式再次阐明它与国家殖民历史的关系。与从西贡延伸到达喀尔的帝国行政相关联的附属学科，发展为殖民地自治运动历史根源高度政治化的反映，这一变化已经赋予非欧洲地区在法国史学中日益增长的重要性。来自殖民历史的发现和区域研究被整合进布罗代尔的世界史观念（世界各地学者在 20 世纪 60 年代也参与此项事业），这种关联在后来几十年里伴随法国主流史学重新聚焦民族历史，而日益减弱，区域史研究已经发展为专门学科。只是在最近法国史学家开始在全球化背景中研究法国占领的地区。

二战可以被视作法国及其殖民帝国关系基本改变的开始，法国历史学家对这一变化的反应比较慢。对殖民历史的兴趣促使法国高校和专门研究中心在 19 世纪晚期尝试重新理解西非、南亚和加勒比海的地理、政治和经济条件。但是，这一兴趣在很多年里依然处于法国学术体制的边缘。[①] 即使是在内战时期，殖民历史也只是被部分职业历史学家书写，最具代表性的出版物——6 卷本的《法国殖民和扩张史》（1929—1933）由加布里埃尔·阿诺托和阿尔弗雷德·马蒂诺编辑——大部分由与殖民环境有关的

286

---

① Sophie Dulucq and Colette Zytnicki, *Décoloniser l'histoire? De l'histoire coloniale aux histoires nationales en Amérique latine et en Afrique（XIXe-XXe siècle）* (Paris, 2003).

记者、教师和行政官书写。历史学家在其中只占少数。法国文明使命的范式解救了法国政府的深层危机，它在二战期间控制着殖民帝国，它只是在1959年被殖民地长官和外交官管理，之前的《殖民史杂志》也在这一年成为《法国海外历史杂志》，反映了一个事实，即越来越多法国殖民霸权统治下的领土形成独立政府。但是，那些帝国参与的影响仍然强烈。第二项变革发生在十年之后，这一领域自我描述为"欧洲以外的世界历史"，回应了祛殖民地化过程。内战时期关于同化或联合的讨论作为殖民地人民所采取的合适策略并没有挑战法国霸权观念，更普遍的是通过与法国历史学家中的绝大部分人共享而将自己的视线投向欧洲史。

自从传统的仇英心理被部分克服，一种观察欧洲殖民历史的比较视野成为可能。历史学家们现在已经将法兰西帝国视作殖民地化的具体结果，而且至少有时候，法国殖民者之外的人被描写——反映了1944年布拉柴维尔会议之后的新型政治结构，在随后的《法兰西联盟》兴起关于法国与非欧洲领地关系的讨论。但是这并不意味着是对占主导地位的欧洲中心主义视角的实质性批判。

"实践者"依然维持重要影响力时，法国史学中的殖民历史遵循着一些普遍趋势。第一阶段主要是在20世纪50年代，可以标记为第一波专业化浪潮，代表人物有查尔斯-安德烈·于连（早在1931年就出版了第一部关于新殖民历史的草稿）和亨利·布维斯（经常在《历史学杂志》上发表这一领域的新文章，并于1948年追随于连成为法国海外国家学院的历史学教授）。[1] 专门档案馆、研究中心和期刊等基础设施的建立支持了这一专业化进程，但同时它通过便利殖民地原料使用而有助于聚焦在法兰西帝国的过去上。

既有语言障碍，又分享着法语共同体共同命运的信念，人们

---

[1] Charles-André Julien, *Histoire de l'Afrique du Nord* (Paris, 1931); and John Hargreaves, 'From Colonisation to Avènement: Henri Brunschwig and the History of Africque Noire', *Journal of African History*, 31 (1990), 347-352.

观察到即使到 20 世纪 80 和 90 年代都无法克服的地方主义：在这个利益地理带中，存在着对非洲西部、马格里布、南亚和近东的强烈偏见，这些是若没有法国历史参与就被研究忽略的地区。[①]当于连的殖民历史自成一体的时候，布罗代尔表达了对这种叙事在方法论上适用性的质疑，集中于年鉴学派赞赏的当代政治学范式（顺便说一句，殖民地自治运动的历史并没有被充分研究），受人们的热情推动，像加布里埃尔·德比安，殖民历史逐渐改造成关于热带地区的社会史。[②]与此同时，第三世界因提出不发达起源的问题而成名。当试图回答经济史中数量方法强化的潜在问题时，马克思主义范畴的影响与融合亚洲和非洲社会的历史为整体解释计划的目的导致迄今仍在的欧洲中心主义模式。[③]

在 20 世纪 60 年代晚期的环境中，关于帝国扩张的责任和从前的殖民地中贫困、物资困乏和不发达地区的新殖民主义侵略的争论转变为关于宗主国经济受损或受益于殖民地化程度的更广泛讨论。[④]祛殖民地化之后社会化的新生代，将已确立的社会史方法运用到殖民历史中。他们在"集体探究"（年鉴学派创立的最吸引人的方法之一）的基础上，动员资料收集的研究团队，比较地解释殖民统治下亚非的发展——例如，海外同胞历史研究所、普罗旺斯大学，或是巴黎一大和七大研究中心对非洲史的专门研究。法国再一次受惠于发展中国家年轻历史学家的涌入，他们都贡献了论文和著作——由拉赫马登或卡尔塔拉出版，这两个出版

288

---

① Christophe Charle，'Etre historien en France：Une nouvelle profession?' in François Bédarida（ed.），*L'Histoire et le métier d'historien en France* 1945 - 1995（Paris 1995），21 - 44.

② David P. Geggus，'Gabriel Debien（1906 - 1990）'，The Hispanic American Historical Review，71（1991），140 - 142.

③ Paul Bairoch and Bouda Eternad，*Structures par produit des exportations du tiers monde*（Geneva，1984）.

④ Henri Brunschwig，*Mythes et réalités de l'impérialisme colonial français*（Paris，1960）；and Jacques Marseille，*Empire colonial et capitalisme français：Histoire d'un divorce*（Paris，1984）.

社因其反殖民的编辑纲领而闻名——形成"文化场"。这种创新特别表现在三个领域：集体记忆的重建和人类学家在批判运用口述史学方法上进行的"附属"集体的文化建构（于是历史学与民族志有了新型的开放式合作）；经济史和研究奴隶贸易给未来发展带来的后果；以及最后，欧洲以外的基督教传教团的历史。自从关注文化互动以来，殖民主义研究已经展示了新视野——使之处于不对称的权力关系结构中，但虽是如此仍意识到殖民地机构处在一个复杂的通讯系统里，被排斥和压制。法国的殖民历史研究从聚焦宗主国利益到关注非欧洲世界的利益，法国史学只能缓慢地超越欧洲中心论倾向。

在专业化过程的末期，对亚非社会的研究日益与制度化的区域研究相分离，且日益丧失其曾经在殖民或帝国历史中的语境。但同时宗主国的利益在第三阶段，又被称作"纪念"时代，得到加强。它从研究记忆过程中得到启发，其出现也是因为有国家和游说团体（例如曾经生活在阿尔及利亚的法国移民在祛殖民地化的血腥过程后，被迫逃回法国）介入带来的压力。从 1989 年 7 月 14 日游行开始，法国总统弗朗索瓦·密特朗表示法国是全世界人权讯息的源泉，到一系列内容充实的论著，描述了奴隶贸易、奴隶制末期及在 1793 年获得起义胜利并于第二年获得法国承认（1802 年拿破仑再次入侵）的圣多明戈，再到 2005 年关于新规律的讨论——最终被放弃——宣称法国殖民历史在学校里应该以肯定的方式讲授，关于如何调和国家普世主义信念与其殖民霸权的历史之间关系的意识形态论战已经持续 20 年。在这个全球回忆的时代，殖民主义成为记忆的核心，法国史学的这部分研究可以被期望发挥更多作用，而不是在学术领域处于边缘地位。

大事年表/关键日期

- 1944 年 6 月 6 日　盟军登陆诺曼底并战胜德国军队
- 1944 年 8 月　勒克莱尔将军率领法军解放巴黎和斯特拉斯堡

- 1945 年 5 月 8 日　在阿尔及利亚的塞蒂夫大屠杀开始了长期对抗，并导致 1954 年的民族起义，随后殖民地获得完全独立
- 1945 年 10 月 13 日　第四共和国选举制宪议会
- 1954　第一次印度支那战争导致殖民帝国的瓦解（老挝和柬埔寨独立，越南分裂成两个国家）
- 1956　苏伊士危机；结果是法国（还有英国）从阿拉伯半岛撤军
- 1958　选举夏尔·戴高乐为第五共和国总统（新宪法赋予总统支配地位）；为接受祛殖民地化做了准备
- 1960 - 1961　非洲年；此大陆上大部分曾经的法属殖民地独立，但是通过法语圈组织仍与法国保持紧密关系
- 1966　法国从北大西洋公约组织的全面军事控制中撤出
- 1968　学生和工人抗议法国政府的独裁主义，但是立法选举强化了这种保守（蓬皮杜任期内）
- 1974 - 1981　瓦勒里·季斯卡·德斯坦任期内社会和经济自由化
- 1989 - 1990　弗朗索瓦·密特朗领导的法国政府接受德国强大欧洲联盟的价格统一，并参加第一次海湾战争
- 1996　积极参加北大西洋公约组织并介入巴尔干战争
- 2003　法国和德国拒绝加入美国领导的反对伊拉克的"自愿联盟"

主要史料

- Bloch, Marc, *Rois thaumaturges*（Paris, 1924）.
  ——*Les caractères originaux de l'histoire rurale française*（Paris, 1931）.
  ——*La Société feudal*, 2 vols.（Paris, 1939, 1940）.
- Braudel, Fernand, *La Méditerranée et le Monde Méditerranéenàl'époque de Philippe II*, 3 vols.（Paris, 1949）.

——*Civilisation matérielle, économie et capitalisme, XVe-XVIIIe siècle*, 3 vols. (Paris, 1967 – 1979).

——and Labrousse, Ernest (eds.), *Histoire économique et sociale de la France*, 6 vols. (Paris, 1970 – 1982).

• Brunschwig, Henri, *Mythes et réalités de l'impérialisme colonial français* (Paris, 1960).

• Chartier, Roger and Martin, Henri-Jean (eds.), *Histoire de l'édition française*, 4 vols. (Paris, 1983 – 1986).

• Espagne, Michel, *Transferts culturels franco-allemands* (Paris, 1999).

• Febvre, Lucien, *Combats pour l'histoire* (Paris, 1952).

——*A New Kind of History*, ed. Peter Burke (London, 1973).

• Le Goff, Jacques, *Pour un autre Moyen Age* (Paris, 1977).

——and Revel, Jacques (eds.), *La nouvelle histoire* (Paris, 1978).

• Marseille, Jacques, *Empire colonial et capitalisme francais: Histoire d'un divorce* (Paris, 1984).

• Noiriel, Gérard, *Sur la 'crise' de l'histoire* (Paris, 1996).

• Nora, Pierre (ed.), *Les lieux de mémoire*, 7 vols. (Paris, 1984 – 92).

• Nordman, Daniel, *Frontières de France: De l'espace au territoire XVIe-XIXe siècle* (Paris, 1998).

• Perrot, Michelle and Duby, Georges (eds.), *Histoire des femmes en Occident*, 5 vols. (Paris, 1992).

• Ricoeur, Paul, *The Contribution of French Historiography to the Theory of History* (Oxford, 1980).

——*Temps et Récit*, 3 vols. (Paris, 1983 – 1985).

290

参考书目

- Bédarida, François, (ed.), *L'histoire et le métier d'historien en France* 1945 – 1995 (Paris, 1995).

- Bourguet, Marie-Noëlle et al. (eds.), *L' invention scientifique de la Méditerranée: Egypte, Morée, Algérie* (Paris, 1998).

- Burguière, André, *The Annales School: An Intellectual History* (Ithaca, 2009).

- Burke, Peter, *The French Historical Revolution: The Annales School* 1919 – 1989 (Cambridge, 1999).

- Carrard, Philippe, *Poetics of the New History: French Historical Discourse from Braudel to Chartier* (Baltimore, 1992).

- Charle, Christophe, 'Les historiens français de l' époque moderne et contemporaine: Essaid'autoportrait', *Lettre d'information de l'IHMC*, 19 (1992), 8 – 18.

- Charle, Christophe (ed.), *Histoire sociale, histoire globale?* (Paris, 1993).

- Clark, Stuart (ed.), *The Annales School: Critical Assessments*, 4 vols. (London, 1999).

- Coutau-Bégarie, *Hervé, Le phénomène nouvelle histoire: Grandeur et décadence de l' école desAnnales* (Paris, 1989).

- Davis, Natalie Zemon, 'Women and the World of the "Annales"', *History Workshop Journal*, 33 (1992), 121 – 137.

- Dosse, François, *L'histoire en miettes: Des ' Annales' à la ' nouvelle histoire'* (Paris, 1987).

- Dumoulin, Olivier, *Le rôle social de l'historien: De la chaire au prétoire* (Paris, 2003).

- Garcia, Patrick and Leduc, Jean, *L'Enseignement de l'histoire en France de l'Ancien Régimeà nos jours* (Paris, 2003).

- Gemelli, Guiliana, *Fernand Braudel* (Paris, 1995).

- Krige, John, *American Hegemony and the Postwar Reconstruction of Science in Europe* (Cambridge, Mass. , 2006).
- Mazon, Brigitte, *Aux origines de l'E'cole des hautesétudes en sciences socials: Le röle dumécénat américain* (1920 – 1960) (Paris, 1988).
- Muller, Bertrand, *Lucien Febvre, lecteur et critique* (Paris, 2003).
- Rabb, Theodore and Rotberg, Robert I. (eds.), *The New History: The 1980s and Beyond* (Princeton, 1982).
- Raphael, Lutz, 'Die Erben von Bloch und Febvre: "Annales" — Geschichtsschreibung und "nouvelle histoire" ', in *Frankreich 1945 – 1980* (Stuttgart, 1994).
- Revel, Jacques, 'The Annales: Continuities and Discontinuities', *Review*, 1 (1978), 9 – 18.
- Schottler, Peter, 'Eine spezifische Neugierde: Die frühen Annales als interdisziplinäres Projekt ', *Comparativ*, 2: 4 (1992), 112 – 126.
- Wesseling, Henk, 'Fernand Braudel, Historian of the Longue Durée', *Itinerario*, 5 (1981), 16 – 29.

段艳　译

第十四章　英国的历史写作

米歇尔·本特利

很难想象要在仅仅的一章之内，对这满是可用材料的时代进行详细的描述。我们所在时代的书目"搜索引擎"产出了超过66 000本英文书写的、在题目中有"历史"或"历史的"字眼的书籍和文章，即使我们有时间将它们全部读完，要将其归纳而综合起来仍然会被证明是一种空想。然而，时间的转变为这一讨论提供了一个有用的轴心；一个地区的地方感同样如此，"扩大自治权"已经改变了我们思考"英国"历史的方式，尽管我们会发现在它们发展的如此重要时期，爱尔兰、苏格兰和威尔士并没有其内部历史编纂的空间；许多结构也是这样，尽管它们自身并非是历史的，但它们已经明显转变了历史事业发展内部的框架。我们也不能忽视经常被古典大学称作"外国历史"的事物。欧洲一体化已经将英国的过去融入其关注中（或至少已频繁地进行这一尝试）而且我们现在面临着一个要求"全球史"、全球环境史、衣食史等等的全球化未来。我们需要路径进入这一看似混乱的条件和限制中，始终意识到将英国从美洲或欧洲发展中独立出来的日渐困难。或许从回顾这期间的显著趋势开始，并按年表顺序，为发现和解释转变中的一些关键时刻而选择方法，能够对此有所帮助。

关键趋势

第二次世界大战已经将许多专业历史学家拉入为国家的服务

中，既包括战争服务，也包括由内阁这一统治了许多优秀学者战后生活的机构所经营的大量官方历史。国家——政府干预社会的巨大机器——在1945年之后不仅并未衰退，反而在第一大党工党政府的控制下得以膨胀，并最终支配了高等教育的所有机构。尽管它们仍被登记为官方"慈善机构"，大学变成了英国国家的创造物，日益受到来自政府的压力，并改变了（典型是去制造更多"相关性"）它们的招生、教学纲程和教学模式。1945—1951、1964—1970、1997—2010年的工党政府在这一过程中发挥了作用；保守党政府也同样如此，值得注意的是，两次影响英国历史教学的主要结构改革——1963年的罗宾斯报告（the Robbins Report）和1992年所谓新大学的创立——都是发生在保守党政府执政期间。这些首创带来了两类变化：一是从事史学行业的学生、教师社会背景的根本转变，学生、教师队伍更多地来自工人阶级，二是主题内容的类似变化，表现在1950年代向经济史、社会史方向的倾斜，和从1960年代开始日益增多的妇女史需求，从而纠正其在男性制度限制下的长期沉默。将"国家课程"强加于那些历史地位已经严重受损的英国学校上，这一行为最近已经更加确认了国家对历史教育的渗透——并不总是以受欢迎的方式。

　　在这一结构演变之外还存在着一种世代叙事。除了在共产党历史学家小组内部强烈的马克思主义转向①之外，1940年代和1950年代的大部分学历史的大学生像他们的外貌特征一样保守：通常是国教教徒且不关心政治，在已建好的大学中工作，遵循其传统纪律和分级组织。1960年代出于一些与历史无关的理由改变了一切，尽管埃里克·霍布斯鲍姆（Eric Hobsbawm），尤其是E. P. 汤普森（E. P. Thompson）的写作已经开始深刻地切入文化之中。大学里充满了力图激怒他们父母的学生、欣赏作为他们唯

---

① 更多的细节，可查阅 Harvey J. Kaye, *British Marxist Historians: An Introductory Analysis* (Cambridge, 1984); 和 Eric Hobsbawm, *Interesting Times: A Twentieth-Century Life* (London, 2002)。

一特殊贡献的音乐的学生，以及在英国卷入越战期间和 1969 年后爱尔兰"危机"开始时期具有明显政治倾向的学生。他们的马克思主义通常是痛苦而天真的，只把他们带到《共产党宣言》之处，但是在好几年里——可能是从 1965 年到 1971 年——他们庆祝"劳动史"和妇女史的第一次进步，用侵犯行径来活跃研讨会，攻击大使馆和领事馆，采用"静坐抗议"和"关闭工厂"的话语方式。他们是有知识的、忙碌的、令人激励的而又令人愤怒的。然后，很突然地，沉默贯穿了整个 1970 年代，并在撒切尔和里根年代扩大，如毛毯覆盖一般停在了知识的追求上。花光了所有的热情之后，历史学习者向内转入人际关系，一种尴尬的含糊其辞（他们的音乐因新科技制造的个人声音设备而归于沉默）和一种政治懒惰的形式，这在 1950 年很正常、而在 1968 年难以想象。"六八学运"（soixante-huit）并未在巴黎带来任何刺激，仅仅是以伦敦格罗夫纳广场向美国大使馆的进军作为里程碑。但对于那些在这一时期从事教学的人而言，1970 年代的岁月为此前的激进主义画上了主要的休止符。知识分子的挑衅可以在阿尔贝·加缪（奇怪的）、早年的米歇尔·福柯和罗兰·巴特身上发现。而这种发现中很少包括海登·怀特的《元史学》（*Metahistory*，1973），其在当时没有很大反响①，但在 1980 年后便成为第二代理论思想上的经典，哺育了英国与后现代思想短暂的婚约，而在欧洲和部分美国地区，后现代思想从未如此成功地渗透于历史文化之中，资深学者中只有帕特里克·乔伊斯（Patrick Joyce）在历史研究中坚持采用他们的理论。但到那时，1960 年代激进而年轻的马克思主义者们已经成长为 1990 年代的资深教员，他们所生活的那个世界成为了一种独特的过去。

293

　卷入这些叙述中可能会看到另一点，即科技越来越多地出现，其作为一种力量推动历史方法的发展，并提供传播研究的新方

① 参见 Richard T. Vann，'The Reception of Hayden White'，*History and Theory*，37（1998），143 - 161。

法。阿兰·图灵（Alan Turing）的布莱切利园在生产电子计算机
方面使人类迈出了一大步，而在其所有的多面更新换代中，电子
计算机已经改变了历史学家不用离开书桌就能做到的事情。不仅
仅是新硬件的产生，不可避免地，历史学家之间所出现的一种新
生感使他们决定采用新的计算能力，从而在1950年代末和1960
年代孕育了计量历史学①。通过万维网，它也彻底改革了目录学
思想本身，即在伸手可及的电脑显示器上做成千上万的引用，而
一旦个人电脑、笔记本电脑普及后，则只需要触摸一个按键即可
实现。传播带来了类似的飞跃。通过广播作为一种大众交流的方
式在战前就已经变得寻常，英国广播公司（BBC）的国内服务
（Home Service，1939）和第三节目（Third Programme，1946年
后）的联合，同其内部刊物《听众》（*The Listener*）一道，为有
事业心的学者们带来了新的奖赏。然而，那些冲击中没有任何一
个使英国公众准备好接受电视的力量及其以引人入胜的即时性展
现过去的事件的能力。它可以毫不费力地完成那些卡莱尔
（Carlyle）和兰克（Ranke）需要穷其一生所试图写在散文中的东
西。自1960年代早期，以A. J. P. 泰勒精彩的电视演讲为代表
的对话模式开始，这一类型已经将其视野范围和方法扩展到西
蒙·沙玛（Simon Schama）或大卫·斯塔基（David Starkey）的
历史系列，文献纪录片、传记片：与印刷开始后所取得的所有不
可逆转的结果一起，电视已经使历史视觉化。《历史上的今天》
（*History Today*）和《BBC历史杂志》（*BBC History Magazine*）
是2000年出现的非常成功的首创，使得许多以有知识的大众读
者为受众的、作为咖啡茶几上摆设的产品，像它们一同那样转变
模式。到1995年，英国最成功历史学家之中的大多数人都将他

294

---

① 传教士文学包括 Robert W. Fogel and Stanley L. Engerman（eds.），
Reinterpretations of American Economic History（New York，1971）；和 John S.
Lyons，Louis P. Cain，and Samuel H. Williamson（eds.），*Reflections on the
Cliometric Revolution：Conversations with Economic Historians*（Oxford，2008）。

们自身定义为"公共知识人"或者电视先生，以 1945 年没有人可以想象到的方式控制着广大听众。

战后视野

一位已经去世的德国人在欧战结束的 1945 年认真思考了英国史学。另一位时髦而锐利的年轻英国历史学家，休·特雷弗—罗珀（Hugh Trevor-Roper），已经投身去找寻在阿道夫·希特勒身上发生了什么事情，而在确认希特勒的死亡之时，他也生产了有关第三帝国之终结的最为广泛阅读的英文文献之一。[1] 无意识间，他引领了一股主导英国史学界对阿道夫·希特勒进行解释的潮流，直到 1961 年泰勒开始反驳这一观点。本质上来说，这一模型是通过中介（agency）进行解释的：1933 年后的灾难可以在一个人或是限定的一批人上看见。第三帝国和希特勒相当于同一类主题的研究；这一类研究的资料包括口述史和纽伦堡大审判，其要点是在一个犯罪案件中划分罪责。这一主题在后来约翰·惠勒·班尼特（John Wheeler Bennett）的研究中占据了主要地位，并且困扰了由美国记者威廉·L. 夏伊勒进行的最为可靠的有关希特勒时代的新闻报道。[2] 但最重要的是，它充斥在艾伦·布洛克（Alan Bullock）最有影响力的、且仍然被阅读的书中——《希特勒：关于暴政的研究》（Hitler：A Study in Tyranny，1952）。五十年之后，小学生和大学生继续提出论说而未参考它的日期或布洛克（Bullock）的资料——纳粹时期在多大程度上实践了它自身在英国通行的"死亡控制器"（death-grip）的课程使一个高度可疑的结果变得更糟。泰勒在其著作《第二次世界大战的起源》

---

[1] Hugh Trevor-Roper, *The Last Days of Hitler* (London, 1947).

[2] John Wheeler-Bennett, *Munich*：*Prologue to Tragedy* (New York, 1948)；id., *The Nemesis of Power*：*The German Army in Politics* 1918－1945 (New York, 1953)；和 William L. Shirer, *The Rise and Fall of the Third Reich*：*A History of Nazi Germany* (New York, 1960).

(*The Origins of the Second World War*，1961) 中变黑为白的虚假尝试，因其展示纳粹主义并非一种意识形态而未能切中题义，但在讨论面对纳粹威胁的问题，他将注意力更多地集中伦敦和巴黎而非柏林的失误，这的确根除了英法两国的自满。只有在伊恩·克肖（Ian Kershaw）有关第三帝国特征的、以记述希特勒的两卷本为顶峰的杰出研究中，真正抛弃了在英国变得有效的、粗糙的中介模式。[1] 尽管如此，这一模式仍然在理解传记及其与社会力量之关系的方面扮演了一个意义重大的角色。研究都铎王朝时期的历史学家约翰·尼尔爵士（John Neale）发现如果不复述战后有关意识形态的本能，以及把 16 世纪的丘吉尔放在"国家处于危险时期的浪漫领导者"[2] 的位置上，是不可能修正他在伊丽莎白女王时代的生活的。类似地，若不带着相反颜色去看布洛克的希特勒：伟人做好事而非邪恶，是不可能阅读菲利普·马格努斯（Philp Magnus）颇有影响的格莱斯顿传记（1954）。

当然，更多的历史学家想要避开战争的苦痛，除非他们被卷入官方史学中，官方史学的在国民和军事系列方面研究成果的稳定成为了其随后三十年的标志。[3] 对于很多人来说，压倒性的推动力是要回到那些前五年被放在抽屉里或抛在脑后的计划想法中去。一个从战前继续而来的项目获得了一个新的提升。牛津大学出版社在 1930 年代已经部分完成了其《牛津英国史》（*Oxford History of England*），战争期间则有弗兰克·斯坦顿（Frank Stenton）的力作《盎格鲁——撒克逊英格兰》 （*Anglo-Saxon*

---

[1] Ian Kershaw，*The 'Hitler Myth'*：*Image and Reality in the Third Reich* (Oxford，1987)；和 id.，*Hitler*，2 vols. (New York，1998，2000)。

[2] J. E. Neale，*Queen Elizabeth I* (rev. edn，London，1952)，未标页码的前言。

[3] 两个系列卷，由 J. R. M. 巴特勒（J. R. M. Butler）编纂的军事系列和由基斯·汉考克（Keith Hancock）编纂的公民系列，包含了许多杰出的作品，包括 W. K. 汉考克（W. K. Hancock）和 M. M. 高英（M. M. Gowing）的 *The British War Economy* (London，1949) 和理查德·蒂特马斯（Richard Titmuss）的经典问题 *Problems of Social Policy* (London，1951)。

England）。但是在覆盖面和风格、语调对现代条件的适应上，前两者都仍然存在重大的间隙——这是《新剑桥现代史》（*New Cambridge Modern History*）所力图修正的，也取得了一定的成功。事实上，《牛津史》的剩余卷册延续了传统模式，包括战后年代对 13、14、15 世纪的撰写，且不存在激进路径，直到 1965 年泰勒有缺陷、但引人注意的有关最近年代的卷册出现。[①]《新剑桥现代史》（*New Cambridge Modern History*，1957—1979）同样独占了一些领军性的历史学家的时间和精力——R. B. 沃纳姆（R. B. Wernham）、艾伯特·古德温（Albert Goodwin）、G. R. 埃尔顿（G. R. Elton）、彼得·柏克（Peter Burke）、F. H. 辛斯利（F. H. Hinsley），还有其他很多人。在头脑想象中将所有这些合作性项目放在一起，可以看到一个对真相之科学概念的信奉（除了泰勒对其主题突破旧习的见识），其给予这些项目一个被拔高的位置，一个为正确而无争议事实的位置。没有人比曼彻斯特大学的历史学教授路易斯·纳米尔爵士（Sir Lewis Namier）在正确和无争议上更为荣耀。他卷入了另一场重要的众人写作事业，即议会史，这一写作在战后得到了一个业余热情者乔赛亚·韦奇伍德议员（Josiah Wedgwood MP.）的可靠赞助。纳米尔作为"人物传记"这一技法的普及者，已经在英国历史研究中占据了非常重要的地位：带着其传记会揭露社会构造和政治机构的设想，而将社会现象分割为对其个体参与者的思考。这被纳米尔和他的团队坚决认为是一个坏的设想，他们致力于 1750 年代到 1790 年代国会议员的传记。[②] 纳米尔去世过早，可能是由于他致力于完成他的传记部分而带来的负担，而他未能看到他的研究出版。但

296

---

① Maurice Powicke，*The Thirteenth Century*，1216—1307（Oxford，1953）；May McKisack，*The Fourteenth Century*，1307—1399（Oxford，1959）；和 E. F. Jacob，*The Fifteenth Century*，1399—1485（Oxford，1961）。Cf. A. J. P. Taylor，*English History*，1914—1945（Oxford，1965）。

② Lewis Namier and John Brooke，*The House of Commons*，1754—1790（London，1964）。

是这一系列再一次囊括了他们时代最好的历史学家，包括 J. S. 罗斯克尔（J. S. Roskell），S. T. 宾多夫（S. T. Bindoff），和 J. E. 尼尔（J. E. Neale，最初），并作为一种证据成为合作性"研究"的力量，在文化上隶属于发现和解释的科学模式。

人们可以从种种社会思想的角度担心这一"对确定性的追求"。[①] 但是历史学家通过使用电脑和"量化"思想进行他们热爱的事业，在对人文科学之确定性的追求中比其他人走得更远；这种研究方法最初出现在 1950 年代后半期的美国经济史研究中，1960 年代期间成为许多领域支配性的研究模式。到 1970 年代，它与一个更加复杂的认识相融合，即关于如何使用量化手段去检测经济理论在大范围数据中的应用，然后使其变形为一个"计量史学"的学科，成为了行家（cognoscenti）的自我代理人。也是通过这些年，费尔南·布罗代尔在巴黎高等研究实验学院第六部的指导，给那些想要进行量化历史写作训练的人提供了鼓励，尤其通过运用"系列历史"（serial history），构建与历史现象有关的统计学系列，从而作为一种到达历史真相之心脏的途径。[②] 许多生成于这种福音热的材料在揭露与传统经济史解释不同的方面有其自身的有效性。随着福音材料的数量达到最大，问题就出来了，他们不知道何时或在哪儿止步。这足够说明，在摧毁一个历史学家的工作上，他（她）已经难以计算。这足够证明，在赞扬一个历史学家的原创性和洞察力上，他（她）已经穿透了以电脑及其相关数据为生的故事和神话的困惑。自己动手的手册出现了——这是 1973 年由罗德里克·弗勒德（Roderick Floud）在英

---

① 参见罗宾·莱特文（Robin Letwin）在 *The Pursuit of Certainty*：*David Hume*，*Jeremy Bentham*，*John Stuart Mill*，*Beatrice Webb*（Cambridge，1965）中的精彩论述。

② 关于文献，参见 Pierre Chaunu, *Histoire quantitative*，*histoire sérielle*（Paris，1978）；Jacques Le Goff and Pierre Nora（eds.），*Constructing the Past*：*Essays in Historical Methodology*（Cambridge，1985）；和本卷中由马提亚斯·利德尔（Matthias Middell）撰写的第十三章。

国出版的最有影响力和最为睿智的手册。[①] 这气球膨胀着并威胁着要吞没传统史学方法，当然，直至最终它滚到了一根尖针上。这发生在美国，当时罗伯特·福格尔（Robert Fogel）和斯坦利·英格曼（Stanley Engerman）1974 年的《在交叉点的时代》（*Time on the Cross*）中，他们试图采用计量史学的分析来讨论美国的奴隶制文化。自那时起，由专业杂志和评论员的这一极为自夸的工作所带来的破坏，标志着计量史学作为社会和文化问题的有效解释之命运的一个转折点。它仍然存在于后现代世界中，但已经退回到它对经济分析的适当设定或作为其他路径的附属物之上。一个与之相关联的发展，它随量化前行而在此领域更为长久，奠定了家庭重构的方向作为修正传统人口统计学史的基础。彼得·拉斯莱特（Peter Laslett）、E. A. 里格利（E. A. Wrigley）和 R. S. 斯科菲尔德（R. S. Schofield）这些有声望、有学问的历史学家，在其学科的维度内使剑桥人口研究中心成为了一个重要的活动中心，生产了具有持续影响力的专题著作论文。[②]

　　暂时放下在合作性研究、定量和基础性确定研究中的这些论文，我们现在可以从英国实证主义的角度将他们合起来视为一个总和（或者有时是归谬法）；英国实证主义在战争期间开始、但现在已获得了普遍真理的地位。它依赖于客观性/"偏见"的理解模式，而其首要的假设是有关过去的真相可以被发现和确信，只要能够从探究中消除种种被扭曲的主观主义。然而，这一理解模式极为强大，但是其支配性的假设并没有垄断对过去的看法和自我恢复的可能性。在 1970 年代中期以前的时代，论争的重担开始转变，至少有两种阻力在与之抗争。在英国，第一种是包括马克思主义者（或至少有些是理性的激进分

297

---

① Roderick Floud, *An Introduction to Quantitative Methods for Historians* (Princeton，1973).

② 例如，E. A. Wrigley, *History and Population*（New York，1969）；Peter Laslett, *The World We Have Lost*（London，1971）；和 E. A. Wrigley and R. S. Schofield, *The Population History of England*，*1541—1871*（London，1981）.

子)对历史方法的批判;第二种更多地归功于之前的一种"辉格"倾向,并试图继续坚持历史由关于变化的叙事组成的这一观点。

在这些参加过战争或从局外人的角度对其进行过评论的年轻一代中,对现在和过去的灾难进行解释的方法似乎比惠勒-班尼特(Wheeler-Bennett)或者布洛克所承诺达到的反思更加急迫。1929 年后西方经济的崩溃,经济与战争的显然关联,以及抵抗 1941 年纳粹入侵的苏联英雄主义,这些因素结合起来形成了左翼的新能量,在战后英国紧缩短缺期间,提供了一种对历史问题进行马克思主义解释的新鲜的急迫性。围绕社会主义活动家唐娜·托尔(Dona Torr)和马克思主义经济学家莫里斯·多布(Maurice Dobb)的圈子,后者写作的《资本主义发展研究》(*Studies in the Development of Capitalism*,1946)对其爱好者具有基准性的地位,帮助了共产党历史学家小组的聚合,这一小组在进行一个名为《过去与现在》(*Past and Present*,1952)的激进历史编纂学中继续扮演了至关重要的角色。作为英国史学的旗舰期刊,《过去与现在》的成功是惊人的;这在它起初打断文化的纹理之时,似乎一点儿也不可预见。可能是两种进展帮助了它的繁荣。第一,它很快终抛弃了不幸的后缀,即《科学历史期刊》(*A Journal of Scientific History*),退潮时这一后缀有可能被搁浅。第二,在它流行的社会理论中,文化朝向它成长,不仅伴随着作为准则的跨学科的出现,也伴随着 1960 年代的妇女运动和带有其独特志向、排斥传统规范的青年运动。总之,60 年代为知识界带来了一个扩大了的视野,召唤转向整体社会史,这并不归功于 G. M. 特里维廉(G. M. Trevelyan),而更多地一方面归功于马克思、涂尔干和韦伯,另一方面归功于列维·斯特劳斯(Lévi-Strauss)、埃文-普里查德(Evan-Pritchard)和

298

艾蒙德·利奇（Edmund Leach）。[①] 在战后早期岁月中隐秘着的作者们，与他们激进或倾向马克思主义的材料中所出现的这些趋势联系在了一起，而这些材料为后来 1960 年代早期的名人们提供了平台。[②]

　　第二种形式的对抗源于特里维廉，或者相当于源于他用尽一生去推进的"历史作为故事"（history-as-story）的意义。至今为止，在他垂暮之年（他去世于 1962 年），特里维廉花费了战后岁月的大量时光去修订和再版他的大量早期研究，似乎他从未对此感到疲惫。并不是他所有的作品都像常青树《斯图亚特王朝下的英国》（*England Under the Stuarts*，1928。到 1949 年已经达到了第 21 版）一样，但在"大众读者"视角之前，乔治·麦考利·特里维廉（George Macaulay Trevelyan）按照固定于其中间名的叔祖父的传统，将历史视为文学。然而，在这一对抗中更为强力的是他的一个更为年轻的剑桥同事，特里维廉已经花费了他战后时期的大量时间去反对职业史学的心境，从而指向了一种欠考虑的"分析"形式，使之错过了历史事业的关键点。特里维廉一度错误地认为，赫伯特·巴特菲尔德（Herbert Butterfield）的《历史的辉格解释》（*Whig Interpretation of History*，1931）写作是对他的批评。在他看来，巴特菲尔德事实上忠于许多特里维廉关于历史必须成其为"历史"最为深刻的直觉。而在 1950 年代期间，巴特菲尔德与一个 18 世纪的学者即纳米尔进行论战。关于那场

---

① 参见 Keith Thomas 有影响力的文章，'History and Anthropology'，*Past and Present*，24（1963），3—24。

② 例如，Christopher Hill，*The English Revolution*，1640（London，1940）；id.，*Lenin and the Russian Revolution*（London，1947）；id.，and Edmund Dell（eds.），*The Good Old Cause*（London，1949）；Hill，*Economic Problem of the Church*（Oxford，1956）；Eric Hobsbawm，*Labour's Turning Point*，1880—1900（Brighton，1948）；id.，*Primitive Rebels*（Manchester，1959）；E. P. Thompson，*William Morris，Romantic to Revolutionary*（London：1955）；以及由汤姆森主编的期刊 *The New Reasoner*（1957—1959）。

论战的故事已经被讲述了许多遍了。[①] 1950 年代的传统观点认为纳米尔赢得了那场论争，巴特菲尔德的《乔治三世和历史学家》（*George III and the Historians*，1957）栽了跟头，因为它包含了错误的事实。后来，评论家们有机会从一个非常不同的角度去逼近这场论争，并从公民教化的角度看到巴特菲尔德对历史作为大众教育的辩护，视其为批评形式之先驱者的观点在对抗双方去世之后涌现出来。而且，在巴特菲尔德的晚年，他支持这一观点，即"历史编纂学的历史"是同时代确定性的一种矫正方法，以及如何认识到对过去的理解仍然是部分的和未竟的事业。[②] 他是活跃在 1950 年代极少数的前沿历史学家之一，如果他足够长寿，可能会将《牛津历史著作史》（*The Oxford History of Historical Writing*）视为一个美好而必要的东西。

正是他在 1956 年组织了有关历史研究当前方向的专题座谈会，在《泰晤士报文学增刊》上发表了一系列专论。将过多的阅读合为一个单独的观点集合无疑会带来失真：作者们的选择指向了那些巴特菲尔德所知道的和那些到了"某个年龄"（他们之中的三个人超过了 75 岁）的人；因此，座谈会反映了当前历史学的"长者观点"，由于其描述目前关注点中的原因，恰好是具有启发性的。这次座谈会详述的议会和宪法的历史，10 年后引起杰弗里·巴勒克拉夫重审了在"历史的新方法"标题下的《泰晤士报文学增刊》这三期论述，排除了巴特菲尔德早期编辑的"狭隘主义"，不是强调历史写作的自主性，而是强调随着这一途径推进的"历史学与同类学科的相互关系"，基斯·托马斯（Keith Thomas）和摩西·I. 芬利（Moses I. Finley）在内的激进历史思

---

① 近期有 C. T. McIntire，*Herbert Butterfield*：*Historian as Dissenter*（New Haven，2004）；Michael Bentley，*Modernizing England's Past*：*English Historiography in the Age of Modernism*，*1870—1970*（Cambridge，2005），144—48；和 Bentley，*The Life and Thought of Herbert Butterfield*（Cambridge，forthcoming，2011）。

② 我在即将出版的巴特菲尔德传记中论述了这一过程。

想被用来证明他的意图。仅仅 10 年，一个更为扩大的视野使得激发前进或仓皇后退成为可能。埃尔顿，一位愤怒于 1963 年剑桥钦定教授选举、反抗 1966 年座谈会"自大"的人，在与一个走向错误的世界进行对抗的过程中，匆匆完成了他最糟糕一本著作。[1]

分裂与革新

是什么发生了变化？是英国。在 1950 年代下半叶，大规模移民打破了这一代的宁静。新的音乐淹没了这一切。消费主义使他们变得粗俗。"苏伊士"使他们受到屈辱。战后非洲殖民主义的修正与泰勒对战争起源的修正、彼特·索耶（Peter Sawyer）对维京人是否和平的判定出现在同一年，这难道是一个巧合？[2] 也许是的，因为历史的脚本并不是由上天写好的。混乱与修正的概念依然不是幻想。更何况，人们应当向下看而非向上看。这正是"自下而上的历史"（history from below）流行的时期——它受马克思主义的启发，但同时也游走于新民粹主义之中，其代表人物是著有《英国工人阶级的形成》（*The Making of the English Working Class*，1963）的 E. P. 汤普森，他在这本书中以非凡的吸引力概述了这一概念。汤普森不但写作上像一位诗人，看起来也像诗人。他那被戏剧式的手势向后掠去的、卷曲颤抖着的头发上，戴上了名为具有称羡说服力的演讲者王冠，那散文似乎如此有力，以至于一时使人无从批判它的内容。汤普森对"阶级"的理解是建立在自己的创造和对历史事件的结合上的，而不仅仅是

300

---

[1] G. R. 埃尔顿，*The Practice of History*（Sydney，1967），尤其他对于教育教学服务研讨会（TLS，Teach and Learning Services）谴责的 18 点，认为那是"短暂的，是通过一种迷人的傲慢和历史来看的无效断言达到"。

[2] R. Robinson and J. Gallagher with Alice Denny，*Africa and the Victorians*（London，1961）；A. J. P. Taylor，*The Origins of the Second World War*（London，1961）；和 P. H. Sawyer，*The Age of the Vikings*（London，1962）。

把前人的研究照搬到一个新的时期。1790 年到 1830 年间的岁月看起来是如此的不同，直到批评者们重新组合起来。汤普森在后罗宾斯时代（post-Robbins）的大学证明了自己，不仅体现在其任职于沃里克大学，也体现在其身为新学问领域的领军人物上。慢慢地，通过那些懂得如何阅读文档和如何重组汤普森所忽视的碎片的次要人物，他构筑的大厦崩溃了。到 1965 年，他和佩里·安德森、路易·阿尔都塞进行了一场有关三种路径的常规理论的艰难角力，暗示马克思主义学术的有效性在英国的终结，汤普森在争论中获胜，他同时赢得了受《新左派评论》（*New Left Review*）激励的新左派和新右派的赞赏。同时，汤普森前往美国去寻求他一直向往的雅各宾主义。在 1956 年的布达佩斯和 1968 年的布拉格之间，霍布斯鲍姆开垦了一条越来越孤独的犁沟。建构历史属于 1960 年代后期的剑桥，有时它沉迷于一个杰出的马克思主义者所说的"否定的情绪"。[①]

被剑桥学派，尤其是剑桥大学彼得学院，所否认的，是视阶级斗争的集中为英国国内任何政治分歧的决定性因素。不同于左派，彼得学院的学者们明确地抨击了现有证据的指控：哪些证据，来自于谁，处于什么背景下？关注于短时期可能让步于更加详细的编年调查，为大量支持者所追随的莫里斯·考林（Maurice Cowling）和约翰·文森特（John Vincent），给左派的计划带来了极有毁灭性的批判和轻蔑，并向大众展示了如何利用英国的政治历史来构造一个全新的故事。当然，讽刺并不是对阶级的否定，而是对政治本身作为历史解释中之独立存在的否定，而这也正根植于剑桥历史解释的传统中。整个 1950 年代，巴特菲尔德和纳米尔的争论至少使这些"观念"的火焰得以继续燃烧，原因在于巴特菲尔德激烈地反对纳米尔的以下观点，即由于观念自身是不理解的，而是基于个人而被认识，因而观念在大众行为中并未扮

---

① 1969 年，罗伊登·哈里森（Royden Harrison）与这位作者有过对话。

演重要的角色。^① 从 1960 年代末开始，由一群才智过人的英国学 301
者所掌握的争论再次燃起，它们希望继续改变思想史的本质及其
与政治思想的关系，最为典型的是昆汀·斯金纳（Quentin
Skinner）。^② 自从"思想史的意义和理解"出现在《历史与理论》
（*History and Theory*）1969 年 10 月刊的那一刻开始，斯金纳拥
有不同于研究近代早期思想的智性力量、历史想象和哲学理解
力，他坚持认为当代话语脱离了临时地点和复杂悠久的语言仅仅
带来了断裂感，从而永久地改变了过去学者对霍布斯的理解。同
时，同样具有影响力的是新西兰人 J. G. A. 波考克（J. G. A.
Pocock）和好辩的剑桥人约翰·邓恩（John Dunn），他们的作品
为思想史带来了新的活力，而这也正是美国《观念史杂志》
（*Journal of the History*）所提倡的。^③ 然而，这关系到一个问题，
即这种历史写作不应该把论述思想作为一种附加品，它本希望成
为结构的一部分和历史解释的中心。这个问题使得许多剑桥历史
学家的早期作品中对纳米尔带有一种巴特菲尔德式
（Butterfieldian）的敌意。^④ 即使是在赎罪的莫里斯·考林，也在
1975 年以后放弃了那个封闭的高层政治的世界，转而开始书写关
于 1840 年以后英国社会的宗教史及其与当时社会舆论的关系的 3

---

① 巴特菲尔德最为有力的冲击可能来自于他的《乔治三世与历史学家》（*George III and the Historians*，London, 1957），193—299。

② Quentin Skinner, *The Foundations of Modern Political Thought*, 2 vols. (Cambridge, 1978); and id. , *Visions of Politics*, 3 vols. (Cambridge, 2002).

③ J. G. A. Pocock, *The Ancient Constitution and the Feudal Law* (Cambrige, 1957); id. , *Politics*, *Language and Time* (New York, 1974); id. , *The Machiacellian Moment* (Princeton, 1975); id. , *Virtue*, *Commerce and History* (Cambridge, 1986); John Dunn, *Modern Revolutions* (Cambridge, 1972); id. , *Western Political Theory in the Face of the Future* (Cambridge, 1993); id. , *The British Empiricists* (Oxford, 1992); id. , *History of Political Theory and Other Essays* (Cambridge, 1996); and id. , *Setting the People Free* (London, 2005).

④ John, Brew, *Party*, *Ideology and Popular Politics at the Accession of George III* (Cambridge, 1976).

卷本著作。① 历史学失去了对政治的热衷，学生们也失去了学习政治史的兴趣。正如大学所带来的，政治史成为了一个悄无声息的领域。

　　然而，在这平静的外表下，我们仍可从对过去研究的回顾中辨识出其中的不稳定因素。向一种更加人类学视角的移动，促使一些历史学家开始拓宽他们研究的视野。通常被认为是英国历史学家中更为保守的团体的中世纪史学家们，感受到了如彼得·布朗（Peter Brown）② 一样的富有想象力的思考者所带来的印象，而且，他们其中的一些人开始感受到由乔治斯·杜比、雅克·勒高夫和埃马纽埃尔·勒华拉杜里等人发声的巴黎式史学的诱惑力。美国人类学家克利福德·格尔茨曾将历史学思维引入到对巴厘岛斗鸡的研究中，并以此作为"深描法"的一个案例，而现在他将自己的研究转向了宗教人物。③ 尽管后结构主义的广阔外围在英国没有引起太大的轰动，它还是成为了各大研讨会讨论中的一个重要（并枯燥）的元素，这些研讨会的主体包括叙事、心态、文本、符号，还有广泛使用的"文化"。更不用说它对性别研究的持续影响了，性别研究逐渐摆脱了它所根植的女性史，开始追求对异性或同性关系之间的更精细的研究。④ 这种研究领域的扩大部分地来源于对海登·怀特作品中严肃的认识论和一系列刊登于《历史与理论》的文章的阅读，但是在英国这种现象并没有广泛发生。推动其发展的反而是一种无意识形式的流行，因历史学家不想在法国和美国出现新说法时表现得毫不知情。

---

① Maurice Cowling, *Religion and Public Doctrine in Modern England*, 3 vols. (Cambridge, 1980—1976).

② Peter Brown, *Augustine of Hippo* (London, 1967); id., *The World of Late Antiquity* (London, 1971); id., *The Body and Society* (New York, 1988); 和 id., *Authority and the Sacred* (Cambridge, 1995).

③ 相关介绍参见 Clifford Geertz, *The Interpretation of Cultures: Selected Essays* (New York, 1973)。

④ 参考书目现在是十分丰富的，但入门的这类专门期刊是 Gender History (1989—)。

关于国内研究，撒切尔时代带来了一种英国式的民族主义——或者说在知识分子中存在一种与之对抗的戏剧性反应——同时也带来了"不列颠"作为一个整体的身份危机。苏格兰人、威尔士人和北爱尔兰人是否希望把自己与"不列颠人"联系在一起？1969 年之后的数年见证了北爱尔兰的不幸和暴力；1995 年之后的时期在现实政治的范围内，带来了下放给苏格兰和威尔士的议会的繁荣。这些运动带来的多样压力具有一个假定的历史前提，而在讨论这一主题时我们不能比那些面对它们的政治家更能够逃避这些压力。然而，作为观念一部分的"英国性"的危机和"英国历史"的生命力的研究不（再次）开始于伦敦，也不是开始于爱丁堡或者贝尔法斯特，而是开始于新西兰，这是从波考克在他的有争议的《牛津英国史》（*Oxford History of England*）中一章叙述自己因泰勒在英国的解职感到沮丧而开始的。[1] 波考克对此的回应是他 1973 年在坎特伯雷大学第一次所做的比格尔霍尔纪念演讲，他在演讲中表达了对重新架构英国历史的呼吁。特别是，波考克呼吁"一种包含了整个盎格鲁—凯尔特边界的、为不断增加的英国政治和文化所支配的多元历史整合"。[2] 几年之后，他用一种更系统的方式重申了这一论题，表达了对这一论题记录的一种需要，但是没有人能理解这种政治结构在解释英国具体案例中所体现的重要性。他把不列颠岛当作"大西洋群岛"的一部分，并将这个不好听的描述词"群岛"介绍给英国历史学家。[3] 他们并没有感受到这种群岛情绪。自认为是太平洋岛民的波考克已经将他自己的思想从澳大利亚带到了不列颠群岛，即便在与爱德华·吉本进行了史诗级的对话后，波考克仍然为自己看

303

---

[1] Taylor, *English History*, pp. v—vi.

[2] J. G. A. Pocock, 'British History: A Plea for a New Subject', *Journal of Modern History*, 47 (1975), 601—621, at 605.

[3] Id., 'The Limits and Divisions of British History: In Search of the Unknown Subject', *American Historical Review*, 87 (1982), 311—336, at 316, 318, 336.

待英国历史的角度摇旗呐喊。[1]

不管怎样，他的理论还是有些合理之处。在 1980 年代中期教授英国历史的人中间，弥漫着一种忧郁感和游离感，这是源于此时支持他们的研究经费缩减，历史学的地位也处于低谷。大卫·康纳汀（David Cannadine）在一种普遍的、被观察到的沉思中抓住了这一情绪，而这一沉思来源于这一学科的过度专门化，带来了博士论文的大量生产，而面向更广读者的著作匮乏。[2] 几乎是在同一时刻，基斯·罗宾斯（Keith Robbins）在牛津的福特演讲中也抱怨道，"几乎所有的英国作者都没有对'不列颠'进行严肃探讨的兴趣"，于是他开始策划一个重新教育的项目，这个项目希望通过阅读多种出版物，以试图使苏格兰、威尔士、爱尔兰与英格兰历史的互相贯通获得关注。[3] 在这些地域中，学术促进了这一进程的展开，并排除了这些分离的历史是作为补充更有意义之英国历史的某种附属叙述的暗示。这些宣言取代中庸之时可能发出了尖锐的音色，但头脑清醒的学者尝试将英国历史放入一个更为广阔的框架内进行研究的例证同样丰富。在危机四伏的北爱尔兰，J. C. 贝克特（J. C. Beckett）冷静的洞察力证实了这种研究存在的可能性。[4] 在苏格兰，中世纪史学家杰弗里·巴罗（Geoffrey Barrow）提出了比较史中存在的问题，而克里斯多夫·斯莫特（Christopher Smout）在其环境史研究的推进中，扩展了苏

---

① Id., *Barbarism and Religion*, 4 vols. (Cambridge, 1999—).

② David Cannadine, 'British History: Past, Present—and Future?' *Past and Present*, 116 (1987), 169—191.

③ Keith, Robbins, *Nineteenth-Century Britain: Integration and Diversity* (Oxford, 1988), 1.

④ J. C. Beckett, *The Making of Modern Ireland* (London, 1966); and id., *Confrontations: Studies in Irish History* (London, 1972).

格兰经济社会史的维度。① 威尔士则发现了令人鼓舞的、谦逊的
传记作家和特使 R. R. 戴维斯（R. R. Davis）。② 英格兰对整合
英国历史缺乏热情，教学大纲继续反映出他们只简单关注着英格
兰历史。一个突出的例外是康拉德·罗素（Conrad Russell）后来
的研究，他坚信苏格兰和爱尔兰是解释英国内战起源的关键。③ 304
对于早期的中世纪史学家而言，"英格兰"的地位本身存在着传
统问题，就如在这些被命名的领土和大陆之间的关系中存在着问
题一样——这一问题吞噬了一代能干者的努力，包括詹姆斯·坎
贝尔（James Campbell）和大卫·邓维尔（David Dumville），还有
如西蒙·凯恩斯（Simon Keynes）和帕特里克·沃莫尔德
（Patrick Wormald）那样的年轻新星们。

　　在 1970 年后的 20 年间，分裂远远超出了地理概念的范畴。
关于适当的不列颠历史包含何物的质疑扩展成为了一个更加广泛
的担忧，既对这个学科本身担忧，也对它应当合理地让位于何物
而担忧。实证主义至少保有着为达自身目的而寻找新真理、新发
现的热情。后现代主义框架的思想攻击削弱了历史学科研究的理
性模式，通过详述"现代主义"（到达了任何过去所反映出的都
只是它现在所被观察到的东西的程度），它使人们对仍在研究教
学占据统治地位的宪政史和教会史感到不耐烦。相对主义的对抗
力量依然存在：对方法论和证据考证的研究训练提供了一道屏障，
以抵御其他方面逐渐增加的对学科根本根基的质疑。随着福柯自
身无法胜任历史学家已经变得十分明显，在英国很少有人读福

① G. W. S. Barrow, *Kingdom of the Scots*（London，1973）；id.，*Kingship and Unity*（London，1981）；T. C. Smout，*History of the Scottish People*（New York，1972）；and id.，*Nature Contested：Environmental History in Scotland and Northern England since* 1600（Edinburgh，2000）.

② R. R. Davies，*Conquest，Coexistence and Change：Wales，1063—1415*（Oxford，1987）；and id.，*Domination and Conquest：The Experience of Ireland，Scotland and Wales，1100—1300*（Cambridge，1990）.

③ Conrad Russell，*The Causes of the English Civil War*（Oxford，1990）；and id.，*The Fall of the British Monarchies，1637—42*（Oxford，1991）.

柯，相信其历史理论的人则更少。他乐意研究一些危险的主题——性、躯体、疯癫、文化权力和知识的依附性——英国史学认为这些概念是精神错乱的，然而，这些概念慢慢从英国史学的保护膜上渗透下来，而在接下来的数十年，一系列的学术研究若不是在研究模式上，便是在主题相关性上，显示出了一些被后现代假设所沾染的东西——尤其是那些本会被震惊的学者带来了这种联系。现代自身在如今每个人都置身于的新政治、种族多元化和信仰多元化中，留下了更为显著的影响。对边缘者和被遗弃者的历史研究增多，其并非出自马克思主义的阶级压迫理论，而是出自一种更温和的文化主义，这种文化主义似乎提供了一种在保持传统方法的同时锁定具有更大"相关性"新目标的方法，在当时对这一词汇如何发挥作用的观念中，"相关性"是一个恶意词汇。1991 年基斯·詹金斯（Keith Jenkins）出版他的《对历史学的反思》（*Rethinking History*），"脚踏实地"的大量真实历史使他的论点——尽管它们许多都很粗糙而受质疑——看起来更像是传统的智慧而非颠覆性宣言。

1980 年代见证了英国历史的某种迷惘，同时也见证了扩展学科焦点边界的某种尝试。最为重要的是，一种历史学具有理论体系的观点被年轻一代的学者所接受。这种并不激进的结论并没有总是牵扯到"语言转向"：它可以使人们意识到，社会人类学作为一种解决问题的路径可以提供很多方法，尤其是在前现代历史问题上；它可以反映出社会科学的觉醒；它可以解释，为何《泰晤士报文学增刊》如今在历史评论中收录了许多难懂的文章。昆汀·斯金纳关于人文科学中"大理论"回归的多数杰作中，总体增强了其内部关联，并确认了一个重要转换的到来。[①] 罗杰·夏蒂埃关于印刷与文化的文章也值得关注，尤其在早期的现代主义研究者和推动此后 90 年代"文化转向"思考的学者中。即使是

---

① Quentin Skinner（ed.），*The Return of 'Grand Theory' in the Human Sciences*（Cambridge，1985）．

在传统学者中，学术权威迈克尔·奥克肖特1983年的如下言论给那些能够理解其内容的人留下了印象，即历史知识的后现代主义研究并不是像他们所体现的那样只是小说一样。[1] 当然，我们也可以忽视所有这些，并继续埋头于追求1945年以来的旧的历史研究范式，大部分的英国历史学家正是这么做的，这是出于对周围变化的不适——经常是一种轻视——他们的同事和研究生中的激进分子说着一种他们难以理解的言论。但随着柏林墙的倒塌，以及大陆间的明显靠近，对这一学科重要性的信心得以重拾，从而带来了90年代早期面对弗朗西斯·福山的《历史的终结与最后的人》（*The End of History and the Last Man*，1992）的某种怀疑，而就历史作为一种重要文化工具的潜能而言，积极主义重生的年代开始了。

如果说"语言转向"只为英国史学带来了间接的影响，它颠覆性的继承者"文化转向"则具有更大的影响力。两种观点可以用来解释这一现象。首先，一种对语言作为历史架构决定性因素的理解，要求人们掌握认识论的关键概念，以及盎格鲁撒克逊环境下的训练中所缺少的一种理论气质。其次，文化史这一主题似乎在用熟悉方法探索未知领域方面显得更为开放。无论"文化史"是什么，它不要求有哲学训练，而且它能保证得到有价值、可实现（并经常是畅销）的结果，而这不需要搜肠刮肚地对"叙事"进行分析。再一次地，这种刺激来自于1980年代不列颠之外的名作中，如罗伯特·达恩顿的《屠猫记》（*Great Cat Massacre*，1984）和罗杰·夏蒂埃的《文化史》（*Cultural History*，1988）。在一定程度上，他们给大西洋两岸都带来了研究的新模式。[2] 这种英语语系的渗透性使得人们难以从国度的角度区分这些关于文

[1] Michael Oakeshott, *On History and Other Essays* (Oxford, 1983).

[2] Lynn Hunt (ed.), *The New Cultural History* (Berkeley, 1989); Peter Burke, *Varieties of Cultural History* (Cambridge, 1997); and Boris Ford (ed.), *The Cambridge Cultural History of Britain* (Cambridge, 1992).

化转向的特定材料，但我们马上可以看到，1980 年代后期以来带有副标题图书的大量出现，正如 60 年代出现的与"社会"相关的刻板式图书。紧接着是"文化史"，无论是关于任何国家的历史写作（对第三世界国家文化的研究更是无处不在的），还是关于在英国，苏格兰民族主义者摆脱受冷落地位而成为英格兰民族主义者的写作。[①] 这一现象出现在整个欧洲，或者说是欧洲一部分，例如法国革命。[②] 它能够解释教育结构或整体战争的影响。[③] 但为什么要放弃传统史学？随着新千年的到来，书店里出现了关于食物、献祭、鬼魂、噪声、手写、绘图、腹语、光头、电视节目、巴黎时尚、恐怖电影、整形手术、衰老和安乐死等各领域的"文化史"。不可避免地，这一动力使年会、新学术期刊、特许使用金做好了作者与广泛历史大众联系的准备。它并没有生产，但却毋庸置疑地带来了如下特征，即电视上为大额支票而打造长系列的明星历史学家的增多。自从 90 年代竞争开始，没有出现什么能改变这一现状，这种情况似乎将成为英国历史研究中永存的一部分。

但是我们应该立刻保持警醒。这些热情仅仅能吸引到年轻一代学者，而非历史教授中的资深人物，除了带着对历史著作长久、激进关注的基斯·托马斯、带着对吕西安·费尔夫（Lucien Fevre）和斯图尔特·克拉克（Stuart Clark）关注的彼得·伯克，

---

① Gerald Newman, *The Rise of English Nationalism*：*A Cultural History*，1740—1830（New York，1987）；和 Paul H. Scott, *Scotland*：*A Concise Cultural History*（Edinburgh，1993）。

② William J. Bouwsma, *A Usable Past*：*Essays in European Cultural History*（Berkeley，1990）；和 Emmer Kennedy, *A Cultural History of the French Revolution*（New Haven，1989）。

③ L. W. B. Brockliss, *French Higher Education in the Seventeenth and Eighteenth Centuries*：*A Cultural History*（Oxford，1987）；和 Jay Winter, *Sites of Memory*，*Sites of Mourning*：*The Great War in European Cultural History*（Cambridge，1995）。

后者在将年鉴学派展示给英国大众中比任何人做得都多。① 英国的传统历史教育的本质——它关注于教授以严谨处理资料为基础的、细致的经验主义探索，以及在大学专题课程和构成最英式摘要核心的论文中，所获得的运用来源批判（*Quellenkritik*）的能力——导致了一种自发的、消极的研究品格：有能力去发现论述中的错误之处，但不愿去相信新的说法。这种情绪在腐蚀一切"理论"或"抽象"主张上比它创造它们更为容易，而新千年还未见证，在 1992 年大学新浪潮之外，它从基于 150 多年训练和经验费力发展而来的位置上有所后退。有些人发现了这种令人讨厌的抵抗，并因此离开了英国：想到了劳伦斯·斯通、杰弗里·巴勒克拉夫、彼得·布朗、杰弗里·帕克（Geoffrey Parker）和西蒙·沙玛。反观那些没有离开的学者，我们会回想起那些在我们所考察时段内达到了顶峰的重要学者，例如休·特雷费—罗珀、A. J. P. 泰勒、路易斯·纳米尔、赫伯特·巴特菲尔德、R. W. 萨瑟恩、G. R. 埃尔顿、帕特里克·科林森和基斯·托马斯。他们学养的深厚和他们撰写优美文章的能力，而非他们以新理论颠覆世界的能力，使得他们在学术史上留名。

307

当务之急

那么现在呢？要形成关于某人自身环境的图景是一个注定要失败的计划：因为眼界太过接近。然而问题远不止这些。在 1966 年这个特殊年份 40 年后的 2006 年，当《泰晤士报文学增刊》想对英国的史学进行概览时，失望地发现无法找到其连贯性。要指

---

① Keith Thoms，*Religion and the Decline of Magic*（London，1971）；id.，*Man and the Natural World*（New York，1983）；id.，*The Ends of Life*（Oxford，2009）；Peter Burke（ed.），*A New Kind of History*（London，1973）；id.，*New Perspectives on Historical Writing*（Cambridge，1991）；id.，*The French Historical Revolution：The Annales School*，1929—89（Cambridge，1990）；和 Stuart Clark，*The Annales School*，4 vols.（London，1999）。

出当前的关注点以及其与过去研究的分离之处是容易的。例如，在 1966 年，《黑色英国历史手册》（*Companion to Black British History*）被看作是超现实的，就像当时对战后英国社会同性恋历史的研究被认为是不合适的一样。[①] 同样清楚的是，1966 年流行的传统主题，外交、宪政、帝国主义、教会等，如今是作为"文化史"的一部分而存在。尽管这些研究处于下滑趋势——这并不是个好现象，其中两个领域的研究还是建立了自己的学术期刊。[②] 苏联、东欧的解体和巴尔干半岛 1990 年代的民族清洗带来了对"民族认同"的热捧，这为历史研究添加了一个无处不在而十分混乱的主题。然而在这个千年纪的研究中，更为强力的是本该成为最佳的"物质性"研究遭受挫折。起源于人类学的"物质文化"概念在确认这一意义中扮演了重要角色，而针对所有时期、所有文明的物质史及其象征意义进行研究的著作、文章过多的出现，是近年研究的特点所在。从德国历史研究概念"日常生活史"（*Alltagsgeschichte*）中渗透出来的一些研究元素可能已经在现代消费主义的研究中占有一席之地了，这一变化体现在我们从研究吸尘器的历史转向了对制作蛋糕、倒茶的叙事中。同时，两个关于世界形势的事实也不可避免地在历史叙事中相遇了，体现在全球化和自然环境的压倒式先入地位。前者已经与 J. M. 罗伯特（J. M. Roberts）1970 年代在英国首创的"世界历史"这一旧观念相融合了，[③] 并带着某种尴尬与现代化理论相遇。环境史这一概念在成为美国历史写作特征之一之后，经过了很久得以建立，而它已经得到了大笔的资金援助，并见证了坚实的基础型学

308

① David Dabydeen, John Gilmore, and Cecily Jones（ed.），*Oxford Companion to Black British History*（Oxford，2006）；Matt Houlbrook，*Queer London：Perils and Pleasures in the Sexual Metropolis*（Chicago，2005）；和 Rebecca Jennings，*Tomboys and Bachelor Girls：A Lesbian History of Post-War Britain*（Manchester，2007）。

② *Parliamentary History*（1982）；和 *Diplomacy and Statecraft*（1990）。

③ J. M. Roberts，*The Hutchinson History of the World*（London，1976）.

术机构的开端。[1] 女性主义自 1970 年代以来就是英国历史研究的特征之一，而它已经开始在淡出性别研究，并与它曾经的弱势相比更缺少竞争性，至少情况在英国是这样的。总体而言，与 1990年代后现代主义的异想天开不同，如今（2008）的书籍写作回归到了更严谨的分析中。

或许在我们现今的研究中，有两个更深层次的元素是值得关注的。历史学信息与广大公众的交流通过电视节目和例如《历史上的今天》（*History Today*）、《BBC 历史杂志》（*BBC History Magazine*）的流行杂志等方式实现，而这唤醒了，或者说是服务了，人们对寻找过去历史的显著需求。作为一个传统项目，它通常向观众讲述国王和王后的历史，或者有百万分之一的几率会讲述纳粹德国的历史。尼尔·弗格森（Niall Ferguson）、大卫·斯塔基（David Starkey）这样地位的优秀传播者带来了隐居学者所不能达到的影响，正像杰出历史学家们的出版物已经使读者大众接触到了严肃的著作，例如伊恩·克肖爵士（Sir Ian Kershaw）和理查德·埃文斯（Richard Evans）对德意志第三帝国的总结。[2]历史移动到了书店的橱窗中，并在 1970 年代吸引了多到难以置信的追随者。关于这种情况为何出现，激发了人们一连串的思考，但并没有明确的答案。其次，尽管不是出于自愿，历史学在1980 年代和 1990 年代，获得了后现代主义学者所宣扬的自我意识或者说是自反性。出版商们开始推荐关于历史编纂、史学方法和历史哲学的书籍。认为历史是历史学家案头深思熟虑之产物的

---

① 这一主题的参考书目美国人占绝对优势，但可以参见 B. W. Clapp, *An Environmental History of Britain since the Industrial Revolution* (London, 1994)；和 John Sheail, *An Environmental History of Twentieth Century Britain* (Basingstoke, 2002)。

② 关于伊恩·克肖（Ian Kershaw），可参考 Richard J. Evans, *In Hitler's Shadow* (New York, 1989)；id., *Rethinking German History* (London, 1990)；*Lying about Hitler* (New York, 2001)；和 id., *The Third Reith Trilogy*, 3 vols. (London, 2008)。

想法——这一想法是巴特菲尔德、欧克肖特以及 50 年前那些如他们一般的人所深刻感受到的——如今在大学必修课程和学校教学范式中展现自我。并不是所有这些发展都需要控制和批准的。正如布莱尔·沃登（Blair Worden）多年前所说的，当面对一群只知道克里斯托弗·希尔（Christopher Hill）是一个马克思主义者、而不知道任何都铎王朝历史进程的小学生时，人们的确会感到厌烦。黎明总是比黑暗更加令人振奋，同样地，当对历史学的研究成为通向历史的一条道路而非其可有可无的附属品时，它才能帮助体现其意义所在，才能在那些经常发现问题具有吸引力的年轻人的头脑中，真正地占据一席之地。当英国的教育政策颠覆了历史学科的学术性，并将它献祭于一个没有任何历史学家将朝拜的神坛，历史学的教学和公众宣传也能够帮助培养下一代对历史论述的重视。

309

大事年表/关键日期

- 1945　第一届多票当选的工党政府诞生
- 1947　印度和巴基斯坦的独立
- 1963　《罗宾斯报告》（Robbins Report）修正了大学的扩张
- 1968　塔利克·阿里（Tariq Ali）和凡妮莎·蕾格烈芙（Vanessa Redgrave）在格罗夫纳广场的美国大使馆前发起游行，抵抗越战
- 1969　爱尔兰"问题"的开始
- 1973　英国加入欧洲经济共同体（the European Economic Community）
- 1979　"不满的冬天"（Winter of Discontent）；5 月，保守党获得了此后三次当选执政的首次胜利，玛格丽特·撒切尔（Margaret Thatcher）出任首相，推行新保守主义经济政治政策
- 1981　爱尔兰囚犯的绝食抗议
- 1982　马岛战争（Falklands War）

- 1984　矿工罢工
- 1990　玛格丽特·撒切尔辞职
- 1992　"新"大学的首创
- 1997　工党获得了此后三次当选执政的首次胜利，托尼·布莱尔（Tony Blair）出任首相，开启了"新工党"时代
- 2001　入侵阿富汗
- 2003　入侵伊拉克
- 2005　托尼·布莱尔（Tony Blair）辞职，戈登·布朗（Gordon Brown）继任
- 2010　未完的选举；联合政府的形成

主要史料

- Butterfield, Herbert, *Christianity and History* (London, 1949).
- Clark, Stuart, *Thinking with Demons: The Idea of Witchcraft in Early Modern Europe* (Cambridge, 1997).
- Cowling, Maurice, *Religion and Public Doctrine in Modern England*, 3 vols. (Cambridge, 1980—2000).
- Evans, Richard J., *The Third Reich Trilogy*, 3 vols. (London, 2008).
- Hobsbawm, Eric, *Industry and Empire* (Harmondsworth, 1969).
- Houlbrook, Matt, *Queer London: Perils and Pleasures in the Sexual Metropolis* (Chicago, 2005).
- Kershaw, Ian, *Hitler*, 2 vols. (New York, 1998, 2000).
- Robinson, R. and Gallagher, J., *Africa and the Victorians* (London, 1961).
- Russell, Conrad, *The Causes of the English Civil War* (Oxford, 1990).
- Skinner, Quentin, *The Foundations of Modern Political*

310

Thought, 2 vols. (Cambridge, 1978).

- Taylor, A. J. P., *The Origins of the Second World War* (London, 1961).

- Thomas, Keith, *Religion and the Decline of Magic* (London, 1971).

- Thompson, E. P., *The Making of the English Working Class* (London, 1963).

- Titmuss, Richard, *Problems of Social Policy* (London, 1951).

- Trevor-Roper, Hugh, *The Last Days of Hitler* (London, 1947)

- Wrigley, E. A. and Schofield, R. S., *The Population History of England*, 1541—1871 (London, 1981).

参考书目

- Bentley, Michael, *Modernizing England's Past: English Historiography in the Age of Modernism*, 1870—1970 (Cambridge, 2005).

- Burke, Peter, *History and Historians in the Twentieth Century* (Oxford, 2002).

- Cannadine, David (ed.), *What is History Now?* (New York, 2002).

- Evans, Richard J., *Cosmopolitan Islanders: British Historians and the European Continent* (Cambridge, 2009).

- Jenkins, Keith (ed.), *The Postmodern History Reader* (London, 1997).

- Soffer, Reba, *History, Historians and Conservatism in Britain and America: The Great War to Thatcher and Reagan* (Oxford, 2009).

- Thompson, Willie et al. (ed.), *Historiography and the British Marxist Historians* (London, 1995).

- Warrington, Marnie Hughes (ed.), *Fifty Key Thinkers on History* (2nd edn, London, 2008).
- Winks, Robin (ed.), *The Oxford History of the British Empire*, vol. 5: *Historiography* (Oxford, 1999).

钱栖榕　译

第十五章　斯堪的纳维亚的历史写作

罗尔夫·托斯坦达尔

　　二战之后，斯堪的纳维亚的历史写作进行了彻底的变革。历史编撰在斯堪的纳维亚国家中以紧密的方式得到发展，遍及丹麦、挪威和瑞典。其间大致可分为三个时段：1945—1960、1960—1985 年以及 1985 年至今（2010 年）。第一阶段，旧的历史写作逐渐走向末路；第二阶段，作为个人事业的历史研究模式被颇具规模的集体研究所取代，特别在被社会学理论武装的社会史领域尤显突出。第三阶段，历史学所触及的范围不断扩大，它与学科联合间构成一种新的张力。

　　本章即要追寻历史写作在斯堪的纳维亚三国这一普遍发展，并杂糅一些细小方面的多样性变化。① 芬兰的历史编撰虽然和斯堪的纳维亚地区的历史学紧密相关，但由于它们很少用瑞典语书写，故难以为斯堪的纳维亚的研究者所利用。因此，下文不会述及芬兰的历史写作。

制度方面的条件与变化

　　比起二战前，斯堪的纳维亚的历史学家在战后的联系更为紧密。早在一战前的 1905 年，北欧的历史学家就曾举办过一次全体会议，甚至在相互敌对的战争年代里，他们坚持进行了六次这

---

① 感谢 Jan Eivind Myhre（Oslo），Thorsten Nybom（örebro）和 UffeØstergaard（Copenhagen）对于本文早期版本的评论。

样的会议。1948 年后，这一全体会议终于常规化，规定每三年举行一次。来自斯堪的纳维亚、冰岛和芬兰的历史学者在那里聚首，讨论共同关心的课题。另一系列重要的会议是由北欧历史方法论协会在 1965 至 1989 年间定期举办的，虽然它存在的时间不长，但在当时具有非凡影响力。这些主题会议同样邀请了芬兰客人，晚些时候又接纳了冰岛历史学者。1980 年中期以降，北欧妇女史研究同僚间也定期碰面，五国的学术界试图通过上述交流共同发展成长。但是随着国际合作的增长，以及扮演好欧盟资助研究角色的需要，斯堪的纳维亚框架不再有利无弊，反而成了一种束缚。同样地，有关斯堪的纳维亚的研究也不再是北欧历史学者决定性的讨论议题，尽管对于历史观来说它仍具相当重要性。

312

　　和欧洲大陆一样，斯堪的纳维亚的大学教育在 1960 年后开始普及。突然间，大学教育不再是小部分年轻人的专利，有超乎之前想象数量的大学生获得了学籍注册。这意味着大学数量得到相应扩充，它们大部分由本来的地方学院或者为满足传播学术教育需要的机构发展而成，其中有些后来成了正规的大学。因此，教授及其他学术教工的数量也获得巨大的增长。历史学科受到了这股潮流的影响而趋势发展，但是社会科学与之相较发展更为壮大。斯堪的纳维亚各国原本惯常设置极少数的最高等级的历史学教职，现在一下拥有了数十位教授和其他高级教师〔可以逐渐晋升为教授〕的庞大编制。但仍然很少有顶级的国家档案管理员的职位和其他职位。随着学术圈的拓展，原来它所特有的严格等级格差渐渐被淡化。大约在新千年之交的时候，教授和博士生可以平等地进行历史问题的商讨，这在二战前简直是难以想象的。

第一阶段：1945—1960 年

　　战后最初的十五年间，活跃在斯堪的纳维亚史坛的不仅有战前就已统治史学讨论的那一代历史学家，我们还能见到新一批卓越的史学后进。这批新锐的普遍特征是试图延续老一代对中世纪及近代早期政治经济史题材的关切，他们活跃在包括芬兰在内的四国史坛，其理念和著作经常被后辈拿来参考。有些早在 1930 年代便开启职业生涯，在战争期间或之后暴得大名，开始树立威望和传达影响。

瑞典历史学者埃里克·朗恩罗特（Erik Lönnroth）30 年代起的著作，尤其是《瑞典和卡尔马联盟》（1934）提供给我们关于瑞典中世纪晚期社会一种崭新的研究视角。对于朗恩罗特而言，那些斗争都是围绕着掌控经济资源展开的，而控制了资源自然就获得权力。关于贸易和税收的强调可能来自马克斯·韦伯的影响，朗恩罗特曾出于个人兴趣进行过相关研究。[1] 他通过强有力的检视得出结论：瑞典中世纪盛期的税收和军事资源之间存在联系[2]，而斗争往往围绕着控制国家要塞、武装力量和省内税收权。

313

很长一段时间内，朗恩罗特的两部早年著作是讨论瑞典中世纪权力结构的出发点，无论后来得出的结论是赞同抑或反对他的这种分析。其他一些研究者也或多或少追随这一传统，从军队和财政资源的控制权出发进行有力的系统论证。这里面最重要的学者当属斯文·尼尔森（Sven A. Nilsson），他最主要的著作关注 16 世纪国王和贵族在资源上的争夺，焦点在掌控财产、采邑（län）还有履行常备军义务等。[3] 1955 年后，尼尔森主要研究转向 17 世纪，并把他强调资源控制的观念运用于古斯塔夫二世、卡尔十世和卡尔十一世战争的分析。自这一原则出发，尼尔森展开对 17 世纪瑞典社会的综合研究，他写了大量极具影响力的论文，主题集中在这一国度内国王与贵族的斗争。[4] 另一位遵循相

---

[1] Rolf Torstendahl, 'Erik Lönnroth (1910—2002)', *Historisk tidskrift* (Swedish, 2002)，587—603.

[2] Erik Lönnroth, *Statsmakt och statsfinans i det medeltida Sverige* (Stockholm, 1940).

[3] Sven A. Nilsson, *Krona och frälse i Sverige 1523—1594* (Lund, 1947).

[4] 其中大部分收入 *På väg mot reduktionen：Studier i svenskt* 1600-*tal* (Stockholm, 1964)。

同传统的历史学家是布里吉塔·奥登（Birgitta Odén）。她的早年研究关注 16 世纪晚期，涉及国家的税收、海关及财政开支。[①] 而接下来两本书中，奥登深刻地阐述了国家贸易政策的重要性。后来她抛离了对资源问题的强调，重新调整了兴趣指向，比如主导了有关环境问题、社会老年人问题等项目的研究。进而，她推动了历史学的发展，使之靠拢并在瑞典传播年鉴学派的方法。[②]

　　二战刚结束的几年里，瑞典的历史学家对历史学科和历史理解产生了不同意见和深刻分歧。尼尔斯·阿恩伦德（Nils Ahnlund）是其中一派的旗手，他主张对过去的人和事抱有一种同情的、连续的理解。他关于历史材料的丰厚知识以及 17 世纪政治的精到分析让对手们都为之折服，其中包括著名的罗恩罗特和尼尔森。

　　二战末期，出于家庭的关系，斯滕·卡尔森（Sten Carlsson）也是与阿恩伦德阵营联系紧密的一员。他是戈特弗里德·卡尔森（Gottfrid Carlsson）之子，老卡尔森曾在 30 年代反对朗恩罗特的观点，旗帜鲜明地宣扬极端民族主义理念。小卡尔森用传统方法书写政治史，同时在社会史方面也颇有建树。在《财产社会和等级民众》（1949）一书中，卡尔森极富创新地考察了地产及其重要性，分析了以财产为中心的政治生活的衰亡原因，并指明它的社会条件基础。卡尔森在历史研究中广泛运用统计学，这是一种全新尝试。他还论述了 1866 年后的瑞典社会发生怎样的变革，在诸如社会各等级未婚妇女的不同状况方面提供了全新的讨论视角。他对社会史的执着兴趣自然而然地开启了移民史研究，并支

314

---

① Birgitta Odén, *Rikets uppbörd och utgift* (Lund, 1955).

② Ead, Alvar Svanborg, and Lars Tornstam, *Attåldras i Sverige* (Stockholm, 1993)；Odén, *Leda vid livet: Fyra mikrohistoriska essäer om självmordets historia* (lund, 1998)；ead., *Lauritz Weibull och forskarsamhället* (Lund, 1975)；and ead., 'Annalesskolan och det svenskla forskasamhället', in Jacques Le Goff and Pierre Nora (eds.), *Att skriva historia: Nya infallsvinklar och object* (Stockholm, 1978).

持他的弟子们将这一集体项目进行到底。

经济史和社会史一样，在战后 10 年得到长足进步。这一领域产生了大量的专属研究人员，哥德堡的阿瑟·阿特曼（Artour Attman）及乌普萨拉的卡尔-古斯塔夫·希尔德布兰（Karl-Gustav Hildebrand）可算是其中翘楚，他俩引领着瑞典经济史研究迈向新的道路。阿特曼关注 16 世纪俄国市场的情况，希尔德布兰则以法伦城市史和银行史见长，这些都给了年轻一辈研究者大量启发。[①] 5 卷本的瑞典工业史巨著《法格什塔冶铁厂史》（1957—1959）也是这两人合作的成果，其中各自独立完成一卷，它为后人树立了工业史研究的坐标。在莱纳特·约伯格（Lennart Jörberg）的领导下，隆德大学的经济史研究渐渐兴起，它们在价格史、价值指数及描绘经济生活中的长时段趋势方面独树一帜。[②]

在丹麦，战后十年间的史学讨论重点是中世纪和近代早期历史，这点和瑞典的情况大致相同。阿克塞尔·克里斯滕森（Aksel E. Christensen）1940 年出版了《1600 年前后波罗的海的荷兰贸易》一书，其中的观点和 1945 年阿斯蒂德·弗里斯（Astrid Friis）的《王国与贵族》形成分歧。《1600 年前后波罗的海的荷兰贸易》一书出版于战争刚刚结束的时候，概览了丹麦的封建制和它与欧洲的互动关系。尽管一开始遭受了批评，但它突破了有关丹麦中世纪社会和社会基础发展的传统观念，特别是在论述争夺军队和财政资源的控制权方面。克里斯滕森积极投身欧洲研究，批评了弗里茨·罗利格（Fritz Rörig）关于卢卑克建城的论文。克里斯托弗·格拉曼（Kristof Glamann）是另一位重要的贸易史专家，他的《荷兰在亚洲的贸易，1620—1740》（1958）很快就成了有关欧洲和远东间贸易往来的经典著作。格拉曼在丹麦

315

---

① Karl-Gustav Hildebrand, *Falu stads historia* (Falun, 1946)；and Artour Attman, *Den ryska marknaden i 1500 -talets baltiska politik 1558—1595* (Lund, 1944).

② Lennart Jörberg, *Growth and Fluctuations of Swedish Industry* 1869 - 1912：*Studies in the Process of Industrialisation* (Stockholm, 1961)；and id. , *A History of Prices in Sweden 1732 -1914* , 2 vols. (Lund, 1972).

史学研究政策方面也很有影响力，他长期担任嘉士伯基金会的主席，该基金会是丹麦人文科学研究方面最重要的资助机构。

在 1960 年之前，丹麦的著名历史学家之间很少进行定期的商讨，每个人都各自为政，完成个人日程安排的事项。弗里德利夫·斯克鲁贝尔特兰（Fridlev Skrubbeltrang）的兴趣在丹麦农村下层社会，他卓越地分析了 17 世纪到 19 世纪初的演变情况，并且在接下来数十年间继续从事这项研究。① 玻维尔·巴格（Povl Bagge）长期担任的《丹麦历史杂志》（*Historisk tidsskrift*）编辑工作，对历史理论和方法论问题尤感兴趣。尼尔斯·斯库姆-尼尔森（Niels Skyum-Nielsen）充当洛里茨·维布尔（Lauritz Weibull）的助手，参与编辑《丹麦外交文献》 （*Dansk Diplomatarium*），以此作为学术生涯的起步。这一经历使他进入了中世纪材料批判的问题领域，发表了一些试图解决斯堪的纳维亚中世纪史问题的新主张。斯库姆-尼尔森另外著有 13 世纪晚期丹麦教会内部斗争的专题论文，这在战前也是一个颇为瞩目的论题。不过后来他改变了研究指向，在论中世纪妇女和奴隶的书中他打破了传统。② 而在研究生涯的末期，斯库姆-尼尔森对媒体及其可信度产生了兴趣，特别撰述了有关影像操纵的文章。斯库姆-尼尔森将他特有的史学智慧运用在中世纪史热门话题的讨论中，但他并不是孤单的。斯文德·埃勒霍伊（Svend Ellehøj）的博士论文聚焦北欧最早的历史写作。③ 在出版了这本广受好评的著作后，他把精力更多放在组织大规模的群体研究上——比如对哥本哈根大学历史的重要考察——而不再进行个人方面的研究。

令人惊奇的是，丹麦历史学家在战后最初阶段很少从事当代史研究，只能获得有限的书面材料恐怕是导致这一局面的决定性

---

① Fridlev Skrubbeltrang, *Husmændog Inderste* (Copenhagen, 1940).

② Niels Skyum-Nielsen, *kvindeog slave* (Copenhagen, 1971).

③ Svend Ellehøj, *Studier over denældste norrønehistorieskrivning* (Copenhagen, 1965).

因素。所以，当约尔根·哈斯特鲁普（Jørgen Hæstrup）着手写作他有关丹麦被占时期历史的博士论文时，其中的关键部分不得不依赖采访等手段，自然饱受质疑和批评。[①] 不过，这意味着口述史学被初步引入丹麦史坛。历史学家们对这一新研究方法充满敌意，哈斯特鲁普在他的同行间并没多高的威信。相反，他之所以能够站稳脚跟，全得仰仗他深受学生和弟子们的喜爱。哈斯特鲁普没有中断他的丹麦被占史研究，1959 年出版的《秘密同盟》（1959）使他成了被占史领域的权威，同时他又主持了挖掘丹麦战时经历的集体项目，是当仁不让的领导人物。

316 　另一位当代史领域的重要史家是斯文·亨宁森（Sven Henningsen），原本他的论文要在德占区奥胡斯接受答辩，然而他追随导师前往瑞典哥德堡，在那里取得了学位。亨宁森主要因为学术组织上的贡献而扬名。1953 年起，他出任哥本哈根大学现代史和社会科学教授，在 60 年代领导了当代史和政治学协会，同时他又是外交政策协会的创办人之一，这也呼应了他本人的研究兴趣。[②]

战后挪威的历史大家们早在战前就已威名四播，其中有三个重要人物不得不提：安德里亚斯·霍尔姆森（Andreas Holmsen）、延斯·阿鲁普·塞普（Jens Arup Seip）以及斯维尔·斯丁（Sverre Steen）。他们的思维观念和特殊专长在当时都是首屈一指的。霍尔姆森主要从事挪威中世纪研究，探讨当时的人口变化和地理学的关系。他开创了一种名为"回溯"的新方法，即利用后世的材料阐述较早时期的人口定居与土地开发。虽然这一方法遭到了质疑，霍尔姆森却在 1940 年后建立了一个学派，他聚集一批学生用"回溯"法研究挪威人口史。在关于 1660 年前的挪威

---

① Jørgen Hæstrup, *Kontakt med England 1940 – 1943* (Copenhagen, 1954).

② Sven Henningsen, *Atompolitik 1939 – 1945* (Copenhagen, 1971).

史概览中，霍尔姆森把结构化的数据和政治发展联系在一起[1]。利用农场名册、地方法、土地所有记录及相关资料，他描绘出农村社会的经济增长与王国崛起交相辉映的画卷，还有上述景象与贵族及大地主的政治关联。这一处理体现了作者勇往直前的气概，产生一种积极向上的乐观主义情绪，但也招来严重的诟病。

　　三位大家中的第二位塞普在战前主攻中世纪历史，不过成名却在战后的 19 世纪历史研究方面。他的作品体现了戏剧感和文论上的精致的完美结合，它建立在运用心理学和政治学中规律和术语的精到分析基础上。长久以来，塞普精雕细琢他关于奥莱·雅各布·布劳奇（Ole Jacob Broch）的传记，除此之外他还写了一些与布氏传记有关联的其他著作[2]，首当其冲的便是 1880 年挪威政治变革的研究。[3] 之后塞普写了一系列论文，其中比较有影响的是 1963 年发表的《从公务员国家到一党制国家》。这篇论文奠定了他后来讨论挪威人权著作的基础，这一著作同时又吸收了他论述挪威保守主义及其范式基础的历史的小册子里的观点。[4] 此外，塞普还著有非常个人化的挪威通史，原计划从 1814 年开始写作，实际上只完成 1884 年之前的部分，以《挪威史观察》（2 卷本，1974、1981）的名称出版。

317

　　在塞普全神贯注于心理和道德因素关联的时候，斯丁则把所有精力投入到社会经济分析中去。不过，理论经济学不是他所追求的目标，他重视的是一种经济上的具体对照，即自然和人造资源的直接使用和贸易及货币交换间两种社会文化的张力。他把这一主题扩展成挪威 18 世纪末至 19 世纪中叶的历史探询，造就了 5 卷本巨著《自由挪威》（1951—1962）中的第四卷《旧社会》

---

① Andreas Holmsen, *Norges historie fra de eldste tider til* 1660 (1938; rev. edn, Oslo, 1961).

② Jens Arup Seip, *Ole Jacob Broch og hans samtid* (Oslo, 1971).

③ Jens Arup Seip, *Et regime foran undergangen* (Oslo, 1945).

④ Jens Arup Seip, *To linjer i norsk histrie. Fra embetsmannsstat till ettpartistat: Høyre gjennom hundreår* (Oslo, 1987).

（1957）。对斯丁和其他一些历史学家来说，挪威山谷和内陆中的小农状况，与地方史和地方自治息息相关。

二战之后，新的一批历史学家登上舞台。英格丽德·塞名森（Ingrid Semmingsen）是挪威第一个取得全职教授头衔的女性（1963），她凭借挪威人移民北美的研究蜚声史坛。不过，这一切起初并不是塞名森的自发兴趣，她受政府委托，为挪威人联盟撰写些东西。渐渐地，它成了塞名森一生的旨趣所在，造就了移民史领域的开山巨作。①

同属年轻辈史学家的还有克努特·米克兰（Kunt Mykland）、阿尔夫·卡特维特（Alf Kaartvedt）以及小爱德华·布尔（Edvard Bull），不过他们活跃的年份稍晚些，一直延续到 60 和 70 年代。米克兰主要关注丹麦-挪威区域的发展，它导致挪威在《基尔条约》规定下渐渐脱离瑞典的统治。同时他指出，大部分挪威人心理上已经做好脱离丹麦的准备，不过只有很少的人投入实际行动以促成此事。卡特维特探讨了 19 世纪挪威政治的发展，以及保守派对议会制的抵抗。他列举了三种主要的保守主义思潮，为此写了好几本书加以说明。② 小爱德华·布尔是挪威工人阶级及工运史方面的先驱，他在博士论文中淋漓尽致地讨论了挪威三大工业区，之后还著有一些次要的研究和调查报告。③ 布尔对于推动在挪威日益受到关注的唯物主义理论同样功不可没，激励了一大批年轻历史学家走上这条道路。

上述就是斯堪的纳维亚历史学在战后最初十五年的概况，它主要特征是延续战前讨论的热点议题，并巩固了战前就已开始的职业化分类。在瑞典，维布尔兄弟的弟子们掌控了学术话语权，但他们的研究对象最终还是背离了自己老师的。其他课题逐渐涌

---

① Ingrid Semmingsen, *Veien mot Vest*, 2 vols. (Oslo, 1941, 1950).

② Alf Kaartvedt, *Kampen mot parlamentarisme* (Oslo, 1957).

③ Edvard Bull, Jr., *Arbeidermiljøunder det industrielle gennombrudd* (Oslo, 1958); and. id., *Arbeiderklassen blir til* (Oslo, 1985).

入职业学术圈，最终夺取了统治地位。这点在丹麦和挪威更早实现，当和平降临之时，旧有的研究体系也就到了山穷水尽的境地。新的挑战不断出现，它们与 18、19 世纪历史问题息息有关，比如基于海量材料的社会结构研究、工人阶级研究和战争年代的相关研究等。这些都将在未来的二十年间结出丰厚果实。

第二阶段：1960—1985 年

　　直到 60 年代早期，历史写作基本上还是项个人承担的任务。当以资助人文科学为己任的研究项目组织起来之后，围绕它创建从事集体研究的社团得以可能，而它的目标往往是某个特定历史课题。这种制度上的变革给历史研究带来了巨大影响。瑞典于斯堪的纳维亚三国中捷足先登，在 1965—1985 年之间率先把集体研究项目摆到非常重要的高度。在挪威，这一变革大致发生在同一时刻，不过个人研究依然有着更强力的代言人和更庞大的支持层。在丹麦，来自大学之外的资助变革就不那么引人注目，因为它们大多还是投在了个体研究者方面。

　　集体项目的好处之一便是可以承担大的课题，这点是个体历史学家无法胜任的。处理社会史的问题需要海量数据支撑，之后就可以试图描述过去所有的社会结构，并解释在其中发生的一切变化。研究者借此想找到能够准确反映社会结构和社会变化的模型。这一方面的典范有，瑞典的"瑞典阶级社会的功能：大众运动"、"瑞典向北美的移民"（后来改名为"移民工程"）项目，挪威的"挪威社会发展，1860—1900"（主要集中在乌伦萨克和克里斯蒂亚尼亚地区）项目。这些项目的难点在于参与者被寻找一种比较参数所困扰，凭借这一参数可以把研究的样本地区情况与一般人口情况进行比较。已拥有的条目、登记的资料以及旅客名单必须与人口普查材料和官方人口报告相比照，最终形成社会分层。所有的范畴都会随着时间流逝而改变，社会学家时刻面临这一挑战，同时也把它视作动力源泉。对结构的追寻将引申到对行动的解释，比如加入一个团体、采取移民措施等等。诸如"推拉理论"、"创新散播"和"人口流动"等纷纷被历史学家接受运用，如同早先在经济学家和地理学家那里发生的一样。在上述理论之外，斯堪的纳维亚的历史学家更多受益于人类学或人口学指向的历史研究，比如德国学者阿瑟·因霍夫（Arthur Imhof）、法国学者路易·亨利（Louis Henry）以及英国学者彼得·拉斯莱特（Peter Laslett）的成果。美国社会史在某一时期同样影响甚远，特别是斯特芬·瑟斯特罗姆（Stephan Thernstrom）关于波士顿社会流动和社会区隔的研究，堪称这方面的经典范式。[①] 而来自斯堪的纳维亚本身的内在推动，可以在塞名森的移民史中找到。

319

相当数量的博士论文都在讨论这方面的研究问题，它们标志着斯堪的纳维亚史学家们普遍意识到定量分析的作用，而且重视其具有的理论内涵。长时间领导瑞典移民研究项目的苏内·阿克曼（Sune Åkerman），就对社会维度中移民的数据测量方法非常感兴趣。[②] 他的亲密同伴汉斯·诺曼（Hans Norman）则把这一方法论成果发扬至极致，运用在分析贝里斯拉根地区对外移民情况方面。[③] 在丹麦，除了少数几个若干合作者从事的研究项目之外，个体研究也以同样的方法模式进行着。其中，有关人口问题的研究非常值得称道，它们的成果往往既详尽又成熟。奥登赛的汉斯-克里斯蒂安·约翰松（Hans-Christian Johansen）便是杰出的代表，他着力于地理流动和社会分配问题。[④] 多年以来，约翰松一直是北欧历史界这方面研究的领导者。另一个丹麦人克里斯蒂

---

① Stephan Thernstrom, *Poverty and Progress*: *Social Mobility in a Nineteenth-Century City* (New York, 1971); and id. , *The Other Bostonians*: *Poverty and Progress in the American Metropolis*, *1880－1970* (Cambridge, Mass. , 1973).

② Sune Åkerman *et al.* , *Befolkningsrörlighetens bakgrundsvariabler*: *Ett försök med aid-analys*: *preliminär forskningsrapport* (Uppsala, 1971).

③ Hans Norman, *Från Bergslagen Nordamerika* (Uppsala, 1974).

④ Hans-Christian Johansen, *Befolkningsudviklingogfamiliestrukturi det 18. Århundrede* (Odense, 1975).

安·维特（Kristian Hvidt）则在个人研究的基础上，完成了内容广泛的丹麦移民问题论文。在许多方面，它和乌普萨拉大学的研究颇为类似、并驾齐驱。[①]

瑞典的大众运动研究和移民研究一样，浮现出相同的方法论问题。这一研究和阶级问题更加紧密联系在一起，因为后者是项目领导人卡尔·戈兰·安德烈（Carl Göran Andrae）以及斯文·伦奎斯特（Sven Lundkvist）主要的兴趣领域。博·昂格伦（Bo Öhngen）曾写过一本重要著作，将阶级与地理上的流动性关联起来。[②] 数据学方法在这里的应用虽然没有移民项目上那么普遍，但社会理论的重要性同样不言而喻。在这个项目快要结束之际，其中一名研究员英格丽德·阿贝格（Ingrid Åberg）给理论框架补充了一些新的维度。在一小卷篇幅内容中，阿贝格用美国社会政治理论家的假说重新探讨地方大众运动中的政治行为，那些人包括保罗·巴赫拉赫（Paul Bachrach）、M. S. 巴拉茨（M. S. Baratz）和 W. 康豪瑟（W. Kornhauser）。同时，她也吸收了挪威学者斯坦因·罗坎（Stein Rokkan）和斯坦因·库恩勒（Stein Kuhnle）的见解。[③] 阿贝格的转向被托克尔·扬森（Torkel Jansson）所接纳并改造，在著作中体现出带有历史唯物主义特色的另一种理论结构，"自发的联合"被视作一种特别的存在，得到透彻的分析。[④]

挪威乌伦萨克和克里斯蒂亚尼亚项目研究展现出同样的发展过程，即由社会分层问题转向理论问题。和瑞典的移民研究一样，这些研究原本为阶层问题所充斥。一个关键点就在于有条理

320

---

① Kristian Hvidt, *Flugten til Amerika eller Drivkræfter i masseudvandringen fra Danmark 1868 - 1914* (Århus，1971).

② Bo Öhngen, *Folk i rörelse：Samhällsutveckling, flyttningsmönster och folkrörelser i Eskilstunna 1870 - 1900* (Uppsala，1974).

③ Ingrid Åberg, *Förening och politik：folkrörelsernas politiska aktivitet i Gävle under 1880 -talet* (Uppsala，1975).

④ Torkel Jansson, *Adertonhundrataletsassociationer* (Uppsala，1985).

地分析 19 世纪克里斯蒂亚尼亚（后来的奥斯陆）人口普查的数据。从很早开始，项目成员便从宏观层面注意到社会变化的情况。这些变化由劳工运动和工业所引发，深刻影响了挪威社会，就好比费迪南·滕尼斯（Ferdinand Tönnies）所谓从"礼俗社会"（Gemeinschaft）进化到"法理社会"（Gesellschaft），和塔尔科特·帕森斯（Talcott Parsons）"成就性"及"先赋性"的指向有关。

扬·迈尔（Jan E. Myhre）在他意义深远的研究中，把有关资本扩张的描述分析带到了一个全新高度。他集中讨论城市中的工人，分析它在长时段里的结构更迭。[1] 另外还有两本值得一提的著作。首先是托尔·普利泽（Tore Pryser）有关瑟兰运动的文章，论述了这场挪威劳工史早期阶段的左翼政治运动。[2] 普利泽试图在社会结构和政治行为间架起理论的桥梁，借由社会特质来界定政治运动。另一本巨著直到 1984 年才完成，作者西维特·朗格霍姆（Sivert Langholm）精心尝试将 19 世纪中叶克里斯蒂亚尼亚的社会精英和政治选举联系起来。[3] 虽然这些著作都暗示存在一种沟通社会结构和政治行为的理论，但它的理论基础只得到部分清晰的讨论。

对于瑞典历史学家而言，庞大视域的项目合作在 1970 年已经显得司空见惯。斯文·塔吉尔（Sven Tägil）在隆德大学领导的欧洲边界冲突研究就是这么一个例子，它带有明显的社会科学理论指向。[4] 还有个合作项目集三名已被认可的研究者之功，他们是冈纳尔·埃里克森（Gunnar Eriksson）、尼尔斯·鲁内比（Nils

---

① Jan E. Myhre, *Sagene: En arbeiderforstad befolkes, 1801‑1875* (Oslo, 1978).

② Tore Pryser, *Klassebevegelse eller folkebevegelse? En sosialhistoriskundersøkelse av thranittene i Ullensaker* (Oslo, 1977).

③ Sivert Langholm, *Elitenes valg* (Oslo, 1984).

④ Sven Tägil *et al.*, *Studying Boundary Conflicts: A Theoretical Framework* (Stockholm, 1977). 斯文·塔吉尔在 20 世纪 80 年代末和 90 年代出版了几本与此主题相关的案例研究。

Runeby)和罗尔夫·托尔斯滕达尔（Rolf Torstendahl）。他们关
注工业革命中的科学家和工程师，仔细检视当时技术和科学教育
的内容和目标，以及工程师们的职业生涯和流动性。[1]

　　建立北欧学术网络已经是越来越普通的行为，它把斯堪的纳
维亚诸国和芬兰以及冰岛包括在一起，为比较北欧各国的发展提
供了平台。它们有些为了研究中世纪及近代早期社会而生，有些
则是为19、20世纪社会研究项目而设，国家之间的历史编撰比
社会科学带给史学更多推动力。以一个名为"17世纪社会"的联
合项目为例，它主要目标是探究这段时间内战争对公民社会的影
响。最早的发起者是瑞典的斯文·尼尔森（Sven A. Nilsson），他
和挪威、丹麦及冰岛的研究人员取得联络，由奥斯坦因·瑞恩
（Øystein Rian）、埃尔林·拉德维格·彼德森（Erling Ladewig
Petersen）和尼尔斯·埃里克·维尔斯特兰（Nils Erik Villstrand）
分别出任上述三国的学术牵头人，共同致力于调查战争的开支、
财政程序、管理组织和人民的负担等方面问题，使得它们成为可
比较和可理解的内容。[2]

　　另一个北欧合作项目围绕中世纪被废弃的农庄展开，瑞典方
面的组织者是埃里克·朗恩罗特（Erik Lönnroth）和爱娃·奥斯
特伯格（Eva Österberg）；挪威方面牵头的是约恩·桑内斯（Jørn
Sannes）；丹麦则是斯文德·吉赛尔（Svend Gissel）负责；芬兰相

---

① Gunnar Eriksson, *Kartläggarna*：*Naturvetenskapens tillväxt och tillämpningar idet industriella genombrottets Sverige* 1870 - 1914（Umeå, 1978）；Nils Runeby, *Teknikerna，vetenskapen och kulturen*：*Ingenjörsundervisning och ingenjörsorganisationer i* 1870-*talets Sverige*（Uppsala, 1976）；Rolf Torstendahl, *Teknologins nytta*（Uppsala, 1975）；and id., *Dispersion of Engineers*（Uppsala, 1975）.

② Hans Landberg *et al.*, *Det kontinentalakrigetsekonomi*：*Studier i krigsfinansiering under svensk stormaktstid*（Uppsala, 1971）；Sven A. Nilsson, *De stora krigens tid*：*Om Sverige som militärstat och bondesamhälle*（Uppsala, 1990）；and Erling Ladewig Petersen, *Magtstat og godsdrift*：*Det danske ressourcesystem* 1630 - 1730（Copenhagen, 2002）.

关领导人是艾诺·尤蒂卡拉（Eino Jutikkala）；冰岛方面由比约恩·泰特森（Björn Teitsson）统筹。这些专家对土地的抛弃和垦殖进行了综合性的描述。① 第三个北欧合作课题则是讨论 18 世纪的中央集权和地方共同体。比如说，他们对北欧国家间扶贫和保障老年人的措施进行比较，把冰岛也纳入研究范围。上述诸多合作催生了一波相关博士论文，它们常常是对已有成果的归纳，并且点明这些发现所具有的启发和内涵。

我们必须还得注意另一项集体项目，那就是以二战为对象的研究工程。它对于在 1940—1945 年被德国侵略并占领的挪威和丹麦来说具有特殊的意义，对于中立国立场的瑞典同样也是如此。三国各自平行展开相关子项目的研究，不过随着进程的推移，得出的结果愈发难以比较。丹麦方面的组织者是约尔根·哈斯特鲁普（Jørgen Haestrup），聚焦丹麦战时的地下抵抗运动。② 奥斯陆的马内·斯科文（Magne Skodvin）负责挪威方面的协调，整项研究被分成好几个部分。它们有的讨论战争和战役，还有的则关注被占时期的艰苦民生。③ 瑞典方面的研究形成上由三人主席团负责，实际上斯德哥尔摩的斯蒂格·艾克曼（Stig Ekman）单独掌控全局，试图在地方政治、管理和经济状况中发掘由战争带来的社会效应。④ 围绕着上述主题，从业者们出版了海量的论文和书籍。

在大大小小的集体项目之外，一大批历史学家通过个人研究

322

---

① Svend Gissel *et al.*, *Desertion and Land Colonization in the Nordic Countries c. 1300 - 1600* (Stockholm, 1981).

② Jørgen Haestrup, *et al.*, *Besaettelsen 1940 - 1945*: *Politik*, *modstand*, *befrielse* (Copenhagen, 1979).

③ Ole Kristian Grimnes, *Et flyktningesamfunn vokser fram*: *nordmenn i Sverige 1940 - 1945* (Oslo, 1969); and id., *Hjemmefrontens ledelse* (Oslo, 1977).

④ Stig Ekman, 'Sverige under andra väldskriget—erfarenherer från arbetet i ett projeck', *Historisk Tidskrift* (Swedish), (1979), 152 - 165; and Ekman and Nils Edling, *War Experience*, *Self Image and National Identity*: *The Second World War as Myth and History* (Stockholm, 1997).

出版了各自的作品。一些蜚声国际史坛的名家都是凭借一己之力取得成功，即使和国外的学者有合作，也是较为松散的合作。比如，挪威的卡尔·托内森著（Kåre Tønnessen）有讨论关于法国国内大革命史的出色博士论文；尼尔斯·斯丁加德（Niels Steensgaard）关于亚洲贸易的考察很快成了国际上相关研究的基石；瑞典的马格努斯·莫纳尔（Magnus Mörner）则成了拉美社会史领域的权威。此外，还有许多斯堪的纳维亚史学家写出了关于本国史的重要著作，也是建立在个体研究的基础上。弗朗西斯·塞耶斯蒂德（Francis Sejersted）对于挪威史学有着特别功绩，他第一个强调国内市场的因素，改变了 20 世纪挪威经济史的研究路线，由此对挪威现代史的概览呈现出不同于过去权威结论的面貌。[1] 另外有两个丹麦人不得不提，尼尔斯·汤姆森（Niels Thomsen）开启了丹麦出版史的彻底研究，奥莱·费德贝克（Ole Feldbaek）有关丹麦 18、19 世纪经济分析则提供了许多新颖的视角。[2]

　　在集体研究取得多卷本煌煌巨著的丰硕成果的同时，它们开始受到历史唯物论观点的挑战。严格意义上来说，马克思主义一直不是斯堪的纳维亚历史学的主流思潮，但是随着 60 年代 70 年代初马克思主义观念在欧洲大陆的复兴，这一潮流还是侵入了北欧史学，并且让一些历史学家为之心悦诚服。他们往往自称历史唯物论者，不愿被视作苏联马克思主义官方诠释的特殊分支。他们当中有些人公开对"大工程"持批评态度，认为它们过于流于

① Francis Sejersted, *En teori om denøkonomiske utvikling i Norge id et* 19. *århundre* (Oslo, 1973)；id., *Historisk intruduksjon tiløkonomien* (Oslo, 1973)；and id., *Socialdemokratietstidsalder：Norge og Sverige id et* 20. *århunde* (Oslo, 2005).

② Niles Thomsen, *Dagbladskonkurrencen 1870 － 1970：Politik journalisticogØkonomi i dansk dagspresses strukturudvikling* (Copenhagen, 1972)；Ole Feldaek, *India Trade Under the Danish Flag*, 1772 - 1808 (Lund, 1969)，and id., *Dansk søfarts historie*, *vol.* 3：*Storhandelens tid：*1720 - 1814 (Copenhagen, 1997).

经验，缺乏理论层面的探索。而唯物主义者则掌握着"理论"，可以随时随地从中提出假说。

对于历史唯物论最为热衷的史学名家往往来自丹麦，他们对历史学的主要贡献在于提出历史的全新解释，无论对象是众所周知的事件序列抑或是整个时间段。阿胡斯是丹麦马克思主义者的重要据点，他们掌控了《日德兰历史学家》(Den jyske historiker)杂志。该杂志创办于 1969 年，起初只是为了内部批判之用，但到 1972 年，它转型成为以鲜明的马克思主义纲领探讨历史理论的期刊。马克思主义历史学在丹麦的《历史杂志》中同样有所体现。[1]

挪威和瑞典的历史学家和丹麦的同行不同，我们很难从中辨别谁自称是历史唯物论者。因为他们和其他历史学家的差别仅在于侧重点不同，而不是原则路线上的分歧。他们往往独立完成重要著作，尽管有时候也会参与集体研究项目。挪威的卡尔·兰登 (Kåre Lunden) 就是这样一个例子，虽然他公开宣称受到历史唯物论影响，但他关于挪威乡村农民、工人状况的论证却显得非正统而颇具争议。[2] 在瑞典，公认的历史唯物主义学者拉尔斯·赫利茨 (Lars Christer)，撰写了 18 世纪瑞典租税体制的分析报告。[3] 其他还有：克里斯特·温伯格 (Christer Winberg) 关于 1975 年以来人口增长和无产阶级化的论文是引介唯物主义作品之一，扬·林德格伦 (Jan Lindegren) 关于 17 世纪瑞典战争后果的

---

[1] 关于《日德兰历史学家》，参见 Claus Møller Jørgensen，*Historie faget 75 år* (Århus，1004)，80，117. 关于丹麦的《历史杂志》，参见 Niels Finn Christiansen 在《历史杂志》 (12：6，1973) 发表的评论，以及 Bention Scocozza，'Den borgerlige revolution i Danmark i slutningen af det 18. århundrede'，*Historisk tidsskrift* (Danish)，84 (1984)，198-216。

[2] 例如关于"土豆的讨论"见 *Historisk tidsskrift* (Norwegian) (1978)。

[3] Lars Herlitz，*Jordegendom och ränta：Om fördelningen av jordbrukets merprodukt i Skaraborgs län under frihetstiden* (Göteborg，1974)。

统计学解释已成了必须引用的经典。[①] 另外一些唯物论者积极投入不同的集体项目，试图通过唯物论影响项目的领导方向。然而，在所有历史作品成果中，明确贯彻唯物主义论证和援引唯物主义理论的只是呈现出破碎零落的面貌。

对于物质条件所扮演角色的兴趣产生了对工人运动及其斗争的兴趣。这一领域的先驱是小爱德华·布尔，后进中的佼佼者当属丹麦人尼尔斯·芬·克里斯蒂安森（Niels Finn Christiansen）和瑞典人克拉斯·阿马克（Klas Åmark）。他们主要研究 20 世纪的贸易联盟会、罢工和斗争。阿马克有关贸易同盟团结局限性的伟大研究一方面总结了他和他学生早期相关观点，另一方面为讨论增添了新的维度。[②]

因此，1965—1985 年间的历史研究主要采取集体项目的形式。斯堪的纳维亚三国建立一大批类似工程，处理方方面面的问题。其中相当部分项目运用了来自社会科学的方法，特别是社会学和政治学理论在提出重要问题上起到指导性作用。许多集体项目带有北欧诸国之间的位面特色，尽管有些是通过平行研究而非交叉合作。中世纪和近代早期的研究者常常采取这种方式，他们和洲际历史学及其概念框架联系更加密切，而非和社会科学本身。

历史唯物论者一般反对受社会学推动的集体项目，但事实上，他们常常拥有和"大工程"一样的理论诉求，当然这伴随着其他基本预设。"新左派"的影响在三国都得以彰显，不过它的主要代言人只在丹麦拥有自己的明确主张。在挪威和瑞典，唯物论者把唯物主义视作重新检讨"大工程"曾加以分析的问题的出发点，并把它们投入全新的视角之中。因此，唯物论对挪威和瑞典历史学的影响比之丹麦更加长远和整体化，当持有这些观点的代

324

① Jan Lindegren, *Utskrivning och utsuging*：*Produktion och reproduction i Bygdeå 1620 -1640* (Uppsala, 1980).

② Klas Åmark, *Solidaritetens gränser* (Stockholm, 1998).

表人物在若干年后放弃这一思想之时，历史唯物论才渐渐退出舞台。

第三阶段：1985 年之后

1985 年后，大规模的综合性集体研究在北欧三国渐渐式微，尽管它在挪威继续流行了一段时间。造成这一局势的主要原因就是庞大的开支难以为继。研究委员会和其他赞助机构纷纷要求限制项目的规模，使得可以提升面向各种研究对象的受助项目数量。

社会学曾以庞大范围内的数据材料对历史学产生影响，这在集体项目中体现得尤为突出。如今，一种新的模型从民族学和社会人类学中孕育而生。人类学家的研究对象并不依靠明确界定的准则，而是乐意进行深入其中的情境观察，或者依靠相似来源的材料。通过把这样的研究树为模型，历史学家就变成了历史人类学者。更为软性的观察报告取代了以往研究论文中的表格和公式。博·斯特拉特（Bo Stråth）是这方面的开拓者。早年他受社会学的影响进行造船工人的研究，后来他在论贸易同盟主义之外，出版了大量有关后现代主义及其对历史研究作用的著作。[1]另一位先驱式人物名叫乌夫·奥斯特加德（Uffe Østergaard），在70 年代他作为阿胡斯《日德兰历史学家》杂志一员，以热情的历史唯物论者身份闻名于世。后来他转变了研究方向，成了讨论国家认同和欧洲文化方面重要人物，发表了一系列重要的期刊论文和文集。

历史学发生的这一"文化转向"并不是斯堪的纳维亚历史学家自身推动的。法国年鉴学派的部分史家早就对其加以运用，尤

---

[1] Bo Stråth, *Mellan två fonder：LO och den svenska modellen*（Stockholm，1998）；and id. and N. Witoszek, *The Postmodern Challenge：Perspectives East and West*（Amsterdam，1999）.

其在心态等问题的讨论方面。一般来说，关于心态史的研究很晚才传播到斯堪的纳维亚地区，而且相关著作只是偶尔出现。不过隆德的爱娃·奥斯特伯格（Eva Österberg）却发展了一些该方面的主题，比如有关寂静和友谊的研究。[①]另外，我们还能发现来自德国日常史和意大利微观史的历史写作模型，斯堪的纳维亚历史学家很好地吸收了多方面的学术资源，发展了理解和同情的传统方法。

在过去的二十到二十五年间，斯堪的纳维亚的历史学往往为充斥着文化模式和心理架构的历史所预先占据，于是史家眼光被投射到过去人们的思想和精神层次方面，而不致力去展现包围他们的物质条件。社会动乱和大工厂内不同群体间的关系成了分析被压迫者观念的出发点，"他者"经常作为一种隐喻而出现。一些小的共同体被加以描述，以突显它们的成员所面临的不同环境，比如与世隔绝的近代早期村庄，还有就是 19 世纪的工厂。简而言之，心态史方法可以运用在诸多题材方面，并结出了丰硕成果。而贯彻这一方法的历史学家往往并非孤单地努力着，而是投身到国际的共同体中成为一员。心态史还可以经常扩展到观念史、政治史等诸多其他领域。

历史学在过去二十年间有两大领域得到长足拓展，分别是妇女史和传记，它们在以前并没有如此高的影响力。妇女史和性别史可算是至今扩张最为迅猛的史学类别，反过来激活了早先的各研究领域。斯堪的纳维亚国家的历史期刊上经常有关于妇女史的生动讨论，如瑞典的《历史杂志》分别在 1980、1987 和 1992 年开设了妇女史的特别专栏。安-索菲·奥兰德（Ann-Sofie Ohlander）是 1980 年那次特别专栏的编辑之一，在瑞典史界长期推动了妇女史的发展。她研究女性先驱及她们的成就，并讨论了

326

---

① EvaÖsterberg，*Mentalities and Other Realities*：*Essays in Medieval and Early Modern Scandinavian History* （Lund，1991）；and ead.，*Vänskap*：*En lång historia* （Stockholm，2007）.

妇女生活的方方面面以及与政治的关系。① 渐渐地，瑞典从妇女史转向性别史，很大程度上这得归功于伊冯妮·赫德曼（Yvonne Hirdman）的影响，她把"性别契约"加以理论化。② 许多历史学家利用了社会性别理论，克里斯蒂娜·弗洛琳（Christina Florin）撰写了有关教职中的性别斗争的研究论文，这不失为一个成功范例。③

在历史学中采取女性主义视角不再是瑞典史学的专利，研究妇女史的北欧史学家在 1980 年后举办了多次相关会议。如果说妇女史在斯堪的纳维亚国家中处境有所不同的话，主要就是瑞典比较在意妇女史和性别史的不同点。不过这并不意味着妇女史在其他国家没有产生丰富成果，挪威的格洛·哈格曼（Gro Hagemann）以及丹麦的本特·罗森贝克（Bente Rosenbeck）都是成功的女性史家。哈格曼曾写过工业化进程中低收入群体的形成的论文，并阐述了其中的性别差异。这些都成了她后来一本书中继续展开的主题。④ 在许多文章和著作章节中，哈格曼发展了对于斯堪的纳维亚历史上妇女歧视的观点。本特·罗森贝克则与心态史走得更近，她在 1992 年出版了博士论文《身体的政治：性别、文化和科学》。另外，她还讨论了女性气质及其各种功能，比如说在一本书中，罗森贝克把女性性生活视作理解现代女性气质历史的关键。⑤

妇女史和性别史逐渐在斯堪的纳维亚史学发展中取得举足轻重的地位，这一主题的应用范围实在是不胜枚举，在关于冰岛传

① Ann-Sofie Ohlander, *More Children of Better Quality? Aspects of Swedish Population Policy in the 1930s* (Uppsala, 1980).
② Yvonne Hirdman, *Genus：Om det stabilas föränderliga former* (Uppsala, 2001). 另参照本卷第 7 节的讨论。
③ Christina Florin, *Kampen om katedern* (Umeå, 1987).
④ Gro Hagemann, *Kjønnog industrialisering* (Oslo, 1994).
⑤ Bente Rosenbeck, *Kvindekøn：Den modern kvindeligheds historie* 1880 - 1980 (Copenhagen, 1987).

奇中的女英雄、近代早期司法实践、妇女药品作为一种药品门类的产生和 20 世纪公民等探究中都能见到它的身影。除了上述这些应用以外，妇女史还将继续成为一个自足的学术领域。和大多数新兴的小型史学分支一样，妇女史虽然取得了成功，但并没有和斯堪的纳维亚的史学传统紧密结合在一起。在许多方面它形成了自己的传统。

　　传记是另一个引起广泛瞩目的史学领域，当然传记式研究本质上并不是全新产物。长久以来，传记更像是通过个人经历记述政治和行政事件序列的特别专著，并没有体现传记本身的特征。自 1980 年起，人们对传记的兴趣获得了惊人的增长，无论它是面向一般图书市场抑或面向专业学术圈子。1992 年，传记的价值受到了在丹麦《历史杂志》所展开的相关讨论的挑战。哥本哈根的一名教授尼尔斯·汤姆森（Niels Thomsen）以"扎赫勒小姐的一生：那能否算是历史？"为题，撰写了一篇对有力攻击传记式论文合法性的文章。① 原文的作者布里吉特·波辛（Birgitte Possing）站出来进行了回应，于是一场争论难以避免，而且后来向着不同方向发展。在瑞典和挪威类似的讨论就少了许多，传记被视作一个新兴的富有回报的子学科，其中很少充斥着矛盾冲突。②

　　值得注意的是，许多世纪之交的新晋教授小心翼翼地介入文化史和心态史转向。既然少量的举例不能使得明确的论证成立，那么列出至今为止的一些事实情况就是有益的，尽管有些例子并不典型。因此我们来更近距离考察一下三位教授的研究成果，他们分别在 1994、2001 和 2002 年被任命现在的职位。

　　克里斯丁·布鲁兰（Kristine Bruland）自 1994 年后一直在奥

327

---

① Niels Thomsen, 'Historien om Frk. Zahle—Er det historie?', *Historisk tidsskrift* (Danish), 2 (1992), 353-363.

② Bo G. Hall, 'Kan biografisk metod vara vetenskap', *Historisk tidsskrift* (Swedish), 3 (2007), 433-457.

斯陆大学担任教授，在牛津获得博士学位后，她出版了一部具有广阔视野的著作：《英国技术和欧洲工业化：19 世纪中期的挪威纺织业》（1989）。她的后续研究依然关注技术及其革新，为《剑桥近代英国经济史》撰写了名为《工业化与技术变革》（2004）的一章。她还和马克西·贝里（Maxine Berg）一同编辑了名为《欧洲的技术革命》（1998）的文集，其中亲自负责"技巧、学习和国际的技术扩散"部分。2005 年，布鲁兰编辑了《法国、挪威和西班牙工业化论文集》，她也被欧盟及其他组织邀请担任讲述技术变革、转化及创新方面的专家指导。她为《牛津经济史百科全书》（2003）编写了"教育"词条，标志着她的兴趣已从技术变革转向技术教育方面。现在，她已离开奥斯陆，前往日内瓦大学任教。

玛丽亚·阿格伦（Maria Ågren）在 2001 年被任命为中部高等学院的教授，2002 年出任乌普萨拉大学的教授之职。她著有 1650—1850 年间瑞典土地所有权和债权方面的论文，其中法律冲突占据了核心地位。[1] 在下一本书中，她讨论了一类特殊的法律制度，所谓"从远古流传下来的习惯权利"。[2] 这两项研究中关于妇女拥有不动产权利的考察是一个副主题，这在之后与艾米·埃里克森（Amy L. Erickson）合编的著作以及另一部论著中得到了深化。[3] 她的另一项研究主要受惠于瓦伦堡基金会对她个人的赞助，讨论 1500 - 1800 年间的性别史，并与其他几位欧美历史学家合作完成。

328

---

① Maria Ågren, *Jord och gäld：Social skiktning och rättslig konflifkt i södra Dalarna ca 1650 - 1850* (Uppsala，1992).

② Maria Ågren, *Att hävda sin rätt：Synen påjordägandet i 1600-talets Sverige，speglad i institutet urminnes hävd* (Stockholm，1997).

③ Maria Ågren, *Domestic Secrets：Women and Property in Sweden，1600 - 1857* (Chapel Hill，NC，2009)；and Maria Ågren and Amy L. Erickson (eds.), *The Martial Economy in Scandinavia and Britain 1400 - 1900* (Burligton，Vt.，2005).

　　冈纳尔·林德（Gunner Lind）2002 年起担任哥本哈根大学的教授，他出版了主要有关近代早期的各个方面主题的著作。关于制造战争的组织林德着力甚勤，写作了大量文章，而且不局限于丹麦军队的情况，还拥有更为广阔的视角。17 世纪国家建设的进程和精英状况是林德另一个研究兴趣所在，他的所有研究经常以丹麦语和其他语言形式出版，其中大部分是英语，当然这还得包括他早年在荷兰、波兰及欧洲其他国家出版书籍的经历。林德另外宣称历史理论是自己的学术趣旨之一。[①]

　　从上述三人的例子可以看出，今日斯堪的纳维亚的历史学家不再为出身所执，只是把它们当作研究的经验基础，真正的目标是建立有关具体问题的普遍有效性。他们在其他国家中寻找合作者，这不限于斯堪的纳维亚诸国，从而能更自由地对感兴趣的历史进程和发展加以分析。他们或许会把兴趣转向其他国度中相类似的社会前提，主要面向给定的时间段里的一类问题展开。当下的斯堪的纳维亚史学家常常已具有澄清过去行为模式的观念，而不再仅仅满足于记述单一事实及写作他们国家的历史。

结论

　　斯堪的纳维亚的历史写作在过去的四十五年里发生了诸多转变，想要得出能够指导这一时期历史学家解决问题的普遍准则似乎是不可能的。战后十五年的历史学基本上延续了战前占有统治地位的研究形态，接下来的二十五年间历史学则受到了来自社会学和马克思主义的影响，发展出与以往不同的趋势。在最后一个阶段，来自心态史、历史人类学、妇女和性别史以及传记等等不同流派的作用显现出来，占据明显的优势地位，而与战前传统的

329

---

① Gunner Lind，*Hæren og magten i Danmark 1614 - 1662*（Odense，1994）；Gunner Lind.，*Mellem civilisationshitorie og globalhistorie*（Århus，2003）；and Gunner Lind with K. V. Jensen and K. J. V. Jespersen，*Danmarks krigshitorie*（Copenhagen，2008）.

关联现在已经难以觅其踪迹。

很明显地，占据战后第一代史学家头脑的历史观已经在过去四十五年间渐渐消解了。再也没有人拥有写作某一时期相关国家综合性通史的雄心，1960 年后斯堪的纳维亚出现的历史主题的扩展仍在进行中，1980 年之后历史学家在不同的领域内开拓前进，对他们而言不再有相同的参考著作和理论。

历史学中的某些新趋势，比如性别史，充当了连接社会、文化、经济以及政治专业方面的桥梁。但是至今为止，我们并不能声称已经完成了上述诸学科的一体化，甚至这方面的初步迹象也没有看到。史学史本身就反映了诸学科专家之间内在融合的巨大困难，不过就像在世界其他地区发生的情形那样，它正在逐渐成为一个重要的研究领域。不过，有关该方面近年来的发展却没有很好地加以论述。

斯堪的纳维亚的历史学家不但追随欧洲历史编撰的主要趋势，还把它们应用到各自国家的特殊性中去，从某种意义上讲这是一种深化。虽然斯堪的纳维亚史学本身没有造就什么主要思想流派，但不可否认他们是现存研究框架富有创造力的使用者和改革者。新的观念往往通过旧有要素的重新组合而产生，斯堪的纳维亚的史学家正擅长于这一点，并把它融合进自己的历史作品中去，从而得到来自其他国家合作者的全新认识。

大事年表/关键日期

丹麦

- 1945　结束德国的占领；自由党赢得战后的第一次大选
- 1949　丹麦成为北大西洋公约组织（NATO）成员国
- 1953　通过新基本法，承认女性（跟其他权利一道）有权继承王权
- 1962—1968 延斯·奥托·克拉格（Jens Otto Krag）成为社会民主党执政的首次两任首相

- 1973　丹麦加入欧共体（后来成为欧盟）
- 1973　右翼民粹主义政党首次赢得大选（开创了丹麦的新世纪）
- 1979　格陵兰获得自治，并于 1985 年脱离欧共体，但仍隶属于丹麦
- 2005　讽刺默罕默德先知的漫画在丹麦出版惹争议，全世界范围的穆斯林掀起了一股抗议丹麦的浪潮

挪威

- 1945　结束德国的占领；社会民主党（工党，Arbeiderpartiet）以最高票数赢得大选
- 1949　挪威成为北大西洋公约组织（NATO）成员国
- 1965　非社会主义政党获得挪威议会多数席位，成立非社会主义政党的政府
- 1970　在大西洋的挪威沿岸发现了石油矿藏
- 1972　全民公投拒绝加入欧共体
- 1986　格罗·哈莱姆·布伦特兰（Gro Harlem Brundtland）（工党）首次出任挪威首相
- 1993　奥斯陆协议奠定了巴勒斯坦民族权力机构的成立
- 1994　第二次全民公投反对加入欧盟
- 2005　延斯·斯托尔滕贝格（Jens Stoltenberg）出任由工党、社会主义左翼党和中间党组成的联合政府首相

瑞士

- 1945　战时广泛的联合政府取代纯粹的社会民主党执政
- 1974　成立新宪法，废除专制王权的大部分权利
- 1976　成立第一个自 1936 年以来的非社会主义政党的政府
- 1982　社会民主党重新上台执政
- 1986　首相奥洛夫·帕尔梅（Olof Palme）被刺杀
- 1991—1993 成立了以保守党为首的新的非社会主义政党执政的联合政府，卡尔·比尔特（Carl Bildt）出任首相
- 1993—2006 社会民主党执政，约兰·佩尔松（Göran Persson）

330

成为在位时间最长的首相
- 2003　尽管政府支持，但是全民公投仍反对加入欧元区
- 2006　成立了以保守党为首的另一个非社会主义政党执政的联合政府，弗雷德里克·赖因费尔特（Fredrik Reinfeldt）出任首相

主要史料

- Åmark, Klas, *Facklig makt och fackligt medlemskap* （Lund, 1986）.
- Bull, Edvard, Jr. , *Arbeiderklassen blir til* （Oslo, 1985）.
- Carlsson, Sten, *Ståndssamhälle och ståandspersoner* 1700 - 1865 （Lund, 1949）.
- Christensen, Aksel E. , *Kongemagt og aristokrati* （Copenhagen, 1945）.
- Ellehøj, Svend, *Studier over denældte norrøne historieskrivning* （Copenhagen, 1965）.
- Florin, Christina, *Kampen om katedern* （Umeå, 1987）.
- Hæstrup, Jørgen, *Kontakt med England* 1940 - 1943 （Copenhagen, 1954）.
- Johansen, Hans-Christian, Befolkningsudvikling og familiestruktur i det 18. århundrede （Odense, 1975）.
- Kaartvedt, Alf, *Kampen mot parliamentarism* 1880 - 1884 （Oslo, 1957）.
- Ladewig Petersen, Erling, *Fra domænestat til skattestat : Syntese og fortolkning* （Odense, 1974）.
- Lunden, Kåre, *Kjettarar, prestart og sagakvinner : Om historie og historieproduksjon* （Oslo, 1980）.
- Myhre, Jan E. , *Sagene : En arbeiderforstad befolkes* 1801 - 1875 （Oslo, 1978）.

331

- Nilsson, Sven A. , *Krona och frälse i Sverige* 1523 – 1594 (Lund, 1947).
- Odén, Birgitta, *Rikets uppbörd och utgift* (Lund, 1955).
- Ohlander, Ann-Sofie, *More Children of Better Quality? Aspects on Swedish Population Policy in the* 1930s (Uppsala, 1980).
- Österberg, Eva, *Vänskap: En lång historia* (Stockholm, 2007).
- Rosenbeck, Bente, *Kroppens politik: Om køn, kultur og videnskab* (Copenhagen, 1992).
- Seip, Jens Arup, *Ole Jacob Broch og hans samtid* (Oslo, 1971).
- Sejersted, Francis, *Sosialdemokratiets tidsalder: Norge og Sverige id et* 20. *århundrede* (Oslo, 2005).
- Semmingsen, Ingrid, *Veien mot Vest*, 2 *vols.* (Oslo, 1945, 1950).
- Skyum-Nielsen, Niels, *Kvinde og slave* (Copenhagen, 1971).
- Steen, Sverre, *Det gamle samfunn* (Oslo, 1957).
- Wiberg, Christer, *Folkökning och proletarisering* (Göteborg, 1975).

参考书目

- Björk, Ragnar and Johansson, Alf W. , *Svenska historiker* (Stockholm, 2009).
- Christiansen, Erik and Jørgensen, Claus Møller, *Historiefaget* 75 *år på Aarhus universitet* (Århus, 2004).
- Dahl, Ottar, *Norsk historieforskning i det* 19. *og* 20. *århundre* (4th edn, Oslo, 1990).
- Dahl, Ottar, *Historie og teori: artikler* 1975 – 2001 (Oslo, 2004).
- Florén, Anders, 'Smulor och aktörer: En historia om fransk och svensk mentalitershistoria', *Lychnos* (1996), 59 – 80.

- Fure, Odd-Björn, 'Problemer, metode og teori i historieforskningen: historie og vitenskapsoppfatning i jens Arup Seip teoretiska produktion', *Historisk tidsskrift* (Norwegian), 62 (1983), 373 – 403.

- Gunneriusson, Håkan, *Det historiska fältet: Svensk historievetenskap från* 1920-*talet till* 1957 (Uppsala, 2002).

- Hasselberg, Ylva, *Industrisamhällets förkunnare: Eli Heckscher, Arthur Montgomery, Bertil Boëthius och svensk ekonomisk historia* 1920 – 1950 (Hedemora, 2007).

- Hettne, Björn, *Ekonomisk historia i Sverige: Enöversikt av institutionell utveckling forskningsinriktning och vetenskaplig Produktion* (Lund, 1980).

- Hunbbard, William J. *et al.* (eds.), *Making a Historical Culture: Historiography in Norway* (Oslo, 1995).

- Ilsøe, Harald and Hørby, Kai, 'Historie', in S. Ellehøj (ed.), *Københavns Universitet* 1479 – 1979, vol. 10: 3 (Copenhagen, 1980), 309 – 526.

- Jensen, Bernard Eric, 'Selvrefleksion i dansk faghitorie: en status', *Historisk tidsskrift* (Danish), 96 (1996), 85 – 108.

- Jørgensen, Bent Raymond, 'Etablering af en dansk historiografisk forskningstradition 1975 – 1985', *Historisk tidsskrift* (Danish), 94 (1994), 225 – 260.

- Kristensen, Bent Egaa, 'Historisk metode og tegents analytik', *Historisk tidsskrift* (Danish), 102 (2002), 177 – 218.

- Linderborg, Åsa, *Socialdemokraterna skriver historia: Historieskrivning som ideologisk maktresurs* 1892 – 2000 (Stockholm, 2001).

- Meyer, Frank and Myhre, Jan E. (eds.), *Nordic Historiography in the* 20th *Century* (Oslo, 2000).

- Myhre, Jan Eivind, 'I historiens hus er der mange rom: noen

332

hovedtrekk i norsk historieforskning 1970 – 1995', *Historisk tidsskrift* (Norwegian), 75 (1996), 3 – 35.

- Schück, Herman, ' "Centralorgan för den svenska historiska forskingen": Historisk tidskrift från sekelskiftet till 1960-talets början', *Historisk tidsskrift* (Swedish), (1980), 92 – 139.

- Sejersted, Francis, 'Norsk historieforskning ved ingangen til 1990årene: et oppgjør med den metodologiske individualisme', *Historisk tidsskrift* (Norwegian), 68 (1989), 395 – 411.

- Tiemroth, Jens Henrik, *Erslev—Arup—Christensen: et forsøg på strukturering af en tradition i dansk historieskrivning i det* 20. *århundrede* (Copenhagen, 1978).

- Torstendahl, Rolf, 'Minimum Demands and Optimum Normrs in Swedish Historical Research, 1920 – 1960: The "Weibull School" in Swedish Historiography', *Scandinavian Journal of History*, 6 (1981), 117 – 141.

- Torstendahl, Rolf, 'Thirty-Five Years of Theories in History: Social Science Theories and Philiosophy of History in the Scandinavian Debate', *Scandinavian Journal of History*, 25 (2000), 1 – 26.

- Trenter Cecilia, *Granskningens retorik och historisk vetenskap: Kognitiv identitet i recensioner i dansk historisk tidsskrift, norsk historisk tidsskrift och svensk historisk tidskrift* 1965 – 1990 (Uppsala, 1999).

- Zander, Ulf, *Fornstora dagar, moderna tider: Bruk av och debater om svensk historia från sekelskifte till sekelskifte* (Lund, 2001).

张骏译 顾晓伟校

第十六章　意大利的历史写作

斯图亚特·沃尔夫

大学和研究中心

随着纳粹统治和内战（1943—1945），法西斯主义遭受重创的结局连同一场废黜萨伏依王室（1946年6月2日）以支持共和制的全民公决，不可避免地对意大利历史学写作产生了直接影响。这种影响在研究的内容和方向上尤为明显，而值得重点讨论的是研究在机构中的定位。

如大多数欧洲大陆国家那样，意大利的大学结构和学术岗位始终直接从属于内阁的授权与资助。因此，20世纪30年代，从事历史学研究的机构性组织由乔瓦尼·金蒂利（Giovanni Gentile）和乔阿基诺·沃尔佩（Gioacchino Volpe）所控制，尤其是学术领域与在大学中所占席位的规模，以及特权集中的研究机构，在战后意大利，其规模和制度仍未改变。《体制的麻木》，一篇1984年的文章的醒目标题，今天看来仍然是合适的。[①] 学院里的历史学家强烈地意识到，他们在大学里的权力关系中处于相对的弱势，他们通过创建意大利史学家社团而（徒劳地）自发组成压力

[①] Alberto Caracciolo, Claudio Pavone, and Nicola Tranfaglia, 'Il torpore delle istituzioni', *Passato e Presente*, 5 (1984), 13 - 27.

集团。① 他们的自我定位和排外的社团观念大大限制了他们与更广阔的世界相接触，这种广阔世界包括学校教师，非职业作家以及读史的公众，就如同历史学会（the Historical Association）和美国历史学会（the American Association）之于英国和美国那样。② 特别是，大学岗位的供职状况表明，在 20 世纪 60 年代以来新一代社会史家逐渐加入之后，既有的历史学写作实践——多半集中于一个城市或统一前的王国的丰富的民族史叙事——仍然长期居于主导地位。1968 年，阿纳尔多·莫米利亚诺，伦敦大学学院古代史教授，对完全忽视国际历史学争论的意大利历史学家的那种自得意满和不加批判的地方主义做了负面评价。③ 包括法西斯主义的历史在内的当代史遭到质疑。其标志性体现是，作为对 20 世纪 60 年代期间广泛的围绕新法西斯主义显现的政治关注的反应，特别吸引年轻一代的当代史公共课程仅面向学院里的从事历史研究的人士，但在大学之外则受到控制。

　　1945 年，在意大利就如在欧洲大陆的其他地方一样，审查制度的终结和自由的觉醒以"文化饥渴"的形式表达出来，特别是在较年轻的一代人中。正如加埃塔诺·阿尔费（Gaetano Arfé）所言："我们像暴徒一样阅读，交流看法和交换书籍，像探险家进入未知土地那样交流我们各自的发现，讨论和争辩。这是我生命中最充实的智性时期。"④ 大量重要历史学家和出版社的研究——

334

---

① Gilda Zazzara, 'La "Società degli storici italiani" tra politica professionale e tutela corporative (1962 - 1974)', *Memoria e Ricerca*, 19 (2005), 175 - 192. 译者注：压力集团（pressure group），指那些致力于对政府施加压力、影响政策方向的社会组织或非组织的利益群体。

② 相当于 1991 年成立的意大利女性历史学家社团（Italian Society of Female Historians）。

③ Arnaldo Momigliano, 'In margine al congresso degli storici italiani', *Rivista Storica Italiana*, 80 (1968), 188 - 189.

④ Gilda Zazzara, 'La nuovissima storia: Genesi della "storia contemporanea" nell'Italia del second dopoguerra', D. Phil. thesis, University of Venice (Italy), 2007, 15.

近几十年来意大利历史学中的一个重要话题——使之有可能区分出历史学写作的多重领域、形式及主题，它们都形成于战后初期，在 20 世纪 70 年代仍有影响。法西斯主义的政治和意识形态言论，就像其他 20 世纪的专制政权那样，严重影响了历史学研究的取向，特别是在 20 世纪 30 年代。[①] 法西斯和专制制度威风扫地使焦阿基诺·沃尔佩在独裁制时期所指导的历史研究中的一些核心主题面临质疑——强烈的民族主义者，尤其是意大利的对外政策的特殊关切——在沃尔佩看来其突出的重要性在于国家统一形式的表现。

　　大量的沃尔佩从前的门徒（protégés）在大学中身为知名教授，通过他们的课程和研讨班对下一代人做指导。在这些历史学家重新思考那些此前未经深思的假设并考察新的领域的过程中，法西斯和君主制的战争及灾难性的毁灭毫无疑问从文化上产生了影响：德里奥·坎蒂莫里（Delio Cantimori），一位观念史家，曾痴迷于"反宗教改革"的异端和革命时期的雅各宾派，在二战前已转向了对马克思的系统研究；费德里科·沙博（Federico Chabod），在投身抵抗运动之前，曾在纳粹控制的米兰教授课程（1943—1944）为 19 世纪的民族和欧洲的解放辩护；卡罗·莫兰迪（Carlo Morandi）转向了意大利统一后历史上的政党向心性和社会主义。随着被流放的反法西斯主义史学家，如加埃塔诺·萨尔韦米尼（Gaetano Salvemini）和年轻的弗朗科·文图里（Franco Venturi）的归来，这些历史学家们的个人文件和通信近来被允许查阅了，这些文字时常通过他们之前的学生的个人回忆录有所充实，而这使得他们所接受训练的价值变得显著，它的作用不只体现在严格的资料的文献学和情境化应用方面，也体现在通过恢复与国外历史学写作的接触而开阔的视野方面，（最重要的是在一种高度政治化的国家里）还体现在当所选研究主题与政党忠诚产

335

----

① Gabriele Turi, *Lo Stato educatore*：*Politica e intellettuali nell'Italia fascista* (Rome/Bari, 2002).

生联系时，坚持不使历史学研究与写作的客观性受到影响的方面。

这些历史学家中的很多人有在国外，通常是在（纳粹以前的）德国接受训练的经历。他们的研究经历遍布欧洲主要的图书馆和档案馆，并且他们的文化视域是整个欧洲。沙博的主要研究对象是西班牙伦巴底的行政机构，他长期埋头于西曼卡斯的档案馆。作为《意大利历史杂志》（*Rivista Storica Italiana*）的主编，他将评论国外历史著作放在优先位置。对于莫米利亚诺来说，在文化上长期占据认知主流的、认为德国和古希腊文化之间存在特殊联系的臆断得以终结，使新的研究视域得以开放，尤其是根据古文物研究者搜集来的物质材料在方法上做出的贡献。在投身意大利"复兴"运动之前，文图里在巴黎接受教育，他出版的第一本著作是关于年轻时期狄德罗的研究。作为战后初期意大利驻苏联的文化专员，他钻研俄罗斯民粹主义运动，出版的相关著作至今仍是该主题著作的典范，该著作从赫尔岑写到亚历山大二世遇刺。文图里一生都在研究意大利的启蒙运动，他通过18世纪改革者和空想家的个人传记进行研究，其中多卷本的历史著作堪为最高峰，该套著作从西班牙到俄罗斯，综观新观念和政治理想在欧洲各个国家的改革中所产生的多种影响。[①]

在大学之外，由非学术性的文化组织、出版社、政党以及杂志组成的网络日益丰富，其重要性在于它是尝试研究可能性及协作创新的自治领地。出版商将它们视为一种引导意大利公众接受教化的"公共服务"，这种引导工作最初以翻译国外历史学家著作的方式进行，至20世纪70年代则是通过雄心勃勃的集体著作的形式实现，如取得极高成就的由伊诺第（Einaudi）出版社出版的多卷本《意大利史》（*Storia d'Italia*）。拉特扎（Laterza）和伊诺第之类更早的反法西斯出版社与很多新的出版社联合，所有新的出版社就像依赖他们的顾问那样依赖知识分子和学术界。沙

---

① Franco Venturi, *The Roots of Revolution* (London, 2001).

博，坎蒂莫里，文图里，和共产主义知识分子安东尼奥·乔利蒂（Antonio Giolitti）负责伊诺第研究国外历史学的雄心勃勃的计划，起初大部分是对法国史家（马克·布洛赫、吕西安·费弗尔、和费尔南·布罗代尔、雅克·勒·高夫以及"年鉴学派"，对"法国大革命"有着特殊关注的史家，如乔治·勒费弗尔和艾伯特·马蒂耶）的研究，随后是对英国的、德国的以及波兰的历史学家；在20世纪60年代，磨坊出版社（il Mulin）出版了一系列美国史学的作品。很少有国家能够出于对引介特殊主题和方法的深入考虑，翻译如此多的国外历史著作。

与这些在文化上有责任感的出版社一起，掌握着专业化图书馆和档案馆的，由独立的企业家和政党创立和资助的研究机构，以不断扩展并向传统的意大利解放史发起挑战的新研究领域的焦点的形象出现。[①] 最重要的基地——菲尔特瑞奈利图书馆和研究院（the Feltrinelli Library and Institute），意大利共产党的葛兰西研究院（the Gramsci Institute），巴索基金会（the Basso Foundation），斯图尔佐研究院（the Sturzo Institure），亲基督教民主党派（close to the Christian Democrat Party），以及抵抗运动史国家研究院（the National Institure for the History of the Resistance Movement）——支持那些曾在传统的意大利历史叙述中被忽视的研究领域。这些机构独立于大学之外（尽管在此后与大学教授关系紧密），对于更年轻的一代人来说，起到了步入学术岗位的训练平台和跳板的作用；并且，针对地方个案调查的个人和团队研究坚决地趋向大众阶级，工厂工人，以及农民的历史。从概念上讲，在安东尼奥·葛兰西的强烈影响下，其对"自下而上"阐释的贡献仍在政治史的参数表中，它们在一些方面是占主流的意大利政治—制度史的一个镜像，而它们又通过关注组织性机构（协

---

① 克罗齐在那不勒斯的历史学研究学院（Institure for Historical Studies），意大利第一所史学研究生学院，由沙博，继而又由 Romeo 主持，保持在已有的自由式阐释的历史主义模式内行事，重点强调资料和方法论。

会、政党、基督教社团）向主流的意大利政治—制度史发起挑战。但是这些研究中心在发展与其他国家的历史学研究的直接的和坚实的关系方面扮演了重要角色。

政治立场与历史研究

在法西斯主义之前及其盛行时期，历史学写作以一种潜在的唯心论历史主义的哲学格调（尽管它们在法西斯掌权期间处于敌对状态）为先决条件，它由两个引领方向的意大利知识分子，乔瓦尼·金蒂利和贝奈戴托·克罗齐提出。[①] 后者考察历史学的"道德—政治"取径（其在乐观主义方面类似于英国辉格派的解释方式）对统一的实现和自由派统治阶级评价很高。睿智的共产党领导人安东尼奥·葛兰西在身处法西斯监狱期间写下的读书感悟在其身后出版，其中谈到的通往乐观主义必然性的替代性概念取径在克罗齐的历史主义中有所暗示。[②] 尽管首先关心的是意大利，但葛兰西的分析遵从了 1914 年之前马克思主义的欧洲社会民主的光荣传统，在此传统下，以阶级为基础的长期以来的历史解释具有一种自主的文化价值，也为当代政治斗争提供了分析的深度。对于葛兰西来说，在其关于"复兴运动"[③] 和有瑕疵的意大利统一历程的那些强有力的和原创性的，将随后统一的意大利史定性为一场"消极革命"的解释中，"法国大革命"提供了一个恒定不变的参照点：意大利的民主主义者缺乏雅各宾派支持农民渴求土地的勇气，这种支持使农民可以推翻传统的地主阶级的

337

---

① 历史主义，与唯心主义哲学有着密切联系，将历史事实解释为一个特定民族和时期的有独特的，无法再现的普适价值存在。

② 葛兰西 1937 年死于狱中，伊诺第出版社按主题分类，在 1947—1951 年之间出版了葛兰西的《狱中札记》［Quaderni（Notebooks）］；批判的哲学版本出版于 1975 年。

③ 译者注："复兴运动"，Risorgimento，始于 19 世纪初的一场以意大利诸王国和地区统一为主旨的政治运动。

"霸权"（hegemony）；工业资本家的"历史悠久的集团"（historic bloc）协同南方地主此后使统一的意大利政治和经济发展走上了歧途。

很难将葛兰西的分析所产生的广泛影响夸大为意大利历史研究和写作的领域和解释模式的指向标，至少在 20 世纪 70 年代之前是这样的。它不仅根据被统治阶级的政治组织指引了以其经济和社会状况为视角的意大利现代政治制度史，还引导了关于农业、经济增长、梅索兹阿诺（Mezzogiorno，意大利南部）的争议性退缩，以及民族认同的艰难凝聚的研究。① 正如乔治·坎德洛罗（Giorgio Candeloro）在其多卷本的意大利史序言中所写：

> 葛兰西的思想为意大利社会的内在矛盾研究，以及针对欧洲和世界整体发展的内在矛盾的反馈研究提供了宝贵的引导。它给予研究以极其有益的指向；但却无法也必定不会被过分简单地看成适用于研究者们遇到的所有复杂历史问题的策略。②

《历史研究》（*Studi Storici*）是由加斯托内·马纳科达（Gastone Manacorda）在 1959 年创立的马克思主义历史学期刊，它很快就通过以葛兰西为主题的研究与由沙博和文图里相继主持的《意大利历史杂志》（*Rivista storica Italiana*）区别开来，树立起可靠的声望。很多意大利史学家与意大利共产党的政治关涉的确影响了他们对研究主题的选择，就像马纳科达对于 19 世纪 90 年代意大利共和国危机的典范式重现，或是埃尔内斯托·拉焦涅

---

① Giorgio Giorgetti，*Contadini e proprietari nell'Italia moderna*（Turin，1974）；Giorgio Mori，*ll capitalismo industriale*：*Processo d'industrializzazione e storia d'Italia*（Rome，1977）；and Franco De Felice，*L'Italia repubblicana*：*Nazione e sviluppo，nazione e crisi*（Turin，2003）.

② Giorgio Candeloro，*Storia dell'Italia moderna*，vol. 1：*Le origini del Risorgimento*（Milan，1956），9 - 10.

里（Ernesto Ragionieri）对出现在托斯卡纳小镇的社会主义的模范式的社会—政治研究，以及随后针对德国社会民主制度的研究那样。但是，通过研究大众阶级的过往历史，对葛兰西所坚持的知识分子在建立文化霸权上负有责任的观点做出最大程度的回应，其出版仍保持免受党派施压的影响。① 这并不特别针对共产主义史家：加布里埃莱·德·罗萨（Gabriele De Rosa）从统一的意大利和意大利人民党的角度针对强硬的基督教协会主义的研究，为基督教民主派的平民主义胜利提供了一个历史学维度。②

　　无视党派的政治身份和历史写作之间的密切关系是不恰当的。不可避免地，这种密切关系在统一以来这段时期格外突出，尤其是因为根据历史著作所属的政治派别判断它对意大利历史的文化重要性的情况并不鲜见。短命的期刊《劳工运动》（*Movimento Operaio*，1949—1956）随着苏联入侵匈牙利开始与左倾危机产生密切联系，在《劳工运动》为解释统一以来劳动阶级历史和组织而进行的深刻研究与犀利论辩中，20世纪50年代共产党与社会党之间的政治分歧以及知识分子的左倾被反映出来。这种激进的政治化的历史学，被其极端的左翼讲述者视为一种理解当前阶级斗争的工具，这种历史学随着1968—1969年的学生抗议活动的发生，在20世纪70年代紧张的政治气氛下再一次显著起来。总之，最好的政党历史或其领导人的传记通过一种可能会挑战到当前政党正统性的语境化处理，为当代政治史提供了一种文化深度。③ 少有国家能对如坎德洛罗的19世纪意大利史，文图里的欧

338

---

① Gastone Manacorda，*Crisi economica e lotta politica in Italia*，*1892 -1896*（Turin，1968）；and Ernesto Ragionieri，*Un comune socialista*：*Sesto Fiorentino*（Rome，1953）.

② Gabriele De Rosa，*Storia del movimento cattolico in Italia*（Bari，1966）.

③ Gaetano Arfé，*Storia del socialismo italiano*：*1892 -1926*（Turin，1966）；Paolo Spriano，*Storia del Partito Comunista Italiano*，5 vols.（Turin，1967 - 75）；Pietro Scoppola，*Dal neoguelfismo alla Democrazia Cristiana*（Rome，1957）；and Ernesto Ragionieri，*Palmiro Togliatti*：*Per una biografia politica e intellettuale*（Rome，1976）.

洲启蒙运动，罗萨里奥·罗密欧（Rosario Romeo）的卡武尔（Cavour）自传，以及伦佐·德·费利切（Renzo De Felice）的墨索里尼自传这些由政治意识形态不同的历史学家所写的重要的多卷本的学术著作加以夸赞。①

师生间的学术关系中既有的"大陆"传统致使作为意大利史学重要特征的历史学"学派"得以扩大。相比于沃尔佩时期的学派，这种学派缺少一些制度性，而在明确的或潜在的政治立场中颇有特色，例如罗密欧关于"复兴运动"的自由主义解释，拉焦涅里的葛兰西式的马克思主义，以及文图里对于改变知识分子重要性的确认。指出这一点的重要性在于这样会转向关于意大利新的研究领域的介绍：拉焦涅里通过意大利社会主义者与德国社会民主制度的关系使其研究得以扩展；罗密欧，作为一个反马克思主义的历史学家，将亚历山大·格申克龙（Alexander Gerschenkron）针对经济增长的比较方法引入意大利，通过说明一场伴随农民破产的土地革命不足以使资本家的积累达到工业化程度，驳斥了葛兰西关于南方地主集团和北部实业家的历史学主题；而朱利亚诺·普罗卡基（Giuliano Procacci）以其关于马基雅维里在欧洲文化领域的角色和作用的著作而著名，从根本上改变了其研究领域以及他所教授的曾将年轻人引入其中的针对苏联的研究。②

---

① Giorgio Candeloro, *Storia dell'Italia moderna*, 11 vols. (Milan, 1956 – 1986); Franco Venturi, *Settecento riformatore*, 5 vols. (Turin, 1969 – 1990); Rosario Romeo, *Cavour e il suo tempo*, 3 vols. (Bari/Rome, 1969 – 1984); and Renzo De Felice, *Mussolini*, 7 vols. (Turin, 1965 – 1990).

② Ernesto Ragionieri, *Socialdemocrazia tedesca e socialisti italiani 1875 – 1896* (Milan, 1976); Alberto Caracciolo (ed.), *La formazione dell'Italia industriale: Discussioni e ricerca* (Bari, 1963); and Giuliano Procacci, *Studi sulla fortuna di Machiavelli* (Rome, 1965).

社会科学与意大利历史学

社会科学对历史学写作的影响在意大利出现得较晚。众所周知，克罗齐将社会科学与其他"伪概念"归为一类，而历史主义提供了葛兰西与克罗齐进行隐性对话的概念性框架。实业家阿德里亚诺·奥利维蒂（1901—1960）孤单地通过他的文化基金会和"全民"（Comunità）出版社向第一代年轻的社会主义者提供了研究的可能性。对于经济学研究者、社会学研究者和政治科学研究者来说，在英国和美国的研究生训练是必经的过程；而对于紧随另辟蹊径地研究意大利南部少数民族的埃尔内斯托·德·马尔蒂诺（Ernesto de Martino）其后的人类学研究者来说，这种训练则不那么重要。[①] 政治制度的主流模式和受葛兰西影响的历史学写作压制了与社会科学研究者的智识交流，但部分经济史家除外。在 1955 年罗马举行的历史科学国际研讨会上，法国马克思主义者恩斯特·拉布鲁斯（Ernest Labrousse）提出的议题，即应该开始研究与政治和阶级角色无关的资产阶级的社会史，遭到了意大利马克思主义历史学家的批评，因为它被认为没有涉及到民族史学的讨论。从政治制度角度讲，意大利的大学系统与其他西方民主制相比，在感受到引介社会科学的学术成果（以及严谨的国际组织）的压力方面反应迟钝。社会学的第一批教席在 1962 年被批准，而不少法西斯时期的政治科学专业科系直到 20 世纪 60 年代末才在意大利大学中广泛建立起来。

很明显，尽管有这些制度限制，战后一代的意大利历史学家到 20 世纪 60 年代时，正在积极地参与到西方历史学讨论中，并且开始将研究领域扩大到经济史和社会史。意大利的经济史如同其他西方国家，已颇具规模，特别是与基诺·卢扎托（Gino Luzzatto）和阿曼多·萨波利（Armando Sapori）等学者进行的关

340

---

① Ernesto de Martino, *Magia e civiltà* (Milan, 1976).

于中世纪时期的国际争论。新的东西是美国学派史家，如大卫·兰德斯（David Landes）和亚历山大·格申克龙关于经济增长的比较分析和理论架构，在此领域，提出了长期以来的问题，即意大利发展异常迅速的、但从地理上讲却很不平衡的工业化进程。

意大利历史学家总是对外国史学的刺激保持极其开放的态度，尽管战后第一代人几乎没有在海外从事研究（这与他们的社会科学同行相区别）。起初，他们最大程度上受到布罗代尔和他在巴黎高等研究实践学院（Ecole Pratique）的影响。从布洛赫和布罗代尔，到勒·高夫和克里斯蒂安妮·克拉皮斯-祖博（Christiane Klapisch-Zuber），埃马纽尔·勒·华·拉杜里和毛里斯·阿居隆（Maurice Agulhon），法国史学家对于意大利史学家和在激发社会史的主要趋向方面总是很重要。20世纪60年代开始，从米歇尔·福柯到皮埃尔·布尔迪厄和雅克·德里达，引导法国理论研究的学者，被批判性地理解，并通过意大利丰富的档案资料来测试其解释模式的可应用性。英国的社会史学影响力巨大，特别是从20世纪70年代开始：埃里克·霍布斯鲍姆和E·P·汤普森，《过去与现在》（Past and Present）杂志和《历史工作坊》（History Workshop）杂志，在社会史和经济史方面引发了广泛的兴趣。维托尔德·库拉（Witold Kula）对封建制度的经济理论研究在20世纪70年代产生了强烈的反响，再如亚历山大·恰亚诺夫（Alexander Chayanov），布罗尼斯瓦夫·格莱米克（Bronislaw Geremek），特奥多尔·沙宁（Teodor Shanin），以及埃里克·R·沃尔夫（Eric R. Wolf）对于农民、穷人的家庭，和社会与叛乱的比较分析。[1] 从历史学式的人口统计到口述史和原始—工业化

---

[1] Witold Kula, *Teoria economica del sistema feudale*：*Proposta di un modello* (Turin, 1970); Alexander Chayanov, *The Theory of Peasant Economy* (Homeward, Ill., 1966); Bronisław Geremek, *La pieta e la forca*：*Storia della miseria e della carità in Europa*, trans. Anna Marx Vannini (Rome/Bari, 1986); Teodor Shanin, *Peasants and Peasant Society* (Harmondsworth, 1972); and Eric R. Wolf, *Europe and the People without History* (Berkeley, 1982).

(proto-industrialization)，性别史，以及后文化主义，这些意大利史学家尚未探索的，用新的概念性和分析性的方法论开辟的领域并不多，并且在很多例子中，这些领域是通过一种在复杂层面的专门适合意大利变化频繁的历史经历的分析而得到增进或适应的。

即便如此，将意大利历史学写作领域的扩大归结为与国外史学和社会科学的接触是一种误导。至多可能在一些领域体现出一种原初性的刺激：克拉皮斯-祖博将人类学范畴用于中世纪托斯卡纳社会史的研究，或勒·高夫的"心态"（mentalité）取径；斯波莱托每年一度针对早期中世纪史主题的为期一周的研究开始经常用来关注当前流行的历史学讨论，甚或是政治学讨论，或近期著名史家的著作。① 经济史家，如乔治·莫里（Giorgio Mori），开始通过具体工业的研究，继而逐渐增加在比较性的经济增长背景中的研究，勾勒出从 19 世纪 80 年代到第一次世界大战迅速的工业化发展的轮廓和机制。② 相反地，一些意大利历史学家，特别是移民人士，已经具有国际影响，从阿纳尔多·莫米利亚诺和罗伯托·洛佩兹（Roberto Lopez，他们都由于法西斯主义的反犹法律被迫离开）到卡罗·齐博拉（Carlo Cipolla），卡罗·金兹堡（Carlo Ginzburg）和《意大利人民史》（*Storia degli italiani*，1968）的作者普罗卡奇（Procacci）。

社会史，从更广的意义上说，已经成为 20 世纪 80 年代以来意大利引人关注的历史写作特征。新的期刊——《历史笔记》（*Quaderni Storici*，1966）、《社会史》（*Società Storia*，1978）《城市史》（*StoriaUrbana*，1977），《人口统计学学刊》（*Bollettino di Demografia*，1979），《记忆：多恩历史杂志》（*Memoria：Rivista*

341

---

① 例如：《金钱和交易》（1960），《城市方志和城市生活》（1973），《符号和象征》（1975），《地中海航行》（1977），《加洛林时期的欧洲意味着欧洲已经形成了吗?》（1979），《人和动物的世界》（1983），《圣徒与恶魔》（1988），《中世纪时期的传记》（1997），《以及中世纪时期的政治布道》（2001）。

② Giorgio Mori, *Studi di storia dell'industria* (Rome, 1966).

di Storia delle Donne，1993)，和《记忆与探索》 (*Memoria e Ricerca*，1993)——推动了社会史写作，并推动了一些特定的方面、领域和取径。一些与现代早期和意大利统一之后的历史有关的重要的和有影响力的主题可作为意大利史学观念转移的一种体现。

关于意大利反宗教改革史的研究与写作长期集中于特伦托会议 (the Council of Trent，1545—1563) 以及随后的主教会议的议事程序的制度渊源，同时也集中于重要神职人员的自传式研究，如卡罗·博罗梅奥。[①] 20 世纪 70 年代以来，从伊拉斯谟在意大利的文化影响，到特伦托会议颁布的主教制度的逐步实施，以及在接下来的两个世纪里教会经历了农民"反基督教化"的缓慢和艰难过程的执行者和实际活动，历史研究开辟了新的视角。[②] 所呈现出的，是传教士集会，教区助理牧师，和抵制启蒙改革者渗透、颂扬基督教精神的辩论性的著作所提及的，大众性展示虔诚的多种活动方式，如作为阻止大毁灭的圣人祭祀。[③] 由教会发动的以反进步性的宗教和文化上的"再征服运动" (*reconquesta*)[④] 为内容的社会性扩张对于 19 世纪和 20 世纪的意大利政治史的意

[①] 卡罗·博罗梅奥 (Carlo Borromeo，1538—1584)，又译：圣嘉禄·鲍荣茂，文艺复兴时期欧洲神学家。1610 年被封为圣徒。他帮助改革教会音乐，曾主持部分特伦托会议。作为米兰主教，他执行严格的特伦托教令，拆除了一些米兰大教堂的装饰。他还改革宗教教团，迫害女巫和其他异端。——译者注

[②] Silvana Seidel Menchi, *Erasmo in Italia* (1570‑1580) (Turin, 1987)；and A. Mazzotta Buratti *et al.*, *La cittàrituale：La città e lo stato di Milano nell'età dei Borromei* (Milan, 1982).

[③] Adriano Prosperi, *Tribunali della coscienza：Inquisitori，confessori，missionary* (Turin, 1996)；and Mario Rosa, *Riformatori e ribelli nel '700 religioso italiano* (Bari, 1969).

[④] "再征服运动"，是指 8—15 世纪西班牙的基督教小王国针对当地阿拉伯人控制区发动的收复失地的战争，又称收复失地战争，直到最后把伊斯兰教徒赶出西班牙。参加者除西班牙封建主外，还有法国和意大利的骑士，并得到教皇的支持。不过在性质上，它仍是西欧封建主掠夺土地的扩张战争。——译者注

义，仍然有待被世俗的意大利民族—国家史家所调查。

伴随着日益增长的 20 世纪 70 年代中期向"自下而上"的社会史转移，第二个主题是集中于针对意大利劳动阶级的历史学。劳动阶级的历史不可避免地（并且不只是意大利）与政治立场联系紧密；在此情况下，历史学直接或间接地将格外广泛的学生和工人的文化遗产解释为 1968—1969 年针对党派和贸易联盟自主权的躁动和抵制。斯特凡尼·梅利（Stefano Merli）对无产阶级在工厂地板上的作品进行的重现，质疑了那种对作为马克思主义（和实证主义）历史学基础的组织做类别划分的假设。[1] 渐渐地研究大众阶级的有社会学取向的学者提出的主要问题与早些时候关于劳动阶级的政治性—结构组织性的历史分道扬镳。通过揭示与 19 世纪末意大利北部的工业化相伴而生的城乡之间的密切联系和流动，意大利过去的乡土世界和家族作用的核心性变得显著起来。佛朗哥·拉梅利亚（Franco Ramella）对一个乡下纺织业村落的家族式工场生产的影响和效应的高度原创性研究诠释了富兰克林·门德尔斯（Franklin Mendels）的影响深远的原工业化理论（theory of proto-industrialization）。[2] 通过研究领域从工场和工作条件扩展到工场外的日常生活、性关系、大众的文化和向往，以及集体性冲突问题中的自发性事例。研究的质量很多取决于引导潮流的国外社会历史学家作品的各式理论和方法的取径。[3] 这些都成为了一种概念上的刺激，在特殊的历史背景下，特别是在意大利的城乡地位变化极大的情况下被加以试验。劳动阶级的历史在主题和方法上得到扩展：毛里乔·格里包迪（Maurizio Gribaudi）对通常是从乡下迁入的都灵劳工的个人生活轨迹的重建，提出了

342

---

[1]　Stefano Merli, *Proletariato di fabbrica e capitalismo industrial* (Florence, 1973).

[2]　Franco Ramella, *Terra e telai: Sistemi di parentela e manufattura nel Biellese dell'Ottocento* (Turin, 1984).

[3]　罗马的巴索基金会长期实行邀请研究劳动阶级和群众运动的国外历史学家制度，如 Georges Haupt, Michélle Perrot, Jürgen Kocka, E. P. Thompson, 和 Dorothy Thompson）。

关于劳工阶级意识形成过程的基础性问题；路易莎·帕塞里尼（Luisa Passerini）利用口述历史探查法西斯政体时期的统治在都灵劳工阶级家庭生活中的积极方面，在女性史和公共氛围对私人生活的调节性影响的领域中提出了基本的概念性问题。[①] 在从乡间而来的大股海外移民和梅佐焦尔诺（Mezzogiorno）数十年间的意大利工业化基础上，一个全新的研究领域迅速发展起来，如今已从家庭，乡村，和移民的物质过程扩展到促成移民国家形成的多重方面，主要是在两个美洲。[②]

343

鉴于意大利的城市在历史上起到突出的作用，且都有着丰富的史料，城市史在意大利不需要过多的解释。《城市史》集合了一系列学科，从社会和经济史家到建筑师和艺术史家，救济院和工场方面的专家，以及很多其他专家。说中世纪和近代早期欧洲城市的最广泛的比较史已经被意大利史学家马里诺·贝伦戈（Marino Berengo）写作完成了，并不为过。[③]

引发更多争论的是地区史，随着1976年的意大利行政区划被采用，伊诺第出版社发起了一系列地区史研究。《历史笔记》杂志严厉地批评统一后的关于地域性特征的历史事实，认为它很难从习惯方式，经济结构，以及社会组织的有特色的构成方面加以定义，并严厉地批评它被新意大利国家的中心化了的（与鼓励地方的爱国主义相对应）统治阶级从政治上忽略了，担心鼓励联邦

[①] Maurizio Gribaudi, *Itinéraires ouvriers，espaces et groupes ouvriers à Turin au début du 20°siècle* (Paris, 1987)；and Luisa Passerini, *Torino operaia e fascism：Una storia orale* (Rome/Bari, 1984).

[②] Piero Bevilacqua, Andreina De Clementi, and Emilio Franzina (eds.), *Storia dell'emigrazione italiana*，2vols. (Rome, 2001)；and Angiolina Arru and Franco Ramella (eds.), *Delle migrazioni interne in età moderna e contemporanea* (Rome, 2008).

[③] Marino Berengo, *L'Europa delle città：Il volto della società urbana europea tra Medioevo ed età moderna* (Turin, 1999).

制度倡导者的渴求。① 而通过地方精英视角的观察，该系列的连篇累牍，开拓出针对创建意大利民族—国家艰巨性的新取径。期刊《子午线》（Meridiana，1987）通过学科交叉的方法使针对"南方问题"（Southern question）的研究焕然一新，使现代化的北欧模式的指标参数遭到质疑。通过用社会史和文化史解释"政治史"，包括对历史往事转变成大众神话和记忆场所（lieux de mémoire）的过程的研究，该研究与伊诺第系列的意大利研究一起，使政治史的主流地位大大弱化。

尽管他们的研究成果缓慢地成长为环境史，但更具创新性的是地理学家卢西奥·甘比（Lucio Gambi）的贡献，他长期致力于使意大利史学家相信环境对比的意义，以及由意大利的历史习惯方式和经济与社会的惯式决定的物质领域限制，这在农民寓所的建筑风格具有标志性的地域差异上可见一斑。②

344

从剑桥学派所发起的关于家庭规模和构成的重建，到人口学现象研究中流行的数字输入，意大利的历史人口学研究者像其他地方的学者一样，始终积极参与到国际争论中。至 20 世纪 90 年代，历史学家所面临的资料问题被越来越多地与考察家庭行为的社会史和文化史联系起来。婴儿的抛弃行为和死亡率引发了针对 15—16 世纪以来的城市弃儿医院档案的卓有成效的研究；并且更为切近的是，注意力已经转向家中男主人死亡造成的社会性影响。③ 在一项引人注目的关于 19 世纪中期威尼斯贫苦家庭（守门人、渔夫、劳工）的构成和生活条件的研究中，伦佐·迪罗萨斯

---

① Giovanni Levi and Raffaele Romanelli in *Quaderni Storici*，41（1979），720 - 731，778 - 781；and *Lucio Gambi in Società e Storia*，49（1990），657 - 664。

② 作者同上，*Una geografia per la storia*（Turin，1973）。意大利的环境史是最近的事：参见 Alberto Caracciolo，*L'ambiente come storia：Sondaggi e proposte di storiografia dell'ambiente*（Bologna，1988）；以及 Simone Neri Serneri，*Natura，industria e società：Per una Storia dell'ambiente in età contemporanea*（Siena，2000）。

③ Renzo Derosas and Michel Oris（eds.），*When Dad Died：Individuals and Families Coping with Distress in Past Societies*（Bern，2002）。

（Renzo Derosas）将出生、婚嫁和死亡的传统登记同那些迁居的登记进行整合，以此分析多代同堂和亲属关系的重要作用和性别差异，以至于使彼得·拉斯莱特（Peter Laslett）的自给自足的核心家庭理论遭到质疑，并直接对关于犹太家庭新生儿数字过早下降的文化解释得到关照。①

性别史和女性史发展迅速，特别是 20 世纪 80 年代以后。丰富的档案资源——教会的，司法的以及图像的——促进了该研究领域的迅速扩展，特别是近代早期的研究具有创新性，从婚姻和世袭权力到资助行为，人际网络，以及最具原创性的，"特伦托会议"对女性的信仰、性行为、仪式、庆典和社会行为的影响。②

微观史学

从国际层面讲，微观史学大概是过去半个世纪里意大利对历史学方法最知名的贡献。③ 毫不奇怪，既有的范式遭到根本性的挑战，被挑战的不仅是传统的从国家和处于统治地位的精英的视角写作历史的主流形式，还有对社会科学的概括性假设的根本挑战。70 年代中期，微观史学开始在《历史笔记》期刊中被讨论，集中讨论的是利用档案资料进行历史写作的方法应用及其在一种另类的和创造性的社会史取径上的潜力。卡罗·金兹堡的原创性的和影响巨大的针对一个磨坊主的精神世界的研究《奶酪与蛆

345

---

① Massimo Livi Bacci, 'Ebrei, aristocratici e cittadini: Precursori del declino della fecondità', *Quaderni Storici*, 18 (1983), pp. 919 - 939; and Renzo Derosas, 'La demografia dei poveri: Pescatori, facchini e industrianti nella Venezia di metà Ottocento', in Mario Isnenghi and Stuart Woolf (eds.), *Storia di Venezia: L'Ottocento e il Novecento*, 1797 -1918 , 3 vols. (Rome, 2002), 711 -770.

② Lucia Ferranti, Maura Palazzi, and Gianna Pomata (eds.), *Ragnatele di rapport: Patronage e reti di relazioni nella storia delle donne* (Turin, 1988).

③ 已翻译的文章和讨论有: Edward Muir and Guido Ruggiero (eds.), *Microhistory and the Lost Peoples of Europe* (Baltimore, 1991); 以及 Jacques Revel (ed.), *Jeux d'e'chelles: La micro-analyse à l'expe' rience* (Paris, 1996)。

虫》（*Il formaggio e i vermi*）所采用的原始资料就是一套宗教裁判所的审讯记录。[①]

微观史学研究者质疑历史学实证主义的基本信念，这种信念认为政治—制度性的"事实"构成了历史的主体，并认为档案文献会以语言学的恰当方式提供直接且可靠的证据。但他们同样批评历史解释的功能主义假设的影响，这种假设基于社会科学家所构建的关于控制社会和经济的常规体系的理论，也基于用来解释超越时间的历史变化的宏观概念，如资本主义的转型、近代国家的演变、进步、现代化、阶级，等等。例如，20世纪60年代流行于法国的大范围结构性解释经历了前景光明的全盛时期，布罗代尔和拉布鲁斯指引历史学研究趋向对量化数据进行系统收集和适当的识别和分类，它与弗朗索瓦·西米昂和埃米尔·涂尔干的法国社会科学传统如出一辙。

对于微观史学最初的倡导者金兹堡，爱德华多·格伦迪（Edoardo Grendi），乔瓦尼·莱维（Giovanni Levi）来说，社会科学那种宏观的解释性说明制造了一种历史必然性（historical inevitability）的印象，随之而来的是在以当前为限的长时段之上反观历史的视角。在宏观概念中，社会的反馈被轻视为无关痛痒的，或者至多被归为宏观类属，如叛乱或阶级。颠覆历史学家的传统关注点——以当权者的活动为关注点——并从反应入手是有必要的，由此可以解释那些作为个人和社会群体扮演着不同和多重角色的社会行为人是如何用他们自己先在的习惯和实践，对王室、领主、教会、法官，或其他核心权力之外的当权者的在场和缺席做出反应或与之协商的。

显然，面对这样一种取径，人类学家对微观史学尤为感兴趣——在理论层面，对他们在小范围群体中的相互关系、实践，及信仰的复杂性和功用进行概念化感兴趣；并且在操作性上，对他们那种无微不至的"参与观察法"（participant observation）的

---

① *Il formaggio e i vermi*（Turin, 1976），至1989年已被译成8种语言。

主要研究手段感兴趣。的确，格伦迪形容 E. P. 汤普森和卡尔·波拉尼（Karl Polanyi）的作品既是经济人类学又是历史微观分析；并且到 20 世纪 80 年代，克利福德·吉尔茨的"深描（thick description）"在意大利微观史研究者之间成为一个流行的提法。最近，阐释性的人类学和文化取径已通过重新强调语言、表象和象征符号的方法，影响了微观史研究者呈现生产的交换的社会主题的模式。

对于微观史研究者，一种必定出现的实践结果就是将研究视角缩小到地方性情境，精确地限定于地域、家族、职业、传记或文本。在不同材料之间进行"密集的"解释性阅读和联系对于揭示一个社群中的团体或个体的社会性和文化性实践与信仰是必要的。这或许有助于考察微观史学为何在一个国家里作为一种方法在发展，在这里，自中世纪以来的文献，以被公证的文献为首，司法的、教会的和行政档案的文献特别丰富。在资料之间建立联系大概也比在很多国家容易得多，例如个体可以通过他们在教区登记册，财产土地清册和课税记录，公证或司法文件，以及（从 19 世纪开始的）强制性的义务教育，服兵役乃至迁居的登记中的姓氏，密切注意其生活经历的很多部分。但是对于微观史研究者来说关键的是人类学家对他们搜集资料的理解和使用：档案文献总是片面的，时常是间接的，但踪迹的积累却得以解释社会关系和行为。

微观史研究者强调他们没有形成一个"学派"，称他们在一定意义上共有一种理论基质，但它只是一种方法论理念，即需要用一种允许从本质上对非文字性的实践，假设，和行为加以理解的方法去阅读资料的理念。金兹堡创造了其独有的路径，通过从弗留里（Friuli）边区的生殖崇拜和巫术指控到一个磨坊主理解宇宙的异端式阐释的生动的个体经验，探索宗教观念和实践在大众文化中的传播与表达形式，并通过皮埃罗·德拉·弗兰切斯卡（Piero della Francesca）的资助者和关系网络的传记式研究，解释其画作中的政治和宗教因素。① 伊诺第出版社自 1981 年来出版的"微观史"（Microstorie）系列著作，被其撰稿人金兹堡和莱维描述为"一种实验，一种建议，一种史料的核查，一种层面、角色、观点的再次融合"。尽管研究的主体基于社会史，但时段和主题却是微观史学取径所不关心的。乔瓦尼·利奇（Giovanni Ricci）通过费拉拉（Ferrara）市民的视角探查欧洲人对土耳其人的痴迷。② 帕特里奇亚·古阿尔涅里（Patrizia Guarnieri）关于一个 19 世纪托斯卡纳（Tuscany）少年杀人犯审判的叙述解释了法官和公众对随后流行起来的科学的切萨雷·龙勃罗梭衰退理论③的看法。④ 有一种坚定的信念，即相信通过事实或事件的重构，叙事性技术的充分发挥将诠释社会某些方面的运作机制。在历史写作中尤为非同寻常的是一些进入到其叙述主体内心深处的微观史家们的（重新掀起的）关注内容，这致使读者涉入一种关于历史论证的构建过程的对话。⑤

　　社会史研究的中心内容是关系的群体和网络形成和运作的过程，它假定了集体身份是人际关系的基础以及和其他群体区别开来的特征，在社群内外表达应对资源和限制而改变形式和行为的社会实践和策略。起初，微观史作品集中于近代早期，在这一时期，国家的司法多边状态协调着一种由更有经验的和更有权力者

347

---

① Carlo Ginzburg, *I benandanti*（Turin, 1966）; and id., *Indagini su Piero*（Turin, 1981）.

② Giovanni Ricci, *Ossessione turca: In una retrovia cristiana dell'Europa moderna*（Bologna, 2002）.

③ 切萨雷·龙勃罗梭（Cesare Lombroso, 1835—1909），意大利精神病学家，犯罪学家，刑事人类学派的创始人。他反对犯罪行为源于人的自由意志和功利主义的观点，强调生理因素对犯罪行为人起到决定作用。他提出的"生来犯罪人"的概念颇具影响。——译者注

④ Patrizia Guarnieri, *L'ammazzabambini: Legge e scienze in un processo toscano di fine Ottocento*（Turin, 1988）.

⑤ 在倡导组织一场关于如何批判性地看待一份著名的意大利宗教读本的研讨会中，Carlo Ginzburg 和 Adriano Prosperi 的 *Giochi di pazienza: Un seminario sul 'Beneficio di Cristo'*（Turin, 1975）成为范例。

所践行的规范性的资料。例如，卡罗·波尼（Carlo Poni）通过屠夫行会，制革工人行会和鞋匠行会之间的交易，解释"波旁旧制"（ancien régime）时期博洛尼亚地方性市场的规律及惯例；劳尔·梅萨里奥（Raul Merzario）考鉴了一个叫科马斯克的小村庄（Comasco）计划联姻的条条框框；乔瓦尼·莱维展示了一个地方公证人的"非物质的"世俗认识是何以使之成为一个在其所属团体与皮尔蒙特州当权派之间具有影响力的中介人；奥斯瓦尔多·拉西奥（Osvaldo Raggio）分析了控制着穿越亚平宁山脉货物运输的敌对宗族及其诉讼委托人之间的争执何以推动了入侵热那亚共和国的行动。[1] 然而对于单一时段或地点，以及对阐释的研究技术的集中关注，展现出的是常见的创新性价值，它对权力之玄妙的考察在时间上晚于对必然进程的被动接纳状况进行探询的语境：例如，弗兰科·拉梅尔拉关于 19 世纪的别尔莱扎（Biellese）的乡村纺织家庭的工厂工业化的实际反映的研究，毛里乔·格里包迪对于都灵工场工人生活轨迹的重建，或是亚历桑德罗·波尔泰尔利（Alessandro Portelli）的以特尔尼（Terni）炼钢工人家庭为视角的口述史。[2]

　　没有人会质疑微观史学的创新性。但实质问题已经被提出来了。考虑到被这种研究方法限定的小范围，这种微观研究会有多大代表性或是可概括性？此类研究如何会与更广泛的社会变革的历史经验产生关联？接受考察的机制本质上防御性的，抵触那些被视为威胁的，最大程度地利用那些从装备最佳的机制看来是机会的内容。目前为止，没有人回答如何将个人的日常经历与势不可挡的工业化和城市化带来的社会演变，国家参与的稳步增长，与代议制的或独裁统治形式，资本主义，和阶级组织形式达成和

³⁴⁸

---

[1] Giovanni Levi, *L'eredità immateriale*：*Carriera di un esorcista nel Piemonte del Seicento*（Turin, 1985）；and Osvaldo Raggio, *Faide e parentele*：*Lo Stato genovese visto da Fontanabuona*（Turin, 1990）.

[2] Alessandro Portelli, *Biografia di una città*：*Storia e racconto*（Turin, 1985）.

解。或许有必要将微观史方法用于探查社会变革的成功范例：例如，移民的世代融合。

当代的历史学

瓦解法西斯造成的政治和制度的破坏，反法西斯主义的胜利，以及意大利共和国的创立为针对法西斯时期（1922—1945）的意大利历史写作提供了极大支持。正如在其他欧洲国家，政治史和军事史沿着个人回忆录的脉络，从一开始就处于主导地位。很长时间以来，中心主题集中于两点——与自由国家崩溃相关联的法西斯主义的缘起，以及 1943—1945 年的反法西主义和"抵抗运动"。在意大利境外，没收而来的纳粹档案使国外的学者得以在研究维希法国，纳粹德国，以及 1943—1945 年意大利法西斯的墨索里尼傀儡共和国的政治史方面做出重要贡献。[①] 在意大利，在国家档案馆中的文献仅仅在 40 年后才正式开放。[②] 实际上，接触法西斯时期的档案早已被批准，但除德·费利斯（De Felice）为墨索里尼写的传记，以及保罗·斯普利亚诺（Paolo Spriano）写的意大利共产党（建立于 1921 年）史之外，国家档案从 20 世纪 70 年代随着当代史大学课程的扩充才开始被开放性地使用。

政治领导人斥法西斯主义为强加于意大利人民头上的独裁体制，这种表述含蓄地打消了对法西斯政权进行系统研究的念头，并且明确了对德·费利斯的墨索里尼传第一卷（1965 年）的敌视

---

① F. W. Deakin, *The Brutal Friendship*：*Mussolini*，*Hitler and the Fall of Italian Fascism*（London，1962）；and Robert O. Paxton，*Vichy France*：*Old Guard and New Order*，*1940 -1944*（New York，1972）。

② "意大利反抗运动"国家学会（INSMLI）由其前领导人费卢西奥·帕里（Ferruccio Parri，1890—1981）于 1949 年建立，专门收集反抗运动档案并使之可供利用。

态度。① 如同在法国和德意志联邦共和国，历史学家扩展他们关于法西斯的研究和写作需要一代人的时间——部分是对德·费利斯关于法西斯党对其领导者的从属关系的阐释，以及他关于法西斯政权流行舆论的带有挑衅性的论述的反应，但也反映了针对年轻的战后一代人对法西斯一无所知的广泛的政治性关照，尤其反映了法西斯在学校课程中的缺失。自从 20 世纪 70 年代以来，通过针对城市，出版社的宣传和控制，法西斯主义的放任方针，知识分子与法西斯主义文化的合作，针对女性的教化，以及政治的神化的分领域的专门研究，意大利和国外历史学家明显将研究和写作扩展到法西斯国家的制度和行政组织对意大利社会政体影响的领域之外。② 近些年来，尤为敏感的话题已经成为历史学分析的重要主题——特别是 1938 年反犹太人的种族法律的社会反应，以及 1943—1945 年在德国军队缓慢撤退中被抓走的城市群众的活生生的经历。③ 梵蒂冈第二次会议（1962—1965）召开后，天主教会气氛随之焕然一新，公民认同感也是如此，以至于中世纪教会史家的领导者乔瓦尼·米科利（Giovanni Miccoli）将其专长用于研究庇护十二世对于德国纳粹政策所保持的沉默。④ 口述史

---

① 针对法西斯政权最早的研究是关于制度性结构和极权主义国家的意识形态：Alberto Aquarone, *L'organizzazione dello stato totalitario*（Turin，1965）；以及 Paolo Ungari, *Alfredo Rocca e l'ideologia giuridica del fascismo*（Brescia，1963）。

② Adrian Lyttelton, *The Seizure of Power：Fascism in Italy* 1919 - 1929（London，1973）；Gabriele Turi, *Il fascismo e il consenso degli intellettuali*（Milan，1980）；Philip V. Cannistraro, *La fabbrica del consenso*（Bari，1975）；Victoria De Grazia, *How Fascism Ruled Women：Italy* 1922 - 1945（Berkeley，1992）；and Emilio Gentile, *The Sacralization of Politics in Fascist Italy*（Cambridge，Mass.，1996）. Palmiro Togliatti，意大利共产党领导人，将法西斯视为 20 世纪 20 年代以民众为基础的反动政权：*Lezioni sul fascism*（Rome，1970）。

③ Michele Sarfatti, *The Jews in Mussolini's Italy*（Madison，Wis.，2006）；and Paolo Pezzino, *Anatomia di un massacro：Controversia sopra una strage tedesca*（Bologna，1997）.

④ Giovanni Miccoli, *I dilemmi e i silenzi di Pio XII*（Milan，2000）.

已经做出了重要贡献。[1] 克劳迪奥·帕沃内（Claudio Pavone）关于抵抗运动的作品，及其认为在法西斯共和国和纳粹占领最后时期，意大利人因一场内战而涣散的观点，如今可以被视为一个分水岭，由此，意大利的历史学写作开始与官方的反法西斯主义解释立场拉开距离。[2] 与德国的"史家争论"[3] 不同，极权主义作为一种分析性范畴，无法为研究意大利法西斯主义的历史作品提供充足的证据。尽管意大利当代史研究者关注意大利和法西斯时期，但研究 20 世纪其他国家历史的专家已经由少变多：60 年代开始研究纳粹德国，70 年代研究苏联，而最近则研究美国和西班牙。[4]

　　直到最近，关于上一个阶段的——1946 年的意大利共和国——历史作品已主要由政治性叙述组成，而忽略了伴随国家迅速的经济增长和内部移民的意大利深刻的社会转型。起初，主要争论点在于法西斯，更早的自由国家，以及意大利共和国之间的连续性问题。[5] 意大利共和国半个世纪的历史分期意识与冷战的结束紧密相关，它只是随着 90 年代中期存在缺陷的意大利政党结构的崩塌才变得明显。[6] 历史学已显著地出现在意大利的政治中。最近这些年，法西斯主义的表现，特别是法西斯共和国最后几年

350

[1] Alessandro Portelli, *L'ordine è già stata eseguito：Roma，le Fosse Ardeatine，la memoria* (Rome, 2004).

[2] Claudio Pavone, *Una guerra civile：Saggio storico sulla moralità nella Resistenza* (Turin, 1991).

[3] "史家争论"，*Historikerstreit*，是 1986—1989 年期间在联邦德国展开的一场关于纳粹德国罪行的智识性和政治性的争论。在争论中，右翼知识分子认为纳粹德国的罪行与苏联的犯罪活动都是极权主义的，而左翼知识分子针锋相对地坚决否认德国和苏联在国家行为上的一致性。因此，前者被批评有淡化纳粹德国罪行之嫌，而后者则被指责为苏联的罪行开脱。——译者注

[4] Enzo Collotti 的第一本关于纳粹德国的专著在 1962 年出版。Giuliano Procacci 在 20 世纪 70 年代带领更年轻一代的学者涉足苏联的历史。

[5] Claudio Pavone, *Alle origini della Repubblica：Scritti su fascismo，antifascismo e continuità dello stato* (Turin, 1995).

[6] *Storia dell'Italia repubblicana*，3 vols. (Turin, 1994 - 1997).

的表现，已经作为一种与民族属性有关的争议性政治问题重新兴起，与纳粹主义被视为一种消极过去的德国形成明显反差。最近被政治家和媒体挪用的历史已指引着意大利史学家从职业历史学写作的审视立场去考察，一方面是考察在表现非常切近的过去时使用和滥用资源的实际影响，另一方面，考察的是通过个人的和群体记忆所表现出来的概念问题，这些记忆与标准的历史阐释相区别且形成抵触。[1]

大事年表/关键日期

- 1922—1945　法西斯政权
- 1943—1945　纳粹占领，意大利法西斯共和国，抵抗运动，以及内战
- 1946　（6 月 2 日）全民公决抵斥萨伏依君主政权以支持共和制
- 1947　（6 月 10 日）意大利和盟国签订和平协议
- 1948　（1 月 1 日）意大利共和国宪法颁布
- 1955　意大利加入联合国
- 1957　意大利加入欧洲经济共同体
- 1962—1965　梵蒂冈第二次会议
- 1984　与梵蒂冈签署新协定；罗马天主教失去作为国教的地位
- 1991　随着苏联解体，意大利共产党解散
- 1992—1994　政治腐败的乱象导致牢狱之祸和主要政府政党的瓦解
- 1994　意大利"力量党"领袖西尔维奥·贝卢斯科尼赢得普选并组建了他的第一右翼联盟政府

---

① Nicola Gallerano, *Le veritàdella storia*：*Scritti sull'uso pubblico del passato* (Rome，1999).

主要史料

- Angelini, Margherita, 'Storici e storia: Generazioni a confront nel lungo dopoguerra italiano', *Storia della Storiografia*, 49 (2006), 43 – 52.

- Arfé, Gaetano, *Scritti di storia e politica* (Naples, 2005).

- Berengo, Marino, *L'Europa delle città: Il volto della società urbana europea tra medioevo e età moderna* (Turin, 1999).

- Cantimori, Delio, *Storici e storia* (Turin, 1971).

- Davis, John A. (ed.), *Gramsci and Italy's Passive Revolution* (London, 1979).

- Detti, Tommaso and Gozzini, Giovanni (eds.), *Ernesto Ragionieri e la storiografia del dopoguerra* (Milan, 2001).

- Favilli, Paolo, *Marxismo e storia: Saggio sulla innovazione storiografica in Italia* (1945 – 1970) (Milan, 2006).

- 'Gastone Manacorda: Storia e politica', *Studi Storici*, 44 (2003), 589 – 1047.

- Ginzburg, Carlo, *The Cheese and the Worms: The Cosmos of a Sixteenth-Century Miller*, trans. John Tedeschi and Anne Tedeschi (London, 1980); org. pub. as *Il formaggio e i vermi: Il cosmo di un mugnaio del* '500 (Turin, 1976).

- Gramsci, Antonio, *Quaderni dal carcere*, 4 vols. (Turin, 1975).

- Guerci, Luciano and Ricuperati, Giuseppe (eds.), *Il coraggio della ragione: Franco Venturi intellettuale e storico cosmopolita* (Turin, 1998).

- Manacorda, Gastone, *Il movimento reale e la coscienza inquieta* (Milan, 1992).

- Mangoni, Luisa, *Pensare i libri: La casa editrice Eianudi dagli anni Trenta agli anni Sessanta* (Turin, 1999).

- Procacci, Giuliano, *History of the Italian People*, trans. Anthony

351

Paul (London, 1970), org. pub. as *Storia degli Italiani*, 2 vols. (Bari, 1968).

- Rapone, Leonardo, ' Gastone Manacorda: Critico della storiografia', *Studi Storici*, 44 (2003), 503 - 648.
- Robertson, John, 'Franco Venturi's Enlightenment', *Past and Present*, 137 (1992), 183 - 200.
- Romeo, Elsa (ed.), *La scuola di Croce: Testimonianze sull'Istituto italiano per gli studi storici* (Bologna, 1992).
- Rossi-Doria, Anna (ed.), *A che punto é la storia delle donne in Italia* (Rome, 2003).
- Salvati, Mariuccia, ' La storiografia sociale nell'Italia repubblicana', *Passato e Presente*, 73 (2008), 91 - 110.
- *Storia d'Italia* [Einaudi], 6 vols. (Turin, 1973 - 1976).
- Venturi, Franco, *Settecento riformatore*, 5 vols. (Turin, 1969 - 1990).

参考书目

- Battelli, Giuseppe and Menozzi, Daniele (eds.), *Una storiografia inattuale? Giovanni Miccoli e la funzione civile della ricerca storica* (Rome, 2005).
- Cassina, Cristina (ed.), *La storiografia sull'Italia contemporanea: Atti del convegno in onore di Giorgio Candeloro* (Pisa, 1991).
- *Dieci interventi di storia sociale* (Turin, 1981).
- D'Orsi, Angelo (ed.), *Gli storici si raccontano: 3 generazioni tra revisioni e revisionism* (Rome, 2005).
- Masella, Luigi, *Passato e presente nel dibattito storiografico: Storia marxista e mutamenti della società italiana* 1955 - 1970 (Bari, 1979).

- Miller，Peter N. （ed.），*Momigliano and Antiquarianism：* *Formulations of the Cultural Sciences*（Toronto，2007）.

- *Storia d'Italia*，*Annali*［Einaudi］，24 vols.（Turin，1978 – 2009）.

- Woolf，Stuart，'Reading Federico Chabod's *Storia dell'Idea d'Europa* Half a CenturyLater'，*Journal of Modern Italian Studies*，7（2002），269 – 292.

李根　译

453

第十七章　巴尔干半岛的历史写作

乌尔夫·布伦鲍尔

　　1968 年 3 月，保加利亚共产党中央政治局就"保加利亚史"工程，通过了一项决议：

　　　　政治局乐见保加利亚科学院历史研究所主动为多卷本的保加利亚史所开展的准备工作……这部 10 卷本的保加利亚史须以马克思列宁主义方法论为前提，以目前研究和新材料新文献为基础，一定要全面反映保加利亚人民从古到今所走过的艰辛英勇之路，他们为争取自由、独立和社会进步而同外国入侵和压迫所进行的不懈斗争，以及为世界文化宝库做出的贡献。

　　　　这部作品……通过强调保加利亚人民历史上一切有价值、英勇和革命的事件，将成为培养劳动人民社会主义爱国热情和无产阶级国际主义的无尽资源。同时将加强对俄国人民——他们解放了我们两次——以及对伟大的苏联人民的热爱和尊重。①

　　这项决议反映了东南欧社会主义国家中历史写作的特点。首先，共产党插手历史编纂。其次，马克思列宁主义是历史编纂的

---

① Protocol of the Politburo session on 15 March 1968, in Central State Archive, Sofia (CDA), f. 1, op. 35, a. e. 199.

原则。第三，历史研究服务于超出了严格的学术范围的目的。第四，历史写作是一项民族事业，比如在保加利亚就要反映保加利亚"人民"的英雄历史。

　　尽管二战以后大多数东南欧国家（阿尔巴尼亚、保加利亚、罗马尼亚、南斯拉夫）都处在共产党统治下，但各国的学院历史编纂却走上了不同的道路。希腊的情况非常例外，因为它的历史编纂并没有在共产党控制下进行。本章将追溯二战后东南欧学院历史写作的主要趋势。

"共产主义"历史编纂学

355

　　1944—1945 年，共产党在阿尔巴尼亚、保加利亚、罗马尼亚和南斯拉夫获得政权，除阿尔巴尼亚以外，这些国家的历史学都经历了制度化。历史学家们起初受到浪漫派民族主义（romantic nationalism）的激励，到 19 世纪末大部分历史研究都以科学方法为基础，历史学家将他们的研究建立在对材料的评判性评估上，并坚信只要通过仔细审阅"事实"（facts）就有可能展现"真理"（truth）。然而这并没有切断历史编纂和国家建构之间的纽带，相反大多数历史学家将他们的职业视为一项爱国主义事业。著名的东南欧历史学家，如塞尔维亚的斯托扬·诺瓦科维奇（Stojan Novakovic）、罗马尼亚的尼古拉·约尔加（Nicolae Iorga），都有重要的政治地位。[①] 国家决定了历史写作的框架。

　　共产党首先开始彻底改变历史的写作方式，以建构更加符合意识形态的过去。他们试图在苏联模式上建立"党史"，要求历史学家承认辩证唯物主义和马克思主义的历史分期，强调共产

---

① 关于作为国家建立者的历史学家，可参看 Dennis Deletant and Harry Hanak（eds.），*Historians as Nation-Builders：Central and South-East Europe*（Basingstoke，1988）；Markus Krzoska and Hans-Christian Maner（eds.），*Beruf und Berufung：Geschichtswissenschaft und Nationsbildung in Ostmittelund Südosteuropa im 19．und 20．Jahrhundert*（Münster，2005）。

党、工人阶级和国际主义的视角，谴责前社会主义时代并赞扬苏联。党的领导人要求对重大事件进行特殊解释，比如在保加利亚，未来党领袖切尔文科夫（Vǔlko Chervebkov）于 1948 年 3 月，在一次由科学、艺术、文化委员会组织的会议上，号召历史学家们"要彻底清除与巴尔干半岛历史发展相关的资产阶级概念"[1]。这次会议提出了对保加利亚主要事件进行正统共产主义解释的指导方针；南斯拉夫《史集》（Historijski zbornik）创刊号的评论文章转述了斯大林的话："在人民的国家中，历史科学必须成为一门名副其实的科学，要研究劳动群众和人民的历史……相比资产阶级虚伪的客观主义，它将根据历史现象同人类社会发展的关系来评论历史现象。"在罗马尼亚，共产党要求历史学家们在马克思列宁主义的基础上，建立一个新罗马尼亚历史体系。

这些要求彻底转换了战前的历史编纂模式，实际的操作方法也随即产生，历史编纂传统由此改变。共产党接手政权后不久，就对那些被认为是"资本主义"和"法西斯主义"的历史学家所在的大学进行了不同程度的清洗。在南斯拉夫，只有那些公开反共的历史学家才被免除职务，而"资产阶级"历史的重要代表们则幸免于难。在保加利亚，一些卓越的历史学家被边缘化并被禁止授课，那些同德国关系密切的历史学家则被赶出大学。在罗马尼亚，对战前历史编纂模式的改变尤其彻底，许多教授被驱赶出大学，优秀的历史学家们，像康斯坦丁·康·朱雷斯库（Constantin C. Giurescu）和维克多·帕帕科斯泰亚（Victor Papacostea）都被监禁数年。[2] "资产阶级"和"法西斯"出版物一同被禁，其他形式的检查制度也被建立起来。

---

[1] Vera Mutaf cieva and Vesela Ci covska（eds.），*Sǔdǔt nad istoricite：Bǔlgarskata istori c eska nauka. Dokumenti i diskusii 1944 - 1950*，vol. 1（Sofia，1995），203.

[2] Wim P. van Meurs，*The Bessarabian Question in Communist Historiography：Nationalist and Communist Politics and History Writing*（New York，1994），230 - 231.

　　但是并没有足够可用的"共产主义"史学家能付出大量努力写作新历史；所有战前的历史学家几乎都没经历共产主义教育。执政党因此只有和那些接受新社会的遗老们妥协，并且将希望寄托在新一代人身上。出于这个目的，政权试图控制大学和学术研究，并建立新制度。保加利亚和罗马尼亚接受了将研究集中在科学院进行的苏联模式，这也是因为怀疑大学包庇"资产阶级"而采取的举措。1947 年保加利亚科学院成立了保加利亚历史研究所，其任务是产出"科学的"保加利亚历史。[1] 1948 年罗马尼亚科学院重组，要求其历史部对罗马尼亚历史进行共产主义解释。[2] 位于布加勒斯特（Bucharest）的罗马尼亚及苏联研究所（1947）打算通过赞扬俄国和苏联的重要角色来帮助建构新的历史叙述。[3] 保加利亚和罗马尼亚的党史研究所分别建于 1953 年和 1955 年。一些新的期刊，如《历史评论》（Istori česki pregled，保加利亚，1945），《罗马尼亚-苏联年鉴》（Analele Româno-Sovietice，罗马尼亚，1946），《史集》（Historijski zbornik，南斯拉夫，1948），推动了党史建设。

　　南斯拉夫同样由于缺乏训练有素的马克思主义史学家，因而 357 被迫让一些战前的优秀史学家重新回到大学〔比如卢布尔雅那的弗兰·茨维特（Fran Zwitter），米尔科·科斯（Milko Kos），柳迪米·豪普特曼（Ljudmil Hauptmann）和博戈·格拉芬瑙尔（Bogo Grafenauer）；萨格勒布的费尔多·丘利诺维奇（Ferdo Čulinovi č），雅罗斯拉夫·希达克（Jaroslav Šidak）；贝尔格莱德的瓦索·丘布里洛维奇（Vaso Čubrilovi č），托尔乔·塔迪奇（Torjo Tadi č），维克托·诺瓦克（Viktor Novak）〕，这些历史学家至少有亲

① Daniela Koleva and Ivan Elenkov, 'Did "The Change" Happen? Post-Socialist Historiographyin Bulgaria', in Ulf Brunnbauer（ed.）, (Re) Writing History： Historiography in Southeast Europe after Socialism（Münster, 2004）, 94 - 127.

② Constantin Sporea, 'Die sowjetische Umdeutung der rumänischen Geschichte', Saeculum, 11（1960）3, 220.

③ van Meurs, The Bessarabian Question in Communist Historiography, 227.

南斯拉夫倾向。[1] 一方面，政党试图控制贝尔格莱德、萨格勒布以及卢布尔雅那的科学院，但是这并没有带来预想的结果。另一方面，南斯拉夫共产党也感到迫切需要建立一个适合当下的历史解读。1948年召开的第五次党代会要求历史学家们搜集关于共产党和工人阶级历史的材料；南斯拉夫共和国党组织也建立了数个历史研究所，并在20世纪50、60年代转变为工人运动历史研究所（分别位于贝尔格莱德、萨拉热窝、卢布尔雅那和萨格勒布）。[2] 这些研究所关注那些被"传统"历史学家所回避的课题——二战期间的党派斗争和共产党史，以此构建对历史的共产主义叙述。因此历史研究中出现分工，"资产阶级"历史学家研究更加遥远的过去，而共产党历史学家——他们通常拥有党派背景——则书写政权建立的神话。

在阿尔巴尼亚和一些南斯拉夫共和国成员那里，建立研究所的任务则更加急迫，因为二战前这些地方没有任何学术化的历史编纂。阿尔巴尼亚第一所体系化的科学研究机构（科学研究所）建于1947年，其中有两名历史学家，亚历克斯·布达（Aleks Buda）和斯蒂凡纳克·波洛（Stefanaq Pollo），他们将成为阿尔巴尼亚第一流的共产主义历史学家。阿尔巴尼亚第一所大学建于1958年，阿尔巴尼亚科学院（包含一个历史所）建于1972年，都位于地拉那（Tirana）。[3] 在南斯拉夫的马其顿，民族史研究所于1948年建于斯科普里，这是由共产主义引导建设的马其顿国

[1] Ivo Banac, 'Historiography of the Countries of Eastern Europe: Yugoslavia', *American Historical Review*, 97 (1992), 1085.

[2] Smiljana. urovi c, 'Aktuelni problemi naše istoriografije', *Socijalizam*, 16 (1973) 12, 1386 - 1389; and Wayne Vucinich, 'Postwar Yugoslav Historiography', *Journal of Modern History*, 23: 1 (1951), 42 - 43.

[3] Oliver Jens Schmitt, 'Genosse Aleks und seine Partei oder: Zu Politik und Geschichtswissenschaft im kommunistischen Albanien (1945 - 1991)', in Markus Krzoska and Hans-Christian Maner (eds.), *Beruf und Berufung: Geschichtswissenschaft und Nationsbildung in Ostmittel-und Südosteuropa im 19. und 20. Jahrhundert* (Münster, 2005), 147.

家的一部分工作，由此南斯拉夫马其顿共和国的学院化历史编纂才从零开始。[①] 在上述两者中，历史编纂的首要任务都是建构以马克思列宁主义为指导的民族历史叙述。在南斯拉夫黑山共和国、波斯尼亚和黑塞哥维那共和国中，第一所历史编纂机构都建立于 20 世纪 40、50 年代末。位于塞尔维亚的科索沃自治省后来也建立了科研机构：普里斯蒂纳的科索沃史研究所（1967），普里斯蒂纳大学（1970）和科索沃科学艺术研究院（1975），这些机构推动了从阿尔巴尼亚立场书写科索沃历史的工作。

　　以阐释的角度来看，政党起初打算以马克思列宁主义和国际主义为前提撰写共产主义历史。[②] 根据这个方向形成的新综合体出现在 50 年代，取代了以往占主导地位的叙述。它和战前阐释体系的决裂在罗马尼亚表现得尤为突出：新的历史叙述赞扬共产党和劳动人民的功绩，也歌颂罗马尼亚和俄国的"友谊"，以及罗马尼亚文化中的斯拉夫遗产，然而在传统上罗马尼亚历史学家强调的是罗马尼亚人的拉丁血统。尽管米哈伊尔·罗勒（Michail Roller）没有学位证书，但他还是主导了罗马尼亚历史的重新定位。直至 1956 年"失宠"之前，他都占据着罗马尼亚历史编纂的头把交椅。比如，罗勒将 1918 年前俄国省份比萨拉比亚（Bessarabia）与罗马尼亚合并称之为"抢劫"。[③] 他编纂的课本《罗马尼亚人民共和国史》（*Istoria Republicii Populare Române*）（1956，初版 1947 年）最后一版标志着罗马尼亚史苏联化的顶点。《罗马尼亚史》（*Istoria Romîniei*）的前两卷（1960，1962）

358

---

① Ulf Brunnbauer, 'Die Nation erschreiben: Historiographie und Nationsbildung in der Republik Makedonien seit 1944', in Krzoska and Maner（eds.）, *Beruf und Berufung*, 167 - 190.

② Wolfgang Höpken, 'Zwischen "Klasse" und "Nation": Historiographie und ihre "Meistererzählungen", in Südosteuropa in der Zeit des Sozialismus（1944 - 1990）', *Jahrbücher für Geschichte und Kultur Südosteuropas*, 2（2000）, 18.

③ Şerban Papacostea, 'Captive Clio: Romanian Historiography under Communist Rule', *European History Quarterly*, 26（1996）, 188 - 190.

也以同样的思路写成，但是 1964 年第三卷却在出版前被撤销，因为那时罗马尼亚已经开始同苏联拉开距离。在保加利亚，新的正统叙述出现在 2 卷本的《保加利亚史》中（*Istorija na Bŭlgarija v dva toma*）（1954，1955）。这部史书突出了保加利亚的斯拉夫起源，以及同俄国和苏联的友谊，对自由的争取，进步的政治力量——特别是共产党的作用。但是这种对保加利亚史表面上权威的阐释并不长久，政治环境的改变很快就要求对历史叙事进行重新修订。[①] 阿尔巴尼亚也在 2 卷本的《阿尔巴尼亚史》（*Historia e Shqipërisë*）（1959，1965）中呈现出共产主义化的历史叙述。

由于南斯拉夫的历史学家需要将所有组成民族的历史融合成一部历史，因此构建共产主义主导的历史叙述在这里格外复杂。安特·巴比奇（Ante Babić）的《南斯拉夫人民史》（*Istorija naroda Jugoslavije*）（1946）是首次尝试，却因为缺乏马克思主义政见而遭受批判。[②] 1949 年，科学与文化联邦委员会发起编写多卷本《南斯拉夫人民史》（*Istorija naroda Jugoslavije*），整个南斯拉夫共和国优秀的史学家都参与其中。前两卷分别出版于 1953 和 1959 年，一直写到 18 世纪末。然而由于南斯拉夫史学家无法对 19 世纪南斯拉夫各种民族运动形成统一解释，这项计划便破产了。

如果更加仔细地考察这些历史著作，就会发现即使在斯大林主义的顶峰时期，也不是所有历史学家都认同了这种新模式，党的领导人因此时常批评史学家们偏离了马克思主义道路。同时民族史的范式也未被完全破坏，因为大多数史学家依然在民族的框架内撰史，民族史追溯遥远的过去，所以并不涉及如今主要由劳苦大众所代表的民族。辩证唯物主义的休克疗法所取得的效果并不持久，也是因为那些已经完全投身党派解释的历史学家们，制

---

① Hans-Joachim Hoppe, 'Politik und Geschichtswissenschaft in Bulgarien 1968 - 1978', *Jahrbücher für Geschichte Osteuropas*, 28 (1980), 246 - 247.

② Vucinich, 'Postwar Yugoslav Historiography', 50.

造出的意识形态十分粗陋，无法在学科内站稳脚跟。那些没有投身于此的史学家们通过援引马克思、恩格斯、列宁以及斯大林（1956 年以前），掩盖了他们更为传统的研究路数，也回避了党史和近代史研究。尤其在南斯拉夫，幸存的战前史学家不仅著作等身，而且依然是最有影响力的教师。但罗马尼亚的政治压力更大，非党派的历史学家只好编纂材料，并深入研究那些意识形态上争论较少的时代。

回归民族史

历史编纂上的斯大林时代持续了近十年，而马克思列宁主义却以一种非常正式的形式成为了官方模式。从 50 年代末到社会主义终结之间产生的大多数学术研究，都坚持着政治史的传统模式，并为实证主义所促进。伊万·埃伦科夫（Ivan Elenkov）和达尼埃拉·科莱瓦（Daniela Koleva）提出坚守"事实"和"历史真相"可以使史学免于意识形态的干扰。[①] 民族重新成为了最重要的历史研究主题，因而阶级视角的消亡就变得非常明显。[②] 历史编纂上的这种转变，反映了共产党在宣布阶级斗争结束后向民族主义的不断倾斜，并以此作为获得合法性的手段。在南斯拉夫，一系列的宪法改革引发了 1974 年那场影响深远的联邦化，而民族作为一个历史模式的重要性，也随着这些变化不断增长。

罗马尼亚向民族历史编纂的转向最为彻底，那里的史学家曾经被特别要求强调对苏俄的忠诚，而一个微妙的事件标志着传统反俄情绪的再次浮现：罗马尼亚科学院在 1964 年出版了马克思关于罗马尼亚的未出版手稿，马克思在手稿中表现出对罗马尼亚人

360

---

① Ivan Elenkov and Daniela Koleva，'Historical Studies in Post-Communist Bulgaria：Between Academic Standard and Political Agendas'，in Sorin Antohi，Balázs Trencsényi，and Péter Apor（eds.），*Narratives Unbound：Historical Studies in Post-Communist Eastern Europe*（Budapest/NewYork，2007），426.

② Höpken，'Zwischen "Klasse" und "Nation"'，35.

的同情，以及对俄国大帝国主义的批判。① 这标志着罗马尼亚政治文化中急速去苏联化的开始，在外交关系上也逐渐摆脱了苏联影响。民族历史如雨后春笋般涌现，向战前解释体系的回归紧随其后。那些曾被监禁的"资产阶级"史学家们又获准回到了学术机构并且再次具有影响力。战前的史学家们，像尼古拉·约尔加（Nicolae Iorga）和亚历山德鲁·克塞诺波尔（Alexandru Xenopol），后来都恢复了名誉。直到 70 年代早期，这些变化都和尼古拉·齐奥塞斯库（Nicolae Ceauşescu）统治时期举棋不定的文化自由政策有关，这些政策为新的阐释提供了空间。罗马尼亚在 60 年代重建了与西方的联系，这产生了很多影响，比如吸收了一些由法国年鉴学派推动的观念。②

但是罗马尼亚的自由化并没有持续很长时间，到 70 年代早期，共产党再次密切监视历史书写，这成为了齐奥塞斯库国家共产主义的重要组成部分。1974 年的新党章规定了罗马尼亚历史的基调：罗马尼亚的古老渊源，持续不断的殖民定居，罗马尼亚人在历史进程中的统一，以及为了自由而不懈斗争。在那些效忠齐奥塞斯库的史学家领导下，"党的领导以及极端民族主义成为罗马尼亚历史编纂的标准"。③ 这种民族狂热产生的典型后果之一，是推动了这样一种观念：罗马尼亚起源于古老的达契亚人（Dacian），这种观念强调了他们的土著本质。古代和中世纪历史也像近代史一样被政治化。中世纪罗马尼亚统治者被美化为代表

---

① Cristina Petrescu and Dragos, Petrescu, 'Mastering vs. Coming to Terms with the Past: A Critical Analysis of Post-Communist Romanian Historiography', in Antohi *et al.* (eds.), *Narratives Unbound*, 315.

② Lucian Boia, *Geschichte und Mythos*: *über die Gegenwart des Vergangenen in der rumänischen Gesellschaft* (Cologne, 2003), 90; orig. pub as *Istorie Şi mit în conştiinţa românească* (Bucharest, 1997).

③ Papacostea, 'Captive Clio', 197.

罗马尼亚统一的杰出个人，却忽略了封建制度的剥削本质。① 罗马尼亚历史学家再次赞扬 1918 年比萨拉比亚（Bessarabia）被罗马尼亚吞并，而之前碍于苏联的态度，这一直是个禁忌话题。只有那些效忠于党的史学家才走向了极端民族主义，大多数史学家关注的课题在意识形态上并不过分敏感，但几乎所有的史学家都在研究罗马尼亚史，强调罗马尼亚国家的地位，这有助于形成党的历史形象。②

　　尽管 1956 年以后对于学术的约束愈加宽松，但保加利亚的去斯大林化并没有产生真正的自由化。与罗马尼亚一样，保加利亚共产党在 60 年代越来越倾向于民族主义政策，这同样对历史编纂产生了影响。党的领袖托多尔·日夫科夫（Todor Zhivkov）指出保加利亚历史悠久，为人类文化贡献了财富，我们应以此为荣。共产党希望通过对民族的强调，来汇集非共产党知识分子的忠诚，这些人曾批判共产主义头十年执行的，按他们的话说，"反民族"的进程。史学家们支持政党所号召的保卫"民族利益"，战胜"民族虚无主义"，这也帮助他们提高了自身社会威望。③ 这种新趋势最显著的成果是多卷本的《保加利亚史》（Istorija na Bǔlgarija），它由共产党在 1968 年委任编纂，最初设想为 10 卷，最终增加为 14 卷。共产党承诺要为此"动员整个史学阵线"，为史学家提供额外资金，资助出国研究，并改善档案调取途径。1972 年有 126 名编写者参与这个项目，其中有 82 名史学家。除了宣称忠于马克思列宁主义方法论外，《保加利亚史》遵循了民族视角，实际上《保加利亚史》本应有一个更加恰当的

---

① Vlad Georgescu, 'Politics, History and Nationalism: The Origins of Romania's Socialist Personality Cult', in Joseph Held (ed.), *The Cult of Power: Dictators in the Twentieth Century* (Boulder, 1983), 138.

② Katherine Verdery, *National Ideology under Socialism: Identity and Cultural Politics in Ceaușescu's Romania* (Berkeley, 1991), 222, 239 - 245.

③ Maria Todorova, 'Historiography of the Countries of Eastern Europe: Bulgaria', *American Historical Review*, 97 (1992), 1105 - 1117.

题目。这个大课题带动了机构改革：1972 年政府成立历史学高等教育和科学联合中心（United Centre for Science and Higher Education in History），包括五个历史学的学术机构、索菲亚大学历史系以及其他史学机构，总共 300 名史学家，其中 90 名来自保加利亚科学院历史所。[①] 联合中心协调所有历史研究，这也反映了保加利亚政治的全面集中化趋势。[②]

历史研究中一个明显改变就是对保加利亚中世纪史的兴趣增长，以及对中世纪统治者名誉的恢复，他们不再是封建地主，而是民族统一的化身。卢德米拉·日夫科娃（Ludmila Zhivkova）是党领袖的女儿，负责文化政策，在她的推动下，70 年代对色雷斯的研究开始盛行。1974 年科学院成立了色雷斯研究所，将古代色雷斯人描述为保加利亚人种的来源之一。在马其顿问题上，政治和撰史之间的联系表现得尤为明显。50 年代末，南斯拉夫-马其顿首都斯科普里（Skopje）出现了马其顿民族史写作，保加利亚史学家对此进行了猛烈回击。他们的立场十分直接：根本没有马其顿民族，马其顿的斯拉夫人就是保加利亚人，他们的历史是保加利亚遗产的一部分。[③]

以民族为方向的历史研究并不必然导致极端民族主义，但是却意味整个保加利亚史都将被描述得熠熠生辉。1945—1978 年间发表在权威历史学期刊《历史评论》上的 426 篇研究文章中，只有 13％涉及别国历史，且通常由外国学者完成。[④] 尽管如此，新

---

① Ivan Elenkov and Daniela Koleva, 'Historical Studies in Post-Communist Bulgaria: Between Academic Standard and Political Agendas', in Antohi *et al.* (eds.), *Narratives Unbound*, 412 - 413.

② Hoppe, 'Politik und Geschichtswissenschaft', 256.

③ Stefan Troebst, *Die bulgarisch-jugoslawische Kontroverse um Makedonien* 1967 - 1982 (Munich, 1983), 158 - 162.

④ Andrej Paterinski, Antoaneta Todorova, and Metodi Petrov, 'Koli čestven analiz na izlezlitegodišnini na spisanie Istoričeski pregled (1945 - 1978 g.)', *Istoričeski pregled*, 35: 4 - 5 (1989), 222.

的诠释得以有空间展开，其中意义最为深远的是，一些史学家开始挑战官方将 1923—1944 年描述为"专制-法西斯统治"（monarchic-fascist rule）的说法。从 1967 年的一场论战开始，史学家们质疑是否可以给内战时期的一些政府贴上"法西斯"标签，并且提出了一些基于新文献证据的微妙观点，但是党的史学家还是将那个时代称为"法西斯"的时代。[①] 另一些新阐释关注 19 世纪的民族解放运动。在 70 年代，史学家尼古拉·甘切夫（Nikolaj Gančev）、康斯坦丁·科塞夫（Konstantin Kosev）和赫里斯托·甘德夫（Hristo Gandev）提出保加利亚（小）资产阶级的大部分都支持了反奥斯曼帝国运动，而正统的党派观点则谴责 19 世纪资产阶级的机会主义。[②]

阿尔巴尼亚是欧洲最专制最封闭的共产主义国家，多元阐释无处立足。阿尔巴尼亚史学家不能以战前传统为基础，他们全体臣服于党派解释。他们的研究极度隔离于国际趋势，只集中在由政党确定的几个少数主题上：阿尔巴尼亚的土著根源；从古至今的连续性；为欧洲文明抗击奥斯曼帝国的卫士；为独立而英勇不懈地斗争；人民大众与领导人创造力的结合具有决定性的作用；阿尔巴尼亚共产党是唯一真正的马克思列宁主义者。[③] 80 年代阿尔巴尼亚科学院历史所开始集中力量编纂多卷本《阿尔巴尼亚史》（*Historia e Shqipërisë*）。1984 年 2—4 卷出版，但是第 1 卷直到 2002 年才出版，并且题目也改成《阿尔巴尼亚人民史》（*Historia e Popullit Shqiptar*）。

在南斯拉夫，历史编纂中民族模式的重新确定产生了特殊后

363

---

① Rumen Daskalov, ' Die Debatte über den Faschismus in der bulgarischen Geschichtsschreibung ', in Ulf Brunnbauer, Andreas Helmedach, and Stefan Troebst (eds.), *Schnittstellen: Gesellschaft, Nation, Konflikt und Erinnerung in Südosteuropa. Festschrift für Holm Sundhaussen zum 65. Geburtstag* (Munich, 2007), 508 - 515.

② Wolfgang-Uwe Friedrich, ' Die bulgarische Geschichtswissenschaft im Spannungsverhältnis zwischen ideologischem Anspruch und historischer Realität', *Jahrbücher für Geschichte Osteuropas*, 29 (1981), 421 - 429.

③ Schmitt, 'Genosse Aleks und seine Partei', 148 - 149.

果。南斯拉夫共产党获得政权后推行"南斯拉夫"身份认同，希望以此取代人民（narodi）和民族（narodnosti）这两种不同的身份认同。该认同政策的一个重要组成部分，就是推行强调全民为自由而斗争的南斯拉夫通史，在二战期间尤为如此；那部尚未完结的《南斯拉夫人民史》在1949年动笔时也是为了这个目的；此外，构建身份认同的行动，还有1954年建立"南斯拉夫历史协会联盟"（Union of the Historical Societies of Yugoslavia）和"南斯拉夫史学家委员会"（Congresses of Yugoslav Historians，初次建于1954年），编纂《南斯拉夫百科全书》（*Enciklopedija Jugoslavije*，1955年第1卷出版），设立南斯拉夫史教席（1952年首次设于萨格勒布大学），以及重开《南斯拉夫历史期刊》（*Jugoslovenski istorijski časopis*）。但是这些努力并没有建构出一个条理分明的全南斯拉夫史的主流叙事体系。50年代晚期后，官方推动的"南斯拉夫化"终止，历史编纂在各个共和国分裂开来。"南斯拉夫历史编纂"这个词，仅仅成了个地理单位。因此斯洛文尼亚史学家博若·雷佩（Božo Repe）将南斯拉夫历史编纂概括为"一个本不存在的历史编纂的分裂"。[①] 机构权力分散和研究基金充裕加速了这个分裂的过程，结果来自不同共和国的史学家们各自研究本质上不同的历史，都心照不宣地接受了这一观念：史学家不应该研究由各个共和国及其民众组成的历史。但是那部被计划却从未完成的《南斯拉夫人民史》，就是关于名义上存在的民族的多卷本史书。完成一部南斯拉夫史的努力最终在80年代中期有了结果——有三部作品出版，然而讽刺的是，此时国家已深陷危机，因此这些作品主要受到了来自不同民族视角的抨击。因为不同共和国的史学家们无法达成一致解释，所以甚至没有一部权威的南斯拉夫共产党史。

---

① Božo Repe, 'Razpad historiografije, ki nikoli ni obstajala: Institucionalne povezavejugoslovenskih zgodovinarjev in skupni projekti', *Zgodovina za vse—Vse za zgodovino*, 3 (1996), 69 - 78.

从 60 年代早期，整个南斯拉夫历史研究的特征就是日益尖刻的论战。主要的裂痕存在于塞尔维亚和克罗地亚史学家之间，其他共和国的史学家偶尔也参与其中。但是他们中的大多数都被谴责歪曲了非本国人民的历史。1972 年四位杰出的塞尔维亚史学家编纂了《南斯拉夫史》（*Istorija Jugoslavije*）（1974 年译为英文），关于这部史书产生的争论是个关键事件。克罗地亚和波黑穆斯林（Bosnian-Muslim）史学家发现这部史书没有恰当地处理他们民族的历史，由此谴责作者偏袒塞尔维亚。克罗地亚著名史学家米里亚娜·格罗斯（Mirjana Gross）和此书中 19 世纪部分的作者米洛拉德·埃克梅契奇（Milorad Ekmečić）之间的论战相当激烈，因为埃克梅契奇在评价 19 世纪塞尔维亚和克罗地亚的民族意识形态时，使用了双重标准。[①]南斯拉夫共产党很不乐意看到这些发展，在 1964 年的第八次党代会上，铁托就指出历史编纂中的"消极趋势"以及"频繁地直接吸收某些资产阶级——民族主义的评价"。[②] 塞尔维亚党组织在 60 年代多次讨论历史编纂中的民族主义事件，80 年代早期共产党为反对历史编纂中的民族主义趋势进行了最后的行动，但无济于事：政党无法控制历史学家，民族视角已经变得根深蒂固。到 80 年代晚期，塞尔维亚史学家重振塞尔维亚民族主义之后，史学家之间的论战已经变成公开的民族主义争论，这些论战甚至波及了舆论传媒。

共产主义时期，东南欧历史编纂发展的趋势是模糊不清的。一方面，几乎没有出现由衷的马克思主义学者，主流历史学依然忠于民族视角，但贝尔格莱德、布加勒斯特和索非亚三个科学院中的东南欧（巴尔干）研究中心则是例外。历史编纂依旧忍受着

364

---

①　Kosta Nikolić, *Prošlost bes istorije：Polemike u jugoslovenskoj istoriografiji 1961-1991. Glavnitokovi*（Belgrade，2003），32，46-58.

②　Quoted inBogumil Hrabak，'Devijacije u savremenoj jugoslovenskoj historiografiji utretiranju nacionalnog pitanja'，*Istorijski glasnik*，3-4（1967），123.

由政治强加的"事实"以及同国际、尤其是西方接触的限制。齐奥塞斯库统治的罗马尼亚，人文研究机构甚至不能拥有电脑和复印机，打字员必须到权威机构注册。[1]

另一方面，从史学家、研究所和出版物的数量上来说，专业的历史编纂明显增多，对材料的编修也取得了巨大进步。方法论方面也有一些突破，尽管关于史学理论和方法论的出版物并不多见。米里亚娜·格罗斯关于史学史的专著是个难得的例子。[2] 格罗斯因为在南斯拉夫传播年鉴学派的观念而富有影响力，也翻译了一些该学派的著作。通过这些努力，70、80 年代克罗地亚的社会史研究迅速发展。[3] 塞尔维亚的安德烈·米特罗维奇（Andrej Mitrovič）和斯洛文尼亚的彼得·沃多皮韦茨（Peter Vodopivec）都出版了历史认识论和方法论方面的著作，促进了新研究方法的发展。罗马尼亚在 60 年代晚期，自由化的推进举棋不定，在那些岁月中，史学家们开始接触到年鉴学派的观念，同时也由于共产主义对社会和经济力量的强调，历史研究的范围得到了扩展，比如对农业史和工业史的研究就成了司空见惯的事。研究奥斯曼帝国时代的史学家对社会史和经济史的兴趣尤为明显，他们也是在东南欧历史编纂中首批采取定量研究法的史学家。[4] 历史人口学在克罗地亚，尤其在达尔马提亚地区（Dalmatia）的史学家之中发展迅速，黑山共和国史学家乔科·佩罗维奇（Djoko Perovič）所著的《19 世纪黑山移民》 （*Iseljavanje crnogoraca u XIX vijeku*）（1962）就是一篇优秀的社会史专著。

---

① Papacostea, 'Captive Clio', 202.

② Mirjana Gross, *Historijska znanost：razvoj, oblik, smjerovi* (Zagreb, 1976).

③ Neven Budak, 'Anali u hrvatskoj historiografiji：Borba za modernizaciju povijesne znanosti', in Ivo Goldstein, Nikša Stančič, and Mario Strecha (eds.), *Zbornik Marjane Gross：U povodu 75. rođendana* (Zagreb, 1999), 459–467.

④ For example, Nikolai Todorov's *The Balkan City 1400–1900* (Seattle, 1983); orig. pub. As *Balkanskijat grad XIV-XIX vek* (Sofia, 1972).

希腊的特殊性

希腊并没有成为一个社会主义国家，因而其历史编纂发展所处的政治环境同上述国家不同。但是内战中英国的胜利，受美国支持的保守主义力量（1946—1949），不稳定的自由化之后的政治动乱，以及 1967 年建立的专制军政府（直至 1974 年），都意味着历史写作势必在充满政治气息的氛围中进行，尤其在上校政权之时，研究自由更是时常受限。因此即使是 1974 年希腊最终过渡到了民主制，但政治对历史编纂的影响依然巨大。希腊拥有和其他巴尔干诸国相似的战前遗产，这些遗产对希腊的影响尤为深远，使其在 1945 年以后甚至不需要努力建构一种新的主流叙事：早在 19 世纪，希腊学术的历史编纂就在同建构希腊民族国家的密切联系中发展壮大，这种历史编纂尤其为建构古代、拜占庭和现代希腊之间的连续性观念做出了重要贡献。康斯坦丁诺斯·帕帕里戈普洛斯（Constantinos Paparrigopoulos）所著的多卷本《希腊民族史》（*Istoria tou ellinikou ethnous*）（1850—1874）占据希腊民族历史的主流叙事几乎一个世纪。[1] 威廉·麦克格鲁（William McGrew）曾这样总结战前遗产："大多数史书都充斥着唯我主义和高度民族主义的腔调，以及致力于外交史和军事史而摒弃社会经济史主题，这是学术研究献身爱国思想最为明显的后果。"[2] 历史编纂也忍受着相比考古学和古史研究更加边缘化的窘境：直到 1937 年才设立了现代希腊史的首个教席。[3]

366

---

[1] Paschalis M. Kitromilides, 'Historiographical Interpretations of Modern Greek Reality: An Exploratory Essay', in A. Lily Macrakis and P. Nikiforos Diamandouros (eds.), *New Trends in Modern Greek Historiography* (Hanover, NH, 1982), 8.

[2] William McGrew, 'Introduction', ibid., p. xii.

[3] Hagen Fleischer, 'The Last Round of the Civil War: Developments and Stagnation in Historiography Concerning Axis-Occupied Greece, 1941 - 1944', ibid., 151.

希腊共产主义最终在 1949 年失败，但是内战之后的政治局势又再次强迫希腊史学以爱国主义为导向。自由派和左翼知识分子要么沉默不语，要么出走海外：例如定居法国的马克思主义史学家尼科斯·斯沃罗诺斯（Nikos Svoronos）就以放弃希腊公民身份为代价，出版了《现代希腊史》（*Histoire de la Grece Moderne*）（1953）。关于希腊"现代"史的研究主要集中在几个爱国主义题材上，比如 19 世纪 20 年代的自由主义战争，与马其顿共和国的"国名之争"，以及希腊人种的连续性。[①] 但是学术研究并不关注二战和内战时期导致分裂的占领和抵抗运动：内战中胜利的一方强行规定了所有的学术解释。

战后早期，历史写作方面的开创大多与康斯坦丁诺斯·迪马拉（Constantinos Th. Dimaras）有关，他创建了"启蒙学校"（Enlightenment School），迪马拉的研究兴趣主要集中在"意识史"（history of consciousness）方面，尤其是将现代希腊历史融合进欧洲事务的希腊启蒙运动。在 70、80 年代关于希腊启蒙知识分子、科学和文学史等方面的著作中，可以明显看出迪马拉的影响。学院派的史学家们用西化、欧洲化、种族化、现代化以及敌对方的概念塑造了对希腊历史的阐释。[②]

1974 年军政府统治终结，民主制的建立"为希腊历史编纂带来了一次革命"。[③] 从共产主义角度对战时抵抗运动和内战进行的叙述之前受到压制，而此时却成炙手可热。马克思主义方法对社会科学和历史编纂影响巨大，更进一步说，不久之前所经历的独裁专制和滞后的经济发展，引发了对希腊"落后"原因的探究。1974 年后，两个最引人瞩目的研究趋势分别是："疑云密布"的 40 年代和被推迟的现代化。

---

① Alexander Kitroeff, 'Continuity and Change in Contemporary Greek Historiography', *European History Quarterly*, 19 (1989), 270 - 273.

② Antonis Liakos, 'Modern Greek Historiography (1974 - 2000): The Era of Transition from Dictatorship to Democracy', in Brunnbauer (ed.), (*Re*) *Writing History*, 357 - 360.

③ Kitroeff, 'Continuity and Change', 247.

　　解释二战和内战期间的事件，成了检验希腊近代史学生的试金石。1974 年后，一种"修正主义"的叙述出现，要求重新审视战时由共产主义领导的反占领活动，而不仅仅是从共产党希望获取政权的角度去解释。因为 40 年代的历史仍然是敏感话题，所以学院历史编纂为处理这个问题花费了更长时间。1978 年曾就 40 年代问题分别在伦敦和华盛顿召开了两次会议，关于战时占领活动的问题，首次出现了一大批由外国学者完成的研究成果。[①]由于查阅希腊档案还是受到限制，这阻碍了对抵抗运动和内战历史的研究，因此大多数的新研究只好依赖他国档案。1989 年"共产主义威胁论"逐渐从北方消失，这进一步解放了对抵抗运动和内战历史的研究。1995 年，希腊首次就 1935—1949 年问题召开会议，随后便举办了关于内战历史的会议。[②]关于抵抗运动和内战的社会史研究也展开了；比如，乔治·马加里蒂斯（Georges Margaritis）的畅销书《希腊内战史》（*Istoria tou ellinikou emfyliou polemou*）（2001）就从日常生活视角研究了军事事件。其他关于内战及其余波的研究关注了之前的一些禁忌话题，比如东欧政治流亡者的命运，以及希腊斯拉夫少数族裔的地位，然而同时也出现了一些强调"红色恐怖"且具有强烈反修正主义态度的新研究成果。

　　1974 年后的第二个主要趋势是探究希腊"落后"的原因。政治史方面，庇护主义（clientelism）成为解释 1831 年希腊独立后政治体系特殊性的主要概念，还有一些史学家则从经济发展中寻

367

[①] Hagen Fleischer, *Stemma kai Svastika*: *I Ellada tis katoxis kai tis Antistasis*, 2 vols. (Athens, 1988, 1995); and Mark Mazower, *Inside Hitler's Greece*: *The Experience of the Occupation* (New Haven, 1993).

[②] Hagen Fleischer, ' "Was wäre wenn"... die "Bewältigung" der kommunistischen Niederlage im griechischen Bürgerkrieg nach Wiederherstellung der Demokratie (1974 - 2006)', in Ulf Brunnbauer and Stefan Troebst (eds.), Zwischen Amnesie und Nostalgie: Die Erinnerung an den Kommunismus in Südosteuropa (Cologne, 2007), 34 - 35.

求答案。80 年代，经济史变得"时髦"，研究大量涌现。比如 1983 年在雅典召开了"地中海经济会议：12—19 世纪的平衡与交流"（Economies Mediterraneennes：Equilibres etintercommunications, XII-XIX siècles）（会议文集分三卷在 1985 和 1986 年出版）；还有希腊两所主要银行所支持的现代希腊经济发展研究项目。经济研究试图确定希腊现代化中的历史障碍，为如此关键的研究提供资金支持是国家研究委员会（the National Council for Research），或是一些商业银行，这表明希腊历史编纂的新路径大多在主要大学之外进行，因为这些大学对接受新一代史学家尚有疑虑。然而最近几年中，希腊历史学的研究方法和范围已经极大地拓宽了。

社会主义之后的发展

368 　　1989—1991 年，共产主义政权在保加利亚、罗马尼亚、南斯拉夫和阿尔巴尼亚终结。1991—1992 年，斯洛文尼亚、克罗地亚、马其顿和波黑（Bosnia-Herzegovina）宣布独立，只剩下一个由塞尔维亚和黑山组成的微不足道的南斯拉夫联盟共和国。随即，前南斯拉夫爆发战争和种族清洗。这些动乱以不同的方式影响了历史编纂：一方面，共产主义独裁的结束带来了言论自由；另一方面，地区面临经济位移（economic displacement）（斯洛文尼亚例外）。90 年代，研究机构没有资金资助技术进步，只好削减人员和研究所，期刊的订阅时断时续，书籍的购买不断被压缩，甚至在 21 世纪初，大多数后社会主义国家中研究所人员的收入依旧非常稀薄。90 年代的政治环境依然不佳，民族主义获得支持并向史学家施压。[1] 在前南斯拉夫，尤其是波黑和科索沃，

---

[1] 关于社会主义之后历史编纂的发展，可参看 Alojz Ivaniševi c （ed.），*Klio ohne Fesseln? Historiographie im östlichen Europa nach dem Zusammenbruch des Kommunismus* （Vienna, 2002）；and Brunnbauer （ed.），*(Re) Writing History*.

史学家们饱受战争之苦。在波黑，非塞尔维亚史学家被排挤出被塞尔维亚控制的班加卢卡（Banja Luka）的历史研究所，1992 年战争爆发后，大多数塞尔维亚史学家都离开了萨拉热窝。萨拉热窝的东方研究所和国家图书馆受到塞尔维亚军队炮击，许多珍贵史料都化为灰烬。莫斯塔尔（Mostar）分裂为克罗地亚和穆斯林两部分，历史研究所也随之分裂。① 塞尔维亚在 1989—1990 年废除了自治省，于是在科索沃（2008 年 2 月宣布独立之前是塞尔维亚的一个省），阿尔巴尼亚学者被排挤出官方研究机构，他们自己成立了一些非官方研究机构。1999 年，在北约的干涉下，塞尔维亚军队被迫撤离科索沃，科索沃-阿尔巴尼亚史学家才返回官方研究机构，而塞尔维亚史学家则离开研究所回归塞尔维亚本土。②

对于史学家来说，最积极的变化莫过于言论自由的实现。罗马尼亚在 1989 年 12 月 24 日发表《自由史学家宣言》，号召尊重事实并抛弃民族主义，就在两天之后，独裁者齐奥塞斯库下台。历史学家，更宽泛地说，整个社会都感到需要对历史进行"修整"和"重建"，纠正共产主义统治对历史的扭曲。③ 由于历史成为建构后社会主义身份认同和政治合法性的工具，因此公共话题中也充满了与历史有关的内容。公众们期盼着公众史学作品和丑闻曝光：这样一来，从非专业的史学家之手诞生了许多新的历史文学作品。

历史学家面临的挑战之一就是解释社会主义时期，并研究之

369

---

① Christian Promitzer, 'Whose is Bosnia? Post-Communist Historiographies in Bosnia and Herzegovina', ibid., 64 - 65.

② Ibrahim Gashi, 'The Development of Kosovar Historiography after the Fall of Communism', ibid., 317 - 332.

③ Peter Niedermüller, 'Zeit, Geschichte, Vergangenheit: Zur kulturellen Logik desNationalismus im Postsozialismus', Historische Anthropologie, 5 (1997), 254 - 262.

前那些禁忌话题。① 大多数研究都关注一党独裁的建立，强调共产主义获取政权的暴力本质；斯大林时代的政治压迫和农业集体化也得到了研究。罗马尼亚科学院在 1993 年成立了"极权主义国家研究所"（National Institute for the Study of Totalitarianism），但是后来证明这是后共产主义政府用来控制这一段历史叙述的手段，这一机构成为历史修正主义的主要力量，它将造成共产主义危机的责任推给了苏联和国内少数民族——犹太人和乌克兰人——但是仍然没有触及齐奥塞斯库统治时期的民族共产主义问题。② 2006 年 4 月，罗马尼亚总统、自由党人特拉扬·伯塞斯库（Traian Băsescu）授权该机构完成一份关于共产主义高压政策的详细报告，这才激励了对这个问题的研究。③ 罗马尼亚的例子也反映了，对社会主义时期的解释如何成为后共产主义和反共产主义间政治较量的一部分。

其他东南欧国家对社会主义时期的研究并不多，除了斯大林时代，再没有别的社会主义时代的发展被系统地研究。甚至在近代史的期刊中，少数研究社会主义时期的论文，也仅仅是关注最初的几年，对于社会主义时期的社会史、文化史和日常生活史更鲜有涉及。④ 很少有史学家对"真正"的社会主义进行系统量化

---

① Ulf Brunnbauer, ' Ein neuer weißer Fleck? Der Realsozialismus in der aktuellenGeschichtsschreibung in Südosteuropa ', in Brunnbauer and Troebst（eds.）, *Zwischen Amnesie und Nostalgie*, 87 - 112.

② Mariana Hausleitner, 'Die verzögerte Aufarbeitung kommunistischer Verbrechen in Rumänien nach 1990', in Brunnbauer *et al*., （eds.）, *Schnittstellen*, 522.

③ Comisia Prezidențială pentru Analiza Dictaturii Comuniste din România, *Raport final* （ Bukarest, 2006）, at http：//www. presidency. ro/static/ordine/RAPORT _ FINAL _ CADCR. pdf.

④ Notable exceptions include Igor Duda, *U potrazi za blagostanjem*：*O povijesti dokolice I potroša čkog društva u Hrvatskoj 1950 -ih i 1960 -ih* （Zagreb, 2005）; Daniela Koleva, *Biografija i normalnost* （Sofia, 2002）; Predrag Markovi c, *Beograd izmedju Istoka i Zapada*, 1948 - 1965 （Belgrade, 1996）; and Husnija Kamberovi c, *Prema modernom društvu*：*Bosna i Hercegovina od*1945 do 1953 *godine* （Tešanj, 2000）.

的解释，并且讨论国家-社会之间的纽带。但是最近一些国家开始尝试研究整个社会主义时期的历史。①

前共产主义时代也被重新评估，史学家们对两次大战之间以及那些曾被共产主义史学污蔑的历史人物充满了兴趣。这些修正常常充满政治气息，这一点在前南斯拉夫表现最为明显，那里的民族主义史学家通过将南斯拉夫时代妖魔化，从而为国家独立创造历史合法性。例如，90 年代克罗地亚总统图季曼（Tudjman，曾是史学家）时期的民族主义统治就迫使历史编纂突出总统对克罗地亚历史的观点，即克罗地亚历史是其人民为争取国家独立而进行的不懈斗争史。为这个目的建立了许多新的研究机构（比如 1993 年在萨格勒布大学建立的克罗地亚研究中心），然而那些被认为并不忠诚的机构却面临困境。② 其他国家的修正主义也存在政治背景。比如在罗马尼亚，民族主义史学家以及右翼政党企图恢复战时独裁者——安东内斯库元帅（Marshall Antonescu）的名誉，而拒绝承认他对大屠杀负有责任。③

但是重新修订历史并不暗示着范式的改变，相反，民族依然是历史写作最重要的框架，在东南欧地区的大多数国家中，这都意味着种族—民族（ethno-nation）是国家中普遍的种族定义。这部新的多卷本阿尔巴尼亚史并不称作《阿尔巴尼亚史》，而是

---

① 例如 Iskra Baeva and Evgeniia Kalinova, *Bǎlgarskite prehodi 1939 - 2002*（Sofia, 2002）; and Zdenko Radeli č, *Hrvatska u Jugoslaviji 1945 - 1991*（Zagreb, 2006）。我应该也提到了保加利亚的系列书籍 'Institut za izsledvane blizkoto minalo'（Institute for the Study of theRecent Past）in Sofia，其中的不少篇章对社会主义保加利亚的社会史、文化史、经济史和政治史进行了创新性研究（点击 http：//minaloto. org/）。

② Petar Koruni č, 'Odsijek za povijest i Hrvatski studiji: Kriza povijesne struke se nastavlja', *Radovi*（*Zavod za hrvatsku povijest*），32 - 33（1999 - 2000），461 - 472.

③ Dan Berindei, 'Pro und kontra Ion Antonescu: Eine Geschichtsdebatte in Rumänien', *Südosteuropa*, 45（1996），840 - 854.

《阿尔巴尼亚人民史》，将生活在海外的阿尔巴尼亚人也包含其中。[1] 在马其顿，民族历史研究所最重要的项目是 5 卷本的《马其顿人民史》（*Istorija na makedonskiotnarod*）和《马其顿历史辞典》（*Makedonski istoriskire čnik*），这两者都忽略了马其顿国家的多民族性。在整个地区，史学家们明目张胆地编写民族主义书籍。比如，在保加利亚的索菲娅，民族历史博物馆馆长博日达尔·迪米特罗夫（Božidar Dimitrov）〔2009—2010 年担任海外保加利亚（Bulgarians abroad）部长〕是一位多产的作家，创作了许多畅销书，展现了充满爱国主义的、神话般的保加利亚历史形象，他还主持着一档相当具有民族主义情绪的保加利亚史周播电视栏目。

371　　对民族历史的权威叙述也受到了挑战。历史重建中最突出的例子就是卢奇安·巴博亚（Lucian Boia）对罗马尼亚历史意识中神话的研究。[2] 他指出历史"事实"对政治的制约性对于罗马尼亚人非常重要，比如早在没有文字的远古时代，罗马尼亚人就已经是一个持续发展的整体。19 世纪保加利亚史学家们提供了新的巴尔干历史读本，将保加利亚民族建构的历程融入了整个巴尔干历史之中。[3] 但是这种新阐释受到了来自民族主义史学家和政治领袖的批判。除了权威民族史的重建，民族同源的观点也因为少数民族史的研究而变得混乱。位于索菲亚的少数民族问题和跨文化关系国际中心就巴尔干地区的穆斯林历史出版了不少成果。在罗马尼亚，罗马尼亚犹太人的研究在 90 年代也成为一块研究热土，德意志和匈牙利少数民族历史也获得了研究。[4]

　　民族史的优势地位与政治史的延续紧密联系在一起，以典范

---

① *Historia e Popullit Shqiptar*, 2 vols. (Tirana, 2002).

② Boia, *Istorieşimit în conştiinţa românească*.

③ Diana Miškova *et al.*, *Balkanskijat XIX vek*: *Drugi novi pro citi* (Sofia, 2006).

④ Smaranda Vultur, 'New Topics, New Tendencies and New Generations of Historians in Romanian Historiography', in Brunnbauer (ed.), (Re) *Writing History*, 236 - 276, at 269 - 270.

方式研究历史事件。但是在主流之外，新的研究路数已经浮现，在一些国家，这些新路数建立在社会主义时期奠定的传统之上。方法论上最明显的改变莫过于对日常生活史的研究兴趣，这种研究通常从口述史的角度进行。新期刊的创立表明了这样一种趋势：比如斯洛文尼亚的《历史属于每个人——一切都是历史》（*Zgodovina za vse—Vse za zgodovino*），克罗地亚的 OTIVM（已中断）以及保加利亚的巴尔干学论坛（*Balkanisti čen forum*）。1994 年，东南欧第一本社会史的专门期刊创立：《社会史年鉴》（*Godišnjak za društvenu istoriju*），主编是总部设在贝尔格莱德的社会史协会。塞尔维亚中世纪专家西马·契尔科维奇（Sima C irkovi ć）所写的《工人、士兵和教士》 （*Rabotnici, vojnici, duhovnici*）（1997）就是突出例子。长时段和比较史方面的著名作品是波格丹·穆尔杰斯库（Bogdan Murgescu）所作的《罗马尼亚史：600—1800 年的世界史》（1999）（*Istorie românească—istorie universală 600—1800*）。地区微观史方面的优秀代表是伊斯特拉半岛（Istrian peninsula）卓越的史学家米罗斯拉夫·贝尔托萨（Miroslav Bertoša）。位于杜布罗夫尼（Dubrovnik）的克罗地亚科学院历史研究中心，编辑了数个系列的《杜布罗尼夫及其周边地区人口史资料》（*Prilozi povijesti stanovništva Dubrovnika i okolice*），其对历史人口学的持续研究在整个东南欧都首屈一指。

结论

二战后，东南欧史学家处境艰难。大多数时候他们都在共产主义统治，或者是希腊右翼半独裁统治的情况下工作，言论受到明确限制。国家社会主义的统治对历史尤为感兴趣，他们将历史视为意识形态合法化的支柱，因此共产主义党派为历史提供特定的解释并将其他主题设为禁忌，但即使马克思列宁主义被当作强制性模式施加给历史学，东南欧大多数历史著作都没有改变实证主义的观点。社会主义最后几十年中民族主义趋势逐渐增长，在这种对民族的聚焦中，也能看到社会主义与前社会主义时代之间的连续性。除了这些主要趋势，创造性的研究方法也在年鉴学派之类的外来影响下发展起来。

　　几乎所有东南欧历史编纂都经历过民主化变迁，这导致了之前的解释体系迅速瓦解，但却不一定造成研究范式的转变。1989年以后，民族史和实证主义研究方法依旧占据主导地位，但是越来越多的史学家们已经开始接近新的研究道路，包括口述史、历史人类学和文化史。因此东南欧历史写作也呈现出多元化迅速增长和融入国际讨论的特征。无论从变化还是连续性的方面来评价这些发展，都必然要考虑这一背景：极端困难的物质条件、像前南斯拉夫所经历的国家的解体以及 1991 年和 1999 年之间的战争。史学家们迫于政治压力而遵循着对历史的民族主义解释，这一点在前南斯拉夫尤为明显，但在东南欧其他国家也有表现。尽管有些史学家是主动迎合甚至鼓励民族主义，但大多数人还是坚守历史学的专业原则，甚至这样做有时还要冒着相当大的个人风险。

大事年表/关键日期

- 1944—1945　共产主义在阿尔巴尼亚、保加利亚、罗马尼亚和南斯拉夫建立统治
- 1946—1949　希腊内战爆发；共产主义失败
- 1948　南斯拉夫同苏联及其盟国决裂
- 1952　希腊加入北约
- 1955　阿尔巴尼亚、保加利亚和罗马尼亚加入华沙条约组织
- 1967—1974　希腊建立独裁军政府
- 1974　新南斯拉夫宪法引入了影响深远的联邦化
- 1980　铁托逝世（1944 年上台执政）
- 1981　希腊加入欧盟
- 1985　阿尔巴尼亚统治者恩维尔·霍查（Enver Hoxha）逝世

373

（1944 年上台执政）

- 1986 斯洛博丹·米洛舍维奇（Slobodan Milošević）开始执政塞尔维亚（直至 2000 年）
- 1989 保加利亚共产主义统治倒台（日夫科夫，1956 年上台执政），罗马尼亚共产主义统治倒台（齐奥塞斯库，1965 年上台执政）
- 1990 南斯拉夫共和国进行多党派选举
- 1991 阿尔巴尼亚共产主义统治倒台
- 1991—1992 斯洛文尼亚、克罗地亚、马其顿和波黑宣布脱离南斯拉夫
- 1991 斯洛文尼亚爆发军事冲突
- 1991/1992—1995 科索沃战争，北约插手反对前南斯拉夫（塞黑）
- 2001 马其顿防卫力量和阿尔巴尼亚游击队发生军事冲突
- 2004 斯洛文尼亚加入欧盟
- 2006 黑山宣布脱离塞黑独立
- 2007 保加利亚和罗马尼亚加入欧盟
- 2008 科索沃宣布脱离塞尔维亚独立

主要史料

- Academia Republicii Populare Romîne（ed.），*Istoria Romîniei*，4 vols.（Bucharest，1960 - 1964）.
- Babic'，Ante，*Istorija naroda Jugoslavije*（Sarajevo，1946）.
- Bulgarska akademija na naukite（ed.），*Istorija na Bulgarija*，8 vols.（Sofia，1979 - 1999）.
- Berindei，Dan and Cândea，Virgil（eds.），*Istoria Românilor*，7 vols.（Bucharest，2001 - 2003）.
- Buda，Aleks et al.（eds.），*Historia e Shqipërisë*，2 vols.（Tirana，1959，1965）.

- Christopulos, Georgios A. (ed.), *Istoria tu elleniku ethnus*, 15 vols. (Athens, 1970 – 1978).

- Cirkovic, Sima et al. (eds.), *Istorija srpskog narod* a, 8 vols. (Belgrade, 1981 – 1993).

- Daskalov, Rumen, *Bulgarskoto obstestvo 1878 – 1939*, 2 vols. (Sofia, 2005).

- Dedijer, Vladimir et al., *History of Yugoslavia*, trans. Kordija Kveder (New York, 1974); orig. pub. as Istorija Jugoslavije (Belgrade, 1972).

- Fleischer, Hagen, *Stemma kai Svastika: I Ellada tis katoxis kai tis Antistasisk*, 2 vols. (Athens, 1990, 1995).

- Grafenauer, Bogo et al. (eds.), *Istorija naroda Jugoslavije*, 2 vols. (Belgrade, 1953, 1959).

    ——*Zogodovina slovenskega naroda*, 5 vols. (Ljubljana, 1955 – 1974).

- Gross, Mirjana, *Prema hrvatskome grad-anskom drustvu: Drustveni razvoj u civilnoj Hrvatskoj iSlavoniji sezdesetih i sedamdesetih godina 19. stoljeca* (Zagreb, 1992).

    ——*Suvremena historiografija: Korijeni, postignuca, traganja* (Zagreb, 1996).

- Institut za natsionalna istorija (ed.), *Istorija na makedonskiot narod*, 5 vols. (Skopje, 1998 – 2003).

- Instituti i Historise (ed.), *Historia e Popullit Shqiptar*, 4. vols. (Tirana, 2002 – 2008).

- Kosev, Dimitur (ed.), *Istorija na Bulgarija v dva toma*, 2 vols. (Sofia, 1954, 1955).

- Mitrovic, Andrej, *Raspravljanja sa Klio o istoriji, istorijskoj svesti i istoriografiji* (Sarajevo, 1991).

374
- Murgescu, Bogdan, *Istorie româneasca—istorie universala* 600 – 1800 (Bucharest, 1999).

- Svoronos, Nikos, *Histoire de la Grece Moderne* (Paris, 1953).

- Todorov, Nikolai, *The Balkan City 1400 - 1900* (Seattle, 1983); orig. pub. as Balkanskijatgrad *XIV-XIX* vek (Sofia, 1972).

- Zub, Alexandru, *Discurs istoricşi tranzitie: In cautarea unei paradigme* (Iasi, 1998).

参考书目

- Antohi, Sorin, Trencsényi, Balázs, and Apor, Peter (eds.), *Narratives Unbound: Historical Studies in Post-Communist Eastern Europe* (Budapest/New York, 2007).

- Banac, Ivo, 'Historiography of the Countries of Eastern Europe: Yugoslavia', *American Historical Review*, 97 (1992), 1084 - 1104.

- Brunnbauer, Ulf (ed.), *(Re) Writing History: Historiography in Southeast Europe after Socialism* (Munster, 2004).

- Hitchins, Keith, 'Historiography of the Countries of Eastern Europe: Romania', *American Historical Review*, 97 (1992), 1064 - 1083.

- Hopken, Wolfgang, 'Zwischen "Klasse" und "Nation": Historiographie und ihre "Meistererzählungen" in Sudosteuropa in der Zeit des Sozialismus (1944 - 1990)', *Jahrbücher für Geschichte und Kultur Südosteuropas*, 2 (2000), 15 - 60.

- Hoppe, Hans-Joachim, 'Politik und Geschichtswissenschaft in Bulgarien 1968 - 1978', *Jahrbücher für Geschichte Osteuropas*, 28 (1980), 243 - 286.

- Ivanisevic, Alojz (ed.), *Klio ohne Fesseln? Historiographie im östlichen Europa nach dem Zusammenbruch des Kommunismus* (Vienna, 2002).

- Kitroeff, Alexander, 'Continuity and Change in Contemporary Greek Historiography', *European History Quarterly*, 19 (1989), 269 - 298.

- Macrakis, A. Lily and Diamandouros, P. Nikiforos (eds.), *New Trends in Modern Greek Historiography* (Hanover, NH, 1982).

- Nikolic, Kosta, *Proslost bez istorije: Polemike u jugoslovenskoj istoriografiji 1961 -1991. Glavni tokovi* (Belgrade, 2003).

- Repe, Bozo, 'Razpad historiografije, ki nikoli ni obstajala: Institucionalne povezavejugoslovenskih zgodovinarjev in skupni projekti', *Zgodovina za vse—Vse za zgodovino*, 3 (1996), 69 - 78.

- Schmitt, Oliver Jens, 'Genosse Aleks und seine Partei oder: zu Politik und Geschichtswissenschaftim kommunistischen Albanien (1945 - 1991)', in Markus Krzoska andHans-Christian Maner (eds.), *Beruf und Berufung: Geschichtswissenschaft und Nationsbildungin Ostmittel-und Sudosteuropa im 19. und 20. Jahrhundert* (Munster, 2005), 143 - 166.

- Sporea, Constantin, 'Die sowjetische Umdeutung der rumänischen Geschichte', *Saeculum*, 11 (1960), 220 - 246.

- Todorova, Maria, 'Historiography of the Countries of Eastern Europe: Bulgaria', *American Historical Review*, 97 (1992), 1105 - 1117.

- Troebst, Stefan, *Die bulgarisch-jugoslawische Kontroverse um Makedonien 1967 -1982* (Munich, 1983).

- Zaprjanova, Antoaneta, Njaglov, Blagovest, and Marcheva, Ilijana (eds.), *Istoriceskatanauka v Bulgarija: sustojanie i perspektivi* (Sofia, 2006).

李娟　译

光　启
新史学
译　丛

主编

陈　恒　陈　新

编辑委员会

蔡　萌（上海师范大学）

陈　恒（上海师范大学）

陈　新（上海师范大学）

董立河（北京师范大学）

范丁梁（华东师范大学）

顾晓伟（中山大学）

郭子林（中国社会科学院）

洪庆明（上海师范大学）

黄艳红（中国社会科学院）

赖国栋（厦门大学）

李　根（东北师范大学）

李　勇（淮北师范大学）

李隆国（北京大学）

李尚君（上海师范大学）

李文硕（上海师范大学）

梁民愫（上海师范大学）

刘文明（首都师范大学）

刘耀春（四川大学）

刘永华（厦门大学）

吕和应（四川大学）

彭　刚（清华大学）

宋立宏（南京大学）

王大庆（中国人民大学）

王献华（上海外国语大学）

徐晓旭（中国人民大学）

俞金尧（中国社会科学院）

岳秀坤（首都师范大学）

张　越（北京师范大学）

张作成（东北师范大学）

赵立行（复旦大学）

周　兵（复旦大学）

OXFORD

牛　津
历史著作史

从公元1945年至今

The Oxford History
of Historical Writing

[德] 阿克塞尔·施耐德　[加] 丹尼尔·沃尔夫　主编

彭　刚　顾晓伟　李　根　段　艳　余开亮　等译

第五卷（下）

上海三联书店

目　录

第十八章　雅典与启示录：
在苏维埃俄国书写历史

丹尼斯·科兹洛夫

　　1987 年 1 月，巴黎的圣殿出版社（Atheneum Press）推出了一本虽不起眼却饶有趣味的书——一位苏联顶级古典史学家的传记。这位史学家名叫所罗门·雅科夫列维奇·卢里耶（Solomon Iakovlevich Lur'e），在西方学界以萨洛莫·卢里亚（Salomo Luria）之名行世。此书假托卢里耶已故的姐妹之名出版，实际作者是卢里耶的儿子、另一位著名的苏联史学家——雅科夫·所罗门诺维奇·卢里耶（Iakov Solomonovich Lur'e）。小卢里耶显然怀疑此书能否在祖国出版，更愿意遵循历来的传统，在法国以假名出版该书。他是一位研究俄国中世纪编年史的学者，这一点肯定启发他为自己的作品虚构了一个"出处"。简短的"编者序"宣称，此书手稿是在所罗门·卢里耶的姐妹的"文稿中发现的"，这位姐妹以建筑工程师为业，"一向对人文学术有兴趣"，只是其写作要经未署名"专家"协助才行。① 这或许可以说明，一个外行人如何能准确无误地写出这样一本尽显专业素养的书，如同一位同 20 世纪俄国史学息息相关的历史学家的手笔。② 这部朴实地题作《个人经历》的传记，恰恰是关于这样一位史学家的。此书分析

---

① Bogdana Koprjiva-Lur'e [Iakov Lur'e], *Istoriia odnoi zhizni* (Paris, 1987)，7.

② 关于雅科夫·卢里耶：Viktor Paneiakh, 'Iakov Solomonovich Lur'e i peterburgskaia istoricheskaiashkola', in id., *Istoriograficheskie etiudy* (Saint Petersburg, 2005)，152 - 165。

敏锐，考察了 20 世纪那灾难性的剧变前后，俄国学术文化和历史知识的延续与断裂。由于作者和传主均为反思深刻的学者，卢里耶的这部书打开了一扇明亮之窗，直通苏联史学家所处的那个世界。那里，在数十年来此起彼伏的政治暴力、社会动员和排斥异己之中，在革命的激进主义和国家的保守主义之中，在国际主义、民族主义和反犹主义之中，学术在存续，人在生存。该书的出版过程本身就是那个世界的明证。

376　　　这部书有一章题为"雅典与启示录"，描述了 1937—1938 年间列宁格勒大学历史系的情况，所罗门·卢里耶当时就在此任教，后来为其作传的儿子雅科夫当时也在此求学。1930 年代末对于苏联职业史学的形成至关重要。当时，有关教学与研究的官方学术文化业已成型，最具权威的学术著作和教材已经出版，一些重要的地下学术潮流也已经萌芽。这段时期还深刻影响了史学家们的生活、思想和记忆。卢里耶那个"雅典与启示录"的比喻无疑适用于 20 世纪余下部分苏联所有的史学思想和史学著作。

　　"启示录"一词并不难理解。1930 年代末，逮捕和处决达到最大规模，史学教授和学生往往一夜之间就消失得无影无踪，历史系主任一职如走马灯般频繁易主，曾任此职者（格里戈里·扎伊德尔 Grigorii Zaidel、阿尔维德·德列津 Arvid Drezen、谢尔盖·杜布罗夫斯基 Sergei Dubrovskii）很快步前任后尘，遭到流放或监禁，扎伊德尔和德列津不幸罹难[1]。尽管如此，回忆起当时无处不在的恐惧，卢里耶后来也没有仅仅描写启示录。根据他的说法，一名曾经的学生这样描述 1937—1938 年："多么恐怖的岁月！……可是，只要你回想起当年的历史系——［那可真的堪称］雅典！"[2]

---

[1]　Lur'e, *Istoriia*, 157 - 160; A. Ia. Razumov et al. (eds.), *Leningradskii martirolog*, 1937 - 1938: *Kniga pamiati zhertv politicheskikh repressii*, vol. 4 (Saint Petersburg, 1999), 162; and ibid., vol. 8 (Saint Petersburg, 2008).

[2]　Lur'e, *Istoriia*, 163.

第十八章 雅典与启示录：在苏维埃俄国书写历史

"雅典"是指当时的列宁格勒大学历史系聘请了一大批杰出学者，可谓群英荟萃，这些学者均在 1917 年革命前接受教育，有的甚至在革命前就已声誉卓著：瓦西里·斯特鲁韦（Vasilii Struve 古埃及史、古代亚述史）、鲍里斯·格列科夫（Boris Grekov 俄国中世纪史）、谢尔盖·科瓦略夫（Sergei Kovalev 古希腊罗马史）、奥西普·魏因施泰因（Osip Vainshtein 西方中世纪史）、伊万·格列夫斯（Ivan Grevs 古罗马史、意大利中世纪史）、奥莉加·多比亚什-罗日杰斯特文斯卡娅（Olga Dobiash-Rozhdestvenskaia 西方中世纪史）、谢尔盖·热别廖夫（Sergei Zhebelev 古典时代史）、叶甫盖尼·塔尔列（Evgenii Tarle 欧洲近代史与俄国近代史）、米哈伊尔·普里肖尔科夫（Mikhail Priselkov 俄国中世纪史）等人皆属此列。所罗门·卢里耶也是其中一员，他于 1913 年毕业于彼得堡大学，1914 年出版首部专著。

"雅典"还意味着，这些旧派史学家仍然享有一定的学术自由。尽管 1937 年恐怖政策横行，部分学者（格列夫斯、塔尔列、普里肖尔科夫和科瓦略夫）此前不久也经历过监禁和流放，但卢里耶还是提到，学者们在 1930 年代末重又获得了一些工作上的便利。苏联史学界正在监控下经历一场保守的转向。1934 年，中小学恢复了义务教育中的历史科目，各大高校纷纷复建历史系，后来又正式恢复了学位论文答辩。1920 年代如日中天的激进理论已经风光不再，因为一场目标明确的运动摧毁了激进理论的代表——波克罗夫斯基（Pokrovskii）学派。[1] 学生们不再钻研理论，转而按年代顺序研习历史，记诵人名、时间和事件。[2] 理论被简化处理，旧派历史学家在新典范形成中的作用极为重要。在上一段提及的那些学者当中，斯特鲁韦于 1932—1934 年间将马克思

377

---

① George Enteen，*The Soviet Scholar-Bureaucrat*：*M. N. Pokrovskii and the Society of Marxist Historians*（University Park，1978），190；and Anatole Mazour，*The Writing of History in the Soviet Union*（Stanford，1971），13 - 21.

② 'Postanovlenie TsK VKP（b）i SNK o prepodavanii grazhdanskoi istorii v shkolakh SSSR'，*Pravda*，6 May 1934.

的理论改造为历史发展的"形态理论"，把整部历史概括为五种社会经济形态的演进过程。① 1938 年起，特别是斯大林《论辩证唯物主义和历史唯物主义》一文在《真理报》上发表，《联共（布）党史简明教程》出版之后，形态理论主宰了史学研究数十年。1932—1939 年，为了迎合这种形态理论，鲍里斯·格列科夫提出新观点，认为基辅罗斯是"封建国家"。直到 1970 年代伊戈尔·弗罗亚诺夫（Igor Froianov）对其发起挑战为止，格列科夫的学说一直占据上风。② 1937—1938 年，两本设定新式理论框架的权威教材在斯大林指导下问世：安德烈·舍斯塔科夫（Andrei Shestakov）的《苏联简史》和前述的《简明教程》。③ 随着探讨史学理论的实践本身越来越无望，越来越危险，这样做的机会也就消失殆尽。

史学家们感到欣慰的是，随着保守的史学训练得以重建，他们的专业技能又变得很有市场。虽然他们无力掌控理论，又不得不运用社会经济因素、阶级斗争等概念，援引马克思主义经典著作来解释历史，但这些解释性方面的不足可以在主题方面弥补。史学家可以集中精力对人物、政治现象、外交现象、军事现象甚至文化史做经验性描述，特别是 1930 年代俄罗斯民族主义抬头以来，赞赏苏联建国前的某些政治家和思想家成为可能。最重要的是，在革命前接受训练的学者们能够以一种在旧时代习得的方式研究历史、教授历史，甚至在某种程度上书写历史。在列宁格勒（原圣彼得堡）大学，这就意味着坚持所谓彼得堡学派史学思想的原则。

---

① Iurii Semenov, *Filosofiia istorii：Obshchaia teoriia, osnovnye idei, problemy i kontseptsii ot drevnosti do nashikh dnei* (Moscow, 2003), 146 - 150; and Luri'e, *Istoriia*, 141 - 144.

② Boris Grekov, *Kievskaia Rus'* (Moscow, 1939).

③ David Brandenberger, *National Bolshevism：Stalinist Mass Culture and the Formation of Modern Russian National Identity* (Cambridge, 2002), 54 - 57; 251 -260.

　　圣彼得堡学派的历史可以上溯到 1840—1860 年代，该学派
建立在一系列实证主义理念的基础上——对史料一丝不苟的研究，
忠于事实，以及前提假设方面的（似乎比较健康的）保守主义。[①]　378
"彼得堡学派"是一个含义不明、晦涩难懂的概念，常被用来指
代史学史上同样难懂的"莫斯科学派"一词的对立面，两者都发
轫于革命前。直到今天，有些"彼得堡派"还自视甚高，指责
"莫斯科派"将先验的框架、理论置于史料和事实的神圣价值之
上。[②] 早在 1917 年以前，就有说法称莫斯科学派的史学家们只是
利用证据来佐证理论，而非整体地从仔细考证过的资料中推导理
论。一部分"彼得堡派"甚至将帝俄时期的莫斯科学派同苏联建
国初年波克罗夫斯基的追随者相提并论。[③] 在这种阐释中，"莫斯
科学派"即便不是婉指专业素养匮乏，也意味着在学术上屈从于
政治利益或者意识形态指令。

　　这些说法当然是夸大其词。以瓦西里·克柳切夫斯基
（Vasilii Kliuchevskii）为首的帝俄晚期莫斯科学派史家，深刻地影
响了他们的彼得堡同行（比如，格列夫斯就是克柳切夫斯基的门
生），两派在史料和事实方面有着许多相似的理论预设。[④] 在苏联
时代，同彼得堡学派相关的那些原则，在史学领域的影响也绝不
限于列宁格勒一地。莫斯科派和彼得堡派都持有将史料真实性发

---

①　Boris Anan'ich and Paneiakh, 'The St. Petersburg School of History and Its Fate',
　　in ThomasSanders（ed.）, *Historiography of Imperial Russia：The Profession
　　and Writing of History in a Multinational State*（Armonk, 1999）, 146 - 162;
　　and Evgenii Rostovtsev, 'Diskurs "peterburgskoiistoricheskoi shkoly" v nauchnoi
　　literature', in *Figury istorii, ili 'obshchie mesta' istoriografii*（SaintPetersburg,
　　2005）, 303 - 341.

②　Paneiakh, *Tvorchestvo i sud'ba istorika：Boris Aleksandrovich Romanov*（Saint
　　Petersburg, 2000）, 21 - 23, 266.

③　Paneiakh, 'Boris Aleksandrovich Romanov i Ivan Ivanovich Smirnov', in id.,
　　Istoriograficheskie, 191.

④　Aleksei Tsamutali, 'V. O. Kliuchevskii i peterburgskie istoriki', in Sigurd Shmidt
　　（ed.）, *V. O. Kliuchevskii：Sbornik materialov*, vol. 1（Penza, 1995）, 282 -
　　289.

挥到极致的信念，都把对一手史料的研究变成了一门尽可能精确的科学。而且，这样的追求还符合当局利益：1930 年代提议建立莫斯科历史档案学院的，正是波克罗夫斯基。不过，虽然波克罗夫斯基曾经设想这所学院将主要满足官方需求，在他死后，学院却逐渐发展成为一个综合性的、特征鲜明的史学训练中心。学院成了史料学（istochnikovedenie）的中心——这门学问指的是对第一手史料的研究，它在 20 世纪俄国的政治环境中，既获得了官方承认，又具有重要的反主流文化特质，逐渐成长为一门十分成熟的学科，其成熟程度在西方罕有其匹。[1]

史料学可上溯到 19 世纪中叶，不过其更重要的来源还是阿列克谢·沙赫马托夫（Aleksei Shakhmatov）和亚历山大·拉波-丹尼列夫斯基（Aleksandr Lappo-Danilevskii）的著作，特别是后者出版于 1910—1918 年的专著《历史学方法论》。在苏联最初几年的相对失宠之后，1930 年代随着国家日益需要受过旧式训练的史学家，并将这些旧派教员重新推上教育工作前沿，该学科开始悄无声息地复兴。1936—1940 年，其中一位学者、中世纪史专家米哈伊尔·季霍米罗夫（Mikhail Tikhomirov）在历史档案学院讲授史料学，并且参与编写了该领域内第一部大学教材。[2] 拉波-丹尼列夫斯基的学生、1916 年毕业于彼得堡大学的亚历山大·安德列耶夫（Aleksandr Andreev）出版了另一部这样的教材。[3] 1939 年，历史档案学院新建了名字很不起眼的"历史学辅助学科教研室"（安德列耶夫于 1943—49 年间任教研室主任），其中就包括史料学。[4]拉

379

---

[1] Tatiana Khorkhordina, *Korni i krona：Shtrikhi k portretu Istoriko-arkhivnogo Instituta*（1930‑1991）（Moscow, 1997），14‑33.

[2] Mikhail Tikhomirov and Sergei Nikitin, *Istochnikovedenie istorii SSSR*（Moscow, 1940）.

[3] Aleksandr Andreev, *Ocherki po istochnikovedeniiu Sibiri：XVII vek*（Leningrad, 1940）.

[4] L. N. Prostovolosova and A. I. Stanislavskii, *Istoriia kafedry vspomogatel'nykh istoricheskikhdistsiplin*（Moscow, 1990），10‑35.

波-丹尼列夫斯基的另一名学生西吉兹蒙德·瓦尔克（Sigizmund Valk）则在列宁格勒教授史料学。六十年后，1944 年毕业于历史档案学院、本人专攻史料学的史学家奥莉加·梅杜舍夫斯卡娅（Olga Medushevskaia）将斯大林时代史料学的复兴称为"史学专业主义的无声战斗"。[1] 在她看来，专业主义的实质就是保存并复兴 1917 年以前形成的学术方法，其中最重要的是通过对一手史料的科学研究，确立起证据的至高价值。对于梅杜舍夫斯卡娅和同时代的许多史学家来说，彼得堡学派的理念就是这一套方法的结晶，它既是帝俄史学史上一种真实存在的学术理念，也是由其苏联后学所创造的一个合情合理的起源神话。

这种对史家技艺的追溯多少有些神话成分，它虽然明确成型于 1990 年代，却早已颇具规模。它是对以下特点的防护性反应：苏联史学界，特别是在斯大林时代的史学界，个人安全得不到保障，学界受到意识形态监控，同国际学界也相对隔绝。为应对这些情况，史学家在专业技艺上采取了一种恢复性的、重演性的、刻意强调实证的方法。证据不仅比解释安全，而且还是抗拒统治者强加的历史解释的唯一方式。1940 年代，常被论者称为彼得堡学派精神最佳体现的历史学家鲍里斯·罗曼诺夫（Boris Romanov），称其写作方法为"修筑一道永不决口的事实之堤"。[2] 罗曼诺夫出身于教授家庭，革命前即毕业于彼得堡大学，曾在 1930—1933 年间身陷囹圄，进过集中营，直到 1941 年还处于失业状态，穷困潦倒。战后，他任教于列宁格勒大学，当时他的生活仍然难称宽裕：他和别人同住一间公寓，而这间公寓一度完全归其父所有。20 世纪的剧变使旧派史家们十分赞赏那个学术环境相对宽容的革命前时代，更不用说当时的学者还享有稳定的物质

---

① Olga Medushevskaia, 'Istochnikovedenie v Rossiii XX v.：Nauchnaia mysl' i sotsial'naiareal'nost', in Iurii Afanasiev（ed.）, *Sovetskaia istoriografiia*（Moscow, 1996）, 63.

② Paneiakh, *Tvorchestvo*, 103.

380　　来源、人格尊严和人身安全。这一点同史学著述关系颇大：史学家们将帝俄晚期设为怀念对象，于是纷纷保存、复兴、效仿帝俄晚期的实证主义史学方法。用卢里耶的譬喻来说，面对 20 世纪的"启示录"，许多历史学家都把革命前的俄国学术看作了"雅典"。

对史料和事实的热忱不但为帝俄旧派学者所具有，也能在许多年轻学者身上找到，这些不折不扣的苏联马克思主义史学家曾在 1920 年代和 1930 年代接受教育。① 由于政治原因避谈理论，退守事实的安全地带，并非苏联史学家的独有做法。对于 1880—1910 年代的大学教授而言，学术环境还远远称不上完全自由。伊万·格列夫斯不光在 1920 年代的苏联受过政治迫害，还在 1899 年受过一次，当时的教育大臣博戈列波夫（Bogolepov）解除了他在彼得堡大学的教职。1917 年以前，史学家们也曾选择经验主义方法，以免同凌驾于理论之上的权威发生冲突。② 一部苏联史学思想史绝不是一个充斥着暗中破坏、蓄意颠覆或者内部流放的故事，而应当被视为俄国知识分子价值观演变过程的一部分。这套价值观一方面同苏联意识形态共生共存数十年，一方面却又包含着摧毁苏联意识形态的种子。

实证主义就是这样一粒种子，尽管众多苏联史家和帝俄晚期史家不愿公开自称为实证主义者。1890 年代，实证主义在全欧洲范围内陷入危机，包括俄国白银时代思想家在内的欧洲知识分子纷纷攻击实证主义对科学的渴望。③ 史料学领域首屈一指的理论家拉波-丹尼列夫斯基也厌恶实证主义，他力图将自己的史料研究纳入一套以文化、心理及哲学原则为基础的整体史学方法论。

---

① Liubov' Sidorova, *Sovetskaia istoricheskaia nauka serediny XX veka：Sintez trekh pokoleniiistorikov*（Moscow，2008），99‐103，252‐253.

② Rostovtsev，A. S. *Lappo-Danilevskii i peterburgskaia istoricheskaia shkola*（Riazan'，2004），58，66.

③ Randall Poole，'The Neo-Idealist Reception of Kant in the Moscow Psychological Society'，*Journal of the History of Ideas*，60（1999），319‐343.

在他看来，一手史料并不是不容置疑的事实的承载物，而是一种亟需语境化和批判分析的文化现象。① 苏联的社会科学家和哲学家同样对实证主义持怀疑态度，即便不是继承自世纪末（fin-de-siècle）的批评者，也是继承自普列汉诺夫和列宁，两人都看不惯实证主义的反哲学的"机械论"本质。② 但是，实证主义在现代俄国史学思想中的地位显然无可取代。以理性和科学组织知识和社会的理想极具吸引力，至少从车尔尼雪夫斯基（Chernyshevsky）时代起，它就成了知识分子的旗帜。③ 科学方法的威力模糊了科学与人文之间的界限，成了一切存在的普遍模式，也成了包治社会之罪和道德之恶的万应灵药。

历史学家也怀有对科学客观性和事实确定性的理想。④ 拉波-丹尼列夫斯基设想中的方法论是一个综合性的知识体系，会将历史学变成一门精确科学。⑤ 所罗门·卢里耶终其一生坚守历史决定论和"社会发展规律"，一贯主张在历史学中移用自然科学方法。他一直把一幅达尔文肖像摆在桌上，直到去世（1964）。⑥ 苏联时代，科学理想成为官方认可的教育与认知文化的核心。⑦ 事实是这种文化中的一个重要范畴，无论在硬科学还是在人文领域内都是如此。事实上，苏联的学科分类本来就不区分硬科学和人文。所有学术领域统称"科学"，加上补充说明，分成"精确科

---

① Rostovtsev, *A. S. Lappo-Danilevskii*.

② Igor Narskii, *Marksistskoe ponimanie predmeta filosofii i pozitivizm*（Moscow, 1959），16 - 32.

③ Norman Pereira, *The Thought and Teachings of N. G. Černyševskij*（The Hague/Paris, 1975），35 - 41.

④ Marc Raeff, 'Toward a New Paradigm?' in Sanders（ed.），*Historiography*, 483 - 485.

⑤ Rostovtsev, *A. S. Lappo-Danilevskii*, 89 - 90.

⑥ Lur'e, *Istoriia*, 124.

⑦ 参见 Loren Graham, *Science and Philosophy in the Soviet Union*（New York, 1971）；andSlava Gerovitch, *From Newspeak to Cyberspeak: A History of Soviet Cybernetics*（Cambridge, 2002）。

学"、"自然科学"或"人文科学"（gumanitarnye nauki）。历史学属于其中人文科学一类，因而也是一门关于事实的学问。[①] 远在学术界以外的受众普遍相信，事实是研究的有用范畴，科学事实和历史事实是一回事。

虽然实证主义在苏联人文学术界的复兴在表面上同西方相似，西方的保守派学者也往往不顾 20 世纪那些有关知识相对性的思想潮流，恪守实证主义原则，但（历史）事实在政治和道德方面的言外之意则是苏联的环境所独有的。在苏联的语境中，事实这个概念的隐含意义要更为复杂，也更具威力。普遍尊重事实性知识，对任何政治权威炮制出的历史解释都构成威胁：一种自诩忠于事实的意识形态，其自身信念很容易从事实出发加以批驳。批驳者与其批驳对象持有同样的理想，使用同一套话语，因此，批驳者很难遭到审查和责难。有关革命前接受教育的苏联杰出史学家的回忆文字往往会提到，他们系统性地、近乎轻蔑地拒斥理论，将自身活动局限于描述事实。[②] 这是一种别有用意的事实描述。学者遮遮掩掩地用证据来质疑粗劣的"理论"论断，成了一种学术上、道德上的生存方式。如果把逻辑上的巧妙处理也考虑进去，那么，完美地运用原始资料就既是专业主义的一个既定标准，也是史家及其受众的一处学术避风港。实证主义在苏联时期重获新生——也可以说是获得了双重生命。运用证据在当局看来是合法的，带有暗中讽刺和反抗（fronde）的性质，这就使运用证据的学者能够从事当时学术环境允许的合法工作。这绝非概念上的实证主义立场——将其进行概念化颇有风险，而且史学家们也无需反对既定原则的全部基础。再说，就其本质而言，实证主义也不适于原则上的革新和概念上的突破。而这一点恰恰是实证

① Roger Markwick, *Rewriting History in Soviet Russia：The Politics of Revisionist Historiography*, 1956 - 1974 (Houndmills, 2001), 12 - 13, 68.
② L. G. Zakharova et al. (eds.), *P. A. Zaionchkovskii*, 1904 - 1983 gg. *Stat'i, publikatsii i vospominaniia o nem* (Moscow, 1998).

主义在苏联语境中的优势。

　　以上这些或许能够解释，为什么有那么多旧派史家欢迎 1930 年代中期的保守转向。雅科夫·卢里耶记得，即使是在最最危险的 1937—1938 年，情况仍然令人欣喜。那一年，其父被解除教职，特别是不允许在一手史料研究技巧方面指导学生。所罗门·卢里耶曾在其课堂讲授和著作中悄悄加入关于暴政之本质的一些看法，这些看法虽然是由古希腊罗马史所启发出来的，却同样适用于当代。[1] 小卢里耶很好奇，其父为何没有因这些明显的暗示而遭到冲击，据他推测，父亲的言论很可能博得了听众的同情。的确，从 1930 年代末直到 1980 年代初，当革命前受过训练的最后一位史学家过世之时，这批史学家在吸引年轻人、开创思想流派方面可谓相当成功。老教授们无微不至地关怀学生，同学生们建立起紧密的私人联系，邀请学生到家里做客，在自己家里建立起深度研究"小组"。如此一来，他们就接续了帝俄的学术传统，因为这样的私人小组在帝俄时期是一种惯例。[2] 学生们投桃报李，不仅将导师视为该领域内的权威，还视他们为学富五车、德高望重的楷模。[3] 1920 和 1930 年代接受教育的年轻一代"红色教授"——如米利察·瓦西里耶夫娜·涅奇金娜（Militsa Vasil'evna Nechkina）——也按照传统创建此类小组，并且同样教会学生，要尊重史料和事实。[4]

　　战争爆发前夕，俄国史领域内几部很有影响的著作均已成书。1939—1941 年，鲍里斯·罗曼诺夫写成《古罗斯的人与风俗》一书，该书有时被视为埃玛纽埃尔·勒华拉杜里《蒙塔尤》一类西

---

[1] Lur'e, *Istoriia*, 133, 164 - 166; and Solomon Lur'e, *Arkhimed* (Moscow/Leningrad, 1945), 5 - 6.

[2] Sidorova, *Sovetskaia*, 237 - 240.

[3] Benjamin Tromly, 'Re-Imagining the Soviet Intelligentsia: Student Politics and UniversityLife, 1948 - 1964', Ph. D. dissertation, Harvard University, 2007, pp. 152 - 158.

[4] Sidorova, *Sovetskaia*, 246 - 249, 252 - 253.

方中世纪史研究论著的先声。① 罗曼诺夫并未从总体上宣称其著作有哪些理论创新,但他对蒙古入侵前罗斯文化史的研究,同当时史学界从社会经济角度进行论证的主流方式相悖。他还委婉地质疑鲍里斯·格列科夫那套"罗斯封建论"的主流观点,转而指出 12、13 世纪社会关系的古代的、前封建的性质。由于他反对格列科夫,这部书被推迟出版,直到 1947 年才得以发行。值得注意的是,这部书的很大一部分是罗曼诺夫在流放中写成的,当时正值苏芬战争期间,他被放逐到距列宁格勒 100 公里的地方。② 1941 年,尼古拉·鲁宾施泰因(Nikolai Rubinshtein)的《俄国史学史》一书问世。这部厚达 650 页的著作回顾了 17 世纪到 20 世纪初的俄国历史书写,破天荒地赞扬了许多帝俄史学家。尤其值得注意的是,鲁宾施泰因用了好几章篇幅讨论史料学的发展历程,详细探讨了几乎每一位史家处理一手史料的方式。

有一种观点认为,1930 年代末以及 1940 年代的大部分时间,职业史学界迎来了一个"枯燥"的、"学术氛围令人窒息"的时期,恰同貌似精力充沛的、洋溢着理论气息的 1920 年代,也就是波克罗夫斯基时代形成对比。然而根据记载,当时苏联史学家的经历无法支持这种观点。③ 种种迹象表明,比起波克罗夫斯基时代表面上的活力和理论上的浮夸,众多史家实际上更喜欢 1930 年代中期以后保守的、经验的职业规范。虽然在 1930 和 1940 年代,"为适应政治需要而篡改历史成了通例"④,但这一看法同样适用于苏联建国后初期。不管是在 1920 年代还是在那之后,历史都是高度政治化的,都不可避免地要把史学家变成当代权力斗争的附庸。如果认为这些经验丰富的史家,在经历数十年的战争、政局动荡和物资匮乏之后,仍然意识不到这一点,或者仍然

① Paneiakh, '"Liudi i nravy Drevnei Rusi" Borisa Aleksandrovicha Romanova: sud'ba knigi', inid., *Istoriograficheskie*, 184.
② Paneiakh, *Tvorchestvo*, 尤见 177—180。
③ Mazour, *The Writing of History*, 21.
④ Ibid.

坚信其著作绝对客观，就未免有些天真了。但是，像波克罗夫斯基那样根据时髦理论，刻意按照政治利益裁剪过去，有意以当代观念推导过去，仍然为这些学者所不齿，他们斥此种做法为学术不端、道德不洁。史学家们在 1930 年代如此激烈地反对波克罗夫斯基学派，不仅仅是因为有了官方的支持，更主要是因为他们出于根深蒂固的专业素养，反感波克罗夫斯基的现在主义态度，反感他对事实的歪曲。即使到了 21 世纪初，我们仍能清楚感受到权威历史学家——"雅典人"的学生和后继者——提到波克罗夫斯基学说垮台时的欣喜之情。①

考虑到帝俄实证主义史学传统在苏联时期的延续，我并不赞同这样的说法，即所谓"斯大林对历史学家的战争摧毁了俄国史学的伟大传统"。② 斯大林统治时期及其死后，政治权力、迫害同史学著作之间的关系并没有多大差别，都带有 1917 年剧变前后的一些遗留特征。总的来说，帝俄晚期、斯大林时代和后斯大林时代的史学思想有着一些共同的基础性学术预设。三者的共同点不仅是意识形态上的（帝国、民族主义、领袖崇拜）③，而且首先是认识论上的——一种相近的历史知识论文化。④

如果说 1930 年代"雅典和启示录"并存，那么，按照雅科夫·卢里耶的概括，1940 年代末 1950 年代初就是"没有雅典的启示录"。⑤ 1948—1953 年的民族主义、反犹主义运动在规模上固然不能同 1937—8 年的屠杀相比，但这场新一轮迫害浪潮的道德氛围即使没能盖过 1930 年代末，也能与之相提并论。战后的这场运动把矛头指向了科学、艺术和文学，造成了一种无处不在

384

---

① Andrei Dvornichenko, *Vladimir Vasil'evich Mavrodin: Stranitsy zhizni i tvorchestva* (SaintPetersburg, 2001), 16 - 17.

② Markwick, *Rewriting*, 39.

③ 参见 Nicholas Riasanovsky, *The Image of Peter the Great in Russian History and Thought* (New York, 1985)。

④ 另见 Sidorova, *Sovetskaia*。

⑤ Lur'e, *Istoriia*, 179.

的肃杀气氛，知识分子唯有服从。① 在党的新生代干部的支持下，这种顺从的氛围抹杀了学术讨论中的诸多"雅典"特质。1949年，所罗门·卢里耶由于受到一项荒谬的指控而被列宁格勒大学开除。由于他正在从事的一项公元1至3世纪博斯普鲁斯铭文（Bosporic Inscriptions）的出版工作（依照惯例，他在为铭文作注时用的是拉丁文而非俄文），他被人指为缺乏爱国心。② 1948—9年，类似的学术上"不爱国"的罪名落到了他的同事鲍里斯·罗曼诺夫头上，后者的《古罗斯的人与风俗》一书据称过于悲观，没有突出中世纪罗斯战士的赫赫战功。罗曼诺夫失去了他辛辛苦苦得来的列宁格勒大学教职。③ 在莫斯科，"资产阶级世界主义"的罪名打击了一批人，其中包括杰出的中世纪史专家叶甫盖尼·科斯敏斯基（Evgenii Kosminskii）和亚历山大·涅乌瑟欣（Aleksandr Neusykhin）。④ 1951年（同1937年一样），叶甫盖尼·塔尔列能够免受牢狱之灾，仅仅是因为斯大林个人的介入。⑤

迫害难以预料。最为明显的理由是反犹主义：许多犹太裔史学家的研究、论文答辩和论著出版都受到限制。其中一些人，如索菲娅·费金娜（Sofia Feigina）、法因娜·科甘-贝尔施泰因（Faina Kogan-Bernshtein）（莫斯科）、所罗门·卢里耶、奥西普·魏因施泰因（列宁格勒）等被解职；另一些人，如米哈伊尔·拉比诺维奇（Mikhail Rabinovich）（列宁格勒）等则被逮捕。⑥ 不

---

① V. D. Esakov and E. S. Levina，*Delo KR*：*Sudy chesti v teorii i praktike poslevoennogo stalinizma*（Moscow，2001）.

② Lur'e，*Istoriia*，197–205.

③ Paneiakh，'Boris'，208–214.

④ Aron Gurevich，*Istoriia istorika*（Moscow，2004），34–46.

⑤ Boris Kaganovich，*Evgenii Viktorovich Tarle i peterburgskaia shkola russkikh istorikov*（Saint Petersburg，1995），98–100，59–60.

⑥ Gurevich，*Istoriia*，34–53；Apollon Davidson，'Istoriki Leningradskogo universiteta v razgarkampanii protiv nizkopoklonstva pered Zapadom'，in *Odissei*：*chelovek v istorii*（2007），http：//www. odysseus. msk. ru/numbers/? year=2007&id=15（accessed 20 August 2009）；and Sidorova，*Sovetskaia*，12–94.

过，其他民族的史学家也有可能被扣上"资产阶级民族主义"的帽子。有史以来第一位通过历史学博士论文答辩（1946）的哈萨克人叶尔穆汗·别克玛哈诺夫（Ermukhan Bekmakhanov）在1948—1950年受到指责，起因据说是他那本源自博士论文的、关于1820—1840年代哈萨克斯坦的专著有民族主义嫌疑。[1] 别克玛哈诺夫的博士学位及哈萨克国立大学教授资格均被取消，他本人做了乡村中学教师，直到1952年9月被判入集中营服刑25年。俄罗斯族学者也不安全。不出数月，其命运就有可能扭转：罗曼诺夫于1947年因其专著获奖，次年便饱受攻击。太过明显地复兴帝俄史学传统也会招致惩罚：1948年，鲁宾施泰因的《俄国史学史》就因其"资产阶级客观主义"成了大规模笔伐的对象，该罪名在这里指的就是对革命前史学著作持有太多敬意。[2] 史料学这一学科也经受了一场特有的迫害运动。1948年，亚历山大·安德列耶夫和索菲娅·费金娜都受到资产阶级世界主义和"客观主义"的指控，两人可能过分强调了彼得大帝对西方的借鉴。[3] 1949年，积极倡导史料学的安德列耶夫被莫斯科历史档案学院开除，罪名是不加批判地重复其师拉波-丹尼列夫斯基革命前的观点。在列宁格勒，曾经师从拉波-丹尼列夫斯基的另一位学者西吉兹蒙德·瓦尔克也因其1948年的一篇论文面临类似的"资产阶级客观主义"指控，他在文中小心翼翼地重申了彼得堡学派方法及史料学在1917年剧变前后的延续性。[4] 此种情况下，任何事都有可能招致当局的愤怒，史学家们必须格外小心。1940年代末

---

[1] Ermukhan Bekmakhanov, *Kazakhstan v 20-40 gody XIX veka* (Almaty, 1947).

[2] A. N. Shakhanov, 'Bor'ba s "ob'ektivizmom" i "kosmopolitizmom" v sovetskoi istoricheskoinauke："Russkaia istoriografiia" N. L. Rubinshteina', in *Istoriia i istoriki：istoriograficheskii vestnik*：2004 (Moscow, 2005), 158-185.

[3] Sidorova, *Sovetskaia*, 41-42.

[4] Sigizmund Valk, 'Istoricheskaia nauka v Leningradskom universitete za 125 let', in A. I. Molok (ed.), *Trudy iubileinoi sessii LGU：Sektsiia istoricheskikh nauk* (Leningrad, 1948), 3-79.

1950 年代初，若干种多卷本集体史学著作被迫停摆，而这种集体著作恰恰是当时史学活动的主要形式。① 史学著作变得越来越教条，越来越概括。

1953 年斯大林的去世使得史学界如释重负。一些史学家被从监狱和流放地释放出来，如古典史学者阿里斯季德·多瓦图尔（Aristid Dovatur，1937—47 年在狱中服刑，1955 年获平反）、中亚史学者列夫·古米廖夫（Lev Gumilev），以及 1930 年代后仍然幸存的一位列宁格勒大学历史系前主任——谢尔盖·杜布罗夫斯基。一批长期推迟出版的书籍得以问世，比如费金娜关于 1718—1719 年奥兰和会（Åland Congress）的专著。② 许多先前被解职的史学家重新找到了史学教职，但其职位不一定与其才干相称：罗曼诺夫返回列宁格勒大学任教，其同事所罗门·卢里耶却只能调到别处，先是去了敖德萨，而后又去了利沃夫。别克玛哈诺夫于 1954 年获得平反，但其博士学位及教授头衔并未恢复，因此，他只好重新通过一次论文答辩，并将新论文出版。③ 他的处女作一直被封存在图书馆的保密书库里，直到 1991 年才重见天日。

1950 及 1960 年代的政治和文化转向，即人们熟知的"解冻"，为苏联社会的诸多趋势奠定了基础，这些趋势一直延续到苏联解体之时，并且于解体之后继续存在。其中一种趋势是，斯大林时期产生的历史书写与教学范式日渐式微，其没落过程时有曲折，但显而易见。历史学科重焕生机，同赫鲁晓夫的执政不无关系。但是，斯大林时代写就的历史不可能一下子被抛弃：为维持其合法性，当局不得不在表面上同前代统治者保持一致，因此，修正历史叙事必须格外谨慎。显然，没有几个政治领袖或是史学家懂得该如何前进。如同解冻时期其他各项事业一样，史学

---

① Ivan Kuznetsov, *Istoriia istoricheskoi nauki v Rossii s 1917 g. do nashikh dnei* (Novosibirsk, 2008), 128 - 129.

② Sofia Feigina, *Alandskii kongress* (Moscow, 1959).

③ Bekmakhanov, *Prisoedinenie Kazakhstana k Rossii* (Moscow, 1957).

领域内的转向不是按既定规则进行的变革，而是一个不断试错的过程。

苏联史学著作中并没有斯大林时代和后斯大林时代的绝对界限。其一，1953—1956 年前后，意识形态和史学理论的基本要素并无太大改变。解冻时期，斯大林时代的历史叙事并没有被彻底抛弃，而且在解冻时期之后仍然长期存在。《简明教程》（1959）、舍斯塔科夫编写的中学版教材（1955）等一批教科书被束之高阁，取而代之的是些新版教材——其中最重要的是鲍里斯·波诺马廖夫（Boris Ponomarev）编写的《苏联共产党历史》（1959），该书几经增订，到 1991 年为止一直是最为重要的党史教科书。不过，其他教材的使用时间要更长一些：安娜·潘克拉托娃（Anna Pankratova）主编的十年级中学课本《苏联历史》，第一版印行于 1940 年，最后一版——第二十二版问世时已经是 1963 年了。学者们的确会替换或删除那些名声不佳的段落，但是，他们往往采用以下方式重新编写教材——在保留原文主题和主要信息的同时，增补、删减或重写个别文段、语句、观点、人名，从而拼凑成书。

其二，一部分史家早在斯大林时期就已成名，并预见了解冻时期的变革，其修正派著述发端于 1940 年代末—1950 年代初，甚至发端于 1920 年代。较为著名的例子是阿尔卡季·西多罗夫（Arkadii Sidorov），他认为俄国资本主义的发展具有不平衡性，资本主义同旧有经济结构、同国家的积极监管共存，这些观点都可以上溯到 1920 年代。1948—1949 年，西多罗夫在莫斯科大学讲授了一门关于俄罗斯帝国主义的课程，来听课的研究生包括米哈伊尔·格夫特尔（Mikhail Gefter）、帕维尔·沃洛布耶夫（Pavel Volobuev）、康斯坦丁·塔尔诺夫斯基（Konstantin Tarnovskii）、安德烈·安菲莫夫（Andrei Anfimov）、维克托·丹尼洛夫（Viktor Danilov）和阿龙·阿夫列赫（Aron Avrekh）——这些史学家后来于 1950—60 年代成为所谓"新派"史学的核心，他们纷纷挑战《简明教程》对俄国资本主义和革命起源的解释。他们

387

的第一批著作要么出版于斯大林去世之前，要么出版于斯大林去世后不久。①

其三，或许最重要的是，苏联史学家的职业文化，他们在解冻时期及此后数十年苏联时期所使用的学术技巧、工具，全都形成于1930年代末和1940年代，而且是由1917年前学术范本所催生的。在坚持实证这一方面，这种职业文化有意承袭革命前学术传统和学术路径的关键要素。毋庸置疑的是，后斯大林时期历史书写与教学的转向及其持续性影响，与其说是正式整顿史学活动的结果，不如说是此种传统主义职业文化的产物。

1953年5月，苏共中央任命了《历史问题》（Voprosy istorii）的新一届编委会，这是当时仅存的一份全国性历史学学术刊物。此后数年，以安娜·潘克拉托娃为首的新一届编委会发表了若干篇纲领性的论文，呼吁实现史学论争的自由，摆脱政治监控，获得更大程度的自治，降低史家获得一手史料的难度。该刊迈出了消解《简明教程》影响的第一步，即使称不上鼓吹修正，至少也主张对《简明教程》的某些问题进行商榷，而商榷本身在当时已经是一种激进的主张。②《历史问题》还小心谨慎地为某些西方史学家和革命前俄国史学家恢复名誉。③赫鲁晓夫在苏共二十大上攻击斯大林之后，对《简明教程》的直接挑战随之出现，它主要影响到政治化程度最深的苏联史领域，不过也惠及其他领域。1956年2月的秘密报告出笼之后，短短一年内，《历史问题》就刊载了好几篇文章，否定斯大林版本的革命史和内战史。潘克拉托娃的副手爱德华·布尔贾洛夫（Eduard Burdzhalov）发表了两篇论文，指出列宁和斯大林曾在1917年春天有过一些战略分歧：

① B. A. Osadchenko, 'Formirovanie shkoly A. L. Sidorova v izuchenii sotsial'noekonomicheskoiistorii Rossii kontsa XIX—nachala XX vekov', in A. N. Sakharov（ed.），*Miristorika. XX vek*（Moscow，2002），200‐218.

② Sidorova, *Ottepel' v istoricheskoi nauke: sovetskaia istoriografiia pervogo poslestalinskogodesiatiletiia*（Moscow，1997），110‐126.

③ 'Ob izuchenii istorii istoricheskoi nauki', *Voprosy istorii*，1（1956），3‐12.

斯大林同后来被其杀害的列夫·加米涅夫（Lev Kamenev）站在一起，列宁则同大恐怖的另一位受害者格里高利·季诺维也夫（Grigorii Zinoviev）走得更近。① 《历史问题》内部的改革派被戏称为"布尔贾洛夫派"，该刊读者（绝大部分是职业史学家）也随之分成"布尔贾洛夫派"和"反布尔贾洛夫派"。1956 年全年，两派都举行了一系列会谈和学术研讨会，数百人满腔热情地争论着苏联史上富有争议性的问题。② 1956 年春至 1957 年春，潘克拉托娃及其副手们连忙发表尽可能多的论文，以证明《简明教程》之伪。史学家拉斐尔·加涅林（Rafail Ganelin）曾在潘克拉托娃 1956 年夏天访问列宁格勒时见过她，注意到她十分紧张，倍感压力："谁都能感受到，她觉得自己正处在一场攸关性命的殊死搏斗的中心，她充分意识到了这一点，并且不会退却。"③ 面对各路受众，潘克拉托娃加紧披露并背弃斯大林时代史学建构的幕后机制，比如 1938 年影片《亚历山大·涅夫斯基》的摄制过程。总而言之，在加涅林看来，潘克拉托娃的一举一动，对于她那个地位的人来说，完全是越轨行为——她可是苏联史学界地位最高的学者之一。

388

虽然 1956 年的潘克拉托娃听起来很像叛逆者或异见分子，但她却是一名忠诚的共产党员——她是苏共中央委员，数十年来表现得极端正统。她还是 1940—1963 年间高中历史课本的主要撰写者和主编者。然而，雷吉纳尔德·泽尔尼克（Reginald Zelnik）那本叙述生动的传记指出，潘克拉托娃在 1956 年的表现是她一

---

①　Eduard Burdzhalov, 'O taktike bol'shevikov v marte-aprele 1917 goda', *Voprosy istorii*, 4 (1956), 38 - 56.

②　Rafail Ganelin, *Sovetskie istoriki: O chem oni govorili mezhdu soboi. Stranitsy vospominanii o1940-kh-1970-kh godakh* (Saint Petersburg, 2004), 126 - 130; and Sidorova, *Ottepel'*, 126 - 162.

③　Ganelin, *Sovetskie*, 130.

生合乎逻辑的最高点。[①] 潘克拉托娃是一个革命者，是波克罗夫斯基门下的一名学生，曾因丈夫被指托派而被迫离异，她的私生活和学术信念全都让位给了党的"路线"，其正统地位正是以此为代价换来的。[②] 她这么做与其说是出于恐惧，不如说是出于信仰：在斯大林统治下，她常常直接向最高权威大胆吐露自己的见解，但到头来总会服从党的纪律，对她来说，纪律显然比她的个人见解更重要。苏共二十大之后，潘克拉托娃一定觉得，领导人的看法终于同她自己的看法相一致了，真理的时刻即将来临。她很可能怀疑，这一时刻会相当短暂，于是竭尽全力，做得越多越好，越快越好。加涅林记得，1956 年夏天，潘克拉托娃曾经公开提及，她有可能被捕。[③] 她最终没有被捕，但是遭到了打击报复。匈牙利十月革命之后，赫鲁晓夫领导集团对传媒和知识分子采取了更加严苛的态度，《历史问题》遂成为媒体笔伐的对象。1957 年 3 月 9 日，苏共中央指责该刊犯有严重的"理论错误和方法论错误"。编委会进行了人事调整，布尔贾洛夫被剥夺副主编一职。潘克拉托娃留任原职，但根据此次运动的精神，她被迫在一篇编者按中公开悔过，承认该刊所犯的错误，特别是老生常谈的"资产阶级客观主义"错误。潘克拉托娃又一次遵守了党的纪律——四天后，她离开了人世。[④]

389　　就其生平来看，1956—1957 年潘克拉托娃那种自我牺牲式的改革行动表明，即使是最正统的史学家也深受 20 世纪苏联动荡历史的影响，史家也确实是由这些动荡塑造而成的。正统来之不易，而且并不一定能带来心灵上的宁静。斯大林时代结束之前（或许更早），史学家们的生活经历和职业文化不能使他们免于思

[①] Reginald Zelnik, *Perils of Pankratova：Some Stories from the Annals of Soviet Historiography* (Seattle, 2005).

[②] Ibid, 尤见 17—18。

[③] Ganelin, *Sovetskie*, 131.

[④] 'Za leninskuiu partiinost v istoricheskoi nauke', *Voprosy istorii*, 3 (1957), 3 - 19; and Sidorova, *Ottepel'*, 148 - 158.

考，而且同他们必须履行的意识形态职责相冲突。由于这种内在的张力，一部分先前极度忠诚、颇具权威的史学家怀着一种矛盾的热情，热烈拥护解冻。①

《历史问题》事件也显示出史学专业内部观念变革空间之狭小，这不仅是因为意识形态限制得很严格，还因为史学家对于重新进行激烈的观念讨论并无准备。1917 年斯大林到底是站在列宁一边还是加米涅夫一边，这样的争论同解冻时期"回到列宁"的思潮并行不悖，这就改变了以往列宁的形象，使列宁不再以斯大林合作者的面目出现，也在一定程度上抨击了《简明教程》的历史教条。不过，潘克拉托娃和布尔贾洛夫没找到什么激进的原则，以替代那些教条。虽然他们意识到了那些教条的错误，但对他们而言，要采纳西方自由派史学或俄侨史学的观点，不仅危险，而且绝无可能。对苏联历史真正开始新一轮观念上的讨论，还要再等几十年。

或许最重要的是，《历史问题》引发的争论给史学家上了一堂职业策略课。潘克拉托娃、布尔贾洛夫的"异端"倾向与其说表现在思想观念上，不如说表现在外在观感上。大搞集会、热衷于公开辩论的做法，既不见容于保守派学者，也不见容于任何保守派人士。大声疾呼令人反感的变革口号无济于事，扰乱公众的平静生活，就必然会被压制。因此，经验丰富的史学家潘克拉托娃、布尔贾洛夫，同那些因积极"反苏"而在 1956—1957 年被捕的学生没有什么区别，两者都为解冻时期思想解放的热情所感召，并且公开宣泄他们的真挚情感。② 1950 年代—1970 年代初的史学界的其他修正派尝试，其命运与《历史问题》十分相似："新派"史学关于帝俄晚期经济的学说（强调古代因素的"结构

---

① Markwick, *Rewriting*, 50. 此处仅仅提到这种矛盾的心情，并未对此作任何解释。

② Kathleen Smith, 'A New Generation of Political Prisoners："Anti-Soviet" Students, 1956 - 1957', *The Soviet and Post-Soviet Review*, 32：2 - 3（2005），尤见 193 - 200。

多元性"和国家的巨大影响),关于集体化的讨论,围绕"亚细亚生产方式"展开的辩论,米哈伊尔·格夫特尔在莫斯科历史学院党委主持的方法论研讨班及相关争论,还有对某些书籍——如亚历山大·涅克里奇(Aleksandr Nekrich)《1941年6月22日》(1965)一书的热烈讨论,皆属此类。绝大部分此类争论要么含有政治成分,要么最终染上了政治色彩,有时还会给当事人造成严重后果,涅克里奇就是一例。[1] 没有人会被捕,但公然挑战权威解释仍然会招致政治指控和当局干涉。这种情况主要发生在20世纪俄国史领域,相比之下,研究其他时代、其他国家的史学家则较少受到政治审查,拥有较多自由,偶尔还能成功挑战学术正统。例如,伊戈尔·弗罗亚诺夫就在1970年代否定了学界主流观点,他并不认为蒙古入侵前的罗斯是封建社会,是一个国家,而是指出,当时罗斯的社会政治结构具有古代公社、城邦的性质。最近的史学史研究表明,启发弗罗亚诺夫提出上述假说的,正是"新派"史学倡导的俄国"结构多元性"的概念。不过,尽管其著作得以出版,但弗罗亚诺夫还是受到了学术界以外的阻挠,无法进一步发挥其观点。[2]

既有文献已经讨论过这些修正派尝试的细节。[3] 在此,我想集中讨论苏联史学界学术变迁所采用的一种方式,这种方式

---

[1] Aleksandr Nekrich, *Otreshis' ot strakha*: *Vospominaniia istorika* (London, 1979),119 - 183,211 - 351.

[2] Igor Froianov, *Kievskaia Rus '*: *Ocherki sotsial'no-ekonomicheskoi istorii* (Leningrad, 1974); id., *Kievskaia Rus'*: *Ocherki sotsial'no-politicheskoi istorii* (Leningrad, 1980); and Iu. G. Alekseev and V. V. Puzanov, 'Problemy istorii srednevekovoi Rusi v trudakh I. Ia. Froianova', in *Issledovaniia po russkoiistorii i kul'ture*: *Sbornik statei k 70-letiiu professora Igoria Iakovlevicha Froianova* (Moscow, 2006), 12 - 15.

[3] 参见 V. V. Polikarpov, 'Novoe napravlenie' 50 - 70-kh gg.: Posledniaia diskussiiasovetskikh istorikov ', in *Sovetskaia istoriografiia*, 349 - 400; Markwick, *Rewriting*; and Tsamutali (ed.), *Konstantin Nikolaevich Tarnovskii*: *Istorik i ego vremia* (Saint Petersburg, 2002).

并不引人注目，但同样卓有成效。既然有些人不容许大刀阔斧地修改正统解释，那么，要安全地推动新思想，就要不动声色地进行史料考证，要慢慢地在现存解释内部做文章，而不是直接否认现存解释的正确性。解冻时期及其后，"事实先于教条"成了史学家的座右铭，特别是在20世纪俄国史领域。①

1950年代和1960年代，苏联史学界影响最大、持续最久的发展趋势，或许当属史料学的复兴。自1950年代中期起，史料学领域内的学术出版物数量和教材数量成倍增长。"史料学"作为一门学科不仅在史学领域，而且在文学研究、语言学、民族学等诸多领域都牢牢占据了一席之地。② 1956年，苏联科学院恢复了一项帝俄传统，重建了长期停止运作的文献学委员会。"文献学"指的就是同整理出版书面一手史料有关的理论和方法论。委员会由苏联第一本史料学教科书的作者——米哈伊尔·季霍米罗夫领衔，从1957年开始发行一份颇有声望的年刊——《文献学年鉴》。③ 学术出版物开始悄无声息地恢复拉波-丹尼列夫斯基的名誉。以证据真实性为知识最高标准的有条不紊的史料研究，在史学研究中占有极其重要的位置。④

---

① Sidorova, *Ottepel'*, 18-19, 63, 172-175.

② Pavel Berkov, *Vvedenie v tekhniku literaturovedcheskogo issledovaniia: istochnikovedenie, bibliografiia, razyskanie* (Leningrad, 1955); Aleksandra Liublinskaia, *Istochnikovedenie istoriiSrednikh vekov* (Leningrad, 1955); Viacheslav Strel'skii, *Istochnikovedenie istorii SSSR* (Moscow, 1962); and *Lingvisticheskoe istochnikovedenie* (Moscow, 1963).

③ V. A. Chernykh, 'Tsentr izucheniia minuvshikh vremen: k 50-letiiu Arkheograficheskoikomissii RAN', *Vestnik Rossiiskoi Akademii Nauk*, 76: 9 (2006), 837-842.

④ 参见 Viktor Danilov and Sofia Iakubovskaia, 'Istochnikovedenie i izuchenie istoriisovetskogo obshchestva', *Voprosy istorii*, 5 (1961), 3-23.

表 1　1917—1991 年间俄国及苏联境内出版的档案文件集①

年份	1917—1991 年间俄国、苏联境内出版的档案文件集类图书数目	年平均出版数
1917—1924	179	22. 4
1925—1932	450	56. 3
1933—1940	271	33. 9
1941—1945	186	37. 2
1946—1953	217	27. 1
1954—1961	825	103. 1
1962—1969	759	94. 9
1970—1977	481	60. 1
1978—1985	613	76. 6
1986—1991	600	100. 0
总计	4581	61. 1

　　史学家们最想看到的是那些供应短缺的史料——也就是关于 20 世纪苏联史的史料。解冻时期档案事业的发展虽然不能同 1990 年代的档案革命相提并论，但同样称得上当时的一次档案革命。档案馆变得更容易进入了：1957 年有 23 000 名研究人员拿到了档案馆的入馆许可，而 1947 年仅有 4 000 人。② 1960 年，苏联的档案馆脱离了警方（内务部）的权限范围，改为由苏联部长会议直接管辖。在苏联史专著及论文中，引用档案材料成了一种学术规范。在相当短的一段时期内，史学家们掀起了一股出版苏联史、俄国史档案文件的热潮。1955—1962 年间，《历史档案》

---

① 数据计算自 I. A. Kondakova（ed.），*Otkrytyi arkhiv-2：Spravochnik sbornikovdokumentov，vyshedshikh v otechestvennykh izdatel'stvakh v* 1917‐2000 *gg.*（Moscow，2005）。

② V. V. Zhuravlev et al.（eds.），*XX s'ezd KPSS i ego istoricheskie real'nosti* （Moscow，1991），243；有关 1950 年代的"档案革命"，参见 Kuznetsov，*Istoriia*，142。

(Istoricheskii arkhiv) 杂志因为披露具有争议性的苏联史新史料而声名鹊起，这也是该刊于 1962 年最终停刊的原因之一。[1] 今天，该刊大体上两个月出一期，但同过去一样，并不定期出版。最近出版的一本工具书（此书无疑并不全面）显示，在俄国及苏联境内，解冻时期是 1917—1991 年间历史档案集出版密度最高的一段时期（见表 1）。

　　档案出版数量的高速增长始自 1955 年，当年总共出版了 71 部档案文件集——这是 1927 年以来出版数量最多的一年。相比之下，1952 年出版 23 部，1953 年 16 部，1954 年 16 部，均少于 1955 年。考虑到出版周期的长度问题，很多 1955 年出版的书有可能早在 1953—4 年就已编纂完成并进入出版筹备阶段。不过，1957 年才是 1917—2000 年间俄国、苏联境内档案文件集出版数目最多的一年，当年出版的档案文件集至少有 252 部。1957 年一年出版的档案文件集，比斯大林统治末期 1946—1953 年出版的此类史料加起来（217 部）还要多。[2] 虽说档案文件集的出版只是众多史料发表形式之一，而且其出版情况也是数量胜于质量（比如，苏联史方面的档案文件集往往不收某些不便披露的文件），但这种情况仍然能说明一些问题。尽管 1950 年代末及 1960 年代发表的许多文件并不如 1980 年代末 1990 年代初发表的文件那么令人兴奋，但就一手史料的发表量而言，戈尔巴乔夫时代恐怕都比不上解冻时期。

　　解冻时代的史料发表并不惹人注意，史料被认为具有自明的解释力，不过编者还是会不失时机地加上一些"政治正确"的注释。还有一种做法是在史学论著中加入一些不合正统的资料，这种手段同样难以察觉，但对受过阅读训练、关注细枝末节的读者

392

---

[1] Markwick, *Rewriting*, 264.

[2] 虽然有很多档案文件集是借着革命 40 周年庆典的机会出版的，但其他有革命周年庆典的年份，出版数目并没有那么多：40 部（1947），125 部（1967），63 部（1977），126 部（1987）。

来说，这样做十分重要。例如，在一本 1964 年出版、关于内战时期革命中的彼得格勒的专著中，来自列宁格勒的史学家安东·弗赖曼（Anton Fraiman）不事张扬地反驳了斯大林版本的红军建军史。按照教科书上的标准叙述（源自斯大林本人的说法），1918 年 2 月 23 日，布尔什维克军队在普斯科夫附近击败了德军，红军遂于此战中诞生。弗赖曼对这一叙述明确表示怀疑。他语带疑惑地注解道，除了一本内容有待商榷的回忆录之外，"尚未找到其他反映这一前线地带军事行动的材料"。① 弗赖曼的描述明显给人一种"此事学术上不足信"的印象，而他那些训练有素的内行读者肯定会注意到这一点。他很有可能因为这种明显的修正派观点而吃过苦头。1940 年，年轻的副教授安东·弗赖曼当时正坐在列宁格勒大学历史系主任那并不稳固的位子上。他的一名研究生因为在学位论文中犯有"意识形态错误和政治错误"而被开除党籍，弗赖曼也被迫离职——这在当时是不祥之兆。② 1950 年代初，弗赖曼本人的博士论文也遭到了"斯大林主义者"的批判——"斯大林主义者"这个词是一位历史学家兼回忆录作者使用的。③

1950 年代末，尤其是 1960 年代，研究早期苏联史的史学家开始谨慎地提及从前不允许提到的一些人名，即某些在革命和内战时期身居要津、后来被斯大林处死或监禁的人物姓名。弗赖曼 1964 年的那本书就是一个很好的例子，此书充分展示了上述策略。他引用了数百条档案材料，并未多费笔墨，就指出那些后来消失在大清洗中的人，对于苏维埃国家和军队的早期建设是多么

---

① Anton Fraiman, *Revoliutsionnaia zashchita Petrograda v fevrale-marte* 1918 *g.* (Moscow/Leningrad，1964)，101.

② Viktor Brachev and Andrei Dvornichenko, *Kafedra russkoi istorii Sankt-PeterburgskogoUniversiteta* (1834 - 2004) (Saint Petersburg，2004)，210.

③ Vitalii Startsev, 'Khrushchevskaia "ottepel' i issledovaniia revoliutsii 1917 goda vLeningradskom otdelenii Instituta istorii AN SSSR', http：//wwwsoc. nii. ac. jp/jssrh/taikai/1997/starcev. html (accessed 24 July 2009).

393

重要。他以一种不易察觉但又能引起其读者注意的方式，列出了一串姓名：叶罗尼姆·乌博列维奇（Ieronim Uborevich）和约阿基姆·瓦采蒂斯（Ioakim Vatsetis），亚历山大·叶戈罗夫（Aleksandr Egorov）和罗穆亚尔德·穆克列维奇（Romual'd Muklevich），弗拉斯·丘巴尔（Vlas Chubar'）和斯坦尼斯拉夫·科肖尔（Stanislav Kosior），瓦连京·特里丰诺夫（Valentin Trifonov）和弗拉基米尔·涅夫斯基（Vladimir Nevskii）等人，都曾在内战中起过重要作用，后来又都被处决、被遗忘。同1960年代及其后的另一些史学家、作家和记者一样，弗赖曼的著述也属于实证主义的修正派传统。这些作者都让证据自己说话，都吸引了一批有能力把握言外之意、弦外之音的读者。

学术性的历史著作不可能吸引太多非专业读者。因此，与其讨论史学的学术工作有什么直接的社会影响，不如把历史学家当成思想文化大环境中更大的变化进程的一部分来讨论。对于解冻时期及其后为数众多的苏联读者而言，历史证据从来都不仅仅是证据。希望证据尽可能不受历史解释的干扰，相比谋篇布局的技巧，明显偏爱未经加工的资料——这些都不是抽象的追求，抑或纯学术的追求。对"事实"的渴望源于20世纪俄国的政治语境和历史语境，首先是源于国家暴力的语境。从1960年代初开始，斯大林的名字就同国家暴力紧紧连在一起。至于当时虽遭压制却依然规模庞大的文学论争与新闻论争，其争论焦点乃是20世纪大规模政治暴力的遗产，我们或许可以称之为"索尔仁尼琴因素"。在这些争论中，讨论历史问题的人越来越多地将苏联历史教条和历史叙事的根源上溯到大恐怖和斯大林，将那些教条和叙事批驳得体无完肤。① 当时的论者普遍认为，教科书上的历史解释故意隐瞒了关于敏感历史话题的可靠证据，不让公众知道，使

① Denis Kozlov, 'The Readers of Novyi mir, 1945 – 1970: Twentieth-Century Experience andSoviet Historical Consciousness', Ph. D. dissertation, University of Toronto, 2005.

史料屈从于为政治服务的歪曲了的解释。过去不久的动荡和灾难是最为敏感的话题——革命，内战，集体化，1937—1938 年的大规模处决，以及第二次世界大战。在这些方面，证据最为匮乏，对真实信息的需求最为迫切。新资料一旦公布，便立刻成为政治辩论的热点。苏联最后的数十年间，历史赢得了一大批受众，他们渴望获得不合正统的新资料，认为这类事实单凭其分量便足以动摇宣传式的史学论断。

更重要的是，随着斯大林的形象及其时代遭到严厉抨击，1950 年代末—80 年代，有教养阶层越来越转向遥远的过去，以期找到新的延续性、新的起源以及新的合法性来源。他们先是转向苏联时代早期（"回到列宁"运动），而后又转向革命前的俄国。沟通斯大林时代之前和斯大林时代之后的历史，成了晚期苏联文化现象中最明显、最重要的一个维度。在这种文化当中，革命前时代的影响力与日俱增，帝俄乃至中世纪俄国的遗产得到了更广泛的尊崇。① 这一显而易见的史学转向同学术界回顾过去的潮流是相互影响的。斯大林时代末期，老教授们看起来更像是惹人喜爱的遗存，纪念着不可更改的往昔（尽管这种喜爱其实是某种症候），而从解冻时期起，革命前的学术文化在知识分子中间越来越具有权威性。用雅科夫·卢里耶的比喻来说，随着人们对"启示录"的公开抨击，过去思想学术界的"雅典"，其吸引力也就越来越强。

在苏联晚期的文化、学术及其他领域内，事实仍然是一个颇受欢迎的词。1960 年代及其后，有关科学事实的观念，其合法性依然没有太大争议，当然，学者们已经意识到了它的局限。对同时期美国史学界关于客观性和历史事实的争论，苏联史学家有所了解，但这种了解只是让他们重新确认了事实的复杂性，却没有

---

① Katerina Clark,'Changing Historical Paradigms in Soviet Culture', in Thomas Lahusen andGene Kuperman（eds.）, *Late Soviet Culture*：*From Perestroika to Novostroika*（Durham, 1993）, 289‑306.

令他们质疑或否认事实的存在。不仅如此，苏联同行们读了卡尔·贝克尔（Carl Becker）或查尔斯·比尔德（Charles Beard）关于事实这一观念的研究，还对此百般嘲讽。"实证主义史学方法论的华丽建筑被炸毁了。在那缓缓燃烧的废墟上，历史事实在濒死的痛苦中蠕动。"中世纪史名家阿龙·古列维奇（Aron Gurevich）如此评论 1969 年美国的学术论争，语气略带揶揄。[①] 古列维奇曾以毫不妥协著称（就在 1969 年，他因为在一部著作中质疑对封建主义的权威解释而失去了哲学研究所的职位），其著作颇具创见，并将年鉴学派的观点引入了苏联的中世纪史研究，这样一个人不可能在意识形态方面奴颜婢膝，也不可能有反西方之嫌。毋宁说，他对历史事实观念的捍卫，对批判这一观念的美国学者的揶揄，需要在苏联史学界认识论方面的大语境中加以解释。这一语境是苏联知识分子的思维定式，其中，受 20 世纪诸多历史灾难的影响，精确的事实性知识的观念具有特定的政治价值和道德价值——它受到官方认可，同时也是一种文化上的怀疑论。

　　苏联时代晚期职业史学和大众史学方面的讨论，与其说是关于文本（text）的，不如说关于潜台词（subtext）的，而这些讨论本身也包含了大量潜台词。关于那些尽人皆知但还不能明说的历史悲剧，熟悉情况的作者似乎同意保守公开的秘密，他们采用了一种面向公众的语言，其中包含了提示和影射，委婉用语和轻描淡写，颇有深意的类比和显而易见的譬喻。对历史证据进行颠覆性运用是这种语言的一部分，这是一种积跬步以至千里的讽刺技巧，一种对宣传话语的逐渐否定，一种以细微事实为手段、随处进行破坏的策略。这不仅是一种认识论上的探索，而且是一种道德上、政治上的探索。作者成功将少许爆炸性的事实加入文本

① Gurevich, 'Chto takoe istoricheskii fakt?' in Sigurd Shmidt (ed.), *Istochnikovedenie: Teoreticheskie i metodologicheskie problemy* (Moscow, 1969), 74（引文），75-82，84，86。

中，其手法如此巧妙，连审查官都没能注意到，最终任其付印。每当此时，作者都异常欣喜。审查官出于其职责考虑，也精于发现这些手法，并将它们挑出来。读者则很乐于从连篇累牍的官样文章中，发现从审查官眼皮底下溜过的细小的宝贵事实，非常留意那些微妙的字句，以及字里行间的暗示。话题越是重要，点滴胜利所带来的满足感就越强。

1980 年代末 1990 年代初，人们开始更加猛烈地攻击斯大林版本的历史，清除了《简明教程》历史书写和教学领域内的大部分影响。然而，这一进程植根于一种多义的、回溯性的历史知识文化。这种文化在 1930 年代末和 1960 年代就已形成。戈尔巴乔夫时代史学界和大众对待过去的态度同解冻时期的观念极其相似，这绝非偶然。一大批拥护戈尔巴乔夫改革的人，如亚历山大·雅科夫列夫（Aleksandr Yakovlev）、尤里·阿法纳西耶夫（Yurii Afanasiev），都是成长于 1950—1960 年代的历史学家，他们都视改革为解冻时期未竟事业的延续。[1] 1960 年代史学论争中，论战参加者用以表示"摒弃斯大林时期叙事"的语汇，如"还原历史真相"、"唤回被遗忘的英雄"等等，于 1980 年代末卷土重来。回溯性的语汇顿时凸显了斯大林时代的不正常，也使得对过去的持续关注成为一种解释的来源，一种合法性的来源。[2] 证据在这种文化中扮演着至关重要的角色：重视对所谓历史空白点（大恐怖、内战、集体化、二战、此前不能公开提及或被视为机密的人物）的相关新材料的发掘，在改革期间非常重要，其重要性一如 1960 年代。

苏联晚期那种对历史事实的推崇，虽然表面上看似实证主义，但其本质不完全是实证主义的。渴望证据并不等于对解释漠不关

396

---

[1] Zhuravlev et al.（eds.），*XX s'ezd*，4，414.

[2] 俄罗斯国立文学艺术档案馆，1702/9/221/61 - 61ob，32 - 33；1702/9/223/2 - 6ob，50ob；参见 Donald Raleigh（ed.），*Soviet Historians and Perestroika：The First Phase*（Armonk，1989）。

心，尤其不能等同于对政治解释漠不关心，因为作者和读者已经对权威的历史教条预先持有一种批判的、政治控诉式的重新评价。虽然这一点说的主要是俄国史领域内的情况，但所有领域的史学家，无论是作为个人还是作为专业人士，无不受到 20 世纪俄国动荡局势的深刻影响。这种动荡，就是雅科夫·卢里耶为其父作传时写到的"启示录"。在这样一幅灾难过后的文化图景当中，要重建革命前俄国传统学术实践和学术遗产的延续性，就必须重建一个正常的学术环境和道德环境。

上述史学思想和史学著作方面的进展，究竟有何持续性的影响？一方面，对证据性知识的尊重，给苏联史学家留下了一笔宝贵的学术财富，这种一丝不苟的学风直到今天仍有其重要性。另一方面，传统学术方法的蓬勃发展导致了史学思想上的保守和对理论的全面忽视，史学家们即便能够获取新的思想观念，也很少接受这些观念。苏联史学实证主义的政治功能或许能够解释，为什么直到 1991 年之后这种学术方法仍然没有多大改变，也能解释为什么即使在苏联解体后的俄罗斯，该方法受到的挑战也极为有限。直到 21 世纪的最初 10 年，大学历史系仍然保留着苏联时代卓有成效的专业训练方式和课程设置，学位论文的评判标准也未改变。系统地吸收西方史学方法，而非浅尝辄止的教育机构，如圣彼得堡欧洲大学，仍然相当另类。毋庸置疑，苏联解体后的二十年内，随着发表和教学的日益自由化，出国游学、交换机会的日益增多，学术翻译的发展和新一代青年历史学家的加入，俄罗斯和西方在史学方法上的鸿沟已经显著缩小。但是，这道鸿沟远未消失。俄罗斯史学著作在认识论方面仍然迥异于西方著作。当代的西方知识分子对任何文本，特别是历史文本的建构性和有条件性很感兴趣，而俄罗斯史学家，或者说全体俄罗斯思想家，走的是一条完全不同的道路。

应该看到，虽然苏联时代的秩序及其历史教条已经崩塌，但催生这种文化的某些政治因素和思想因素仍然存在，所以，事实导向型的俄国史学传统才如此坚韧。对历史厉行政治化，围绕 20

397　世纪国家暴力的历史遗产而展开争论，所有这些现象在俄罗斯都还没有结束。例如，就在不久以前的 2009 年 5 月 15 日，普京-梅德韦杰夫政府还成立了直属于总统的"反对篡改历史、损害俄罗斯利益委员会"。该委员会同政府赞助的历史教科书工程一样，旨在从民族主义—国家主义视角重新解释斯大林时代。这导致社会上出现了新的复兴趋势（revivdist trends），但是在知识分子中间也遇到了毫不妥协的抵制。[①] 只要各党各派还在互相指责，历史证据就能在学术界以外保持着相当的政治分量和公众权威。此种语境下，实证主义对事实的强调，以及促进实证主义的自觉的传统主义学术/公众文化，都不会很快消失。"雅典"在俄罗斯的遗产仍将是强有力的。

大事年表/关键日期

- 1917　　俄国革命
- 1934　　中小学义务教育恢复历史科目
- 1937—1938　大恐怖的顶峰
- 1938　　《联共（布）党史简明教程》出版
- 1953　　斯大林去世
- 1956　　赫鲁晓夫的"秘密报告"出笼
- 1991　　苏联解体
- 2009　　直属于总统的"反对篡改历史、损害俄罗斯利益委员会"成立

主要史料

- Froianov, Igor, *Kievskaia Rus'*: *Ocherki sotsial'no-ekonomicheskoi*

---

① 参见"莫斯科回声"广播电台网站：http：//echo. msk. ru/blog/echomsk/597289-echo/（accessed 7 June 2009）。

istorii（Leningrad，1974）.

——*Kievskaia Rus'*：*Ocherki sotsial'no-politicheskoi istorii*（Leningrad，1980）.

- Grekov，Boris，*Kievskaia Rus'*（Moscow，1939）.
- Gurevich，Aron，*Istoriia istorika*（Moscow，2004）.
- *Istoriia Vsesoiuznoi Kommunisticheskoi Partii*（*bol'shevikov*）：*Kratkii kurs*（Moscow，1938），及其后任一版本。
- Romanov，Boris，*Liudi i nravy Drevnei Rusi*（Leningrad，1947）.
- Rubinshtein，Nikolai，*Russkaia istoriografiia*（Moscow，1941）.
- Shmidt，Sigurd（ed.），*Istochnikovedenie*：*Teoreticheskie i metodologicheskie problem*（Moscow，1969）.
- Tikhomirov，Mikhail and Nikitin，Sergei，*Istochnikovedenie istorii SSSR*（1940；repr.，Moscow，1962）.

参考书目

- Danilevskii，I. N. et al.，*Istochnikovedenie*：*Teoriia，istoriia，metod. Istochniki rossiiskoiistorii*（Moscow，2004）.
- Markwick，Roger，*Rewriting History in Soviet Russia*：*The Politics of Revisionist Historiography*，1956 – 1974（Houndmills，2001）.
- Paneiakh，Viktor，*Tvorchestvo i sud'ba istorika*：*Boris Aleksandrovich Romanov*（SaintPetersburg，2000）.
- Raleigh，Donald（ed.），*Soviet Historians and Perestroika*：*The First Phase*（Armonk，1989）.
- Rostovtsev，Evgenii，*A. S. Lappo-Danilevskii i peterburgskaia istoricheskaia shkola*（Riazan'，2004）.
- Sidorova，Liubov'，*Ottepel' v istoricheskoi nauke*：*Sovetskaia istoriografiia pervogo poslestalinskogodesiatiletiia*（Moscow，1997）.

——*Sovetskaia istoricheskaia nauka serediny XX veka*：*Sintez trekh pokolenii istorikov*（Moscow，2008）.

- Zelnik，Reginald，*Perils of Pankratova*：*Some Stories from the Annals of Soviet Historiography*（Seattle，2005）.

吕思聪　译

第十九章 非洲的历史写作

托因·法罗拉

几次思潮的融合导致了现代非洲史学的诞生，也正因如此，至 20 世纪 40 年代伊始，学界已开始广泛地进行非洲史编撰。首先，全球黑人知识分子运动在"泛非洲主义"的政治和 1930 年文化领域的"哈姆莱文艺复兴"中表达了这一观点，即对于非洲历史的认知才是理解过去和未来的关键。杜博·伊斯（W. E. B. Du Bois）和大量非裔美籍历史学家认为，非洲历史需要与种族解放相结合，应使其从白人占统治地位的状况中解放出来，把历史作为权力的代言，这才是最有力的宣言，丰富的历史想象也因此扩展了政治宣言。现已众所周知的"非洲研究"，实质是一门综合学科，其围绕对黑人问题的理解而展开，滋生于"泛非洲主义"的政治诉求之中，并肯定非洲裔在当今世界中的杰出贡献。[1]而非洲历史的中心性在非洲研究外衣的包裹下也显得极为重要，正因如此，它也为在美国大学课程中加入非洲历史教学创造了一个契机。

其次，对于非洲大陆来说，固有的写作传统早已表明非洲大陆的历史多样性。业余史家已撰写出反映非洲居民、城镇、国王、王后、祭司、神祇、王室谱系和王朝的更替状况的著作。他

---

[1] 关于这一领域的发展，见 Robert L. Harris, Jr., 'The Intellectual and Institutional Development of Africana Studies', in Jacqueline Bobo, Cynthia Hudley, and Claudine Michel (eds.), *The Black Studies Reader* (New York, 2004), 15 - 20。

们甚至运用自身掌握的文本证据来解释历史事件的发生，并阐明掌握知识是通往权力的路径。一些观点认为，过去的历史成就已停滞不前，新的领导者需要在当下注入有关现代性的新理念。

第三种潮流便是非洲史学写作趋于主流化。这一潮流始于 20 世纪 40 年代非洲开始去殖民地化，政权逐渐开始从欧洲人过渡到非洲人手中，与此同时，独立的非洲国家也开始兴起。这种政治局势的变化在史学领域也得到了映射，可以说，非洲史学产生于欧洲对非洲统治的晚期。在政治领域，非洲人为维护自己的利益，他们通过建立新的国家，驳斥白人优越、黑人劣等观点来抨击殖民主义者所倡导的"非洲文化低级"说。而欧洲学界也开始将非洲史纳入全球学术研究的范畴之内。欧洲的殖民扩张成功史成为国别史和世界史的一部分，同时，伴随着亚洲和非洲民族主义的兴起则必然成为了"海外史学"研究的一部分。欧洲的海外史学和非洲的民族主义两股外力不再依附于殖民地史学，他们在 20 世纪 40 年代逐渐融合成为非洲史的一个新领域。但是，非洲研究直到 20 世纪 50 年代才获得世界的认可和关注，随后在 60 年代得到了发展并从 70 年代以后开始不断得到反思和修正。

1948 年，伦敦大学创建了亚非学院（SOAS），倡导在英国从事非洲研究。罗兰·奥利佛（Roland Oliver）被聘任为首席教员，他个人的回忆录也记录了这一时期的历史。[1] 建立学术阵地、重塑学术机构和教学研究模式，并使之归于人们熟知的科研范式，正是在这样的思想下，1945 至 1960 年间，许多高校和其他一些研究者都对非洲研究产生了浓厚兴趣，并开始进行了广泛的交流。他们创建学术期刊，出版专题论文和教科书，召开学术会议并出版了大量论文集。一些西方高校还开设了关于非洲专题的课程。与此同时，非洲新成立的高等院校中也经历了同样的改革，

---

[1] Roland Oliver, *In the Realms of Gold: Pioneering in African History* (Madison, Wis., 1997).

致使一些本科学生开始对非洲产生浓厚的兴趣，在 1950 年之后，一些研究生也开始将学术研究的兴趣扩展到与非洲相关的各个领域。这一时期，各类学术刊物不断涌现，包括 1960 年在欧洲创办的《非洲历史杂志》（Journal of African History）和《非洲研究论文集》（Cahiers d'Etudes Africaines），这些学术刊物一经问世便迅速赢得声望。20 世纪 60 年代，从事非洲研究的主要学者已可以十分自信地发表他们过去 40 年来的学术成果。1962 年，非洲学者在国际会议上建议联合国教科文组织发起撰写以非洲为视角的《非洲通史》，拟从非洲人自身对非洲的贡献进行写作，而不是一味强调殖民地时期欧洲人在非洲的殖民活动。一年后，非洲联盟组织提交了相似的建议，并在同年得到了联合国教科文组织的积极回应。1981 至 1993 年间，非洲联合国教科文组织出版了由权威非洲史学家编纂的 8 卷本《非洲通史》，参与编写的学者均成为了日后的政要人员。1965 年，罗兰·奥利佛与约翰·费奇（1959 年加入伦敦大学亚非学院）开始共同着手编撰 8 卷本的《剑桥非洲史》，并于 1975 至 1986 年间陆续出版。两部 8 卷本的史学著作均以时间发展为脉络，并把 20 世纪占主导地位的非洲人自身的历史事件作为侧重点。可以说，在 20 世纪 50 年代后，非洲、欧洲和北美涌现的其他学术组织和科研机构也都促进了非洲历史研究的发展。[①] 在美国，非洲史研究同样取得繁荣，甚至在争取黑人民权问题的背景下与黑人研究相结合。可以说，大量知名学者的涌现，将非洲史研究提升到了更为广阔的空间：这一时期出现的学者有，英国的巴泽尔·戴维森（Basil Davidson），法国的简·苏莱特·卡纳勒（Jean Suret-Canale）和美国的梅尔维尔·赫斯科维茨（Melville Herskovits），几乎所有欧洲和西半球的学者都加入到了非洲史研究中，使之变成一项全球化的学术研究。这些研究者形成了一个共同的理念，即通过对多种史料的研习，并至少要学习一种非洲语言，以此来理解他们视域

402

① Jan Vansina, *Living with Africa* (Madison, Wis. , 1994).

中的"他者"（西方人想要理解非洲，非洲人同样渴望理解西方）。

基础工作的不断完善促进了学术成果的诞生。其中一些上文已经列举，应该说，这些成果的重要性和建立一个新的学科同等重要。因为，当时的政治环境预示了对非洲史的研究举步维艰。即便非洲史学家们的写作热情达到了顶点，但学术组织的被解散也是再平常不过的事件。正如牛津大学近代史教授休·特维罗伯（Hugh Trevor-Roper）时常提及的那样，在1963年，任何试图越过欧洲人所染指的史料进行非洲史写作，这绝对是不可能的。他也曾如此说道："在非洲，只有欧洲人的历史，其余的只剩下黑暗，但黑暗并不是历史的主题。"①

虽然非洲史写作的可能性并非被完全扼杀，但欧洲中心主义的写作范式被强加于人们对非洲认识的基本知识中。欧洲中心主义者认为，非洲人对非洲文明没有任何贡献，非洲的历史被贴上了暴力和移民史的标签，而非洲人最近所取得的进步也是在殖民统治之下取得的。所以，新一代史家要完成的任务便是确定非洲史写作的可能性。这将是一个巨大飞跃，将非洲史纳入到主流、长期的学术研究之中。在20世纪90年代，如果将非洲史排除在世界史教学之外是非常陈旧、错误的教学课程设置，而应运而生的是对"全球化"和"帝国"等概念进行更广泛、深入的定义和理解。

伴随着非洲史写作的合法化，非洲史的编撰又取得了另一项成就，即对多种史料的运用，其中最为显著的是对口述传统的运用。在1940年代之前，人们普遍认为没有文字史料存留的史学编撰是不可能实现的。于是非洲史学家对口述史料加以利用。至20世纪60年代，对于口述史料的运用达到了一定高度并取得了一定的进展（为防止其被滥用，对该史料的运用一贯秉持

---

① Broadcast lecture by Hugh Trevor-Roper, reprinted in *The Listener*，28 November 1963，123.

谨慎的态度）。同样，在史家记述历史事件的过程中，对多种史料的综合运用也取得一定的肯定，并开始从考古学、人类学、语言学和其他学科中重建非洲史前社会的状况。史学方法论也成为历史叙述中强调的首要前提。①

非洲史学是伴随着殖民地自治化并在全球冷战时代政治局势影响下产生的，这样的时代背景也左右了非洲史学讨论的主题。二战前期殖民地史学的编撰首当其冲地受到了挑战。在旧有的殖民地统治时代，欧洲殖民者统治的合法性被确立，基督教被视为优越的宗教，非洲的一切变化和功绩都被归于欧洲对殖民地的改革，非洲人被认为只是殖民地的附属品并受奴役和虐待，非洲是被优越的种族占领和奴役的。然而，新的非洲史学编撰则开始重述前殖民时期的非洲，强调非洲的变化和政治上变革。这时期的史学著作把非洲文明同世界文明联系起来，如将古埃及史作为非洲史的一部分或把埃及文明所取得的成就作为整个尼罗河下游文明的一部分。对非洲人的一些弱点，如盲目、随性、野蛮和原始等特点给予了一定肯定，认为他们所创造的社会并不都是单一或一成不变的。

应当注意的是，非洲史学的撰写并非刻意排斥殖民地时期而偏好前殖民时期。事实上，已有的大量史料已可以支撑 19 和 20 世纪的非洲史写作。但是目前受到质疑的方面并非与非洲所处的时代相关，而是过于强调非洲历史发展的某个阶段的特殊性，这样便导致非洲历史的断裂，这样的变化便形成一个巨大的反差，即所谓过去的野蛮和现代的文明。这一时期，许多研究开始关注殖民地政权的不公正、殖民政府机构、变革与革新，和非洲人对此的回应，这些问题使反殖民地统治成为史学领域的热门话题，如果任何非洲人提出异议便被视为不爱国的行为。②

---

① 见 S. O. Biobaku（ed.），*Sources of Yoruba History*（Oxford，1973）。

② Adu Boahen，*African Perspectives on Colonialism*（Baltimore，Md.，1987）.

1940—1960 年间的史学写作被一种乐观主义思潮所感染，即在非洲大陆上产生了一种信念，那便是摆脱殖民统治，实现自由，谋取新时代经济发展和政治的进步及稳定。在 20 世纪50 年代盛行的现代化理论强调非洲在历史上经历的转变，即从前殖民地时期到殖民地时期，再到后殖民地时期，这些发展过程使得非洲在制度上也变得更好。大量非洲学者在其论著中阐明，非洲既不是停滞的，也不是阴暗的，"原始的非洲大陆"这样的称谓也在众多出版物中逐渐消失。相反，越来越多的史学著作涌现出来，并都以民族主义史学作为特色。这些著作使得非洲学者围绕民族认同问题来构建他们的历史，这也为非洲学者开始占据学术核心地位、重构非洲和非洲人自身历史提供了一次机遇。

民族主义史学编撰

随着非洲人获得更高学位并成为非洲高校中的先驱教育家，他们不仅丰富自身的史学素养，并开始把历史研究上升到意识形态领域，宣称自己的研究是以非洲视角为出发点，或直接将自身贴上"非洲民族主义"史家的标签。历史必须积极地诠释过去，展现国家的利益，历史著作必须提升人民素养、人民的身份认同、价值、文化和视域。如果说"被殖民"这一主题被非洲民族主义者用来消除征服者，那么他们同样应该用相同的意识形态将占支配地位的帝国主义思想铲除，进而替换为原住民的意识形态。非洲人必须掌控他们自己的历史，必须用这些过去的历史来指引他们的未来。[1] 非洲学者从史学写作之初便将其变成了政治事件。非洲学者制定了全新的教学大纲，编写了全新的教科书。

---

[1] Lidwien Kapteijins, *African Historiogarphy Written by Africans*, 1955 - 1973： *The Nigerian Case* (Leiden, 1977); and Caroline Neale, *Writing 'Independent' History：African Historiography*, 1960 - 1980 (Westport, Conn., 1985).

他们如同政客和官员一样，将自身认作民族主义者，其使命便是建立全新的国家。[①]

去除欧洲学科在非洲的殖民化，成为民族主义史家达成共识的主要原因。首先，民族主义史家的写作动机是明确的，即编写全新的教材，以此表明非洲对于整个世界文明和整个人类发展所做出的贡献，非洲人具有卓越的领导才能，他们建立和管理国家，并发展了社会经济和政治机构。新的研究成果用库什文明、阿克苏姆和古代埃及文明来支撑他们的观点，认为非洲是文明的开创者，而并不仅仅是文明的接收者。埃及作为非洲文明的一部分，拥有最为久远的历史，持续了近两千年。其他王国也得到了相应的关注，包括加纳、马里、西部苏丹的桑海（Songhay）和南非的大津巴布韦。

第二，非洲的贡献揭示了在前殖民地时期的真实性和他们在 19 世纪晚期殖民入侵之前的完整性。史学著作大量强调了王权国家的功绩，国王清晰呈现了国家的结构和成功的领导能力。

第三，非文字史料在史学写作中也被接受作为可信的史料。非洲史值得自豪的是它吸收了口述史料、考古学、人类学和其他学科的材料。文献中缺失的声音材料恰恰赋以一种有价值的方式来谈论过去。如仅注重文字记载，那么当认识到非洲大陆缺少文字史料时，仍将声音在历史记录中抹去，所以造成了非洲沉寂的现状。考古发掘与史学的结合，也越来越关注非洲的古代文明。理查德·李基（Richard Leakey）、戴斯蒙德·克拉克（Desmond Clarke）、瑟斯坦·肖（Thurstan Shaw）、彼得·施尼（Peter Shinnie）和麦金托什夫妇（S. K. & R. J. McIntosh）在著作中都融入了多种方法论来解释历史材料，重建殖民地之前的历史。这些考古学家对于史学的贡献在于改变了殖民地时期西方对于非洲是"黑色大陆"的观点。如麦金托什（McIntosh）及其关于杰内-

405

---

① Toyin Faola, *Nationalism and African Intellectuals* (Rochester，NY，2001).

杰诺（Jenne-jeno）城的著作揭示了这座城市的存在早于伊斯兰人到来之前。这与此前的阿拉伯语和殖民地文本中所说的杰内-杰诺城是伊斯兰人和外撒哈拉人贸易的产物截然相反。[1] 类似的还有彼得·施密特（Peter Schmidt）等人关于东非铸铁史得出的结论，炼钢铸铁是非洲独立的发明。这些著作都有力地回应了此前关于非洲技术落后的论断。[2] 考古学家瑟斯坦·肖（Thurstan Shaw）关于伊博-乌克温（Igbo Ukwu）的记录和弗兰克·威利特关于伊莱-伊费（Ile-Ife）城的记述，都试图证明非洲原住民在艺术上的创新。在其他学科领域，如历史语言学、人类学、艺术史、植物学等，都融入到历史学的方法论中，如克里斯多夫·俄瑞特（Christopher Ehret）和简·范思娜（Jan Vansina）的作品，[3] 都是令人称赞的史学著作。

吸取非文字史料，跨学科的运用，尤其是在还原过去存在的证据方面，这种方法旨在提出这样一个论点，即非文学社会的历史需要用有别于传统的文献方法进行研究。[4] 非洲史家展示了口述传统的价值，促进了业余史家在编写年代学方面丰富史料。鼓励大学生在追溯研究自身历史的过程中，揭示材料背后隐藏的历史事件和此前被忽略的历史叙述。最著名的使用口述史料的学者是简·范思娜（Jan Vansina），他使用一套自己的方法论并应用在对赤道非

406

---

① S. K. McIntosh and R. J. McIntosh，'Cities without Citadels：Understanding Urban Origins along the Middle Niger'，in Thurstan Shaw et al.，（eds.），*The Archaeology of Africa：Food，Metals and Towns*（London，1933），622 - 641.

② Peter Schmidt（ed.），*The Culture and Technology of African Iron Production*（Gainesville，Fla.，1996）；and Michael S. Bisson et al.，*Ancient African Metallurgy：The Socio-Cultural Context*（Walnut Creek，Calif，1966）.

③ Christopher Ehret，*African Classical Age：Eastern and Southern Africa in World History，1000 B. C. to A. D. 400*（Charlottesville，1998）；and Jan Vasina，*Paths in the Rainforests：Toward a History of Political Tradition in Equatorial Africa*（Madison，Wis.，1990）.

④ Daniel McCall，*Africa in Time Perspective：A Discussion of Historical Reconstruction from Unwritten Sources*（Boston，1964）.

洲库巴（Kuba）的研究中。他的著作《口述传统》（1961）被广泛认可，并出现了如尼日利亚的阿拉哥雅（E. J. Alagoa）这样的追随者，阿拉哥雅（Alagoa）将自己的理论应用于对尼日利亚三角洲原住民的研究，并一生都在捍卫自己的理论。[①] 但是，非洲人自己的理论与独特的非洲史学写作模式并没有按照预期形成。关于历史的定义，写作历史的研究范式以及历史研究报告的结构本质上仍然是西方的模式。

　　二战后，第一批大学的建立为学者们提供了发展非洲史学的充足空间。以尼日利亚的伊巴丹（Ibadan）大学、加纳的勒贡（Legon）大学和乌干达的马凯雷雷大学（Makerere）为代表，他们是非洲民族主义的需要和产物。随着首批非洲学者成为大学中的教员，他们视自己是新建国家的知识领袖。知识的产生和传播主要来自伊巴丹历史学院，勒贡学院和达尔艾斯萨拉姆学院（Dar es Salaam），而这些学院史学特色都归于民族主义史学的范畴中。

　　1950 年，伊巴丹大学的昂乌卡·迪克（K. Onwuka Dike）作为开拓者，是首位获得非洲史学博士学位的非洲人。他的主要著作《尼日尔三角洲的政治》（Politics in the Niger Delta, 1956）利用大量档案资料揭示了欧—非关系，并给予非洲企业家领袖以"爱国者"的声誉来为他们利用国籍敛财辩护。虽然在其后的 20世纪 80 年代，其与他人合著的著作中有大量史料都来源于田野调查，[②] 但他提倡使用口述史料，宣称并不是因缺少文献记载便意味着历史的缺失。20 世纪 50 年代，他与人共同创建了尼日利亚国家档案馆，当然如果没有大量的文献来记述尼日利亚人，那么他的工作将更加难以进行。更为重要的是，他同一小部分学者修订了伊巴丹大学历史教学大纲并要加强对非洲历史的讲授，同时还创办

---

① 见 Alagoa, *History of the Niger Delta: An Historical Interpretation of Ijo Oral Tradition* (Ibadan, 1972).

② K. Onwuka Dike and Felicia Ekejiuba, *The Aro of South-Eastern Nigeria, 1650 - 1980: A Study of Socio-Economic Formation and Transformation in Nigeria* (Ibadan, 1990).

了《伊巴丹历史论丛》，随后由阿德·阿贾伊（J. F. Ade Ajayi）担任编辑出版了一些学者在 1960 年代和 1970 年代完成的博士学位论文的修订版。而一些非非洲人也接受了民族主义论调。[①] 与此同时，《勒贡历史论丛》也在知名人士阿杜·波尔罕（Adu Boahen）的支持下创办起来，波尔罕在阿肯语族人和其他语族人中有着卓越的声望。

407 这些学者及其门生的首要关注点是向外界证明其种族拥有历史。[②] 为揭示历史的深度，他们宣称自身具有悠久的历史意识，他们的历史存在于歌曲、谚语、儿歌、仪式和其他载体之中。虽然学界对于口述传统在重建历史的可信性和可靠性提出了反对与质疑，但是这并不妨碍对口述传统的运用，以及成为培养新一代学生的中心。流传下来的习俗与阿拉伯语文献和欧洲存留的档案共同组成并产生了全新的关于非洲文明和王朝与其他重大历史事件的知识体系。[③] 对前殖民地时期的浓厚兴趣促使一大批极具天赋的历史学家创作的出版物陆续问世，如出现了学者贝斯·奥古

---

① 例如 J. F. Ade Ajayi, Christian Missons in Nigeria, 1841 - 1891：The Making of a New Elite（London, 1965）；J. D. Omer-Cooper, The Zulu Aftermath：A Nineteenth-Century Revolution in Bantu Africa（London, 1966）；and Phares M. Mutibwa, The Malagasy and the Europeans：Madagascar's Foreign Relations, 1861 -1895（London, 1974）。

② 丰因·法洛拉（Toyin Falora）将这一代学者的主要论文汇编到非洲世界出版社（Africa World Press）的学术合集中：Igbo Religion, Social Life and Other Essays by Simon Ottenberg（Trenton, 2006）；Igbo Art and Culture and Other Essays by Simon Ottenberg（Trenton, 2005）；Myth, History and Society：The Collected works of Adiele Afigbo（2005）；Igbo History and Society：The Essays of Adiele Afigbo（Trenton, 2005）；Nigerian History, Politics and Affairs：The Collected Essays of Adiele Afigbo（Trenton, 2005）；Africa in the Twentieth Century：The Adu Booahen Reader（Trenton, 2004）；The Challenges of History and Leadership in Africa：The Essays of Bethwell Allan Ogot（Trenton, 2002）；and Tradition and Change in Africa：The Essays of J. F. Ade Ajayi（Trenton, 2000）。

③ Toyin Falola and Christian Jennings（eds.）, Sources and Methods in African History：Spoken, Written, Unearthed（Rochester, NY, 2003）.

特（Bethwell A. Ogot）、东非问题研究的领军人物罗宾·劳（Robin Law）、特伦斯·罗杰（Terrence Range）和艾佛·威尔克斯（Ivor Wilks）。然而，对口述传统的提倡并没有充分地反映在这些学者们的著作中。对于非洲最好的研究领域和前沿论题产生于那些有文字史料存留的时代和地区，例如对伊斯兰教社会（如十九世纪护教运动时期产生的著作）、传教士和欧洲的渗透（如沿海地区的贝宁湾、拉格斯、达荷美、塞拉利昂、利比里亚），以及殖民地时期等主题的关注（大量关于欧洲在非洲的政府机构的研究）。

　　对前殖民地时期的称颂使民族主义史家在意识形态领域做出过激的论断，给学术界造成了深远的影响。首先，他们认为非洲人已展现出强大的自我转化能力。非洲人并不是消极地任时光荏苒而没有能力改变自己的生活和社会。过去的领袖，如国王、酋长、祭司、女王，在创造管理体系方面都极具才能和领导力。为了建立等同于西方的文明，非洲吸收和借鉴了西方对国家机构的命名方式和相关术语，使非洲的国家、帝国及城市结构都和西方保持一致。非洲所拥有的民主、政府管理和商业都和西方相同，揭示出非洲在文明和国家习俗方面等同于西方。在于文化上，尤其是艺术和宗教领域，非洲展示出与欧洲相同的水平。非洲人完成了过去欧洲人完成的事业，非洲拥有欧洲所有，并有能力做到欧洲人所做到的功绩，他们努力展现其合法性，寻求尊严，努力克服矛盾，期望排斥西方的同时借助"种族中心主义"模式来书写非洲的历史。因此，寻求挑战的非洲"民族中心主义"者也在模仿西方的同时进行了妥协。因为对于非洲的研究是一种对失落的荣耀、埋没的英雄和存留档案中非洲功绩的探寻，是宣扬庞大国家的中央集权社会，强调国王的权威以及贯穿西亚和撒哈拉沙漠的长线贸易。多数人生活在小型社会群体中并随时间逐渐被边缘化，他们的社会结构是落后的，相对国王和王后，他们被认为是低等的。一种社会进化理论变得流行起来，它认为社会结构是从低级到高级进化的。

408

527

第二,民族主义史家要把殖民时期的变革刻意地轻描淡写。如果殖民主义者呈现的非洲是静止的,那么这些历史学家呈现出的非洲便是充满活力的。如果殖民主义者宣称是他们把非洲改变了,那么这些历史学家则把这种改变看作是非洲人生活的常态。事实上,阿杜·波尔罕(Adu Boahen)提出,非洲在殖民入侵之前经历了一场现代化的过程。阿德·阿贾伊(Ade Ajayi)则更进一步认为殖民时期非常短暂,仅为历史长河中的一瞬间。民族主义者认为,虽然非洲的变革是由欧洲人带来的,但非洲人自身对于生活和非洲大陆的改变起到了积极作用,而并不是因为欧洲在非洲的一系列活动和制定的政策造成的,民族主义者选择关注的是非洲对欧洲入侵的回应与反抗和对旧有非洲体制改变的细节。而非洲的历史即便在殖民地时期也仍然是非洲人自身的历史,而并非欧洲人的非洲史。与殖民时期的国家形态相比,谈及前殖民地时期的非洲国家机构,很多观点强调了非洲人在建立国家方面的领袖才能。如果他们在过去如此优秀,那么当欧洲人将权力还给他们时也理应同样高效、卓越。

第三,应对反抗和"民族主义"问题是当代非洲史学的主要前进动力,当代非洲史学需要寻求自身源流并稳固发展。西方精英阶层的批判和政治活动变得更为重要。那些自称爱国者和民族主义者的国王和首领们,在反对殖民入侵的同时,也不忘忙于维护自身的经济利益,追逐私利,例如现已获得谅解的来自奥普波的奴隶贩卖人贾贾(Jaja)。与农民和贫民相比,统治者通过运输物资来保护自身权力的行为显得更为重要。贵族妇女、女王和企业家都使自己变得更加声名鹊起,而相对于性别和社会运动等问题,他们才是焦点。

按照西方的模式和形象建立国家,需要非洲国家在后殖民时期更加团结,维系一个国家,则必须产生公民观念,忠诚和爱国主义情结。民族主义史学家将这些因素视为重要任务,他们利用专业的史学知识,培养爱国主义精神和公民观念。如果殖民统治者和殖民地史学将非洲视为小部落的集合并而分而治之的话,那

么民族主义史学家则将这些部落视为一个民族进而统一起来。为了实现统一联合，历史学家在历史中找寻这些部落间持续不断的内部关联和历史上产生友好往来的光辉事例。某些话题，如部族内部的冲突，他们将尽可能地回避或者给予不同的解释。为了防止分歧和部族间的尴尬与矛盾，历史上发生过的一些丑陋事件和文化因素将被弱化或者抹去。

以上这些问题反映了对非洲现代性的理解，受到西方教育和专业史学写作的训练都是这些现代性中的一部分。非洲学者利用这些来强调他们承袭并建立新国家的独立性，而不是为了制造新的矛盾。虽然在这些史学家的著作中从未刻意地回应西方扩张、贬低非洲与其祖先或他们是如何在定义自己时陷入挣扎。但是他们却有强烈的愿望来表达新的含义和价值观，以此挑战西方现代性对于非洲的影响。强调传统的权威是为了做出有力的论证，即历史与现代的传承性是理解非洲的重中之重。非洲学者虽然已接受并接近西方的写作方式，但他们却无意模仿西方。当然，"民族主义"史学家们把诗人里奥伯德·赛达尔·桑戈尔（Leopold Sedar Senghor）或学者克瓦米·恩克鲁玛（Kwame Nkrumah）的写作思想相结合，以此对西方帝国主义所呈现的"种族主义"、"占领统治"和"剥削"进行挑战。

如果"现代主义"者的观点包含在这些著作中，那么则不难理解他们在历史中寻求的关联性。如果那些西方学术机构试图按照自身的利益来理解过去，那么"民族主义"史学编撰也同样在为了未来而理解过去。20 世纪 70 年代中期，一些学者如泰伦斯·罗杰（Terence Ranger）已经提出"实用的过去"说，通过吸取已经产生的历史研究成果来解决当代面临的问题，如对乡村地区、贫困和世界观等问题进行研究，以此解决非政治问题。[①]　在寻求关联性的过程中，有时导致"民族主义"史学编撰和非洲国

410

---

① Terrence Ranger, 'Towards a Usable African Past', in Christopher Fyfe（ed.）, African Studies since 1945: A Tribute to Basil Davidson（London, 1976）, 17-30.

家都否定了人民在历史变革和修正历史中的作用。①

后殖民时期的挑战与回应

后独立时代非洲所面临两大的挑战是经济落后和政治发展的问题，这双重挑战在 20 世纪下半叶产生了新的主题和思想。各地的情况大体相同：领导失策，无法保持持续发展；政局不稳定，民众对政府的不满也成为国家独立后的阵痛；政府利用权力腐败敛财；面对依附西方的挑战，集体表现出无能。② 20 世纪 40 和 50 年代兴起的乐观主义情绪认为"去殖民地化"可提升人们改造非洲的能力，但是这样的乐观态度从 20 世纪 60 年代中期开始不断消退，直至完全转变为悲观情绪。

在大量知识成果涌现的背景下，学界在 20 世纪 80 年代进入了一个可被称为幻灭的时期。③ 在非洲高校中遭遇了经济和政治危机，面对这样的情况，大量学者向海外移民。在欧洲，教职人员的聘用大量锐减，学术研究和差旅经费也同样受到削减。在美国，许多人开始质疑非洲学者的贡献。非洲史学必须应对这些挑战，尤其是非洲自身所面临的危机，最为显著的是经济发展的失败。仓促建立起来的军事政权，局部战争和政治的不稳定，伴随着大规模的经济管理失控和腐败，这些问题都需要人们重新理解和审视非洲。民族主义史学的自信论调开始转为一种失望的情绪。相应的新生代开始探讨并质疑以往的辉煌对于当前不发达现状的时代意义。如果当代的非洲人不能建造公路和桥梁，那么祖先可以建造金字塔又有何用？这些观点被归结到如何评价殖民地时期的统治问题上，如果说当前的领导者是残暴的独裁者，那么

---

① Bogumil Jewsiewicki and David Newbury（eds.），African Historiographies: What History for Which Africa? (Beverly Hills, Calif. , 1986).

② Toyin Faloa, The Power of African Cultures (Rochester, NY, 2003).

③ Christoper Fyfe（ed.），African Studies since 1945: A Tribute to Basil Davidson (London, 1976).

殖民地时期的长官是否残暴和不公又有何意义？类似的质疑之声揭示了悲观主义情绪、自我怀疑，以及无政府主义情绪的来源。与此同时，新一代非洲人也开始质疑进化论，而把过多的关注点放在了政治史方面。

411

　　尽管民族主义史家在团结不同部族和创建强大国家方面都做出了努力，但是独立后的内战和政治的不稳定都揭示了在资本主义和全球化背景下，国家所面临的种族和宗教认同问题。在尼日利亚，《伊巴丹历史论丛》的编撰者们不得不苦于应对1965年第一共和国的陷落，以及随后国家遭受的军事统治和1967—1979年内战带来的后果。在史学编撰方面，其对尼日利亚和其他地区危机的回应，具体表现为在历史叙述模式中开始关注那些被反殖民运动镇压的分裂。如今，种族可以得到捍卫，从而可以将种族作为分析的一个历史单位。当一些种族认为他们自身是少数群体而被其他种族统治，乃至成为战争的受害者时，那么整个国家的历史则开始变得很难构建。而将民族团结在一起的正当性理由又导致了绝对的专制统治，现代统治者把自己比作前殖民地时期的国王和部落首领，拥有绝对的统治权力并统治终身。各国在被种族政治分裂的人群中寻找英雄，使得这些英雄人物的自传叙述变得不再可信。受西方教育的精英们也因此自我批判，他们承认对新独立的国家所面临的危机以及他们在构建的史学作品中出现的国家形象和模范人物负有责任，并通过牺牲农民和生产来赋予领导权，那么便因此而形成了另一个持续的动力来召唤后殖民地时期领袖的出现并敢于揭露他们自身的不足。

　　相似的是，宗教身份受到重视，学者将其纳入学术研究中。一些学者甚至呼吁研究和写作中关注伊斯兰世界的统治，他们认为欧洲的经济和政治模式在非洲已经失败，非洲在未来不应按照欧洲的发展路线前进。一些学者回归19世纪伊斯兰教的圣战主义思想，认为现代国家应将神权政治重新引入政治统治之中。其他一些人主张将伊斯兰教和社会主义相结合，从阿卜杜拉·拉鲁伊（Abdallah Laroui）的著作《阿拉伯理智的危机》（*The Crisis*

of the Arab Intellectual，1976）中获得启发，强烈诉求用伊斯兰教来去除西方的影响，去除殖民化，提升含义更为丰富的民族主义情结。

412

在美国，关于种族的思考、民权运动和 20 世纪 60 年代兴起的黑人民族主义催生了从民族主义史学中借鉴而来的具有种族主义的史学：非洲中心论。这种思想的起源可以追溯到更早期黑人的"泛非洲主义"思想，这是提升黑人尊严、强调黑人对世界文明做出的杰出贡献的体现。在 20 世纪 60 年代，谢赫·安塔·迪奥普（Cheikh Anta Diop）提出政治思想应与史学相结合，他在著作中认为，埃及文明是由黑人创造的，古代埃及人便是黑色人种。[①] 随后在 20 世纪 80 年代，马丁·伯纳尔（Martin Bernal）出版了长篇巨著来讨论埃及文明，指责"欧洲中心论"思想中提出的古希腊文明的辉煌并非借鉴于埃及这一观点。[②] 其主要论点是，如果埃及创造了一个文明，而希腊文明又从中受到启发的话，那么欧洲文明应该将自身文明的起源归于非洲人。虽然这种欧洲文明起源于非洲的观点受到质疑，但也由此出现了一些"非洲中心论"学者。这里应该强调的是，并非所有的"非洲中心论"学者都赞同欧洲文明起源于非洲，他们也并非都认为埃及一定是非洲历史的起点。但是这些非洲中心主义学者们都在寻找非洲中心的理论，为研究非洲历史提供理论依据。"非洲中心论"者普遍排斥"欧洲中心论"的理论方法和认识论。他们坚信非洲是全球历史进程的中心，如研究世界史就必须从非洲史开始，而非洲史则从埃及开始。莫莱菲·凯特·阿桑特（Molefi Kete Asante）面对强烈的外界批评，一生仍为"非洲中心论"理论辩护。[③] 然而，很多非洲学者并非对此坚定不移，因为他们并没有将埃及作为非

---

① Cheikh Anta Diop, *The African Origin of Civilization*：*Myth and Reality*（New York，1974）.

② Martin Bernal, Black Athena：The Afroasiatic Roots of Classical Civilization：The Fabrication of Ancient Greece, 1785 - 1985 (New Brunswick, 1978).

③ Molefi Kete Asante, The Afrocentric Idea (Philadelphia, 1997).

洲的核心来理解整个非洲，他们在历史记述中面对种族带来的问题时仍然小心翼翼。

除国家分裂所产生的问题和民族主义的争论外，非洲更为严峻的挑战则是发展问题。如果"民族主义"史家继续强调爱国主义，那么更多国家将会保持联合状态，新兴起的学者们则开始使用依附理论和马克思主义来研究非洲。"现代性"理论受到质疑，一方面是因为非洲发展策略的失败，另一方面则是因为此前关于"传统"必须让位"现代"的偏见。大量学者这时开始接受并依赖马克思主义理论。这一理论在很多领域得到了改进，但也受到了限制，因为之前殖民地政权仍存留其影响力。于是，"新殖民主义"伴随着国外合作者（新殖民者）一同成为一个新的受到批判的流行词汇。很多被质疑的价值观从西方引进到非洲。沃尔特·罗德尼（Walter Rodney）此前出版了关于奴隶制的书籍，在1972年他编写了一本备受欢迎的教科书《欧洲是如何让非洲欠发达的》（*How Europe Undereloped Africa*），书中便结合了马克思理论，他认为非洲在过去与西方文明遭遇时便饱受摧残，最为显著的后果是导致了大西洋的奴隶贸易和殖民主义的到来，除非"国际资本主义体系"的链条被打破，否则殖民主义的未来是不能被改变的。应从阶级关系的视角并结合法国年鉴学派关于"生产方式"和"历史曲线"发展理论来审视非洲。经济落后的现实问题体现在众多著作中。马克思主义模式变得十分具有吸引力，强调经济史，强调在前殖民地时期的国家的生产力问题，对欧洲帝国仔细洞悉，极力消除西方列强在非洲的影响力。[①]

413

为了可以从数据资料中验证马克思主义理论，在殖民地统治时期，关于落后非洲新建立的机构都得到了广泛的关注。这种持续积累的影响是理论在历史叙述中的实践，他们宣称的西方对非洲的剥削，是一种更为严肃的审视本土权力精英的过程，并断言非洲在后殖民地时期领导阶层的失败不应完全归咎于非洲人，而

---

① 见本卷第六章。

应该是全球政治背景影响下的结果。这些在选取写作视角时被民族主义史学家所忽略的问题（剥削的关系、贫困等），在马克思主义理论下，恰巧丰富了非洲史的视角。

批评阶级批判和生产力模式的分析的批评者认为，"封建社会"、"农奴"、"阶级"等这些概念都来源于欧洲史的材料，应用到非洲的历史是一种误导。这些理论的产生都倾向于形成统一的模式，因而也忽略了社会和非洲民族的多元性。更为重要的是，具体的历史事件和真实状况在很多研究中干扰了结论的得出。在20世纪80年代至90年代间，社会主义政权的建立，如埃塞俄比亚、坦桑尼亚和莫桑比克，并没有使他们的国家改变并践行社会主义模式。于是，学者开始质疑生产方式、生产关系和依附理论。而新产生的理论变得更有影响力，最著名的如安东尼奥·葛兰西、米歇尔·福柯、爱德华·萨义德和 E. P. 汤普森的理论范式，以分析更广泛的思想。

葛兰西和福柯在思想上更倾向于唯物主义，他们继续将权力统治的理念作为研究重点。在20世纪80至90年代，他们的理论与后现代主义结合并广泛流传，这种日益加剧的理论纷争分化了非洲学者团队。后现代主义认为历史和过去是现今思想的构建，过去不会自己存在，或过去是不可知的，是被历史学家所创造的，事实和虚构往往很难区分，并因此成了一种方向，指引了一系列新的论著问世。如果说此前"民族主义"史学家利用口述传统作为史料理解过去的话，那么后现代主义则认为过去只不过是相对于现代的一些思想和观念罢了。一些学者认为国家和传统都是可以被创建的。一少部分人甚至认为，即便是非洲这个概念本身，都代表了西方话语错误的创造。①

并非所有的修正主义和新主题的选择都是受到经济和政治结构或者理论的驱使。许多人讨论到许多问题需要建立关联性，而

---

① Valentine Mudimbe, *The Invention of Africa : Gnosis, Philosophy, and the Order of Knowledge* (Bloomington/London, 1988).

另一些学者则开始探讨原本被忽视的主题，如妇女、经济社会史和现代史，尽管他们的研究论调是民族主义史学与流行的模型和观念的混合。举例来说，民族主义史学批判的是过多地关注历史中的上层统治者而不是历史本身，关注男人而不是妇女，关注王国而不是村落，关注政治而不是社会问题。他们赞成历史应该从下层社会开始研究。这样便产生很多对性别、贸易、农业、劳动力、贸易团体和劳动阶级的研究，这些研究都被刻画为积极的方面。尽管各种观点重视口述传统和前殖民地时期的历史，但是大多"民族主义"史学著作都集中关注殖民时期，并由欧洲的档案资料推动研究，而并一定采取了多学科的研究方法。这种局限性的方法所引发的批评导致了一系列新的思想和对这个学科的反思。在20世纪80年代，各个领域的成就和文章都被非洲研究学会收录成册，出版了《非洲研究评论》。① 在25年间，该学科的学术研究蓬勃发展，其丰富的研究方法及其对历史学的贡献得到了学者的广泛认同。

最近的趋势

许多原因使非洲史学举步不前，但非洲人仍在寻求经济发展和政治稳定，这意味着学者们应当回应目前面对的挑战，选择他们的研究主题并引导他们的研究。事实上，寻求非洲如何发展的

① Frederick Cooper, 'Africa and the World Economy', *African Studies Review*, 24: 2/3 (1981), 1 - 86; Brill Freund, 'Labor and Labor History in Africa: A Review of the Literature', *African Studies Review*, 27: 2 (1984), 1 - 58; Sara S. Berry, 'The Food Crisis and Agrarian Change in Africa: A Review Essay', *ibid.*, 59 - 112; Terrence Ranger, 'Religious Movements and Politics in Sub-Saharan Africa, *African Studies Review*, 29: 2 (1986), 1 - 69; Bogumil Jewsiewicki, 'African Historical Studies Academic Knowledge as "Usable Past" and Radical Scholarship', *African Studies Review*, 32: 2 (1989), 1 - 76; and Allen Isaacman, 'Peasants and Rural Social Protest in Africa', *African Studies Review*, 33: 1 (1990), 1 - 120.

讨论已在多国政府之间展开，但是并没有在史学研究中得到阐释。史料的局限性影响了青年史学家的历史著作数量。已经出版的研究成果主要形式有期刊、专著和学术会议论文集。人文社会科学工作者在寻求工作机遇时困难重重，因为这一时期更加看重自然科学和专业技能。而历史学家们则必须捍卫自己的历史学科并证明自身的存在感。一些历史学研究机构开始与国际关系、战略研究等专业联合起来，提高自身学科的应用性。

这种应对和回应由政治和经济问题所诱发，导致了人们更加关注当代史，而殖民地统治前期得到的关注越来越少。新的成果围绕着发展问题（如经济规划、国外债务、意识形态和工业化）、权力（如民主和领导力）、国家、伊斯兰和基督教、文化史、身份认同、性别、环境，以及对后殖民时期的广泛界定等问题展开。有关本土非洲的传统和殖民时期在现代非洲的角色得到热烈讨论，如关于非洲在西方路线下发展的困境，非洲的独特性和非洲各组成部分的定义与民族自觉及稳固问题。不同国家的政治和经济发展的特色激励着他们采用比较研究方法，因而在史学著作中出现了对尼日利亚与加纳或波斯瓦纳与津巴布韦之间的对比，以求在他们之间找出成功的差异。

现今的著作开始尝试理解后殖民时期的国家，使之将过去与当今联系起来。摆脱了好战的反殖民传统和20世纪70年代左右派的冲突，新的学术框架力图减少意识形态的影响，虽然这样的做法会面临西方强权阻挠和超级大国借贷支持的困境，但是这些著作还是倾向于把非洲作为重要的主体来塑造非洲大陆自己的历史事件。如果说20世纪中期的学者们对待殖民地国家有所不满的话，那么当代学者对后殖民地时期的国家和领导力也存在不满和批判。为了迎合西方大众的阅读习惯并避免过于学术化，这些著作中仍普遍采取批判非洲的态度，对非洲很少使用赞许之词。面对这种对非洲负面的观点，学术书籍为了赢取更为广泛的市场，则需要通过组织迎合公众的学术会议，组织专业的学会团体对存有敌意的媒体进行自我宣传。

旧有的主题仍然存在，尤其需要克服长期以来便存在的殖民时期的影响。社会活动家、殖民主义者、极端的马克思主义者、狂热的民族主义者，所有这些人仍然继续讨论殖民时期和后殖民时期国家产生的过失。没有任何一种史学写作范式被抛弃：甚至民族主义史学也是如此。[①] 诚然，非洲史学写作得到了官方政府的支持，它被期望能够提升民众的爱国主义情绪，并引导以非洲内部关系、传记和民族主义作为学术著作的主题。非洲史学革新的过程是，即便面临压力的史学家对政府不满，也会参与到国家的工作议程中。这些史学著作的基调是积极的，这些研究被贴上了"非洲乐观主义"的标签。如帕特里克·沙巴尔（Patrick Chabal）和简·帕斯卡·达洛兹（Jean-Pascal Daloz）的《非洲作品：混乱作为政治工具》（*Africa Works*：*Disorder as Political Instrument*，1999）。而消极的"非洲悲观主义"情绪则出现在乔治·阿耶提（George Ayittey）的著作中。[②] 以上二者的讨论都陷入了史学家个人的意识形态中，给人留下的印象是关于过去和现今的事实早已经遵循事先所预设好的线路行程发展。以埃及为中心的"非洲中心主义"观点或许在逐渐弱化但并未走向绝路。[③] 马克思主义者继续宣传他们关于"事物是发展的"观点。而民族主义史家有了继承者，他们继续与新殖民主义史学家进行论战。没有人希望在如何撰写非洲史的问题上达成一致的共识，这意味着在其他领域和地区这样的情况都是一种流行的模式，正如此前关于现代化、生产力和依附关系理论的讨论一样，新生代的学者关于文化的研究仍然会在关于非洲的问题上延续。

对种族和身份认同的研究由于以下原因而被激励：南非种族隔离的瓦解和祖鲁人民族主义的复兴；卢旺达和苏丹的种族灭绝

416

[①] Toyin Falola（ed.），*African Historiography*：*Essays in Honour of Jacob Ade Ajayi*（London，1993）.

[②] 见 Africa Betrayed（New York，1992）。

[③] Stephen Howe，*Afrocentrism*：*Mythical Pasts and Imagined Homes*（London/New York，1998）.

屠杀和战争；一些国家如利比里亚、苏丹内战爆发。这些和其他
类似事件都表明任何试图迫害种族认同的行为已不合时宜。唯物
主义者认为应当强调阶级而不是种族的观点被削弱，同时共产主
义政权并没有对部分非洲如埃塞俄比亚和坦桑尼亚抹去他们关于
种族认同的情感。因此，最近关于非洲大部分国家——即使是单
一民族的索马里或一两个民族的卢旺达——的文学作品几乎都讨
论了种族的身份认同问题。

　　战争、种族对立和下滑的经济导致人群流离失所和移民浪潮。
如今人才外流问题严重，许多非洲学者都移民到西方国家。当非
洲研究在欧洲衰落之时，美国进入到这一领域中，并空前地取得
了领先地位。西方科研机构中的学者开始在其他领域和学科给予
回应，使非洲问题引入了其他论题和新的理论。同样，准确严格
的例证使得区域化研究更加专业、论题更加具体。如果说二战后
期的先驱学者们坚持认为非洲人应该成为被关注的中心的话，那
么如今的新一代西方学者们则在头脑中预设了"无非洲"的受众
的观念，因此所产生的争论更加适合史学编撰。与此同时，关于
谁应撰写历史，如何书写历史的问题被提出，围绕学术成果的产
出，也给政治活动提出了特别沉痛的话题。

　　全球化和帝国是当今两大话题，这二者都在 2001 年 9 月 11
日美国遭受袭击事件和随后的美国入侵伊拉克和阿富汗的背景之
下提出的。学者把关注点放在伊斯兰教和拥有大量伊斯兰教人口
的非洲。部分美国政权阶层想要缔造美国帝国，在非洲和世界其
他地区企图重塑帝国主义思想。中国不断参与到非洲事务中，使
其对非洲的兴趣增加，同时关于国际机构——如世界银行和世界
货币组织——的作用的相关讨论不断加深。而对于伊斯兰教的讨
论最终还是被引到了更大的种族问题上，最近的研究都是伴随着
非洲的民主和西方恐怖主义问题展开的。随着经济主导地位和文
化的投入，全球化给非洲带来的影响成为一个热点问题。针对这
些问题的研究都围绕着非洲处于不发达阶段，非洲被贴上"第三
世界"标签，以及确保对公众、学校教学大纲和纪录片的研究相

417

对真实等问题展开。

正如此前讨论过的横跨大西洋的奴隶贸易和殖民统治，现今的讨论关注的是非洲国家如何在全球激烈竞争的环境中克服困难并得以生存。对大众文化的研究是极为吸引人的。一方面，对消费文化的研究揭露出西方产品和市场形象的吸引力。[1] 另一方面，现今的研究专注于如何参与并应对诸如互联网犯罪、网络毒品、枪支和钻石的非法交易等问题。为现代性而奋斗的努力使寻求生存策略的能力得以增强，从而使过去和现代的主流文化都得到复兴。在获得食物、工作和医疗的机会正在减少的地方，新的研究表明，对旧经济体和体制的重塑已经创造了新的生存策略。社会团体和血缘网络必须得到加强，以此促进物资和服务的有效运转。学术研究表明伊斯兰教和基督教原教旨主义都有发展的趋势，信仰变成了一种魔法，作为现代性的一部分常被清晰地表达出来，并赋予原本复杂的生活以新的含义。对传统的复兴和对现代大众文化的加强将会拓展出许多全新的研究领域，当我们探讨并反思非洲的国家形态及其现代体制时，虽然其源于西方国家，但应该注意的是，此时非洲的国家形式并非处于西方的操控之下。

在西方涌现出的大量非洲学者目前正有助于学科的发展和变革。身处西方大学中，使他们开始反思文化、传统、现代性和种族的内涵。同时他们中的一些人肯定现代性的价值观，赞同世界大同的到来，而更多数人倾向于非洲在保留旧有的传统的同时也需要有非洲人自己的思想并进而发出历史的'非洲化'宣言。[2] 尽管存在对立的意识形态，但其中一些思想观念为了走捷径，抛弃了历史上存在过的分歧，以此解决非洲问题，希望将社会科学

418

---

[1] 见 Brian Larkin, *Signal and Noise：Media，Infrastructure，and Urban Culture in Nigeria* (Durham，NC，2008)。

[2] Toyin Falola and Christian Jennings (eds.)，*Africanizing Knowledge：African Studies across the Disciplines* (New Brunswick，NJ，2002).

中的方法论和结论引入到历史写作中，从而调和了各学科之间的分歧，拓展了研究领域，如大众文化、全球化和公众史学。

移民学者也加入到其他科研领域中，并发展出新的研究思路和主题，形成了三个持续研究趋势，如大西洋史、流散的犹太人研究和跨国主义。这些学者创建了贯穿大西洋的知识体系和对话模式，促使大量新书问世并引发了围绕文化的连续性和断裂性的讨论。[1] 对在美洲和欧洲的非洲人存在差异性的理解需求，同样也直接导致了理解非洲人的种族和身份认同的需要。把大西洋非洲和非洲流散的犹太人看成一个整体来分析的想法日益增强，按照我们理解的全球化的关联性来看，对非洲历史的编撰将重塑非洲，而被列入全球史中的非洲史将会发出更强有力的声音。[2]

学科发展的未来将继续保持学科间的包容性，应对非洲的政治和经济状况保持敏感并映射出同西方和现代性的持续交流。[3] 理论的支撑将仍然持续依赖来自西方学界的思想体系并将这些思想和理论应用在非洲史学写作中，而这些理论的发展也仍然需要非洲学者自身来形成或通过自身来改良那些原本不是他们的理论。从最近出版物的影响来看，仍然存在强烈的多元化传统，同样也允许这些代表性的不同观点的存在，如代表过去的声音（民族主义史学）、激进主义、社会激进主义（马克思主义史学）和最近在大西洋世界或全球化的背景下产生的比较史学家。历史学

419

----

[1] Akin Ogundiran and Toyin Falola (eds.), *The Archaeology of Africa and African Diaspora* (Bloomington, Ind., 2007).

[2] Andreas Eckert, 'Fitting Africa into World History: A Historiographical Exploration', in Benedikt Stuchtey and Eckhardt Fuchs (eds.), *Writing World History 1800 - 2000* (New York, 2003); and Erik Gilbert and Jonathan K. Reynolds, *Africa in World History from Prehistory to the Present* (Upper Saddle River, NJ, 2004). 关于世界史的部分见本卷第五章。

[3] John Edward Philips (ed.), *Writing African History* (Rochester, NY, 2005); and Alusine Jalloh and Toyin Falola (eds.), *United States and West Africa: Interactions and Relations* (Rochester, NY, 2009).

家们将继续在当前不发达的非洲社会和西方全球化的推动力之下
拉紧非洲史的缰绳。

大事年表/关键日期

- 1935　意大利人入侵埃塞俄比亚，激发了全球黑人的反殖民民
  族主义情绪
- 1945　二战后民族自觉和解放运动激发了殖民地的改革进程，
  把权力过渡到非洲人手中
- 1952　茅茅党抵抗肯尼亚的英国人
- 1957　加纳取得独立
- 1960　许多非洲国家获得独立：加蓬、塞内加尔、马里、布基
  纳法索、刚果民主共和国、刚果、科特迪瓦、乍得、喀麦隆、
  中非共和国、贝宁、毛里塔尼亚、尼日尔、马达加斯加、多
  哥、尼日利亚、索马里和刚果布拉柴维尔；刚果发生了内战并
  持续到了 1965 年
- 1961　帕特里斯·卢蒙巴（Patrice Lumumba）在刚果被谋杀；
  厄立特里亚解放战争开始；塞拉利昂和坦桑尼亚独立
- 1962　卢旺达、乌干达和布隆迪成为独立国家
- 1963　非洲统一组织在埃塞俄比亚首都亚的斯亚贝巴成立；肯
  尼亚独立；民族主义者在几内亚比绍开始武装斗争
- 1964　马拉维和赞比亚获得独立
- 1965　冈比亚获得独立；罗德西亚（现津巴布韦）制定了单方
  独立宣言——一个白人少数党政府宣布从英国脱离出来
- 1966　尼日利亚和加纳发生军事政变；巴苏陀兰获得独立，更
  名为莱索托；贝专纳更名为博茨瓦纳；第一届黑人艺术节（后
  更名为 FESTAC）在塞内加尔举办
- 1967　坦桑尼亚制定了社会主义章程，即阿鲁沙宣言
- 1968　赤道几内亚、斯威士兰、毛里求斯独立
- 1974　埃塞俄比亚海尔·塞拉西一世（Haile Selassie）的帝国

统治被推翻

- 1974—5 年，葡萄牙殖民地几内亚比绍、安哥拉、莫桑比克、圣多美、佛得角、科摩罗（马约特）获得独立
- 1975　成立西非国家共同体（ECOWAS）
- 1977　吉布提获得独立
- 1979　坦桑尼亚入侵乌干达终结了伊迪·阿敏（Idi Amin）的专政统治
- 1980　罗德西亚结束了白人统治，国家更名为津巴布韦
- 1989　艾滋病状况在非洲被报道
- 1989　利比里亚内战爆发
- 1990　最后一个殖民地纳米比亚取得独立
- 1992　塞拉利昂爆发内战
- 1993　厄立特里亚独立
- 1994　在纳米比亚发生了种族灭绝大屠杀
- 2001　创立了非洲联盟来取代过去的非洲统一组织
- 2002　许多非洲国家开始施行选举民主制度；内战在布隆迪、利比亚、乌干达和苏丹爆发
- 2004　战争和种族清洗在达富尔问题上升级
- 2005 年至今（2010 年）　巩固民主改革成果，寻求发展带来问题的新解决方式

420

主要史料

- Ajayi, J. F. Ade, 'Colonialism: An Episode in African History', in L. H. Gann and Peter Duignan (eds.), *Colonialism in Africa*, 1870 - 1960, vol. I (Cambridge, 1969), 497 - 509.

- Diop, Cheikh Anta, *The African Origin of Civilization: Myth and Reality* (New York, 1974).

- Dike, K. Onwuka, *Trade and Politics in the Niger Delta*, 1830 - 1885: *An Introduction to the Economic and Political History of*

Nigeria (Oxford，1956).

- Freund Bill，*The Making of Contemporary Africa：The Development of African Society since* 1800 (London，1984).
- Hailey，Lord，*An African Survey* (London，1936).
- Hopkins，A. G. ，*An Economic History of West Africa* (New York，1976).
- Kapteijns，Lidwien，'African Historiography Written by Africans，1955 - 1973：The Nigerian Case'，D. Phil. Thesis, University of Amsterdam，1977.
- Mazrui，Ali and Wondi，C. (eds.)，*UNESCO General History of Africa，vol. 8 ：Africa since 1935* (Paris，1993).
- Nkrumah，Kwame，*Neo-Colonialism：The Last Stage of Imperialism* (New York，1966).
  ——*Revolutionary Path* (New York，1973).
- O'Brien，Rita Cruise，*White Society in Black Africa：The French of Senegal* (London，1972).
- Rodney，Walter，*How Europe Underdeveloped Africa* (London/ Dar es Salaam，1972).
- Vansina，Jan，*Oral Tradition：A Study in Historical Methodology* (1961；rev，edn，Madison，Wis. ，1985).

参考书目

- Ajayi，J. F. Ade and Crowder，Michael (eds.)，*Historical Atlas of Africa* (London，1985).
- Afigbo，Adiele，*The Poverty of African Historiography* (Lagos，1997).
- Alagoa，E. J. ，*Oral Tradition and Oral History in Africa and the Diaspora：Theory and Practice* (Lagos，1990).
- Bayart，Jean-Francois，*The State in Africa：The Politics of the*

Belly (London，1993)．

- Cooper，Frederick，*Decolonization and African Society: The Labor Question and British Africa* (Cambridge，1996)．
- Falola，Toyin，*African Historiography: Essays in Hornor of J. F. Ade Ajayi* (London，1993)．

——*Yoruba Gurus: Indigenous Production of Knowledge in Africa* (Trenton，1999)．

——*Nationalism and African Intellectuals* (Rochester，2001)．

——*Sources and Methods in African History: Spoken，Written，Unearthed* (Rochester，2002)．

421 ——*Africanizing Knowledge: African Studies across the Disciplines* (New Brunswick/London，2002)．

——*The Power of African Cultures* (Rochester，2003)．

- Gifford，Prosser and Louis，Wm. Roger，*Decolonization and African Independence: The Transfers of Power，1960 – 1980* (New Haven，1988)．
- Mamdani，Mahmood，*Citizen and Subject: Contemporary Africa and the Legacy of Late Colonialism* (Princeton，1996)．
- Nwauwa，Apollos O.，*Imperialism，Academe and Nationalism: Britain and University Education for Africans，1860 – 1960* (London，1996)．
- Oyewumi，Oyeronke，*The Invention of Women: Making an African Sense of Western Gender Discourses* (Minneapolis，1997)．
- Roberts，A. D.，'The Earlier Historiography of Colonial Africa'，*History in Africa*，5 (1978)，153 – 167．
- Temu，A. and Swai，B.，*Historians and Africanist History* (London，1981)．
- Young，Crawford，*The African Colonial State in Comparative Perspective* (New Haven，1994)．

• Zachernuk，Philip S.，*Colonial Subjects*：*An African Intelligentsia and Atlantic Ideas* (Charlottesville，2000).

葛会鹏　译

第二十章 政治经济动荡时期
阿根廷的历史写作

乔尔·霍洛维茨

历史学家生活的世界决定了他们所撰写的是何种类型的历史。阿根廷近来所发生的种种事件在历史学家身上留下了印记，正如它们在历史学家工作的机构内留下了印记一样。政变、镇压、暴力和经济混乱改变了历史书写。大学被定期清洗。历史学成了政治斗争中使用的武器。1983年复归民主后，国家仍面临深重的经济危机，但史学著作的数量激增，在质量上也见提升。近年来的阿根廷历史编纂学尽管受外部世界学科思潮的影响，但仍有其自身的特色，这部分要归功于历史学家力图从民族的过去中搜寻那些可以抢救的东西。

整个战后时期历史研究的一大障碍是机构支持的缺失。图书馆常常未收藏重要的专著或政府文件，即使法律上规定应收入国内出版的全部书籍的国家图书馆和国会图书馆也不例外。各省印刷的出版物在别的地区很难获取。档案资料常常缺乏基本的保存条件，还总是杂乱无章；政府几个重要部门的文件从不向公众开放（假如它们还存在的话）。大学的薪水总是少得可怜，教授们通常需要同时在相距数小时车程的几所大学里供职。以上问题，加上大量阿根廷人在国外著述，他们看不到原始资料，这些都影响到历史研究的成果。

第二十章　政治经济动荡时期阿根廷的历史写作

背景

　　1945 年以前，阿根廷史学并不特别出色，而战争的结束并未改变这一点。就撰写历史的方法而言，有两大流派并存，即新史学派（New School of History）和修正主义派。占据主导地位的是前者，至 1945 年，这一学派的方法早已谈不上新鲜。新史学派奠基于 1905 年，得名于 1916 年发表的一篇文章。[①] 其主要成员大多为移民后裔，他们也是第一代职业历史学家，尽管许多人获得的是法学而非历史专业的学位。在 1918 年的大学改革运动使大学的体制与课程现代化之后，他们便有机会影响学术机构。他们中有几个是激进党（Radical Party）的重要成员，后者主导了阿根廷迈向民主的第一步。[②]

　　1943 年，即最终将胡安·庇隆（Juan Perón）推上权力宝座的军事政变发生的那一年，两位新史学派成员，埃密利奥·拉维格纳尼（Emilio Ravignani）和理查多·列维尼（Ricardo Levene），控制了布宜诺斯艾利斯及其周边几乎所有主要的历史研究机构。1930 年代，他们两人都与政府上层有联系：他们与 1932 至 1938 年任总统的阿古斯丁·胡斯托（Agustín Justo）关系密切；拉维格纳尼在 1936 年和 1940 年都被选入国会。他们运用这些关系为

[①] Pablo Buchbinder, 'Emilio Ravignani: La historia, la nación y las provincias', in Fernando J. Devoto (ed.), *La historiografía argentina en el siglo XX*, 2 vols. (Buenos Aires, 1993 - 1994), i. 8I; and Tulio Halperín Donghi, 'Un cuarto de siglo de historiografía argentina (1960 - 1985)', *Desarrollo Económico*, 100 (1986), 489.

[②] Alejandro Eujanian, 'Método, objetividad y estilo en el proceso de institucionalización, 1910 - 1920', in Alejandro Cattaruzza and Alejandro C. Eujanian (eds.), *Políticas de la historia: Argentina 1860 - 1960* (Buenos Aires, 2003), p. 71; Pablo Buchbinder, *Historia de las universidades argentinas* (Buenos Aires, 2005), 117; and Fernando J. Devoto, 'Estudio preliminar', in id. (ed.), *La historiografía argentina en el siglo XX*, i. 13 - 15.

历史著作争取资助。1930 年代的几届政府明白历史学在谋求政治支持上的作用。在意识形态方面，新史学派的历史学家们赞同 19 世纪传统的自由主义；在这一时期，这种自由主义意识形态正在遭受越来越猛烈的抨击。无论恰当与否，新史学派被视为官方史学。尽管如此，新史学派一家独尊的形象遮盖了远远比其批判者所指出的更为多样的研究方式和对过去的解释。[1]

新史学派历史学家并未挑战对阿根廷的自由主义认识，这种认识是由阿根廷传统历史学主要奠基者之一巴托洛梅·米特（Bartolomé Mittre）开创的。这并不是新史学派历史学家关注的中心。他们更感兴趣的是方法论问题，而且熟知德国历史学家恩斯特·伯伦汉（Ernst Bernheim）的观点。他们细致阅读档案资料，避免扩大阐释的范围，尤其是那些看上去和当前国家形势相关联的阐释。他们声称仅仅专注于历史证据。他们很少退后一步审视原始材料所编织的更为宏大的故事。许多新史学派的出版物就是经过编辑整理的档案材料集成。拉维格纳尼相信，出版的档案材料集成"它们自己会表达论点，与历史学家的著作相比，它们论证起来同样有力，甚至更令人信服。"[2] 在这样的框架下，几乎见不到连贯的视野。新史学派的历史学家几乎完全致力于从殖民地时期到 1850 年代那段历史。在 1930 年代，国家历史科学院

424

---

[1] Jorge Myers, 'Pasados en pugna: La difícil renovación del campo histórico argentino entre 1930 y 1955', in Federico Neiburg and Mariano Plotkin (eds.), *Intelectuales y expertos: La constitución del conocimiento social en la Argentina* (Buenos Aires, 2004), 68–75; Pablo Buchbinder, *Historia de la Facultad de Filosofía y Letras, Universidad de Buenos Aires* (Buenos Aires, 1997), 124–129, 139–142; Nora Pagano and Miguel Angel Galante, 'La Nueva Escuela Histórica: Una aproximación institucional del centenario a la década del 40', in Devoto (ed.), *La historiografía argentina en el siglo XX*, i. 45–78; Halperín Donghi, 'Un cuarto de siglo de historiografía argentina', 489–492; Martha Rodríguez, 'Cultura y educación bajo el primer peronismo: El derrotero académico institucional de Ricardo Levene', in Nora Pagano and Martha Rodríguez (eds.), *La historiografía rioplatense en posguerra* (Buenos Aires, 2001), 39–65.

[2] 引文出自 Devoto, 'Estudio preliminar', 16。

（Academia Nacional de la Historia）在列维尼的主持下，开始推出迄至 1850 年代的阿根廷通史，并且以《剑桥欧洲史》和亨利·贝尔（Henri Berr）倡导的大综合为楷模，总共出版了 14 卷。新历史学派还在机构建设方面做了工作，比如有序整理档案、定期出版刊物，以及从欧洲收集信息等。[①]

　　在 1930 年代，修正主义派挑战了新史学派对过去的自由主义认识。修正主义派原本在一定程度上是右翼对于自由主义共识的拒斥，后来却发展为左翼的观点。不论左翼还是右翼，他们都不认同对于过去的自由主义认识。修正主义派是对阿根廷世界性现代化趋势的拒斥，是对阿根廷的西班牙传统的赞颂，它强调民族主义，摈弃外国影响。与新史学派历史学家的博学不同，修正主义派历史学家通常很少注意方法论问题，却专注于阐释。其主要目标是政治性的：重新思考过去以塑造未来。右翼和左翼的修正主义都具有这些共同特征，尽管他们的政治目标迥异。虽然修正主义派未能在学院圈子里确立阵地，但到了 1970 年代，修正主义派对阿根廷历史的阐释已经被大众广为接受。

　　对于过去的不同看法早在 1920 年代就已经出现，但直到 1930 年代出现的一种连贯性的看法才能被称为修正主义。修正主义对于它所称为的官方史学的攻击并不在方法论层面，而是在意识形态层面：具体说来，它建立在对自由主义的拒斥之上。许多修正主义者是各省的上层人物，他们似乎憎恶社会对于新观点和人物的开放性。他们受到欧洲右翼对自由主义的攻击的影响，尤其是夏尔·莫拉斯（Charles Maurras）的观点。修正主义者强调民族主义，抨击外国的影响，尤其是英国的影响——英国仍然是阿根廷商品最大的买家；英国公司掌控了许多公共事业。可被称为修正主义的最早的著作之一是拉道夫（Rodolfo）和朱利奥·伊拉苏斯塔（Julio Irazusta）合著的《阿根廷与大英帝国主义》（*Argentina and British Imperialism*）。该书出版于 1934 年，当时

[①]　参见 Meyer，'Pasados en pugna'，73—74。

阿根廷刚刚与英国签订了在经济上做出很大妥协的条约。

　　右翼修正主义的一个重要特色是尊崇胡安·曼努埃尔·罗萨斯（Juan Manuel Rosas）。罗萨斯分别在 1829—1832 和 1835—1852 年间担任布宜诺斯艾利斯总督，以铁腕统治阿根廷。自由主义者将他视为眼中钉。修正主义者为罗萨斯所吸引，因为他们看到他缔造了一个对抗外国利益的强有力国家，而不像后几届阿根廷政府那样，被认为使阿根廷沦为半殖民地国家。罗萨斯也因其对民众的牢牢控制而受到拥戴，而另一些人把他视为民众的同盟者。①

庇隆时期

　　1943 年 6 月，军队攫取了权力。新政权采取高压政策，一方面迫使左翼机构转入地下，一方面扰乱工会。但新政权内部由胡安·庇隆（Juan Perón）领导的一股力量，却通过为劳工运动创造环境而获得普遍的支持。1946 年初，在庇隆赢得了总统选举之后，大学被视为政治问题，因为它们曾是反对党的堡垒。到了 1946 年末，有 1250 名教授辞职或被辞退，这数量占到了国立大学教师群体的三分之一。其中包括了拉维格纳尼以及他更为杰出的门生之一，理查多·凯利特-博伊斯（Ricardo Caillet-Bois）。在 1947 年初，传统精英阶层的一员、担任布宜诺斯艾利斯大学阿根廷史教授数十年之久的马里纳诺·德·韦迪亚·密特（Mariano de Vedia y Mitre），为抗议政治对大学的干涉，愤而辞职。②

　　学术界对于历史学家正如对于其他知识分子一样，一派萧瑟

---

① Diana Quattrocchi-Woisson, *Los males de la memoria*: *Historia y política en al Argentina* (Buenos Aires, 1995), 163, 327 - 328; Tulio Halperín Donghi, *El revisionismo histórico argentina* (Buenos Aires, 1971); Alejandro Cattaruzza, 'El revisionismo: Itinerarios de cuatro décadas', in Cattaruzza and Eujanian (eds.), *Políticas de la historia*, 143 - 170.

② Buchbinder, *Historia de la Facultad de Filosofía y Letras*, 158 - 163.

景象。许多在相当长时期定时出版的刊物因缺乏经费而停刊。图利奥·霍尔伯林·唐伊（Tulio Halperín Donghi）是 1955 年以后这段时期阿根廷史学的代表人物，据他说，在庇隆主义大学里做一名历史专业的学生在学术上所得甚微。他只听过很少几门他感兴趣的课程，特别是流亡的西班牙中世纪专家克劳迪奥·散舍兹-埃博诺兹（Claudio Sanchez-Albornoz）的两门课。至于其余课程，他只想尽快过关。①

　　在某种意义上，历史学界被冻结了。两大主要的流派仍在交战，彼此攻击，争论不休，却很少有实质性的进展。因为庇隆主义在失去权力后接受了修正主义，修正主义便常常被视为在赢得官方地位的斗争中占得先机。然而，在庇隆主义得势的时候，政权显然不愿意在这两大相互竞争的派别中作出裁决。新史学派的历史学家仍然占据着重要的职位。如新史学派的列维尼失去了在拉普拉塔大学的许多职位，但却保留了在布宜诺斯艾利斯大学的一个职位。他仍然是国家历史科学院的主席，不过到了 1955 年，该机构缺乏资金。另一位新史学派成员，迭戈·路易·莫里纳瑞（Diego Luis Molinari），从拉维格纳尼手中接管了阿根廷历史研究院（Instituto de Historia Argentina），这曾经是拉维格纳尼的主要领地。莫里纳瑞是重要的庇隆主义政治家，但作为历史学家，他已经写不出什么有分量的东西。大多数被聘用来代替被辞退历史学家职位的人用新史学派的方式写作；尽管有几个修正主义者，如乔斯·玛丽亚·罗萨（José María Rosa）等，也的确获得了大学的职位。另外，在 1947 年铁路国有化之后，庇隆以 19 世纪几位领袖的名字为路线命名，而这些人正因为其自由主义立场而为

427

---

① 'Tulio Halperín Donghi', in Roy Hora and Javier Trimboli（eds.），*Pensar la Argentina：Los historiadores hablan de historia y política*（Buenos Aires，1994），36‒38；and Tulio Halperín Donghi，*Son memorias*（Buenos Aires，2008），219‒237.

修正主义者所不齿。[①]

　　这段时期出版了一部重要著作，乔斯·路易·罗密若（José Luis Romero）的《阿根廷政治思想史》（*A History of Argentine Political Thought*）。这部书的作者不属于两大流派中的任何一个。罗密若是中世纪专家，在庇隆主义清洗之前与大学有着些微的联系，他受墨西哥历史学家丹尼尔·柯斯奥·维勒格斯（Daniel Cosío Villegas）邀请，为墨西哥出版机构经济文化基金（Fondo de Cultura Económica）撰写一卷著作。罗密若从新史学派获得材料，他对于材料进行了首次真正的综合，并且面向当下，而不是像新史学派的著作那样停留在 19 世纪中叶。贯穿这部书的是这样的观念：在殖民地时期，两种相互竞争的派别发展起来，那就是专制主义与自由主义，并延续至今。这在庇隆时代有明显的政治暗示。[②]

改革时代，1955—1966

　　1955 年 9 月，在军队把庇隆赶下台以后，高校的教师差不多整体更换了，随之而来的是新观念和新课程，有些人视为黄金时代。阿根廷曾经隔绝于西方世界涌动的学术思潮之外，尽管这种隔绝不应被夸大。许多历史学家感到有种积压已久的想要革新的欲望。就在那一年，唐伊写了一篇文章，呼吁彻底改革历史职业。文章一方面对修正主义者不屑一顾，另一方面尖锐抨击新史

---

① Silvia Sigal，'Intelectuales y peronismo'，in Juan Carlos Torre（ed.），*Nueva Historia Argentina*，vol. 8（Buenos Aires，200?），515；'Tulio Halperín Donghi'，37；Quattrocchi-Woisson，*Los males de la memoria*，258 - 281；Buchbinder，*Historia de la Facultad de Filosofía y Letras*，169 - 177；Cattaruzza，'El revisonismo'，162 - 166；and Rodríguez，'Cultura y educación bajo el primer peronismo'，56 - 64.

② 关于对 Romero 所做研究的概述，参见 Tulio Halperín Donghi，'José Luis Romero y su lugar en la historiografia argentina'，in *Ensayos de historiografía*，73 - 105。

学派在政治上采取超然态度，并且以博学来拒绝在历史研究中表明立场。①

那些想要把研究领域向新观念开放的历史学家对大学具有主要影响。就在政变之后，罗密若在有组织的学生请愿之下被任命为布宜诺斯艾利斯大学校长。在 1962 至 1965 年间他还担任该校的哲学与文学院院长。罗密若引导了社会史的发展，这使得他成为改革的历史观的主要推动者。罗密若对于历史学科的看法体现在他所编的文化史杂志的编辑原则中：

428

> 在《世界图景》（*Imago Mundi*）中，会容纳政治史、普遍的思想史和知识与创造的多种形式的历史：哲学、音乐、文学、法律、科学、教育、造型艺术，等等。但总的趋势将是超越任何一个特定领域，以便……把现实描绘得更丰富，理解得更透彻。②

新史学派在大学里扮演了重要角色，而修正主义派则在学院派历史学以外占据主流，尽管除了罗萨里奥的大学以外，并没有坚实的机构作为后盾，罗密若的路数还是产生了巨大影响。新的思潮把历史学视为处理对国家有影响的问题的学问。③ 一个关键的影响来源是社会科学。尤其重要的是在吉诺·基曼尼（Gino Germani）的影响下"科学"的社会学（主要是北美）的兴起。基曼尼是来自墨索里尼统治下意大利的避难者，他在阿根廷庇隆时

① Tulio Halperín Donghi, *Argentina en el callejón* (Buenos Aires, 1995), 7 - 27.

② 'Texto de presentación', *Imago Mundi* (September 1953), 1 - 2.

③ Fernando J. Devoto, 'Los estudios históricos de la Facultad de Filosofía y Letras entre dos crisis institucionales (1955 - 1966)', id. (ed.), *La historiografía argentina en el siglo XX*, ii. 50 - 68; Eduardo Houcade, 'La historia como ciencia social, en Rosario, entre 1955 y 1966', ibid., ii. 99 - 109; and Tulio Halperín Donghi, 'Introducción', in Torcuato S. Di Tella, Gino Germani, and Jorge Graciarena (eds.), *Argentina, sociedad de masas* (Buenos Aires, 1965), II.

期被逐出大学。社会学在外部资助下发展得很快，并且迅速赢得了越来越多学生的青睐。社会学家在诸如移民研究等领域与崇尚改革的历史学家合作。同样具有影响的是发展经济学，它出现在经济学家所撰写的几部经济史当中。艾尔多·费若（Aldo Ferrer）通过讨论过去的经济发展阶段来解释当前的问题，他也受到劳尔·普雷维什（Raul Prebisch）和塞尔索·富尔塔多（Celso Furtado）等人的发展理论的影响。圭多·迪·特拉（Guido Di Tella）和曼努尔·兹迈尔曼（Manuel Zymelman）曾是罗斯托（W. W. Rostow）在麻省理工学院的学生，他们吸取了其老师关于经济发展的阶段论，并且加上一个阶段——长延迟（the long delay），来解释阿根廷不久前的工业化。[①] 社会科学与历史学之间的纽带还可以在自 1961 年起持续发行的《经济发展：社会科学学刊》（*Desarrollo Económico Rerista de Ciencias Sociales*）这份刊物中见到。该刊物定期发表改革者及其后继者撰写的历史论著。[②] 例如，在 1963 年一期合刊发表了明显是改革派阵营的阿根廷和外国历史学家的文章。[③]

429

历史学与社会科学的共生也可以在 1965 至 1969 年出版的集刊中可以看到。从后者的导言中可以看到两者合作的程度：

> 这部集体著作是整个研究小组数年劳动的结晶，研究小组成员以社会学研究院、布宜诺斯艾利斯大学哲学与文学学院社会史研究中心的强大力量为后盾。研究工作极大地受惠

---

① Alejandro Blanco, 'La sociología: Una Profesión en disputa', *Intelectuales y expertos*, 327 - 370; Lucas Rubinich, 'La modernización cultural y irrupción de la sociología', in Daniel James (eds.), *Nueva Historia Argentina*, vol. 9 (Buenos Aires, 2003), 245 - 260; and Halperín Donghi, 'Un cuarto de siglo de historiografía argentina', 497 - 498.

② 作为参考，可以特别关注 *Desarrollo Económico*, 100: 25 (1986), 483 - 486, 以及编年索引。

③ *Desarrollo Económico*, 3 (1963), 1 - 2.

于前任院长的开拓性著作，即吉诺·基曼尼和乔斯·路易·罗密若教授的作品。随着时间的推移，在这些研究中心开始的工作得到增强，并且获得了其他机构的帮助。迪·特拉学院（Di Tella Institute）的经济研究与比较社会学中心创建了新的工作环境……经济发展学院……举办了许多研习班、圆桌会议……这使得许多专家融入进来，他们在别的情况下并不会参与到交流中来。

在这一卷中，历史学家所撰写的章节与社会科学家所撰写的章节并没有很大的不同。历史学家写了四章乡村经济史，另外的两个章节是对移民影响的跨学科研究的一部分，包括政治学家奥斯卡·肯布里特（Oscar Cornblit）撰写的关于阿根廷政治中的移民与企业家的一章，这原本可以由历史学家撰写的。[①]

这种与社会科学的合作并不局限于学术层面：它也包括财政上的。上文提及的移民研究就是社会学研究院与社会史研究中心的一项联合项目的成果，该项目获得了洛克菲勒基金会的资助。这部关于圣玛丽亚山谷（位于内陆一隅的贫困地区）的人口学著作，是历史学家、社会学家、人类学家共同协作的成果，这些学者以罗萨里奥地区为中心，并且从阿根廷科学基金会中获得资助。[②]

另一个重要影响来自年鉴学派，尤其是费尔南·布罗代尔。布罗代尔关于菲利普二世时期地中海的著作在 1953 年被译为西班牙语，这距其在法国出版仅仅四年，远远早于在 1972 年问世

---

① Torcuato S. Di Tella and Tulio Halperín Donghi, 'Presentación', in eid. (eds.), *Los fragmentos del poder: De la oligarquía a la poliarquía argentina* (Buenos Aires, 1969), 9. The other volume was Di Tella, Germani, and Graciarena (eds.), *Argentina, sociedad de masas*.

② Halperín Donghi, 'Un cuarto de siglo de historiografía argentina', 502–503; and Albert Meister, Susana Petruzzi, and Elida Sonzongni, *Tradicionalismo y cambio social* (Rosario, 1963).

的英语版。① 他的影响还带有个人色彩。布罗代尔在 1947 年途经布宜诺斯艾利斯，与罗密若会晤，此后好多年内，两人保持着通信往来。在年轻一代的历史学家中，有不少人赴法国进修，有些人跟随布罗代尔本人学习，去得较晚的人则接受鲁杰罗·罗曼诺（Ruggiero Romano）的指导。罗曼诺在 1950 年代末和 1960 年代初曾在阿根廷短期执教，树立了很大影响。改革的历史学家对年鉴学派感到认同的原因之一是，他们都感到他们是局外人，同历史学的既有体制搏斗。对于阿根廷人来说，改革派历史学家相信历史系仍然被新史学派主导。

年鉴学派究竟有多大影响呢？或许布罗代尔的门生唐伊（Halperin Donghi）对于阿根廷统治阶级形成的研究是一部典型的著作。该书的第一部分是对于独立前夜的阿根廷的地理与经济-社会方面的描绘。这在很多方面都与布罗代尔《地中海》的开篇部分相似。但这种相似是具有欺骗性的，因为序言开宗明义提到"这首先是一部政治史"。序言接着说，其论题与阿根廷历史学的奠基者巴托洛梅·米特和维森特·洛佩兹（Vicente F. Lopez）的著作并无太大的差异，因为它探讨的是一群人创建自治权力中心的过程。②

年鉴学派的影响，尤其是罗曼诺的影响，在学者们试图对 19 世纪进行一系列长期经济统计的努力中也可看见，其中有些得到了法国的财政支持。有许多从未完成或出版。对于人口学的关

---

① Fernand Braudel, *El mediterráneo y el mundo mediterráneo en la época de Felipe II* (Mexico, 1953).

② Tulio Halperín Donghi, *Revolución y guerra：Formación de una élite dirigente en la Argentina criolla* (Buenos Aires，1972)，6；Eduardo Hourcade, 'La construcción polica de la sociedad en Revolución y guerra'，in Fernando Devoto and Nora Pagano, *La Historiografía académica y la historiografía militante en Argentina y Uruguay* (Buenos Aires，2004)，15 - 23；Juan Carlos Korol, 'Los Annales y la historiografía argentina'，*Eslabones：Revista semestral de estudios regionales*，7 (1994)，82 - 93；and Fernando J. Devoto, 'Itinerario de un problema："Annales" y la historiografía argentina (1929 - 1965)'，*Anuario del IEHS*，10 (1995)，155 - 175.

注，如之前提到的关于圣玛丽山谷的研究那样，也反映了法国的影响。年鉴学派的长期直接影响则难以确定，因为影响法国历史学家的许多源头，即社会科学，也独立进入了阿根廷，而布罗代尔与阿根廷学者的直接联系在 1965 年中断了。马克·布洛赫论历史的文章，即用英文出版的《历史学家的技艺》（1953），仍然被当作教材使用。①

　　马克思主义成了历史分析中的常客。这当然远远不是新的影响，但它的影响力在古巴革命以后和 60 年代的气氛中增强了。莫里斯·多布（Maurice Dobb），皮埃尔·维拉尔（Pierre Vilar）和维托德·库拉（Witold Kula）的著作都具有很大的影响。许多知识分子，包括历史学家，加入了共产党。而意大利马克思主义者葛兰西的著作显得越来越重要。在许多人眼里，葛兰西的著作似乎就是针对拉丁美洲情形而写的。对于葛兰西著作的同情导致自 1963 年起大批知识分子被清除出党。对于许多进步论者而言，马克思主义成了判断的共同框架，不少人将其与民族主义嫁接，有些人则将它与庇隆主义相连。②

　　也许最能说明改革者想干什么的例子是派多斯（Paidós）在 1972 年出版的集体撰写的阿根廷综合史。它的时代划分并无特别之处，但它的目标却不同寻常，至少就当时当地而言。导言指出：

　　　　作者们自认为是专业的历史与社会科学的研究者，并希望也以此标准接受评判。他们首要的职责在于推进一种符合时代风格的历史探询，它是应时的，并不仅仅在于从国家的

---

① See Beatriz Moreyra, 'La historiografía', *Nueva historia de la nación argentina*, vol. 10 (Buenos Aires, 2003), 86 – 88; and Halperín Donghi 'Un cuarto de siglo de historiografía argentina', 496 n. 2.

② Silvia Sigal, *Intelectuales y poder en la década del sesenta* (Buenos Aires, 1991), 192; José Aricó, *La cola del diablo: Itinerario de Gramsci en América Latina* (Caracas, 1988); and Horacio Tarcus, *El marxismo olvidado en la Argentina: Silvio Frondizi y Milcíades Pena* (Buenos Aires, 1996), 171 – 175.

过去中揭示现实的问题域（当然，这不会与一个世纪以前理所当然的东西相等同），而且……寻求运用一种历史文化，这种历史文化并不像我们的历史学家习惯的那样古旧，而且最终……这种历史学就它的一个层面而言，是社会科学。

对于人口学和经济学的强调非常明显：后者尤其显著，因为统计数据丰富。年鉴学派的影响很明显。圭勒莫·贝亚托（Guillermo Beato）在他承担的篇章的三页引言中提到了费弗尔、布罗代尔和布洛赫。[1]

对教授而言，机构的情况有所改善。在1959年，因天主教影响日益增长而引发的恐惧酿成了不少冲突，此后私立大学首次获得允许。最初，私立大学增长得缓慢，但的确为历史学家提供了就业岗位。对于那些在1966至1976年的军事政变后失去了职位的一部分人来说，私立大学在某种意义上是避风港。在重要得多也庞大得多的国立大学，全职教授的数量急剧增长，因为他们想形成一个教授群体，里边的教授可以专注于大学的工作，而不必为了生计寻求别的工作。1958年，布宜诺斯艾利斯大学只有9名这样的全职教授，而到了1966年，这个数量达到了700名。这一时期成立的阿根廷科学基金会，主要是资助自然科学的，也为历史学提供了一些资助。历史学家这个职业也得益于图书出版和销售的繁荣。一个突出的例子是布宜诺斯艾利斯大学出版社。该社成立于1958年，到了1966年——军队撤换了它的编辑——已经出版了802种著作，销售了近乎一千二百万册。[2]

432　　令人惊讶的是，在大学以下的层面，对于阿根廷历史的授课基本上没有变化。新史学派成员在1930年代写的教科书在庇隆

---

[1] Tulio Halperín Donghi（ed.），*Historia argentina*，7 vols.（Buenos Aires，1972），esp. ii. 117 - 119. 引文出自每卷卷首的导言。

[2] Buchbinder，*Historia de las universidades argentinas*，173 - 189；Sigal，*Intelectuales y poder*，77 - 78，100 - 109；and Beatriz Sarlo，*La batalla de las ideas*（1943 - 1973）（Buenos Aires，2001），69.

时期仍然被接受，尽管增加了对于民族主义的强调。庇隆倒台后
也没有产生大的变化，因为新史学派的解释与反庇隆主义的政治
阶级的观点并不冲突。[①]

压制与政治化，1966—1983

1966 年，军队发动政变，一个月后控制了国立大学。在布宜
诺斯艾利斯，师生们以占领大学大楼作为回应。政府则动用了大
量武力来强行驱逐他们，暴力行为后来以"长警棍之夜"（Night
of the Long Truncheons）为人所知。直接的结果就是许多院系的
成员辞职，尤其是那些想要改革大学本质的人。在哲学与文学院
（包括历史系）有大约 300 名教职员工辞职。另一些人试图从内
部抵抗，但很多人在接下来的几个月里失去了工作。[②] 一些人出
国；另一些人在别的研究中心谋得职务，如 1958 年成立并获得
国外基金会可观资助的迪特利亚研究所。还有些人在新成立的私
立大学就职。另外的人就没那么幸运了。

尽管当局清洗了大学，屡屡试图压制"六十年代"精神，这种
精神仍然对历史学产生了影响。安德烈·冈德·弗兰克（Andre
Gunder Frank）和费尔南多·恩里克·卡多佐（Fernando Henrique
Cardoso）在他们的著作中分别运用依赖理论（dependency theory），
反映了他们希望采取独立左翼视角的愿望。[③] 马克思主义的话语变

---

① 参阅 Luis Alberto Romero（ed.），*La Argentina en la escuela：La idea de nación en
　los textos escolares*（Buenos Aires，2004）；and Mónica Esti Rein，*Politics and
　Education in Argentina*，*1946 - 1962*（Armonk，NY，1998），68 - 72。

② Buchbinder，*Historia de la Facultad de Filosofía y Letras*，221；and Rubinich,
　'La modernización cultral y la irrupción de la sociología'，260。

③ Tulio Halperín Donghi，'"Dependency Theory" and Latin American
　Historiography'，*Latin American Research Review*，27（1982），115 - 130. 关于
　20 世纪 60 年代的精神，见 Sigal，Intelectuales y ponder；and Oscar Terán，
　*Nuestros anos sesentas：La formación de la nueva izquierda intelectual en la
　Argentina*，1956 - 1966（Buenos Aires，1991）。

得越来越重要，特别在殖民地史领域，诸如经济是封建性质还是资本主义性质的以及具体表示什么含义，这类问题不断涌现。[①]到了1970年代，马克思主义思想和术语已经成了老生常谈。

随着社会的相当比例成员变得激进，修正主义的主导形式越来越成为庇隆主义、马克思主义和民族主义的大杂烩。政治右翼的力量继续赞同修正主义的更传统的版本。左翼修正主义自1940年代发展起来，最初的成员来自共产党。左翼修正主义派具有强烈的民族主义色彩，大多数这些历史学家赞同庇隆主义。随着庇隆主义左派势力影响增大，左翼修正主义日益扩张。左翼和右翼修正主义有一些共同观点，比如他们都认为历史用来推动政治看法，他们都拒斥自由主义和普世主义。但是许多左翼修正主义者对于赞颂罗萨斯感到不舒服，他们宁可赞颂外省的首领。例如，罗道夫·奥特加·佩纳（Rodolfo Ortega Peña）和埃杜瓦多·路易·杜海尔德（Eduardo Luis Duhalde）宣称，外省首领菲利普·瓦若拉（Felipe Varela）在1866—1870年间对抗国民政府的起义是反对大英帝国主义的国际斗争的组成部分。他们还宣称，他们的历史学是马克思主义历史学。令人遗憾的是，他们并没有提供任何瓦诺拉反对帝国主义的实质性证据。[②]尽管左翼修正主义对罗萨斯普遍采取贬抑态度，但也有例外，还是有人将他视为英雄。重要的修正主义历史学家乔斯·玛丽亚·罗萨就宣称，在罗

433

---

① 参考，如 Carlos Sempat Assadorian（ed.），*Modos de producción en América Latina*（Córdoba，1973）；and Tarcus，*El marxismo olvidado*。

② Rodolfo Ortega Pena and Eduardo Luis Duhalde，*Felipe Varela contra el imperio británico*（Buenos Aires，1966），esp. 9. For left-wing Revisionism，see Quatrocchi-Woisson，*Los males de la memoria*；Daniel Campione，*Argentina：La escritura de su historia*（Buenos Aires，2002），73 - 89；Stortini，'Polémicas y crisis en el revisionismo argentino：El caso de Instituto de Investigaciones Históricas "Juan Manuel de Rosas"（1955 - 1971）'，in *La historiografía académica y la historiografía militante en Argentina y Uruguay*，81 - 106；and Fernando Devoto，'Reflexiones en torno de la izquierda nacional y la historiografía argentina'，ibid.，107 - 131.

萨斯的统治下，阿根廷成了社会主义国家，因为不存在占据统治地位的阶级——有产者、军队和教士都从属于罗萨斯。[1]

慑于声势日盛的民众组织和游击队活动，军队暂且低头，允许选举，于是庇隆于 1973 年回归政坛。大学成为政治活动至关重要的中心，在短暂的时期内为民族主义左翼所占据。奥特加·佩纳和杜海尔德成为布宜诺斯艾利斯大学极受欢迎的作家和教授。然而，令他们恼火的是，他们的课程被另一门同时开设的课程分流了不少听众。那是费利克斯·卢那（Félix Luna）的课，他与激进党走得很近，撰写了高质量且畅销的传记和一些很棒的书，如对于 1945 年的研究，即庇隆奠定声望的那一年。[2] 由于庇隆主义右派激烈而频发的暴力事件，民族主义左翼甚至在 1976 年政变之前就丧失了对于大学的控制。

历史学在 1960 年代中期至 1970 年代中期变得更加政治化了，也变得更受欢迎了。在 1970 年代军事政权更迭的间隙，布宜诺斯艾利斯的一条重要街道坎宁（Canning），原本以 19 世纪承认了阿根廷独立的英国外交秘书命名，被重新命名为罗尔·斯卡拉布里尼·奥提兹（Raúl Scalabrini Ortíz），那是修正主义的奠基者之一。在 1976 年 3 月军队重新攫取政权的几天内，他们又把这条街名改回坎宁，街道的标志牌已经准备好了。

1976 年 3 月，军队重掌政权，镇压十分严厉。许多观察家认为，被处决或失踪的人士达到 30 000 名，其中许多是议论政局的人。据官方调查的数字，伤亡人员中 21％是学生。[3] 这一时期科尔多瓦大学有 13 名历史专业的学生失踪或被杀。[4] 大批院系的教

434

---

[1]　Stortini，'Polémicas y crisis en el revisionismo argentino'，92.

[2]　Devoto，'Reflexiones en torno a la izquierda nacional'，131；and Félix Luna，*EL 1945：Crónica de un ano decisivo*（Buenos Aires，1969）.

[3]　Buchbinder，*Historia de las universidades argentinas*，208.

[4]　这一信息来自 2003 年 3 月 23 日由科尔多瓦大学历史系主任加德尼亚·维达尔（Gardenia Vidal）转发给作者的一封 2003 年 3 月 20 日的邮件。

职人员被处决、逮捕或解雇。[①] 书籍被焚烧。那些较为幸运的人赴国外教书或搞研究。许多逃离到墨西哥、西班牙、法国、美国，以及其他一些国家。另一些人则在国内的私立大学或社会科学研究院所里坚持。那些不那么幸运的人则只能勉强过活，仅仅希望能够坚守他们的学术理想，维持生计。[②] 1979 年以后，中学层面的历史教学也发生了改变，重点大幅转移到 20 世纪，反马克思主义的色彩浓厚，那是军队政权的特征。[③]

居住国外的经历，加上世界范围内观念倾向左翼，革命运动的惨败，独裁的严酷，种种这些都促成了对意识形态的重新思考，并且形成了民主的转向。[④] 此外，历史学家旅居国外使他们可以接触到比国内更为宽广的史学方法和新的资料，这使得他们与众不同。一些历史学家转而撰写拉丁美洲通史或是他们居住国的历史，尤其是墨西哥。[⑤] 甚至那些并非流亡而是自愿出国的人也改变了他们研究的性质。例如唐伊，他最初试图研究一个界定明确的领域，该领域的档案资料很容易被拍成微缩胶卷。他那本关于 19 世纪上半叶的金融与战争的书就是这样写成的。然而，

---

① 关于这一方面的资料，见 'List of the accused in the trial for "ideological infiltration" at the National Southern University（Universidad del Sur）in Bahía Blanca，Argentina'，www. derechos. org/nizkor/arg/doc/argproject. html。其中许多教职人员都是历史学家。

② See，for example，interviews in Hora and Trimboli（ed.），*Pensar la Argentina*. See also Nora C. Pagano，'Las ciencias socials durante la dictadura argentina（1976 - 1981）'，in *La historiografía académica y la historiografía militante en Argentina y Uruguay*，159 - 169.

③ Romero（ed.），*La Argentina en la escuela*.

④ Cecilia N. Lesgart，'Itinerarios conceptuales hacia la democracia：Una tendencia de la izquierda intelectual argentina en el exilio mexicano'，in *La historiografía académica y la historiografía militante en Argentina y Uruguay*，171 - 189.

⑤ 也有一些学者没有放弃对阿根廷的研究，如 Juan Carlos Garavaglia and Juan Carlos Grosso，*Las alcabalas novohispanas*（1776 - 1821）（Mexico，1987）；and José Carlos Chiaramonte，*Formas de sociedad y economía en Hispanoamérica*（Mexico，1984）。

他发现几乎没有什么其他的这类主题让他感兴趣，于是便越来越转向思想史与心态史的研究，这些领域对于档案资料的依赖较少。①

　　一些历史学家在大学之外的由社会科学家运作的研究中心那里找到了不完全的学术庇护所。一个这方面很好的例子就是拉丁美洲经济与社会史研究项目（Programa de Estudios d Historia Economica y Social Americana）。该项目创建于 1977 年，目的是为社会史研究提供空间。其创始人受英国马克思主义，尤其是 E. P. 汤普森的影响。这些创始人以历史之外的职业谋生，尽管有些人接受拨款。这个小组的早期作品专注于 19 世纪中叶至 1930 年代的工人阶级。在回归民主以后，其成员获得了大学的教职，他们的研究题材也拓宽了。②

　　那些在很大程度上与学术圈隔离或者那些在独裁时期进入大学的人则感到自己成了迷失的一代。他们认为自己不同于那些早些时候在大学求学或者设法在国外学习的人。虽然他们自认为迷失的一代，然而，埃玛·希伯提（Ema Cibotti）作为其成员之一，写到这一代并未以不同的方式论述历史问题。不管怎样，这个评论出现在一份刊物上，而该刊物是这一代的一个群体个人劳动的成果。也许因为他们进入这个领域被延迟了，或者因为他们在回归民主之后立即获得好的学术职位更加困难，他们仍然自视与别的团体不同。③

₄₃₅

---

① 'Tulio Halperín Donghi', p. 40; and Tulio Halperín Donghi, *Guerra y finanzas en los orígenes del estado argentino* (1791–1850) (Buenos Aires, 1982).

② PEHESA-CISEA, *Resena de actividades*, 1977–1983 (Buenos Aires, 1983); Programa de Estudios de Historia Económica y Social Americana, 'PEHESA: An Argentine Social-History Group', *Latin American Research Review*, 28 (1983), 118–124; and 'Hilda Sabato', in Hora and Trimboli (ed.), *Pensar la Argentina*, 80–106.

③ Ema Cibottti, 'El aporte en la historiografía argentina de una "generación ausente", 1983–1993', *Entrepasados*, 3: 4–5 (1993), 7–20.

回归民主

1983 年回归民主引发了一阵历史书写的繁荣。大学里又掀起人事变动；新教授决心要提高标准。随着国立和私立大学的数量的急剧增长，就业机会成倍增长，同时接受国家科研机构阿根廷科学基金会资助的历史学家也越来越多。高质量的历史著作不仅仅在布宜诺斯艾利斯、拉普拉塔、罗萨里奥和科尔多瓦，而是在全国各地的大学涌现，并且常常出现在几十年前还不存在的研究机构。这种情形在历史上还是第一次。定期举办的学术会议使得全国的历史学家有机会交流想法。经济危机诚然使历史学家写作和发布研究成果受到一定妨碍，但没有阻止质量和数量上的提升。[1]

那些成为有广泛影响力的历史学家和教授的学者中很多人曾在国外生活。在国外，他们有机会全面接触西方世界的历史思潮。现在，所有这些主要思潮在不同程度上在阿根廷也能见到，尽管常常带上鲜明的阿根廷本国的色彩。互联网大大促进了观点之间的交流。在经过一定延迟之后，历史写作性质的转变开始被中等教育的教科书所接受。[2]

436

什么是兴起于 1980 年代，繁荣于 1990 年代的新政治史学呢？该史学显示了对于国外史学思潮的了解，但却植根于 1980 年代民主回归的氛围中。政治上长期而严重的衰退使军队得以在 1976 年攫取政权。许多历史学家想要审视这些失败，并且寻找国家的政治文化中仍然值得拯救的元素。1982 年，拉丁美洲经济与社会史研究项目的历史学家们发布了一项声明，声称需要恢复国家可重新使用的政治传统。另一些人则强调了要把历史与现存的

---

[1] 参考 Buchbinder, *Historia de las universidades argentinas*, 214-234; and Beatriz Bragoni (ed.), *Microanálisis: Ensayos de historiografía argentina* (Buenos Aires, 2004)。

[2] Romero (ed.), La Argentina en la escuela.

问题联系起来。于是，将政治与社会史、文化史和思想史融合到一起的一种新型的政治史出现了。与前辈的历史学家不同，许多这方面的著作，并不专注于国家层面，而是着眼于较小的单位，为的是更好地理解发生的事。①

　　这方面一个较好的例子是希尔达·萨巴托（Hilda Sabato）考察 1860 年代和 1870 年代阿根廷政治的著作。该著作揭示了在一种欺诈的氛围里，选举的过程是怎样进行的，以及公众的意见怎样通过一种复杂的市民文化让自己凸显出来。加德尼亚·维达尔（Gardenia Vidal）著书详细探讨了在科尔多瓦省的男性选举变得基本公正以后，激进党在那里是怎样运作的。她考察的主题如赞助，哪些群体支持哪些党派，以及为什么。马里亚诺·普洛特金（Mariano Plotkin）将文化史与政治史结合起来，考察了庇隆政权如何运用文化来谋求建立其合法性，并且争取更广泛的支持。阿瑞尔·德·拉·富恩特（Ariel de la Fuente）使用包括民间故事在内的广泛的材料来源，来构建出一幅图景，说明为什么 19 世纪中叶拉里奥哈（La Rioja）地区的普通人追随首领。

　　令人印象最深的改变的迹象是对于殖民后期和 19 世纪上半叶大草原地区乡村经济的认识发生了转变。传统的历史学认为大草原为专事放牧的大庄园所主导，那些庄园主并不一定为资本家的动机所驱动，也未必就控制了社会。改变来自几个方向。在 1960 年代初和 1970 年代，唐伊撰写了两部开创性的著作，考察牧场经营的边界，对一个庄园展开研究。他的这两部著作开启了重新思考乡村结构的过程。同样有影响的是卡洛斯·阿沙杜利安（Carlos Sempat Assadourian）的著作，此书

437

————————

① Pehesa，'¿Donde anida la democracia?' *Punta de Vista*，15（1982），6 - 10；'¿Por qué Entrepasados?' 1：1（1991），p. 3；and Tulio Halperín Donghi，'El resurgimiento de la historia política：Problemas y perspectivas'，in Bragoni（ed.），*Microanálisis*，17 - 30.

论述南美洲南部内陆贸易模式，提醒历史学家当地市场的重要性。[1]

1983 年以后，对于大草原经济的本质出现了新的解读，这建立在新材料的基础之上：庄园记录、死亡名录、遗嘱、统计调查，等等。这些研究常常集中在较有限的地理区域。出现的图景是这样一种乡村经济，它完全是资本主义的，不是为大型的放牧场主导，而是农耕和放牧共存，正如大庄园和小庄园共存一样。刻板印象中的南美牧人（gaucho）原来很大程度上是神话的产物。[2]

近年来涌现了一些著作，这些著作反映了西方历史学的大部分主要趋势：从语言学转向到性别研究、私人生活、思想史以及后现代主义。这种改变最佳的例子是一部由多人合作撰写的 10 卷本历史著作，《新阿根廷史》（Nueva Historia Argentina）。书中的章节由不同历史学家分头执笔，他们并不试图给出围绕一段时期的整体图景，而是每一位历史学家在他的专业领域落笔，由这套书的编辑选择主题。关于健康、农业、城镇增长以及许多其他主题的文章也出现在书中，这些内容在过去是不会收入此类著

---

[1] Tulio Halperín Donghi, 'La expansión ganadera en la campana de Buenos Aires (1810-1852)', *Desarrollo Económico*, 3：1-2 (1963), 57-110；id., 'Una estancia en la campana de Buenos Aires：Fontezuela, 1753-1809', in Enrique Florescano (ed.), *Haciendas, latifundios y plantaciones en América Latina* (Mexico, 1975), 447-463；and Carlos Sempat Assadourian, *El sistema de la economía colonial：El mercado interior. Regiones y espacio económico* (Mexico, 1983). For their importance, Juan Carlos Garavaglia and Jorge D. Gelman, 'Rural History of the Río de la Plata, 1600-1850：Results of a Historiographical Renaissance', *Latin American Research Review*, 30：3 (1995), 75-76.

[2] 参阅，如 Raúl Fradkin and Jorge Gelman, 'Recorridos y desafíos de una historiografía：Escalas de observación y fuentes en la historia rural rioplatese', in Bragoni (ed.), *Microanálisis*, 31-54；and Samuel Amaral, *The Rise of Capitalism on the Pampas：The Estancias of Buenos Aires, 1785-1870* (Cambridge, 1998)。

作中的。[1]

　　历史学家所面临的结构问题仍然存在。图书馆和档案馆数量不够，而期刊杂志则生存艰难。许多阿根廷历史学家仍然在国外就职，但他们不再是因为政治原因生活在国外的，而是出于经济的或个人的原因。尽管他们的居住地显然影响到他们的写作，但进出国门的人流持续不断也避免了阿根廷学术圈与外界隔离。与1945年历史著作的状况相比，阿根廷历史学家已经取得长足的进步。自1980年代以来，历史学著作的质量高，数量惊人，许多著作不再把目光集中到首都。没有理由相信这一切会停止。同任何学术运动一样，这会受到那些想要争取自己研究空间以及拥有不同议题日程的人们的挑战。[2] 人们能够感觉到希望。

大事年表/关键日期　　　　　　　　　　　　　　　　438

- 1916　首次公正的总统选举
- 1918　大学改革运动引发课程修订，形成一个更加基于价值评判的教学团体和一个更加广泛的学生群体，以及加入了学生对学校管理
- 1930　右翼军事政变
- 1932—1943　新保守时期——政府有着民主的外表，却依赖选举操纵
- 1943　军事政变建立了高压政府；庇隆成为主导者，直到1945年
- 1946　庇隆在公正的总统选举中获胜
- 1946—1955　庇隆统治时期，有着民主的外表，但却越来越成为高压政府

---

[1]　Juan Suriano (ed.), *Nueva Historia Argentina*, 10 vols. (Buenos Aires, 1998 - 2005).

[2]　参考，如 Campione, *Argentina*, *for a generational and political challenge*。

- 1955 军事政变
- 1958 民主的回归，但不允许庇隆主义者参与
- 1959 私立大学合法化
- 1966 军事政变
- 1973 为回应游击运动、劳工动乱，以及民众煽动，允许进行选举；庇隆重返，就任总统，1974 年庇隆逝世后总统职位由其副总统兼第三任妻子伊莎贝尔继任
- 1976 军事政变，以及史无前例的镇压
- 1983 民主的回归
- 1989—1990 恶性通胀
- 2001—2002 经济崩溃

主要史料

- Bragoni, Beatriz（ed.）, *Microanálisis：Ensayos de historiografía argentina*（Buenos Aires, 2004）.

- Campione, Daniel, *Argentina：La escritura de su historia*（Buenos Aires, 2002）.

- Cattaruzza, Alejandro and Eujanian, Alejandro C.（eds.）, *Políticas de la historia：Argentina 1860 – 1960*（Buenos Aires, 2003）.

- Devoto, Fernando J.（ed.）, *La historiografía argentina en el siglo XX*, 2 vols.（Buenos Aires, 1993 – 1994）.
  ——'Itinerario de un problema："Annales" y la historiografía argentina（1929 – 1965）', *Anuario del IEHS*, 10（1995）, 155 – 175.
  ——and Pagano, Nora（eds.）, *La historiografía académica y la historiografía militante en Argentina y Uruguay*（Buenos Aires, 2004）.

- Garavaglia, Juan Carol and Gelman, Jorge D.,'Rural History of

the Río de la Plate, 1600 – 1850: Results of a Historiographical Renaissance', *Latin American Research Review*, 30: 3 (1995), 75 – 105.

- Halperín Donghi, Tulio, *El revisionismo histórico argentino* (Buenos Aires, 1971).

  —— 'Un cuarto de siglo de historiografía argentina (1960 – 1985)', *Desarrollo Económico*, 100 (1986), 487 – 520.

  ——*Ensayos de historiografía* (Buenos Aires, 1996).   439

- Hora, Roy and Trimboli, Javier, *Pensar la Argentina: Los historiadores hablan de historia y política* (Buenos Aires, 1994).

- Korol, Juan Carlos, 'Los Annales y la historiografía argentina', *Eslabones: Revista semestral de estudios regionales*, 7 (1994), 82 – 93.

- Moreyra, Beatriz, 'La historiografía', in *Nueva historia de la nación argentina*, vol. 10 (Buenos Aires, 2003), 67 – 110.

- Neiburg, Federico and Plotkin, Mariano (eds), *Intelectuales y expertos: La constitución del conocimiento social en la Argentina* (Buenos Aires, 2004).

- Pagano, Nora and Rodríguez, Martha (eds.), *La historiografía rioplatense en posguerra* (Buenos Aires, 2001).

- Quattrocchi-Woisson, Diana, *Los males de la memoria: Historia ye política en al Argentina* (Buenos Aires, 1995).

参考书目

- De la Fuente, Ariel, *Children of Facundo: Caudillo and Gaucho Insurgency during the Argentine State-Formation Process (La Rioja, 1853 – 1870)* (Durham, 2000).

- Di Tella, Guido and Zymelman, Manuel, *Las etapas del desarrollo económico argentino* (Buenos Aires, 1967).

- Di Tella，Torcuato S. and Halperín Donghi，Tulio（eds.），*Los fragmentos del poder：De la oligarquía a la poliarquía argentina*（Buenos Aires，1969）.

  ——Germani，Gino，and Graciarena，Jorge（eds.），*Argentina，sociedad de masas*（Buenos Aires，1965）.

- Ferrer，Aldo，*La economía argentina：Las etapas de su desarrollo y problemas actuales*（Mexico，1963）.

- Halperín Donghi，Tulio，*Revolución y guerra：Formación de una élite dirigente en la Argentina criolla*（Buenos Aires，1972）.

  ——（ed.），*Historia argentina*，7 vols.（Buenos Aires，1972）.

  ——*Guerra y finanzas en los orígenes del estado argentino*（1791 - 1850）（Buenos Aires，1982）.

- Irazusta，Rodolfo and Irazusta，Julio，*La Argentina y el imperialismo británico*（Buenos Aires，1934）.

- Luna，Félix，*El 1945：Crónica de un ano decisivo*（Buenos Aires，1969）.

- Ortega Pena，Rodolfo and Duhalde，Eduardo Luis，*Pelipe Varela contra el imperio británico*（Buenos Aires，1966）.

- Plotkin，Mariano Ben，*Manana es San Perón：Propaganda，rituales políticos y educación en el régimen peronista*（1946 - 1955）（Buenos Aires，1993）.

- Romero，José Luis，*La ideas políticas en Argentina*（Mexico，1946）.

- Sabato，Hilda，*La política en las calles：Entre el voto y la movilización*，*Buenos Aires*，1862 - 1880（Buenos Aires，1998）.

- Sempat Assadorian，Carlos（ed.），*Modos de producción en América Latina*（Córdoba，1973）.

  ——*El sistema de la economía colonial：El mercado interior. Regiones y espacio económico*（Mexico，1983）.

- Suriano，Juan（ed.），*Nueva Historia Argentina*，10 vols.

（Buenos Aires，1998 – 2005）.

- Vidal，Gardenia，*Radicalismo de Córdoba*，1912 – 1930 （Córdoba，1995）.

王伟 译

第二十一章　巴西的历史写作

马歇尔·埃金

　　当下巴西高水平的历史写作得益于过去五个世纪雄厚的历史作品基础，但真正的职业化历史写作的发展却仅仅是近五十年努力的结果。当葡萄牙人于 1500 年在前往印度的航线上误打误撞抵达南美东海岸时，他们遭遇的是一群高度分散的、没有专属文字的土著人。在之后约三个世纪的葡萄牙征服与殖民统治时期内，历史写作的重要表现仅为编年史家的作品，而这些编年史家的身份常常是传教士、王室官员及精英公职人员。随着 1822 年巴西建国，像美洲其他国家独立后所发生的一样，学者们开始书写第一批重要的历史作品，并为本民族正名。直到 20 世纪二三十年代为止，一系列杰出的思想家为了证明国家与民族的身份及起源，创作了多部堪称里程碑的历史著作，聚焦巴西所特有的来自非洲、美洲本土及葡萄牙的多样性文化、种族的融合与传承。职业学院派历史学酝酿于 20 世纪四五十年代，在 1960 年代得到腾飞式发展。在过去半个世纪中，巴西孕育了一个富有经验且生气勃勃的历史学家群体，无论面对学院内外的职业或非职业受众，他们都能提供各受众所需的历史作品。同时，虽然在过去一百年内受到欧美历史写作的深刻影响，如今巴西的历史写作大部分还是植根于本土议题与本土关怀。

起源

　　和所有美洲地区一样，巴西于 15、16 世纪之际为扩张中的欧

洲强权所征服，成为其附属殖民地。但与西班牙所统治的核心地区墨西哥、秘鲁和加勒比不同的是，葡萄牙人没有在巴西构建起一套完整的高等教育体系。当西属美洲津津乐道 16 世纪中期诞生的一系列大学时，同样的设施在巴西出现却是布拉干萨皇室（Braganza royal family）到来后的事情（1808—1821），他们被拿破仑战争的烽火赶到了大西洋的这头。[①] 在 19 世纪，所有高等教育的系科集中在法律、工程以及医疗方面，并且屯集于东北和东南的海岸线地区。直到 1930 年代圣保罗大学的建立，才标志着巴西拥有了真正意义上的现代大学。[②]

441

　　在西属美洲，传教士和皇室公职人员撰写了殖民地时期最负盛名的历史著作，葡属美洲的类似作品却是屈指可数。耶稣会士的信件——特别是 16 世纪的曼努埃尔·达·诺布列加（Manoel da Nóbrega）、若泽·德·安切达（José de Anchieta）以及安德烈·若昂·安东尼奥（André João Antonil）——构成了早期征服、殖民化和基督教化的编年史佐证。[③] 在三个世纪的殖民统治时期内，少数的编年史家提供了相关的主要描述。[④]

　　1808 年后，葡萄牙皇室的到来使得巴西的高等文化形态发生

① Kirsten Schultz, *Tropical Versailles*：*Empire，Monarchy，and the Portuguese Royal Court in Rio de Janeiro，1808 - 1821* (New York, 2001)；and Lilia Moritz Schwarcz, with Paulo Cesar de Azevedo and Angela Marques da Costa, *A longa viagem da biblioteca dos reis*：*Do terremoto de Lisboa à independência do Brasil* (São Paulo, 2002).

② Irene de Arruda Ribeiro Cardoso, *A universidade da comunhão paulista*：*O projeto de criação da Universidade de São Paulo* (São Paulo, 1982).

③ Manoel da Nóbrega, *Cartas do Brasil* (Belo Horizonte, 1982)；Alfredo de Valle Cabral (ed.), *Cartas avulses，1550 - 1568* (Rio de Janeiro, 1931)；and André João Antonil, *Cultura e opulencia do Brasil，por suas drogas e minas*, ed. Andrée Mansuy (1711；Paris, 1968).

④ Gabriel Soares de Sousa, *Tratado descriptive do Brasil em 1587* (São Paulo, 1938)；Ambrósio Fernandes Brandão, *Diálogos das grandezas do Brasil* (Recife, 1962)；Frei Vicente do Salvador, *História do Brasil* (São Paulo, 1931)；and Sebastião da Rocha Pitta, *Histtória da América portuguesa* (1730；Bahia, 1950).

转型。他们在圣保罗和累西腓创建了最早的法律系科，在里约热内卢和萨尔瓦多则建立医学系，在里约热内卢还创办了工程学科。摄政王若昂（后来的若昂六世）建立了许多关键的精英文化机构，包括后来国家图书馆的前身。[1] 1821 年，绝大多数皇室成员返回葡萄牙，佩德罗王储最终承担起独立运动的领导职责，并在 1822 年宣布巴西与葡萄牙分离，以巴西帝国的名义独立。在佩德罗一世（1822—1831）和他儿子佩德罗二世（1840—1889）统治下，来自皇室的恩赐直接导致国家档案的肇端，历史写作也被赋予围绕本国的神话和形象为这一新生的国度和领导层创建"想象的共同体"的任务。[2]

和美国和西属美洲如出一辙，绅士学者取代了之前的传教士和公职人员，成为 19 世纪历史写作的主要力量。这一时期的两大巨擘分别是弗朗西斯科·阿道夫·瓦恩哈根（Francisco Adolfo Varnhagen）和若昂·卡皮斯特拉诺·德·阿布鲁（João Capistrano de Abreu）。前者是德国军事工程师的儿子，担任外交官的工作。而后者的作品《殖民地史章节》（*Capítulos de história colonial*，1907）更是因其对纪实材料的重视和精到的分析，被看作现代历史写作的开山巨著。19 世纪的历史学家主要为精英读者写作。巴西人口在 1872 年达到 1000 万，识字率在百分之十左右，城市人口也大抵占百分之十。

紧跟着 19 世纪席卷西方世界的风潮，巴西也建立了国家及州立档案馆和图书体系，它们大部分致力于搜集政府文档，并且在巴西帝国（1822—1889）和所谓第一共和国（1889—1930）时期得以成型。19 世纪早期直至 20 世纪，咖啡生产与出口带动了巴西经济的扩张。20 世纪初，巴西开始进行工业化建设，在里约热内卢和快速发展的大都市圣保罗进展尤其显著。综观整个 20 世纪，这两

---

[1] Schwarcz, *A longa viagem da biblioteca dos reis*.

[2] Lilia Moritz Schwarcz, *As barbas do Imperador：D. Pedro II，um monarco nos trópicos* (São Paulo，1998).

大都市群主宰了巴西的思想和文化生活。绝大多数思想精英及文化领袖出自财富世家，他们往往发家于咖啡买卖和建筑于经济扩张之上的商业网络。而那些并非出身于两大都市群中心的大思想家，往往移居于此，成为充满活力的思想、文化和出版中心的一员。①

从 1920 年代到 1960 年代

1920、30 年代对于巴西来说，无疑是政治、经济、文化动荡的年代。受到欧洲形势转变的深刻影响，大量南欧移民（意大利、西班牙、葡萄牙）进入巴西。巴西精英阶层在体质上比以往任何时期都接近欧洲，然而与之相反，文化精英们却竭力维护巴西文化的独立性，与欧洲保持一定距离。1920 年代在巴西产生的现代主义运动，点燃了重新审视巴西的社会、身份认同和历史特质的热情。选举政治在 1930 年的崩溃，开启了热图利奥-瓦加斯统治时代的转型。在瓦加斯治下——尤其是 1937 年到 1945 年的独裁统治时期——整个巴西国家寻找到了合适的历史创作方式，把这一国家的过去借助出版业、学校课程、博物馆以及国家庆典等诸多方式加以表达。②

三本伟大的阐释性著作为本世纪其余的历史作品奠定了良好的基础。首当其冲的是保罗·普拉多（Paul Prado）的《巴西素描：论巴西的哀愁》（*Portrait of Brazil：An Essay on Brazilian Sadness*，1928）。全书充斥着对于巴西立国和发展的悲观主义的和伤感的描绘。通过对一个巴西极具影响力的咖啡种植业家族的分析，普拉多指出，过去数个世纪以来的种族融合、葡萄牙政治遗产以及不平等现象将把巴西带入难以纠偏的社会、经济和政治轨道。从某种意义上说，普拉多的作品追随着欧几里得·达·库

443

① Boris Fausto, *A Concise History of Brazail*, trans. Arthur Brakel (New York, 1999).

② Daryle Williams, *Culture Wars in Brazil：The First Vargas Regime, 1930—1945* (Durhan, NC, 2001).

尼亚（Euclides da Cunha）的史诗《腹地的叛乱》（*Rebellion in the Bocklands*，1902）所体现的传统，长久以来这两部作品被视作有关巴西民族认同的基石之作。达·库尼亚将新闻、历史和哲学糅合一体，点明了 20 世纪初巴西思想界所面临的困境。他生动地描绘了巴西的本质，即一个由非洲人、印第安人和欧洲人杂糅而成的非白人国家。由于无法突破 19 世纪晚期种族主义社会科学的窠臼，达·库尼亚认为，巴西唯一的希望必须寄托在通过移民"白化"民众，同时渐进式排除非白人和他们的影响上面。与此相反，塞尔吉奥·巴尔克·德·霍兰达（Sérgio Buarque de Holanda）的著作《巴西之根》（*Roots of Brazil*，1936），则把葡萄牙传统视作培养"和蔼可亲者"（cordial man）的关键。在霍兰达关于"和蔼可亲者"的界定中，巴西人被描述成具有妥协、协商和讲究策略特征的一群人，这使得他们在独立之后的百年内享受到了其他拉丁美洲国家难以企及的和平和稳定。霍兰达指出，政治生活上这种讲求协商和妥协的国民性，将是巴西能够独特地拥有光明前景的关键。自学成才的霍兰达，也就成为接下来数十年间巴西最为重要的历史学家之一。

第二部有关巴西认同的基础性著作是吉尔伯托·福莱尔（Gilberto Freyre）的《主人与奴隶》（*The Masters and the Slaves*，1933），作者在书中对巴西殖民地社会的形成作出了精彩的阐释性长篇论证。福莱尔同样置身于包括达·库尼亚在内的悠久传统，他以此为出发点讨论了巴西作为葡萄牙和南美土著种族文化融合产物的特征，提出它决定了巴西的历史和认同。另外，作者较之其他历史学家更重视非洲奴隶在这一进程中的影响。与前辈们不同的是，福莱尔把融合视作巴西文明优于其他文明的光荣和伟大之处。[1] 他把它特别命名为"葡萄牙-热带文明"（luso-

---

[1] 首次论述种族融合和巴西形成的论文发表于 1884 年，即 Karl Friedrich Philipp von Martitus, 'How the History of Brazil Should Be Written', in E. Bradford Burns（ed.），*Perspectives on Brazilian History*（New York，1967），21-41。

tropical civilization)，这一独一无二、文化上极其富足的文明是传承巴西的过去与未来的关键。福莱尔所宣扬的这种观点，成了后来一股强大的多样化民族主义的核心与灵魂，产生一种种族、文化方面印、非、欧三者交织的巴西认同。无论在热图利奥·瓦加斯独裁的 30、40 年代，还是民粹主义浪潮高扬的 50 年代（特别指儒塞利诺·库比切克担任总统时期），福莱尔式的观念成为塑造民族国家必不可少的武器，它指引着巴西去创造一种"种族上的民主"状态。具有讽刺意味的是，在 60、70 年代军政府治下，这一种族融合民主观念终于成为巴西的国家官方意识形态。军政府把这一观念置于构建民族认同的核心地位，余波一直影响到之后结束军政时代的平民政治家们，他们对此加以神圣化。①

444

霍兰达和福莱尔出版各自开创性著作时都还是年轻思想家（普拉多则已经快 60 岁），他们当时还没在学术圈站稳脚跟。随着巴西学术体系在之后几十年内蓬勃发展，两人得以在巴西及海外长期担任大学教职。霍兰达后来还成了《巴西文明通史》（*Gereral Historal of Brazilian Civilization*，1960—1971）最初六卷的主编，这部著作以它的海量信息及基础性功用闻名于世。他们三人的共通点是出身于精英种植园主世家，其中普拉多和霍兰达来自圣保罗，福莱尔则是累西腓人。20 世纪三四十年代，一大批历史著作都遵循这一模式而问诸于世，著名代表有小卡伊奥·普拉多（Caio Prado，Jr）的《当代巴西的形成》（*Formation of Comtenporary Brazil*，1942）。作为知名显赫的普拉多家族的后裔，小普拉多在书中对殖民地社会进行了马克思主义式的再解释，采用唯物主义与经济学视角是这部历史著作的独特之处。

---

① Maria Lúcia Garcia Pallares-Burke，*Gilberto Freyre：Um vitoriano dos trópicos*（São Paulo，2005）.

学院历史学的兴起

　　虽然巴西有许多大学都宣称自己是国内第一所高等学府，但在 1930 年代建立的圣保罗大学被公认为现代意义上的大学的鼻祖。在那个时候，咖啡出口型经济使得圣保罗州成为巴西最富庶和人口最集中的一个州，而它带来的衍生效益让圣保罗都市圈在 20 世纪中叶成为南半球最具实力的工业中心。[①] 1930 到 1940 年代，州内的思想、政治和经济界精英们把欧洲学术邀请入室，帮助建立了圣保罗大学。其中，费尔南·布罗代尔、克劳德·列维·斯特劳斯以及罗热·巴斯蒂（Roger Bastide）都于早年生涯参与了创建圣保罗大学的行动。[②] 这一进程加固了长期以来巴西精英们对于欧洲特别是法国思想和文化趋势的偏爱，而不是地理上更近的美国。直到 70 年代，随着美国文化和学术体制在全球范围内的影响愈来愈大，它们在巴西国立大学体制的迅猛扩张中扮演了重要角色，绝大部分大学直接由联邦政府支持。[③]

　　20 世纪四五十年代，非学院历史学家和社会科学家继续创作了一些最为重要的历史著作。比较出名的有：维克多·努涅斯·里尔（Victor Nunes Leal）的《旧共和时期的政治体系：自治地和代议政府在巴西》（1949）和莱蒙多·法罗（Raimundo Faoro）的《权力的主人：巴西政治恩庇的形成》（1958）。这两本书都提供了关于巴西社会、政治特性的强有力和影响深远的分析，同时强调吸收葡萄牙殖民统治的遗产是巴西发展的关键。法罗强调了一

445

---

① Joseph L. Love, *São Paulo in the Brazilian Federation*，*1889 - 1937*（Srtanford, Calif. ，1980）；and Warren Dean, *The Industrialization of São Paulo*，*1880 - 1945*（Austin，1969）.

② 巴西的历史学界这些年有了田野工作，其形成是基于 Claude Lévi-Strauss, *Triste Tropoques*，trans. John and Doreen Weightman（New York，1992）。

③ Arnaldo Niskier, *Educaçāo brasileira*：*500 anos de hsitoória*，*1500 - 2000*（São Paulo，1989）；and David Plank, *The Means of Our Salvation*：*Public Education in Brazil*，*1930 - 1995*（Boulder，Col. ，1996）.

个世纪来家产制国家的发展和政治恩庇的运用。里尔则描绘了基于地方和地区间的一种权力网络的发展，地主们（曾经的殖民者）借此控制和主宰了土地、社会和政治。随着时代的进步，这一本土乡村统治体制成了 19 世纪末 20 世纪初国家政治的关键，因为虚弱的中央政府把地方权力交给地主们，以换取他们对于国家和联邦政府的忠诚。里尔和法罗都是律师出身，在出版了各自的著作后，他们把部分职业生涯投入到大学任教中。

至 1960 年代，巴西拥有了一个生气勃勃的思想群和新建立的大学体系，国家政治领导人逐渐对培养一种国家认同感产生兴趣。在许多方面，政府成了文化、教育和思想活动的最有力的资源后盾。在二战后的 20 年间，巴西的思想文化生活涵盖了政治上左右翼的绝大范围，不断产生的历史著作反映了无论处于哪种政治立场的思想家们想要通过解释国家的过去以理解现在的愿望，当然还包括使之成为未来发展的向导。[1] 里尔和法罗的著作引领了这一潮流。塞尔索·福塔多（Celso Furtado）的经济史领域先驱名著——《巴西经济的成长》（1959）提供了一种最为左翼的观点，说明巴西未成熟状态下的起源以及得以克服障碍获得发展的潜在途径。福塔多早年活跃于新闻界，五六十年代供职于政府，这些经历帮助他形成了从有关巴西过去的分析中寻找通往未来政策路径的历史观。[2]

这些绝大多数的经典历史著作并非出于受过正式训练的历史学家之手，他们往往接受的是法律、经济学和社会科学的高等教育。这一模式在学院历史学崛起后得以延续，形成跨学科研究的优良传统。有两股潮流深刻影响了 1920 至 1980 年间问世的历史著作，它们分别是年鉴学派和马克思主义。两者都突出社会史、

446

---

① Carlos Guiherme Mota, *Ideologia da cultura brasileira: 1933 - 1974* (São Paulo, 1978).

② 参见 Furtado 的自传, *A fantasia organizada* (Rio de Janeiro, 1985); and *A fantasia desfeita* (São Paulo, 1989)。

经济史的作用，而马克思主义以其种种形态渗入了 20 世纪后半叶不同信仰的历史学家的著作。

不幸的是，在全球冷战两极对立的政治背景下，巴西的政治之路也走向极端化。1964 年军队攫取了权力，20 年来的大众普选政治走到尽头，并且拉开了拉丁美洲接下来十年间军人政治浪潮的序幕。[1] 镇压在 60 年代晚期达到高峰，许多思想家被驱逐到拉丁美洲、欧洲及美国各地。具有讽刺意味的是，这一政治和思想迁徙浪潮反而丰富了巴西和移居地的历史写作。另一方面，尽管军人政府着力整肃大学中"不合需要"的学科，但同时也资助了联邦大学体系内的惊人扩展。当 1985 年军人统治终结之后，巴西大学的深化建设无疑得益于前一时期打下的基础。

随着巴西学术版图在 1960 年后的扩张，巴西的历史著作纷纷折射出欧洲和美国的主流形态，即向经济、社会史转向以及马克思主义的影响。劳工、奴隶、土著、家庭和妇女等成为成长中的历史写作的焦点主题，越来越多的专业历史学家写出这一类作品。著名的例子有：埃德加·加隆（Edgard Carone）关于劳工的讨论、波利斯·斐斯托（Boris Fausto）的日常生活史、玛丽亚·席尔瓦·德·卡瓦略·弗朗哥（Maria Sylvia de Carvalho Franco）论奴隶和自由劳工等，它们都是上述趋势的典型代表。其中最具影响力的一部作品是艾米利亚·维奥蒂·达·科斯塔（Emília Viotti da Costa）的《从奴隶区到殖民地》，它标志着巴西的奴隶史研究及分析提升到了一个全新高度。达·科斯塔在军人上台后不久离开了巴西，前往耶鲁大学任教，在之后的三十年间，他培养了一批杰出的历史学家。这些学生们现在也投身于各大研究项目，承担教学和训练年轻历史学家的工作，尤其活跃于耶鲁、威斯康星、杜克和纽约大学等高校。

---

[1] Thomas E. Skidmore, *Politics in Brazil*, *1930 – 1964*: *An Experiment in Democracy* (1967; rev. edn, New York, 2007); and id., *The Politics of Military Rule in Brazil*, *1964 –1985* (New York, 1988).

在大学数量增长的同时，历史学科的博士项目相应地得到飞跃。到 1980 年代巴西几乎每个州（超过 24 个）都拥有其自身的联邦大学，同时还有其他各类公立和私立学校。圣保罗大学保持着巴西第一大学的美誉，不过一流的历史系科在其他州和城市也慢慢出现，如米纳斯吉拉斯联邦大学、弗鲁米嫩塞联邦大学、坎皮纳斯大学和里约热内卢联邦大学等。圣保罗大学的优先地位不但体现在 1930 年代最先建立，而且更多在于国家能够给予现代研究型大学的资源方面。

即使在军人独裁占据国民生活主导的 70 年代，历史学仍然在顽强地成熟和拓展中，许多重要著作诞生于这一时期。六七十年代，横贯全体拉丁美洲最重要的理论思潮或许就是依附理论。在此 20 年间，受马克思主义不同变体影响，欧美非拉及中东地区产生了许多重要的有关帝国主义和依附理论的思想。拉美的思想家对于依附理论的贡献更是有目共睹，写出了一系列广为传播的著作。费尔南多·亨里克·卡多佐（Fernando Henrique Cardoso）是其中最重要的一位学者，他在被军方从圣保罗大学赶出后移居智利，与智利学者恩佐·法雷托（Enzo Faletto）合作完成了《依附与发展》（1967）。这本书迅速风靡整个拉美地区，后来获得了超越拉美地区之外不可估量的影响力。虽然依附理论有各种不同的流派和表述，但其核心论点简单明了：通过对亚非拉新兴国家和殖民地的控制和支配，北大西洋世界的强权经济在早期现代和现代时期就掌握了一切。对于最为极端的依附理论家来说，拉美世界的政经完全仰人鼻息，生存与发展受到美国和欧洲（特别是英国）的控制。伊曼努尔·沃勒斯坦的世界体系理论是依附理论的近亲。[①]

从 60 到 80 年代，拉美地区的许多历史著作因依附理论而面

---

① Immanuel Wallerstein, *Capitalist Agriculture and the Origins of the European World-Economy in the Sixteenth Century* (New York, 1974). 另参见本卷第 6 节。

世，似乎这成了一种模式或者时尚。费尔南多·诺瓦斯（Fernando Novais）的《旧殖民体系危机下的葡萄牙和巴西》（1979）便是其中一例。它致力于把巴西的历史发展置于欧洲扩张、大西洋经济体系、发达与不发达的概念框架内的葡萄牙殖民主义统治之下。在这几十年中，有相当数量的历史著作尝试处理经济方面的题材，不时有开拓性作品产生。有一组作品追随着诺瓦斯的研究轨迹，注重跨大西洋范围的经济互动。塞尔索·福塔多（Celso Furtado）就写了一批关于整个拉美地区的著作，以说明巴西及巴西以外所有地区范围内未开化的历史起源状态。①

如果说有一部在处理问题的方法上与诺瓦斯和福塔多大相径庭的历史名著，那么阿尼巴尔·维拉诺瓦·维莱拉（Annibal Villanova Villela）与威尔逊·苏斯甘（Wilson Suzigan）合写的《联邦政策和巴西经济的增长》（1973）绝对当仁不让。它在创建一套统计学上的时间序列方面是里程碑式的，该数列记录了巴西政府在经济成长中扮演的角色。经济学家和历史学家打破学科藩篱，利用以前没有分析过的量化数据，创造了一连串杰出研究。就像巴西其他大多数历史写作一样，关于圣保罗和里约热内卢的研究统治了这一学术领域。有一个产生海量研究成果的课题就是：圣保罗如何在 19 世纪晚期变成世界最重要的咖啡制造和出口地，又是如何在 20 世纪中叶成为第三世界最具实力的工业中心。②

由于巴西历史学家大规模的移居、巴西大学系统的发展及与欧美更便捷的交流渠道形成，不同的学术观念、方法和手段得以交流互动、生根开花。巴西的历史著作有个突出特征，即反映了长久以来无视一般学术和学科分野的杰出传统。在这几十年间，历史研究的热门主题是奴隶制、种植园社会、种族与种族间的关

---

① Celso Furtado, *Economic Development of Latin America : Historical Background and Contemporary Problem*, trans. Suzette Macedo (Cambridge, 1970).

② 例如参见 Wilson Cano, *Raízes da concentração industrial em São Paulo* (Rio de Janeiro, 1977)。

系、移民、社会叛乱和劳工。相当数量的巴西学者在美国进行博士阶段的研究，在之后的岁月中于巴西和美国学术界来往自如。突出代表有若昂·若泽·里斯（João José Reis）和他的奴隶制研究，若泽·穆列罗·德·卡瓦略（José Murilo de Carvallo）和他关于巴西过去两百年社会叛乱、帝国政治及公民权的分析。里斯在美国明尼苏达大学完成博士学业，卡瓦略则是斯坦福大学的学生。

　　巴西历史学家同样对于过去半世纪的奴隶制和种族关系研究贡献良多。吉尔伯托·福莱尔（Gilberto Fryre）30 年代的经典著作在巴西之外影响深远，长期是有关巴西奴隶制的主流观点。然而，他有关奴隶制和种族关系的温和视角开始遭到来自各个方面一波接一波的批判，这些反对的尝试刺激了 60 年代之后的历史写作。像里斯、达·科斯塔、马托索（Kátia de Queirós Mattoso）和小福塔多（Júnia Ferriera Furtado）等人作为巴西国内学术圈巨擘，在欧洲、北美和拉美历史学家中间重新定下奴隶制研究的基调。

　　另一历史研究和写作的重要板块是思想史和文化史研究。某种程度上来说，这一领域的悠久先驱可上溯到福莱尔、普拉多和霍兰达为代表的散文作家传统。70 年代该方面的作品却是以截然不同的风格和质素闻名于世，一个完美的例子就是卡洛斯·吉列莫·莫塔（Carlos Guilherme Mota）的《巴西文化的意识形态》（1978）。莫塔这本书是他在圣保罗大学博士学位论文的修订本，它提供了对巴西学术圈形成发展全面而有力的检视，时间范围涵盖了瓦尔加斯时代以及军人独裁时期，莫塔进而成了过去三十年巴西最重要的历史学家之一，他丰富且具说服力的作品催生了 20 世纪巴西思想史和文化史领域许多富于深度的研究。

449

最近的发展

　　1980 年代，巴西军队渐渐脱离权力的中心，开始漫长而缓慢的重新民主化进程，至 1985 年这个国家回归文官统治状态。从

那以后的二十年间，巴西人培养起一套充满生气的民主代议政治体制。尽管有种种缺陷，今天的巴西仍是世界第三大民主体，它从 1900 年时 1700 万人口、城市化率 10％和识字率 10％起步，截至 2010 年已经发展为拥有 1 亿 9 千万人口的庞大国家。城市化率和识字率均超过 85％，这个国家呈现出和世纪初完全不同的面貌。90 年代中期之前，通往文官政治的进程伴随着超乎意料的通胀率降临到这个国度，不过到 90 年代末，巴西恢复了经济上的稳定。这一时期，在经济转型和大众政治之外，学院历史学及相关研究体制的不断深化也颇为引人注目，它几乎遍及巴西每一个州。职业和学院派历史学家统治了 20 世纪末的历史写作，同时满足一般公众需要的蓬勃市场也展现在历史学家面前。

在法国历史学家和历史潮流持续作用于巴西史学的同时，巴西历史学家们不可避免地感到美国及其他拉美地区历史作品的影响。法国历史学在巴西显著体现在所谓"文化转向"方面，主要代表作有劳拉·德·梅洛·索萨（Laura de Mello e Souza）《圣十字土地上的恶魔》（1986）和《被剥夺的黄金》（1982），这两本书都应用了文化史特别是心态史方法。另外一些重要成就包括诺瓦斯主编的四卷本私人生活史研究，[①] 以及若泽·卡洛斯·赛比·邦·麦西（José Carlos Sebe Bom Meihy）在口述史方面的贡献，值得一提的是这项研究是麦西与美国历史学家罗伯特·列文（Robert M. Levine）长期紧密合作的结果。

大学体系的扩张一开始局限在各州府城市，近年蔓延到二线城市，这一变革催生了多卷本地方和区域史的编撰活动。巴西绝大多数硕士生，包括一部分博士生，通过挖掘地方史料进行他们的初级研究。研究的结果一方面导致对那些传统中心地区（巴希亚、里约热内卢、米纳斯吉拉斯和圣保罗）更深层次的理解，另一方面也出版了有关许多以前未曾述及的州、地区的历史作品。

450

---

① Fernando A. Novais（ed.），*História da vida privada no Brasil*，4 vols.（São Paulo，1997 - 1998）.

1961 年，国家大学历史教授协会（如今改名为国家历史协会）成立，它是历史写作职业化进程中的一个转折点。每个州都有地方上的国家历史协会。这个国家性组织负责出版《巴西历史评论》（*Revista Brasileira de História*），它是巴西最为重要的学术期刊之一。与此同时，地方上出版的历史类杂志更是不胜枚举。

过去 20 年间，传记成了学院或非学院历史学家共同关注的研究课题。由于拥有广大群众这一市场，传记往往占据畅销图书排行榜的前列位置。传记类作品的质量参差不齐，比如说政治人物的传记总是令人失望的，某种程度上是因为无法搜集和接触到有关他们的文档，因此无论是研究深度还是分析水准都不够完美。这点就和美国的总统图书馆制度，以及把政治人物文献捐给档案馆的传统截然不同。不过，当代史研究和文献中心却是一个值得期待扭转现状的机构，它受里约的热图罗·瓦尔加斯基金会资助而建成。该中心在 30 年内负责收集最近巴西重要人物的一切史料，包括各类文件和口述材料。历史学家们利用中心的资料，重新改写了巴西政治史，使之迥异于上一代表述的观点，安吉拉·德·卡斯特罗·戈麦斯（Ângel de Castro Gomes）就是其中一名贡献良多的作者。

另外，和其他拉美国家一样，巴西绝大多数历史编撰关注本国自身。虽然历史学家阅读并接受其他拉美学者的历史作品，但他们的作品很少呈现跨国研究和比较研究的面貌。国家本位的趣旨导致国际交流研究方面的匮乏，当然这不包括巴西与葡萄牙关系（尤其是殖民地时期），和英国关系（主要是独立后一个世纪）以及和美国关系（20 世纪）的研究。有关巴西与其他拉美国家关系的作品则极为罕见。

如同上一代身陷北大西洋历史共同体的历史学家，巴西的历史学家从 1980 年起把主要关注点放在文化、认同和政治方面。之前的 25 年内产生了好几部优秀的历史作品，有穆列罗·德·卡瓦略（Murilo de Carvalho）关于社会叛乱和公民权的评论、西德尼·查罗布（Sidney Chalhoub）对里约热内卢的剖析以及弗朗

451

西斯科·伊格莱西亚斯（Francisco Iglésias）的政治史。历史作品开始走向多元化，特别是有关 20 世纪初种族和奴隶制研究重新得到审视，崭新的种族及其渊源视角导致福莱尔式巴西观统治地位的终结。有关巴西过去本质及国家认同形成的争论重新被点燃，且富有长期性和多样性。

1980 年后，巴西历史写作达到了一个新高度，更为成熟、充满生气且质量不俗。如今，虽然它仍受到欧美历史编撰流派的影响，但正像若泽·里斯指出的那样，本土议题主宰了巴西史学界的相关讨论和思潮。[①] 致力于史学研究的从业者共同体是庞大的，而且仍在增长中。极少数职业学者关注巴西历史之外的课题，这点与大部分拉美国家的情形如出一辙，他们以最低限度关注外国，同时压倒性地关切国内。如果未来巴西的大学和历史学界继续发展下去的话，那么在持续产出高质量的国内史同时，我们可以期望巴西外国史研究的范围和质量会得到扩展和进步。

大事年表/关键日期

- 1889　推翻帝制，建立"第一个"或"旧共和国"
- 1930　叛乱推翻了"旧共和国"的政府，将热图利奥·瓦加斯（Getúlio Vargas）推向联合政府的权力最高点
- 1937　瓦加斯全面管制，成立权威主义的"新国家"
- 1945　结束瓦加斯的独裁，开启了大众民主政治的时代
- 1956—1961　儒塞利诺·库比契克（Juscelino Kubitschek）出任总统
- 1960　宣布巴西利亚（Brasília）作为新首都
- 1961　国家大学历史教授协会成立

---

① 引自 Sueann Caulfield, 'In Conversation with ... João José Reis', *Perspectives on History* (Jan. 2008), http：//www. historians. org/Perpectives/issue/2008/0801/0801con1. cfm.

- 1964 军事政变结束"民主的尝试",开始二十年的军事统治
- 1980 创立《巴西历史评论》
- 1985 军政府还政于民
- 1989 自 1960 以来的第一位民选总统
- 1994 费尔南多·恩里克·卡多佐(Fernando Henrique Cardoso)首次连任
- 2002 路易斯·伊纳西奥·卢拉·达席尔瓦(Luiz Inacio Lula da Silva)首次连任

主要史料 452

- Abreu, João Capistrano de, *Capítulos de história colonial* (Brasília, 1982).
- Carone, Edgard, *A República Velha* (São Paulo, 1970).
- Carone, Edgard, *Movimento operário no Brasil*, 3 vols. (São Paulo, 1979 – 1984).
- Carvallo, José Murilo de, *A construção da ordem*: *A elite política imperial* (Rio de Janeiro, 1980).
- Carvallo, José Murilo de, *Os bestializados*: *O Rio de Janeiro e a República que não foi* (São Paulo, 1987).
- Carvallo, José Murilo de, *Teatro de sombra*: *A política imperial* (Rio de Janeiro, 1988).
- Carvallo, José Murilo de, *Nação e cidadania no Império*: *Novos horizonets* (Rio de Janeiro, 2007).
- Costa, Emília Viotti da, *Da senzala à colônia* (São Paulo, 1966).
- Faoro, Raimundo, *Os donos do poder*: *Formação do patronato politico brasileiro* (Porto Alegre, 1958).
- Fausto, Boris, *Crime e cotidiano*: *A criminalidade em São Paulo*, *1880 – 1924* (São Paulo, 1984).
- Fausto, Boris, *História do Brasil* (São Paulo, 1994).

- Franco, Maria Sylvia de Carvalho, *Homens livers na ordem escravocrata* (São Paulo, 1974).
- Freyre, Gilberto, *Casa-grande e senzala* ((Rio de Janeiro, 1933).
- Furtado, *Celso*, *Formação econômica do Brasil* (Rio de Janeiro, 1959).
- Furtado, Júnia Ferreira, *Chica da Silva*: *A Brazilian Slave of the Eighteenth Century* (New York, 2009).
- Gomes, Ângela de Castro, *A invenção do trabalhismo* (São Paulo, 1988).
- Holanda, Sérgio Buarque de, *Raízes do Brasil* (Rio de Janeiro, 1936).
- Holanda, Sérgio Buarque de (ed.), *História geral da civilização brasileira* (São Paulo, 1963 – 1981).
- Iglésias, Francisco, *Trajetória política do Brasil*: 1500 – 1964 (São Paulo, 1993).
- Leal, Victor Nunes, *Coronelismo, enxada e voto*: *O município e o regime representative no Brasil* (Rio de Janeiro, 1949).
- Mattoso, Kátia de Queirós, *Ser escravo no Brasil* (2nd edn, São Paulo, 1988).
- Moniz Bandeira, Luiz Alberto, *Brsil-Estados Unidos*: *A rivalidade emergente*, *1950 – 1988* (Rio de Janeiro, 1989).
- Mota, Carlos Guilherme, *Ideologia da cultura brasileira*, *1933 – 1974*: *Pontos de partida para uma revisão histórica* (São Paulo, 1978).
- Novais, Fernando A., *Portugal e Brasil na crise do antigo sistema colonia* (*1777 – 1808*) (São Paulo, 1979).
- Novais, Fernando A. (ed.), *História da vida privada no Brasil*, 4 vols. (São Paulo, 1997 – 1998).
- Prado, Jr., Caio, *Formação do Brasil contemporâneo* (São Paulo, 1942).

- Souza，Laura de Mello e，*O diabo e a Terra de Santa Cruz：Feitiçaria e religiosdade popular no Brasil colonial*（São Paulo，1986）.
- Villela，Annibal Villanova and Suzigan，Wilson，*Política do governo e crescimento da economia brasileira*，1889 - 1945（Rio de Janeiro，1973）.

参考书目

- Burns，E. Bradford（ed.），*Perspectives on History*（New York，1967）.
- Lacombe，Amério Jacobina，*Introdução ao estudo da história do Brasil*（São Paulo，1973）.
- Lapa，José Roberto do Amaral，*História e historiografia：Brasil pós*-64（Rio de Janeiro，1985）.
- Moraes，José Geraldo Vinci de and Rego，José Marcio，*Conversas com historiadores brasileiros*（São Paulo，2002）.
- Rodrigues，José Honório，*História e historiografia*（Petrópolis，1970）.
- Rodrigues，José Honório，*A pesquisa História no Brasil*（São Paulo，1978）.
- Rodrigues，José Honório，*Teoria da História do Brasil（introdução metodológica*）（São Paulo，1978）.
- Rodrigues，José Honório，*História da história do Brasil*，3 vols.（São Paulo，1979）.
- Sodré，Nelson Werneck，*O que se deve ler para conhecer o Brasil*（Rio de Janeiro，1976）.

张骏译　顾晓伟校

第二十二章　墨西哥的历史写作

圭勒莫·泽曼诺·帕里拉

　　通常认为，历史学在墨西哥获得"科学的"地位，是1939年国家人类学与历史研究院以及1940年墨西哥学院中历史学职业化和制度化的产物。然而，这两起事件，仅仅是一系列范围更广的变革中的两个个案而已。这一系列变革见证了教学与科研机构的建立，这些机构的创建是对两次世界大战之间的国际危机和墨西哥国内特殊情况所带来的挑战的回应。墨西哥新型教育机构的建立，除了第二次世界大战的影响以外，更重要的是西班牙内战（1936—1939）对墨西哥的影响，以及从墨西哥革命时期（1910—1920）涌现的政权的特殊性造成的。

　　实际上，如果不考虑1930年代墨西哥革命后政权的巩固加强和政治霸权，尤其是拉萨罗·卡德纳斯（Lázaro Cárdenas）总统那届政府的情况，我们就不能够理解墨西哥历史学的演进。[①] 除了这些国际国内的经济、政治和文化因素以外，正是流亡的西班牙共和派知识分子与墨西哥革命知识分子在1938年以后的汇聚，最终揭开了墨西哥学术历史学的序幕，并且他们的影响仍在当前主要历史研究机构中占据主导。

　　我们不要忽视大学研究中心在历史学职业化进程中的重要意义；在此同时也需要注意到，在1940年以前，一种国家自由主

---

① 参阅 Charles A. Hale, 'Los mitos politicos de la nación mexicana：El liberalism y la revolución'，*Historia Mexicana*，46：4（1996），821‑837。

义的历史修辞学已经存在，它主要在 19 世纪下半叶为人所知。[1]
我们已经可以从这种修辞中察觉到某些历史科学将会具备的特
征，这些特征甚至在历史研究成为学术活动之前就存在了。

兰克的影响

455

正是在历史学开始职业化的同一时期，特别是 1940 年以后，
德国历史学家兰克（Leopold von Ranke）的形象浮现出来，成为
一种象征，墨西哥的学者期望成为兰克式的历史学家。兰克晚年
被视为学院派历史学之父而受到尊崇，这归功于他关于史料批判
的著作以及他显而易见的对于客观公正的事实的探询。[2] 直到今
天，兰克仍被视为最早通过对档案资料的细致研究来探询过去并
且开办小型研究班来训练新一代历史学家的大学教授之一；尽管
这看法已在多方面遭到挑战。这些兰克治学的方法将会在 19 世
纪后三分之一以及 20 世纪初在法国、英国和美国发扬光大，作
为人文社科领域在全球范围的大学改革运动的一部分。[3] 这样一
来，历史学的职业化便大体上等同于规范的兰克式的研究形式。[4]
墨西哥也不例外，尽管它发生在墨西哥是在 1940 年代，比发生
在世界其他地区要晚一些。

从一开始起，兰克的方法就主导了历史学职业化的尝试。这
是因为他的观念在当时的墨西哥并非全然不为人知，因为兰克的

---

① 参阅 Guillermo Zermeno Padilla, 'Apropiación del pasado, escritura de la historia y construcción de la nación en México', in Guillermo Palacios (ed.), *La nación y su historia en América Latina siglo XIX* (Mexico, 2009), 81 - 112。

② 这也是 Juan A. Ortega y Medina 的观点，*Teoría de la historiografía científico-idenalista alemana* (Mexico, 1980), 56。

③ 参阅 Peter Novick, *Ese noble sueno: La objetividad y la historia profesional norteamericana* (Mexico, 1997)。

④ 比较 Rolf Torstendahl, 'An Assessment of 20th-Century Historiography: Professionalization, Methodologies, Writings', in 19th *International Congress of Historical Sciences*, Oslo, 6 - 16 August 2000, 101 - 130。

思想在一群流亡西班牙学者如拉斐尔·阿尔塔米拉（Rafael Altamira）和何塞·高斯（Jose Gaos）等人身上得到体现，他们过去曾与德国的大学有过交流。自 1939 年来到墨西哥以来，这些学者就举办了各种讲习班来教育培养新的研究者，不仅仅在历史学的领域，还包括人类学、社会学以及哲学。特别是西尔维奥·扎瓦拉（Silvio Zavala）（他在 1936 年西班牙内战爆发之际返回墨西哥，为的是在墨西哥学院创立历史学学位，在此之前，他在马德里，是阿尔塔米拉的门生之一），他曾在许多次采访中承认他心目中历史学家的榜样唯有兰克。①

在一个新的历史编纂学理论纷纷涌现的时期，如卡尔·贝克尔（Carl Becker）所代表的美国史学或者法国的马克·布洛赫（Marc Bloch）和卢西安·费弗尔（Lucien Febvre）所代表的解决问题的史学取向，该怎样解释兰克成为墨西哥历史学家的榜样呢？考虑到这些新的批判视野对于那些推动历史学职业化进程的学者而言并不陌生，兰克史学的典范地位就更加值得注意了。实际上，雄心勃勃的翻译项目使得墨西哥历史学家手头掌握了广泛的形形色色的图书目录，其中包括对于 19 世纪诞生的科学性经典的分析和批判性思考。

事实上，在1940 年代，在职业化进程的开端，有过一场关于怎样的历史学最适合墨西哥的方法论上的辩论。在此背景下，形成了两大史学阵营，即"实证主义"阵营和"历史主义"阵营。一边是"实证主义"历史学的拥护者，他们注重过去的事实（与兰克及其客观性理想一致），有兴趣"从方法论方面"增进关于国家过去的知识。另一边则支持"历史主义"，比起"事实"来更重视"观念"（赞同克罗齐与柯林武德的观念论哲学方法），他

456

① Silvio Zavala，'Conversación sobre la historia（Entrevista con Peter Blakewell）'，in *Memoria de El Colegio Nacional*（1982），13 - 28；and 'Silvio Zavala：Conversación autobiográfica con Jean Meyer'，in Jean Meyer（ed.），*Egohistorias：el amor a Clío*（Mexico，1993）.

们面临主观性和历史相对论的危险。①

墨西哥唯理论（intellectualism）、历史编纂学以及这场当代辩论交错汇合的例子之一是埃德蒙多·欧·高曼（Edmundo O'Gorman），他作为"历史主义"运动的最杰出的代表，被其批评者视为更像"哲学家"而非"历史学家"。作为对1940年前15年历史学学术状况的总体评估的组成部分，欧·高曼在1947年发表了论兰克假设的批判性论文《历史科学的危机与未来》（*Crisis and the Future Historical Science*，1947）。正如其置身当中的这场辩论一样，"实证主义"者对这篇论文视而不见，他们认为这是"历史哲学"，而那些更具备理论视野的学者则对此赞誉有加。

为什么是兰克？

尽管有欧·高曼的批判，西尔维奥·扎瓦拉坚持捍卫兰克的理想，并且使它成为历史学初级训练课程必备的组成部分。当然，这并不意味着对于历史学家任务的其他理解就不存在了：这只是说，直到现在，兰克的过分简单化的形象和他那闻名的对于档案材料的执着主导了这些讨论。尽管学院历史学也取得了一定成就，但是它放弃了一种反思的维度，这可能是导致许多人宣称历史学是一种处于危机中的学科的原因。②

从1938年以来，墨西哥开始在西班牙之家（Casa de Espana）为一群流亡的西班牙知识分子提供庇护所。③这些知识分子中的

457

---

① 关于这场争论的部分文献，可参见 Alvaro Matute 编辑的，*La teoría de la historia en México：1940-1973*（Mexico，1974）。

② Guillermo Zermeno Padilla, 'Ls historia ¿Una ciencia en crisis? Teoría e historia en México 1968-1988: Una primera aproximación', *Memorias del Simposio de Historiografía Mexicanista*（Mexico，1990），26-35.

③ Clara E. Lida (in collaboration with José Antonio Matesanz), *La Casa de Espana en México*（Mexico，1988）.

许多人迅速融入了墨西哥的大学，他们受到自由主义改革的鼓舞——后来因弗朗哥在 1939 年的胜利而中断，继续从事在西班牙开始的更新社会科学和人文学科的工作。[①] 从这个视野来说，墨西哥在学院历史学上的开放为那些在马德里启动的学术项目提供了持续性——尽管是在不同土壤。比如说，建立于 1940 年 10 月 8 日的墨西哥学院（El Colegio de México），继续了西班牙类似的研究中心在 1900 年代早期开展的研究工作。事实上，在西尔维奥·扎瓦拉领导下 1941 年 4 月 14 日成立的一个中心成了第一个专门从事教学与科研的机构。扎瓦拉实际上已经试图在墨西哥国立自治大学建立这样一个中心，以培养学生成为古文书学以及美洲殖民文本的研究者。因为这个目标，他将他的总部设在国家博物馆，他是那里的秘书。然而，该计划却并未成功，主要是因为扎瓦拉持续缺席，同时也缺少完全献身于历史研究的学生。[②] 不过，在墨西哥学院，它却获得了成功。

这一刻的重要性在于它使大学开启了关于文学、社会学、经济学和历史学的新的研究领域。经过这一系列事件，扎瓦拉几乎成为历史学的"沙皇"——他同时占据了各式各样的重要的行政职位：他是墨西哥学院历史研究中心主任（1941—1956），国家历史博物馆馆长（1946—1954）、泛美地理历史研究所历史学委员会主席（1947—1965）。此外，他获得古根海姆基金会的资助，着手整理出版现存的原始资料，例如《新西班牙劳工资料》（*Sources for the Labour History of New Spain*，8 卷，1939—1946）。甚至在 40 岁之前，扎瓦拉就已经是国家科学院（1943

[①] Pedro Ruiz Torres，'De la síntesis histórica a la historia de *Annales*：La influencia francesa en los inicios de la renovación historiográfica espanola'，in Benoit Pellistrandi（ed.），*La historiografía francesa del siglo XX y su acogida en Espana*（Madrid，2002）.

[②] Silvio Zavala，'Orígenes del Centro de Estudios Históricos de El Colegio de México'，in Alicia Hernández Chávez and Manuel Mino Grijalva（eds.），Cincuenta anos de historia de México，vol. 1（Mexico，1991），23 - 24.

年成立）和墨西哥历史学院（1919 年成立）的成员。没多久他又成为国立大学政府管理委员会成员（1949）。自 1950 年起他主持联合国教科文组织的科学文化发展史委员会。1953 年，阿方索雷耶斯（Alfonso Reyes），墨西哥学院创建中的主要人物之一，将扎瓦拉视为历史学家的典范。雷耶斯将扎瓦拉与仍然理想化的兰克形象相提并论，表彰了他立足于原始资料的辛勤工作、他细心的阐释，特别是在学术上保持坚定的客观公正的态度。①

458

扎瓦拉曾受到阿尔塔米拉的激励，后者是法制史专家，在 1894 年曾明确将兰克作为他客观史学的楷模，他将兰克主义视为理解不同民族，尤其是唤醒民族精神的方式。② 阿尔塔米拉也表达了对于他理解为"方法论理论"或系统化的历史科学的深切同情，认为它能够产生一种有机的概念知识。③ 这样一种历史观念为克劳泽主义（Krausism）所支持，而克劳泽主义则是在 19 世纪塑造西班牙自由主义的主要学术力量。卡尔·克劳泽（Karl Krause）是德国浪漫主义哲学家，他推进了关于超越国境的普遍的"世界历史"的观念，这种观念后来在世纪末的西班牙语世界十分流行——1898 年西班牙失去了美洲的最后据点，造成了 1898 年的殖民体系危机，"世界历史"的观念被作为对此危机回应的一种方式。在此背景下，历史学被赋予了为失去可信性的西班牙文明重新注入力量的使命。④ 对克劳泽哲学的贯彻不仅涉及人文学科的变革，而是与整个教育体系相关，它的重要性在回应

---

① Alfonso Reyes, *Estudios históricos americanos*: *Homenaje a Silvio Zavala* (Mexico, 1953).

② Rafael Altamira y Crevea, *La ensenanza de la historia*, ed. Rafael Asin Vergara (1894; Madrid, 1997); and Altamira, *De historia y arte* (estudios críticos) (Madrid, 1898), 24 – 30, 37 – 40, 162 – 163.

③ Ibid., 42 – 55, 107 – 108; and John E. Fagg, 'Rafael Altamira (1866 – 1951)', in S. William Halperin (ed.), *Essays in Modern European Historiography* (Chicago, 1970), 3 – 21.

④ Javier Varela, La novella de Espana, *Los intelectuales y el problema espanol* (Madrid, 1999), 97 – 98.

1898年、1927年、1939年西班牙的三次重大危机方面不断增长。从根本上说，它包括了在西班牙接受现代德国历史学，并且对之进行改造，使其适应本国的具体情境。它抵达墨西哥之时，该方法就迅速改造自身以适应墨西哥的环境——当时墨西哥刚从1910—1920年的内战中解脱出来，力图用"胜利的革命"（victorious revolution）去重建或"重新生成"（regenerate）墨西哥社会。这便允许对于新知识包括历史学的制度化，为的是把国外的影响和其自身的文化和价值调和起来。[1] 就阿尔塔米拉来说，即便他已经身处墨西哥，与西班牙流亡学者一起，并且在1948年开设了一门历史学的课程，他也指出，需要研究历史，以便有助于在战后的冷战危机中重新建立文明之间的和谐。在一则与兰克的史学方法相去不远的声明中，阿尔塔米拉强调，历史学家在对事件作出判断之前，必须理解这些事件，以把它们置于各自的历史背景之中。[2]

459 　　由阿尔塔米拉提出，并且被扎瓦拉在墨西哥捍卫的历史研究的改革，现在意味着，根据时代的学术趋势，需要关注19世纪的政治史、军事史、外交史以外的其他研究领域，以确认塑造民族精神的因素。这便意味着把环境和地理因素、经济和观念、文化和日常生活的物质状况，以及历史中的群众运动的出现都纳入考虑的范围。通过这样的方式，这项事业呼应了费弗尔和布罗代尔认为需要一种全球文明史的部分提议。

　　有了这样的理论——方法论预设作基础，扎瓦拉和一群西班牙历史学家如乔斯·米兰达（José Miranda）开始教授并指导研讨班，这些研讨班研究的是关于美洲西班牙殖民时期的法制史，并

---

[1] Ibid., 104. For the reception of Krausism in Mexico, see Antolín C. Sánchez Cuervo, *Krausismo en México* (Mexico, 2004).

[2] Rafael Altamira y Crevea, *Proceso histórico de la historiografía humana* (Mexico, 1948), 235; and Mariano Peset, 'Rafael Altamira en México: El final de un historiador', in Armando Alberola (ed.), *Estudios sobre Rafael Altamira* (Mexico, 1987).

且他们依靠成立于 1941 年的泛美历史地理研究所的支持，出版他们的研究成果。① 这种新的模式也是对于力图克服意识形态上的政治对抗的回应；这种对抗延续了 19 世纪"西班牙主义者"（hispanicists）（支持西班牙传统和文化的人）和"本土主义者"（indigenists）（捍卫美洲文化和价值观的人）之间的对抗。1920 年代，由于革命政府推行的土地改革，该冲突在国内不同地区又被唤醒。扎瓦拉和其他人希望通过撰写客观公正的历史（他们能够迈出重要的步子），以解决这场论争。实际上，这种探索性的原则显然指导了许多学院的历史学研究，尤其是处理诸如教会与国家关系等热点问题的时候。②

这一切都意味着在革命的武装阶段及随之而来的"制度化"之后〔墨西哥革命制度党（Partido Revolucionario Institucional）或称 PRI 建立于 1946 年，执政直到 2000 年〕，伴随着二战后社会和政治上较少对抗的环境（至少在墨西哥如此），人们可以看到历史学的职业化逐渐成形。确实，1940 年以后，国家统一的原则和各种相互竞争的利益之间的调和将会主导墨西哥的政治与学术生活。1944 年，墨西哥历史学院的一名新成员在他的学院就职演说中宣称，人们必须努力避免进一步削弱墨西哥人的精神一致性或者"灵魂"。在这个任务中，历史学对于解释墨西哥人是谁，他们过去的抱负是什么来说是至关重要的。

> 历史学通过宽广的准则来进行研究，它有着真正的爱国主义，将会引导我们更好地理解普遍的抱负……将会给予冲突中的不同党派的成员，以及支撑他们的理想与目标以应得的公正，这当然会带来对于国家更好的理解。无疑，如果人民了解他的过去，明白怎样评估过去，这个国家的居民将会

460

---

① 我指的是下述期刊，如 *Historia de América*（est. 1938）and *Cuadernos Americanos*（est. 1943）。

② Silvio Zavala，*Tributo al historiador Justo Sierra*（Mexico，1946）.

有更坚定的统一，他们有着强烈的合作共识，都意识到要以整个民族的幸福为奋斗目标。①

作为时代和战后时期新政治气候的标志之一，就是第一届北美—墨西哥史学会议在 1949 年创立。墨西哥方面由扎瓦拉组织，北美方面由刘易斯·汉克（Lewis Hanke）组织。在这个场合，汉克重申了力图在民族之间的历史学创建职业团体精神（esprit de corps）的愿望，认为这种精神将消弭传统的墨西哥—北美历史学中的紧张对立，基于对一手资料的保存和研究，撰写真实可信的历史。这两个地区之间学院历史学的交流今天仍然在进行。1949 年它正式成型，此后不断扩大，这得益于 1990 年代的自由贸易协定，加拿大也被包括进来。

思想史

由流亡西班牙哲学家何塞·高斯和墨西哥历史学家埃德蒙多·欧·高曼领导的思想史或更加"哲学化"的历史也在二战后出现，虽然它并未和职业化进程开端的民族主义或爱国主义冲动决裂。高斯是乔斯·奥特加·伊·加塞特（Jose Ortega y Gasset）的门生，曾任马德里中央大学（现马德里康普顿斯大学）校长，在 1938 年来到墨西哥之前，他翻译了德国哲学家马丁·海德格尔的《存在与时间》。在墨西哥，他在西班牙之家开始教授一个西班牙—美洲思想的研讨班。高斯考察了西班牙—美洲思想的历史根基，旨在建立一种独特的哲学，强调其与欧洲思想的不同之处。这成为在诸如经济学、社会学、历史学、文学以及神学等学科领域寻求独特的西班牙—美洲观点的哲学—历史基础。这个方案也与阿尔塔米拉和扎瓦拉的研究项目有联系，因为它同样专注

---

① 引自 Atanasio G. Saravia, *Obras：Apuntes para la historia de la Nueva Vizcaya* (Mexico，1978)，16。

于考察西班牙—美洲文化与文明的演进。①

　　高斯继续推进他在西班牙就已开始的关于墨西哥土壤的项目，并且专注于诸如基督教对于受到西班牙影响的文明的影响之类的不同问题。② 从他的研讨班里产生了许多不同的个人或集体著作，其中有些至今仍然被那些对观念史或思想史感兴趣的人征引。其中包括利奥波德·兹阿（Lepoldo Zea）对于墨西哥实证主义的研究，③ 以及欧·高曼的《美洲的发明》（*La invencion de America*，1958）——墨西哥史上最著名的史学著作之一。④ 在后一本书中，欧·高曼探索了16世纪以来欧洲世界和美洲世界相互碰撞的历史，他这样做是对抗扎瓦拉和阿尔塔米拉运用的历史方法论。尽管法制史和思想史的领域显然不同，但两者都是绘制西班牙—美洲文明综合历史的方案的组成部分。⑤ 值得注意的是许多这方面的著作出自文学系与艺术系而非历史系。

　　高斯的研讨班吸引了一批年轻学生，他们有兴趣熟悉现代哲学的新趋势——盛行的现象学、存在主义和马克思主义。当然，他们首先感兴趣的是学习怎样自己思考，以创建真正的墨西哥哲学——这个目标也为其他的墨西哥哲学家赞同，包括乔斯·法斯孔谢洛斯（Jose Vasconcelos）、萨缪尔·拉莫斯（Samuel Ramos）

461

---

① José Gaos，*El pensamiento hispanoamericano*（Mexico，1943）.

② Leopoldo Zea et al.，*Trabajos de historia filosófica，literaria y artística del cristianismo a la Edad Media*（Mexico，1943）.

③ Leopoldo Zea，*El positivismo en México*（Mexico，1943）；and id.，*Apogeo y decadencia del positivismo en México*（Mexico，1944）.

④ 对此提供了一种新的批判方式的著作是 José Rabasa，*Inventing America：Spanish Historiography and the Formation of Eurocentrism*（Norman，Okla.，1993）。

⑤ 从扎瓦拉的同事及门徒圈子中出现了一批作品，包括 José Miranda，*Vitoria y los intereses de la conquista de América*（Mexico，1947）；José María Miquel I. Vergés，*La independencia y la prensa insurgente*（Mexico，1941）；and Moisés González Navarro，*El pensamiento político de Lucas Alamán*（Mexico，1952）。

和安托尼奥·卡索（Antonio Caso）。[1] 我们也能在这个阶段看到史学史的开端——那是对于过去历史学家著作的研究，尤其是对拉蒙·伊格勒希亚（Ramón Iglesia）的历史著作的研究，他是任职于墨西哥学院的流亡者（1941—1945）。[2]

政治史的回归

在 1940 和 1950 年代，许多出版著作的标题也许会给人这样的印象，即那是一个思想史的"黄金时期"。但是到了 1960 年代，情况就不是这样了，这一时期思想史著作急剧下降。[3] 然而，较早的学术爆发主要是与社会科学相关联的新一代历史学家出现的结果（见下文）。此外，人们可以观察到，自 1930 年起，美国的经济史和法国年鉴学派，尤其是（战后）布罗代尔的著述的影响。尽管如此，随着战后国际政治的重新调整，以及墨西哥对于"革命家庭"的更多国内关注，在一些知识分子中出现了某种去魅（disenchantment）的倾向，他们质疑米格尔·阿莱曼（Miguel Aleman）（1946—1952）总统任期以来专注于发展经济的政策。某些活跃的知识分子和政治家，如丹尼尔·柯西奥·维勒加斯（Daniel Cosio Villegas）和赫苏斯·席尔瓦·赫尔佐格（Jesus Silva

462

---

[1] 其中最重要的一些著作是：Monelisa Lina Pérez Marchand, *Dos etapas ideológicas del siglo XVIII en México a través de los papeles de la Inquisición*（Mexico, 1945）; Bernabé Navarro, *La introducción de la filosofía moderna en México*（Mexico, 1948）; and Luis Villoro, *Los grandes momentos del indigenismo en México*（Mexico, 1950）。

[2] 1940 年 12 月由伊格勒希亚发起的研讨会提案（Seminar Proposal）特别提到了历史学需要有人主持工作。Clara E. Lida and José A. Matesanz, *El Colegio de México*（Mexico, 1990）, pp. 151-153。

[3] *Investigaciones contemporáneas sobre historia de México*: *Memorias de la tercera reunión de historiadores mexicanos y norteamericanos*, Oaxtepec, 4-7 November 1969.

Herzog）质问革命政府怎样远远偏离了轨道。[1] 墨西哥革命作为统一的现象已经开始失去了可信度，这将会影响历史研究的轨道。[2]

　　在此"危机"背景下，受到洛克菲勒基金会以及墨西哥其他国家运营机构的帮助，柯西奥在 1949 年开设了一个研讨班，来考察 1910 年武装运动的直接先身。[3] 该学术群体以"调查者"的名义聚集了第一代职业历史学家中一些最杰出的代表：路易斯·冈萨雷斯·伊·冈萨雷斯（Luis Gonzalez y Gonzalez）、博尔塔·乌尔洛阿（Berta Ulloa）、莫伊塞斯·贡萨莱斯·纳瓦罗（Moises Gonzalez Navarro）。他们多年研究的成果（1955—1972）荟萃成十大卷《墨西哥现代史》（*Historia Moderna de México*）。没有别的著作能比得上它，除了 19 世纪末维森特·里瓦·帕拉西奥（Vicente Riva Palacio）主编的《穿越几个世纪的墨西哥》（*Mexico Across the Centuries*）。

　　当下的紧迫事务指导着他们对前革命时期进行研究。受到威廉·狄尔泰的历史哲学的启发，该研究计划试图"实事求是地"推进；那就是，它试图了解现代墨西哥是什么——并非通过内省的方式，而是通过著作与行动。[4] 像兰克而非黑格尔一样，其作者试图通过与资料的直接接触来做到这一点，并且如同柯西奥所指出的，努力做到"没有发现档案证据之前，不做出任何论断或假设，并且只运用那些尽可能权威的资料"。"只有这样，"柯西奥继续宣称，"人们才能把所有的研究奠定在坚实的基础上，只有这样才能增进我们对于我们历史的认识与理解。"柯西奥以这

---

[1]　See Stanley R. Ross's contribution in *¿Ha muerto la revolución mexicana? Causas, desarrollo y crisis*, Sep Setentas, 21（1972）.

[2]　Daniel Cosío Villegas, 'La crisis de México', *Cuadernos Americanos*, 32（1947）, 29 - 51.

[3]　Id., *Nueva historiografía política del México moderno*（Mexico, 1966）.

[4]　Luis González, 'La pasión del nido', *Historia Mexicana*, 100（1976）, 530 - 584.

种方式领导了一次运动，该运动赞同之前扎瓦拉所捍卫的史学风格。[①] 柯西奥也是这位"美洲学者"狂热的崇拜者，他希望在整个拉丁美洲复制这种类型的研究。这个榜样代表了一种方式，该方式在对左派和右派所进行的社会学和历史学的解释中对抗了政治和宗派意识形态的重要性。[②] 该立场也被学者和政治官员如基苏斯·里耶斯·赫洛斯（Jesus Reyes Heroles）所共有，这也可以证明知识分子与墨西哥革命政权之间的关系紧密。在这层关系中，国家是科学活动的首要推动者，它要求科学家与知识分子——公共意见的制造者——忠诚且"友好地"批评。[③]

现代史的研讨班创立了一种著述风格，催生了各种各样的通史和区域史，直到今天仍然流行。1959 年和 1960 年之间，一个旨在拯救"当代史"或墨西哥革命史的研讨班在路易斯·冈萨雷斯的指导下开始举办，他是柯西奥·维勒加斯的门生和爱徒。1977 年到 1997 年间，共有十九卷研究 1910 至 1960 年间历史的著作出版，参与者包括政治学和国际关系学家、经济学家、社会学家以及历史学家，涉及现代史的诸多主题：教育、政治、社会、经济和外交。这些努力的顶峰是四卷本《墨西哥通史》（*Historia General de México*，1976）以及《墨西哥简史》（*Historia minima de México*，1973）的出版（这是编辑工作的巨大成就）。此外，自 1970 年以后，开始出现研究墨西哥共和国各州的通史，连同洛伦佐·迈耶（Lorenzo Meyer）和伊兰·比斯伯格（Ilan Bisberg）主编的四卷本《墨西哥当代史》（*Una historia contempranea de Mexico*，2009），其主线并不是墨西哥革命，而是 1968 年学生动乱以后的后革命阶段。

---

① Daniel Cosío Villegas, *Memorias*（1976；Mexico，1986）；and Cosío Villegas, 'Historia y ciencias sociales en la Amétrica Latina', in *Ensayos y notas*, vol. 2（Mexico，1976），109 - 140.

② Jesús Reyes Heroles, 'La historia como acción'（1968），in Alvaro Matute（ed.），*La teoría de la Historia en México*，1940 - 1973（Mexico，1974）.

③ Ibid. , 197.

尽管柯西奥对于历史学与社会科学的职业化推进持保留态度，大约在 1960 年，来自美国的墨西哥史学家罗伯特 A. 波塔什（Robert A. Potash），却庆祝这种职业化。波塔什赞誉这样一个事实，即墨西哥这样的国家有可能克服宗教或党派主导的历史，而发展为客观和公正的历史。他举出耶稣会士乔斯·布拉沃·乌加尔特（José Bravo Ugarte）的著作为例，后者写过一部非常流行的关于墨西哥历史的参考书。[1] 波塔什也提到了他的同事和朋友柯西奥的著作，将其归入"客观"学派。在他看来，这些历史学家的著作是欧·高曼及"历史主义者"的著作的对立面；后者的著作尽管渊博，但却更多符合存在主义哲学。[2] 通过这样的方式，波塔什总结了兰克学派在方法论上的胜利。

历史学与社会科学

464

到了 1960 年思想史已经转移到哲学与文学院系，而制度史自 1940 年起在人类学和民族史院系展开。随着研究者对于在历史学研究中运用社会科学的方法越来越感兴趣，这个趋势也得以加速。在跨学科的期刊出版物中可以反映出这一点。1966 年学院历史学的书目清单透露了主题和内容的广泛性。[3] 在这些著作中，人们看到首要的是用新的经济、社会和人口的历史取代政治史的愿望，这是对于城镇与人口加速发展带来的挑战的回应。在同一时期，社会史，被理解为社会运动与现代社会的阶级结构的历史，显得越来越重要。这一方面呼应了古巴革命（1959）带来的影响，另一方面也质疑了革命制度党的统治和他们的"制度革命"，尤其是在特拉特洛尔科大屠杀（the massacre of Tlatelolco）

---

[1] José Bravo Ugarte, *Historia de México*, 3 vols. (Mexico, 1941 – 1959).

[2] Robert A. Potash, 'Historiografía del México independiente', *Historia Mexicana*, 39 (1961), 395 – 396.

[3] 'Veinticinco anos de investigación histórica en México I', *Historia Mexicana*, 15: 2/3 (1965 – 1966).

之后，这场大屠杀使 1968 年墨西哥奥运会蒙上阴影。

对于墨西哥革命的重新评价是新一代历史学家青睐的领域之一，无论是墨西哥国内的还是国外的历史学家都是如此。有几篇这方面的海外博士论文甚至成了畅销书；如美国历史学家约翰·沃马克（John Womack）在哈佛大学的博士论文《萨帕塔与墨西哥革命》（*Zapata y la Revolutión Mexicana*，1966），吉恩麦·迈耶尔（Jean Meyer）在巴黎大学的博士论文《基督国》（*La Cristiad a*，1971）。在这个行列内，还可以加上墨西哥历史学家如埃克托·阿吉拉尔·卡明（Hector Aguilar Camín）、恩里克·克劳泽（Enrique Krauze）、阿道夫·希尔里（Adolfo Gilly）以及阿尔纳多·柯多瓦（Arnaldo Córdova）等人的著作。伴随着阿兰·奈特（Alan Knight） ［受到社会学家巴林顿·摩尔（Barrington Moore）和西达·斯考切波（Theda Scokpol）的影响］和弗朗索瓦·泽维尔·格拉（Francois Xavier Guerra）［受到弗朗索瓦·孚雷（Francios Furet）对于法国大革命的修正主义解读的影响］的著作，这类关于革命的过去与未来的研究在 1980 年代达到顶峰（也进入饱和状态）。智利学者玛尔塔·哈奈克尔（Marta Harnecker）的阿尔都塞派马克思主义也为社会阶层的研究带来了灵感，为探索现代拉丁美洲的形成提供了理论上的试金石。① 对于墨西哥来说，这首先意味着对于墨西哥革命的历史学经典的修正。② 尽管如此，在几乎所有与当代史有关的著作中，很少见到对于与加速的工业化进程或大众媒体新技术井喷相联系的文化现象的关注。

---

① Sergio Bagú，'La historia social'，in Raú Benitez Zenteno and Gilberto Silva Ruiz（eds.），*El desarrollo de las ciencias sociales y los estudios de posgrado en México*（Mexico，1984），35 - 42.

② 参阅 Alejandra Moreno Toscano，'El travajo de los estudiantes'，*Historia Mexicana*（100），25（1976），599 - 619。

法国年鉴学派的影响

标志着由欧内斯特·拉布鲁斯（Ernest Labrousse）和鲁杰罗·罗曼诺（Ruggiero Romano）推动的法国历史学的影响的最早一批著作之一是恩里克·弗洛伦斯卡诺（Enrique Florescano）的著作。[①] 受到拉布鲁斯的系列史以及西尔维奥·扎瓦拉（Silvio Zavala）及路易斯·查维兹·欧若兹柯（Luis Chavez Orozco）著作的启发，弗洛伦斯卡诺的著作提供了一种先例：即把自身置于历史学与那些运用社会科学——尤其是经济学概念、理论和考察技术——的著作之间。拉丁美洲社会科学历史会经济史委员会（CLACSO）就是根据这个先例而建立起来的。[②] CLASCO 依靠国家人类学与历史研究院（INAH）中历史研究系（DEH，建立于1959 年）的扩张来促进其发展。作为第二代历史学家的代表，弗洛伦斯卡诺在 1970 年代伊始就确立了在历史研究系（到 1988 年，该系拥有超过一百名研究人员）的领导地位，并且加强了与布罗代尔相关联的学者的学术联系。[③]

在 1968 年学生危机的背景下，历史学家开始试验新的方向——通过探寻过去来获得对于不确定将来的行动指导方针。此外，历史学的发展也受益于公共教育部（Secretaría de Educación Pública）的官方支持。教育部为墨西哥国内外大量博士论文的出版提供资助。毫无疑问，这些积极行为推广了对于与社会科学方

[①] Enrique Florescano, *Precios del maíz y crisis agrícolas en México* (1708 - 1810)：*Ensayo sobre el movimiento de los precios y sus consecuencias económica y sociales* (Mexico, 1969).

[②] Enrique Florescano (ed.), *La historia económica en América Latina*, vol. 1：*Situación y métodos*；vol. 2：*Desarrollo, perspectivas, bibliografía* (Mexico, 1972)；and id., 'Hacia una historia abierta y experimental', *Diálogos*, 6：1 (1970), 21 - 23.

[③] *Historia académica y situación actual de la Dirección de Estudios Históricos* (Mexico, 1988).

法和途径紧密相连的历史学的兴趣，尤其是在大学层面。这方面的一个体现是西罗·F. 卡多索（Ciro F. Cardoso）与埃克托尔·佩雷斯·布里格诺里（Héctor Pérez Brignoli）出版的关于历史学方法论的教科书《历史学的方法》（*The Methods of History*，1977）。在其他这类著作中可以看到研究者力图发展一种独立于欧洲模式的拉丁美洲的历史学。①

布罗代尔学派的影响并没有排斥马克思主义历史学的发展，马克思主义历史学在墨西哥国立自治大学（UNAM）的社会科学与经济院学系中尤为活跃。这方面的代表人物可以举出恩里克·塞莫（Enrique Semo）和巴布洛·贡萨雷斯·卡萨诺瓦（Pablo González Casanova）。塞莫撰写了《墨西哥资本主义史：起源》（*A History of Capitalism in Mexico：The Origins*，1973），并且倡导一种墨西哥通史；而贡萨雷斯·卡萨诺瓦则撰写了一系列墨西哥工人运动史。② 他们两人都提供了丹尼尔·柯西奥·维勒加斯领导下在墨西哥学院出版著作以外的视角。塞莫尽管有着历史学家的阶级义务，也支持历史学已建立起的规则。③ 此外，在布罗代尔与阿尔都塞式马克思主义对历史学的理论图景施加影响的同时，其他的受美国新经济史影响的著作也在传播。④ 当前，这种类型的历史学仍然具有影响，它的影响较之法国年鉴学派的系列史而言更有分量，相比较而言，后者的影响几乎完全消失了。

---

① Ciro Cardoso（ed.），*México en el siglo XIX*（1821 - 1910）：*Historia económica y de la estructura social*（Mexico，1980），19 - 20.

② Enrique Semo（ed.），*México*，*un pueblo en la historia*，8 vols.（Mexico，1981 - 9）；and Pablo González Casanova（ed.），*La clase obrera en la historia de México*，17 vols.（Mexico，1980 - 8）.

③ Enrique Semo，*Historia mexicana*：*Economía y lucha de clases*（Mexico，1978），15 - 27.

④ Most notable is the work of John H. Coatsworth，*El impacto economic de los ferrocarriles en el Porfiriato*：*Crecimiento y desarrollo*，2 vols.（Mexico，1976）.

微观史和地区史

《圣·何塞·德·格雷西亚：转型中的墨西哥村镇》（*San José de Gracia：Mexican Village in Transition*，1968）可能是当时最有影响的著作。作者路易斯·冈萨雷斯·伊·冈萨雷斯在这部著作中重新发现了他出生的村镇的历史。冈萨雷斯有意将他的作品表现为当时墨西哥文学的经典作品如胡安·鲁尔福（Juan Rulfo）的《佩德罗·巴拉莫》（*Pedro Páramo*，1955）对应的历史学作品。这是一部对抗墨西哥革命的现代化工程的历史著作，它试图展现传统文化与本土文化的分量。它是一部"被革命者"而非"革命者"的历史，这与启发了意大利历史学家卡洛·金兹伯格（Carlo Ginzburg）的微观史一样。[1] 事实上，这部关于一个墨西哥村镇的历史开创了一个围绕着地区史撰写的新的历史学派。通过重新发现时空维度（使人想起布罗代尔学派）并运用口述史材料，它引进了一种新的跨学科风格，将历史学与人类学、文学、社会学以及地理学连接在一起。至1970年末，这种地区史已经机构化了，因为新的将历史学研究与社会科学结合在一起的研究中心已经建立，这包括米却肯学院（El Colegio de Michoacan），由路易斯·冈萨雷斯于1980年效仿墨西哥学院而建立。

尽管学院历史学的机构和出版物的数量都在增长，《转型中的村镇》的作者却哀叹历史批评的实践并未走上同样的轨道。[2] 在到处都是社会科学树立的典范的情境下，路易斯·冈萨雷斯在一定程度上代表了历史学的文学维度的回归，以及在认识论领域的一种折衷主义的辩护，或者他所说的"常识"。[3]

467

---

[1] Juan Pedro Viqueira, 'Todo es microhistoria', *Letras libres* (May 2008).

[2] Luis González y González, 'La cultura humanística', in *Historia de México* (Mexico, 1978), 2761.

[3] Id., *El oficio de historiar* (Mexico, 1988).

从"心态史"到"文化史"

早在 1969 年，人们在社会史中就看得到一种"心态史"观念的开端。与何塞·高斯的思想史相关，它仍然被视为一种不精确的研究领域。它由对民众的态度与行为的集体心理学研究组成；在这个意义上它成为了对抗墨西哥革命政权的官方民族主义的重要工具。尽管取得了进展，但这个方法的一支——与米歇尔·福柯有关——直到 1990 年代才真正对墨西哥历史学产生实质性影响。①

1978 年，心态史在墨西哥首次取得官方地位，它在国家人类学与历史研究院历史部在拉丁美洲法国研究所的帮助下成立的一个研讨班中得到正式认可。该研讨班的大多数研究围绕着殖民地时期的家庭、日常生活以及社会规范与宗教之间的关系展开，②其余的则集中在民族时期。一般来说，这种关注开始重点关注的那些主题，在过去仅仅被视为社会与经济史领域内好古的"历史好奇癖"（historical curiosities）。这些新的主题开始吸引了年轻一代的学者，他们关注已建立的社会规范及其应用之间的裂痕，并且坚持考察那些标志着统治阶级与下层阶级之间关系的不间断的协商，这让人想起米歇尔·德·塞尔托（Michel de Certeau）提出的面对主导文化的"弱势策略"（strategies of the weak）的概念。③

在最初的阶段，它更倾向的是一种为关于不同政见者或逾规者

---

① Jean Meyer, 'Historia de la vida social', in *Investigaciones contemporáneas sobre historia de México: Memorias de la tercera reunión de historiadores mexicanos y norteamericanos* (Mexico, 1971), 373 - 406.

② 一些关键性著作包括: Solange Alberto, *Inquisición y sociedad en México* 1571 - 1700 (Mexico, 1988); Serge Gruzinsky, *La colonización de lo imaginario: Sociedades indígenas y occidentalización en el México espanol. Siglos XVI-XVIII* (Mexico, 1991); and, more recently, Pilar Gonzalbo (ed.), *Historia de la vida cotidiana en México*, 5 vols. (Mexico, 2005)。

③ Michel de Certeau, *La invención de lo cotidiano*, vol. 1: *Artes de hacer* (Mexico, 1996).

的社会学提供服务的历史学，以此来对抗一种关注精英的历史编纂学。更重要的是那些方法论问题，这些在试图理解与解释社会演员的情感的或非理性的反应时显现出来——这些反应更多的是对过去的传统与仪式的回应，而不是对 1940 年以后现代性权威所强加的传统与仪式的回应。在这个意义上，该方案的起源仍然可以追溯到"长时段"（longue dureé），长时段缓慢地流逝，在技术与心态的越来越深的鸿沟中显现自己，这是在布罗代尔和皮埃尔·肖努（Pierre Chaunu）的"总体"史或全球史的项目中提出的假设。

468

在 1988 年墨西哥历史学的专题研讨会上，皮拉·贡萨尔伯（Pilar Gonzalbo）指出，研究者对于这些主题的兴趣越来越大，但这种方法却仍然在历史学中被视为一个次要流派，他对此感到困惑不解。是否因为它缺乏更坚实的理论基础，或者被认为与现实不相关呢？这些疑虑和问题的一部分被所谓的"新文化史"承担起来，新文化史于 1989 年开始流行，[①] 它提出这类问题：历史上对于疯病的治疗、信仰的世界、死亡、传统的黏合以及人类学对于"他性"（alterities）的发现。这些问题并不仅仅局限在历史学家，而是指向一种更大范围的认识论转型，甚至影响到人文学科与社会学科的合作与传统机构。毫无疑问，这种史学的出现——在法国自 1970 年代起称为"新史学"，[②] 建立起了不同于传统社会与经济史的模式，拓展了传统资料与主题的范围，最重要的是挑战了经典实证主义的认识。[③]

[①]　See Valentina Torres Septién（ed.），*Producciones de sentido*，vol. 1：*El uso de las fuentes en la historia cultural*，vol. 2：*Algunos conceptos de la historia cultural*（Mexico，2002，2006）.

[②]　见本卷第十三章。

[③]　见 Pilar Gonzalbo，'Los límites de las mentalidades'，*Memorias del Simposio de Historiografía Mexicanista*（Mexico，1990），475 - 486；Alfonso Mendiola y Guillermo Zermeno，'De la historia a la historiografía：Las transformaciones de una semántica'，*Historia y grafía*，4（1995），245 - 261；and id.，'El impacto de los medios de communicación en el discurso de la historia'，*Historia y grafía*，5（1995），195 - 223。

人文学科的回归

对学院历史学的最终评价显示它已经成为人文学科与社会科学研究中最富有成果的领域之一。研究成果数量上的增长与另一种增长相对应，即 1970 年以后，授予历史学学位与开设硕士课程的大学研究中心的数量也在增长。因为实际上，几乎每个研究中心都拥有或者渴望拥有自己的历史学刊物。[①] 这种历史学相关体系的扩张也有矛盾的一面，因为实际上不可能完全控制生产出来的信息，特别是结果的质量。这些妨碍只是进一步加深了在这体系中心的高度专业化。一些更具危害性效果反映在主题的碎化、交流对话和同行评论的隔阂越来越深这些问题上。这种情景常常遭到质问，质问者既有历史学家，也有那些在公共部门和私有部门工作的人士，他们发现学院普遍缺乏领袖；他们质问说，那些正在问世的作品在他们看来是极端蒙昧主义的，这将大学隔离于广泛的公众群体之外。

考虑到这些批评，出版物数量的增长并不意味着其讨论或内容质量上的提升。如同过去一样，专著形式的研究仍然占据主导，在职业化初期规划的综合著作也继续问世。然而，历史学的这种趋势，可以部分被归结为那些主导性研究机构的评价标准，如创建于 1970 年代的国家科学技术委员会（Consejo Nacional de Ciencia y Tecnología）和 1980 年代初创建的国家研究者体系（Sistema Nacional de Investigadores）。这些机构既是推动者，又充当评估者，它们在许多情况下确实阻碍了研究走向成熟。同样明显的是历史学科仍然面临"理论与方法论上的弱点，尤其在对更具全球性的历史进程的观察与分析中"。[②] 在区域史中，这些缺陷

---

① A survey of the periodical publications dedicated to history is found in *Historia Mexicana*，50：4（2001）.

② Manuel PerlóCohen，*Las ciencias socials en México：Análisis y perspectivas*（Mexico，1994），28 - 29.

更加明显，并且被援引为以下观点的论据：墨西哥国内撰写的历史著作在国际舞台几乎无足轻重，除了在拉丁美洲，其社会史与政治史方面的成就得到承认。

国家研究者体系〔相当于法国的国家科学研究中心（CNRS）在墨西哥的对应机构〕实际上把历史学归入"人文学科与行为科学，这在理论上将历史学拉得更靠近更加宽广的'文化'世界，却距离它在社会科学中具有的传统地位更远了，而这种传统地位主导了 1970 年代"。这种处境每每令一些历史学家感到吃惊，因为他们认为，历史学受经济学、社会学、政治科学或人口学的方法的影响，是一门"科学"。[①] 然而，与此同时也存在为数不少的历史学家，他们多次表现出再次与社会学、文化人类学、语言学、文学以及哲学进行批判性对话的浓厚兴趣。这与最近被称为"叙事史的复兴"相一致，其中包括它对时间这个历史学实质性对象所展开思考的可能影响。该回归在很大程度上也归功于一群杰出的历史学家、理论家和历史哲学家受到认可，如阿瑟·C.丹托、保罗·利科、米歇尔·德·塞尔托、海登·怀特、罗杰·夏蒂埃、莱因哈特·科泽勒克以及弗朗索瓦·阿尔托格。[②] 历史学重新与人文科学联合，便诞生了所谓的"新文化史"，新文化史的成功很大程度上取代了过去的"心态史"。

470

当今，几乎在所有的公立和私立机构中都能发现文化史方面积极的研究计划，这些计划有的正在酝酿出现，有的已经实施确立。这很大程度上是因为历史学的传统理论如马克思主义和功能主义使人不再信服，在一些具有全球影响的事件发生之后更是如此，这些事件包括德国统一、欧盟形成、苏联解体，以及全球层面上新的地区联盟的布局。也许正因为如此，现在在墨西哥很难

---

① Manuel Mino Grijalva, '¿Historiadores Para qué? Un enfoque desde la educación superior', *Memorias de la Academia de la Historia*, 47 (2004), 151 - 178.

② Alvaro Matute, 'La historia, entre las humanidades y las ciencias sociales', *Memorias de la Academia Mexicana de la Historia*, 48 (2005 - 6), 35 - 48.

找到对于历史学的未来表示乐观的历史学家，而在 1970 年代历史学职业化辩论的早期，情况却大不一样。这或许也可以解释为什么今天的历史学家在下述看法下进行工作：历史学这个职业比他们的先驱者所认为的更加谦逊，同时它们也在哀叹历史学的"英雄时代"或"黄金时代"不再。

面对全球化及其对国家认同的威胁，人们可以区分出两种趋势：一些人采取一种民族主义色彩的捍卫姿态，另一些人由新一代历史学家为代表，对于世界范围内政治和经济重组引发的危机，他们表现出一种开放性。恩里克·弗洛伦斯卡诺赞同布罗代尔的方法及其"永恒的法兰西"（France profonde），也相信存在一种"墨西哥文化核心"（México profundo），虽然历经变化，却本然如此。① 在对职业历史学家的批评中，弗洛伦斯卡指出以下事实，即职业历史学家高调的学术研究已经不再引起墨西哥集体记忆的共鸣。由此，他认为职业历史学几乎和社会不相关了。②

当前出现一种对全球史概念的关注，最先是在历史学职业化初期提出的。③ 在 1970 年代，皮埃尔·肖努指出，经济学作为 20 世纪社会科学的杰出代表，能够为历史学作为一门科学的形成提供最好的基础。1990 年后，"文化"占据了这个位置。实际上，文化史的复兴是对某种过度"经济主义"的回应。目前文化史所面临的挑战是，如何使自己不陷入一种类似"文化主义"的困境。④

---

① Enrique Florescano, *Historia de las historias de la nación mexicana*（Mexico, 2002）; and Fernand Braudel, *La identidad de Francia*, *vol.* 1: *El espacio y la historia*（1986; Barcelona, 1993）.
② Enrique Florescano, 'La historia construida por los profesionales de la historia', *Historia de las historias de la nación mexicana*（Mexico, 2002）, 425-451.
③ 参阅 Roger Chartier, 'La historia hoy en día: Dudas, desafíos, propuestas', *Historias*, 31（1993/4）, 5-19。
④ 这些争论的部分，可见于 *Historia Mexicana*, 46: 3（1996）, 563-580; and the *Hispanic American Historical Review*, 79/2（1999）。

大事年表/关键日期

- 1946　革命制度党（PRI）成立；统治墨西哥直到 2000 年
- 1949　第一届墨西哥/北美历史学家会议；第二届联合国教科文组织大会在墨西哥举行；柯西奥开始举办关于墨西哥现代史的研习班
- 1951　《墨西哥历史》杂志创刊号发行；第一台墨西哥电视机组装
- 1952　米格尔·阿莱曼总统为墨西哥国立自治大学新校区举行落成典礼
- 1962　阿道弗·洛佩斯·马特奥斯（Adolfo López Mateos）总统授予墨西哥学院"大学类型的学校"
- 1964　洛佩斯·马特奥斯总统为新成立的国家人类学和历史博物馆以及现代艺术博物馆举行开幕仪式
- 1968　学生危机、特拉特洛尔科大屠杀，以及第十九届奥运会在墨西哥举行
- 1970　国家科学和技术委员会（CONACYT）成立
- 1972　颁布关于古迹和考古、艺术以及历史性区域的联邦法律
- 1973　城市自治大学（UAM）成立
- 1976　1954 年等价汇率建立后墨西哥比索的贬值
- 1982—3　比索再次贬值，墨西哥经济破产；联合国教科文组织关于文化政策的世界大会在墨西哥召开
- 1984　总统令颁布，国家研究者体系（SNI）建立
- 1988　全国文化艺术委员会（CONACULTA）成立
- 1993　墨西哥和美国的自由贸易协定获得正式批准
- 1994　萨帕塔起义在恰帕斯州爆发；制度革命党总统候选人路易斯·唐纳多·科洛西奥（Luis Donaldo Colosio）遇刺；比索的新一轮贬值
- 1999　据推测，大约九百万墨西哥人作为移民工人居住在美国
- 2000　1946 年以来，革命制度党首次在大选中失利，反对党国

家行动党（PAN）上台

主要史料

- Altamira y Crevea, Rafael, *La ensenanza de la historia*, cd. Rafael Asin Vergara (1894; Madrid, 1997).

  ——*Proceso historia de la historiografía humana* (Mexico, 1948).

- Bravo Ugarte, José, *Historia de México*, 3 vols. (Mexico, 1941–1959).

472
- Cosío Villegas, Daniel, *Nueva historiografía política del México moderno* (Mexico, 1966).

- Florescano, Enrique, *Precios del maíz y crisis agrícolas en México (1708–1810): Ensayo sobre el movimiento de los precios y sus consecuencias económicas y sociales* (Mexico, 1969).

- Gaos, José, *El pensamiento hispanoamericano* (Mexico, 1943).

- González y González, Luis, *Pueblo en vilo: Microhistoria de San José de Gracia* (Mexico, 1968).

- Joachim, Benoit (ed.), *La formación social de México a nivel regional en la época contemporánea: Problemas de la investigación histórica* (Mexico, 1979).

- O'Gorman, Edmundo, *Crisis y porvenir de la ciencia de la histórica* (Mexico, 1947).

  ——*La invención de América: Investigación acerca de la estructura histórica del Nuevo Mundo y del sentido de su devenir* (Mexico, 1958).

- Zavala, Silvio, *Ideario de Vasco de Quiroga* (Mexico, 1941).

- Zea, Leopoldo, *El positivismo en México* (Mexico, 1943).

参考书目

- Hale, Charles A. , 'Los mitos políticos de la nación mexicana: el liberalismo y la revolución', *Historia Mexicana*, 46: 4 (1996), 821 - 837.

- Matute, Alvaro, 'La historia en México (1984 - 2004)', *Mexican Studies/Estudios Mexicanos*, 20: 2 (2004), 327 - 431.

- Novick, Peter, *Ese noble sueno: La objetividad y la historia profesional norteamericana* (Mexico, 1997); org. pub. As *The Noble Dream: The 'Objectivity Question' and the American Historical Profession* (Cambridge, 1988).

- Peset, Mariano, 'Rafael Altamira en México: El final de un historiador', in Armando Alberola (ed.), *Estudios sobre Rafael Altamira* (Mexico, 1987).

- Rabasa, José, *Inventing America: Spanish Historiography and the Formation of Eurocentrism* (Norman, Okla. , 1993).

- Zermeno Padilla, Guillermo, *La cultura moderna de la historia: Una aproximación teórica e historiografía* (3rd edn, Mexico, 2011).

　　——'Apropiación del pasado, escritura de la historia y construcción de la nación en México', in Guillermo Palacios (ed.), *La nación y su historia en América Latina siglo XIX* (Mexico, 2009), 81 - 112.

王伟　译

第二十三章 美国的历史写作

伊安·特瑞尔

是否在不同国家中，历史研究都有其独特的国家形式？"科学的历史"的当代版本是在 19 世纪"兰克史学"的影响之下建立的，被认为是一门具有普遍性的学科，有着判断证据的标准、对于客观性的专业追求、并以历史主义为其哲学工具。但虽然被视为一门科学的历史学科在十九世纪末叶得到普及，它仍呈现出不同的国家特性，因为这些普遍的观念需要运用于不同的制度与政治环境中。在美国，进步主义史学家（progressive historians）倡导为了社会与政治之需而对过去做实用主义的研究，这样的传统有着强大的影响力，在第二次世界大战之后仍旧很显著。这一进步主义的计划表——诸如"相关性"、"有用的历史"以及"工具主义"等词都可以用来描述进步主义的驱动力量——有着形塑美国学术界其他特点的流动效应。其一，在美国的民族特性、意识形态以及政治情况等议题的冲突与共识上，存在循环往复且通常具有误导性的争论；其二，因对来自其他人文学科与社会科学的新观念的接受，而体现于解释的灵活性与创新性之中；此外还有，对于宏大理论的不信任，认为历史学是工具性与附属性的。在美国史自身内，国家例外主义（national exceptionalism）传统欣欣向荣，但是其他国家的历史并没有被忽视。相反，这些研究日渐倾向于被切分成不同的层面，来与美国史进行对比。

虽然这些独特之处一直存在，但在 20 世纪末叶前，美国的历史学逐渐重获了令其在 1890 年代区别于他国的世界主义

（cosmopolitanism）。在当代专业历史学发端之时，美国处于欧洲思想界发展之边缘，这意味着美国的历史学家们总是被置于参与比较史研究的位置。此外，在培养对他国历史的兴趣方面，美国学者——与其他社会相较——往往能有创造性地超越国界限制以发现联系，并以他国史学家通常自己无法做到的方式来研究。1945 年以后的时期里，这些兴趣由于美国物质力量的增长以及对学术的慷慨——国家鼓励对与战略利益攸关的区域社会进行研究——更得补益。从 1960 年代起，诸如年鉴学派、福柯思想以及英国马克思主义的思想潮流，与（美国社会）内部在种族、政治方面的社会与政治争论相结合，修正并丰富了美国的历史学。在这些已有的基础上，美国史学家在 21 世纪之交便开始着手实行一项新的跨国的、世界性的以及比较的史学日程。

475

但被普遍接受的对战后美国史学的描述却与这幅速写大有不同。传统的解释强调进步主义者与其在 1950 年代的反进步主义对手之间的决裂。前者与弗雷德里克·杰克逊·特纳（Frederick Jackson Turner）和查尔斯·比尔德（Charles Beard）相联系，主要在 1890 年代至 1940 年代间活跃。在此观点下，1950 年代的美国历史学家们否认经济阶级的解释，致使史学家们，比如约翰·海厄姆（John Higham），宣称（带有非难之意）在美国社会中有新的学术"共识"（consensus）。这一标签很省事，并且得以保留，即便共识观点很快就被 1960 年代的激变——它通过新左派史学（New Left history），重新恢复了对于社会冲突的批判性兴趣——所吞没。本章将会论证的是，进步主义与共识解释之间的分别被夸大了，且第二次世界大战以后的美国史学界所表现出的，更多是延续性而不是非延续性。美国史学实践中重大的重新调整是非常罕见的。从 1890 年代到第一次世界大战以及从 1960 年代末期到 70 年代早期，学界曾发生过天翻地覆的转变，这样的看法尚有争议。另一场大转变或许从 1990 年代开始显现，集中于美国历史的国际化，但判断这场潮流变换能走多远还为时尚早。接下来所要使用的办法是通过史学实践的透镜来研究历史

学。本章既非是将历史学看作历史的哲学，亦不是对历史解释的描述，而是要探求历史学家的话语，同时也将考虑历史解释所处的制度与社会语境。解释中的延续性反映了历史的社会实践中持续存在的形式，但外部环境中的变化在压力被不断累积后，也引发了历史学中一些关键的断裂。[①]

历史分期

476 第二次世界大战并非是一个转折点，而是较为陈旧的进步主义传统内潮流的顶点。后 1945 时代的美国历史写作可以被合宜地——虽然也只是粗略地——划分为一系列较短的时段。然而，必须要谨记的是，史学实践的转变是缓慢且不均匀的，这是由于，或许可被表述为，现场（field-based）实践与次级学科的"迟延"（lags）。在某一时期的史学潮流影响之下开展研究工作的学者，往往会在公认被贴上"新"这一标签的时期内，延续他们已有的方法、理论以及主题上的兴趣。第二次世界大战以后的第一个十年内，进步主义的历史解释仍得以维持，随之而来的是从 1955 年左右至 1960 年代中期对这一解释模式日益强烈的反对，而此时所谓的共识观念以及受社会科学影响的研究方法成为了学术界的尖端前沿。因此，到 1970 年代早期，新左派获得了赫赫声名，虽然社会科学的影响力仍旧强大。1970 年代与 1980 年代，新社会史的兴起也同样只是缓慢且不均衡的。最初，新社会史运动看似可与较老的社会科学学术传统所融贯，但是在新左派、马克思主义以及文化人类学的影响下，它逐渐发展成相当不同的东西，走向了集体行为、阶级冲突、媒介（agency）以及社会变革。当这一影响在 1980 年代

---

① 有关史学实践史的相关情况，参见 Peter Novick, *That Noble Dream：The 'Objectivity Question' and the American Historical Profession* (New York, 1988)；本人的 *The Absent Marx：Class Analysis and Liberal History in Twentieth-Century America* (Westport, Conn. , 1986)；以及 *Historians in Public：The Practice of American History，1890 -1970* (Chicago，2005)。

扩展的同时，它伴随着越来越意识到历史写作中的碎片化和更深入
的专门化带来的问题，以及后结构主义和多元结构主义的兴起。对
阶级研究的兴趣的确增加了，但文化冲突得到了更全面的认可，并
且大大促进了文化史的发展。到了 1990 年代，美国史学以及世界
史成为了"文化战争"的战场。在这里，多元文化主义要么被称
颂，要么被谴责，而历史学家则在担忧此前的基础课题（比如政治
史）会就此衰败。从 1990 年代到今日（2011），另一潮流出现了。
与焕然一新的、对社会多元性以及社会内部冲突的关注（这是紧跟
进步主义者脚步的研究途径）有所交叠的是，美国史学家开始关注
与外部世界的关系。1950 年代对于比较史的关注是这一动向的先
驱，但从 90 年代起，老的研究办法就被"新跨国史"（new
transnational history）的观念所挑战了。美国史国际化成为了一项
主题。奇怪的是，在美国的历史研究传统还在被批评为狭隘时，美
国史学家们已经在研究他国历史上，尤其是拉丁美洲、欧洲、东亚
以及非洲的历史，并且做出了许多重大的贡献。一项被称为世界史
（world history）的运动也已经兴起，它植根于第二次世界大战以后
对比较文明研究的探索。未来的任务可能是在新跨国史与世界史之
间进行协调，而美国史学家一直在对此做出重要的贡献。

从进步主义到"共识"

　　作为第二次世界大战的结果，1940 年代内史学家们对于外交
政策问题以及军事史更加关心。在外交史方面，1945 年以前声誉　477
逐渐走高的史学家，比如塞缪尔·弗莱格·比米斯（Samuel
Flagg Bemis）和托马斯·A. 贝利（Thomas A. Bailey），仍旧以
高度国家主义的历史解释居于主导地位。[①] 军事史很快在学界苗

---

① Samuel F. Bemis, American Foreign Policy and the Blessings of Liberty, and Other
　Essays（New Haven, 1962）；以及 Thomas A. Bailey, A Diplomatic History of
　the American People（4th edn, New York, 1950）。

壮成长起来，在制度上则以肯特·格林菲尔德（Kent Greenfield）所编著的"美国陆军史"系列，以及写作了《第二次世界大战中美国海军行动史》（*History of United States Naval Operations in World War II*）（15 卷，1947—1962）的塞缪尔·艾略特·莫里森（Samuel Eliot Morison）的作品为范例。史学家们也继续热衷政治史，并且对将学术性的历史研究与联邦政府职责挂钩产生了更强烈的兴趣：通过在政府里为史学家们提供职务的方式，来为正处冷战时期的历史研究提供帮助，这被视为是非同小可的举措。如此一来，学者们能够以有益的服务来回报美国人民。"新政-公平"（New Deal-Fair Deal）的美国政府，由于二战以及美国权力的向外扩张而获得其合法性，得到了美国史学家们的广泛支持以及研究。在这段时期内，查尔斯·比尔德和他对历史的经济学分析一直对思想界有重大影响。虽然比尔德的最后一部重要著作——研究富兰克林·罗斯福以及第二次世界大战的起因——因其阴谋论式的解释以及对总统的谴责而遭受了猛烈的抨击，认为它失衡且没有理性。但是比尔德和他的弟子们在 1945 年后仍旧享有威望。且在美国历史学会的支持下，他们还对 1946 年的"历史学研究理论与实践"（*Theory and Practice of Historical Study*）报告做出了重要贡献。[①]

总体而言，历史学家们继续维护与进步主义-新政传统相联系的实用主义的国内改革：艾瑞克·高曼（Eric Goldman）对改革传统的研究就是一个见证，《与命运相会》（*Rendezvous with Destiny*）这部著作赢得了班克罗夫特奖。[②] 1945 年的普利策奖颁给了小阿瑟·M. 施莱辛格（Arthur M. Schlesinger, Jr.），因为他相当成功地在书中将安德鲁·杰克逊（Andrew Jackson）总统

[①] Charles A. Beard, *President Roosevelt and the Coming of the War*, 1941: *A Study in Appearances and Realities* (New Haven, 1948).

[②] 班克罗夫特奖（the Bancroft Prize），由弗里德里克·班克罗夫特（Frederick Bancroft）设立于 1948 年，被普遍认为是美国历史学界的最高奖项，每年颁发一次。

阐释为富兰克林·罗斯福自由主义改革传统的先驱。[①] 战后经历塑造的学者已经成为"共识历史学家"（consensus historians），但相比起简单的标签，历史学家内部更具多样性和分歧。C. 范恩·伍德沃儒（C. Vann Woodward）是当时美国南方的主要历史学家，他研究了重建时代（Reconstruction era）及其后续，倡导自由主义，反对保守主义。他和施莱辛格都在他们的史学作品中强调贫富之间的冲突，而梅里尔·詹森（Merrill Jensen）所写的美国革命则更明显是比尔德式的，而非"共识"的。[②] 莫尔·科蒂（Merle Curti）在思想史与社会史方面创作了重要的作品，但他更偏爱进步主义的解释方式。[③] 直到 1950 年代中期，进步主义与以冲突为中心的视角才有了重大的转变，但即便如此，许多历史学家仍旧在他们的历史写作中支持富兰克林·罗斯福影响下的美国民主党传统（FDR-Democratic）[④]。

478

随后被贴上"共识史学家"标签的重要人物是理查德·霍夫斯塔德（Richard Hofstadter）。与比尔德相似，霍夫斯塔德试图从激进的自由主义的角度来解决当代的问题。直到 1950 年代，他在很大程度上都被比尔德所影响，并且在思想上得益于后者。但在《美国的政治传统》（*The American Political Tradition*）（1948）与《改革的年代》（*The Age of Reform*）（1955）两书之间，在其对历史的经济解释的评价上，霍夫斯塔德明显与比尔德分道扬镳了，他更赞同强调社会身份的焦虑。除了在这一方面与前人发生分歧外，他还定义自己的身份为自觉的精英知识分子，

---

① Arthur M. Schlesinger, Jr., *The Age of Jackson* (Boston, 1945)

② C. Vann Woodward, *Origins of the New South*, 1877 - 1913 (Baton Rouge, 1951); and Merrill Jensen, *The New Nation: A History of the United States during the Confederation*, 1781 - 1789 (New York, 1950).

③ Merle Curti, 'Intellectuals and Other People', *American Historical Review*, 60 (1955), 259 - 282; and id., *The Making of an American Community: A Case Study of Democracy in a Frontier County* (Stanford, Calif., 1959).

④ FDR-Democratic, 富兰克林·罗斯福影响下的美国民主党传统。FDR 为 Franklin Delano Roosevelt 的简称。——译注

从而与进步主义人士以及社会变革运动保持距离。霍夫斯塔德并不赞同 1950 年代的保守政治，然而，他对右翼和极左都同样批判。他在出版于 1962 年的对美国生活中的反智主义的批判研究中，简单地将国家政治谱系看成是狭隘的，并且"是为了对应 1950 年代的政治与思想环境而构想出来的"。[①]

在其开创性的《美国的自由主义传统》（*The Liberal Tradition in America*）（1955）一书中，路易斯·哈茨（Louis Hartz）同样发现，美国的政治文化是由在他看来是意识形态贫困的自由主义共识所主导的。唯一真正甘愿对历史做较为保守的解释的领导人物是丹尼尔·J. 布尔斯廷（Daniel J. Boorstin）。他强调实用主义以及合法传统，最接近于共识理想。他的主要著作《美国政治中的天才人物》（*Genius of American Politics*）（1953）以及三卷本的《美国人》（*The Americans*）（1958—73），其题目都散播着共识史学（也称为"反进步主义"）的味道。更多专题性论述，比如福斯特·麦克唐纳德（Forrest McDonald）与罗伯特·E. 布朗（Robert E. Brown）对美国革命的研究，都批评了这样的观点，即农民与商人之间的阶级冲突是革命整体中的一部分；并且对比尔德在这一问题上的解释体系公开批判。[②] 商业史的兴起是美国历史写作中保守主义潮流日益增长的另一迹象。它最著名的支持者是阿兰·内维斯（Allan Nevins），他打破了进步主义者"揭发丑闻"（muckraking）的反商业传统，重新解释了约翰·D·洛克菲勒（John D. Rockefeller）。[③] 在他和其他商业史学

① Richard Hofstadter，*Anti-Intellectualism in American Life*（New York，1962）；这段引述在 Neil Jumonville，*Critical Crossings*：*The New York Intellectuals in Postwar America*（Berkeley，1991），222。

② Forrest McDonald，*We the People*：*The Economic Origins of the Constitution*（Chicago，1958）；以及 Robert E. Brown，*Charles Beard and the Constitution*：*A Critical Analysis of 'An Economic Interpretation of the Constitution'*（Princeton，1956）。

③ Allan Nevins，*Study in Power*：*John D. Rockefeller，Industrialist and Philanthropist*，2 vols.（New York，1953）。

家的著作中，公司被重新认定为是将美国人生活重新组织与现代化的必要部分。内维斯此前曾支持比尔德式的历史解释，但他的多卷本南北战争时代史《联邦的磨难》（*Ordeal of the Union*）（1947—1971）却抛弃了有意识的进步主义式的对于农业化南方以及工业化北方之间的区分，以再次强调冲突中的道德维度。

479

比较史学

虽然"共识"史学家在某种程度上被看作是孤立主义者，并且关心国家例外论，但是这并没能阻止他们将美国与其他社会进行比较。确实，共识史学的副产品之一便是由定义美国传统的独特之处的热望而激发的比较史学作品。最早采用该研究方法之一的是哈茨。他的《自由主义的传统》（*Liberal Tradition*）对比了美国与欧洲在政治实践中的理论差异，以证明源起自欧洲的自由主义要素，是如何通过比较发展中的戏剧性变化而在美国获得了言过其实的重要性。这是他"分片理论"（fragment theory）的起源。在 1964 年，他将该理论扩展到了对殖民社会的比较研究中。这些地区，比如澳大利亚，被认为是从原初的欧洲政治文化中脱离出来的社会主义或激进自由主义的碎片——就如同美国的政治文化，是由 18 世纪欧洲自由主义的碎片在崭新且大不相同的美洲环境中所培育出的一样。[①] 支持哈茨的方法的，是有关自由土地的边疆理论（frontier theory）。1954 年大卫·波特（David Potter）重新将后者作为一般性理论，运用于研究拥有丰富资源的文化。[②]

比较史囊括了研究世界边疆的著作，尤其是瓦尔特·普雷斯

---

① Louis Hartz, *The Founding of New Societies：Studies in the History of the United States，Latin America，South Africa，Canada，and Australia*（New York，1964）.

② David Potter, *People of Plenty：Economic Abundance and the American Character*（Chicago，1954）

科特·韦伯（Walter Prescott Webb）那本饱受争议的《伟大的边疆》（*The Great Frontier*）（1952），且通过这种方式，进步主义史学家对普通人的外在环境与社会经济条件的关注也得以永存。与此同时，比较史领域中的其他条缕还包括了美洲奴隶制度史的研究。弗兰克·坦南鲍尔（Frank Tannenbaum）的《奴隶与公民》（*Slave and Citizen*）（1946）是这一领域的一部力作，而该研究领域在卡尔·戴格勒（Carl Degler）1971 年对巴西和美国的种族关系研究中达到了顶峰。① 此类作品中涌现出了许多有关加勒比、拉丁美洲以及美国的奴隶历史的研究——它们探究在不同奴隶社会中种族混合的作用，以及奴隶解放的不同形式。虽然美洲是比较研究法的巨大材料库，更为广阔的大西洋区域也毫不逊色。在种族的比较史研究中，乔治·弗雷德里克森（George Fredrickson）

480 在 1970 年代研究了美国与南非的种族关系。② 更早时，跨大西洋史因 1947 年美国早期历史与文化研究所于威廉斯堡创立而得到了推动。该所所做的工作，诸如英国学者 J. R. 保罗（J. R. Pole）的研究，主要探究政治观念与制度的跨大西洋传播。在 R. R. 帕尔默（R. R. Palmer）看来，法国与共和政体的美国在 18 世纪的民主革命是一个普遍过程，而伯纳德·贝林（Bernard Bailyn）与戈登·伍德（Gordon Wood）则完善了对美国革命的意识形态根源以及制宪时期的研究。③ 一些更为笼统的著作并不被专门化的史学家所接受，包括那些在美国外的作品。欧洲学者认为帕尔默的研究著作在政治上受到了冷战时期的大西洋合作精神

---

① Carl Degler, *Neither Black nor White: Slavery and Race Relations in Brazil and the United States*（New York, 1971）.

② George M. Fredrickson, *White Supremacy: A Comparative Study in American and South African History*（New York, 1981）.

③ Bernard Bailyn, *The Ideological Origins of the American Revolution*（Cambridge, Mass., 1967）; Gordon S. Wood, *The Creation of the American Republic, 1776 - 1787*（Chapel Hill, 1969）; and R. R. Palmer, *Age of The Democratic Revolutions*, 2 vols.（Princeton, 1959 - 1964）.

的影响，而瓦尔特·普雷斯科特·韦伯对于边疆的研究也因为相似的均质化（homogenizing）以及过度解释而遭到批评。然而新的比较史，随着 1958 年《社会与历史比较研究》（*Comparative Studies in Society and History*）创刊以及十年之后 C. 范恩·伍德沃德（C. Vann Woodward）汇集了诸多代表性研究的人类学作品《美国史的比较方法》（*The Comparative Approach to American History*）（1968）的出版，得到了重要的促进。从整体上而言，比较研究并没有损害美国的例外主义，反而更是沿着找寻国家特殊性的期望继续前进。这一点在历史社会学家西摩尔·马丁·李普塞特（Seymour Martin Lipset）的作品中表现得最为明显，但是例外主义的复兴同样可以在"美国研究"（American Studies）运动中看到，比如以《美国季刊》（American Quarterly，发行于 1949 年）为中心的研究。美国的这一跨学科领域在方法上有着强烈的史学导向，并且产生了由亨利·纳什·史密斯（Henry Nash Smith）发起的影响深远的"神话与象征"学派。[1]

区域研究

由于那些可帮助提升美国海外战略利益的区域研究项目的发展，美国研究得以拓宽了美国史学家们的眼界。斯拉夫与俄罗斯的民族史建立于俄罗斯移民学者的研究工作之上，他们在战争期间曾影响着俄罗斯与前苏联的学术研究。重大贡献来自于比较研究的现代化范式。[2] 已经是美国学者强项的拉丁美洲研究，因奴隶制度的比较史、理查德·莫尔斯（Richard Morse）的巴西研究以及路易斯·U. 汉克（Lewis U. Hanke）对西班牙殖民制度的

481

---

[1] Seymour Martin Lipset, *The First New Nation*: *The United States in Historical and Comparative Perspective* (New York, 1963)；以及 Henry Nash Smith, *Virgin Land*: *The American West as Symbol and Myth* (Cambridge, Mass., 1950)。

[2] C. E. Black, *The Dynamics of Modernization*: *A Study in Comparative History* (New York, 1966).

研究而得以继续发展。① 这一时期内，对主要的世界文明的学术兴趣也得到了增强，其中尤以中国为甚，并主要通过费正清及他的弟子们的研究工作展开。② 到 1970 年代为止，非洲史的研究则特别关注于奴隶贸易，飞利浦·D. 科廷（Philip D. Curtin）开创性的定量研究尤其重要。1980 年代加拿大学者保罗·勒夫乔伊（Paul Lovejoy）以及其他人随后所做的研究，则完善了奴隶制度的人口史，并且将故事转向了非洲本身以及这片大陆的文化历史。但是研究的大致范围仍没有超出在科廷影响下所开辟的道路。③ 欧洲，同样地，在整个第二次世界大战之后的数十年中得到了美国史学家广泛的关注，他们的主要优势是局外人的视角。诸如查尔斯·梅耶（Charles Maier）的史学家们看到了欧洲社会中的共通性，也为重新思考欧洲史的门类做出了重要贡献。④

社会科学史

1950 与 1960 年代历史学的关键特征是受到新近流行的社会科学的影响，尤其是心理学与社会学，还有组织与经济理论。一般而言，这些社会科学的影响增强了与政治共识相适宜的历史观。它们降低了社会与政治阶级分别的重要性。阿尔弗雷德·D. 钱德勒（Alfred D. Chandler）的研究因其对商业组织的关注而颇

① Jeffrey D. Needell, 'Richard M. Morse (1922 - 2001)', *Hispanic American Historical Review*, 81 (2001), 759 - 763; Lewis U. Hanke, *Selected Writings of Lewis Hanke on the History of Latin America* (Tempe, Ariz. , 1979)；以及 David Bushnell and Lyle N. McAlister, 'An Interview with Lewis Hanke', *Hispanic American Historical Review*, 68 (1988), 653 - 674。

② John K. Fairbank, *Trade and Diplomacy on the China Coast: The Opening of the Treaty Ports, 1842 -1854* (Cambridge, Mass. , 1953).

③ Philip D. Curtin, *The Atlantic Slave Trade: A Census* (Madison, Wis. , 1969); and Paul E. Lovejoy, *Transformations in Slavery: A History of Slavery in Africa* (1983; 2nd edn, Cambridge, 2000).

④ Charles S. Maier, *Recasting Bourgeois Europe: Stabilization in France, Germany and Italy in the Decade after World War I* (Princeton, 1975).

为重要。[1] 其他的著作则强调个体的问题或者社会运动的功能失调以及无理性的焦虑。霍夫斯塔德在对农民的农业传统的批评性分析中运用了身份焦虑理论，而以前对农民的研究则由比尔德与特纳的弟子主导。奥斯卡·汉德林（Oscar Handlin）的写作范围宽泛，关注对移民社会中的城市与工业文明的社会、心理调节。个人，也包括移民在内的社会流动性，在 1960 年代成为了流行话题，尤其是在汉德林的学生斯特凡·赛斯托姆（Stephan Thernstrom）的研究中。[2] 心理学也是理论的来源之一——斯坦利·埃尔金斯（Stanley Elkins）对奴隶心理上遭受的毁灭性打击给出了颇受争议的解释。[3] 李·本森（Lee Benson）开辟了"民族—文化"（ethno-cultural）史，探究宗教信仰、民族以及选举方式之间的关系。[4] 遵循这一传统的作品批判比尔德式的解释，认为其倾向于将选举看作是不同经济阶层利益之上的斗争。学科多样性与亚学科的迟滞（sub-field lag）解释了这些研究方法的持久性，即使它们面对 1960 年代繁荣发展的新左派史学的重大冲击而情况不妙。种族流动性研究为新的激进的批判观点所指责，认为它夸大了个人主义者的动因，并且忽视了阶级与民族的特性。但仅到 1970 年代中期，民族—文化解释的力量就开始减退，并被准马克思主义影响下的社会与文化史研究方法取代。

482

　　社会科学方法中，一部分是计量方法在流动性与选举研究中的发展，而其他对于数字的大量运用则是在经济学与人口统计学之中。通过论证铁路在经济发展的模式中并非必需，罗伯特·福

---

[1] Alfred D. Chandler, *The Visible Hand* (Cambridge, Mass., 1977).

[2] Oscar Handlin, *The Uprooted: The Epic Story of the Great Migrations that Made the American People* (Boston, 1951)；以及 Stephan Thernstrom, *The Other Bostonians: Poverty and Progress in the American Metropolis, 1880 – 1970* (Cambridge, Mass., 1973)。

[3] Stanley Elkins, *Slavery: A Problem in American Institutional and Intellectual Life* (Chicago, 1959).

[4] Lee Benson, *The Concept of Jacksonian Democracy: New York as a Test Case* (Princeton, 1961).

格尔（Robert Fogel）开创了反事实的（counterfactual）计量经济学研究方法。这些研究运行有关经济增长的计算机模型，并在其中假定铁路没有被发明。研究认为，运河可以同样出色地充当 19 世纪中期美国繁荣的动力引擎。此后，福格尔与斯坦利·英格尔曼（Stanley Engerman）一起，颇引争议地主张这样的观点：奴隶制度不仅具有赢利性，更有超过自由劳动力的经济效率。虽然在 1950 年代内就已有一些学者通过文学材料证明了奴隶制度的赢利性，但如今奴隶制的经济学则成为了一项需要通过专业技术与经济增长相关理论来完善的课题。福格尔与英格尔曼最著名的作品——2 卷本的《十字架上的时代》（*Time on the Cross*）——于 1974 年出版，再次强调了社会科学持续的影响力，以及反进步主义史学家的研究与新左派研究之间的重合。

新左派与新社会史

新的美国史学和其对政治与意识形态上的共识的强调，似乎在 1960 年代早期得以牢固地确立。它地位的巩固，实际上是因为社会科学方法不断提升的影响力以及作为美国生活中专业知识中心的大学的扩张。但很快，1950 年代后期的主要实践者们就因为对美国外交政策潘格罗斯式（Panglossian）[①] 的过分乐观的解读，以及不能解释美国社会内冲突的原因和特点，而受到了持久的且通常具有毁灭性的攻击。"共识"的标签可以大致概括 1950 年代史学家们的自满之情，即使这一标签让多样化的活动都变得雷同了。

而受到国内的公民权利斗争以及海外的越南战争的刺激，新左派则在 1960 年代中期带来改变。面对这样的激变，史学家们

483

[①] 潘格罗斯（Pangloss），是伏尔泰的小说《老实人》（*Candide*）中的主要人物之一，是主角甘迪德（Candide）的老师，相信一切都是为最美好的目的而设的。——译注

开始拒斥共识史学，因为它没有为美国生活中的冲突提供充分的解释，也没有为激进主义提供知识传统。而新左派们相信，这些解释对于修正他们所认识到的美国社会中的错误是必须的。进步主义史学家们将历史看作是对引发社会变革"有用的"学科，这一观念重新回到了学术讨论中；年轻学者主张对历史解释采取实用主义的方法，由此而在实际的研究中牺牲了"真相"。《面向新的过去》（*Towards a New Past*）（1968）一书，是由巴顿·伯恩斯坦（Barton Bernstein）所编的新左派史学家选集，它最能展现1960年代末期学术界公开的激进主义。

但是实际上，新左派并没有比所谓的共识年代的学术界更加团结。确实，并非所有的新左派都与1950年代的设想彻底断绝了关系。这可以从新左派思想在历史学中的两条主线之一——源于威斯康辛大学的一脉中看出。《左派研究》（*Studies on the Left*，发行于1959年）出版了有明确的马克思主义或马克思主义主导的史学家作品，也包括"团体自由学派"（corporate liberal school）成员的作品，比如詹姆斯·温斯坦（James Weinstein）与盖布里尔·考尔科（Gabriel Kolko）。考尔科的《保守主义的胜利》（*The Triumph of Conservatism*）（1963）认为进步主义时期的改革是对美国政府的现代利维坦的巩固，而这正是新左派批评家在对越南战争与种族主义抗争时所要面对的。此类著作强调集体的支配以及商业共识。在威斯康辛兴起的"威廉姆斯学派"，由威廉姆·阿普尔曼·威廉姆斯（William Appleman Williams）建立，主要致力于美国外交政策的经济学分析。威廉姆斯学派的作家们采取世界观（*Weltanschauung*）的途径来分析"门户开放"（Open Door）观念，认为这是美国外交政策中的基石。诸如沃尔特·拉费伯尔（Walter LaFeber）等学者们倾向于支持来自商业、政治以及其他旨在扩张和自由贸易的团体的观念所形成的共识。威廉姆斯和他的学生对于美国的外交政策，以及强调理想主义动机和民族主义目标的早期学者所采取的辩护式做法，都持批判态度；但他们也

没有真正与共识观念决裂。①

484

另一派新左派史学家，包括自由评论家杰西·莱米施（Jesse Lemisch），则强调分歧与冲突。② 然而即便是在这一大概的分组内，仍旧有重要的区分。对于激进主义者们，比如斯托顿·林德（Staughton Lynd），对真相的要求是与社会需要无关的。"时代"不再允许纵容"将自己限制在修道院式的思想"中的离群知识分子。③ 林德的呼吁在比尔德相对主义阵营以及其他1930年代的进步主义者中得到了强烈的回应。阿尔弗雷德·杨这样的学者并不那么拒斥客观性，但他同样相信，对事实的研究会促进激进的事件，并且为当代的行动主义提供可依凭的传统。④ 与此同时，研究奴隶制度的史学家挣脱了斯坦利·埃尔金斯提出的在压迫环境中锻造出驯服的"Sambo"（黑人）人格的刻板模式；关注美国改革运动的史学家将废奴主义者（abolitionist）重新解释为严重的激进主义者，而非焦虑的社会精英。国内战争再次成为了围绕奴隶制而展开的道德斗争。马丁·杜伯曼（Martin Duberman）在《反奴先锋》（*The Anti-Slavery Vanguard*）（1965）一书中所集合的文章都主张这样的观点。

对非裔美国人的历史研究在新左派、公民权利运动以及1960年代后半期黑人权力上升的影响下，产生了迅速转变。相较于1950年代自由主义者肯尼斯·史坦普（Kenneth Stampp）将奴隶

① William Appleman Williams, *The Tragedy of American Diplomacy* (1959; rev. edn, New York, 1961); and Walter LaFeber, *The New Empire: An Interpretation of American Expansion, 1860-1898* (Ithaca, NY, 1963)

② Jesse Lemisch, *On Active Service in War and Peace: Politics and Ideology in the American Historical Profession* (Toronto, 1975).

③ Jesse Lemisch, 'Voices from the Past', *Journal of American History*, 76 (1989), 484-485.

④ Alfred F. Young (ed.), *The American Revolution: Explorations in the History of American Radicalism* (DeKalb, 1976); 以及 id., *Dissent: Explorations in the History of American Radicalism* (DeKalb, 1968)。

称之为"有着黑皮肤的白人",[①] 现下的非裔美国人则攻击这种构想所意味着的同情与千篇一律;他们拒绝承认白人也有可能对客观的奴隶制度史做出同等贡献。但尽管"黑人研究"项目开始振兴,非裔美国人史仍大多由白人来完成。最重要的学者多具有1950 年代左翼的背景。他们之中包括赫伯特·古特曼(Herbert Gutman),劳伦斯·W. 莱温(Lawrence W. Levine)和尤金·吉诺维斯(Eugene Genovese)。他们受到了 E. P. 汤普森(E. P. Thompson)以及其他英国马克思主义者的影响,且吉诺维斯在将葛兰西马克思主义对于文化霸权的观念引入美国学界上起了重要作用。这样的情况标志着国际影响在美国历史学界的复兴。然而,马克思主义虽被采用,却也被改动以适应美国的材料与实际情况。

以上诸种影响力汇聚的结果,是美国史学的关键方面在延续性上的重大断裂。历史学家们转而去研究历史的媒介,普通的人民大众——正如新左派所说的"自下而上的历史"(history from the bottom up)——以及文化史和将种族、奴隶制以及阶级问题放在核心的社会史。这样,1960 年代与 1970 年代构成了美国历史话语转变的时代——这是继进步主义时代以来首次重大的转向。受马克思主义与新左派政治影响的史学家们研究了工人阶级的文化。古特曼的《工业化中美国的工作、文化与社会》(*Work, Culture and Society in Industrializing America*)(1976)以及这一时期内所写作的论文,都极大地受到了汤普森观点的影响。后者坚持认为阶级是一个过程,不仅是经济也同样是文化的产物,虽然古特曼也将这一观点运用于移民工人——在他们之中民族与宗教是对团结和分裂都非常重要的因素。"工人"的宗教信仰也是奴隶制度研究中的一个主题。吉诺维斯的《翻滚吧,约旦河》(*Roll Jordan Roll*)(1974)论证了种植园主的家长式作风以及种

485

---

① Kenneth Stampp, *The Peculiar Institution*: *Slavery in the Ante-Bellum South* (New York, 1956), vii.

植园制产生的支配权对奴隶制度的牵制，此书具有很高的水准，但同样也激起了许多争议。虽然吉诺维斯敏锐地洞察到非裔美国人的宗教是奴隶文化中的一部分，他同样也认为种植园主的统治在该文化中占据支配地位。

白人的种族态度在温塞普·D. 乔丹（Winthop D. Jordan）那里得到了权威性的处理，但日渐获得中心地位的则是非裔美国人的社会与文化历史本身。[①] 许多新左派与非裔美国史学家都反对吉诺维斯，而是更倾向于黑人自主活动的观点。他们强调独立产生的奴隶文化。支持该观点的研究主要还是来自古特曼，他在1970年代中期从劳工史转向奴隶史，但使用了许多早期提出的观点。他和他的学生反对福格尔和英格尔曼的研究，认为他们太过勉强地套用经济学。他在《奴隶制度与自由状态中的黑人家庭》（*The Black Family in Slavery and Freedom*）一书中证明，奴隶家庭的结构并非源自白人家庭，而是在文化上通过奴隶命名活动与亲缘关系网络传递。奴隶的经历被大量的作者记录下来，但是对于黑人文化最重要的概念的发展来自于劳伦斯·W. 莱温，他运用民俗学与文化人类学来研究奴隶的歌谣和传说，证明奴隶们并没有将白人主人的文化标准内化。[②] 通过这三位重要学者，莱温、古特曼与吉诺维斯的著作，奴隶制度的文化史得到了发展，奴隶研究也被带入了美国史学的中心。到1970年代晚期，这种研究方法开始更加广泛地渗入到非裔美国人研究之中。一部重要的著作是莱昂·里特瓦克（Leon Litwack）的《久在风雨中》（*Been in the Storm So Long*），以图表展现了重建时期非裔美国人的经历。逐渐地，到1980年代，重建时期以及之后的种族关系研究使得早期对于奴隶制度本身的关注开始失色，而艾瑞克·福纳（Eric

---

① Winthrop D. Jordan, *White Over Black*: *American Attitudes Toward the Negro*, *1550 -1812* (Chapel Hill, 1968).

② Lawrence W. Levine, *Black Culture and Black Consciousness*: *Afro-American Folk Thought from Slavery to Freedom* (New York, 1977).

Foner）则探索了一些可以做出开创性贡献的新主题。[①]

　　1960 和 1970 年代奴隶制研究中的转向一旦确立便难以移除，而且总体上来说，虽然其中有所调整，但它继续居于支配的地位。文化研究的兴起与后现代主义对于话语分析的关注，实际上加强了 1970 年代的研究中处理奴隶经历的复杂性与多样性的趋势。然而 1980 与 1990 年代的一些历史学家，尤其是彼得·科尔钦（Peter Kolchin），注意到了将奴隶制浪漫化为一项自发制度的趋势，并主张让更加结构化的研究方法回归。[②] 古特曼的研究被他的学生伊拉·伯林（Ira Berlin）做了重大的修正。后者描画了奴隶制度的各时代随时间而发生的变化，以及决定了主人—奴隶关系与奴隶在社会中位置的多变的结构条件。伯林摒弃了过去历史学简明扼要且方向单一的路数，将奴隶制更好地与美洲史和大西洋史结合在一起。[③]

486

　　类似的有助于史学突破的发展也发生在妇女和性别研究中。从对群体在文化上的自主权的维护，到随后尝试将群体的历史放置在更宽泛的结构中，这与奴隶制度研究有着类似的轨迹。相对来说，1960 年代以前学界内几乎没有写作妇女史的，1970 年代这一领域的发展则反映了女权主义的兴起。相较于奴隶制度与种族研究在 1965—75 年间为社会史带来了先锋式的革新，妇女史则用了更长的时间来起步。最初，关注女性解放的研究是高度跨学科、政治性以及工具主义的。跨学科的学刊《女权主义研究》（*Feminist Studies*）以及《符号》（*Signs*）分别发刊于 1972 年与 1975 年，展示了一部分新研究。但直到 1988 年才有一份刊物专

① Eric Foner, *Reconstruction*：*America's Unfinished Revolution*，*1863 - 1877*（New York，1988）.

② Peter Kolchin, *American Slavery*（New York，1995）.

③ Ira Berlin, *Many Thousands Gone*：*The First Two Centuries of Slavery in North America*（Cambridge，Mass.，1998）; and id.，*Generations of Captivity*：*A History of African American Slaves*（Cambridge，Mass.，2003）.

门针对妇女史，这表明该领域在专门的历史学术研究中得到了巩固。① 其时，在众多学者中，格尔达·勒纳（Gerda Lerner）与瓦拉赫·斯科特（Wallach Scott）做出了重大的贡献。② 虽然美国的妇女史倾向于几乎全由女性来书写，并且将女性作为自主独立的行动者来处理——正如奴隶被描绘的那样——但当前学界却试图建立一套处理女性从属地位的更广泛的理论。斯科特批评现有的史学是带有偏见的，并提出性别的范畴，作为将妇女史、权力与文化解释联系在一起的途径。这一影响深远的研究挑战了传统的材料类型，并与将性活动视为一种话语形式的日益发展的趋向相联系。③ 此处，法国哲学家、史学家米歇尔·福柯的影响是显而易见的。

女性主义的历史与逐渐增长的、对性的历史——福柯在1970年代写作了该主题的著作——的兴趣有所重合。但是，福柯的影响在美国史学家中并没有像在其他国家那样强大，学者们将福柯美国化并做了修改。随着时间发展，福柯的影响力扩展开来；但在1970年代里，强调行为主义或弗洛伊德理论范畴的研究则与之势均力敌。彼得·盖伊（Peter Gay）五卷本的研究《资产阶级的经验》（*Bourgeois Experience*）（1984—1998）是一部聚焦于欧洲-美国世界的思想史，运用了弗洛伊德的理论；而卡尔·N. 戴格勒（Carl N. Degler）的《争执：美国的妇女与家庭》（*At Odds：Women and the Family in America*）（1980）则体现了在众多其他影响因素中，行为主义对于妇女和性的历史的兴趣。随着福柯的影响在1980年代的增强，约翰·德·埃米利奥（John D'Emilio）与埃斯特尔·弗里德曼（Estelle Freedman）的《私人事务：一部美国性史》（*Intimate Matters：A History of Sexuality in America*）

---

① Journal of Women's History (1988—).

② Gerda Lerner, *The Creation of Patriarchy* (New York, 1986).

③ Joan W. Scott, *Gender and the Politics of History* (New York, 1988)；亦可参看本卷第七章（由 Julie Des Jardins 撰写）。

（1988）则综合了新近的研究。而从性史出发，1990 年代又出现了对同性恋历史的研究。①

公共史学

如果说激进主义史学家们通过种族、奴隶制度、妇女以及性的研究来寻找关联，另一活动的轴心则是重新确立进步主义者对公众史学参与的兴趣。新左派的一翼，受到了研究社会史的新的激进方法的影响，而与工人阶级和少数群体的社会抗议建立了联系。由于英国历史工作坊运动在思想上的影响，激进派们分析了大众文化并研究了主流的电影与电视节目。② 劳伦斯·W. 莱温扩展了大众文化史，与他志同道合的、受到新左派影响的作家们则借由《激进历史评论》（*Radical History Review*，1975 年至今）形成了此项研究的组织核心。③ 公共领域外延中更加传统的方面同时也被再次强调，有一种补偿的倾向。与各州历史社会和联邦政府的联系被重申，且新的公众史作为一个次级学科得到了有效的专业化。随着公众史学训练项目的启动以及 1978 年《公众史学家》（*Public Historian*）创刊，专业史学与政府的联系得到了加强。公众史学国家理事会在 1980 年也加入了这一行列。在 1940年代，州际和地方史与国家和国际导向的专业史学是相互分离的，但仍旧是美国的史学实践中重要的自主团体，其中大部分大众成员通过博物馆、展览以及地方历史杂志而与历史学科相联系。但是州际与地方史的研究者大部分都是经过专业学术训练的史学家，相对比于其他的一些国家——无论是业余还是核心研究

---

① 例如 George Chauncey, *Gay New York: Gender, Urban Culture, and the Making of the Gay Male World, 1890 - 1940* (New York, 1994)。

② Susan P. Benson, Stephen Brier, and Roy Rosenzweig (eds.), *Presenting the Past: Essays on History and the Public* (Philadelphia, 1986).

③ Lawrence W. Levine, Highbrow/Lowbrow: *The Emergence of Cultural Hierarchy in America* (Cambridge, Mass, 1988).

都受到更强的政府控制，且学术专业的影响力间接被强化——即便是专业的史学家通常都与各州史学团体几乎没有直接的关系。

历史学的碎片化

随着对于社会和文化史的不断强调，美国史学家们渐趋于忽视传统的基本内容。国家政治史这一主题在整个 1960 年代还保持上扬的态势，到了 1970 年代则在论文数量、出版专著以及声望上都有所下降。经济史没能从定量分析方法所遭到的强烈批判中恢复过来，但一直是一门高度专业化且强健的次级学科，虽然它不再能够影响史学研究的主流。也许有人会期望宗教史能够作为文化与社会史的一部分而得以兴盛，但由于对世俗生活之热忱的不断发展，这一领域在 1980 年代也衰落了，或者被重新定义为移民史或思想史。宗教史在 21 世纪之交复兴，此时有关原教旨主义（fundamentalism）与福音主义（evangelicalism）——美国历史学中早已有之的关注对象——的研究再次出现，因为美国的政治气候转向了保守主义的方向。政治史并没有死去，相反，一群活跃的所谓的首席史学家们——其中一些人在学术圈内一些则在之外——表明对于这一领域的商业需求与学术兴趣仍旧存在。随着历史学导向的政治科学家们着手开展"回到国家"（bring the state back in）史学分析的运动，政治制度史得以在 1980 年代重获活力。斯蒂芬·斯科夫罗内克（Stephen Skowronek）与西达·斯科克波（Theda Skocpol）是其中最著名的学者，虽然他们都是政治科学家。① 在 1990 年代与 21 世纪早期，法律史领域的工作在理解美国政府上同样做出了重大的贡献。这项研究改进了，如果不是完全推翻的话，对 19 世纪持自由放任政策与不干涉主义

① Stephen Skowronek, *Building a New American State : The Expansion of National Administrative Capacities*, 1877 - 1920 (Cambridge, Mass. , 1982)；以及 Peter B. Evans, Dietrich Rueschemeyer, 与 Theda Skocpol (eds.), *Bringing the State Back In* (New York, 1985)。

的政府的老旧观念。① 但是政策史，这一研究领域多次有过前途灿烂的开端并且发行了自己学刊，但在面对 1990 年代诸如民族、非裔美国人、种族与性别研究等文化史课题的异军突起时，就退居其次了。

　　这一研究领域的扩展大大增加了学术知识的内容。1985 年，约翰·海厄姆将美国的史学描述为"一间大房子，其中的住户们可以依靠着许多打开的窗户与邻居愉快地聊天，但是房间之间的门却始终关着"。② 1992 年，小阿瑟·M. 施莱辛格抨击了为公民标准和国家认同所做的历史解释中暗含的多元文化多样性。③ 更严密地说，对于史学专门化的专业关注增长并产生了两种回应，其一是在美国史学中寻求不同学说的综合，通常是通过召唤进步主义对公众参与导向的史学的解释来完成。受到于尔根·哈贝马斯大众文化理论的影响，托马斯·本德尔（Thomas Bender）的研究在 1980 年代引发了相当大的兴趣，但他的"整体与部分"（Wholes and Parts）学说并不是得到承认的新综合性学说。④ 另一回应是历史编纂学观念的复兴。上一部重要的著作还是 1963 年约翰·海厄姆的《历史》（History）。现在，在 1988 年彼得·诺维克（Peter Novick）写作了《那个高贵的梦想》（That Noble Dream）——一部涵盖了美国主要的史学传统，并且将客观性观念作为中心主题的著作。这部作品明显地受到了工具主义史（instrumentalist histories）扩张的鼓舞。后者促进了诸如反种族主义以及女性主义这样的新社会运动。诺维克自身疏远后现代主

① William J. Novak, *The People's Welfare: Law and Regulation in Nineteenth-Century America* (Chapel Hill, 1996).

② John Higham, '*Paleface and Redskin in American Historiography: A Comment*', *Journal of Interdisciplinary History*, 16 (1985), 111-112.

③ Arthur M. Schlesinger, Jr., *The Disuniting of America* (Knoxville, Tenn., 1991).

④ Thomas Bender, '*Wholes and Parts: The Need for Synthesis in American History*', *Journal of American History*, 73 (1986), 120-136.

义，他实际上反思了对于历史客观性这一主题的不可知论的研究方法，并且改而聚焦于在客观性"高贵梦想"的醒目标题下，社会与文化因素如何影响了美国学术界产出的史学作品。这样，他就将美国史学以及后现代在这一问题上的争论都相对化了。诺维克这部激起争论的著作以及后现代主义的发展都推动了对史学观念以及对思想史兴趣的复苏，并且催生了后一门类中诸如多罗西·罗斯（Dorothy Ross）对例外主义以及社会科学传统的研究这样的重要作品。① 在如此的史学语境中捍卫饱经磨难的客观性地位的，是乔伊斯·阿普尔比（Joyce Appleby）、林恩·亨特（Lynn Hunt）以及玛格丽特·雅各布（Margaret Jacob）合著的《历史的真相》（*Telling the Truth about History*）（1994）。思想史将自己的枝丫延伸进了新文化史——它受到了欧洲史学对知识、话语以及历史阅读的社会结构的关注的影响。虽然史学观念的传统研究继续在专业中被边缘化，它还是化身不同的形象，在更为专门化的研究道路内找到了革新性的出路，其中最引人注目的是对于大众记忆的研究。② 此外，美国也产生了在"语言转向"上重要的理论家与实践者，尤其是海登·怀特（Hayden White）对知识的历史修辞学的研究，以及多米尼克·拉卡普拉（Dominic LaCapra）的思想史著作。③

490　　**对综合的新探索**

多元文化主义与综合说的论战意味着世界史的成长。后者有时被批评为过分多元文化，而且转移了对西方价值观——它对美

① Dorothy Ross, *The Origins of American Social Science* (Cambridge, 1991).
② Michael G. Kammen, *Mystic Chords of Memory*: *The Transformation of Tradition in American Culture* (New York, 1991).
③ Hayden White, *Metahistory*: *The Historical Imagination in Nineteenth-Century Europe* (Baltimore, 1973); Dominick LaCapra, *Rethinking Intellectual History*: *Texts*, *Contexts*, *Language* (Ithaca, NY, 1983); 亦可参看本卷第一章（由 Chris Lorenz 撰写）。

国的自由主义传统做出过贡献——的注意力。然而从一个更积极的角度来看，世界史也提供了一个新的综合方式，可与众所共见的美国历史学科中的碎片化相匹敌。世界史当然不是 1990 年代的新产物。它的起源至少可以上溯至威廉姆·H. 麦克尼尔（William H. McNeill）与 L. S. 斯塔夫里阿诺斯（L. S. Stavrianos）在 50 年代的研究。[1] 虽然该研究往往仅是被当作从 1920 年代开始讲授的、老旧的西方文明课程的翻版，而且麦克尼尔最著名的作品是《西方的兴起》（*The Rise of the West*）（1963），在这样的情况下，美国史学家们仍旧发展出了跨文化的视角，将不同文明间的碰撞作为革新的源泉来研究。世界史逐渐采取更加以全球为中心的研究途径，并且对非欧洲世界，尤其是亚洲，给予了更多关注。1982 年世界史协会的成立与 1990 年《世界史杂志》的发行，表明了该领域的成熟。实践者们不仅研究第三世界，同时也向人们展示，正如 1982 年艾瑞克·R. 沃尔夫（Eric R. Wolf）所做的那样，非西方国家既是变革的行动者，也是其对象。[2] 在 1990 年代及以后，非西方的历史越发被展现出与西方文明相联系，并且对其有所影响。在 21 世纪之交颇具开创精神的学术环境中，也能看到在沃尔夫研究中的全球连接的主题。研究中国史的史学家彭慕兰（Kenneth Pomeranz）对中国和欧洲发展的对比研究引起了一场争论。他考查了为何持久的工业发展始于西欧，然而更早的科技成就却是在东亚社会中发生的。彭慕兰综合环境史与经济史，说明了资源是如何从美洲流向西欧，以及效能密集型的煤炭是如何激发出西北欧节省劳力的、资本主义的发展模式。[3] 而其他的世界史学家则把注意力放在了大西洋世界中奴隶制度与经济发展之间的联系上。在此，对非洲史

---

[1]　更多有关世界史的论述，请参看本卷第五章（由 Jurgen Osterhammel 撰写）。

[2]　Eric R. Wolf, *Europe and the People without History* (Berkeley, 1982).

[3]　Kenneth Pomeranz, *The Great Divergence: China, Europe, and the Making of the Modern World Economy* (Princeton, 2000).

的研究超越了早前对奴隶交易做定量分析的固着，比如，非洲社会中的妇女、与世界史融合的更广泛的模式以及非洲多种多样宗教的历史，而并非只是关注那些与美洲殖民地和西非、中非之间的奴隶贸易有直接联系的内容。[①]

491 　　新的跨文化史同样也促进了对美洲印第安社会的研究。新研究超越了白人统治、压迫以及对土著社会的几近灭绝这样的研究分类。在1970年代，关于印第安人-白人关系的故事有着很强的现场感，并且包括了几项有关杰斐逊与杰克逊时代印第安政策的研究。[②]但历史学家、民族志学家以及人类学家们，比如安东尼·F. C. 华莱士（Anthony F. C. Wallace），越来越主张以印第安人自身的语境来对待他们。[③]学界对媒介——它推动了新社会史的发展——更深入讨论的关心，是与该项研究相偕行的。如同在奴隶制度史与妇女史研究中一样，对抗、反弹以及适应的复杂形式、文化的多样性现在都被强调。其中最好的作品是理查德·怀特（Richard White）的《中间区域》（*The Middle Ground*，1991），此书处理了17、18世纪欧洲王朝外围的法国、盎格鲁与美国印第安文化之间的相互作用。怀特与其他史学家，比如威廉姆·克罗农（William Cronon），还研究了印第安文化与土地之间的相互影响，并且使欧洲的进步深陷入生态革命的故事之中。[④]

　　恰如此项研究所显示出的，综合的另一可能方法就是环境史，

---

① Patrick Manning, *Slavery and African Life: Occidental, Oriental, and African Slave Trades* (New York, 1990); Joseph C. Miller, *Way of Death: Merchant Capitalism and the Angolan Slave Trade*, 1730 - 1830 (Madison, Wis., 1988); 以及 Philip D. Curtin, *Death by Migration: Europe's Encounter with the Tropical World in the Nineteenth Century* (Cambridge, 1989).

② Francis Jennings, *The Invasion of America: Indians, Colonialism, and the Cant of Conquest* (New York, 1975).

③ Anthony F. C. Wallace, *The Death and Rebirth of the Seneca* (New York, 1970); and Wilcomb Washburn, *The Indian in America* (New York, 1979).

④ William Cronon, *Changes in the Land: Indians, Colonists, and the Ecology of New England* (New York, 1983).

因为环境因素是所有其他发展的基础。环境决定论曾是特纳在进步主义时期史学写作的特征，但现在理查德·怀特等史学家所主张的环境史则是研究文化与自然之间的相互关系。将不同领域混合的观念蓬勃发展。[①] 一些环境史研究较短的时期与较小的地点，且美国环境史成为了重要性日渐增长的次级研究领域。晚至 1970 年代，环境史通常都聚焦于荒原问题或环境保护的政治史，后者反映了在处理美国独特的环境所产生的巨大影响时表现出的国家例外主义的传统。但是城市环境史与环境史中的种族和性别问题研究——关注"社会正义"的环境史——在 1990 年代开始兴盛，它们受到了阶级与文化景观理论的影响。环境史同样也影响了世界史。[②] 最好的环境史研究所提出的问题在其他国家的史学中也是普遍存在的，并且开始追溯跨越国家界限的环境因素的影响，比如 J. R. 麦克尼尔（J. R. McNeill）的著作，以及阿尔弗雷德·克罗斯比（Alfred Crosby）的《生态帝国主义》（*Ecological Imperialism*），此书对于世界史和环境史都有着同样多的贡献。[③]

492

1990 年代及之后，其他强调综合问题的学术进展来自于"跨国史"（transnational history）。由托马斯·本德尔和其他史学家所倡导的跨国史，关注跨越国界的民族、思想、科技以及制度的运动。跨国史的提倡者一般而言都将他们的研究与比较史相区别。虽然如此，他们必须说明清楚的是，虽然这两者并非是同样的东西，但比较史可以补充完善跨国史的研究方法。根据新的观点，研究者必须要小心构成空间、制度以及国家传统的内容会随时间而变化。跨国史旨在将国家发展放置在文本中，并且从其跨越国

---

① Richard White, 'From Wilderness to Hybrid Landscapes: The Cultural Turn in Environmental History', *The Historian*, 66 (2004), 557-564.

② J. Donald Hughes, *An Environmental History of the World: Humankind's Changing Role in the Community of Life* (London, 2001).

③ J. R. McNeill, *Something New Under the Sun: An Environmental History of the Twentieth-Century World* (New York, 2000); and see Ch. 8 by McNeill in this volume.

家的影响力的角度来解释。尽管有这些明显的预警，批评家们仍旧指责说，跨国史学家们希望将美国史在含混不清的解释方案中消解掉，而且其他学者积极地捍卫着美国例外主义。不过例外主义的拥护者们也被要求拿出更加条理清晰且缜密的阐释，因为在此领域内，具体且单纯的国家间的比较所具有的危险是公认存在的。正如批评家与支持者同样意识到的，美国史语境中的跨国研究所提供的是一种观看世界的方式，而并非是一个次级研究领域的课题。美国，如同本德尔在他的综合性著述《众国之国》（*A Nation among Nations*，2006）中所展现的那样，必须被"去地方化"（deprovincialized）。

21世纪初期的美国史学远不够多样化以容纳各种各样的标签。但是它的重新定向的确显现出了两个重要的特性。其一是扩宽美国的史学解释，并将不同国家与地区历史看作是相互联系的。另一是重返对树立史学公共有益性的关注。在某些方面，这两重目标是相互抵牾的。一条裂隙分隔了研究的两个方向：一方是缜密精巧且世界性的学术研究，而另一方则是历史的公众心态——尤其是国家主义者对于美国叙事的形态和诠释的感情用事。1995年国家航空航天博物馆举办的艾诺拉·盖伊轰炸机（Enola Gay）展览[①]引发了公众对于美国历史解释的争论，也将史学研究中的这条裂隙展露无遗。仍旧是在1995年，争论同样还发生在国会拒绝接纳由学术界所提出的国家历史标准；以及稍后对专业史学家在政治偏见与学术不端等问题的批判上。专业史学家们感到自己的意见几乎不被主流媒体或普通大众所重视。这些焦虑并非完全是新产物，但是历史解释中的世界性趋向与对美国国家意识形态的依赖之间的紧张关系，却始终是美国史学中的核心问题。

---

① 艾诺拉·盖伊（Enola Gay），飞机名。是于1945年8月6日在日本广岛上空投下"小男孩"原子弹的美军B-29轰炸机。——译注

大事年表/关键日期

- 1945　第一颗原子弹投放广岛
- 1947　冷战开始
- 1950—1954　麦肯锡主义时期
- 1950—1953　朝鲜战争
- 1954　美国最高法院受理"布朗诉教育委员会案"；当代公民权利运动的开端
- 1962　古巴导弹危机
- 1963　约翰·F·肯尼迪总统遇刺
- 1964　《民权法案》签署通过
- 1966　黑人权力运动开始
- 1963—1971　第二波女权主义运动开始
- 1963—1975　越南战争
- 1973—1974　第一次能源危机
- 1974　水门事件；理查德·尼克松总统辞职
- 1981—1989　里根时代
- 1991　冷战结束
- 1991　第一次伊拉克战争
- 2001　世贸中心与五角大楼遭到 9·11 恐怖袭击
- 2001　阿富汗战争
- 2003　入侵伊拉克

主要史料

- Bailyn, Bernard, *The Ideological Origins of the American Revolution* (Cambridge, Mass., 1967).
- Bernstein, Barton J. (ed.), *Towards a New Past: Dissenting Essays in American History* (New York, 1968).
- Boorstin, Daniel J., *The Americans*, 3 *vols*. (New York, 1958 -

73).

- Crosby, Alfred W. , *Ecological Imperialism: The Biological Expansion of Europe, 900 – 1900* (New York, 1988).

- Curtin, Philip D. , *The Atlantic Slave Trade: A Census* (Madison, Wis. , 1969).

- Degler, Carl, *At Odds: Women and the Family in America from the Revolution to the Present* (New York, 1980).

- Fogel, Robert W. and Engerman, Stanley, *Time on the Cross*, 2 *vols.* (Boston, 1974).

- Genovese, Eugene, *Roll, Jordan, Roll: The World the Slaves Made* (New York, 1974).

- Gutman, Herbert G. , *The Black Family in Slavery and Freedom: 1750 – 1925* (New York, 1976).

- Hartz, Louis, *The Liberal Tradition in America: An Interpretation of American Political Thought since the Revolution* (New York, 1955).

494

- Hofstadter, Richard, *The American Political Tradition and the Men Who Made It* (New York, 1948).

  ——*The Age of Reform: From Bryan to F. D. R.* (New York, 1955).

- Lerner, Gerda, *The Creation of Patriarchy* (New York, 1986).

- McNeill, William H. , *The Rise of the West: A History of the Human Community* (1963; rev. edn, Chicago, 1991).

- Potter, David M. , *People of Plenty: Economic Abundance and the American Character* (Chicago, 1954).

- Scott, Joan Wallach, *Gender and the Politics of History* (New York, 1988).

- White, Hayden, *Metahistory: The Historical Imagination in Nineteenth-Century Europe* (Baltimore, 1973).

- White, Richard, *The Middle Ground: Indians, Empires, and*

Republics in the Great Lakes Region, *1650 – 1815* (New York, 1991).

- Williams, William Appleman, *The Tragedy of American Diplomacy* (1959; rev edn, New York, 1961).
- Wolf, Eric R., *Europe and the People without History* (Berkeley, 1982).
- Woodward, C. Vann, *Origins of the New South*, *1877 – 1913* (Baton Rouge, 1951).

参考书目

- Appleby, Joyce, Jacob, Margaret, and Hunt, Lynn, *Telling the Truth about History* (New York, 1994).
- Bender, Thomas, 'Wholes and Parts: The Need for Synthesis in American History', *Journal of American History*, 73 (1986), 120 – 136.
- Benson, Susan P., Brier, Stephen, and Rosenzweig, Roy (eds.), *Presenting the Past: Essayson History and the Public* (Philadelphia, 1986).
- Berkhofer, Jr., Robert F., *Beyond the Great Story: History as Text and Discourse* (Cambridge, Mass., 1995).
- Brown, David S., *Richard Hofstadter: An Intellectual Biography* (Chicago, 2006).
- Fischer, David H., *Historians' Fallacies: Toward a Logic of Historical Thought* (New York, 1970).
- Higham, John with Krieger, Leonard and Gilbert, Felix, *History* (Englewood Cliffs, NJ, 1965).
- Kammen, Michael (ed.), *The Past before Us: Contemporary Historical Writing in the United States* (Ithaca, NY, 1980).
  ——*Mystic Chords of Memory: The Transformation of*

Tradition in American Culture (New York，1991).

- Lemisch，Jesse，*On Active Service in War and Peace：Politics and Ideology in the American Historical Profession* (Toronto，1975).

- Mcicr，August，and Rudwick，Elliott，*Black History and the Historical Profession*，1915－1980 (Urbana，1986).

- Novick，Peter，*That Noble Dream：The 'Objectivity Question' and the American Historical Profession* (New York，1988).

- Rosenzweig，Roy and Thelen，David，*The Presence of the Past：Popular Uses of History in American Life* (New York，1998).

495
- Russo，David，*Clio Confused：Troubling Aspects of Historical Study from the Perspective of U. S. History* (Westport，Conn. ，1995).

- Schlesinger，Jr. ，Arthur M. ，*The Disuniting of America* (Knoxville，Tenn. ，1991).

- Tyrrell，Ian，*The Absent Marx：Class Analysis and Liberal History in Twentieth-CenturyAmerica* (Westport，Conn. ，1986).

——*Historians in Public：The Practice of American History*，1890－1970 (Chicago，2005).

- Wise，Gene，*American Historical Explanations：A Strategy for a Grounded Inquiry* (2ndedn，Minneapolis，1980).

刘颖洁　译

第二十四章 阿拉伯世界的历史写作

优素福·舒埃里

20世纪后半叶，阿拉伯世界的历史学在范围和内容上都取得了显著进展。从范围上说，它更好地适应了世界发展以及阿拉伯国家与西方、与正在出现的所谓第三世界之间的复杂关系。同时在内容上，它不再仅仅关注政治事件，而是展现出对社会、经济和文化的高度理解。

本章将分两部分探讨1945年后阿拉伯世界最重要的史学发展：第一部分研究1945—1970年的情况。这一时期社会主义或者民族主义话题渗入了大部分历史著作。虽然伊朗和以色列为了巩固民族成就辉煌的清晰形象，而创造了不同形式的民族主义或者社会叙事，但是阿拉伯世界中的史家群体却开始构建一条社会主义道路，尽管他们在字里行间也透露出对民族主义的忠诚。将这一时期所有的史学著作都归结于一两个主题虽然有些夸张，但民族主义和社会主义的确是具有决定意义的主导趋势，限定了对许多相关主题的研究。除社会史之外，我们还要注意对文化、经济和少数民族的研究。进一步说，将有一部分篇幅专门研究女权主义的出现，以及女性如何开始直接或间接地影响了对事件和特定历史时期的叙述。如果要给这个时代贴上一个标签的话，也许"世俗主义"（secularism）是最适合那时普遍的方法论指向，但是要在中东背景中重新定义这个标签。第二部分将讨论整个阿拉伯世界对历史编纂进行去殖民化、重建或理论化的多种尝试。虽然这样一种讨论必将考虑不同的民族背景，但我们试图探究历史学

领域中，一种特殊的民族和宗教主题如何开始介入对世俗的研究。此外，我们还要注意这种话语的真实性与世俗的阿拉伯国家之间的冲突，这种冲突影响广泛，导致新的范畴出现并进入历史叙述。这些范畴包括民主、公民社会、公民身份、女权和个人责任的概念与实践。有人可能会提出争议，认为总的来说阿拉伯国家还是在坚守阵地反抗这些新范畴。但这种反抗所取得的相对成功也许正可以解释在过去的 20 年中，伊斯兰和西方的接触为何总是以激烈的对抗为特点。

新趋势

阿拉伯世界的历史学在两次世界大战之间被专业化，埃及和黎巴嫩尤为如此，这两地是当时阿拉伯文化的中心，专业研究的大本营是：开罗的福阿德一世大学（Fu'ad I University）和贝鲁特美国大学（American University of Beirut）。1945 年以后，随着其他阿拉伯国家也获得独立，或者逐渐意识到需要建设适合统治需求、并能对新公民承担更多责任的现代化国家结构，而教育体系作为这个结构必不可少的一部分，有必要进行彻底的改革，如此，这些国家的历史学也逐步加入了这股新的专业化浪潮。就是在这样的背景中，叙利亚和伊拉克成为第二批着手打造和传播更严谨、更现代化的历史叙述的阿拉伯国家。此外，这些统治精英们都赞成这样一种世界观，即在建构和传播历史的过程中，一定要突出伊斯兰遗产的地位和阿拉伯人的先驱作用。

在叙利亚，1948 年叙利亚大学（1958 年阿勒颇大学建立后更名为大马士革大学）历史系的建立才让专业历史学穿上了体制化的外衣。为了在一合理基础上建立叙利亚专业历史学，康斯坦丁·祖赖格（Qustantin Zurayq）和达尔维什·米克达迪（Darwish al-Miqdadi）起到了至关重要的作用。穆罕穆德·达尔曼（Muhammad Dahman）是叙利亚首批专业史学家之一，他欣赏祖

赖格，在 30 年代以编纂和注释阿拉伯历史手稿开始了他的职业生涯。还有两位叙利亚早期的历史学家，贾米勒·萨利巴（Jamil Saliba）和卡米勒·伊亚德（Kamil 'Ayyad）的职业生涯也始于同样的道路。尽管在 20、30 年代，叙利亚历史学取得了某种程度上的繁荣，但是直到 1948 年大马士革大学历史系建立后，才出现了专业的历史学。叙利亚专业历史学的奠基人除了达尔曼，还有伊亚德（'Ayyad）和祖赖格（Zurayq），努尔丁·哈图姆（Nur al-Din Hatum）和阿布德·克里姆·艾拉伊拜（'Abd al-Karim Gharayibah），后两者专门研究 19 世纪叙利历史，前两者则关注阿拉伯民族主义产生初期的情况。还有一位史学家是艾哈迈德·塔拉贝（Ahmad Tarabayn），他凭借关于阿拉伯统一和现代黎巴嫩历史的著作而闻名于世，在 1970 年出版了《现代阿拉伯历史学和史学家研究》（*al-Tarikh wa al-mu'arrikhun al-'arab fi al-'asr al-hadith*）。穆罕穆德·海尔·法里（Muhammad Khayr Faris）是马格里布（Maghrib）历史学家，陶菲克·阿里·贝鲁（Tawfiq 'Ali Birru）出版了一些关于奥斯曼帝国统治下的阿拉伯的研究，以及一部对前四位哈里发和倭马亚王朝时期的阿勒颇与早期伊斯兰国家的详细研究，莱拉·萨巴格（Layla al-Sabbagh）是研究奥斯曼帝国早期的专家，[①] 海尔拉·卡西米亚（Khayriah Qasimiyyah）或卡斯米耶（Kasmieh）是研究现代阿拉伯民族主义运动的卓越史学家，这些史学家大多数都在埃及接受学术训练。其他叙利亚史学家都曾在英国学习，阿卜杜勒·凯里木·拉菲格（'Abd al-Karim Rafeq）是这群学者的领袖。他于 60 年代在伦敦大学跟随霍尔特教授（P. M. Holt）攻读博士学位，他的论文后来在 1966 年以《1723—1783 年的大马士革》（*The Province of Damascus 1723-1783*）为题出版。作为一位社会史学家，拉菲

498

---

① 若要对阿拉伯世界中的奥斯曼帝国研究有进一步探索，可参见 Abdul-Karim Rafeq, 'Ottoman Historical Research in Syria since 1946', *Asian Research Trends*, 2（1992），45-78。

格凭借对奥斯曼帝国阿拉伯省份的研究而广为人知，他利用奥斯曼宫廷记录，重建了帝国统治被忽略的数个世纪中的很大一部分社会生活，尤其是 18 世纪。

伊拉克在 40 年代早期经历动乱，其后不久就意识到了再次引入专业历史学和重组教育体系的必要性。阿卜杜拉 阿齐兹·杜里（'Abd al-'Aziz al-Duri）是首批专业历史学家之一，40 年代在伦敦大学攻读博士学位；另一位伊拉克史学家阿赫默德·萨利赫-阿里（Ahmad Salih al-'Ali）也于同一时期在著名的东方学家汉密尔顿·吉布（Hamilton Gibb）的指导下进行博士阶段的研究工作，他似乎注定要同杜里一起开创一个伊拉克历史学的新学派。结果在他们引领的新趋势中，阿拉伯和伊拉克史学开始突出对社会和经济维度的研究。阿里最著名的作品之一出版于 1953年，研究在第一个伊斯兰世纪中，伊拉克南部城市巴士拉（Basra）的社会经济结构和组织。① 另一方面，当阿卜杜拉-阿齐兹·杜里从伦敦返回故里后，积极推动将经济史作为一门学科引入巴格达大学（创建于 1957 年）和其他阿拉伯大学。他对于伊斯兰古典时代（600—1000）的精辟分析，澄清了许多有争议的、涉及到人口迁移、行会、邻里组织和税收系统本质的问题。此外，他出版于 1960 年的传统阿拉伯历史学最著名的研究之一，以及一部叙述作为一个民族的阿拉伯历史的著作，都被译成了英文。②

杜里和阿里都是伊斯兰形成时期及其伊拉克部分方面的专家，阿里-瓦尔迪（'Ali al-Wardi）则主要对现代伊拉克进行社会学和历史学研究。瓦尔迪曾在德克萨斯大学受过美式训练（1950 年），除了多卷本的本国史之外，他对现代伊拉克历史和伊拉克特性的

---

① Ahmad Salih al-'Ali, *al-Tanzimat al-ijtima'iyah wa al-iqtisadiyah fi al-Basra fi al-qarn al-awwal al-hijri* (Baghdad, 1953).

② A. A. Duri, *The Rise of Historical Writing among the Arabs*, trans. and ed. Lawrence I. Conrad (Princeton, 1983); and id., *The Historical Formation of the Arab Nation* (London, 1987).

研究，都致力于通过强调特定历史时刻或转折点，理解近现代伊拉克所面临的困境。他的整体性分析强调伊拉克社会中游牧生活和城市生活之间的地区性矛盾，以及甚至在巴格达、巴士拉和摩苏尔（Mosul）这些城市的中心，游牧文化的支配性影响。因此，现代伊拉克仍然处于传统价值观念和社会精英所拥护的现代价值观念的撕扯中。① 另一位杰出的伊拉克史学家是纳吉·麦鲁夫（Naji Ma'ruf），他研究伊斯兰文化及其城市。② 他的众多作品，包括一些历史课本，都为我们理解全盛时期的伊斯兰教育体系补充了新的知识。

　　此外，1968 年阿拉伯社会复兴党（Ba'th party）获取政权后，同时伴随着 70 年代早期石油收入的快速上升，受到政府经济实力和泛阿拉伯意识形态的鼓舞，伊拉克史学家和知识分子们开始努力将伊拉克转型为阿拉伯文化的活跃中心。在这样的氛围中，1973 年阿拉伯历史学家联盟建立，总部设在巴格达。一项国际会议的召开标志着这个联盟的成立，这次会议邀请了阿拉伯和西方杰出的史学家与会或者宣读论文。这些人包括萨义德·阿舒尔（Sa'id 'Ashur），他是研究中世纪伊斯兰的埃及史学家，也是十字军研究的权威；哈比卜·贾哈尼（al-Habib al-Janhani）是研究伊斯兰文化的突尼斯教授；以及来自法国的雅克·贝尔克（Jacques Berque）、多米尼克·舍瓦利耶（Dominique Chevalier）。

　　2003 年美英军队占领伊拉克后，国家图书馆、博物馆和文献中心都遭受劫掠或被严重损毁。尽管一些零星材料和手稿已经被寻回，但是许多珍贵手稿和文件，像公共档案馆的珍本，也许永无可能回归祖国了。此外，大多数伊拉克学者，包括史学家都被

499

---

① 例如，可参看 'Ali al-Wardi, *Lamahat ijtima'iyya fi tarikh al-'iraq al-hadith* (Baghdad, 1969)。

② 例如，可参看纳吉·麦鲁夫对伊斯兰钱币学的研究，*al-'Umlah wa al-nuqud albaghdadiyya* (Baghdad, 1967)；以及他对一所中世纪巴格达大学及其学者的研究著述，*Tarikh 'Ulama'al-Mustansiryya* (Baghdad, 1959)。

迫移民，或者由于恐惧和安全感的丧失而主动选择离开祖国。留下来的史学家包括巴格达大学历史研究所主席，阿卜杜拉·贾巴尔·纳吉（Abdul Jabbar Naji）教授，他在巴格达大学获得本科和硕士学位后，于 1970 年在伦敦大学亚非学院（SOAS）获得博士学位，他的研究兴趣包括伊拉克中世纪的城市生活和伊斯兰医学史。

在黎巴嫩，历史写作从 1945 年以后展现出自身的生命力。尽管在之前，马龙派（Maronite）作者们已经将黎巴嫩作为一个历史整体进行了广泛研究，但从 50 年代早期，非马龙派的史学家，包括基督教和穆斯林史学家都逐步有所建树。虽然黎巴嫩史学家们继续广泛讨论关于阿拉伯、伊斯兰和西方的话题，但是那些最为活跃的史学家则开始关注黎巴嫩国史。正是在这样的背景中，我们可以评价黎巴嫩新一代史学家的贡献，比如卡迈勒·萨里比（Kamal Salibi）、阿代勒·伊斯梅尔（'Adel Ismail）、瓦达·沙拉拉（Waddah Sharara〈Charara〉）、马苏德·达希尔（Massoud〈Mas 'ud〉Dahir）和瓦吉赫·卡特拉尼（Wajih Kawtharani），他们都是专业史学家，阿代勒·伊斯梅尔还是外交官和大使。正是伊斯梅尔通过广泛使用英法官方档案，开创了黎巴嫩历史研究新途径。[①] 沙拉拉选择用一种新马克思主义历史分析法研究黎巴嫩历史和阿拉伯历史编纂，求学比利时的卡特拉尼则跟随伊斯梅尔的脚步，利用并出版法国档案馆的外交文件，并且偏爱法国年鉴学派的方法论——尤其对马克·布洛赫的研究方法更为青

---

① 伊斯梅尔出版了若干档案集，比如 'Isma 'il, *L'histoire des pays Arabes dans les archives diplomatiques*: *Thèmes et références 1535 - 1945*（Beirut, 1992）；也可参看他有关黎巴嫩历史的 30 卷本外交通讯集 *Documents diplomatiques et consulaires relatifs à l'histoire du Liban*: *Et des pays du Proche-Orient du XVIIe siècle à nos jours*（Beirut, 1975 - 2000）；及其 *Histoire du Liban du XVIIe siècle à nos jours*（Paris, 1955）。

睐。① 另一方面，马苏德·达希尔则属于一个更为传统的马克思主义学派，同黎巴嫩共产党关系密切。但是，他对黎巴嫩社会和经济历史诸多方面，以及阿拉伯东部的研究，确实为理解这些社会中的内部运动提供了新的角度。这一点在他对宗派主义（confess-ionalism）的分析中就有所体现——他认为宗派主义表现了社会经济的深层差异；此外尤为明确地表现在他对马龙派教会及其附属修道院产生的研究上，通过细致地分析档案，他认为这些教会和修道院直到 20 世纪末都还是最大的土地拥有者。② 马龙派这一最后的社会团体，或者根据不同的利益和结构，黎巴嫩所分裂出的不同宗教派别，或许组成了大多数历史叙述的核心。

　　正是从这个角度来看，受法国教育的黎巴嫩史学家艾哈迈德·贝杜恩（Ahmad Beydoun）的历史学研究就变得非常重要。这份研究起初是 1983 年他所呈交的博士论文，后来出版了法语和阿拉伯语版本。③ 他试图展现一个史学家的宗教身份如何在很大程度上决定了他对黎巴嫩历史转折点的研究所用的方法。进一步说，贝杜恩指出，大多数黎巴嫩史学家都将事件仅仅视为某种先天要素的展现，比如国家地理轮廓、文化起源、社会等级或者

501

---

① See Waddan Sharara, Transformations d une manifestation religieuse dans un village du Liban-Sud（Ashura）', D. Phil. thesis, Université libanaise, 1968；his history of the militant Shiᶜite Party Hizbullah, *Dawlat Hizb Allah*, *Lubnan mujtanaᶜ an Islamiyan*：*Maᶜa fasl khass bi-harb Tammuz*（Beirut, 2006）；and Wajih Kawtharani, *Al-ittijabat al-ijtimaᶜiyah al-siyasiyah fi Jabal Lubnan wa-al-Mashriq al-ᶜArabi, 1860—1920*：*Musahamah fi dirasat usul takawwuniha al-tarikhi（Beirut, 1976）*. On Marc Bloch and the Annales, see Ch. 13 by Matthias Middell in this volume.

② 例如，可参看 Massoud Dahir, *Tarikh Lubnan al-ijtima ʻi, 1914-1926*（Beirut, 1974）其中关于黎巴嫩社会史的研究；以及他对于黎巴嫩派系主义历史根源发展史的研究，*al-Judhur al-tarikhiyah lil-mas'alah al-ta'ifiyah al-Lubnaniyah, 1697-1861*（Beirut, 1986）。

③ Ahmad Beydoun, *Identité confessionnelle et temps social chez les historiens libanais contemporains*（Beirut, 1984）。阿拉伯语版的书名是 *al-Sir a ' ' ala tarikh Lubnan*（Beirut, 1989）。

原著居民的特性。结果，持续的国家认同作为一种历史发展角度，所展现出的形象远大于时光推移或与时俱进的观念。①

在 1975 年最后一次内战爆发前，卡迈勒·萨里比似乎就在叙述中表达了独立的黎巴嫩所拥有的新形象——稳定、民主、繁荣。这个形象被总结为一个通过不同派别之间达成"社会契约"而形成的共和国，但是由于马龙派在黎巴嫩争取独立的不懈努力中起到的先锋作用，它被接受成为主导政党。② 但是内战爆发后，萨里比对几乎各种黎巴嫩自我历史形象进行了批判，包括学院式的、官方和大众的，由此他采取了一条更加微妙的研究路径。③ 除了对黎巴嫩历史的持续兴趣，他还出版了许多关于中世纪叙利亚、沙特阿拉伯和现代约旦历史的学术著作。70 年代，沙拉拉完善了萨里比的"有缺陷的社会契约"的范式，他推进了这一理论：马龙派霸权既不是一个偶然事件，也不是西方力量培养的阴谋，而是 19 世纪黎巴嫩山区省新资本主义经济出现的结果，这和西欧经济发展之间存在直接关系。换句话说，尽管管理黎巴嫩事务数世纪的德鲁兹派（Druze community）阻止了西欧工业进入其统治范围，但马龙派人士——商人、教士和农民——对此则积极欢迎。从这种意义上说，马龙派的统治就具有历史必然性，而不是非正常因素结合造成的后果。④

从内战爆发以及 1990 年内战正式平息，黎巴嫩历史学在很大程度上被分割成了一系列关于地方、家族和宗教派系的叙述。尽管如此，黎巴嫩史学家除了叙述他们所在地区、城镇和派别的历史外，还继续创作着关于阿拉伯世界和广大中东地区各种主题的优秀著作。

---

① 也可参看 Ahmad Beydoun 关于黎巴嫩近期内战的研究，*Le Liban：itineraries dans une guerre incivile*（Paris，1993）。

② 参看 Kamal Salibi, *The Modern History of Lebanon*（London，1965），xxvii。

③ 尤其参看 Kamal Salibi, *A House of Many Mansions：The History of Lebanon Reconsidered*（London，1988）。

④ Waddah Sharara, *Fi usul Lubnan al-ta'ifi*（Beirut，1975）。

阿拉伯国家对历史的改造

阿拉伯半岛的专业历史学落后于其他阿拉伯国家，直到 70 年 502
代才开始成为文化景观的一部分。虽然沙特阿拉伯在很多方面表
现为这一地区的主导国家，但实际上具有领导权的是科威特，因
为许多高素质、有教养的巴勒斯坦人在 1948 年被驱逐出本国后，
就去了科威特。达尔维什·米克达迪（见上文）就是一位巴勒斯
坦史学家，却担任科威特教育部部长，在 50 年代彻底革新了科
威特教育体系，引入了专业化历史研究，同时写作了关于酋长国
（emirate）历史的首部学术著作。① 另一位学者是叙利亚史学家沙
基尔·穆斯塔法（Shakir Mustafa），他是伊斯兰古典时代的专家，
也是一位多产的作家，在米克达地逝世后，他将科威特的历史学
发展成了一门专业学科。今天科威特大学引以为傲的历史系主任
阿卜杜勒-马利克·塔米米（‘Abd al-Malik al-Tamimi）也是一位
才能卓越的学者。

沙特阿拉伯在 1972 年才开始着手对历史研究及其机构进行集
中性的制度化改造，使历史学成为一项国家事业，为沙特王朝的
统治提供合法性。然而在此之前，沙特国家的历史是由非沙特的
史学家创作的，比如：福阿德·哈姆扎（Fu'ad Hamza）、哈菲
兹·沃赫拜（Hafiz Wahbah）、阿明·里哈尼（Amin Rihani）和海
雷丁·齐克利（Khayr al-Din al-Zirkili）。② 沙特和海湾地区的新一
代史学家们出现在 80、90 年代，他们在埃及、北美和英国的大
学接受了教育。这些人中包括沙特阿拉伯高等教育部长沙伊克·
哈桑·阿里·沙伊克（Shaykh Hasan Al al-Shaykh）、利雅得大学

① 我的同事，约旦历史学家 'Ali Mahafza 提供了这个信息。
② 1972 年，阿卜杜勒阿齐兹国王研究与档案基金会在首都利雅得开幕。参看
Madawi al-Rasheed，'Political Legitimacy and the Production of History：The Case
of Saudi Arabia'，in Lenore Martin（ed.），*New Frontiers in Middle East Security*
（London，2001），25 - 46。

（the University of Riyadh）教授阿卜杜拉-拉赫曼·安萨里（'Abd al-Rahman al-Ansari），以及沙特阿拉伯文物和博物馆部部长阿卜杜拉·马斯里博士（Abdullah Masri）。安萨里在开罗和英国接受教育，马斯里在美国获得文物和考古的博士学位，阿里·沙伊克则是第一所沙特大学的精神奠基人——穆罕默德·本·阿卜杜拉-沃赫拜（Muhammad ibn 'Abd al-Wahhab）的直系后裔。最卓越的沙特史学家可能要数阿卜杜拉·乌赛明（'Abdullah al-'Uthaymin），他是沙特国王大学（King Sa'ud University）的历史学教授，活跃于80、90年代。据马达维·拉希德（Madawi Al-Rasheed）说，他实际上控制着沙特中小学和大学的历史课程设置。[1] 另一位著名的沙特史学家是阿卜杜拉·阿里·易卜拉欣·扎伊丹（'Abdullah 'Ali Ibrahim al-Zaydan），他于1978年在利兹大学获取博士学位，在沙特国王大学工作，是伊斯兰城市史和人口统计学方面的专家，也是1984年成立的沙特历史协会的创办成员之一，并担任会长。

另一位值得关注的阿拉伯史学家是沙伊克·苏丹·本·穆罕默德·卡西米（Shaykh Sultan Ibn Muhammad al-Qasimi），他毕业于埃克塞特大学（Exeter University），是阿拉伯联合酋长国中沙迦（Sharjah）目前的领导人。他出版于1986年的论文反驳了英国宣称海盗普遍存在的事实，而英国正是因为海盗问题才将阿拉伯海湾地区酋长国置于自身保护或占领下。[2] 他的论证基于英国外交文件，强调英国利用或编造了海盗神话，并以此为借口同印度洋地区展开贸易，并控制阿拉伯海。卡西米是一位非凡的史学家，尽管身兼行政和政治职务，但他还是花费很多时间出版关于海湾地区的专题论文，包括英国占领亚丁湾，以及18、19世纪中法国与阿曼的关系。此外，他还逐步完成了一部与海湾地区有

---

[1] Madawi Al-Rasheed, *A History of Saudi Arabia* (Cambridge, 2002), 189.

[2] Sultan Ibn Muhammad Qasimi, *The Myth of Arab Piracy in the Gulf* (London, 1986).

关的地方与外国文件及手稿的出色汇编，尤其是包含了英国东印度公司的相关材料。在 80、90 年代，这种行为很快被其他海湾国家所效仿。因此，所有海湾国家都拥有了自己的“国家”档案馆，保存地方、奥斯曼帝国和西方的文件。一个突出的例子是 1968 年建于阿布扎比（Abu Dhabi）的国家文献与研究中心（NCDR）。该中心是国家教育、科学和文化组织协会（UNESCO）、国家档案委员会（ICA）、国际图书馆与信息联盟（IFLA）以及海湾地区文献与研究联合委员会总秘书处的成员。国家教育、科学和文化组织协会认为该中心在阿拉伯文化机构中首屈一指。

　　约旦的专业历史写作直至 70 年代才开始出现。有三位具有代表性的史学家：巴勒斯坦人苏莱曼·穆萨（Sulayman Musa），研究 1916 年由沙里夫·侯赛因（Sharif Husayn）领导的阿拉伯起义，侯赛因是约旦统治家族的先驱；[①] 阿德南·巴希特（Adnan Bakhit）毕业于伦敦大学，研究方向是 16 世纪奥斯曼时期大马士革的历史；阿里·马哈夫扎（'Ali Mahafza）在德国接受教育，除了研究现代约旦史之外，还写作了许多关注现代阿拉伯思想以及阻碍阿拉伯统一的西方力量的作品。[②]

　　埃及新一代本土史学家出现在 50、60 年代，尽管他们中有一些人，像穆罕默德·阿尼斯（Muhammad Anis）曾在海外接受教育，但更重要的是，随着 1952 年埃及七月革命爆发，埃及历史学在接下来的近十年中，并没有取得大的进步。这也许要被归咎于转型时代的特征、新政权的军政本质以及对新的政治认同和文化认同的寻求。在这样的情况下，似乎到这十年结束的时候，共和国总统加麦尔-阿卜杜勒-纳赛尔（Gamal 'Abd al-Nasir）已经在阿拉伯民族主义和社会主义方向上做出了决定性的转变，这也刺

504

---

① 例如，可参看 Sulayman Musa, *T. E. Lawrence, an Arab View*, trans. Albert Butros (Oxford, 1966)。

② 'Ali Mahafza, *Tarikh al-Urdunn al-Muu'asir, 'Ahd al-Imarah, 1921 - 1946* (Amman, 1973).

激了为埃及构建阿拉伯身份认同的新计划出炉，以及对激进社会经济改革的拥护。人们认为，社会问题早在自由军官组织政变数年之前就已经出现了。在历史学上，出版于 1950 年的一部新埃及历史是这种观点的典型表现。苏卜希·瓦希达（Subhi Wahida）拥有罗马大学的法学博士学位，他在《论埃及问题的根源》（*Fi usul al-mas'ala al-misriyya*）中重新阐释了埃及历史，叙述范围从 17 世纪阿拉伯占领埃及，直至他所在的时代，也零星提及法老统治的早期历史。在引言中，瓦希达对埃及历史学进行了广泛批判，认为它们过分关注奥斯曼帝国和埃及、埃及和大不列颠的关系，"以至于忽略了埃及自身刺激这些关系产生，以及伴随这些关系产生、发展和转折的经济、社会与文化因素"。正是在这样的背景下，他强调要将研究焦点从外交方面转移到对埃及社会内在运动的深入考察，"在此过程中，要将统治阶级及其活动、观念降低到从属地位"。他通过援引近代埃及社会的危机，以及寻求完全独立和经济进步之路的需求，证明这条研究道路的具有合理性。① 尽管瓦希达不是一位专业史学家，但是他全景式地描述了埃及历史发展的各个阶段，这是现代埃及和阿拉伯历史编纂的新模式。埃及媒体对这部作品进行了广泛评论，并称赞它的重要意义在于，对埃及作为一个发展中国家所面临的各种问题的根源，进行了广泛而平衡的诠释。

正是在这样的背景中，在伯明翰大学接受过英式教育的穆罕默德·阿尼斯，作为开罗大学的历史教授，在 60 年代成为了新历史学派的奠基人，该学派明确强调在现代埃及和东阿拉伯地区的发展问题上，社会和经济因素具有重要作用。② 尽管伊斯兰教一度复兴，

---

① Subhi Wahida，*Fi usul al-mas'ala al-misriyya*（1950；2nd edn，Cairo，1973），15 - 17.

② 例如，可参看 Muhammad Anis 对 1919、1952 年革命的研究，*Dirasat fi thawrat 23 yuliyu*（Cairo，1962）；*Dirasat fi watha'iq thawrat* 1919（Cairo，1963）；以及他对奥斯曼时期埃及历史学的研究，*Madrasat al-ta'rikh al-misri fi al-'asr al-'uthmani*（Cairo，1962）。

但是阿尼斯和他的学生阿卜杜勒-阿齐姆·拉马丹（'Abd al-'Azim Ramadan）、拉乌夫·阿巴斯（Ra'uf 'Abbas），成为了这一时期的主流，并确定了直至 20 世纪末的埃及历史学的大致轮廓。内莉·汉娜（Nelly Hanna）是开罗美国大学阿拉伯和伊斯兰文明研究所的教授，她或许代表着该学派达到了成熟的顶峰。她通过和拉乌夫·阿巴斯以及美国社会科学家彼得·格兰（Peter Gran）的密切合作，将奥斯曼时代的埃及展现为一个活跃而非死气沉沉的社会，同时也呈现了该社会的城市活力和中产阶级文化。[①] 塔里克·比什瑞（Tariq al-Bishri）是埃及国家委员会的前任领袖，他尽管专业出身是法官，却也是埃及首批新史学家之一，写作了一部细致入微的埃及现代史，展示了 1945 年后埃及经济的实质及其对世界市场的依赖，加上政党不充分的计划和活动，共同阻碍了和平的实现或逐步改革的可能。[②] 在 80 年代早期，由于赞同马克思主义和阿拉伯主义，比什瑞开始投身一种自由伊斯兰主义的新视角。

艾哈迈德·伊扎特·阿卜杜拉-卡里姆（Ahmad 'Izzat 'Abd al-Karim）曾是沙菲克·古尔巴（Shafiq Ghurbal）的学生，他不仅形成了一种新的研究方式，更重要的是，还创建了一个新学派。1955 年他在艾因·夏姆斯大学（'Ayn Shams University）开设了每周一次的现代史高级研讨班，一个新学派由此逐渐形成。这个研讨班很快成为一个新史学家群体的核心，他们具有清晰的方法论并全身心投入专业研究。尽管在大体上该学派同自由军政府改革的激进政策步调一致，但对一些问题和时期还是进行了独立研究。这些史学家包括艾哈迈德·阿卜杜勒-拉希姆·穆斯塔法（Ahmad 'Abd al-Rahim Mustafa）、阿希姆-达苏格（'Asim al-Dasuqi）、阿卜杜勒-拉

505

---

① Nelly Hanna，*In Praise of Books*：*A Cultural History of Cairo's Middle Class*：*Sixteenth to the Eighteenth Century*（Syracuse，2003）and ead.，*Making Big Money in Cairo*：*The Life and Times of Isma'il Abu Taqiyya*，*Egyptian Merchant*（Syracuse，1998）.

② 参看 Tariq al-Bishri 对埃及民族运动历史的研究，*al-Harakah al-siysiyya fi Misr*，1945 - 1952（Cairo，1972）；及其对科普特-穆斯林关系史的研究，*al-Muslimun wa al-aqbat fi itar al-jama'a al-wataniyya*（Cairo，1980）.

希姆·阿卜杜拉-拉赫曼（'Abd al-Rahim 'Abd al-Rahman）以及阿卜杜勒-哈里克·拉欣（'Abd al-Khaliq Lashin）。他们出版的著作涉及土地所有制度、工人阶级、工业和政治精英的社会背景等。[①] 尤南·拉比卜·里斯克（Yunan Labib Rizq）也是该学派的一员，但他通过重振政治史和观念史开辟了自己的研究道路。他是近代史教授，也是《金字塔报》（Al-Ahram）历史研究中心的负责人，在《金字塔报》上以《近代生活中的迪万》（Diwan of Contemporary Life）为名开辟了一个每周专栏。（译者注：迪万指伊斯兰社会中的中央财政部门、主要行政办公室或地区主管机构。）里斯克于 1967 年在艾因·夏姆斯大学获得历史学博士学位，至少出版了 40 本著作，研究现代埃及的文化、社会生活及政党。里斯克从一个世俗社会的视角研究历史，同时也强调社会环境的具有不断运动变化的特征。

506　　　还应该注意到，埃及也出现了许多非专业的马克思主义史学家，他们同时也是共产党或共产党分裂出的小团体成员。其中之一是出身犹太人的活动家，亚曼·萨迪克·萨德（Ahmad Sadiq Sa'd），他撰写了许多研究埃及和阿拉伯世界中阶级斗争的著作，将马克思对亚洲生产模式的描述当作自己的分析单位加以运用。萨德希望以此展示埃及的市民社会是如何被挤垮的，而且根据目前的生态和经济条件，允许且要求一个强有力的中央政权上台执政。其他业余马克思主义史学家包括：里法特·萨义德（Rif'at al-Sa'id），他就埃及社会主义发表了一些高质量的专题论文，90年代他的研究兴趣转向各种伊斯兰群体的意识形态与活动；萨拉赫·伊萨（Salah 'Isa）在 1972 年出版了一部著作，非常全面地反映了 1879—1882 年阿拉比运动（Urabi movement）及其在埃及

---

① 关于这个特殊的史学家群体，可参看 Peter Gran, 'Modern Trends in Egyptian Historiography: A Review Article', *International Journal of Middle East Studies*, 9：3 (1978), 367 - 371。关于早期史学家，可参看 Afaf Lutfi al-Sayyid Marsot, 'Egyptian Historical Research and Writing on Egypt in the Twentieth Century', *Middle East Studies Association Bulletin*, 7：2 (1973), pp. 1 - 15。

反抗欧洲帝国主义战争中的重要意义。[①]

90年代，具有伊斯兰主义倾向的史学家们，如艾哈迈德·沙拉比（Ahmad Shalabi），他的著作涉及伊斯兰教育史和文明史；阿卜杜勒-阿齐扎·希纳韦（'Abd al-'Aziz al-Shinnawi）是奥斯曼国家热情的保卫者，[②] 但直到50年代中期后被贬低到文化边缘地带才为人所知。随着苏联解体、反对伊拉克占领科威特的第一次海湾战争爆发（1990—1991），以及1993年以色列同巴勒斯坦解放组织（PLO）签订《奥斯陆协定》（Oslo Agreement），一种新的话语开始侵入阿拉伯历史学、社会科学和媒体讨论之中：全球化以及即将到来的由自由市场和民主制领导的新世界秩序。但是这种新话语时常受到反抗，在这种对抗中，文化本质主义的观点或者构成身份认同的真正特点，将以民族主权或者伊斯兰的名义被重新打造。

历史的去殖民化和重新书写

1830年法国占领阿尔及利亚后，北非尤其是阿拉伯地区就弥漫着法国殖民气息，这在很大程度上拉长了这些地区民族历史学派产生的过程。首部半专业的以阿拉伯语写成的阿尔及利亚史，写于20年代晚期和30年代早期。[③] 另一方面，摩洛哥和突尼斯在这方面的进展尽管也并不顺利，但是由于它们对地方教育的坚持不懈，以及相对来说较少受到殖民统治的影响，为它们在独立

---

① 'Isa Salah, *al-Thawra al-'urabiyya* (Beirut，1972). 关于对这一特殊时期解释上的转变，参看 Thomas Mayer, *The Changing Past：Egyptian Historiography of the 'Urabi Revolt*，1882 - 1983 (Gainesville，Fla.，1988)。

② 'Abd al-'Aziz al-Shinnawi, *al-Dawla al-'uthmaniyya：dawla islamiyya muftara 'alayha*, 4 vols. (Cairo，1980 - 6).

③ 参看 B. S. Bencheneb, 'Quelques historiens Arabes modernes de l'Algerie', *Revue Africaine*，100：446 - 9（1956），475 - 499；and James Mcdougall, 'The *Shabiba Islamiyya* of Algiers', *Comparative Studies of South Asia，Africa and the Middle East*，24：1（2004），18 - 25。

507　之后重写历史打下了更好的基础。① 然而，首先是摩洛哥，之后
是突尼斯和阿尔及利亚都实现了独立，但其最早的专业史学家却
都接受法式教育，用法语叙述对本民族过去的理解。此外，因为
他们的主要目的是反驳法国史学家对其民族历史的否定，以及对
马格里布地区（Maghrebi）特定历史时期的解释，所以恰当的途
径可能就是用相同的语言和相似的方法论，来论证法国史学家错
误地塑造了"落后国家"的殖民地形象。因此，在一段时间内，
北非史学家的主要任务似乎是同他们之前的领导者进行对话和激
烈的辩论，而不是将他们的发现告诉给读者。但是当我们看到这
些行为所产生的长期而积极的影响后，就能发现这些努力都是在
认真地尝试创造另一种历史感和重建新的民族认同，这些都要建
立在肯定民族历史及其发展轨迹的基础上。因此马格里布地区的
史学家们通过收回对本国史的书写权，证明自身不但有权独立，
也有资格提出这样的要求。这样一来，法国殖民史学家笔下混
乱、静止和停滞的马格里布，被一个活跃、有序且时常统一于一
国之下的发展中民族地区所取代。

　　这方面的先驱是阿尔及利亚史学家穆罕默德·萨赫利
（Mohamed Sahli），他在 1965 年出版了一部专题论文，讨论许多
法国史学家存在的偏见和错误方法。② 他反驳或指出一些论题的
荒谬性，比如从地理构成和等高线上确定马格里布地区；马格里
布在前穆斯林时代的古老历史；土著柏柏尔人非常被动，因此需
要外来力量掌控其事务；阿尔及利亚反抗法国占领；阿卜杜勒·
卡迪尔酋长（Emir Abdelkader 或 'Abd al-Qadir）的角色；1871
年反抗法国的莫克兰尼起义（the Moqrani rebellion）；同化政策，
或者对这种政策意图的误解，及其很大程度上虚伪不实的主张。

---

① 关于突尼斯的历史编纂，参看 Ahmed Abdssalem, *Les historiens tunisiens des XVIIe, XVIIIe et XIXe sie`cles: Essai d'histoire culturelle*, vol. 11 (Tunis, 1973)。

② Mohamed Cherif Sahli, *Decoloniser l'histoire: Introduction a l'histoire du Maghreb* (Paris, 1965).

他号召一场相当于"哥白尼革命"式的改变，来扭转法国史学家造成的所有臆测、扭曲和偏见。尽管他采取了否定式的方法，这使得他无法就同一件事提供两种以上的叙述，他也因此而受到批评，但是他以及同年出版的穆斯塔法·拉什雷夫（Mostefa Lacheraf）的著作，确实都表现出对当时依旧被传授和使用的历史学方法的普遍不满。[①] 同样值得注意的是，萨赫利和拉什雷夫都是政治活动家，参与了阿尔及利亚抵抗运动，拉什雷夫还因此遭受迫害和监禁。他们的作品打响了一场持续到 2010 年的论战，也始终经受着从官方到专业领域以及大众媒体等各个层面的批评。阿卜杜拉·拉鲁伊（Abdallah Laroui）的权威著作《马格里布史：综合性评论》（*L'histoire du Maghreb：un essai de synthèse*）（1970）是从专业层面进行批评的典型。[②] 拉鲁伊曾师从恩斯特·拉布鲁斯（Ernest Labrousse）和查理-安德烈·朱利安（Charles-André Julien），他认为马格里布深深遭受着一种不幸，因为一些"无能的史学家"叙述着它的历史，他们总是彼此引用，却没有在突破基本假设、推测和命题方面有任何影响。拉鲁伊通过指出法式历史叙述对西方学生的影响，以及由于年轻马格里布人对其他学科更感兴趣，而使历史叙述这一领域完全由"外国"垄断，由此进一步证明了撰写一部新北非史的必要性。他也隐含地提到了萨赫利那部先驱性的作品，但是认为其意图不止是指出"殖民地历史中的政治预设"。拉鲁伊在一处脚注中告诉读者："跟随萨赫利脚步，我发现自己和他的区别在于，我并不希望写出一部激进的去殖民化历史，而仅仅是提供一部历史'读本'（reading）。我确实感觉到，即使在最糟糕的情况下，我的作品也不会比关于

508

---

①　Mostefa Lacheraf, *L'Algérie：nation et société*（Paris，1965）. 关于 Sahli 的批判，可参看摩洛哥史学家 Abdallah Laroui 所作的评论，载 *Hesperis-Tamuda*，6（1965），239 - 242。被选中篡改北非历史的法国史学家包括 Emile Felix Gautier, StéphaneGsell, William Marcais, and Charles-André Julien。

②　英译本为 *The History of the Maghrib：An Interpretive Essay*（Princeton，1977），包含所有参考文献。

殖民地的作品具有更多的意识形态性。"① 从这个意义上说，拉鲁伊是通过操作两个平行的任务来进行他的去殖民化。他批评几乎所有研究北非的法国史学家，甚至没有放过最杰出的中世纪穆斯林史学家伊本·卡尔敦（Ibn Khaldun），这种批评作为研究的主线贯穿始终，同时也提供了大量历史叙述和分析论证。然而更重要的也许是，拉鲁伊将理论上的目的设定为，从阅读过去而窥见一个更为踏实的未来图景。正是在这样的理论背景下，我们开始明白坚持去殖民化实际是一种政治宣言和活动，这要由一种存在于建构合宜的历史"意识"中的补偿活动来完成，以此开辟出道路来克服拉鲁伊所说的"我们历史上的落后"。因此，他对法国历史编纂中"进步"（evolution）观念和马格里布的"历史发展"（the historical development）观念分别进行批评，并将这两者并置，如此拉鲁伊希望可以恢复其研究对象的历史性和作用。也就是说，他的研究对象不再被描述成外国侵略活动的舞台，也不是外来者重复占领的战场，同时当地人在这些战争中的表现呈现两极化：要么是旁观者，要么是帮凶。②

历史的去殖民化在以后的十多年中依然势头强劲，一些期刊论文、学术会议和出版的新研究成果都是证明。但是，国家独立的实现和新民族国家的建立将话题引向了社会内部发展。因此，新一代史学家们常常高调批评政治统治精英，并开始明确表达他们对民族历史不同阶段的阐释。除了受美式训练的阿布-卡西姆·萨阿杜拉（Aboul-Kassem Saadallah）以外，穆罕默德·哈尔比（Mohammad Harbi）和马赫福兹·卡达舍（Mahfoud Kaddache）对阿尔及利亚史进行了同样的工作。在阿尔及利亚官方层面，1971 年政府才成立了民族历史研究中心（the Centre National d'Etudes Historiques），确定历史学应该如何产生和普及，此时距独立已有十年之久。在突尼斯，希沙姆·贾伊特（Hichem

509

---

① Ibid. , 3 - 5.
② Ibid. , 348 - 388.

Djait）写作了伊斯兰历史、欧洲文化和本国史的新读本；阿卜杜勒-贾利勒·泰米米（Abdeljelil Temimi）则致力于恢复奥斯曼帝国的名声，将它视为广大阿拉伯世界中的一支穆斯林力量；默罕默德·塔勒比（Mohamed Talbi）出版了一系列关于中世纪的研究。在摩洛哥，亚曼·塔菲克（Ahmad Tawfiq），纳伊玛·哈拉吉·图萨尼（Na'ima Harraj Tuzani）和奥马尔·阿法（'Umar 'Afa）也出版了一些关于摩洛哥社会及其经济的历史研究。另一方面，拉鲁伊在此期间也出版了一些关于历史方法论和伊斯兰的理论研究，同时还有一部最具争议作品，叙述哈桑二世（Hasan II，1961—1999）在位统治时期的摩洛哥历史。[①]

在1970年到1985年的同一时期，埃及、叙利亚和伊拉克也都发布了许多官方和半官方的提议，号召重写阿拉伯历史，包括地方史和通史。[②] 尽管理论和方法论方面的讨论取得了一些进步，但是并没有产生具体结论。这一点在重写"阿拉伯民族史"中表现得尤为明显。

利比亚在1977年成立了"利比亚历史研究圣战中心"（Jihad Centre of Libyan Historical Studies），这使它如今在北非史学家之中很有名望。更重要的是，该中心有一个引以为傲的部门，记录和抄写了对许多利比亚人的采访，他们都是抵抗意大利占领利比亚（1911—1943年）运动中的幸存者。在突尼斯、阿尔及利亚和摩洛哥，也建立了类似的中心。[③] 这些中心的建立伊始受到了在

① Abdallah Laroui, *Le Maroc et Hasan II：un temoignage* (Paris, 2005).

② Jack Crabbs, Jr., 'Politics, History, and Culture in Nasser's Egypt', *International Journal of Middle East Studies*, 6：4 (1975), 386 – 420; and Youssef M. Choueiri, *Islamic Fundamentalism London*, 2003), 75 - 90.

③ See John Chircop, 'Oral History Projects：Libya', *Bulletin of the International Oral History Association*, 15：1 (2007), 22 – 25; Pierluigi Venuta, 'Libyan Studies on Italian Colonialism：Bibliographical and Historiographical Considerations', *Journal of Libyan Studies*, 2：1 (2001), 48 - 60; and Ali Abdullatif Ahmida, *The Making of Modern Libya：State Formation, Colonisation, and Resistance, 1830 - 1932* (Albany, NY, 1994).

口述史方面有专长或热情的国际学者的帮助——他们提供的方法
论现在已经成为新阿拉伯历史学的一部分。这一点在处理巴勒斯
坦国内、阿拉伯世界和巴勒斯坦侨民之中的巴勒斯坦群体问题上
尤为明显。①

510 　　尽管利比亚殖民时代的遗产给它在 20 世纪的发展打上了无法
磨灭的印记，但它抵抗意大利殖民主义，后来又经历协约国的短
期占领（法国占领南部，英国占领其他地区），这标志着利比亚
民族认同的形成，与其他阿拉伯国家的发展相一致。到 40 年代
末，利比亚知识分子和政治精英们开始根据本国的英雄人物、事
件和框架来探讨历史的发展趋势，穆斯塔法·阿卜杜拉·巴尤
（Mustafa 'Abdallah Ba 'you）就是这批先驱学者之一，他在福阿
德一世大学求学，1943 年获得教育学学位。1956 年巴尤进入纽
约的哥伦比亚大学，获得历史学硕士学位。1957 年回国，同年利
比亚大学成立，被委派为教育系主任，1961 年担任利比亚大学校
长，1967 年成为教育部长。但是 1969 年 8 月革命后，他被开除
职务，1973 年离开利比亚，最终定居美国。② 他出版了许多关于
利比亚的历史研究和档案汇编，他首批作品之一，就是 1947 年
出版于埃及亚历山大的《利比亚历史概况：从古到今》（*Mujmal
Ta'rikh Libya：Min aqdam al-'usur hatta al-waqt al-hadir*）。这部
作品及其 50 年代的其他著作，可以说开启了利比亚历史学的专
业化进程。第二位专业史学家是巴勒斯坦的亚曼·西底加·达贾
尼（Ahmad Sidqi al-Dajani），他对利比亚历史研究的统一和发展
影响颇大。1958 年，达贾尼在大马士革大学获得学士学位，
1970 年在开罗大学获得博士学位，埃及史学家穆罕默德·阿尼斯
（Muhammad Anis）是他博士论文的导师。这篇博士论文涵盖了

① 例如可参看 Ahmad H. Sa'di and Lila Abu-Lughod（eds.），*Nakba：Palestine*，
1948，*and the Claims of Memory*（New York，2007）。

② 'Atiq al-Majri，'Mustafa Abdallah Eb'ayou'，*Shu'un Libiyyah*，3：10（1997），
13-14.

从 1882 年最后一个奥斯曼统治时期直到 1911 年意大利占领期间的利比亚历史。他还写作了一部关于塞努西教团（Sanusiyya）历史的作品，认为该教团既是一次宗教和政治运动，也是利比亚民族运动的早期阶段。他还在档案学家阿卜杜勒-萨拉姆·亚曼（'Abd al-Salam Adham）的帮助下编目、翻译并出版了关于利比亚 1882—1911 年历史的奥斯曼方面文献汇编。他在 1967 年出版的关于 19 世纪赛努西运动的著作至今仍然被视为是这个领域最出色的研究之一。[1]

苏丹的历史写作主要关注 1500 年以后的国家发展，以及塑造其身份认同的途径：包括阿拉伯——伊斯兰遗产、非洲地理位置、宗教运动尤其是 19 世纪马赫迪起义（Mahdiyya）、英国统治的影响以及为独立而进行的斗争。苏丹的中央档案馆是由英国建立的，1956 年苏丹独立后，档案馆在穆罕默德·易卜拉欣·阿布·萨利姆（Muhammad Ibrahim Abu Salim）的优秀管理下逐步发展，已经成为一个很主要的文献来源，服务于越来越多来自喀土穆大学（Univcrsity of Khartoum）历史系、政治学系及其亚非研究所的学者。优素福·法德勒·哈桑（Yusuf Fadl Hasan）就是其中一位卓越史学家，他在伦敦大学获得博士学位，凭借对苏丹的阿拉伯化和苏丹口述史的研究而闻名。[2] 另一位是穆达西耶·阿卜杜勒-拉希姆（Mudathir 'Abd-al-Rahim），他是一位著名的政治史学家，就英国对苏丹的统治进行了细致的文献研究。[3] 他的政治分析将苏丹民族主义的出现追溯为一场现代性运动，这明显是为了苏丹历史的去殖民化。也就是说，他展示了苏丹如何自己收回了那些英国始终没能给予的东西：苏丹化和宪政发展。穆罕默德·奥马尔·巴希尔（Muhammad 'Umar Bashir）先后在喀土穆大学、

511

---

[1] 参看 Ahmida, *The Making of Modern Libya*, 173。

[2] 特别参考 Yusuf Fadl Hasan, *The Arabs and the Sudan: From the Seventh to the Early Sixteenth Century* (Edinburgh, 1967)。

[3] Mudathir 'Abd-al-Rahim, *Imperialism and Nationalism in the Sudan: A Study in Constitutional and Political Development 1899 - 1956* (Oxford, 1969)。

女王大学、贝尔法斯特大学以及牛津大学李乃克尔学院求学，尽管在同一个专业却涉猎广泛。他还同时担任大使和喀土穆大学校长。他 1961 年的政治史著作《苏丹的革命和民族主义》（*Revolution and Nationalism in the Sudan*）展示了苏丹为争取独立而推动的各种抵抗和革命活动之间的交织，以及在独立之后到 1969 年或贾法尔·尼迈里（Ja'far Nimeiri）领导的第二次政变，他们如何建立了自己的国家。另一些苏丹史学家和人类学家对作为材料来源的口述史表现出了极大的兴趣，但这一领域的大多数工作都是由业余和非专业人士完成的，而密苏里大学哥伦比亚分校的阿卜杜拉希·阿里·易卜拉欣（Abdullahi Ali Ibrahim）重振了对该主题的研究兴趣。① 口述史现在已经变成了一个赋予阿拉伯女性以权力的工具，她们可以借此记录下自己的过去，而这在之前要么被忽视要么是男性史学家的专属领地。许多女性活动家和苏丹妇女协会（Sudanese Women's Union）的成员都参与其中。根据托马杜尔·阿曼·哈立德（Tomadur Ahmed Khalid）所说，这样一项事业通过深入历史背景和发展轨迹中进行探究，可能会帮助我们理解当代在本质上的许多问题。② 这种探究需要通过采用口述史技术进行"密集采访"（intensive interviews）来完成。

　　正是在这样的背景中，我们将通过强调女性学者和女性组织为重写阿拉伯历史所作出的贡献，来结束本文的探讨。③ 这一领域中最有影响力的组织有：成立于 1992 年的黎巴嫩女性研究者协会（the Lebanese Association of Women Researchers），1973 年黎巴

512

---

① See Abdullahi Ali Ibrahim's *Manichaean Delirium*: *Decolonizing the Judiciary and Islamic Renewal in the Sudan*, 1898 – 1985 (Leiden，2008)；and id.，'Sudanese Historiography and Oral Tradition'，*History of Africa*，12 (1985)，117 – 130.

② Tomadur Ahmed Khalid，'The State and the Sudanese Women's Union, 1971 – 83: A Case Study'，in Saskia Wieringa (ed.)，*Subversive Women* (London，1995)，183 – 198.

③ 例如可参看 Hoda El-Sadda，Somaya Ramadan，and Omayma Abu Bakr (eds.)，*Zaman al-nisaa wa al-zakira al-badila* (Cairo，1998).

嫩美国大学成立的阿拉伯世界女性研究所（the Institute for Women's Study in the Arab World），1982 年埃及女权主义者纳瓦勒·萨达维（Nawal al-Sa'dawi）成立的阿拉伯女性团结协会（the Arab Women's Solidarity Association），1997 年霍达·埃尔-萨达（Hoda El-Sadda）和奥迈马·阿布·贝克尔（Omaima Abou Bakr）在埃及成立的女性与记忆论坛（the Women and Memory Forum）。在阿拉伯、法国或英国进行创作的女性史学家包括法蒂玛·莫妮茜（Fatima Mernissi），莱拉·艾哈迈德（Leila Ahmed）以及利拉·阿布-卢格霍德（Lila Abu-Lughod）。她们为性别研究及其相关领域贡献了客观记录和第一手的资料。

20 世纪后半叶以来，阿拉伯历史学已经成为世界范围中史学专业化运动的一部分，拥有自己的专业学者、学术杂志、大学会议和工作室。尽管阿拉伯世界在研究设备和自由程度上，仍然落后于其他发达国家，但是历史学已经成为大学课程中必不可少的部分，并几乎在历史研究的各个领域都有争论。如果说历史写作是文化景观的既定特征，那我们目前还尚无法分离出轮廓清晰、结构稳定的阿拉伯史学学派，但毫无疑问是，阿拉伯历史学在主要研究领域中已经获得了轻松的研究氛围并取得了稳定进步。

大事年表/关键日期

- 1945　阿拉伯国家联盟（League of Arab States）成立
- 1945—1962　大多数阿拉伯国家实现独立
- 1948　以色列建国，驱逐 750 000 巴勒斯坦人
- 1952　埃及七月革命（Egyptian Free Officers' Revolution）
- 1954　阿尔及利亚人民（FLN）爆发自由战争反抗法国占领
- 1956　苏伊士危机，三方联合攻击埃及
- 1958　叙利亚与埃及合并，纳赛尔任总统；黎巴嫩内战爆发；伊拉克宣布成立共和国；纳赛尔领导阿拉伯民族主义横扫阿拉伯世界

- 1967　以色列进攻埃及、约旦和叙利亚，占领耶路撒冷、西岸、加沙和戈兰高地
- 1970　纳赛尔逝世；约旦围剿巴勒斯坦解放组织（PLO）
- 1973　阿以战争
- 1977　埃及总统萨达特（Anwar Sadat）访问以色列
- 1982　以色列入侵黎巴嫩，巴勒斯坦解放组织撤退
- 1982—1988　两伊战争
- 1989　阿尔及利亚引入多党制
- 1990　伊拉克入侵科威特；黎巴嫩内战结束
- 1991　海湾战争
- 1999　摩洛哥国王哈桑二世逝世；约旦国王侯赛因逝世
- 2000　叙利亚总统哈菲兹·阿萨德（Hafiz al-Asad）逝世
- 2003　美国入侵伊拉克，第二次海湾战争爆发

513

主要史料

- al-Ali, *Ahmad Salih*, *al-Tanzimat al-ijtimaiyah wa al-iqtisadiyah fi al-Basra fi al-qarn alawwalal-hijri*（Baghdad, 1953）.
- Anis, Muhammad, *Dirasat fi thawrat 23 yuliyu*（Cairo, 1962）.
  ——*Dirasat fi wathaiq thawrat* 1919（Cairo, 1963）.
- Bayou, Mustafa Abdallah, *Mujmal Tarikh Libya：Min aqdam al-usur hatta al-waqt alhadir*（Alexandria, 1947）.
- Beydoun, Ahmad, *Identite confessionnelle et temps social chez les historiens libanaiscontemporains*（Beirut, 1984）.
- Duri, A. A., *The Rise of Historical Writing among the Arabs*, *trans. and ed. Lawrence I. Conrad*（Princeton, 1983）.
  ——*The Historical Formation of the Arab Nation*（London, 1987）.
- Ismail, Adil, *L'histoire des pays Arabes dans les archives*

diplomatiques：*Themes et references*1535 - 1945（Beirut，1992）.

● Kawtharani，Wajih，*Al-ittijahat al-ijtimaiyah al-siyasiyah fi Jabal Lubnan wa-al-Mashriqal-Arabi*，1860 - 1920：*musahamah fi dirasat usul takawwuniha al-tarikhi*（Beirut，1976）.

● Lacheraf，Mostefa，*L'Algerie：nation et societe*（Paris，1965）.

● Laroui，Abdallah，*The History of the Maghrib：An Interpretive Essay*（Princeton，1977）.

● Rafeq，Abd al-Karim，*The Province of Damascus* 1723 - 1783（Beirut，1966）.

● Al-Rasheed，Madawi，*A History of Saudi Arabia*（Cambridge，2002）.

● Salibi，Kamal，*The Modern History of Lebanon*（London，1965）.

● Sahli，Mohamed Cherif，*Decoloniser l'histoire：introduction a l'histoire du Maghreb*（Paris，1965）.

● Sharara，Waddah，*Fi usul Lubnan al-taifi*（Beirut，1975）.

● Wahida，Subhi，*Fi usul al-masala al-misriyya*（1950；2nd edn，Cairo，1973）.

● al-Wardi，Ali，*Lamahat ijtimaiyya fi tarikh al-iraq al-hadith*（Baghdad，1969）.

参考书目

● Abd Al-Rahim，Mudathir，*Imperialism and Nationalism in the Sudan：A Study in Constitutional and Political Development* 1899 -1956（Oxford，1969）.

● Abdssalem，Ahmed，*Les historiens tunisiens des XVIIe，XVIIIe et XIXe siecles：Essai d'histoireculturelle*，vol. 11（Tunis，1973）.

● Ahmida，Ali Abdullatif，*The Making of Modern Libya*（Albany，NY，1994）.

- Choueiri, Youssef M. , *Islamic Fundamentalism* (London, Continuum，2003).

——*Modern Arab Historiography：Historical Discourse and the Nation-State* (London，2003).

- Crabbs，Jr. , Jack, 'Politics，History，and Culture in Nasser's Egypt'，*International Journal of Middle East Studies*，6：4 (1975)，386－420.

514
- Hasan，Yusuf Fadl, *The Arabs and the Sudan：From the Seventh to the Early Sixteenth Century* (Edinburgh，1967).

- Makdisi，Ussama，*The Culture of Sectarianism：Community, History, and Violence in Nineteenth-Century Ottoman Lebanon* (Berkeley，2000).

- Qasimi，Sultan Ibn Muhammad，*The Myth of Arab Piracy in the Gulf* (London，1986).

- Rafeq，Abdul-Karim, 'Ottoman Historical Research in Syria since 1946'，*Asian Research Trends*，2 (1992)，45－78.

李娟　译

第二十五章　1947年以来
印度的历史写作

苏普里娅·穆赫吉

1947年殖民统治的终结在印度历史写作和文化中是一个转折点。新政权建立了政府支持的研究和教学机构，历史作为其中的一个职业化学科开始出现。和该体制化相关联的，则是印度作为新的独立国家对政治的急迫关注，为的是找到一个连贯且综合的历史叙述来支持其民族建构。通过历史重建来创造民族性意识，这是独立之前的印度民族主义者所提出的主题，独立后印度获得了自由，但该主题现在仍然很重要，而且显得更加紧迫，面对的任务更显艰巨。同时，人们想要建立一个自主的印度视角，免于殖民束缚和歪曲。殖民主义史学有着浓重的帝国主义特色。在它的描绘中，印度是一个停滞的、落后的和暴躁的社会，挣扎在一个高压政权（东方专制主义理论）的枷锁下，该描绘试图为英国的介入和统治进行合法化阐述。独立后的印度史学开始对这些观点提出挑战。在此，战后史学很大程度上归功于之前的各种民族主义史学，后殖民时期最初的许多历史写作可以看作是之前那些观点和主题的延续，虽然也有断裂。人们也逐渐意识到，对帝国主义框架的批评常常陷入那些正被质疑的框架内。太多当下正被思考和写作的东西是依据之前的话语，独立前的民族主义历史学家使得这些假定继续下去。因此，对民族主义史学的审查就成为一项重要的任务。最后，不同于民族主义史学和后殖民主义史学，关于对历史事业本身的西方式理解，也存在着挑战。本土主

义者在口述传统、神话和传说中找到了一种他们认为真正可以替代西方式理解的历史感受，认为这些可以用来建构一个与西方式理解不同的、更加古老的和过去的关系。所以，在独立后的印度史学中，对印度过去的探求就和对印度式理解框架的探寻结合在一起。

516

在独立后的前二十年间，印度有三种主要的历史写作轨迹：官方的主要是世俗的民族主义史学、有浓厚宗教气息的文化民族主义史学，以及基于社会形式分析的批判马克思主义史学。政府支持的历史研究从一开始就致力于大型的多卷本历史，如"为自由而战"项目。根据该项目的主编单德（Tara Chand）的说法，

517

该系列之所以起这样的题目，是为了反映印度人民在其解放事业中的能动性。该项目使用了现代的档案研究方法。它是一项巨大的工程，政府部门在数据采集和档案管理方面的协助成为必需。因此，《印度自由运动的历史》（*History of the Freedom Movement in India*）第一卷在 1961 年的出版，是真正的国家集体性努力的结果。国家档案收集也促成了政府支持的官方历史的写作，这些官方历史采集了这场自由斗争的地区历史。今天，印度历史学家认识到，这种写作在种类上大都是圣人纪传性的，以大量的崇拜和感伤来歌颂印度的"光辉过去"和"英雄般的斗争"。有些还是辉格主义的，把民族运动描绘为一种古老的、先天的和内在的对独立和自由的热爱的结果，[1] 而民族主义运动中的矛盾冲突就被掩饰甚至压制了，如在 1857—1858 年及后来的叛乱中海得拉巴的尼扎姆（The Nizam of Hyderabad）对英国的支持。政府支持的历史写作也指向关于独立斗争中的烈士和首领的传记和文集，其中甘地的大批著作和言论受到了最多关注。100 卷本的甘地《文集》（*Collected Works*）第一卷于 1958 年出版，最后一卷出版

---

[1]　Bipan Chandra, 'Nationalist Historians' Interpretations of the Indian National Movement', in Sabyasachi Bhattacharya and Romila Thapar (eds.), *Situating Indian History: For Sarvapalli Gopa* (Delhi, 1986), 197.

于 1994 年。目前有光盘版。

在殖民时期的最初阶段，其他大型历史写作项目还有 11 卷本的《印度人民的历史和文化》（*The History and Culture of the Indian People*，1951—1977）。作为第一部综合性的印度历史，该书写作受私人教育组织布哈文（Bhartiya Vidya Bhavan）的委托，该组织有着强烈的文化民族主义情结，致力于促进印度，具体来说是印度教的文化和价值。其创立者漫什（K. M. Munshi），是古吉拉特语的文人和学者，她希望有一部能够抓住其（印度教的）"灵魂"的印度史。在这部被认为是"印度人所写过的最具雄心的印度史"中，著名的孟加拉语历史学家马季姆达尔（Romesh Chandra Majumdar）受命担任主编。[1]

这套布哈文丛书有着明显的"公社的（communal）"或者宗派的倾向。当然，公社历史写作（communal historical writing）并不是新鲜事物，但是人们如今能够带着更多对必然性和信念的意识，把对该次大陆的分割和过去的历史联系起来加以理解。这套书对流行的民族主义抱有故意，尤其对那呵若维安（Nehruvian）关于印度的"综合文化"的理想持批评态度，声称印度最主要是印度教的印度，它饱受外敌入侵，但最终复原。虽然其他古老的文明和文化消亡了，但印度却有着历史和文明的连续性。这个持久起源的观念被认为证明了印度的印度教特征。同时，尽管马季姆达尔排斥否定性的殖民主义模式，但他接受了殖民主义对印度的三分法，即把印度划分为印度教时期、穆斯林时期和英国统治时期，其中穆斯林时期代表的是压制、文化崩溃和退化的"黑暗时代"。这就暗含着一种对两个民族理论的接受，该理论认为在印度的印度教和穆斯林之间有一种不可调和的对立。马季姆达尔对印度穆斯林传统的敌视，使得他公开反对官方对自由斗争的解释。1857 年的兵变并不是印度教徒和穆斯林携手对英帝国发动的

518

---

[1] Vinay Lal, *The History of History：Politics and Scholarship in Modern India* (New Delhi, 2003), 82.

起义，次大陆在独立之时被分割为二部分也是由于对印度教—穆斯林兄弟情谊的错误和幻觉般的信念，对此信念甘地有着很大责任。

几乎一个世纪以来，布哈文系列历史都是大学教科书的支柱，其许多版本也在中小学流通。该书的许多论点成为公众常识。某些更加沙文主义的和异想天开的论断，如印度—欧洲人起源于印度，从印度向外迁移，带来了全世界的文明，等等，这些被联合家庭（the Sangh Parivar）的印度教至上主义团体利用。马季姆达尔拥护兰克式的科学历史观，他呼吁严格的事实验证，作为一个长期活跃在学术界的历史学家，他的做法有助于在更广阔民众中树立公社倾向的布哈文系列历史之真实性论断。

公社性"常识"历史的传播也反映了制度的发展。战后高等教育的一个明显特征就是精英阶层的学院和机构与其他大多数的学院和学校之间存在巨大的鸿沟。在前者中，独立的学者进行高水准的历史研究和教学，他们在意的是学术同行；在后者中，讲授和传播的是陈旧过时、未经批判的历史，无论这种历史是在公社层面还是在世俗的民族主义层面，抑或有时候是这两种版本的不协调的混合。总体来说，这种历史讲述的是古代和中世纪印度的朝代更迭，现代印度的总督和统治者，仁慈的国王和暴虐的国王，如穆斯林统治者奥朗则布（Aurangzeb）就是暴虐的国王之一。公社主义（communalist）的假定和这些历史中的不确切处并非没有受到质疑。古印度研究方面杰出的历史学家萨帕（Romila Thapar），就在其研究中确认了公社主义者予以激烈否认的：即，所谓的雅利安人来自印度之外，吃牛肉，以及吠陀文化是外来因素和当地因素混合的结果。萨帕和其他学者指出了公社主义矛盾的建构性质，这是殖民政权加以促进的。[①]

因此，在早期发展起来的"公社"历史学家和"世俗"

---

① Bipan Chandra, Harbans Mukhia, and Romila Thapar, *Communalism and the Writing of Indian History* (Delhi, 1969).

（secular）历史学家之间存在二元性。"世俗"历史学家是那呵若
维安传统的继承者，研究复杂的、多面的过去。他们的写作坚持
了现代学术的最宝贵传统。他们有着或多或少的左倾程度，在各
种官方史学和公社史学之外，代表着一种第三条道路。

　　这种写作大部分属于马克思主义传统。19 世纪晚期以来，印
度史写作中已经运用了马克思主义方法论，但是该方法论在独立
后变得更为重要。在此里程碑性的事件是 1956 年科萨姆比（D.
D. Kosambi）的《历史研究导论》（*Introduction to the Study of
History*）出版。科萨姆比是古印度史领域的历史学家，他学术兴
趣十分广泛（但却未以历史学家的身份被授予学术职务）。科萨
姆比把他的研究领域转向阶级矛盾、社会经济结构，以及物质生
活等问题上来。通过发掘传统资料如碑文、政府赠与地以及钱
币，他勾画了一幅关于更广阔的"社会形态"的画卷，该画卷告
诉人们关于政权结构的信息，这不同于历史学家通常所刻画的关
于国王、王朝和征服的情形。在科萨姆比的论述中，存在一个真
正的"范式转变"（用萨帕的话说），"从 50 年代中期到大约 80
年代中期，历史问题就围绕该范式的这个或者那个方面"。[1] 然
而，科萨姆比绝不是教条主义的马克思主义者，他质疑马克思的
种族中心的假定，例如印度文明是一成不变的这样一个观念。马
克思从来没有明确界定什么是他所谓的亚细亚生产模式。应该避
免把马克思的观点，如他的历史演进阶段的理论机械地运用到印
度的社会环境中。科萨姆比指出，古代印度社会并不是一个奴隶
社会。另一方面，可以把中世纪/"穆斯林"时期看作是印度形
式的封建主义，该时期又可以分作不同的"自上而下的封建主
义"阶段和"自下而上的封建主义"阶段。由于马克思主义历史
学家试图把历史发展的一般规律和印度经验的特殊性协调起来，

519

---

[1]　Harbans Mukhia,'Historical Wrongs', *Indian Express*, 27 November 1998; and
　　Romila Thapar, *Early India : From Origins to AD* 1300 (California, 2004), 22
　　（'paradigm shift'）.

科萨姆比的观点就引发了一场热烈的关于印度封建主义本质和可能性的争论。莎玛（R. S. Sharma）的《印度封建主义》（*Indian Feudalism*，1965）对封建主义进行了一个宽泛的定义，其定义的基础在于较高级的权力所施行的过多侵占，这引起了基于欧洲特殊性如封臣制（vassalage）所提出的反对。后来，穆克海亚（Harbans Mukhia）提出印度是否存在封建制度这样一个问题，他给出了否定的答案。他认为，并不是所有马克思的分类都适用于解释印度的过去。[①] 甚至连最根本的阶级斗争和经济基础/上层建筑的概念运用起来都要十分谨慎，区别对待，要把印度的特殊性考虑进去。然而，关于印度封建制度的争论却引发了研究中世纪的历史学家的兴趣，他们开始把世界上其他地区纳入研究范围。现代人们认识到，有各种不同的封建生产方式，这扩大了也丰富了封建主义的概念。

520

印度史学中的马克思主义转向很大程度上归功于 1950 年代和 1960 年代印度政治和思想生活中左派的强势力量。它激发印度史学开始进行某些最具创造性的研究。比如，如果人们把社会形态看作是历史时间的更加现实的标记，那么关于封建主义的争论就导向人们对印度历史三分时期的第一次质疑。从封建制度出发，人们把目光转向经济政策和农业制度、技术变革、手工艺结构和商业结构、种姓［如莎玛的《古代印度的首陀罗》（*Sudras in Ancient India*，1958)］、职业群体，以及宗教群体。毫无疑问，马克思主义的工作极大地丰富了经济和社会史研究，越来越精细的分析和研究方式取代了之前的惯例。该方式的一个后果就是对公社倾向的化解。现代，如果把中世纪统治者的行为和物质压力以及物质利益关联起来，那么他们（如奥朗则布）的个人偏执（或者由此缺少的品质）相关度就变小了。

马克思主义的、反帝国主义的以及反资本主义的视角也给殖

---

① Harbans Mukhia, 'Was there Feudalism in Indian History?', Presidential Address, Indian History Congress, Medieval India Section, 1979.

民主义的历史和"自由斗争"的历史研究增添了活力。其中一个研究领域可以追溯到经济民族主义者的关注事项，如铙罗吉（Dadabhai Naoroji）在世纪之初就指出，如单德拉（Bipan Chandra）所说，殖民主义的"关键矛盾"是它没能发展印度经济。单德拉是尼赫鲁大学的一名教授，他还关注国际资本主义结构和欠发达状况之间的关系，他拒绝接受美国历史学家莫里斯（Morris D. Morris）在 1960 年代初期提出的论点，该论点认为殖民主义对印度来说也许经济上是有助益的。[1] 但是单德拉不同意马克思主义学者把民族主义运动蔑称为一场资产阶级事业的做法，他认可观念和理想在民族主义运动中的作用。单德拉指出，"人民创造了历史"，"不仅仅是由于物质力量和利益，还通过并且由于观念"。他告诫人们要警惕"无视观念和意识形态的错误……以及把思想从历史中抽离的错误"。[2]

事实上，民族主义运动成为大学研究科系的一个最受欢迎的论题。它成为了现代时期关注的焦点，往往以牺牲社会和文化因素为代价，这大概是因为"社会因素不可避免地在很大程度上同样是由'内在的'张力构成的，它对民族主义史学提出了更多棘手的问题，而民族主义史学所致力讲述的是一个基本上统一的人民的传奇故事"。当然，马克思主义史学家确实关注了工人和农民斗争，尽管其分析模式偏向的是一种列宁主义的"自上而下的历史"，而不是"自下而上的历史"。此外，在"经济史"领域还有严密的非马克思主义研究，比如库马尔（Dharma Kumar）的《南部印度的土地和种姓》（*Land and Caste in South India*，1965），该书使用人类学和定量分析的技术来揭示殖民统治下经济和人口统计学的变化。然而，现代的社会史研究，在独立后的

521

---

[1] Bipan Chandra, *The Rise of Economic Nationalism in India*：*The Economic Policies of Indian Nationalist Leadership* (Delhi, 1965)；and id., Barun De, and Amales Tripathi, *Freedom Struggle* (Delhi, 1972).

[2] Chandra, 'Nationalist Historians' Interpretations', 206 - 207.

最初几十年间，大多是社会人类学家的领地，比如借助斯利维瓦斯（M. N. Strinivas）的"梵语化（sanskritization）"概念，可以在一种具体的文化实践的参照系内形成社会变革的构想。但是，对那些想要超越解释性标签，寻求变化的更具动态性概念的历史学家来说，这种"温和的、毫无紧张之感的"结构—功能性概念并不总是令人满意。①

民族架构的影响也扩大到世界史研究中，印度视角占主导地位。外交家和历史学家帕尼卡尔（K. M. Panikkar）的《亚洲和西方优势》（*Asia and Western Dominance*，1953）是一部批判性的著作，虽然它过于概括地指出了"欧洲人……在亚洲事务上占优势"的原因。② 对一代人来说，这本书都有着广泛的读者群，这不仅仅是由于作者流畅的文风。与民族框架相对的，是各种各样的当地叙述，它们继续以地方历史的形式不断涌现（受到联邦同盟体制的支持，区别于那些倡导分离主义者政治的历史写作），还有各种其他的"微观"和地区史，如米塔拉（Satish Chandra Mitra）对杰索尔-库尔纳市（位于孟加拉）的研究，阿亚尔（K. V. Krishna Ayyar）关于科罗拉历史的研究，以及更为人熟知的萨斯特里（Nilakanta Sastri）的工作，他对南部印度的详尽研究使得这个几乎被忽视的地区进入到印度史学的主流中。这些对当地、地区和区域的探索研究关注的是印度过去的那些更为混杂的方面，这就带来了一种对民族架构研究的必要矫正。当然，应该指出的是，区域研究在前独立时期也大量存在，在这方面孟加拉、马哈拉施特拉邦和泰米尔-纳德邦的研究尤其丰富。在马哈拉施特拉邦，学者们长期致力于收集关于17和18世纪马拉塔统治者的资料，并写作他们反对英国人和莫卧尔人的爱国主义斗争的历史。独立之后，这些叙述有着沙文主义和公社主义的意味，

---

① Sumit Sarkar, *Writing Social History* (Delhi, 1997), 39 - 40.

② Quoted in Michael Gottlob, *Historical Thinking in South Asia：A Handbook of Sources from Colonial Times to the Present* (Delhi, 2003), 227.

比如，各种施瓦吉历史都试图把这位 18 世纪的马拉塔统治者描述位为一个圣徒般的"民族领袖"，把印度从穆斯林的压制中解放出来。[1]

　　到 1970 年代，通常的反殖民主义的民族主义解释变得有些重复了，此时其他问题和关注点开始走到研究前沿。对事件发展如对 1971 年和巴基斯坦的战争猜测，指向语言和种族性在民族形成中重要性，极端主义左派运动如激烈的毛派纳萨尔运动（Maoist Naxalite Movement）的兴起、在 1975 年紧急统治时期不断增长的政府独裁主义、下层民众和草根阶层的激进主义，这些都刺激了新的探索领域。另外，国内和国际上的制度变化也影响了历史写作。高级研究中心如尼赫鲁和印度历史研究委员会的设立，促进了学科兴趣的发展。许多有声望的期刊发行，如《印度经济和社会史评论》、《印度历史评论》。同时，访问西方大学的印度学者和学生在美国、加拿大和澳大利亚新成立的南亚研究系发现了一种不同的介入与研究的方式。这就带来了方法和视角上的转变。美国历史人类学（特别是弗莱肯博格（R. E. Frykenberg）、瑞德菲尔德（Robert Redfield）和柯亨（Bernard S. Cohn）的工作）鼓舞了关于小型团体的新的方法论和思考，而法国历史和社会理论（如年鉴学派）则激起对长时段变化、思维习惯、边缘阶级、物质生活和环境变化的兴趣。印度的多重文化得以从许多层面和角度展开研究：牧民、"部落民"、森林定居者、农民、手工艺者、商人、宗教人士等等，研究发现，他们居于不同的精神和社会空间。对于许多来自左派的历史学家来说，年鉴学派的吸引力在于，如穆克海亚所说，"它能够把一种对马克思主义的同情和审慎令人吃惊地结合吸纳进来"。[2] 年鉴学派的视角

---

[1]　In Narayan H. Kulkarnee（ed.），Chattrapati Shivaji：*Architect of Freedom*（Delhi，1975），施瓦吉被尊称为"马拉塔国家"的创立者。

[2]　引文出自 Rajat Datta（ed.），*Rethinking a Millenium：Perspectives on Indian History from the Eighth Century to the Eighteenth*（Delhi，2008），364。

还促进了对社会形式的比较研究。例如，人们把种姓制度和古代世界其他地区的等级社会体系进行比较。

因此，到1970年代，内部的政治发展连同人类学和社会科学模式的新方法一起，生发了大量关于社会结构和其文化含义历史著作。该时期同时也见证了对女性、性别和环境的兴趣开始产生，这些将单独论述。殖民时期和民族主义运动仍然引起人们的兴趣，但是出现了更新的解释，对既定发展形成挑战。正如我们已经注意到的，马克思主义历史学家如单德拉已经把殖民主义界定为国际资本主义内的一种结构，在此背景下看待印度的受剥削和不发达状况。因此，殖民主义的经济影响仍然是一个重要论题，殖民主义论断认为，在英国统治之前，印度是贫困的、落后的、不能够自身发展的，这些断言受到前殖民时代种种证据的反驳，这些证据表明，该时期有着原始资本主义的形式、货币化、技术创新、城市化、生机勃勃的手工艺以及经济增长。在殖民统治晚期，单一的、理想主义的向自由推进的范式占支配地位，在最前面的是甘地和尼赫鲁等领袖、殖民镇压，以及以独立和分离结束的"分而治之"策略。这种对殖民晚期的常规理解如今受到质疑。英国学者强调在帝国传播中当地人民合作的作用，他们反直觉地提出，领土的获得只有在当地合作者被认为不能够保持英国贸易和安全利益的情况下才会发生。因此，"帝国主义很大程度上是其受害者在其当地政策方面合作或者不合作的一种功能，正如欧洲扩张的情形一样"。① 该论题把讨论的基础从资本主义扩张转移到了"当地政策"、地方事务和地方利益方面，在对殖民统治晚期的研究中尤其如此，由于该时期有着相对丰富的档案。对个体动机和权力斗争的纳米尔解释（Namierite interpretations）受到伽拉贺（John Gallagher）及其学生赛亚（Anil Seal）的质疑。

---

① John Gallagher and Ronald Robinson, 'The Imperialism of Free Trade' (1952), in Wm. Roger Louis (ed.), *Imperialism: The Robinson and Gallagher Controversy* (New York, 1976), 60.

1968 年，赛亚出版了其《印度民族主义的出现：十九世纪晚期的竞争和合作》（*Emergence of Indian Nationalism：Competion and Collaboration in the Late Nineteenth Century*），随后，伽拉贺、约翰逊（Gordon Johnson）出版了《地方、省份和国家》（*Locality, Province and the Nation*，1973），认为当本地的恩庇—侍从的（patron-client）政治结构遇到殖民政府的扩展行为和扩张制度，如自治当局、地区理事会和选举的立法机构时，当地政治团体被迫与政府打交道。该过程把分散独立的各个地方联系在一起，形成了纵横双向的联盟，旨在代表当地利益和当地想法给政府机关施加压力。该过程从地方到省份，从省份到国家层面重复着。在后来被称为剑桥学派的叙述中，拉吉，或者英属印度的政治，是政府创立的机构设置中利益最大化的一个功能。这是把殖民政权渗透进入当地界定政治活动的权力机构中。事实上，整个民族主义事业都受到政治抱负基本现实的驱动：其中没有爱国主义和理想的位置。抗议、动荡以及为自由而举行的罢工仅仅是当地、种姓、区域以及个人的那些受到阻挠的野心和欲望的伪装。后来，剑桥学派的写作把注意力集中到英国征服的最初阶段，勾画出一个在当地和帝国政府之间有高度动机性的互动。对英国扩张采取合作还是抵抗，这和统治阶层对得失的计算紧密相连。在帝国的扩张中，存在一种关于东印度公司、个体欧洲商人、在英国贸易中从事活动的印度商人的经济利益的联合。因此，"殖民主义是南亚关于资本主义发展的自身历史的逻辑结果"。[1]

524

　　毫不奇怪，印度历史学家并不接受剑桥学派关于印度民族主义的"动物政治"和"新殖民主义"理解。[2] 尽管如此，该理论重新思考了古老的殖民主义/反殖民主义二元论。民族主义者想

---

[1]　David Washbrook, 'Progress and Problems：South Asian Economic and Social History，c. 1720-1860'，*Modern Asia Studies*，22（1988），74-76.

[2]　关于对剑桥学派的评述，参见 Tapan Raychaudhuri, 'Indian Nationalism as Animal Politics'，*The Historical Journal*，22（1979），747-763。

要稳定一个统一的、协调的印度民族主义运动,而剑桥学派则提出了分化、当地和特殊利益。民族主义者坚持认为,向殖民主义的转变是一个剧烈的和创伤性的断裂,而剑桥学派则指出殖民主义和前殖民主义因素之间的强大连续性和相互作用。[①] 剑桥学派的历史学家并不是在建议重新回到一种对帝国主义的古老的殖民主义叙述,该传统叙述把帝国主义看作是仁慈的介入。这些历史学家意识到,对拉吉进行宪法和体制改革是为了支持英国的统治,而拉吉是当地政治家讨价还价和贩运的地点。双方都是从狭隘的自我利益和权力考虑出发。当然,在 18 世纪,帝国和地方之间的混合和交易与东印度公司的大规模掠夺或者用来确定其地位的力量并非不相关。在作为机会主义的民族主义与作为理想主义的民族主义之间的选择也不是一个非此即彼的主题。然而,剑桥学派确实表明,把民族主义运动化约为没有缺点和分歧的单一的运动,并不是十分正确。同时,1970 年代印度以及国际上年轻学者的新的研究揭露了国大党的黑暗的方面,尤其当农民和工人的好战超出了民族主义议程的限定时,国大党就对他们采取相当粗暴的对待。[②] 这些学者后来将形成庶民研究"集体"(the Subaltern Studies 'collective'),对他们来说,民族主义者和剑桥学派历史学家都没有谈及殖民时期和后殖民时期混乱的政治现实。

现在回顾一下,今天我们把庶民研究群体看作是现代史学中一个不同寻常的思想学派,它是第一个来自前殖民地而获得了国际声誉的研究群体,其研究据说是从对上述提到的论争的一系列

---

① 参见 C. A. Bayly, Rulers, *Townsmen and Bazaars*: *North Indian Society in the Age of British Expansion*, 1770–1870 (Cambridge, 1983)。

② Gyanendra Pandey, *The Ascendancy of Congress in Uttar Pradesh*, 1926–1934: *A Study in Imperfect Mobilization* (Delhi, 1978); David Hardiman, *Peasant Nationalists of Gujarat*: *Kheda District* (Delhi, 1978); and David Arnold, *The Congress in Tamil Nadu*: *National Politics in South Asia*, 1919–1937 (Delhi, 1977).

"介入"和批评开始，其目的是为了建立一个去殖民化的历史视角。然而，需要指出的是，把庶民研究解释为"后殖民史学"是有问题的，特别是因为在其写作的早期阶段，想来并没形成独特的视角，而仅仅是"把 1970 年代已经广为传播的受到社会历史学家如 E. P. 汤普森、霍布斯鲍姆及其他许多学者影响的历史写作中的潮流运用到印度史学中"。① 萨尔卡（Sumit Sarkar）是该群体的最初成员之一，但后来离开了，他也认为，该群体的研究项目从英国马克思主义"自下而上的历史"道路吸取了灵感，但随后就采取了某些不受欢迎的后现代主义和后殖民主义转向。

该学术"集体"成立于 1982 年，得名于多卷本的《庶民研究：南亚历史和社会论文集》（*Subaltern Studies：Writings on South Asia History and Society*）。该系列丛书的前六卷由古哈（Ranajit Guha）编辑，他当时在苏克塞斯大学工作，是该团体的核心理论家之一，其他成员有来自英国、印度和澳大利亚的学者。这几卷论述的主题非常广泛，其中包括对精英史学的批评、农民的信仰体系、运动和起义、部落反抗、对印度民族主义和其领袖的研究、民众对甘地的看法、政权特征，以及共产主义。后来的几卷由该团体的其他成员编辑，内容围绕"国家（nation）"和"社区（community）"，但也关注孟加拉中层阶级文化、森林定居者、殖民监狱、（巴基斯坦和印度）分立、宗教和语言。

该研究集体的成立，其特征在于他们对印度史学有着深刻而自觉的再思考。首先，必须脱离占支配地位的史学，不管这种史学是民族主义的还是剑桥学派的，在他们看来都是精英主义的。"自上而下"的印度史学模式总体而言聚焦的是殖民政权的作为，以及反对殖民政权的民族主义领袖的做法。虽然这种史学有助于提高我们对"殖民政权结构及其在不同历史环境中的机构运作、

525

---

① Dipesh Chakrabarty, ' Subaltern Studies and Postcolonial Historiography ', *Nepantla：Views from the South*，1：1（2000），10.

该时期占主导地位的意识形态，即（民族主义）精英阶层意识形态的某些方面"的理解，但是它却不能够解释"人民大众自身所做出的贡献，亦即他们独立于精英阶层而对民族主义的形成和发展所做出的贡献"。[①] 最近的研究表明，印度民众在受到民族主义领袖唤醒之前，也远远不是静态的，他们加入了持续的大众抵抗运动，从而使印度难以被英国统治。[②] 然而，传统史学却忽略了这些印度社会的"庶民"因素——农民、低层种姓、被边缘化的人——这些本身存在的历史能动者，有着他们自己政治、传统、动力和信仰系统，这些往往是和资产阶级民族主义领导者的信仰系统不相符合。左派历史学家关注了这些群体，但仅仅按照阶级术语来进行归类，要么是组织领导层的对象，要么是一个无差别的种类。庶民历史研究致力于把他们作为历史的主体，是其自身命运的创造者。

《庶民研究》的前面几卷考察了庶民性（subalternity）的境况、精英阶层和大众之间的权力动态，尤其关注抵制和反抗运动。传统马克思主义史学用社会经济学的术语来解释庶民的动力，而庶民史学则根据一种"常识"和"直觉"的演进文化来看待庶民的活动，该文化是"现代的"，它参与到变革的政治和社会环境中，虽然它运用的是古老的、传统的，常常是宗教性的象征符号。农民和部落等的斗争，因此就是反对殖民环境的斗争，虽然这些斗争是不同于资产阶级民族主义者的另外一种斗争。如古哈所言，这表明对政治种类的重新定义。精英史学根据政府和制度进程来界定政治范围，而庶民的视角则强调在人民的政治中有一种"自主的"范围，该范围是根据不同的方式组织起来的，它跨域血缘、种姓等传统社会形式，渗透着受剥削的经历，自然

[①] Ranajit Guha, 'On Some Aspects of the Historiography of Colonial India', in id. (ed.), *Subaltern Studies*, vol. 1 (Delhi, 1982), 2-3.

[②] 该观点的提出来自 Summit Sarkar, *Modern India*, 1885-1947 (Delhi, 1983). Ranajit Guha, *Elementary Aspects of Peasant Insurgency in Colonial India* (Delhi, 1983) 也做出了类似的论证。

后果就是暴力反抗。农民意识渗入起义中。① 这种对低层政治的重新界定表明了一种非凡的史学转折，从而与英国马克思主义史学区分开来。庶民研究和英国马克思主义史学有许多共同点，但是同时英国马克思主义史学却把农民意识看作"落后的"和"前政治的"：尚未符合资本主义的制度逻辑。② 对英国马克思主义关于政治的"欧洲中心论"观点，古哈予以辩驳，他认为，起义并不仅仅是农民悲惨境遇的赤裸表达，而是反映了对社会控制的可识别符号的有意识攻击或者颠覆。宗教或者神秘主义是这些起义中的要素，但不占据中心位置。古哈补充说："这是一场政治斗争，在这场斗争中，造反者侵占或者毁坏象征其敌人权力的标志物，希望因此取消其自身庶民属性的标记。"③ 这些控制符号代表着一种权力，从殖民主义的法律制度框架（转变）扩大到社会控制的传统机构和象征性事物。殖民主义印度的历史发展远远没有进入资本主义的现代性，印度仍然像过去一样，处于半封建的麻痹状态中，有着经济之外的控制和从属机制。古哈描述了一个殖民资本主义和殖民现代性的模式，一种对现代性挑战的选择性适应，因为庶民历史并不指向资本以外的抵抗。进而，古哈对"前政治"概念的反对暗含着一种对历史演进的阶段性理论的反对，该阶段性理论认为历史发展是根据一种规定的（西方的）模式从落后向现代、从封建主义到资本主义的发展。④ 资本主义远未能如马克思那样把其价值普遍化（universalize its values as per Marx），那么殖民资本主义就有必要建立一种关于权力和权威的传统社会关系基础。这就意味着民族主义资产阶级虽然宣称自己代表印度这个国家，但他们并不真的为印度代言。和欧洲资产阶

527

---

① 该观点的提出来自 Summit Sarkar, *Modern India*, 1885 - 1947 (Delhi, 1983). Ranajit Guha, *Elementary Aspects of Peasant Insurgency in Colonial India* (Delhi, 1983) 也做出了类似的论证。

② Chakrabarty, 'Subaltern Studies and Postcolonial Historiography', 15 - 17.

③ Guha, 'On Some Aspects of the Historiogrpahy of Colonial India', 4.

④ Chakrabarty, 'Subaltern Studies and Postcolonial Historiography', 20.

级不同,印度民族资产阶级的存在缺少一种支配性意识形态,因为民众生活和观念中的很多东西是处于其文化范围之外的。这就表明,印度现代性、资本主义和民族主义的历史不能根据对这些现象的西方式分析来进行研究。所以,庶民史学是一种后殖民主义史学。

对于那些基本上不识字的民众,他们几乎没有留下文字记录,写作关于他们的历史是一个挑战。然而,我们可以阅读统治阶级的文献,文本的以及文本之外的,在某种程度说就是,收集文献,从中看出其所说的,以及其所"沉默的"。在其《反起义的语言》(The Prose of Counter-Insurgency)一文中,古哈阐述了一个多层文本阅读的策略,官方的反起义记录被加以解构,从中可以看到这些记录在权力方面的文本特性,这种解构为的是揭示精英阶级的偏见,以及通过倔强的媒介,即文本的"沉默",来揭示庶民阶层的"意识"。潘迪(Gyanendra Pandey)对公社主义(communalism)的殖民化语言的研究是对该方式的很好演示。在潘迪这里,看上去中立的关于"公社"起义的政府报告,经过分析都充满了歪曲和"虚构",关于当地人的暴力倾向和一种永久性的印度教—穆斯林"文明冲突",这些报告都充满了先入为主的殖民主义观点。正如潘迪指出的,这样的虚构把殖民主义的作用合法化了,殖民主义因此成为和平和法律的维护者。① 通过仔细阅读文本,察明其中的权力/知识的内容,庶民史学以这种方式也和后现代文学理论有了深厚关联。

1988 年,古哈从《庶民研究》编辑团队退休,同年,他们出版了一本论文集,后殖民主义批评家萨义德(Edward Said)为之写了序言,生于印度的文学批评家、女性主义者、同时也是历史学家的斯比瓦克(Gayatri Chakravorty Spivak)写了导言。萨义德在序言中把庶民史学描述为"思想上的起义者",强调了庶民史

---

① Gyanendra Pandey,*The Construction of Communalism in North India* (Delhi, 1991).

学在广阔的学术职业领域受到的关注，而斯比瓦克同时作为该研究项目的成员之一，提出了一些忧虑。在她看来，庶民史学不仅缺少对性别问题的关注（在后面的几卷中对此问题有所纠正），她提出了自己的问题：从后结构主义的视角看，当学术界关于庶民集体的身份假定把庶民"本质化"为一个种类，我们如何可能对一种庶民"意识"进行言说？葛兰西认为庶民社会群体的历史必定是"松散的和碎片性的"。庶民研究接受了这种界定，不仅仅把它作为一种描述，而且还为了避免总体性概念，他们认为总体性概念会剥夺掉庶民对其自身经验和能动性的特殊性，会把该特殊性从属于更宽泛的民族主义和/或者西方目的论。因此，强调该庶民能动性的碎片性和短暂性就显得尤为重要。但是，把庶民看作是一种有着独立意识的"主体行为人（subject-agent）"，这样的观念暗含着一种西方逻辑的种族中心论的扩展，即一种总体化的、本质主义的实践，忽视了殖民地人民的异质性。在另外一篇广为人知的论文《庶民能言说吗？》（*Can the Subaltern Speak*，1988），斯比瓦克指出，知识分子为庶民"代言"，而不是让他们为自己言说，这是一种根深蒂固的矛盾，这种方式不仅否认了庶民的能动性，而且强化了其附属性。

对该项研究还有其他批评。萨尔卡区分了该研究的前期阶段和后期阶段，认为庶民研究日益增长的"文化主义"不仅使庶民概念固定化，造成了脱离语境的含义，而且导向萨尔卡所谓的"庶民研究中庶民性的下降"。[①] 该项目的前期议程反映了人们对弱势群体历史的关注，而其成员对后现代和后殖民理论的熟悉使其陷入福柯/萨义德关于现代官僚主义的民族国家"几乎不可抗拒的"权力/知识的讨论中，其根基在于后启蒙主义的/殖民主义的西方，萨尔卡把这样一种发展过程描述为"在学术和政治上的

---

① 　Sumit Sarkar, 'The Decline of the Subaltern in Subaltern Studies', in id. , *Writing Social History* (Delhi, 1997).

衰弱"。①

后来的庶民研究认为，它的文本分析方式已经表明，庶民性是一种话语效果，其能动性存在于支配性话语的框架内。如果这意味着对精英性和经典文本的更多参与，正如普拉卡什（Gyan Prakash）在该卷中所说的，这并不暗示"放弃对庶民群体的探寻，而更加倾向流行的对话语和文本的迷恋"。另外，庶民研究认为，其项目的理论缺点不可能得以克服，要是没有对"马克思主义思想（或者就这一点来说，是自由思想）本身内在的普遍主义/欧洲中心论"的关注。② 后殖民主义话语的困境就在于此。一方面，它宣称殖民主体（the colonial subject）的历史能动性。另一方面，它质疑后启蒙主义的权力/知识的真实性，而历史写作是其中的一部分。后者把该项目带入到后现代话语的领域内，拒斥启蒙主义，而民族主义史学由于其霸权意识，也由于其对西方权力/知识的关联，其自身就成为双重可疑的。这就引起一种对民族主义和"民族国家计划"的批评，认为它们是起源于西方的统治工具，然后在印度共和国的后殖民状态中自我复制，有着源自西方启蒙运动的世俗主义和理性主义的神圣原则。这样一种统治概念暗含着，自主行动的领域仅仅存在于"后启蒙思想的主题之外"：即是说，存在于"碎片化的"社会，殖民主义/民族主义文化控制尚未触及的公社意识的领域。③ 在印度，碎片化社会的代表主要是"小型的宗教和种姓社群、部落群体、工业工人，以及激进主义女性团体，这些都可能代表'少数人'的文化和实践"，这些文化和实践活动抵制"国家以统一的民族文化和政治

---

① Ibid. , 85.

② Dipesh Chakrabarty, 'Max after Marxism: A Subaltern Historian's Perspective', *Economic and Political Weekly*, 20 May 1993, 1096.

③ Partha Chatterjee, *The Nation and its Fragment: Colonial and Postcolonial Histories* (Princeton, 1993).

团体为名义发动的同质化和'规范化'。^① 所以，最开始的精英和庶民的区分被扩展到了民族国家和其二元对立面——碎片化。批评家认为，对碎片化的分析忽视其内在的矛盾和张力、其自身的控制和从属结构及其所植根的广阔的社会形态。它还背叛了一种浪漫主义的、反现代主义的思想，由于碎片在其身份认同上必定是前殖民主义的。几乎所有后期庶民研究的印度历史学家都共有一种后现代的倾向，即厌恶起源于西方启蒙运动的进化思想，该进化思想把其他文化贬抑为低等的"不发达的"。查克拉巴提（Dipesh Chakrabarty）指出，资本主义的全球历史在不同环境中产生了不同的形式。欧洲模式及其所谓的世俗主义和市民社会形式，应该被"地方化"，我们必须认识到，有着许多不同的现代性和文化。^②

同时，对西方进化和发展模式的拒绝还导致对启蒙传统的后现代批评，现代的历史解释模式就是该启蒙传统的一部分。历史研究职业之外有影响力的知识分子发动了对历史意识的猛烈批评，认为该历史意识是特定的西方思维模式，而印度人采纳这些模式对自身带来了伤害。对于南迪（Ashis Nandy）来说，印度思想的历史化是"第二次殖民化"，它压制了自我知识的非历史模式。现代历史思想的产生，是和启蒙运动的科学方法和理想主义联系在一起的。它仅仅承认理解过去的经验主义的科学模式。但该科学模式却压制了自我知识的其他模式，如传说、神话、史诗，而这些模式相对来说，更多地承载着一种至关重要的道德维度，现代的历史理性则缺乏该道德维度。相反，"历史意识易于把各种文化背景中的过去进行绝对化，而在有些文化中，实际上关于过去有着很多开放的观念，或者这些文化是依靠神话、传说

530

---

① Gyanendra Pandey, 'In Defense of the Fragment: Writing about Hindu-Muslim Riots in India Today', *Representations*, 37 (1992), 28 - 29.

② Dipesh Chakrabarty, *Provincializing Europe: Postcolonial Thought and Historical Difference* (Princeton, 2000).

和史诗来定义自身的。历史意识还使得历史性的世界观在我们的时代充斥了许多新形式的暴力、剥削和恶魔崇拜，而历史意识则促使文明、文化和民族界限变得僵化"。南迪断言，印度民族主义者觉得，欧洲通过获得一种历史意识而跨越了其悲惨的过去，因此该历史意识对印度人也是一条合理的路径。实际上，"对该历史意识的控制已经成为……一种责任"，这里进驻了许多不同的过去的记忆，连同这些过去的悲痛和仇恨，它们争夺现在。南迪认为，南亚历史学家"试图对各事各物进行历史化，但却从不对历史思想本身进行历史化"。[1]

大部分印度历史学家（包括庶民研究历史学家）都不像南迪走得那么远，他们接受历史事业的合法性。当然也有例外，如潘迪，他在认识论的基础上重新审视了熟悉的领域和问题，"历史和历史分类的特定性"，[2] 而对拉尔（Vinay Lal）来说，"历史的无争议的优势地位危险地把我们时代的那些不同意见的可能性狭窄化了"，标志着"印度作为一种文明的失败，以及它作为一个民族国家的可耻的胜利"。和南迪一样，拉尔坚持认为，印度历史学家必须积极面对"神话的、非历史的和民间的因素，如果他们致力于知识的生态多样化"[3]。

庶民研究揭示了主流民族主义历史的不足，它掩饰了国内的各种差别和张力，为的是优先考虑国家统一。可以肯定的是，印度女性的历史就是这种情形。在 1970 年代之前，只有很少的关于女性历史的著作。仅有的那些女性历史著作颂扬那些杰出的人物，如圣女或者女王，或者强调女性对自由斗争的参与，这样写主要为了反驳那些消极的殖民主义叙述，这些叙述认为女性在印

---

① Ashis Nandy, 'History's Forgotten Doubles', *History and Theory*, 34 (1995), 47, 44.

② 引文出自 Sumit Sarkar, 'Postmodernism and the Writing of History', in id., *Beyond Nationalist Frames: Postmodernism, Hindu Fundamentalism, History* (Bloomington, 2002), 162。

③ Lal, *The History of History*, 22.

度社会的社会是低等的。艾特卡尔（A. S. Altekar）的《女性在印度教文明中的位置》（*Position of Women in Hindu Civilization*）初版于 1938 年，到 1980 年代初多次重印，该书就是这样一种写作的典型。德塞（Neer Desai）的《现代印度的女性》（*Women in Modern India*，1957）是一个例外，是当时唯一真正的女性主义印度妇女史。

531

只是到了 70 年代，对女性主义的关注和女性主义政治才变得重要起来，产生了一种更加批判性的和系统的研究议程。学者们一致努力，寻找和保存女性的记录，突出女性的生活，特别是非精英阶层女性的生活。从一开始，这种历史写作就反映了激进主义议程在其表达上的重要性。印度女性历史学家过去是，现在仍然是深入到各种女性事业的研究中，因此，她们就不可能脱离其学术研究的政治和社会后果。①

当面对被其他一些更为著名的学派，如庶民研究时，印度女性主义研究的这些引人瞩目的进步就不那么为人所知了。但是，印度女性主义写作也提出了强有力的尖锐问题，挑战了胜利的民族主义叙述，揭露了其男性化议程。桑伽瑞（Kumkum Sangari）和威伊德（Sudesh Vaid）编辑的论文集《重塑女性》（*Recasting Women*，1990）影响巨大，把女性重新评价为一种民族主义建构。因此，辛哈（Mrinalini Sinha）指出，英国改革家和印度民族主义者作为"自由的"改革家和宗教复兴运动者，他们成为印度女性事业的拥护者，把女性主义事业作为其自身获取权力合法化的一种方式，也是加强其男性力量的方式。② 在殖民时期，关于女性化的理想也改变了。到 19 世纪晚期，已经建构起了一种新的父权制和一种关于女性化的新观念，该建构的基础在于一种区分，

---

① Geraldine Forbes，'Reflections on South Asian Women's/Gender History：Past and Future'，*Journal of Colonialism and Colonial History*，4：1（2003）.

② Mrinalini Sinha，*Colonial Masculinity：The 'Manly Englishman' and the 'Effeminate Bengali' in the Late Nineteenth Century*（Manchester，1995）.

即在国内和外部世界之间的区分，国内是一个逃离世界的避难所，在这里男性权威在一种扩展的家庭结构中占优势，而殖民权力统治着外部世界。在这种改变了的家庭生活结构中，理想的女性气质是基于维多利亚时期的价值和关于受难和自我牺牲的印度教价值的一种奇特结合，该结合有效地把妇女置于从属和受限制地位。[①] 萨卡尔（Tanika Sarkar）也指出，基于宗教复兴运动的政治有一种重置了的父权制，该父权制对女性有着反动的价值观，这在印度民族主义的名义下受到维护。[②] 虽然多数女性主义研究都关注殖民时期和后殖民时期，但也有关于古代印度的重要研究，这些研究用颠覆性的术语重新解释了女性的屈服。[③]

女性主义学者欢迎庶民研究对精英主义史学的挑战。然而，庶民史学的前八卷对妇女问题仅仅有着最低限度的关注，虽然斯比瓦克对此予以批评。只是到了第九卷（1996）之后，情况才有所改变，性别问题不断出现，开始作为一种分析的类别。同时出现了对前期庶民研究的批评性文章，认为它们忽视了女性所受到的特殊和独立的压迫，而把她们从属于被认为是男性的庶民研究中。然而，强调的重点大多还是在性别本身或者在较高阶级/种姓的妇女，而不是在庶民的和少数群体的妇女。后现代主义者坚持认为历史主体经验的特殊性，据此也提出了棘手的问题，即在一种排外的女性能动性和限制女性行为的更广阔的父权制结构之间的矛盾问题。我们还需注意到，某些更加尖锐的后现代批评实际上在印度或者其他地方的女性主义史学那里已经有了预兆。几个世纪以来，女性主义历史学家对同质的主体性概念进行了去中心化，改变了档案化来源和过程的定义，指出文字资料和非传统

532

---

① Chatterjee, *The Nation and Its Fragments*.

② Tanika Sarkar, *Hindu Wife*, *Hindu Nation*: *Community*, *Religion and Cultural Nationaliam* (Delhi, 2000).

③ Uma Chakravarty and Kumkum Roy, 'In Search of Our Past: A Review of the Limitations and Possibilities of Historiography of Women in Early India', *Economic and Political Weekly*, 30 April 1988.

资料的重要性，并且卓有成效地对文本进行了发掘，从中看到了它们在父权制方面的比喻和隐藏。但是，印度女性主义者认为，整个拒斥启蒙运动的人道主义或者对前现代公社的怀乡是有问题的，尤其当后者有着压制性父权制的时候。正如一位女性主义史学家所说，"庶民史的后现代姿态导致了对传统的防卫，甚至当这些实践明显是有害的并且明显侵犯了公平原则的时候也如此。这些学者认为，谁能够说萨提（sati，印度教妇女殉夫）是不好的？是有偏见的西方看法这么说的"。① 在庶民研究之外，妇女史做出了重要进展。女性主义视角极大丰富了对分立的研究。布塔莉亚（Urvashi Butalia）的《沉默的另一面》 （*Other Side of Silence*，1998）令人信服地叙述了那些被沉默和被隐匿的声音，这些声音是一种"来自下层"的分立的历史，不同于通常对国会、穆斯林联盟和英帝国三角操纵的"分立之路"（road to Partition）描述。也有一些，尽管明显还很少的，对穆斯林、基督教、贱民和部落公社的少数妇女的研究。② 另一方面，对三分的殖民时期划分法，却有着一种不加批判的接受，而没有考虑到它对妇女史的影响。同样地，妇女史也未能脱离民族政权的模式。虽然该模式不可能被忽略，但政治框架的决定性作用应该被审慎地加以对待，因为女性生活中的很多方面是处在政治框架之外的。

然而在印度，学者并不容易做到独立于政治之外。以激进主义者来说，印度女性主义史学家必须面对国家支持的公社的和男性的议程的侵入，更不用说针对女性的暴力。2002 年 2 月发生在

---

① Maithreyi Krishnaray, 'History through the Gender Lens', in Kirit S. Shah and Meherjyoti Sangle（eds.），*Historiography Past and Present*（Delhi, 2005），130.

② 关于穆斯林女性的历史，例如 Shahida Lateef's *Muslim Women in India*（London, 1990）；Zoya Hasan's *Forging Identities*（Boulder, 1994）；Azra Asghar Ali's *The Emergence of Feminism among Indian Muslim Women*，1920（Oxford, 2000）；and Gail Minault's *Secluded Scholars：Women's Education and Muslim Social Reform in Colonial India*（Delhi, 1999）。贱民阶层的女性很大程度上是在和男性改革者的关系中受到关注的。

戈德拉的暴力攻击以特别残忍的方式把穆斯林妇女挑选出来，沉重打击了那种认为妇女在其公社身份之外有着独立存在的观点。1980 年代以来南亚公社紧张局势（communal tensions）不断加剧，还包括其他宗教团体如锡克教徒也引起人们对宗教冲突的历史根源予以更多关注。最近的研究表明，19 世纪的各种宗教复兴主义运动，如印度教改革运动雅利安社就有着强烈的公社特征（communal edge）。人们也对宗教政治化中殖民主义报道、叙述和人口普查的作用进行了研究。近段时期以来印度教武装力量的增长使得这些问题变得更加紧迫。正如之前我们说到的，"世俗"史学家已经对公社化的歪曲提出异议，认为过去是多元的、复杂的和充满张力的，反对印度教对内在纯粹性和外在威胁的论述。这常常包括针对政府引导的研究事业的斗争，这些斗争想要改革学校教科书，描述一种更加让人容易接受的印度教画面（同时是一种更加消极的伊斯兰画面）。这些更换的必然结果就是作为公社问题的最终裁定者，历史被赋予了更大的重要性。因此，历史学科成为了印度教徒主义运动的激进印度教政治与学术性历史研究者对抗的舞台。

在巴布里清真寺冲突事件中，这场矛盾达到了顶峰。印度教徒主义运动（*Hindutva* movement）的支持者宣称，这座清真寺是建立在一座位于印度教大神罗摩出生地的印度教寺庙被毁坏的遗址上的。对此他们有着人们太过熟悉的冗长指控，如穆斯林"入侵者"常常毁坏印度教寺庙［"寺庙理论"（temple theory）］、强迫印度教徒改变信仰等，而这些指控都不如用以支持它们的伪造的"历史证据"那么重要。随后武装分子对寺庙的摧毁标志着一种对历史思维理性主义基础的长期攻击的开始。印度教理论家充分利用后现代主义教条来建立一种等价的主张，既然所有叙述都是对权力的表达，没有任何叙述是客观的，而庶民研究对前现代和边缘化碎片的等同相待则被用来批评世俗的自由主义民族国家。同时，有一些势力想要迫使职业历史研究就范。在印度教右派印度人民党统治的一些州，以及随后，当该党赢得 1998 年的

国家大选，其在全国范围内，开始通过对研究机构和学校课程进行侵犯性的控制，以此来推行一种印度教徒主义的历史版本。在 2000 年初，印度人民党政府还宣布，决定暂停出版由帕尼卡尔（K. N. Panikkar）和萨尔卡主编的《通向自由》（*Towards Freedom*）系列文献集，实际上这种停止出版的决定是基于一种不足信的程序步骤。这些文献包含了对印度人民党不利的证据，如印度教原教旨主义的民族卫队（Rashtriya Swayamsevak Sangh）（该组织和印度人民党有着密切关联）并不单单拒绝参加民族主义运动，而是实际上和英帝国进行合作。[①]

534

　　虽然印度人民党在下一轮竞选中的失败限制了这些发展，但事实上，对过去的公社化概念（the communalized conception）继续存在。在主流历史学家中，印度教复兴主义运动所宣称的那些不协调的历史甚至得不到丝毫支持。然而在印度，在职业历史学家对过去的理解和民众对过去的意识之间存在着巨大的鸿沟。部分来说，这种情况的存在是由于自学校体制和课程设置方面的诸多不同。国民教育、研究和训练委员会（NCERT）作为国家教育部门，它所指定的教科书是由专业历史学家写的，但这些教科书仅仅在一小部分学校或者以受到限制的方式使用。此外，还有些学校是由社区组织和政治团体设立的，传播的是一种公社意识的史学。这些学校赞美印度的印度教的过去，把它等同于民族统一，而穆斯林则被认为是民族敌人。对印度教—穆斯林关系融合的看法，或者对通过观念和框架达成的对社会关系的复杂理解，在此都被忽视了。[②] 同时，在学校之外，廉价出版的传单和小册

---

① 有大量文献是关于印度教徒主义运动的。关于历史思维、历史职业和印度教徒主义政治，之前引到的 Vinay Lal's *The History of History* 有着重要意义。另外一个杰出的论述是 Martha Nussbaum's *The Clash Within*：*Democracy, Religious Violence and India's Future*（Cambridge，2007）。

② Tanika Sarkar, 'The Historical Pedagogy of the Sangh Parivar', *Seminar*：*A Monthly Symposium*，522（February 2003），http：//www. india-seminar. com/2003/522. htm.

子形成一种"大众历史"，充斥着神话想象，以及"神圣的"印度教和"邪恶的"穆斯林之间的摩尼教战争。虽然学术性历史用英语写作，而这些小册子大多是用方言写的。①

在当今印度，历史思维因此存在着不同的层面。迎合传统偏见的大众历史意识活跃在日常生活和话语中。它居于"常识"（common sense）和"公共知识"（common knowledge）的层面，而处于精英性的职业历史机构的领域之外，在后者这里，有着同行评审的期刊以及与国际学者群的联系。然而，这成为一种必须面对的力量。另外，随着印度教复兴主义运动的思想家开始提出他们的历史原则，主流历史学家不得不重新面对和历史写作标准、分析框架、相对主义哲学的影响，以及相关的问题根植很深的偏见的力量相关的问题，离开这些，任何得以证实的论证似乎都无法流行开来。关于世俗的主流史学的不足之处、传统分期框架不经意带来的后果等，人们也提出了疑问。历史学家也开始质疑殖民主义/反殖民主义二分法的支配地位及其把国内和国外对立的论题，该二分法很容易受到某些势力的利用，借以寻求一种民族敌人。它还通过秘密的方式，它还再次强化了本质主义的和单一的民族概念。

现代印度史学的优点在于其自我反思性，以及对历史学家作用的赞赏，这些历史学家在一种充满张力的认识论、政治的和文化的多重影响下进行其学术研究。现代印度史学的前提是，必须有一种对西方框架的批评，以此为序幕通向独立和客观，而如今它认识到这些批评实际上与其试图超越的框架之间有着一种矛盾的连续性。拒斥历史写作事业，把它看作是后启蒙主义的权力/知识的工具，倾向非历史的理解模式，这并不能使问题得到解决。然而很清楚的是，在反殖民主义和文化正统性的名义下固守任何一种单一的解释框架同样是没有成效的，不管这种解释框架是"民族国家"还是殖民主义现代性尚未触及的"片断"。正如

---

① Partha Chatterjee，'History and the Domain of the Popular'，ibid.

535

我们指出的，这样的分类对那些弱势群体，如妇女或低级种姓的历史尤其具有局限性，这些历史研究充分利用源自西方殖民现代性的授权思想，甚至从殖民政权那里寻求帮助。它们把国内被殖民群体的矛盾最小化，忽视与殖民统治的偶尔亲近。我们所需要的是，正如萨尔卡所说，"逐渐认识到存在许多叙述或者'历史'的可能性"。[1] 这样一种认识似乎正在出现。新的研究领域不断发展，如环境史学、人口结构的变化、迁徙模式、有牧民生存模式的"人文地理"，后者是关于印度过去直到后殖民时期的一种未被承认的重要组成，这些领域的发展表明，印度历史学家正注意到其他分析框架。区域历史的增长似乎也起到了一种催化剂的作用，引领历史学家关注当今民族和国家边界的建构本质。关于殖民主义历史模式的争论仍然激起最大兴趣，但通往其他历史和模式的大门仍然敞开着。

大事年表/关键日期

- 1947（8 月）印度脱离英国，获得独立，印度次大陆被分割为印度和巴基斯坦
- 1947（10 月）印度和巴基斯坦在有争议的克什米尔地区爆发了战争
- 1948　甘地遇刺
- 1950　印度颁布宪法，成为一个独立自主的民主共和国
- 1952　尼赫鲁领导的印度国民大会党开始执政
- 1964　世界印度教大会（VHP）会成立，以捍卫印度教的利益
- 1965　第二次印巴战争爆发
- 1966　尼赫鲁之女英迪拉·甘地就任总理
- 1967　扎基尔·侯赛因成为首个穆斯林总统；印度农村爆发了毛派运动

536

---

[1]　Sumit Sarkar, 'The Limits of Nationalism', ibid.

- 1971 印度和巴基斯坦战争争夺东巴基斯坦地区，该地区成立了新的孟加拉国
- 1974 印度成功发射了其第一颗原子弹
- 1975 （6月）英迪拉·甘地宣布印度实行为期21个月的紧急状态，允许政府通过法令进行统治，暂停选举和公民自由权
- 1976 通过宪法修正案，宣布印度是一个"世俗"国家，实行宗教平等和宗教宽容。
- 1977 英迪拉·甘地举行大选，国大党失利
- 1984 重新执政四年之后，英迪拉·甘地命令军队攻占锡克教的圣地金庙，铲除斯科教分裂主义者；随后甘地被其锡克教警卫刺杀，政府支持的反锡克教运动爆发；甘地的儿子拉吉夫·甘地继任她就任总理
- 1991 拉吉夫·甘地被一个泰米尔自杀性组织暗杀；新的国大党政府宣布实行经济改革和自由化。
- 1992 世界印度教大会号召并集结教徒摧毁了位于阿约提亚的有争议的巴贝尔清真寺，导致全国性的公社动乱，3000多人在动乱中丧生
- 1997 纳拉亚南成为印度首位达利特人（低种姓/不可接触的人）总统
- 1998 印度民族主义人民党（BJP）领导的联合政府上台
- 2004 印度人民党在全国大选中失利，国大党领导的联合政府获胜
- 2007 普拉蒂巴·帕蒂尔成为首位女总统

主要史料

- Arnold，David，*The Congress in Tamil Nadu：Nationalist Politics of South Asia*，1919 - 1937 (Delhi，1977).
- Bayly，C. A.，Rulers，*Townsmen and Bazaars：North Indian Society in the Age of British Expansion* (Cambridge，1983).

- Chand, Tara (ed.), *History of the Freedom Movement in India*, 4 vols. (New Delhi, 1961 – 1972).

- Chandra, Bipan, *The Rise and Growth of Economic Nationalism in India: The Economic Policies of the Indian Nationalist Leadership* (Delhi, 1965.)

- Chakrabarty, Dipesh, *Provincializing Europe: Postcolonial Thought and Historical Difference* (Princeton, 2000).

- Chatterjee, Partha, *Nationalist Thought and the Colonial World: A Derivative Discourse?* (London, 1986).

- Gallagher, John, Johanson, Gordon, and Seal, Anil (eds.), *Locality, Province and Nation* (Cambridge, 1973).

- Guha, Ranajit (ed.), *Subaltern Studies: Writings on South Asian History and Society*, 6 vols. (Delhi, 1982 – 1989).

- Hardiman, David, *Peasant Nationalists of Gujarat: Kheda District*, 1917 – 1934 (Delhi, 1981).

- Hasan, Zoya, *Forging Identities: Gender, Communities and the State in India* (Boulder, 1994).

- Kosambi, D. D., 'Marxism and Ancient Indian Culture' (1948), in id., *Combined Methods in Indology and Other Writings*, ed. Brajadulal Chattopadhyaya (Delhi, 2002).

- Lateef, Shahida, *Muslim Women in India: Political and Private Realities*, 1890s – 1980s (London, NJ, 1990).

- Majumdar, R. C., *History of the Freedom Movement in India*, 3 vols. (2nd edn, Calcutta, 1971 – 1972).

- Pandey, Gyanendra, *The Ascendancy of Congress in Uttar Pradesh*, 1926 – 1984: *A Study in Imperfect Mobilization* (Delhi, 1978).

  —— 'In Defense of the Fragment: Writing About Hindu-Muslim Riots in India Today', *Representations*, 37 (1992), 27 – 55.

- Sarkar, Tanika, *Hindu Wife, Hindu Nation: Community,*

537

Religion and Cultural Nationalism (Delhi, 2000).

- Sastri, K. A. Nilakanta, *A History of South India from Prehistoric Times to the Fall of Vijayanagara* (1955; repr. Madras, 1976).

- Seal, Anil, *The Emergence of Indian Nationalism: Competition and Collaboration in the Later Nineteenth Century* (Cambridge, 1968).

- Sharma, R. S., *Indian Feudalism: c.* 300 – 1200 (Calcutta, 1965).

- Spivak, Gayatri Chakravorty, 'Can the Subaltern Speak?' in Carey Nelson and Lawrence Grossberg (ed.), *Marxism and the Interpretation of Culture* (Basingstoke, 1988).

参考书目

- Bayly, C. A., 'Modern Indian Historiography', in Michael Bentley (ed.), *Companion to Historiography* (New York/London, 1997).

- Chandra, Bipan, 'Nationalist Historians' Interpretations of the Indian National Movement', in Sabyasachi Bhattacharya and Romila Thapar (eds.), *Situating Indian History: For Sarvapalli Gopel* (Delhi, 1986).

- Chakrabarty, Dipesh, 'Subaltern Studies and Postcolonial Historiography', *Nepantla: Views from South*, 1 (2000), 9 – 32.

- Forbes, Garaldine, 'Reflections on South Asian Women's/Gender History: Past and Future', *Journal of Colonialism and Colonial History*, 4: 1 (2003).

- Gottlob, Michael, *Historical Thinking in South Asia: A Handbook of Sources from Colonial Times to the Present* (Delhi,

2003).

- Lal, Vinay, *The History of History: Politics and Scholarship in Modern India* (Delhi, 2003).

- Ludden, David (ed.), *Reading Subaltern Studies: Critical Histories, Contested Meanings and the Globalisation of South Asia* (Delhi, 2000).

- Menon, Lata, ' Saffron Infusion: Hindutva, History, and Education', *History Today*, 54: 8 (2004).

- Mukhopadhyay, Subodh Kumar, *Evolution of Historiography in Modern India: 1900 – 1960* (Calcutta, 1981).

- Nandy, Ashis, ' History's Forgotten Doubles', *History and Theory*, 34 (1995), 44 – 36.

- Philips, C. H. (ed.), *Historians of India, Pakistan and Ceylon* (Delhi, 1961).

- Prakash, Gyan, ' Subaltern Studies as Postcolonial Criticism', *American Historical Review*, 99 (1994), 1475 – 1490.

- Rasmusack, Barbara, ' Women in South Asia', in ead. and Sharon Sievers (eds.), *Woemen in Asia: Restoring Women to History* (Bloomington, 1999).

- Raychaudhuri, Tapan, ' Indian Nationalism as Animal Politics', *Historical Journal*, 22 (1979), 747 – 763.

- Sangari, Kumkum and Vaid, Sudesh (eds.), *Recasting Women: Essays in Colonial History* (New Delhi, 1989).

- Sarkar, Sumit, *Writing Social History* (Delhi, 1998).
  ——*Beyond Nationalist Frames: Postmodernism, Hindu Fundamentalism, History* (Bloomington, 2002).

- Seshan, Radhika, ' Writing the Nation in India: Communism and Historiography', in Stefan Berger (ed.), *Writing the Nation: A Global Perspective* (Basingstoke, 2007).

- Shah, Kirit K. and Sangle, Meherjyoti (eds.), *Historiography:*

538

Past and Present (Jaipur，2005)．

- Washbrook，David，'Progress and Problems：South Asian Economic and Social History，c. 1720 – 1860'，*Modern Asia Studies*，22 (1988)，56 – 96．

陈书焕　译

第二十六章　泰国的历史著作

帕特里克·乔里

在 19 世纪晚期的暹罗王国，当历史学正在发展出现代意义上的科学形式，此时"历史"一词的宫廷用法还是 phongsawadan，字面上的意思是"神之化身（avatar）的传承"［毗湿奴（Vishnu）的化身］。泰国国王就是毗湿奴的化身，因此历史一词最初就是指由宫廷编年史家编纂的历代国王记，首先是阿瑜陀耶王朝（Ayuthaya，1351—1767），然后是吞武里王朝（Thonburi，1767‑1782）和曼谷王朝（Bangkok 或 Ratanakosin，1782 年至今）。19 世纪 phongsawadan 一词的局限性已经变得非常明显，因而一个新词汇 prawattisat 产生了，自此泰国的历史学科才为人所知。尽管有了这个新名字，但是泰国历史写作还是由君主政治主导。在喧嚣的现代，国王除了拥有传统历史编纂中的半神（quasi-divine）形象，还获得了新的意义。欧洲的殖民是东南亚历史上的一次断裂，将这些王国推入了现代化的进程，但是暹罗并没有直接成为殖民地。因此，泰国官方史书中出现了两个观念——赞扬泰国的现代化；保持形式上的政治独立。这两者都被归功于国王的雄才大略，也形成了泰国民族主义的中心观念。

泰国是世界上最后的专制君主国之一，直到 1932 年才被城市资产阶级和军官组成的民党（the People's Party）发动政变推翻。经历了 15 年短暂而动荡的政治斗争之后，1947 年一场与军队联合的政变又复辟了君主制。久而久之，军队成为君主-军事联合统治中的重要力量，这一联盟与保皇派官僚机构，直到现在都主

导着泰国政治。二战以来的泰国历史学都受这种政治框架的影响。

泰国的君主的政治统治地位还受到宪法的保护："国王是神圣不可侵犯的"，还有一项严苛的大不敬之罪（lèse majesté）规定，批评国王或王室成员可被判处 15 年监禁。因此，泰国史学家对现任君主长期统治（从 1946 年至今）的批判，事实上是违背宪法的，可能会被判为犯罪，并且在理论上会被视为叛国。因此，许多被视为批判君主的书籍，包括一些史书在泰国自然受到官方禁止。在过去的 60 年中，任何与君主有关的争议事件，都是历史学家不可逾越的雷池，书刊检查制度十分严格。

普密蓬（Bhumibol）统治期间，保皇派在泰国官方修史中占据的统治地位受到官僚（ratchakan[①]）群体的支持和保护，该群体由军队和平民出身的官僚组成（包括大学和教育系统），同时这种统治地位的合法性建立在一种为国王服务的道德观念之上。本章将追溯统治泰国历史编纂的保皇主义霸权的建立，以及其他学派对这种霸权的挑战。

丹隆亲王（Damrong）的影响

1945 年后，保皇派对泰国历史编纂的支配地位植根于君主专制时代，尤其源于丹隆·拉差努帕亲王（Prince Damrong Rachanuphap）的著作，他是官方承认的"泰国历史学之父"，是伟大的现代国王拉玛五世朱拉隆功（King Rama V, Chulalongkorn，1867—1910 年在位）的弟弟，同时也是朱拉隆功统治的核心成员。他作为内政部长，在 1892 和 1915 年之间地方行政制度改革中的作用举足轻重，此次改革用曼谷派遣的官员（通常是国王的兄弟或亲戚）管理各个重新划分的"省份"，以此

---

① *Kha ratchakan* 一词指的是"官僚"，包括军队，字面意思是"国王事务的服务者"。

替代全国范围内的地方统治家族。这些新任命的省长直接对内政部长，也就是丹隆亲王本人负责。因此丹隆亲王也是拉玛五世统治时期打造中央集权和专制主义国家的"建筑师"之一。1915 年丹隆亲王退休，他开始着手编纂王国历史，记录他在国家行政制度上的作为，即实施中央集权和标准化的进程。他成为继国家图书馆［也称作瓦契拉央图书馆（Wachirayan Library），以朱拉隆功的父亲，拉玛四世的名字命名］之后的主导性力量，而后者是对王国图书和手稿进行收集、编目、编辑和出版的机构。① 丹隆亲王编纂出版了涉及王国历史、文学和风俗等各个方面的上百种手稿，他为每本书都写了简短的序言，介绍应该如何阅读这本书。丹隆亲王的主要贡献之一是在 *Prachum phongsawadan* （Collected Histories）中出版了一系列史书，从 1908 年到 1943 年逝世，这个系列已达 8 卷之多。这套史书是最重要的材料汇编，包含了泰国从这一时期到 20 世纪早期已出版的主要原始材料。因此，丹隆亲王要为很大一部分历史文集、编年史和前宪政时代的传说负责，今天我们认为这些成果构成了"泰国史"。上个世纪泰国有数百万学生在学校和大学中研究泰国历史叙述，他们的研究很大程度上依旧建立在丹隆亲王 19 世纪末和 20 世纪初的研究成果之上。

542

丹隆亲王不仅著作等身，还有一个贡献，那就是打造了泰国民族主义历史编纂的核心结构与主题。他确立了泰国历史发展的年代顺序，即首先是素可泰王朝（the Kingdom of Sukhothai，13—14 世纪），然后是阿瑜陀耶王朝（the Kingdom of Ayuthaya），短命的吞武里王朝（the Kingdom of Thonburi），现在是以曼谷为首都的曼谷王朝（the Kingdom of Ratanakosin）。清迈（Chiang Mai）、东北部的老挝地区、泰国中央平原以南的（Malay sultanate of Patani）北大年马来苏丹（Malay sultanate of Patani）都是泰国

---

① Patrick Jory，'Books and the Nation：The Making of Thailand's National Library'，*The Journal of Southeast Asian Studies*，31（2000），351 - 373.

的对手王国或公国，丹隆亲王将这些国家的历史降格为泰国历史的附属成分，并证明吞并这些国家的合法性。他将泰国历史的主要叙述对象从国王和皇家首都转变为"暹罗"和泰国人民。国王依旧是泰国历史的首要推动者，尤其是他所在的却克里王朝（Chakri）的诸位国王，他们现在变成了整个泰民族的领袖。

最重要的是，丹隆亲王将泰国历史塑造为国家争取独立的持续斗争史。这一主题反映出在丹隆亲王最活跃的年代中，泰国宫廷的首要政治要求。《泰缅战争》（*Thai Rop Phama*）是他的经典作品，出版于1917年并数次重印，描述泰国如何两次被缅甸占领，又是如何通过英武君主的雄才大略重获独立。在此之前，泰国已经通过斗争独立于中国，之后又独立于高棉（Khmers），最近的一次斗争针对西方殖民主义。丹隆亲王逝世于1943年，他在逝世前几天完成的最后一部作品更加详尽地阐述了这个历史编纂主题，这部书是纳黎萱大帝（Naresuan the Great）的传记，他战胜缅甸赢回了泰国的"独立"。[①] 丹隆亲王的著作有先见之明地将两股力量的历史结合在一起：王室和军队，这两者直到21世纪依然控制着泰国的政治。

丹隆亲王和泰国宫廷在19世纪80年代到1932年之间所建构的宏大历史叙述很难被替代。有人可能认为，1932年民党推翻君主专制后，应该会引入一种新的历史编纂模式，但此时绝大多数史学家依然在研究丹隆亲王1932年前的作品中所提出的主题。銮威集·瓦他干（Luang Wichit Wathakan）的情况就足以说明这一点。銮威集出身平民，家族是泰中联姻并经营小生意，他是一位多产且思想兼容的作家，也是民党的主要理论家，他的学术天分使他在官僚体制内升职迅速。他有一种杰出的能力，能够为不同政治派别的统治提供最高水准的服务，这证明他的观念具有广泛的政治吸引力。銮威集漫长的事业始于君主专制的最后几年，

543

---

① Damrong Rachanuphap, *Phra prawat somdet phra naresuan maharat* (Bangkok, 1976).

直到他 1962 年逝世，这一年陆军元帅沙立·他那叻（Sarit
Thanarat）建立了保皇-军事（royalist-military）独裁。他作品在
其去世后依然被不断重印，像丹隆亲王和其他后来的史学家一
样，銮威集将历史研究和活跃的政治生活结合在一起，加强了历
史作品的影响力。

　　銮威集对泰国历史编纂的贡献是使得军国主义流行开来。实
际上他的作品也建立在丹隆亲王所奠定的基础上，观点表达在数
量庞大的作品中，包括历史著作（泰国史和别国史）、历史小说、
论文、戏剧和歌曲。銮威集作品中的主题不再是国王而是民族。
出版于 1930 年的《世界史》（*Prawattisat-Sakon*）是一部极有影
响力的作品，此时正值革命前夕，这本书将泰国历史放置在一个
国际背景中与其他国家进行对比，泰国人被描述成善战的种族，
在英勇君主的领导下，为民族独立同国内外敌人进行战斗。这个
主题也表现在他后来的作品以及那些非常流行且具影响力的历史
戏剧中。其中最著名的是《素攀血》（*Luat Suphan*），以同缅甸的
一次战争为背景，赞扬泰国人民为保卫国家主权勇于牺牲的精
神。銮威集作品的另一个深远影响是他发展了泰人的种族理论。
在这点上他受到许多西方史学家的影响，尤其是多德（W. C.
Dodd）的《泰族：中国人的兄长》（*The Thai Race：Elder Brother
of the Chinese*）（1923）。此书非同凡响，作者作为美国传教士，
在 19 世纪晚期和 20 世纪早期长期活动于泰国北部和南中国。銮
威集将泰国人的起源追溯到 9 至 10 世纪中国南部的"南诏国"
（Nan Chao），泰人被中国人驱逐出南诏并向南迁徙。銮威集认
为，泰人生活的范围远远超出了今天泰国的范围，包括老挝人、
掸族（Shan）、柬埔寨人、阿洪族（Ahom），还有一些泰人生活
在中国南部和越南。銮威集在另一部戏剧《叻差玛努》
（*Ratchamanu*）中将泰人和柬埔寨人描述成同为一族，在《盛威
公主》（*Chaoying Saenwi*）中提出缅甸东北部的掸族人也与泰人
同族。

　　尽管銮威集历史研究的对象是泰民族，但他并没有明确改变

保皇主义的叙述框架。直到 1942 年帕拉·萨拉萨斯（Phra Sarasas）出版的《我的祖国》（*My Country Thailand*），才真正摆脱了丹隆亲王的历史叙述。帕拉·萨拉萨斯很长一段时间都是激进的知识分子和特立独行的政治家。他同銮威集一样是平民，1889 年出生在一个商人家庭。他上过军校，后来在那里教授数学和英语。1912 年一些军官发动的反君主制政变失败，帕拉·萨拉萨斯称自己也参与其中。后来他从军校辞职加入外事部，在那里他迅速升职，起初工作于泰国驻海牙和加尔各答大使馆，不久后被任命为驻法国大使（upathut）。在法国他结识了比里·帕侬荣（Pridi Phanomyong），后者是"推动者"（Promoters）的领袖，正在计划推翻君主制。帕拉·萨拉萨斯是此次革命的热情支持者，1928 年辞去公职开始匿名撰写攻击旧秩序的文章。革命爆发后，他被比里召回泰国，在经济部任职过很短一段时间。然而，在这场席卷整个泰国政治的革命动乱中，帕拉·萨拉萨斯成了牺牲品，他在 1935 年被迫离开祖国，最终定居日本并撰写了《我的祖国》。[①]

这部作品展示了这一时期泰国历史编纂的基本框架和民族主义主题。王城和统治的更替构成了历史分期的线索，民族是历史叙述的对象，某些国王的英勇依然受到赞扬。萨拉萨斯也赞成銮威集的泰民族的种族理论，但是他的作品在两方面和丹隆亲王的历史叙述彻底分离：首先他直接批判君主专制，认为它是"暴政"并阻碍了民族进步。他谴责阿瑜陀耶王朝诸王的残暴统治，但是却赞美国王达信（Taksin）在阿瑜陀耶王朝覆灭后驱逐缅甸入侵者，在 1767 年光复了国家；同时指责却克里王朝（1782 年推翻达信）的史学家出于本朝的政治利益将达信故意错说成中国人；

---

① Benjamin A. Batson, 'Phra Sarasas: Rebel with Many Causes', *Journal of Southeast Asian Studies*, 27 (1996), 150 - 165; and Natthaphon Jaijing, '"Ha ha ha" kap My Country Thailand: Khwam khluean wai thang kan mueang khwam khit thang setthakit lae prawattisatniphon khong phra sarasatphonkhan', *Ratthasatsan*, 25 (2004), 254 - 327.

他也批判朱拉隆功国王推行现代化的根本目的是为了加强王权；拉玛四世瓦栖拉兀（Vajiravudh）则被描绘成一个软弱无能、被谄臣包围的人；拉玛七世巴差铁扑（Prachathipok）是萨拉萨斯主要的批判目标，他指责这位最后的专制君主目光短浅，推行错误的政策，在1932年革命后还屡次试图摧毁民党，最终携财潜逃英国。

《我的祖国》还是第一部介绍马克思主义历史框架要素的重要史书。萨拉萨斯将泰国历史描述为从封建主义到资本主义的进程，并期待在马克思主义者中掀起一场数十年的讨论。他批判"统治阶级"忽略"人民"，渴望专制统治长存。他承认佛教的重要性，但也指出君主专制为了统治利益已经扭曲了宗教信仰，统治阶级同样也出于自身统治而非国家发展的目的垄断了教育。同时，泰国经济的落后也是由于统治阶级害怕失去对中产阶级的控制而不敢推动工业化的结果。

到1960年，《我的祖国》已经出版了6版，总计7000册。但值得注意的是，后来的泰国以及西方史学家的作品中都没有提及这本书。在泰国学界方面，也许是因为这本书只有英文本，但更有说服力的原因应该是，在萨拉萨斯的作品问世后，泰国的政治条件戏剧般地恶化，以至于反保皇主义的历史作品无法出版和传播。

保皇派复辟

1946年，年轻的拉玛八世阿南多·玛希伦（Ananda Mahidol）被发现头部中枪死于卧室。国王的突然逝世触发了一连串事件，最终导致政权回到保皇派手中，也导致了民党中平民和军队阵营的毁灭，同时在官方历史记载中，1932年革命和民党就算没有被彻底抹去，也变得声名狼藉。保皇派的政治力量尽管在战前的十多年中已经被摧毁殆尽，但是在战时开始逐步恢复元气。1941年日本入侵泰国，披汶政府（Phibun）决定同日本结盟，而保皇派

则同已经被政治边缘化的比里·帕侬荣联合起来，组织抗日运动
——"自由泰人"（Seri Thai）。随着日本走向战败，披汶被迫下
台。比里及其支持者重获政权，但此时他们同保皇派的关系却出
现紧张，后者除了怨恨比里在 1932 年促使君主专制垮台，还怀
疑他对共产主义持同情态度。在国王去世后的几天中，曼谷流言
四起，传言比里为建立共和国而谋杀了国王。曾组建民主党作为
保皇派的政治工具的两位贵族政治家克里（Kukrit）和社尼·巴
莫（Seni Pramot）在议会和媒体中为这些流言添油加醋，比里被
迫逃亡。1947 年 11 月发生军变，军队支持的保皇派民主党获取
政权。新宪法的颁布戏剧性地推翻了比里所引进的民主改革，极
大地加强了王权。在此后的几年中，比里的自由党被彻底清除出
政治舞台。1957 年，陆军元帅沙立·他那叻组织政变，推翻了民
党时代最后一位杰出人物披汶，并联合国王普密蓬建立了军事独
裁统治。

546 　　早在 1944 年比里就释放了许多保皇派政治犯，他们中的一些
因为参与波翁德亲王（Boworadet）叛乱在 1933 年就被关押，其
他人则因为别的原因，包括试图刺杀民党领袖而被捕。这群人因
为忠于君主制而标榜自己为"真蓝"（True Blue），包括贵族、保
皇派政治家、报业老板、记者和知识分子。当他们被释放并回归
公共生活后，这些保皇派政治家和知识分子，就像纳他披蓬·寨
京（Natthaphon Jaijing）表现得一样，在诋毁 1932 年革命和民党
历史方面起到了至关重要的作用。[①] 在他们的影响下，一大批批
判性作品问世，严厉指责民党并将其描述为独裁的始作俑者，这
些作品包括《政治犯的集中营》（*Khai khum khang nak thot kan
mueang*）（1945），《涛岛悲剧》（*Sokanathakam haeng koh tao*）
（1946），《政治剧》（*Lakhorn kan mueang*）（1949），《骗子政客》
（*Nak kan mueang sam kok*）（1949）和《民主制的第一滴血》

---

① 　Natthaphon Jaijing, 'Kan ru sang 2475: Fan jing khong udomkhati "nam ngoen
　　thae"', *Sinlapawathanatham*, 27（2005），79-117.

（*Lueat yot raek khorng prachathipatai*）（1950）。这些批判作品中的许多到今天都是保皇派政治讨论的基本书目。其中最著名的作品是磊·奇里越（Lui Khiriwat）所写的《民主 17 年》（*Prachathipatai 17 pi*）（1950），他曾担任反民党报纸《曼谷每日邮报》（*Bangkok Daily Mail*）的编辑，1933 年由于支持波翁德亲王叛乱而下狱。磊勾画了一幅君主专制时代的辉煌画卷：是国王造福了泰国人民，解放了奴隶并保卫了国家独立。他将拉玛七世描绘为一位真正的民主主义者，并从这位国王 1935 年著名的退位信中引用了这样一段："朕愿把所有传统权力赋予人民，但不愿其落入任何不听民意而滥用权力的个人或群体之手"，这段话在 60 多年中不断被保皇派政治家和史学家引用，以此将泰国最后一个专制王朝描绘成民主社会。

磊相信 1932 年本来不需要革命，泰国政治可以自然地发展进步。他拒绝将 1932 年革命同法国大革命进行对比，因为泰国人民非但没有受到压迫，而且忠于君主。[①]

社尼·巴莫（Seni Pramot）同样将民党描述为"叛乱者"，他没有坐牢但在 40 年代中期通过资助民主党而成为了保皇派事业的支持者。1947 年 12 月，社尼以《历史背后》（*Bueang lang prawattisat*）为题出版了一部报纸专栏文章的合集，试图将泰国的民主区别于西方的民主概念。他认为国王治下的泰国已经是民主的，而且实际上在 13 世纪素可泰王朝国王蓝摩甘亨（Ramkhamhaeng）统治时期，泰国就在享受"宪法"，而且这部宪法比大宪章（Magna Carta）还要优越，因为国王是自愿将宪法赋予泰国人民。1932 年革命的重要影响不是引入了民主制度，而是摧毁了泰国式的民主制。民党试图在泰国引进的民主，其强调的多数制原则并不适合泰国，而拉玛七世实际上已经准备好推行真正的民主。社尼在漫长的政治生涯中有力地支持了保皇派对民

547

---

① Natthaphon Jaijing, 'Kan ru sang 2475: Fan jing khong udomkhati "nam ngoen thae"', *Sinlapawathanatham*, 27 (2005), 98—117.

主的定义，以及拉玛七世作为"民主之父"的重要政治神话。

1932 年以后，大众对于君主专制最后几十年和民党的理解，受到了一部历史小说而非历史著作的极大影响，即《四朝代》（Si phaen din）（1953）。它的作者是另一位重要的保皇派政治家、社尼的弟弟克立·巴莫（Kukrit Pramot），他也是一位对泰国历史写作产生重要影响的政治人物。克立和社尼都毕业于牛津大学，克立在职业生涯中担任过政治家（曾在 1975—1976 年担任总理）、银行家、商人、记者、公共知识分子、小说家、古典舞蹈家，甚至还一度是电影演员。作为比里公开的敌人，克立开启政治生涯是为了结束战争，但是 40 年代末他面临经济困难，无法支持其政治活动，1950 年他创办报纸《暹罗》（Siam Rat），一年后以连载的形式出版《四朝代》，因此这部小说具有直接的政治目的。①

《四朝代》被认为是最近这 50 年中泰国最经典的文学作品，在各大院校中被研究，再版了无数次，并被拍成了影视剧。这本小说以从朱拉隆功到阿南多·玛希伦统治期间泰国的社会和政治变迁为背景，描述了贵族女子帕瑞（Phloi）的一生。克立巧妙地以帕瑞家族作为整个民族的一个缩影：家族内的矛盾斗争象征着由于君主制倒台而引发的政治动乱。②《四朝代》对现代保皇派历史编纂中的关键要素巧妙地进行了戏剧化的表达：贤君是现代化国家的保护者、国家的象征、道德与文化传统的支持者，国王巴差铁扑是泰国现代民主真正的缔造者，民党才是叛乱者，他们造成了泰国的内讧，将国家推向灾难，他们要为这个完美世界的毁灭负主要责任。

548

---

① Saichon Satayanurak, 'Si phaen din："khwam pen thai" lae khwam mai thang kan mueang', in Thanet Wongyannawa（ed.）, *Jakrawanwithaya：Bot khwam phuea pen kiat kae Nidhi Eeosiwong*（Bangkok, 2006）, 124.

② Saichon Sattayanurak, *Khukrit kap praditthakam 'khwam pen thai'*, vol. 1.（Bangkok, 2007）, 167 - 200.

左派的兴亡

尽管民党遗老及其亲属、支持者和比里本人都撰写了对这个时代的回忆录，但值得注意的是，这些并没有对泰国历史编纂产生多少影响。如同比里领导的政治运动以失败告终，左翼自由主义的历史编纂也在 50 年代初被彻底摧毁。但是保皇派对泰国历史编纂的绝对控制也遭受着挑战，这主要来自极端左翼和建于 1942 年的泰国共产党（CPT）。自从 1933 年比里所推行的经济计划失败，共产主义的幽灵就一直在泰国盘旋。但是直到冷战开始，尤其是 1949 年中国共产党取得成功时，泰国的马克思主义学者才开始认真地研究泰国历史，其中最有影响力的作品是《泰国：一个半殖民地国家》（*Thai kueng mueang khuen*）（1950），作者是阿兰·蓬冲朴（Aran Phromchomphu），笔名乌敦·西素旺（Udom Sisuwan），这本书在 1958—1973 年间以及 1976 年以后被官方查禁。乌敦在 40 年代就为共产党报纸撰写文章，并在 50 年代因政治活动被捕，60 年代被释放后潜入丛林参与暴动，不久被任命到党中央委员会。乌敦在其作品中表达的观点后来成为泰国共产党对泰国社会进行理论分析的主要支柱。他根据马克思历史唯物主义框架，指出推动泰国历史发展的不是国王而是经济。泰国过去一直是一个"封建"社会，其中农奴受到封建领主的剥削，同时所有的土地属于国王。1855 年《鲍林自由贸易条约》（the Bowring free trade treaty）签订，尽管国王和地主阶级的统治得以延续，但欧洲资本开始控制泰国。因此泰国转变成"半殖民半封建"国家，这一特征是乌敦借鉴自毛泽东对中国国情的早期描述。乌敦认为 1932 年的事件并不是革命，而只是一场"政变"，并没有改变泰国国情。这场政变不仅没能获得大众的支持，也没能摧毁封建主义者的经济利益以及帝国主义者对国家的经济控制。政变仅仅是将弱小的中产阶级提升到了可以与地主阶级分

549 享权力的地位。①《泰国：一个半殖民地国家》尽管运用了马克思主义框架，但还是有些讽刺地使用了一些保皇派的要素：都承认泰国独立受到西方势力的威胁，对 1932 年持批判立场，贬低 1932 年之后的政治局势。这部作品影响了整整一代泰国左翼。

泰国马克思主义历史编纂的另一部重要著作是集·普密萨 (Jit Phumisak) 的《今日泰国封建主义的真相》（*Chomna khong sakdina thai nai patchuban*）（1957）。集是一个早熟的天才学者，早在 50 年代早期还在朱拉隆功大学求学时，他就发现由于自己的左翼和反当权派（anti-establishment）观点而身陷困境。除了马克思主义的作品外，他写作的许多历史作品至今还受到学者们的尊重。②《今日泰国封建主义的真相》出版一年后，集就在沙立发动的反共浪潮中被捕，1964 年获释后加入了东北部丛林地带的共产主义暴动，1966 年 36 岁的集被警察枪杀。随着 1973 年 10 月 14 日的暴乱，集的作品（连同其他作者的作品已经被沙立-普密蓬独裁政府所查禁）被新一代激进学生所重新发现并印刷出版。他所写的几首诗歌被编成民歌流行于左翼分子中，集成为了一个偶像——泰国的切格瓦拉。《今日泰国封建主义的真相》这部作品尽管有时会受到机械马克思主义框架的束缚，但其最重要的影响在于毁灭性地批判了泰国的萨克迪纳制度（sakdina，译者注：萨克迪纳制规定了泰国全体世俗社会成员占有土地的级别，这些级别体现着人们各自在泰国封建社会中的地位）或者封建制。那些被丹隆亲王、克里和保皇派所叙述的辉煌王朝，在集的笔下被撕下伪装，还原其封建等级制的本质：一种落后、不公正的经济和政治剥削体制，同欧洲封建制度是一丘之貉。③

---

① Chris Baker and Pasuk Phongpaichit, *A History of Thailand* (Cambridge，2005)，pp. 181 - 183；and Craig J. Reynolds and Hong Lysa, 'Marxism in Thai Historical Studies', *Journal of Asian Studies*, 18 (1983), 81 - 83.

② 参看 Craig J. Reynolds, *Thai Radical Discourse：The Real Face of Thai Feudalism Today* (Ithaca NY, 1987)。

③ Reynolds and Hong, 'Marxism in Thai Historical Studies', 85.

1973 年 10 月 14 日民主运动爆发，终结了他侬—巴帕（Thanom-Praphat）统治，开启了短期的政治自由化时代。对左翼作品的禁止取消了，马克思主义的分析方法在大学中获得越来越多的关注。这对历史编纂的影响之一就是经济史逐步受到重视。这其中的关键人物是差替坡·纳苏法（Chatthip Natsupha），他延续了乌敦和集的研究工作，并且通过对泰国经济史进行一系列经验主义的研究，进一步发展了他们作品中的批判性。他和他学生的研究关注资本主义的发展，鲍林条约签订后西方对封建制产生的影响，以及泰国经济落后的原因。[①] 他和他的同事以及学生创建了"政治经济"学派，这个学派使马克思主义经济史在大学中占据了一席之地，以此就算不能取代保皇派历史编纂，也可以挑战其统治地位。

但是差替坡的作品在几年中发生了一次重大转折。他在自己最具影响力的作品《历史中的乡村经济》（*Setthakit mu ban nai adit*）（1984）中提出经济上"自给自足"的泰国村庄理论——这些村庄可以逃过资本主义侵袭、西方的影响以及封建国家的剥削。这个理想化的村庄被假设拥有人人平等的社会关系以及强烈的共产主义文化。这个理论对经济史之外的领域也产生了影响。在他的作品激励下，产生了"共产主义文化"学派，从政治上极大地影响了一些非政府组织中的学者和活动家，这些组织尽管力量强大，但却因资本主义经济发展而感到理想幻灭。[②] 除了本土主义转折之外，差替坡后来的作品表现出对种族民族主义的极大兴趣，他和他的学生引导了对与泰人种族有关的海外"泰人"群体的研究，远至印度东北部的阿萨姆（Assam），他甚至还为最近重版的銮威集关于泰族起源的书写了序言。就像通猜（Thongchai）所言，差替坡的作品是 80 年代早期泰国共产党倒台

550

---

① ibid，87 - 98.

② Yukdi Mukdawichit, *An 'wathanatham chumchon': Wathasin lae kan mueang khongchati phanni phon naew wathanatham chumchon* (Bangkok，2005)，14 - 18.

后，泰国左翼命运的象征，现在变成了种族民族主义、本土主义、反西化和反共产主义的混合物。讽刺的是，到了新自由主义的年代，这种立场让左翼与其之前的敌人——保皇派和国王——形成了天然联盟。①

史学家尼迪（Nidhi Eeosiwong）将泰国历史编纂带出了保皇派-马克思主义两分的局面，他是20世纪最后20年十分杰出的史学家，曾受训于朱拉隆功大学的保皇派历史编纂学派，也是泰国首批获得海外博士学位的专业史学家之一，毕业于密歇根大学，博士论文是关于印度尼西亚的民族主义文学。从尼迪开始，泰国历史编纂的方向就由专业史学家来设定，而非政治-知识分子（politician-intellectuals）。1976年10月6日发生了国立法政大学（Thammasat）大屠杀事件，保皇派势力随之反弹，尼迪的研究也进入了最多产和最有影响力的时期。在这个左翼激进派和右翼保皇派之间的对抗最紧张的时代，尼迪的作品却不属于任何一方。

尼迪的早期作品，甚至一些写于留学海外前的作品，就已经瞄准了丹隆亲王。②几乎没有史学家像他一样，对编年史和前现代的历史资料有如此细致深入的知识，同时又能以如此批判而创新的方式运用它们。他批判同时代的史学家们盲目信任丹隆亲王的作品，赞同官方史学支持的保皇派和民族主义者制定的国家计划。除此之外，他高度强调泰国历史编纂的政治性。在他最受赞誉的一篇论文中，他改变了对阿瑜陀耶王朝编年史的标准解释，指出由于这些编年史是在曼谷王朝时代的政治氛围下被编修的，因而并没有揭示出关于这个时代的太多情况。③尼迪的作品将有

551

---

① Thongchai Winichakul, 'Nationalism and the Radical Intelligentsia in Thailand', *Third World Quarterly Journal*, 29（2008），575 - 591.

② Chris Baker, 'Afterword', in Nidhi Eeosiwong, *Pen and Sail: Literature and History in Early Bangkok*, ed. Baker and Benedict Anderson（Bangkok, 2005），362 - 363.

③ Nidhi Eeosiwong, *Prawattisat ratanakosin nai phraratchaphongsawadan ayuthaya*（Bangkok, 1980）.

助于将国王赶下神坛——也就在那时围绕普密蓬的个人崇拜正在形成；《国王那莱时代的泰国政治》(*Kan mueang thai samai phra narai*)(1984)则将 17 世纪著名的国王那莱(Narai)描述成另一个政治动物。尼迪最伟大的著作是《笔与船》(*Pak kai lae bai ruea*)(1984)，是一本关于曼谷王朝早期(1782—1851)经济、社会和文化的论文集。尼迪提出泰国的现代化并非像保皇派和正统马克思主义（因为其他原因）所说，始于 1855 年以后，而是始于曼谷王朝早期，即 18 世纪晚期。尼迪首次运用了许多历史文献资料，在此基础上将曼谷王朝早期的国王描绘成正在崛起的资产阶级领袖，而不是保皇派所描绘的通往光明之路的菩萨，也不是马克思主义者描绘的封建地主。他论证了早在 1855 年后欧洲势力入侵泰国之前，曼谷王朝早期的出口市场就十分活跃，这个市场甚至在阿瑜陀耶王朝晚期就形成了。这种繁荣形成了外向型的经济，尼迪据此大胆论证，泰国在西方影响产生之前，在素可泰王朝时期就已经成为资产阶级的、理性的和人道主义的国家。换句话说，泰国已经发现了一条通往现代化的本土路线。有一种标准观点认为，第四和第五世拉玛统治时代是改革和启蒙的时代，尼迪不接受这种观点，他提出那个时代文化停滞，身份认同出现危机，并盲目模仿西方。[①]尼迪的最后一本重要著作《吞武里王朝的政治》(*Kan mueangthai samai phra jao krung thonbui*)(1986)，又是一部有争议的作品，因为他从正面描述了泰国最具争议的国王——有一半中国血统的达信。然而到 90 年代，因为民族主义和君主政治突然成为历史研究的新兴趣，新一轮批判又开始浮现。

---

① 参看 Nidhi Eeosiwong, '200 pi khorng kan sueksa prawattisat thai lae thang khang na', *Sinlapawathanatham*, 7 (1986), pp. 104‐120; and Baker, 'Afterword', 361‐384。

重新审视民族主义与君主政治

尼迪的作品诞生后，丹隆亲王学派的历史编纂代表着一种过时的正统论，大量作品跟随尼迪的批判产生。颂杰·旺他那（Somkiat Wanthana）那篇被经常引用的博士论文《现代泰国历史编纂的政治性》（*The Politics of Modern Thai Historiography*）（1986），就延续了尼迪对丹隆亲王的批判。他论述了对阿瑜陀耶王朝的历史叙述是如何受到后继王朝和史学家政治处境的限制：先是曼谷王朝、然后是 30 年代的极端民族主义（hypernationalism），接着是左倾政治，最后是 50 到 80 年代的统治。察猜·坤塔威蓬（Chatchai Khumthawiphorn）则在 1991 年的作品中用一种"哲学"继续解构丹隆亲王的历史叙述。①

随着丹隆亲王笼罩在泰国历史编纂上的阴影消散，一些问题开始进入人们的视野，其中最重要的是关于民族主义的叙述框架，促使对这个框架进行重新评估的原因有两个。首先，80 年代末泰国恢复宪制民主，经济迅速增长，冷战进入尾声，随着 80 年代早期共产党倒台，阶级分析失去了最忠实的拥护者。因此，泰国由单一民族组成的观点只是官方的说法，其多民族的特征已经很难被忽视。第二，西方对民族主义的反思，尤其是本尼迪克特·安德森所著的《想象的共同体》（1983），影响了泰国历史编纂。这一时期泰国也逐渐受到"解构"学术思想和后现代主义的影响，海登·怀特的观念通过克雷格·雷诺兹（Craig Reynolds）的一篇文章被推广开来，② 怀特的作品在泰国史学家中极具影

---

① Chatchai Khumthawiphorn, *Somdet krom phraya damrong rachanuphap lae prawattisatniphonthai samai mai*: *Kan wikhro choeng pratchaya*（Bangkok, 1991）.

② Craig J. Reynolds, 'The Plot of Thai History', in Gehan Wijeyawardene and E. C. Chapman（eds.）, *Patterns and Illusions*: *Thai History and Thought*（Canberra, 1992）, 313 - 332.

响力。

尼迪也参与了对历史中官方民族主义的抨击，他最著名的批判文章之一被收录在小学课本中。[①] 但是攻击民族主义历史学最重要的作品是雷诺兹的学生敦通猜·维尼察古（Thongchai Winichakul）所写的《暹罗地图》（*Siam Mapped*）（1994），这本书"解构"了这样一种观点，即泰国就是这个在地图上划定的、在很久之前就存在的国家，而这已经成为了泰国官方民族主义历史学最神圣不可侵犯的要素之一。敦通猜指出，将国家定义为一种地理存在［或者他所谓的"地物"（gebody）］，是最近才有的一种建构，出现在 19 世纪晚期和 20 世纪早期，因此需要重新研究泰国的史前史。考古学家、人类学家西沙吉·瓦里蓬达玛（Srisakr Vallibhotama）出版了两本有影响的著作，《东北部文明》（*Aeng arayatham Isan*）（1990）和《暹罗国》（*Sayam Prathet*）（1996），他抛弃了官方史学中占据主流的种族民族主义，并解构了关于泰民族源流的正统叙述，致力于展示"泰国"具有多重族源，因而更愿意用"暹罗"这个更具种族包容性的词。西沙吉特别关注泰国东北部地区，强调地方社会而非王朝的史前史，而官方历史叙述则强调中央地区：素可泰、大城（Ayuthaya）和曼谷。西沙吉是 80 年代开始的"地方史"运动中的关键人物，其他杰出史学家，比如提达·沙拉耶（Thida Saraya）也加入了这次运动。[②]"地方史"成为了泰国历史编纂中的新趋势，即使推动这次运动的绝大多数都是曼谷的学者，且经常获得国家资助，但地方史学的特点在很大程度上并没有打乱民族主义史学的整体框架。[③]尼迪的学生赛春·沙达耶努叻（Saichon Satayanurak）是解构民族

553

① Nidhi Eeosiwong, 'Chat thai lae mueang thai nai baep rian pathomsueksa', *Sinlapawathanatham*, 13（1991）.

② 参见 Thida Saraya, *Prawattisat thongthin*（Bangkok, 1986）。

③ 一个例外是北大年（Patani）府的民族主义历史编纂，详见 Ibrahim Syukri, *Sejarah Kerajaan Melayu Patani/The History of the Malay Kingdom of Patani*, trans. Connor Bailey and John Miksic（Chiang Mai, 2005）。

主义历史编纂的另一位杰出人物，她通过一系列书籍攻击銮威集建构的"泰民族"和"泰族人"（2002）、丹隆亲王及其建构的泰国身份认同和"阶级"（2003），以及克里及其发明的"泰族人"等观念（2007）[①]。

尽管民族主义历史编纂对于批判突然呈现开放态度，但是自从80年代炳总理（Prem）上台执政，普密蓬的政治地位被加强，以及保皇派鼓吹的崇高理想，都意味着泰国政治历史中的君主制问题依然在很大程度上未被触及。尤其是1932年的事件，历史学家的阐释依然问题重重。官方仍旧保持一种矛盾的观点，认为拉玛七世，这位最后的专制君主实际上是"民主之父"，这一观念被写入课本中，立碑纪念，甚至为此创建了一个研究机构。但是80年代晚期以后，议会、选举和政党在泰国政治中越来越重要，尤其是随着1992年5月发生的激烈民主抗议，政治改革为重新研究泰国民主历史开创了道路。1992年参威特（Charnvit）出版了《暹罗1932年革命》（2475：*Kan patiwat sayam*），试图解释导致1932年君主专制倒台的原因。这部作品刻意避免了容易引起论战的论调，回避了这一时期早期历史编纂中的争论，代之以论证1932年事件是朱拉隆功国王开放国门的一个不可避免的结果。参威特及其学生的作品还使冷战后新一代史学家对1932年事件重新产生了研究兴趣，更重要的是它延续了为比里·帕侬荣恢复名誉的努力，并且在一个次要的层面上，也为披汶平反，这两人是保皇派的主要敌人，都客死他乡。

554　　至此，对君主专制倒台最细致的研究是那卡林·梅代呐（Nakharin Mektrairat）所写的《暹罗1932年革命》（*Patiwat sayam pho. sor. 2475*），也出版于1992年。像参威特一样，那卡

---

① Saichon Sattayanurak, *Chat thai lae khwam pen thai doi luang wichit wathakan* (Bangkok, 2002); ead., *Somdet krom phraya damrong rachanuphap kan sang attalak 'mueang thai' lae 'chan'khong chao sayam* (Bangkok, 2003); and ead., *Khukrit kap praditthakam 'khwam pen thai'*, 2 vols. (Bangkok, 2007).

林宣称他想避免站在保皇派或者民党支持派一方。他的研究将注意力从政治领导人身上转移到这一时期不同的社会和职业群体，以及他们对从 19 世纪末到 20 世纪 30 年代社会经济变化产生的反应上。他讨论了这些群体的政治见解、这一时期的学术文化、经济发展及其影响、民族主义观念的扩展以及传媒印刷业不断增长的影响。与参威特相似，那卡林对 1932 年的解释强调其与过往的历史连续性。他认为朱拉隆功为了对抗殖民势力强加于泰国的不平等条约而进行了改革，1932 年事件就是这些改革的一个后果。尽管他得出的结论是，1932 年事件是一次重要的"革命"，以往的研究方法和框架都倾向于贬低民党和革命的重要性，但他也重申了保皇派的标准观念，即民党缺乏支持基础，革命导致了政局动荡。他后期的一些作品则展现出一种更加公开的新保皇派立场。[①]

政治环境的变化和采取一种不同的历史立场可能会引发对君主制和泰国民主制历史的重新思考。90 年代保皇派民主党的大多数成员还在政府中任职。2001 年电信业大亨他信·西那瓦（Thaksin Shinawatra）领导的平民主义泰爱泰党（Thai Rak Thai Party）在大选中获得压倒性胜利。该党派内部有一支很有影响力的左翼势力，包括前共产党成员和参与过 70 年代暴动的学生活动家，因此对君主制的讨论似乎获得了空间。

泰国国立法政大学政治史学家颂萨·真提拉沙恭（Somsak Jeamteerasakul）的大多数作品所讨论的对象都是君主制。颂萨曾是法政大学的左翼学生领袖，参与了 1976 年 10 月 6 日的保皇派大屠杀事件，被逮捕入狱两年。他在澳大利亚完成研究泰国的共产主义运动的博士论文。返回泰国后，他从 90 年代起写作了一

---

① 尤其参看 *Phu song pok klao pok kramom prachathipatai*：60 *pi siriratchasombat kap kanmueang kan pokkhrong thai*（Bangkok，2006）；*Korani ror 7 song sala ratchasombat*：*kan tikhwamlae kan san to khwam mai thang kan mueang*（Bangkok，2007），这两本书都写于他信和王庭的矛盾冲突之下。

系列打破传统的作品，攻击几乎所有围绕着现代君主制历史产生的神圣偶像。拉玛七世在 1932 年以前极力阻止引入民主政府，因此他绝不是什么"民主之父"。那段常被引用的国王在 1935 年退位信中所说的话，即他愿意放弃传统权力并将其赋予人民，事实与此完全相反。拉玛七世实际上在 1932 年后仍努力保存王权，密谋破坏民党。颂萨重新审视了 1946 年国王长兄拉玛八世（阿南多·玛希伦）死亡的"传说"，这件事摧毁了比里的政治前途，也是为保皇派政治复辟创造条件的重要事件。颂萨指出普密蓬国王为前国王之死拒绝宽恕王室秘书，并处死了两位王室侍从，当时人们普遍认为这三个人实际上是替罪羊。他论述了在 1973 年 10 月 14 日爆发要求罢黜"三暴君"的大规模学生示威之后，国王如何将君主制重新打造为民主的象征。《战斗！》（*Rao Su*）是他最具争议的一篇文章，其中展示了在 1975—1976 年的反共热潮中，国王一直站在煽动这股浪潮的前沿阵地，尽管是保皇派的治安人员和王室警力对法政大学的学生实施了野蛮屠杀，但是国王要为此承担最主要的责任。颂萨的作品中展现的国王与公共形象全然不同。

值得注意的是，颂萨的许多文章都是经高度删减发表在报纸和新闻周刊上，这些文章反映出政治气候已经发生了很大的变化。一些文章被收录在《一部被建构的历史》（*Prawattisat thiphueng sang*）（2001），这本书很有影响力。更多的作品后来发表在一本创建于 2002 年，具有左倾态度的新学术期刊《同一片蓝天》（*Fa Dio Kan*）上，该期刊迅速成为了重新研究泰国政治史、尤其是王权社会地位的主要论坛。千禧年伊始，学术网站上爆发了许多尖锐的学术讨论。最为人所知的就是尼迪创建的夜大（Midnight University）和《同一片蓝天》的在线版。颂萨在利用新媒介推广作品和观念、进行论战中表现最为活跃。

颂萨的作品比起同时代的其他史学家，更加尖锐地撕去了现代泰国君主制表面的民主性，指出国王并非凌驾于政治之上代表着佛教道德。他论证了君主制才是泰国民主发展中的主要障碍，

当民主成为王权政治地位的潜在威胁时，君主制积极地有时甚至极端暴力地企图镇压民主运动。随着 80 年代早期左翼垮台，以及国家宣传部门在新媒体技术支持下不断壮大，新一代泰国学生已经不了解对国王的批判。颂萨在泰国为期刊、报纸、网站和博客写作的文章，对这些批判进行了保存、推广并将其重新置于现代泰国历史编纂的主流之中。

结论

　　本章所讨论的时代范围几乎涵盖普密蓬国王的统治时期（1946 年至今）。这一时期的历史编纂无论是运用保皇派的框架、主旨和道德感，还是试图从中逃离，都被打上了普密蓬统治时代的烙印。除了那些不断重现的挑战，泰国历史编纂的政治性就像这个国家本身一样，依然为君主制所左右。

　　然而本章写作时正逢持续 50 年的王权-军队统治联盟瓦解。从 2004 年起，平民主义的泰爱泰党政府上台，在虚荣浮夸的电信大亨他信的领导下开始和王室以及保皇派势力发生冲突。这种紧张局势最终在 2006 年 9 月 19 日导致了另一场政变，此次政变由一个军人团体领导，该团体称自己为"以神圣伟大国王为国家首领的民主体制改革委员会"［Council for Reform of the Democratic System with the Great Holy King（phra maha kasat）as the Head of State］。国王的枢密顾问官被推举为首相，他信的政党被一个军队任命的法院所解散，其主要成员被禁止参政，支持他信的媒体被查封，新政府起草并颁布了新宪法，意在削弱选举出的政治家所拥有的权力。一场宣传运动再次强调了泰国历史编纂的基本论题：国王是民族大家庭的领导，是泰国独立的捍卫者，是道德和国家认同的保护人。但是 2007 年新一轮大选中，他信的政党更名为"人民力量党"重新组建，并再次获胜，可以组建新的联合政府。除了被他信带入政治的一大批选民提出的政治挑战外，2010 年已经 83 岁的国王本人无疑也进入了他漫长统治的

尾声。

毫无疑问，目前政治局面之所以紧张，是因为这场关冲突关乎泰国政治体制中王权的未来。在过去的 75 年中，政治局势很大程度上的合法性都来自占主流地位的保皇派历史学派，但是如果政治对泰国历史写作的约束开始放松，泰国历史编纂以及泰国政治都很有可能很快迎来一个新时代。

大事年表/关键日期

- 1932　民党发动政变推翻泰国君主专制
- 1946　国王阿南多·玛希伦死于强杀；王弟普密蓬·阿杜德继位
- 1947　军队-保皇派政变推翻比里·帕侬荣；新宪法恢复许多王权
- 1957　保皇派军官沙立·他那叻发动军变上台执政
- 1958　通过政变建立了沙立同普密蓬国王密切联系的军政独裁统治
- 1973　学生领导的大量民主示威被军事统治终结，许多人被迫流亡海外
- 1976　警察和保皇党军队屠杀政法大学学生；一个保守主义的保皇派政府在同一天的政变中上台
- 1992　中产阶级民主示威；泰国争执中军队实力大为减弱
- 2001　泰爱泰党参加选举，他信成为总理
- 2006　保皇派政变推翻泰爱泰党政府

557

主要史料

- Aran Phrommachomphu（Udom Sisuwan），*Thai kueng mueang khuen*（Bangkok，1950）.
- Charnvit Kasetsiri，*Prawat kan mueang thai 2475 – 2500*

（Bangkok，1995）.

——2475 *Kan patiwat khong sayam*（Bangkok，1992）.

——*et al.*，*Bannanukrom echia akhane sueksa nai prathet thai*（Bangkok，1995）.

- Chatchai Khumthawiphorn，*Somdet krom phraya damrong rachanuphap laeprawattisatniphonthai samai mai：kan wikhro choeng pratchaya*（Bangkok，1991）.

- Chatthip Natsupha，*Setthakit muban thai nai adit*（Bangkok，1984）.

- Chenida Phromphayak Puaksom，*Kan mueang nai prawattisat thong chat thai*（Bangkok，2003）.

- Damrong Rachanuphap，*Phra prawat somdet phra naresuan maharat*（Bangkok，1976）.

——*Thai rop phama*（Bangkok，2000）.

- Jit Phumisak，*Chomna khong sakdina thai nai patchuban*（Bangkok，1957）.

- Kukrit Pramot，*Si phaen din*（Bangkok，1953）.

- Luang Wichit Wathakan，*Prawattisat sakon*（Bangkok，1930）.

——*Ngan khon khwa rueang chon chat thai*（Bangkok，2006）.

- Nakharin Mektrairat，*Kan patiwat sayam phor. sor. 2475*（Bangkok，1992）.

——*Phra phu song pok klao pok kramom prachathipatai：60 pi siriratchasombat kap kanmueang kan pokkhrong thai*（Bangkok，2006）.

——*Korani ror 7 song sala ratchasombat：Kan tikhwam lae kan san to khwam mai thangkan mueang*（Bangkok，2007）.

- Nidhi Eeosiwong，*Prawattisat ratanakosin nai phraratchaphongsawadan ayuthaya*（Bangkok，1980）.

——*Pak kai lae bai rua：Wa duai kan suksa prawattisat—wannakam ton ratanakosin*（Bangkok，1984）.

——*Kan mueang thai samai phra jao krung thonbui*（Bangkok，1986）.

- Phra Sarasas，*My Country Thailand*（Tokyo，1942）.
- Saichon Sattayanurak，*Chat thai lae khwam pen thai doi luang wichit wathakan*（Bangkok，2002）.

——*Somdet krom phraya damrong rachanuphap kan sang attalak 'mueang thai' lae 'chan'khong chao sayam*（Bangkok，2003）.

558

——*Khukrit kap praditthakam 'khwam pen thai'*，2 vols.（Bangkok，2007）.

- Somkiat Wanthana，'The Politics of Modern Thai Historiography'，D. Phil. thesis，Monash University，1986.
- Somsak Jeamteerasakul，*Prawattisat thi phueng sang：Ruam bot khwam kiao kap karani 147 tula lae 6 tula doi*（Bangkok，2001）.
- Srisakr Vallibhotama，*Aeng Arayatham isan*（Bangkok，1990）.

——*Sayam prathet*（Bangkok，1991）.

- *The Tai Race，Elder Brother of the Chinese：Results of Experiences，Exploration and Researchof William Clifton Dodd：Thirty-Three Years a Missionary to the Tai People in Siam，Burma and China*（1923；Bangkok，1996）.
- Thida Saraya，*Prawattisat thongthin*（Bangkok，1986）.
- Thongchai Winichakul，*Siam Mapped：A History of the Geobody of a Nation*（Honolulu，1994）.

李娟 译

第二十七章　越南的历史写作

帕特丽夏·佩利

　　1945 年 9 月，由胡志明领导的越南独立同盟革命武装宣布越南摆脱了法国和日本的统治，正式获得独立。[1] 他们把国号定为越南民主共和国，以河内为这一新兴国家的首都。虽然革命政府宣称已控制了整个越南，但聚集在南部的反共分子和法国殖民政府的残余势力并不罢休。1946 年 6 月，他们采取进一步措施，建立交趾支那共和国，名义上它是法兰西联盟所辖的自由邦国。几个月后，复杂的局势逐渐恶化，由此爆发了一场长达九年的战争，越盟革命军和法军及反共越军展开了殊死拼杀。1949 年 3 月，为了在越南南部维持或者说创建一个非共产主义国家，前阮朝的末代君主保大和法国政府共同成立了半独立的越南国。这场战争一直持续到 1954 年，以殖民军在奠边府投降而告终。

　　早在战争期间，国际上的一些代表聚集在日内瓦，商讨有关事宜。而当法国投降之后，其中九国的相关人士再度汇合，研究战后越南管辖权问题，他们分别来自越南民主共和国、越南国、柬埔寨、老挝、法国、中国、苏联、英国以及美国。尽管与会者明确拒绝了分治越南的想法，但是他们实际上暧昧地推行了这一方针。南北越双方既不承认也不反对对方的合法性，于是各国代表把这两个国家定义为"待重组的地区"，准备将越南的前途交

---

[1] 　这里的表述以及接下来的论述主要得益于、但并非完全赞同以下两者的文献，即 Viện Sử học , *Việt Nam: Những sự kiện, 1945–1986* (Hanoi, 1990); and Bruce Lockhart and Willian J. Duiker,*Historical Dictionary of Vietnam* (3rd edn, Landham, Md., 2006)。

由全民投票决定。1955 年，反共分子在吴庭艳领导和美国的帮助下，建立了越南共和国，定都西贡。自然，原定在 1956 年举行的全民大选不可能举行，重新统一这一国度也化为泡影。越南民主共和国和越南共和国间展开了历时 20 年的僵持，直至 1975 年南方武装宣布投降。1976 年 7 月，越南迎来了阔别已久的形式上的统一，改称越南社会主义共和国。

在这双方处于紧张关系的二十年内，北越的历史学家坚称河内政府在全越南境内都具有合法性。他们强调北部的高山一直绵延到最南面的金瓯半岛，由此证明了越南是不可分割的一个整体，因而也只需要一个能够代表全国的政府——即河内政府。南越的史学家于此针锋相对，提出北越和南越应当被视作同源的两个国家。在一个特殊场合，南方学者表达了这样的主张"南北双方如同一家人，是出身同一家庭的兄弟关系，当然不能被分割开来"。① 但是他们告知胡志明，他们这样做并不代表同意北越的观点，而是想揭露北越打算控制整个越南的野心。南越的学者一方面注意到 1949 年后朝鲜和德国的分裂，另一方面受到台湾蒋氏政权被国际社会广泛认可的鼓舞，从没放弃想象两个越南的可能性。

共同点 1945—1975

由冷战带来的尖锐对立已经变得不再新鲜，甚至有些老生常谈。它们诱使我们在思考关于过去的流变中采取静止的、二元论的术语，作为两个针锋相对阵营冲突的必然结果。这种范式导致的结果是把南北越南当作两个坚固的政治统一体呈现在读者面前，很不幸这是错误的，因为它们根本不是如此。特别是南越，

---

① Thống nhất! Đại Học Sư Phạm (June–July 1955), 2.

内部的分裂长期存在着。① 共产党在北越卓越的领导不应该模糊和影响对立阵营现实状况的考察。进一步说，对二元对立的执着将使我们无法清晰地获得顺化及中部地区越南人民的历史经验。长期以来被压制的希望和声音将会更多地被倾听到。同时，在历史学家关于 1945 年后所关注议题的讨论中，这种新史观的建立也将使得战后史学的研究变得更灵活多样。

　　越南历史学传统的发端可上溯到 13 世纪。陈朝（1225—1400）、（后）黎朝（1428—1788）和阮朝（1802—1945）的皇家史官们创作力惊人，他们除了编撰纪念前代的史书外，还从事编写传记、地理志、百科书以及其他一些为统治帝王所获成就歌功颂德的文章。通过这种工作，史官们希望继任者们能够延续他们的这种有关帝王的评价和表达。在法国统治的时期，阮朝的历史学家们并没有减弱他们的产出。相反地，这一统治激发了他们前所未有的创作欲。② 而殖民时代急剧发展的印刷文化在一旁推波助澜，使得历史研究生机盎然，突破了阮氏宫廷强加于其上的界限。

　　为了佐证越南丰富的史学传统，我将举三个例子予以说明。在 15 世纪，（后）黎朝历史学家吴士连完成了《大越史记全书》(Đại Việt Sử ký toàn thư)，不过它的核心由两个世纪前陈朝历史学家黎文休所撰写的编年史构成。18 世纪中，一群以"吴家文派"闻名的学者创作了《皇黎一统志》（Hoàng Lê nhất thống chí）。19 世纪诞生了《大南实录》（Đại Nam thực lục），编撰方为阮朝国史馆。这三部著作各自享有极高的权威性，仅仅是 700 年来所产生的庞大数量史书中的一小部分，这一史学传统为后世历史学家所发扬光大，并在 1945 年之后的阶段开花结果。

561

---

① 例如参见 Trung Nhu Tang 对于政治的尖锐批判，*Viet Cong Menoir*（New York，1985）。

② Nguyễn Thế Anh 在 *The Withering Days of Nguyen Dynasty*（Singapore，1978）一书中探讨了政治无力与史学力量的汇聚。

　　这些编年史并没有被共产主义者和非共产主义者斥之为过去封建和殖民时代的残余，相反河内和西贡的历史学家们以令人惊异的速度将它们从汉语文言文翻译成罗马化的越南文。翻译王朝时代文书有个逻辑上的必要，那就是在 20 世纪中叶的越南，对大多数越南人而言只认识罗马化后的越南文字，包括那些在二战后负责重写国家历史的许多学者们。翻译工作在逻辑上具有必要性的同时，它们的重要意义也有着象征性内涵。1950—1970 年代间，北方的历史学家们系统地关切这项工程，通过出产第一套翻译成果把自己标榜成经典的捍卫者。他们的努力直到今天仍对越南的历史写作具有影响，包括越南图书馆和书店里的各式新版翻译著作。[①]

　　南北越的历史学家翻译对象是同样的王朝文本资源，但他们有着不同的处理方式。为了能使大家了解为何同样的经典会导致对过去的不同解读，我们用"南进"为例加以说明。这一术语的字面意思是"向南方挺进"，指几个世纪之内红河三角洲的越南族人民向如今越南中南部迁移和定居的历史活动，原本那些区域由占族和高棉族占有。无论过去还是当代，越南历史学家都对南进运动的帝国主义和殖民主义性质难以启齿，出于政治上的考量，他们也不允许如此看待这一历史事件。因而，关于南进诸多冲突的评价导致两个争论不休的论题，即现代早期越南政治权威的力量和来源问题。北越史学家倾向于把南进视为位于河内的黎朝统治者所发动的功业。和他们的南方同行一样，他们把越南族在中部海岸和湄公河三角洲的定居视作一种胜利。不同之处在于，北越历史学家认为这代表了北方政治权力的扩张，而不是反过来对它的瓦解与颠覆。南越历史学家强调王朝时代文献与当下

562

---

① 南方翻译的命运并不清晰，Lê Thành Khôi 是越南流散历史学家中具有天分的一位，他提升了在河内出版的古代文本翻译的精确度，参见他的 *Historie du Viêt Nam des oringines à 1858* (Paris, 1981), 410.

越南共和国间的历史系谱上的关联。[①] 他们把 16 世纪的阮氏贵族和 19 世纪的阮朝皇帝描绘成当代南越的先祖，后者在 1955 年成为了一个新兴国家。换句话说，北越历史学家把南进视作越南国界的扩张，而南越历史学家处理同样的材料，得出的结论却是两个不同国家发生发展的历史。

不考虑他们之间的政治分歧，1945 年后越南学者的丰富成果打破了他们称之为"资产阶级"式的客观性自负。无论处于南越抑或北越的环境之中，越南历史学家始终坚持他们作品的政治维度。他们深知，作为学者无论怎样都难以避免卷入政治纷争。北越历史学家运用一种较为军事化的词汇，把历史当作"武器"或者工具，用来阐释"斗争的规律"和证明"革命的原则"。如果除去那些革命的参照，他们的南方对手——南越的历史学家可能完全同意他们的看法。南越史家同样排斥思想上的非同盟中立观念，甚至连它的可能性都不予考虑。无论越南史家是名义上的共产主义或非共产主义者，他们都以一种实用的眼光看待过去。通过对证据一种仔细的考察和利用，他们想方设法证明过去如何自然地导致现实社会的条件情形。北越史家必须把现实合法化为一个单一的越南国家，尽管暂时它还无法实现。南越史家则必须证明过去经验将无法避免地导致形成两个相互隔离的国家。

从今天来看，这种原则上的特殊化在南北越甚至仅具有形式上的意义，并没有太大的实际影响。无论他们各方面所受的教育背景：历史学、哲学、民俗学、人种学、地理学、建筑学、文学和语言学上如何悬殊，抑或主要依靠自学，这些学者们都被期望投身到巩固一个崭新的民族过往活动中去。

这些国家中心视角的史家毫无疑问受到过去王朝时代建立的模式的影响。这一张力同样反映在 1945 年后一些特殊的时代需

[①] 例如典型的以北方视角批评南方视角的"南进运动"，参见 'Vấn đề ruộng đất trong triều nhà Lê', *Tập san Nghiê cứu Văn Địa*, 2(1955), 53–67.

563　求中。全越南的学者都把历史写作视为民族构建的关键要素。不管共产党或非共产党的历史学家，都深深陷入到把国家分割开来的不同政治风潮中去，为的是增强构建起来的权威，而不是削弱它们。通过历史研究达成这一目的的行为过程在北越体现得更为彻底，也比南越所采取的方式有着更有力的记录。[①] 共同点是，1945 年后的越南历史学家并不把历史探询当作一种个人行为——所谓只和个人事业相关，不和国家事务发生联系。正好相反，如果不考虑他们的政治附属立场，越南史学家都倾向于接受国家对史学研究的干预，把它视作自然甚至必要的。

　　在 1945 年后的岁月里，越南史学家把研究课题导向了更为广阔的领域，包括贯穿李、陈、（后）黎、阮朝统治及殖民统治时期的土地所有制模式问题。他们讨论了两大三角洲的农业生产，以及中部海岸附近狭长地带的土地劳作情况。历史学家描绘了工匠、纺织业和制陶业的生产状况，以及行会的出现。他们对诗歌非常有兴趣，分析了阮廌、阮攸和胡春香的作品。[②] 后殖民史学家研究了铁路工人和种植园工人的生活。他们对各种起义、叛乱表示同情，特别是那些面对具有侵略性的外来者时发生的行动，比如反抗汉朝、唐朝、蒙古、明朝、清朝、法国和日本入侵的起义。上述都是 1945 年后历史写作活动所关注的重点。而另外有些话题是北越历史学家特别关心的，比如反美运动的表现、斯大林对历史科学的贡献，比较苏俄的十月革命与越南的八月革命等。

　　尽管越南特别是北越的历史学家已经开拓了令人印象深刻的研究范围，取得显著的成果，我们仍可表明史前史专题特别吸引

---

①　在此推荐三部专题研究论著：Phan Gia Bền, *La Recherche historique en République démocratique du Vietnam* (Hanoi, 1965); Viện Sử học, *Sử học Việt Nam trên đường phát triển* (Hanoi, 1981); *Ban Vãn Sử Địa (1953–1959)* (Hanoi, 1993)。

②　以及其他不胜枚举的其他作家的作品，包括Cao Bá Quát, Nguyễn Đình Chếu, Nguyễn Xuân Ôn, Nguyễn Th ông, Hoàng Diệu, Nguyễn Quang Bích, Nguyễn Khuyến, Nguyễn Thượng Hiền, and Phan Bội Châu。

着他们的目光。关于史前时期的新印象使得北越史家、继而是南越史家重新定位越南民族的过去成为可能，并且蒙上了一层戏剧化的色彩。在殖民地时期，法国和越南的历史学者都声称越南历史绵延 2000 年。对他们而言，国家的历史发端于越南第一次出现在中国王朝体系中的那个时刻。从 1950 年代中期开始，北越的历史学家一方面继续由法国和其他欧洲学者开启的考古挖掘事业，另一方面注意到了史前时期物质残余痕迹与显而易见超越时间范畴的民俗传统间强有力的联系。到 1950 年代末，北部的史学家开始把 4000 年国史当作常识进行表述，在后十年间，他们的南方同行追随了这种诉求。[①]

564

　　支撑这套有关过去全新解释的核心是东山铜鼓。[②] 这些精美的人工制品通常装饰有太阳的图案和几何图形的设计，还有鸟和鹿的抽象画以及人们打鼓或者春米的描绘，它们最早出土于 1920 年代。由于类似的人造物在中国南部以及泰国都有发现，许多学者都认为这一证据基础太过薄弱，无法把越南国家起源和延续归根于这些广泛分布的青铜遗迹。然而，对于受到政令约束的越南学者而言，这一发现的内涵是明白的，即青铜时代的人造物都是曾经存在过的传奇性王国——文郎国的物质遗迹。我们应该注意到，这一立场和吴士连有关 15 世纪的编年史记载相互呼应。在这些物质遗迹被发现及其意义被评估之前，文郎国一直裹着神秘的面纱，处于纯粹历史的范畴之外。比这些复原过去、回到前殖民观念的尝试更具冲击力的是南越历史学家对此的回应。他们并没有如想象那样批评这一北越同行也许是仓促获得的结论，只是

---

①　在本卷的第 32 章，Henry Em 讨论了战后韩国历史学的类似动态。

②　Nguyễn Khắc Viện, *Việt Nam: A Long History* (7th edn, Hanoi, 2009)详细描述了铜鼓的装饰（p. 18），另参见 David G. Marr 简短但有益的讨论，'Vietnamese Historiography, Past and Present', Nordic Institute of Asian Studies, *Newsletter*, 4（2002）。

简单地采纳了这一新的 4000 年编年史跨度的意见。[1]

　　尽管 1945 年后历史学家们的政治观点不同，但他们都努力利用发现的石器、陶器以及青铜器碎片，使得国史在遥远的史前时期获得定位和巩固。由于在他们眼中去殖民化包括两个方向的进程，即在摆脱法国统治的同时又要摆脱中国的影响。历史学家便感到一种压力，使得他们必须把国史的定位超越中国的千年统治时期。

　　总而言之，来自河内和西贡不同政治阵营的历史学家们用一种可敬的历史编撰传统支撑他们的发现，接受国家在指导历史研究中所扮演的角色，并达成一种全新的关于国家起源的激进描绘。更进一步，南北越史学家促成了越南是一个多种族国家观念的塑形。[2] 今天我们习以为常地认为越南是由 54 个民族组成的多民族国家。这一主张无所不在，显得难以逃避，看上去像是传达了一条通透的真理。事实上，这一印象实在是晚近的产物。它的源头可以精确追溯到越共中央委员会在仅仅 30 年前签发的政令，[3] 这一政令所回应的问题已经持续了数十年甚至数百年的时间。

　　在前殖民时代，越南学者明确地注意到社会与文化差异，但他们并没关注 19、20 世纪的民族观念，也没有尝试对民族差异做出系统性描述。而法国的民族学者和在其他殖民地的同行一样，高度重视越南存在的民族差异，对它们用全面整体的方法进行分类研究。在他们完美的计划设想下，有些民族拒绝而有些接受他们所赋予的属性，法国民族学家倾向把主体越南民族描绘成粗暴和残酷的，并以此统治其他弱小的民族。

---

[1]　Phan Khoang, 'Nghiên cứu Quốc–sử là công việc tố cần thiết trong lúc này', *Tập san Sử Địa*, 2 (April–June 1966), 4.

[2]　Đặng Nghiêm Vạn, *Ethnic Minorities in Vietnam* (Hanoi, 1993); Grant Evans, Christopher Hutton, and Khua Khun Eng (eds.), *Where China Meets Southeast Asia: Social and Cutural Change in the Border Regions* (New York, 2000); and Oscar Salemink, *The Ethnography of Vietnam's Central Highlanders: A Historical Contextualization, 1850–1900* (London/New York, 2003).

[3]　Danh mục các thành phần dân tộc Việt Nam , *Tập chí Dân tộc học*, 1 (1980), 78–83.

1945 年之后，越南民族学家当然开始认识到越南的主体民族，起初他们把它分类称为"越族"，后来改称为"京族"。其本意是"首都"，渐渐也赋予其得到开化的含义。不过他们摒弃了殖民时代有关主体民族统治与被统治的框架。取而代之的是，他们把越南主体民族重塑成长兄，少数民族则为幼弟。在这种范式下，长兄自然得看护好幼弟，并保证他们的幸福安康；幼弟则出于互惠的联系，恭敬地服务于整个家庭（国家）更大的福祉。殖民学者留下了大量民族学方面的研究，其继任者并没有将其忽略。为了建立起新的框架以解释越南的多民族现状，南北越的历史学家回应了法国先驱带来的民族学方面的冲击。他们同时谴责了殖民方法，拒斥了殖民结论。

由于红河和湄公河盆地的水稻种植深刻地影响了政治、文化的各个方面，越南历史学家传统上广泛地着力于农业论题的研究。在 1945 年之后，历史学家们扩展了研究眼界，同样关注越南介入南中国海生气勃勃的商业生活。对河内的历史学者而言，这一海洋中心的转向在他们重思过去国家的轮廓和轨迹中起到了关键作用。他们比起河谷盆地更为关心越南漫长的海岸线，强调诸如会安这类港口城市的普世精神，著述支撑起海洋贸易的工业情况。由此导致的结果就是，他们使得越南史写作脱离了传统东亚框架，这一框架以不可避免地受到中国的高度影响为特征。越南史被置入东南亚的全新语境中得到反思，体现出更为多变和多元中心的面貌。[①]

南越的学者同样致力于越南史的"东南亚化"，不过其目的是为了放大南北国家间的历史分歧。在他们的设定中，北越就是个保守、传统、封闭、带有华域文化特色的当代化身，在这种意义上为共产党所统治。而南越就是表现为一个更为开放、创造力社

566

---

① 关于这一主题，没有人比 Oliver W. Wolters 讨论的更令人信服，参见 Oliver W. Wolters, *History, Culture, and Region in Southeast Asian Perspectives* (rev. edn, Ithaca, NY, 1999)。

会的成熟体，这一进程从 16 世纪开始，并渐进地发展至今。这两种不同的范式——东亚和东南亚——隐含着一长串比较：强调父系的中国文化与强调母系甚至女家长制的东南亚模式；东亚的儒释道三教与东南亚更为多样的宗教传统，包括业已本土化的印度教、上座部佛教、基督教和伊斯兰教等；以及水稻耕作导致的特权政治系统与更偏向于国际航海贸易的政治体系。当河内的历史学家公开谴责南北越的政治分裂，并把它看作冷战导致的暂时性结果加以消解时，南部的历史学家却通过强调南越南史中航海和贸易取向的特色，从而使这种分裂变得自然化。

1975 年后，南越的越南史表达无论怎么看明显受到了压制。我们可以看到数不清的有关"解放南部"的论述，但"西贡的陷落"相对地无法成为社会主义的词汇，也没出现在后社会主义者的言论中。但是在另一些不太明显的场合下，南越历史观无疑明确地出现在当代关于过去的研究之中。把越南史挣脱出以中国为中心的东亚框架，重新定位于去中心化的东南亚框架首先便是南越史家的功绩，他们原本想借此证明南越史独立、鲜明和自主的轨迹。社会主义共和国的历史学家业已采纳了这一范式，将其毫无保留地运用于展现越南民族历史的总体态势中。在某种令人惊奇的程度上，某些移民社群的越南学者和非越南学者共同参与了这一研究范式的转变。

567 歧路 1945—1975

在本章的第一部分，我强调了全越南历史学家的共同态度和旨趣，它们试图冲破 1945 年后思想界过于二元对立的藩篱。不过这一强调不能当作一种掩饰，它不能遮蔽南北越政治上的严重分裂（事实上互相处于战争状态），以及南越内部的分裂因素。南越许多群众，包括部分中部和北部的民众苦涩地批判共产主义，他们妖魔化胡志明，把他看作丑陋的卖国贼、苏联人和中国人的工具。与之相应的，许多北越人民及部分中部和南部群众讥

讽吴庭艳是个危险的奴仆。他们怒斥美帝及越南走狗，指责他们破坏国家选举，使用炸弹、落叶剂和凝固汽油弹夷平了城市和乡村，致使大量无辜百姓丧命。当南越内部为了后殖民的政治形式争论不休时，河内的历史学家已经拒绝认为南部政体具有回应去殖民化的合法性和正当性。

马克思如何呢？南部历史学家敌视用马克思主义的术语重写越南史，这一结果并不令人感到奇怪。阮世英是个例外，他是南越最著名的历史学家，也是如今移民群体的杰出代表，曾对马克思主义史学研究表示开放的态度。[①] 在河内，历史学家不得不用清晰的马克思主义框架重写历史，在之后的几十年间，北越的历史话语充斥着马克思、恩格斯、列宁和斯大林的言论。然而，尽管北越学者着手以马克思主义方法"构建历史"，但他们却对证明提供历史变迁动力的阶级矛盾和内部分裂表现出惊人的不情愿。相反地，他们经常设定越南数世纪来甚至上千年都是统一稳定的结构，以此来对抗外部入侵。这些历史学家无数次得出这样的观点：国家统一——而不是阶级矛盾——才是历史前进的动力。所以到最后，各种马克思主义、马克思列宁主义以及唯物主义历史观的议论导致什么样的结果呢？

在 1950 年代抗法战争烽火依然燃烧之时，陈依寮和他的同志们已经开始设想一种新的越南通史，一旦冲突结束，他们便可着手编写。届时他们将走出西北部的丛林地带，回到权力中心和办公桌前。但当那场战争结束后，一场更为残酷的战争又开始了。在整个这第二场战争年间——直至 1975 年南越官方宣布投降——北方历史学家以一种惊异的速度出版有关王朝历史的论著和译著。不过年复一年，北越史学机构的负责人陈依寮不得不向中央委员会坦诚这一新的通史并没完成，直到 1969 年他去世为止依然如此。

官方编撰的国史《越南史》第一卷出版于 1971 年，它的记述始

568

---

① 'Thuyết Mác-xít và sự giải thích lịch sử bằng những nguyên nhân kinh-tế và xã-hội', *Tập san Sử Địa*, 2(April- May 1966), 4.

于文郎王国。第二卷囊括了 1945 年的八月革命，出版于 1985 年，这时距离陈依寮谋划新的越南通史已过了 30 多年。在这 2 卷本著作的参考书目中，马克思、恩格斯和列宁的论著占据相当数量。[①] 在其他数不胜数的历史著作中有着类似的情况。但是无论在结构还是本质上，这一通史并没真正依赖马克思主义历史理论。当然，这部著作只是后殖民经典的一小部分，我们可以指出 1945 年后的三十年间，其他历史学家在这新历史编撰活动中起到了一样重要甚至更加关键的作用。[②]不过在那些著作中我们同样注意到相似的引文，尽管某些特殊情况下马克思主义历史理论仅仅扮演微不足道的角色。政治经济学作为马克思做出重大贡献的领域，对 1945 年后的历史写作产生了巨大影响，虽然一些期望中的参考书目并没有出现在相关论著之中。

总的来说，1945—1975 年间越南的历史写作侧重于国家、政治形态和经济史。有些可以或者至少部分可以加以定量分析的议题——比如法国殖民时代性的商品化——并没有得到检视。因为从官方角度看来，经济史只有和控诉法国统治和描述党的壮大发生关联时才具有意义。[③]因而，涉及非规范群体的经济史，比如妇女、少数民族、反共及对党的批评等，都只在最小程度上得以探究或者根本加以忽略。

569 **1986 年之后的历史写作**

1986 年越共第六届全国大会上，"改革"一词被提出以概括接下

---

① 这里是指 Hồ Chí Minh, Lê Duẩn, Trường Chinh, Phạm Văn Đồng, Võ Nguyên Giáp 以及北越的政治和军事精英。

② 在众多其他史家中，值得一提的是 Đinh Xuân Lâm, Hà Văn Tấn, Minh Tranh, Nguyễn Hồng Phong, Phan Huy Lê, Trần Văn Giàu, Văn Tạo。

③ 对于这些局限性的矫正，参见 Perter Zinoman 离经叛道的工作，'Venal Sex and Vietnamese Modernity in the work of Vũ Trọng Phụng'，http://www. yale. edu/macmillan/transitionstomodernity/papers/Vu TrongPhung-Yale. pdf。

来将要发生的翻天覆地的变化。从经济的角度上说，"改革"意味着把主动权从中央计划体制转移到个人所有的私人企业主体制，以及由国外资本、技术和本土资源、劳力相结合的合作型机制。无论从消费者还是统计者的立场来看，越南经济发生的变迁是令人瞩目的。而在历史编撰方面，"改革"包含多方面的内容。

首先得承认，在某些程度上"改革"的意义微不足道。20世纪仍由党的特权地位所领导，早先的顽固残余（即抵抗激烈变革的传统势力）并没消失，许多讨论依然被禁止。虽然形式上所有课题都能探讨，没有受到指令上的限制，但大家都明白在土地改革时期发生了什么是不能被讨论的。另外，有关改造营的历史学者们都退避三舍，对胡志明的批判性论述也还是禁区，甚至人们不能对其如何被官方塑造发表任何疑问意见。比如说，公开宣扬胡志明在象征性的国家之父以外还是个生理学上的父亲都是种严重的冒犯。

其次，在另些方面，"改革"的成果颇为复杂。比方说，在近几十年内经济的高速增长意味着大量城区和农田被夷为平地，用于建造购物中心、办公大楼和豪华宾馆。围绕建成环境和自然环境的争夺战异常激烈。[①] 随着这些破坏的深入，保护主义者希望通过开拓经济学术语"改革"的新内涵来对抗这一趋势。他们表示有关过去的遗迹，如公共大厅、祠堂、陵墓、寺庙、宝塔和圣地都应被看作有价值的商品予以保护。革命曾经压制的传统礼仪——比如说祖先崇拜——重新被认为是越南文化资本的一部分，应当加以保存而不是驱逐。[②] 一旦对祖先的尊崇再次被导向成一种政治文化上可接受的行为，这些礼仪所植根的家庭史、特别是对灵牌的研究，将再次获得

570

---

① 关于法国的殖民地时期，André Masson 在 *Hanoi pendant la période héroique* (Paris, 1929) 一书中详尽地描述了同时发生在首都河内的破坏与重建。在 *Hanoi：Biography of a City* (Seattle, 2000) 一书中，William Logan 探究了发生在后社会主义时代的同样现象。

② 参见 Kate Jellema 有启发性的评论，'Everywhere Incense Burning: Remembering Ancestors in Đổi MớiVietnam', *Journal of Southeast Asian Studies*，38：3 (2007)，467 - 492。

正当性。①

上述保护过去的物质及礼仪遗迹的努力后来得到了有力补充，一份名为《过去与现在》(Tạp chí Xưa và Nay)的新期刊面世，致力于这项事业。② 它的设计布局大量使用彩照和吸引眼球的图像，文章内容相当简洁，长度不过几页，这些都使该杂志能获得广阔的读者群。不过它的大众化倾向并不能误解为其对过去的探究态度也是大众化的。该杂志和越南社会科学院没有关联，后者好比一个保守和官僚化的巨人在当代越南对思想生活发挥着巨大影响。但它的主编——令人尊敬的杨忠国——被广泛认为和历史协会有关系，进而和社科院产生瓜葛。《过去与现在》杂志如今即将出版第 300 期，它帮助普通越南民众更加关切、更加充满怀旧情感地看待过去的物质遗迹。

与此同时，历史学家现在得以重演的过去并不是固定和一成不变的。在有关红河三角洲的研究中，三名杰出的历史学家分别讨论了传统民俗节日如何融入乡村生活中去。③ 他们在与原来的传统先辈比较后得出结论，这些新传统的变体更为"精致"。有些像是纪念文郎国雄王的节日，原本只是纯粹地方性的活动，现在它已经被推广至全国范围内进行。这些作者们另外还解释了为什么传统选举村落首领的方法得到改进，这意味着村民们无法不加批判地回到过去的状态，他们对待历史的态度是选择性的，关于这点并不加以隐瞒，为的就是过上"开化"了的生活。④ 有关"改革"的政策使得当代

---

① 河内国立大学的史家，包括 Phan Huy Lê，Nguyễn Quang Ngọc 和 Vũ Minh Giang 在内，在新开拓的家庭史领域做出了卓越的贡献。参见 Phan Gia Công Phả: Gia Thiện-Hà Tĩnh (Hanoi, 2006).在海外的越南史家，包括 Vĩnh Sính (Canada)在内，对这一研究领域亦有贡献。

② 这些评论引自 Giới thiệu Xưa và Nay，http://hoisuhoc. vn/xuanay.asp?catID=13 以及 Hôi lịch sử khoa học Việt Nam 网页，这一网页属于这一杂志：http//hoisuhoc. vn/. 这两个网页最后的登录时间都是 2009 年 7 月 3 日。David G. Marr 对于这一杂志的评论亦有帮助，'From History and Memory in Vietnam Today: The Journal Xua và Nay'，Journal of Southeast Asian Studies，31：1 (2000)，1 - 25。

③ Phan Huy Lê，Nguyễn Quang Ngọc，Nguyễn Đình Lê，The Country Life in the Red River Delta (Hanoi, 1997).

④ 关于这一观点，他们引用了 1993 年越共七大的第五次全体会议的决议。

历史学家能够重访传统，但他们必须使之用在好的方面。传统必须得到重新粉饰，从而它们可以帮助巩固党的统治，而不是削弱它的影响。

　　第三，"改革"给越南历史学家创造了几十年前难以想象的便利，即可以和国外史学同行以及移民史学家代表发生互动。诸如位于河内的汉南研究院等机构的建立极大地方便了这一时期的国际间交流。① 学者们重新转向代表顺从汉文化的文言文和喃字文献，并把它们翻译成罗马化的越南文，这一对过去的批判性工作使得年轻一代阅读历史成为可能。这些越南学者的贡献非常有助于我们理解越南的儒家遗产。② 同样，合作式的研究大大提升了越南国际航海贸易史讨论的水准，从中获益匪浅。③

　　自从 1940 至 1950 年代以来，越南共产党一直有着令人敬畏的文化审查者的身份，它带来的限制是显而易见的。在这种广泛受限的背景下，"改革"的国策让历史学家能够从事更为广阔的题材。最近有关阮朝的研究便很好地证明了这一点。④ 对于之前革命派史学家来说，阮朝就是万恶之源。它封建、反动，最糟糕的是导致了法国征服越南并统治近一世纪之久。为了从更广阔的视野重估阮朝，越南历史学家系统地审视 19 世纪的历史。比如，他们不再执拗于法越关系，注意到了国际范围内其他对越南虎视眈眈的帝国主义野心，英国、俄国、日本和美国等都曾想从中分一杯羹。正是有了这种全球和国际化的参照，尽管无法抵御资本主义、暴力征服和殖民控制带来的后果，阮朝统治者倒也不再仅

571

---

① 在汉南研究机构与合作的国外机构中，最著名的有哈佛燕京学社和法国远东学院。

② 最为特别的合作成果是多语系的丛书，*Nghiên cứu tư tưởng Nho gia Việt Nam: Từ hướng tiếp cận liên ngà Confucian Thought in Vietnam*：*Studies From an Interdiscip-lianry Perspective*（*Hanoi*，2009）。

③ 参见'Chủ Đề Sông Biển Trong Lịch Sử Việt Nam，http://www.gio-o/NgoBac.html (last accessed on June 25, 2009).这一网站是由 Ngô Bắc（Ngô Ngọc Trung 的笔名）加利福尼亚创立的，为越南的英语和法语出版物提供了便利。

④ 参见 Bruce M. Lockhart 的出色分析：Re-assessing the Nguyễn Dynasty，*Crossroads*，15:1 (2001), 9-53。

仅显得错误百出、腐化堕落和无能。它们对抗法国的失败显得更多是形式上的，只是更大模式中（帝国主义时代）的一例。所以，拥有广阔视野的历史学家可以在非洲和亚洲找到更多类似的殖民地主题，而不拘泥于越南本土。这种全球化视角在 1945 年后的最初几十年间尚不为人所知，它如今已是历史编撰领域的常规准则之一。[①]

572 ## 大事年表/关键日期

- 1930　建立印度支那共产党
- 1940　日本侵略者从北方边境入侵
- 1941（May）越南独立同盟成立
- 1945（Mar.）日本发动政变，结束法国在越南的殖民统治
- 1945（Aug.）八月革命，建立越南民主共和国，中华民国的军队从越南北部入境，接管日本的投降，阮朝保大皇帝在顺化宣布退位
- 1945（Sept.）胡志明在河内宣布独立宣言，英军进入越南南部，接管日本的投降
- 1946—1954　第一次印度支那战争
- 1953—1956　北越的土地改革
- 1954　日内瓦会议
- 1955—1958　北越爆发"《人文》、《佳品》"运动
- 1955—1975　第二次印度支那战争
- 1955—1975　越南共和国时期
- 1960　成立民族解放阵线
- 1963　吴庭艳被刺身亡

① 基于越南史家的自传式民族志的激发，关于世界史的特别文本 1954—1955 出版于西贡，Nguyễn Hiến Lê and Thiên Giang, *Lịch sử thế giới*，此书 2000 年在胡志明市由文化与信息出版机构再版。

- 1969 胡志明去世
- 1976 成立越南社会主义共和国
- 1986 越共六大宣布改革政策

主要史料

- Đào Duy Anh, *Đất nước Việt Nam qua các đời* (Hanoi, 1964).
- Đinh Xuân Lâm *et al., Xu hướng đời mới trong lịch sử Việt* (Hanoi, 1998).
- *Đối thoại sử học* (Hanoi, 1999).
- Lê Văn Lan *et al., Những vết tích đầu tiên của thời đại đồ đồng thau ở Việt Nam* (Hanoi, 1963).
- Ngô Văn Hòa and Dương kinh Quốc, *Giai cấp công nhân Việt nam những năm trước khi thánh lập Đảng* (Hanoi, 1978).
- *Nghiên cứu tư tưởng Nho gia Việt Nam: Từ hướng tiếp cận lien ngành / Confucian Thought in Vietnam: Studies From an Interdisciplianry Perspective* (Hanoi, 2009).
- Nguyễn Đức Diệu *et al., 90 năm nghiên cứu về văn hóa và lịch sử Việt Nam/ 90 ans de recherché sur la culture et l'historie du*
- Nguyễn Khắc Viện, *Việt Nam: A Long History* (7th edn, Hanoi, 2009).
- Nguyễn Quang Ngọc(ed.), *Tiến trình lịch sử Việt Nam* (Hanoi, 2009).
- Phan Gia Bền, *La Recherche historique en République démocratique du Vietnam* (Hanoi, 1965).
- Phan Huy Lê *et al., lịch sử Việt Nam*, 4 vols. (Hanoi, 1983–).
- Phan Văn Cá, Claudine Salmon, and Dương Thị The, *Văn khắc Hán Nôm Việt Nam/Epigraphie en chinois du Việt Nam* (Hanoi/Paris, 1998).
- *Thực chất của 'Đối thoại sử học'* (Hanoi, 2000). 573
- Trần Quốc Vượng and Hà Văn Tấn, *lịch sử chế độ phong kiến Việt Nam*, 3 vols. (Hanoi, 1960–1965).
- Trần Thái Bình, *Tìm hiểu lịch sử Việt Nam* (Hanoi, 2001).
- Trần Văn Giàu, *Sự phát triển của tư tưởng ở Việt Nam*, 2 vols. (Hanoi, 1973, 1975).
- Trương Hữu Quýnh, *Chế độ ruộng đất ở Việt Nam, thế kỷ XI–XVIII* (Hanoi, 1983).

- Viện Sử học, *Ban Văn Sử Địa (1953–1959)* (Hanoi, 1993).
- Viện Sử học, *lịch sử Việt Nam*, 2 vols. (Hanoi, 1971, 1985).
- Viện Sử học, *Sử học Việt Nam trên đường phát trển* (Hanoi, 1981).

参考书目

- Dutton, George, *The Tây Son Uprising: Society and Rebellion in Eighteenth–Century Vietnam* (Honolullu, 2006).
- Giebel，Christoph，*Imagined Ancestries of Vietnamese Communism：Ton Duc Thang and the Politics of History and Memory*（Seattle/London，2004）.
- Goscha, Christopher E. and Tréglodé, Benoît de, *Naissance* HàVăn Tấn, HàVăn Tấn, *Buddhist Temples in Vietnam* (Hanoi, 2008).   depuis/The Birth of a Party-State：Vietnam since 1945（*Paris*，2004）.
- HàVăn Tấn, *Buddhist Temples in Vietnam* (Hanoi, 2008).
- HàVăn Tấn and Nguyễn Văn Kự, *Đình Việt Nam/Community Halls in Vietnam* (Ho Chi Minh City, 1998).
- Hoang Anh Tuan，*Silk for Silver：Dutch-Vietnamese Relations，1637 –1700*（Leiden，2007）.
- Kelley，Liam，*Beyond the Bronze Pillars：Envoy Poetry and the Sio-Vietnamese Relationship*（*Honolulu*，2005）.
- Lê Thành Khôi, *Historie du Việt Nam des oringines à 1858* (Paris, 1981).
- Li Tana, *Nguyễn Cochinchina: Southern Vietnam in the Seventeenth and Eighteenth Centuries* (Ithaca, NY, 1998).
- Li Tana, 'A View from the Sea: Perspectives on the Northern and Central Vietnamese Coast', *Journal of Southeast Asian Studies*，37：1（2006），83 –102.
- Liberman，Victor B. ，*Strange Parallels：Southeast Asia in Global Context，c. 800 –1830*（*Cambridge*，2003）.
- Lockhart, Bruce M. ，Competing Narratives of Nam Tiến（Unpublished MS）.
- Lockhart, Bruce M. ，Re—assessing the Nguyễn Dynasty，*Crossroads*,15:1 (2001), 9—53.

- Lockhart, Bruce M. and Ky Phuong (ed.), *The Cham of Vietnam : History, Society and Art* (*Singapore*, 2010).
- Marr, Dvid G. , *Vietnam 1945 : The Quest for Power* (*Berkeley*, 1995).
- McHale, Shawn Frederick, *Print and Power : Confucianism, Communism, and Buddhism in the Making of Modern Vietnam* (Honolulu, 2004).
- Minh Chi *et al.* , *Buddhism in Vietnam : From Its Origins to the* 19th *Century* (Hanoi, 1993).
- National Committee for the International Symposium on the Ancient Town of Hoi An, *Ancient Town of Hoi An* (Hanoi, 1993).
- Nguyễn Thế Anh, *The Withering Days of Nguyen Dynasty* (Singapore,1978). 574
- Nguyễn Thế Anh and Yoshiaki Ishizawa (ed.), *Commerce et navigation en Asie du Sud—est, XIVe-XIXe siècle* (Tokyo/Paris, 1999).
- Ninh, Kim N. B. , *A World Transformed : The Politics of Culture in Revolutionary Vietnam*, 1945 – 1965 (Ann Arbor, 2002).
- Papin, Patricia M. , Postcolonial Vietnam : New Histories of the National Past (Durham/London, 2002).
- Phan Huy Lê, Nguyễn Quang Ngọc, Nguyễn Đình Lê, *The Country Life in the Red River Delta*
- Reid, Anthony (ed.), *Southeast Asia in the Early Modern Era* (Ithaca, NY, 1993).
- Tai, Hue-Tam Ho (ed.), *The Country of Memory : Remaking the Past in the Late Socialist Vietnam* (Berkeley, 2001).
- Taylor, Keith W. , *The Birth of Vietnam* (Berkeley, 1983).
- *Hommange à Nguyễn Thế Anh* (Paris, 2008).
- Tran, Nhung Tuyet and Reid, Anthony (ed.), *Việt Nam: Borderless Histories* (Madison, Wis.,
- Trung Nhu Tang, *Viet Cong Menoi* r (New York, 1985).
- Vĩnh Sính (ed.), *Phan Bội Châu and Đông—Du Movement* (New Haven, 1988).

- Vũ Thị Minh Hương, Nguyễn Van Nguyên, and Philippe Papin, *Địa danh và tài liệu lưu trữ về làng xã Bắc-kỳ* (Hanoi, 1999).
- Whitmore, John K., 'The Rise of the Coast: Trade, State, and Culture in Early Đại Việt', *Jouranl of Southeast Asian Studies*, 37：1（2006），103 -122.
- Wolters，Oliver W. ，*History，Culture，and Region in Southeast Asian Perspectives*（Ithaca，NY，1999）.
- Woodside, Alexander B., Central Việt Nam s Trading World in the Eigh- teenth Century as Seen in Lê Quý Đôn's *Frontier Chronicles* , in Keith W. Taylor and John K. Whitmore (eds.), *Essays into Vietnamese Pasts* （Ithaca，NY，1995），157 - 172.

张骏　译　顾晓伟　校

第二十八章　印度尼西亚独立后的历史写作

安·库马尔

语境与背景

印度尼西亚独立时，学术性的历史写作知识几乎是不存在的。 575
1930 年荷属东印度群岛（Indies）最后一次普查中，殖民地总体
估算的识字率为 6.4%——即使与其他殖民地国家相比也是极低
的比率。[1] 事实上这 6.4% 的人中大概也很少有人接受过中等教
育；并且在整个 20 世纪 20 年代期间，荷属东印度群岛政府仅有
工程、法律和医药三种学校（后来为学院）提供高等教育。从荷
兰自身而言，印度尼西亚的学术研究起初从哲学和人种学以及出
于战略兴趣的伊斯兰研究入手，历史学扮演着次要的角色。这是
一种时常流露出的，后来为爱德华·萨义德所批评的"东方主
义"偏见的取径。[2]

　　欧洲的大学始自宗教基础，要么由诸如本笃会教士下令设立，
要么由王室资助建设，就像在"新知识"（new learning）更倾向

---

[1] *Indonesia：Selected Documents on Colonialism and Nationalism 1830－1942*，
　　trans. and ed. Chr. L. M. Penders（St Lucia，Qld.，1977），169.

[2] Edward Said，*Orientalism*（London，1978）.

于人文主义的英格兰，会得到如玛格丽特·博尔福①的资助，她的资助在 1511 年推动了剑桥大学圣·约翰学院的筹建。这些大学产生了一种国民性作用。地理的、社会的，以及意识形态的原因阻碍这种作用在印度尼西亚发生，在这里，宗教基础仍然是地方性的且相对短暂的。因此，本土的历史作品在各种王室中产生，且集中于发掘国王和其他传奇性人物的事迹。一次重要的革新发生在 19 世纪早期，随着亚萨迪普拉二世（Yasadipura II）的施政，一个苏拉卡尔塔②王室的学者迫不得已通过痛苦的自我审检分析了一场空前的灾难——荷兰统治。③ 这产生了一种分析性的历史学，它超出统治者及其朝臣的范围，将爪哇人视为一个整体和社会性组织。

殖民地在激发分析性历史学意识方面的作用在 20 世纪继续发挥作用，并且这种意识在印度尼西亚的向心性的形成过程中发挥着核心作用。我们可以在东印度党（Indische Partij）创始人苏哇尔迪·苏里亚宁格拉特④于 1913 年所写的讽刺性文章中看到这一点。在《如果我是一个荷兰人》（Als ik een Nederlander was）中，其作者写道，如果他是荷兰人，他将不会允许土著人像当前他们所做的那样参加尼德兰独立的庆典。他问荷兰人是否相信他们实际上在其殖民地那里扼杀了所有的人类情感，而事实上"即使是最原始的民族也会诅咒所有形式的帝国主义"——"帝国主义"

---

① 玛格丽特·博尔福，（Margaret Beaufort，1443—1509），后为里士满和德比伯爵夫人，英格兰国王亨利七世的母亲，亨利八世的祖母。她是玫瑰战争中的关键人物，是都铎王朝中一位有影响力的女家长，并为剑桥大学创立了两所学院。1509 年，她为孙子亨利八世短暂摄政。——译者注

② Sulakarta，又拼作：Surakarta，即爪哇王城。——译者注

③ Ann Kumar, *Java and Modern Europe*: *Ambiguous Encounters*（London，1996），390－420.

④ 苏哇尔迪·苏里亚宁格拉特（R·M·Soewardi Soerjaningrat，1889—1959），关于东印度党和苏里亚宁格拉特的内容参见：（澳）梅·加·李克莱弗斯：《印度尼西亚历史》，北京：商务印书馆，1998 年，第 233 页。——译者注

是一个对于传统编年史来说相当陌生的欧洲概念。[①] 殖民政府将苏哇尔迪和另两个东印度党领袖流放到尼德兰，作为对这种诅咒殖民统治的暗示的回应。1930 年，当一场独立运动展开之时，民族主义领袖苏加诺（Sukarno）在万隆接受审判，在其著名的辩护陈辞《印度尼西亚的控诉》（*Indonesië Klaagt aan*）中，他痛陈历史。他及其政党，民族党（the National Party），决心要激起众多早期印度尼西亚王国的荣耀意识，其中大多数是爪哇岛的王国。苏加诺承认印度尼西亚有一个封建的过去，并且拒绝任何复兴封建制的想法，然而他将之视为一种孕育着进步种子的健康的封建主义，而当前的殖民地时代是病态且空虚的。他写道：“虽然他们如今几乎等同于一具尸体般毫无生气，但代代繁育且从前如此辉煌伟大的印度尼西亚人民必定有着足够的力量和能力在未来重塑伟大，必定能够再一次达到从前的高度，并甚至超越他们。”[②]苏加诺将关于伟大王国之过去的了解，视为使印度尼西亚脱离其当前作为“出苦力的民族和诸民族之苦力”状态的要素。然而，政界知识分子中的另一成员，苏马特兰·丹·马拉卡（Sumatran Tan Malaka）鉴于过去乡村共和国所谓的公社制度，认为它们为未来提供了一个比封建王国更好的例子。苏加诺此后将丹·马拉卡排挤出政界，这意味着苏加诺的印度尼西亚史三段结构——伟大王国辉煌的前殖民地时期，黑暗的殖民地时期紧随其后，依次接续的是光辉动人的未来——在印度尼西亚独立后有最大影响力。

尽管历史不是印度尼西亚学的各科系[③]的主要兴趣点，但还

---

①   *Indonesia*, trans. and ed. Penders, 233.

②   Sukarno, 'The Promise of a Brightly Beckoning Future', in Herbert Feith and Lance Castles（eds.），*Indonesian Political Thinking 1945 – 1965*（Ithaca/London，1970），29 - 30.

③   印度尼西亚学的各科系（Indological departments），该表述来自“Indology”一词，Indology 是欧洲大陆学界在概括以印度次大陆的历史、文化、语言以及文学内容的学术研究时所使用的概念，在德国使用最为广泛，在盎格鲁学界，此概念使用相对较少。而在荷兰学界，Indology 则尤指为荷属东印度公司的殖民计划服务的关于印度尼西亚历史文化的研究。——译者注

是存在一些荷属殖民地性质的为谋取合法化和强化荷兰统治的历史学。这种历史学超出了旧有王室编年史的区域性视角并提供了一种整体的印度尼西亚视野。但正如印度尼西亚民族主义者哈达①在其1928年为自己受到关于鼓动武装起义的指控进行辩护时评论的那样,印度尼西亚的历史所写的根本就是荷兰殖民地的历史,要求印度尼西亚的年轻人"做他们主人的应声虫并称自己的英雄,如迪波·内-戈罗,图安库·伊玛目,腾库·乌马尔(Tengkoe Oemar)以及其他很多人为叛徒,暴动者,恐怖主义者等等",而哈达则认为他们是堪比"奥兰治的威廉,威廉·退尔,马志尼,以及加里波第"②的民族英雄。③ 独立之后,如凯里(P. B. R. Carey)等西方历史学家将对这些"反叛者"进行更具赞赏性的评价。④

所以,荷兰殖民史学因其对印度尼西亚人的态度而遭厌恶;

---

① 穆罕默德·哈达(Mohammad Hatta, 1902—1980),印度尼西亚独立运动领导人之一,曾任印度尼西亚第一任副总统,之后任总理。他曾在爪哇东部制造镇压印尼共产党的"茉莉芬事件"。——译者注

② 迪波·内-戈罗(Dipo Ne-goro, 1785—1855),反对荷兰殖民统治的爪哇国王子,在1825—1830年的爪哇战争中起到了重要的作用,1830年战争失败后被荷兰政府流放到孟加希(Makassar);图安库·伊玛目(Toeankoe Imam,又称 Tuanku Imam Bonjol, 1772—1864),在苏门答腊朋佐尔地区组织伊斯兰教巴德利教派,并力主通过宣布伊斯兰教正统来改变当地旧风俗,19世纪20年代,领导反抗荷兰殖民者的武装斗争,1837年失败后被流放苏拉威希岛,最终死在流放地;奥兰治的威廉(William of Orange, 1533—1584),荷兰奥兰治亲王,领导了反抗西班牙的尼德兰革命,被后人誉为"荷兰国父";威廉·退尔(William Tell),14世纪瑞士传说的英雄。退尔是哈布斯堡王朝统治下的乌里州农民,因不屈服于当地总督的无理规定而闻名。他的勇敢行为引发了反抗暴政的农民起义;马志尼(Mazzini, 1805—1872),意大利革命家,民族解放运动领袖,与加富尔、加里波第并称意大利建国三杰。——译者注

③ Mohamad Hatta, 'Indonesia Free', in Deliar Noer (ed.), *Portrait of a Patriot*: *Selected Writings by Mohammad Hatta* (The Hague/Paris, 1972), 210.

④ P. B. R. Carey, 'The Origins of the Java War 1825—1830', *The English Historical Review*, 91 (1976), 52—78; and id., *Babad Dipanagara*: *An Account of the Outbreak of the Java War (1825—1830)*; *The Surakarta Court Version of the Babad Dipanagara* (Kuala Lumpur, 1981).

然而矛盾的是，由于其具有典范性，即使在印度尼西亚独立之后，为建立一些作为"事实"的东西，也必须援引荷兰的资料。荷兰殖民史学的顶点是斯塔佩尔（F. W. Stapel）的《荷兰东印度史》（*Geschiedenis van Nederlansch-Indië*），其 5 部重要卷集在 1938—1940 年期间问世。① 然而至此时期，年轻的荷兰学者 J·C·范·莱尔（J. C. van Leur）已对斯塔佩尔阐明的取径予以了深刻且透彻的批评，他称之为荷兰舰船甲板上的视角，产生的是一幅灰色的且无差别的图景。他还大幅度地缩减了所谓的荷兰实际"统治"东印度群岛的时间段限。② 然而从总体上说，印度尼西亚的历史学家仍会述及"300 年的殖民统治"。③

　　独立后，一股强烈的反贵族统治浪潮剥夺了统治者的权力，并且引入了一种聚焦于崭新国家的新史学风格。在此情况下，不同的印度尼西亚人群体都分别宣布接管权力。因其信念主张而经历了长年的牢狱生活并被荷兰流放的既有民族主义领袖认为自己是新国家当然的领袖，而同样遭到殖民地政府迫害的左派领袖认为民族主义者正在对他们发动社会革命以迎合人民在正逢高潮时赢得独立的需要制造障碍。第三个有声望的群体，军方，宣称整个平民领导阶层曾怯懦地任由自己被荷兰人逮捕，而只有军方立场坚定——并且他们确实不希望看到对荷兰的抵制活动发展成社会革命。当然，他们宣扬军事英雄主义以证明给予他们更大范围的权力比西方民主制的政权更为合理。这些西方人在研究该时期编年史过程中的不同观点，④ 将引发此后几十年的历史学论争。

578

---

① Henk Schulte Nordholt 的文章 "De-Colonising Indonesian Historiography" 发表于 "东亚和东南亚研究中心"的"聚焦亚洲"系列公共讲座，2004 年第 25—27 讲，第 2 页。

② J. C. van Leur, *Indonesian Trade and Society*（The Hague, 1955）.

③ Busthanul Arifin, *Pelembagaan hokum Islam di Indonesia：Akar sejarah, hambatan dan prospeknya*（Jakarta, 1996），35.

④ Bendict O'G Anderson, *Java in a Time of Revolution：Occupation and Resistance, 1944 - 1946*（Ithaca, 1972）; and Anthony J. S. Reid, *Indonesian National Revolution 1945 -50*（Hawthorn, 1974）.

民族主义的历史学写作及其批评者

就在荷兰人撤走以后，穆罕默德·亚明（Muhammad Yamin）出版了一本关于印度尼西亚旗帜的历史，《红与白的 6000 年》（*6000 Tahun Sang Merah Putih*），将其起源追溯回史前时代，由此明确地引导历史学写作走向了民族主义的道路。1957 年 12 月，随着议会民主制被苏加诺的"指导民主"（Guided Democracy）体制（1957—1965）取代，教育部门在日惹（Yogyakarta）召开了第一次民族史会议，筹划写一部官方的民族史。[①] 在此会议上，亚明的民族主义道路遭到印度尼西亚最著名的公众知识分子苏查特莫科（Soedjatmoko）的批评，他认为这与历史学的科学取径不相匹配。他也拒绝了一种带有集体性价值观的乌托邦式过去的想法，代之以倡导个体的责任。当民族史呼之欲出的时候，学校使用了一套在日本占领期间出自作者萨努西·巴尼（Sanusi Pane）的课本。

苏加诺本人就受到马克思主义历史学作品的影响，例如，在其 1932 年关于英国和荷兰的帝国主义形式差异的分析中，[②] 以及在其"指导民主"政权中，为马克思主义取向的历史学留有一席之地，就如同为在政策上为马克思主义提供空间一样。马克思主义风格的历史学中，罗斯兰·阿卜杜尔甘尼（Roeslan Abdulgani）是最杰出者中的一位。

大量西方史学家从独立时代开始研究印度尼西亚，并且从印度尼西亚学研究转向历史学。尽管西方史家大体上对印度尼西亚的诉求有同情之意，但给予这个脆弱国家以历史纵深的计划对他们的吸引力并不及对其印度尼西亚同行那般大，同时也不如一些

[①] Schulte Nordholt, 'De-Colonising Indonesian Historiography', 3.

[②] Sukarno, 'Swadeshi and Mass Action in Indonesia', in id., *Under the Banner of Revolution* (Djakarta, 1966), 121 - 157.

被提议的可供选择的印度尼西亚历史取径那般有吸引力，如约翰·R·W·斯迈尔（John R. W. Smail）的"自治历史"（autonomous history）概念。[1] 这强调了区域史，与荷兰档案的组织原则非常契合，但与对印度尼西亚的热爱并无呼应，因为地方文化和地方特性可能危及到国家统一且应该不会被支持。

579

军权阴影下的历史学家

　　1965 年是重要的一年，苏里亚宁格拉特主编了一部盘点印度尼西亚历史学写作的卷集，是为达到专业水平迈出的第一步。它写于一种在今天看来属于西方满足于"合理的"和"科学的"历史学——一种被世界主义者苏里亚宁格拉特所接受的声言——的高峰期的背景之下。有 8 位印度尼西亚供稿人，13 位西方供稿人，以及 1 位日本供稿人。很多西方供稿人着意于对印度尼西亚本土的不同部分的历史作品的实际情况做出评述。例如，J·努尔杜伊恩（J. Noorduyn）在关于布吉的（Buginese）和孟加希的（Makassarese）编年史的供稿中表示了对所有那些尽管缺少日期，但却被视为值得赞叹的性质持怀疑态度——包括神话和传说，有事实依据的内容，干巴巴的语句风格，以及关于技术和法律的有价值的资料。[2]

　　如今重读此卷集，有一种痛楚，所表达的是印度尼西亚史的供稿者在西方供稿者引导下对"合理"和"科学"的历史学的渴求，它将在两个方面被严重地破坏。其一，苏加诺"指导民主"的垮台和军统政府的掌权导致了一种高度统筹规划的史学，与荷兰殖民政府造就的史学十分相似，并且这种控制状态将持续到世

---

① John R. W. Smail，'On the Possibility of an Autonomous History of Modern Southeast Asia'，*Journal of Southeast Asian History*，2：2（1961），72 - 102.

② J. Noorduyn，'Origins of South Celebes Historical Writing'，in Soedjatmoko *et al.* (eds.)，*An Introduction to Indonesian Historiography* (Ithaca，1965)，137 - 155.

纪末。其二，新批判理论即将兴起，会越发质疑内在于西方学术界自身中的科学之不偏不倚的西方式认识。然而，在对印度尼西亚历史学家和写作印度尼西亚史的西方史学家的影响方面，新批判理论的影响相对迟缓且势弱。

客观地讲，在此卷集的西方著史者著述中，最引人注意的是贝尔格（C. C. Berg），他是该时期抹去印度尼西亚语的"唯宗席"（ex-cathedra）[①] 特征的大量西方学者中的一个。贝尔格声称古代爪哇语讲求"言语上的魔术"。在他看来，印度尼西亚语暗示着这样的事实，即三种将埃尔朗加[②]描述为爪哇合法国王的不同文本，并不能被视为该言论的证据，而是证明了埃尔朗加实际上是一个篡权者。不仅是对文字史料中呈现的内容进行质疑，贝尔格实际上重建了史料中"没有出现"的部分，例如，一个公认的弑君者制造了一场公认的改朝换代，这在任何史料中都没有记录，唯一我们可以从历史角度称之为事实的，是没有证据能证明那些内容。对其他一些西方供稿者来说，这有些偏差过于大了些：例如，耶稣会学者 P·J·祖特穆尔德尔（P. J. Zoetmulder）客气地指出贝尔格思路的逻辑困境，以及他对印度尼西亚语理解的不充分。另一个供稿者，西蒙·德·格拉夫（H. J. de Graaf），认为尽管爪哇编年史（babad）有"圣礼式的"特点并被当作政治武器使用，但它们实际上展现了比贝尔格所归纳的爪哇人更优秀的历史理解。贝尔格和德·格拉夫，这些在爪哇研究中处于主导性地位的专家，都不能标志着亚萨迪普拉二世时期分析性历史学的兴起，他们的著作，就如同众多只以手稿形式问世的著作一样，知之者甚少。还有一位供稿者，伯顿斯（J. C. Bottoms）具有前瞻性地指出，作品作者博取其委托人（patrons）欢心的倾向

---

① "ex-cathedra"，来自拉丁语，字面意思是"来自宗席的"（form the chair），该词用于描述掌握着罗马天主教会最高权力的教皇的声明和公告。此处用来指印度尼西亚传说和历史中不实的说法却被公认为事实的现象。——译者注

② 埃尔朗加（Erlangga，991-1049），固里班（Kahuripan）王国历史上唯一的国王，他称王和统治的经历成为爪哇史上的传奇。——译者注

不是印度尼西亚人和马来人的作品所特有的，而是所有历史学作品固有的。[1]

甚至在 1965 年掌权之前，军方就一直在撰写历史。阿卜杜尔·哈里斯·纳苏蒂安[2]在 1964 年创立了"武装力量历史中心"，目的是就 1945—1949 年革命与共产主义历史叙述对抗：历史学斗争开始升温。在 1965 年的政变活动和确认军政府接管之后，"历史中心"在表现印度尼西亚历史中掌握决定权并发挥着主导作用。军方控制的，名为"新秩序"（New Order）的政权，挪用了苏加诺的三阶段历史构架。但是它加上了在此之后的阶段：在苏加诺的"指导民主"下内在的不和谐开始滋长，国家被将军苏哈托从"指导民主"中"拯救"出来，他将苏加诺赶走并接任了总统。作为该中心的领袖，努格罗霍·诺托苏桑托（Nugroho Notosusanto）接过了苏加诺未竟的 1969 年"国家文物历史博物馆"计划，这一事实证明，在"新秩序"时期的前期呈现民族历史的范围变成了军方事务。军方利用历史使推翻苏加诺政权的合法化，论证杀掉 50 万所谓的共产主义者是正确的，加强了军队的一致性，使军政角色和对异己的镇压合法化。[3]

所以，尽管苏查特莫科和其他人呼吁，但结果是印度尼西亚的历史学家比西方史学家在追求"科学"历史学方面有更大的阻力，并且被要求奴隶般地追随国家的领导。经过 20 世纪 50 年代

---

[1] J. C. Bottoms 的 "Some Malay Historical Sources: A Bibliographic Note"，同上，第 357 页；H. J. de Graaf 的 "Later Javanese Sources and Historiography"，同上，第 127 页；P. J. Zoetmulder 的 "The Significance of the Study of Culture and Religion for Indonesian Historiography"，同上，第 329 页；以及 C. C. Berg 的 "The Javanese Picture of the Past"，同上，第 103 页（关于假想的篡位者），第 91 页（关于埃尔朗加）。

[2] 阿卜杜尔·哈里斯·纳苏蒂安（A. H. Nasution, 1918‒2000），20 世纪 60 至 70 年代期间曾任印度尼西亚军政府的国防部长，并两次任陆军总参谋长，在"9·30"政变针对军队将军的刺杀行动中幸免。——译者注

[3] Kate Macgregor, *History in Uniform: Military Ideology and the Construction of Indonesia's Past*（Singapote, 2007）.

581　到 80 年代，甚至在此之后的时期，大多数在学术上获准的研究印度尼西亚历史的著作都由西方人写就。他们在发掘与印度尼西亚人有关的主题方面不受约束，并且资源充裕。一些如德·格拉夫和里科勒福斯（Ricklefs）等西方历史学家继续写作有关国王的主题，[①] 而其他人诉诸新的主题，如改变东印度群岛的现代意识形态，特别是民族主义和共产主义，[②] 并且许多印度尼西亚的历史得到揭示和研究。[③] 伊斯兰教大体上被用"谁引入和从何引入"（who-brought-it-and-from-where）的措辞来描述（印度尼西亚人喜欢另一种被广泛讨论的，来自西方的影响，西方的影响普遍被描述成一种较之伊斯兰教更为文明的影响）。然而，克里斯丁·多宾（Christine Dobbin）提出了关于帕德里战争（Padri War）[④] 期间宗教和经济形势的老到分析，以及安·库马尔使用爪哇史料，从内部着眼，描写了伊斯兰"学院"（pesantren）的世界。[⑤] 其他的西方人将注意力转向不严格限于前殖民地和殖民地时期的群

① 例如，H. J. de Graaf 的著作 *De Regering van Sultan Agung*，*Vorst van Mataram 1613 - 1645 en die van zijn Voorganger Panembahan Seda-ing-Krapjak 1601 - 1613*（The Hague，1958）；以及 M. C. Ricklefs 的著作 *Jogjakarta under Sultan Mangkubumi 1749 - 1792：A History of the Division of Java*（London，1974）。

② 例如，George McTurnan Kahin，*Nationalism and Revolution in Indonesia*（Ithaca，1952）；以及 Ruth T. McVey，*The Rise Indonesian Communism*（Ithaca，1965）。

③ Bernard H. M. Vlekke，*Nusantara：A History of Indonesia*（1943；rev. edn，The Hague，1959）；J. D. Legge，*Indonesia*（Englewood Cliffs，NJ，1964）；Bernard Dahm，*History of Indonesia in the Twentieth Century*，trans. P. S. Falla（London，1971）；and M. C. Ricklefs，*A History of Modern Indonesia：c. 1300 to the Present*（London/Basingstoke，1981）。

④ 帕德里战争（Padri War，又称 Minangkabau War），于 1803 - 1837 年在印度尼西亚的西苏门答腊岛进行。战争双方是由帕德里派穆斯林领导的势力和由当地贵族官员领导的力量。1821 年，荷兰殖民者开始干涉战争，辅助贵族势力攻击帕德里派穆斯林。——译者注

⑤ Christine Dobbin，*Islamic Revivalism in a Changing Peasant Economy：Central Sumatra，1784 - 1847*（London/Malmö，1983）；and Ann Kumar，*The Diary of a Javanese Muslim：Religion，Politics and the Pesantren 1883 - 1886*（Canberra，1985）。

体，如殖民城市的女人、劳工和青年。①

萨尔托诺和民族史

　　关于历史学写作的第二次国家研讨会在 1970 年举行，并且在之后的 30 年里将看到以萨尔托诺·卡尔托迪尔德乔（Sartono Kartodirdjo）为先锋的多个角度的社会科学方法的勃兴。萨尔托诺受教于荷兰温和派左翼社会学家 W·F·韦尔泰姆（W. F. Wertheim），并且受到美国历史学家 H·J·本达（H. J. Benda）的影响，后者是一本关于日本占领下的伊斯兰教研究专著的作者。② 他的取径是指向国家的和印度尼西亚中心的，并且以展现历史事件是社会的、经济的、文化的、政治的以及宗教因素之间相互影响的复杂结果而著称，相比于早期历史学家们基本上是非理论性的和描述性的取径，不同领域的阐释能力必定被用于展现这种相互影响的结果。他也瞄准了评判的标准，"科学的"历史学方法论，和政治上的"中立"。隆美尔·库拉明（Rommel Curaming）认为在印度尼西亚史学界中公认优秀的评价中，萨尔托诺学派的影响被夸大了，实际上它的影响力并未在学术著作、教科书或是大众媒体中有所体现。加贾赫·马达大学（Gajah Mada University）的历史系被萨尔托诺及其门徒（protégés）所控制，而印度尼西亚大学历史系更多地受到了努格鲁霍·诺托苏桑托的影响［尽管也有萨尔托诺的信徒，如那里的阿德里·拉皮安（Adri Lapian）］，并且被指责与"新秩序"政府勾结以设置一种国家资助的历史学。这种思路倾向于一种如同亚明民族主义史学的

582

①　Anderson 的著作 *Java in a Time of Revolution*（'青年'）；John Ingleson 的著作 *In Search of Justice：Workers and Unions in Colonial Java* 1908 - 1926（Singaore，1986）（'劳工'）；以及 Jean Gelman Taylor 的著作 *The Social Word of Batavia：European and Eurasian in Dutch Asia*（Madison，1983）（'城市'）。

②　H. J. Benda，*The Crescent and the Rising Sun：Indonesian Islam under the Japanese Occupation*，1942 - 1945（The Hague，1958）。

描述性的、非理论性的政治史叙述，带有突出军方领导人的目的。[①]

萨尔托诺的著作具有高度创新性（不只在印度尼西亚历史学家之中，在西方史学家之中也是如此），因为它既包括精英也包括农民。[②] 这与臭名昭著的"新秩序"主张，"人民仍是愚蠢的"（*rakyat masih bodoh*），相抵触。这一主张作为民众全面去政治化的理由，不动员民众追求自身的利益，而是在一种"稳定"和"强化"军队的国家发展方针下，劝诫民众献身于"生产性的"工作，使他们处于从属地位。

萨尔托诺的民族史最终于 1975 年出版。总共 6 卷：史前史（公元以前）；印度教王国时期，至公元 1600 年；伊斯兰王国时期，至公元 1800 年；19 世纪的殖民统治时期；民族主义和殖民统治的结束；日本占领时期；革命时期（1945—1950）；以及"自由民主"和"指导民主"时期，直至引发"新秩序"的 1965 年政变。第 6 卷添加了如社会变革和社会流动，政府结构和政治生活，以及政治事件叙述的教育及社会性传播等方面的发展。它提供了针对双重职能（dwifungsi）的合理性，双重职能即军事应该既具有社会政治功能也有军事功能的政治统治信念。

1984 年，民族史的修订版出版，此次萨尔托诺没有参与编辑。其变化包括了与"新秩序"有关的新章节，强调了稳定和发展的成就，新的"东盟—中心的"（ASEAN-centred）外交政策的制定和东帝汶（East Timor）一体化的必要性，也包括"新秩序"社会的建设以及由 1971 年和 1977 年选举所提供的合法性（为了保证政党返回，所谓的民主制节庆在如此约束性和操控性的气氛

---

① Rommel Curaming, 'Towards Re-Inventing Indonesian Nationalist Historiography', *Kyoto Review of Southeast Asia*, 3（March 2003），http：// kyotoreview. cseas. kyoto-u. ac. jp.

② 特别参见，Kartodirdjo Sartono, *Protest Movements in Rural Java：A Study of Agratian Unrest in the Nineteenth and Early Twentieth Centuries*（Kuala Lumpur/ Singapore，1973）。

中进行）。20 世纪 90 年代，另一套修订版出版，内容包括发行量 583
似乎非常有限的第七卷以及随后的五年发展计划。

宣传和妖魔化

为了描述一个缓慢的文化融合的过程——一个被萨尔托诺认
为早于殖民地时期，且形成了民族融合主干的过程——萨尔托诺
的方法使用了各种学科和视角。[1] 地方史和国家层面的发展之间
的相互作用是重点中的重点。当军方历史学家努格鲁霍·诺托苏
桑托接手之时，这种思路被抛弃了。努格鲁霍所记录的历史事件
中最有争议的是 1965 年政变，他没有简单地称这场政变为被英
勇的军队挫败的共产党夺权运动，并且实际上正适合了西方学术
界分析政变的范围。[2] 然而，一条直白的消息出现在他所主持的
历史讲话中，演讲集中于军事，并且利用的不仅是文字叙述，还
有文物、古迹、影像以及庆典。它是以国家为中心的叙述，描写
的是军事这种发展催化剂对国家统一形成的威胁。区域文化被视
为静态的存在，没有任何他们自己的动态机制，如同在殖民时期
那样。地方史被认为比起殖民档案缺少些可靠性，留给普通百姓
的代言人的空间极小，[3] 并且与毛主义中国的"人民英雄"形成
反差的是，王族在民族英雄名单中处于显著位置。

在此讲话中，全面抹掉了 1965—1966 年屠杀数十万被指控
为政变活动同谋者的行动。只用 6 个将军被谋杀被报道出来，并
且是有意写出了恐怖小说一样的细节。萨斯基亚·威尔林加
(Saskia Wieringa) 已呈现了相悖于官方记述的内容和如"鳄鱼

---

[1]　Schulte Nordholt, 'De-Colonising Indonesian Historiography', 6.

[2]　Nugroho Notosusanto with I. Saleh, *The Coup Attempt of the 'September* 30 *Movement'in Indonesia* (Jakarta, 1968).

[3]　Schulte Nordholt, 'De-Colonising Indonesian Historiography', 7.

洞"和"国家纪念碑"^① 等地点的场景还原，认为将军们实际上
并没有遭到杀害。与之形成鲜明对比的说法是，被指控为真正执
行此事的左翼女性组织成员在她们被投入狱中后遭到可怕的
折磨。^②

1994 年出版的高校（Sekolah Menengah Umum）历史教科书
轻待社会和政治话题，着重强调如"绿色革命"　（Green
Revolution)^③ 的物质发展，以及通讯、运输、工业和技术方面的
发展，最后一段还带有对于健康和纯净环境的憧憬（讽刺的是，
"新秩序"实际上授予了其权贵商人将之毁灭的万能许可）。专业
历史学家大体上从事非敏感性的研究计划，如非政治性的政治经
济史。^④ 亨克·许尔特·诺尔德霍尔特（Henk Schulte Nordholt,
1953—）评论道，由社会科学所推动的模式的应用趋势，其目的
是在无过程的结构层面描述过去，在无"经验性的想象"
（empirical imagination）的情况下制造没有人的历史学，就像在殖
民地时期那样。^⑤

他也指出，几乎没有人将后殖民地状态分析为一种对"新秩
序"时期产生重要影响的剥削制度机制，^⑥ 特别是在使用非法暴
力方面的影响，这种影响今天仍然限制着议会决策的有效性。他

---

① "鳄鱼洞"（Lubang Buaya）和"国家纪念碑"（the National Monument）是"9.
30"事件中两处屠杀行动实施的场所。前者在雅加达郊区，后者在雅加达市
中心。——译者注

② Saskia Wieringa，*Sexual Politics in Indonesia*（Basingstoke，2002），298-309.

③ 印度尼西亚自 20 世纪 60 年代中期推行"绿色革命"，探索扩大农业生产，特
别是稻米生产的出路。直到 80 年代中期，该计划才积累了一些成功的经验，
实现了大米自给。但是，"绿色革命"并未从根本上解决农村的贫困问题。同
时，由于"绿色革命"的开展，土地过分集中，农村贫富差距悬殊，加剧了
印度尼西亚农村社会经济结构的两极分化。——译者注

④ 例如，参见 Masjkuri and Sutrisno Kutoyo（eds.），*Sejarah Daerah Istimewa
Yogyakarta*（Jakarta，1982）。

⑤ Schulte Nordholt，'De-Colonising Indonesian Historiography'，10.

⑥ Id.，'A State of Violence'，International Institute of Asian Studies（Leiden
University）Newsletter（2007），8.

正确地指出了将殖民遗留物与印度尼西亚当前的状况相联系的历史分析显得匮乏，但专业条件如此不成熟，以至于招致了对这种观点的激烈抵触。印度尼西亚的历史学家没有提倡此类分析的传统，他们也没有机会从其他国家的历史学家那里认识到它。薪水如此之低以至于大多数人做两份工作维持生计，没有钱买书或交流。起决定作用的是，严厉的报复行动会落到任何批评政府的人头上，即使是委婉地进行批评。一个发人深省的事例是政府对发起于1980年的"50人请愿"（the Petition of 50）的反应，请愿指出"潘查希拉"（Pancasila），又称国家五项原则①，一开始是被设计成一种团结性的意识形态，而不像如今在"新秩序"政府领导下那样，是为了迫害和孤立政治对手。请愿中有名望的作者没有像印度尼西亚人那样一概被投入监狱或被杀害，而是遭到了更为狡猾的惩罚，破坏性的金融报复。

历史学家王福涵（Onghokham）在其关于爪哇特定地区的研究中显著地发展了一种看待过去的新方法，它提供了一幅身居高位的荷兰人同爪哇官员之间人际交往的讽刺性图景，并且他关注了日常细节，如食品。② 他希望表达不受欢迎的，甚至是危险的政治观点，并且在他的杂志［他是《发展速度》（Tempo）的专栏作家］中，他暗示"新秩序"只是过去土匪做派（jago-ism）的一种现代形式。尽管他领导着印度尼西亚历史研究院（Lembaga Studi Sejarah Indonesia），但王福涵在印度尼西亚的建制中仍扮演着有些边缘的角色，这部分是由于他是华裔。并且很少有历史学家偏离官方的线路，更不用说对其进行挑战了。那些对其形成挑

---

① 即"和平共处五项原则"，Pancasila本义是印度佛教用以道德教化的"五戒"，带有喜庆的意义。1954年，中印签订《中印关于中国西藏地方和印度之间的通商和交通协定》，《协定》的序言中提出了国与国之间的和平共处五项原则，印度政府称之为"潘查希拉"。此后，五项原则在外交中被广泛提及。——译者注

② Onghokham, ' The Residency of Madiun: Priyayi and Peasant in the 19th Century', Ph. D. dissertation, Yale University, 1975.

战的人大体在艺术领域——画家、小说家、剧作家、电影制片人，甚至还有跑龙套的演员组成的剧团，直到这些领域也被军方所接管。在该群体中，没有人比才华出众的小说家普拉姆迪亚·阿南达·杜尔（Pramoedya Ananta Toer，1925—2006）提出更有胆量和更有历史依据的挑战，他在一个不受司法约束的狱营遭到监禁，并且此后的迫害恰恰证明那些挑战官方言论的人会遭到多么严苛的对待。他在强迫之下永不屈服的非凡勇敢使其他很多对军方持反对意见的印度尼西亚人找到了勇气。

许尔特·诺尔德霍尔特分析殖民地晚期是一种压制性体制，其体制被"新秩序"政府大规模承袭下来，普拉姆迪亚是最适合作为他论证必要依据的作家。他的作品唤起了关于这个时期残酷本质的一幅犀利的画面，运用其讲述者的力量为当今的阅读开启了世纪之交的荷属东印度群岛的历史视角。他以明克（Minke）为原型，刻画了其主要角色蒂尔托·阿迪·苏尔佐（Tirto Adi Soerjo），还原了最重要的印度尼西亚新闻工作先驱之一的历史记忆。在他接受戈格维尔特（GoGwilt）采访时，普拉姆迪亚解释说他将女英雄恩耶·翁罗索罗赫（Nyai Ontosoroh）的角色塑造成一种反抗精神的代表，以至于他的政治犯朋友们将不会因杀戮和监狱营房的残酷而消弭斗志。①

普拉姆迪亚的著作始终以一种强烈的历史意识著称，这在他接受戈格维尔特采访时表现得很明显，在采访时，他宣称苏加诺创立了不流血的国家，不同于"新秩序"政府，并且声称长远的印度尼西亚进步从1945年独立开始，长远的印度尼西亚来自真正的独立。他也将印度尼西亚和越南的独立运动视为开启了一场遍及亚洲和非洲的，为了自由的，从殖民统治中解放世界的全球

---

① Chris GoGwilt，'Pramoedya's Fiction and History：An Interview with Indonesian Novelist Pramoedya Ananta Toer. January 16，195，Jakarta'，*The Yale Journal of Criticism*，9：1（1996），155 - 156，151，149.

性斗争。[①]普拉姆迪亚作为另一种印度尼西亚史的提供者的地位如此之重要，以至于阿德里安·维克尔斯（Adrian Vickers）近期完成的印度尼西亚史被视为与他的一种对话。[②]

　　普拉姆迪亚的布鲁四部曲[③]由于所谓的传播共产主义，马克思主义和列宁主义思想而被禁。[④]这证明国家决定控制的不只是历史作品，还有更为大众化的历史表现形式，如历史小说和影视〔如，以19世纪的同名小说为基础的电影《马格斯·哈弗拉尔》（Max Havelaar），描绘了爪哇上层社会与荷兰人勾结之下对农民的压迫〕以及剧院。

　　然而，不是所有历史写作都在国家的控制之下，这只是由于国家没有足够的能力控制印度尼西亚社会的所有方面。在国家监控之外，下层的地方史就像野花般开遍印度尼西亚的众多地方，并且时常在历史遗迹处分发给游客。这些历史表现了口述传统进入文字记录的转变过程，这有赖于独立后的印度尼西亚在读写能力上的重大进步。不同于普拉姆迪亚的著作，他们不去质疑官方的民族史观点，官方的观点不在他们的视域内。尽管缺乏艺术性且与苏查特莫科渴望的"科学史学"相去甚远，它们提供了一种以不同的印度尼西亚背景出现的视角，并且它提供了在不同作者看来是保护了那些在更多的学术著作中难以找到的部分重要遗产。

改革与自由的声言

　　一旦"新秩序"政策随着亚洲金融危机和印度尼西亚改革运

---

①　Ibid. , 157，160.

②　Adrian Vickers，*A History of Modern Indonesia*（Cambridge，2005）.

③　普拉姆迪亚被逮捕后被关押在布鲁岛（Buru）的监狱中。在狱中，他先后写作了《人世间》、《万国之子》、《足迹》和《玻璃屋》，被称为"布鲁四部曲"。前三部小说内容连贯又各成一体，以鲜明的人物形象、壮阔的场景，再现了印度尼西亚人在1898—1918年期间民族意识觉醒和反抗荷兰殖民者的历史。——译者注

④　GoGwilt，'Pramoedya's Fiction and History'，148.

动被取缔，一种恢复历史事实的强烈渴望出现了，这种渴望通常以相对简化的赏罚重断的想法为基础。所以，一些重新审视的行为出现了，如关于主要以攻击日惹荷兰人为目的的"瑟兰干·乌麻姆"事件（Serangan Umum）；关于 1965 年 9 月 30 日政变；关于据说记录了苏加诺将权力移交给苏哈托的被称为"3. 11 命令"（Supersemar）文件的内容[①]；以及关于军方的角色，特别是军方在局部反抗行动中所起作用。教育部长尤沃诺·苏达尔索诺（Yuwono Sudarsono，1942—）下令对这些话题进行调查以改进教科书的内容，一套新版教科书于 2000 年出版。对于"瑟兰干·乌麻姆"事件来说，苏哈托没有得到信任，而日惹苏丹则得到更多信任，并且"3. 11 命令"的可靠性也成问题。然而，1965 年军队的角色并未被重新检查，并且 1965—1966 年的受害者仍然保持沉默，尽管"印度尼西亚历史学家社团"（Masyarakat Sejarawan Indonesia）在 1999 年提起了对该时期进行调查的请愿。在修订版的教科书中，"新秩序"政策几乎完全被抹除，除了关于其发展的成就及其最终因 KKN（"腐败，勾结，以及裙带关系"——革命运动的主要对象）而导致衰落的叙述。教科书的第三部分，关于经济和技术的发展，尽管它不再隶属于"新秩序"，但仍然多少有些相似。相比之下，25 页的内容用于对革命进行乐观的叙述。许尔特·诺尔德霍尔特认为其全部的影响是产生了一种与行为者、政治空间和政治时间不相关联的平凡的历史。[②]

在更广泛的社会里，审查制度的加重迅速引发了由坦·马拉卡（Tan Malaka）和激进的爪哇记者及作家马斯·马尔佐·卡尔托迪克罗莫（Mas Marco Kartodikromo）之类的传奇人物所写的左翼书籍再次出版。关于苏加诺的文学作品，有种族指向的地方

[①] "3. 11 命令"（Supersemar），印尼语 *Surat Perintah Sebelas Maret* 的缩写，即 "3. 11 命令"的意思。1966 年 3 月 11 日，时任印尼总统的苏加诺签署文件，将国家行政权力交给军队指挥官苏哈托，以结束 1965 年以来的混乱局面，恢复社会秩序。——译者注

[②] Schulte Nordholt, 'De-Colonising Indonesian Historiography'，14，11 - 12.

史（如通过将作为赢得独立的英雄的爪哇人塑造成实际上是新殖
民者作为对爪哇人表现的一种回应），以及个人传记再次出现。[1]　587
书中出现了迄今仍被禁止的话题：例如，1965—1966 年的大规模
屠杀。

印度尼西亚历史学家社团在 2001 年 10 月于雅加达举行的第
七次国家历史研讨会上提出了正式且明确的独立于国家控制的宣
言。此次会议，以及在芝萨鲁阿（Cisarua）召开的下一次会议，
将涌现出的与之有关的年轻一代史学家，他们被视为"第三代"、
"后萨尔托诺"或"革命的一代"。默斯蒂卡·泽德（Mestika
Zed）发表了一篇论文，《批判民族史的专横》（*Menggugat Tirani
Sejarah Nasional*），在论文中，他将民族史观念描绘成专横的和
压迫性的观念。巴姆邦·普尔万托（Bambang Purwanto）批评印
度尼西亚史学家由于过分强调殖民制度，并由于时代错置和偏颇
地注重"大人物"，忽视了内部的和地方的动因。他的解决方法
是严格地遵循科学历史方法。普尔万托也指责萨尔托诺将荷兰东
印度公司的所作所为视为开发行为，以及将地方精英的要求仅仅
视为是想要牺牲家庭的一个成员而服务于其他成员的观点。这构
成了针对那种以天生自愿服从家族首领为特点的，以家族式国家
为中心思想的"新秩序"的批判。他也认为 VOC 的开发简单地
延续着一种令人尊敬的印度尼西亚传统，并且批评萨尔托诺学派
使用一种时代错置的框架，在其中海盗和土匪不是被塑造成罪
犯，而是反殖民的战士。普尔万托也拒绝用苏丹取代苏哈托的英
雄地位的流传甚广的诉求，就像苏哈托掌权时进行的简单的历史
学去苏加诺化一样，并且谨慎对待 1998 年开始的"修正历史"
（pelurusan sejarah）计划。他担心这将只是用新的历史学正统取
代旧有正统，催生出另一种仍是用于满足对倾轧和权力的饥饿感
的历史版本，而不是一种检验真理的科学标准。[2]

---

[1]　Schulte Nordholt, 'De-Colonising Indonesian Historiography', 13.

[2]　Curaming, 'Towards Re-Inventing Indonesian Nationalist Historiography'.

另一方面，实际上参与了"修正历史"计划的阿斯维·瓦尔曼·阿丹（Asvi Warman Adam）宣称它旨在包容整体性的历史解释，而不是设置另外一种整体历史解释——相反，它欲通过给争论性解释开辟空间以使历史学民主化。阿丹报道了一些成就，如2004年的课程体系规定应该向学生呈现关于1965年政变的不同解释。然而，他在课程改革方面的成就报道被证明是不成熟的。2007年初，司法部长通过法律手段收回新的学校教科书，并推翻了2004年的历史课程体系，该课程体系体现出教师、大学讲师以及课程设计者的努力，即将1948年"茉莉芬事件"（Madiun affair）[①]和1965年政变与强硬的穆斯林和左翼之间发生可怕冲突联系起来，进行了多种公正的介绍。与其说是推行反动宣传，不如说他们仅仅在试图告诉学生有很多不同的解释。更为开阔的视野如今被一种狂热的反共产主义政策的复苏所破坏，其部分原因是军方和苏哈托的支持者的政治影响仍在继续。[②]很多杰出的历史学家，如萨尔托诺和王福涵签署了反对禁令的请愿书。虽然如此，2007年5月司法部长办公室没收了与马克思、列宁、斯大林和毛泽东有关的教科书，这违反了"潘查希拉"原则，特别是其关于奉神信仰的认定。反共产主义的历史学家继续传播"新秩序"关于1965年政变的说法，以及关于引发政变的土地改革法所引发的暴力活动的说法。例如，阿米努丁·卡斯迪（Aminuddin Kasdi）出版了一本关于东爪哇土地改革的书，名为《红色抢夺》（*Kaum Merah Menjarah*）。

588

在2007年年中，一个关于另类历史（alternative history）的研讨班在日惹开启，汇集了更年轻的知识分子，包括学术圈以外的工作者，如希马尔·法利德（Hilmar Farid）这样的激进主义

① "茉莉芬事件"是指1948年印度尼西亚右派势力在茉莉芬市镇压印尼共产党人的活动及影响。在此事件中，有约3.5万印尼共产党人和进步人士被逮捕，其中1万人遭杀害。"茉莉芬事件"使印尼共产党的力量被削弱，也影响了印尼共和国的发展。——译者注

② Adrian Vickers blog 6 July 2007：http：//blogs. usyd. edu. au/vicindonblog/

者，他批评印度尼西亚史学家保留了"新秩序"的类型和框架，以及如马里阿·哈尔蒂宁西赫（Maria Hartiningsih）这样的新闻工作者。普尔万托提交了一篇关于 1965 年之前的土地所有权的论文，显示了地方宗教领袖是如何对土地进行分类以增加他们的支持，与卡斯迪提供的共产主义的非法没收土地政策的画面形成鲜明对比。至此时期，并非全都来自学术圈的各种 NGO[①] 都在试图揭示 1965 年大规模屠杀的历史。[②]

在最近的出版物中，许尔特·诺尔德霍尔特认为只要印度尼西亚史不包括 1965 年大屠杀，它就不是能被人民所接受的真实历史：只记载官方认定的英雄却不讲数以千计的受害者，同时集中于国家的首脑人物，这是一种可悲的历史学。他认为印度尼西亚人暂时地成为了"一群没有历史的人"，且现在必须追问的问题为是否一种新的印度尼西亚史学将会成功地从国家的利益、视角和概念框架中解放出来。[③] 对印度尼西亚历史写作的批判是有效的。然而，我们也必须承认这样的事实，自从殖民地时代开始，印度尼西亚国家和印度尼西亚人民发生了巨大改变，而这也是影响着他们的关系以及印度尼西亚史学的主要因素。国家不再是庞大的殖民体制的官僚机构，也不再被"新秩序"牢牢控制，而是一个分散为很多斗争性群体的国家——一些是合法的，另一些则不是。平民也大大不同了：识字率不再是 6.4%，已经上升到 90%，在穆斯林世界中是最高比率之一——在更富有的沙特阿拉伯、伊朗和邻国马来西亚之上，也超过诸如秘鲁和巴西之类的美洲国家。如今有 44 所国立大学和 20 多个私立大学。的确，这些大学不是牛津或哈佛，但也绝不是苏加诺关照的万隆工程学院，而如果他能在缺乏创造性的学术气氛中加入对帝国主义的批判，我们今天就可以期待一些批判性的思考。此外，在海外的大

589

---

① NGO，Non Government Organization 的简称，即非政府组织。

② Adrian Vickers blog 6 July 2007：http：//blogs. usyd. edu. au/vicindonblog/

③ Schulte Nordholt,'De-Colonising Indonesian Historiography', 17.

学完成历史学博士学位的印度尼西亚人数量有所增长，连通世界新闻的卫星天线长期被作为地标，并且现在视频网站 YouTube 为完成联网的人提供了更为广泛的信息。的确，在印度尼西亚旅行可以惊奇地发现，即使农村地区也知晓发生在其他国家的事情。与荷兰不同，"新秩序"政府实际上利用盈余的资源收益将大量的钱投入到教育中。所以，即使当今的政府想要再度加强集中管控的历史学，也无须再像前殖民地的国王和殖民地政府那样依靠无知且盲从的民众了。像极了曾经专供于皇家的蜡染图案，文字已经失去了其大部分的固有魔力，因为它现在几乎可以被任何人使用。

在经历了半个世纪的集权政府之后，印度尼西亚正在享受其主要在 20 世纪 50 年代享受过的那种自由。这已导致了向更为多样的景象迅速转移，这种转移既体现在存在着数十个政党的政治领域，也体现在如今历史学家所支持的多样化观点方面。随着审查制度的升级，不同的印度尼西亚史记述的涌现明确了在此主题上的兴趣范围，并且难以看出印度尼西亚人怎会是缺乏历史的民众。维克尔斯的资料库包含了大概 1600 本苏哈托下台以来出版的历史学书籍。[1] 民族主义仍然是目前为止最大的主题，有 700 本书籍。伊斯兰教主题居第二，有超过 300 本书之多，其中很多是关于"异议（dissenting）"或是伊斯兰教的本土形式的。这是歌颂阿兹尤马尔迪·阿兹拉（Azyumardi Azra）追溯伊斯兰教脉络的先锋性著作的一个绝好时机，尽管有着强大的历史学机构，但对之后的历史学家来说重新追溯这条脉络则格外困难。[2] 该书确实是有着个体行动者且有着清晰政治背景的历史学著作。在数量上与伊斯兰教主题的著作同样多的是那些社会史著作，而区域

---

① http：//blogs. usyd. edu. au/vicindonblog/.

② Azyumardi Azra，*The Origins of Islamic Reformism in Southeast Asia：Networks of Malay-Indonesian and Middle Eastern'Ulama'in the Seventeenth and Eighteenth Century* (Crows Nest NSW/Honolulu，2004).

史的大量产出是政治去集权化思想觉醒之际人们所期待的。

同时，从 1965 年批评印度尼西亚的历史写作缺乏科学性以来，西方历史专业也在极大程度上发生了改变。范·莱于尔对荷兰殖民史学的批评已经有所扩展，例如在许尔特·诺尔德霍尔特解构"荷兰式和平"（pax neerlandica）的表现中，这种批评就是其中心言论之一。许尔特·诺尔德霍尔特使用了一种来路不明的报告，该报告被烟草种植者 C·阿曼德（C. Amand）于 1872 年呈送给殖民政府，导致了殖民地官员之间大规模的动荡。阿曼德的报告通过描述一个偷牛、勒索、鸦片走私、暴力以及特别是恐吓都为常事的世界，颠覆了广泛认为的爪哇农村社区是"和平之保障"的殖民地图景。实际上，在爪哇的整个殖民政府是在广泛的农村犯罪网络基础上建立的，这主要是由于政府没有能力全面控制爪哇，被迫地雇佣了名为"加戈"（jago）的地方豪强来做帮手，作为交换，他们能自由实施自己的犯罪活动。加戈中没有劫富济贫的高贵土匪，他们也没有形成一种古老且衰落的文化残余。相反，他们是一种新殖民关系的产物。殖民政府徒劳地试图使阿曼德的报告失去可信性，但是在阻止公众知晓这一令人震惊的事件真相方面更为成功，这些关于爪哇、犯罪和国家的事实真相大体上是由彼此催生并得到加强。许尔特·诺尔德霍尔特的著作揭示出，由掌权者控制的写作和造价昂贵的荷兰殖民史的卷宗（远比载有地方史的廉价平装版更为令人印象深刻）有其自己的"言语魔术"形式。①

西方史家如今也大体上更倾向于认识地方和本土历史传统及记忆的有效性，即使它们禁不起曾被认为必不可少的学术式的推敲。西方对印度尼西亚历史学写作的态度就是如此。尽管相比于早期，狂妄和草率的态度要少些，但并不是没有问题。地方史、区域史和意识形态核心集团的历史叙述间意味深长的比例分配不是简单的风景画和富贵织锦的彩色部分。对过去的一种观点加以

━━━━━━━━

① Schulte Nordholt, 'A State of Violence'.

验证将会使另外的事实作废或将之否定——而印度尼西亚史的确争议很大。深层的分歧在于对过去流血事件的解释,并且过去的英雄经常被用于推动当今的争斗。当争议性的解释与由印度尼西亚社会的主要矛盾导致的暴力历史发生关联时,它们就会得到极大的热情支持:种族冲突,要么在不同的"本土"(pribumi)群体之间,要么在不属于"本土"范畴中的印度尼西亚当地人和印度尼西亚华裔之间;不同宗教群体之间的冲突;以及穆斯林强硬派和世俗主义者或社会主义者之间的冲突。人们希望,"印度尼西亚历史学家社团"将有能力在削弱具有攻击性的片面的历史学作品及其煽动性影响方面发挥作用。

591

如果有另一种民族史,它也不可能如早期的民族史那般"专横",因为它不可能拥有同样的垄断权力(除非回到独裁统治状态,且即使那样,保持印度尼西亚社会和国际社会的发展也将是很难的)。而且,不得不着手处理过去那种政治操纵历史的残余,特别是关于那些从前被排斥在外的历史。如阿丹所说,历史学家需要发展一种兼容性的史学。"新秩序"时期通过制定某些群体为贱民,"保护"合法民众远离这些所谓的贱民的非法行为进行统治。这些群体的最突出之处是那些被指控为左翼的行为,并且现在没有哪一单个话题在协调对立党派问题上比1965年的政治变革更重要——一个看起来如果不解决就不可能转移的话题。当阿普杜勒拉赫曼·瓦希德(Abdurrahman Wahid)总统公开提出要求调查1965—1966年的屠杀事件,并对他自己组织的民兵"教士联合会"(Nahdatul Ulama)在这些事件中起到的作用表示歉意时,他就打破了讨论这些事件的禁忌。然而,这一话题距离解决仍有很大距离。

印度尼西亚的华裔是另一个蒙受污名的群体。他们生活在遭受共产主义者指控的极其可悲的境遇里,但他们的罪过实际上是使平民遭受经济苦难,并且他们被广泛地视为不忠于印度尼西亚的窃取利益的高利贷者。尽管"新秩序"的将军们通过与中国人合作自己也富了起来,但他们毫不犹豫地使之成为牺牲品。在经

济危机后以及在证券更易期间，据说在一位名声赫赫的将军唆使下，出现了进攻华裔和大规模强奸华裔妇女的情况。在"新秩序"丑化和污蔑很多印度尼西亚人（如左翼和所谓的左翼人物，伊斯兰极端主义者，以及华裔）的长期政策的余波中，学术性的历史学和教科书都将超越那种造成历史写作出现分歧和偏激的方式。

大事年表/关键日期

- 1942　　　　（3月）日本征服印度尼西亚
- 1945　　　　（8月17日）宣布独立
- 1945—1949　"革命"随着荷兰重建殖民统治企图的失败而结束
- 1948　　　　（9月）茉莉芬事件
- 1949—1962　Darul 伊斯兰反抗活动
- 1949—1957　议会民主制
- 1955　　　　第一次选举
- 1958　　　　（2月）PRRI 反恐活动
- 1957—1965　苏加诺的"指导民主"
- 1962　　　　荷兰被迫将伊里安岛交还给印度尼西亚
- 1963—1965　（与马来西亚的）"对抗"
- 1965　　　　（9月30日）Gestapu（企图以武力手段接管政权 592 的政变）
- 1965—1968　建立由苏哈托任总统的"新秩序"
- 1975　　　　合并东帝汶
- 1976　　　　亚齐省叛乱开始
- 1998　　　　亚洲金融危机；"改革"与苏加诺离职
- 1999　　　　自由选举的恢复与国会权力的提升
- 2002　　　　东帝汶独立

主要史料

- Abdullah, Taufick, *Sejarah local di Indonesia: Kumpulan tulisan* (Yogyakarta, 1979).

- Azra, Azyumardi, *The Origins of Islamic Reformism in Southeast Asia: Networks of Malay-Indonesian and Middle Eastern 'Ulama' in the Seventeenth and Eighteenth Centuries* (Honolulu, 2004).

- Hatta, Mohammad, 'Indonesia Free', in Deliar Noer (ed.), *Portrait of a Patriot: Selected Writings by Mohammad Hatta* (The Hague/Paris, 1972), 205 - 297.

- Noer, Deliar, *The Modernist Muslim Movement in Indonesia 1900 - 1942* (Singapore/New York, 1973).

- Onghokham, 'The Residency of Madiun: Priyayi and Peasant in the 19th Century', Ph. D. dissertation, Yale Univeristy, 1975.

- Sartono, Kartodirdjo, *The Peasants' Revolt of Banten in 1888: Its Conditions, Course and Sequel* (The Hague, 1966).

  ——*Protest Movements in Rural Java: A Study of Agrarian Unrest in the Nineteenth and Early Twentieth Centuries* (Kuala Lumpur/Singapore, 1973).

  ——with Poesponegoro, M. Dj. and Notosusanto, M., *Sejarah Nasional Indonesia*, 6 vols. (Jakarta, 1975).

- Sukarno, 'The Promise of a Brightly Beckoning Future', in Herbert Feith and Lance Castles (eds.), *Indonesian Political Thinking* 1945 - 1965 (Ithaca/London, 1970), 29 - 32.

  —— 'Swadeshi and Mass Action in Indonesia', in id., *Under the Banner of Revolution* (Djakarta, 1966), 113 - 146.

- Yamin, Muhamad, 6000 *Tahun Sang Merah Putih* (Djakarta, 1950).

参考书目

- Carey, P. B. R., *The British in Java* 1911 – 1816: *A Javanese Account* (New York, 1992).

- Cowan, C. D. and Wolters, O. W. (eds.), *Southeast Asian History and Historiography*: *Esaays Presented to D. G. E. Hall* (Ithaca/London, 1976).

- Curaming, Rommel, ' Towards Re-Inventing Indonesian Nationalist Historiography', *Kyoto Review of Southeast Asia*, 3 (March, 2003), http: //kyotoreview. cseas. kyoto-u. as. jp.

- Hall, D. G. E., *Historians of Southeast Asia* (London, 1963).

- Iskandar, Teuku (ed.), *De Hikajat Atjéh* (The Hague, 1958).

- Karsono, Sony, ' Setting History Straight? Indonesian Historiography in the New Order', MA thesis, Ohio University, 2005.

- Leur, J. C. van, *Indonesian Trade and Society*: *Essays in Asian Social and Economic History* (The Hague, 1967).

- Macgregor, Kate, History in Uniform: Military Ideology and the Construction of Indonesia's Past (Singapore, 2007).

- Purwanto, Bambang, *Gagalnya Historiografi Indonesiasentris?* (Yogyakarta, 2006).

  ——and Adam, Asvi Warman, *Menggugat historiografi Indonesia* (Yogyakarta, 2005).

- Reid, Anthony, J. S. and Marriage, David (eds.), *Perceptions of the Past in Southeast Asia* (Singapore, 1979).

- Ricklefs, M. C., *Modern Javanese Historical Tradition*: *A Study of an Original Kartasura Chronicle and Related Materials* (London, 1978).

- Sartono Kartodirdjo, *Indonesian Historiography* (Yogyakarta, 2001).

593

- Schulte Nordholt，Henk，'De-Colonising Indonesian Historiography'，paper delivered at the Centre for East and South-East Asian Studies public lecture series 'Focus Asia'，25 – 27 May 2004.
- Soedjatmoko et al.，*An Introduction to Indonesian Historiography* (Ithaca，1965).
- Sutherland，Heather，'The Problematic Authority of（World）History'，*Journal of World History*，18：4（2007），491 – 522.

李根　译

第二十九章 殖民者的历史和原住民的 过去：新西兰和澳大利亚

贝恩·阿特伍德

1945 年以来，新西兰和澳大利亚的历史写作的本质已经发生了转变。在 1950 年代和 1960 年代，随着学院历史学家数量的剧增以及职业化的不断发展，建构一个具有男子气概的国家缔造和民族主义的进步故事成为主流。然而，在 1970 年代和 1980 年代，年轻一代的历史学家成长起来，其中很多是女性历史学家和第一代澳大利亚人，他们更倾向社会文化史，重点关注阶级、性别、性取向、种族和族群的差别，这就对上述自我实现的民族主义的胜利故事形成了挑战。该研究在很大程度上和该卷中对许多国家历史写作的概述是相似的。但是有一个领域，新西兰和澳大利亚的历史写作无疑是很不相同的，至少在其公共影响方面，亦即关于原住民的过去。

在新西兰和澳大利亚，反映原住民和殖民者之间冲突的历史呈现在第二次世界大战后经历了重大变化。新的历史写作反映和讲述了原住民权利的本质和国家主权的根基之间的主要争论。二战后世界形势和潮流的变化激励了这些新的历史写作。对少数种族人权的关注不断增长，关注点集中于那些现在被认为是种族歧视的政策和实践上，其结果就是采取一种融和的方案，来解决原住民的贫困问题，并把他们吸纳到民族国家中，使之成为享有和其他新西兰人与澳大利亚人相同的权利和优待。在亚洲和非洲，被殖民的人民对帝国法则的挑战集中于毛利人和原住民的固有权

777

利，这主要指的是他们曾经拥有的对土地的权利，以及他们曾经施行的自决权。对这些权利的要求，和随之而来的歧视、剥夺和破坏的历史，使得殖民国家的道德合法性受到质疑。同时，殖民者把自身及其国家看作是英国的和白人的，随着新西兰和澳大利亚两国的人口统计学的构成发成变化（在澳大利亚，主要是由于欧洲南部和中东地区的移民，在新西兰，主要由于毛利人和太平洋岛民的增多），殖民者的这种自我意识受到挑战。这两个国家在世界上的地位也发生了变化（因为英国认为，它和欧洲的经济和政策关系比和英帝国的任何地区更加重要，东南亚新成立的后殖民国家在亚洲—太平洋地区开始在经济和政治上以独立的面貌出现）。

原住民对权利和主权的要求，以及他们所推动的历史，其影响在澳大利亚更为显著，然而在新西兰则更为深远，这是由于两国不同的过去和史学传统。

新西兰

1945 年以前，新西兰的历史学家着力讲述的是一个关于殖民探险、开创、自治和经济增长的进步的故事。然而，原住民的增补却是该历史叙述的一个基石。通过建构一个关于毛利人和白种人（殖民者）之间的协调，以及关于毛利人的高贵的神话，历史学家试图把原住民融入其历史叙述中。二战后，随着一个新的历史研究领域，即"种族关系"研究的兴起，这种需要变得尤为迫切。该项研究认为，殖民者和原住民之间的冲突最主要是和种族相关，而不是和民族相关；对此，其集中关注欧洲的历史结构和历史行为者，以及这些历史结构和行为者对原住民带来的后果。

一般认为，辛克莱（Keith Sinclair）是战后新西兰历史学家的元老，他早期的研究工作几乎都是在该领域。上一辈的新西兰历史学家主要研究的是以帝国为中心的英国殖民政策，辛克莱追随

这些历史学家，但其叙述却日益不同，因为他采取的是关于民族的而不是关于帝国的分析架构。他的主要论题之一就是新西兰这个国家的"种族关系"。在《毛利人战争的起源》（*The Origins of the Maori Wars*，1957）中，他重塑了理解新西兰的首要冲突的方式。以前那些帝国思维的历史学家把 1860 年代的战争表述为一个新的英国国家建立过程中的中断，而辛克莱则把这些战争视为一个古老的太平洋民族历史中的一个决定性斗争（a formative struggle）。首要地，他谴责了这场冲突，认为是由于殖民者对土地的贪婪造成的，虽然在他看来，侵略性的英国"种族主义"、"毛利民族主义"对统治者权威的挑战，以及人道主义的游说未能制止统治者犯下错误的或冒犯性的举措，这些也是该冲突的部分原因。但是，无论辛克莱在怎样质疑白种人的道德操行，他还是希望为这个国家构造一个独特的民族统一性，以此他认为，这些战争导向的是一个新的民族的成立，该民族独特地包括了毛利人和白种人这两个种族。的确，在他的《新西兰史》（*History of New Zealand*，1959）的前言中，辛克莱讲了一个毛利人起源的故事，他鼓吹民族神话，指出新西兰的"种族关系"比类似国家，比如说澳大利亚的"种族关系"要幸福得多。辛克莱把这种幸福感很大程度上归功于帝国那些人道主义的理想主义者，以及这些理想主义者在 1840 年英国吞并新西兰以后开展的"种族合并"（racial amalgamation）的"实验"。这种理解，就像他接受 1848 年《威坦哲条约》 （Treaty of Waitangi），认为该条约标志着这些理想主义者的愿望，即新西兰由两个和谐地生活在一起的民族组成。①

辛克莱启发了 1950 年代和 1960 年代许多关于"种族关系"的研究，其中最重要的是索仁森（Keith Sorrenson）和沃德

596

---

① Keith Sinclair，'Why are Race Relations in New Zealand Better than in South Africa，South Australia or South Dakota?'，*New Zealand Journal of History* (*NZJH*)，5 (1971)，121 - 127.

(Alan Ward) 的工作。然而他们两人较之辛克莱，更加熟悉相应的非洲历史和太平洋地区历史，因此分别受到这两个领域研究的影响。这就使得他们把关注点更多转向新西兰和其他英国殖民地之间的相似性，其研究也因此更多聚焦于毛利人并呈现毛利人的视角。他们描绘的画面比辛克莱的要晦暗些。战争不仅仅是对土地的争夺造成的。在索仁森这里，在毛利人的世界中，土地是和权威或统治紧密相连的，因此冲突关乎主权。在沃德这里，白人至上的种族主义态度是关键性因素，此外，人道主义者也部分地应该受到谴责，因为他们批评了毛利人对一种急躁的欧洲化的抵制及其试图坚持其自身传统秩序的努力。然而，索仁森和沃德都更多聚焦于战争的后果。前者考察了以土地争端形式出现的法律诉讼在一场对毛利人土地的大规模转让中所起的作用，后者考察了"种族合并"政策带来的英国法律和文化的强制输入。沃德认为，该法律和文化从其意图上说是自由的和进步的，但却压制了毛利人，把他们形容为像殖民者一样是利己主义的，虽然沃德同时也指出，该殖民者的"种族合并"方案确保了毛利人的公民权利得以保存，并抑制了种族分离。索仁森和沃德两人目的在于，批驳了一种有致命影响的神话，或者说他们至少提出了一种主张，该主张认为，英国殖民化的灾难性后果被毛利人的抵抗延迟到了19世纪末。在他们看来，毛利人对英国殖民的反应是独立的、主动适应性的和积极的，而不是模仿性的、被动的和消极的。根据索仁森的观点，毛利人的首领曾试图拒绝接受英国当局的权威，阻止其民众出售土地。面对和白人打交道中产生的法律和秩序问题，他们解决的方式首先是通过传统的部落方法，如法庭（runanga，courts），然后，通过采取新的泛部落途径如国王行动（Kingitanga, the King movement）。根据沃德的观点，大多数毛利人尝试完全融入新的殖民体制，但在某种方式上保持他们作为

第二十九章　殖民者的历史和原住民的过去：新西兰和澳大利亚

毛利人的自我认同。[1]

在这项研究中，出现了一种对"种族关系"架构的偏离。由于反种族主义从根本上把种族差别视为种族平等的敌人，它几乎不考虑文化差别在白种人—毛利人冲突中起到的作用。相比之下，人类学概念的"文化"使历史学家注意到这个问题，从"文化接触"的角度来考虑原住民和殖民者之间的关系，以及根据"文化适应"或"文化调节"的角度来考虑原著民的应对。这在宾尼（Judith Binney）1960 年代的研究中最为显见，他考察了1820 年代和 1830 年代新西兰北部的毛利人和福音派传教士之间的冲突。宾尼尝试界定毛利人对在其土地上永久驻扎的欧洲人的一系列反应。她指出，毛利人对基督教的实际反应首先是由其观念的改变决定的，即在毛利人部落战争带来的失落和绝望的环境下，他们对政治权力、经济财富、科技优势（尤其是识字方面），以及传教士向他们传递的"和平"和"爱"的观念发生了转变。[2]与此类似，毛利人的许多预言性运动本质上是依据圣经的，而不是基督教的，其中包括帕帕胡里西亚崇拜、特·瓦·豪梅尼的马里雷教和林格图信仰（the cult of Papahurihia, Te Ua Haumene's Pai Marire, and the Ringatu faith）。在宾尼的解释中，这些活动是毛利人试图适应殖民化威胁的一种手段，以此他们试图坚持他们

---

[1]　Keith Sorrenson, 'Land Purchase Methods and Their Effect on Maori Population, 1865 - 1901', *Journal of the Polynesian Society* (*JPS*), 65 (1956), 183 - 199; id., 'The Maori King Movement, 1858 - 1885', in Robert Chapman and Keith Sinclair (eds.), *Studies of a Small Democracy* (Hamilton, 1963), 33 - 55; id., 'The Politics of Land', in J. G. A. Pocock (ed.), *The Maori and New Zealand Politics* (Auckland, 1965), 21 - 45; id., 'Maori and Pakeha', in W. H. Oliver with B. R. Williams (eds.), *The Oxford History of New Zealand* (Auckland, 1981), 168 - 193; Alan Ward, 'The Origins of the Anglo-Maori Wars: A Reconsideration', *NZJH*, 1 (1967), 148 - 170; and id., *A Show of Justice: Racial 'Amalgamation' in Nineteenth-Century New Zealand* (Auckland, 1974).

[2]　Judith Binney, *The Lagacy of Guilt: A Life of Thomas Kendall* (Auckland, 1968); and id., 'Christianity and the Maoris to 1840', *NZJH*, 3 (1969), 143 - 165.

自己的土地，维护自己的权威，形成一个泛部落的身份认同。这项研究由奥克兰大学的历史学家和人类学家于 1960 年代展开，被认为证明了跨学科研究的可能效益，虽然在当时的历史叙述中社会经济学的而不是文化的解释框架仍然占主导地位。这段时期展开的其他研究考察了毛利人在世纪之交所采取的不断变化的政治策略。这些研究不仅讲述了被称为现代人的年轻一代大部分采取"合作"方式的历史，而且讲述了更加传统的领导者采取"抗议"方式的历史。[①]

598

如果目前为止讨论的历史写作有助于打破幸福的种族关系和具有毁灭性影响的神话，那么伯立施（James Belich）在 1970 年代末期和 1980 年代初期所做的两项关于毛利人勇士和战争的研究则使得该神话走向终结。伯立施不仅强调了矛盾的规模，该矛盾如今被称为［正如布伊克（Thomas Lindsay Buick）在 1920 年代所做的那样］"新西兰战争"，而且他还认为，这些战争是原住民反抗欧洲势力的最有效和最实际的抵制行动之一。殖民者仅仅靠压倒性的人数而取胜，但在殖民者历史中这点随后就被遗忘了。类似地，伯立施挑战了人道主义的神话，认为这场白种人—毛利人冲突的后果更多是由于毛利人的力量。最重要的是，他对前两代历史学家的发现进行了重新架构。前辈历史学家轻易接受了当今新西兰白人的秩序，并把这种权力和权威投射到过去，从而把其叙述的前提建立在一种白人统治的基础上，而这种白人统治的起源和发展都不在他们的考察范围之内。与这些历史学家不同，伯立施描述了一个边界世界，在那里，白人群体和毛利人群体相互影响但主要是各自独立，因此彼此之间不强迫也不统治对方，这种情况一直持续到 1870 年代。此后，毛利人自治在某些

---

① Paul Clark, 'Hau Hau': The Pai Marire Search for Maori Identity (Audkland, 1975); I. H. Kawharu (ed.), Conflict and Compromise: Essays on the Maori since Colonisation (Wellington, 1975); and John A. Williams, The Politics of the New Zealand Maori: Protest and Co-operation, 1891 – 1909 (Auckland, 1969).

地区通过合作和抵抗的方式继续存在，这就有助于保存毛利人的语言、文化和身份认同，并且为以后的政治和社会复苏奠定基础。[①]

至此讨论的历史写作都不能被称为毛利人的历史，尽管根据"文化接触"展开的研究或许类似于毛利人历史的某个特征。可以认为，毛利人的历史由毛利人或者白人书写，它试图从毛利人的视角理解过去，并尝试和毛利人合作进行研究，即便不能合作，也需要毛利人同意和配合进行相关研究和写作。这种研究途径时间上可以追溯到 1970 年代初期和中期，其兴起源于"毛利人复兴"（Maori renaissance），当时的抗议活动，如毛利人土地游行运动，要求一种在内容和形式上比以往都更为激进的政治。在白人学者方面，采取这种研究方式的历史学家主要有金（Michael King）、宾尼、帕森森（Ann Parsonson）、巴拉若（Angela Ballara），以及人类学家赛蒙（Anne Salmond）和西森斯（Jeffrey Sissons）。

这方面最初的著作从性质上说是传记作品。这些著作都植根于"口述历史"和"田野调查"，是从白人学者和毛利人家族之间的个人交流中产生的。其中最重要的有赛蒙关于一位特·维纳乌-阿-阿培努伊和那伽提·坡柔族（Te Whanau-a-Apanui and Ngati Porou）女子斯特灵及其丈夫厄若拉所作的"仿佛说出来的自传"（1976 和 1980）；金关于 20 世纪早期到中期的泰努伊首领特·普拉·荷然吉（Te Pura Herangi）的传记（1977）；宾尼关于 20 世纪早期在芒阿波哈图活动的蒂·库梯的林格图信徒，即土荷部落救世主般的领袖克纳纳（Rua Kenana）和其团体的传记性研究（1979）；以及宾尼对一些林格图妇女的集体传记（1986）和对库提的传记研究（1995）。这些研究表明，毛利人对过去的叙述在很多方面不同于欧洲历史的叙述。这首先是因为毛利人的历

599

---

① James Belich, *I Shall not Die: Titokowaru's War, New Zealand, 1868 - 69* (Wellington, 1989); and id., *The New Zealand Wars and the Victorian Interpretation of Racial Conflict* (Auckland, 1986).

史叙述属于一种口述传统。这些历史通过神话、歌曲和谚语等方式被讲述，这些方式围绕家族关系展开其构造，由大家庭（*whanau*，extended family）和系谱（*whakapapa*，genealogy）加以界定，寻求权威（*mana*，authority）的保持，并且代代相传。更具体地说，很明显，其中的一些叙述相当于"奇迹般的"神话—叙述，它们属于圣经的寓言传统。因为它们是先知性的或者预言性的关于自由的故事，其讲述主要是为了给未来的白人—毛利人的权力关系带来变革，所以其目的主要是道德性的。于是，这些学者开始觉得，毛利人的历史叙述所呈现的"记忆"或"神话"和学术性历史所提供的"事实"属于根本不同的认知过去和世界事物的方式。它们有着不同的因果观念，把现实和时间性转变为白人不熟悉的领域。换句话说，这种情况下的口述历史的展开不仅揭示了毛利人以不同于白人的方式经历了过去，而且指出，毛利人在历史叙述中对过去的记忆有着不同的优先级和形式。历史学家的这种意识，历史学家的这种意识，和该卷中普拉卡什（Gyan Prakash）谈到的庶民研究学派的观点类似，历史学家由此质疑欧洲主义的假定，即历史是一种普遍现象。以宾尼的研究为例，她的结论就是，毛利人的口述叙事和欧洲人的写作文本相当于两种不同的历史叙述方式。这两种方式之间的矛盾表明，它们不能够相互转化或者彼此交织。实际上，最好是把它们并列以保持其各自的目的和完整性，使得"不同视角的平等"成为可能，也向人们表明，毛利人的过去和欧洲人的过去是怎样以及为什么如其所是地建构起来的。[①]

宾尼的方法很大程度上归功于西森斯关于他自己和土荷部落的口述史打交道的反思。对他听到的口头叙述，西森斯根据其历史话语的四个不同领域进行编排，每个领域都和一个特定时期相关，各个领域由系谱相连，而且都通过和殖民化的碰撞而得到了

---

① Judith Binney，'Maori Oral Narratives，Pakeha Written Texts：Two Forms of Telling History'，*NZJH*，21（1987），16-28.

改变。他把这些叙述和一个白人档案并列放置，该白人档案室主要由官方记录和个人叙述组成。前者如法庭记录，后者如 19 世纪末 20 世纪初的一位人类学先驱的著名作品，以及西森斯自己的田野工作期刊。[1]

600

　　这些学者在做口述历史和口述传统研究同时，赛蒙、帕森森和巴拉若（Ballara）正基于文献资料进行研究。新西兰的书写文献数量庞大，和澳大利亚比起来尤其如此，其中包括毛利人语言（*te reo Maori*，language）方面的资料，由此可以进行深入研究，而澳大利亚就缺少这样的语言文献。赛蒙重新讲述了毛利人和欧洲人最初会面的故事。透过欧洲人的叙述和反思带来的迷雾，赛蒙尝试复原毛利人和欧洲人最初大概是如何看待对方及其相遇的。在他对故事的重构中，赛蒙借助人类学和历史来重新解读这些历史记录，而他的这种解读方式是从民族志历史学家德宁（Greg Dening）那里得来的。赛蒙对毛利人及其与欧洲人碰撞的叙述止于 1800 年代早期，而帕森森和巴拉若则研究了十九世纪的主体部分，前者研究毛利人的土地售卖，后者研究毛利人的组织结构和战争。根据他们的论述，毛利人文化仍然是一种很有竞争力的文化，该文化的基石是小的分部落（*hapu*）而不是他们可能是其中一部分的大的部落（*iwi*）。毛利人对权威的追求随着白人的到来事实上是增长了，因为这些新来的白人带来了新的工具（如犁）、新的食物（如土豆）、新的技术（如识字）、新的理念（如基督教）和新的市场（食物市场）。根据巴拉若的研究，几乎所有这些都在不同程度上挑起了 1820 年代的部落战争，然而战争在毛利人世界中有着特殊位置，因为它是传统政治体系中不可或缺的一部分。这些战争是和以前的那些战争一样，都有着同样古老的文化必要性，就像哈普和伊维开战，是为了通过偿付（*utu*）来恢复其权威，这是一种相互性的行为，以此寻求犯罪或

---

[1]　Jeffrey Sissons, *Te Waimana*：*The Spring of Mana*：*Tuhoe History and the Colonial Encounter* (Dunedin, 1991).

者暴力造成的损失得以返还或者偿付。无一例外地，这些战争都死伤众多，人民流离失所，形势开始发生变化，随着和白人矛盾的加剧，部落开始取代更小的分部落成为最重要的政治群体。在帕森森看来，这些战争及其带来的疾病对后来毛利人对权威的追求方式有着很大影响。在英国合并新西兰之后的二十年间，许多毛利人很乐意地出售了很大一部分他们祖传的土地，这点往往被先前那些重点关注白人企图侵吞毛利人土地的研究遮蔽了。究其原因，帕森森认为有两点：通过把土地卖给白人，毛利人试图以此宣称他们对土地的据有权，从而反对其毛利敌人。同时，通过售卖土地使得白人介入其中，毛利人可以从他们那里得到技术、食物市场和工作机会。在本土土地法院（Native Land Court）开始运行以来，上述因素中的第一条仍然占有重要位置。后来，随着土地售卖的膨胀超出了控制，帕森森认为，毛利人国王运动很大程度上就是毛利人首领试图维护其权威的做法。该运动以失败告终，原因在于其号召的统一在毛利人看来是很奇怪的说法，而且，在 1860 年代的战争期间，许多毛利人并不一定把白人政府看作他们的主要敌人，也没有自身的原因需要拿起武器。最近，黑德（Lyndsay Head）强调了毛利人的"现代化追求"，从而证实并挑战了帕森森的结论。①

601

　　白人历史学家并不是唯一的毛利人历史的写作者。在 1980 年代，他们的作用受到了毛利人的挑战。这些毛利历史学家试图把

---

① Anne Salmond, *Two Worlds*: *First Meetings between Maori and Europeans 1642 – 1772* (Auckland, 1991); id., *Between Worlds*: *Early Exchanges between Maori and Europeans 1773 – 1815* (Auckland, 1997); Ann Parsonson, 'The Pursuit of Mana', in Oliver with Williams (eds.), *Oxford History of New Zealand*, pp. 168-193; Angela Ballara, *Iwi*: *The Dynamics of Maori Tribal Organisation from c. 1769 to c. 1945* (Wellington, 1998); id., *Taua*: 'Musket Wars', 'Land Wars' or Tikanga? *Warfare in Maori Society in the Early Nineteenth Century* (Auckland, 2003); and Lyndsay Head, 'Land, Authority and the Forgetting of Being in Early Colonial Maori History', D. Phil. thesis, University of Canterbury, 2006.

第二十九章　殖民者的历史和原住民的过去：新西兰和澳大利亚

毛利历史写作本土化（他们现今大多已成为大学学者）。许多毛利历史学家指出，只有毛利人应该写作毛利历史，或者至少说，白人只有在毛利人民同意并遵照毛利人协议的情况下才可以写作毛利历史。到了 1990 年代，争论的术语转到了历史自身的本质方面。史密斯（Linda Tuhiwai Smith）认为，历史学科和人类学学科内在地都是欧洲的知识形式，它们被用来对毛利人进行统治。更具体地，历史学家罗亚尔（Te Ahukaramu Charles Royal）和基南（Danny Keenan）等人对毛利历史的分类提出挑战，他们认为，毛利人世界的核心在于血统群体，因此，根据部落、分部落，甚至更小的团体来写作毛利历史更为合适。在他们看来，由于这些群体中的成员受到其自身文化知识规则，如神圣（*tapu*）的约束，这样的历史应该由这些成员按照特定的方式写作。按照他们的观点，这样的历史应该根据血统和系谱来加以组织架构，并且由口头传统，主要是故事、祷词和歌曲加以传递；他们指出，这些毛利人知识的惯常形式最大程度上有助于理解毛利人的过去。最后，Te Maire Tau 认为，有两种表现过去的方式，即毛利语境文化（Matauranga Maori）和历史，这两种方式是不相对应的知识体系，任何试图把前者纳入后者的做法都会毁了前者。1990 年以来，出版了几种毛利历史著作，其中大多数是基于系谱和口头传统写作的，其方法论前提、因果解释和设想的受众使得这些历史著作明显区别于白人学者的毛利历史著作。①

　　毛利人介入历史写作，这对历史著述的作者身份、其受众和

---

① Te Ahukaramu Charles Royal, *Te Haurapa*: *An Introduction to Researching Tribal Histories and Traditions* (Wellington, 1992); Linda Tuhiwai Smith, *Decolonising Methodologies*: *Research and Indigenous Peoples* (Dunedin, 1999); Danny Keenan, 'Ma Pango Ma Whero Ka Oti: Unities and Fragments in Maori History', in Bronwyn Dalley and Bronwyn Labrum (eds.), *Fragments*: *New Zealand Social and Cultural History* (Auckland, 2000), 39‑53; and Te Maire Tau, *Nga Pikitaroa o Ngai Tahu*: *The Oral Traditions of Ngai Tahu* (Dunedin, 2003).

602 权威性等方面都有深远影响。金宣称，他的白人历史学家同事应该停止写作毛利历史，让位给毛利历史学家。然而，一些白人历史学家仍然从事毛利历史写作方面的重大项目，在此他们接受了毛利人的礼仪协定，并呈现出一种负责任的态度，即对那些使得其工作可能进行下去的毛利人表现出一种首要责任的意识。这些历史学家提出，虽然他们是工作在欧洲学术传统中的白人，但他们试图确保毛利人对过去的理解能够获得其完整的分量。据说，新一代的白人学生被这样的要求吓住了，随之他们选择了那些更少让人忧虑的研究领域。毫无疑问地，研究重点偏移了毛利历史的进路，但该转变的原因不止一个。

大体来说，思想史和文化史的壮大，以及更具体地，后现代主义和后殖民主义的兴起，引发大量研究工作关注殖民主义情境下的白人，其中主要是早期白人作者的人类学和历史学工作，虽然实际来说，这种研究工作很早就已经开始。它主要考察十九世纪晚期波利尼西亚社会（the Polynesian Society）的建立者们，他们鼓励对毛利文化的研究，并把目光集中于所谓的毛利神话和传说，尤其是那些关于毛利人起源和迁移的神话和传说。在索仁森、芮力（Michael O'Reilly）和荷维（Kerry Howe）开展的研究中，他们关注了在都市和殖民地、白人和毛利人、外行和专家之间发生影响的知识和权力的关系。该主题被吉本斯（Peter Gibbons）纳入其更为广阔的历史研究计划。吉本斯注意到，新西兰历史学家自从1945年以来都把殖民化当作新西兰国家形成过程中的一个史前插曲。吉本斯提出，可以对许多文化产物在一种持续进行中的文化殖民进程，而不单单是在民族构造中的作用提出质疑，以此来寻求揭开白人的众多话语方式，通过这些话语方式，白人有了一种对新西兰的所有权意识，开始把这个国家当作仿佛本来就是他们自己的，其代价就是毛利人失掉了白人得到的。在这项研究中，吉本斯不仅注意使用各种形式的书写和印刷材料，而且注意使用种种的图

第二十九章 殖民者的历史和原住民的过去：新西兰和澳大利亚

像资料。[1]

　　然而，研究重点从毛利历史转移的最重要原因就是"条约历史"（Treaty History）的兴起。沃兹（Ian Wards）和罗斯（Ruth Ross）在1960年代末期和70年代初期对《威坦哲条约》展开的论述，攻击了充斥着该条约的人道主义神话，但是他们对条约的怀疑很快被搁置了。毛利人的抗议运动以欺诈手段放弃了对该条约的攻击，而是开始接受毛利议员的提议，把条约看作是一种值得拥护的政治契约，它保证了毛利人的特定权利。作为回应，许多白人开始推动政府改正以前犯下的错误。因此，1975年议会法案成立了一个调查委员会，即威坦哲条约特别法庭（the Treaty of Waitangi Tribunal），该法庭使得任何毛利人能够就未来可能违反该条约的情况提出索赔。1985年，一个修正法案赋予该法庭能够审理追溯性索赔，可以追溯到条约成立的1840年。在这十年间，该条约历史性地受到不同对待。有些矛盾的是，事实证明罗斯的工作对此是至关重要的。她指出，该条约由两个文本组成，英语文本和毛利文本，这两种文本彼此都不是对方的直接翻译。她还指出，两个文本截然不同：在英语文本中，毛利人把统治权让渡给英国王权，但是在由为数众多的毛利人签字的毛利文本中，英国人保证毛利人的自治和权威。1980年代早期到中叶，该争论为席卷全国的关于两种条约的传说奠定了基础，它同时扰乱了新西兰国家的历史和宪法根基，也把这两种根基重新建立在一个既是

603

---

① M. P. K. Sorrenson, *Maori Origins and Migrations*：*The Genesis of Some Pakeha Myths and Legends*（Auckland，1979）；Michael Reilly，'John White：Parts I and II'，*NZJH*，23（1989），157-172；and 24（1990），45-55；K. R. Howe，*Singer in a Songless Land*：*A Life of Edward Tregear 1846-1931*（Auckland，1991）；Peter Gibbons，'Non-Fiction'，in Terry Sturm（ed.），*The Oxford History of New Zealand Literature in English*（Auckland，1991），25-104；and id.，'Cultural Colonisation and National Identity'，*NZJH*，36（2002），5-17.

新的也是古老的基础之上。[①]

　　紧接着，学院历史学家开始论证说，不仅仅有两种条约的历史被讲述，而且有两种过去实际上起源于该条约：一种过去来自英语文本，另一种来自毛利语文本。这变成了一种论证方式，用来论证毛利人和白人自从殖民化以来就有着各自不同的历史经验，这些历史必须加以调和，在此就像特别法庭建议的那样，一种关于该条约的历史叙述也许可以完成这个任务。这方面的关键性著作是奥兰琪（Claudia Orange）的《威坦哲条约》（*The Treaty of Waitangi*，1987），再次讲述了一个故事，认为该条约居于毛利人—白人关系的核心。表面上看，这本书似乎是一本关于毛利人历史的著作。它讲述的是关于该条约的毛利语文本的故事，关于白人废除该条约对毛利人的影响、毛利人对该条约担保人的纪念，以及毛利人呼吁遵守这些保证的故事。然而，该书主要的论述主题实际上是白人政权。奥兰琪的这本书是受到一种忧虑的敦促写成的，该忧虑认为，由于政府未能兑现条约，在毛利人关于新西兰的历史和白人关于这个国家的历史之间就出现一种断裂。同时，该书的写作也受到一种信念的敦促，即传统的历史和法律解释不再为白人政权提供合法性，因为条约所保证的毛利人的权利在政府这里得到的只是粗暴对待，这不再被认为是道德上可接受的。另外，这本书也受到一个前提的引导，即这种情况能够，也应该由殖民者政权加以改正。以一种近似辉格派历史学的方式，奥兰琪提议，新西兰的一种新的根基能够在她所讲述的历史中找到。这就把白人政权的最初建立置于一种契约——《威坦哲条约》中，该条约要求白人政权对其违背契约做出解释，并且敦促它尊重协

604

[①]　Ian Wards, *The Shadow of the Land*：*A Study of British Policy and Racial Conflict in New Zealand 1832–1852*（Wellington，1968）；Ruth Ross，‘Te Tiriti o Waitangi：Texts and Translatios’，*NZJH*，6（1972），129–157；M. P. K. Sorrenson，‘Towards a Radical Interpretation of New Zealand History：The Role of the Waitangi Tribunal’，*NZJH*，21（1987），173–188；and Paul McHugh，‘Law，History and the Treaty of Waitangi’，*NZJH*，31（1997），38–57.

议，重新挽回政府权威。通过这种方式，能够建立一种调和的或者调和性的二元文化民族，殖民政权通过一方面尊重毛利人权利，另一方面打击毛利人主权的做法将重新获得其合法性和权力。

一旦威坦格条约特别法庭能够审理回溯到 1840 年的历史性索赔，几乎所有毛利群体都开始为此做准备（到 2005 年是 1200 个毛利人群体）。特别法庭工作的核心变得更加历史性，档案研究成为日常必须，经验性历史的作用增强，毛利人口头传统和毛利人历史的作用减弱。特别法庭雇佣了许多受过专业学术训练的白人历史学家，他们就许多和"违背条约"相关的论题展开历史研究。就公众中对条约意识的兴起，历史学家写了许多书，逐渐地，特别法庭的工作似乎正在影响普通民众对新西兰过去的理解。特别法庭对政府的建议报告引起了很大的公众争议，但是这些冲突并不像美国和澳大利亚的所谓历史战争。相反，关于特别法庭所做的历史研究以及为特别法庭所做的历史研究，该争议激起一种丰富的学术论争。批评人士指出，通过界定问题并且决定这些问题得以解答的框架，特别法庭的法律任务支配着这项历史研究。由此，批评家把特别法庭所进行的历史工作称为"司法历史"，亦即：作为一种历史形式，它寻求以其特定的方式来表现过去，由此可以做出当下的法律和类似法律的判断，当代的问题由此能够获得解决。批评家认为，该"司法历史"要求历史学家去发现过去的数不清的规范和原则，这些规范和原则组成了公正和适当的关系，但却被违背了。因此，批评家指责说，这样的历史在其本质上根本就是当下性的（presentist）。他们同时认为，特别法庭的任务创造了历史性叙述，该叙述必然地集中于王权的罪行，因此过去的许多其他历史主体，特别是毛利人本身所起到的作用很容易被忽视。而且，特别法庭对冲突的集中关注意味着它忽视了毛利人和白人彼此适应的尝试。最后，批评家指责特别法庭的工作使历史学家从更加有趣的研究中分心出来，不管怎样，特别法庭的历史学家所进行的许多研究并不向公众开放，仅仅是为了特别法庭的目的所进行的。然而，这些批评很大程度上仅仅

基于一小部分的特别法庭报告甚至这一小部分报告的特定部分。与之相对，对特别法庭所做的历史工作有着更为广阔基础的评估，该评估表明，特别法庭那些学术训练良好的历史学家所作的研究大体上可以被看作是合理的。而且，为特别法庭工作的历史学家一直都贡献了重要的历史研究。最著名的，贝尔格雷夫（Michael Belgrave）认为，调查委员会和法庭一直都是毛利人和白人之间碰撞冲突的场所。他论证道，在毛利人的古老而悠久的传统中，他们往往把历史交给法律裁决，以此来支持其主张，以及这些主张之被法律加以考虑。贝尔格雷夫接着表明，在何种方式上我们最好把特别法庭的工作理解为该悠久传统的组成部分。但是，毫无疑问的是，在最近十几年间许多问题被忽视或者忽略了。缺乏历史学家对 20 世纪展开研究，也很少关注毛利人和殖民当权合作的研究，以及关于毛利人对欧洲经济模式的采用和适应、基督教的持续影响、人口和人口减少、毛利人和欧洲人互相通婚、经济依赖、移民和城市化的相关研究也很少。[1]

关于两种条约或两种历史的说法不仅对毛利人和白人之间关

---

[1] Alan Ward, *An Unsettled History: Treaty Claims in New Zealand Today* (Wellington, 1999); Andrew Sharp, 'History and Sovereignty: A Case of Juridical History in New Zealand/Aotearoa', in Michael Peters (ed.), *Cultural Politics and the University in Aotearoa/New Zealand* (Palmerston North, 1997), 159-181; W. H. Oliver, 'The Future behind Us: The Waitangi Tribunal's Retrospective Utopia', in Andrew Sharp and Paul McHugh (eds.), *Histories, Power and Loss: Uses of the Past—A New Zealand Commentary* (Wellington, 2001), 9-29; Michael Belgrave, *Historical Frictions: Maori Claims and Reinvented Histories* (Auckland, 2005). There are exceptions to these lacks. They include Keith Sinclair, *Kinds of Peace: Maori People after the War, 1870-85* (Auckland, 1991); Paul Monin, *This Is My Place: Hauraki Contested, 1769-1875* (Wellington, 2001); Hazel Petrie, *Chiefs of Industry: Maori Tribal Enterprise in Early Colonial New Zealand* (Auckland, 2006); Richard Boast, *Buying the Land, Selling the Land: Governments and Maori Land in the North Island 1865-1921* (Wellington, 2008); and Damon Salesa, 'Half-Castes Between the Wars: Colonial Categories in New Zealand and Samoa', *NZJH*, 34 (2000), 98-116.

第二十九章　殖民者的历史和原住民的过去：新西兰和澳大利亚

系的历史之被讲述的方式有着很大影响，而且影响了新西兰的国家历史被书写的方式。伯立施的《制造人民》（*Making Peoples*，1996）和《重建天堂》（*Paradise Reforged*，2001），以及金的《企鹅版新西兰历史》（*The Penguin History of New Zealand*，2003），就是这方面最明显的例子。这几本书都是畅销书，对公众理解有着相当的影响。对此存在一些争议：这些历史叙述是以一种去殖民化的方式重写新西兰历史，还是仅仅在一种二元文化的架构内对新西兰历史加以改造，目的是为了支持白人统治，削弱毛利人成为原住民的诉求。[①]

澳大利亚

　　二战后澳大利亚的历史研究进程大体上和新西兰的相似，但却一度有一个相当的时滞期。1960 年代中叶以前，原住民和殖民者之间的冲突几乎都被学院历史学家忽略了。杰出的澳大利亚人类学家斯坦纳（W. E. Stanner）谴责这是"澳大利亚的巨大沉默"，他严厉批评了历史学家在该沉默中起的作用。相比之下，该冲突却受到历史地理学家普莱斯（A. Grenfell Price）、人类学家伯恩特夫妇（Ronald and Catherine Berndt）、考古学家姆瓦尼（John Mulvaney）、以及艺术史家史密斯（Bernard Smith）的关注。在斯坦纳提出其批评的时候，历史学家的沉默已近于终结。一场为原住民争取权利的政治运动正急剧展开，要求北部澳大利亚人民的土地权，通过自由骑行活动抗议种族歧视、举行全民公决来改变国家宪法关于原住民的条款，这就激起了人们对当地人

606

---

① Jacob Pollock, 'Cultural Colonisation and Textual Biculturalism: James Belich and Michael King's General Histories of New Zealand', *NZJH*, 41 (2007), 180 - 198.

过去的很大兴趣。①

　　历史研究成为一项范围广阔的关于政府在"原住民事务"方面的政策和实践的组成部分，该项目是由澳大利亚社会科学研究委员会发起的。这项历史研究由历史学家罗利（Charles Rowley）领导，他曾经负责对将要在澳大利亚殖民地巴布亚新几内亚工作的行政人员进行培训。罗利相信，我们不可能理解所谓的原住民问题，除非我们把握了它的历史维度。根据"种族关系"的概念架构，罗利写了一部 3 卷本的历史，这部书深刻影响了年轻一代的历史学家，其中包括雷诺兹（Henry Reynolds）、埃文斯（Raymond Evans）和让（Lyndall Ryan），他们有着类似的政治抱负。其论述修正了之前学院历史学家描绘的和平的殖民化画面：面对着白人的到来，原住民后退了，成为一个行将没落的种族。他们把英国的殖民化描述为一种入侵，而不是定居，认为英国人和原住民之间的冲突是一场战争，对于英国殖民主义，原住民所持的是抵抗性态度。他们谴责了白人拓荒者的暴力行为，谴责其资本主义和种族主义的破坏性力量，指出这造成了原住民数以万计的伤亡。这些历史学家考虑到人道主义者在试图保证原住民权利，而不仅仅是作为英国臣民方面所起到的作用，但指出这种作用相当有限。他们认为，原住民或早或晚被迫进入白人定居点，因为他们自身的抵抗力量相对微小而且分散（其组织的本性决定了这样），对殖民者来说几乎构不成严重威胁，还有就是这些原住民受到营养不良和传染病的侵蚀。除了北部澳大利亚，原住民在殖民地经济中几乎没有持久作用，他们是多余的劳动力来源，没有什么可以用来交易的。原住民就这样被推到了白人社会的边缘，当他们遇到传教士时，他们拒绝传教士对自己进行教化和使之皈依基督教的尝试。这样，大多数原住民最终被限定在又小又偏远的政府保留地内（government reserves），在那儿他们被剥夺

---

① W. E. H. Stanner, *After the Dreaming*：*The 1968 Boyer Lectures*（Sydney，1969），7，17，24-25，27.

了资源，被迫生活在白人监督人的严厉目光中，其权利被拒绝了。这种情况的发生特别是和一系列歧视性法律联系在一起的，这些立法在 19 世纪和 20 世纪之交通过施行，把殖民者的种族优越性奉为神圣，赋予管理者权力，使他们可以规定原住民的居所及其工作条件，控制原住民的任何财物，指令他们可以和谁结婚，决定其孩子的照料和监护。最后，历史学家指出，在保留地的整个制度中，一代又一代的原住民失去了他们的自治权，被剥夺了他们自己的文化，成为白人澳大利亚的被抛弃者。①

到 1970 年代末期，有迹象表明，这项工作产生的回报正在减少。原住民和殖民者之间的冲突被认为仿佛在任何时间和地点都是一样的。这激起一些矫正性工作，虽然大体来说，这些矫正仅仅是填充了之前已经被描绘好的草图。更重要的是，人们意识到，早期的研究是欧洲中心论的，这和世界上进行的任何"种族关系"研究一样。堪培拉的一群人类学家、考古学家和历史学家开辟了一个新的历史话语领域，即"原住民历史"，他们创立了自己的期刊——《原住民历史》（*Aboriginal History*）。这些学者中的关键人物是巴威克（Diane Barwick），他是一位在 1950 年代受到北美传统的民族历史学训练的加拿大考古学家，还有澳大利亚历史学家甘森（Niel Gunson），他在 1950 年代和 60 年代受教于一个太平洋地区历史学派，该学派由澳大利亚国立大学的戴维森（J. W. Davidson）开创。

在 1980 年代初，雷诺兹完成了一部历史著作，被认为是关于原住民历史的第一部重要作品。该书考察了原住民看待欧洲人的方式以及相应地，他们对欧洲人的应对方式。其写作基于殖民者

---

① Charles Rowley, *The Destruction of Aboriginal Society*：*Outcasts in White Australia*，*The Remote Aborigines*，3 vols. （Canberra，1970 - 1971）；Henry Reynolds（comp.），*Aborigines and Settlers*：*The Australian Experience*（Melbourne，1972）；Raymond Evans et al.，*Exclusion*，*Exploitation and Extermination*：*Race Relations in Colonial Queensland*（Sydney，1975）；and Lyndall Ryan，*Aboriginal Tasmanians*（Brisbane，1981）.

的文献资料（而不是口头历史），以及近来人类学、考古学和语言学研究提供的视角。雷诺兹论证说，原住民常常把这些新来者看成是归来的亲人，尝试把他们纳入到自己的亲缘体系中，并教给他们自己的互惠伦理（the ethic of reciprocity）。他认为，原住民对新来者的愤怒往往不是因为后者侵犯了他们自己的土地，而是由于这些闯入者宣称对土地的唯一所有权。雷诺兹指出，原住民对欧洲人的攻击发生了转移，即从传统形式的原住民斗争——小规模的报复性谋杀，转到大规模的经济斗争。简言之，罗诺兹的研究强调了连续性和变化、保守和适应，这种转变和在非洲、美洲、太平洋地区以及新西兰进行的"文化接触"研究转变的方式几乎一样。他的研究方式在任何其他情境下都是传统的，但是其研究却开辟了澳大利亚史学的新领域。①

在 1980 年代，在原住民历史的框架内展开了许多研究。首先，尤其是里斯（Bob Reece）和费尔斯（Marie Fels）的研究，其中有些是受民族志历史的启发，挑战了主流观点对边界冲突的强调，突出了发生的适应与和解。他们揭示了土著男性和非土著男性之间，以及土著女性和非土著男性之间在边界和其他地区的亲近关系，考察了原住民是如何理解殖民地秩序并在其中找到立身之所的。他们指出，殖民化情境下的当地人民以何种方式把自己及其同胞看作是被叫作"原住民"的群体，认为这应该是历史研究的主题。其次，马尔库斯（Andrew Markus）、哈比什（Anna Haebich）、里德（Peter Read），及其他一些学者的研究，很多是基于口述历史，对罗利关于后边疆时期论述的很多部分都提出了质疑。这些研究认为，试图把原住民迁入或者迁出保留地的做法由于缺少政府资金、持有种族偏见的殖民者团体的阻挠，以及原住民的抵制而作罢。许多原住民保留地的定居者保持了他们的某些传统宗教信仰及语言等，原住民团体有着强烈的亲缘纽带，以及这种亲缘关系内在的共享和互惠精神，而新形式的团体和对国

---

① Henry Reynolds，*The Other Side of the Frontier*（Townsville，1981）.

家的归属则基于并围绕这些保留地而形成。该研究也表明，政府官员追求的是吸收和同化政策，该政策在种族血统的基础上区分原住民。政府的这些措施试图把原住民从保留地迁移出去并分散其团体，这就导致了大量原住民保留地的丧失，保留地生活条件的降低、禁止结婚、把儿童和他们的家族分开〔"被偷走的一代"（the stolen generations）〕，这些都造成了巨大的伤害和相当的伤痛。第三，对原住民的政治结构和白人的政治结构展开的研究，这最先是由我和其他学者在 20 世纪前几十年间展开研究，强调帝国和国际力量，尤其是英美两国的影响，考察受基督教、共产主义、女权主义、或者文化相对主义（以人类学的形式）影响的活动家的作用，指出原住民活动家和白人活动家之间的区别和张力。① 　609

　　"原住民历史"的出现很大程度上是由于原住民持续增长的兴趣。1980 年代和 90 年代，一场原住民历史运动席卷了澳大利亚。这期间写作的多数历史，如摩甘（Sally Morgan）的畅销书《我的地方》（My Place，1987），必然都是个人化的，涉及范围有限，就像原住民讲述他们自己及其家人和亲戚的历史，主要也是为他们自己的人民讲述的。过去对他们的政治诉求变得原来越重要，作者身份和权威的问题开始凸显，这种情况和新西兰是一样的；但是关于讲述原住民过去的权利存在争论，这个问题在澳大利亚尤其重要，因为许多非土著人对原住民的了解仅仅是通过那些旨在再现原住民的论述。在 1980 年代，许多原住民代言人试图阻

---

① 　Bob Reece, 'Inventing Aborigines', *Aboriginal History*, 11 （1987）, 14 - 23；Marie Fels, *Good Men and True：The Aboriginal Police of the Port Phillip District 1837 - 1853* （Melbourne, 1988）；Bill Gammage and Peter Spearritt （eds.）, *Australians 1938* （Sydney, 1987）, part coordinated by Andrew Markus；Anna Haebich, *For Their Own Good：Aborigines and Government in the Southwest of Western Australia 1900 - 1940* （Perth, 1988）；Peter Read, *The Stolen Generations：The Removal of Aboriginal Children in New South Wales 1883 to 1969* （Sydney, 1983）；id., *A Hundred Years Wars：The Wiradjuri People and the State* （Sydney, 1988）；and Bain Attwood, *Rights for Aborigines* （Sydney, 2003）.

止殖民学者在写作原住民历史方面的首要地位，他们声称自己才有对原住民过去的监护权，原因就是原住民才是原住民过去的合法监护人。也许更为重要的是，就像在新西兰一样，明显的事实在于原住民历史学家呈现的过去在形式和内容方面都和传统上由学院历史学家叙述的过去明显不同，这就对历史学科的惯常定论提出了挑战。作为回应，一些历史学家展开了本质上是合作性的口述史研究，他们接受其原住民讲述人记忆的可靠性。还有些历史学家，如人类学家贝克特（Jeremy Beckett）和墨菲（Howard Morphy），以及历史学家古达尔（Heather Goodall），采取的是一种更为复杂的方式。他们考察原住民的口头历史，更多不是为了重述过去的事件，而是为了发现这些事件是如何被原住民理解的，所以，他们把原住民的叙述看作是关于过去的，而不是来自过去的，这些叙述因此就是原住民用以理解其自身作为被殖民者的处境。另外有一些历史学家，如人类学家罗斯（Deborah Bird Rose），认为自己的任务主要是帮助阐明他们在原住民历史研究中遇到的历史的不同形式。也许更为重要的是，到 1990 年代初，明显的事实就是许多历史学家，尤其是下一代历史学家，接受了原住民历史是原住民的事务这样一种观点，关于原住民视角的研究显著减少，尽管该转变主要是由于后现代主义和后殖民主义。[①]

这种新的研究思潮主要关注各式各样的呈现形式，为的是考
610　察欧洲知识的本质及其与权力的关系。它首先是一种反思方式，即反思被压制或被压迫的原住民过去的回归在殖民者澳大利亚人

---

① Howard and Francws Morphy, ' The "Myths" of Ngalakan History: Ideology and Images of the Past in Northern Australia', *Man* (n. s.), 19 (1985), 459 – 478; Heather Goodall, ' Colonialism and Catastrophe: Contested Memories of Nuclear Testing and Measles Epidemic at Ernabella ', in Kate Darian Smith and Paula Hamilton (eds.), *Memory and History in Twentieth-Century Australia* (Melbourne, 1994), 55 – 76; Jeremy Beckett, ' Walter Newton's History of the World-or Australia', *American Ethnologist*, 20 (1993), 675 – 695; and Deborah Bird Rose, *Hidden Histories* (Canberra, 1991).

第二十九章　殖民者的历史和原住民的过去：新西兰和澳大利亚

中激起的道德困境。该研究可以分为几个部分，关注欧洲探险家和发现者试图通过话语方式，特别是命名行为实现对土地的占有；科学家，特别是人类学家，以及他们和政府政策及实施，如认为原住民是一个注定灭亡的民族这样一种观点的演变之间的关系；同化的形式范围及其结果，尤其在对原住民的管理方面；与人道主义者，如作为传教士、监护人或为争取原住民权利的活动家们的殖民主义的关系；随着殖民者形成自己在澳大利亚的地位意识，他们记住或者忘记过去的模糊或者含混的方式。（还有别的学者考察那些更实际的问题，如欧洲人带来的疾病对原住民人口的灾难性影响。）在这些研究中，最具公众影响力的是雷诺兹的工作，他寻求一种方式，一方面推动对原住民权利的诉求，另一方面提出这些诉求带来的一个合法性危机。雷诺兹的研究和奥兰琪关于《威坦哲条约》的研究惊人相似，他为澳大利亚构想了一个新的道德基础，他认为，如果帝国政府根据英国习惯法行事，而不是采取所谓的无主土地（terra nullius）原则，原住民的土地所有权就会在1788年得到承认；他指出，一个怀有人道主义理想的殖民当局（Colonial Office）在1830年代和40年代已经承认了这些权利。[1]

随着哲学和文学研究等学科领域研究者数量的不断增多，对殖民者社会的重新关注加深了，因为这些领域的学者对原住民事务几乎毫无兴趣。新西兰也有同样的现象，但程度要小得多。同时，对殖民者和原住民之间冲突的历史性考察更深地被引向公共

---

[1] 可参阅，如 Paul Carter, *The Road to Botany Bay: An Essay in Spatial History* (London, 1987); Warwick Anderson, *The Cultivation of Whiteness: Science, Health and Racial Destiny in Australia* (Melbourne, 2002); Tim Rowse, *White Flour, White Power: From Rations to Citizenship in Central Australia* (Melbourne, 1998); Fiona Paisley, *Loving Protection? Australian Feminism and Aboriginal Women's Rights 1919 - 1939* (Melbourne, 2000); Tom Griffiths, *Hunters and Collectors: The Antiquarian Imagination in Australia* (Melbourne, 1996); Judy Campbell, *Invisible Invaders: Smallpox and Other Diseases in Aboriginal Australia, 1780 -1880* (Melbourne, 2002); and Henry Reynolds, *The Law of the Land* (Melbourne, 1987)。

领域，该问题对之前书写的澳大利亚国家历史显得至为关键，甚至在历史学家克拉克（Manning Clark）那里也是如此，这位历史学家在他的多卷本澳大利亚历史（1962—1987）的一开始，就把原住民嘲讽为历史演员。这种公共领域的历史性考察在一部多位作者共同撰写的女性主义澳大利亚历史《创立一个国家》（*Creating a Nation*，1994）中最为突出。原住民的过去同样也进入到公众历史的范围内，虽然在这个领域，过去常常被置于多元文化主义的架构内，而多元文化主义则会削弱原住民作为本地人们的地位。此外，有些非原住民公共知识分子宣称他们自己作为国家历史道德仲裁者的权威。尽管这些知识分子对历史理解几乎毫无贡献，但他们在回应种族保守主义者在 1990 年代中晚期发起的所谓的历史战争中起到了重要作用。随着一个极端保守政府的失败，对"原住民历史"的这场攻击消退了，但其余波犹存，因为它通过攻击原住民的权利及其民族自决而颠覆了当前的原住民政策。①

澳大拉西亚（Australasia）？

虽然新西兰和澳大利亚共有一个过去，但是在最近几十年内他们几乎不共有一个历史。他们的历史曾通过澳大拉西亚（Australasia）的历史，甚至是通过 1950 年代写作的国家历史（或者至少是新西兰历史）而连接在一起。然而从 1980 年代以来，关于国家历史的代价的讨论不断出现。许多人号召历史研究在全球历史、帝国历史、跨国历史等框架内进行；也有人呼吁进行区域历史研究，如太平洋地区历史、澳大拉西亚历史，或者泛塔斯曼地区历史（塔斯曼是新西兰和澳大利亚之间的海域）；还有学者主张采用比较的框架展开研究。与此类似，号召进行地方历史研究，以及号召想象不同方式

---

① 我在 *Telling the Truth about Aboriginal History*（Sydney，2005）一书中论及这些问题。

的国家的基本叙述，以此来推翻国家叙述（national narratives）。[1]

在最近的十年左右，开始出现采用这些框架以来表现过去的研究，如德农（Donald Denoon）和史密斯（Philippa Mein Smith）的澳大利亚、新西兰、和太平洋地区历史，更具体的研究如马洪（Paul McHugh）对原住民地位和说英语的社会中习惯法的研究，以及班纳（Stuart Banner）对太平洋地区占有权的论述、巴兰提那（Tony Ballantyne）的东方主义、雅利安主义和种族历史研究、艾尔伯尼（Elizabeth Elbourn）对人道主义者的刻画、巴兰提那和莫罗尼（Brian Moloughney）对亚洲人、白人和木里呼基毛利人（Maori in Murihuki）之间联系的研究、斯通（Russell Stone）对1840年之前的奥克兰历史的研究，以及由纽曼（Klau Neumann）和托马斯（Nicholas Thomas）领导的对基本国家历史新形式的研究。就目前来看，这似乎是该领域历史写作的未来。[2]

612

---

[1] 可参阅，如 Donald Denoon, 'The Isolation of Australian History', *Australian Historical Studies*, 22 (1986), 252–260; Peter Gibbons, 'The Far Side of the Search for Identity: Reconsidering New Zealand History', *NZJH*, 37 (2003), 38–47; Ann Curthoys and Marilyn Lake (eds.), *Connected Worlds: History in Transnational Perspective* (Canberra, 2005); K. R. Howe, 'Two Worlds', *NZJH*, 37 (2003), 50–61; and Deborah Montgomerie, 'Beyond the Search for Good Imperialism: The Challenge of Comparative Ethnohistory', *NZJH*, 31 (1997), pp. 153–168。

[2] Donald Denoon and Philippa Mein Smith with Marivic Wyndham, *A History of Australia, New Zealand and the Pacific* (Oxford, 2000); P. G. McHugh, *Aboriginal Societies and the Common Law: A History of Sovereignty, Status, and Self-Determination* (Oxford, 2004); Stuart Banner, *Possessing the Pacific: Land, Settlers, and Indigenous People from Australia to Alaska* (Cambridge, Mass., 2007); Tony Ballantyne, Orientalism and Race: Aryanism in the British Empire (New York, 2002); Elizabeth Elbourne, 'The Sin of the Settler: The 1835–1836 Select Committee on Aborigines and Debates Over Virtue and Conquest in the Early Nineteenth-Century British White Settler Empire', *Journal of Colonialism and Colonial History*, 4 (2003), http: //muse. jhu. edu/journals/Journal _ of _ colonialism _ and _ colonial _ history/voo4/4. 3elbourne. html; Ballantyne and Brian Moloughney, 'Asia in Murihiku: Towards a Transnational History of a Colonial Culture', in eid. (eds.), *Disputed Histories: Imagining New Zealand's Pasts* (Dunedin, 2006), 65–92; and Klaus Neumann, Nicholas Thomas, and Hilary Ericksen (eds.), *Quicksands: Foundational Histories in Australia and Aotereoa New Zealand* (Sydney, 1999).

大事年表/关键日期

新西兰

- 1945　《毛利社会和促进法案》（The Maori Social and Advancement Act）
- 1960　胡恩关于毛利人事务的报告（Hunn Report on Maori Affairs）
- 1962　新西兰毛利委员会成立
- 1967　毛利事务修正法案
- 1971　战士之子成立（Nga Tomatoa founded）
- 1975　毛利人土地游行
- 1975　《威坦哲条约法案》
- 1984　威坦哲游行（Te Hikoi ki Waitangi march）
- 1988　《威坦哲条约修正案》
- 1992　《威坦哲条约（渔业）权法》
- 2004　《海床和海岸法》
- 2004　毛利党成立

澳大利亚

- 1957—1966　各州和联邦废除歧视性法规
- 1958　促进原住民联邦委员会成立（Federal Council for Aboriginal Advancement created）
- 1963　伊尔卡拉树皮请愿（Yirrkala bark petition）
- 1966　波山罢工和土地要求
- 1965　自由之行
- 1967　宪法公投
- 1972　原住民帐篷大使馆建立
- 1973　原住民土地委员会成立
- 1975　《种族歧视法案》
- 1976　《北部地区土地权利法案》
- 1987　皇家委员会介入调查原住民在监狱中的死亡数据（Royal Commission into Aboriginal Deaths in Custody）

613

第二十九章　殖民者的历史和原住民的过去：新西兰和澳大利亚

- 1991　原住民调停和解委员会成立
- 1992　高等法院原住民土地权（马勃）判决
- 1993　《原住民土地权法案》
- 1997　关于对原住民儿童分离的人权和机会平等委员会的报告（带他们回家）
- 1998　《原住民土地权修正法案》
- 2005　撤销原住民和托雷斯海峡岛民委员会（成立于 1989 年）
- 2007　联邦政府宣布进入国家紧急状态
- 2008　联邦议会向被偷走的一代人道歉

主要史料

- Adams, Peter, *Fatal Necessity*: *British Intervention in New Zealand* 1830–1847 (Auckland, 1977).
- Attwood, Bain, *The Making of the Aborigines* (Sydney, 1989).
- Belgrave, Michael, *Historical Frictions*: *Maori Claims and Reinvented Histories* (Auckland, 2005).
- Ballara, Angela, *Iwi*: *The Dynamics of Maori Tribal Organisation from c. 1769 to c. 1945* (Wellington, 1998).
- Belich, James, *The New Zealand Wars and the Victorian Interpretation of Racial Conflict* (Auckland, 1986).
- Binney, Judith, *Redemption Songs*: *A Life of Te Kooti Arikirangi Te Tutuki* (Auckland, 1995).
- Clendinnen, Inga, *Dancing with Strangers* (Melbourne, 2003).
- Goodall, Heather, *Invasion to Embassy*: *Land in Aboriginal Politics in New South Wales*, 1770–1972 (Sydney, 1996).
- Haebich, Anna, *Broken Circles*: *Fragmenting Indigenous Families* 1800–2000 (Perth, 2000).
- Jones, Philip, *Ochre and Rust*: *Artefacts and Encounters on Australian Frontiers* (Adelaide, 2007).
- King, Michael, *Te Puea*: *A Biography* (Auckland, 1977).
- McGregor, Russell, *Imagined Destinies*: *Aboriginal Australians*

and the Doomed Race Theory, 1880 – 1939 (Melbourne, 1997).

- Markus, Andrew, *Governing Savages* (Sydney, 1990).
- Orange, Claudia, *The Treaty of Waitangi* (Wellington, 1987).
- Parsonson, Ann, 'The Expansion of a Competitive Society', *New Zealand Journal of History*, 14 (1980), 45 – 60.
- Read, Peter, *A Rape of the Soul So Profound : The Return of the Stolen Generations* (Sydney, 1999).
- Reynolds, Henry, *The Other Side of the Frontier* (Melbourne, 1982).
  ——*The Law of the Land* (Melbourne, 1987).
- Rose, Deborah Bird, *Hidden Histories* (Canberra, 1991).
- Rowley, Charles, *The Destruction of Aboriginal Society* (Canberra, 1970).
- Salmond, Anne, *Two Worlds : First Meetings between Maori and Europeans* 1642 – 1772 (Auckland, 1991).
- Sharp, Andrew, *Justice and the Maori : Maori Claims in New Zealand Political Argument in the* 1980s (Auckland, 1990).
- Sinclair, Keith, *The Origins of the Maori Wars* (Wellington, 1957).
- Sorrenson, M. P. K., *Maori Origins and Migrations : The Genesis of Some Pakeha Myths and Legends* (Auckland, 1979).
- Tau, Te Maire, *Nga Pikituroa o Ngai Tahu : The Oral Traditions of Ngai Tahu* (Dunedin, 2003).
- Ward, Alan, *A Show of Justice : Racial 'Amalgamation' in Nineteenth-Century New Zealand* (Auckland, 1974).

614

参考书目

- Attwood, Bain, *Telling the Truth About Aboriginal History* (Sydney, 2005).
  ——and Magowan, Fiona (eds.), *Telling Stories : Indigenous History and Memory in Australia and New Zealand* (Sydney/

Wellington，2001）.

- Neumann，Klaus，Thomas，Nichalos，and Ericksen，Hilary
  （eds.），*Quicksands：Foundational Histories in Australia and
  Aotereoa New Zealand*（Sydney，1999）.
- Sharp，Andrew and McHugh，Paul（eds.），*Histories，Power and
  Loss：Uses of the Past-A New Zealand Commentary*（Wellington，
  2001）.

陈书焕　译

第三十章　1949 年以来中国的
历史书写

苏珊・魏格林-施维德齐克

　　中国的历史书写被划分为两大政治阵营，一个是定都北京的中华人民共和国，另一个是台湾当局，并且自 1949 年起，两个政治体都宣称代表着整个中国。这一根本的对峙正是冷战不可分割的一部分，直到 20 世纪 70 年代末期，中国共产党决定推行改革开放的道路，国民党在台湾选择主动进行渐进式的民主改革和解除"戒严"，而在此之前，这一对峙一直都处于主导地位。1949 年以来，大陆和台湾的历史书写都经历了巨大的变化，而且这些变化加剧了两岸进一步的分离。在 20 世纪 70 年代末期之前，尽管两个阵营之间存在着意识形态和政治的对立，但海峡两岸都聚焦于中国的历史，面对的基本问题也非常类似。但是，随着冷战的结束，海峡两岸的历史叙述提上了不同的议程。海峡两岸的历史学家都在寻求新的宏大叙事，在抽象的层面上两者是统一的，而导致他们相分离的原因在于他们为两个不同的地区寻找各自的主导叙事。

大陆和台湾历史书写的共同问题

　　大陆和台湾的历史学家要解决的共同问题都是共和时期以及更遥远的过去所遗留下来的问题。历史书写的任务是中国自帝国崩溃之后寻求国族建构（nation-building）过程的一部分。从那一刻起，中国的历史编纂必须参与界定中国在民族之林中作为民族

806

国家的新角色，以及中国在世界之中的位置。这场论辩的焦点就
是关于中国历史的特殊性和普遍性的问题。即便大陆的史学经历
了一段与苏联领导下的社会主义阵营的国家之间合作的时期，台
湾的历史学家也被卷入美国领导下的西方世界的史学辩论中，但
用于分析欧洲历史的术语是否适应对于中国历史的分析，仍有争
议。不过，比起外部观察者所假定的那样，中国的史学更加富于
变化。历史学家不仅利用过去来批判当下，而且形成了一个职业
化的领域，以此来规定这一领域学术规范和学术独立程度。正是
在这一语境下，他们依照把马克思列宁主义或西方社会理论与中
国历史关联起来的模式，讨论了历史理论（historical theory）与
历史材料（historical data）之间的关系。[①]

随着蒋介石和毛泽东相继逝世，比起世界其他地区，中国更
早地进入后冷战时代。与此同时，历史书写也面对着新的挑战。
由于前期的历史编纂关联着冷战时代的政治，因此新时期的史学
必须重新建立它自身的合法性，以及重新获得公众的信任。当职
业史学遭受着边缘化的危险，公众对于历史的兴趣则在持续增
长。刚刚发生的这段历史在此发挥着重要的作用，大陆和台湾的
历史学家共同面对着重新书写当代史的挑战。历史仍在型塑的过
程中，当代史的写作也被嵌入到社会多元化、个体化和商业化的
过程之中，这也使得学术性的历史书写必须学会处理新的多样
性。这种多样性源自迄今未知的历史写作方式，诸如漫画、电影
或电脑游戏以及博客。随着历史研究领域碎片化和专门化的日益
扩大，公众寻求历史一致性的需求也越来越难以满足。

另一层面，历史编纂的制度化也说明大陆和台湾的历史书写，
比之大多数人所设想的那样，拥有更多的共同性。早在 1949 年

[①] 参见苏珊·魏格林-施维德齐克：《论 "史" 与 "论"：基于中华人民共和国史
学的一种类型学》（Susanne Weigelin-Schwiedrzik, "On 'Shi' and 'Lun':
Toward a Typology of Historiography in the PRC," *History and Theory*, Vol.
35, No. 4 (1996), 74 - 97.）。

之前，中国就成立了两个学术研究的核心机构：一个是大学以及各自的系所，另一个是设有专门研究机构的中央研究院系统。后来，"中央研究院"由国民党搬到台湾①，中华人民共和国也重新建立了与中央研究院类似的机构，这一学术系统与在苏联影响下的其他国家所设立的机构是一样的。20 世纪 40 年代后期以后，在学术中处于领导地位的是所谓的五四一代：胡适和傅斯年主持台湾地区的史学，郭沫若和范文澜分别为历史研究所和中国科学院（现称为中国社会科学院）近代史研究所的负责人。② 然而，在台湾的大部分基础设施，不管是硬件还是软件方面都需要重建的情况下，大陆新建立的共产主义政权必须制定政策以解决与之相反的问题：大部分的历史学家都留在了大陆，他们并没有准备好在马克思列宁主义的指导下开展他们的历史研究。这就可以解释为何海峡两岸的历史编纂的主导形式都倾向于史料编撰，侧重于历史事实而不是理论。直到 20 世纪 50 年代后期，这一传统的历史编纂形式遭受批判，这一情形才得到改变。历史系的学生们满怀热情地寻求历史阐释（interpretations）和历史解释（explanations），这也帮助新生代的历史学家能够接管这一领域。他们引进了社会史的观念，而且主张社会理论应该作为历史阐释的基本原理。在中国大陆，新生代史家在"毛泽东的旗帜下"接受训练；台湾的新生代史家则深受美国学术的影响。③

617

---

① 杜正胜、王梵森主编：《新学术之路："中央研究院历史语言研究所"七十周年纪念文集》（下册），"中央研究院历史语言研究所"，1998 年。

② 参见苏珊·魏格林-施维德齐克：《回到过去：中国共产主义历史编纂学中的修正主义》（Susanne Weigelin-Schwiedrzik，"Back to the Past：Revisionism in Chinese Communist Historiography"），载罗梅君（Mechthild Leutner）编：《中国历史与社会》（Chinese History and Society，*Berliner China-Hefte*，Vol. 31（2006），3—22.）；以及王晴佳：《在马克思主义与民族主义之间：中国历史编纂学与苏联的影响（1949—1963）》（Q. Edward Wang，"Between Marxism and Nationalism：Chinese Historiography and the Soviet Influence，1949 - 1963,"*Journal of Contemporary China*，Vol. 9 No. 23（2000），95 - 111）。

③ 参见苏珊·魏格林-施维德齐克：《马克思主义历史编纂学中的历史与（转下页）

理论上的转向造成了关于中国历史特殊性的观念的冲突，同时也促成人们对于东方主义或殖民主义的中国历史观的批判。作为回应，大陆和台湾在全球化的过程中都增强了寻找中国历史特殊性的步伐。对于大陆来说，这意味着把复兴伟大的过去作为未来成功的基础；对于台湾来说，这意味着定位大陆历史与台湾历史之间的差异性。当然，历史写作中的这些新趋向也遇到了或明或暗的阻力，并且尚未占据主导地位。但是，这些新趋向很可能对于中国未来的史学发展产生巨大的影响。

50 年代建立起来的主流马克思主义史学

中国共产党在 1949 年引介给历史书写的主流叙述经历了三个阶段。在 20 世纪 20 年代后期，那时的共产党仍在与国民党争取民众支持，"中国社会性质"的大讨论使得中国的左翼坚信在马克思列宁主义的指导下来解释中国历史的可能性。郭沫若在此中扮演重要的角色，他论证中国历史的发展跟其他国家一样，也经历了后来被斯大林论述为经典理论的社会发展五阶段。[①] 郭沫若从此成为中国最权威的马克思主义史家之一，这也可以解释为什么

618

（接上页）真理》（Susanne Weigelin-Schwiedrzik，"History and Truth in Marxist Historiography"），载施寒微（Helwig Schmidt-Glintzer）、米塔格（Achim Mittag）、吕森（Jom Rüsen）主编：《历史真理、历史批判和意识形态：从新的比较视角来看中国的历史编纂学和历史文化》（Helwig Schmidt-Glintzer, Achim Mittag, Jörn Rüsen eds. , *Historical Truth*, *Historical Criticism*, *and Ideology*: *Chinese Historiography and Historical Culture from a New Comparative Perspective*, Leiden, 2005, 421 - 464）。

① 罗梅君：《在政治学与科学之间的历史学：中国马克思主义历史科学的教育（1930—1940）》（Mechthild Leutner, *Geschichtsschreibung zwischen Politik und Wissenschaft*: *Zur Herausbildung der chinesischen marxistischen Geschichtswissenschaft in den 30er und 40er Jahren*, Wiesbaden, 1982. ）；德里克：《革命与历史：中国马克思主义史学的起源（1919—1937）》（Arif Dirlik, *Revolution and History*: *The Origins of Marxist Historiography in China*, 1919 - 1937, Berkeley, 1978）。

他后来被任命为中国科学院古代历史研究所的负责人。第二个阶段是延安整风运动时期，在 1939 年的《论中国革命和中国共产党》[①] 一文中，毛泽东为后来的历史学家如何讲述 1840 年以来的中国历史奠定了基调。这一文献是马克思列宁主义中国化的产物，并在延安得到党内干部和广大知识分子的广泛学习。范文澜第一个将毛泽东的这一思想运用到近代史的书写之中[②]，使得他能够在后来成为中国科学院近代史所的负责人。此外，延安整风运动重新梳理了中国共产党的历史。在 1945 年召开的中共七大不久前，中共中央委员会通过的《关于若干历史问题的决议》也成为 1949 年之后中共党史书写的指导文件。[③]

依照主流叙述，中国经历了原始公社制和奴隶制社会，在公元前 221 年帝国统一之后进入封建社会。在帝国晚期，中国出现了资本主义萌芽，但由于帝国主义的影响，资本主义并没有开花结果，而是在 19 世纪变成半殖民地半封建社会。1911 年的辛亥革命被解读为推翻封建主义和建立资产阶级共和国而进行的尝试，但并未成功。因此，为了实现社会正义和民族独立，中国必须在中国共产党的领导下继续革命。根据官方的历史叙述和毛泽东思想，这次革命是成功的，因为它把马克思列宁主义的基本原理与中国革命的具体实践结合了起来。[④] 这暗示着中国共产党动员了广大农民而不是城市无产阶级，是在农村发起了军事战斗而不是在城市展开政治斗争。随着军事斗争的全面胜利，在进

619

---

① 毛泽东：《论中国革命和中国共产党》，载《毛泽东选集》（第二卷），北京，1968 年，第 305—304 页。

② 范文澜：《中国近代史》，北京，1947、1955 年。

③ 毛泽东：《关于若干历史问题的决议》，《毛泽东选集》（第四卷），纽约，1954—1956 年，第 171—185 页。

④ 苏珊·魏格林-施维德齐克；《政党的历史编纂学》，载载乔纳森·昂格尔主编：《利用过去服务现在：当代中国的历史编纂学与政治》（Susanne Weigelin-Schwiedrzik, "Party Historiography," in Jonathan Unger ed., *Using the Past to Serve the Present：Historiography and Politics in Contemporary China*，Armonk，1993，164 - 171.）。

入社会主义阶段及共产主义阶段之前，中国共产党依靠在人民代表和资产阶级代表之间组成的联合政府建立了"新民主"社会。前近代中国史证明了马克思列宁主义的真理，正如毛泽东思想同时也是近代中国史的产物及其内在的真理。因此，历史编纂与塑造新政权的世界观（Weltanschauung）的可理解性紧密相连：使之与过去的关联是科学的，与未来的关联是可预见的。这传达了一个极其重要的信息：过去是腐朽的旧时代，现在是美好的新社会。

主流叙述在很多层面与传统史学都是相对立的。它是线性发展的，而之前的历史叙述则是周期循环的。它彻底更改了现在与过去的关系：在古代，过去始终是作为好的典范，而今只有现在才是更好的。它将中国史整合进了世界史，从而把中国作为"天下"的观念替换为中国作为民族之林中的一员的民族观念。主流叙述宣称他们的历史研究建立在科学理性的基础之上，并为人民大众而写作历史，由此就超越了为统治精英的利益而书写的官僚主义的传统历史写作模式。通过说明马克思列宁主义不仅是历史的产物，同时也是历史发展的根本原理，这就建立了历史知识的自洽系统：事实是为了证明理论，理论是呈现事实的标准。历史学家不再需要为了解过去而研究历史，因为他在研究历史之前就已经知晓了过去。

中国共产党在控制大陆之后并没有把这种主流叙述强加给历史学界，而是花了更多的时间来驯化高校的学生。历史学家们通常秉持 1949 年之前的立场，只能通过参加共产党进驻在分支机构的组织学习，一步一步地接受主流叙述的再教育。然而，主流叙述是教育计划的基本组成部分，以便从旧政权中发展自己的干部和建立自己的人事部门，并将这些旧政权的组织机构整合进共产党领导的行政机构中。党史和革命史则是这一计划的主要内容，通过新建立的"人民大学"来培训学员，而"人民大学"的

620

党史系直接由胡华来领导。①

在 1953 年至 1954 年的知识分子改造运动中,民国时期的著名知识分子和在台湾有重要影响力的历史学家都遭到批判,历史研究领域中的学者首次感受到新政权的压力。② 很多深受胡适影响的历史学家必须与他划清界限,批判他崇奉的实证主义和实用主义。与此同时,历史学家也必须修正他们关于传统史学的观点。过去不再是获取知识的宝藏,以此来解决当前的问题。过去成了批判和否定的对象,以此作为规划新的未来的基础。革命是这一场景下的转折点。它代表着过去与现在、好与坏之间的决裂。

这场运动只是后来发展为更大的反右运动的前奏。随着 1957 年毛泽东将"百花齐放、百家争鸣"的运动引向"批判右派分子"的运动,中国共产党根据接受马克思列宁主义和毛泽东思想作为历史研究的指导思想的程度,对历史学家进行了评估和划分。在这一运动过程中,一定配额的大学教授和知识分子从原有位置上被驱除出去,而代之为忠实于党及其世界观的年轻一代。大学、工厂和新成立的人民公社里的人民大众书写他们自己的历史,"白旗"(代表资产阶级专家)被拔除,而代之为"红旗"(代表政治向上的人)。马克思列宁主义以及毛泽东思想成为无可置疑的指导思想。③这常被称为"历史编纂学的

① 参见苏珊·魏格林-施维德齐克:《回到过去:中国共产主义历史编纂学中的修正主义》 (Susanne Weigelin-Schwiedrzik, "Back to the Past: Revisionism in Chinese Communist Historiography");王晴佳:《在马克思主义与民族主义之间:中国历史编纂学与苏联的影响(1949—1963)》 (Q. Edward Wang, "Between Marxism and Nationalism: Chinese Historiography and the Soviet Influence, 1949 - 1963")。

② 参见连战:《共产主义对抗实用主义:对胡适哲学的批判》 (Chan Lien, "Communism versus Pragmatism: The Criticism of Hu Shi's Philosophy," *Journal of Asian Studies*, Vol. 27 (1968), 551 - 571)。

③ 毛泽东:《准备最后灾难》,载马汉毛主编:《毛泽东的文本、著作、文献、讲话、谈话》(3卷) (Helmut Martin ed., *Texte, Schriften, Dokumente, Reden, Gespräche*, vol. 3, Munich, 1977, 153 (德语翻译), 410—411 (中文文本))。

革命"。

随着数以千计的历史学家不得不离开自己的位置而接受思想改造，1949 年之前就对中共表示支持的左派史家在这一领域占据了领导地位。但是没过多久，左派史家中就有人开始批判"教条主义"。在这次论辩的过程中，中国的马克思主义史家之间的主要分歧逐渐凸显，中国共产党在此之前所统一的主流叙述也在职业史家之间引起激烈的争论，尽管他们在马克思主义的方向上是一致的。

"中国与西欧到底是两个地方，各有自己很大的特殊性。把西欧历史的特殊性当作普遍性，把中国的特殊性一概报废，只剩下抽象的普遍性。"① 范文澜在 1957 年表达了这一批评观点，反对郭沫若及其领导的古代历史研究所提出的历史书写类型，反对他们力求把利用过去的事实和掌故来维护统治阶级道德标准的传统方法，替换为一套所谓的马克思列宁主义的基本原理。这种历史书写形式仅仅将貌似符合马克思列宁主义基本原理的中国历史中事实和掌故整合进对于古代中国史的叙述之中。结果便是，中国史被赋予了完全不同的和新的内容，适用于过去的神秘仪式如今被马克思列宁主义的神秘仪式所取代。

发出这些批评声音之时，恰逢中国的知识分子转向批判前苏联及其强加的正统学说。这也正是他们把历史特殊性的诉求跟对于教条主义以及历史研究中主导理论的批判联系在一起的原因所在。北大历史系的负责人范文澜和翦伯赞，以及北京市的副市长兼著名历史学家吴晗，都直言不讳地批评了郭沫若的教条主义。他们倡导一种建立在事实基础上，并通过马克思主义方法论提炼的历史写作方式。他们相信中国史的特殊性存在于事实之中。这也正是他们反对苏联版的马克思主义的原因所在，他们把马克思主义作为方法论，并不是要预先决定历史研究的结果，而是用来指导这样的研究，通过描绘中国历史中哪些是特殊的来寻求过去

621

---

① 范文澜：《历史研究中的几个问题》，《北京大学学报》1957 年第 2 期。

的意义。他们使用一些口号来总结他们的方法，诸如"论从史出"（吴晗）或"史论结合"（翦伯赞），他们把郭沫若的风格责之为"以论带史"。①

苏联的学术在 1949 年之后的中国所占据的主流地位绝不是毫无争议的。然而，在 50 年代早期，郭沫若和范文澜都接受了中国也经历五个阶段的发展模式的观念。在那段时间，他们利用苏联学术来抗衡中国大学和研究机构中传统学术的主流地位。只要传统史家维护中国历史的特殊性，马克思主义史家就站在一起赞成普遍主义。但是，随着传统类型的历史学家被驱除出特权位置，情况就发生了变化。只是到了这个时候，范文澜和吴晗才认识到苏联学术的统治地位会最终消除中国学术独特性和独立性。这也正是他们想要两者兼得的原因所在：中国史作为他们的参照点，马克思列宁主义作为一种方法，使得他们与必须退出这一领域的同事区分开来。

在 50 年代，史学领域唯一没有争议的是世界史研究。② 共产党接管这一领域之后，就把世界史从中国史分离出去了，并在科学院建立了独立的研究机构及其自己的《世界历史》期刊，各个大学也有自己教学方案。周一良是这一领域最为重要的历史学

① 参见苏珊·魏格林-施维德齐克：《回到过去：中国共产主义历史编纂学中的修正主义》（Susanne Weigelin-Schwiedrzik, "Back to the Past: Revisionism in Chinese Communist Historiography"）；王晴佳：《在马克思主义与民族主义之间：中国历史编纂学与苏联的影响（1949—1963）》（Q. Edward Wang, "Between Marxism and Nationalism: Chinese Historiography and the Soviet Influence, 1949-1963"）。

② 李来福：《世界史中的中国特色》（Leif Littrup, "World History with Chinese Characteristics," *Culture and History*, Vol. 5 (1988), pp. 39—64）；克罗泽尔：《中华人民共和国的世界史》（Ralph Croizier, "World History in the People's Republic of China," *Journal of World History*, Vol. 1 No. 2 (1990), 151—169）；苏珊·魏格林-施维德齐克：《世界史与中国史：在普遍性和特殊性之间的 20 世纪中国历史编纂学》（Susanne Weigelin-Schwiedrzik, World Hitory and Chinese History: 20th Century Chinese Historiography between Unviersity and Particularity, Osaka, 2007）。

家，他于 1961 年出版了 2 卷本的《世界通史》，该书很大程度上遵照了苏联学术在这一领域的观点。但是，在 1957 年以来中国历史领域关于普遍性和特殊性论辩的压力下，世界史学者也开始讨论欧洲中心主义的问题。已经在 1949 年出版过多卷本文明史的周谷城是苏联版本的欧洲中心主义最为激烈的批评者。[①] 仅仅在共产党接管这一领域的十年之后，中国历史可以按照五阶段社会发展的模式整合进世界史的观念失去了它的最高权威。

1960 年以来中国历史学家的代际变迁

当毛泽东更直接地反对苏联的模式，这一切都发生了。中国的知识分子也感到发表支持中国历史特殊性的观点是安全的。然而，在 1960 年代早期，在毛主席领导的红色旗帜下成长起来的新一代历史学家，正在等待着夺取领导权的机会。比起抗日战争期间加入共产党的那一代知识分子，新一代历史学家更早地觉察到，毛泽东开始逐渐认识到苏联修正主义的危险性，并从中发展出一种阶级斗争的新理论。

"历史主义和阶级观点"的讨论就与此问题紧密相连。[②] 从 1960 年代早期开始论辩，其目标是基于马克思列宁主义的概念来平衡历史证据与阶级分析。其中最为重要的问题之一，就是如何评价历史中的伟人？历史学家是根据马克思列宁主义所提供的阶级观点来评价他们，并以此得出什么是进步的和什么是反动的？还是要依照他们生活的特定时间以及他/她在历史上的实际影响来评价他们呢？首都师范大学的宁可教授有力地辩护了这样一种观点，即吴晗宣称的"根据当时情况"来评价历史人物与阶级分

623

---

① 周谷城：《世界通史》，商务印书馆，1949 年。

② 德里克：《中国历史编纂学中的阶级观点与历史主义的对立问题》（Arif Dirilik, "The Problem of Class Viewpoint versus Historicism in Chinese Historiography", *Modern China*, Vol. 3（1977），465 - 488）。

析之间必须小心地保持平衡。① 然而，后来成为著名的批判反教条主义的关锋公开抨击宁可的分析是反动的，因为他的论证方式缺乏阶级分析的热情。

在 1950 年代晚期到 1960 年代早期，大多数著名的学者在发出反对教条主义的声音的同时，也发表论文表达了对高校历史教育的看法。他们抱怨教科书上关于中国过去的观点太过消极悲观了。相反，他们认为青年人应该被教导为他们的祖国而感到自豪，这是因为"在我们国家的历史中，每一个时代和朝代都有伟大的历史人物……这些伟大的历史人物当中有一些是帝王将相。我们应该为我们有这些伟大的历史人物而感到骄傲"。② 与此类似，关于过去其他方面的煽动性讨论一直都是被认为是反动的。从 1919 年的五四运动开始，左派知识分子就激烈地批判儒家思想是阻碍中国在西方入侵之前进入现代性的罪魁祸首，但现在对于儒家思想的重新评估成为这次修正主义运动的一部分。1962年，后来成为中共中央委员会宣传部负责人的周扬为肯定儒家思想的观点打开了一扇门。在他的影响下，刘杰提出中国历史与世界历史之所以不同，乃是因为儒家思想在中国社会中避免了阶级斗争的发展。③ 翦伯赞和吴晗更进一步地解释道，让步主义政策是中国历史发展的动力。正是儒家思想的影响，统治阶级才能够知道如何做出让步，农民能够改善他们的生活条件而不需要推翻统治阶级。哲学家冯友兰和吴晗甚至走得更远，认为儒家思想带来一整套伦理制度，这套伦理制度凌驾于统治阶级的利益之上，

624

---

① 宁可：《论历史主义与阶级观点》，《历史研究》1964 年第 3 期。
② 翦伯赞：《目前历史教学中的几个问题》，载《翦伯赞历史论文选集》，人民出版社，1980 年，第 32—47 页。
③ 高德曼：《历史在党派斗争中的角色（1962—1964）》（Merle Goldman, "The Role of History in Party Struggle 1962 - 4," *The China Quarterly*, Vol. 51 (1972), 500 - 519）。

因此在当前仍是有效的。但是他们很快就遭到了批判。①

1964 年，看起来像是公开的论辩却转换成另一轮权力结构重组。那时几乎没有任何名气的戚本禹发表了一篇文章，公开驳斥翦伯赞对于马克思列宁主义的攻击，驳斥他为最终恢复传统史学中的清代文本考证学助长声势。② 依照事实来重构过去意味着建立过去与现在的连续性，因此弱化了革命的立场。在这篇文章中，戚本禹为"文革"中批判所有反对教条主义的历史学家埋下了伏笔。他反复重申了 1957 年批判传统历史学家的老调，以便驱除老一代的马克思主义史家，并率先通过重返共产党接管大陆之前所统一的主流叙述来实现代际转换。恰好因为毛泽东也在极力要求意志坚定的年轻一代应成为五四一代的继承人，戚本禹迅速得到了毛泽东的支持。作为历史研究所的副所长以及年轻一代中的一分子，尹达随即响应毛泽东的号召。他宣称，"我们必须把史学革命进行到底"③ ——后来被强调作为文章标题的一句话。一大批出版物都以这句话作为指导，重申早在几年前反教条主义者所反对的一切：更多的阶级分析，更多的理论以及更多的对于过去的批判。甚至连著名的《历史研究》杂志，先前是反对教条主义的大本营，现在也积极响应这种批判。许多早期支持范文澜、翦伯赞和吴晗的历史学家也看到必须与这些反教条主义者划清界限。④ 但是对于他们来说，转换立场并没有多少帮助。他们的文章仍旧在 1966 年后期遭到了批判，反教条主义者的主要代

---

① 钟华明：《共产主义中国对于学术理论的批判》，载《共产主义中国》（Chung Wah-ming, "Criticism of Academic Theories in Communist China," in *Communist China* 1966, 2vols. Hong Kong, 1968）；李筠：《我所知的"三家村"》，载鲁林、卫华、王刚主编：《中国共产党历史口述实录》，济南出版社，2002 年，第 555—556 页。

② 戚本禹，林杰，阎长贵：《翦伯赞同志的历史观点应当批判》，《红旗》1966 年第 4 期。

③ 尹达：《必须把史学革命进行到底》，《红旗》1966 年第 3 期。

④ 丁守和：《科学是为真理而斗争的事业——记黎澍学术生涯》，载《黎澍十年祭》，中国社会科学文献出版社，1998 年。

表都被迫处于孤立和绝望的境地。翦伯赞在 1968 年被逼自杀[1]。吴晗 1969 年在监狱里被迫害致死。只有范文澜在这次动荡中幸免于难，主要得益于毛的个人保护，他于 1969 被选举为第九届中央委员会成员不久之后就去世了。

625   1960—1970 年代中国大陆和台湾历史书写中的社会理论

中华人民共和国的历史学界始终持续着对于传统历史学中文献考证风格的批判，或许原因之一就是针对这样一个事实，即傅斯年倡导的以史料为导向的历史学，直到 1960 年代中期始终在台湾地区占据着历史编纂的主导地位。傅斯年在 1928 年建立的中央研究院历史与语言研究所是所谓史料派的重镇，这个学派的历史书写风格就是把清代的中国历史编纂学和对兰克史学的一种特殊理解结合在一起，常常把兰克史学总结为"如实直书"。在这一基础上，台湾的中国历史书写并没有对发展出一套主流叙述产生多大的兴趣，而是更多地聚焦在原始资料的考证和整理上。因此，台湾地区的历史学家认为，他们的历史学不同且对立于他们称为"史观派"的马克思主义史学，他们也感知到这种史学在大陆占据主导地位。[2]

在 1960 年代中期，当第一代在美国接受训练的学者回到台湾教学，学生们开始对这种史料导向的历史学表示不满。像许倬云和陶晋生这样的学者通过新创办的《思与言》杂志介绍社会历史理论。随着许倬云不久成为台大的历史教授，台大历史系逐渐成为中国历史编纂新方向的大本营。陶晋生、杜维运和李恩涵三人通力合作来对抗"史料学派"的支配地位。与此同时，当中华人民共和国的马克思主义史学通过批判史料导向的历史书写来返回到 1950 年代早期的方向，台湾地区的中国历史书写也经历了类似的过程。他

---

① 参见本卷第三节贝兹（Antoon De Baets）的讨论。
② 参见王晴佳：《台湾寻求族群的历史》。

们都是通过引入来自欧洲的社会历史理论来克服传统的清代文献考证法。他们史学方向的转变都伴随着代际的变迁。然而，台湾地区历史学家开启的这一新方向，是作为西方世界不断增长的、在1960 年代占据主流地位的社会史一部分，他们从这些社会史理论的普遍有效性中汲取营养。而在大陆，对于马克思主义理论的重新关注则是自相矛盾地远离马克思主义正统观点的一部分。

戚本禹朝这个方向迈出的第一步是一篇关于李秀成的文章，他在文章中谴责作为太平天国运动领袖之一的李秀成背叛了革命。这一论述是重新评价中国历史上农民革命和历史人物的一部分，以及解释为何中国持续存在着封建主义。翦伯赞和吴晗曾经论述过统治阶级的让步主义政策是中国历史发展的动力；与之相对，戚本禹则赞成农民革命才是中国历史发展的动力。但是，由于领导阶级背叛了人民大众，这些暴动（uprisings）没有能够在中国历史上引发革命性的变革。由此可见，戚本禹的意图是利用李秀成的个案，来影射革命的叛徒有可能在领导的核心阶层中阻碍革命。① 在"文革"之前，这一观念正好可以被作为反对党内修正主义"走资派"的抓手。因此，毛泽东让戚本禹进入后来成为中共最权威的理论刊物《红旗》杂志的编委会也不足为奇，后来又提拔戚本禹成为"文革"小组的成员，而这个小组在"文革"初期取代了党的领导机关。②

在关于李秀成的这篇文章中，戚本禹只不过是重申了毛泽东在《论中国革命和中国共产党》一文中早已表达的观点。毛泽东在此文中解释了中国历史并非像黑格尔所论述的那样缺乏变化。然而，毛泽东也认为法国大革命给欧洲带来的根本变革并不可能同样在中国发生。因为中国历史的发展动力并不是资产阶级，而

626

① 尤赫礼：《关于李秀成的论争》（Stephen Uhalley, "The Controversy over Li Hsiu-ch'eng," *Journal of Asian Studies*, Vol. 25, No. 4 (1966), pp. 305 - 317）。

② 参见丁守和：《科学是为真理而斗争的事业——记黎澍学术生涯》，第 118 页。

是农民阶级。但是，正如马克思所论述的，农民阶级作为历史发展的动力并不是革命性的，由此需要真正的革命阶级的领导。然而，资产阶级在他的领导位置上太过软弱，最根本的变革只能由共产党来引领。在这个意义上，戚本禹忠守于延安时代的主流叙述，并适当调整，以紧跟毛泽东关于党内资产阶级的新观点。

"文化大革命"的后半阶段，在林彪作为毛泽东的接班人被"揭下"革命叛徒的面具之后，中国历史学家转向讨论中国历史上无可置疑的根本性制度变迁，来获得理解当前形势的知识。他们利用中华帝国的统一性作为事例来说明在根本性的制度变迁之后，革命与复辟的斗争是不可避免的。有趣的是，正如中国历史上的变革问题，这意味着特殊性的主题又重新浮出水面。哲学家杨荣国发现了解释中国历史的新模式。他认为统治阶级中的儒法斗争是历史发展的动力。儒家代表奴隶制社会，他们是复辟性力量。他们的对手是法家，中国第一位皇帝秦始皇是他们的杰出代表。秦始皇统一了帝国，建立了比之前奴隶社会更优越的封建主义。但是，当秦始皇死了之后，儒家最终夺取了统治中国的权力。根据这一历史时期所总结出来的革命与复辟模式又推及到整个中国历史。"文化大革命"高潮期间的"两条路线的斗争"是这一模式持续存在的标志。儒法斗争的历史叙事是中国历史上已成定论的五阶段发展模式中的特殊模式。然而，这也恰好体现了过去是怎样与现在联系起来的，以及中共党史如何重新被塑造成十次路线斗争的历史。在同党内各种左倾与右倾机会主义做斗争的过程中，毛泽东始终作为无所不知和战无不胜的党内领导人。①

---

① 杨荣国：《中国古代思想史》，人民出版社1954年版；杨荣国：《孔子——顽固地维护奴隶制的思想家》，《人民日报》1973年8月7日；逖欧：《重评儒家及其与中国马克思主义的概念、语言和阶级之间的关系（1947—1977）：范文澜和杨荣国关于仁慈思想的研究》（Vivienne Teoh, "The Reassessment of Confucius and the Relationships among Concepts, Language, and Class in Chinese Marxism 1947 - 1977: A Study in the Thought of Feng Youlan and Yang Rongguo on the Scope of Benevolence", *Modern China*, 2 (1985), 347 - 376）。

1970 年代后期以来中国历史学的新发展

在蒋介石和毛泽东相继去世之后，大陆和台湾的历史书写的政治性色彩都得到了根本性的变革。在台湾，早在 1970 年代初期，台湾人的历史就成为历史学家的研究对象①，尽管最初的研究很多是作为中国历史的区域研究的一部分。最先一批聚焦台湾的青年研究者是在张光直、李亦园、王崧兴、郭廷以和李国祁的指导下完成训练的。他们当中的陈其南迅速获得了声望，他提出了一个观点，认为台湾人口开始疏离大陆的时间，早于先前认为是在 19 世纪的估计。这一观点遭到李国祁的批驳，他强调台湾的发展实际上是"内地化"（mainlandization）的一种形式，这也意味着台湾的发展与福建和浙江等相邻省份的发展是高度一致的。②

从 1980 年代早期开始，台湾史吸引了越来越多的青年研究者加入这一领域，并出版了大量关于这一主题的论著，而且这个数字还在不断地攀升。台湾建立了许多专门研究台湾人历史的学术机构，举办了各种学术会议。与此同时，上述提到对于一度占据历史舞台的史料导向的历史学的批判，又重新获得了增长的势头。有关本土历史和社会经济问题的论题越来越受欢迎，取代了早些年政治和制度的研究趋向。

随着毛泽东时代的结束，历史真理（historical truth）问题就成为中国大陆史学辩论的核心问题。在 1976 年中共领导层发生巨变之后，"文革"时期的史家试图创造的主流叙述立即就遭到了质疑。不过，主流叙述崩塌的原因并不是对于马克思列宁主义基本原理的质疑造成的，而是源于对于历史书写真实性的极度怀疑，即"文革"史学造成这样一个事实：大量过去事件成为研究

628

629

---

① 戈登主编：《台湾：中国区域历史研究》（Leonard H. D. Gordon, ed., *Taiwan: Studies in Chinese Local History*, New York, 1970）。

② 李国祁：《清代台湾社会的转型》；王晴佳：《台湾寻求族群的历史》。

的禁区，以及大量的事实在政治舞台遭到"扭曲"。

"文革"结束之后，平反工作得以实施，对过去的纪念活动成为日常政治生活的基本组成部分。"文革"时期的受害者为他们的权利做斗争，重新评价 1965 年之前的十七年以及"文革"本身的活动也在进行。在这一过程中，许多鲜为人知的历史事实都公布于众，许多此前所谓的历史禁区被打破，中共党史的许多章节也被重新书写，19 世纪与 20 世纪中国历史上的重大事件也都得到重新评价和重新解释。① 在 1980 年代，历史学家仍旧相信他们能够重新获得公众的信任，只要他们以更恰当的方式完成自己的工作。但是到了 1990 年代，他们开始意识到历史学在社会中的角色正在经历着重大的变化。虽然历史仍旧是公众关心的话题，但是学院派史学却被边缘化。在大陆出现了新的历史写作形式，一大批没有经过严格学术训练的历史作家开始进入这个领域。他们并没有因为体系化的历史学长期占据了这一舞台，而被束缚于这种体系化的历史学。诸如叶永烈等这样有过新闻工作背景的作家开始与官方制度化的学院派史学展开了竞争，以此来展现他们能够通过写作公众想要知道的历史来获得尊重。②

结果便是学院派史学经历了一次危机。当大学研究院的历史学者仍旧在寻找历史的原理、规则和规律，非官方的史学研究者却背离了这一类型的历史，他们认为历史可以当作故事来写，而630 不需要理论的"指导"。可是，这一历史书写的方式长期却被划入文学创作的领域，在传统史料导向的史学类型的影响下，历史学家倾向于遵守"如实直书"的史学原则，从而贬低以讲述历史故事的方式来书写历史。较年轻的历史研究者不再墨守这一成规，并开始质疑历史书写本身的客观性。在此论辩中产生三种不

---

① 关于这一问题有趣的概述，可参见乔纳森·昂格尔主编：《利用过去服务现在：当代中国的历史编纂学与政治》。

② 白杰明：《利用过去服务现在》［Geremie Barmé，"Using the Past to Serve the Present," *East Asian History*，Vol. 1 (1991)，141 - 181］。

同的观点：激进的建构主义（constructivism）和主观主义（subjectivism），采取最极端地质疑客观性的形式；年老一代的史家指责这一观念是相对主义（relativism），从而提议在认识到历史知识的相对性和主观性的同时，还应坚守历史书写的客观性；两种极端观点之间的妥协方案是认为，历史知识建立在客观反映过去所发生的事情的历史事实的基础之上。因此，历史事实不是被建构的（constructed），而是"被给予的"（given），只有到了历史学家把历史事实组织进一个叙事（narrative）或历史解释（historical explanations）的时候，历史写作的创造过程才能出现。由于历史写作的过程总是体现了当前的一些问题，其最终呈现的成果在这个意义上是相对的。[①]

　　在非官方史学的影响下，中国史学逐步走向国际化，中国的历史书写开始变得更加多元、开放和自由。从数量上来说，史料导向的历史书写是富有成效的领域，许多历史学家都在忙着整理史料、编纂辞典和百科全书，以及收集区域性和地方历史上的史料。社会史、性别史、经济史以及其他领域的专业化史学也得到充分的发展。口述史用以补充书面文献，并利用人们累积的记忆。否则，这些记忆不可能传递关于过去的知识。与此同时，年轻一代在电影、漫画以及电脑游戏中来塑造他们的历史理解和历史意识。这些表达历史的新形式吸收了传统历史书写中的掌故和逸事。高度国际化的媒介传播的关于中国历史的故事，在形式及内容上都是全球

---

① 苏珊·魏格林-施维德齐克：《1990 年代的中国历史编纂学：在认识论与市场经济之间》，载哈特蒙德·凯博和迪特玛·罗德蒙德主编：《比较：莱比锡大学世界史和比较历史研究集刊》（Susanne Weigelin-Schwiedrzik, "Die chinesische Historiographie in den 90ger Jahren: Zwischen Erkenntnistheorie und Marktwirtschaft," in Hartmund Kaelble and Dietmar Rothermund eds., *Comparativ: Leipziger Beiträge zur Universalgeschite und vergleichenden Geschichtsforschung*, vol. II. Leipzig, 2001, pp. 53 - 79），莱比锡，2001 年，第 53—79 页。

化的。①

从未结束的关于中国历史普遍性和特殊性的争论仍旧在进行。其中浮现出来的论题之一，就是 19 世纪以来中国历史上的改革和革命问题。在 1978 年中国决定实行"改革开放"政策的刺激下，历史学者开始思考"只有革命才能救中国"是否仍旧是有效的。早期版本的主流叙述严厉批评清政府，批评 1911 年革命以及第一届共和政府的无能，但实际上这些历史阶段都在不断地改变形势以让中国变得更好。1978 年以来，中国的大部分人逐步认识到，改革比起 1911 年以来的任何革命都带来了更多的进步和成功。正是在此语境下，有人提出革命在 20 世纪是特殊的观点，但是，无论谁质疑革命的必然性都会剥夺中国的历史特殊性。然而，假如革命的观念是现代中国历史特殊性的核心要素，那么改革开放的政策也缺乏历史的优先性。②

世界史是中国历史特殊性论争的另一个领域。虽然中国史与世界史的组织机构是各自分开的，但是，中国史与世界史的研究开始克服它们之间的距离，关于在何种程度上中国史可以成为世界史的一部分，也逐渐成为历史学者共同辩论的课题。作为中国社科院世界历史研究所的副所长，于沛在一篇纲领性的史学批评文章中解释到，传统历史编纂学中的王朝更替的循环史观与西方

---

① 白杰明：《为大众而写的历史》，载乔纳森·昂格尔主编：《利用过去服务现在：当代中国的历史编纂学与政治》，阿蒙克，1993 年，第 260—286 页。(Barmé, Geremie, "History for the Masses," in Jonathan Unger, ed., *Using the Past to Serve the Present*: *Historiography and Politics in Contemporary China*, Armonk, 1993，260 - 286)

② 崔志海：《评海外三部梁启超思想研究专著》，《近代史研究》1999 年第 3 期；苏珊·魏格林-施维德齐克：《近来中国学术对于中国现代史中梁启超和全球化的研究》，载马丁·杨德尔和库尔特·格赖纳主编：《科学，医学和文化：弗雷德里希·瓦尔纳纪念文集》，法兰克福，2005 年，第 176—198 页。(Susanne Weigelin-Schwiedrzik, "Recent PRC Scholarship on Liang Qichao and the Globalization of Research on Modern Chinese History," in Martin Jandl and Kurt Greiner, eds., *Science*, *Medicine and Culture*: *Festschrift for Friedrich Wallner*, Frankfurt, 2005，pp. 176 - 198)

历史著述中的线性史观是相互抵牾的。此外，以中国作为世界中心的传统的历史编纂学也不再得到认可。由此而来，中国史和世界史的书写都被转换成线性史观的一个非中国中心的世界的逻辑。结果就是，中国历史书写的形式中没有任何中国人使用的概念，世界史不再把中国看作中心。于沛认为，直到现在为止，这一问题仍未得到解决，而且中国失去了看待自己历史的方式。①

另外一些世界史领域的历史学者也强调这样一个事实，正在进行的全球化过程迫使历史学家必须平等地对待各个国家的历史，从而消除了对照欧洲的发展模式来评价历史的观念。与此同时，他们认为在全球化的过程中，全球史的写作必须把国家与地区的历史联系起来，以及把地区的历史同世界其他地区的历史联系起来。然而，历史本身是不断争夺领导地位和权力的历史，是连续不断地重新定义中心和边缘的历史。②

最近关于全球史与世界史之间的论辩是历史书写中的民族国家与跨民族国家之间的论争。当中国版本的世界史的观念揭示了历史学者改变欧洲和美国人观照世界方式的诉求，全球史的拥护者则尝试重新使用马克思的方法来研究全球史，而这一路径在中国的语境下更接近于中国化之前的中国马克思主义。这种全球史正是早先聚焦在普遍性而不是特殊性的一种继续，但也类似于世界史的路径，因为这种世界史根植于对欧洲中心主义的批判，旨在重新定义另一种可替换的普遍性，以便与从欧洲和美国立场来写的全球史话语进行竞争。

1949 年之后的历史学在海峡两岸都伴随着政治变迁以及中国在国际上的位置变化，与此同时，历史学者也在积极地参与这一变化。

632

---

① 于沛：《全球化背景下的世界史研究——对当代中国世界史研究理论体系和话语系统的思考》，《中国社会科学院院报》2003 年第 3 期。
② 王林聪：《略论"全球历史观"》，《史学理论研究》2002 年第 3 期。

大事年表/关键日期

中国大陆地区

- 1949 中共掌权；定北京作为中华人民共和国的首都
- 1950—1953 中共巩固其统治
- 1956—1957 百花齐放
- 1957—1961 作为大跃进运动的结果，国家陷入大饥荒
- 1966—1976 "文化大革命"
- 1976 在毛泽东于 1976 年 9 月逝世之后，"四人帮"被废除，华国锋被选为毛泽东的接班人
- 1978 中共决定实施"改革开放"的政策，发起农业、工业、技术和军事"四个现代化"的建设
- 1981 7 月 1 日，中共中央通过《关于建国以来党的若干历史问题的决议》
- 1992 邓小平南巡，发表重要讲话，重新发动改革开放的政策
- 1997 香港回归中国
- 2004 战胜了"非典"，中国共产党把政策重点集中在可持续发展和社会公平上
- 2008 北京举办夏季奥运会

中国台湾地区

- 1949 国民党及其军队撤退到台湾
- 1960—1970 台湾经济奇迹
- 1975 蒋介石逝世；蒋经国继承其父亲，成为国民党和台湾地区的最高领导人
- 1986—1987 实施逐步民主化进程

主要史料

- 白寿彝编著：《中国通史纲要》（北京，1982）。
- 白寿彝主编：《中国通史》（12 卷）（上海，1989—1999）。

633

634

- 杜正胜、王泛森主编：《新学术之路："中央研究院"历史语言研究所七十周年纪念文集》（2 卷）（台北，1998）。
- 范文澜：《中国通史简编》（3 编）（北京，1953—1965）。
- 范文澜：《历史研究中的几个问题》，《北京大学学报》1957 年第 6 期。
- 郭沫若主编：《中国史稿》（6 册）（北京，1976—1983）。
- 翦伯赞：《关于史与论的结合问题》，《光明日报》1962 年 2 月 14 日。
- 毛泽东：《关于若干历史问题的决议》（Resolution on Some Questions of History），《毛泽东选集》（*Selected Works of Mao Tse-Tung*）（第四卷）（纽约，1954—1956），第 171—185 页。
- 毛泽东：《论中国革命和中国共产党》（The Chinese Revolution and the Communist Party of China），《毛泽东选集》（*Collected Works of Mao Zedong*）（第二卷）（北京，1968），第 305—334 页。
- 宁可：《论历史主义与阶级观点》，《历史研究》1964 年第 3 期。
- 戚本禹，林杰，阎长贵：《翦伯赞同志的历史观点应当批判》，《红旗》1966 年第 4 期。
- 吴晗：《学习集》（北京，1980）。
- 尹达：《必须把史学革命进行到底》，《红旗》1966 年第 3 期。
- 于沛：《全球化背景下的世界史研究——对当代中国世界史研究理论体系和话语系统的思考》，《中国社会科学院院报》2003 年第 3 期。
- 周谷城：《世界通史》（3 卷）（上海，1949）。
- 周一良，吴于廑主编：《世界通史》（4 卷）（北京，1962）。

参考书目

- 匿名：《胡适思想批判》，北京，1955。
- 白杰明：《利用过去服务现在》（Geremie Barmé, "Using the Past

to Serve the Present，*East Asian History*，1（1991），141—181），第 141—181 页。

- 白杰明：《为大众而写的历史》，载乔纳森·昂格尔主编：《利用过去服务现在：当代中国的历史编纂学与政治》（Barmé, Geremie，"History for the Masses"，in Jonathan Unger ed.，*Using the Past to Serve the Present：Historiography and Politics in Contemporary China*，Armonk，1993，260—286），阿蒙克，1993，第 260—286 页。

- 连战：《共产主义对抗实用主义：对胡适哲学的批判》（Chan Lien，"Communism versus Pragmatism：The Criticism of Hu Shi's Philosophy"，*Journal of Asian Studies*，27（1968），551—571），第 551—571 页。

- 钟华明：《共产主义中国》（Chung Wah-ming，*Communist China*），香港，1968。

- 克罗泽尔：《中华人民共和国的世界史》（Ralph Croizier，"World History in the People's Republic of China"，*Journal of World History*，1：2（1990），151—169），第 151—169 页。

- 崔志海：《评海外三部梁启超思想研究专著》，《近代史研究》1999 年第 3 期。

- 丁守和：《科学是为真理而斗争的事业——记黎澍学术生涯》，载《黎澍十年祭》，北京，1998。

- 635 德里克：《中国历史编纂学中的阶级观点与历史主义的对立问题》（Arif Dirilik，"The Problem of Class Viewpoint versus Historicism in Chinese Historiography"，*Modern China*，3（1977），465—488），第 465—488 页。

- 德里克：《革命与历史：中国马克思主义史学的起源（1919—1937）》（Arif Dirilik，*Revolution and History：The Origins of Marxist Historiography in China*，1919—1937），伯克利，1978。

- 高德曼：《历史在党派斗争中的角色（1962—1964）》（Merle

Goldman, "The Role of History in Party Struggle 1962—4", *The China Quarterly*, 51 (1972), 500—519)，第 500—519 页。

- 戈登主编：《台湾：中国区域历史研究》 (Leonard H. D. Gordon, ed., *Taiwan: Studies in Chinese Local History*)，纽约，1970。

- 翦伯赞：《目前历史教学中的几个问题》，载《翦伯赞历史论文选集》，北京，1980，第 32—47 页。

- 彼特・康：《理解谁的台湾？台湾高等教育中国同一性的建构》 (Peter Kang, "Knowing Whose Taiwan? Construction of the Chinese Identity in the High School History Education in Taiwan")，《花莲师院学报》1998 年第 8 期，第 217—236 页。

- 罗梅君：《在政治学与科学之间的历史学：中国马克思主义历史科学的教育（1930—1940）》 (Mechthild Leutner, *Geschichtsschreibung zwischen Politik und Wissenschaft: Zur Herausbildung der chinesischen marxistischen Geschichtswissenschaft in den 30er und 40er Jahren*, Wiesbaden, 1982)，威斯巴登，1982。

- 李国祁：《清代台湾社会的转型》，台湾《中华学报》1978 年 5 卷 2 期，第 131—159 页。

- 李国祁：《中国历史》，台北，1990。

- 李来福：《世界史中的中国特色》 (Leif Littrup, "World History with Chinese Characteristics", *Culture and History*, 5 (1988), 39—64)，第 39—64 页。

- 逖欧：《重评儒家及其与中国马克思主义的概念、语言和阶级之间的关系（1947—1977）：范文澜和杨荣国关于仁慈思想的研究》 (Vivienne Teoh, "The Reassessment of Confucius and the Relationships among Concepts, Language, and Class in Chinese Marxism 1947‑1977: A Study in the Thought of Feng Youlan and Yang Rongguo on the Scope of Benevolence", *Modern China*, 2 (1985), 347—376)，第 347—376 页。

- 尤赫礼：《关于李秀成的论争》 (Stephen Uhalley, "The Controversy

over Li Hsiu-ch'eng", *Journal of Asian Studies*，25：4（1966），305—317），第 305—317 页。

- 王林聪：《略论"全球历史观"》，《史学理论研究》2002 年第 3 期。

- 王晴佳：《在马克思主义与民族主义之间：中国历史编纂学和苏联的影响（1946—1963）》（Q. Edward Wang, "Between Marxism and Nationalism：Chinese Historiography and the Soviet Influence，1949—1963", *Journal of Contemporary China*，9：23（2000），95—111），第 95—111 页。

- 苏珊·魏格林-施维德齐克：《政党的历史编纂学》，载载乔纳森·昂格尔主编：《利用过去服务现在：当代中国的历史编纂学与政治》（Susanne Weigelin-Schwiedrzik, "Party Historiography", in Jonathan Unger ed. , *Using the Past to Serve the Present*：*Historiography and Politics in Contemporary China*，Armonk，1993，164—71），阿蒙克，1993，第 164—171 页。

- 苏珊·魏格林-施维德齐克：《论"史"与"论"：基于中华人民共和国史学的一种类型学》（Susanne Weigelin-Schwiedrzik，"On Shi and Lun：Toward a Typology of Historiography in the PRC", *History and Theory*，35：4（1996），74—97），第 74—97 页。

- 苏珊·魏格林-施维德齐克：《1990 年代的中国历史编纂学：在认识论与市场经济之间》，载哈特蒙德·凯博和迪特玛·罗德蒙德主编：《比较：莱比锡大学世界史和比较历史研究集刊》（Susanne Weigelin-Schwiedrzik, "Die chinesische Historiographie in den 90ger Jahren：Zwischen Erkenntnistheorie und Marktwirtschaft", in Hartmund Kaelble and Dietmar Rothermund eds. , *Comparativ*：*Leipziger Beiträge zur Universalgeschite und vergleichenden Geschichtsforschung*，vol. II. Leipzig，2001，53—79），莱比锡，2001，第 53—79 页。

- 苏珊·魏格林-施维德齐克：《马克思主义历史编纂学中的历史和真理》，载施寒微、米塔格和吕森主编：《历史真理、历史批判和意识形态：从新的比较视角来看中国历史编纂学和历史文化》（Susanne Weigelin-Schwiedrzik, "History and Truth in Marxist Historiography", Helwig Schmidt-Glintzer, Achim Mittag, Jörn Rüsen eds. , *Historical Truth*, *Historical Criticism*, *and Ideology*：*Chinese Historiography and Historical Culture from a New Comparative Perspective*, Leiden, 2005, 421—464），莱顿，2005，第 421—464 页。

- 苏珊·魏格林-施维德齐克：《近来中国学术对于中国现代史中梁启超和全球化的研究》，载马丁·杨德尔和库尔特·格赖纳主编：《科学，医学和文化：弗雷德里希·瓦尔纳纪念文集》（Susanne Weigelin-Schwiedrzik, "Recent PRC Scholarship on Liang Qichao and the Globalization of Research on Modern Chinese History," in Martin Jandl and Kurt Greiner eds. , *Science*, *Medicine and Culture*：*Festschrift for Friedrich Wallner*, Frankfurt, 2005, 176—198），法兰克福，2005，第 176—198 页。

- 苏珊·魏格林-施维德齐克：《回到过去：中国共产主义历史编纂学中的修正主义》（Susanne Weigelin-Schwiedrzik, "Back to the Past：Revisionism in Chinese Communist Historiography", *Berliner China-Hefte*, 31 (2006), 3—22），第 3—22 页。

- 苏珊·魏格林-施维德齐克：《世界史与中国史：在普遍性和特殊性之间的 20 世纪中国历史编纂学》载《全球史和海防及其讨论论文系列》（Susanne Weigelin-Schwiedrzik, "World Hitory and Chinese History：20th Centiry Chinese Historiography between Unviersity and Particularity", in *Gobal History and Maritime Working and Discussion Paper Series*, Osaka, 2007），大阪，2007。

- 杨荣国：《中国古代思想史》，北京，1954。

- 杨荣国：《孔子——顽固地维护奴隶制的思想家》，《人民日报》1973 年 8 月 7 日。

636

● 李筠:《我所知的"三家村"》,载鲁林、卫华、王刚主编:《中国共产党历史口述实录》,济南,2002,第555—556页。

顾晓伟　译

第三十一章　日本的历史写作

塞巴斯蒂安·康拉德

战后"断裂"与新主导

1945 年秋，日本的历史著述几乎重新开始，或者说看起来是这样：在中小学，美国占领军叫停了日本史的讲授，直到一年半以后有了新教科书时才重新恢复；在大学，战时作为正统的"皇国史观"失去了其对日本历史学家的支配和影响。"皇国史观"是一种以皇室、神道教道德体系和帝国视野为核心的日本中心论的史观，其主要倡导者平泉澄从日本最著名的高校——东京大学辞职，在占领肃清的背景下，他的同事也纷纷辞职或被辞退。但事实远不止于此，不仅是致力于政治鼓吹的极端国家主义历史编纂在形式上瞬间解体，而且大批保守派历史学家似乎也失去了话语权。与之相反，1945 年之前饱受压制的马克思主义史学迅速崛起，成为战后历史解释中最有力的一股潮流。此后，一种以马克思主义为导向的社会史成为日本史学研究中占统治地位的范式。比起法国和德国，马克思主义以更强大的影响力左右了日本战后早期的知识界思潮。在短短几年甚至几个月的时间里，日本史学界的风气发生了剧变。①

---

① 关于日本史学在战后初期几十年的概况，参见 Toyama Shigeki, *Sengo norekishigaku to rekishi ishiki* (Tokyo, 1968)；*Nagahara Keiji*，（转下页）

初看上去，这是一种库恩范式变化，而类似的变化在其他战败国如意大利和西德并未出现。然而，它有着不像库恩模型所揭示的那样内在的系谱。马克思主义在 20 世纪初已经在日本知识界中占有一隅，到 20 世纪 20 年代，它在经济领域开始产生影响力。1922 年，日本共产党成立，尽管在政治上处于边缘化的地位，但却吸引了大批知识分子。其后，理论性的学术讨论和关于党的策略的争辩成为两大共存的现象。在战时，历史唯物主义的确在历史领域长期处于外围地位，其支持者也被严厉镇压并动辄被逐出大学。然而，20 世纪 30 年代盛行于马克思主义经济历史学家之中的论争，特别是著名的"日本资本主义之争"，在战后历史著述发展中起到了决定性作用。[2]

战后，马克思主义者位于极少数未有与日本的帝国主义事业相联盟之污点的学者之列，并由于其是唯一一支明确反对法西斯主义的力量，作为自然盟友而为美国占领军所接受和支持。事实上，一种本不太可能发生的联合出现了，即占领军支持马克思主义者重新进入大学，与此同时，日本共产党将占领军作为"解放者"而热烈迎接，马克思主义历史学家则将战后改革称为"迟来的资产阶级革命"。这是一段短暂的蜜月期，其最晚于 1948 年美国基于冷战压力而采取"逆流"政策时结束，但它在战后初期促成了马克思主义在学术界的制度化，并随着大学系统的大规模扩张而得到进一步加强。为使高等教育实现民主化，在美国占领的七年里，大学的数量从 49 所增加到 220 所。这就给了很多毕业生获得教授职位的意外机会，尽管给予少数所谓帝国大学优先权的招聘模式并未显著改变。

虽然马克思主义历史学家最初只是少数派，但他们很快就在

（接上页）Rekishigaku josetsu（*Tokyo*，1978）；*and Sebastian Conrad*，The Quest for the Lost Nation：Writing History in Post-War West Germany and Japan（*Berkeley*，2010）。

② Germaine A. Hoston，*Marxism and the Crisis of Development in Prewar Japan*（Princeton，1986）。

史学领域发挥实质性主导作用。然而，重要的是要认识到，这些自诩为"进步"史学家引领的大潮流绝对不是铁板一块。一方面，马克思主义学派面临着派系斗争的困扰，而这种派系斗争常常因共产党内部的冲突而恶化。[①]另一方面，马克思主义史学的不同分支都反对所谓的"近代主义者"（kindaishugisha, modernists），比如社会史学家大冢久雄、思想史学家丸山真男，这些"近代主义者"都受到马克斯·韦伯的重要影响，强调将精神和文化因素作为历史发展的推动力，这一点与马克思相悖。在马克思主义者与近代主义者——常被前者称为"资产阶级"史观的代表——之间，存在着很多差异和冲突，但在很多方面，二者有一致的问题意识，并共同促成了批判社会史的主导地位。[②]

　　由"进步"史家开启的这种叙事的转变在不同程度上都有体现，正如其所揭示的方法论、政治和解释上的改变。首先，马克思主义（以及近代主义）历史学都反对该学科中盛行的受德国历史主义影响深远的方法论标准。[③] 历史主义这种本质上理想主义的历史观以政治史研究为核心，被其反对者视为一项描述性过强的事业，很大程度上用于原始资料的重建和文本批判。马克思主义历史学家反对保守的实证主义，他们采用历史唯物主义，坚持经济基础高于政治、意识形态等上层建筑，坚持阶级范畴的关联性，坚持批评民族国家的立场。在历史学的实践中，这就转化为社会史的多样化，通常强调宏观结构，追求大范围的因果解释。

　　第二，马克思主义历史学家自视为政治参与者，将其学问视为一种政治干预的形式。他们多与共产党有关联，在他们的研究日程中，他们对政治事件反应十分迅速。例如，1949 年中国的共

639

---

① 最重要的冲突是发生在所谓的"劳农派"和"讲座派"之间。参见 Toyama, *Sengo no rekishigaku* 和 Hoston, *Marxism*。

② 参见 Andrew E. Barshay, *The Social Sciences in Modern Japan：The Marxian and Modernist Traditions* (Berkeley, 2004)。

③ 进一步了解德国历史主义，见本卷第二章。

产主义革命启示他们，美国占领下的日本离他们最初在战后改革中看到的社会剧变还差很远。而且，1950年朝鲜战争的爆发使大多数马克思主义历史学家确信，他们是美国帝国主义扩张的目击者，这就转而导致他们将日本现代史解释为一种对殖民主义威胁的回应。他们宣称离开象牙塔，这也包含着学术成果向社会广泛层面的传播。

第三，战后马克思主义的主导导致了一种日本史新型大叙事的支配地位。基于社会史分析，其主要的"故事情节"是主张日本迈向现代化的历程是异常的。1868年德川幕府的封建政权结束之后，"故事"开始，日本踏上了现代化之路，而这种现代化是以西方提供的模式为基础的。然而，日本的情况不同于马克思主义的元叙事，这是因为日本的封建政权并未为一个由资产阶级领导的社会所代替。相反，一种有限的寡头政治以专制主义方式统治了这个国家，限制公民权利和大众参与，因而，在明治时期并未出现代表民主利益的阶级社会，而是显现出一系列的"封建残余"，这种封建残余使得前近代社会结构长期存在于快速工业化的经济之中。在天皇制度和帝国主义意识形态的支撑下，这些不均衡发展的状态延续到战时，是所谓"天皇制法西斯主义"的根源——通过自上而下建立法西斯制度来应对垄断资本主义国际危机的专制国家。

在这种畸形的（如果不是失败的）现代化中，战后几十年马克思主义学说的主体是关于分析国家现代史中的结构性缺陷的。结果，学术兴趣的主要焦点并不在这种失败的最近症状上——法西斯主义、战争和军事失败的年代——而是在出现偏差的关键时段上。在这方面，最重要的节点是明治维新，因为明治维新正是偏离正常的现代化之路的时刻。

这方面的代表性作品是远山茂树的经典著作《明治维新》（1951），该书立即获得了成功，其初版的7000册在1951年销售一空，次年再版一万册，第七版则在十年之后出版。《明治维新》一书具有全面的学术注释、抽象的马克思主义术语和封闭的体

640

系，并未向大众阅读期望作出让步，鉴于此，其在书店的成功就更值得注意了。然而，远山的解释体系很快符合了大众阅读的原则，继而成为日本高中教材中阐释明治维新的框架。

远山的《明治维新》可以视为是明治维新政治的社会史。他认为维新不是一次政变，不是 1868 年一个单一的事件，而是一个长期的历史过程，始于 1841 年封建诸藩的改革，止于 1877 年新政府打败武士的反叛。对于远山而言，明治维新标志着一个日本由封建国家转变为专制国家的转折性时期，其领导者是下级武士，他们在封建诸藩开展了政治改革，1868 年之后则在国家层面上进行改革。他们受益于大批的农民起义，这些起义削弱了旧秩序，揭示了封建制度的内在矛盾。下级武士贵族的反对派镇压了农民起义，但与此同时，他们在与将军幕府斗争的过程中利用了人民的力量。另外，以改革为导向的武士们利用了天皇，以天皇的名义展开对幕府的战争，并由此引起造成深刻政治变革的印象。但实际上，远山声称，关键并不是开辟现代（因为真正的革命力量和农民起义一起被镇压了），而是以一种新的伪装维持着封建秩序。下级武士迅速建立起专制主义的官僚制，在接下来的几年里，引入了一系列改革，加强了新政府的力量。由于这些措施并非由资产阶级自下而上，而是由自上而下的命令实施的，其并未形成现代社会政治结构。在远山的解释体系中，封建时代的残余是明治时期日本社会的特色。"在（资产阶级民主）革命自下而上渐趋成熟的同时，（专制）体制却正由自上而下的改革迅速确立。"[1]

在接下来的几年，远山的分析长期保持中心地位，但也不是毫无争议的，因为其他一些历史学家提出了与之相悖的关于社会变革"主体"的解释。而且，部分地由于朝鲜战争的爆发，历史学家开始通过强调其对反抗西方威胁、维护国家独立所做出的贡献，重申明治维新的积极意义。但总体而言，畸形而不

641

---

[1]　Toyama, *Meiji Ishin* (Tokyo, 1951), 182, 186 - 187.

完整的现代化这一范式盛行一时。马克思主义的"过渡性叙事"（迪佩什·查卡拉巴提）将过去置于从封建向资本主义现代社会转变的过程中进行描绘，这种叙事方式也继续在其他各领域指导着日本的历史研究：作为民主的另一种选择而被专制国家镇压的 19 世纪 80 年代的"自由民权运动"；催生出寄生地主和贫困农民的明治政府的土地政策；议会对行政权无任何有效控制力的政治体系的专制结构；20 世纪 20 年代出现的扭曲的政党政治，等等。

关于迟到的现代化的元叙事——这是战后初期学术界的显著特征——是与历史的普遍主义理念紧密交织的。日本的过去被系统地写入世界史的框架中，历史被假定为是按照普遍法则、在一整套特定的发展阶段中演变的。从这一视角出发，理解世界史就意味着要获得一种放之四海而皆准的关于基本历史趋势的知识。[1]相应地，日本史也可以参照这一普遍进程进行叙述。在某种意义上，"近代主义"历史学可以被解读为一种将日本史写入世界史框架的主要尝试，大致情节则是一种预先存在的模型，争议只是产生于如何正确地将特殊事件（日本）写入普遍叙事而已。影响力颇大的马克思主义历史学家的组织——历史学研究会1949 年的年会反映了对该问题的意识：所有环节的普遍主题都是"世界史的普遍法则"。[2]

642　　　然而，这些可能有规律的历史发展模式在任何地方都未被发现，世界各处的历史并未显现出相同程度的发展轨迹。为了完完全全地直接得出世界历史的普遍法则，历史学家们转向了欧洲历史。东大的法国史学家高桥幸八郎强调理解"西欧出现近代世界结构"的重要性，因为这些结构"以纯粹而典型的形式体现了世界历史（普遍历史）的发展阶段"。相应地，研究欧洲历史就是

---

[1]　进一步了解世界史，见本卷第五章。

[2]　Rekishigaku kenkyukai（ed.）, *Sekaishi no kihon hosoku*：*Rekishigaku kenkyukai 1949 nendo taikai hokoku*（Tokyo，1949）.

一种揭示世界历史基本法则的方法，而这种法则似乎只在欧洲这一典型中可以得出。[1] 这些法则随后可以用于理解日本历史。从典型的欧洲发展阶段的视角，我们也可以演绎出一种分析日本社会的新视点。[2]

需要指出的是，世界史的框架与发展的内在理念矛盾并行，新范式并非意味着将日本历史置于世界历史的框架之内，而是将日本作为世界历史来诠释。当世界史的视角提出之后，人们要求的并不是研究日本与外部世界的牵连。历史研究的主体仅仅在表面上肤浅地涉及到国际关系、主要强国的压力或来自外部的影响。相反，日本史是在日本这一民族国家的边界之内稳固发展的；在这些叙事体系中，殖民主义、二战和中国革命对日本历史的发展并未产生实质性影响。这些叙述中的世界历史特色并非依赖于对世界各国历史的必然联系的洞察，而是意味着用一种普遍的标准去阐释过去。

与此同时，尽管普遍主义者主张阶级分析，但民族范畴依然居于关键地位，这是第二大矛盾。这一点更加显著，因为战后初期明确采用世界史框架以超越战时民族主义者和极端民族主义者的解释体系。然而，对于马克思主义者和"近代主义者"而言，民族依然是历史的特有主体，并被视为历史学的主要客体。我们几乎可以说这是一种对民族特殊性的痴迷，尽管这种特殊性在畸形、落后、不完善和偏离中被否定了。中国革命和朝鲜战争爆发之后，这种消极的左翼民族主义由更积极地论及日本民族来补充。在被称之为"新帝国主义"的背景下，马克思主义历史学家频繁地反对美国，并将日本现代化阐释为对外来威胁的应对。"民族"这一术语成为讨论的中心，民族主义的视角逐渐开始取

643

---

[1] 关于该问题的详细分析，见 Sebastian Conrad, 'What Time is Japan? Problems of Comparative (Intercultural) Historiography', *History and Theory*, 38 (1999), pp. 67-83。

[2] Takahashi Kohachiro, *Kindai shakai seiritsu shiron* (Tokyo, 1947), 1, 16, 17.

代阶级关系的优先地位。①

从马克思主义主导到研究方法多元化

在战后最初的二十年里，批判社会史的不同流派（马克思主义者和"近代主义者"）树立起了话语权，这种话语权通过马克思主义历史学家的组织（Rekishigaku Kenkyūkai，历史学研究会）及其学术期刊（Rekishigaku kenkyū，《历史学研究》）得以进一步制度化。然而，需要认识到的是，日本的历史学绝非整体单一的。在很多领域，政治史那种方法论与政治上的保守形式依然存在。这些历史学家形成了一种不同的学术环境，以老一辈历史学家的机构（Shigakkai，史学会）和该学科主要期刊的《史学杂志》（Shigakuzasshi，1889 年创刊、仿照德国《历史杂志》）为核心组织起来。

更重要的是，从 20 世纪 60 年代开始，新树立起来的马克思主义主导权日益受到挑战，众多学术方法涌现出来，这些理论和方法论的趋势大体上都未包含日本特殊性。现代化理论、自下而上的历史、妇女史以及文化史的影响力既因为国际讨论而增强，又与之相互影响。同时，其在日本的发展也有着自己的年表，将学科趋势与日本学术流派相联系，并在特定条件下出于特殊考虑而大肆利用理论的影响力。②

1960 年对于讨论盛行的马克思主义范式所受到的挑战而言是一个重要的出发点，因为在这一年见证了美国现代化理论的战略性引入与大众政治运动的盛行，而政治运动催生了自下而上的历史的出现。是年，日美安保条约有待更新，这引发了广泛的暴力示威。大批的马克思主义历史学家与共产党一道，抗议一种他们

---

① Curtis Anderson Gayle, *Marxist History and Postwar Japanese Nationalism* (New York, 2003); and Conrad, *Quest for the Lost Nation*.

② 关于该学科多元化的概况，见 Kano Masanao, '*Torishima' wa haitte iru ka*: *Rekishi ishiki no genzai to rekishigaku* (Tokyo, 1988).

认为是传达美国新殖民主义的政策。在这种背景下，福特基金会出资开启了将现代化理论引入日本历史领域。在东京附近的一个旅游城镇箱根，所谓的箱根会议举行，在这场会议上，美国历史学家试图将其日本同行（包括远山茂树、丸山真男和川岛武宜）转向新信条。现代化理论与历史唯物主义存在明显差异，将非革命的现代化提升到历史准则的地位，其针对的对象是大众抗议背后隐含的马克思主义历史构想。

　　从这一视角出发，日本不再被看作是世界的"问题儿童"，而是其他亚洲国家应该效仿的模范。这种成功的现代化范例并不主要归因于经济因素，而是归因于现代精英的出现以及在历史发展十字路口所做出的精明的政治决断。在经济重建的背景下，那些之前被解读为失败的历史阶段却恰好被宣称为成功。明治维新不再是一场失败的资产阶级革命，而是一次反殖民主义和成功向现代化转型的范例；"日本传统"也不再被认为是"障碍"，而是一场"可以靠自己双脚站立"的现代化的催化剂。

　　现代化理论在日本历史学家中获得的共鸣归因于若干因素。对于很多保守历史学家而言，现代化理论使得他们可以将外交和政治史的传统视角与新方法论联系起来，更重要的是，现代化理论并不仅仅是来自美国的舶来品，尽管一些美国历史学家使之看起来是这样，例如哈佛大学日本问题专家、美国驻日大使埃德温·赖肖尔。事实上，早在赖肖尔上任之前，桑原武夫和上山春平等社会科学家已经对日本现代化做出了有影响力的分析。在历史学家中，大塚久雄和丸山真男等"近代主义者"的分析可以被视为现代化论述的一种形式，正如帕森斯理论的分析得益于马克斯·韦伯的工作一样。进一步回溯，最近的研究已经解释了这两位战后最重要的思想家在何种程度上与战时的现代化论争存在系谱关系。① 因此，重要的是要认识到，现代化的概念可以追溯到

① 特别参见 Nakano Toshio，*Otsuka Hisao to Maruyama Masao*：*Doin*，*shutai*，*senso sekinin*（Tokyo，2001）。

不同的系谱，而不能简单地称之为来自西方的舶来品。诚然，这些概念并不相同——实际上，丸山是"赖肖尔式"现代化理论最坚定的批判者之一。然而，相互矛盾竞争的现代化观点并存，箱根会议在日本的大受欢迎也应置于这个大背景下。[①]

645 　　最后，在现代化理论的早期专家里，一些以前的马克思主义者诸如佐藤诚三郎、伊藤隆、坂野润治等人也位列其中，他们在 1955 至 1958 年之间被开除出共产党。由此，马克思主义阵营的内部冲突造成了另一个重要背景，马克思主义主导权的逐渐崩溃与一系列新视角的出现应置于其中。1956 年斯大林批判和匈牙利暴动事件之后，共产党和马克思主义历史学家们都致力于政治局势和历史解释的重新评价。这种危机在学术领域表现为对《昭和史》（1955）一书的争议，该书由远山茂树、今井清一、藤原彰合著，是 20 世纪一部标准的马克思主义历史著述，聚焦于垄断资本主义、天皇支持下的政治专制主义和国家对无产阶级的压制等。该书由于其僵化的结构主义、宏观史学的方法以及从共产党观点出发对过去进行的非黑即白评价，很快遭到了保守主义者和来自马克思主义阵营内部的猛烈批判。

　　大批年轻历史学家对他们视为刻板的新正统的深切不满，使得他们试图自下而上地削弱马克思主义的主导权。支持挑战正统的人们奋力在社会广泛抗议日美安保条约之加强的背景下寻求一种民众视角，他们反对马克思主义和现代化理论，转而探求适当的本土历史方法。正如 E. P. 汤普森一样，色川大吉、鹿野政直和后来的安丸良夫等历史学家，对于描述日常生活、现代化进程中价值观的转变——对于"民众"具有浓厚兴趣。尽管马克思主义历史学的制度性主导权依然持续，日本的"自下而上的历史"成为历史研究中一股重要而富有影响力的潮流。民众史领域是复杂多元的，不能简化为一种单独的共性。然而，其很多支持者都

---

① 关于战时战后延续性的讨论，见 Yamanouchi Yasushi, J. Victor Koschmann, and Ryuichi Narita（eds.），*Total War and 'Modernization'*（Ithaca, 1998）。

持有对现代化的批判观点，并转向关注人类学家柳田国男的著作，柳田国男在 20 世纪 30 年代反对将现代化等同于"西方"。他们著书以重新树立个人作为历史变革推动者的观点，使民众成为历史的主体。在这个过程中，民众的活动成为现代化的推动力。这些历史学家研究日常生活的著作表达了对当代社会根深蒂固的忧虑，转而开始研究农村。日本的"庶民研究"明确反对现代化的中心，因此也包含了反民族主义的成分。①

在接下来的几十年里，几种其他的方法使这一图景进一步复杂化：最重要的是妇女史的兴起和后来出现的文化史的不同流派。妇女史从 20 世纪 70 年代起已成为一股广泛潮流，受到美国女权主义的强烈影响，因而明显是一种跨国的现象。早期妇女史的一个显著特点是，声称"通史"是"诈骗"，因为在概念上典型地将人类的一半排除在外。对失去的"女英雄"的探寻以及对女性无权和受压制的关注，是早期妇女史研究的典型特点，这些都为差异的理念所主导。② 需要指出的是，这些舶来品正赶上了日本妇女史传统的兴盛，其中有两大流派。一个可以追溯到高群逸枝的著作，她在战时进行了重要研究，写就了 4 卷本巨著《妇女的历史》，1954—1958 年间出版，并由此成名。尤其是在战时，高群支持文化民族主义，由此也促成了日本泛亚洲意识形态的正当化。她使用"女性"和"日本"等词语作为身份创造的暗喻，并以其与西方帝国主义的差异来定义亚洲妇女。1948 年，井上靖在其马克思主义著作《日本妇女史》中提出了一种不同的方法，该书很大程度上集中研究了日本的妇女解放运动。

这两种视角构成了 20 世纪 70 年代的日本妇女史，并一再引起对"日本"方法和舶来（"西方"）理论之关系的讨论。妇女史

646

---

① 关于日本的日常生活史，见 Carol Gluck，'The People in History：Recent Trends in Japanese Historiography'，*Journal of Asian Studies*，38（1978），25-50；and Haga Noboru，*Minshushi no sozo*（Tokyo，1974）。
② 见本卷第七章。

逐渐成为重要的研究领域，这也受益于 20 世纪 80 年代女子大学的发展。从 90 年代以来，性别在日本也成为一个分析的范畴。然而，在朱迪斯·巴特勒和琼·沃勒克后结构主义影响下的研究方法发展的同时，以马克思主义为导向的性别史依然保持着强大的影响力。[①]

最后，20 世纪 90 年代后历史研究的文化转向进一步促成了历史研究方法的多样化。米歇尔·福柯和雅克·德里达以及海登·怀特和语言学转向的影响，在日本也十分明显，导致了对社会史和日常生活史（尽管二者在方法和内容上存在差异）之现实和学术理解的批判。文化史带来的挑战主要是对战后历史学本质主义的认识论批判；之前假定的国家、阶级和主体等概念如今从解释学意义上受到了挑战和"解构"。相反，对历史现象偶然性的强调与对叙述策略的兴趣同时出现并发展。

认识论上的挑战导致将学术史学理解为一种叙述形式，这意味着不仅是叙述的客体，而且主体（例如历史学家）也开始进入视野。然而，文化史的广泛影响归因于其为该领域带来的主题创新。在挑战对自主主体传统理解的研究方法中，有卫生史、性史和身体史。话语的历史、后殖民主义和记忆进一步成为讨论的关键词，而这些最初被社会史倡导者视为对其学科方法论标准的一种威胁，但早已进入历史的主流。[②]

理解过去

正如在其他战败国如德国、意大利一样，变化的日本历史解释成为处理所谓"污染的过去"的尝试的一个必需部分。历史学由方法论前提和其学科的真理宣言所构成，但与此同时，它也植

---

① Hiroko Tomida, 'The Evolution of Japanese Women's History', *Japan Forum*, 8 (1996), 189-203.

② 概况请参见 Rekishigaku kenkyū kai (ed.), *Rekishigaku ni okeru hohoteki tenkai：Gendairekishigaku no seika to kadai*, vol. 1 (Tokyo, 2002).

根于公众记忆的动态之中。历史学家自身就处于记忆的活跃分子之中，并且记忆论争的政治背景也影响着历史分析的轨迹。然而，重要的是要认识到，历史学和记忆不仅是相互影响而且是相互论争的两个领域。历史学家（很大程度上是左翼的）阐述的观点经常是与政治机构宣传的官方记忆相悖的。[①]

　　传统观点主张，日本还必须理解自己的过去，并与亚洲邻国调和其帝国主义历史。作为一种笼统的概论，这种评价明显是错误的，尤其是关于战后初期。战后不久，日本的精英有一种广泛共识，即对本国历史的彻底批判是成功进行民主化和现代化的必要前提，甚至保守派也加入到要求批判性探究最近的过去的大流中。1945 年 8 月 28 日，即投降两周之后，东久迩内阁提出"一亿集体忏悔"的口号，要求日本人民进行批判性思考。知识分子加入到影响深远的关于"主体性"的讨论之中，在这一讨论中，不仅提出了责任的问题，而且将法西斯和战争灾难的根源归结到日本精神的思想和心理构成上。[②] 很多历史学家进行的关于畸形与失败现代化的论述及其对造成这种失败的长期与结构性因素的探讨，由此与更广泛的社会关注相一致。

　　在这种背景下，马克思主义对战时的阐释集中于宏观结构，讨论的是一个带有封建残余的专制主义政权如何能够承担起法西斯主义国家的政治功能这一表面上的矛盾——根据马克思主义正统理论，法西斯是资本主义的最高形态。[③] 同时，关于法西斯主义最有影响力的分析是由战时日本最重要的知识分子之一丸山真男写就的。丸山将从 20 世纪 30 年代开始的日本社会解读为"自

648

---

① 关于公众记忆的概况，请参见 George Hicks, *Japan's War Memories: Amnesia or Concealment?* (Aldershot, 1997)；以及 Franziska Seraphim, *War Memory and Social Politics in Japan, 1945 - 2005* (Cambridge, Mass., 2006)．同时参见本卷第二章。

② Victor J. Koschmann, *Revolution and Subjectivity in Postwar Japan* (Chicago, 1996).

③ Rekishigaku kenkyukai (ed.), *Taiheiyosenshi*, 5 vols. (Tokyo, 1953 - 1954).

上而下"的法西斯形式，这与其欧洲法西斯"同伴"不同，欧洲法西斯国家是以"自下而上"的法西斯运动为基础的。丸山的分析不同于标准的马克思主义论述，因为他并未将法西斯主义的根源归结于社会经济结构，而是归结于一种特殊的意识形态构造，他认为这种意识形态构造阻碍了完全现代的、自我负责的个体在日本的出现。然而，不管马克思主义历史学家如何激烈地批判，丸山与之有着共同的基础，他也将明治维新视为一次失败的资产阶级革命，因为它并未带来公共领域与个人领域的完全分离。由此，丸山的分析也是战后初期盛行的一套关于畸形现代化道路的论述中的一部分。①

在这种背景下，需要注意两种观点。第一，军事上的失败也意味着帝国的失败。1945 年，日本放弃了周围的帝国，其根源可以追溯到 19 世纪末。大批日本人从亚洲大陆返回国内——士兵、行政官员、商人、移民及其家属等。放弃在官方和法律论述上已经是日本一部分的殖民地，随之而来的是已经并入日本的朝鲜和台湾的"去日本化"，都产生了巨大的反响。这相当程度上暗示了国家概念的基本重组，尽管帝国主义历史基本上被忽略了，而且在战后讨论中是一股不被承认的暗流。② 在这一背景下，可以提及"殖民地无意识"，它承担了战后日本的叙述。如下所述，649 直到 20 世纪 90 年代以后，帝国主义的历史才重新出现在关于日本世界地位的讨论中。③

第二，知识分子对于理解国家困境所做的探求并不完全是国内事务，而是在美国占领的情况下进行的。很明显，单单这一事实并不能解释讨论的动态，尽管一些评论者将战后日本阐述为一

---

① Maruyama Masao, *Thought and Behaviour in Modern Japanese Politics* (London, 1963).

② 关于日本国家概念层面上帝国失败的含义，参见 Oguma Eiji, *Tan'itsu minzoku shinwa no kigen: Nihonjin no jigazono keifu* (Tokyo, 1995)。

③ 见 Komori Yoichi, *Posuto koroniaru* (Tokyo, 2001), 83-98。

个有效构筑起言论限制的"封闭的话语空间"。① 但不可否认的是，对日本历史的彻底批判与占领军的干涉是共存的，这一干涉则是基于对日本社会深刻的结构缺陷的假定。东京审判中，将日本引向战争的"军国主义集团"的七名战犯被判处死刑。东京审判是教育的政治活动的象征性顶点，这种政治活动也包括新历史教科书的制定、美国版二战的出版、公共广播项目和学校、大学的大清洗。更基本的是，占领军开创的社会改革——包括农地改革和新宪法——的前提是确信封建结构在日本社会中依然存在，并且促进了日本的军国主义和法西斯主义转向。

美国干预造成的影响并未在 1952 年占领结束之后立即消除，因为一系列的解释模式依然存在。但总体而言，20 世纪 50 年代见证了日本人记忆第二阶段的开始，而这种记忆一直持续到 90 年代。其特点是左翼知识分子逐渐失去其公众影响力，将日本这一国家解读为战争真正受害者的典型民族主义解释则重新回归。事实上，受害者意识的出现——将日本作为军国主义集团、欧洲帝国主义和原子弹爆炸的受害者——是占领后几十年里公共记忆最鲜明的特点。②

这种受害者意识并不局限于民族主义和保守主义阵营。事实上，它成为反战主义者的专用，这些反战主义者将日本描绘为第一个且是唯一一个遭受原子弹轰炸的国家。特别是，在 1954 年所谓"福龙丸事件"（日本的一艘渔船受到美国氢弹试爆所产生的辐射影响）之后，广岛成为将日本过去解读为战争受害者的标志和吸引反战国家的聚集点。然而，受害者意识的普遍性也为更直接的国家主义和修正主义叙述提供了空间，使之得以获得公众的共鸣。在这一范围的另一端是林房雄，其代表作《大东亚战争

650

---

① Eto Jun, *Tozasareta gengo kukan：Senryo gun no ken'etsu to sengo Nihon*（Tokyo，1994）. 观 John W. *Dower，Embracing Defeat：Japan in the Wake of World War II*（New York，1999），405 - 440。

② James J. Orr，*The Victim as Hero：Ideologies of Peace and National Identity in Postwar Japan*（Honolulu，2001）.

肯定论》于 1964 年出版，引起公众骚动。林房雄将自 1853 年美国船只在浦贺湾上陆以来的日本历史解读为对抗西方的"百年战争"。在这一视角下，第二次世界大战只不过是亚洲与"西方"大范围斗争中的一个环节。更接近主流关注的是角田顺于 1962—1963 年编纂的 7 卷本资料集《通往太平洋战争之路》，该书将一丝不苟的档案工作与历史叙述相结合，其中，其历史叙述并不是把战争解读为长期结构性损失的合乎逻辑的结果，而是视日本为违背初衷地滑向了战争。

当然，受害者意识并非未受挑战。批判性声音，尤其是在大众记忆文化中，从未完全销声匿迹。例如，日本战殁学生纪念会表达了对身为战争受害者的高中和大学学生的悼念。而且，新闻记者本多胜一自 20 世纪 70 年代起就不断揭露出日军 1937 年在南京犯下大屠杀的不受欢迎的事实，其重要调查证实了民族主义者道歉与反对视角的同时存在。① 这些不同观点发生冲突的最重要场所是马克思主义历史学家家永三郎与文部省教科书课之间的诉讼。在其历史教科书遭到多次审查之后，家永三郎于 1966 年起诉了日本政府。问题的核心是战争责任问题和被指称的对日本政府的消极描述，以及指责家永三郎质疑日本人民的同质性与凝聚力。在诉讼中，家永三郎受到很多草根团体的支持，并得以获得了部分的胜利。诉讼一直持续到 90 年代。②

但总体上，经济高速增长时期几十年的公众记忆和美国安保政策保护伞下的安全定位，是由呼吁历史"正常化"的要求与批评家所谴责的集体性失忆主导的。当首相中曾根康弘在 1982 年就职典礼上宣称其克服"东京审判史观"的目标时，他就给予了一种广泛公众心理以官方认可。这种新的话语主导权的象征性表

① Honda Katsuichi, *The Nanjing Massacre*：*A Japanese Journalist Confronts Japan's National Scheme*（Armonk，1998）. 见 Joshua A. Fogel（ed.），*The Nanjing Massacre in History and Historiography*（Berkeley，2000）。

② Laura Hein and Mark Selden（eds.），*Censoring History*：*Citizenship and Memory in Japan，Germany，and the United States*（Armonk，2000）.

现就是中曾根每年都前往靖国神社进行参拜，而在靖国神社中，日本战死者——包括东京审判中判决的甲级战犯——被尊奉为神圣的英雄。这些参拜伴随着日本东亚邻国的愤慨回应，但在冷战的背景下，这些随后的抗议并未在日本产生重大反响。[①]

651

亚洲的回归

在 20 世纪 90 年代期间，日本历史记忆的风貌发生了剧变。在多年的相对忽视之后，日本经历了一场实质上的历史记忆论争的爆发，这一论争发生在一种分裂的政治环境下，致使姜尚中提出"历史记忆的内战"。公众兴趣和意识之所以会产生引人注目的高涨，其原因是多方面的：有些是世界性的，并已导致全球范围内历史记忆论争的风潮；而有些则更加具体地针对日本列岛。首先，关于过去的讨论的普遍存在很明显有着世代维度。那些自身经历过战争并记忆尤深的人们在人数上开始减少，而这种生物上的因素已经导致最近关于强制劳动和从军慰安妇赔偿等问题上激烈的冲突。

更重要的是，冷战的结束和全球化理论的出现为讨论和不同的声音开创了新的空间。随着东西两极分立局面的结束，所有事务均被赋予政治意义的鲜明框架也不复存在。在很多方面，关于历史之意义的冲突取代了意识形态的对抗。[②]美苏对抗的结束也影响到日本的政治面貌，其后果之一就是 1993 年自由民主党一党独大的结束。以保守的自民党统治和完全倒向美国的对外安保政治为基础的"1955 年体制"解体，是与关于国家历史的重新激烈讨论相一致的，而这一讨论在此前几十年一直沉寂。自民党政

---

① Yoshida Yutaka, *Nihonjin no sensokan*: *Sengoshi no naka no henyo* (Tokyo, 1995). 关于靖国神社，参见 Tanaka Nobumasa, *Yasukuni no sengoshi* (Tokyo, 2003)。

② Carol Gluck, 'The Past in the Present', in Andrew Gordon (ed.), *Postwar Japan as History* (Berkeley, 1993), 64 - 95.

治独大的结束伴随着 90 年代初期泡沫经济的崩溃，而随后的经济不景气也刺激人们对日本历史进行更批判性的分析。最后还有一个不应忽视的因素：1989 年裕仁天皇的去世。裕仁天皇自 1926 年开始成为国家元首，他的在场使得公开讨论战争责任和战后处理历史问题的失败变得不可能。[①]

652 　　冷战结束和全球化开启的最显著影响是其在日本与其亚洲邻国关系上带来的影响。日本再次"回归亚洲"（homing in on Asia）。[②] 这种发展在 20 世纪 80 年代即已开始，尤其受到韩国经济增长的影响。政治与经济联系，以及大众文化的交流迅速增加，在这种背景下，关于国家过去的解读也发生了明显变化。特别是，日本战时扩张的亚洲受害国的声音受到前几十年从未有过的重视。这些复杂而强烈的变化也为关于国家历史记忆主导性版本之论争的新形式的出现提供了可能性。

　　特别是 1995 年战争结束 40 周年之际，许多亚洲国家的政府和民间社会组织强烈要求日本政府进行正式道歉。如果撇开这一大背景不谈，便难以理解日本国内的讨论。关于南京大屠杀的各种不同的解释是大众关心和学术探讨的主题之一。[③] 日本历史在亚洲舞台上上演的最显著的是在慰安妇的赔偿问题——更准确的说，是被迫为日本军队服务的妓女。强制妇女加入到性奴役的体制中，据估计共涉及到亚洲 8 万到 20 万受害者，尤其是来自韩国和中国。尽管这一问题并非不为人所知，但在整个 80 年代盛行的英雄主义战争论述中却未能占有一席之地。历史叙述中妓女和性奴隶的出现，是个人机构与制度游说的结果。韩国和日本的妇

---

① Ian Buruma, *Wages of Guilt: Memories of War in Germany and Japan* (London, 1994).

② Laura Hein and Ellen H. Hammond, 'Homing in on Asia: Identity in Contemporary Japan', *Bulletin of Concerned Asian Scholars*, 27: 3 (1995), 3 - 17.

③ See Daqing Yang, 'Convergence or Divergence? Recent Historical Writings on the Rape of Nanking', *American Historical Review*, 104 (1999), 842 - 865.

女团体提出这个问题，尽管政府继续忽视这一话题，但这些"记忆激进主义者"创造出一个公共空间，最终使得以前的慰安妇走上前并讲述她们自己的过去成为可能。过渡时期的非政府组织起到了关键的作用——最明显的是在国际妇女战犯法庭上，这一法庭设置在东京，其明确目的是通过处理针对妇女的犯罪来重新考察 1946 年的战犯审判。媒体关注到这一问题，政府因害怕法律后果而不敢承认国家责任，发现自身面临巨大的压力和个人赔偿的各种方案。① 自 20 世纪 90 年代以来，日本历史创作的动因需要置于东亚和东南亚经济、政治与文化融合的背景之下。

653

　　部分是为应对这些发展变化，20 世纪 90 年代，关于日本近年历史的修正主义研究重新回归。最明显的潮流是与宣扬"自由主义史观"的活动有关的，该活动主要与东京大学历史学家藤冈信胜有关联。藤冈信胜试图以一种允许日本人对其历史和文化感到自豪的历史观，取代据他称由美国占领军强加给日本人民的"自虐式史观"。这种史观利用的是修正主义的早期形式，但它超越了传统的民族主义形式，因为它追求的是在全球化以及亚洲作为交流与身份认同形成的场所重新出现的背景下，彻底重新改造这个国家。在这场旨在修改国家历史学的广泛大众化的运动中，核心要素是试图确定新的教科书以在下一代中灌输新的信条。②

　　尽管遭受到大部分高校左翼历史学家的尖锐批判，这一运动获得了广泛的大众支持，也受到政治机构欢迎，并获得了大量的私人基金。由于其与著名漫画家小林善纪的关系以及畅销书作者如司马辽太郎等人对其的利用，该运动获得了很大的反响。尽管运动在公共大众领域获得了成功，但在制度领域只取得了有限的发展进步，其教科书只被少数学区采用。然而，这场运动在政治和国际领域获得的反响是十分重大的。当其教科书于 2001 年在

---

① Yoshimi Yoshiaki, *Comfort Women: Sexual Slavery in the Japanese Military during World War II* (New York, 2000).

② 参见 Fujioka Nobukatsu, *Kyokasho ga oshienai rekishi* (Tokyo, 1996)。

学校正式采用、2005 年重新采用时，该决定引起了日本亚洲邻国的反对，并导致北京和首尔出现暴力抗议。[1]

　　由此，关于历史的论争就置于一种竞争性乃至对抗性的环境下，而这一环境是由我们隐喻性地称之为"亚洲的回归"的东西所造成的。公众舆论的这种更加总体的变化也影响到学术界的历史学。自 20 世纪 90 年代以来，历史学家们也开始在亚洲史的框架之内重新评定该国的历史。当然，国史依然是大部分大学院系的核心关注，遵循韦伯或马克思主义原则的各种形式的现代化修正主义理论，依然是富有影响力的日本历史叙述。但文化史方法的出现促进人们探寻挑战民族国家范式，并超越对历史的内在诠释。[2] 在这种背景下，亚洲起到了作为安置日本现代化的框架的日益重要的作用。[3]

　　三大研究领域尤其受到了这种潮流的影响。第一，在过去的二十年里，研究德川时代（1600—1868）的历史学家们开始重新书写传统上被称为"锁国"的时代。早期的调查强调本国与外国隔离的本质以及与西方的有限联系，近期的学术界则开始描绘一幅更加复杂的图画。诸如荒野泰典等历史学家们不再将对外交流的规定解读为对基督教传入和西方殖民主义威胁的应对，而是将海禁体制置于东亚的背景之中，而在东亚，对外国贸易和交流的限制是十分典型的。而且，他们还极力主张，幕府对贸易的控制应该被理解为日本试图建立独立于中国的自己影响圈的一种努力（不仅仅是应对 1644 年明朝失去政权和清朝确立"野蛮"统治）。

---

[1]　Sven Saaler, *Politics, Memory and Public Opinion: The History Textbook Controversy and Japanese Society* (Munich, 2005).

[2]　Sakai Naoki, Brett de Bary, and Iyotani Toshio (eds.), *Nashonariti no datsukochiku* (Tokyo, 1996); and Komori Yoichi and Takahashi Tetsuya (eds.), *Nashonaru hisutorro koete* (Tokyo, 1998). 参见 Furuya Tetsuo (ed.), *Kindai Nihon to Ajia ninshiki* (Tokyo, 1996); and Yonetani Masafumi, *Ajia/Nihon* (Tokyo, 2006)。

[3]　如参见 Furuya Tetsuo (ed.), *Kindai Nihon to Ajia ninshiki* (Tokyo, 1996); and Yonetani Masafumi, *Ajia/Nihon* (Tokyo, 2006)。

从这一视角出发，长崎与荷兰的有限贸易并不作为与欧洲关系的最后残留出现，而是作为在该地区发展贸易关系的更大图谋的一部分——不仅与荷兰，而且与琉球群岛和朝鲜。[①]

第二，殖民史已经成为重新书写亚洲中的日本史的重要领域。长期以来，在集中研究日本现代化内在动因的叙述中，殖民地都被视为附属物。而且，从它被提到的程度来看，日本殖民主义被解读为只是将之前核心地区的发展扩展复制出去而已。在后殖民研究的影响之下，这种情况发生了显著变化，最近的学术研究已经开始探讨现代日本的社会变革需要在何种程度上被置于一个更广阔的殖民地背景中。这包括，诸如斯特凡·田中关于日本的东亚史学和日本"东方"之构筑的研究，姜尚中将"东方化的注视"作为日本现代化前提条件的观点，驹达武关于殖民地的"他者"在构筑日本文化认同上所发挥作用的研究，以及对殖民主义背景下日本国语标准化的探讨。[②] 最近，学者们已经超越了叙述和表达的范围，并且开始关注殖民地以怎样的方式被官僚、军队和改革知识分子视为进行社会干预试验的优先场所。尤其是"满洲"，成为城市规划、卫生现代化以及农业生产和社区新形式的真正试验场。在这些研究中，日本现代化的形成和日本的殖民地越来越在一个共同的分析领域中进行分析。[③]

最后，1931 至 1945 年间扩张时期的历史最近被重新探讨和研究。一方面，产生了大量旨在重构日本在亚洲帝国主义扩张的

655

[①] Arano Yasunori, *Kinsei Nihon to higashi Ajia* (Tokyo, 1988); Arano Yasunori et al. (eds.), *Ajia no naka no Nihonshi* (Tokyo, 1992).

[②] Stefan Tanaka, *Japan's Orient: Rendering Pasts into History* (Berkeley, 1993); Kang Sang-jung, *Orientarizumu no kanata e: Kindai bunka hihan* (Tokyo, 1996); Komagome Takeshi, *Shokuminchi teikoku Nihon no bunka togo* (Tokyo, 1996); I Yonsuke, '*Kokugo' to iu shiso* (Tokyo, 1996); and Yasuda Toshiaki, *Shokuminchi no naka no 'kokugogaku'* (Tokyo, 1997).

[③] Koshizawa Akira, *Manshukoku no shuto keikaku: Tokyo no genzai to mirai o tou* (Tokyo, 1988); and Louise Young, *Japan's Total Empire: Manchuria and the Culture of Wartime Imperialism* (Berkeley, 1998).

思想背景的工作。① 泛亚洲主义的概念，与其变种和衍生物一道，成为研究的重点之一。② 另一方面，对战争的解读最近将焦点转向其亚洲范围，由此推翻了战后长达几十年的权威观点。日本投降后不久，美国占领军禁止使用战时"大东亚战争"的概念，并规定了"太平洋战争"的术语。与冷战的思想结构相一致，该术语和随之出现的历史学突出强调了这个冲突的某些方面——以1941年日本偷袭珍珠港为开端的日本对美国的战争——尽管据估计有两千万中国人伤亡的在亚洲大陆的长期战争被边缘化了。最近的一本8卷本史料汇编提出使用"亚洲—太平洋战争"这一术语，作为将战争置于多元化背景下的分析工具。在很多文章中，这些汇编探讨了战争的政治与经济背景、社会转变与文化表达、强权与反抗以及战后历史记忆的动因。它们共同提供了一种关于过去的新视角，以将日本战时历史直接置于其所开展的亚洲背景中。③

结语

656　　战后日本的历史著述是一件复杂而高度争议性的事务。该学科严重碎片化、多元化，因而这里简短的综述并不能公正地评判众多的流派和视角。与其他多数国家相比，战后日本出现了大量的学术争议和冲突，它们通过学术著作的实质性产出，在高度制度化的背景下互相斗争。然而，当进行俯瞰时，会发现两大突出的特点。第一，日本的历史学科在巨大程度上受到马克思主义方法论的影响。结果，历史研究经常会高度政治化，而且很多历史学家具有的左翼倾向也导致学术研究与大众和政治机构的历史观

① Oguma Eiji, 'Nihonjin' no kyokai (Tokyo, 1998).
② Yamamuro Shinichi, Shiso kadai to shite no Ajia (Tokyo, 2001); and Sven Saaler and J. Victor Koschmann (eds.), Pan-Asianism in Modern Japanese History: Colonialism, Regionalism and Borders (London, 2007).
③ Iwanami koza, Ajia, Taiheiyosenso, 8 vols. (Tokyo, 2005–2007).

点之间出现了巨大的鸿沟。战后早期马克思主义的主导地位并未盛行很久，因为它受到从妇女史到后殖民地研究等相反视角的挑战。概括而言，在 20 世纪 90 年代，我们可以看到一种从社会史独尊到方法多元化的发展，这种发展经常被文化史的变种所渗透。第二，日本的历史学深深植根于关于公众记忆和处理近期历史的大讨论中。正如在德国一样，这导致了一种对本国过去的迷恋，而且，这种普遍的关注也导致对国史范式的强化。

尽管对过去的解读有着自己的动因，该学科也与国际潮流有着紧密的联系。大量的资金和学术力量都投入到翻译项目上，由此，可以获得各领域欧洲和美国的很多标准文本，它们经常被用于学术界和社会的某些具体问题上。其结果是日本与"西方"历史学的大致同步性，尽管引入的方法论通常是嫁接到本国方法论之上的，并且其影响有着不同的时效性。"亚洲"的回归，作为全球化背景下一个急剧发展的范畴，只是本国过去以何种形式与更大发展过程辩证联系、并同时被其本国变化所塑造的一个例子而已。

大事年表/关键日期

- 1926—1989　天皇裕仁统治时期（昭和时期）
- 1931　　　　"九一八事变"：日本侵略"满洲"，建立伪满洲国傀儡政权
- 1937　　　　日本发动全面对华战争
- 1937　　　　南京大屠杀
- 1941　　　　日本偷袭珍珠港
- 1945　　　　广岛、长崎原子弹爆炸；第二次世界大战结束
- 1945—1952　美国占领日本
- 1946—1948　东京审判，正式名称"远东国际军事法庭"
- 1950—1953　朝鲜战争
- 1951　　　　美日安全保障条约

657

- 1952　　对日和平条约（旧金山和约）
- 1954　　福龙丸事件
- 1956　　由于国家经济再次达到战前水平，政府宣布战后时期结束
- 1960　　美日安全保障条约，伴随着广泛的暴力示威游行
- 1970　　日美安保条约二次更新；广泛的社会抗议
- 1989　　天皇裕仁去世
- 1993　　自由民主党政治独大结束

主要史料

- Ienaga Saburo, *Taiheiyosenso* (Tokyo，1968).

- Irokawa Daikichi, *The Culture of the Meiji Period* (Princeton，1985).

- Ishimoda Sho, *Rekishi to minzoku no hakken*：*Rekishigaku no kadai to hoho* (Tokyo，1952).

- Iwanami koza, Ajia, *Taiheiyosenso*, 8 vols. (Tokyo，2005 - 2007).

- Maruyama Masao, *Thought and Behaviour in Modern Japanese Politics* (London，1963).

- Otsuka Hisao, *Shihon shugi no seiritsu* (Tokyo，1952).

- Rekishigaku kenkyukai (ed.)，*Sekaishi no kihon hosoku*：*Rekishigaku kenkyukai 1949 nendotaikai hokoku* (Tokyo，1949).

  —— (ed.)，*Taiheiyosenso shi*, 5 vols. (Tokyo，1953 - 1954).
- Toyama Shigeki, *Meiji Ishin* (Tokyo，1951).

  ——*Imai Seiichi*，*and Fujiwara Akira*，*Showashi* (Tokyo，1955).

参考书目

- Amino Yoshihiko，*Rekishi to shite no sengo shigaku*（Tokyo，2000）.

- Barshay，Andrew E.，*The Social Sciences in Modern Japan：The Marxian and ModernistTraditions*（Berkeley，2004）.

- Buruma，Ian，*Wages of Guilt：Memories of War in Germany and Japan*（London，1994）.

- Conrad，Sebastian，*The Quest for the Lost Nation：Writing History in Germany and Japan in the American Century*（Berkeley，2010）.

- Gayle，Curtis Anderson，*Marxist History and Postwar Japanese Nationalism*（New York，2003）.

- Gluck，Carol，'The People in History：Recent Trends in Japanese Historiography'，*Journal of Asian Studies*，38（1978），25 – 50.

  ——*Rekishi de kangaeru*（Tokyo，2007）.

- Kano Masanao，'*Torishima*' *wa haitte iru ka：Rekishi ishiki no genzai to rekishigaku*（Tokyo，1988）.

- Kramer，Hans Martin，Schölz，Tino，and Conrad，Sebastian（eds.），*Geschichtswissenschaftin Japan：Themen，Ansatze und Theorien*（Gottingen，2006）.

- Nagahara Keiji，*Rekishigaku josetsu*（Tokyo，1978）.

- Nakano Toshio，*Otsuka Hisao to Maruyama Masao：Doin，shutai，sensosekinin*（Tokyo，2001）.

- Narita Ryuichi，*Rekishigaku no sutairu：Shigakushi to sono shuhen*（Tokyo，2001）.

- Naruse Osamu，*Sekaishi no ishiki to riron*（Tokyo，1977）.

- Oguma Eiji，*Tan'itsu minzoku shinwa no kigen：Nihonjin no jigazono keifu*（Tokyo，1995）.

- Rekishigaku kenkyukai (ed.), *Rekishigaku ni okeru hohoteki tenkai: Gendai rekishigaku noseika to kadai I* (Tokyo, 2002).
- Saaler, Sven, *Politics, Memory and Public Opinion: The History Textbook Controversy and Japanese Society* (Munich, 2005).
- Seraphim, Franziska, *War Memory and Social Politics in Japan, 1945–2005* (Cambridge, Mass., 2006).
- Suda Tsutomu, *Ikon no hokai made: 'Sengo rekishigaku' to undoshi kenkyu* (Tokyo, 2008).
- Toyama Shigeki, *Sengo no rekishigaku to rekishi ishiki* (Tokyo, 1968).
- Yasumaru Yoshio, *'Hoho' to shite no shisoshi* (Tokyo, 1996).

李晓倩　译

第三十二章　现代韩国历史学家
与历史书写

亨利·埃姆

　　在后殖民时期的大部分时间里，韩国历史学家所撰写的现代①韩国史学主要有三种相互竞争的思想流派。民族主义史学在20世纪10年代作为反殖民史观斗争的叙事应运而生，其最具代表性的历史学家为申采浩。社会经济（马克思主义）史学于20世纪30年代初出现，根据历史规律展开来探寻叙述韩国历史作为世界史的一部分，从而成为一种"不知绝望"的史学，其代表历史学家为白南云②。实证主义史学旨在树立客观、学术的历史编撰方法，该派于20世纪30年代组织化，其代表史学者为李丙焘。

　　当然，这种分类法，存在诸多问题。分类本身曲解的方面与阐明的方面一样多，而很多现代韩国史学并不完全适合归入这些范畴内：仅举一例就能说明，比如受到年鉴学派影响的现代韩国历史学家。但这种分类法确实是一个理解大多数韩国历史学家的有用起点，去思考他们自身知识谱系、政治立场、意识形态，以及他们与某些历史撰写模式的关系。例如，一些民族主义（和马克思主义）历史学家一向谨慎区分批判经验主义研究与实证主义

---

①　在韩国一般将 modern 翻译成"近代"；而韩语中"现代"的概念可理解为中国叙述里的"当代"。在这篇文章里为中国读者采取中式表达，将 modern 翻译为现代。——译注

②　白南云：《朝鲜社会经济史》，东京：1933年，第9页。

史学。显然，史学必须以扎实的实证为基础。但对这些历史学家而言实证主义史学往往意味着屈从于国家权威，甚至是与之沆瀣一气。毋庸置疑，在民族主义（和马克思主义）史学范畴内，意识形态和政治分歧十分尖锐。

660　　　然而，从20世纪90年代开始，在韩国就出现了所谓的后民族主义①史学。这一时期，一些文学评论家和韩国研究领域以外的历史学家厌弃民族主义的集权主义力量，借鉴后殖民主义理论，批评了相当一部分的现代韩国史学（不仅是民族主义史学）对线性发展模式的叙述执迷。但主要的批评对象还是民族主义史学，批评它对多元性、复杂性和差异性的擦除。除此之外，对民族主义史学的批评也来自于所谓的"新右派"。新右派匪夷所思地接受了后殖民主义对民族主义和民族主义史学的批判，因为这些能作为一种重申"个人"以及给韩国反共产主义遗产恢复合法性的方式。

　　新右派与后殖民主义学派之间的这种学术合作，指出了（尤其是自20世纪80年代以来）民族主义史学如何与左翼政治和左翼史学有关。这里聚焦的民族主义历史学，尤其是金容燮和姜万吉的研究，这二人的知识谱系实际上可追溯到白南云的马克思主义史学。本章旨在解开这一错综复杂谱系中的一部分。

　　诸如，为了理解20世纪30年代的马克思主义史学如何和为何在20世纪70、80年代被重新塑造成民族主义史学，本章着重关注了构成上述谱系的相似之处和非连续性的因素，并且尽可能地将历史书写放在特定历史背景下的独特的政治形态内外和知识形态内外。通过梳理这些复杂的谱系，本章概述了从20世纪初至21世纪初的韩国历史学家及其历史书写，尤其关注了20世纪80年代"民族主义"史学关于殖民时期和朝鲜战争时期的历史书写以及21世纪头10年出现的对民族主义史学的批判。

---

① 在韩国一般称之为"脱民族主义"。——译注

1910 年至 1945 年：日本殖民统治时期的历史书写

严格来讲这一卷的范围属于战后史学，但有必要了解它的序幕，即韩国 20 世纪早期的历史；特别是殖民时代的后半部分，即当民族主义、马克思主义和实证主义史学产生时，它们不仅有不同的历史写作模式，还兼具各自的政治认同。20 世纪 30 年代的朝鲜日治时期，距 1910 年的吞并已经整整隔了一个世代。就当时大多数的朝鲜知识分子而言，最明智和最现实的选择似乎是融入和支持日本帝国。20 世纪 30 年代始于大萧条，1931 年日本入侵中国东北，随后 1937 年全面侵略中国。当时的学术界面临更全面的审查制度、警察的监视以及战时动员带来的严格限制，至 1937 年，一些中坚知识分子率先表现出对日本帝国主义目标的支持。这批知识分子并不是简单地在抗拒抑或协作之间做出选择。例如，作家李光洙和历史学家崔南善将自己对日本"皇民化"——将朝鲜人改造成忠诚的日本帝国臣民的运动——的支持视为朝鲜人能够在恰当的时机获得日本公民身份、取得与日本国民相同地位的唯一的现实的做法，而非对本国的背叛。

正是在这种政治和思想语境下，朝鲜知识分子的意识形态界线变得更加明显了，白南云撰写了《朝鲜社会经济史》（1933）和《朝鲜封建社会经济史》（1937）两本专著。它们皆用日语撰写而成，同时为了避免殖民时期朝鲜国内相当严厉的审查，均出版于日本。白南云对日本社会经济史学界盛行一时的朝鲜"停滞论"提出异议。具体而言，他驳斥了福田德三"朝鲜从未出现封建社会与土地私有权，于是乎 19 世纪晚期的朝鲜社会发展水平相当于 10 世纪藤原时期的日本社会发展水平"的论断。研究朝鲜的日本史学界普遍倾向于将朝鲜社会描述为正宗的"亚洲"社会。与此相反的是，白氏旨在论证朝鲜的社会与经济遵循一种普

661

遍的发展规律,这归因于朝鲜内在的社会经济驱动力①。

此外,白南云还批评了申采浩、崔南善等朝鲜民族主义历史学家,因为他们持有唯心主义史观,即假设一种超然的、独特的民族意识。白氏将他们的唯心主义历史观视为一种对独特的民族精神(*Volksgeist*)的鼓吹。这种历史观是 19 世纪德、日等新兴资本主义国家与诸如英国这类老牌资本主义国家进行角逐时的遗产。但是这种史学所描述的韩国的过去似乎成了一种独一无二的"小世界"(mikrokosmus),而这并不太符合殖民时期韩国人的政治需求。白氏认为,这些唯心主义、特殊主义的历史,即以基于诸如" hon"、" ŏl"(韩语里面的"魂")等理想主义概念叙述历史,最终只能强化殖民主义史学。因为它们只会强调韩国的独特性,以至于将殖民时期之前的韩国历史视为世界史之外的历史,因此它是停滞不前的历史,需要一个外在推力的历史。对白南云而言,韩国社会结构的特殊性仅仅是普遍历史的独特性在韩国的反映。

在《朝鲜社会经济史》一书中,白氏将檀君创始故事视为神话;尽管如此,它也为我们了解史前的韩国社会关系打开了一个窗口。20 世纪前 25 年,从申采浩开始,民族主义者对殖民化威胁的回应,集中致力于撰写一种能够唤起所有韩国人团结和动员起来的历史。他于 1908 年撰写的《读史新论》以史诗(epic)的模式替代了传统儒家史学的"编年体"、"纪传体"形式。为取代对王的忠心,对乡村、宗族乃至家庭的依附,并为取代两班、中人、平民与贱民的等级身份差异,申采浩致力于将这种忠心转向韩国人作为一个"民族"而无所不包的全面认同。本着这种政治

---

① 通过诸如赫德(Johann Gottfried von Herder),黑格尔和兰克的著作,"亚洲"这一概念一开始就与"世界历史"之外的静态文明有关。同时,马克思还将"亚洲"与"专制主义和无产阶级"相结合,即缺乏阶级分化以及社会活力。参见 Joshua A. Fogel,"The Debates over the Asiatic Mode of Production in Soviet Russia,China and Japan," *The American Historical Review*,Vol. 93 No. 1 (1988),56 - 79。

意图——把对朝鲜国王的忠心转为以人民主权为基础的民族主义，申采浩将韩民族和文化渊源追溯到中国东北地区，并且由神话中的檀君时代叙述至（古）朝鲜、扶余、高句丽、渤海、高丽乃至后来最终的朝鲜。

　　但是，与民族主义者及殖民主义者研究檀君故事不同，20世纪30年代白南云对此进行考释的目的，不在于稽考檀君是一个真正的历史人物还是只是某个涉及韩国萨满教中的山神。从檀君的谱系中，白南云发现了阶级分化以及父系超过母系的迹象。通过语言学研究，即引入历史语言学中语音变化理论，白氏指出"檀君"一词原本是授予男性贵族酋长的一种荣誉称号[①]。再者，白南云认为自己同时找到了韩国原始公社社会里滥交和母系社会的证据。通过借鉴恩格斯（Friedrich Engels）对摩尔根（Lewis H. Morgan）著作的研究，白氏推测亲属关系这类术语指向的是血亲及家庭结构。于是，通过对诸如 menuri（即媳妇）、"manura（即妻子）及 nui（即姐妹）这些涉及亲属关系术语的语言学的研究，白南云认为找到了古代韩国社会有过普那路亚（Punaluan）家庭结构的证据。他指出，这三种纯韩语术语的共同词根是一个更加古老的纯韩语词汇（而不是源自于中国汉字系统的复合词），其意为"睡伴"。

　　对摩尔根（Lewis H. Morgan）而言，诸如"普那路亚"等的夏威夷亲属关系术语指的是人类演变史上最原始的婚姻模式[②]。然而，对于这种将当代"原始"社会视为早期历史阶段残遗的历

663

---

① 白南云著，河日植译：《朝鲜社会经济史》，《白南云全集》第 1 卷，首尔：理论与实践出版社，1994 年，第 33 页。

② 关于摩尔根对波利尼西亚的血亲群体以及公社家庭性爱关系论断的驳斥，参见 E. S. Craighill Handy 和 Mary Kawena Pukui, *The Polynesian Family System in Ka-u, Hawai'i*（Rutland, 1972）。另见，Thomas Trautmann, *Lewis Henry Morgan and the Invention of Kinship*（Berkeley, 1987）以及 Paul Van der Grijp, "Pioneer of Untaught Anthropology: Recontextualizing Lewis H. Morgan and His Kinship Perspective," *Dialectical Anthropology*, Vol. 22（1997），103-136。

史主义（historicism），白南云并未持有异议。就白氏而言，韩国类似于普那路亚家庭的，则为远古韩国的"同婿家族"。白南云与摩尔根的研究工作一样只能找到有限的证据，白氏以具体命名而不是以简单的地址、社交的标签来表明血亲关系。尽管如此，白南云对朝鲜三国时期之前普那路亚家庭结构的揭示（尽管是错误的），以及对三国时期奴隶制的研究还是颇具意义的。这不仅是考虑到他的《朝鲜社会经济史》开启了对古代韩国社会经济的研究，还因为他将韩国历史叙述为"历史定律"作用下的一系列普遍的社会阶段。以生产方式的演进来叙述国家历史，白氏的研究为朝鲜历史上父权制、一夫一妻制、私有财产乃至国家的历史化和去自然化建立了先例。

在《朝鲜社会经济史》一书中，白南云将韩国民族国家的起源定位于阶级分化和阶级统治，即建立持久阶级统治的努力推动了由一个集权国家统一各不同部落联盟的进程。此后便是三国时期（公元 1 世纪至 7 世纪）的奴隶制社会，从统一新罗时代（公元 7 世纪至 10 世纪）开始的亚洲封建社会，到朝鲜后期（18 世纪）出现的资本主义萌芽。白南云基本同意米哈伊尔·戈德斯（Mikhail Godes）对亚细亚生产方式的批判，认为韩国封建社会可能是"亚细亚式"的，但并不意味着韩国抑或亚洲有特殊的生产方式。白氏在《朝鲜封建社会经济史》中聚焦国家土地所有制，将韩国的封建社会视为欧洲历史发展中的同一形式的特殊（亚洲）表现。白南云还补充，韩国民族是一个"早熟"的族群，因为相当早的时候就具有一些与现代民族主义相关的特征，即统一的文化、语言和风俗。

以这种方式，白氏就扬弃了"亚细亚生产方式"的概念，它响应了一个充满活力和进步的西方或日本的殖民主义叙事，与一个停滞和专制的东方形成鲜明对比。然而，在 1937 年《朝鲜封建社会经济史》第一卷出版之后，白南云无法贯彻他的研究方案的其余部分，没能在朝鲜后期找出"资本主义的萌芽"，也没能勾勒出韩国意识形态的历史发展以及"移植（殖民）资本主义"

664

的轮廓。1938 年，白氏因违反治安维持法而被捕入狱，并于 1940 年获释。之后他被迫辞去延禧专门学校的职位，直到太平洋战争结束后才继续他的研究。①

迫于日本帝国的威慑以及寄希望于从膨胀的帝国中获取优待，许多韩国知识分子支持了 20 世纪 30 年代后期的日本帝国主义战略，或者至少对该战略予以了默认。在日本的大学（尤其是早稻田大学）和首尔的京城帝国大学求学的朝鲜历史学者中，很多人采纳了殖民主义史学的叙述框架。具体而言，"满鲜史"一说是一种"满洲—韩国"的空间概念，即通过动态的、波浪式的叙史来否定韩国历史的自主性；更普遍地说，"东洋史（Toyoshi）"一说视日本为独一无二的国家，而不同于诸如韩国、中国这种长期备受压迫而濒临灭亡之国。②

"东洋史"为日本帝国主义扩张提供了正当理由，并且像李丙焘这样的一些历史学家，在实证主义、文献考证史学方面的核心人物，就承认"东洋史"是一个客观的、学术的和唯一合法的历史研究地位。1927 年起，李丙焘开始在日本总督府管理和资助的朝鲜史编修会工作。之后，1934 年，李丙焘对创建致力于"纯学识"的学术组织——震檀学会发挥了主导作用。震檀学会由此演变为朝鲜的别名。该学会对韩国历史、语言和民俗进行了严谨的研究，这为当时朝鲜学界同日本学界展开竞争提供了组织基础。虽然震檀学会的主要作用是为朝鲜学者发表学术论文提供一个平台，但是在一定程度上它起到了对抗诸如白南云这些马克思主义历史学家的作用。

从 1945 年韩国独立后，尤其是从 20 世纪 60 年代以来，震檀学会的历史学家所代表的实证主义派、文献考证学派，因没

---

① 方基中：《韩国现代思想史研究：1930—1940 年代白南云的学问与政治经济思想》，首尔：1992 年。

② Stefan Tanaka, *Japan's Orient：Rendering Paths into History*（Berkeley，1995）．

有挑战殖民主义的历史书写和殖民统治制度而受到了全面批判[①]。该学会之外的历史学家，如安在鸿等学者，虽说对马克思主义史学亦有敌意，但他们在挑战殖民主义叙事、乃至在挑战殖民统治本身上表现得要勇敢得多。与崔南善等既支持日本帝国主义又试图推翻殖民主义历史书写的历史学家相比，安在鸿的民族主义史学就贴切地反映了他的民族主义、反殖民主义的政治观点。

到了20世纪30年代初，在被殖民当局逮捕了九次之后，公开合法的斗争已经无法继续，安在鸿将注意力转移到历史撰写上。与基于阶级斗争的马克思主义史学和反殖民斗争相反，安在鸿认为物质性和主体性是相辅相成的。他试图在古代韩国的历史上找到一种知识、宗教和文化层面上的精神（geist），即一种能够从其他民族中将韩民族国家界定出来并且使之凝聚起来的民族认同精神。正如主体性可以构成历史的物质力量，普遍性与特殊性也是相辅相成的。从这种意义上来讲，韩国历史的特殊性也是普遍性的，因此韩国历史学家没有必要自觉地强调韩国民族独特的主体性，将现代韩国与他们的（辉煌的）古代历史联系起来。

安在鸿的史学专注于韩国古代历史上。旨在能够确立韩国人所声称的民族的、过去自主的历史，同时也为了对历经时间传承、具体体现在公序良俗中的民族精神进行界定，安氏视这种精

[①] 然而，赵东杰提出，对实证主义史学消极的看法更多地来自于文献考证学派对1945年之后韩国独裁政府的屈服，或者说与它合谋。赵东杰：《现代韩国史学史》（首尔：1998年），第219页。Remco Breuker通过仔细比较池内宏和金庠基这两位的学术工作就提出，文献考证史学虽在很大程度上衍生于"东洋史"，但如金庠基等震檀学会史学家依然可以将韩国人描述为历史的主体：朝中关系是基于互惠互利的；朝鲜以国际贸易为目的参与了朝贡体系。虽然在外国势力及其影响仍然是核心话题的情况下，金庠基却将焦点从入侵转到抵抗。参见 Remco Breuker, "Contested Objectivities: Ikeuchi Hiroshi, Kim Sanggi（金庠基）and the Tradition of Oriental History (Toyoshigaku) in Japan and Korea," *East Asian History*, Vol. 29 (2005), 69-106。

神为 *Tasari*[1] 主义，该词词根是古韩语中"五"（即五个手指的意思），它还有"使万物得生命"的意思。在古代，这种集民主与共产主义于一身的民族精神创造了一个民主的贵族社会——在这个社会当中，所有自由的、本地男性都主动参与其中的国民。在当代社会中，*Tasari* 主义就可成为工人、农民与小资产阶级团结和谐的全新民族主义和民主主义的基础[2]。

作为对"满鲜史"和东洋史的反叙事，安在鸿驳斥了公元前2000年末期殷商贵族箕子奔走东边建立箕子朝鲜一说。据《尚书大传》、《史记》等文献记载，箕子是在周灭商之后被周武王封为朝鲜的统治者。这些成书于事后几百年的文献，当被纳入"满鲜史"和东洋史的叙述框架，提出了将箕子朝鲜表述为中国的殖民地，削弱了任何涉及韩国自主、独立起源的观点。为了反驳这一观点，安在鸿同崔南善、白南云一样，将研究方向转为历史语言学及语音变化学。安氏以这些文献作为诠释的起点，得出的结论是，"箕子"原意应是普通名词，不是专有名词；它指的是檀君朝鲜的一个封建诸侯[3]。虽然殖民时期安在鸿对震檀学会的历史学者产生的影响不大，但他关于箕子（作为非"汉人"）的论述成为了1945年后韩国史学界的普遍共识。

666

---

[1] Tasari 是纯韩文的音译。Tasari 的意思是"使人人都说出意见，使得大家一起好好活着"。基于 Tasari 概念的 Tasari 主义是，安在鸿的代表思想，即，韩民族的传统的政治思想在于"万民共生、大众共生"的基础上。他希望通过 Tasari 主义避免左右派之间的冲突，而建设一个统一民族国家。——译注

[2] 李智媛：〈安在鸿〉，载于赵东杰等著：《韩国之历史学家和历史学》第二卷，1994年，第193—207页。

[3] 最近沈载勋认为箕子不应该与朝鲜有联系。据他的观点，虽然箕子似乎是商代的诸侯，并且似乎去了东部，但是一个叫做"朝鲜"的政治实体的出现要晚很多。直到汉代才有文献明显地涉及箕子与朝鲜的关系。Jae-Hoon Shim, "A New Understanding of Kija Choson as a Historical Anachronism," *Harvard Journal of Asiatic Studies*, Vol. 62. No. 2 (2002), 271‑305。

1945 年至 1960 年：南北韩分裂中的历史书写

对于那些设法与日本帝国主义战略保持一定距离的人士而言，从日本殖民统治中获得独立为他们提供了一个契机，即他们在 1945 年之后重新建构韩国历史叙述和政治话语中扮演主导角色。但是紧接着一道三八线便将从日本殖民统治中获得解放[①]的韩国一分为二。这条三八线是美国政府提出、经由苏联政府同意的方案，借此两国军队对韩国分区占领，将其一分为二。对于安在鸿、白南云等知识分子而言，这时就出现了一个新的而又复杂的局面。伴随着美国占领军依靠并支持三八线以南（包括首尔）的反共产主义者，白南云越发彰显其民族独立的立场，呼吁建立"新民主主义"和广泛的统一战线，并将此前日本帝国统治下的通敌者从建设统一的、拥有主权的民族国家的使命中排除。[②]

解放（1945 年 8 月 15 日）后的几个月中，白南云致力于夯实韩国高等学术机构的基础。就在日本帝国投降后的第一天，他便开始与其他主要的进步学者组建朝鲜学术院，继而重建韩国各地的高等教育和研究机构，涵盖各个学科（从工程学到文学，科学以及艺术都是如此）。1946 年 8 月，驻朝鲜美国陆军司令部军政厅（USAMGIK，一般简称美军政厅）公布了将京城帝国大学与当时九所职业学校合并成为首尔国立大学的方案，白南云对该方案的批评是直言不讳的：合并后，相对于美军政厅的教育部门而言，该大学教师的自主权将微乎其微，而且曾积极支持日本帝国主义的学者将被安排到教师队伍中。鉴于驻韩美军政厅教育部被保守派所控制，最终融入首尔国立大学的韩国史学家主要还是

667

① 译注：在韩国史语境中，"解放"指的就是"独立"。在韩国，解放和独立是并用的。

② 1945 年的韩国学术和政治生活集中于首尔。因为首尔处于驻韩美军区域，只有少数史学家生活在三八线以北的地方。赵东杰指出，1945 年晚期，三八线以北只有一名值得注意的史学家：金光镇。

震檀学会的成员，其中便包括李丙焘。[①]

在温和右派那边，安在鸿的"新民族主义"政治策略呼吁能够创建一个排除共产主义者的左右联合政府。由于苏联和美国军队分区占领，"中间地带"迅速消失，安在鸿便接受并担任了美军政厅下属的民政长官。到 1948 年，已有许多马克思主义知识分子离开了首尔，往北越过了三八线。他们一方面是迫于南边反共产主义的打压，另一方面是为北边提供的可以参与北朝鲜民族民主革命的职位以及机会所吸引。与此同时，南边持中间立场的历史学家在政治上愈来愈边缘化了。这样一来，在美国的支持下，那些曾在殖民时期倡导"客观的"实证性的研究与"非政治性"史学的学者，几乎占据了美国占领下的韩国所有重要的学术职位。直到 1960 年 4 月 19 日的学生运动（四一九革命）推翻了李承晚政府，掌控韩国史学界的震檀学会才迎来了年轻一代民族主义历史学者的挑战。

1960 年至 1980 年：民族主义史学

尽管爆发于 1960 年 4 月 19 日的推翻李承晚政府的革命被次年的军事政变所镇压，但那次短暂的民主主义运动却为年轻一代的历史学者探索新的历史书写打开了路径。曾师从李丙焘的李基白在 1961 年（也就在朴正熙即将发动政变之际）出版了《国史新论》一书，他在该书的导言中对殖民主义史学进行了全面的批判。李基白指出了殖民主义史学中潜在的四种主题：其一，日本与朝鲜拥有共同的民族起源，因此日本殖民朝鲜体现的是古代关系的恢复；其二，正如朝鲜时代一贯以来的士祸及党争所体现的那样，韩国政治文化中的党派之争是根深蒂固的；其三，韩国历史一直处于停滞的状态（即朝鲜时代晚期尚未达到封建社会的发展阶段）；其四，韩国的历史转变受制于外来的势力（日本等）。

[①] 还包括金庠基、李相佰、孙晋泰、李仁荣和柳洪烈。

作为一本历史教科书，李基白的《韩国史新论》旨在消除这种"带有偏见的妨碍正确理解韩国历史的观点和理论"[①]。在《韩国史新论》一书中，李基白使用了"现代化"[②]一词，成为了韩国首位提到现代化理论的历史学家，该理论为美国学者、顾问所倡导。换言之，《韩国史新论》开创了一种稳妥的后殖民主义叙述框架，既是反日本的，又没有指责战后美国对韩国的干预。这种将现代化理论与文献考证传统结合起来的史学迅速成为冷战背景下叙述韩国历史的主流模式。对新殖民主义的质疑（即对驻韩美国当局的批判），遭受了反共产主义国家的打压。但这种质疑在这些国家的发展期后又开始升温：韩国的发展一方面是得到了美国的援助，另一方面也归于自身的现代化。

然而，随着遏制殖民主义史学的努力日益蓬勃，在"民族主义"史学的旗帜下，隐藏的马克思主义者开始冒险冲破在冷战体系中强加于朝鲜半岛的意识形态的界限。为了应对这种"危险"，李基白对金容燮这类历史学家进行了批评。因为他们在借鉴白南云这些马克思主义历史学家的成果时，对白氏在殖民时期曾敌视民族主义史学"视而不见"[③]。不过忽略白南云对民族主义史学的批判其实也是一种自我保护的举措。对金容燮、姜万吉等这类进步历史学家而言，白南云的史学不仅为克服殖民主义史学残余提供了一种方法，同时也为将阶级斗争重新插入到史学中提供了一种方案。

尽管如此，朝鲜战争前就奔赴北朝鲜的马克思主义史学家白南云是不能在文章中被韩国学者所引用，也不能被视为知识分子的先驱。唯一恰当的方法是将他视为 20 世纪 30 年代中期参加过朝鲜学运动的民族主义史学家。通过他们对土地所有制、

---

① 李基白：《韩国史新论》，1961 年，第 9 页。
② 韩国把现代化一般称作为"近代化"。——译注
③ 李基白：《社会经济史学与实证史学的问题》，《文学与知性》，春刊，1971 年；《历史与民族》，1971 年（1997 年再版），第 34 页。

商业发展（即商业资本）和朝鲜后半期商品货币经济发展的实证研究，金容燮和姜万吉恢复并肯定了白南云所揭示的韩国历史发展中潜在的内在动力，以及在这一进程中起主导性作用的阶级斗争。

在民族主义的掩盖下，金容燮和姜万吉重新建构了一条历史书写模式的知识链。上述历史书写是朝鲜战争后被南韩所压制的形式。他们的历史观基于反殖民主义、反民族主义；他们的史学非常有助于理解朝鲜后期社会与经济发展动力的特点。在极其有限的意义上，金容燮和姜万吉以及那些倾向于现代化理论的民族主义史学家也有共识：他们的目标都是写一个以韩国为中心的历史。但是这两种史学家的历史叙述的结论却完全不同。就现代化历史学家而言，韩国的现代化被追溯至 18 世纪文化和科学的发展，以及 19 世纪已经西式的或西化过程中的社会精英、乃至 20 世纪最终建立韩国的反共产主义民族主义者。

相比之下，围绕实现现代化的两种不同路径，金容燮和姜万吉奠定了对其展开争论的基础。这两条路径分别是：一、以一种相对平等的、自发的方式自下而上地实现现代化，在这条路径上，农民起义为进步改革提供了主要动力。二、由 19 世纪晚期最终屈服于帝国主义要求的精英所主导的，自上而下的，更为剥削与依赖的现代性道路。换言之，金容燮和姜万吉将这些西方化的精英置于一种历史轨迹之中，该历史轨迹植根于朝鲜后期地主阶级的文化和政治领域。19 世纪至今，这些地主阶级围绕现代化的努力反映了他们狭隘的阶级利益，也正因为如此，他们倾向于依赖外部势力：即殖民时期与日本人合作，二战后与美国人合作。这就为日本殖民朝鲜、1948 年朝鲜半岛分裂、朝鲜战争后韩国独裁及其具有依赖性的资本主义发展铺平了道路。

1980 年至 2006 年：民族主义与后民族主义史学

到 20 世纪 70 年代末，与韩国学生和反体制知识分子所采

用的更令人振奋的叙述策略相比，"有两条可能的现代性路径"这个论点仅仅是一个学术构想而已。因为韩国学生和反体制知识分子将当前重新设想为一个相互冲突的历史轨迹的整合。在1979 年出版的《解放前后史之认识》的第一章里，宋建镐提出了一个伦理批判，指出 1945 年是如何标志着韩国历史上最恐怖的篇章的起点。[①] 历经数十年的殖民统治，解放本应标志着一个新的历史开端，受压迫的大众终于能成为名副其实的历史主体。

670 然而，紧接着，在解放的同时，三八线将朝鲜半岛一分为二，又加之以前的通敌者和那些愿意为新占领势力（苏联和美国）服务的人使得历史偏离了正道，给韩国和朝鲜人民带来了深重的苦难。

宋建镐这篇文章所指向的主要目标不是美帝国主义，而是1948 年成为韩国首位总统的首要反共产主义者、保守派政治家李承晚。尽管回避了对朴宪永和朝鲜共产党（KCP；之后的朝鲜劳动党，KWP）所起的作用的详细讨论，宋建镐仍然提醒读者，正是李承晚放纵臭名昭著的通敌者（包括追捕、拷问甚至杀害独立运动家的前韩国警官）逃脱了惩罚。总而言之，《解放前后史之认识》里的通篇将李承晚免去对通敌者的惩罚，同他的一系列违反正义而使解放失去真正意义的举措联系起来。后者的举措包括拖延土地改革方案以及削弱该方案的作用；为了阻止建立一个统一、联合的朝鲜政府而蓄意破坏美苏联合委员会的工作；为了在南部建立独立的国家而带头操纵反共产主义话语。[②] 结果这导致了韩半岛长期分裂。

通过上述对李承晚的批判，《解放前后史之认识》用一种有力

---

① 《解放前后史之认识》的第一卷出版于 1979 年，第六卷出版于 1989 年。每一卷围绕一个或多个主题进行撰写。在各卷的导言中，作者阐发了该卷的主旨与核心史学观点。

② 关于合作与韩国史学，参见 Koen de Ceuster, "The Nation Exorcised: The Historiography of Collaboration in South Korea," *Korean Studies*, Vol. 25 No. 2 (2001), 207 - 242。

的、二元的方式重新解读了 1945 年之后的历史，激发了反对话语。该二元解读是，真正的民族主义与盲目的反共产主义、以民众为本的民主主义与只是形式上的民主主义。[①] 宋建镐的文章不仅揭露了南韩未必光彩的根源，而且还否定了民族主义者的冷战史学。这些民族主义者抵制联合国关于朝鲜南北分区选举的方案，而该方案是南韩作为自身政权合法的基础性文件。宋建镐的这篇文章是南韩的持不同政见的知识分子持续而勇敢努力的一部分。他们致力于将下层（即，民众）作为民族（以及民族主义）的主体，并想象一种主观性，即一种不同于朝鲜版本或韩国版本的自主的民族主义叙述。

然而，正是 1980 年爆发的光州民主化运动以及韩国军队在光州的屠杀，打破了韩国政府对民主化运动中的意识形态控制。国家暴力的严重性促使青年知识分子寻求所处困境的结构性根源。反体制知识分子如宋建镐曾经避而不谈共产主义问题（比如讨论朴宪永和朝鲜共产党所扮演的角色等），但是到 20 世纪 80 年代中期这些忌讳已不再引发必然的自我审查。[②] 1985 年，姜万吉在其出版的《解放前后史之认识》第二卷的序言中指出，韩国大学的历史学系直到当时还在回避研究现代史。过去尝试从"客观"的视角去书写韩国殖民时期和后殖民时期的历史是被压制的，而已出版的历史却赋予了应该对朝鲜半岛分裂局面负有责任的政治势力以合法性。这样的历史学顺应了现状：它是从分裂的结构中写出来的。

因此，历史学家最紧要的任务就是摆脱上述分裂结构的视角去书写韩国现代史。姜万吉认为，历史学家如果不仅要将解放后立即呈现的政治斗争视为殖民生涯的谢幕，还要将其视为克服民

671

---

① 关于民主运动历史，参考 Namhee Lee, *The Making of Minjung*: *Democracy and the Politics of Representation in South Korea* (Ithaca, 2007).

② Henry Em, "'Overcoming' Korea's Division: Narrative Strategies in Recent South Korean Historiography," *Positions*: *East Asians Cultures Critique*, Vol. 1 No. 2 (1993), 450 - 485.

族分裂，那么这种观点是可以采用的。以统一为导向的历史书写，要对这段导致民族分裂的历史做客观分析，并且要特别关注那些努力，即，在殖民结束时左右两派之间为建立统一战线所做的努力和 1945 年以后为避免民族分裂所做的努力。类似于 1979 年宋建镐的文章所提出的，这种历史叙述肯定了对建立分别独立的南北韩两个国家的反对声音：共产主义者和民族主义者（如金九，他缔造了南韩）对 1948 年联合国倡导的选举进行了联合抵制。

如果说姜万吉的叙述策略旨在 1945 年后的历史中重新将韩国（而不是外国列强）放回到中心位置，那么由崔章集和郑海龟合著、出版于 1989 年的《解放前后史之认识》第四卷的核心章节就以国内与国际的结构性的起源的角度来审视朝鲜战争，但与此同时又没有忽视政治斗争的动态特征。[①] 在描述这一动态的过程中，崔章集和郑海龟开始诠释解放为何带来了革命。简而言之，太平洋战争结束之际，被殖民国家的解放，激发了革命的需求。这些革命需求实质上是反帝反封建的：绝大多数的人民希望将之前的通敌者从政府岗位、日本和国营买办资本家拥有的工厂和企业，以及土地改革中清除出去。[②]

解放后在韩国各地立即出现的人民委员会，标志着新成立的后殖民政府迈出了反帝反封建革命的第一步。因此，关于解放后美国在韩国政治中的作用问题，崔章集和郑海龟同意了布鲁斯·卡明斯（Bruce Cumings）在《朝鲜战争的起源》（1981 年）第一卷中所提出的观点：虽然苏军不需要在北朝鲜强推革命，但在南

672

---

① 崔章集、郑海龟：《解放八年史的总体认知》，载宋建镐等：《解放前后史之认识》第四卷，首尔：1979—1989 年，第 11—48 页。

② 据美军政厅 1946 年在韩国进行的一次民意调查显示，被采访的 8000 人中，有 70％的人表示支持社会主义；有 10％的人表示支持共产主义，还有 13％的人表示支持资本主义。参见朴泰均（Tae-Gyun Park），"Different Roads, Common Destination: Economic Discourses in South Korea during the 1950s"，*Modern Asian Studies*，Vol. 39. No. 3 (2005)，661 - 682.

韩，美军政厅（在朝鲜美国陆军司令部军政厅；USAMGIK）投入了相当多的强制力量才将革命态势扭转过来。再者，1945 年至 1947 年期间，即使美国政府参加了旨在为统一韩国奠定基础的美苏共同委员会谈判，美军政厅也仍在追求推行遏制政策，如宣布朝鲜共产党（KCP）为非法组织、强化国家镇压机制，以及支持反共产主义的组织。

随着 20 世纪 80 年代"修正主义"历史叙述流行起来，面对那种承认北朝鲜具有民族主义正统性、否认南韩的历史合法性的史学，保守派历史学家表现出与日俱增的沮丧。[①] 但是，1989 年的东欧剧变和 1991 年的苏联解体，以及后现代主义、后殖民主义理论进入韩国，为韩国学术界打开了一扇新的窗口。新右派很欢迎这样一种受后殖民主义理论启发的学术，因为它拒绝将殖民时期叙述成黑白二元对立的历史，即种族主义、剥削的日本帝国与抵抗侵略、深受苦难的韩国人民之间的历史。在此基础上，新右派开始批判民族主义，尤其是对 20 世纪 80 年代的民族主义史学进行批判。他们抨击后者是"对南韩的指责"。

673

2006 年 2 月出版的《解放前后史之再认识》受到了诸如《朝鲜日报》等保守报刊媒体的积极报道。这两卷选集由倡导后现代理论且被视为新右派的四名学者编纂，有意地引起了对《解放前后史之认识》的联想，这体现了编者意在历史阐述中恢复一种"平衡"，以理解殖民时期和后殖民时期的两段历史。在他们撰写的《导言》里，编者们指出，以《解放前后史之认识》为代表的左翼民族主义史学要对"严重扭曲"的历史观负责。[②] 该史观被相当多的公众（主要是年轻一代）及卢武铉的左翼政府所秉持。对于《解放前后史之再认识》的编者而言，以《解放前后史之认

---

① 姜万吉在 2000 年写的一篇文章中就以戏谑地指出，从 20 世纪 60 年代到 20 世纪 80 年代末年被称为"保守派"的人士也曾被称为反民主人士，（Hankyore）日报，2000 年 1 月 23 日。

② 朴枝香等：《解放前后史之再认识》第 1、2 卷，首尔：2006 年。

识》为代表的 20 世纪 80 年代左翼民族主义史学几乎在政治上已取得霸权地位；尽管随后的研究本该纠正这种扭曲的观点，但是左翼民族主义史学依旧根深蒂固，如此一来就阻碍了更加"客观"的学术出版，同时也攻击了那些后解放时期偏离左翼民族主义史学叙述语境（该叙述语境不支持反对日本帝国主义和特许左翼民族主义的斗争）的学者。

正如布鲁斯·卡明斯（Bruce Cumings）所指出的，新右派认为"严重扭曲"的历史观一再出现于美国军事和情报官员发布的机密报告中。这些官员批评了美国分裂韩国的决定，并对美国卷入在朝鲜战争之前的政治屠戮（比如 1948 年的丽水屠杀、1948 年至 1949 年的济州屠杀等）也感到不安。[①] 但是也应该指出，《解放前后史之再认识》收集了一些旧的和最近的文章。这些文章为殖民时期和后殖民时期历史上的一系列问题提出了证据以及引人入胜的叙述。这也就增加了叙述这一时期历史的复杂性。一些文章更加直接地挑战了《解放前后史之认识》。例如，张失远在文章中指出，南韩的土地改革成功地将佃农转化为独立的自耕农，同时有助于消除社会身份的差异[②]。围绕南北两个国家的建立，李庭植在其最初发表于 1998 年的文章中出示了证据。该证据显示，苏联早在 1945 年 10 月就致力于在北部建立一个独立的

674

[①] 布鲁斯·卡明斯（Bruce Cumings），'The Korea War: What Is It that We Are Remembering to Forget?'载于 Sheila Miyoshi Jager 和 Rana Mitter 等，*Ruptured Histories: War, Memory, and the Post-Cold War in Asia*（Cambridge, Mass., 2007），283 - 284。

[②] 《解放前后史之认识》中俞仁浩的文章批评了于 1950 年开始进行的土地改革最终造成的影响：61％本该进行土地改革的土地被卖给佃农，或者其所有权被转移到亲属，或者干脆淹掉土地以对抗改革（避免屈服于土地改革这项政策）。俞仁浩：《解放后农地改革的开展及其性质》，载于宋建镐等著：《解放前后史之认识》第一卷，第 395—477 页。《解放前后史之再认识》里张失远的文章指出，1950 年前卖给佃农土地的平均价格与土地改革法所定的价位近乎相同。张失远：《农地改革：地主制解体与自耕农体制的建立》，《解放前后史之再认识》第二卷，第 345—389 页。

政权①。

　　金哲是《解放前后史之再认识》的其中一位编者，他认为那些质疑左翼民族主义史学叙述的学者如今面临着反击，正如以前反共产主义者所遭受的迫害那样。② 金哲及其他编者提及的直接政治背景是与国会为调查过去的不法行为而设立的二十多个真相查明委员会有关的。不法行为是指：从殖民时期的积极合作到朝鲜战争前、中、后时期美国与南韩的军队、警察合谋屠戮平民。就《解放前后史之再认识》的编者而言，这种对过往的调查是通过抨击南韩反共产主义的保守派，达到巩固左翼领导权、逐渐削弱南韩合法性的目的。因为上述保守派不仅很可能与过去的独裁政权关系亲密，而且他们的家属也很可能与日本帝国主义相勾结。③

　　因此，在保守的报刊中，《解放前后史之再认识》被视作对左翼民族主义史学进行了全面的、十分有必要的批判。正是韩国领先的保守报纸，一直冲在了批判民族主义和民族主义史学的最前线，并积极培养（支持）后现代和后殖民主义史学术研究，同时也证实了民族主义与左翼政治、历史学有关的程度。新右派接受了后殖民主义理论对民族主义和民族主义史学的批判，即其统一性和非民主性。由于后殖民主义理论颠覆了诸如阶级、国家等民族主义叙述所强加的统一体概念，因而它受到了经济史学家（如李荣薰）的欢迎。对李荣薰而言，后殖民主义史学为凸显"个人"打开了一扇窗户，同时为恢复南韩反共产主义遗产的合法性（现在被重构为文明进步）开辟了道路。④

　　然而，理智地说，新右派和后殖民主义之间的合作是岌岌可

---

① 李庭植：《冷战进程与韩半岛分断的固着化》，《解放前后史之再认识》第二卷，第13—56页。
② 圆桌讨论，朴枝香、金哲、金一荣、李荣薰，同上，第611—684页。
③ 两个最重要的委员会是总统下属机构的"亲日反民族行为真相查明委员会"和"真实和谐委员会"，二者都成立于2005年。
④ 李荣薰，《大韩民国故事》，首尔，2007年。

危的，因为这只是建立在对民族主义和民族主义史学的反感之上而已。就极度反共产主义以及对南韩的资本主义体制和资本主义发展毫无悔意的新右派而言，他们与后殖民主义的合作只不过是权宜之计，而其战略目标直指左翼民族主义史学及其政治言论。另一方面，《解放前后史之再认识》的很多作者或直接或间接地对新右派所倡导的"普遍主义"提出异议。这一基于对"进步"和资本主义"发展"的概念不加批判的"普遍主义"，则是寻求隐瞒日本殖民时期和美军政厅南韩政府时期所出现的种族主义、暴力、阶级剥削以及重建父权制的历史。[①]

675

结论

虽然这里呈现的学术谱系难免是扼要的，但是为不同的历史书写方式的历史化提供了线索，为何名义上"民族主义"和"后民族主义"的韩国史学在理论背景、叙述策略和政治承诺方面存在着这么明显差异。随着停战协定（而非和平条约）的签订，朝鲜战争结束了。与此同时，南韩政府将近乎永久的紧急状态变成了常态，因此马克思主义史学只有作为一种民族主义史学才能（重新）出现。民族主义史学一直努力"克服"着殖民主义史学，直到 20 世纪 60 年代民主运动风起云涌，它才蓬勃发展，出现在独裁政权、资本主义现代化和国家分裂的断层线上。但是到了 20 世纪 90 年代末，即民主转型（始于 1987 年）的十年后，"民族主义"史学家如姜万吉对他的学生说，你们应该期待民族主义被摒弃的那一天。[②]

但是，后民族主义史学并非马克思主义史学家所创立。后民族主义学术是在新千年的头十年伴随着关于殖民时期的研究而产

---

① 尹海东等，《导言》，《再读近代》第一、二卷，首尔，2006 年，第一卷，第 11—28 页。

② 但是姜万吉补充说，在朝鲜尚未统一之前，民族主义史学是"必要的"（在高丽大学的研讨会上，1998 年）。

生的。抛开对种族、性别和阶级进行固定且客观的分类，年轻一代的历史学家和文学学者关注到了殖民统治之下的种族、性别和阶级的重构过程。[1] 由于这些学者回避了殖民—被殖民这一简单的二元对立，他们的工作就引起了左翼民族主义史学家的敌视，不过却引起了新右派的浓厚兴趣。这在很大程度上是因为他们采纳了殖民主义现代性的观点。其中"殖民"（和阶级剥削）一词有时退居幕后，仅仅留下"现代"这个通常不会被视作批判对象的词汇。但是，如同这里所指出的，新右派知识分子和后民族主义学者之间的合作仍是有限的。如果缺乏同社会经济（马克思主义）史的紧密联系，后民族主义史学是否依旧可以对权力运作进行批判，这还有待观察。[2]

676

大事年表/关键日期

- 1910　日本吞并朝鲜
- 1919 年 3 月 1 日　韩国三一独立运动
- 1945 年 8 月 15 日　日本投降美国；苏联接受美国提出的南北分区占领朝鲜半岛的方案
- 1948 年 8 月 15 日　朝鲜半岛南部建立大韩民国，李承晚为首位总统
- 1948 年 9 月 9 日　朝鲜半岛北部成立朝鲜民主主义人民共和国，金日成为主席
- 1950—1953　朝鲜战争
　　　　　　　（如下局限于韩国（南韩）重要日期）
- 1960 年 4 月 19 日　以学生为主力的革命导致李承晚下台（四

---

① 尤其参见权（보드래 Podurae，此名无对应中文，是韩文名），《恋爱的时代》，首尔，2003 年。
② 关于这个问题，参见尹海东等著：《再读近代》；以及林志弦等著：《超越国史的神话》，首尔，2004 年。

一九革命）

- 1961 年 5 月 15 日　朴正熙少将发动政变夺取政权
- 1979 年 10 月 26 日　朴正熙总统被大韩民国中央情报部（KCIA）金载圭部长暗杀
- 1980 年 5 月　全斗焕将军将戒严法扩大到整个韩国，并且解散国会；在光州市爆发的起义被军队镇压，公民死亡者数以百计（光州事件，也称为光州民主化运动）
- 1987 年 6 月　大规模的民主运动
- 1996　前总统全斗焕和卢泰愚因其在 1979 年军事政变、1980 年 5 月光州屠杀事件中的行径被送上法庭
- 2000 年 6 月　金大中总统到北朝鲜进行了一次历史性的访问；这是朝鲜半岛南北双方的首次首脑会议

主要史料

- 安在鸿：《安在鸿选集》第一——八卷，首尔，1981—2004 年。
- 白南云著，河日植译：《白南云全集》第一——四卷，首尔，1991—1994 年。
- 崔南善：《六堂崔南善全集》第一——十五卷，首尔，1973—1975 年。
- 姜万吉：《分断时代的历史认识》，首尔，1978 年。
- 金容燮：《朝鲜后期农业史研究》第一——二卷，首尔，1970—1971 年。
- 李丙焘：《朝鲜史大观》，首尔，1948 年。
- 李基白：《韩国史新论》，首尔，1967 年。
- 677　朴枝香 等：《解放前后史之再认识》第一——二卷，首尔，2006 年。
- 权보드래（Podurae；纯韩文名字）：《恋爱的时代》，首尔，2003 年。
- 申采浩：《丹斋申采浩全集》第一——十卷，天安，韩国，

2008 年。

- 宋建镐等:《解放前后史之认识》第一——六卷,首尔:1979—1989 年。
- 孙晋泰:《孙晋泰先生全集》第一——六卷,首尔,1981 年。
- 尹海东等:《再读近代》第一——二卷,首尔,2006 年。

参考书目

- Breuker, Remco, 'Contested Objectivities: Ikeuchi Hiroshi, Kim Sanggi and the Tradition of Oriental History (Toyoshigaku) in Japan and Korea', *East Asian History*, 29 (2005), 69 - 106.
- Choi, Jang-jip (崔章集), 'Political Cleavages in South Korea', in Hagen Koo (ed.), *Stateand Society in Contemporary Korea* (Ithaca, 1993), 13 - 50.
- Cho Tong-gol (赵东杰) *et al.*, *Han'guk ui yoksaga wa yoksahak*《韩国的历史家与历史学》, vol. 2 (Seoul, 1994).
  ——, *Hyondae Han'guk sahaksa*《现代韩国史学史》 (Seoul, 1998).
- Ceuster, Koen de, 'The Nation Exorcised: The Historiography of Collaboration in South Korea', *Korean Studies*, 25: 2 (2001), 207 - 242.
- Em, Henry, '"Overcoming" Korea's Division: Narrative Strategies in Recent South Korean Historiography', *Positions: East Asians Cultures Critique*, 1: 2 (1993), 450 - 485.
  ——, 'Nationalism, Post-Nationalism, and Shin Ch'ae-ho', *Korea Journal*, 39: 2 (1999), 283 - 317.
- Han, Yong-u (韩永愚), *Han'guk minjokjuui yoksahak*《韩国民族主义历史学》, (Seoul, 1993).
- Kim, Kyu Hyun, 'Reflections on the Problems of Colonial Modernity and "Collaboration" in Modern Korean History',

Journal of International and Area Studies，11：3（2004），95 - 111.

- Pang Kie-chung［Pang Ki-jung］（方基中），*Han'guk hyondae sasangsa yon'gu*：1930 - 1940 *nyondae Paek Nam-um ui hangmun kwa chongchi kyongje sasang*《韩国现代思想史研究：1930—1940 年代白南云的学术与政治经济思想》（Seoul，1992）.

- Schmid，Andre，'Narrating the Ethnic Nation'，in id.，*Korea Between Empires*，1895 - 1919（New York，2002），171 - 198.

- Shin， Gi-Wook （申 起 旭） and Robinson， Michael，'Introduction'，in eid.（eds.），*Colonial Modernity in Korea*（Cambridge，Mass.，1999）.

- Shin，Michael D.，'Introduction'，in Pang Kie-chung（方基中）and Shin（eds.），*Landlords，Peasants and Intellectuals*（Ithaca，2005）.

- Yi Ki-baek（李基白），*Han'guk sahak ui panghyang*《韩国史学的方向》（Seoul，1978）.

金知恕　译

结语：当前以及未来的历史书写

阿兰·梅吉尔

人们要对书写普遍史（univcrsal history）的作家致以极高的敬意，这是因为，他们渴求通过自己的书写，以此关怀作为整体的人类社会。

西西里的狄奥多罗斯：《历史丛书》　（*Bibliotheca Historica*）（公元前 60—公元 30）

欧发德（C. H. Oldfather）译

当前史家最重要的工作之一，就是帮助我们在人类历史的更大框架内认识我们所生活的世界。最伟大的历史学家提供给我们深入而显著的洞见，这一洞见是关于当前的人类生活是如何不同于过去的人类生活的。就历史学家都是历史学科下的劳动者来说，我们坚持认为史学工作者的家法是精通史料。因此，为了免于业余爱好者的指责，我们被迫将我们的研究和写作集中在一个国家，一个时代，一个主题。结果就导致，我们所说的过去往往是人类所知过去的一个很小的部分。即便是历史学家之间展开协作，研究的视域也常常很受限定。

理想地说，我们应该能够写作普遍史，它应当"覆盖""作为整体"的人类过去（不管这个"整体"是什么）。虽然过去的半个世纪比起以前的时代很少有人去写作普遍史，但实际上还是有人去尝试写作这类历史的。除去历史专业所要求的那样，即历史学家要掌握越来越多的事实材料这个困难之外，还存在其他困

678

境：普遍历史的一致性总是预先假定，史家最初的考量并非要把人类过去的所有多样性都展现出来，而是要聚焦在人类过去的一个层面。[①] 无论历史学家有什么一致性的衡量标准，凡是可能成
679　为普遍历史的作品，结果证明总是被限定在一个研究主题或对象上。想要成为普遍历史学家的作者们必须刻意地选择各自的焦点，诸如基督救赎的故事、生产力的发展、政治自由的增长、文明兴亡中的"挑战和回应"、人类历史中的疾病等等。一旦做了某个主题的选择，自称普遍历史学家的作者们就试图诱导读者允许他们选择的焦点代表"整体的历史"。

　　无可置疑的是，书写普遍历史的诱惑力仍将持续存在，即使是面对着诸多实践和概念上的困难。当然，这不难想象，尽管这不可能或不受欢迎的，人类未来意识形态的趋同会使得人们能够接受作为权威的唯一人类历史。然而，与此同时，《牛津历史著作史》也为我们提供了别的东西：作为普遍史的替代品，它符合历史学科的方法论标准。最终的五卷本和 150 万单词使得《牛津历史著作史》具有普遍史的规模。[②] 此外，参与这一计划的大约160 位历史学家都是各自领域的专家，他们写作的章节都获得了同行专家的评议，而且他们都相应地做了修改。

　　但是，普遍史与各种即便是精心构思的专题论文的合集也有着不同之处。然而，我们如果注意到《牛津历史著作史》的主旨是如何获得一致性的，那么，我们就不会有其他方面的期望。这是因为它并非表现过去，而是表现过去历史的表现（*representations of past representations of the past*）。换句话说，它

---

① 这也并不意外，黑格尔在"各种各样的历史写作"（1822—1828 年的演讲）中，宣称最为普遍视角的历史形式是"特殊的历史"，因为它把人类追求作为它自身的对象，诸如艺术、法律或宗教。G. W. F. Hegel, *Lectures on the Philosophy of World History：Introduction*, trans. H. B. Nisbet（Cambridge, 1975），23 - 24.

② 这一结语的初始读者会发现，只有第五卷和第一卷已经出版。第二、三、四卷将在不久出版。但是，这一结语的作者阅读了几乎五卷本所有章节的手稿。

是第二级的，而非第一级的工作。《牛津历史著作史》并不是去追问，对过去的表现中所讨论的内容是否正确，而是要追问，对过去的表现本身意味着什么。在追问这一问题并试图回答它的过程中，《牛津历史著作史》为我们展示了人类与过去之间的关系这一历史现象。各卷不断重复的一致性关切可以表述为这样一个问题：不同时空的人类如何把握和定向他们当下所正在经历到的过去的遗产？

这一问题的特定对象是随着时空的变化而变化的，所以说，《牛津历史著作史》所展现的一致性可能被认为是不完美的。然而在这里，我们必须转向另外一些问题——不是作为主题的一个问题——它同样贯穿于《牛津历史著作史》的文本中。特别（并不仅仅）是在前几卷中，作为史家的作者们书写早期人们处理过去遗留物的方式，其完全不同于现代历史学科的实践者们所推崇的方式。结果，我们就可以看到《牛津历史著作史》所展现的辩证法。其中一个方面就是，承诺现有学科依照其自身关于证据和评价的标准，将历史学纳入科学学科的范围之中（我在广义上使用"科学"一词：追求真知）。另一个方面则是，承诺这一科学学科"以过去自身的角度"来理解过去实在——这也就是说，这些角度是盛行于过去实在所身处的时代和环境之中的标准和思考方式。《牛津历史著作史》就仔细考察了过去的过去时间（past-time）意识模式，而这些模式与现代科学所承诺的标准又是相抵触的。对于现代学科标准的承诺与对于过去的实在和价值的承诺两者之间的冲突并没有获得解决，这是因为我们现在历史学家并不能放弃作为一个学科的历史学现实之基本原理的方式来书写历史。由此而导致的张力就像一条红线贯穿于整套书，尽管有些章节处理过去时间意识的模式明显有别于现在的职业历史学。与此平行的另一个冲突则是，史家的学科承诺与时代政治的承诺之间的矛盾。[①]

680

---

① 与此相平行的另一矛盾是显然的，尤其体现在 Ian Tyrrell 所写的这一卷的第二十三章中。

　　我们今天所了解的历史学科最初诞生在 19 世纪的欧洲，在 20 世纪又扩展到世界的其他地区。无论在什么地方，人们会发现大学或科学院都致力于世俗知识的探究，这些学院和大学都声称在自然的、技术的和生物的科学之外，将他们的科学好奇心延伸到广阔的人类世界，这一学科的标准和实践现在都成为一种规范。在展现迥异于现代学科的历史学编纂模式的过程中，《牛津历史著作史》旨在提醒我们，这一历史学科是近代的且非常偶然的发展结果。我并不由此幼稚地宣称，古代多种多样的历史形式和实践在某种意义上指向了我们的未来道路——尽管我必须坚持认为，每一种形式的史学都是有效的，在某种程度上为它的生产者和目标消费者本真地存在过。我由此必须宣称，这些异质性的历史编纂学能够给我们提供很多教益，即便大部分是通过我们自己的理解，以及我们已经对它们做出的批判性的考察。

　　为何要这么做？首先，对于"他者"史学的反思能够帮助我们洞察各种不同文化中的人类过去的精神和物质世界，由此使得我们更容易看到或反思，我们是怎样跟其他地区的人们相似又相异的；其次，如此的反思能够帮助我们看到这一学科的"增值"，以便敏锐地把握现在与过去之差异，以保证我们获得原原本本的故事；再者，对"他者"历史编纂学的反思提供了一个对于我们的历史学科进行批判的态度，以及提醒我们，人们对于过去的反思产生了许多种形式——而且还会继续产生——相当不同于我们现在所知道的这个历史学科；最后，此书通过提醒我们关注人类价值和认知的多样性，对这些历史编纂学的反思有助于我们采取一个批判的态度，来面对现今的权威人士、智库专家以及过分自信的社会科学家，他们所提供的未来行动的处方是建立在非常狭窄的关于人类如何生存在这个世界的概念之上。因为存在着一个非常危险的规范主义形式，那就是它含蓄地将流行于我们自身狭小地域的习俗普遍化，这一规范主义的形式经常试图将它关于自身的处方以普遍化的形式扩展到整个世界。

　　第一卷《牛津历史著作史》向我们很好地展示了，如果书写

仅仅是指铭刻在据称中性的载体上的符号、字母或字符，那么，我们对于历史书写的粗略讨论是非常有局限性的。这一卷几个章节的作者们都提出，我们需要理解过去意识是如何纪念碑式地显现自身，而我们现代人根本不会把它归之为"历史"。在论述古代罗马的历史与铭文的这一章节里，艾莉森·库里（Alison Cooley）认为，即使罗马人在公元前 3 世纪之前还没有开始书写历史（我们现在所理解的这个术语），我们可以在罗马人建造的建筑和其他纪念物（monumenta）上发现一种"过去感"（sense of the past）。在讨论古代埃及这一章节中，约翰·贝恩斯（John Baines）挑战了这样一种观念，即认为亚历山大大帝统治埃及之前的埃及文化还不具有任何类似历史编纂学的内涵。如他描述的那样，这一观念并没有看到"历史书写"能够以纪念物的形式出现。彼得·麦克洛维斯基（Piotr Michalowski）在讨论早期美索不达米亚的章节中也提出了类似的观点。当然，在历史能够被人们散文化地表达之前，许多文化具有诗歌传统这一事实能够证明他们拥有过去时间的意识。

为了帮助我们看清过去的过去时间意识与现代史家的过去时间意识的差异，这些章节提供了一个"是的，当然如此"的契机，并鼓励大家去追问我们的公共生活是如何表现"过去感"的。在 20 世纪，很多不同的专制国家以及民主国家都促进了纪念碑式历史的发展。近年来，用于公共消费的"历史"生产倾向于以更多无政府主义和更少纪念碑式的方式，经常以"记忆"而非历史的名义进行。① 实际上在 21 世纪早期，人们广泛地持有这一观点：历史最基本的功能就是恢复和保存记忆。历史书写总是以各种方式紧连着记忆。我们由此需要弄明白，记忆是如何充当透镜以帮助人们深入探索，他们是怎样经历过去的，而且我们还要认清，记忆所保存和转化的经历如何重压在现在之上，以及如何以特殊的方式引导人们面向未来。

---

① 参见本卷第二章 Alon Confino 的文章。

我们现代的史家拥有精良的技术来揭示过去最有可能是什么，以及来评估我们所得结论的相对确定性。相比较而言，我们能够很熟练地评估关于过去的相互竞争的叙述的正确性。借助进一步的分析，我们能够探测过去人们思想中没有觉察到的假设，或者说，虽然他们已经觉察到，但他们并没有正当地质询这些假设（特别是这些假设关涉到他们自身的过去）。但是，一般来说，我们现代的史家也很少有能力提供人们对于过去和人类社会所持有的宗教、形而上学和哲学假设的反思性批判，这是因为我们现代史家并没有被训练成以宗教、形而上学等方式看待事物，更别提分析它们了。我们现代史家也很少关心如何分析和批判我们自身的深层假设。

我们——包括历史学家和其他所有人——不仅要去关注历史学科所取得的重大成就，而且要思考它的限度。《牛津历史著作史》第四卷（考察 19 世纪历史学科形成的根基）和当前这一卷（聚焦在 20 世纪后半叶）给我们提供了认识和批判历史学科这一双重任务的契机。在这两卷中，有一个基本的观点是明见的，"官方"历史研究和历史书写存在于两个相互竞争（而且以一种奇怪的方式互补）的诉求之间持续张力的环境中。就"官方"史学来说，不仅是指在威权政体资助下开展的历史研究和历史书写，而且是指在历史学科规范的框架下展开的所有历史研究。这些历史研究是"官方"的，广义上来说，这些历史研究由持有官方学术地位的人们所进行的。根据相关程序来评估的这些研究成果，同时兼有学术和官方的典型特征。

有一句老话说得好，"谁出钱，谁做主"。我们可以把这句话跟普通民众经常挂在嘴边的一句话联系起来，那就是"历史是胜利者讲述的故事"。尽管这一说法太过愤世嫉俗，但也大致揭示了历史学术的重要道理。一个方面，历史学术是对适用于历史学的科学标准的一种承诺。这些标准跟如下规范有关：收集证据，把握证据与观点之间的关系，权衡各种可能性，以及每一位历史学家都要努力应对其他史家收集的证据和提出的论点。换句话

说，历史学并不是简单地讲述各种故事，而是在主体间、规范的范围内讲述充分证实（*well-justified*）的故事。历史学家有义务和责任提供关于过去之有证据支撑的论点，以及对于现代和未来之过去的重要性做出合理的思辨。虽然说，关于历史学的许多证据标准在历史学科诞生之前就已经存在了，但是比之以前，这一学科在正规化和制度化方面，获得了更高程度的发展。

另一方面，如果没有这一潜在的承诺，即促使人们把过去当作现代和未来生活的相关事物，那么，这些基于证据的工作就不会变得有意义。科学的历史研究需要这两样东西——对于获得真理的承诺和对一个共同体负责的承诺——不管这个共同体已经存在，还是要把它创造出来。历史学家追寻过去之真理的承诺与史家所身处的共同体的存在性需求必须是一致的，这些存在性需求正是人们被历史学家所引导的。在这里，"历史是胜利者讲述的故事"这一说法，又与"历史是记忆"这一说法是一致的。理论上来说，存在着近乎无数的关于过去的可能记忆，但这些记忆中，仅有得到胜利者的承认的那一部分记忆才能在公共领域得到认可。欧内斯特·勒南（Ernest Renan）在 1882 年《何谓民族》的讲稿中非常明确地提到这一点，他宣称一个民族需要有与之相适应的记忆，由此，这就要求人们要有意地遗忘无法接受的诸如宗教冲突的记忆。[1] 历史学家从未在任何工具的意义上宣称历史学的有用性，迫不得已的辩护可能就是它有时能够满足有关存在性的诉求。[2] 换句话说，历史学科的存在性要素并不仅仅是外部强加给它的，假如没有这一存在性承诺，根本就没有历史书写这回事。历史并不是记忆，但没有记忆（包括某种类型的共同体记忆），也就没有历史。而且，关于这一点是明确的，即公共记忆

683

---

[1] Ernest Renan，'What is a Nation?'，trans. Martin Thom，in Homi K. Bhabha（ed.），*Nation and Narration*（London，1990），8-23.

[2] 有关历史学非实用性的特点的论述，参见 Michael Oakeshott，*Experience and Its Modes*（Cambridge，1933），86-168。

以各种方式发生改变，经过一段时间，原先被压制的记忆可以变成"官方"的历史。

然而，什么才是我们所要推断的有关历史书写的未来形态？在第一卷论述古代埃及的历史编纂学的章节中，贝恩斯注意到，尽管古代埃及人并没有在我们现代史家的意义上来书写历史，但是，他们的实践确实涉及到，古代埃及人"通过书写手段和创造书写材料的方式利用过去来展望未来，所以，这些书写手段和创造的书写材料可以看作是一个社会的过去"。在此意义上，他提议古代埃及人可以被认为拥有历史意识。但是，假如材料的创造"能够展现未来，它被看作是一个社会的过去"，并以此来定义现代的历史学科，那么就会降低、即便不是消除科学取向的历史编纂学的承诺。实际上，今天有某种因素在推动这种趋势：很多人把历史学的基本任务看作是提供政治的、社会的、伦理的或者心理上的有益记忆。特别是鉴于引人注目的体验式新媒体的兴起，人们可能会想到，这一概念的历史会取代那种努力提供关于过去之基于证据证成的观点的历史。这一取代看起来能够发生，但是，除非我们的知识生产体系遭到严重的衰竭，这一情况就不可能发生。

当前这一卷显著的主题，就是指出 20 世纪的历史编纂学带有强烈的宣传功能。实际上，作为科学的历史学与作为宣传的历史学之间的张力也是当前这一卷统合在一起的主题。不仅在丹尼斯·科兹洛夫（Denis Kozlov）对前苏联、苏珊·魏格林-施维德齐克（Susanne Weigelin-Schwiedrzik）对中国和斯特凡·伯格（Stefan Berger）对德国的历史书写研究的章节中，而且在整卷当中都能发现这一主题。本卷第二个显著的主题就是历史研究和历史书写的扩展和多样化。本卷的很多章节的主题，我们很难在二战前的历史学科中找到类似的主题，比如，阿隆·孔菲诺（Alon Confino）对记忆的研究，朱莉·德斯·贾丁斯（Julie Des Jardins）对性别的研究，J. R. 迈克尼尔（J. R. McNeill）对环境史的研究，以及吉安·普拉卡什（Gyan Prakash）对后殖民主义的批评。

684

最后，第三个主题，是由克里斯·洛伦兹（Chris Lorenz）对理论的研究和尤尔根·欧斯特哈默（Jürgen Osterhammel）对世界史的讨论中唤起的，即近年来对全球史和跨民族历史的关注。我们能够合理地推断这三个主题仍旧会是不远将来的历史研究和历史书写的主题。

尽管如此，关于历史编纂学未来形态的讨论更多是规范性的、而不是经验性问题。它关注的更多是应该发生什么，而不是将要发生什么。本卷讨论历史的审查这一章节的作者，安通·德·贝兹（Antoon De Baets）在 2009 年出版过《负责任的历史》（Responsible History）一书，她在本章中提出并论证，我们应赞同历史学家在史学实践中采取一种明确的伦理准则。在这里，我想提出略有不同的建议。很显然的是，历史学家在他们的书写中经常关注过去发生了什么，而不是过去可能发生，但实际上没有发生什么。与此同时，这一关注点设定了一个限制，那就是要通过进一步问题的提出来佐证：本应该发生的过去制度和实践与过去实际发生的制度和实践之间有什么不同？

"可能会发生"这种提问方式超出了柯林武德对历史想象限度的经典描述[1]，这种提问方式是让史家进行理论想象，即让史家想象与那些存在或曾经存在完全不同的世界，比如罗尔斯在著名的政治哲学著作《正义论》（1971）一书中所做的那样。一些人可能会反对在历史写书中从事理论想象，认为它是个范畴错误，把它归咎于在历史学的伪装下从事哲学或政治理论的工作。但是，我认为这种反对意见是错误的。我赞同历史学家的首要任务是探究实际的过去，我们也要注意，诸如在《正义论》中的假设性论证非常类似于反事实的推理，后者是历史学家试图提出因果关系所必要的组成部分（关于因果关系宣称，我是指关于为何如此的事件会发生或如此的事物会存在的断言）。众所周知的事实

---

[1] R. G. Collingwood, *The Idea of History*, ed. Jan Van der Dussen (1946; rev. edn, Oxford, 1993), esp. 232 - 249.

685　　是，反事实推理是所有因果分析的核心。① 由此，引入假设性的推理可以被认为是假设的扩大，这也是历史学家在试图解释（并不仅是描述）过去的事物时经常引入的论证方式。第二点，有些史家通过设想他所选择书写的历史对象的替代物来引入假设性的推理的。他们选择这样做的动机就是他们试图批判他们的研究对象，诸如，C. 范恩. 伍德沃德（C. Vann Woodward）在《吉姆·克劳的奇异生平》（*The Strange Career of Jim Crow*，1955）一书中对美国南部种族隔离的抨击。最后，从另外一个视角来看，历史学中的有些假设性的推理可以看作是史家提出的一种理论（不同于罗尔斯的正义理论），这种理论不是纯粹理论和抽象的，而是与历史事实相关联的。

　　"可能会发生"这一提问方式不仅仅关注过去可能会发生什么（但实际上并没有发生），而且关注未来历史书写本身的其他可能。就我们可能想到的而言，普遍史是未来历史书写的可能计划。很明显的现状是，推动现代历史学科诞生最为重要的承诺（commitment）无疑是对民族国家的承诺。这是《牛津历史著作史》第四卷的主题，时间范围从 1800 年至 1945 年（特别参见斯蒂芬·伯格和安通·德·贝兹撰写的章节，而且他们俩都参与了本卷编写）。② 这一主题在 20 世纪后半叶持续并得到加强，这在本卷可以看得很清楚。安·库马尔（Ann Kumar）在论述独立之后的印度尼西亚的历史学时，注意到印度尼西亚的民族主义者，既把西方史学看作是与本民族历史学格格不入的，而在历史学家现在需要提供所谓的统一的印度尼西亚时，他们又将西方史学看

---

① 参见 John Lewis Gaddis, *The Landscape of History*：*How Historians Map the Past*（New York，2004），100 - 102；以及 Allan Megill，*Historical Knowledge*，*Historical Error*（Chicago，2007），esp. 154 - 156。

② 参见 Stefan Berger, Mark Donovan, and Kevin Passmore（eds.），*Writing National Histories*：*Western Europe since 1800*（London，1999）；and Stefan Berger，Linas Eriksonas，and Andrew Mycock（eds.），*Narrating the Nation*：*Representations in History，Media and the Arts*（New York，2008）。

作是典范。只有一少部分思想独立的历史学家敢于反对"民族史学的暴政"。凯文·帕斯莫尔（Kevin Passmore）在论述社会科学与历史学的章节中，着重讨论了 20 世纪史学对民族和民族国家的持续关注，被广泛地认为是进步和现代化的内在结构。[①]

　　当我在 2010 年初期写作的时候，史学家们对超越民族国家的历史学有一股不断增长的兴趣。历史学家不断扩大了对于诸如比较的、跨民族的、环境的、区域的、世界的和全球的历史这些史学类型的关注。本卷的很多作者都评论或者以例证说明了这些新的关注点，包括伊安·特瑞尔（Ian Tyrrell）对美国史学的论述，托因·法罗拉（Toyin Falola）对非洲史学的关注，吉安·普拉卡什对后殖民理论的研究，J. R. 迈克尼尔对环境史的研究，罗尔夫·托斯坦达尔（Rolf Torstendahl）对斯堪的纳维亚史学的叙述，以及乌尔夫·布伦鲍尔（Ulf Brunnbauer）对巴尔干半岛地区史学的研究。但是，有一点是清晰的，尽管民族国家史学存在诸多弊端，在整个 20 世纪，民族国家仍旧被广泛地证明是历史学科的核心内涵。有些史家仍在为民族国家的史学进行辩护也就毫不奇怪了。实际上，自 19 世纪后半叶以来，历史学家就不断吸收和维护这一观念，民族国家应该是由单一民族记忆为导向的单一民族认同所组成的一群人构成，历史学家为这一民族记忆提供支持。许多历史学家也吸收和维护了同样有问题的如下观念，它是由美国历史学家和总统伍德罗·威尔逊所提倡，即每一个正当的族群都应该拥有他们自己的民族国家。作为民族化倾向的复调，很多在 19 世纪 80 年代以来所发生的变革都可以很容易获得解释，那就是在"大国政治"的层面上涉及到多民族国家形态的解体（包括最著名的奥斯曼帝国、奥匈帝国和前苏联）。

　　当然，我们现代的历史学家更需要明确地反思目前这一源自

686

---

① 又可参见 Dipesh Chakrabarty, *Provincializing Europe：Postcolonial Thought and Historical Difference*（Princeton, NJ, 2000），作者指出历史学科同时预设了民族、进步和现代化的观念。

19 世纪欧洲的灾难性观念。实际上，受到质疑的这个观念是由两个相互支撑的观念组成：一个是正当的现代民族国家应该建立在单一民族认同的观念；另一个是每一个"群体"都应该拥有自己的民族国家。民族国家与族群认同没有冲突地交织在一起、并得以权威化的可能条件是什么？[①] 在一战后被威尔逊解决方案所强化的民族主义观念的影响下，欧洲一些国家边界内的从属族群开始认为他们应当建立自己的国家，而在此之前就已经得到国家固化的欧洲某些地区受此影响则是微不足道的。只有在单一地区分裂的民族自我意识兴起之后，而不是在此之前，才实施国家固化的政策，民族主义观念才被证明是灾难性的。

即便是今天，我们仍旧在试图解答这一悖论性的后果，当一个国家把自己看作是由单一的、具有特权的种族认同所定义，以此来统治或者试图去统治一个并不接受这一特权、占很重要一部分人口的地区，这一问题就会出现。例如，让我们思考一下前苏联、前南斯拉夫以及前土耳其帝国；另一方面，我们应注意到上述难题往往产生于民族分裂主义者运动活跃的时刻。通常情况下，自称为国家的分裂者和这些被分裂的群体，发现他们并不能够在如下议题上取得一致性的意见：是否应该建立一个新的民族国家？假如建立一个新国家（这一问题很少被提起），那么，这一国家的确切边界应该在哪里（比如，库尔德斯坦）？如果这件事真要发生的话，很少有人能够"自然地"告诉我们应该在哪里划出国家的边界。

依据无瑕疵的历史研究和非常感人的写作方式，很多历史学家通过历史书写展现了，种族清洗和种族灭绝的恐怖性尤其是与欧洲犹太人大屠杀相关的。但是，几乎没有人，或没人愿意去质

---

① 关于这一主题的重要文本源自 Daniel Woolf, 'Of Nations, Nationalism, and National Identity: Reflections on the Historiographic Organization of the Past', in Q. Edward Wang and Franz L. Fillafer (eds.), *The Many Faces of Clio: Cross-Cultural Approaches to Historiography*, *Essays in Honor of Georg G. Iggers* (New York, 2007), 71-103。

疑认同导向（"同一性"）的民族国家所隐含的规范性的根基是什么，由此导致人们不知到何处去哀悼？民族国家至今仍是历史学家工作"科学矩阵"中的核心要素。[①] 因此，大多数历史学家"自然地"把民族国家看作是标记他们工作的框架，尽管在口头上说的是其他民族国家而不是自己的民族国家。然而，五卷《牛津历史著作史》的作者们帮助我们认识到，只有很少一部分的历史记录是由 19 世纪（后期）诞生的民族国家所占据的。

超越民族国家的观念，不仅仅是简单地承认多民族国家曾经存在过，以及还有一些仍旧存在，或者指出同一性的民族国家所带来的困境，尽管这两者都是很重要的任务。[②] 进一步来说，对民族国家观念进行双重的批判探查之要求，不仅涉及到批判，而且要探索同一性民族国家的可替代性方案。对之批判，当然会涉及到考察民族国家的历史生成，但并不旨在展现民族国家的"根基"以及暗中证成它，而是以另外不同的目的来展现民族国家偶然性的和未得到论证的特征。它将作为"给定"的同一性国家的积极的一个方面。毕竟，为了战胜另一些形式的国家，尤其是多元文化的帝国，同一性的国家比其他形式的更具有非常重要的优点，比如说非常容易动员单语的群体，因为它在意识形态上隶属于某个民族。

可是，这样一个历史—理论尝试的真正焦点就是这一国家模式所带来消极的实际后果。这一模式试图在其境内促进单一语言和单一文化的人类生态，尽可能地消除文化的多样性。或许，我

688

---

① 关于"科学矩阵"的论述，参见 Thomas S. Kuhn, *The Structure of Scientific Revolutions* (2nd edn, Chicago, 1970), 182 - 187。

② 尝试对第一个任务进行讨论的是 Jane Burbank and Frederick Cooper, 'Empire, droits et citoyennete', de 212 a1946', *Annales* HSS, 3 (2008), 485 - 531, 此书提供了关于帝国从罗马帝国到法兰西帝国这一时期的完整探究；对第二个任务的讨论是 Eric D. Weitz, 'From the Vienna to the Paris System: International Politics and the Entangled Histories of Human Rights, Forced Deportations, and Civilizing Missions, *American Historical Review*, 114 (2008), 1313 - 1343。

们可以寻找新的历史编纂学，一个支持不同类型国家的合法性——一个更多地是建立在人们的忠诚上，而不是基于人民身份的国家，国家的证成（justification）更少地源自建构出来的过去民族统一和荣耀的记忆，能够以更加务实且富有想象力的态度来处理当下世界的情况。在这里，历史书写，尤其是我们在这五卷作品中看到的准普遍史（quasi-universal history）的书写，变成了它自己独特的基质，这是因为它邀请我们以"自然的"和普遍的方式来规范性和批判性地思考其他可能会出现的东西。

顾晓伟　译

索　引

注意：用斜体表示的页码是指地图/表格；标注的日期通常是指相关学科的历史学家和学者（以及从事或直接影响历史书写的重要政治人物），他们在本书出版时已经去世。

【注释：索引中的页码均为原书的页码，即本书的边码。】

690

691

692

693

696

697

699

memory（见历史：和记忆）

political（历史政治），461—3

radio and（历史无线电和），293

regional（历史区域），466—7

and social sciences（历史和社会科学），200，464

television and（历史电视和）293—4

and theory（历史和理论），13—34

analytical philosophy of history（分析的历史哲学，1945—70），22—3

analytical philosophy of history（1970s and 1980s）（1970至1980年的分析的历史哲学），23—6

historians defining history（历史学家定义的历史），17—20

history（历史），13—14

narrative philosophy of history（1970s and1980s）（1970至1980年的叙事主义的历史哲学），22—5

place of theory in history（将理论引入历史），16—17

presence of history（since 1990）（1990年以来的历史在场），26—34

theory of history（历史理论），14—15，20—2

History and Memory（journal）（《历史与记忆》［期刊］），38

History of Science Society（HSS）（科学史协会），181，184

History Today（magazine）（《今日历史》［杂志］），293—4，308

History Workshop（journal）（《历史工作坊》［期刊］），340

History Workshop movement，UK（英国历史工作坊运动），141，487

Hobsbawm，Eric（艾瑞克·霍布斯鲍姆），15，46，101，292，300，340

Hobson，J. A.（霍布森，1858—1940），122

Hoerder，Dirk（德克·霍尔德），110

Hofstadter，Richard（理查德·霍夫斯塔德，1916—70），478，481

Holanda，Sergio Buarque de（塞尔吉奥·巴尔克·德·霍兰达，1902—82），443，444

Holmsen，Andreas（安德里亚斯·霍尔姆森，1906—89），316

Holocaust（大屠杀），4，27，29

Germany and（德国和），6，224，236，238

and memory studies（和记忆研究），38，39—40

Poland and（波兰和），260

representation of（大屠杀的表现），39—40

as signifying event of modern European history（大屠杀作为欧洲现代史的标志性事件），39

Holotík，Ludovít（霍洛提克，1923—85），250

Hölscher，Lucian（霍尔舍），30

Honda Katsuichi（本多胜一），650

Hongqi（Chinese journal）（《红旗》中国期刊），626

Hooks，Bell（贝尔·胡克斯），148

Hopkins，A. G.（霍普金斯），106

Hosák，Ladislav（霍萨克，1898—1972），246—7

Howe，Florence（佛罗伦斯·豪），143

Howe，Kerry（荷维），602

Hroch，Miroslav（米罗斯拉夫·贺洛奇），257—8

HSS（History of Science Society）（科

I

702

704

705

706

707

708

711

713

714

717

图书在版编目(CIP)数据

牛津历史著作史.第五卷/(加)丹尼尔·沃尔夫总主编;
(德)阿克塞尔·施耐德,(加)丹尼尔·沃尔夫主编;彭刚等
译.—上海:上海三联书店,2021.12
ISBN 978-7-5426-6461-7

Ⅰ.①牛… Ⅱ.①丹…②阿…③彭… Ⅲ.①世界史
Ⅳ.①K1

中国版本图书馆 CIP 数据核字(2018)第 202609 号

牛津历史著作史(第五卷)

总 主 编/〔加〕丹尼尔·沃尔夫
主 编/〔德〕阿克塞尔·施耐德 〔加〕丹尼尔·沃尔夫
译 者/彭 刚 顾晓伟 李 根 段 艳 余开亮 等

责任编辑/徐建新
特约编辑/姚冰淳
装帧设计/夏艺堂
监 制/姚 军
责任校对/王凌霄

出版发行/上海三联书店
(200030)中国上海市漕溪北路 331 号 A 座 6 楼
邮 箱/sdxsanlian@sina.com
邮购电话/021-22895540
印 刷/商务印书馆上海印刷有限公司

版 次/2021 年 12 月第 1 版
印 次/2021 年 12 月第 1 次印刷
开 本/640mm×960mm 1/16
字 数/970 千字
印 张/65.25
书 号/ISBN 978-7-5426-6461-7/K·495
定 价/268.00 元

敬启读者,如发现本书有印装质量问题,请与印刷厂联系 021-56324200